Spahlinger/Wegen

Internationales Gesellschaftsrecht in der Praxis

Internationales Gesellschaftsrecht in der Praxis

Kollisions- und Sachrecht wesentlicher Fälle mit
Auslandsberührung · Europäisches Unternehmensrecht ·
Wahl der Gesellschaftsform · Corporate Governance ·
Wichtige ausländische Rechtsformen

von

Dr. Andreas Spahlinger

Maître en Droit
Rechtsanwalt in Stuttgart

und

Prof. Dr. Gerhard Wegen, LL.M

Attorney at Law (New York)
Rechtsanwalt in Stuttgart

unter Mitarbeit von

Peter Steffen Carl, Rechtsanwalt in Berlin
Dr. Fred Wendt, Rechtsanwalt in Berlin
Dr. Sven-Christian Witt, Rechtsanwalt in Berlin

Verlag C. H. Beck München 2005

Verlag C. H. Beck im Internet:
beck.de

ISBN 3 406 52621 7

© 2005 Verlag C. H. Beck oHG
Wilhelmstraße, 80801 München

Gesamtherstellung: Druckerei C. H. Beck
(Adresse wie Verlag)

Gedruckt auf säurefreiem, alterungsbeständigem Papier
(hergestellt aus chlorfrei gebleichtem Zellstoff)

Vorwort

Der Grundstein zu diesem Buch wurde gelegt in einer Veranstaltungsreihe des Deutschen Anwaltsvereins e. V./DeutscheAnwaltsAkademie zum Thema „Vertragsgestaltungen und Kooperationen im EG-Binnenmarkt", die Gerhard Wegen 1990 zum ersten Mal und dann wiederholt hielt. Im Januar 1991 konnte er dann die DeutscheAnwaltsAkademie/Deutscher Anwaltsverein e. V. für eine daraus hervorgehende Veranstaltung gewinnen, nämlich „Internationales Gesellschaftsrecht". Seit 1991 hat diese Veranstaltung nunmehr dreizehn Mal als Tagesseminar stattgefunden. Im Jahr 2000 wurde das Seminar von Andreas Spahlinger gehalten und seit 2001 halten das Seminar Gerhard Wegen und Andreas Spahlinger gemeinsam.

Die Inhalte des Seminars waren zunächst die Abgrenzung von internationalem Gesellschaftsrecht und internationalem Unternehmensrecht, das internationale Gesellschaftsrecht als deutsches IPR, das europäische Gesellschaftsrecht sowie einige rechtsvergleichende Hinweise und praktische Fragestellungen. Später kam eine Kurzdarstellung zum Unternehmenskaufrecht hinzu. In dieser frühen Phase spielten die kollisionsrechtlichen Fragestellungen fast nur eine esoterische Rolle. Durch eine Serie bahnbrechender Entscheidungen des Europäischen Gerichtshofes und deutscher Gerichte bekam das „Internationale Gesellschaftsrecht" in den jüngsten Jahren eine ganz neue Aktualität. Glücklicherweise kam mit Andreas Spahlinger ein tatkräftiger Referent hinzu, der das Seminarskript deutlich ergänzte, was dann zu unserer Idee führte, daraus ein Buch zu machen, noch bevor die EuGH-Entscheidungen geradezu einen *Run* in dieses Thema verursachten. Wegen des starken Arbeitsanfalles hat die endgültige Erstellung des Buches dann doch nicht nur die Nerven der Autoren, sondern auch des Verlages C. H. Beck deutlich strapaziert. Nunmehr liegt ein auf die Praxis ausgerichtetes Werk vor, das die deutsche Gesellschaft in ihren internationalen Bezügen gesellschaftsrechtlichen Zuschnitts darstellt und einen Überblick über das europäische Gesellschaftsrecht sowie rechtsvergleichende Hinweise zu ausgewählten Jurisdiktionen enthält.

Die Autoren bedanken sich bei dem Verlag C. H. Beck und seinem Lektoratsleiter Dr. Felix Hey für die positive Begleitung des Projekts und den Langmut bei der Erstellung des Manuskripts. Wir danken auch den Mitautoren, nämlich unseren Partnern Peter Steffen Carl, Dr. Fred Wendt und Dr. Sven-Christian Witt, alle aus dem Berliner Büro, für ihre Beiträge. Wir möchten uns aber auch sehr herzlich bedanken bei Mitarbeitern, die uns an verschiedenen Stellen tatkräftig unterstützt haben, so insbesondere Dr. Arne Hütte, Büro Frankfurt, Dr. Matthias Müller, Marcel Barth und Dr. Felix Born, Büro Stuttgart, sowie Herrn Oliver Wohlrab und Herrn Dirk Heumüller.

Bei den rechtsvergleichenden Teilen haben uns Anwälte aus befreundeten Kanzleien unterstützt, für deren Mitarbeit wir uns in einer Anmerkung zum jeweiligen Länderbericht bedanken.

Ganz besonderer Dank von allen Autoren und Mitarbeitern, insbesondere von Andreas Spahlinger und Gerhard Wegen, geht an Frau Christine Thomas, die in einem bewundernswerten Einsatz die Fertigstellung dieses Manuskripts technisch verantwortet und zu einem guten Ende gebracht hat. In vorbildlicher Weise hat sie zusätzlich zur Mandatsarbeit auch diese Aufgabe für uns mustergültig erledigt.

Schließlich danken wir unserer Sozietät Gleiss Lutz für umfassende infrastrukturelle Unterstützung.

Stuttgart, 15. Juli 2005   Andreas Spahlinger und Gerhard Wegen

Inhaltsübersicht

Inhaltsverzeichnis IX
Abkürzungsverzeichnis XXVII
Literaturverzeichnis XXXIII

A.	Einleitung *(Spahlinger/Wegen)*	1
B.	**Deutsches Internationales Gesellschaftsrecht** *(Spahlinger)*	3
I.	Deutsches autonomes Kollisionsrecht	3
II.	Sonderregeln für Gesellschaften aus EU-Staaten	28
III.	Sonderregeln für Gesellschaften aus Mitgliedstaaten des Europäischen Wirtschaftsraums (EWR)	54
IV.	Sonderregeln für Gesellschaften aus Drittstaaten aufgrund von bilateralen Staatsverträgen	55
C.	**Für Gesellschaften relevante Sachverhalte mit Auslandsberührung** *(Spahlinger/Wegen)*	67
I.	Grundsatz	67
II.	Gründung der Gesellschaft	67
III.	Rechtsfähigkeit	69
IV.	Geschäftsfähigkeit und Vertretung der Gesellschaft	76
V.	Partei- und Prozessfähigkeit	78
VI.	Innere Verfassung, Mitbestimmung	79
VII.	Kapitalausstattung und Kapitalersatz	84
VIII.	Schuldrechtliche Nebenabreden der Gesellschafter	86
IX.	Übertragung und Belastung von Gesellschaftsanteile	88
X.	Haftung (insbesondere Durchgriffshaftung)	89
XI.	Abgrenzung zwischen Gesellschaftsstatut und Deliktsstatut	98
XII.	Grenzüberschreitende Konzerne und Unternehmensgruppen	99
XIII.	(Identitätswahrende) grenzüberschreitende Sitzverlegung *(Steuerrecht: Witt)* ...	121
XIV.	Grenzüberschreitende Verschmelzung und Spaltung *(Steuerrecht: Witt)*	135
XV.	Pflichten zur Anmeldung beim Handelsregister	146
XVI.	Firmenrecht	149
XVII.	Haftung wegen Firmenfortführung	151
XVIII.	Rechnungslegung und Abschlussprüfung	151
XIX.	Prokura und Handlungsvollmacht	153
XX.	Kaufmannseigenschaft	154
XXI.	Kapitalmarktrechtliche Sachverhalte	156
XXII.	Fremdenrecht	163
XXIII.	Formfragen, Beurkundungen, Beglaubigungen	174
XXIV.	Auflösung, Abwicklung, Beendigung	187
XXV.	Insolvenz der Gesellschaft	188
XXVI.	Gesellschaftsrechtliche Straf- und Ordnungsvorschriften	205
XXVII.	Internationale Gerichtszuständigkeit für gesellschaftsrechtliche Streitigkeiten	206

Inhaltsübersicht

D.	**Grundlagen des Europäischen Unternehmensrechts, EWIV und Europäische Gesellschaft (SE)** *(Wendt)*	211
I.	Einleitung	211
II.	Verabschiedete gesellschaftsrechtliche Abkommen, Verordnungen und Richtlinien	215
III.	Projekte	255
E.	**Ausländisches Recht** *(Spahlinger / Wegen)*	273
I.	Vergleichender Überblick: Grundinformationen über das Gesellschaftsrecht in den USA, England, den Niederlanden, Frankreich, Schweiz, Österreich, Spanien, Kanada, Italien und Japan	273
II.	Ausführlichere Länderberichte	306
III.	Überblick über das internationale Gesellschaftsrecht ausländischer Staaten	332
F.	**Steuerliche Überlegungen zur Rechtsformwahl** *(Witt)*	341
I.	Wahl zwischen einer Kapital- oder Personengesellschaft im Ausland	341
II.	Handeln durch eine ausländische Rechtsform im Inland	346
G.	**Corporate Governance** *(Carl)*	347
I.	Begriffsbestimmung, Standort und Funktion von Corporate Governance	347
II.	Der Deutsche Corporate Governance Kodex	349
III.	Kapitalmarktrechtliche Vorschriften für Corporate Governance	359
IV.	Rechnungslegung als Bestandteil der Corporate Governance	362
V.	Corporate Governance in mittelständischen Unternehmen	366
VI.	Europäische Corporate Governance	366
VII.	Sarbanes-Oxley Act – US-amerikanische Vorgaben und Umsetzungszwang für deutsche Gesellschaften	371
H.	**Anhänge**	377
Stichwortverzeichnis		389

Inhaltsverzeichnis

Abkürzungsverzeichnis XXVII
Literaturverzeichnis XXXIII

A. Einleitung *(Spahlinger/Wegen)* 1

B. Deutsches Internationales Gesellschaftsrecht *(Spahlinger)* 3
  I. Deutsches autonomes Kollisionsrecht 3
    1. Grundlagen und Grundbegriffe des Kollisionsrechts 3
    2. Das Gesellschaftsstatut 4
      a) Regelanknüpfung für alle gesellschaftsrechtlichen Sachverhalte (Einheitslehre) 4
      b) Bestimmung des Gesellschaftsstatus 6
        aa) Gesetzeslage 6
        bb) Mögliche Anknüpfungspunkte – Überblick 7
        cc) Die Sitztheorie 7
          (1) Anknüpfungspunkt und Ratio 7
          (2) Praktische Rechtsfolgen der Sitztheorie 8
            (a) Fall 1: Die Gesellschaft wurde nach dem Recht eines ausländischen Staates A gegründet und hat ihren Verwaltungssitz im ausländischen Staat B 8
            (b) Fall 2: Gründung einer ausländischen Gesellschaft mit tatsächlichem Verwaltungssitz in Deutschland 9
            (c) Fall 3: Gründung einer deutschen Gesellschaft mit Verwaltungssitz im Ausland 11
            (d) Fall 4: Die Gesellschaft wurde nach deutschem Recht gegründet und hat ihren Verwaltungssitz ins Ausland verlegt 11
            (c) Fall 5: Die Gesellschaft wurde nach ausländischem Recht gegründet und hat ihren Verwaltungssitz nach Deutschland verlegt 12
          (3) Nachteile der Sitztheorie 13
        dd) Die Gründungstheorie 13
        ee) Vermittelnde Theorien 14
        ff) Aktueller Stand: Weitergeltung der Sitztheorie im Verhältnis zu Drittstaaten 16
        gg) Ermittlung des tatsächlichen Verwaltungssitzes 18
          (1) Grundsatz 18
          (2) Indizien 19
          (3) Widerlegbare Vermutung und Beweislastregeln 21
          (4) Doppel- und Mehrfachsitz 22
          (5) Verwaltungssitz von Konzerngesellschaften 22
        hh) Subsidiäre Anwendung der Gründungstheorie 22
      c) Kein Verstoß der Sitztheorie gegen die Europäische Konvention zum Schutz der Menschenrechte und Grundfreiheiten vom 4. 11. 1950 (EMRK) 23
      d) Kein Verstoß der Sitztheorie gegen das GATS 23
      e) Regelanknüpfung für juristische Personen und sonstige Gebilde 24
        aa) Grundsatz 24
        bb) Die Einordnung bestimmter Gebilde 24
    3. Überblick über sonstige wichtige Kollisionsnormen 28
  II. Sonderregeln für Gesellschaften aus EU-Staaten 28
    1. Vorrang EG-rechtlicher Regelungen 28
    2. Das gescheiterte „Übereinkommen über die gegenseitige Anerkennung von Gesellschaften und juristischen Personen" vom 29. 2. 1968 28
    3. Regelung der Niederlassungsfreiheit für Gesellschaften im EG-Vertrag 29
    4. Rechtsprechung des EuGH zur Niederlassungsfreiheit der Gesellschaften 30
      a) Die Daily Mail-Entscheidung des EuGH vom 27. 9. 1988 30
      b) Die Centros-Entscheidung des EuGH vom 9. 3. 1999 32

Inhaltsverzeichnis

c) Die Überseering-Entscheidung des EuGH vom 5. 11. 2002 33
d) Die Inspire Art-Entscheidung des EuGH vom 30. 9. 2003 35
5. **Umsetzung der Vorgaben des EuGH durch die deutschen Gerichte** 37
  a) Deutsche Rechtsprechung in der Zeit zwischen Centros und Überseering 37
  b) Deutsche Rechtsprechung seit Überseering 38
6. **Umsetzung der Vorgaben des EuGH durch die Österreichischen Gerichte** 41
7. **Aktueller Stand und Ausblick: Entschiedene Fragen, Schlussfolgerungen und offene Fragen** 43
  a) Wesentliche entschiedene Fragen 44
    aa) Niederlassungsfreiheit der Gesellschaften – Anwendungsbereich und Folgerungen 44
    bb) Beschränkungen der Niederlassungsfreiheit 44
  b) Offene Fragen und Schlussfolgerungen 45
    aa) Kollisionsrechtlicher Charakter der Niederlassungsfreiheit 45
    bb) Derzeitige Anwendungsbereiche von Gründungs- und Sitztheorie 45
      (1) Gesellschaften, die keinen Erwerbszweck verfolgen 46
      (2) Personenvereinigungen ohne eigene Rechtspersönlichkeit 46
      (3) Schein-EU-Gesellschaften (pseudo EU corporations) 47
      (4) Gründung von Auslandsgesellschaften, die von Anfang an ihren tatsächlichen Verwaltungssitz im Inland haben 47
      (5) Zuzug (Verlegung des tatsächlichen Verwaltungssitzes ins Inland) von Gesellschaften aus Mitgliedstaaten, die der Sitztheorie folgen 48
      (6) Wegzug (Verlegung des tatsächlichen Verwaltungssitzes ins Ausland) 49
    cc) Geltung der Einheitslehre – Sonderanknüpfungen 50
      (1) Grundsatz der einheitlichen Anwendung des ausländischen Gesellschaftsstatuts auf ausländische Gesellschaften mit tatsächlichem Verwaltungssitz im Inland 50
      (2) Rechtfertigung von Sonderanknüpfungen oder Sondervorschriften 51
    dd) Wettbewerb der Gesellschaftsrechte, Vor- und Nachteile der englischen Ltd.; Reformbedarf für das deutsche Gesellschaftsrecht 52

III. **Sonderregeln für Gesellschaften aus Mitgliedstaaten des Europäischen Wirtschaftsraums (EWR)** 54

IV. **Sonderregeln für Gesellschaften aus Drittstaaten aufgrund von bilateralen Staatsverträgen** 55
  1. **Rang staatsvertraglicher Regelungen im Verhältnis zum autonomen deutschen Recht und im Verhältnis zu Europäischem Recht** 55
  2. **Das gescheiterte Haager Übereinkommen über die Anerkennung der Rechtspersönlichkeit von ausländischen Gesellschaften, anderen Personenverbindungen und Stiftungen vom 31. 10. 1951** 55
  3. **Anerkennung von Gesellschaften aufgrund des Freundschafts-, Handels- und Schifffahrtsvertrags zwischen der Bundesrepublik Deutschland und den Vereinigten Staaten von Amerika vom 29. 10. 1954** 56
    a) Voraussetzungen und Schranken der Anerkennung 56
      aa) Wirksame Gründung und Fortbestehen im Gründungsstaat 56
      bb) Genuine Link als Anerkennungsvoraussetzung? 57
      cc) Ordre Public als Anerkennungsvoraussetzung? 59
    b) Rechtsfolgen der Anerkennung 59
    c) Konsequenzen der Anerkennung im Steuerrecht: das Urteil des BFH vom 29. 1. 2003 60
  4. **Anerkennung von Gesellschaften aufgrund des Niederlassungsvertrags zwischen der Bundesrepublik Deutschland und Spanien vom 23. 4. 1970** 61
  5. **Anerkennung von Gesellschaften aufgrund des Handels- und Schifffahrtsvertrags zwischen dem Deutschen Reich und Irland vom 12. 5. 1930** 61
  6. **Anerkennung von Gesellschaften aufgrund der Freundschafts- und Niederlassungsabkommen mit der Dominikanischen Republik, Frankreich, Griechenland, Iran, Italien, Japan, den Niederlanden und der Türkei** 62
  7. **Die Anerkennung von Gesellschaften aufgrund von bilateralen Kapitalanlage- und Kapitalschutzabkommen** 63

Inhaltsverzeichnis

C. Für Gesellschaften relevant Sachverhalte mit Auslandsberührung *(Spahlinger/ Wegen)* 67

   I. Grundsatz 67

   II. Gründung der Gesellschaft 67
     a) Vorgründungsphase 67
     b) Errichtungsphase 68

   III. Rechtsfähigkeit 69
     1. Allgemeine Rechtsfähigkeit 69
     2. Besondere Rechtsfähigkeiten 71
       a) Erwerb von Gesellschaftsanteilen an anderen Gesellschaften 71
       b) Grenzüberschreitende Typenvermischung 72
         aa) Zulässigkeit der Typenvermischung 72
         bb) Firmierung und Publizität der Vertretungsmacht 73
       c) Organfähigkeit 74
       d) Wechsel- und Scheckfähigkeit 75
       e) Anleihefähigkeit 75
     3. Existenznachweis (Nachweis der Rechts- und Parteifähigkeit) 76

   IV. Geschäftsfähigkeit und Vertretung der Gesellschaft 76
     1. Organschaftliche Vertretung 76
     2. Vollmacht 76
     3. Nachweis der Vertretungsmacht und Rechtsfolgen der Vertretung ohne Vertretungsmacht 77

   V. Partei- und Prozessfähigkeit 78
     1. Parteifähigkeit 78
     2. Prozessfähigkeit 79

   VI. Innere Verfassung, Mitbestimmung 79
     1. Überblick 79
     2. Unternehmerische Mitbestimmung 80
       a) Abgrenzung zur betrieblichen Mitbestimmung 80
       b) Grundsatz der Anknüpfung an das Gesellschaftsstatut 80
       c) Literaturansichten zur Sonderanknüpfung 80
       d) Behandlung von Arbeitnehmern ausländischer Tochtergesellschaften und Zweigniederlassungen in deutschen Konzernen 81
       e) Behandlung von Arbeitnehmern deutscher Zweigniederlassungen ausländischer Gesellschaften 82
       f) Grenzüberschreitende Konzerne 83

   VII. Kapitalausstattung und Kapitalersatz 84
     1. Kapitalersatz 84
     2. Anwendbarkeit der deutschen Bestimmungen über Kapitalausstattung und Kapitalersatz auf ausländische Gesellschaften mit tatsächlichem Verwaltungssitz im Inland? 85

   VIII. Schuldrechtliche Nebenabreden der Gesellschafter 86
     1. Grundsatz 86
     2. Eingriffe in die Gesellschaftsstruktur 87

   IX. Übertragung und Belastung von Gesellschaftsanteilen 88

   X. Haftung (insbesondere Durchgriffshaftung) 89
     1. Allgemeines 89
       a) Gesellschaftsrechtliche Haftungstatbestände 89
       b) Nicht gesellschaftsrechtliche Haftungstatbestände 90
       c) Verkehrsschutzgesichtspunkte 90
     2. Durchgriffshaftung der Gesellschafter 90
       a) Grundsatz 90
         aa) Literaturansichten 90
         bb) Rechtsprechung 92
       b) Rechtsumgehungstatbestände 92
       c) Doppelter Haftungsdurchgriff 92

Inhaltsverzeichnis

3. Ausgewählte Haftungstatbestände 93
  a) Materielle Unterkapitalisierung 93
  b) Vermögensvermischung 93
  c) Existenzvernichtender Eingriff 93
  d) Rechtsscheinhaftung 95
  e) Haftung wegen Insolvenzverschleppung und Haftung gemäß § 64 Abs. 2
     GmbHG, §§ 92 Abs. 3, 93 Abs. 3 Nr. 6 AktG 96
  f) Stellvertretereigenhaftung 96
  g) Haftung wegen Verletzung fremden Eigentumsvorbehalts 96
  h) Action en comblement du passif nach französischem Recht 97
4. Umgekehrter Durchgriff auf das Vermögen der Gesellschaft 97

XI. Abgrenzung zwischen Gesellschaftsstatut und Deliktsstatut 98
  1. Vorliegen einer unerlaubten Handlung und Haftung des Gesellschaftsor-
     gans 98
  2. Deliktsfähigkeit der Gesellschaft 98
  3. Nach dem Gesellschaftsstatut zu ermittelnde Vorfragen 98

XII. Grenzüberschreitende Konzerne und Unternehmensgruppen 99
  1. Einführung 99
     a) Unterordnungskonzern, Gleichordnungskonzern, Vertragskonzern, faktischer
        Konzern 99
     b) Rechtlicher Rahmen auf internationaler und EU-Ebene 99
     c) Die Regelung grenzüberschreitender Konzernsachverhalte im deutschen Recht 100
  2. Grenzüberschreitender Unterordnungskonzern 101
     a) Kollisionsrechtliche Regeln 101
     b) Grenzüberschreitende Beherrschungs- und Gewinnabführungsverträge 102
        aa) Zulässigkeit nach deutschem Sachrecht 102
        bb) Kollisionsrecht 102
        cc) Das für grenzüberschreitende Gewinnabführungs- und Beherrschungsverträ-
            ge maßgebliche deutsche Sachrecht; Vertragsgestaltung und Umsetzung in
            der Praxis 103
        dd) Steuerliche Überlegungen (Witt) 105
     c) Andere Unternehmensverträge 106
     d) Faktischer Konzern 106
     e) Ausländische Gesellschaften mit Verwaltungssitz in Deutschland als Konzernge-
        sellschaft 107
     f) Deutsche Gesellschaften mit Verwaltungssitz im Ausland als Konzerngesellschaft 108
  3. Grenzüberschreitender Gleichordnungskonzern – Dual Headed Structure ... 108
     a) Praktische Bedeutung; Vor- und Nachteile 108
     b) Konstruktion; kollisionsrechtliche Behandlung und Überblick über sachrecht-
        liche Schwierigkeiten nach deutschem Recht 109
  4. Aktienrechtliche Grenzen zulässiger Konzernverflechtung 112
     a) Übernahme-, Erwerbs- und Besitzverbote gemäß §§ 56 Abs. 2 und 71 d Satz 2
        AktG 112
     b) Nichtigkeit von Stimmbindungsverträgen gemäß § 136 Abs. 2 Satz 1 AktG 113
     c) Bestellung des Aufsichtsrats 114
  5. Mitteilungs- und Informationspflichten 114
  6. Besondere Vorschriften für Rechtsbeziehungen im grenzüberschreitenden
     Konzern 115
     a) Dokumentationspflichten/Verrechnungspreise 115
     b) Datenaustausch 115
        aa) Arbeitnehmerdaten 116
        bb) Kundendaten 116
     c) Mitbestimmung 117
  7. Besondere Konzernhaftungstatbestände 117
     a) Konzernhaftung im EU-Wettbewerbsrecht 117
     b) Konzernhaftung gemäß BBodSchG 117
  8. Internationale Gerichtszuständigkeit für Konzernhaftungsansprüche 117
     a) Konzerninnenhaftung 118

Inhaltsverzeichnis

b) Konzernaußenhaftung 119
c) Konzernspezifische Organhaftung 120
9. Konzerninsolvenz 120
10. Die SE als Konzerngesellschaft 121

XIII. (Identitätswahrende) grenzüberschreitende Sitzverlegung 121
1. Außereuropäische Sitzverlegung 122
a) Verlegung des Verwaltungssitzes einer nach deutschem Recht gegründeten Gesellschaft ins Ausland 122
aa) Kollisionsrechtliche Behandlung 122
bb) Behandlung nach deutschem Sachrecht 122
b) Verlegung des Satzungssitzes einer nach deutschem Recht gegründeten Gesellschaft ins Ausland 124
c) Verlegung des Verwaltungssitzes und des Satzungssitzes einer nach deutschem Recht gegründeten Gesellschaft ins Ausland 125
d) Verlegung einer nach ausländischem Recht gegründeten Gesellschaft in die Bundesrepublik Deutschland 126
e) Verlegung des Verwaltungssitzes von einem ausländischen Staat in einen anderen 127
2. Grenzüberschreitende identitätswahrende Sitzverlegung innerhalb der Europäischen Union 127
a) Zuzugsfälle nach den Überseering- und Inspire Art-Entscheidungen des EuGH 127
b) Wegzugsfälle und Niederlassungsfreiheit 128
aa) Möglichkeiten zur Verlegung des Verwaltungssitzes unter Beibehaltung des (deutschen) Satzungssitzes 128
bb) Verlegung des Verwaltungssitzes und Niederlassungsfreiheit 128
cc) Verlegung des Satzungssitzes und Niederlassungsfreiheit 130
c) Der Vorentwurf eines Richtlinienvorschlags zur Verlegung des Gesellschaftssitzes innerhalb der EU 130
3. Steuerrechtliche Folgen der Sitzverlegung (Witt) 132
a) Ebene der Gesellschaft 133
aa) Voraussetzungen zur Anwendung der Schlussbesteuerung 133
bb) Rechtsfolgen der Schlussbesteuerung 134
cc) Zuzug von Gesellschaften 134
b) Ebene des Anteilseigners 135

XIV. Grenzüberschreitende Verschmelzung und Spaltung 135
1. Kollisionsrecht 135
2. Grenzüberschreitende Verschmelzungen und Spaltungen nach deutschem Sachrecht 137
a) Zulässigkeit der grenzüberschreitenden Verschmelzung und Spaltung 137
b) Anwendbares deutsches Sachrecht 138
3. Umwandlung einer österreichischen Kapitalgesellschaft durch Übertragung ihres Unternehmens auf ihren deutschen Hauptgesellschafter gemäß §§ 2 ff. öUmwG 138
4. Grenzüberschreitende Umwandlung oder Verschmelzung durch Vereinigung aller Gesellschaftsanteile in einer Hand 139
a) Vereinigung aller Gesellschaftsanteile an einer deutschen Personen- oder Personenhandelsgesellschaft in der Hand einer ausländischen Person 139
b) Vereinigung aller Gesellschaftsanteile an einer ausländischen Gesellschaft in der Hand einer deutschen Person 140
5. Im Ausland belegenes Vermögen 140
6. Der Entwurf einer Richtlinie des Europäischen Parlaments und des Rates über die grenzüberschreitende Verschmelzung von Kapitalgesellschaften (Verschmelzungsrichtlinie) 141
a) Rechtsetzungsverfahren und Ziele der Richtlinie 141
b) Überblick über den voraussichtlichen Inhalt der Richtlinie 142
7. Steuerrecht (Witt) 143
a) Europarechtliche Grundlagen 144

Inhaltsverzeichnis

b) Heraus-Verschmelzung 145
    aa) Steuerliche Folgen bei der Gesellschaft 145
    bb) Steuerliche Folgen beim Anteilseigner 145
c) Hinein-Verschmelzung 146

XV. Pflichten zur Anmeldung beim Handelsregister 146
  1. Kollisionsrechtliche Anknüpfung der Anmeldungspflicht 146
  2. Zweigniederlassungen 147
  3. Pflicht zur Anmeldung der Hauptniederlassung einer ausländischen Gesellschaft 148

XVI. Firmenrecht 149
  1. Kollisionsrechtliche Anknüpfung 149
  2. Zulässigkeit der Firma der Zweigniederlassung 149
  3. Die Firma einer Auslandgesellschaft 150

XVII. Haftung wegen Firmenfortführung 151

XVIII. Rechnungslegung und Abschlussprüfung 151
  1. Rechnungslegung inländischer Zweigniederlassungen 152
  2. Rechnungslegung von EU-Auslandsgesellschaften 152

XIX. Prokura und Handlungsvollmacht 153

XX. Kaufmannseigenschaft 154
  1. Kollisionsrechtliche Anknüpfung 154
  2. Kaufmannseigenschaft ausländischer Personen 155

XXI. Kapitalmarktrechtlichte Sachverhalte 156
  1. Einheitliche kapitalmarktrechtliche Kollisionsnorm? 156
  2. Kapitalmarktrechtliche Mitteilungspflichten 157
  3. Insiderrecht 158
    a) § 1 Abs. 2 WpHG als zivilrechtliche Kollisionsnorm 158
    b) § 1 Abs. 2 WpHG als verwaltungsrechtliche Kollisionsnorm 159
    c) Straf- und Ordnungswidrigkeitenrecht 159
  4. Übernahmeangebote 160
    a) Der internationale Anwendungsbereich des WpÜG 160
    b) Kollisionsrecht der Unternehmensübernahmen 161
    c) Kollisionsrechtliche Regelungen der Übernahmerichtlinie 162

XXII. Fremdenrecht 163
  1. Allgemeines 163
  2. Inländische Zweigniederlassung eines ausländischen Unternehmens 164
    a) Erforderliche Genehmigungen 164
    b) Registerrecht 164
      aa) Allgemeines 164
      bb) Internationale Zuständigkeit und anwendbares Recht 165
      cc) Zur Anmeldung verpflichtete Personen und Inhalt der Anmeldung 166
      dd) Prüfungsrechte des Registergerichts 167
      ee) Weitere anmeldpflichtige Vorgänge 168
      ff) Wirkungen der Eintragung 168
      gg) Durchsetzungsmöglichkeiten der Anmeldung 168
      hh) Weitere eintragungsfähige Tatsachen 168
    c) Auftreten der eingetragenen Zweigniederlassung im Geschäftsverkehr 168
    d) Rechnungslegungspflichten der Zweigniederlassung 169
    e) Checklisten zur Errichtung einer Zweigniederlassung in Deutschland 169
      aa) Checkliste zur Errichtung einer Zweigniederlassung in Deutschland einer ausländischen Gesellschaft, die einer deutschen GmbH entspricht 169
      bb) Checkliste zur Errichtung einer Zweigniederlassung in Deutschland einer ausländischen Gesellschaft, die einer deutschen AG entspricht 171
  3. Ausländer als Organmitglieder ausländischer Gesellschaften 173
    a) Ausländische Staatsangehörigkeit 173
    b) Wohnsitz 173

XXIII. Formfragen, Beurkundungen, Beglaubigungen 174
  1. Anwendbarkeit von Art. 11 EGBGB 175

Inhaltsverzeichnis

2. Zuständigkeit deutscher Notare und Behörden für Beurkundungen und Beglaubigungen im In- und Ausland 176
3. Einhaltung deutscher Formvorschriften durch ausländische Notare 177
4. Einzelne Sachverhalte und praktische Aspekte 178
   a) Rechtsgeschäfte mit unmittelbarem Bezug zur Gesellschaftsverfassung 178
   b) Verkauf und Abtretung von GmbH-Geschäftsanteilen 178
   c) Verkauf und Übertragung von Gesellschaftsanteilen an einer ausländischen GmbH nach deutschem Recht oder in Deutschland 180
   d) Bestellung eines GmbH-Geschäftsführers, der sich im Ausland befindet 181
   e) Gesellschafterversammlung im Ausland 182
   f) Existenz- und Vertretungsnachweise 182
   g) Urkunden in ausländischer Sprache 183
   h) Bezugnahme auf ausländische Urkunden 183
   i) Verwendung ausländischer Urkunden; Legalisation und Apostille 183
      aa) Legalisation 183
      bb) Entbehrlichkeit der Legalisation aufgrund von Staatsverträgen 184
      cc) Haager Übereinkommen zur Befreiung ausländischer öffentlicher Urkunden von der Legalisation vom 5. 10. 1961 184
      dd) Verzeichnis der Vertragsstaaten des Haager Übereinkommens zur Befreiung ausländischer öffentlicher Urkunden von der Legalisation – Stand 14. 6. 2005 184

XXIV. Auflösung, Abwicklung, Beendigung 187

XXV. Insolvenz der Gesellschaft 188
1. **Maßgeblichkeit des Internationalen Insolvenzrechts; Rechtsquellen** 188
2. **EuInsVO** 190
   a) Grundstruktur der EuInsVO; Haupt-, Partikular- und Sekundärinsolvenzverfahren 190
   b) Anwendungsbereich der EuInsVO 190
   c) Hauptinsolvenzverfahren 191
      aa) Internationale Zuständigkeit gemäß Art. 3 Abs. 1 EuInsVO 191
         (1) Bestimmung des Mittelpunkts der hauptsächlichen Interessen des Schuldners 191
         (2) Weitere Einzelfragen zur internationalen Zuständigkeit 193
      bb) Örtliche Zuständigkeit 195
      cc) Anerkennung und ihre Wirkung 195
         (1) Voraussetzungen 195
         (2) Wirkungen 195
      dd) Unterrichtung der Gläubiger und Anmeldung ihrer Forderungen 196
   d) Sekundärinsolvenzverfahren 196
      aa) Zulässigkeit des Sekundärinsolvenzverfahrens 196
      bb) Durchführung des Sekundärinsolvenzverfahrens und Verhältnis zum Hauptinsolvenzverfahren 197
   e) Art. 102 EGInsO, Durchführung der EuInsVO 198
   f) Insolvenz ausländischer Gesellschaften, die den Mittelpunkt ihrer hauptsächlichen Interessen im Inland haben 198
      aa) Insolvenzfähigkeit 199
      bb) Eröffnungsgründe 199
      cc) Insolvenzantrag: Antragsrecht und Antragspflicht 199
      dd) Haftung wegen Insolvenzverschleppung und Haftung gemäß § 64 Abs. 2 GmbHG, §§ 92 Abs. 3, 93 Abs. 3 Nr. 6 AktG 200
      ee) Strafrechtliche Verantwortlichkeit im Insolvenzfall; insbesondere: Strafbarkeit wegen Insolvenzverschleppung 202
      ff) Verfahrenseröffnung, Verfahrensablauf und Verfahrensbeendigung 202
      gg) Keine Haftung wegen existenzvernichtendem Eingriff und keine Anwendung der Eigenkapitalersatzregeln 202
3. **Autonomes deutsches Internationales Insolvenzrecht** 202
   a) Anwendungsbereich der §§ 335 ff. InsO 202
   b) Internationale Zuständigkeit 203
   c) Anwendbares Recht 203

Inhaltsverzeichnis

d) Anerkennung ausländischer Insolvenzverfahren 203
e) Partikular- und Sekundärinsolvenzverfahren 204
    4. Insolvenz einer ausländischen Gesellschaft mit (Zweig-)Niederlassung in Deutschland 204
XXVI. Gesellschaftsrechtliche Straf- und Ordnungsvorschriften 205
XXVII. Internationale Gerichtszuständigkeit für gesellschaftsrechtliche Streitigkeiten 206
    1. Ausschließliche und besondere Zuständigkeiten gemäß EuGVVO, EuGVÜ und LugÜ 206
        a) Ausschließliche Zuständigkeiten nach Art. 22 Nr. 2 Satz 1 EuGVVO und Art. 16 Nr. 2 EuGVÜ und LugÜ 206
        b) Besondere Zuständigkeiten 207
            aa) Einzelheiten zum Gerichtsstand des vertraglichen Erfüllungsortes, Art. 5 Nr. 1 EuGVVO, EuGVÜ und LugÜ 208
            bb) Einzelheiten zum Gerichtsstand der unerlaubten Handlung, Art. 5 Nr. 3 EuGVVO, EuGVÜ und LugÜ 208
            cc) Einzelheiten zum Gerichtsstand der Niederlassung, Art. 5 Nr. 5 EuGVVO, EuGVÜ und LugÜ 209
    2. Besondere Zuständigkeiten in der ZPO 209
        a) Besonderer Gerichtsstand der Mitgliedschaft, § 22 ZPO 209
        b) Sonstige besondere Gerichtsstände 210
            aa) Besonderer Gerichtsstand des Erfüllungsortes, § 29 ZPO 210
            bb) Besonderer Gerichtsstand der unerlaubten Handlung, § 32 ZPO 210
            cc) Besonderer Gerichtsstand der Niederlassung, § 21 ZPO 210

D. Grundlagen des Europäischen Unternehmensrechts, EWIV und Europäische Gesellschaft (SE) *(Wendt)* 211
I. Einleitung 211
    1. Gegenstand des Europäischen Unternehmensrechts 211
        a) Begriff des Europäischen Unternehmensrechts 211
        b) Rechtsquellen des Europäischen Unternehmensrechts 211
            aa) Primärrecht 211
            bb) Sekundärrecht 212
    2. Rechts- und Ermächtigungsgrundlagen des EG-Vertrages 212
        a) Art. 44 Abs. 1, Abs. 2 lit. g EG 213
        b) Art. 95 EG 214
        c) Art. 293 EG 214
        d) Art. 308 EG 214
II. Verabschiedete gesellschaftsrechtliche Abkommen, Verordnungen und Richtlinien 215
    1. Gesellschaftsrechtliche Richtlinien 215
        a) Publizitätsrichtlinie 215
        b) Kapitalrichtlinie 216
        c) Bilanzrichtlinie 217
        d) Konzernrechnungsrichtlinie 217
        e) Prüferbefähigungsrichtlinie 218
        f) Fusionsrichtlinie 218
        g) Spaltungsrichtlinie 218
        h) Zweigniederlassungsrichtlinie 219
        i) Einpersonengesellschaftsrichtlinie 219
        j) Übernahmerichtlinie 220
            aa) Historie 220
            bb) Die einzelnen Regelungen 221
            cc) Änderungsbedarf im Hinblick auf das WpÜG 223
                (1) Anwendungsbereich 223
                    (a) Personaler und sachlicher Anwendungsbereich 223
                    (b) Auswirkung der Zuständigkeitsregelungen auf den Anwendungsbereich 223
                (2) Kontrollerwerb, Auslösung und Inhalt des Pflichtangebot 224
                    (a) Acting in Concert 224
                    (b) Teilangebote 224

Inhaltsverzeichnis

  (c) Inhalt des Angebots 224
  (d) Gegenleistung 225
 (3) Transparenz 225
 (4) Neutralitätspflicht des Leitungsorgans der Zielgesellschaft; opt-in und opt-out, Art. 9 Abs. 1 und 2; Art. 12 RiL 225
 (5) Durchgriffsregelung 225
 (6) Übernahmespezifisches Squeeze-out und Sell-out 225
  (a) Squeeze-out 226
  (b) Sell-out 226
 (7) Stellungnahme des Leitungs- bzw. Verwaltungsorgans, Art. 9 Abs. 5 Satz 1 RL   226
 (8) Unterrichtung und Anhörung der Arbeitnehmervertreter 226
2. Europäisches Einheitsrecht 226
 a) Europäische Wirtschaftliche Interessenvereinigung (EWIV) 226
  aa) Historie 226
  bb) Normenhierarchie/Anknüpfungsleiter 227
  cc) Grundstruktur, Einzelfragen 227
   (1) Zweck: Hilfsfunktion 227
   (2) Mitglieder 229
   (3) Gründung 229
   (4) Rechte der Mitglieder 231
   (5) Pflichten der Mitglieder 232
   (6) Beschlussfassung 233
   (7) Mitgliederwechsel 233
   (8) Organe 234
   (9) Haftung 235
 b) Europäische Aktiengesellschaft (SE) 235
  aa) Historie 235
  bb) Normenhierarchie/Anknüpfungsleiter 237
  cc) Grundstruktur der SE 237
   (1) Rechtsfähigkeit und Firma der SE 237
   (2) Gezeichnetes Kapital 238
  dd) Gründung der SE 238
   (1) SE-Gründung durch Verschmelzung 238
    (a) An der Verschmelzung beteiligte Gesellschaften 239
    (b) Verschmelzungsplan und Abfindung 239
    (c) Sachverständige 239
    (d) Zustimmung der Hauptversammlungen 239
    (e) Bescheinigung über Vorliegen der Gründungsvoraussetzungen 240
    (f) Verfahren zur Überprüfung von Umtauschverhältnis oder Abfindung 240
    (g) Gläubigerschutz 240
    (h) Sitz der SE 240
    (i) Einspruchsmöglichkeit für Mitgliedstaaten 241
   (2) SE-Gründung durch Gründung einer Holding-SE 241
    (a) An der Gründung der Holding-SE beteiligte Gesellschaften 241
    (b) Gründungsplan und Abfindung 241
    (c) Sachverständige 241
    (d) Zustimmung der Gesellschafterversammlungen 242
    (e) Erklärungsfrist für Gesellschafter 242
    (f) Verfahren zur Überprüfung von Umtauschverhältnis oder Abfindung 242
   (3) Gründung einer Tochter-SE 242
   (4) SE-Gründung durch Umwandlung einer bestehenden Aktiengesellschaft 243
    (a) Umwandlungsplan 243
    (b) Sachverständige 243
    (c) Zustimmung der Hauptversammlung 243
    (d) Zustimmung des mitbestimmten Organs 243
   (5) Sekundäre Gründung: Gründung einer Tochter-SE durch Mutter-SE 243
  ee) Sitz der SE 243
  ff) Organe der SE 244
   (1) Hauptversammlung 244

Inhaltsverzeichnis

(2) Dualistisches System 244
(3) Monistisches System 245
(4) Gemeinsame Vorschriften für dualistisches und monistisches System 246
gg) Unternehmerische Mitbestimmung 246
    (1) Ausgangspunkt: Mitbestimmungsvereinbarung 246
       (a) Zusammensetzung des besonderen Verhandlungsgremiums 246
       (b) Bestellung der Vertreter für das besondere Verhandlungsgremium 247
       (c) Beschlussfassung im besonderen Verhandlungsgremium über die Mitbe-
          stimmungsvereinbarung 247
    (2) Beschlussfassung, keine Verhandlungen aufzunehmen oder Verhandlungen
       abzubrechen 248
    (3) Auffangregelung 248
       (a) Eingreifen der Auffangregelung 248
       (b) Gliederung der Auffangregelung 249
       (c) SE-Betriebsrat nach der Auffangregelung 249
       (d) Unternehmerische Mitbestimmung nach der Auffangregelung 249
hh) Steuerrechtliche Behandlung der SE 250
ii) SE und Pflichtangebot 250
jj) Konzernrecht 250
    (1) Konzernrechtliches Berichts- und Prüfungssystem uneingeschränkt anwendbar 251
    (2) SE als herrschendes Unternehmen zulässig 251
    (3) SE als beherrschtes Unternehmen zulässig 251
       (a) SE als beherrschtes Unternehmen im Vertragskonzern zulässig 251
       (b) SE als beherrschtes Unternehmen im faktischen Konzern zulässig 252
kk) Kriterien für die Wahl der Rechtsform SE 252
    (1) Einheitliche Rechtsform 252
    (2) Sitzverlegungsmöglichkeit 252
    (3) Monistisches System 252
    (4) Europäische Identität 253
    (5) Mindestkapital 253
    (6) Kostenreduzierung 253
    (7) Möglichkeit grenzüberschreitender Verschmelzung 253
c) Europäische Genossenschaft (SCE) 253
aa) Historie 253
bb) Überblick 254
cc) Wesen der SCE 254
dd) Gründung 254
ee) Organe 255

III. Projekte 255
  1. Richtlinien zur Angleichung der nationalen Gesellschaftsrechte (Vorentwürfe,
  Vorschläge) 255
    a) Vorschlag für eine fünfte Richtlinie über die „Struktur der Aktiengesellschaft" sowie
    die Befugnisse und Verpflichtungen ihrer Organe (Strukturrichtlinie) 255
    aa) Historie 255
    bb) Wesentlicher Inhalt 256
    cc) Einzelheiten 256
       (1) Verwaltung der Gesellschaft 256
          (a) Leitungs- und Aufsichtsorgan im dualistischen System 256
          (b) Monistisches System 257
       (2) Zustimmungsbedürftige Geschäfte 258
       (3) Vermeidung von Interessenkonflikten 258
       (4) Rechte und Pflichten von Organmitgliedern 259
       (5) Haftung gegenüber der Gesellschaft 259
       (6) Beteiligung der Arbeitnehmer 260
    dd) Regelungen zur Hauptversammlung 261
       (1) Zuständigkeiten der Hauptversammlung 261
       (2) Einberufung 261
       (3) Teilnahmerecht 262

Inhaltsverzeichnis

(4) Auskunftsrecht 262
(5) Stimmrecht 262
ee) Jahresabschluss 263
ff) Sonstige Bestimmungen 264
b) Vorschlag für eine neunte Richtlinie „Über die Verbindungen zwischen Unternehmen, insbesondere über Konzerne" (Konzernrechtsrichtlinie) 264
   aa) Historie 264
   bb) Inhalt 264
     (1) Vertragskonzern und Eingliederung 264
     (2) Faktischer Konzern und abhängige Gesellschaft 265
     (3) Mitteilungspflichten 265
     (4) Erwerbspflicht 265
c) Vorentwurf für eine Richtlinie über die Auflösung und Abwicklung von Aktiengesellschaften, Kommanditgesellschaften auf Aktien und Gesellschaften mit beschränkter Haftung (Liquidationsrichtlinie) 265
   aa) Historie 266
   bb) Wesentlicher Inhalt 266
     (1) Anwendungsbereich 266
     (2) Auflösung der Gesellschaft 266
     (3) Liquidation 267
     (4) Abwicklungsverfahren 267
d) Weitere Projekte 268
2. Europäisches Einheitsrecht (Vorentwürfe, Vorschläge) 268
a) Europäischer Verein (AE) 268
   aa) Historie 268
   bb) Zweck, Grundstruktur 268
b) Europäische Gegenseitigkeitsgesellschaft (ME) 269
   aa) Historie 260
   bb) Zweck und Anwendungsbereich der ME 270
   cc) Struktur der ME 270
E. Ausländisches Recht (Spahlinger/Wegen) 273
  I. Vergleichender Überblick: Grundinformationen über das Gesellschaftsrecht in den USA, England, den Niederlanden, Frankreich, Schweiz, Österreich, Spanien, Kanada, Italien und Japan 273
    1. USA 273
    a) Häufig genutzte Gesellschaftsformen 273
    b) Erforderliche Zeit für eine Gründung 273
    c) Notwendige Schritte für die Gründung 273
    d) Mindestkapital 274
    e) Notwendige Organe der Gesellschaft einschließlich Angabe der Mindestzahl der Personen in Geschäftsführungs- bzw. Verwaltungsorganen 274
    f) Börsenzulassung 274
    g) Wesentliche Steuern, die auf die Gesellschaft Anwendung finden und Angabe der anwendbaren Steuersätze 274
    h) Weitere Besonderheiten 275
    i) Weiterführende Literatur zum Gesellschaftsrecht dieses Landes und den häufig genutzten Gesellschaftsformen 276
    j) Kollisionsregel des Internationalen Gesellschaftsrecht: Nach welchen Kriterien bestimmt sich, welches Recht auf eine Gesellschaft Anwendung findet? 276
    2. England 277
    a) Häufig genutzte Gesellschaftsformen 277
    b) Erforderliche Zeit für eine Gründung 277
    c) Notwendige Schritte für die Gründung 277
    d) Mindestkapital 277
    e) Notwendige Organe der Gesellschaft einschließlich Angabe der Mindestzahl der Personen in Geschäftsführungs- bzw. Verwaltungsorganen 277
    f) Börsenzulassung 278
    g) Wesentliche Steuern, die auf die Gesellschaft Anwendung finden und Angabe der anwendbaren Steuersätze 278

Inhaltsverzeichnis

h) Weiterführende Literatur zum Gesellschaftsrecht dieses Landes und den häufig genutzten Gesellschaftsformen 278

i) Kollisionsregel des Internationalen Gesellschaftsrecht: Nach welchen Kriterien bestimmt sich, welches Recht auf eine Gesellschaft Anwendung findet? 279

3. Niederlande 279

a) Häufig genutzte Gesellschaftsformen 279

b) Erforderliche Zeit für eine Gründung 279

c) Notwendige Schritte für die Gründung 279

d) Mindestkapital 279

e) Notwendige Organe der Gesellschaft einschließlich Angabe der Mindestzahl der Personen in Geschäftsführungs- bzw. Verwaltungsorganen 279

f) Börsenzulassung 280

g) Wesentliche Steuern, die auf die Gesellschaft Anwendung finden und Angabe der anwendbaren Steuersätze 280

h) Weitere Besonderheiten 280

i) Weiterführende Literatur zum Gesellschaftsrecht dieses Landes und den häufig genutzten Gesellschaftsformen 281

j) Kollisionsregel des Internationalen Gesellschaftsrecht: Nach welchen Kriterien bestimmt sich, welches Recht auf eine Gesellschaft Anwendung findet? 281

4. Frankreich 281

a) Häufig genutzte Gesellschaftsformen 281

b) Erforderliche Zeit für eine Gründung 281

c) Notwendige Schritte für die Gründung 281

d) Mindestkapital 282

e) Notwendige Organe der Gesellschaft einschließlich Angabe der Mindestzahl der Personen in Geschäftsführungs- bzw. Verwaltungsorganen 283

f) Börsenzulassung 283

g) Wesentliche Steuern, die auf die Gesellschaft Anwendung finden und Angabe der anwendbaren Steuersätze 283

h) Weiterführende Literatur zum Gesellschaftsrecht dieses Landes und den häufig genutzten Gesellschaftsformen 283

i) Kollisionsregel des Internationalen Gesellschaftsrecht: Nach welchen Kriterien bestimmt sich, welches Recht auf eine Gesellschaft Anwendung findet? 284

5. Schweiz 284

a) Häufig genutzte Gesellschaftsformen 284

b) Erforderliche Zeit für eine Gründung 284

c) Notwendige Schritte für die Gründung 284

d) Mindestkapital 285

e) Notwendige Organe der Gesellschaft einschließlich Angabe der Mindestzahl der Personen in Geschäftsführungs- bzw. Verwaltungsorganen 285

f) Börsenzulassung 285

g) Wesentliche Steuern, die auf die Gesellschaft Anwendung finden und Angabe der anwendbaren Steuersätze 285

h) Weitere Besonderheiten 286

i) Weiterführende Literatur zum Gesellschaftsrecht dieses Landes und den häufig genutzten Gesellschaftsformen 286

j) Kollisionsregel des Internationalen Gesellschaftsrecht: Nach welchen Kriterien bestimmt sich, welches Recht auf eine Gesellschaft Anwendung findet? 287

6. Österreich 287

a) Häufig genutzte Gesellschaftsformen 287

b) Erforderliche Zeit für eine Gründung 287

c) Notwendige Schritte für die Gründung 287

d) Mindestkapital 288

e) Notwendige Organe der Gesellschaft einschließlich Angabe der Mindestzahl der Personen in Geschäftsführungs- bzw. Verwaltungsorganen 288

f) Börsenzulassung 288

g) Wesentliche Steuern, die auf die Gesellschaft Anwendung finden und Angabe der anwendbaren Steuersätze 288

Inhaltsverzeichnis

h) Weiterführende Literatur zum Gesellschaftsrecht dieses Landes und den häufig ge-
nutzten Gesellschaftsformen 289
i) Kollisionsregel des Internationalen Gesellschaftsrecht: Nach welchen Kriterien be-
stimmt sich, welches Recht auf eine Gesellschaft Anwendung findet? 289

7. Spanien 289
  a) Häufig genutzte Gesellschaftsformen 289
  b) Erforderliche Zeit für eine Gründung 289
  c) Notwendige Schritte für die Gründung 289
  d) Mindestkapital 290
  e) Notwendige Organe der Gesellschaft einschließlich Angabe der Mindestzahl der
     Personen in Geschäftsführungs- bzw. Verwaltungsorganen 290
  f) Börsenzulassung 290
  g) Wesentliche Steuern, die auf die Gesellschaft Anwendung finden und Angabe der
     anwendbaren Steuersätze 291
  h) Weitere Besonderheiten 291
  i) Weiterführende Literatur zum Gesellschaftsrecht dieses Landes und den häufig ge-
     nutzten Gesellschaftsformen 294
  j) Kollisionsregel des Internationalen Gesellschaftsrecht: Nach welchen Kriterien be-
     stimmt sich, welches Recht auf eine Gesellschaft Anwendung findet? 294

8. Kanada 295
  a) Häufig genutzte Gesellschaftsformen 295
  b) Erforderliche Zeit für eine Gründung 295
  c) Notwendige Schritte für die Gründung 295
  d) Mindestkapital 296
  e) Notwendige Organe der Gesellschaft einschließlich Angabe der Mindestzahl der
     Personen in Geschäftsführungs- bzw. Verwaltungsorganen 296
  f) Börsenzulassung 296
  g) Wesentliche Steuern, die auf die Gesellschaft Anwendung finden und Angabe der
     anwendbaren Steuersätze 296
  h) Weitere Besonderheiten 296
  i) Weiterführende Literatur zum Gesellschaftsrecht dieses Landes und den häufig ge-
     nutzten Gesellschaftsformen 297
  j) Kollisionsregel des Internationalen Gesellschaftsrecht: Nach welchen Kriterien be-
     stimmt sich, welches Recht auf eine Gesellschaft Anwendung findet? 297

9. Italien 297
  a) Häufig genutzte Gesellschaftsformen 297
  b) Erforderliche Zeit für eine Gründung 298
  c) Notwendige Schritte für die Gründung 298
  d) Mindestkapital 299
  e) Notwendige Organe der Gesellschaft einschließlich Angabe der Mindestzahl der
     Personen in Geschäftsführungs- bzw. Verwaltungsorganen 299
  f) Börsenzulassung 300
  g) Wesentliche Steuern, die auf die Gesellschaft Anwendung finden und Angabe der
     anwendbaren Steuersätze 300
  h) Weitere Besonderheiten 300
  i) Weiterführende Literatur zum Gesellschaftsrecht dieses Landes und den häufig ge-
     nutzten Gesellschaftsformen 301
  j) Kollisionsregel des Internationalen Gesellschaftsrecht: Nach welchen Kriterien be-
     stimmt sich, welches Recht auf eine Gesellschaft Anwendung findet? 301

10. Japan 301
  a) Häufig genutzte Gesellschaftsformen 301
  b) Erforderliche Zeit für eine Gründung 301
  c) Notwendige Schritte für die Gründung 302
  d) Mindestkapital 303
  e) Notwendige Organe der Gesellschaft einschließlich Angabe der Mindestzahl der
     Personen in Geschäftsführungs- bzw. Verwaltungsorganen 303
  f) Börsenzulassung 303
  g) Wesentliche Steuern, die auf die Gesellschaft Anwendung finden und Angabe der
     anwendbaren Steuersätze 303

Inhaltsverzeichnis

h) Weitere Besonderheiten 304

i) Weiterführende Literatur zum Gesellschaftsrecht dieses Landes und den häufig genutzten Gesellschaftsformen 305

j) Kollisionsregel des Internationalen Gesellschaftsrecht: Nach welchen Kriterien bestimmt sich, welches Recht auf eine Gesellschaft Anwendung findet? 306

II. Ausführlichere Länderberichte 306

1. Gesellschaftsrecht der USA 306

a) Anwendbares Recht 306

b) Gesellschaftsformen 307

  aa) Corporation 308

    (1) Strukturmerkmale 308

    (2) Gründungsvorgang 308

    (3) Organe der Gesellschaft 309

      (a) Shareholders 309

      (b) Directors 309

      (c) Officers 311

  bb) General Partnership 311

  cc) Limited Partnership 311

  dd) Limited Liability Partnership 312

  ee) Limited Liability Company 312

2. Englisches Gesellschaftsrecht 313

a) Gesellschaftsformen 313

b) Quellen des Gesellschaftsrechts 313

c) Eigene Rechtspersönlichkeit 314

d) Beschränkte Haftung und Ausnahmen 314

e) Satzung der Gesellschaft 314

  (1) Memorandum of Association 314

  (2) Articles of Association 315

f) Gründung einer registered company 315

g) Organe der Gesellschaft 316

  (1) Board of directors 316

  (2) Haupt- bzw. Gesellschafterversammlung 316

h) Pflichten der directors 317

i) Durchsetzung der Pflichten der directors 318

j) Handlungen der Gesellschaft 319

k) Kapitalaufbringung und Kapitalerhaltung 319

3. Niederländisches Gesellschaftsrecht 320

a) Gründung 321

b) Eigenkapital 321

  aa) Beschränkungen der Übertragbarkeit von Anteilen 322

  bb) Ausschüttungen an Anteilseigner 322

  cc) Rückkauf von Anteilen 322

  dd) Kapitalaufbringung 322

c) Vorstand und Vertretung der Gesellschaft 322

d) Gesellschafter- bzw. Hauptversammlung 323

e) Aufsichtsrat 323

f) Betriebsrat 323

g) Schiedsordnung (Geschillenregeling) 324

  aa) Squeeze-out 324

  bb) Buy-out 324

h) Untersuchungsverfahren (Enquête) 324

i) Jahresabschluss 325

j) Große Gesellschaften 326

4. Französisches Gesellschaftsrecht 326

a) Häufig genutzte Gesellschaftsformen in Frankreich 326

  aa) Société Anonyme 327

    (1) Gründung einer SA 327

      (a) Satzung 327

(b) Zeichnung der Aktien 327
(2) Die Geschäftsführung einer SA 328
    (a) Verwaltungsrat und Generaldirektor 328
    (b) Aufsichtsrat und Vorstand 328
(3) Hauptversammlungen einer SA 329
(4) Beschränkungen der Übertragbarkeit von Aktien 329
(5) Rechnungsprüfer 329
bb) Sociétés à Responsabilité Limitée 329
(1) Gründung einer SARL 329
(2) Zeichnung der Geschäftsanteile 329
(3) Geschäftsführung der SARL 329
(4) Beschränkungen der Übertragbarkeit von Gesellschaftsanteilen 329
(5) Rechnungsprüfer 330
cc) Sociétés par Actions Simplifiées 330
(1) Gründung einer SAS 330
(2) Geschäftsführung einer SAS 330
(3) Hauptversammlung einer SAS 330
(4) Beschränkungen bezüglich der Übertragbarkeit von Aktien 330
(5) Rechnungsprüfer 331
b) Haftung der Geschäftsführer bei den in Frankreich am häufigsten genutzten Gesellschaftsformen 331
aa) Zivilrechtliche Haftung 331
(1) Haftung gegenüber den Anteilseignern der Gesellschaft 331
(2) Haftung gegenüber Dritten 331
(3) Mögliche Haftungsbeschränkungen 331
bb) Strafrechtliche Sanktionen 331
cc) Haftungsrelevante Fallkonstellationen 331
(1) Konkurs der Gesellschaft 331
(2) Arbeitsrecht 331
(3) Gesundheits- und Sicherheitsfragen 332
(4) Umweltrecht 332
(5) Steuern 332

III. Überblick über das internationale Gesellschaftsrecht ausländischer Staaten 332

F. Steuerliche Überlegungen zur Rechtsformwahl *(Witt)* 341

I. Wahl zwischen einer Kapital- oder Personengesellschaft im Ausland 341
1. Gestaltungsvorgaben 341
2. Besteuerung von ausländischen Tochterkapitalgesellschaften 342
  a) Besteuerung der Kapitalgesellschaft 342
  b) Besteuerung der Gesellschafter 342
3. Besteuerung von ausländischen Tochterpersonengesellschaften 344
  a) Sitzstaat der Personengesellschaft 344
  b) Sitzstaat der Gesellschafter 344
4. Qualifikation und Qualifikationskonflikte 345

II. Handeln durch eine ausländische Rechtsform im Inland 346

G. Corporate Governance *(Carl)* 347

I. Begriffsbestimmung, Standort und Funktion von Corporate Governance 347
1. Begriffsbestimmung 347
  a) Gesellschaftsrechtliche Definition 347
  b) Shareholder value und stakeholder value 347
  c) Kapitalmarktrechtliche Dimension 348
2. Entwicklung eines deutschen Corporate Governance Regelwerks 348

II. Der Deutsche Corporate Governance Kodex 349
1. Zielsetzung 349
2. Rechtliche Einordnung 349
3. Systematik des Kodex 350

Inhaltsverzeichnis

4. Schwerpunkte und neuralgische Empfehlungen des DCGK 350
   a) Aktionärsrechte 350
   b) Empfehlungen an Vorstandsmitglieder 351
   c) Empfehlungen an Aufsichtsratsmitglieder 351
   d) Vergütung der Organmitglieder 352
   e) Gesetzesauslegung im DCGK 352
5. Die unzureichende Berücksichtigung der konzernverbundenen AG im DCGK 353
   a) Informationsrechte des herrschenden Unternehmens 353
   b) Verschwiegenheitspflicht der Organmitglieder im Konzern 354
6. Die Entsprechenserklärung nach § 161 AktG 354
   a) Zuständigkeit 354
   b) Praktische Hinweise 355
   c) Aktualisierungspflicht 356
7. Akzeptanz des DCGK 356
8. Haftungsrisiken im Zusammenhang mit der Entsprechenserklärung 357
   a) Innenhaftung der Organmitglieder bei Nichtbeachtung von DCGK-Empfehlungen 357
   b) Außenhaftung der AG 357
9. Strafrechtliche Risiken bei fehlerhafter Entsprechenserklärung? 358
10. Auswirkungen fehlerhafter Entsprechenserklärungen auf Entlastungsbeschlüsse 359

III. Kapitalmarktrechtliche Vorschriften für Corporate Governance 359
1. Transparenz durch Mitteilungspflichten 359
   a) Ad-hoc-Mitteilungen 359
   b) Insiderverzeichnisse 360
   c) Directors' Dealings 360
2. Haftung des Emittenten bei verspäteter oder fehlerhafter Information 361
   a) Verspätete Veröffentlichung von Insiderinformation 361
   b) Veröffentlichung unwahrer Insiderinformation 361
   c) Persönliche Haftung der Organmitglieder 362

IV. Rechnungslegung als Bestandteil der Corporate Governance 362
1. Internationale Rechnungslegung 362
2. Kontrolle des Jahresabschlusses 363
   a) Bilanzkontrolle durch zweistufiges Verfahren 363
   b) Rechtsschutzmöglichkeiten 364
3. Unabhängigkeit des Abschlussprüfers 364

V. Corporate Governance in mittelständischen Unternehmen 366

VI. Europäische Corporate Governance 366
1. Überblick über nationale Regelungen 366
2. Stand der Diskussion auf europäischer Ebene 366
   a) Regelungstechnik 366
   b) Vergütung von Direktoren und Kontrolle durch die Aktionäre 367
   c) Unabhängigkeit der Aufsichtsratsmitglieder 369
   d) Einrichtung von Ausschüssen, insbesondere Prüfungsausschuss („Audit Committee") 370

VII. Sarbanes-Oxley Act – US-amerikanische Vorgaben und Umsetzungszwang für deutsche Gesellschaften 371
1. Anwendungsbereich 371
2. Überblick über wesentliche Einzelregelungen 372
   a) Erklärungen zu Jahresabschlüssen/Quartalsberichten 372
   b) Einrichtung von Kontroll- und Informationssystemen 373
   c) Off Balance Sheet Transactions 374
   d) Audit Committee 374
   e) Code of ethics 375
   f) Prüferkontrolle durch das Public Company Accounting Oversight Board ... 375
   g) Trennung von Abschlussprüfung und Beratung 375
   h) Berufsregeln für Rechtsanwälte 375

Inhaltsverzeichnis

H. Anhänge 377

Anhang I   Abkommen zwischen der Bundesrepublik Deutschland und dem Königreich Belgien über die Befreiung öffentlicher Urkunden von der Legalisation vom 13. 5. 1975 (Art. 1–10) 377

Anhang II   Deutsch-dänisches Beglaubigungsabkommen vom 17. 6. 1936 (Art. 1–7) 379

Anhang III   Abkommen zwischen der Bundesrepublik Deutschland und der Französischen Republik über die Befreiung öffentlicher Urkunden von der Legalisation vom 13. 9. 1971 (Art. 1–13) 381

Anhang IV   Abkommen zwischen dem Deutschen Reich und dem Königreich Griechenland über die gegenseitige Rechtshilfe in Angelegenheiten des bürgerlichen und Handels-Rechts vom 11. 5. 1938 (Art. 24) 383

Anhang V   Vertrag zwischen der Bundesrepublik Deutschland und der Italienischen Republik über den Verzicht auf die Legalisation von Urkunden vom 7. 6. 1969 (Art. 1–8) .. 384

Anhang VI   Bilateraler Beglaubigungsvertrag zwischen dem Deutschen Reiche und der Republik Österreich vom 21. 6. 1923 (Art. 1–4) 386

Anhang VII Vertrag zwischen dem Deutschen Reiche und der Schweiz über die Beglaubigung öffentlicher Urkunden vom 14. 2. 1997 (Art. 1–4) 387

Stichwortverzeichnis 389

Abkürzungsverzeichnis

a. A.	anderer Ansicht/anderer Auffassung
a. a. O.	am angegebenen Ort
ABl.	Amtsblatt der Europäischen Gemeinschaften
Abs.	Absatz
AC	Law Report: Appeal Cases
AE	Europäischer Verein
AG	Aktiengesellschaft/Die Aktiengesellschaft *(Zeitschrift)*/Amtsgericht
AHK	Außenhandelskammer
AktG	Aktiengesetz
a. M.	anderer Meinung
Anh.	Anhang
Anm.	Anmerkung
AO	Abgabenordnung
Art.	Artikel
AStG	Außensteuergesetz
Aufl.	Auflage
AusfG	Ausführungsgesetz
BaFin	Bundesanstalt für Finanzdienstleistungsaufsicht
BAG	Bundesarbeitsgericht
BAGE	Entscheidungen des Bundesarbeitsgerichts
BayObLG	Bayerisches Oberstes Landesgericht
Bay. Reg.Bl.	Bayerisches Regierungsblatt
BB	Der Betriebs-Berater
BBodSchG	Bundesbodenschutzgesetz
B. C. L. C.	Butterworths Company Law Cases
Bd.	Band
BDSG	Bundesdatenschutzgesetz
Beil.	Beilage
BetrVG	Betriebsverfassungsgesetz
BFH	Bundesfinanzhof
BFH/NV	Sammlung amtlich nicht veröffentlichter Entscheidungen des Bundesfinanzhofs
BGB	Bürgerliches Gesetzbuch
BGBl.	Bundesgesetzblatt
BGH	Bundesgerichtshof
BGHZ	Entscheidungen des Bundesgerichtshofes in Zivilsachen
BMF	Bundesministerium der Finanzen
BORME	Boletin Oficial del Registro Mercantil
BörsG	Börsengesetz
BR-Drucks.	Bundesrats-Drucksache
BStBl.	Bundessteuerblatt
BT-Drucks.	Bundestags-Drucksache
B. V.	Besloten Vennootschap
bzw.	beziehungsweise
CA	Court of Appeal
ca.	circa
CHF	Schweizer Franken
CIF	Código de Identificacion Fiscal
Co.	Company
Corp.	Corporation
CRM	Customer Relationship Management

Abkürzungsverzeichnis

CV	Commanditaire Vennootschap
DB	Der Betrieb
DBA	Doppelbesteuerungsabkommen
DBA-USA	Abkommen zwischen der Bundesrepublik Deutschland und den Vereinigten Staaten von Amerika zur Vermeidung der Doppelbesteuerung und zur Verhinderung der Steuerverkürzung auf dem Gebiet der Steuern vom Einkommen und vom Vermögen und einiger anderer Steuern
DCGK	Deutscher Corporate Governance Kodex
Der Konzern	*(Zeitschrift)*
ders.	derselbe
d. h.	das heißt
dies.	dieselbe/dieselben
DKK	Dänische Kronen
DNotZ	Deutsche Notar Zeitschrift
Dok.	Dokument
DrittelbetG	Gesetz über die Drittelbeteiligung der Arbeitnehmer im Aufsichtsrat
DStR	Deutsches Steuerrecht
DStZ	Deutsche Steuer-Zeitung
DuD	Datenschutz und Datensicherheit
DZWiR	Deutsche Zeitschrift für Wirtschafts- und Insolvenzrecht
EAGV	Vertrag über die Gründung der Europäischen Atomgemeinschaft vom 25. 3. 1957
EDV	Elektronische Datenverarbeitung
EFTA	European Free Trade Association
EG	Europäische Gemeinschaften/Vertrag zur Gründung der Europäischen Gemeinschaften vom 25. 3. 1957
EGBGB	Einführungsgesetz zum Bürgerlichen Gesetzbuch
EGInsO	Einführungsgesetz zur Insolvenzordnung
EG KSV	Vertrag über die Gründung der Europäischen Gemeinschaft für Kohle und Stahl vom 18. 4. 1951
Einf.	Einführung
Einl.	Einleitung
EL	Ergänzungslieferung
EMRK	Europäische Konvention zum Schutz der Menschenrechte
Erg.	Ergebnis
EStG	Einkommensteuergesetz
EU	Europäische Union
EuGH	Gerichtshof der Europäischen Gemeinschaften
EuGHE	Entscheidungen des Gerichtshof der Europäischen Gemeinschaften
EuGVÜ	Übereinkommen über die gerichtliche Zuständigkeit und die Vollstreckung gerichtlicher Entscheidungen in Zivil- und Handelssachen (BGBl. 1972 II S. 774), in der Fassung des 4. Beitrittsübereinkommens vom 26. 5. 1989 (BGBl. 1994 II S. 519)
EuGVVO	Verordnung (EG) Nr. 44/2001 des Rates vom 22. 12. 2000 über die gerichtliche Zuständigkeit und Anerkennung von Entscheidungen in Zivil- und Handelssachen (ABl. 2001 Nr. L 12/1 S. 1 ff.)
EuInsVO	Verordnung (EG) Nr. 1346/2000 des Rates vom 29. 5. 2000 über Insolvenzverfahren (ABl. 2000 Nr. L 160 S. 1 ff.)
EuLF	The European Legal Form
EUR	Euro
EuR	Europa-Recht
EuZVR	Europäische Zeitschrift für Verbraucherrecht
EuZW	Europäische Zeitschrift für Wirtschaftsrecht
EWG	Europäische Wirtschaftsgemeinschaft
EWiR	Entscheidungen zum Wirtschaftsrecht
EWIV	Europäische Wirtschaftliche Interessenvereinigung
EWIV-Ausführungsgesetz	Gesetz zur Ausführung der Verordnung (EWG) Nr. 2137/1985 des Rates vom 25. 7. 1985 über die Schaffung einer Europäischen wirtschaftlichen Interessenvereinigung

Abkürzungsverzeichnis

EWIV-VO	Verordnung (EWG) Nr. 2137/1985 des Rates vom 25. 7. 1985 über die Schaffung einer Europäischen wirtschaftlichen Interessenvereinigung (ABl. 1990 Nr. L 124 S. 52)
EWR	Europäischer Wirtschaftsraum
EWS	Europäisches Währungssystem/Europäisches Wirtschafts- und Steuerrecht
f., ff.	folgende
FG	Festgabe/Finanzgericht
FGG	Gesetz über die Angelegenheiten der freiwilligen Gerichtsbarkeit
Fn.	Fußnote
FR	Finanzrundschau
FRL	Richtlinie des Rates (EWG) Nr. 90/434 vom 23. 7. 1990 über das gemeinsame Steuersystem für Fusionen, Spaltungen, die Einbringung von Unternehmensteilen und den Austausch von Anteilen, die Gesellschaften verschiedener Mitgliedstaaten betreffen (Fusionsrichtlinie) (ABl. 1990 Nr. L 225 S. 1 ff.)
FS	Festschrift
GATS	General Agreement on Trade in Services
GBP	Britische Pfund
GbR	Gesellschaft bürgerlichen Rechts
GenG	Genossenschaftsgesetz
GewO	Gewerbe-Ordnung
GewStG	Gewerbesteuergesetz
GG	Grundgesetz
ggf.	gegebenenfalls
GmbH	Gesellschaft mit beschränkter Haftung
GmbHG	Gesetz betreffend die Gesellschaften mit beschränkter Haftung
GmbHR	GmbH-Rundschau
GPR	Zeitschrift für Gemeinschaftsprivatrecht
GTZ	Deutsche Gesellschaft für Technische Zusammenarbeit
GWB	Gesetz gegen Wettbewerbsbeschränkungen
HGB	Handelsgesetzbuch
h. M.	herrschende Meinung
Hrsg.	Herausgeber
HRV	Verordnung über die Einrichtung und Führung des Handelsregisters (Handelsregisterverordnung)
IFV	Investitionsförderungs- und -schutzverträge
IHK	Industrie- und Handelskammer
Inc.	Incorporated
InsO	Insolvenzordnung
Intern.	International
InvG	Investmentgesetz
IPR	Internationales Privatrecht
IPRax	Praxis des Internationalen Privat- und Verfahrensrechts
IPRG	Gesetz zum Internationalen Privatrecht
IPRspr.	Die deutsche Rechtsprechung auf dem Gebiete des internationalen Privatrechts
IRAP	Italienische Regionalsteuer für Produktionsaktivitäten
IStR	Internationales Steuerrecht
i. S. v.	im Sinne von
i. V. m.	in Verbindung mit
IWB	Internationale Wirtschaftsbriefe
IZPR	Internationales Zivilprozessrecht
J. O.	Journal officiel de la République française
JPY	Japanische Yen
Juris	Juristisches Informationssystem
JuS	Juristische Schulung
JZ	Juristen-Zeitung
KB	Law Reports, King's Bench
KG	Kommanditgesellschaft/Kammergericht

Abkürzungsverzeichnis

KGaA	Kommanditgesellschaft auf Aktien
K. K.	Kabushiki Kaisha
KOM	Kommissionsdokument
krit.	kritisch
KrWaffG	Kriegswaffenkontrollgesetz
KStG	Körperschaftsteuergesetz
KTS	Konkurs, Treuhand, Sanierung – Zeitschrift für Insolvenzrecht
KWG	Kreditwesengesetz
LG	Landgericht
LIFO	Last in first out
lit.	Buchstabe
Lit.	Literatur
LLC	Limited Liability Company
LLP	Limited Liability Partnership
LP	Limited Partnership
LS	Leitsatz
Ltd	Private Limited Company
LuftVG	Luftverkehrsgesetz
LugÜ	Lugano-Übereinkommen über die gerichtliche Zuständigkeit vom 16. 9. 1988 (BGBl. 1998 II S. 2658)
MDR	Monatsschrift für Deutsches Recht
ME	Europäische Gegenseitigkeitsgesellschaft
Mio.	Millionen
MitbestErgG	Mitbestimmungsergänzungsgesetz
MitbestG	Mitbestimmungsgesetz vom 4. 5. 1976
MittBayNot	Mitteilungen des Bayerischen Notarvereins, der Notarkasse und der Landesnotarkammer Bayern
MittBl. DAV	Mitteilungsblatt des Deutschen Anwaltvereins
Montan-MitbestG	Gesetz über die Mitbestimmung der Arbeitnehmer in den Aufsichtsräten und Vorständen der Unternehmen des Bergbaus und der Eisen und Stahl erzeugenden Industrie vom 21. 5. 1951
m. w. N.	mit weiteren Nachweisen
n.	Numéro
n. F.	neue Fassung
N. V.	Naamloze Vennootschap
NJW	Neue Juristische Wochenschrift
NJW-RR	Neue Juristische Wochenschrift – Rechtsprechungsreport
Nr.	Nummer
NuR	Natur und Recht
NYSE	New York Stock Exchange
NZA	Neue Zeitschrift für Arbeitsrecht
NZG	Neue Zeitschrift für Gesellschaftsrecht
NZI	Neue Zeitschrift für Insolvenz und Sanierung
OECD	Organisation for Economic Co-operation and Development
OECD-MA	OECD-Musterabkommen
öAktG	österreichisches Aktiengesetz
öGmbHG	Österreichisches GmbH-Gesetz
öHGB	Österreichisches Handelsgesetzbuch
öOHG	Österreichischer Oberster Gerichtshof
öUmwG	Österreichisches Umwandlungsgesetz
OFD	Oberfinanzdirektion
OGH	Oberster Gerichtshof
OHG	offene Handelsgesellschaft
OLG	Oberlandesgericht
OR	Obligationsrecht
OV	Openbare Vennootschap
OWiG	Gesetz über Ordnungswidrigkeiten
Plc	Public Limited Company
QB	Queen's Bench

Abkürzungsverzeichnis

RabelsZ	Zeitschrift für ausländisches und internationales Privatrecht
RDV	Recht der Datenverarbeitung
Rev. crit. dr. i. p.	Revue critique de droit international privé
RGZ	Entscheidungen des Reichsgerichts in Zivilsachen
RIW	Recht der Internationalen Wirtschaft
RL	Richtlinie
RL-E	Richtlinien-Entwurf
RL-V	Richtlinien-Vorschlag
RL-VE	Richtlinien-Vorentwurf
Rn.	Randnummer
RPfleger	Der deutsche Rechtspfleger
S.	Seite
SA	Société Anonyme, Sociedad anónima
SARL	Société à Responsabilité Limitée
SAS	Société par Actions Simplifiée
SCE	Europäische Genossenschaft
SCE-VO	Verordnung (EG) Nr. 1435/2003 des Rates vom 22. 7. 2003 über das Statut der Europäischen Genossenschaft (ABl. 2003 Nr. L 207 S. 1 ff.)
ScheckG	Scheckgesetz
SE	Europäische Aktiengesellschaft/Societas Europaea
SE-AG	Gesetz zur Ausführung der Verordnung (EG) Nr. 2157/2001 des Rates vom 8. 10. 2001 über das Statut der Europäischen Aktiengesellschaft (SE) vom 22. 12. 2004
SE-BG	Gesetz zur Umsetzung der Richtlinie 2001/86 /EG des Rates vom 8. 10. 2001 zur Ergänzung des Statuts der Europäischen Aktiengesellschaft (SE) hinsichtlich der Beteiligung der Arbeitnehmer
SEC	Securities and Exchange Commission
SE-RL	Richtlinie (EG) 2001/86 des Rates vom 8. 10. 2001 zur Ergänzung des Statuts der Europäischen Aktiengesellschaft (SE) hinsichtlich der Beteiligung der Arbeitnehmer (ABl. 2001 Nr. L 294 S. 22 ff.)
SL	Sociedad de responsabilidad limitada
sog.	sogenannt
S. p. a.	Società per azioni
S. r. l.	Società a responsabilità limitata
Stetson L. Rev.	Stetson Law Review
StGB	Strafgesetzbuch
Syst. Darst.	Systematische Darstellung
Tz.	Textziffer
u. a.	unter anderem
ULC	Unlimited Liability Corporation
UmgrStG	Umgründungssteuergesetz
UmwG	Umwandlungsgesetz
UmwStG	Umwandlungssteuergesetz
Unterabs.	Unterabsatz
v.	versus
v. a.	vor allem
VAG	Versicherungsaufsichtsgesetz
VereinsG	Gesetz zur Regelung des öffentlichen Vereinsrechts
VersR	Privatversicherungsrecht
vgl.	vergleiche
VO	Verordnung
VOF	Vennootschap onder Firma
Vorb.	Vorbemerkung
VOV	Verordnungsvorentwurf
WFBV	Wet op de formeel vennotschappen
WG	Wechselgesetz
WiB	Wirtschaftsrechtliche Beratung
WLR	Weekly Law Reports
WM	Wertpapier-Mitteilungen

Abkürzungsverzeichnis

Literaturverzeichnis

Abmeier, Klaus .... Die Europäische wirtschaftliche Interessenvereinigung und nationales Recht, NJW 1986, 2987

Adler, Hans/Düring,
Walter/Schmaltz, Kurt ..... Rechnungslegung und Prüfung der Unternehmen, Kommentar zum HGB, AktG GmbHG und PublG nach den Vorschriften des Bilanzrichtliniengesetzes, 6. Aufl. 1997

Ahrens, Hans-Jürgen .... Wer haftet statt der zusammengebrochenen Abschreibungsgesellschaft? – Zur Sachverwalterhaftung im Kollisionsrecht, IPRax 1986, 355

Altmeppen, Holger .... Parteifähigkeit, Sitztheorie und „Centros" – Besprechung des BGH Beschlusses vom 30. 3. 2000, VII ZR 370/98, DStR 2000, 1061

Altmeppen, Holger .... Schutz vor „europäischen" Kapitalgesellschaften, NJW 2004, 97

Altmeppen, Holger/
Wilhelm, Jan .... Gegen die Hysterie um die Niederlassungsfreiheit der Scheinauslandsgesellschaften, DB 2004, 1083

Andrae, Marianne .... Vollstreckbarkeitserklärung eines türkischen Titels über den Kindesunterhalt, bei dem Titelgläubiger der sorgeberechtigte Elternteil ist, IPRax 2001, 98

Apfelbacher, Gabriele/
Barthelmess, Stephan .... German Takeover Law: A Commentary, 2002

Assmann, Heinz-Dieter ..... Corporate Governance, AG 1995, 289

Assmann, Heinz-Dieter/
Schneider, Uwe H. .... Wertpapierhandelsgesetz, 2. Aufl. 1999 (zitiert: *Bearbeiter* in Assmann/ Schneider, WpHG, 2. Aufl. 1999)

Assmann, Heinz-Dieter/
Schneider, Uwe H. .... Wertpapierhandelsgesetz, 3. Aufl. 2003 (zitiert: *Bearbeiter* in Assmann/ Schneider, WpHG)

Assmann, Heinz-Dieter/
Schütze, Rolf A. .... Handbuch des Kapitalanlagerechts, 2. Aufl. 1997

Atkins, Paul S. .... Der US-Sarbanes-Oxley Act: Zielsetzungen, Inhalt und Implementierungsstand, Der Konzern 2003, 260

Bähr, Biner/Riedemann,
Susanne .... Anmerkung zum Beschluss des AG Mönchengladbach vom 27. 4. 2004 – 19 IN 54/04, ZIP 2004, 1066

Bähr, Biner/Riedemann,
Susanne .... Anmerkung zum Beschluss des Landesgerichts Innsbruck vom 11. 5. 2004 – 9 S 15/04, EWiR 2004, 1085

Bamberger, Heinz Georg/
Roth, Herbert (Hrsg.) .... Kommentar zum Bürgerlichen Gesetzbuch, Band 3, §§ 1297–2385 EGBGB, CISG, 2003

Baudenbacher, Carl/
Buschle, Dirk .... Niederlassungsfreiheit für EWR-Gesellschaften nach Überseering, IPRax 2004, 26

Baumbach, Adolf/
Hopt, Klaus J. .... Kommentar zum Handelsgesetzbuch, 31. Aufl. 2003

Baumbach, Adolf/Hueck,
Alfred .... Kommentar zum GmbH-Gesetz, 17. Aufl. 2000

Baumhoff, Hubertus .... Aktuelle Entwicklungen bei den internationalen Verrechnungspreisen, IStR 2003, 1

Baums, Theodor .... Übernahmeregeln in der Europäischen Gemeinschaft, ZIP 1989, 1376

Baums, Theodor (Hrsg.) ... Bericht der Regierungskommission Corporate Governance – Unternehmensführung, Unternehmenskontrolle Modernisierung des Aktienrechts, 2001

Literaturverzeichnis

Baums, Theodor/Thoma,
Georg F. (Hrsg.) .... Kommentar zum Wertpapiererwerbs- und Übernahmegesetz

Bauschatz, Peter .... Internationale Beherrschungs- und Gewinnabführungsverträge, Der Konzern 2003, 805

Bayer, Walter .... Zulässige und unzulässige Einschränkungen der europäischen Grundfreiheiten im Gesellschaftsrecht, BB 2002, 2289

Bayer, Walter .... Die EuGH-Entscheidung „Inspire Art" und die deutsche GmbH im Wettbewerb der europäischen Rechtsordnungen, BB 2003, 2357

Bayer, Walter .... Aktuelle Entwicklungen im Europäischen Gesellschaftsrecht, BB 2004, 1

Bechtel, Wolfram .... Parteifähigkeit trotz Verlegung des Gesellschaftssitzes nach Deutschland, NZG 2001, 21

Bechtold, Rainer .... Kartellgesetz – Gesetz gegen Wettbewerbsbeschränkungen, 3. Aufl. 2002

Becker, Patricia .... Verabschiedung des Gesetzes über die französische Blitz-S.A.R.L., GmbHR 2003, 1120

Beckscher
Bilanzkommentar .... Bilanzkommentar, Handels- und Steuerrecht, §§ 238–339 HGB, Berger, Axel/Förschle, Gerhart/Ellrott, Helmut/Hense, Burkhard, 5. Aufl. 2003

Behrens, Peter .... Der Anerkennungsbegriff des Internationalen Gesellschaftsrechts, ZGR 1978, 499

Behrens, Peter .... Die Grenzüberschreitende Sitzverlegung von Gesellschaften in der EWG, IPRax 1989, 354

Behrens, Peter .... Die Gesellschaft mit beschränkter Haftung im internationalen und europäischen Recht, 2. Aufl. 1997

Behrens, Peter .... Das Internationale Gesellschaftsrecht nach dem Centros-Urteil des EuGH, IPRax 1999, 323

Behrens, Peter .... Reaktionen mitgliedstaatlicher Gerichte auf das Centros-Urteil des EuGH, IPRax 2000, 384

Behrens, Peter .... Die internationale Sitzverlegung von Gesellschaften vor dem EuGH, EuZW 2002, 13. Jahrgang, Editorial

Behrens, Peter .... Das Internationale Gesellschaftsrecht nach dem Überseering-Urteil des EuGH und den Schlussanträgen zu Inspire Art, IPRax 2003, 193

Behrens, Peter .... Gemeinschaftsrechtliche Grenzen der Anwendung inländischen Gesellschaftsrechts auf Auslandsgesellschaften nach Inspire Art, IPRax 2004, 20

Beier, Constantin/Bungert,
Hartwin .... Die Europäische Aktiengesellschaft, EWS 2002, 1

Beinert, Stefanie/Werder,
Alexander .... Vormarsch ausländischer Gesellschaften – Gesetzgeberische Klarstellungen im Steuerrecht tun not, DB 2005, 1480

Berg, Stefan/Stöcker,
Mathias .... Anwendungs- und Haftungsfragen zum deutschen Corporate Governance Kodex, WM 2002, 1569

Berliner Initiativkreis
German Code of
Corporate Governance ... German Code of Corporate Governance (GCCG), BB 2000, 1573

Bernstein, Herbert/
Koch, Harald .... Internationaler Konzern und deutsche Mitbestimmung, ZHR 143 (1979), 522

Berrar, Carsten .... Die Entwicklung der Corporate Governance in Deutschland im Internationalen Vergleich, 2001

Beul, Carsten .... Zulässigkeit internationaler Fusionen, IStR 2003, 737

Beuthien, Volker .... Genossenschaftsgesetz mit Umwandlungs- und Kartellrecht sowie Statut der Europäischen Genossenschaft, 14. Aufl. 2004

Beutler, Barbara/Debus,
Stefan .... Anmerkung zum Beschluss des Landesgerichts Klagenfurt vom 2. 7. 2004 – 41 S 75/04, EWiR 2004, 217

Beutler, Bengt/Bieber,
Roland/Pipkorn, Jörn/
Streil, Jochen (Hrsg.) .... Das Recht der Europäischen Union, 4. Aufl. 1994

Literaturverzeichnis

Biehler, Gernot .... Multinationale Konzerne und die Abhaltung einer Hauptversammlung nach deutschem Recht im Ausland, NJW 2000, 1243

Bindseil, Reinhart .... Konsularisches Beurkundungswesen, DNotZ 1993, 5

Binge, Christopf/Thölke, Ulrich .... „Everything goes!" – Das deutsche Internationale Gesellschaftsrecht nach „Inspire Art", DNotZ 2004, 21

Binz, Mark K./Mayer, Gerd .... Die ausländische Kapitalgesellschaft & Co. KG im Aufwind? Konsequenzen aus dem „Überseering"-Urteil des EuGH vom 5. 11. 2003 – Rs. C-208/00, GmbHR 2003, 249

Birk, Dieter .... Zuzug und Wegzug von Kapitalgesellschaften – Zu den körperschaftssteuerlichen Folgen der Überseering-Entscheidung des EuGH, IStR 2003, 469

Birk, Rolf .... Das Handelsvertreterrecht im deutsch-italienischen Wirtschaftsverkehr, ZVglRWiss. 79 (1980), 268

Blanquet, Francoise .... ECLR, Das Statut der Europäischen Aktiengesellschaft (Societas Europaea „SE"), ZGR 2002, 20

Blaschczok, Christine .... Die schweizerisch-deutschen Staatsverträge auf dem Gebiet des Insolvenzrechts, ZIP 1983, 141

Blaurock, Uwe .... Deutsches und Europäisches Gesellschaftsrecht, ZEuP 1998, 460

Bleckmann, Albert .... Europarecht: Das Recht der Europäischen Union und der Europäischen Gemeinschaften, 5. Aufl. 1997

Blenske, Holger .... Kommentar zum Beschluss des AG Köln vom 23. 1. 2004 – 71 IN 1/04, EWiR 2004, 601

Blümich, Walter (Hrsg.) ... Einkommensteuer, Körperschaftsteuer, Gewerbesteuer

Boemke, Burkhard .... „Ausstrahlungen" des Betriebsverfassungsgesetzes ins Ausland, NZA 1992, 112

Bokelmann, Gunther .... Die Gründung von Zweigniederlassungen ausländischer Gesellschaften in Deutschland und das deutsche Firmenrecht unter besonderer Berücksichtigung des EWG-Vertrags, DB 1990, 1021

Bokelmann, Gunther .... Zur Entwicklung des deutschen Firmenrechts unter den Aspekten des EG-Vertrags, ZGR 1994, 325

Bokelmann, Gunther .... Das Recht der Firmen und Geschäftsbezeichnungen, 5. Aufl. 1999

Borges, Georg .... Kommentar zum Urteil des OLG Frankfurt a.M. vom 23. 6. 1999 – 22 U 219/97, GmbHR 1999, 1256

Borges, Georg .... Die Sitztheorie in der Centros-Ära: Vermeintliche Probleme und unvermeidliche Änderungen, RIW 2000, 167

Borges, Georg .... Anmerkung zum Urteil des LG München I vom 22. 7. 1999 – 5 HKO 7187/99, NZG 2000, 106

Borges, Georg .... Selbstregulierung im Gesellschaftsrecht – zur Bindung an Corporate Governance-Kodizes, ZGR 2003, 508

Borges, Georg .... Gläubigerschutz bei ausländischen Gesellschaften mit inländischem Sitz, ZIP 2004, 733

Bous, Ulrich .... Anmerkungen zum Urteil des OLG Celle vom 12. 1. 2002 – 9 U 126/99, NZG 2000, 595

Boyle, Anthony (Hrsg.) .... Gore-Browne on Companies, 44. Aufl. 2003

Brandi, Tim Oliver .... Die Europäische Aktiengesellschaft im deutschen und internationalen Konzernrecht, NZG 2003, 889

Brandt, Ulrich .... Überlegungen zu einem SE-Ausführungsgesetz, NZG 2002, 991

Brandt, Ulrich/Scheifele, Matthias .... Die Europäische Aktiengesellschaft und das anwendbare Recht, DStR 2002, 547

Braun, Eberhard .... Kommentar zur Insolvenzordnung, 2. Aufl. 2004

Brück, Alexandra .... Rechtsprobleme der Auslandsbeurkundung im Gesellschaftsrecht, DB 2004, 2409

Bruns, Patrick .... Anmerkung zum Urteil des BGH vom 14. 3. 2005 – II ZR 5/03, EWiR 2005, 431

Buchbinder, Norbert .... Anmerkung zum Beschluss des BayObLG vom 11. 2. 2004 – 3 BR 175/03, IStR 2004, 216

Literaturverzeichnis

Buck, H. .... Europäische Aktiengesellschaft: neue Gesellschaftsform für Europa, Steuer- und Wirtschafts-Kurzpost (StWK), Gruppe 22, S. 63

Bülow, Peter .... Wechselgesetz, Scheckgesetz, Allgemeine Geschäftsbedingungen, 3. Aufl. 2000

Bundesministerium für
Wirtschaft und Arbeit ..... Gemeinsame Pressemitteilung des Bundesministeriums für Wirtschaft und Arbeit und des Bundesministeriums der Justiz: „Europäische Aktiengesellschaft stärkt die internationale Wettbewerbsfähigkeit deutscher Unternehmen", 26. 5. 2004

Bungert, Hartwin .... Deutsch-Amerikanisches internationales Gesellschaftsrecht: Staatsvertragliche Festschreibung der Überlagerungstheorie?, ZVglRWiss. 93 (1994), 117

Bungert, Hartwin .... Internationales Gesellschaftsrecht und Europäische Menschenrechtskonvention, EWS 1993, 17

Bungert, Hartwin .... Der internationale Anwendungsbereich von § 15 Abs. 3 und 4 GmbHG (zum Urteil des OLG München vom 5. 3. 1993 – 23 U 5958/92), DZWiR 1993, 494

Bungert, Hartwin .... Zur Rechtsfähigkeit US-amerikanischer Kapitalgesellschaften ohne geschäftlichen Schwerpunkt in den USA, WM 1995, 2125

Bungert, Hartwin .... Rechtsfähigkeit ausländischer Kapitalgesellschaften und Beweislast, DB 1995, 963

Bungert, Hartwin .... Entwicklungen im internationalen Gesellschaftsrecht Deutschlands, AG 1995, 489

Bungert, Hartwin .... Konsequenzen der Centros-Entscheidung des EuGH für die Sitzanknüpfung des deutschen internationalen Gesellschaftsrecht, DB 1999, 1841

Bungert, Hartwin .... Rechtliche Auswirkungen der „domestication" einer deutschen GmbH in den USA nach deutschem Gesellschaftsrecht, RIW 1999, 109

Bungert, Hartwin .... Sitzanknüpfung für Rechtsfähigkeit von Gesellschaften gilt auch nicht mehr im Verhältnis zu den USA – Anmerkung zu BGH vom 29. 1. 2003 – VIII ZR 155/02, DB 2003, 1043

Buntscheck, Martin .... Der Gleichordnungskonzern – ein illegales Kartell?, WuW 2004, 374

Burg, Michael .... Existenzvernichtungsschutz in der Private Limited Company?, GmbHR 2004, 1379

Burgard, Ulrich .... Die Berechnung des Stimmrechtsanteils nach §§ 21–23 Wertpapierhandelsgesetz, BB 1995, 2069

Bürgi, Erich .... Konkursrechtliche Staatsverträge der Schweiz mit den ehemaligen Königreichen Württemberg und Bayern sowie mit Frankreich, Festschrift 100 Jahre SchKG (1989), 175

*Cahn, Andreas/Simon,
Stefan* .... Isolierte Gewinnabführungsverträge, Der Konzern 2003, 1

Canaris, Claus-Wilhelm .... Handelsrecht, 23. Aufl. 2000

Cascante, José Christian ..... Kommentar zum Urteil des EuGH vom 9. 3. 1999 – Rs. C-212/97 Centros Ltd. gegen Erhvervs – og Selskabsstryrelsen, RIW 1999, 450

Cromme, Gerhard .... Aktuelle Fragen der Corporate Governance, 2003

Dammann, Jens C. .... Amerikanische Gesellschaften mit Sitz in Deutschland; zugleich eine Anmerkung zu BGH 29. 1. 2003 – VIII ZR 155/02, RabelsZ 68 (2004), 607

*Dauner-Lieb, Barbara/
Lamandini, Marco* .... Der neue Kommissionsvorschlag einer EU-Übernahmerichtlinie – Stellungnahme der Gutachter des EU-Parlaments, BB 2003, 265

Dautel, Ralph .... Steuerneutraler Erwerb von Kapitalgesellschaftsanteilen durch Tausch, BB 2002, 1844

Debatin, Helmut .... Die grenzüberschreitende Sitzverlegung von Kapitalgesellschaften, GmbHR 1991, 164

Degner, Egbert P. .... Kollisionsrechtliche Anknüpfung der Geschäftsführung ohne Auftrag, des Bereicherungsrechts und der culpa in contrahendo, RIW 1983, 825

Depping, Bernd .... Zur Beurkundungspflicht bei der Übertragung von Anteilen an ausländischen Kapitalgesellschaften, GmbHR 1994, 386

Literaturverzeichnis

Diekmann, Sabine / Sustmann, Marco	Gesetz zur Verbesserung des Anlegerschutzes (Anlegerschutzverbesserungsgesetz – AnSVG), NZG 2004, 929
Diller, Martin / Powietzka, Arnim	Informationsrechte des Betriebsrats im (internationalen) Konzern, DB 2001, 1034
Djanani, Christiana / Brähler, Gernot / Hartmann, Thomas	Die Finanzverwaltung und die autonome Abkommensauslegung, IStR 2004, 481
Dörr, Ingmar	Abschaffung oder Erweiterung der Organschaft?! Zu den möglichen Konsequenzen der Rechtssache „Marks and Spencer plc", IStR 2004, 265
Doralt, Maria	Österreichischer OGH zur verschmelzenden Umwandlung über die Grenze nach Deutschland, NZG 2004, 396
Dorr, Robert / Stukenborg, Gabriela	„Going to the Chapel": Grenzüberschreitende Ehen im Gesellschaftsrecht – Die ersten transnationalen Verschmelzungen nach dem UmwG (1994), DB 2003, 647
Dötsch, Ewald / Eversberg, Horst / Jost, Werner F. / Pung, Alexandra / Witt, Georg	Kommentar zum Körperschaftsteuergesetz, Umwandlungssteuergesetz und zu den einkommensteuerrechtlichen Vorschriften der Anteilsbesteuerung, Band 3, §§ 30–40 KStG n.F., EStG n.F., §§ 1–19 UmwStG n.F.
Dötsch, Ewald / Patt, Joachim / Pung, Alexandra / Jost, Werner F.	Umwandlungssteuerrecht, 5. Aufl. 2003
Drygala, Tim	Kommentar zum Urteil des EuGH vom 30. 9. 2003 – Rs. C-167/01, EWiR 2003, 1029
Drygala, Tim	Stand und Entwicklung des europäischen Gesellschaftsrechts, ZEuP 2004, 337
Dubovizkaja, Elena	„Überseering"-Rechtsprechung: Gerichtliche Klarstellung zur Niederlassungsfreiheit von Gesellschaften, GmbHR 2003, 694
Duden, Konrad	Zur Mitbestimmung in Konzernverhältnissen nach dem Mitbestimmungsgesetz, ZHR 141 (1977), 145
Dürig, Markus	Kollisionsrechtliche Anknüpfung bei öffentlichen Übernahmeangeboten, RIW 1999, 746
Dutta, Anatol	Form follows function? – Formfragen bei Schuldverträgen über ausländische Gesellschaftsanteile, RIW 2005, 98
Duursma-Kepplinger, Henriette-C. / Duursma, Dieter	Der Anwendungsbereich der Insolvenzverordnung unter Berücksichtigung der Bereichsausnahmen, von Konzernsachverhalten und der von den Mitgliedstaaten geschlossenen Konkursverträge, IPRax 2003, 505
Duursma-Kepplinger, Henriette-C. / Duursma, Dieter / Chalupsky, Ernst ...	Kommentar zur Europäischen Insolvenzverordnung, 2002
Ebenroth, Carsten Thomas	Rezension zu Gerd J. van Venrooy: Die Anknüpfung der Kaufmannseigenschaft im deutschen Internationalen Privatrecht, ZHR 149 (1985), 704
Ebenroth, Carsten Thomas	Kollisionsrechtliche Anknüpfung kaufmännischer Vollmachten, JZ 1983, 821
Ebenroth, Carsten Thomas	Das Vertragsrecht der internationalen Konsortialkredite und Projektfinanzierungen, JZ 1986, 731
Ebenroth, Carsten Thomas	Das Verhältnis zwischen Joint Venture-Vertrag, Gesellschaftssatzung und Investitionsvertrag, JZ 1987, 265
Ebenroth, Carsten Thomas / Auer, Thomas	Grenzüberschreitende Verlagerungen unternehmerischer Leitungsfunktionen, RIW Beilage 1 1992, 6

Literaturverzeichnis

Ebenroth, Carsten Thomas /
Auer, Thomas .... Anmerkung zur Entscheidung des BayObLG vom 7. 5. 1992 –
3 Z BR 14/92, JZ 1993, 374

Ebenroth, Carsten Thomas /
Bippus, Birgit .... Die staatsvertragliche Anerkennung ausländischer Gesellschaften in Abkehr von der Sitztheorie, DB 1988, 842

Ebenroth, Carsten Thomas /
Bippus, Birgit .... Führen bilaterale Investitionsförderungsverträge zu einer Abkehr vom
Sitzprinzip? RIW 1988, 336

Ebenroth, Carsten Thomas /
Boujong, Karlheinz / Joost,
Detlev (Hrsg.) .... Kommentar zum Handelsgesetzbuch, Band 1, §§ 1–342a, 2001

Ebenroth, Carsten Thomas /
Boujong, Karlheinz / Joost,
Detlev (Hrsg.) .... Kommentar zum Handelsgesetzbuch, Band 2, §§ 343–475h, Transport-
recht, Bank- und Börsenrecht, 2001

Ebenroth, Carsten Thomas /
Eyles, Uwe .... Die Beteiligung ausländischer Gesellschaften an einer inländischen Kommanditgesellschaft, DB Beilage 21 988, 7

Ebenroth, Carsten Thomas /
Kemner, Matthew J. /
Willburger, Andreas .... Die Auswirkungen des genuine link-Grundsatzes auf die Anerkennung
US-amerikanischer Gesellschaften in Deutschland, ZIP 1995, 972

Ebke, Werner F. .... Unternehmensrecht und Binnenmarkt – E pluribus unum?, RabelsZ 62
(1998), 195

Ebke, Werner F. .... Das Schicksal der Sitztheorie nach dem Centros-Urteil des EuGH, JZ
1999, 656

Ebke, Werner F. .... Anmerkung zum Urteil des BGH vom 13. 10. 2004, JZ 2005, 299

Ebke, Werner F. .... Anmerkung zum Urteil des OLG Düsseldorf vom 10. 9. 1998 –
5 U 1/98, JZ 2000, 203

Ebke, Werner F. .... Überseering: „Die wahre Liberalität ist Anerkennung", JZ 2003, 927

Eder, Cajetan .... Die monistisch verfasste Societas Europaea – Überlegungen zur Umsetzung eines CEO-Modells, NZG 2004, 544

Ehricke, Ulrich .... Das Verhältnis des Hauptinsolvenzverwalters zum Sekundärinsolvenzverwalter bei grenzüberschreitenden Insolvenzen nach der EuInsVO,
GmbHR 2005, 1104

Ehricke, Ulrich .... Die neue Europäische Insolvenzverordnung und grenzüberschreitende
Konzerninsolvenzen, EWS 2002, 101

Ehricke, Ulrich / Ekkenga,
Jens / Oechsler, Jürgen .... Wertpapiererwerbs- und Übernahmegesetz, 2003

Ehricke, Ulrich / Köster,
Malte / Müller-Seils,
Carsten Oliver .... Neuerung im englischen Unternehmensinsolvenzrecht durch den Enter-
prise Act 2002, NZI 2003, 409

Eidenmüller, Horst .... Europäische Verordnung über Insolvenzverfahren und zukünftiges deutsches Internationales Insolvenzrecht, IPRax 2001, 2

Eidenmüller, Horst .... Geschäftsleiter- und Gesellschafterhaftung bei europäischen Auslandsgesellschaften mit tatsächlichem Inlandssitz, NJW 2005, 1618

Eidenmüller, Horst .... Wettbewerb der Gesellschaftsrechte in Europa, ZIP 2002, 2233

Eidenmüller, Horst .... Mobilität und Restrukturierung von Unternehmen im Binnenmarkt,
Entwicklungsperspektiven des europäischen Gesellschaftsrechts im
Schnittfeld von Gemeinschaftsgesetzgeber und EuGH, JZ 2004, 24

Eidenmüller, Horst (Hrsg.) Ausländische Kapitalgesellschaften im deutschen Recht, 2004

Eidenmüller, Horst / Rehm,
Gerhard M. .... Gesellschafts- und zivilrechtliche Folgeprobleme der Sitztheorie, ZGR
1997, 89

Eidenmüller, Horst / Rehm,
Gerhard M. .... ECLR Niederlassungsfreiheit versus Schutz des inländischen Rechtsverkehrs: Konturen des Europäischen Internationalen Gesellschaftsrechts –

	zugleich eine Besprechung der Entscheidung Inspire Art, ZGR 2004, 159
Einsele, Dorothee	Kollisionsrechtliche Behandlung des Rechts verbundener Unternehmen, ZGR 1996, 40
Einsele, Dorothee	Die internationalprivatrechtlichen Regelungen der Finalitätsrichtlinie und ihre Umsetzung in der Europäischen Union, WM 2001, 2415
Einsele, Dorothee	Wertpapiere im elektronischen Bankgeschäft, WM 2001, 7
Emde, Raimond	Kommentar zum Urteil des BGH vom 1. 7. 2002 – II 380/00, EWiR 2002, 971
Emmerich, Volker/Haber-sack, Mathias (Hrsg.)	Aktien- und GmbH-Konzernrecht, 4. Aufl. 2005
Emmerich, Volker/ Sonnenschein, Jürgen/ Habersack, Mathias	Konzernrecht, Das Recht der verbundenen Unternehmen bei Aktienge-sellschaften, GmbH, Personengesellschaften, Genossenschaft, Verein und Stiftung, 7. Aufl. 2001
Engel, Christoph	Versetzt die Europäische Menschenrechtskonvention der Sitztheorie des internationalen Gesellschaftsrechts den Todesstoß?, ZEuP 1993, 150
Engert, Andrea/Herschlein, Rainer	Der non-executive director einer ausländischen Tochtergesellschaft als Aufsichtsratsmitglied, NZG 2004, 459
Engert, Andreas	Umstrukturierung unter Beteiligung von EU-Auslandsgesellschaften im deutschen Steuerrecht, DStR 2004, 664
Erdmann, Ulrich	Ausländische Staatsangehörige in Geschäftsführungen und Vorständen deutscher GmbHs und AGs, NZG 2002, 503
Erhardt, Olaf/Nowak, Eric	Die Durchsetzung von Corporate-Governance-Regeln, AG 2002, 336
Erle, Bernd/Sauter, Thomas	Körperschaftsteuergesetz, Die Besteuerung der Kapitalgesellschaft und ihrer Anteilseigner, 2003
Erman, Walter	Kommentar zum Bürgerlichen Gesetzbuch, Band 2, §§ 854–2385, EGBGB, ErbbauVO, HausratsVO, SachenR BerG, Westermann, Harm, Peter (Hrsg.), 11. Aufl. 2004
Ernst & Young	Körperschaftsteuergesetz
Ettinger, Jochen/Grütze-diek, Elke	Haftungsrisiken im Zusammenhang mit der Abgabe der Corporate Governance Entsprechenserklärung gemäß § 161 AktG, AG 2003, 353
Eylmann, Horst/Vaasen, Hans-Dieter (Hrsg.)	Kommentar zur Bundesnotarordnung und zum Beurkundungsgesetz, 2. Aufl. 2004
Fikentscher, Wolfgang	Probleme des Internationalen Gesellschaftsrechts, MDR 1957, 71
Fischer, Klaus K.	Existenz- und Vertretungsnachweise bei US Corporations, ZNotP 1999, 352
Fischer, Ulrich	Der ahnungslose Arbeitgeber oder die Betriebsverfassung im (interna-tionalen) konzernrechtlichen Niemandsland?, AuR 2002, 7
Fitting, Karl/Wlotzke, Otfried/Wißmann, Hellmut	Mitbestimmungsgesetz mit Wahlordnungen, 2. Aufl. 1978
Fleischer, Holger	Directors' Dealings, ZIP 2002, 1217
Fleischer, Holger	Kapitalschutz und Durchgriffshaftung bei Auslandsgesellschaften, in Lut-ter, Marcus (Hrsg.), Europäische Auslandsgesellschaften in Deutschland, 2005, S. 49
Fock, Till Henning	Sitztheorie im deutschen internationalen Steuerrecht nach der Centros-Entscheidung, RIW 2000, 42
Förster, Guido/Lange, Carsten	Grenzüberschreitende Sitzverlegung der Europäischen Aktiengesellschaft aus ertragssteuerlicher Sicht, RIW 2002, 585
Förster, Guido/Lange, Carsten	Steuerliche Aspekte der Gründung einer Europäischen Aktiengesellschaft (SE), DB 2002, 288
Forsthoff, Ulrich	Rechts- und Parteifähigkeit ausländischer Gesellschaften mit Verwaltungs-sitz in Deutschland? – Die Sitztheorie vor dem EuGH, DB 2000, 1109

Literaturverzeichnis

Forsthoff, Ulrich .... Niederlassungsrecht für Gesellschaften nach dem Centros-Urteil des EuGH: Eine Bilanz, EuR 2000, 167

Forsthoff, Ulrich .... EuGH fördert Vielfalt im Gesellschaftsrecht – Traditionelle deutsche Sitztheorie verstößt gegen Niederlassungsfreiheit, DB 2002, 2471

Forsthoff, Ulrich .... Internationales Gesellschaftsrecht im Umbruch, DB 2003, 979

Forum Europaeum .... Konzernrecht, Konzernrecht für Europa, ZGR 1998, 672

Franz, Theresa .... Berührt „Hughes des Lasteyrie du Saillant" die durch den Wegzug veranlasste Besteuerung von Kapitalgesellschaften in Deutschland?, EuZW 2004, 270

Freitag, Robert .... Zur Ermittlung des Gesellschaftsstatuts bei Nichtexistenz eines effektiven Verwaltungssitzes, NZG 2000, 357

Frotscher, Gerrit / Maas,
Ernst .... Körperschaftsteuergesetz, Umwandlungssteuergesetz

Geibel, Stephan / Süßmann,
Rainer (Hrsg.) .... Wertpapier- und Übernahmegesetz (WpÜG), 2002

Geimer, Reinhold .... Konsularisches Notariat, DNotZ 1978, 3

Geimer, Reinhold .... Auslandsbeurkundungen im Gesellschaftsrecht – Bemerkungen zum Urteil des BGH vom 16. 2. 1981 – II ZB 8/80, DNotZ 1981, 406

Geimer, Reinhold .... Internationales Zivilprozessrecht, 5. Aufl. 2005

Geimer, Reinhold / Schütze,
Rolf A. .... Europäisches Zivilverfahrensrecht, 2. Aufl. 2004

Gelhausen, Friedrich /
Hönsch, Henning .... Deutscher Corporate Governance Kodex und Abschlussprüfung, AG 2002, 529

Gerkan, Hartwin / Hommelhoff, Peter (Hrsg.) .... Handbuch des Kapitalersatzrechts, 2. Aufl. 2002

Geyrhalter, Volker .... Niederlassungsfreiheit contra Sitztheorie – Good Bye „Daily Mail"? Die Centros-Entscheidung des EuGH, EWS 1999, 201

Geyrhalter, Volker .... Grenzüberschreitende Treuhandvereinbarungen bei GmbH-Beteiligungen, ZIP 1999, 647

Geyrhalter, Volker / Gänßler, Peggy .... Perspektiven nach „Überseering" – wie geht es weiter?, NZG 2003, 409

Gleichmann, Karl .... Europäische Wirtschaftliche Interessenvereinigung, ZHR 149 (1985), 633

Goette, Wulf .... Auslandsbeurkundungen im Kapitalgesellschaftsrecht, Festschrift für Karlheinz Boujong (1996), 131

Goette, Wulf .... Auslandsbeurkundungen im Kapitalgesellschaftsrecht, DStR 1996, 709

Goette, Wulf .... Anmerkung zum Beschluss des BGH vom 13. 1. 1997 – II ZR 304/95, DStR 1997, 503

Goette, Wulf .... Anmerkung zum Urteil des BGH vom 1. 7. 2002 – II ZR 380/00, DStR 2002, 1678

Goette, Wulf .... Wo steht der BGH nach „Centros" und „Inspire Art"?, DStR 2005, 197

Gola, Peter .... Die Einwilligung als Legitimation für die Verarbeitung von Arbeitnehmerdaten, RDV 2002, 109

Gola, Peter / Schomerus,
Rudolf .... Kommentar zum Bundesdatenschutzgesetz, 8. Aufl. 2005

Göthel, Stephan R. .... Internationales Privatrecht des Joint Ventures, RIW 1999, 566

Götz, Jürgen .... Corporate Governance multinationaler Konzerne und deutsches Unternehmensrecht, ZGR 2003, 1

Götzenberger, Anton-Rudolf Steuer-Incentives in den neuen EU-Osteuropa-Mitgliedstaaten, StWK Gruppe 22, S. 77

Graf von Bernstorff,
Christoph .... Das Betreiben einer englischen Limited in Deutschland, RIW 2004, 498

Grasmann, Günther .... System des internationalen Gesellschaftsrechts: Außen- und Innenstatut der Gesellschaften im internationalen Privatrecht, 1970

Griemla, Stefan / Herzig,
Norbert .... Steuerliche Aspekte der Europäischen Aktiengesellschaft / Societas Europaea (SE), StuW 2002, 55

Gromann, Hans-Georg	Die Gleichordnungskonzerne im Konzern- und Wettbewerbsrecht, in Hueck, Götz/Lutter, Marcus/Zöllner, Wolfgang (Hrsg.), Abhandlungen zum deutschen und europäischen Handels- und Wirtschaftsrecht, 1979
Großerichter, Helge	Ausländische Kapitalgesellschaften im deutschen Rechtsraum: Das deutsche Internationale Gesellschaftsrecht und seine Perspektiven nach der Entscheidung „Überseering", DStR 2003, 159
Großfeld, Bernhard	Internationales und europäisches Unternehmensrecht, 2. Aufl. 1995
Großfeld, Bernhard	Zur Geschichte der Anerkennungsproblematik bei Aktiengesellschaften, RabelsZ 38 (1974), 344
Großfeld, Bernhard/ Berndt, Joachim	Die Übertragung von deutschen GmbH-Anteilen im Ausland, RIW 1996, 625
Großfeld, Bernhard/Boin, Kai T.	Anmerkung zum Urteil des Cour de Cassation vom 12. 11. 1990 – Sté Extraco Anstalt, JZ 1993, 370
Großfeld, Bernhard/Erling- hagen, Susanne	Internationales Unternehmensrecht und deutsche unternehmerische Mitbestimmung, JZ 1993, 217
Großfeld, Bernhard/König, Thomas	Das Internationale Gesellschaftsrecht in der Europäischen Gemeinschaft, RIW 1992, 433
Großkommentar AktG ...	Kommentar zum Aktiengesetz, Erster Band, Einleitung; §§ 1–53, Hopt, Klaus J./Wiedemann, Herbert (Hrsg.), 4. Aufl. 2004 (Einleitung: 1992, §§ 1–14: 1992, §§ 15–22: 1999, §§ 23–40: 1996, §§ 41–53: 2003) (zitiert: *Bearbeiter* in Großkomm AktG)
Großkommentar AktG ...	Kommentar zum Aktiengesetz, Erster Band, Zweiter Halbband, §§ 76–147, 3. Aufl. 1973 (§§ 76–94: 1971, §§ 95–117: 1971, §§ 118–147: 1972) (zitiert: *Bearbeiter* in Großkomm AktG)
Großkommentar AktG ...	Kommentar zum Aktiengesetz, Vierter Band, §§ 291–410, Einführungsgesetz zum Aktiengesetz, 3. Aufl. 1975 (zitiert: *Bearbeiter* in Großkomm AktG, 3. Aufl. 1975)
Großkommentar AktG ...	Kommentar zum Aktiengesetz, §§ 399–410, Hopt, Klaus J./Wiedemann, Herbert (Hrsg.), 4. Aufl., 8. Lieferung 1997 (zitiert: *Bearbeiter* in Großkomm AktG)
Großkommentar AktG ...	Kommentar zum Aktiengesetz, Mitbestimmungsgesetz, Oetker, Hartmut *(Bearbeiter)*, 12. Lieferung 1999 (zitiert: Bearbeiter in Großkomm AktG)
Großkommentar HGB ...	Kommentar zum Handelsgesetzbuch, Erster Band, Einleitung; §§ 1–104, Canaris, Claus-Wilhelm/Schilling, Wolfgang/Ulmer, Peter (Hrsg.), 4. Aufl. 1995 (§§ 1–16: 1982, §§ 17–37: 1983, §§ 38–58: 1991, §§ 59–83: 1995, §§ 84–104: 1982)
Großkommentar HGB ...	Kommentar zum Handelsgesetzbuch, Dritter Band, 1. Teilband: §§ 238–289, Canaris, Claus-Wilhelm/Schilling, Wolfgang/Ulmer, Peter (Hrsg.), 4. Aufl. 2002
Großkommentar HGB ...	Kommentar zum Handelsgesetzbuch, Dritter Band, 2. Teilband: §§ 290–342a, Canaris, Claus-Wilhelm/Schilling, Wolfgang/Ulmer, Peter (Hrsg.), 4. Aufl. 2002
Group of German Experts on Corporate Law	Zur Entwicklung des Europäischen Gesellschaftsrechts: Stellungnahme der Arbeitsgruppe Europäisches Gesellschaftsrecht (Group of German Experts on Corporate Law) zum Report of the High Level Group of Company Law Experts on a modern Regulatory Framework for Company Law in Europe, ZIP 2003, 863
Gruber, Johannes/Weller, Marc-Philippe	Societas Europaea: Mitbestimmung ohne Aufsichtsrat?, NZG 2003, 297
Grundmann, Stefan	Europäisches Gesellschaftsrecht, 2004
Grundmann, Stefan	Deutsches Anlegerschutzrecht in internationalen Sachverhalten, RabelsZ 54 (1990), 283

Literaturverzeichnis

Grundsatzkommission
Corporate Governance ... Corporate Governance-Grundsätze („Code of Best Practice") für börsennotierte Gesellschaften, BB 2000, 238

Grüner, Michael .... Anmerkung zum Urteil des OLG Dresden vom 27. 10. 1999 – 13 U 1257/99, NZG 2003, 601

Grunewald, Barbara .... Europäisierung des Übernahmerechts, AG 2001, 288

Grunewald, Barbara /
Noack, Ulrich .... Zur Zukunft des Kapitalsystems der GmbH – Die Ein-Euro-GmbH in Deutschland, GmbHR 2005, 189

Gruson, Michael / Kubicek,
Matthias .... Der Sarbanes-Oxley Act, Corporate Governance und das deutsche Aktienrecht (Teil I), AG 2003, 337

Gruson, Michael / Kubicek,
Matthias .... Der Sarbanes-Oxley Act, Corporate Governance und das deutsche Aktienrecht (Teil II), AG 2003, 393

Gündisch, Stephan G. ...... Personengesellschaften im DBA-Recht, 2004

Haack, Stefan .... Kommentar zum Urteil des OLG Frankfurt a.M. vom 23. 6. 1999 – 22 U 219/97, RIW 2000, 56

Haarmann, Wilhelm /
Schüppen, Matthias .... Öffentliche Übernahmeangebote: Kommentar zum Wertpapiererwerbs- und Übernahmegesetz, 2002

Haas, Ulrich .... Der Normzweck des Eigenkapitalersatzrechts, NZI 2001, 1

Habersack, Mathias .... Europäisches Gesellschaftsrecht, 2. Aufl. 2003

Habersack, Mathias .... Grundfragen der erzwungenen Subordination von Gesellschafterdarlehen, ZGR 2000, 384

Habersack, Mathias .... Das Konzernrecht der „deutschen" SE, ZGR 2003, 724

Habersack, Mathias .... Die erfolgsabhängige Vergütung des Aufsichtsrats und ihre Grenzen, ZGR 2004, 721

Habersack, Mathias .... Europäisches Gesellschaftsrecht im Wandel, Bemerkungen zum Aktionsplan der EG-Kommission betreffend die Modernisierung des Gesellschaftsrechts und die Verbesserung der Corporate Governance in der Europäischen Union, NZG 2004, 1

Habersack, Mathias / Verse,
Dirk A. .... Wrongful Trading – Grundlage einer europäischen Insolvenzverschleppungshaftung?, ZHR 168 (2004), 174

Hachenburg, Max .... Kommentar zum GmbH-Gesetz, Band 1, §§ 1–34, 8. Aufl. 1992

Haddick, Stefan .... Diskussionsbericht zum Referat „Grenzüberschreitende Rechtspersönlichkeit" von Daniel Zimmer, ZHR 168 (2004), 369

Hahn, Volker .... Übernahmerecht und Internationales Privatrecht, RIW 2002, 741

Hahn, Volker .... Grenzüberschreitende Gewinnabführungs- und Beherrschungsverträge, IPRax 2002, 107

Halbhuber, Harald .... Das Ende der Sitztheorie als Kompetenztheorie – Das Urteil des Europäischen Gerichtshofs in der Rechtssache C-208/00 (Überseering), ZEuP 2003, 418

Hallweger, Matthias .... Anmerkung zum Urteil des OLG Frankfurt a.M. vom 23. 6. 1999 – 22 U 219/97, NZG 1999, 1098

Hanau, Peter / Ulmer, Peter Mitbestimmungsgesetz, 1981

Happ, Wilhelm .... Deregulierung der GmbH im Wettbewerb der Rechtsformen, ZHR 2005, 6

Harbarth, Stephan .... Dual Headed Companies – Unternehmenszusammenschlüsse unter Fortbestand rechtlich selbständiger Obergesellschaften, AG 2004, 573

Haritz, Detlef / Wisniewski,
Thomas .... Steuerneutrale Umwandlung über die Grenze, GmbHR 2004, 28

Hatje, Armin .... Die Niederlassungsfreiheit im Europäischen Binnenmarkt, JURA 2003, 160

Haubold, Jens .... Internationale Zuständigkeit für gesellschaftsrechtliche und konzerngesellschaftsrechtliche Haftungsansprüche nach EuGVÜ und LugÜ, IPRax 2000, 375

Haubold, Jens .... Anmerkung zum Urteil des BGH vom 27. 5. 2003 – IX ZR 203/02, EuZW 2003, 703

Literaturverzeichnis

Hauschka, Christoph .... Corporate Compliance – Unternehmensorganisatorische Ansätze zur Erfüllung der Pflichten von Vorständen und Geschäftsführern, AG 2004, 461

Häuselmann, Holger .... Die handelsrechtliche Rahmenbedingung für inländische Zweigstellen von EG-Kreditinstituten und ihre Auswirkungen auf das Rechnungswesen, WM 1994, 1693

Heckschen, Heribert .... Die Europäische AG aus notarieller Sicht, DNotZ 2003, 251

Heidenhain, Martin .... Ausländische Kapitalgesellschaften mit Verwaltungssitz in Deutschland, NZG 2002, 1141

Heinrich, Michael .... Die ausländische juristische Person und Co. KG – Die Zulässigkeit der Komplementärbeteiligung ausländischer juristischer Personen an inländischen Kommanditgesellschaften unter besonderer Berücksichtigung des Rechts der Europäischen Gemeinschaft, 1996

Heintzen, Markus .... Der deutsche Corporate Governance Kodex aus der Sicht des deutschen Verfassungsrechts, ZIP 2004, 1933

Heinz, Volker G. .... Die englische Limited, 2004

Henssler, Martin .... Der Einfluss des Sarbanes-Oxley Acts auf die Fortentwicklung des deutschen Gesellschaftsrechts – Eine Einführung, Der Konzern 2003, 255

Henssler, Martin .... Unternehmerische Mitbestimmung in der Societas Europaea, Festschrift für Peter Ulmer (2003), 193

Herchen, Axel .... Die Befugnisse des deutschen Insolvenzverwalters hinsichtlich der „Auslandsmasse" nach In-Kraft-Treten der EG-Insolvenzverordnung (Verordnung des Rates Nr. 1346/2000), ZInsO 2002, 345

Herfs-Röttgen, Ebba .... Arbeitnehmerbeteiligung in der Europäischen Aktiengesellschaft, NZA 2001, 424

Herrmann, Carl/Heuer,
Gerald/Raupach, Arndt .... Einkommensteuer- und Körperschaftsteuergesetz

Herrmann, Harald .... Die Einordnung ausländischer Gesellschaften im Ertragsteuerrecht am Beispiel der US-amerikanischen Limited Liability Company, RIW 2004, 445

Herweg, Christian/
Tschauner, Heiko .... Anmerkung zum Beschluss des AG Düsseldorf vom 12. 3. 2004 – 502 IN 126/03, EWiR 2004, 495

Herzig, Norbert (Hrsg.) .... Besteuerung der Europäischen Aktiengesellschaft, 2004

Herzig, Norbert (Hrsg.) .... Organschaft, 2003

Hirsch, Alexander/Britain,
Richard .... Artfully Inspired – Werden deutsche Gesellschaften englisch?, NZG 2003, 1100

Hirte, Heribert .... Kommentar zum Urteil des EuGH vom 30. 9. 2003 – Rs. C-167/01, EWS 2003, 521

Hirte, Heribert/Bücker,
Thomas (Hrsg.) .... Grenzüberschreitende Gesellschaften, 2005

Hirte, Heribert/Mock,
Sebastian .... Anmerkung zum Beschluss des öOGH vom 20. 3. 2003 – 6 Ob 283/02i, EWiR 2003, 595

HK-InsO .... Heidelberger Kommentar zur Insolvenzordnung, 3. Aufl. 2003

Hoffmann, Jochen .... Das Anknüpfungsmoment der Gründungtheorie, ZVglRWiss. 101 (2002), 283

Höfling, Barbara .... Die Centros-Entscheidung des EuGH – auf dem Weg zu einer Überlagerungstheorie für Europa, DB 1999, 1206

Höfling, Barbara .... Die Sitztheorie, Centros und der österreichische OGH, EuZW 2000, 145

Hofmann, Ruth .... Grunderwerbsteuergesetz, 8. Aufl. 2004

Holzborn, Timo/Israel,
Alexander .... Das Anlegerschutzverbesserungsgesetz – Die Veränderungen im WpHG, VerkProspG und BörsG und ihre Auswirkungen in der Praxis, WM 2004, 1948

Hommelhoff, Peter .... Die OECD-Principles on Corporate Governance – ihre Chancen und Risiken aus dem Blickwinkel der deutschen Corporate-Governance-Bewegung, ZGR 2001, 238

Literaturverzeichnis

Hommelhoff, Peter .... Zum Konzernrecht in der Europäischen Aktiengesellschaft, AG 2003, 179

Hommelhoff, Peter/
Hopt, Klaus J./von Werder,
Axel (Hrsg.) .... Handbuch Corporate Governance, 2003

Hoor, Gerd .... Das Centros-Urteil des EuGH und seine Auswirkungen auf die Anknüpfung des Gesellschaftsstatuts, NZG 1999, 984

Hopt, Klaus J./Mülbert,
Peter O./Kumpan,
Christoph .... Reformbedarf im Übernahmerecht, AG 2005, 109

Horn, Norbert .... Die Rechtsprechung des EuGH zur Niederlassungsfreiheit (Inspire Art, Überseering, Centros) – eine Einführung aus deutscher Sicht, MittBl. DAV 2/03, 23

Horn, Norbert .... Deutsches und europäisches Gesellschaftsrecht und die EuGH-Rechtsprechung zur Niederlassungsfreiheit – Inspire Art, NJW 2004, 893

Hossenfelder, Silke/Lutz,
Martin .... Die neue Durchführungsverordnung zu den Artikeln 81 und 82 EG-Vertrag, WuW 2003, 118

Huber, Peter .... Internationales Insolvenzrecht in Europa – Das internationale Privat- und Verfahrensrecht der Europäischen Insolvenzverordnung, ZZP 114 (2001), 133

Huber, Ulrich .... Zum Aktienerwerb durch ausländische Tochtergesellschaften, Festschrift für Konrad Duden (1977), 137

Huber, Ulrich .... Inländische Insolvenzverfahren über Auslandsgesellschaften nach der Europäischen Insolvenzverordnung, Festschrift für Walter Gerhardt (2004), 397

Huber, Ulrich .... Die Insolvenzantragspflicht der Geschäftsführer von Auslandsgesellschaften, in Lutter, Marcus (Hrsg.), Europäische Auslandsgesellschaften in Deutschland, 2005, S. 307

Hübner, Ulrich .... Allgemeine Geschäftsbedingungen und Internationales Privatrecht, NJW 1980, 2601

Hüffer, Uwe .... Kommentar zum Aktiengesetz, 6. Aufl. 2004

Hütten, Christoph/
Stromann, Hilke .... Umsetzung des Sarbanes-Oxley Act in der Unternehmenspraxis, BB 2003, 2223

IDW e.V. (Hrsg.) .... Wirtschaftsprüfung und Corporate Governance, 2002

Ihrig, Hans-Christoph/
Wagner, Jens .... Diskussionsentwurf für ein SE-Ausführungsgesetz, BB 2003, 969

Immenga, Ulrich/Mest-
mäcker, Ernst-Joachim .... GWB – Gesetz gegen Wettbewerbsbeschränkungen, 3. Aufl. 2001

Ipsen, Knut .... Völkerrecht, 5. Aufl. 2004

Jacobs, Otto H. .... Internationale Unternehmensbesteuerung, 5. Aufl. 2002

Jacobs, Otto H. .... Unternehmensbesteuerung und Rechtsform, 3. Aufl. 2002

Jaecks, Jörg/Schönborn,
Christoph Ansgar .... Die europäische Aktiengesellschaft, das internationale und das deutsche Konzernrecht, RIW 2003, 254

Jaeger, Gerold .... Kapitalgesellschaften in der EU – dauerhafte Niederlassungsberechtigte zweiter Klasse?, NZG 2000, 918

Jahn, Andreas/Herfs-Rött-
gen, Ebba .... Die Europäische Aktiengesellschaft – Societas Europaea, DB 2001, 631

Janßen, Dirk/Robertz,
Michael .... Die Formunwirksamkeit des internationalen GmbH-Unternehmenskaufs, GmbHR 2003, 433

Kaligin, Thomas .... Das internationale Gesellschaftsrecht der Bundesrepublik Deutschland, DB 1985, 1449

Kallmeyer, Harald .... Das neue Umwandlungsgesetz, ZIP 1994, 1746

Kallmeyer, Harald .... Grenzüberschreitende Verschmelzungen und Spaltungen?, ZIP 1996, 535

Kallmeyer, Harald .... Tragweite des Überseering-Urteils vom 5.11.2002 zur grenzüberschreitenden Sitzverlegung, DB 2002, 2521

Literaturverzeichnis

Kallmeyer, Harald	Europa-AG: Strategische Optionen für deutsche Unternehmen, AG 2003, 197
Kallmeyer, Harald	Vor- und Nachteile der englischen Limited im Vergleich zur GmbH oder GmbH & Co. KG, DB 2004, 636
Kallmeyer, Harald (Hrsg.)	Kommentar zum Umwandlungsgesetz, 2. Aufl. 2001
Kalls, Susanne	Der Minderheitenschutz bei Gründung und Sitzverlegung der SE nach dem Diskussionsentwurf, ZGR 2003, 593
Kamann, Hans-Georg/ Simpkins, Martina	Sarbanes-Oxley Act – Anlass zu verstärkter internationaler Kooperation im Bereich der Corporate Governance?, RIW 2003, 183
Kamp, Marcus	Die unternehmerische Mitbestimmung nach „Überseering" und „Inspire Art", BB 2004, 1496
Kanzleiter, Rainer	„Inspire Art" – die Konsequenzen, DNotZ 2003, 885
Karst, Thomas	Entbehrlichkeit von Apostillen im deutsch-französischen Rechtsverkehr, RIW 2005, 289
Kebekus, Franz	Kommentar zum Beschluss des AG Mönchengladbach vom 27. 4. 2004 – 19 IN 54/04, EWiR 2004, 705
Keck, Kristina	Nationale und internationale Gleichordnungskonzerne im deutschen Konzern- und Kollisionsrecht, 1998
Kegel, Gerhard/ Schurig, Klaus	Internationales Privatrecht, 9. Aufl. 2004
Keidel, Theodor/ Winkler, Karl	Kommentar zum Beurkundungsgesetz, 14. Aufl. 1999
Keidel, Theodor/ Winkler, Karl	Freiwillige Gerichtsbarkeit, 15. Aufl. 2003
Keller, Christoph	Die EG-Richtlinie 98/26 vom 19. 5. 1998 über die Wirksamkeit von Abrechnungen in Zahlungs- sowie Wertpapierliefer- und -berechnungssystemen und ihre Umsetzung in Deutschland, WM 2000, 1269
Kersting, Christian	Societas Europaea: Gründung und Vorgesellschaft, DB 2001, 2079
Kersting, Christian	Rechtswahlfreiheit im Europäischen Gesellschaftsrecht nach Überseering, NZG 2003, 9
Kessler, Wolfgang/ Achilles, Charlotte/ Huck, Frederike	Die Europäische Aktiengesellschaft im Spannungsfeld zwischen nationalem Steuergesetzgeber und EuGH, IStR 2003, 715
Kiel, Peter	Internationales Kapitalanlegerschutzrecht, 1994
Kiem, Roger	Das Centros-Urteil des Europäischen Gerichtshofs – Praktische Gestaltungs- und Reaktionsmöglichkeiten aus dem Blickwinkel der Gesellschaften, in Gesellschaftsrechtliche Vereinigung (Hrsg.), Gesellschaftsrecht in der Diskussion 1999, 2000, 199
Kieninger, Eva-Maria	ECLR Niederlassungsfreiheit als Rechtswahlfreiheit – Besprechung der Entscheidung des EuGH, EuZW 1999, 216 – Centros Ltd. ./. Erhvervs – og Selskabsstyrelsen, ZGR 1999, 724
Kieninger, Eva-Maria	Internationales Gesellschaftsrecht nach „Centros", „Überseering" und „Inspire Art": Antworten, Zweifel und offene Fragen, ZEuP 2004, 685
Kindler, Peter	Neue Offenlegungspflichten für Zweigniederlassungen ausländischer Kapitalgesellschaften, NJW 1993, 3301
Kindler, Peter	Niederlassungsfreiheit für Scheinauslandsgesellschaften? Die „Centros"-Entscheidung des EuGH und das internationale Privatrecht, NJW 1999, 1993
Kindler, Peter	Kommentar zum Urteil des OLG Frankfurt a. M. vom 23. 6. 1999 – 22 U 219/97, EWiR 1999, 1081
Kindler, Peter	Internationales Gesellschaftsrecht am Scheideweg, RIW 2000, 649
Kindler, Peter	Das Centros-Urteil des Europäischen Gerichtshofs – Eine Analyse aus dem Blickwinkel des Europäischen Gemeinschaftsrechts, des Gesellschaftsrechts und des Internationalen Privatrechts, in Gesellschaftsrechtliche Vereinigung (Hrsg.), Gesellschaftsrecht in der Diskussion 1999, 2000, 87
Kindler, Peter	„Inspire Art" – Aus Luxemburg nichts Neues zum internationalen Gesellschaftsrecht, NZG 2003, 1086

Literaturverzeichnis

Kindler, Peter .... Auf dem Weg zur Europäischen Briefkastengesellschaft? Die „Übersee-ring"-Entscheidung des EuGH und das internationale Privatrecht, NJW 2003, 1073

Kindler, Peter .... Nach Überseering: Partei- und Prozessfähigkeit einer in den USA gegründeten Gesellschaft mit Verwaltungssitz in der Bundesrepublik Deutschland, BB 2003, 812

Kindler, Peter .... „Anerkennung" der Scheinauslandsgesellschaft und Niederlassungsfreiheit, IPRax 2003, 41

Kindler, Peter/Horstmann, Hendrik .... Die EU-Übernahmerichtlinie – Ein „europäischer" Kompromiss, DStR 2004, 866

Kirchhof, Paul (Hrsg.) ...... EStG Kompaktkommentar, 5. Aufl. 2005

Kleinert, Jens/Probst, Peter Endgültiges Aus für Sonderanknüpfungen bei (Schein-)Auslandsgesellschaften – Anmerkung zu dem EuGH-Urteil vom 30. 9. 2003 – Rs. C-167–01 – Inspire Art, DB 2003, 2217

Kleinert, Jens/Probst, Peter Schein-Auslandsgesellschaften – Erneute Betonung der Niederlassungsfreiheit durch den EuGH, MDR 2003, 1265

Kleinert, Jens/Probst, Peter Erneute klare Absage an Wegzugbeschränkungen durch EuGH und Kommission, NJW 2004, 2425

Kley, Dietrich .... Neue Corporate Governance Regeln in den USA und Europa – Mehr Probleme als Lösungen?, Der Konzern 2003, 264

Klingberg, Dietgard/ van Lishaut, Ingo .... Ausländische Umwandlungen im deutschen Steuerrecht, FR 1999, 1209

Kloster, Lars .... EU-grenzüberschreitende Verschmelzungen sind (steuerneutral) durchführbar – zugleich Anmerkungen zu LG Koblenz vom 16. 9. 2003 – 4 HK T 1/03, GmbHR 2003, 1413

Kloster, Lars .... Societas Europaea und europäische Unternehmenszusammenschlüsse, EuZW 2003, 293

Kloster, Lars .... Grenzüberschreitende Unternehmenszusammenschlüsse, 2004

Knapp, Andreas .... Überseering: Zwingende Anerkennung von ausländischen Gesellschaften?, DNotZ 2003, 85

Knobbe-Keuk, Brigitte .... Umzug von Gesellschaften in Europa, ZHR 154 (1990), 325

Knobbe-Keuk, Brigitte .... Wegzug und Einbringung von Unternehmen zwischen Niederlassungsfreiheit, Fusionsrichtlinie und nationalem Steuerrecht, DB 1991, 298

Koblenzer, Thomas .... Die Auswirkungen der „Centros"-Entscheidung des EuGH auf das deutsche Körperschaftsteuerrecht, EWS 1999, 418

Köbler, Gerhard .... Rechtsfragen der Zweigniederlassung, BB 1969, 845

Koegel, Steffen .... Formalien der GmbH-Gründung – ein Musterbeispiel für zuviel Staat, GmbHR 2003, 1225

Kögel, Steffen .... Firmenbildung von Zweigniederlassungen in- und ausländischer Unternehmen, Rpfleger 1993, 8

Kögel, Steffen .... Der Sitz der GmbH und seine Bezugspunkte, GmbHR 1998, 1108

Kohler, Christian .... Kodifikation und Reform des Internationalen Privatrechts in Liechtenstein, IPRax 1997, 309

Kohler, Christian/Knapp, Andreas .... Gemeinschaftsrecht und Privatrecht. Zur Rechtsprechung des EuGH im Jahr 2002, ZEuP 2004, 716

Koller, Ingo/Roth, Wulf-Henning/Morck, Winfried Kommentar zum Handelsgesetzbuch, 4. Aufl. 2003

Kollruss, Thomas .... Die hybride Kapitalgesellschaft – Gestaltungen zur doppelten Verlustverwertung (Double-Dipping) im Verhältnis Deutschland-USA, IStR 2004, 735

Kölner Kommentar AktG Kommentar zum Aktiengesetz, Band 1, §§ 1–75 AktG, Zöllner, Wolfgang (Hrsg.), 2. Aufl. 1988 (§§ 1–22: 1986, §§ 23–53: 1986; §§ 53a–75: 1988)

Kölner Kommentar AktG Kommentar zum Aktiengesetz, Band 2, §§ 76–117 AktG und Mitbestimmung im Aufsichtsrat, Zöllner, Wolfgang (Hrsg.), 2. Aufl. 1996

Kölner Kommentar AktG Kommentar zum Aktiengesetz, Band 6, §§ 15–22, §§ 291–338 AktG und Meldepflichten nach §§ 21 ff. WpHG, SpruchG, Zöllner, Wolfgang/Noack, Ulrich (Hrsg.), 3. Aufl. 2004

Literaturverzeichnis

Kölner Kommentar WpÜG	Kommentar zum WpÜG mit AngebVO und §§ 327 a–327 f. AktG, Hirte, Heribert/von Bülow, Christoph (Hrsg.), 2003
Kölner Schrift zur Insolvenzordnung	Das neue Insolvenzrecht in der Praxis, Arbeitskreis für Insolvenz- und Schiedsgerichtsbarkeit e. V., Köln (Hrsg.), 2. Aufl. 2000
Kondring, Jörg	Zur Anwendung deutschen Insiderstrafrechts auf Sachverhalte mit Auslandsberührung, WM 1998
Koppensteiner, Hans-Georg	Internationale Unternehmen, 1971
Korsten, Mathias/Bieniek, Georg	Europäische Niederlassungsfreiheit, Wegzug von Staatsangehörigen/Hughes de Lasteyrie du Saillant, EWiR 2004, 801
Köstler, Roland	Die Mitbestimmung in der SE, ZGR 2003, 800
Korts, Sebastian/Korts, Petra	Die steuerrechtliche Behandlung der in Deutschland tätigen englischen Limited, BB 2005, 1474
Kowalski, André	Ausländische Scheingesellschaft, gescheiterte Gründung, „Centros"-Rechtsprechung, EWiR 2000, 127
Krabbe, Helmut	Steuerliche Behandlung der Personengesellschaften nach den Doppelbesteuerungsabkommen, IWB Fach 3, Gruppe 2, 753
Krause, Hartmut	Von „goldenen Aktien", dem VW-Gesetz und der Übernahmerichtlinie, NJW 2002, 2747
Krause, Hartmut	BB– Europareport: Die EU-Übernahmerichtlinie – Anpassungsbedarf im Wertpapiererwerbs- und Übernahmegesetz, BB 2004, 113
Krebber, Sebastian	Europäische Insolvenzordnung, Drittstaatengesellschaften, Drittstaatensachverhalte und innergemeinschaftliche Konflikte, IPRax 2004, 540
Kröll, Stefan	Beurkundung gesellschaftsrechtlicher Vorgänge durch einen ausländischen Notar, ZGR 2000, 111
Kronke, Herbert	Deutsches Gesellschaftsrecht und grenzüberschreitende Strukturänderungen, ZGR 1994, 26
Kronke, Herbert	Connected and Global Security Markets – With or Without Conflict of Laws? Corporations, Capital Markets and Business in the Law, Festschrift für Georg B. Buxbaum (2000), 363
Kropholler, Jan	Internationales Privatrecht, 4. Aufl. 2001
Kropholler, Jan	Europäisches Zivilprozessrecht: Kommentar zu EuGVO und Lugano-Übereinkommen, 7. Aufl. 2002
Kübler, Friedrich	Der Mittelpunkt der hauptsächlichen Interessen nach Art. 3 Abs. 1 EuInsVO, Festschrift für Walter Gerhardt (2004), 527
Kümpel, Siegfried	Bank- und Kapitalmarktrecht, 3. Aufl. 2004
Lackner, Karl/Kühl, Kristian	Kommentar zum Strafgesetzbuch, 25. Aufl. 2004
Lambrich, Thomas/Cahlik, Nina	Austausch von Arbeitnehmerdaten in multi-nationalen Konzernen – Datenschutz und betriebsverfassungsrechtliche Rahmenbedingungen, RDV 2002, 287
Lanfermann, Georg/Maul, Silja	Auswirkungen des Sarbanes-Oxley Acts in Deutschland, DB 2002, 1725
Lange, Knut Werner	Der grenzüberschreitende Vertragskonzern im Recht der Personenhandelsgesellschaften, IPRax 1998, 438
Lange, Oliver	Überlegungen zur Umwandlung einer deutschen in eine europäische Aktiengesellschaft, EuZW 2003, 301
Langhein, Gerd H.	Vertretungs- und Existenznachweise ausländischer Kapitalgesellschaften (Teil 1), ZNotP 1999, 218
Langhein, Gerd H.	Notarieller Rechtsverkehr mit englischen Gesellschaften, NZG 2001, 1123
Laukemann, Björn	Rechtshängigkeit im europäischen Insolvenzrecht, RIW 2005, 104
Lehmann, Matthias	Fällt die Sitztheorie jetzt auch international? Zur Vereinbarkeit der kollisionsrechtlichen Anknüpfung an den Gesellschaftssitz mit dem GATS, RIW 2004, 816

Literaturverzeichnis

Lehne, Klaus-Heiner	Stand der europäischen Corporate Governance-Entwicklung, Der Konzern 2003, 272
Leible, Stefan	Vertretung ohne Vertretungsmacht, Genehmigung und Anscheinsvollmacht im IPR, IPRax 1998, 257
Leible, Stefan	Niederlassungsfreiheit und Sitzverlegungsrichtlinie, ZGR 2004, 531
Leible, Stefan / Hoffmann, Jochen	Vom „Nullum" zur Personengesellschaft – Die Metamorphose der Scheinauslandsgesellschaft im deutsche Recht, DB 2002, 2203
Leible, Stefan / Hoffmann, Jochen	„Überseering" und das (vermeintliche) Ende der Sitztheorie, RIW 2002, 925
Leible, Stefan / Hoffmann, Jochen	„Überseering" und das deutsche Gesellschaftskollisionsrecht – zugleich Besprechung BGH, Urteil vom 13. 3. 2003 – VII ZR 370/98, ZIP 2003, 925
Leible, Stefan / Hoffmann, Jochen	Wie inspiriert ist „Inspire Art"?, EuZW 2003, 677
Leible, Stefan / Hoffmann, Jochen	Die Grundbuchfähigkeit der Scheinauslandsgesellschaft: (teilweise) Aufgabe der Sitztheorie?, NZG 2003, 259
Leible, Stefan / Hoffmann, Jochen	Kommentar zum Urteil des BGH vom 14. 3. 2005 – II ZR 5/03, RIW 2005, 544
Leible, Stefan / Staudinger, Ansgar	Die europäische Verordnung über Insolvenzverfahren, KTS 2000, 533
Lenenbach, Markus	Kapitalmarktrecht, 2002
Lennerz, Ursula	Die internationale Verschmelzung und Spaltung unter Beteiligung deutscher Gesellschaften, 2001
Liersch, Oliver	Deutsches Internationales Insolvenzrecht, NZI 2003, 302
Lorenz, Stephan	Internationale Zuständigkeit deutscher Gerichte und Anwendbarkeit von § 661 a BGB bei Gewinnmitteilungen aus dem Ausland: Erweiterungen des Verbrauchergerichtsstands durch die „Brüssel I-Verordnung", IPRax 2002, 192
Löwenstein, Ulrich / Looks, Christian	Betriebsstättenbesteuerung, 2003
Lüdicke, Jochen / Rieger, Norbert (Hrsg.)	Münchner Anwaltshandbuch Unternehmenssteuerrecht, 2004
Lüdicke, Jürgen (Hrsg.)	Fortentwicklung der internationalen Unternehmensbesteuerung, Forum der internationalen Besteuerung, Band 23, 2002
Lurger, Brigitta	„Centros Revisited": Die österreichische Sitztheorie und die Niederlassungsfreiheit des EG-Vertrages, IPRax 2001, 346
Lutter, Marcus	Korreferat zu „Der Anwendungsbereich des Mitbestimmungsgesetzes" von Wilhelm F. Bayer, ZGR 1977, 195
Lutter, Marcus	Der Vorschlag der EG-Kommission für eine neunte Richtlinie zur Angleichung des Konzernrechts, ZGR 1985, 444
Lutter, Marcus	Europäisches Unternehmensrecht, 2. Aufl. 1984 (zitiert: Lutter, Europäisches Unternehmensrecht, 2. Aufl. 1984)
Lutter, Marcus	Europäisches Unternehmensrecht, 4. Aufl. 1996 (zitiert: Lutter, Europäisches Unternehmensrecht)
Lutter, Marcus	Umstrukturierung von Unternehmen über die Grenze: Versuch eines Resümees, ZGR 1994, 87
Lutter, Marcus	Europäische Aktiengesellschaft – Rechtsfigur mit Zukunft, BB 2002, 1
Lutter, Marcus	Die Erklärung zum Corporate Governance Kodex gemäß § 161 AktG – Pflichtverstöße und Binnenhaftung von Vorstands- und Aufsichtsratsmitgliedern, ZHR 166 (2002), 523
Lutter, Marcus	Corporate Governance und ihre aktuellen Probleme, vor allem: Vorstandsvergütung und ihre Schranken, ZIP 2003, 737
Lutter, Marcus	„Überseering" und die Folgen, BB 2003, 7
Lutter, Marcus (Hrsg.)	Kommentar zum Umwandlungsgesetz, Band 1, §§ 1–137, 3. Aufl. 2004

Literaturverzeichnis

Lutter, Marcus/Drygalla, Tim	Grenzen der Personalverflechtung und Haftung im Gleichordnungskonzern, ZGR 1995, 557
Lutter, Marcus/Hommelhoff, Peter	Kommentar zum GmbH-Gesetz, 16. Aufl. 2004
Lutter, Marcus/Overrath, Hans-Peter	Das portugiesische Konzernrecht von 1986, ZGR 1991, 394
Luttermann, Claus	Mit dem Europäischen Gerichtshof (Centros) zum Internationalen Unternehmens- und Kapitalmarktrecht – Kollisionsrecht in den Zeiten des Internet, ZEuP 2000, 908
Luttermann, Claus	Vorabentscheidungsersuchen: Rechts- und Parteifähigkeit: Zur Vereinbarkeit der sog. „Sitztheorie" mit der europäischen Niederlassungsfreiheit, EWS 2000, 374
Lux, Hans-Joachim	Die Einleitung der Arbeitnehmervertreter-Wahl nach dem Mitbestimmungsgesetz, BB 1977, 905
Mankowski, Peter	Kommentar zu Beschluss des BayObLG vom 19. 12. 2002 – 2Z BR 7/02, EWiR 2003, 273
Mankowski, Peter	Kommentar zum Beschluss des AG Düsseldorf vom 6. 6. 2003 – 502 IN 126/03, EWiR 2003, 767
Mankowski, Peter	Entwicklungen im Internationalen Privat- und Prozessrecht 2003/2004 (Teil 1), RIW 2004, 481
Mankowski, Peter	Kommentar zum Beschluss des BGH vom 27. 11. 2003 – IX ZB 418/02, EWiR 2004, 229
Mankowski, Peter	Kommentar zum Beschluss des AG Siegen vom 1. 7. 2004 – 25 IN 154/04, EWiR 2005, 175
Mannsdörfer, Marco/Timmerbeil, Sven	Zurechnung und Haftungsdurchgriff im Konzern – Eine rechtsübergreifende Betrachtung, WM 2004, 362
Mäsch, Gerald	Anmerkung zum Beschluss des Österr. OGH vom 15. 7. 1999 – 6 Ob 123/99 b, JZ 2000, 201
Maul, Silja	Konzernrecht der „deutschen" SE – Ausgewählte Fragen zum Vertragskonzern und den faktischen Unternehmensverbindungen, ZGR 2003, 743
Maul, Silja/Lanfermann, Georg	Europäische Corporate Governance – Stand der Entwicklungen, BB 2004, 1861
Maul, Silja/Muffat-Jeandet, Daniele	Die EU-Übernahmerichtlinie – Inhalt und Umsetzung in nationales Recht (Teil I), AG 2004, 221
Maul, Silja/Schmidt, Claudia	Inspire Art – Quo vadis Sitztheorie?, BB 2003, 2297
Maul, Silja/Teichmann, Christoph/Wenz, Martin ..	Der Richtlinienvorschlag zur grenzüberschreitenden Verschmelzung von Kapitalgesellschaften, BB 2003, 2633
Meilicke, Wienand	Sitztheorie und EWG-Vertrag nach Handels- und Steuerrecht, RIW 1990, 449
Meilicke, Wienand	Unvereinbarkeit der Sitztheorie mit der Europäischen Menschenrechtskonvention, RIW 1992, 578
Meilicke, Wienand	Zur Vereinbarkeit der Sitztheorie mit der Europäischen Menschenrechtskonvention und anderem höherrangigen Recht, BB 1995 (Beilage 9)
Meilicke, Wienand	Zum Vorschlag der Europäischen Kommission für die 14. EU-Richtlinie zur Koordinierung des Gesellschaftsrechts – Sitzverlegungs-Richtlinie, GmbHR 1998, 1053
Meilicke, Wienand	Sitztheorie versus Niederlassungsfreiheit? Besprechung des Vorlagebeschlusses des BGH vom 30. 3. 2000 – VII ZR 370/98, GmbHR 2000, 693
Meilicke, Wienand	Die Neuregelung der ertragsteuerlichen Organschaft über die Grenze, DB 2002, 911
Meilicke, Wienand	Kommentar zum Urteil des EuGH vom 30. 9. 2003 – Rs. L-167/01 – Inspire Art, GmbHR 2003, 1271

Literaturverzeichnis

Meilicke, Wienand .... Die Niederlassungsfreiheit nach „Überseering"; Rückblick und Ausblick nach Handelsrecht und Steuerrecht, GmbHR 2003, 793

Meilicke, Wienand .... Kommentar zum Urteil des EuGH vom 11. 3. 2004 – Rs. C-9/02 – Hughes des Lasteyrie du Saillant, GmbHR 2004, 511

Meilicke, Wienand .... Diskriminierungsverbote der DBA hinsichtlich Organträgerfähigkeit ausländischer Gesellschaften, GmbHR 2005, 68

Menjucq, Michel .... Das „monistische" System der Unternehmensleitung in der SE, ZGR 2003, 679

Menke, Thomas .... Beurkundungspflicht von Verträgen über den Verkauf oder die Abtretung ausländischer GmbH-Geschäftsanteile?, BB 2004, 1807

Merkt, Hanno .... Vertragsform beim Kauf von Anteilen an einer ausländischen Gesellschaft, ZIP 1994, 1417

Merkt, Hanno .... Internationaler Unternehmenskauf durch Erwerb der Wirtschaftsgüter, RIW 1995, 533

Merkt, Hanno .... Internationaler Unternehmenskauf, 2. Aufl. 2003

Merkt, Hanno .... Die monistische Unternehmensverfassung für die Europäische Aktiengesellschaft aus deutscher Sicht, ZGR 2003, 650

Merkt, Hanno .... Zum Verhältnis von Kapitalmarktrecht und Gesellschaftsrecht in der Diskussion um die Corporate Governance, AG 2003, 126

Mertens, Hans-Joachim ...... Förderung von, Schutz vor, Zwang zu Übernahmeangeboten, AG 1990, 252

Michalski, Lutz .... Grundzüge des internationalen Gesellschaftsrechts, NZG 1998, 762

Michalski, Lutz (Hrsg.) .... Kommentar zum Gesetz betreffend die Gesellschaften mit beschränkter Haftung (GmbH-Gesetz): Band 1, §§ 1–34, 2002

Milde, Thomas .... Der Gleichordnungskonzern im Gesellschaftsrecht, in Hadding, Walther/ Schneider, Uwe H. (Hrsg.), Konzern, Konzernrecht und Konzernfinanzierung Teil V, 1996

Miller, F. Georg .... Eintragung ausländischer GmbH-Geschäftsführer und Gründung einer GmbH durch Ausländer, DB 1983, 977

Miller-Gugenberger, Christian .... EWIV – Die neue europäische Gesellschaftsform, NJW 1989, 1449

Möbus, Susanne .... Finanzverwaltung versus OECD bei Behandlung ausländischer Personengesellschaften?, GmbHR 2004, 1202

Mock, Sebastian/Schildt, Charlotte .... Insolvenz ausländischer Kapitalgesellschaften mit Sitz in Deutschland, ZinsO 2003, 396

Mock, Sebastian/Westhoff, André .... Verwendung ausländischer Kapitalgesellschaften bei Unternehmensakquisitionen, DZWiR 2004, 23

Moeremanns, Daniel .... Internationales Privatrecht und Durchgriffshaftung in Argentinien, RIW 1989, 778

Mohr, Franz .... Die österreichischen Insolvenzen im Internet, ZIP 2000, 997

Möllers, Christoph .... Internationale Zuständigkeit bei der Durchgriffshaftung, 1997

Müffelmann, Herbert .... Entfällt die Mitbestimmung für eine Kommanditgesellschaft bei Einschaltung einer ausländischen Kapitalgesellschaft?, BB 1977, 628

Mülbert, Peter O. .... Umsetzungsfragen der Übernahmerichtlinie – erheblicher Änderungsbedarf bei den heutigen Vorschriften des WpÜG, NZG 2004, 633

Müller, Hans-Friedrich ...... Die grenzüberschreitende Verschmelzung nach dem neuen Richtlinienentwurf der EU-Kommission, ZIP 2004, 1790

Müller, Hans-Friedrich ...... Insolvenz ausländischer Kapitalgesellschaften mit inländischem Verwaltungssitz, NZG 2003, 414

Münchener Handbuch des Gesellschaftsrechts ..... Band 1, BGB-Gesellschaft, Offene Handelsgesellschaft, Partnerschaftsgesellschaft, Partnerreederei, EWIV, Riegger, Bodo/Gummert, Hans/Weipert, Lutz (Hrsg.), 2. Aufl. 2004

Münchener Handbuch des Gesellschaftsrechts ..... Band 3, Gesellschaft mit beschränkter Haftung, Priester, Hans Joachim/ Mayer, Dieter (Hrsg.), 2. Aufl. 2003

Münchener Handbuch des Gesellschaftsrechts ..... Band 4, Aktiengesellschaft Hoffmann-Becking, Michael (Hrsg.), 2. Aufl. 1999

L

Münchener Kommentar
AktG .... Kommentar zum Aktiengesetz, Band 1, §§ 1–53 AktG, Kropf, Bruno/ Semler, Johannes (Hrsg.), 2. Aufl. 2000

Münchener Kommentar
AktG .... Kommentar zum Aktiengesetz, Band 3, §§ 76–117 AktG, MitbestG, § 76 BetrVG 1952, Kropf, Bruno/Semler, Johannes (Hrsg.), 2. Aufl. 2004

Münchener Kommentar
AktG .... Kommentar zum Aktiengesetz, Band 8, §§ 278–328 AktG, Kropf, Bruno/ Semler, Johannes (Hrsg.), 2. Aufl. 2000

Münchener Kommentar
BGB .... Kommentar zum Bürgerlichen Gesetzbuch, Band 10, Einführungsgesetz zum Bürgerlichen Gesetzbuch (Art. 1–38), Internationales Privatrecht, Rebmann, Kurt/Säcker, Franz Jürgen/Rixecker, Roland (Hrsg.), 3. Aufl. 1998

Münchener Kommentar
BGB .... Kommentar zum Kommentar zum Bürgerlichen Gesetzbuch, Band 11, Internationales Handels- und Gesellschaftsrecht, Einführungsgesetz zum Bürgerlichen Gesetzbuch (Art. 50–237), Rebmann, Kurt/Säcker, Franz Jürgen/Rixecker, Roland (Hrsg.), 3. Aufl. 1999

Münchener Kommentar
HGB .... Kommentar zum Handelsgesetzbuch, Band 1, Erstes Buch – Handelsstand, §§ 1–104, Schmidt, Karsten (Hrsg.), 1996

Münchner Kommentar
InsO .... Kommentar zur Insolvenzordnung, Band 3, §§ 270–335, Internationales Insolvenzrecht, Insolvenzsteuerrecht, Kirchhof, Hans-Peter/Lwowski, Hans-Jürgen/Stürner, Rolf (Hrsg.), 2003

Mutter, Stefan .... Zur Anpassung der Vergütung von Aufsichtsräten an den Deutschen Corporate Governance Kodex, ZIP 2002, 1230

Nagel, Bernhard .... Ist die Europäische Aktiengesellschaft (SE) attraktiv?, DB 2004, 1299
Naumann, Manfred/
Förster, Hartmut .... Abschmelzen (stripping) von Funktionen im Konzern, steuerlich vergebliche Liebesmüh'? – Zur Verlagerung von Funktionen am Beispiel von Vertriebstochtergesellschaften, IStR 2004, 246

Neumayer, Karl H. .... Betrachtungen zum internationalen Konzernrecht, ZVglRWiss. 83 (1984), 129

Neye, Hans-Werner .... Das neue Umwandlungsrecht vor der Verabschiedung im Bundestag, ZIP 1994, 917

Neye, Hans-Werner .... Kommentar zum Urteil des EuGH vom 5. 11. 2002 – Rs. C-208/00, EWiR 2002, 1003

Neye, Hans-Werner
Teichmann, Christoph .... Der Entwurf für das Ausführungsgesetz zur Europäischen Aktiengesellschaft, AG 2003, 167

Niehus, Rudolf .... Zur Transformation der Vierten EG-(Bilanz-)Richtlinie in den Mitgliedstaaten der Europäischen Gemeinschaft, ZGR 1985, 536

Nottmeier, Horst/Schäfer,
Holger .... Praktische Fragen im Zusammenhang mit §§ 21, 22 WpHG, AG 1997, 87
Oppermann, Robert .... Steuerrechtliche Folgen der Verlegung des Sitzes und des Orts der Geschäftsleitung von ausländischen Kapitalgesellschaften in das Inland, DB 1988, 1469

Overrath, Hans-Peter .... Stimmverträge im internationalen Privatrecht, ZGR 1974, 86
Paefgen, Walter G. .... Kommentar zum Urteil des BGH vom 13. 3. 2003 – VII ZR 370/98, EWiR 2003, 571

Paefgen, Walter G. .... Gezeitenwechsel im Gesellschaftskollisionsrecht – Anmerkung zu EuGH, Urteil vom 5. 11. 2002 – Rs. C-208/00, WM 2003, 561

Paefgen, Walter G. .... Auslandsgesellschaften und Durchsetzung deutscher Schutzinteressen nach „Überseering", DB 2003, 487

Paefgen, Walter G. .... Umwandlungen über die Grenze – ein leichtes Spiel?, IPRax 2004, 132
Paefgen, Walter G. .... Kommentar zum Urteil des BGH vom 5. 7. 2004 – II ZR 389/02, EWiR 2004, 919

Literaturverzeichnis

Paefgen, Walter G.	Umwandlung, europäische Grundfreiheiten und Kollisionsrecht, GmbHR 2004, 463
Palandt, Otto	Kommentar zum BGB, 61. Auf. 2002 (zitiert: Palandt/*Bearbeiter*, 61. Aufl. 202)
Palandt, Otto	Kommentar zum BGB, 64. Aufl. 2005 (zitiert: Palandt/*Bearbeiter*)
Pallarés, Beatriz	International Regime of Commercial Companies in Argentina and MERCOSUR, 32 Stetson Law Review, 2003, 785
Pannen, Klaus/Kühnle, Tina/Riedemann, Susanne	Die Stellung des deutschen Insolvenzverwalters in einem Insolvenzverfahren mit europäischen Auslandsbezug, NZI 2003, 72
Pannen, Klaus/Riedemann, Susanne	Der Begriff des „centre of main interests" i. S. des Art. 3 I 1 EuInsVO im Spiegel aktueller Fälle aus der Rechtsprechung, NZI 2004, 646
Pannen, Klaus/Riedemann, Susanne	Kommentar zum Beschluss des AG Offenbach vom 2. 8. 2004 – 2 IN 133/04, EWiR 2005, 73
Pannen, Klaus/Riedemann, Susanne/Kühnle, Tina	Zur Stellung der Insolvenzgläubiger nach der Europäischen Verordnung über Insolvenzverfahren (EuInsVO), NZI 2002, 303
Paulus, Christoph G.	Banken und Insolvenz – eine internationale Betrachtung, ZBB 2002, 492
Paulus, Christoph G.	Zuständigkeitsfragen nach der Europäischen Insolvenzverordnung (zugleich Besprechung High Court of Justice Leeds, Beschluss vom 16. 5. 2003), ZIP 2003, 1725
Paulus, Christoph G.	Kommentar zum Beschluss des High Court of Justice in Leeds (Companies Court) vom 16. 5. 2003 – No 861–876/03, EWiR 2003, 709
Paulus, Christoph G.	Anmerkung zum Beschluss des AG München vom 4. 5. 2004 – 1501 IE 1276/04, EWiR 2004, 493
Paulus, Christoph G.	Anmerkung zum Beschluss des OLG Wien vom 9. 11. 2004 – 28 R 225/04 w, NZI 2005, 62
Peltzer, Martin	Handlungsbedarf in Sachen Corporate Governance, NZG 2002, 593
Peltzer, Martin	Corporate Governance Codices als zusätzliche Pflichtenbestimmung für den Aufsichtsrat, NZG 2002, 10
Peltzer, Martin	Deutsche Corporate Governance – Ein Leitfaden, 2003
Pfeiffer, Thomas	Anmerkung zum Urteil des BGH vom 4. 11. 2004 – III ZR 172/03, LMK 2005, 46
Picot, Gerhard/Land, Volker	Der internationale Unternehmenskauf, DB 1998, 1601
Pluskat, Sorika	Die Arbeitnehmerbeteiligung in der geplanten Europäischen AG, DStR 2001, 1483
Pluskat, Sorika	Der neue Entwurf für eine europäische Verschmelzungsrichtlinie – Transnationale Fusionen in Europa damit in greifbare Nähe gerückt?, EWS 2004, 1
Priester, Hans-Joachim	„GmbH light" – ein Holzweg!, ZIP 2005, 921
Puszkajler, Karl Peter	Luxemburg locuta, causa non finita? Anmerkungen aus der Praxis zu dem Centros-Urteil des EuGH, IPRax 2000, 79
Racky, Klaus	Die Behandlung von im Ausland belegenen Gesellschaftsvermögen bei Verschmelzungen, DB 2003, 923
Raiser, Thomas	Recht der Kapitalgesellschaften, 3. Aufl. 2001
Raiser, Thomas	Mitbestimmungsgesetz – Kommentar mit Textausgabe der Wahlordnungen, 2. Aufl. 2002
Raiser, Thomas	Die Haftung einer Schwestergesellschaft für die Schulden einer anderen Schwester nach dem Urteil „Bremer Vulkan" des BGH, Festschrift für Peter Ulmer (2003), 493
Rehberg, Markus	Internationales Gesellschaftsrecht im Wandel: Das Überseering-Urteil des EuGH und seine Folgen (Tagungsbericht), IPRax 2003, 175
Rehbinder, Manfred	Publizität und Auslandsbeziehungen – eine rechtsvergleichende Skizze, Festgabe für Heinrich Kronstein (1967), 203
Rehm, Gerhard M.	Anmerkungen zum Urteil des BGH vom 5. 7. 2004 – II ZR 389/02, JZ 2005, 304

Reichert, Jochem / Brandes,
Stephan .... Mitbestimmung der Arbeitnehmer in der SE: Gestaltungsfreiheit und Bestandsschutz, ZGR 2003, 767

Reichert, Jochem / Weller,
Marc-Phillipe .... Geschäftsanteilsübertragung mit Auslandsberührung (Teil I), DStR 2005, 250

Reichert, Jochem / Weller,
Marc-Phillipe .... Geschäftsanteilsübertragung mit Auslandsberührung (Teil II), DStR 2005, 292

Reichert-Facilides, Fritz ..... Auswirkungen des AGB-Gesetztes auf das deutsche Internationale Versicherungsvertragsrecht, VersR 1978, 481

Reithmann, Christoph .... Substitution bei Anwendung der Formvorschriften des GmbH-Gesetzes, NJW 2003, 385

Reithmann, Christoph /
Martiny, Dieter (Hrsg.) .... Das internationale Privatrecht der Schuldverträge, 6. Aufl. 2004

Ressos, Alexander .... Anmerkung zum Urteil des BGH vom 14. 3. 2005 – II ZR 5/03, DB 2005, 1048

Richter, Stefan .... Aktienoptionen für den Aufsichtsrat?, BB 2004, 949

Riedemann, Susanne .... Das Auseinanderfallen von Gesellschafts- und Insolvenzstatut – „Inspire Art" und die Insolvenz über das Vermögen einer englischen „Limited" in Deutschland, GmbHR 2004, 345

Riegger, Bodo .... Centros – Überseering – Inspire Art: Folgen für die Praxis, ZGR 2004, 510

Riera, Laura / Wagner,
Christoph .... Kommentar zum Urteil des Tribunale Civile di Parma vom 19. 2. 2004 – 53/04, EWiR 2004, 597

Ries, Peter .... Anmerkung zum Beschluss des LG Berlin vom 22. 6. 2004 – 102 T 48/04, ZIP 2004, 2382

Riesenkampff, Alexander ... Haftung der Muttergesellschaft für kartellwidriges Verhalten der Tochtergesellschaft, Anmerkung zum Urteil des Europäischen Gerichtshofs vom 16. 11. 2000 (Rechtssache C – 286/98 P), WuW 2001, 357

Ringleb, Henrik-Michael /
Kremer, Thomas / Lutter,
Marcus / von Werder, Axel Kommentar zum Deutschen Corporate Governance Kodex, 2. Aufl. 2005

Rinne, Burkhard .... Zweigniederlassungen ausländischer Unternehmen im deutschen Kollisions- und Sachrecht, 1998

Rixen, Siegfried / Böttcher,
Reinhard .... Erfahrungsbericht über eine transnationale Verschmelzung, GmbHR 1993, 572

Rogall, Matthias .... Die grenzüberschreitende Abspaltung nach der geplanten Änderung der steuerlichen Fusionsrichtlinie, RIW 2004, 271

Röhricht, Volker .... Insolvenzrechtliche Aspekte im Gesellschaftsrecht, ZIP 2005, 505

Röhricht, Volker / Graf von
Westphalen, Friedrich (Hrsg.) Handelsgesetzbuch – Kommentar zu Handelsstand, Handelsgesellschaften, Handelsgeschäften und besonderen Handelsverträgen (ohne Bilanz-, Transport- und Seerecht), 2. Aufl. 2001

Roth, Günter H. .... Gründungstheorie: Ist der Damm gebrochen? Eine Besprechung des Urteils des Europäischen Gerichtshof vom 9. 3. 1999, ZIP 1999, 861

Roth, Günter H. .... Gläubigerschutz durch Existenzschutz, NZG 2003, 1081

Roth, Wulf-Henning .... Die Sitzverlegung vor dem EuGH, ZIP 2000, 1597

Roth, Wulf-Henning .... Kommentar zum Beschluss des BGH vom 30. 3. 2000 – VII ZR 370/98, EWiR 2000, 793

Roth, Wulf-Henning .... ECLR: „Centros": Viel Lärm um Nichts? Besprechung der Entscheidung EuGH EuZW 1999, 216, ZGR 2000, 311

Roth, Wulf-Henning .... Internationales Gesellschaftsrecht nach Überseering, IPRax 2003, 117

Rowedder, Heinz / Schmidt-
Leithoff, Christian (Hrsg.) Kommentar zum GmbHG, 4. Aufl. 2002

Sabel, Oliver .... Hauptsitz als Niederlassung im Sinne der EuInsVO?, NZI 2004, 126

Literaturverzeichnis

Sabel, Oliver / Schlegel,
Ursula .... Kommentar zum Urteil des High Court of Justice Chancery Division Companies Court (England) vom 7. 2. 2003 – 0042/2003, In re BRAC Rent-A-Car International Inc (2003) EWHC (Ch) 128, EWiR 2003, 367

Sack, Rolf .... Auswirkungen der Art. 52, 58 EWGV auf das internationale Gesellschaftsrecht – EuGH NJW 1989, 2186, JuS 1990, 352

Saenger, Ingo .... Anmerkung zum Urteil des BGH vom 30. 4. 1998 – 9 ZR 150/97, JZ 1999, 103

Sandrock, Otto .... Die Schrumpfung der Überlagerungstheorie, ZVglRWiss. 102 (2003), 447

Sandrock, Otto .... Ein amerikanisches Lehrstück für das Kollisionsrecht der Kapitalgesellschaften, RabelsZ 42 (1978), 227

Sandrock, Otto .... Die multinationalen Kooperationen im Internationalen Privatrecht, in: Internationalrechtliche Probleme multinationaler Kooperationen, Deutsche Gesellschaft für Völkerrecht (Hrsg.), Band 18, 1978, 169

Sandrock, Otto .... Die Konkretisierung der Überlagerungstheorie in einigen zentralen Einzelfragen, Festschrift für Günther Beitzke (1979), 669

Sandrock, Otto .... Sitztheorie, Überlagerungstheorie und der EWG-Vertrag: Wasser, Öl und Feuer, RIW 1989, 505

Sandrock, Otto .... Centros: ein Etappensieg für die Überlagerungstheorie, BB 1999, 1337

Sandrock, Otto .... BB-Forum: Nach Inspire Art – Was bleibt vom deutschen Sitzrecht übrig?, BB 2003, 2588

Sandrock, Otto .... Sitzrecht contra Savigny?, BB 2004, 897

Sandrock, Otto .... Gehören die deutschen Regelungen über die Mitbestimmung auf Unternehmensebene wirklich zum deutschen ordre public?, AG 2004, 57

Sandrock, Otto / Austmann,
Andraes .... Das Internationale Gesellschaftsrecht nach der Daily Mail-Entscheidung des Europäischen Gerichtshofs: Quo vadis?, RIW 1989, 249

Saß, Gert .... Die geänderte steuerliche EU-Fusionsrichtlinie vom 17. 2. 2005, DB 2005, 1238

Schack, Haimo .... Zur Anerkennung ausländischer Forderungspfändungen, IPRax 1997, 318

Schack, Haimo .... Internationales Zivilverfahrensrecht, 3. Aufl. 2002

Schäfer, Frank A. .... Das Vollmachtsstatut im deutschen IPR – einige neuere Ansätze in kritischer Würdigung, RIW 1996, 189

Schall, Alexander .... Englischer Gläubigerschutz bei der Limited in Deutschland, ZIP 2005, 965

Schanze, Erich / Jüttner,
Andreas .... Die Entscheidung für Pluralität: Kollisionsrecht und Gesellschaftsrecht nach der EuGH-Entscheidung „Inspire Art", AG 2003, 661

Schanze, Erich / Jüttner,
Andreas .... Anerkennung und Kontrolle ausländischer Gesellschaften – Rechtslage und Perspektiven nach der Überseering-Entscheidung des EuGH, AG 2003, 30

Schaumburg, Harald .... Grenzüberschreitende Umwandlungen (I), GmbHR 1996, 501

Schaumburg, Harald .... Grenzübschreitende Umwandlungen (II), GmbHR 1996, 585

Schaumburg, Harald .... Internationales Steuerrecht, 2. Aufl. 1998

Schefold, Dietrich .... Grenzüberschreitende Wertpapierübertragungen und Internationales Privatrecht – Zum kollisionsrechtlichen Anwendungsbereich von § 17 a Depotgesetz, IPRax 2000, 468

Schervier, Joachim .... Beurkundung GmbH-rechtlicher Vorgänge im Ausland, NJW 1992, 593

Scheunemann, Marc .... Europaweite Verlustberücksichtigung im Konzern, IStR 2005, 303

Schiessl, Maximilian .... Deutsche Corporate Governance post Enron, AG 2002, 593

Schilling, Michael .... Die ausschließliche internationale Zuständigkeit für gesellschaftsrechtliche Streitigkeiten vor dem Hintergrund der Niederlassungsfreiheit – Zur Anwendung des Art. 22 Nr. 2 EuGVVO auf eine englische limited mit Verwaltungssitz in Deutschland, IPRax 2005, 208

Schlosser, Peter F. .... EU-Zivilprozessrecht: EuGVVO, EuEheVO, AVAG, HZÜ, EuZVO, HBÜ, EuBVO, 2. Aufl. 2003

Schmidt, Karsten .... Gesellschaftsrecht, 4. Aufl. 2002

Schmidt, Ludwig (Hrsg.) ...	Kommentar zum Einkommensteuergesetz, 23. Aufl. 2004
Schmidt, Ludwig/Müller, Thomas/Stöcker, Ernst	Die Organschaft, 6. Aufl. 2003
Schneider, Uwe H.	Kapitalmarktorientierte Corporate Governance-Grundsätze, DB 2000, 2413
Schneider, Uwe H.	Internationales Kapitalmarktrecht, AG 2001, 269
Schnelle, Ulrich	Die kollisionsrechtliche Anknüpfung der Haftung aus Vermögensübernahme im deutschen IPR, RIW 1997, 281
Schnittker, Helder/Lemaitre, Claus	Steuersubjektqualifikation ausländischer Personen- und Kapitalgesellschaften anhand des Rechtstypenvergleichs: Welche Vergleichskriterien sind heranzuziehen?, GmbHR 2003, 1314
Scholz, Franz (Hrsg.)	Kommentar zum GmbH-Gesetz, Band 1, §§ 1–44, Anhang Konzernrecht, 9. Aufl. 2000
Schön, Wolfgang	Zur „Existenzvernichtung" der juristischen Person, ZHR 168 (2004), 268
Schröder, Ulrich	Verbindliche Unternehmensregelungen, DuD 2004, 462
Schücking, Christoph	Kapitalersetzende Gesellschafterdarlehen im Internationalen Privatrecht, ZIP 1994, 1156
Schücking, Christoph	Das Internationale Privatrecht der Banken-Konsortien, WM 1996, 281
Schulte-Hillen, Sven/Hirschmann, Jörn	Die grenzüberschreitende Verschmelzung – Ein erster Überblick über den Entwurf der Richtlinie „über die Verschmelzung von Kapitalgesellschaften aus verschiedenen Mitgliedstaaten", GPR 2003–04, 89
Schulz, Andreas/Geismar, Bernhard	Die Europäische Aktiengesellschaft – Eine kritische Bestandsaufnahme, DStR 2001, 1078
Schulz, Andreas/Petersen, Sven	Die Europa AG: Steuerlicher Handlungsbedarf bei Gründung und Sitzverlegung, DStR 2002, 1508
Schulz, Martin	(Schein-)Auslandsgesellschaften in Europa – Ein Schein-Problem?, NJW 2003, 2705
Schulz, Martin/Sester, Peter	Höchstrichterliche Harmonisierung der Kollisionsregeln im europäischen Gesellschaftsrecht: Durchbruch der Gründungstheorie nach „Überseering", EWS 2002, 545
Schulze, Reiner	Die Europäische Genossenschaft (SCE), NZG 2004, 792
Schumann, Alexander	Die englische Limited mit Verwaltungssitz in Deutschland: Kapitalaufbringung, Kapitalerhaltung und Haftung bei Insolvenz, DB 2004, 743
Schuster, Gunnar	Die internationale Anwendung des Börsenrechts, 1996
Schuster, Gunnar/Binder, Jens-Hinrich	Die Sitzverlegung von Finanzdienstleistern innerhalb der Europäischen Gemeinschaft, WM 2004, 1665
Schütze, Rolf A.	Internationales Notarverfahrensrecht, DNotZ 1992, 66
Schwark, Eberhard	Globalisierung, Europarecht und Unternehmensmitbestimmung im Konflikt, AG 2004, 173
Schwark, Eberhard/Noack, Ulrich	Kapitalmarktrechtskommentar, 3. Aufl. 2004
Schwarz, Günter	Europäisches Gesellschaftsrecht, Ein Handbuch für Wissenschaft und Praxis, 2000
Schwarz, Günter Christian	Zum Statut der Europäischen Aktiengesellschaft, ZIP 2001, 1847
Schwarz, Günter Christian	Insolvenzverwalterklagen bei eigenkapitalersetzenden Gesellschafterdarlehen nach der Verordnung (EG) Nr. 4/2001 (EuGVVO), NZI 2002, 290
Schwarz, Günter Christian	Anmerkung zum Beschluss des OLG Hamm vom 1. 2. 2001 – 15 W 390/00, NZG 2001, 613
Schwingeler, Thomas	The challenges of cross-border mergers and acquisitions, in Horn, Norbert (Hrsg.), Cross-border mergers and Acquisitions and the Law, 2001, S. 59
Sedemund, Jan	Der BFH verabschiedet sich von der Sitztheorie im Steuerrecht; Änderung der Rechtsprechung durch das BFH-Urteil vom 29. 1. 2003 – I R 6/99, BB 2003, 1362

Literaturverzeichnis

Sedemund, Jochim/Hauss-
mann, Friedrich Ludwig ..... Kommentar zum Urteil des EuGH vom 9. 3. 1999 – Rs. C-212/97, BB
1999, 810

Seibert, Ulrich .... Neuordnung des Rechts der Zweigniederlassung im HGB, DB 1993,
1705

Seibert, Ulrich .... Das „TransPuG", NZG 2002, 608

Seibert, Ulrich .... Im Blickpunkt: Der Deutsche Corporate Governance Kodex ist da, BB
2002, 581

Seibert, Ulrich .... Aktienrechtsreform in Permanenz, AG 2002, 417

Seibt, Christoph .... Deutscher Corporate Governance Kodex: Antworten auf Zweifelsfragen
der Praxis, AG 2003, 465

Seidel, Wolfgang .... Der DCGK – eine private oder doch eine staatliche Regelung?, ZIP
2004, 285

Seidl-Hohenveldern, Ignaz   Völkerrecht, 1987

Selzner, Harald/Sustmann,
Marco .... Der grenzüberschreitende Beherrschungsvertrag, Der Konzern 2003, 85

Semitis, Spiros (Hrsg.) ...... Kommentar zum Bundesdatenschutzgesetz, 5. Aufl. 2003

Semler, Johannes .... Grundsätze ordnungsmäßiger Überwachung, Festschrift für Martin Peltzer (2001), 489

Semler, Johannes/Stengel,
Arndt (Hrsg.) .... Umwandlungsgesetz, 2003

Semler, Johannes/Wagner,
Elisabeth .... Deutscher Corporate Governance Kodex – Die Entsprechenserklärung
und Fragen der gesellschaftsinternen Umsetzung, NZG 2003, 553

Siebel, Ulf/Gebauer, Stefan   Interimsdividende, AG 1999, 385

Simmler, Johannes/Volhard,
Rüdiger .... Arbeitshandbuch für Unternehmensübernahmen, Band 1, Unterneh-
mensübernahme, 2001

Smid, Stefan .... Judikatur zum internationalen Insolvenzrecht, DZWiR 2004, 397

Smid, Stefan .... Deutsches und Europäisches Internationales Insolvenzrecht, 2004

Soehring, Kay .... Anmerkung zum Beschluss des OLG Düsseldorf vom 25. 1. 1989 –
3 Wx 21/89, WuB II C. § 53 GmbHG 1.89

Soergel, Hans Theodor .... Kommentar zum Bürgerlichen Gesetzbuch, Band 10, Einführungsgesetz,
Kegel, Gerhard (Hrsg.), 12. Aufl. 1996

Sonnenberger, Hans Jürgen/
Großerichter, Helge .... Konfliktlinien zwischen internationalem Gesellschaftsrecht und Niederlassungsfreiheit, RIW 1999, 721

Sparfeld, Silvia .... Die Europäische Aktiengesellschaft, SJ 2004, 29

Spindler, Gerald .... Corporate Governance und Kapitalmarkt – Bemerkungen zum Bericht
der Regierungskommission „Corporate Governance" in Gesellschafts-
recht in der Diskussion 2001, Gesellschaftsrechtlichen Vereinigung
(Hrsg.), 2002, 91

Spindler, Gerald .... Kapitalmarktreform in Permanenz – das Anlegerschutzverbesserungsgesetz, NJW 2004, 3449

Spindler, Gerald/Berner,
Olaf .... Inspire Art – Der europäische Wettbewerb um das Gesellschaftsrecht ist
endgültig eröffnet, RIW 2003, 949

Spindler, Gerald/Berner,
Olaf .... Der Gläubigerschutz im Gesellschaftsrecht nach Inspire Art, RIW 2004,
7

Spindler, Gerald/Christoph,
Fabian L. .... Die Entwicklung des Kapitalmarktrechts in den Jahren 2003/2004, BB
2004, 2197

Staak, Kai .... Mögliche Probleme im Rahmen der Koordination von Haupt- und Sekundärinsolvenzverfahren nach der Europäischen Insolvenzordnung
(EuInsVO), NZI 2004, 480

Starke, Till M. .... Beteiligungstransparenz im Gesellschafts- und Kapitalmarktrecht, 2002

von Staudinger, Julius .... Kommentar zum Bürgerlichen Gesetzbuch mit Einführungsgesetz und
Nebengesetzen, Einführungsgesetz zum Bürgerlichen Gesetzbuch, Ein-

leitung zu Art. 7 ff.; Art. 7, 8; § 12 VerschG; Internationales Gesellschaftsrecht; Art. 11, 12. Aufl. 1984 (zitiert: Staudinger/*Bearbeiter*, 12. Aufl. 1984)

von Staudinger, Julius .... Kommentar zum Bürgerlichen Gesetzbuch mit Einführungsgesetz und Nebengesetzen, EGBGB/IPR, Internationales Gesellschaftsrecht, Großfeld, Bernhard (Hrsg.), Neubearbeitung 1998 (zitiert: Staudinger/*Bearbeiter* (1998) IntGesR)

Steding, Rolf .... Das Gesellschaftsrecht der EU zwischen Erwartung und Enttäuschung, NZG 2000, 913

Steding, Rolf .... Europäische Rechtsformen für Unternehmen: EWIV sowie SE und SCE, BuW 2002, 197

Steding, Rolf .... Europäische Aktiengesellschaft – eine Bereicherung des Unternehmensrechts, BuW 2003, 420

Steindorff, Ernst .... Centros und das Recht auf die günstigste Rechtsordnung, JZ 1999, 1140

Steinhauer, Carsten .... Die Reform des Gesellschaftsrechts in Italien, EuZW 2004, 364

Steinmeyer, Roland/Häger, Michael .... WpÜG – Kommentar zum Wertpapiererwerbs- und Übernahmegesetz, 2002

Stieb, Stephan .... Kommentar zum Beschluss des BayObLG vom 11. 2. 2004 – 3 Z BR 175/03, GmbHR 2004, 492

Streck, Michael (Hrsg.) ..... Kommentar zum Körperschaftsteuergesetz, 6. Aufl. 2003

Strunk, Günther/Kaminski, Bert .... Aktuelle Entwicklungen bei der Besteuerung von ausländischen Betriebsstätten und Personengesellschaften in Abkommensfällen, IStR 2003, 181

Strunk, Günther/Kaminski, Bert/Köhler, Stefan .... Außensteuergesetz Doppelbesteuerungsabkommen, 2004

Stürner, Michael .... Zur Anerkennung US-amerikanischer Gesellschaften in Deutschland, IPRax 2005, 305

Sünner, Eckart .... Auswirkungen des Sarbanes-Oxley Act im Ausland, Der Konzern 2003, 268

Süß, Rembert .... Muß die Limited sich vor der Gründung einer Ltd. & Co. KG in das deutsche Handelsregister eintragen lassen?, GmbHR 2005, 673

Teichmann, Christoph .... ECLR Minderheitenschutz bei Gründung und Sitzverlegung der SE, ZGR 2003, 367

Teichmann, Christoph .... Austrittsrecht und Pflichtangebot bei Gründung einer Europäischen Aktiengesellschaft, AG 2004, 67

Teipel, Klemens .... Die Bedeutung der lex fori im internationalen Gesellschaftsrecht, Festgabe für Otto Sandrock (1995), 125

Theisen, Manuel Rene/ Wenz, Martin (Hrsg.) ...... Die Europäische Aktiengesellschaft, Recht, Steuern und Betriebswirtschaft der Societas Europaea (SE), 2002

Thölke, Ulrich .... Anmerkung zum Beschluss des BayObLG vom 11. 2. 2004 – 3 Z BR 175/03, DNotZ 2004, 728

Thoma, Georg/Leuering, Dieter .... Die Europäische Aktiengesellschaft – Societas Europaea, NJW 2002, 1449

Thömmes, Otmar .... Die steuerliche Fusionsrichtlinie – Was bleibt zu tun?, ZGR 1994, 77

Thömmes, Otmar .... Steuern als Standortfaktor international mobiler Unternehmen in der Europäischen Union, in: Die Europäische Aktiengesellschaft, Theisen, Manuel/Wenz, Martin (Hrsg.), 2002, 492

Thüsing, Gregor .... Deutsche Unternehmensmitbestimmung und europäische Niederlassungsfreiheit, ZIP 2004, 381

Timme, Michael/Hülk, Fabian .... Das Ende der Sitztheorie im Internationalen Gesellschaftsrecht?, JuS 1999, 1055

Triebel, Volker/von Hase, Karl .... Wegzug und grenzüberschreitende Umwandlung deutscher Gesellschaften nach „Überseering" und „Inspire Art", BB 2003, 2409

Literaturverzeichnis

Tröndle, Herbert/Fischer, Thomas	Kommentar zum Strafgesetzbuch, 52. Aufl. 2004
Trunk, Alexander	Internationales Insolvenzrecht: systematische Darstellung des deutschen Rechts mit rechtsvergleichenden Bezügen, 1998
Ulmer, Michael J.	Die Anerkennung US-amerikanischer Gesellschaften in Deutschland, IPRax 1996, 100
Ulmer, Peter	Schutzinstrumente gegen die Gefahren aus der Geschäftstätigkeit inländischer Zweigniederlassungen von Kapitalgesellschaften mit fiktivem Auslandssitz, JZ 1999, 662
Ulmer, Peter	Der Deutsche Corporate Governance Kodex – ein neues Regulierungsinstrument für börsennotierte Aktiengesellschaften, ZHR 166 (2002), 150
Ulmer, Peter	Gläubigerschutz bei Scheinauslandsgesellschaften – Zum Verhältnis zwischen gläubigerschützenden nationalem Gesellschafts-, Delikts- und Insolvenzrecht und der EG-Niederlassungsfreiheit, NJW 2004, 1201
Ulmer, Peter	Insolvenzrechtlicher Gläubigerschutz gegenüber Scheinauslandsgesellschaften ohne hinreichende Kapitalausstattung?, KTS 2004, 291
Ulrich, Stephan	Gewinnabführungsverträge im GmbH-Konzern, Abschluss und Beendigung, insbesondere im Veräußerungsfall, GmbHR 2004, 1000
Vallender, Heinz/Fuchs, Karlhans	Die Antragspflicht organschaftlicher Vertreter einer GmbH vor dem Hintergrund der Europäischen Insolvenzordnung, ZIP 2004, 829
van Lishaut, Ingo	Europarechtliche Perspektiven des Umwandlungssteuerrechts sowie der Wegzugsbesteuerung, FR 2004, 1301
Veil, Rüdiger	Das Konzernrecht der Europäischen Aktiengesellschaft, WM 2003, 2169
Veit, Martin/Wichert, Joachim	Unternehmerische Mitbestimmung bei europäischen Kapitalgesellschaften mit Verwaltungssitz in Deutschland nach „Überseering" und „Inspire Art", AG 2004, 14
Vogel, Klaus/Lehner, Moris (Hrsg.)	Doppelbesteuerungsabkommen, 4. Aufl. 2003
Vögle, Alexander/Brem, Markus	Die neue Rechtsverordnung zu § 90 Abs. 3 AO: Systematik zu Aufbau und Struktur der Verrechnungspreisdokumentation, IStR 2004, 48
von der Heydt, Karl-Eduard/Frhr. von Rechenberg, Wolf-Georg (Hrsg.)	Die europäische wirtschaftliche Interessenvereinigung – Unter besonderer Berücksichtigung gesellschafts-, steuer- und kartellrechtlicher Aspekte, 1991
von Lewinski, Kai	Persönlichkeitsprofile und Datenschutz bei CRM, RDV 2003, 122
von Oertzen, Christian	Personengesellschaftsanteile im Internationalen Erbrecht unter besonderer Berücksichtigung der Rechtsmacht eines anglo-amerikanischen personal representative an inländischen Personengesellschaftsanteilen, IPRax 1994, 73
von Rosen, Rüdiger	Kapitalmarkt und Corporate Governance unter Einbeziehung der Rechnungslegung, Der Konzern 2004, 325
von Werder, Alex	Der Deutsche Corporate Governance Kodex – Grundlagen und Einzelbestimmungen, BB 2002, 801
von Werder, Alex/Talaulicar, Till/Kolat, Georg	Kodex Report 2004 – Die Akzeptanz der Empfehlungen und Anregungen des Deutschen Corporate Governance Kodex, DB 2004, 1377
von Bar, Christian	Internationales Privatrecht, Zweiter Band: Besonderer Teil, 1991
von Bar, Christian	Anmerkung zum Urteil des BGH vom 8. 10. 1991 – XI ZR 64/90, JZ 1992, 579
von Halen, Curt Christian	Das internationale Gesellschaftsrecht nach dem Überseering-Urteil des EuGH, WM 2003, 571
von Hein, Jan	Grundfragen des europäischen Übernahmekollisionsrechts, AG 2001, 213
von Hoffmann, Bernd	Internationales Privatrecht, 6. Aufl. 2000
von Rosen, Rüdiger	Kapitalmarkt und Corporate Governance unter Einbeziehung der Rechnungslegung, Der Konzern 2004, 325

von Venrooy, Gerd J. .... Die Anknüpfung der Kaufmannseigenschaft im deutschen internationalen Privatrecht, 1985

Wachter, Thomas .... Bestellung von Nicht-EU-Ausländern zu GmbH-Geschäftsführern, MittBayNot 1999, 534

Wachter, Thomas .... Belehrung eines sich im Ausland aufhaltenden Geschäftsführers einer deutschen GmbH, ZNotP 1999, 314

Wachter, Thomas .... Anmerkung zum Urteil des OLG Dresden vom 5. 11. 2002 – 2U 1433/02, GmbHR 2003, 538

Wachter, Thomas .... Errichtung, Publizität, Haftung und Insolvenz von Zweigniederlassungen ausländischer Kapitalgesellschaften nach „Inspire Art", GmbHR 2003, 1254

Wachter, Thomas .... Existenz- und Vertretungsnachweise bei der englischen Private Limited Company, DB 2004, 2795

Wachter, Thomas .... Kommentar zum Beschluss des BayObLG vom 11. 2. 2004 – 3 Z BR 175/03, EWiR 2004, 375

Wachter, Thomas .... Handelsregister in Europa, GmbHR, GmbH-Report 2004, R 29

Wachter, Thomas .... Ende der Wegzugsbeschränkungen in Europa, GmbHR, GmbH-Report 2004, R 161

Wachter, Thomas .... Auswirkungen des EuGH-Urteils in Sachen Inspire Art Ltd. auf Beratungspraxis und Gesetzgebung, Deutsche GmbH vs. englische private limited company, GmbHR 2004, 88

Wachter, Thomas .... Insichgeschäfte bei englischen private limited companies, NZG 2005, 338

Wachter, Thomas .... Existenz- und Vertretungsnachweise bei der englischen Private Limited Company, DB 2004, 2795

Waclawik, Erich .... Der Referentenentwurf des Gesetzes zur Einführung der Europäischen (Aktien-)Gesellschaft, DB 2004, 1191

Wagner, Gerhard .... Scheinauslandsgesellschaften im Europäischen Zivilprozessrecht, in Lutter, Marcus (Hrsg.), Europäische Auslandsgesellschaften in Deutschland, 2005, S. 223

Wagner, Jens .... Die Bestimmung des auf die SE anwendbaren Rechts, NZG 2002, 985

Walden, Daniel .... Niederlassungsfreiheit, Sitztheorie und der Vorlagebeschluss des VII. Zivilsenats des BGH vom 30. 3. 2000, EWS 2001, 256

Wand, Peter .... Kommentar zum Urteil des BGH vom 14. 3. 2005 – II ZR 5/03, BB 2005, 1017

Wassermeyer, Franz .... Dokumentationspflichten bei internationalen Verrechnungspreisen, DB 2003, 1535

Wassermeyer, Franz .... Steuerliche Konsequenzen aus dem EuGH-Urteil „Hughes de Lasteyrie du Saillant", GmbHR 2004, 615

Weber, Martin .... Die Entwicklung des Kapitalmarktrechts 2001/2002, NJW 2003, 18

Weitnauer, Wolfgang .... Die europäische grenzübergreifende Gesellschaft, EWS 1992, 165

Weller, Marc-Philippe .... Einschränkung der Gründungstheorie bei missbräuchlicher Auslandsgründung?, IPRax 2003, 520

Weller, Marc-Philippe .... Scheinauslandsgesellschaften nach Centros, Überseering und Inspire Art: Ein neues Anwendungsfeld für die Existenzvernichtungshaftung, IPRax 2003, 207

Weller, Marc-Philippe .... Das Internationale Gesellschaftsrecht in der neuesten BGH-Rechtsprechung, IPRax 2003, 324

Weller, Marc-Philippe .... „Inspire Art": Weitgehende Freiheiten beim Einsatz ausländischer Briefkastengesellschaften, DStR 2003, 1800

Weller, Marc-Philippe .... Forum Shopping im Internationalen Insolvenzrecht?, IPRax 2004, 412

Weller, Marc-Philippe .... Zum identitätswahrenden Wegzug deutscher Gesellschaften, DStR 2004, 1218

Wellkamp, Ludger .... Der Gleichordnungskonzern – Ein Konzern ohne Abhängigkeit?, DB 1993, 2517

Wenglorz, Georg .... Die grenzüberschreitende „Heraus"-Verschmelzung einer deutschen Kapitalgesellschaft: Und es geht doch!, BB 2004, 1061

Wenz, Martin .... Einsatzmöglichkeiten einer Europäischen Aktiengesellschaft in der Unternehmenspraxis aus betriebswirtschaftlicher Sicht, AG 2003, 185

Werlauff, Erik .... Ausländische Gesellschaft für inländische Aktivität, ZIP 1999, 867

Literaturverzeichnis

Werner, Rüdiger .... Die Ltd. & Co. KG – eine Alternative zur GmbH & Co. KG?, GmbHR 2005, 288

Werner, Rüdiger .... Kommentar zum Urteil des BGH vom 29. 9. 1999 – VIII ZR 232/98, EWiR 2000, 487

Werner, Rüdiger .... Kommentar zum Urteil des BGH vom 4. 11. 2004 – III ZR 172/03, EWiR 2005, 75

Wertenbruch, Johannes .... Der Abschluss des „Überseering"-Verfahrens durch den BGH – Folgerungen, NZG 2003, 618

Westermann, Harm Peter ... Die GmbH in der nationalen und internationalen Konkurrenz der Rechtsformen, GmbHR 2005, 4

Widmann, Siegfried/Mayer, Dieter (Hrsg.) .... Umwandlungsrecht – Umwandlungsgesetz, Umwandlungssteuergesetz, Band 2, Einführung zum handelsrechtlichen Teil, §§ 1–59 UmwG

Wiedemann, Herbert .... Internationales Gesellschaftsrecht, Festschrift für Gerhard Kegel (1977), 187

Wiedemann, Herbert .... Gesellschaftsrecht, Band 1, Grundlagen, 1980

Wiesner, Peter M. .... Die grenzüberschreitende Verschmelzung und der neue Mitbestimmungskompromiss, DB 2005, 91

Wiesner, Peter M. .... Überblick über den Stand des Europäischen Unternehmensrechts, EuZW 1998, 619

Wimmer-Leonhardt, Susanne .... Konzernhaftungsrecht – Die Haftung der Konzernmuttergesellschaft für die Tochtergesellschaften im deutschen und englischen Recht, 2004

Winkler, Karl .... Beurkundungen im Ausland bei Geltung deutschen Rechts, NJW 1972, 981

Wissmann, Helmut .... „Deutsche" Europäische Aktiengesellschaft und Mitbestimmung, Festschrift für Herbert Wiedemann (2002), 685

Wohlgemuth, Arno .... Der minderjährige Gesellschafter im internationalen Privatrecht, deutsch-englische Familienunternehmen, RIW 1980, 759

Wolf, Martin .... Der Import angelsächsischer „Self-Regulation" im Widerstreit zum deutschen Parlamentsvorbehalt, ZRP 2002, 59

Wollburg, Ralph/Banerjea, Nirmal R. .... Die Reichweite der Mitbestimmung in der Europäischen Gesellschaft, ZIP 2005, 277

Wrede, Jan F. .... Nochmals: Zur Beurkundungspflicht bei der Übertragung von Anteilen an einer ausländischen Kapitalgesellschaft, GmbHR 1995, 365

Wrede, Sabine .... Die bodenschutzrechtliche Konzernhaftung nach BBodSchG im Lichte der „Bremer Vulkan"-Entscheidung des BGH, NuR 2003, 593

Ziemons, Hildegard .... Freie Bahn für den Umzug von Gesellschaften nach Inspire Art?!, ZIP 2003, 1913

Zimmer, Daniel .... Internationales Gesellschaftsrecht – Das Kollisionsrecht der Gesellschaften und sein Verhältnis zum Internationalen Kapitalmarktrecht und zum Internationalen Unternehmensrecht, 1996

Zimmer, Daniel .... Ende der Konzernhaftung in „internationalen" Fällen?, IPRax 1998, 187

Zimmer, Daniel .... Mysterium „Centros", Von der schwierigen Suche nach der Bedeutung eines Urteils des Europäischen Gerichtshofes, ZHR 164 (2000), 23

Zimmer, Daniel .... Internationales Gesellschaftsrecht und Niederlassungsfreiheit: Das Rätsel vor der Lösung?, BB 2000, 1361

Zimmer, Daniel .... Von Debraco bis DaimlerChrysler: Alte und neue Schwierigkeiten bei der internationalgesellschaftsrechtlichen Sitzbestimmung, Festschrift für Georg B. Buxbaum (2000), 655

Zimmer, Daniel .... Nach „Inspire Art": Grenzenlose Gestaltungsfreiheit für deutsche Unternehmen?, NJW 2003, 3585

Zöller, Richard .... Kommentar zur Zivilprozessordnung, 25. Aufl. 2005

Zweigert, Konrad/ von Hoffmann, Bernd .... Zur Internationalen Joint Venture, Festschrift für Martin Luther (1976), 203

A. Einleitung

Gesellschaften sind als juristische Personen Gebilde, die nach dem Recht eines be- **1**
stimmten Staates gegründet wurden, existieren und handeln. Das auf die Gesellschaften
anwendbare Recht hat vielfältige Bereiche zu regeln. Dazu gehören die Gründung der
Gesellschaft, ihre innere Verfassung, ihre Vertretung, die Haftung der Gesellschafter und
der Gesellschaftsorgane und die Beendigung der Gesellschaft durch Auflösung und Liquidation oder Insolvenz. Viele Gesellschaften haben zumindest teilweise ausländische
Gesellschafter und die Tätigkeit vieler Gesellschaften ist nicht auf das Territorium eines
Staates begrenzt. Daher kommt es bei einer großen Zahl von Gesellschaften häufig zu
Sachverhalten mit Auslandsberührung. Beispiele für solche täglich vorkommenden Sachverhalte sind: Ausländische Staatsbürger oder Gesellschaften gründen eine Gesellschaft in
Deutschland, ausländische Staatsbürger werden als Geschäftsführer, Vorstände oder Aufsichtsratsmitglieder einer deutschen Gesellschaft bestellt, eine Gesellschaft möchte ihren
Satzungssitz und/oder Verwaltungssitz ins Ausland verlegen, Gläubiger einer Gesellschaft
wollen Durchgriffshaftungsansprüche gegen die ausländischen Gesellschafter geltend machen, oder eine ausländische Gesellschaft möchte eine Zweigniederlassung in Deutschland
errichten. In diesen Fällen sowie in allen weiteren hier nicht aufgeführten Sachverhalten
mit Auslandsberührung stellt sich die Frage, wie diese rechtlich zu behandeln sind. Dies ist
zunächst eine kollisionsrechtliche Frage, d.h. die Frage, nach welcher Rechtsordnung der
Sachverhalt insgesamt oder einzelne Teilaspekte des Sachverhalts zu beurteilen sind.
Kommt nach dem anwendbaren Kollisionsrecht deutsches Sachrecht zur Anwendung,
enthält das deutsche Recht für einige dieser Fälle Sonderbestimmungen, die von den Bestimmungen, welche auf reine Inlandssachverhalte anzuwenden wären, abweichen. Zu
diesen Sonderbestimmungen gehört unter anderem das sogenannte Fremdenrecht, d.h.
Bestimmungen, die materielles Sonderrecht für Ausländer bzw. ausländische Gesellschaften
sind.[1]

Ein Ziel dieses Buches ist es, für Praktiker möglichst umfassend darzustellen, welche **2**
Bestimmungen bei Sachverhalten mit Auslandsberührung im Leben einer Gesellschaft
Anwendung finden. Der Titel dieser Darstellung „Internationales Gesellschaftsrecht" ist
daher weit zu verstehen. Der sehr viel engere kollisionsrechtliche Begriff des Internationalen Gesellschaftsrechts umfasst nur das auf gesellschaftsrechtlich einzuordnende Sachverhalte anwendbare Kollisionsrecht. Die Frage, welches Sachrecht auf nicht als gesellschaftsrechtlich einzuordnende Sachverhalte oder Teilaspekte anzuwenden ist, beantwortet jedoch nicht das Internationale Gesellschaftsrecht, sondern andere Kollisionsnormen, wie
z.B. Kollisionsnormen des Handelsrechts, des Kapitalmarktrechts und des Insolvenzrechts.
Dieses Buch beschränkt sich daher nicht auf eine Darstellung des Internationalen Gesellschaftsrecht als Teil des deutschen Kollisionsrechts. Beabsichtigt ist vielmehr eine für den
Praktiker bestimmte Darstellung des auf wesentliche Sachverhalte mit Auslandsberührung
im Leben einer Gesellschaft anwendbaren Kollisions- und besonderen Sachrechts (Teile B
und C dieser Darstellung). Nicht Teil dieser Darstellung ist das Recht der grenzüberschreitenden Unternehmenskäufe und Zusammenschlüsse als wesentliche und umfassende
Spezialmaterie.

Ein erheblicher Teil der gegenwärtigen nationalen Gesellschaftsrechte der Mitgliedstaa- **3**
ten der Europäischen Union beruht auf EU-Richtlinien. Gleiches gilt für sonstiges Unternehmensrecht, welches für unternehmerisch tätige Gesellschaften maßgeblich ist, wie z.B.
Kapitalmarktrecht, Unternehmenssteuerrecht und das Internationale Insolvenzrecht. Ein

---

[1] Staudinger/*Großfeld* (1998) IntGesR Rn. 2.

weiteres Ziel dieses Buches ist es daher einen kurzen Überblick über das europäische Unternehmensrecht zu geben, verbunden mit einer ausführlichen Darstellung der originär auf europäischem Recht beruhenden Gesellschaftsformen der Europäischen wirtschaftlichen Interessenvereinigung (EWIV) und der Europäischen Gesellschaft (SE).

4   Ausländische, insbesondere europäische Gesellschaftsformen sind für deutsche Unternehmen und Unternehmer von wachsender Bedeutung. Zum einen hat ein Großteil der mittelständischen und größeren deutschen Unternehmen bereits heute Tochtergesellschaften oder Beteiligungen an Gesellschaften im Ausland. Die Frage, welche Rechtsform für eine unternehmerische Tätigkeit im Ausland gewählt werden sollte, stellt sich deutschen Unternehmen und Unternehmern daher ständig. Zum anderen haben neuere Rechtsentwicklungen die Grundlage für einen zunehmenden Wettbewerb zwischen den verschiedenen nationalen Gesellschaftsformen geschaffen. Dies gilt insbesondere für die Gesellschaftsformen der Mitgliedstaaten der Europäischen Union und des Europäischen Wirtschaftsraums (EWR). Vor dem Hintergrund der neueren Rechtsprechung des EuGH zur Niederlassungsfreiheit von Gesellschaften, die in einem Mitgliedstaat der EU gegründet wurden, können auch überwiegend oder ausschließlich in Deutschland tätige Unternehmen zumindest im Grundsatz in der Rechtsform eines anderen Mitgliedstaates tätig werden. Ähnliches gilt für US-amerikanische Gesellschaften aufgrund der Regelung über die gegenseitige Anerkennung von Gesellschaften im Freundschafts-, Handels- und Schifffahrtsvertrag zwischen Deutschland und den Vereinigten Staaten von Amerika vom 29. 10. 1954. Ähnliches könnte in Zukunft auch im Verhältnis zu Gesellschaften aus (sonstigen) Drittstaaten gelten, falls sich der deutsche Gesetzgeber oder die deutschen Gerichte dazu entschließen, generell die für die Bestimmung des maßgeblichen Gesellschaftsrechts im Verhältnis zu Drittstaaten nach wie vor anzuwendende Sitztheorie aufzugeben, was von einem Teil der Literatur befürwortet wird.

5   Aufgrund dieser Entwicklung haben deutsche Unternehmen und Unternehmer zunehmend Interesse an Informationen über wichtige ausländische Gesellschaftsformen und ausländisches Gesellschaftsrecht. Dieses Buch enthält daher in seinem Teil E einen vergleichenden Überblick über das Gesellschaftsrecht und in der Praxis häufig genutzte Gesellschaftsformen in den USA, England, den Niederlanden, Frankreich, der Schweiz, Österreich, Spanien, Kanada, Italien und Japan, ausführlichere Darstellungen des US-amerikanischen, englischen, niederländischen und französischen Gesellschaftsrechts sowie eine Übersicht darüber, welche Staaten in ihrem internationalen Gesellschaftsrecht der Sitztheorie oder der Gründungstheorie folgen.

6   Bei der Wahl einer deutschen oder ausländischen Gesellschaftsform sind neben grundlegenden gesellschaftsrechtlichen Fragen, wie z. B. der Frage der Haftung der Gesellschafter und der notwendigen Kapitalausstattung, und der ganz praktischen Frage der für die Gründung benötigten Zeit auch steuerliche Fragen von wesentlicher Bedeutung. Im Teil F dieses Buchs werden daher die wesentlichen steuerlichen Überlegungen bei der Wahl einer deutschen oder ausländischen Gesellschaftsform zusammengefasst.

7   Teil G befasst sich mit den wesentlichen praktischen Fragen der Corporate Governance. International tätige Gesellschaften deutscher Rechtsform, vor allem die börsennotierten Gesellschaften, müssen in ihrer Organisationsstruktur den Anforderungen des Kapitalmarkts Rechnung tragen. Gute und transparente Corporate Governance ist ein Wettbewerbsfaktor. Dabei kann aus der Perspektive deutscher Unternehmen der Blick nicht bei den Regeln des Deutschen Corporate Governance Kodex stehen bleiben. Die Rechtsquellen für Corporate Governance sind schon längst international. Das Europäische Recht und der Sarbanes-Oxley Act sind von immer größerer Bedeutung. Für die betroffenen Unternehmen stellt sich die Frage, wie eine praktische Konkordanz zwischen den Anforderungen der verschiedenen Rechtsordnungen erreicht werden kann. Teil G stellt die wichtigsten Anforderungen dar und erörtert insbesondere, auf welche Weise Haftungsrisiken verringert werden können.

B. Deutsches Internationales Gesellschaftsrecht

Aus deutscher Sicht wird das auf Gesellschaften und ihre Rechtsbeziehungen anwend- **8** bare Recht grundsätzlich nach autonomem deutschen Kollisionsrecht bestimmt (nachfolgend Teil I). Sonderregeln gelten für Gesellschaften aus Mitgliedstaaten der Europäischen Union (nachfolgend Teil II) und Gesellschaften aus Mitgliedstaaten des Europäischen Wirtschaftsraums (EWR) (nachfolgend Teil III). Sonderregeln gelten außerdem für Gesellschaften aus Drittstaaten aufgrund von bilateralen Staatsverträgen (nachfolgend Teil IV).

I. Deutsches autonomes Kollisionsrecht

1. Grundlagen und Grundbegriffe des Kollisionsrechts

Wenn ein Sachverhalt mit Auslandsberührung rechtlich zu würdigen ist, stellt sich die **9** Frage, welches nationale materielle Recht dafür maßgeblich ist. Denkbar wäre in einem solchen Fall deutsches Recht oder das Recht jedes anderen Staates, mit dem der Sachverhalt einen Berührungspunkt hat. Die Beantwortung der Frage nach dem anwendbaren Sachrecht ist die Aufgabe des Kollisionsrechts, das in Deutschland klassischerweise als Internationales Privatrecht (IPR) bezeichnet wird.[2]

Das Kollisionsrecht ist grundsätzlich nationales Recht. Kollisionsrecht kann jedoch **10** auch, wie jedes andere nationale Recht, durch Vereinbarungen in internationalen Staatsverträgen vereinheitlicht werden. So beruht z. B. das im EGBGB geregelte IPR teilweise auf Staatsverträgen, insbesondere dem römischen EWG-Übereinkommen über das auf vertragliche Schuldverhältnisse anzuwendende Recht vom 19. 6. 1980.

Die zur Entscheidung über einen Sachverhalt angerufenen nationalen Gerichte wenden **11** stets ihr eigenes nationales Kollisionsrecht an (lex fori). Deutsche Gerichte wenden daher zunächst stets deutsches IPR an. Verweist das deutsche IPR auf das Recht eines anderen Staates, kommt jedoch grundsätzlich auch dessen IPR zur Anwendung (Art. 4 Abs. 1 Satz 1 EGBGB).

Die jeweilige kollisionsrechtliche Norm, die für einen bestimmten Sachverhalt anord- **12** net, welches Sachrecht Anwendung findet, wird als Kollisionsnorm oder als Anknüpfungsnorm bezeichnet. Die Bezeichnung als Anknüpfungsnorm bringt bildhaft zum Ausdruck, dass ein bestimmter Sachverhalt durch die Kollisionsnorm mit dem darauf anzuwendenden Sachrecht verknüpft wird. Die für die Verknüpfung maßgeblichen Merkmale des Sachverhalts werden dabei als Anknüpfungspunkte oder Anknüpfungsmomente bezeichnet.

Die Kollisionsnormen enthalten regelmäßig Rechtsbegriffe, die aus dem jeweiligen na- **13** tionalen materiellen Recht stammen (so z. B. die Begriffe Rechtsfähigkeit und Geschäftsfähigkeit in Art. 7 EGBGB). Die Auslegung dieser Begriffe bzw. die Subsumtion des maßgeblichen Sachverhalts unter diese Begriffe und damit die Bestimmung des Anwendungsbereichs der Kollisionsnorm ist die sogenannte Qualifikation.[3] Nach herrschender Meinung wird bei der Qualifikation von derjenigen Rechtsordnung ausgegangen, die die jeweilige Kollisionsnorm aufgestellt hat (lex fori-Qualifikation).[4] Die deutschen Gerichte legen daher eine deutsche Kollisionsnorm nach Maßgabe des im deutschen Recht herr-

---

[2] Vgl. Art. 3 Abs. 1 Satz 1 EGBGB.
[3] Vgl. *Kindler*, NZG 2003, 1086, 1090.
[4] BGHZ 29, 137, 139; vgl. Kegel/*Schurig*, Internationales Privatrecht, § 7 III., S. 336 ff.

schenden Verständnisses aus.[5] Da die Qualifikation funktionell teleologisch erfolgt,[6] ist eine Sachnorm, die mehrere Zwecke gleichrangig verfolgt, gegebenenfalls auch mehreren Kollisionsnormen zuzuordnen, was üblicherweise als Doppelqualifikation oder Mehrfachqualifikation bezeichnet wird.[7]

14 Gelegentlich gibt es Sachverhalte, die an sich in den Anwendungsbereich einer Kollisionsnorm fallen, für die aber aus besonderen sachlichen Erwägungen eine besondere speziellere Kollisionsnorm Anwendung finden soll. Solche besonderen Rechtswahlregeln (Sonderanknüpfungen bzw. getrennte Anknüpfungen) stehen im Verhältnis zu der ansonsten anwendbaren allgemeineren Kollisionsnorm in einem Regel-Ausnahme-Verhältnis. Mit einer Sonderanknüpfung wird regelmäßig ein besonderer Schutzzweck verfolgt.

15 Die Anwendung einer bestimmten Kollisionsnorm kann von der vorherigen Beantwortung einer Rechtsfrage abhängen. Eine solche Rechtsfrage wird als Vorfrage bezeichnet. Das für die Vorfrage maßgebliche materielle Recht ist nach der herrschenden Meinung grundsätzlich gesondert zu bestimmen (selbständige Anknüpfung).[8]

16 Die kollisionsrechtliche Technik kann zur Folge haben, dass verschiedene rechtliche Einzelfragen eines Gesamtsachverhalts verschiedenen materiellen Rechtsordnungen zur Entscheidung zugewiesen werden. Die sachlichen Widersprüche, die dabei entstehen können, müssen gegebenenfalls im Wege der Angleichung behoben werden.

17 Nachdem durch Anwendung des Kollisionsrechts geklärt ist, welches Sachrecht auf einen bestimmte Sachverhalt Anwendung findet, kann sich die Frage stellen, ob ein Vorgang im Ausland den materiellen Anforderungen der berufenen Sachnorm gerecht wird. So stellt sich z.B. häufig die Frage, ob die Beurkundung durch einen amerikanischen *Notary Public* die vom deutschen Recht geforderte Beurkundungsform wahrt. Die zur Beantwortung dieser Frage anzustellende Auslegung und Subsumption wird Substitution genannt.

18 Wird auf das Recht eines anderen Staates verwiesen, so ist gemäß Art. 4 Abs. 1 Satz 1 EGBGB grundsätzlich auch dessen nationales Privatrecht anzuwenden. Damit wird möglich, dass das ausländische IPR seinerseits auf das deutsche Recht zurückverweist (Rückverweisung) oder bestimmt, dass das Recht eines dritten Staates anzuwenden sein soll (Weiterverweisung). Rück- und Weiterverweisung zusammen nennt man Renvoi. Im Fall der Rückverweisung kommt deutsches Sachrecht zur Anwendung (Art. 4 Abs. 1 Satz 2 EGBGB).

19 Die durch Anwendung einer Kollisionsnorm angeordnete Anwendung ausländischen Sachrechts steht unter dem Vorbehalt des Ordre Public. Eine entsprechende Vorbehaltsklausel findet sich wohl im IPR aller Staaten. Art. 6 EGBGB enthält die Vorbehaltsklausel für das deutsche IPR. Eine Rechtsnorm eines anderen Staates ist demnach nicht anzuwenden, wenn ihre Anwendung zu einem Ergebnis führt, das offensichtlich im Widerspruch zu wesentlichen Grundsätzen des deutschen Rechts steht. Dies ist insbesondere der Fall, wenn die Anwendung mit den Grundrechten unvereinbar ist.

20 Die durch eine Kollisionsnorm auf einen bestimmten Fragenkomplex zur Anwendung berufenen Sachnormen werden häufig als Statut bezeichnet, so z.B. die vertraglich vereinbarten Sachnormen als Vertragsstatut.

2. Das Gesellschaftsstatut

a) Regelanknüpfung für alle gesellschaftsrechtlichen Sachverhalte (Einheitslehre)

21 Nach ganz überwiegender Ansicht werden grundsätzlich alle das Innen- und Außenverhältnis einer Gesellschaft betreffenden gesellschaftsrechtlichen Rechtsbeziehungen

---

[5] *Kindler,* NZG 2003, 1086, 1090 m.w.N.
[6] *Kindler,* NZG 2003, 1086, 1090 m.w.N.
[7] *Kindler,* NZG 2003, 1086, 1090.
[8] Vgl. Kegel/*Schurig,* Internationales Privatrecht, § 9 II., S. 376 ff.

einheitlich nach einem Recht beurteilt.[9] Diese einheitliche Anknüpfung wird als Einheitslehre[10] und das im Grundsatz einheitlich anzuwendende Recht wird als Personalstatut[11] der Gesellschaft oder als Gesellschaftsstatut[12] bezeichnet. Nach der Einheitslehre gilt das Gesellschaftsstatut für alle Sachverhalte von gesellschaftsrechtlicher Natur im Leben einer Gesellschaft, von ihrem Beginn bis zu ihrem Ende.[13]

Die herrschende Ansicht von der einheitlichen Anknüpfung ist einerseits von dem **22** Bestreben nach Rechtssicherheit und Rechtsklarheit getragen, sie folgt aber auch aus dem Funktionszusammenhang zwischen Außen- und Innenrecht der Gesellschaft.[14] Sachverhalte des Außen- und des Innenrechts unterschiedlich anzuknüpfen, würde vielfach erhebliche Schwierigkeiten bereiten. So kann zum Beispiel die Unterscheidung zwischen Selbstorganschaft und Fremdorganschaft sinnvoll nur vor dem Hintergrund der gegebenen oder fehlenden persönlichen Haftung gesehen werden. Ebenso stehen die umfangreichen Vorschriften im GmbH- und Aktienrecht zur Sicherung der Erbringung und Erhaltung des Gesellschaftskapitals in engem sachlichen Zusammenhang mit der beschränkten Haftung der Gesellschafter. Durch die einheitliche Anknüpfung werden somit Anpassungsprobleme vermieden, die aus der Anwendung unterschiedlicher Sachrechte zwangsläufig erwachsen würden.[15]

In der Literatur wurden als vermittelnde Lösungen zwischen der Sitztheorie und der **23** Gründungstheorie bzw. zur Abmilderung der Gründungstheorie verschiedene abweichende Theorien entwickelt,[16] die im Ergebnis die Rechtsverhältnisse einer Gesellschaft nicht nach einer einzigen Rechtsordnung beurteilen wollen, sondern nach verschiedenen Kriterien unterschiedlich anknüpfen wollen.

Die Differenzierungstheorie[17] in ihren verschiedenen Ausprägungen unterscheidet zwi- **24** schen dem Innen- und dem Außenverhältnis einer Gesellschaft. Für das Innenverhältnis soll das Gründungsstatut und für das Außenverhältnis das Vornahme-, Wirkungs- oder Gründungsstatut bzw. das Recht des Tätigkeitsortes Anwendung finden.[18]

Auch nach der Überlagerungstheorie[19] und der Kombinationslehre[20] soll teilweise das **25** Recht des Gründungsstaates und im Übrigen das Recht des Sitzstaates zur Anwendung kommen. Die Überlagerungstheorie lässt zu, dass sich Gläubiger, Minderheitsgesellschafter und andere Personen, die an der Gesellschaft ein unmittelbares privatrechtliches Interesse haben (z.B. Arbeitnehmervertreter), auf die zwingenden Vorschriften des Sitzstaates berufen können, soweit diese für sie günstiger sind als die entsprechenden Vorschriften des Gründungsstaates.[21] Nach der Kombinationslehre kommt dagegen das Recht des Grün-

---

[9] BGH EuZW 2000, 412, 413; RGZ 153, 2000; RGZ 83, 367; OLG Düsseldorf WM 1995, 808, 810; MünchKommBGB/*Kindler*, IntGesR Rn. 412; Staudinger/*Großfeld* (1998) IntGesR Rn. 16; Palandt/*Heldrich*, Anh zu EGBGB 12 Rn. 2; MünchHdb.GesR III/*D. Jasper*, § 75 Rn. 6; *Behrens*, IPRax 2003, 193, 204 f.; *Göthel*, RIW 1999, 566, 567, jeweils m.w.N.; a.A. aus jüngerer Zeit *Altmeppen/Wilhelm*, DB 2004, 1083, 1086; vgl. im Übrigen unten Fn. 96 f. und 101 f.

[10] Vgl. für viele, Staudinger/*Großfeld* (1998) IntGesR Rn. 16; MünchHdb.GesR III/*D. Jasper*, § 75 Rn. 6; *Göthel*, RIW 1999, 566, 567.

[11] Vgl. für viele MünchKommBGB/*Kindler*, IntGesR Rn. 258.

[12] Bzw. lex societatis; vgl. für viele Staudinger/*Großfeld* (1998) IntGesR Rn. 17.

[13] Staudinger/*Großfeld* (1998) IntGesR Rn. 17.

[14] MünchKommBGB/*Kindler*, IntGesR Rn. 412; Staudinger/*Großfeld* (1998) IntGesR Rn. 250.

[15] MünchKommBGB/*Kindler*, IntGesR Rn. 412; Staudinger/*Großfeld* (1998) IntGesR Rn. 249.

[16] Zur Sitztheorie, zur Gründungstheorie und den vermittelnden Theorien vgl. unten Rn. 31, 33 ff., 59 ff. und 64 ff.

[17] Vgl. unten Rn. 67 f.

[18] Vgl. MünchKommBGB/*Kindler*, IntGesR Rn. 296; Staudinger/*Großfeld* (1998) IntGesR Rn. 36; *Grasmann*, System des internationalen Gesellschaftsrechts, Rn. 977 ff.

[19] Vgl. unten Rn. 65 f.

[20] Vgl. unten Rn. 71 f.

[21] *Sandrock*, BB 1999, 1337, 1343; *ders.*, RabelsZ 42 (1978), 227, 246 ff.; *ders.*, FS Beitzke, 669 ff.

dungsstaates nur insoweit zur Anwendung, wie die Gesellschaft eine tatsächliche Verbindung zu diesem Recht hat.[22]

26   Der Bundesgerichtshof hat sich im Vorlagebeschluss an den EuGH in Sachen Überseering klar gegen diese differenzierenden Lösungsansätze und damit für die Einheitslehre ausgesprochen. Er hat dies wie folgt begründet: „Der differenzierende Lösungsansatz (...) führt zu Rechtsunsicherheit, weil sich die Regelungsbereiche, die verschiedenen Rechtsordnungen unterstellt werden sollen, nicht eindeutig voneinander abgrenzen lassen. Er vernachlässigt den sachlichen Zusammenhang zwischen diesen Regelungsbereichen. Die Regeln zum „Innen"- und zum „Außenverhältnis" ergeben erst im Zusammenspiel ein sinnvolles Ganzes; die Bedeutung etwa des Gesellschaftskapitals hängt unter anderem von den Anforderungen ab, die an einen Haftungsdurchgriff auf die Gesellschafter gestellt werden. Schließlich führt die Mischung von Normen aus unterschiedlichen Rechtsordnungen zu unlösbaren Anpassungsproblemen. Beispielsweise ist nicht erkennbar, wie die unternehmerische Mitbestimmung des deutschen Rechts in einer ausländischen Gesellschaft verwirklicht werden soll, die keinen Aufsichtsrat hat."[23]

27   Diese Begründung ist überzeugend.[24] Allein schon aus praktischen Erwägungen ist auf alle gesellschaftsrechtlichen Fragen vom Beginn bis zum Ende der Gesellschaft das Gesellschaftsstatut anzuwenden, soweit nicht ausnahmsweise zwingende Gründe dagegen sprechen. Trotz der im Ansatz einheitlichen Anknüpfung bleibt es möglich, einzelne Sachverhalte aufgrund einer sachnäheren Verbindung zum Recht eines anderen Staates diesem zu unterwerfen. Kollisionsrechtlich handelt es sich dabei um getrennte Anknüpfungen bzw. Sonderanknüpfungen. Auf eine Auflistung der für einzelne Sachverhalte anerkannten oder diskutierten Sonderanknüpfung wird an dieser Stelle verzichtet. Diese Informationen sind Teil der nachfolgenden Darstellung der verschiedenen für Gesellschaften relevanten Sachverhalte mit Auslandsberührung.[25]

28   Im Anwendungsbereich der EU-Niederlassungsfreiheit ist in Folge der neueren Entscheidungen des EuGH (Centros,[26] Überseering[27] und Inspire Art[28]) eine neue Diskussion über die Notwendigkeit der Aufgabe oder Einschränkung der Einheitslehre aufgekommen.[29] Die Befürworter einer Aufgabe oder Einschränkung der Einheitslehre wollen damit wohl die (vermuteten) Konsequenzen der neueren Rechtsprechung des EuGH mildern. Nach dem derzeitigen Stand der Rechtsprechung ist nicht davon auszugehen, dass mit dieser Diskussion die Einheitslehre im Verhältnis zu Drittstaaten in Frage gestellt ist.

b) Bestimmung des Gesellschaftsstatuts

29   Eine wesentliche Aufgabe des Kollisionsrechts ist die Bestimmung des Gesellschaftsstatuts. Ist das Gesellschaftsstatut bestimmt, ist in einem zweiten Schritt festzustellen, welche einzelnen Sachfragen dem Gesellschaftsstatut zuzuordnen sind, d.h. kollisionsrechtlich gesprochen, welche Sachfragen gesellschaftsrechtlich zu qualifizieren sind.[30]

30   **aa) Gesetzeslage.** Das autonome deutsche Recht enthält keine konstitutive gesetzliche Regelung über die Anknüpfung des Gesellschaftsstatuts. In Art. 37 Nr. 2 EGBGB ist ausdrücklich klargestellt, dass die schuldvertraglichen Kollisionsregeln des EGBGB auf „Fragen betreffend das Gesellschaftsrecht, das Vereinsrecht und das Recht der juristischen Personen" nicht anzuwenden sind. Die Entscheidung über die Anknüpfung des Gesellschaftsstatuts ist damit eine Aufgabe der Rechtsprechung.

---

[22] *Zimmer,* Internationales Gesellschaftsrecht, S. 219 ff.
[23] BGH EuZW 2000, 412, 413.
[24] So auch Palandt/*Heldrich,* Anh zu EGBGB 12 Rn. 2.
[25] Teil C, unten Rn. 261 ff.
[26] EuGHE 1999, 1484 (= NJW 1999, 2027).
[27] EuGHE 2002, 9943 (= NZG 2002, 1164).
[28] EuGHE 2003, 687 (= NZG 2003, 1064).
[29] Vgl. dazu unten Rn. 215 ff.
[30] Vgl. dazu unten Rn. 261 ff.

bb) Mögliche Anknüpfungspunkte – Überblick. Zur Bestimmung des Gesell- 31 schaftsstatuts kommen insbesondere zwei Anknüpfungspunkte in Betracht: Die Anknüpfung an das Recht desjenigen Staates, nach dessen Gesetzen und Vorschriften die Gesellschaft wirksam gegründet worden ist (Gründungstheorie), oder die Anknüpfung an das Recht desjenigen Staates, in dem die Gesellschaft ihren tatsächlichen Verwaltungssitz hat (Sitztheorie).

In Krisen- und Kriegszeiten werden gelegentlich auch gesellschaftsrechtliche Fragen der 32 sogenannten Kontrolltheorie[31] unterworfen. Dabei werden Rechtsfolgen von der Staatsangehörigkeit der hinter der juristischen Person stehenden natürlichen Person abhängig gemacht. Außerhalb von Krisen- und Kriegszeiten kommt der Kontrolltheorie keine nennenswerte Bedeutung zu.

Die theoretische Auseinandersetzung zwischen der Gründungstheorie, die im 18. Jahr- 33 hundert in England entstanden ist,[32] und der Sitztheorie geht bis in das 19. Jahrhundert zurück. Zusätzlich zu den beiden Theorien in ihrer Reinform sind dabei in der deutschen Literatur auch einige vermittelnde Theorien entwickelt worden.[33] Während insbesondere die Staaten des angloamerikanischen Rechtskreises der Gründungstheorie folgen, ist unter den kontinental-europäischen Staaten traditionell die Sitztheorie vorherrschend.[34] Auch in Deutschland sind Rechtsprechung[35] und überwiegende Literatur[36] bis vor kurzem uneingeschränkt der Sitztheorie gefolgt. Aufgrund der neueren Rechtsprechung des Europäischen Gerichtshofs kann die Sitztheorie zumindest zum Teil im Verhältnis zu Gesellschaften aus Mitgliedstaaten der Europäischen Union nicht mehr angewendet werden.[37] Welche Konsequenzen dies für das autonome deutsche Kollisionsrecht hat oder haben sollte, ist umstritten.

cc) Die Sitztheorie. *(1) Anknüpfungspunkt und Ratio.* Nach der Sitztheorie beurteilen 34 sich die Rechtsverhältnisse einer Gesellschaft nach dem Recht des Staates, in dem die Gesellschaft ihren tatsächlichen Verwaltungssitz hat. Das Anknüpfungsmerkmal der Sitztheorie ist mithin nicht der Satzungssitz der Gesellschaft, sondern der tatsächliche Sitz ihrer Hauptverwaltung.

Im Gegensatz zu der eher formellen Gründungstheorie wählt die Sitztheorie einen ma- 35 teriellen Ansatz. Ein grundlegendes Strukturprinzip des IPR ist die Regel der Anknüpfung an das Recht des Staates, zu dem der jeweilige Sachverhalt die engsten Verbindungen aufweist.[38] Die Sitztheorie beruht auf der Vermutung, dass der Schwerpunkt der tatsächlichen geschäftlichen Aktivitäten einer Gesellschaft im Staat ihres tatsächlichen Sitzes liegt,[39] dass die Gesellschaft damit ihre engste Verbindung zum Staat ihres tatsächlichen Sitzes hat und dass daher über die Sitztheorie das Sachrecht desjenigen Staates zur Anwendung kommt, zu dem die Gesellschaft die engste Verbindung hat. Damit soll dem für

---

[31] Vgl. Staudinger/*Großfeld* (1998) IntGesR Rn. 19 m. w. N.; MünchKommBGB/*Kindler,* IntGesR Rn. 259 ff. m. w. N.

[32] Staudinger/*Großfeld* (1998) IntGesR Rn. 31; *Großfeld/König,* RIW 1992, 433 f.; MünchKommBGB/*Kindler,* IntGesR Rn. 265.

[33] Vgl. unten Rn. 64 ff.

[34] Vgl. auch die Übersicht über die Staaten, die derzeit, soweit feststellbar, der Sitz- oder Gründungstheorie folgen, unten Rn. 1462 ff.

[35] BGHZ 151, 204, 206 f. (= NJW 2002, 3539, 3540); BGH EuZW 2000, 412, 413; BGHZ 97, 269, 271; BGHZ 78, 318, 334; BGHZ 53, 181, 183; weitere Nachweise bei *Hausmann* in Reithmann/Martiny, Intern. Vertragsrecht, Rn. 2197 f.

[36] Vgl. für viele Staudinger/*Großfeld* (1998) IntGesR Rn. 38 ff.; MünchKommBGB/*Kindler,* IntGesR Rn. 312 ff.; *Hausmann* in Reithmann/Martiny, Intern. Vertragsrecht, Rn. 2198, jeweils m. w. N.; auch die Gründungstheorie hat jedoch viele Anhänger, vgl. die Nachweise bei MünchKommBGB/*Kindler,* IntGesR Rn. 264, Fn. 345 und *Bungert,* ZVerglRWiss 93 (1994), 117, 121, Fn. 8.

[37] Vgl. unten Rn. 149 ff., 191 ff.

[38] Vgl. z. B. Art. 5 Abs. 1 Satz 1, Art. 28 Abs. 1 und Art. 41 EGBGB.

[39] So z. B. Palandt/*Heldrich,* Anh zu EGBGB 12 Rn. 2.

berechtigt erachteten Schutzinteresse des am meisten betroffenen Staates Rechnung getragen werden.[40] Außerdem verschaffe die Sitztheorie dem am meisten betroffenen Staat ein Wächteramt darüber, welche Gesellschaftsformen in seinem Hoheitsgebiet zugelassen sind.[41] Während die Gründungstheorie den Gründern einer Gesellschaft letztlich Rechtswahlfreiheit einräumt, stehen einer solchen nach der Sitztheorie berechtigte Interessen Dritter und des Sitzstaates entgegen. Der BGH hat dazu in seinem Vorlagebeschluss an den EuGH vom 30. 3. 2000 ausgeführt: Die Gründungstheorie „vernachlässigt den Umstand, dass die Gründung und Betätigung einer Gesellschaft auch die Interessen dritter Personen und des Sitzstaates berühren. Die Anknüpfung an den tatsächlichen Verwaltungssitz gewährleistet demgegenüber, dass Bestimmungen zum Schutze dieser Interessen nicht durch eine Gründung im Ausland umgangen werden können. Wenn eine derart einfach Umgehungsmöglichkeit bestünde, liefen den Gründern unangenehme Schutzvorschriften im Ergebnis leer. Es ist zu befürchten, dass sich im dergestalt eröffneten „Wettbewerb der Rechtsordnungen" gerade die Rechtsordnung mit dem schwächsten Schutz dritter Interessen durchsetzen würde (*„Race to the bottom"*).“[42]

36   Für schutzbedürftig erachtet werden in diesem Zusammenhang primär die Gläubiger der Gesellschaft, aber auch abhängige Gesellschaften, Minderheitsgesellschafter und Arbeitnehmer.[43]

37   *(2) Praktische Rechtsfolgen der Sitztheorie.* Für die praktischen Rechtsfolgen der Sitztheorie sind aus deutscher Sicht verschiedene Fälle zu unterscheiden:

38   *(a) Fall 1: Die Gesellschaft wurde nach dem Recht eines ausländischen Staates A gegründet und hat ihren Verwaltungssitz im ausländischen Staat B.* Die Kollisionsnorm des deutschen Internationalen Gesellschaftsrechts ist eine allseitige Kollisionsregel.[44] Sie bestimmt daher nicht nur, wann deutsches Recht Anwendung findet. Soweit deutsches Kollisionsrechts maßgeblich ist, bestimmt sie vielmehr auch, welches ausländische Recht als Gesellschaftsstatut Anwendung findet.

39   Wurde eine Gesellschaft nach dem Recht eines ausländischen Staates A gegründet und hatte ihren tatsächlichen Verwaltungssitz von Anfang an oder seit einer späteren Sitzverlegung im ausländischen Staat B, verweist das deutsche Kollisionsrecht auf das Recht des Sitzstaates (Staat B). Gilt dort die Sitztheorie und wird die Gesellschaft deshalb nach dem Sitzrecht nicht anerkannt, wird sie auch in Deutschland nicht anerkannt. Wird sie im Staat B nach dessen Recht (nur) als Gesellschaft nach dem Recht des Staates B anerkannt, wird sie auch in Deutschland (nur) als solche anerkannt. Gilt im Staat B jedoch die Gründungstheorie und kennt außerdem das Kollisionsrecht des Staates B das kollisionsrechtliche Prinzip der Weiterverweisung, dann verweist das Kollisionsrecht des Staates B auf das Recht des Gründungsstaates A. Diese Weiterverweisung wird vom deutschen Recht akzeptiert.[45] Die nach dem Recht des Gründungsstaates wirksam gegründete Gesellschaft wird in Deutschland als solche anerkannt.[46]

---

[40] *Hausmann* in Reithmann/Martiny, Intern. Vertragsrecht, Rn. 2197; MünchKommBGB/*Kindler,* IntGesR Rn. 313 m. w. N.

[41] *Hausmann* in Reithmann/Martiny, Intern. Vertragsrecht, Rn. 2197; MünchKommBGB/*Kindler,* IntGesR Rn. 314.

[42] BGH EuZW 2000, 412, 413.

[43] BGH EuZW 2000, 412, 413; kritisch zur Sitztheorie „als Schutztheorie", z. B. *Halbhuber,* ZEuP 2003, 418, 424 f. und *Behrens,* IPRax 2003, 193, 195; *Eidenmüller,* ZIP 2002, 2233, 2236 f. kommt zu dem Ergebnis, dass der Schutz der Gläubiger, Gesellschafter und Arbeitnehmer „sich keinesfalls nur und jedenfalls im Hinblick auf die Gläubiger der Gesellschaft auch nicht am besten mit Hilfe der Sitztheorie bewerkstelligen lässt". Aus ökonomischer Sicht sei die Behauptung, die Gründungstheorie habe einen *race to the bottom* zur Folge, eine unbegründete Behauptung.

[44] *Hausmann* in Reithmann/Martiny, Intern. Vertragsrecht, Rn. 2227; Staudinger/*Großfeld* (1998) IntGesR Rn. 103.

[45] OLG Frankfurt a. M. NJW 1990, 2204, 2205; OLG Hamburg RIW 1998, 816 f.

[46] Vgl. *Hausmann* in Reithmann/Martiny, Intern. Vertragsrecht, Rn. 2227 und Rn. 2220 m. w. N.

(b) Fall 2: Gründung einer ausländischen Gesellschaft mit tatsächlichem Verwaltungssitz in 40
Deutschland. Die Gründung einer ausländischen Gesellschaft mit tatsächlichem Verwaltungssitz in Deutschland und die Verlegung des tatsächlichen Verwaltungssitzes einer ausländischen Gesellschaft nach Deutschland[47] sind aus deutscher Sicht die Hauptanwendungsfälle der Sitztheorie.

Auf der Grundlage der Sitztheorie ist aus deutscher Sicht die Gründung einer ausländi- 41 schen Gesellschaft mit tatsächlichem Verwaltungssitz in Deutschland nicht zulässig.[48] Bis zur Entscheidung des BGH vom 1. 7. 2002[49] wurden solche Scheinauslandsgesellschaften vom deutschen Recht nicht anerkannt. Ihnen wurde die Rechtsfähigkeit abgesprochen.[50] Auch wenn die Scheinauslandsgesellschaft im Ausland als Kapitalgesellschaft vergleichbar einer deutschen AG oder GmbH gegründet wurde, konnte und kann sie in Deutschland nicht als solche anerkannt werden, da die Rechtspersönlichkeit als AG oder GmbH nur durch entsprechende Eintragung in das deutsche Handelsregister erlangt wird.[51]

Nach der früheren deutschen Rechtsprechung war die Scheinauslandsgesellschaft über- 42 haupt kein rechtsfähiges Gebilde.[52] Zurecht konnte daher die Sitztheorie alter Prägung als „reine Nichtanerkennungstheorie" bezeichnet und kritisiert werden.[53] In der Literatur war die Rechtsfolge der Nichtanerkennung auch von Anhängern der Sitztheorie kritisiert und eine Anpassung der Scheinauslandsgesellschaft an das deutsche Recht durch Behandlung als eine der ausländischen Rechtsform entsprechende deutsche Gesellschaft[54] oder eine Anerkennung als deutsche Personengesellschaft (Gesellschaft bürgerlichen Rechts oder oHG) gefordert worden.[55] Mangels Rechtsfähigkeit konnten Scheinauslandsgesellschaften nach deutschem Recht nicht wirksam handeln und vor deutschen Gerichten nicht klagen. Klagen gegen Scheinauslandsgesellschaften waren dagegen möglich. Wurde gegen eine Scheinauslandsgesellschaft ein Zivilprozess geführt, so war die Beklagte unabhängig von ihrer Rechtsfähigkeit gemäß (oder entsprechend) § 50 Abs. 2 ZPO passiv parteifähig, sofern sie in Deutschland Geschäfte tätigte.[56] Das heißt, die in Deutschland tätige Scheinauslandsgesellschaft konnte sich nicht unter Hinweis auf ihre mangelnde Rechtsfähigkeit einem Prozess entziehen.

Seit der Änderung der Rechtsprechung durch das Urteil des BGH vom 1. 7. 2002 sind 43 Scheinauslandsgesellschaften jedenfalls als Personengesellschaft des Handelsrechts (oHG) oder als Gesellschaft bürgerlichen Rechts anzuerkennen und genießen als solche volle Rechts- und Parteifähigkeit.[57] Durch die neue Rechtsprechung wurde die wohl wichtigste

---

[47] Fall 5 unten Rn. 54 ff.

[48] Staudinger/*Großfeld* (1998) IntGesR Rn. 85.

[49] BGHZ 151, 204 (= BGH NJW 2002, 3539).

[50] Vgl. *Hausmann* in Reithmann/Martiny, Intern. Vertragsrecht, Rn. 2223; MünchKommBGB/ *Kindler*, IntGesR Rn. 384; Staudinger/*Großfeld* (1998) IntGesR Rn. 85 und Rn. 427 ff., jeweils m. w. N.

[51] Vgl. §§ 41 Abs. 1 Satz 1 AktG, 11 Abs. 1 GmbHG.

[52] So hatte der BGH noch in seinem Vorlagebeschluss in Sachen Überseering vom 30. 3. 2000 (EuZW 2000, 412, 413) unter Hinweis auf die Entscheidung BGHZ 97, 269, 272 ausgeführt: „Die Anknüpfung an den tatsächlichen Verwaltungssitz führt dazu, dass eine im Ausland wirksam gegründete, in der Bundesrepublik Deutschland zunächst als rechtsfähig anerkannte Gesellschaft ihre Rechtsfähigkeit verliert, wenn sie ihren ständigen Verwaltungssitz in der Bundesrepublik nimmt. Sie kann, soweit sie der deutschen Rechtsordnung unterliegt, weder Träger von Rechten und Pflichten noch Partei in einem Gerichtsverfahren sein. Um am Rechtsverkehr teilnehmen zu können, muss sie sich in einer Weise neu gründen, die zur Rechtsfähigkeit nach deutschem Recht führt."; weitere Nachweise zur früheren Rechtsprechung bei *Hausmann* in Reithmann/Martiny, Intern. Vertragsrecht, Rn. 2230 und Staudinger/*Großfeld* (1998) IntGesR Rn. 642.

[53] *Knobbe-Keuk*, ZHR 154 (1990), 325, 341.

[54] Vgl. MünchKommBGB/*Kindler*, IntGesR Rn. 402 m. w. N.

[55] Vgl. *Zimmer*, BB 2000, 1361, 1363; *Eidenmüller/Rehm*, ZGR 1997, 89, 90 f.; MünchKomm-BGB/*Kindler*, IntGesR Rn. 349 ff., jeweils m. w. N.

[56] Vgl. OLG Nürnberg RIW 1985, 494 m. w. N.

[57] BGHZ 151, 204, 206 ff. (= BGH NJW 2002, 3539 ff.); BayObLG DB 2003, 819 f.

Rechtsfolge der Sitztheorie geändert. In der Literatur wurde der grundlegende Wechsel von der Nichtanerkennung der Scheinauslandsgesellschaft zu ihrer Anerkennung als rechtsfähige Personengesellschaft deutschen Rechts als „Umformulierung der Sitztheorie"[58] und die sich durch diese Änderung ergebende neue Rechtslage als „milde Sitztheorie"[59] bzw. „neue Sitztheorie"[60] bezeichnet. Der neuen Rechtsprechung wird in der Literatur zum Teil zugestimmt,[61] teilweise wird sie jedoch auch heftig kritisiert.[62] Problematisch ist insbesondere, dass die Gesellschaft zumindest aus der Sicht ihres ausländischen Gründungsstaates weiterhin eine Gesellschaft dieses Staates ist, während sie gleichzeitig nach deutschem Recht als deutsche Personengesellschaft behandelt wird. Diese Statutenverdoppelung bzw. Duplizierung der Rechtspersönlichkeit der betreffenden Gesellschaft schafft eine Vielzahl ungelöster und möglicherweise auch unlösbarer kollisions-, materiell-, internationaler prozess- und vollstreckungsrechtlicher Probleme.[63]

44   Für einige Autoren bildet das Urteil des BGH vom 1. 7. 2002 nur einen untauglichen Versuch, eine Entscheidung des EuGH in der Rechtssache Überseering abzuwenden und damit die modifizierte Sitztheorie im Anwendungsbereich der Niederlassungsfreiheit des EG-Vertrags zu retten.[64] Diese Auffassung wird dem Urteil des BGH nicht gerecht. Es mag schon sein, dass der BGH insgeheim hoffte, mit seinem Urteil der drohenden Entscheidung des EuGH in Sachen Überseering den Boden zu entziehen. Zu beachten ist jedoch, dass es sich im vom BGH entschiedenen Fall um eine Gesellschaft mit beschränkter Haftung nach dem Recht der Kanalinsel Jersey und damit um keine Gesellschaft im Anwendungsbereich der EU-Niederlassungsfreiheit handelte.[65] Gegenstand der Entscheidung des BGH vom 1. 7. 2002 ist daher unmittelbar und primär die Änderung der wesentlichen Rechtsfolge der Sitztheorie im Verhältnis zu Drittstaaten. Insoweit steht dem Urteil des BGH vom 1. 7. 2002 jedenfalls bei Sachverhalten im Verhältnis zu Drittstaaten auch die nachfolgende Entscheidung des EuGH in Sachen Überseering nicht entgegen.

45   Nach der neuen Rechtsprechung des BGH wird die Scheinauslandsgesellschaft bis zu ihrer wirksamen Neugründung in Deutschland als Gesellschaft deutschen Rechts abhängig von dem von ihr verfolgten Zweck als Verein, oHG oder Gesellschaft bürgerlichen Rechts behandelt.[66]

46   Eine Scheinauslandsgesellschaft, die ideelle Zwecke verfolgt, wird als nicht rechtsfähiger Verein behandelt. Im Hinblick auf die Haftung der Gesellschafter oder Mitglieder ist dies unproblematisch, da die Mitglieder eines nicht rechtsfähigen Vereins nicht persönlich haften. Scheinauslandsgesellschaften, die ein Handelsgewerbe im Sinne von § 1 Abs. 2 HGB betreiben, werden als oHG behandelt. Alle Gesellschafter haften daher grundsätzlich persönlich gemäß § 128 HGB. Ist die Scheinauslandsgesellschaft einer deutschen Kommanditgesellschaft vergleichbar, haften die „Kommanditisten" gleichfalls unbeschränkt per-

---

[58] *Geyrhalter/Gänßler,* NZG 2003, 409, 410.

[59] *Emde,* BGH EWiR 2002, 971.

[60] *Ebke,* JZ 2003, 927, 929.

[61] *Emde,* EWiR 2002, 971; *Kindler,* IPRax 2003, 41 ff.; wohl auch Palandt/*Heldrich,* Anh zu EGBGB 12 Rn. 5.

[62] Vgl. *Heidenhain* NZG 2002, 1141 ff., der die Entscheidung als „Irrweg" bezeichnet (S. 1143); *Ebke,* JZ 2003, 927, 928; *Dubovizkaja,* GmbHR 2003, 694, 695; *Halbhuber,* ZEuP 2003, 418, 431.

[63] Vgl. *Ebke,* JZ 2003, 927, 928; *Halbhuber,* ZEuP 2003, 418, 431; *Heidenhain* NZG 2002, 1141, 1142 f.

[64] So z. B. *Heidenhain,* NZG 2002, 1141, 1142 f.; *Bayer,* BB 2003, 2357, 2361.

[65] Vgl. Art. 299 Abs. 6 lit. c) EG i. V. m. Art. 2 des Protokoll Nr. 3 der Beitrittsakte 1972, ABl. 1972 Nr. L 73/164.

[66] In einigen Ausnahmeentscheidungen haben deutsche Gerichte auch schon früher auf zuziehende ausländische Gesellschaften die Auffanggesellschaftsformen des deutschen Gesellschaftsrechts zur Anwendung gebracht, vgl. *Bechtel,* NZG 2001, 21, 22 m. w. N.; nach Auffassung von *Bechtel,* a. a. O. S. 23, kann die Scheinauslandsgesellschaft unter Umständen auch unter Berücksichtigung der Regeln der Vorgesellschaft und der fehlerhaften Gesellschaft zu beurteilen sein.

sönlich, da die für die Haftungsbeschränkung erforderliche Eintragung im Handelsregister fehlt. Verfolgt die Scheinauslandsgesellschaft sonstige Zwecke, wird sie als Gesellschaft bürgerlichen Rechts behandelt, bei der die Gesellschafter ebenfalls persönlich haften.[67]

Zusätzlich zu der persönlichen Haftung der Gesellschafter besteht in allen Fällen eine **47** persönliche und gesamtschuldnerische Haftung der Handelnden. Wird die Scheinauslandsgesellschaft als nicht rechtsfähiger Verein behandelt, folgt dies aus § 54 Satz 2 BGB. In allen anderen Fällen ergibt sich die Haftung der handelnden Personen aus einer entsprechenden Anwendung der §§ 41 Abs. 1 Satz 2 AktG und 11 Abs. 2 GmbHG.[68]

(c) Fall 3: Gründung einer deutschen Gesellschaft mit Verwaltungssitz im Ausland. Die Be- **48** handlung der Gründung einer deutschen Gesellschaft mit tatsächlichem Verwaltungssitz im Ausland hängt davon ab, ob der Staat des Verwaltungssitzes seinerseits der Sitztheorie oder der Gründungstheorie folgt.

Gilt im Sitzstaat die Sitztheorie, wird die Gesellschaft dort in aller Regel als Scheinaus- **49** landsgesellschaft behandelt und nicht oder nur eingeschränkt anerkannt. Aus deutscher Sicht liegt ein Gebilde ausländischen Rechts vor. Eine Eintragung im deutschen Handelsregister ist nicht möglich, unabhängig davon, ob die Gesellschaft einen inländischen Satzungssitz gewählt hat. Erfolgte Eintragungen sind von Amts wegen zu löschen.[69]

Gilt im ausländischen Sitzstaat dagegen die Gründungstheorie, ist eine aus deutscher **50** Sicht zu beachtende Rückverweisung durch das ausländische Kollisionsrecht auf das deutsche Sachrecht denkbar. In aller Regel wird dies nur bei Personengesellschaften dazu führen können, dass es sich um eine nach deutschem Sachrecht wirksam gegründete Gesellschaft handelt, die dann trotz ihres ausländischen Verwaltungssitzes in Deutschland anzuerkennen ist.[70] Bei einer Kapitalgesellschaft wird dagegen eine Anerkennung in Deutschland dagegen nur dann möglich sein, wenn die Gesellschaft nach deutschem Sachrecht zulässigerweise einen inländischen Satzungssitz hat.[71] Deutsche Kapitalgesellschaften können nur einen Satzungssitz im Inland wählen[72] und ohne einen solchen nicht wirksam in ein deutsches Handelsregister eingetragen werden. Fehlerhaft eingetragene Gesellschaften sind gemäß §§ 144a FGG i.V.m. 23 Abs. 3 Nr. 1 AktG bzw. 3 Abs. 1 Nr. 1 GmbHG aufzulösen. Die Gesellschaft ist allerdings nach deutschem Sachrecht für die Dauer ihrer Eintragung als wirksam zu behandeln, da die fehlerhafte Satzung, die einen unzulässigen inländischen Satzungssitz enthält, nicht nichtig ist.[73]

(d) Fall 4: Die Gesellschaft wurde nach deutschem Recht gegründet und hat ihren Verwaltungs- **51** *sitz ins Ausland verlegt.* Für die Behandlung dieses Falles ist sowohl das Kollisionsrecht als auch das Sachrecht maßgeblich.[74] Die kollisionsrechtlichen Konsequenzen der Sitztheorie

---

[67] Vgl. *Eidenmüller/Rehm,* ZGR 1997, 89, 102 ff.

[68] Vgl. OLG Hamburg NJW 1986, 2199; KG NJW 1989, 3100, 3101; OLG Düsseldorf WM 1995, 808, 810; OLG Oldenburg NJW 1990, 1422 f.; *Eidenmüller/Rehm,* ZGR 1997, 89, 99 ff. m.w.N.

[69] Vgl. *Hausmann* in Reithmann/Martiny, Intern. Vertragsrecht, Rn. 2226; MünchKommBGB/ *Kindler,* IntGesR Rn. 386 m.w.N.; Staudinger/*Großfeld* (1998) IntGesR Rn. 86.

[70] Vgl. *Hausmann* in Reithmann/Martiny, Intern. Vertragsrecht, Rn. 2226; MünchKommBGB/ *Kindler,* IntGesR Rn. 387 m.w.N.

[71] *Hausmann* in Reithmann/Martiny, Intern. Vertragsrecht, Rn. 2226; unklar MünchKommBGB/ *Kindler,* IntGesR Rn. 387, der einerseits davon ausgeht, dass in seltenen Fällen „Satzungssitz, Gründungsrecht und Registereintragung zum deutschen Recht zurückführen" und andererseits der Auffassung ist, bei einem ausländischen tatsächlichen Verwaltungssitz sei ein inländischer Verwaltungssitz unzulässig; für Staudinger/*Großfeld* (1998) IntGesR Rn. 93 i.V.m. Rn. 86 bleibt es trotz der Rückverweisung beim Ergebnis der (aus deutscher Sicht) unwirksamen Gründung, da ein Verwaltungssitz in Deutschland als Voraussetzung einer wirksamen Gründung fehlt.

[72] Vgl. *Hüffer,* AktG, § 5 Rn. 5; *Hueck/Fastrich* in Baumbach/Hueck, GmbHG, § 4a Rn. 3, jeweils m.w.N.

[73] Im Übrigen ergibt sich eine Art Bestandsschutz für die Zeit bis zur Löschung der Eintragung im Handelsregister auch aus § 15 Abs. 1 und 2 HGB, vgl. Staudinger/*Großfeld* (1998) IntGesR Rn. 86.

[74] Vgl. die umfassende Darstellung unten Rn. 211 ff. und 443 ff.

lassen sich wie folgt zusammenfassen, wobei auch in diesem Fall zu unterscheiden ist, ob der Staat des Verwaltungssitzes seinerseits der Sitztheorie oder der Gründungstheorie folgt:

52   Gilt im Sitzstaat die Sitztheorie, akzeptiert dieser den vom deutschen Recht aufgrund der in Deutschland anzuwendenden Sitztheorie angeordneten Statutenwechsel. Im Ergebnis ist damit eine Neugründung der Gesellschaft nach dem Recht des Sitzstaates erforderlich.[75] Solange diese nicht erfolgt bzw. die Gründungsvorschriften im Sitzstaat nicht erfüllt sind, wird die Gesellschaft dort in aller Regel als Scheinauslandsgesellschaft behandelt und nicht oder nur eingeschränkt anerkannt. Aus deutscher Sicht liegt eine Gebilde ausländischen Rechts vor. Eine Eintragung im deutschen Handelsregister ist von Amts wegen zu löschen.

53   Gilt im ausländischen Sitzstaat die Gründungstheorie, wird im Regelfall durch das ausländische Kollisionsrecht auf das deutsche Sachrecht zurückverwiesen. Der neue Sitzstaat akzeptiert die durch Gründung nach deutschem Recht erworbene Rechtsfähigkeit und verlangt keine Neugründung nach seinem eigenen Sachrecht. Im Ergebnis hat daher das berufene deutsche Sachrecht über die Zulässigkeit der Verlegung des Verwaltungssitzes ins Ausland zu entscheiden.[76]

54   *(e) Fall 5: Die Gesellschaft wurde nach ausländischem Recht gegründet und hat ihren Verwaltungssitz nach Deutschland verlegt.* Aus deutscher Sicht kann man diesen Fall als den zweiten Hauptanwendungsfall der Sitztheorie betrachten. Er ist im Wesentlichen gleich zu beurteilen, wie der Fall der Gründung einer ausländischen Gesellschaft mit Verwaltungssitz in Deutschland.[77]

55   Bis zum Urteil des BGH vom 1. 7. 2002[78] wurden ausländische Gesellschaften, die ihren tatsächlichen Verwaltungssitz nach Deutschland verlegt hatten, in Deutschland nicht anerkannt. Nach der Sitztheorie führt die Sitzverlegung zu einem Statutenwechsel. Die im Ausland gegründete Gesellschaft ist daher nach ihrer Sitzverlegung aus deutscher Sicht keine ausländische Gesellschaft mehr, sondern eine sogenannte Scheinauslandsgesellschaft. Als Gesellschaft deutschen Rechts wurde die Scheinauslandsgesellschaft mangels Beachtung der deutschen Gründungsvorschriften gleichfalls nicht anerkannt.[79]

56   In seinem Urteil vom 1. 7. 2002 hat der Bundesgerichtshof die bisherige Rechtsprechung geändert. Nach der neuen Rechtsprechung ist die Scheinauslandsgesellschaft nach deutschem Recht jedenfalls eine rechtsfähige Personengesellschaft und damit vor den deutschen Gerichten aktiv und passiv parteifähig.

57   Im Ergebnis wird daher nunmehr eine Scheinauslandsgesellschaft aus Drittstaaten abhängig von dem von ihr verfolgten Zweck als Verein, oHG oder Gesellschaft bürgerlichen Rechts behandelt. Sie ist als solche in Deutschland rechtsfähig und vor deutschen Gerichten aktiv und passiv parteifähig. Handelt es sich um eine oHG oder Gesellschaft bürgerlichen Rechts, so haften die Gesellschafter persönlich unbeschränkt.[80] Außerdem haften die für die Scheinauslandsgesellschaft handelnden Personen persönlich und gesamtschuldnerisch neben den Gesellschaftern in entsprechender Anwendung der §§ 41 Abs. 1 Satz 2 AktG und 11 Abs. 2 GmbHG.[81] Die persönliche Haftung der Gesellschafter und die Handelndenhaftung bestehen bis zu der vom deutschen Recht verlangten Neugründung der Gesellschaft nach deutschem Sachrecht. Diese Rechtsfolgen entsprechen den Rechtsfolgen

---

[75] MünchKommBGB/*Kindler*, IntGesR Rn. 390 m. w. N.

[76] Vgl. *Hausmann* in Reithmann/Martiny, Intern. Vertragsrecht, Rn. 2234; MünchKommBGB/ *Kindler*, IntGesR Rn. 391, jeweils m. w. N.

[77] Vgl. oben Rn. 40 ff.

[78] BGHZ 151, 204 (= BGH NJW 2002, 3539).

[79] Vgl. oben Rn. 41 ff.

[80] Dazu kritisch *Heidenhain*, NZG 2002, 1141, 1143: „Eine tödlichere Abschreckung gegen den Zuzug von Kapitalgesellschaften aus anderen Mitgliedstaaten ist kaum denkbar."

[81] Vgl. die Nachweise in Fn. 68.

im Fall der Gründung einer ausländischen Gesellschaft mit Verwaltungssitz in Deutschland.[82]

(3) Nachteile der Sitztheorie. Wesentliche Rechtsfolge der vom BGH fortentwickelten **58** Sitztheorie ist die Anerkennung der Scheinauslandsgesellschaft als deutsche Personengesellschaft mit der Konsequenz einer unbeschränkten Haftung ihrer Gesellschafter und einer unbeschränkt persönlichen Haftung der für die Gesellschaft handelnden Personen.[83] Diese Rechtsfolge wird, worauf bereits hingewiesen wurde, in der Literatur zum Teil heftig kritisiert.[84] Mit dieser Rechtsfolge soll einerseits der Schutzzweck der Sitztheorie realisiert werden. Andererseits liegt darin aber auch einer ihrer wesentlichen Nachteile, nämlich die Behinderung der grenzüberschreitenden Mobilität einer Gesellschaft.[85] Ein weiterer wesentlicher Nachteil der Sitztheorie ist der Umstand, dass die Feststellung des tatsächlichen Verwaltungssitzes in der Praxis oft schwierig ist.[86] Dazu trägt bei, dass sich der für die Bestimmung des tatsächlichen Verwaltungssitzes relevante Sachverhalt im Leben einer Gesellschaft fortlaufend ändern kann. Die Anknüpfung des Gesellschaftsstatuts an den tatsächlichen Verwaltungssitz führt daher im Vergleich zur Gründungstheorie zu einem Verlust an Rechtssicherheit.[87]

dd) Die Gründungstheorie. Nach der Gründungstheorie ist auf eine Gesellschaft die- **59** jenige Rechtsordnung anzuwenden, nach der sie gegründet worden ist. Unter der Geltung der Gründungstheorie können daher die Gründer der Gesellschaft das relevante Gesellschaftsrecht im Zeitpunkt der Gründung frei wählen. Diese Rechtswahlfreiheit kann bereits als einer der Vorteile der Gründungstheorie betrachtet werden. Für die Gründungstheorie spricht außerdem, dass mit ihr das Gesellschaftsstatut einer Gesellschaft schnell, einfach und eindeutig bestimmt werden kann. Ist eine Gesellschaft einmal wirksam gegründet, führen spätere tatsächliche Veränderungen, Veränderung des Schwerpunkts ihrer Tätigkeit, Sitzverlegungen oder sonstige Veränderungen nicht zu einem Wechsel des Gesellschaftsstatuts. Argumentiert wird außerdem, es sei denklogisch, dass sich das Gesellschaftsstatut nach dem Recht des Staates richte, der der Gesellschaft ihre Rechtsfähigkeit verliehen habe.[88] Schließlich beeinträchtigt die Gründungstheorie auch nicht die Niederlassungsfreiheit bzw. Mobilität einer Gesellschaft, die für die Internationalisierung des Wirtschaftslebens und die internationalen Wirtschaftsbeziehungen von erheblicher Bedeutung ist.

Gegen die Gründungstheorie spricht, dass sie es ermöglicht, Gesellschaften nach dem **60** Recht eines Staates zu gründen, zu dem diese Gesellschaft – abgesehen von der Gründung selbst – überhaupt keine Verbindungen hat. Die Gründer einer Gesellschaft können aus allen weltweit zur Verfügung stehenden Gesellschaftsformen die für sie vorteilhafte Rechtsform auswählen, unabhängig davon in welchem Land die Gesellschaft tatsächlich tätig sein wird. Es liegt auf der Hand, welche Gesellschaften bei einem solchen *„legal form shopping"* zu Favoriten werden. Nationale Schutz- und Ordnungsvorschriften, insbesondere Vorschriften zur Sicherung der Kapitalaufbringung und Kapitalerhaltung und sonstige Vorschriften zum Schutz von Gläubigern oder Minderheitsgesellschaftern und die deutschen Vorschriften über die unternehmerische Mitbestimmung könnten auf diese Weise umgangen werden. Bei zwei ausschließlich in Deutschland in vergleichbarem Umfang tätigen Gesellschaften könnte es sein, dass die eine, da in Deutschland gegründet, deut-

---

[82] Vgl. oben Rn. 40 ff.; vgl. dort auch die weiterführenden Hinweise zur Kritik an der neuen Rechtsprechung und den sich insbesondere aus der Statutenverdoppelung ergebenden noch ungelösten praktischen Schwierigkeiten.

[83] Vgl. oben Rn. 43 und 56 f.

[84] *Heidenhain,* NZG 2002, 1141, 1143.

[85] *Bayer,* BB 2003, 2357, 2358; vgl. auch *Sandrock,* RIW 1989, 505, 507: „wettbewerbsbeschränkende Wirkung der Sitztheorie".

[86] *Bayer,* BB 2003, 2357, 2358.

[87] Zur weitergehenden Kritik an der Sitztheorie vgl. Hachenburg/*Behrens,* GmbHG, Einl. Rn. 117 ff.; *ders.,* IPRax 2003, 193, 195; Staudinger/*Großfeld* (1998) IntGesR Rn. 45 ff.

[88] *Fikentscher,* MDR 1957, 71, 72.

schem Sachrecht unterworfen wäre, während die andere, da (zum Beispiel) auf den Niederländischen Antillen gegründet, dem Recht der Niederländischen Antillen unterworfen
wäre. Dies soll eine sachlich nicht zu rechtfertigende Ungleichbehandlung bedeuten.[89]

61   Über die Vor- und Nachteile der Gründungstheorie besteht im Wesentlichen Einigkeit.
Dies gilt auch für die Befürworter der Gründungstheorie. Im Ergebnis wird daher nach
ganz überwiegender Ansicht eine Korrektur der Schwächen der Gründungstheorie für
erforderlich gehalten.[90]

62   Zum einen soll der im Ausland gegründeten Gesellschaft die Anerkennung verweigert
werden, wenn die Gründung im Ausland rechtsmissbräuchlich war, d. h. wenn die Wahl
des Gründungsrechtes Umgehungszwecken dient. Als Rechtsgrundlage für die Versagung
der Anerkennung wird teilweise der Ordre Public-Vorbehalt genannt.[91]

63   Einen anderen darüber hinausgehenden Ansatz zur Korrektur der Schwächen der Gründungstheorie wählt die sogenannte eingeschränkte Gründungstheorie.[92] Zumindest zum
Teil unter Hinweis auf die Regelungen im gescheiterten Übereinkommen über die gegenseitige Anerkennung von Gesellschaften und juristischen Personen zwischen den Mitgliedstaaten der Europäischen Wirtschaftsgemeinschaft (Belgien, Deutschland, Frankreich,
Italien, Luxemburg und Niederlande) vom 29. 2. 1968[93] soll die Einheitlichkeit des Gründungsstatuts aufgegeben und an einzelne Rechtsfragen gesondert angeknüpft werden. Auf
diese Weise sollen insbesondere auf Gesellschaften mit tatsächlichem Sitz im Inland zwingende Vorschriften des inländischen Rechts zur Anwendung kommen. Voraussetzung
einer solchen Sonderanknüpfung sei, dass die zwingenden Normen des nationalen Gesellschaftsrechts dem berechtigten Schutz von Gläubigern oder Gesellschaftern dienen und das
Gründungsrecht keine äquivalente Regelung enthält.[94] Problematisch ist bei dieser Lösung,
wie bei den vermittelnden Theorien,[95] das Nebeneinander von Sitzrecht und Gründungsrecht. Hinzu kommt das Problem festlegen zu müssen, was ein zwingender Vorbehalt ist.

64   **ee) Vermittelnde Theorien.** In der Literatur wird auf vielfältige Weise versucht,
zwischen der Gründungstheorie und der Sitztheorie vermittelnde Theorien zu entwickeln,
die wesentliche Nachteile beider Theorien vermeiden. Im Ausgangspunkt wird meist die
Gründungstheorie gewählt. Insofern sind die Übergänge von der bereits beschriebenen
„eingeschränkten Gründungstheorie" zu einigen vermittelnden Theorien fließend.

65   Nach der von Sandrock entwickelten „Überlagerungstheorie" kommt im Grundsatz
zwar das Recht des Gründungsstaates zur Anwendung. Beim ausländischen Gründungsstatut seien aber zum Schutz inländischer Interessen gewisse Einschränkungen zu machen,
wenn derartige Gesellschaften effektiv vom Inland aus verwaltet werden. Zu den Inhabern
solcher inländischer Interessen sollen die Gläubiger, die Minderheitsgesellschafter und
andere Personen gehören, die an der Gesellschaft ein unmittelbares privatrechtliches Interesse haben, wie z. B. Arbeitnehmervertreter hinsichtlich eventueller Mitbestimmungsbe-
fugnisse. Die entsprechenden Schutzvorschriften des inländischen Rechts sollen jedoch
nicht automatisch zur Anwendung kommen. Vielmehr sollen die Inhaber solcher inländischer Interessen verlangen können, dass in ihrem Verhältnis zur Gesellschaft und unterei-

---

[89] Zu den Nachteilen der Gründungstheorie vgl. Staudinger/*Großfeld* (1998) IntGesR Rn. 52 ff.;
Hausmann in Reithmann/Martiny, Intern. Vertragsrecht, Rn. 2202; MünchKommBGB/*Kindler,*
IntGesR Rn. 269 ff.

[90] Hachenburg/*Behrens,* GmbHG, Einl. Rn. 127; vgl. auch MünchKommBGB/*Kindler,* IntGesR
Rn. 276 m. w. N.; zu den Einschränkungen der Gründungstheorie in Großbritannien und den USA
vgl. Staudinger/*Großfeld* (1998) IntGesR Rn. 31 und Rn. 156 m. w. N.

[91] So z. B. *Koppensteiner,* Internationale Unternehmen, S. 132; Hachenburg/*Behrens,* GmbHG,
Einl. Rn. 125 und Rn. 188.

[92] Vgl. Hachenburg/*Behrens,* GmbHG, Einl. Rn. 127 f.; *ders.,* IPRax 2003, 193, 196.

[93] BGBl. 1972 II, 370 und deutsches Zustimmungsgesetz vom 18. 5. 1972, BGBl. 1972 II, 369.

[94] So z. B. Hachenburg/*Behrens,* GmbHG, Einl. Rn. 128; das KG hat in seinem Urteil vom 13. 6.
1989 de facto die eingeschränkte Gründungstheorie angewandt, vgl. NJW 1989, 3100, 3101.

[95] Vgl. unten Rn. 64 ff., 68.

nander nicht nach Gründungsrecht, sondern nach den zwingenden Regeln des Sitzstaates verfahren wird.[96]

Im Ergebnis wird damit hingenommen, dass Gesellschaften, deren Gründungsstatut von **66** ihrem effektiven Verwaltungssitz abweicht, nach zwei Statuten leben: nach ihrem Gründungsstatut sowie nach bestimmten Regeln des Sitzstatuts, die diejenigen des Gründungsstatuts „überlagern".

Einen anderen Ansatz wählen die Vertreter der „Differenzierungstheorie". Für alle **67** Rechtsfragen des gesellschaftsrechtlichen Innenverhältnisses soll das von den Gründern gewählte Gründungsstatut maßgeblich sein. Für Rechtsfragen im Außenverhältnis der Gesellschaft könne dagegen aus Gründen des Verkehrs- und Drittschutzes anders angeknüpft werden. Darüber, wie die Rechtsfragen im Außenverhältnis der Gesellschaft anzuknüpfen sind, sind sich selbst die Vertreter der Differenzierungstheorie nicht einig. Zum einen wird das Vornahme-, Wirkungs- oder Organisationsstatut und zum anderen das Recht des Tätigkeitsortes befürwortet.[97]

Sowohl die Überlagerungstheorie als auch die Differenzierungstheorie haben den er- **68** heblichen Nachteil, dass sie sich von dem Grundsatz der einheitlichen Anknüpfung des Gesellschaftsstatuts lösen und bewusst in Kauf nehmen, dass die Rechtsverhältnisse einer Gesellschaft unterschiedlichen Rechtsordnungen unterliegen. Dieser „Normenmix" birgt die Gefahr schwieriger oder möglicherweise sogar unlösbarer Anpassungsprobleme.[98]

Andere Autoren in der Literatur definieren bestimmte Fallgruppen, in denen die Grün- **69** dungstheorie nicht zur Anwendung kommen soll. Nach diesen Konzeptionen bleibt es bei der Einheitlichkeit des Gesellschaftsstatuts.[99]

Wiedemann bildet drei Fallgruppen nach dem wirtschaftlichen Schwerpunkt der Gesell- **70** schaft. Dieser Vorschlag wird daher zum Teil auch „Schwerpunktlehre" bzw. „Schwerpunkttheorie" genannt.[100] Deutsches Sachrecht soll nach diesem Vorschlag zur Anwendung kommen für nach deutschem Recht errichtete Gesellschaften, solange sich zumindest der zulässige Satzungssitz in der Bundesrepublik Deutschland befindet. Für die nach dem Recht eines EG-Mitgliedstaates errichteten Gesellschaften soll das Gründungsrecht maßgeblich sein, zumindest wenn ihre Tätigkeit in tatsächlicher und dauerhafter Verbindung mit der Wirtschaft eines Mitgliedstaates steht. Bei Gesellschaften, die nach sonstigem ausländischem Recht gegründet wurden, soll das Gründungsrecht anzuwenden sein, solange sich deren wirtschaftlicher Schwerpunkt im Ausland befindet; befindet sich deren wirt-

---

[96] Vgl. *Sandrock*, BB 1999, 1337, 1343; *ders.*, Die multinationalen Korporationen im Internationalen Privatrecht, in Berichte der deutschen Gesellschaft für Völkerrecht, Band 18 (1978), 169, 191 ff.; *ders.*, RabelsZ 42 (1978), 227, 246 ff.; *ders.*, FS Beitzke, 669 ff.; *Teipel* in FG Sandrock, 125, 132; zumindest teilweise der Überlagerungstheorie zuneigend *Bungert*, AG 1995, 489, 491 ff. eine Überlagerung bzw. Verdrängung des Gesellschaftsstatuts durch das am Sitz der Verwaltung geltende Recht wurde auch von der „Group of German Experts on Corporate Law" in einer Stellungnahme zum Fragenkatalog vom 25. 4. 2002 der von der EG-Kommission eingesetzten „High Level Group of Experts on Company Law" befürwortet, vgl. ZIP 2002, 1310, 1322; dem hat sich die High Level Group in ihren Empfehlungen im Wesentlichen angeschlossen: „Wenn ein Unternehmen seinen tatsächlichen Sitz in einen Staat mit der Doktrin des tatsächlichen Sitzes verlegt, sollte es zulässig sein, dass das Recht des „Gastlandes" Vorrang vor dem Recht hat, nach dem das Unternehmen gegründet wurde – allerdings nur innerhalb der Grenzen, die von den Grundsätzen des legitimen allgemeinen Interesses, der Verhältnismäßigkeit, des geringst möglichen Eingriffs, des Diskriminierungsverbots und der Transparenz abgesteckt werden" (vgl. zur Entwicklung des Europäischen Gesellschaftsrechts: Stellungnahme der Arbeitsgruppe Europäisches Gesellschaftsrecht (Group of German Experts on Corporate Law), ZIP 2003, 863, 876.

[97] Vgl. *Grasmann*, System des Internationalen Gesellschaftsrechts, Rn. 759 ff.; MünchKommBGB/*Kindler*, IntGesR Rn. 296 f.

[98] Vgl. *Hausmann* in Reithmann/Martiny, Intern. Vertragsrecht, Rn. 2203; *Zimmer*, Internationales Gesellschaftsrecht, S. 215; MünchKommBGB/*Kindler*, IntGesR Rn. 293 ff.

[99] So z. B. *Zimmer*, Internationales Gesellschaftsrecht, S. 232 f.

[100] Staudinger/*Großfeld* (1998) IntGesR Rn. 71; *Bungert*, AG 1995, 489, 491.

schaftlicher Schwerpunkt dagegen in der Bundesrepublik Deutschland, soll deutsches Sachrecht zur Anwendung kommen.[101]

71   Andere Fallgruppen bildet *Zimmer* in seiner „Kombinationslehre".[102] Fehle ein Bezug zum Gründungsstaat, gelte Sitzrecht. Vom Sitzrecht abweichende Vorschriften des Rechts des Gründungsstaates seien als materiell-rechtliche Gestaltung innerhalb der vom anwendbaren Recht zugelassenen Dispositionsspielräume anzuerkennen. Bestehe dagegen ein substantieller Bezug zum Gründungsstaat, gelte im Grundsatz das Recht des Gründungsstaats als Gesellschaftsstatut. Falle jedoch der substantielle Bezug nachträglich weg, so wird den Gesellschaftern die Rechtswahlbefugnis mit Wirkung ex nunc entzogen. Die Gesellschaft werde damit zur Scheinauslandsgesellschaft und unterliege dem Sitzrecht.[103] Problematisch an dieser Kombinationslehre ist, dass unklar bleibt, wann eine hinreichende substantielle Auslandsbeziehung besteht.[104] Außerdem wird im Regelfall Dritten kaum bekannt werden, wenn die Schwelle der erforderlichen substantiellen Auslandsbeziehung unterschritten wird.[105]

72   Im Ergebnis bietet keiner der in der Literatur entwickelten Ansätze für die Korrektur der Schwächen der Gründungstheorie ein praxisgeeignetes und sachlich ausgewogenes Konzept. Keiner dieser Ansätze konnte daher in größerem Umfang Unterstützung gewinnen. Soweit ersichtlich, gibt es auch nahezu keine veröffentlichte Entscheidung, in der sich ein deutsches Gericht einer der Theorien angeschlossen hat.[106]

73   **ff) Aktueller Stand: Weitergeltung der Sitztheorie im Verhältnis zu Drittstaaten.** Aufgrund der neueren Rechtsprechung des EuGH kann die Sitztheorie von den Mitgliedstaaten der Europäischen Union im Verhältnis zu Gesellschaften aus anderen Mitgliedstaaten der EU zumindest teilweise nicht mehr angewandt werden. Dies ist nahezu unstreitig[107] und gilt wohl für alle Gesellschaften, die in einem Mitgliedstaat der EU wirksam gegründet wurden, soweit diese Mitgliedstaaten der Gründungstheorie folgen.

74   Nur für sogenannte „pseudo EU corporations",[108] also Gesellschaften, die lediglich in einem Mitgliedstaat gegründet wurden, ihren tatsächlichen Verwaltungssitz aber in einem Drittstaat haben und auch im Übrigen keinen Bezug zur Gemeinschaft aufweisen, ist noch nicht endgültig geklärt, ob sie sich auf die EU-Niederlassungsfreiheit berufen können. Im Ergebnis ist dies wohl zu bejahen, sofern der Gründungsstaat der Gründungstheorie folgt.[109] Sollte dies durch die nationalen Gerichte oder den EuGH bestätigt werden, ergeben sich daraus für die Praxis Gestaltungsmöglichkeiten.

75   Falls eine Gesellschaft gegründet werden soll, deren tatsächlicher Verwaltungssitz sich im Grundsatz in einem Drittstaat befindet, aber möglicherweise künftig nach Deutschland verlegt wird, oder zwischen dem Drittstaat und Deutschland gelegentlich wechselt, und auf die deutsches Recht auch nach einer Verlegung des tatsächlichen Verwaltungssitzes nach Deutschland keine Anwendung finden soll, dann kann das Risiko einer künftigen Anwendbarkeit des deutschen Rechts durch Gründung der Gesellschaft in einem der Gründungstheorie folgenden Staat der EU oder des Europäischen Wirtschaftsraums (EWR) vermieden werden.

76   Gesellschaften, die nicht in einem Mitgliedstaat der EU gegründet wurden, können sich dagegen in keinem Fall auf die EU-Niederlassungsfreiheit berufen. Eine Berufung auf die

---

[101] Vgl. *Wiedemann*, FS Kegel, S. 187, 199 ff.; *Wiedemann*, Gesellschaftsrecht, S. 791 ff.

[102] *Zimmer*, Internationales Gesellschaftsrecht, S. 219 ff., 232 ff.

[103] Vgl. *Zimmer*, Internationales Gesellschaftsrecht, S. 220 ff.

[104] Vgl. Staudinger/*Großfeld* (1998) IntGesR Rn. 71.

[105] Zur Kritik an der Kombinationslehre vgl. MünchKommBGB/*Kindler*, IntGesR Rn. 307 ff.

[106] Lediglich das KG hat in seinem Urteil vom 13. 5. 1989 de facto die eingeschränkte Gründungstheorie angewandt, KG NJW 1989, 3100, 3101.

[107] Vgl. unten Rn. 199.

[108] *Leible/Hoffmann*, RIW 2002, 925, 932; *Hausmann* in Reithmann/Martiny, Intern. Vertragsrecht, Rn. 2284.

[109] *Hausmann* in Reithmann/Martiny, Intern. Vertragsrecht, Rn. 2284; *Leible/Hoffmann*, RIW 2002, 925, 932 f.

Niederlassungsfreiheit ist selbst dann ausgeschlossen, wenn ein starker tatsächlicher Bezug zur Gemeinschaft, z. B. aufgrund der Geschäftstätigkeit oder der Nationalität der Gesellschafter vorhanden ist.[110]

Umstritten ist, welche Konsequenzen aufgrund der neueren Rechtsprechung des EuGH **77** für das autonome deutsche Kollisionsrecht zu ziehen sind. Das autonome deutsche Kollisionsrecht ist vorbehaltlich besonderer Regelungen in bilateralen Staatsverträgen für Gesellschaften aus Staaten außerhalb der EU und des EWR (sogenannte Drittstaaten) und für deutsche Gesellschaften betreffende Sachverhalte mit Berührung zu diesen Drittstaaten maßgeblich. Das europäische Recht enthält für das deutsche Recht insoweit keine Vorgaben. Die EU-Niederlassungsfreiheit findet auf diese Sachverhalte keine Anwendung. Dem deutschen Recht steht es daher offen, in seinem autonomen internationalen Gesellschaftsrecht weiterhin die Sitztheorie anzuwenden.[111] Nachdem es eine gesetzliche Regelung bisher nicht gibt, liegt die Entscheidung bei den Gerichten.

Weder der BGH noch ein deutsches Obergericht haben bislang die Sitztheorie im Verhältnis zu Drittstaaten aufgegeben. Soweit ersichtlich, gibt es jedoch auch keine Entscheidung des BGH oder eines Obergerichtes, in dem ausdrücklich die Fortgeltung der Sitztheorie im Verhältnis zu Drittstaaten festgestellt wurde. Die weitere Geltung der Sitztheorie ist jedoch mittelbar einer Reihe von Entscheidungen zu entnehmen, die von deutschen Gerichten nach der Veröffentlichung der Überseering-Entscheidung des EuGH vom 5. 11. 2002[112] ergangen sind. In seiner Entscheidung vom 29. 1. 2003 hat der BGH im Anwendungsbereich des Freundschafts-, Handels- und Schifffahrtsvertrags zwischen der Bundesrepublik Deutschland und den Vereinigten Staaten von Amerika vom 29. 10. 1954 das Gründungsrecht und nicht das Sitzrecht der amerikanischen und deutschen Gesellschaften für maßgeblich erachtet. Im Übrigen hat der BGH in dieser Entscheidung aber auch bestätigt, dass nach seiner ständigen Rechtsprechung grundsätzlich die Sitztheorie gilt.[113] In seinem Urteil in Sachen Überseering vom 13. 3. 2003 hat der BGH die Vorgaben des EuGH umgesetzt und festgestellt, dass die Klägerin, eine niederländische B. V., nach deutschem Internationalem Gesellschaftsrecht hinsichtlich ihrer Rechtsfähigkeit dem Recht des Staates zu unterstellen ist, in dem sie gegründet wurde.[114] Dieses Ergebnis wird jedoch ausschließlich mit der Unvereinbarkeit der bisherigen Rechtsprechung zum deutschen Internationalen Gesellschaftsrecht mit der in Art. 43 und 48 EG garantierten Niederlassungsfreiheit begründet. Die Begründung des BGH lässt nicht darauf schließen, dass eine Aufgabe der Sitztheorie im Verhältnis zu Drittstaaten beabsichtigt ist. Die klarste Entscheidung zur Weitergeltung der Sitztheorie im Verhältnis zu Drittstaaten hat das BayObLG in seinem Beschluss vom 20. 2. 2003 getroffen. Für diesen Beschluss war entscheidend, ob die deutschen Gerichte für eine Klage gegen eine in Sambia gegründete Private Company Limited by shares, deren Geschäfte ausschließlich von Deutschland aus geführt werden, international zuständig sind. Nach Auffassung des BayObLG ist dies der Fall, da die Rechtsfähigkeit dieser Gesellschaft nach dem Recht von Sambia nicht anerkannt werden könne. Vielmehr sei davon auszugehen, dass es sich um eine inländische Personengesellschaft handelt, deren tatsächliche Verwaltung in der Bundesrepublik Deutschland geführt wird.[115]

Im Ergebnis ist daher nach derzeitigem Stand der Rechtsprechung davon auszugehen, **79** dass die Sitztheorie im Verhältnis zu Drittstaaten nach wie vor anwendbar ist. Für Gesellschaften aus Drittstaaten gelten daher derzeit andere kollisionsrechtliche Regeln als für

---

[110] *Leible/Hoffmann*, RIW 2002, 925, 933; *Hausmann* in Reithmann/Martiny, Intern. Vertragsrecht, Rn. 2284; *Meilicke*, GmbHR 2003, 793, 798.

[111] Vgl. für viele *Eidenmüller*, ZIP 2002, 2233, 2244; *Leible/Hoffmann*, RIW 2002, 925, 934; *Behrens*, IPRax 2003, 193, 205; *Knapp*, DNotZ 2003, 85, 92; *Mankowski*, RIW 2004, 481, 485.

[112] EuGHE 2002, 9943 (= NZG 2002, 1164).

[113] BGHZ 153, 353 (= IPRax 2003, 265).

[114] BGH DB 2003, 986, 987.

[115] BayObLG DB 2003, 819 f.

Gesellschaften im Anwendungsbereich der EU-Niederlassungsfreiheit, was als Spaltung des Gesellschaftskollisionsrechts bezeichnet wird.[116] Die Auffassung, dass nach derzeitigem Recht die Sitztheorie weiterhin für Drittstaaten gilt, wird von der ganz überwiegenden Literatur geteilt.[117] Zum Teil wird dieses Ergebnis für sachlich gerechtfertigt erachtet,[118] zum Teil wird dieses Ergebnis jedoch auch kritisiert und de lege ferenda eine generelle Aufgabe der Sitztheorie und ein Wechsel zur Gründungstheorie gefordert.[119]

80   **gg) Ermittlung des tatsächlichen Verwaltungssitzes.** *(1) Grundsatz.* Die Feststellung des für die Sitztheorie maßgeblichen tatsächlichen Verwaltungssitzes kann sich als schwierig erweisen. Dies beruht zum einen darauf, dass sich der rechtliche Begriff des tatsächlichen Verwaltungssitzes nicht mit der wünschenswerten Klarheit definieren lässt.[120] Zum anderen liegen die Schwierigkeiten darin, im jeweiligen Einzelfall den relevanten Sachverhalt festzustellen und unter den rechtlichen Begriff zu subsumieren.[121] Diese Subsumption, d. h. die Feststellung, ob ein tatsächlicher Verwaltungssitz vorliegt, erfolgt nach der lex fori. Im Verfahren vor deutschen Gerichten und Behörden ist daher entscheidend, wo nach deutschem Verständnis der tatsächliche Verwaltungssitz liegt. Geht es darum festzustellen, wo der tatsächliche Verwaltungssitz einer im Ausland gegründeten Gesellschaft liegt, ist es mithin unerheblich, wie diese Frage nach dem ausländischen Gründungsrecht zu beantworten wäre.[122]

81   In der deutschen Rechtsprechung wird seit langem als Ausgangspunkt eine generalklauselartige Formel verwendet. Bei der Anwendung dieser Formel werden von der Rechtsprechung vom Einzelfall abhängige und nicht immer identische Indizien herangezogen. Im Übrigen behelfen sich die Gerichte teilweise mit widerlegbaren Vermutungen und Beweislastregeln.

82   Nach der von Sandrock entwickelten und in ständiger Rechtsprechung verwendeten Formel ist der tatsächliche Verwaltungssitz der „Tätigkeitsort der Geschäftsführung und der dazu berufenen Vertretungsorgane, also der Ort, wo die grundlegenden Entscheidungen der Unternehmensleitung effektiv in laufende Geschäftsführungsakte umgesetzt werden".[123] Diese Formel modifizierend oder ergänzend wurde der tatsächliche Verwaltungs-

---

[116] *Hausmann* in Reithmann/Martiny, Intern. Vertragsrecht, Rn. 2284.

[117] Vgl. Ebenroth/Boujong/Joost/*Schaub*, HGB Anh. zu § 12 Rn. 13; *Ebke*, JZ 298, 300; *Hausmann* in Reithmann/Martiny, Intern. Vertragsrecht, Rn. 2284 ff.; 2284 b; *Horn*, NJW 2004, 893, 897; *Horn*, MittBl. DAV Internationaler Rechtsverkehr 2/2003, 23, 25; *Graf von Bernstorff*, RIW 2004, 498, 500; *Dubovizkaja*, GmbHR 2003, 694, 695; *Großerichter*, DStR 2003, 159, 168; Palandt/*Heldrich*, Anh zu EGBGB 12 Rn. 2 ff.; *Binge/Thölke*, DNotZ 2004, 21, 28; *Mankowski*, RIW 2004, 481, 485; zweifelnd: *Schulz*, NJW 2003, 2705, 2706.

[118] Palandt/*Heldrich*, Anh zu EGBGB 12 Rn. 2 ff.; *Großerichter*, DStR 2003, 159, 168; *Graf von Bernstorff*, RIW 2004, 498, 500, Fn. 18; wohl auch *Ebke*, JZ 2003, 927, 930.

[119] *Kieninger*, ZEuP 2004, 685, 702 f.; *Eidenmüller*, ZIP 2002, 2233, 2244; *Leible/Hoffmann*, RIW 2002, 925, 935 f.; *dies.*, ZIP 2003, 925, 930; *Behrens*, IPRax 2003, 193, 204, 205 f.; *Dubovizkaja*, GmbHR 2003, 694, 695, 697; *Paefgen*, WM 2003, 561, 570; vgl. auch *Sandrock*, BB 1999, 1337, 1342.

[120] Neben der Bezeichnung tatsächlicher Verwaltungssitz werden zum Teil auch die Bezeichnungen effektiver Sitz, s. siège réel, Centre d'Administration, Place of Central Administration oder Principle Place of Business verwendet, vgl. BayObLG IPRax 1986, 161, 163; Staudinger/*Großfeld* (1998) IntGesR Rn. 226.

[121] Vgl. *Zimmer*, FS Buxbaum, S. 655, 658 f., der auch zutreffend darauf hinweist, dass moderne Informationstechnologie und neuere elektronische Kommunikationswege eine dezentrale Verwaltung von Unternehmen ermöglichen und deshalb die Feststellung eines tatsächlichen Verwaltungssitzes zunehmend schwierig wird (S. 666 f.).

[122] Vgl. MünchKommBGB/*Kindler*, IntGesR Rn. 318 m. w. N.

[123] BGHZ 97, 269, 272; vgl. den davon leicht abweichenden Definitionsvorschlag von *Sandrock*, FS Beitzke, S. 669, 684; auf diese Formel nimmt nahezu jede veröffentlichte Entscheidung der letzten 20 Jahre Bezug, vgl. OLG Hamm RIW 1997, 236, 237; OLG Düsseldorf WM 1995, 808, 810; OLG Hamm NJW-RR 1995, 469, 470 und 471; OLG Frankfurt a.M. NJW 1990, 2204 f.; OLG Hamburg RIW 1988, 816; BayObLG IPRax 1986, 161, 163; LG Essen NJW 1995, 1500 f.

sitz teilweise auch als Ort des Schwerpunktes des körperschaftlichen Lebens der Gesellschaft beschrieben,[124] an dem die Willensbildung des Leitungsorgans erfolgt und von wo aus die wesentlichen Geschäfte der Gesellschaft geführt werden.[125] Auf den Ort der Willensbildung der Geschäftsführung bzw. ganz allgemein den Ort der Geschäftsführung wird auch in anderen Gerichtsentscheidungen abgestellt.[126]

Daraus folgt, dass der tatsächliche Verwaltungssitz in der Regel der Tätigkeitsort der für **83** das Tagesgeschäft zuständigen Mitglieder des Verwaltungsorgans der Gesellschaft ist. Von diesem Ort aus kontrollieren die Mitglieder des Verwaltungsorgans die Gesellschaft und erteilen ihre Weisungen. Werden die Entscheidungen des Verwaltungsorgans der Gesellschaft in Versammlungen gefasst, ist grundsätzlich der Ort dieser Versammlungen maßgeblich. Ist der Ort der internen Willensbildung des Verwaltungsorgans jedoch nicht identisch mit dem Ort der Umsetzung der getroffenen Beschlüsse, kommt es entsprechend der Formel der Rechtsprechung auf letzteren an. Zurecht weist allerdings *Zimmer*[127] darauf hin, dass die Gerichte ausweislich der schriftlichen Urteilsbegründungen diese Formel von der Umsetzung der grundlegenden Unternehmensentscheidung in laufende Geschäftsführungsakte nicht präzise anwenden. Weder die maßgeblichen grundlegenden Unternehmensentscheidungen noch die Art und Weise ihrer Umsetzung in laufende Geschäftsführungsakte werden in den Gerichtsentscheidungen identifiziert. Dementsprechend enthalten die Urteile auch keine Feststellungen darüber, an welchem Ort die Umsetzung der grundlegenden Unternehmensentscheidungen in laufende Geschäftsführungsakte erfolgte. Die Rechtsprechung stützt sich zur Bestimmung des Verwaltungssitzes vielmehr in ihren Entscheidungen auf einzelne Umstände und Indizien, die im Einzelfall für relevant erachtet werden.

(2) Indizien. In der Rechtsprechung sind folgende tatsächlichen Umstände für die Be- **84** stimmung des tatsächlichen Verwaltungssitzes für relevant erachtet worden:

– **Adressangabe in Kontoeröffnungsunterlagen.** Dass in einem Kontoeröffnungsantrag **85** nur die Adresse in Deutschland angegeben wurde, wurde vom OLG Düsseldorf als Indiz dafür angesehen, dass die gesamte Geschäftstätigkeit von Deutschland aus erfolgte.[128]

– **Ausführungsort einzelner wichtiger Geschäfte.** Der Ausführungsort einzelner **86** wichtiger Geschäfte wird nicht für relevant erachtet.[129]

– **Ausländischer Geschäftsführer.** Ein sich dauernd im Ausland aufhaltender ausländi- **87** scher Geschäftsführer spricht für einen tatsächlichen Verwaltungssitz im Ausland, wenn keine oder keine nennenswerte Tätigkeit am Sitz der Gesellschaft im Inland festzustellen ist. Letzteres werde der Fall sein, wenn der Geschäftsführer das Tagesgeschäft der Gesellschaft mittels Korrespondenz und Telefonkontakt vom Ausland aus abwickelt. Eine solche Praxis sei insbesondere dann naheliegend, wenn der Geschäftsführer eine Aufenthaltsgenehmigung für das Inland nicht hat oder nicht erhält.[130]

– **Betriebsstätte.** Der Ort der Betriebsstätte wird für nicht entscheidend erachtet.[131] **88**

– **Erreichbarkeit unter der angegebenen Adresse bzw. Telefonnummer.** Ein **89** Indiz, das gegen einen tatsächlichen Verwaltungssitz spricht, ist der Umstand, dass die Gesellschaft unter der angegebenen Adresse nicht bekannt oder unter der angegebenen Telefonnummer nicht erreichbar ist.[132]

---

[124] OLG Frankfurt a. M. IPRspr. 1984, Nr. 21; OLG München NJW 1986, 2197, 2198.

[125] OLG München NJW 1986, 2197, 2198.

[126] Vgl. OLG Oldenburg NJW 1990, 1422: „Ort, an dem die laufenden Geschäftsführungsakte im Rahmen des Willensbildungsprozesses zustande kommen und umgesetzt werden"; BayObLG IPRax 1986, 161, 163: Ort, wo „der maßgebliche Wille der Geschäftsleitung gebildet wird"; OLG Frankfurt a. M. IPRax 1986, 373, 374: „Ort der Geschäftsführung".

[127] *Zimmer,* FS Buxbaum, S. 655, 659.

[128] OLG Düsseldorf WM 1995, 808, 810.

[129] OLG Hamm NJW-RR 1995, 469, 471; OLG München NJW 1986, 2197, 2198.

[130] OLG Köln DB 1999, 38, 39.

[131] BayObLG IPRax 1986, 161, 164.

[132] OLG Düsseldorf WM 1995, 808, 810; LG Rottweil IPRax 1986, 110, 111.

90 – Ort der **Geschäftsführung.** In verschiedenen Entscheidungen wird der für die Bestimmung des tatsächlichen Verwaltungssitzes maßgebliche Ort, von wo aus die wesentlichen Geschäfte der Gesellschaft geführt werden, näher beschrieben: Dies sei der Ort des Ausübens des zentralen Managements, der Kontrolle über die Gesellschaft und Erteilung der Weisungen durch die Geschäftsleitung.[133] Im Regelfall befinde sich die Geschäftsleitung an dem Ort, wo Vorstand und sonst zur Leitung oder Vertretung befugte Personen die ihnen obliegende geschäftsführende Tätigkeit entfalten.[134]

91 – **Geschäftszweck.** Ein Geschäftszweck, der auf die Anlage ausländischer Gelder in der Schweiz gerichtet ist, soll nach Auffassung des OLG Frankfurt a. M. dafür sprechen, dass sich der tatsächliche Verwaltungssitz der Gesellschaft in der Schweiz befindet.[135] Maßgebliche Bedeutung soll jedoch nach einer anderen Entscheidung des OLG Frankfurt a. M. auch haben, an welchem Ort die wesentliche Aufgabe der Gesellschaft verfolgt wird.[136] Bemerkenswerterweise handelte es sich bei beiden vom OLG Frankfurt a. M. entschiedenen Fällen um international tätige Kapitalanlage- und Abschreibungsgesellschaften. Während in einem Fall der Ort der Kapitalanlage maßgeblich sein sollte, sollte dies im anderen Fall der Ort der Kapitalbeschaffung sein.[137]

92 – **Gründung einer Zweigniederlassung im Ausland.** Werde zeitgleich mit der Hauptniederlassung eine Zweigniederlassung im Ausland gegründet, spräche dies dafür, dass der tatsächliche Verwaltungssitz am Ort der Zweigniederlassung sei.[138]

93 – **Gründungsort/Gründungsrecht:** Der Umstand, dass eine Gesellschaft nach dem Recht des US-Bundesstaates Delaware gegründet worden ist, spräche zunächst dafür, dass sich ein Verwaltungssitz der Gesellschaft in den USA befinde.[139]

94 – **Personal- und Sachausstattung.** Eine fehlende Personal- oder Sachausstattung im vermeintlichen Sitzstaat soll nur dann eine indizielle Bedeutung haben, wenn feststeht, dass die geschäftlichen Aktivitäten der Gesellschaft ihren Schwerpunkt in einem anderen Land haben.[140] Das BayObLG geht dagegen davon aus, dass an einem Ort, an dem ausreichend Büroräume unterhalten werden, zumeist auch der maßgebliche Wille der Geschäftsleitung gebildet werde.[141]

95 – **Sekundäre Verwaltungstätigkeiten.** Der Ort, an dem sogenannte sekundäre Verwaltungstätigkeiten ausgeführt werden (Buchhaltung, Abwicklung von Steuerangelegenheiten, Ausstellung von Wohnrechtszertifikaten) wird nicht für relevant erachtet.[142]

96 – **Weisungen** der die Gesellschaft wirtschaftlich beherrschenden Personen. Der BGH hielt es für unerheblich, dass die Weisungen der die Gesellschaft wirtschaftlich beherrschenden Personen von anderer Stelle aus erteilt wurden.[143]

97 – Ort der gesellschaftsinternen **Willensbildung.** Der Ort, an dem Gesellschafterversammlungen stattfinden oder in sonstiger Weise die gesellschaftsinterne Willensbildung erfolgt, wird für nicht maßgeblich erachtet.[144]

98 – **Wohnsitz der Gesellschafter und Geschäftsführer.** Das OLG Hamm hat in seiner Entscheidung vom 4. 10. 1996 den Wohnsitz des herrschenden Aktionärs für maßgeb-

---

[133] OLG München NJW 1986, 2197, 2198.

[134] BayObLG IPRax 1986, 161, 163.

[135] OLG Frankfurt a. M. NJW 1990, 2204, 2205.

[136] OLG Frankfurt a. M. IPRax 1986, 373, 374.

[137] Vgl. zur Kritik an diesen Urteilen, *Zimmer,* FS Buxbaum, S. 655, 659 ff.

[138] OLG Oldenburg NJW 1990, 1422.

[139] OLG Düsseldorf WM 1995, 808, 810; vgl. auch OLG Frankfurt a. M. IPRax 1986, 373, 374, welches auch den Gesellschaftsvertrag und den dort geregelten Satzungssitz erwähnt; dazu kritisch *Ahrens,* IPRax 1986, 355, 357.

[140] OLG Hamm NJW-RR 1995, 469, 471.

[141] BayObLG IPRax 1986, 161, 163 m. w. N.

[142] LG Essen NJW 1995, 1500 f.

[143] BGH WM 1979, 292, 293.

[144] BayObLG IPRax 1986, 161, 164.

lich erachtet.[145] In einem Fall des OLG München wurde der Wohnort des Gründers, der gleichzeitig Vorsitzender und delegiertes Verwaltungsratsmitglied der als luxemburgische Société Anonyme gegründeten Gesellschaft war, für relevant erachtet.[146] Von Bedeutung war für das OLG Frankfurt a. M. auch der Ort, an dem die Direktoren einer nach dem Recht des Staates Panama gegründeten Gesellschaft ansässig waren.[147] Das OLG München hat dagegen die pauschale Behauptung, der „Managing Director" und „Secretary" domizilierten in England für die Annahme eines ausländischen Verwaltungssitzes für nicht ausreichend erachtet.[148] Für das OLG Frankfurt a. M. war in seinem Urteil vom 11. 7. 1985 der Ort, an dem die geschäftsführenden Gesellschafter der Gesellschaft ansässig waren, nicht von entscheidender Bedeutung.[149]

(3) Widerlegbare Vermutung und Beweislastregeln. Nach einigen Gerichtsentscheidungen **99** soll es eine widerlegbare Vermutung bzw. einen allgemeinen Erfahrungssatz geben, dass sich der tatsächliche Verwaltungssitz in dem Staat befindet, in dem die Gesellschaft wirksam gegründet wurde, bzw. nach dessen Recht die Gesellschaft erkennbar organisiert sei.[150]

Nach Auffassung des OLG München kann diese Vermutung widerlegt werden, wobei **100** derjenige, der einen abweichenden, effektiven Verwaltungssitz bzw. eine entsprechende Sitzverlegung behaupte, voll beweispflichtig für die dafür maßgeblichen Tatsachen sei.[151]

Bei diesen Entscheidungen dürfte es sich jedoch um Ausnahmen handeln. Im Regelfall **101** scheint die Rechtsprechung auch im Hinblick auf die Feststellung des tatsächlichen Verwaltungssitz bzw. der Rechtsfähigkeit einer ausländischen Gesellschaft die allgemeinen zivilprozessualen Beweislastregeln anzuwenden.[152] Dem ist zuzustimmen. Für eine widerlegbare Vermutung zugunsten des Gründungsrechts und eine daran anknüpfende besondere Beweislastregel gibt es im Zivilprozess keine Rechtfertigung.[153] Jede Partei eines Zivilprozesses hat grundsätzlich die für ihren Anspruch bzw. ihre Verteidigung rechtsbegründeten Tatsachen darzulegen und zu beweisen. Ein Kläger, der vorträgt, die beklagte Gesellschaft habe ihren Sitz in einem Drittstaat und sei daher eine Scheinauslandsgesellschaft, und der daraus eine für sich günstige Rechtsfolge herleiten möchte, hat folglich darzulegen und ggf. zu beweisen, dass der tatsächliche Verwaltungssitz der Beklagten sich in diesem Drittstaat befindet.[154] Dies wäre z. B. der Fall, wenn ein Gläubiger die Gesellschafter der als Gesellschaft bürgerlichen Rechts oder oHG zu behandelnden Scheinauslandsgesellschaft aufgrund ihrer unbeschränkt persönlichen Haftung in Anspruch nimmt oder Ansprüche gegen die für die Scheinauslandsgesellschaft handelnden Personen unter entsprechender Anwendung der §§ 41 Abs. 1 Satz 2 AktG und 11 Abs. 2 GmbHG geltend macht.

Für das grundbuchrechtliche Eintragungsverfahren ist nach Auffassung des OLG Hamm **102** von dem Bestehen eines allgemeinen Erfahrungssatzes des Inhalts auszugehen, dass eine nach ausländischem Recht gegründete Kapitalgesellschaft ihren effektiven Verwaltungssitz in ihrem Gründungsstaat hat.[155] Für einen solchen Erfahrungssatz gibt es jedoch im grundbuchrechtlichen Eintragungsverfahren ebenso wenig eine Rechtfertigung wie im Zivil-

---

[145] OLG Hamm RIW 1997, 236, 237.

[146] OLG München NJW-RR 1995, 703 f.

[147] OLG Frankfurt a. M. NJW 1990, 2204, 2205.

[148] OLG München NJW 1986, 2197, 2198.

[149] OLG Frankfurt a. M. IPRax 1986, 373, 374.

[150] In der Literatur wird diese Vermutung von Soergel/*Lüderitz,* Anh. Art. 10 EGBGB, Rn. 9 und *Bungert,* DB 1995, 963, 964 ff. befürwortet.

[151] OLG München NJW 1986, 2197, 2198.

[152] Vgl. BGHZ 97, 269, 273; LG Essen NJW 1995, 1500, 1501; OLG Hamm RIW 1997, 236, 237 f.

[153] Vgl. MünchKommBGB/*Kindler,* IntGesR Rn. 329 ff.; vgl. auch *Freitag,* NZG 2000, 357, 359.

[154] Vgl. BGHZ 97, 269, 273.

[155] OLG Hamm NJW-RR 1995, 469, 470.

prozess.[156] Es bleibt daher auch im grundbuchrechtlichen Eintragungsverfahren bei den allgemeinen Regeln.[157]

103   *(4) Doppel- und Mehrfachsitz.* In Ausnahmefällen kann eine Gesellschaft auch mehrere Verwaltungssitze haben. Dies führt jedoch nicht zu einer Doppel- oder Mehrfachanknüpfung mit dem Ergebnis, dass eine Gesellschaft gleichzeitig mehrere Gesellschaftsstatute hätte. Vielmehr ist in einem solchen Fall festzustellen, an welchem Sitz der Schwerpunkt der Verwaltung bzw. der wichtigste Teil der (Haupt-)Verwaltung liegt.[158]

104   *(5) Verwaltungssitz von Konzerngesellschaften.* In einem Konzern übt die Konzernobergesellschaft typischerweise Leitungsmacht über die Konzernuntergesellschaft aus. Grundlegende und wichtige Entscheidungen für die Konzernuntergesellschaft werden damit von der Konzernobergesellschaft vorgegeben. Man könnte daher daran denken, bei der Bestimmung des tatsächlichen Verwaltungssitzes der Konzernuntergesellschaft den Ort der Ausübung der Leitungsmacht und damit regelmäßig den Sitz der Obergesellschaft für relevant zu erachten. Dem steht jedoch entgegen, dass es sich bei der Konzernuntergesellschaft trotz ihrer Beherrschung durch die Obergesellschaft um eine eigenständige juristische Person handelt. Selbst die auf einer Anweisung der Konzernobergesellschaft beruhenden Geschäftsführungsmaßnahmen sind durch die Geschäftsführung der Konzernuntergesellschaft umzusetzen. Der Ort, an dem diese Umsetzung erfolgt, d.h. der Ort der Geschäftsführung der Konzernuntergesellschaft, bestimmt ihren tatsächlichen Verwaltungssitz.[159] Im Ergebnis gelten daher auch bei der Bestimmung des tatsächlichen Verwaltungssitzes einer Konzernuntergesellschaft keine Besonderheiten. Gleiches gilt für die Bestimmung des tatsächlichen Verwaltungssitzes von Konzernobergesellschaften.

105   **hh) Subsidiäre Anwendung der Gründungstheorie.** Die Bestimmung des tatsächlichen Verwaltungssitzes ist oft nicht einfach und mag in manchen Ausnahmefällen auch letztlich unmöglich sein.[160] So hatte das OLG Frankfurt a. M. einen Fall zu entscheiden, in dem die Geschäftsführer einer nach englischem Recht gegründeten Gesellschaft die Geschäfte der Gesellschaft „im wahrsten Sinne des Wortes „fliegend" wahrgenommen" hatten.[161] Das OLG Frankfurt a. M. entschied sich in diesem Fall für die subsidiäre Anwendung des Rechts des Gründungsstaates.

106   In der Literatur hat diese Entscheidung teilweise Zustimmung[162] und teilweise Kritik[163] erfahren. Richtig ist, dass die bloße Schwierigkeit, den tatsächlichen Verwaltungssitz festzustellen, keinen Übergang zur Gründungstheorie rechtfertigt.[164] Kritisiert wurde außerdem, das OLG hätte den Fall über die prozessualen Darlegungs- und Beweislastregeln lösen müssen.[165] Dies ist im Grundsatz richtig, wäre aber für einen vergleichbaren Fall

---

[156] MünchKommBGB/*Kindler*, IntGesR Rn. 343.

[157] Vgl. MünchKommBGB/*Kindler*, IntGesR Rn. 342f.

[158] *Hausmann* in Reithmann/Martiny, Intern. Vertragsrecht, Rn. 2217.

[159] BGH WM 1979, 692, 693; *Hausmann* in Reithmann/Martiny, Intern. Vertragsrecht, Rn. 2218; MünchKommBGB/*Kindler*, IntGesR Rn. 319f.; Münch Hdb.GesR III/D. *Jasper*, § 75 Rn. 28; Kegel/*Schurig*, Internationales Privatrecht, S. 584.

[160] Zurecht wird vielfach darauf hingewiesen, dass das Fehlen eines effektiven Verwaltungssitzes nach der Sitztheorie grundsätzlich ausgeschlossen ist, vgl. Palandt/*Heldrich*, Anh zu EGBGB 12 Rn. 3; *Hausmann* in Reithmann/Martiny, Intern. Vertragsrecht, Rn. 2216; *Andrae*, IPRax 2001, 98, 108; *Kindler*, EWiR 1999, 1081, 1082.

[161] OLG Frankfurt a. M. RIW 1999, 783.

[162] *Hallweger*, NZG 1999, 1098; im Ergebnis auch *Haack*, RIW 2000, 560f., der jedoch anscheinend generell den Übergang zur Gründungstheorie befürwortet; wohl auch *Freitag*, NZG 2000, 357ff.

[163] *Borges*, RIW 2000, 167ff.; *Bechtel*, NZG 2001, 21, der darin eine Aufgabe der Einheitlichkeit des Gesellschaftsstatuts sieht; *Hausmann* in Reithmann/Martiny, Intern. Vertragsrecht, Rn. 2216; *Andrae*, IPRax 2001, 98, 106ff.

[164] *Hausmann* in Reithmann/Martiny, Intern. Vertragsrecht, Rn. 2216.

[165] *Borges*, RIW 2000, 167, 168f.; *ders.*, GmbHR 1999, 1256, 1257; wohl auch *Andrae*, IPRax 2001, 98, 108 und *Kindler*, EWiR 1999, 1081, 1082.

nicht mehr entscheidungsrelevant. Im zu entscheidenden Fall ging es darum, ob die nach englischem Recht gegründete Klägerin Partei- und Rechtsfähig war. Wäre sie eine Scheinauslandsgesellschaft gewesen, wäre sie nach der damaligen Rechtsprechung des BGH nicht rechtsfähig gewesen.[166] Seit der Entscheidung des BGH vom 1. 7. 2002[167] sind Scheinauslandsgesellschaften in Deutschland jedenfalls als rechtsfähige Personengesellschaft anzusehen und als solche auch parteifähig.

In anderen Konstellationen kann sich allerdings auch zukünftig die Frage nach dem **107** Verhältnis der prozessualen Darlegungs- und Beweislastregeln zu der subsidiären Anknüpfung an das Recht des Gründungsstaates stellen. So ist z. B. der Fall denkbar, dass sich die Gesellschafter einer angeblich ausländischen Gesellschaft vor deutschen Gerichten auf eine Beschränkung ihrer Haftung berufen, die nach dem maßgeblich ausländischen Gesellschaftsrecht auch gegeben wäre. Handelt es sich bei dieser Gesellschaft jedoch um eine Scheinauslandsgesellschaft, die aufgrund der genannten Entscheidung des BGH vom 1. 7. 2002 als Gesellschaft bürgerlichen Rechts oder als OHG anzusehen ist, besteht keine wirksame Haftungsbeschränkung der Gesellschafter. In einem solchen Fall bleibt auf der Grundlage der Sitztheorie und bei Anwendung allgemeiner zivilprozessualer Grundsätze kein Raum für eine subsidiäre Anwendung der Gründungstheorie. Vielmehr muss derjenige, der die Darlegungs- und Beweislast für das Bestehen einer ausländischen Gesellschaft bzw. das Nichtvorliegen einer Scheinauslandsgesellschaft hat, darlegen und gegebenenfalls nachweisen, wo sich der tatsächliche Verwaltungssitz der Gesellschaft befindet.

Im Ergebnis haben daher die prozessualen Darlegungs- und Beweislastregeln Vorrang **108** vor einer subsidiären Anwendung des Rechts des Gründungsstaates.[168] Soweit prozessuale Darlegungs- und Beweislastregeln nicht entgegen stehen, z. B. im Anwendungsbereich des registergerichtlichen Amtsermittlungsgrundsatzes, kann dagegen das Recht des Gründungsstaates subsidiär angewendet werden.

c) Kein Verstoß der Sitztheorie gegen die Europäische Konvention zum Schutz der Menschenrechte und Grundfreiheiten vom 4. 11. 1950 (EMRK)

Unter Bezugnahme auf das Urteil des französischen Cour de Cassation vom 12. 11. **109** 1990[169] hat *Meilicke* die Auffassung vertreten, die Sitztheorie verstoße gegen Art. 6 Abs. 1 (Anspruch auf Zugang zu den Gerichten) und Art. 14 (Verbot der Diskriminierung wegen nationaler Herkunft) EMRK sowie Art. 1 und 5 des ersten Zusatzprotokolls und sei daher nicht mehr anwendbar.[170] Die Auffassung *Meilickes* hat keine Zustimmung gefunden. Die deutschen Gerichte haben, auch nachdem *Meilickes* These veröffentlicht wurde, weiterhin die Sitztheorie angewandt, in aller Regel ohne ausdrückliche Auseinandersetzung mit der Frage der Vereinbarkeit der Sitztheorie mit der EMRK.[171] Soweit sich die Literatur mit dieser Frage auseinandergesetzt hat, hat sie die Vereinbarkeit der Sitztheorie mit der EMRK bejaht.[172]

d) Kein Verstoß der Sitztheorie gegen das GATS

Art. XXVIII (m) des General Agreement on Trade in Services (GATS)[173] definiert den **110** Begriff „juristische Person eines anderen Mitglieds" für die Zwecke dieses Übereinkom-

---

[166] Vgl. oben Rn. 41 f.

[167] BGHZ 151, 204 (= BGH NJW 2002, 3359).

[168] So wohl auch *Freitag*, NZG 2000, 357, 359.

[169] In französischer Sprache veröffentlicht in ZEuP 1993, 150 ff. und in deutscher Übersetzung veröffentlicht in JZ 1993, 370.

[170] *Meilicke*, RIW 1992, 578 f.; *ders.*, BB 1995 Beilage 9, 1, 8 ff.

[171] Eine ausdrückliche Feststellung der Vereinbarkeit der Sitztheorie mit der EMRK findet sich z. B. im Beschluss des AG Heidelberg EuZW 2000, 414, 415.

[172] Vgl. *Großfeld/Boin*, JZ 1993, 370 ff.; *Engel*, ZEuP 1993, 150, 152 ff.; *Bungert*, EWS 1993, 17 ff.; *ders.*, AG 1995, 489, 498; *Ebke*, RabelsZ 62 (1998), 1954, 212 f.; MünchKommBGB/*Kindler*, IntGesR Rn. 375 f.; Staudinger/*Großfeld* (1998) IntGesR Rn. 142 ff.

[173] BGBl. 1994 II, 1643.

mens und knüpft dabei an die Gründung oder anderweitige Errichtung der Gesellschaft an. In der Literatur ist kürzlich untersucht worden, ob diese Regelung der Anwendung der Sitztheorie entgegensteht.[174] Im Ergebnis wurde dies mangels einer dazu erforderlichen Rechtsfortbildung verneint. Eine solche Rechtsfortbildung sei zwar grundsätzlich auch unter den Bedingungen der Streitbeilegung in der WTO möglich, jedoch unwahrscheinlich.[175]

e) Regelanknüpfung für juristische Personen und sonstige Gebilde

111   **aa) Grundsatz.** Das deutsche Internationale Gesellschaftsrecht (im engeren Sinn), d. h. das auf Gesellschaften anwendbare Kollisionsrecht ist im Wesentlichen für Kapitalgesellschaften entwickelt und diskutiert worden.[176] Funktionales Charakteristikum einer Kapitalgesellschaft ist, dass es sich um ein rechtlich verselbständigtes Gebilde mit einer Organisationsstruktur und einer internen Willensbildung handelt, welches als solches nach außen auftritt. Eine vergleichbare Grundstruktur haben im Grundsatz sämtliche juristische Personen und teil- oder nicht rechtsfähige Personenvereinigungen, soweit sie als solche nach außen auftreten, sowie nicht rechtsfähige Vermögensmassen mit eigener Organisation. All diese Gebilde werden daher kollisionsrechtlich genauso behandelt wie Kapitalgesellschaften;[177] bei allen handelt es sich bei kollisionsrechtlicher Betrachtung um „Gesellschaften".

112   Keine Gesellschaften im Sinne des Kollisionsrechts sind dagegen Gebilde, die keine nach außen erkennbare Organisation haben und als solche auch nicht am Rechtsverkehr teilnehmen.[178] Aus dem Kreis der Gesellschaften des deutschen Rechts sind daher die Gesellschaften bürgerlichen Rechts, bei denen es sich um reine Innengesellschaften handelt, keine „Gesellschaften" im Sinne des Kollisionsrechts; auf sie findet nicht das Gesellschaftsstatut, sondern das Vertragsstatut Anwendung.[179]

113   Bei der Einordnung als Gesellschaft im kollisionsrechtlichen Sinne spielt keine Rolle, ob die Gesellschaft unternehmerische Interessen oder ideelle Zwecke verfolgt.[180]

114   Die Frage, ob es sich bei einem deutschen oder ausländischen Gebilde um eine Gesellschaft im Sinne des deutschen Kollisionsrechts handelt und deshalb das Gesellschaftsstatut und nicht das Vertragsstatut Anwendung findet, ist auf der Grundlage des deutschen Rechts zu beantworten (lex fori-Qualifikation). Aus deutscher Sicht sind daher nicht nur juristische Personen, Personengesellschaften, nicht rechtsfähige Vermögensmassen und sonstige Gebilde, sondern auch die entsprechenden Gebilde ausländischen Rechts einzuordnen.

115   **bb) Die Einordnung bestimmter Gebilde.**
– **BGB-Gesellschaft und sonstige Personengesellschaften.** Im Hinblick auf die kollisionsrechtliche Einordnung von Personengesellschaften, bei denen es sich nicht um Personenhandelsgesellschaften handelt,[181] insbesondere der Gesellschaft bürgerlichen Rechts, ist zu differenzieren. Die gleichen Argumente, die bei Personenhandelsgesellschaften für eine Gleichbehandlung mit Kapitalgesellschaften sprechen, sprechen auch im Falle von sonstigen Personengesellschaften, bei denen es sich um Außengesellschaften handelt, für eine Gleichbehandlung.[182] Das heißt, sie gelten als Gesellschaften im

---

[174] *Lehmann,* RIW 2004, 816.

[175] *Lehmann,* RIW 2004, 816, 821 ff.

[176] Vgl. *Ahrens,* IPRax 1986, 355, 357; insbesondere die Aktiengesellschaft kann als Leitbild der wesentlichen Lehren zum IPR bezeichnet werden, vgl. *Großfeld,* RabelsZ 38 (1974), 344, 366 ff.

[177] Vgl. für viele, MünchKommBGB/*Kindler,* IntGesR Rn. 191; Palandt/*Heldrich,* Anh zu EGBGB 12 Rn. 20; a. A. betreffend Personengesellschaften MünchHdb. GesR I/*Eyles/Schaffelhuber,* § 31 Rn. 76.

[178] Vgl. MünchKommBGB/*Kindler,* IntGesR Rn. 193, 195.

[179] MünchKommBGB/*Kindler,* IntGesR Rn. 195.

[180] Vgl. MünchKommBGB/*Kindler,* IntGesR Rn. 194.

[181] Zu Personenhandelsgesellschaften siehe unten Rn. 123.

[182] A. A. MünchHdb. GesR I/*Eyles/Schaffelhuber,* § 31 Rn. 76.

Sinne des Kollisionsrechts. Personengesellschaften, bei denen es sich um reine Innengesellschaften handelt, sind dagegen anders einzuordnen. In einem solchen Fall gibt es keine nach außen in Erscheinung tretende Organisation. Charakteristisch für reine Innengesellschaften sind vielmehr die vertraglichen Regelungen zwischen den beteiligten Gesellschaftern. Die Einordnung der vertraglichen Regelungen als Gesellschaftsvertrag ist dabei unwesentlich, wie auch ein rechtsvergleichender Blick zeigt. In vielen Rechtsordnungen werden solche Vereinbarungen nicht als Gesellschaften angesehen. Schuldvertragliche Beziehungen, die sich mangels einer nach außen erkennbaren Organisation nicht als Außengesellschaft qualifizieren lassen, unterliegen daher kollisionsrechtlich dem Schuldvertragsstatut. Nach deutschem IPR ist für sie das gemäß Art. 27 EGBGB vereinbarte Recht oder mangels einer Rechtswahl gemäß Art. 28 EGBGB das Recht des Staates anwendbar, zu dem die engsten Bindungen bestehen.[183]

- **Europäische Wirtschaftliche Interessenvereinigung** (EWIV). Für diese gelten **116** Sonderregeln gemäß Art. 2 Abs. 1 der Verordnung (EWG) Nr. 2137/85 des Rates vom 25. 7. 1985 über die Schaffung einer Europäischen Wirtschaftlichen Interessenvereinigung (EWIV).[184]

- **Joint-Venture-Gesellschaften** (Gemeinschaftsunternehmen). Wird bei einem Joint- **117** Venture eine „Projektgesellschaft" gegründet, die eine nach außen hervortretende Organisation hat, findet das Gesellschaftsstatut Anwendung.[185] Hat das Gemeinschaftsunternehmen dagegen keine nach außen hervortretende Organisation, dann findet das Vertragsstatut Anwendung. Das Vertragsstatut gilt außerdem für den Grundlagen- bzw. Joint-Venture-Vertrag.[186]

- Internationale **Konsortien**. Internationale Konsortien haben insbesondere im internatio- **118** nalen Bank- und Finanzierungsgeschäft eine erhebliche Bedeutung. In der Praxis werden diese Konsortien teilweise auf sehr unterschiedliche Weise ausgestaltet. In einigen Fällen handelt es sich um Konsortien, die nur das Rechtsverhältnis ihrer Mitglieder untereinander regeln, jedoch nicht als Konsortien nach außen auftreten (Innenkonsortien). Häufig handelt es sich jedoch auch um Konsortien, die über eine für Dritte erkennbare eigene Organisationsstruktur verfügen und als solche nach außen auftreten (Außenkonsortien). Nach deutschem Sachrecht handelt es sich in beiden Fällen um eine Gesellschaft bürgerlichen Rechts in Form einer Gelegenheitsgesellschaft.[187] Innenkonsortien sind unstreitig reine Innengesellschaften, für die das Schuldvertragsstatut maßgeblich ist.[188]

Dies gilt auch für Kreditkonsortien, den Zusammenschluss von Banken zur gemeinsa- **119** men Finanzierung eines Projektes, sofern diese ausnahmsweise keine nach außen erkennbare Organisation und Vertretung haben; ein Beispiel hierfür ist eine Unterbeteiligung an einem Kreditkonsortium.[189]

Kreditkonsortien sind in der Regel Außenkonsortien. Die Behandlung von Kreditkon- **120** sortien bzw. allgemeiner die Behandlung von Außenkonsortien im Bankbereich ist umstritten und – soweit ersichtlich – noch nicht gerichtlich geklärt. Wendet man die allgemeinen Kriterien des internationalen Gesellschaftsrechts an, sind die Außenkonsortien als Außengesellschaften zu qualifizieren mit der Konsequenz, dass zwingend das Gesellschaftsstatut Anwendung findet und eine von den Konsorten getroffene Rechts-

---

[183] Vgl. MünchKommBGB/*Kindler,* IntGesR Rn. 195; Staudinger/*Großfeld* (1998) IntGesR Rn. 772 f., 777.

[184] ABl. 1985 Nr. L 199/1 ff.; vgl. dazu unten Rn. 878 ff.

[185] *Göthel,* RIW 1999, 566; Staudinger/*Großfeld* (1998) IntGesR Rn. 774, *Ebenroth,* JZ 1987, 265, 266, jeweils m. w. N.

[186] Staudinger/*Großfeld* (1998) IntGesR Rn. 775; *Ebenroth,* JZ 1987, 265, 266; *Zweigert/von Hoffmann,* FS Martin Luther, S. 202, 207.

[187] Vgl. *Ebenroth,* JZ 1986, 731, 735.

[188] Vgl. MünchKommBGB/*Kindler,* IntGesR Rn. 197; *Schücking,* WM 1996, 281, 286.

[189] Vgl. MünchKommBGB/*Kindler,* IntGesR Rn. 200 ff.

wahl ins Leere geht. Dieses Ergebnis wird insbesondere in der Literatur zum Internationalen Gesellschaftsrecht für richtig erachtet.[190] Nach anderer Auffassung ist dagegen eine Rechtswahl durch die Konsorten möglich.[191] Damit soll die tatsächlich geübte Rechtspraxis der Banken gerechtfertigt werden.[192] In der Literatur werden dafür verschiedene Begründungen angeboten. Zum einen wird gegen die Rechtsprechung und ganz überwiegende Meinung in der Literatur[193] die Anwendung des Gesellschaftsstatuts auf Personengesellschaften generell abgelehnt[194] oder zwischen den Außenbeziehungen einer Gesellschaft bürgerlichen Rechts (für die das Gesellschaftsstatut maßgebend sein soll) und den Innenbeziehungen einer Gesellschaft bürgerlichen Rechts (für die das Vertragsstatut maßgebend sein soll) differenziert.[195] Zum anderen wird die Anwendung des Vertragsstatuts mit einer funktionellen bzw. teleologischen Qualifikation der Banken-Konsortien begründet. Demnach soll ein Banken-Konsortium funktionell nicht als Gesellschaft sondern als Vertrag zu qualifizieren sein, wofür auch ein Rechtsvergleich spreche.[196] Ergänzend wird darauf hingewiesen, es bestehe auch von vorneherein kein Bedürfnis, den Konsortialvertrag zwingend dem Recht des Staates zu unterstellen, in dem der Agent oder Konsortialführer seinen effektiven Verwaltungssitz habe, da Kreditkonsortien allein dem Kreditnehmer gegenüber rechtsgeschäftlich tätig werden und insoweit über ein vollständig durchgebildetes vertragliches Haftungsregime verfügen.[197] Die generelle Anwendung des Vertragsstatuts auf die Personengesellschaft und die Differenzierung zwischen dem im Innenverhältnis und im Außenverhältnis anzuwendenden Recht ist mit der herrschenden Meinung abzulehnen. Sofern entgegen der kollisionsrechtlichen Regel die Anwendung des Vertragsstatuts auf Kredit- und sonstige Banken-Konsortien sachgerecht ist, kommt eine Sonderanknüpfung in Betracht. Die bisherige nationale und internationale Bankenpraxis, die funktionelle Betrachtung und der Umstand, dass mit Ausnahme des Kreditnehmers keine Dritte in rechtlichem Kontakt zum Konsortium stehen, sind Argumente, die im Regelfall eines Kreditkonsortiums eine gewohnheitsrechtliche Sonderanknüpfung an das Vertragsstatut rechtfertigen können. Solange eine solche von der höchstrichterlichen Rechtsprechung nicht bestätigt wurde, bleibt jedoch für die Praxis eine erhebliche Unsicherheit.

121 – Ein Emissionskonsortium, der Zusammenschluss von Banken unter der Leitung eines mit Geschäftsführungsbefugnissen und Vertretungsmacht ausgestatteten Konsortialführers zur Übernahme und Platzierung von Wertpapieren, ist als Außengesellschaft zu qualifizieren.[198]

122 – **Nicht rechtsfähige Vereine.** Das Gesellschaftsstatut findet Anwendung.[199]

123 – Nicht rechtsfähige oder teilrechtsfähige **Personenhandelsgesellschaften** (deutschen oder ausländischen Rechts, wie z. B. offene Handelsgesellschaft, Kommanditgesellschaft, Partnership, Limited Partnership). Diese werden kollisionsrechtlich wie rechtsfähige Gesellschaften behandelt.[200] Auch für ihr Innenverhältnis oder gesellschaftsrechtliches

---

[190] Vgl. MünchKommBGB/*Kindler*, IntGesR Rn. 197 ff.; Staudinger/*Großfeld* (1998) IntGesR Rn. 777

[191] MünchHdb. GesR I/*Eyles/Schaffelhuber*, § 31 Rn. 76, die diese Auffassung als „h. M." bezeichnen.

[192] MünchHdb. GesR I/*Eyles/Schaffelhuber*, § 31 Rn. 76; *Schücking*, WM 1996, 281, 286.

[193] Vgl. oben Rn. 111 ff. und 115.

[194] MünchHdb. GesR I/*Eyles/Schaffelhuber*, § 31 Rn. 76.

[195] MünchHdb. GesR I/*Schücking*, § 1 Rn. 31 ff.; *ders.*, WM 1996, 281, 286 f.

[196] *Schücking*, WM 1996, 281, 287 f.

[197] MünchHdb. GesR I/*Eyles/Schaffelhuber*, § 31 Rn. 76.

[198] BGHZ 118, 83, 99 (= NJW 1992, 2222, 2226).

[199] Staudinger/*Großfeld* (1998) IntGesR Rn. 746.

[200] BGH NJW 1967, 36, 38; OLG Frankfurt a. M. IPRax 1986, 373, 374; Staudinger/*Großfeld* (1998) IntGesR Rn. 746; Palandt/*Heldrich*, Anh zu EGBGB 12 Rn. 22; MünchKommBGB/*Kindler*, IntGesR Rn. 192, jeweils m. w. N.; *Ahrens*, IPRax 1986, 355, 357.

Außenverhältnis ist grundsätzlich das Gesellschaftsstatut maßgebend, das nach den gleichen Kriterien wie das Gesellschaftsstatut der juristischen Personen zu bestimmen ist. Aus der fehlenden Rechtsfähigkeit der Personenhandelsgesellschaften ergibt sich kein sachlicher Grund für eine unterschiedliche kollisionsrechtliche Behandlung. Beide Gesellschaftstypen (rechtsfähige und nicht rechtsfähige Gesellschaften) sind vielmehr funktional wesensgleich. Beide entstehen durch Rechtsgeschäft und bilden verselbständigte Organisationseinheiten zur gemeinschaftlichen Erreichung eines bestimmten Zweckes. Hinzu kommt, dass im Falle einer unterschiedlichen Behandlung der rechtsfähigen und nicht rechtsfähigen Gesellschaften erhebliche Abgrenzungsschwierigkeiten entstehen würden, da in einigen Rechtsordnungen, insbesondere dem romanischen Rechtskreis, Personenhandelsgesellschaften rechtsfähig sind.

– **Private Anstalten.** Die Kollisionsnorm des Internationalen Gesellschaftsrecht ist auch auf private Anstalten anwendbar.[201] **124**

– **Stiftungen.** Das Gesellschaftsstatut findet Anwendung.[202] Fremdenrechtliche Sonderregeln gelten gemäß §§ 86 Satz 1 i. V. m. 23 BGB.[203] **125**

– **Stille Gesellschaft** (§ 230 HGB). Für die stille Gesellschaft, eine typische Innengesellschaft, gilt das Vertragsstatut. Mangels einer ausdrücklichen Rechtswahl durch die Parteien findet das Recht des Ortes Anwendung, an welchem der Geschäftszweck hauptsächlich verfolgt wird. Das wird in der Regel die Ort sein, an dem das Unternehmen betrieben wird.[204] **126**

– **Stimmrechtspools.** Stimmrechtspools sind kollisionsrechtlich in der Regel als Innengesellschaft zu qualifizieren. Das Gesellschaftsstatut findet dann keine Anwendung.[205] Über die gesellschaftsrechtliche Zulässigkeit einer Stimmrechtsbindung entscheidet dagegen das Gesellschaftsstatut.[206] **127**

– **Treuhandverhältnisse.** Bei treuhänderisch gehaltenen Gesellschaftsanteilen ist die Stellung als Gesellschafter und die sich daraus ergebenden Rechte und Pflichten von der schuldrechtlichen Treuhandvereinbarung zwischen Treuhänder und Treugeber zu unterscheiden. Für die gesellschaftsrechtliche Stellung ist das Gesellschaftsstatut und für die Treuhandvereinbarung das Vertragsstatut maßgeblich.[207] Haben die Parteien in der Treuhandvereinbarung keine Rechtswahl getroffen, kommt diejenige Rechtsordnung zur Anwendung, mit der der Vertrag die engste Verbindung aufweist (Art. 28 EGBGB). Bei Treuhandverhältnissen über Gesellschaftsanteile wird das im Regelfall das Gesellschaftsstatut der entsprechenden Gesellschaft sein. **128**

– **Vereine.** Das Gesellschaftsstatut findet Anwendung.[208] Fremdenrechtliche Sonderregeln bestehen gemäß § 23 BGB.[209] **129**

– **Vorgesellschaften.** Für Vorgesellschaften mit eigener Organisation, bei denen es sich um Außengesellschaften handelt, ist das Gesellschaftsstatut anzuwenden.[210] **130**

---

[201] Vgl. BGHZ 97, 269, 271; BGH 78, 318, 334; BGH WM 1979, 692, 693; MünchKommBGB/ *Kindler,* IntGesR Rn. 225.

[202] OLG Düsseldorf IPRax 1996, 423 f.; MünchKommBGB/*Kindler,* IntGesR Rn. 226; Staudinger/*Großfeld* (1998) IntGesR Rn. 110.

[203] Vgl. MünchKommBGB/*Kindler,* IntGesR Rn. 535 ff.; Staudinger/*Großfeld* (1998) IntGesR Rn. 111 ff.

[204] Vgl. Staudinger/*Großfeld* (1998) IntGesR Rn. 773 m. w. N.

[205] Vgl. MünchKommBGB/*Kindler,* IntGesR Rn. 207.

[206] Vgl. Staudinger/*Großfeld* (1998) IntGesR Rn. 591.

[207] Vgl. MünchKommBGB/*Kindler,* IntGesR Rn. 222 f.

[208] Staudinger/*Großfeld* (1998) IntGesR Rn. 110; MünchKommBGB/*Kindler,* IntGesR Rn. 226.

[209] Vgl. dazu Staudinger/*Großfeld* (1998) IntGesR Rn. 111 ff.; MünchKommBGB/*Kindler,* IntGesR Rn. 535 ff.

[210] Vgl. Staudinger/*Großfeld* (1998) IntGesR Rn. 746; *Andrae,* IPRax 2001, 98, 109; Einzelheiten hierzu unten Rn. 266 ff.

3. Überblick über sonstige wichtige Kollisionsnormen

131   Nicht alle für Gesellschaften relevante Sachverhalte mit Auslandsberührung sind gesellschaftsrechtlich zu qualifizieren. Auf anders zu qualifizierende Sachverhalte oder Teilaspekte von Sachverhalten findet das Gesellschaftsstatut keine Anwendung. Für die Beantwortung der Frage, welches Sachrecht auf diese Sachverhalte und Teilaspekte Anwendung findet, sind andere Kollisionsnormen maßgeblich.

132   Für einige gesellschaftsrechtlich relevante Sachverhalte ist das Vertragsstatut gemäß Art. 27 und 28 EGBGB maßgeblich. Dies ist z. B. bei Joint-Venture-Verträgen oder Absprachen zur Gründung einer Gesellschaft der Fall. Gleiches gilt nach der Rechtsprechung und der überwiegenden Auffassung für die Vorgründungsgesellschaft.[211]

133   Getrennt anzuknüpfen sind auch einige handelsrechtliche Sachverhalte. So findet z. B. für firmenrechtliche Fragen grundsätzlich das Recht am Ort der gewerblichen Niederlassung (das sogenannte Firmenstatut) Anwendung. Auch an die Kaufmannseigenschaft als Teilfrage verschiedener Normen ist getrennt anzuknüpfen. Überwiegend wird eine Anknüpfung nach dem Wirkungsstatut befürwortet.[212]

134   Von großer Bedeutung sind für viele Gesellschaften auch kapitalmarktrechtliche Vorschriften, vor allem die Mitteilungs- und Veröffentlichungspflichten gemäß §§ 21 ff. WpHG, die Insiderverbote des WpHG und die Regelungen für öffentliche Übernahmeangebote im WpÜG. In der Literatur ist teilweise der Versuch unternommen worden, ein Kapitalmarktkollisionsrecht zu entwickeln.[213] Ein wesentlicher Teil der Untersuchungen in der Literatur beschäftigt sich mit der Frage, ob es eine einheitliche kapitalmarktrechtliche Kollisionsnorm gibt. Nach ganz herrschender Meinung ist das nicht der Fall.[214] Dieses Ergebnis folgt aus dem Umstand, dass unter dem Oberbegriff Kapitalmarktrecht sehr unterschiedliche rechtliche Regelungen zusammengefasst werden, die unterschiedlichen Zwecken dienen. Die für eine einheitliche Kollisionsnorm erforderliche Grundlage ist daher nicht gegeben. Die verschiedenen grenzüberschreitenden kapitalmarktrechtlichen Sachverhalte sind daher kollisionsrechtlich bzw. im Hinblick auf ihren internationalen Anwendungsbereich getrennt zu betrachten.[215]

II. Sonderregeln für Gesellschaften aus EU-Staaten

1. Vorrang EG-rechtlicher Regelungen

135   Kollisionsrechtliche Regelungen in Staatsverträgen haben gemäß Art. 3 Abs. 2 Satz 1 EGBGB Vorrang gegenüber dem autonomen deutschen IPR. (Kollisionsrechtliche) Regelungen in Rechtsakten der Europäischen Gemeinschaften haben Vorrang gegenüber staatsvertraglichen Regelungen und den Regelungen des autonomen deutschen Rechts (Art. 3 Abs. 2 Satz 2 EGBGB).

2. Das gescheiterte „Übereinkommen über die gegenseitige Anerkennung von Gesellschaften und juristischen Personen" vom 29. 2. 1968

136   Am 29. 2. 1968 haben die damaligen sechs Mitgliedstaaten der Europäischen Wirtschaftsgemeinschaft (Belgien, Deutschland, Frankreich, Italien, Luxemburg und die Niederlande) das „Übereinkommen über die gegenseitige Anerkennung von Gesellschaften

---

[211] Vgl. Rn. 264f.

[212] Vgl. unten Rn. 572 ff.

[213] Vgl. z. B. *Zimmer*, Internationales Gesellschaftsrecht, S. 45 ff.

[214] Vgl. *Zimmer*, Internationales Gesellschaftsrecht, S. 45; MünchKommBGB/*Kindler*, IntGesR Rn. 63 ff., jeweils m. w. N.

[215] Vgl. dazu unten Rn. 583 ff.

und juristischen Personen" unterzeichnet.[216] Da die Niederlande das Übereinkommen nicht ratifizierte, ist es nicht in Kraft getreten. Mit den seit der Unterzeichnung des Übereinkommens beigetretenen neuen Mitgliedstaaten der Gemeinschaft sind Verhandlungen über einen Beitritt zu diesem Übereinkommen nicht geführt worden. Mit einem Inkrafttreten des Übereinkommens ist daher nicht mehr zu rechnen. Das Übereinkommen gilt als gescheitert.

Inhaltlich ist das Übereinkommen nach wie vor interessant, da versucht wurde, die **137** Gründungs- mit der Sitztheorie zu kombinieren. Ausgangspunkt des Übereinkommens ist die Gründungstheorie (Art. 1, 2 und 6). Diese gilt gemäß Art. 6 des Übereinkommens jedoch nur für die Rechts-, Geschäfts- und Handlungsfähigkeit der Gesellschaften. Vertragsstaaten des Übereinkommens, die der Sitztheorie folgen, müssen im Hinblick auf Gesellschaften, die ihren Sitz auf dem Gebiet dieses Vertragsstaates haben, den in Art. 6 niedergelegten beschränkten Anwendungsbereich der Gründungstheorie nicht akzeptieren. Art. 4 eröffnet jedem Vertragsstaat das Recht, die von ihm als zwingend angesehenen Vorschriften seines eigenen Rechts auf alle Gesellschaften anzuwenden, die zwar nach dem Recht eines anderen Vertragsstaates gegründet worden sind, ihren tatsächlichen Sitz aber in seinem Hoheitsgebiet haben. Aus dieser Konzeption des Übereinkommens ergeben sich Fragen und Schwierigkeiten, die in der Literatur überwiegend für unlösbar erachtet werden.[217]

Der deutsche Gesetzgeber hat in seinem Zustimmungsgesetz zum Übereinkommen **138** vom 18. 5. 1972[218] den Vorbehalt gemäß Art. 4 des Übereinkommens erklärt (Art. 2 Abs. 2 Satz 1 des Zustimmungsgesetzes). Damit hat sich der deutsche Gesetzgeber eindeutig zur Sitztheorie bekannt.

3. Regelung der Niederlassungsfreiheit für Gesellschaften im EG-Vertrag

Für alle Staatsangehörigen eines Mitgliedstaates der EG gilt gemäß Art. 43 Abs. 1 EG **139** (EG-Vertrag in der Fassung vom 2. 10. 1997) gemeinschaftsweit die Niederlassungsfreiheit. Den Mitgliedstaaten sind jegliche Beschränkungen der Niederlassungsfreiheit verboten. Art. 48 EG erstreckt die Niederlassungsfreiheit auf Gesellschaften, soweit diese nach dem Recht eines Mitgliedstaates gegründet sind und ihren satzungsmäßigen Sitz, ihre Hauptverwaltung oder ihre Hauptniederlassung innerhalb der Gemeinschaft haben. Diese Niederlassungsfreiheit genießen gemäß Art. 48 Satz 2 EG auch alle „Gesellschaften des bürgerlichen Rechts und des Handelsrechts einschließlich der Genossenschaften und die sonstigen juristischen Personen des öffentlichen und privaten Rechts mit Ausnahme derjenigen, die keinen Erwerbszweck verfolgen."

Art. 43 Abs. 2 EG enthält ergänzend das grundsätzliche Verbot der Diskriminierung **140** von Personen anderer Mitgliedstaaten. Aufgrund dieses Inländergleichbehandlungsgrundsatzes dürfen die Mitgliedstaaten der EG an die Ausländereigenschaft von EG-Bürgern oder europäischen Gesellschaften keinen nachteiligen Rechtsfolgen anknüpfen. Ausnahmen hierzu sind nur aufgrund von Art. 46 Abs. 1 EG möglich. Nach dieser Vorschrift sind nationale Rechts- und Verwaltungsvorschriften zulässig, die eine Sonderregelung für Ausländer vorsehen und aus Gründen der öffentlichen Ordnung, Sicherheit oder Gesundheit gerechtfertigt sind.

In der Literatur war bis zur Entscheidung des Europäischen Gerichtshofs in Sachen **141** „Überseering" vom 5. 11. 2002[219] heftig umstritten, ob die Sitzanknüpfung mit der Nie-

---

[216] BGBl. 1972 II, 370.

[217] Vgl. Staudinger/*Großfeld*, 12. Aufl. 1984, Rn. 98; MünchKommBGB/*Kindler*, IntGesR Rn. 42.

[218] Deutsches Zustimmungsgesetz vom 18. 5. 1972, BGBl. 1972 II, 369.

[219] EuGH EuZW 2003, 687 – Überseering (= NZG 2003, 1064; in wesentlichen Teilen auch abgedruckt in NJW 2003, 3331).

derlassungsfreiheit vereinbar ist.[220] Durch die Rechtsprechung des EuGH ist inzwischen geklärt, dass zumindest einige Rechtsfolgen einer Sitzanknüpfung mit der Niederlassungsfreiheit unvereinbar sind. Welche Konsequenzen aus den jüngsten Entscheidungen des EuGH zu ziehen sind und insbesondere die Frage, ob sich daraus die Notwendigkeit ergibt, im Anwendungsbereich der EU-Niederlassungsfreiheit die Sitztheorie generell aufzugeben, ist nach wie vor unklar und umstritten.

142   Nach der bisherigen Rechtsprechung des EuGH ist nicht zu erwarten, dass er diese Frage generell beantworten wird. Der EuGH wird über weitere einzelne grenzüberschreitende gesellschaftsrechtliche Sachverhalte und die Vereinbarkeit weiterer konkreter Rechtsfolgen der Sitztheorie mit der Niederlassungsfreiheit zu entscheiden haben. Er wird dies aber voraussichtlich nicht zum Anlass nehmen, generelle Aussagen zur europarechtlichen Zulässigkeit der Sitztheorie zu treffen. Ein umfassendes Bild über die letztlich maßgebliche Rechtsauffassung des EuGH zur europarechtlichen Zulässigkeit der Sitztheorie und ihrer Rechtsfolgen wird sich daher möglicherweise erst im Laufe der nächsten Jahre oder sogar Jahrzehnte ergeben. Solange der EuGH über die grundsätzliche Zulässigkeit und die einzelnen Rechtsfolgen der Sitztheorie noch nicht entschieden hat, werden sich Aussagen über deren voraussichtliche Zulässigkeit nur aufgrund einer detaillierten Analyse der bisherigen Rechtsprechung des EuGH treffen lassen.

4. Rechtsprechung des EuGH zur Niederlassungsfreiheit der Gesellschaften

143   Der EuGH, der die Kompetenz hat, die Frage der Vereinbarkeit der Sitztheorie mit der Niederlassungsfreiheit verbindlich zu entscheiden, hat eine solche Entscheidung bisher nicht getroffen. Einige Entscheidungen des EuGH enthalten aber zumindest mittelbar Aussagen zur Zulässigkeit der Sitztheorie. Dabei handelt es sich insbesondere um die Daily Mail-Entscheidung vom 27. 9. 1988,[221] die Centros-Entscheidung vom 9. 3. 1999,[222] die Überseering-Entscheidung vom 5. 11. 2002[223] und die Inspire Art-Entscheidung vom 30. 9. 2003.[224]

a) Die Daily Mail-Entscheidung des EuGH vom 27. 9. 1988

144   Dieser Entscheidung lag zusammengefasst folgender Sachverhalt zugrunde: Eine englische Investmentholdinggesellschaft beabsichtigte aus Steuergründen, ihren Sitz in die Niederlande zu verlegen. Nach dem Einkommen- und Körperschaftsteuergesetz 1970 des Vereinigten Königreichs war dazu die Zustimmung des Finanzministeriums erforderlich. Konsequenz der Sitzverlegung der Gesellschaft wäre ein erheblicher Steuerverlust für den Fiskus des Vereinigten Königreichs gewesen. Zwischen den englischen Steuerbehörden und der Gesellschaft kam es daher zu einem ausgedehnten Schriftwechsel und Verhand-

---

[220] Vgl. zum Meinungsstand nach der Centros-Entscheidung des EuGH vom 9. 3. 1999: BGH EuZW 2000, 412 ff.; *Behrens,* IPRax 1999, 323 f.; *Borges,* RIW 2000, 167, 175 ff.; *ders.,* NZG 2000, 106 f.; *Bungert,* DB 1999, 1841 ff.; *Ebke,* JZ 1999, 656 ff.; *Forsthoff,* DB 2000, 1109 ff.; *ders.,* EuR 2000, 167 ff.; *Geyrhalter,* EWS 1999, 201, 202 f.; *Hoor,* NZG 1999, 984 ff.; *Kindler,* RIW 2000, 649 ff.; *ders.,* NJW 1999, 1993, 1996 ff.; *ders.,* Gesellschaftsrecht in der Diskussion 1999, S. 87, 88 ff.; *Roth,* ZGR 2000, 311, 328 f.; *Sonnenberger/Großerichter,* RIW 1999, 721 ff.; *Timme/Hülk,* JuS 1999, 1055 ff.; *Zimmer,* BB 2000, 1361, 1364 ff.; in der Literatur wurde auch schon vor der Centros-Entscheidung des EuGH vertreten, die Sitztheorie sei mit dem EG-Vertrag bzw. dem EWG-Vertrag unvereinbar, vgl. z. B. *Meilicke,* RIW 1990, 449 ff.

[221] EuGHE 1988, 5505 – Daily Mail (= NJW 1989, 2186).

[222] EuGHE 1999, 1484 – Centros (= NJW 1999, 2027).

[223] EuGHE 2002, 9943 – Überseering (= NZG 2002, 1164; in wesentlichen Teilen auch abgedruckt in NJW 2002, 3614).

[224] EuZW 2003, 687 – Inspire Art (= NZG 2003, 1064; in wesentlichen Teilen auch abgedruckt in NJW 2003, 3331).

lungen. Eine einverständliche Lösung kam während eines Zeitraums von über zwei Jahren nicht zustande. Die Gesellschaft klagte daher vor den englischen Gerichten (im Wesentlichen) auf Feststellung, dass sie nach Art. 52 EWG-Vertrag (Art. 43 EG) berechtigt sei, ihren Sitz ohne die Zustimmung des Finanzministeriums in die Niederlande zu verlegen, oder, hilfsweise, dass sie nach Art. 52 EWG-Vertrag Anspruch auf die unbedingte Zustimmung des Finanzministeriums habe. Das angerufene Gericht legte dem Europäischen Gerichtshof mehrere Fragen zur Vorabentscheidung vor. Insbesondere wurde der EuGH gefragt, ob es einem Mitgliedstaat durch die Art. 52–58 EWG-Vertrag (Art. 43–48 EG) verwehrt sei, einer juristischen Person, die ihre Geschäftsleitung in diesem Mitgliedstaat hat, zu verbieten, diese ohne vorherige Zustimmung in einen anderen Mitgliedstaat zu verlegen.

Der EuGH führte in seiner Entscheidung aus, dass es „hinsichtlich dessen, was für die **145** Gründung einer Gesellschaft an Verknüpfung mit dem nationalen Gebiet erforderlich ist" und der nachträglichen Änderungen „dieser Verknüpfung" erhebliche Unterschiede im Recht der verschiedenen Mitgliedstaaten gebe. „In einigen Staaten muss nicht nur der satzungsmäßige, sondern auch der wahre Sitz, also die Hauptverwaltung der Gesellschaft, im Hoheitsgebiet liegen; die Verlegung der Geschäftsleitung aus diesem Gebiet setzt somit die Liquidierung der Gesellschaft mit allen Folgen voraus, die eine solche Liquidierung auf Gesellschafts- und steuerlichem Gebiet mit sich bringt."[225] Der EWG-Vertrag, so der EuGH, trage diesen Unterschieden im nationalen Recht Rechnung. „Bei der Definition der Gesellschaften, denen die Niederlassungsfreiheit zugute kommt (Art. 58 EWG-Vertrag), werden der satzungsmäßige Sitz, die Hauptverwaltung und die Hauptniederlassung einer Gesellschaft als Anknüpfung gleich geachtet." Soweit erforderlich, sei daher in Art. 220 EWG-Vertrag (Art. 293 EG) der Abschluss von Übereinkommen vorgesehen, „um unter anderem die Beibehaltung der Rechtspersönlichkeit bei Verlegung des Sitzes von einem Mitgliedstaat in einen anderen sicherzustellen". Ein solches Abkommen sei bislang nicht in Kraft getreten.[226] Daraus hat der EuGH die Schlussfolgerung gezogen, „dass die Art. 52 und 58 EWG-Vertrag beim derzeitigen Stand des Gemeinschaftsrechts einer Gesellschaft, die nach dem Recht eines Mitgliedstaates gegründet ist und in diesem ihren satzungsmäßigen Sitz hat, nicht das Recht gewähren, den Sitz ihrer Geschäftsleitung in einen anderen Mitgliedstaat zu verlegen".[227]

Nach überwiegender Ansicht in der Literatur war dieses Urteil über die Zulässigkeit **146** steuerlicher Wegzugsschranken hinaus auch für das internationale Gesellschaftsrecht maßgeblich.[228] Diese Auffassung wird auch durch die zitierten Passagen des Urteils bestätigt. Die entscheidenden Aussagen des Urteils beschränken sich nicht auf Aussagen zur Zulässigkeit steuerlicher Wegzugsschranken, sondern sind vielmehr umfassender formuliert. Der Daily Mail-Entscheidung ist daher zu entnehmen, dass der EuGH nach dem damaligen „Stand des Gemeinschaftsrechts" die Sitztheorie bzw. die sich aus der Sitztheorie ergebenden Rechtsfolgen mit der Niederlassungsfreiheit für vereinbar gehalten hat.[229]

Einige weitere Urteile des EuGH, die nach der Daily Mail-Entscheidung ergingen, **147** gelten als mittelbare Bestätigung dieser Rechtsauffassung.[230]

Diese Rechtsprechung wurde durch die Centros-Entscheidung des EuGH in Frage ge- **148** stellt.

---

[225] EuGHE 1988, 5505, 5511 – Daily Mail, Rn. 20.
[226] EuGHE 1988, 5505, 5512 – Daily Mail, Rn. 21.
[227] EuGHE 1988, 5505, 5512 – Daily Mail, Rn. 25.
[228] Vgl. z.B. *Sandrock/Austmann,* RIW 1989, 249; *Großfeld/König,* RIW 1992, 433, 434; *Sack,* JuS 1990, 352.
[229] Vgl. *Großfeld/König,* RIW 1992, 433, 434 f.
[230] „Faktortame II"-Urteil vom 25. 7. 1991, EuGHE 1991, 3956; „VT4 Limited"-Entscheidung vom 5. 6. 1997, EuGHE 1997 I, 3159.

b) Die Centros-Entscheidung des EuGH vom 9. 3. 1999

149   Der Entscheidung[231] lag folgender Sachverhalt zugrunde: Alle Anteile an der nach dem Recht von England und Wales gegründeten Centros Limited, einer *private limited company*, wurden kurz nach ihrer Gründung von einem dänischen Ehepaar mit Wohnsitz in Dänemark erworben. Das Gesellschaftskapital der Centros Limited betrug GBP 100 und wurde nicht eingezahlt. Die Centros Limited hatte ihren Sitz im Vereinigten Königreich unter der Adresse eines Freundes der dänischen Gesellschafter. Die Centros Limited hatte zum Zeitpunkt der Entscheidung seit ihrer Errichtung keine Geschäftstätigkeit entfaltet. Einer der dänischen Gesellschafter, gleichzeitig *director* der Centros Limited, beantragte bei der zuständigen dänischen Behörde die Eintragung einer dänischen Zweigniederlassung der Centros Limited. Die dänische Behörde lehnte die Eintragung ab. Sie begründete die Ablehnung wie folgt: Die Centros Limited, die seit ihrer Errichtung keine Geschäftstätigkeit im Vereinigten Königreich entfaltet habe, beabsichtige unter Umgehung der nationalen dänischen Vorschriften, insbesondere über die Einzahlung eines Mindestgesellschaftskapitals von DKK 200000, in Wirklichkeit, in Dänemark nicht eine Zweigniederlassung, sondern einen Hauptsitz zu errichten. Das mit der Entscheidung befasste dänische Gericht erster Instanz schloss sich der Auffassung der dänischen Verwaltung an. Das dänische Gericht zweiter Instanz legte dem EuGH zur Vorabentscheidung folgende Frage vor: „Ist es mit Art. 52 i.V.m. den Art. 56 und 58 EG-Vertrag vereinbar, die Eintragung einer Zweigniederlassung einer Gesellschaft, die ihren Sitz in einem anderen Mitgliedstaat hat und mit einem Gesellschaftskapital von GBP 100 (etwa DKK 1000) nach dem Recht dieses Mitgliedstaates rechtmäßig errichtet worden ist und besteht, abzulehnen, wenn die Gesellschaft selbst keine Geschäftstätigkeit betreibt, die Zweigniederlassung aber in der Absicht errichtet wird, die gesamte Geschäftstätigkeit in dem Land zu betreiben, in dem die Zweigniederlassung errichtet wird, und wenn davon auszugehen ist, dass dieses Vorgehen statt der Errichtung einer Gesellschaft im letztgenannten Mitgliedstaat gewählt wurde, um die Einzahlung eines Mindestgesellschaftskapitals von DKK 200000 zu vermeiden?"

150   Der EuGH hat entschieden, es könne für sich allein keine missbräuchliche Ausnützung der Niederlassungsrecht darstellen, wenn ein Staatsangehöriger eines Mitgliedstaates, der eine Gesellschaft gründen möchte, diese in dem Mitgliedstaat errichtet, dessen gesellschaftsrechtliche Vorschriften ihm die größte Freiheit lassen, und in anderen Mitgliedstaaten Zweigniederlassungen gründet. „Das Recht, eine Gesellschaft nach dem Recht eines Mitgliedstaats zu errichten und in anderen Mitgliedstaaten Zweigniederlassungen zu gründen", folge unmittelbar aus der vom EG-Vertrag gewährleisteten Niederlassungsfreiheit.[232] Dass das Gesellschaftsrecht in der Gemeinschaft noch nicht voll harmonisiert ist, sei in diesem Zusammenhang unerheblich.[233] Der EuGH hat daher im Ergebnis die ihm vorgelegte Frage wie folgt beantwortet: „Ein Mitgliedstaat, der die Eintragung der Zweigniederlassung einer Gesellschaft verweigert, die in einem anderen Mitgliedstaat, in dem sie ihren Sitz hat, rechtmäßig errichtet worden ist, aber keine Geschäftstätigkeit entfaltet, verstößt gegen Art. 52 und 58 EG-Vertrag. Dies gilt auch, wenn die Zweigniederlassung es der Gesellschaft ermöglichen soll, ihre gesamte Geschäftstätigkeit in dem Staat auszuüben, in dem diese Zweigniederlassung errichtet wird, ohne dort eine Gesellschaft zu errichten, und damit das dortige Recht über die Errichtung von Gesellschaften zu umgehen, das höhere Anforderungen an die Einzahlung des Mindestgesellschaftskapitals stellt."[234] Ergänzend fügt der EuGH in seiner Antwort auf die Vorlagefrage hinzu, damit sei jedoch nicht ausgeschlossen, dass die Behörden des betreffenden Mitgliedstaates alle

---

[231] EuGHE 1999, 1484 – Centros (= NJW 1999, 2027).
[232] EuGHE 1999, 1484, 1493 – Centros, Rn. 27.
[233] EuGHE 1999, 1484, 1493 – Centros, Rn. 28.
[234] EuGHE 1999, 1484, 1497 – Centros, Tenor Satz 1.

geeigneten Maßnahmen treffen können, um Betrügereien zu verhindern oder zu verfolgen.[235]

In der deutschen Literatur war heftig umstritten, welche Konsequenzen sich aus der **151** Centros-Entscheidung für die Vereinbarkeit der Sitztheorie mit der Niederlassungsfreiheit ergeben.[236]

Teilweise wurde die Ansicht vertreten, die Sitztheorie sei auf der Grundlage der **152** Centros-Entscheidung nicht (mehr) mit dem EG-Vertrag vereinbar und sei daher als maßgebliches Kriterium vom deutschen Gesetzgeber oder den deutschen Gerichten aufzugeben. Ein anderer Teil der Literatur war dagegen völlig anderer Auffassung. Für die Sitztheorie sei die Centros-Entscheidung ohne Bedeutung.[237] Der EuGH habe nur entschieden, dass eine Zweigniederlassung einer ausländischen Briefkastengesellschaft einzutragen sei.[238] Diese Literaturmeinung verwies insbesondere auf den Wortlaut von Art. 48 Abs. 1 EG (EG-Vertrag in der Fassung vom 2. 10. 1997). Nach dieser Bestimmung sind Gesellschaften natürlichen Personen gleichzustellen, sofern sie nach dem Recht eines Mitgliedstaates gegründet sind und ihren statutarischen Sitz, ihre Hauptverwaltung oder ihre Hauptniederlassung innerhalb der Gemeinschaft haben. Damit akzeptiere der EG-Vertrag, dass die Kollisionsrechte der Mitgliedstaaten entweder der Gründungstheorie oder der Sitztheorie folgen. Ergänzend wurde darauf hingewiesen, dass Dänemark (im Hinblick auf Kapitalgesellschaften) der Gründungstheorie folgt und schon deshalb unbeantwortet geblieben sei, ob und in welcher Weise die Centros-Entscheidung auch für Staaten, die der Sitztheorie folgen, von Bedeutung ist.

c) Die Überseering-Entscheidung des EuGH vom 5. 11. 2002

Nach der Centros-Entscheidung des EuGH hatte der BGH zu entscheiden, ob eine **153** nach dem Recht der Niederlande gegründete Gesellschaft, die ihren tatsächlichen Verwaltungssitz nach Deutschland verlegt hatte, in Deutschland rechts- und parteifähig ist.

Der vom Berufungsgericht festgestellte Sachverhalt lässt sich wie folgt zusammenfas- **154** sen:[239] Die nach dem Recht der Niederlande gegründete Überseering B.V. war Eigentümerin eines Garagengebäudes und Motels in Düsseldorf und hatte die Nordic Construction Company Baumanagement GmbH mit der Sanierung dieser Gebäude beauftragt. Nach Auffassung der Überseering B.V. führte die NCC GmbH diese Arbeiten mangelhaft aus. Die Überseering B.V. klagte daher gegen die NCC GmbH vor dem Landgericht Düsseldorf auf Ersatz von Kosten zur Beseitigung der Mängel. Die beiden Geschäftsführer und alleinigen Gesellschafter der Überseering B.V. waren deutsche Staatsangehörige, welche ihre Gesellschaftsanteile an der Überseering B.V. im Jahr 1994 von einer niederländischen Gesellschaft erworben hatten. Sie hatten ihren Wohnsitz stets in der Bundesrepublik Deutschland. Als ladungsfähige Anschrift gaben sie eine Adresse in Düsseldorf an. Bei der in den Niederlanden angegebenen Anschrift handelte es sich gleichzeitig um die Anschrift

---

[235] EuGHE 1999, 1484, 1497 – Centros, Tenor Satz 2.

[236] Vgl. *Altmeppen,* DStR 2000, 1061 ff.; *Behrens,* IPRax 1999, 323 ff.; *Borges,* RIW 2000, 167 ff.; *ders.,* NZG 2000, 106 ff.; *Bungert,* DB 1999, 1841 ff.; *Cascante,* RIW 1999, 450 f.; *Sedemund/Hausmann,* BB 1999, 810 ff.; *Ebke,* JZ 1999, 656 ff.; *Fock,* RIW 2000, 42, 43 ff.; *Forsthoff,* DB 2000, 1109 ff.; *ders., EuR* 2000, 167 ff.; *Geyrhalter,* EWS 1999. 201 ff.; *Höfling,* DB 1999, 1206 ff.; *Hoor,* NZG 1999, 984 ff.; *Kiem* in Gesellschaftsrecht in der Diskussion 1999, S. 199 ff.; *Kieninger,* ZGR 1999, 724 ff.; *Kindler,* RIW 2000, 649 ff.; *ders.,* NJW 1999, 1993 ff.; *ders.,* Gesellschaftsrecht in der Diskussion 1999, S. 87 ff.; *Koblenzer,* EWS 1999, 418 ff.; *Luttermann,* ZEuP 2000, 907 ff.; *Meilicke,* GmbHR 2000, 693 ff.; *Puszkajler,* IPRax 2000, 79 ff.; *Roth,* ZGR 2000, 311 ff.; *ders.,* ZIP 1999, 861 ff.; *Sonnenberger/Großerichter,* RIW 1999, 721 ff.; *Steindorff,* JZ 1999, 1140 ff.; *Timme/Hülk,* JuS 1999, 1055 ff.; *Zimmer,* ZHR 164 (2000) 23 ff.; *ders.;* BB 2000, 1361 ff., jeweils m.w.N.; weitere Literaturhinweise auch bei *Dubovizkaja,* GmbHR 2003, 694 Fn. 5.

[237] So z.B. *Palandt/Heldrich,* 61. Aufl. 2002, Anh zu Art. 12 EGBGB Rn. 2.

[238] So z.B. MünchKommBGB/*Kindler,* IntGesR Rn. 368.

[239] Vgl. OLG Düsseldorf JZ 2000, 203 (= NZG 2000, 926).

einer Wirtschaftsprüfungsgesellschaft, die sich auch unter der für die Überseering B. V. beim niederländische Handelsregister hinterlegten Telefonnummer meldete. Diese niederländische Wirtschaftsprüfungsgesellschaft gehörte zum gleichen Verbund wie die Steuerberaterin der Gesellschafter und Geschäftsführer der Überseering B. V. in Deutschland.

155   Beide Vorinstanzen hatten die Klage der Überseering B. V. als unzulässig abgewiesen und zur Begründung ausgeführt, die Überseering B. V. sei als Gesellschaft niederländischen Rechts mit Sitz in Deutschland nicht rechts- und parteifähig.[240] Dieses Ergebnis entsprach der damaligen ständigen Rechtsprechung auf der Grundlage der Sitztheorie. Der BGH beschloss am 30. 3. 2000 die aus seiner Sicht entscheidungserheblichen Fragen dem EuGH zur Vorabentscheidung vorzulegen.[241] Der BGH nahm in seinem Beschluss Bezug auf die Centros-Entscheidung des EuGH und den Streit in der Literatur, ob der EuGH damit eine Abkehr von den Grundsätzen der Daily Mail-Entscheidung vollzogen habe. Der BGH gab zu erkennen, dass er erwäge „beim derzeitigen Stand des Gemeinschaftsrechts und des Gesellschaftsrechts innerhalb der Europäischen Union, an der" bisherigen „Rechtsprechung des BGH festzuhalten".[242] Da er der Rechtsprechung des EuGH nicht eindeutig entnehmen könne, ob die „Niederlassungsfreiheit für Gesellschaften der Anknüpfung an deren tatsächlichen Verwaltungssitz entgegensteht", stellte er dem EuGH folgende Fragen:

156   „1. Sind Artikel 43 und Artikel 48 EG dahin auszulegen, dass es im Widerspruch zur Niederlassungsfreiheit für Gesellschaften steht, wenn die Rechtsfähigkeit und die Parteifähigkeit einer Gesellschaft, die nach dem Recht eines Mitgliedstaates wirksam gegründet worden ist, nach dem Recht des Staates beurteilt werden, in den die Gesellschaft ihren tatsächlichen Verwaltungssitz verlegt hat, und wenn sich aus dessen Recht ergibt, dass sie vertraglich begründete Ansprüche dort nicht mehr gerichtlich geltend machen kann?

2. Sollte der EuGH diese Fragen bejahen: Gebietet es die Niederlassungsfreiheit für Gesellschaften (Art. 43 und Art. 48 EG), die Rechtsfähigkeit und die Parteifähigkeit nach dem Recht des Gründungsstaates zu beurteilen?"

157   Auf die ihm vom Bundesgerichtshof vorgelegten Fragen hat der EuGH in seinem Urteil vom 5. 11. 2002[243] für Recht erkannt:

158   „1. Es verstößt gegen die Art. 43 EG und 48 EG, wenn einer Gesellschaft, die nach dem Recht des Mitgliedstaats, in dessen Hoheitsgebiet sie ihren satzungsmäßigen Sitz hat, gegründet worden ist und von der nach dem Recht eines anderen Mitgliedstaats angenommen wird, dass sie ihren tatsächlichen Verwaltungssitz dorthin verlegt hat, in diesem Mitgliedstaat die Rechtsfähigkeit und damit die Parteifähigkeit vor seinen nationalen Gerichten für das Geltendmachen von Ansprüchen aus einem Vertrag mit einer in diesem Mitgliedstaat ansässigen Gesellschaft abgesprochen wird.

2. Macht eine Gesellschaft, die nach dem Recht des Mitgliedstaats gegründet worden ist, in dessen Hoheitsgebiet sie ihren satzungsmäßigen Sitz hat, in einem anderen Mitgliedstaat von ihrer Niederlassungsfreiheit Gebrauch, so ist dieser andere Mitgliedstaat nach den Art. 43 EG und 48 EG verpflichtet, die Rechtsfähigkeit und damit die Parteifähigkeit zu achten, die diese Gesellschaft nach dem Recht ihres Gründungsstaats besitzt."

159   Der EuGH entschied, dass sich die Gesellschaft Überseering B. V. auf die Niederlassungsfreiheit des EG-Vertrags berufen kann,[244] und dass das deutsche Recht, welches der Gesellschaft letztlich keine andere Wahl lasse, als sich in Deutschland neu zu gründen,

---

[240] Vgl. OLG Düsseldorf JZ 2000, 203 (= NZG 2000, 926) mit Anmerkung *Ebke,* JZ 2000, 203 ff.

[241] BGH EuZW 2000, 412; vgl. dazu *Altmeppen,* DStR 2000, 1061 ff.; *Forsthoff,* DB 2000, 1109 ff.; *Jaeger,* NZG 2000, 918 ff.; *Meilicke,* GmbHR 2000, 693 ff.; *Roth,* ZIP 2000, 1597 ff.; *ders.,* EWiR 2000, 793 f.; *Luttermann,* EWS 2000, 374 ff.

[242] BGH EuZW 2000, 412, 413.

[243] EuGHE 2002, 9943 – Überseering (= NZG 2002, 1164; in wesentlichen Teilen auch abgedruckt in NJW 2002, 3614); die Schlussanträge des Generalanwalts vom 4. 12. 2001 sind abgedruckt in NZG 2002, 16 und ZIP 2002, 75.

[244] EuGHE 2002, 9943, 9969 – Überseering, Rn. 76.

wenn sie vor einem deutschen Gericht Ansprüche aus einem Vertrag geltend machen möchte, die Niederlassungsfreiheit beschränke,[245] und dass es für diese Beschränkung keine Rechtfertigung gebe.[246] Es lasse sich nicht ausschließen, dass zwingende Gründe des Gemeinwohls, wie der Schutz der Interessen der Gläubiger, der Minderheitsgesellschafter, der Arbeitnehmer oder auch des Fiskus, unter bestimmten Umständen und Voraussetzungen Beschränkungen der Niederlassungsfreiheit rechtfertigen können.[247] Solche Ziele könnten es jedoch nicht rechtfertigen, dass einer Gesellschaft, die in einem anderen Mitgliedstaat ordnungsgemäß gegründet worden ist und dort ihren satzungsmäßigen Sitz hat, die Rechtsfähigkeit und damit die Parteifähigkeit abgesprochen werde. Eine solche Maßnahme komme nämlich der Negierung der den Gesellschaften in den Art. 43 EG und 48 EG zuerkannten Niederlassungsfreiheit gleich.[248]

Auch diese Entscheidung und ihre Konsequenzen sind in der Literatur vielfach disku- **160** tiert worden.[249]

d) Die Inspire Art-Entscheidung des EuGH vom 30. 9. 2003

Im Fall Inspire Art ging es um die nach englischem Recht gegründete Inspire Art Ltd. **161** Inspire Art Ltd. hatte ihren satzungsmäßigen Sitz in Folkstone, Großbritannien, entfaltete ihre Geschäftstätigkeit ausschließlich in den Niederlanden und hatte auch nicht beabsichtigt, in Großbritannien eine Geschäftstätigkeit aufzunehmen. Die Inspire Art Ltd. beantragte die Eintragung einer Zweigniederlassung in den Niederlanden. Ein niederländisches Gesetz über sogenannte formal ausländische Gesellschaften vom 17. 12. 1997 *(Wet op de formeel buitenlandse vennootschappen, WFBV)* verlangte, dass formal ausländische Gesellschaften bzw. deren Zweigniederlassungen in den Niederlanden mit einem entsprechenden Zusatz in das niederländische Handelsregister eingetragen werden. Das WFBV ordnete außerdem an, dass für formal ausländische Gesellschaften (nachteilige) Sonderregeln gelten: Formal ausländische Gesellschaften mussten auf allen ihren Schriftstücken darauf hinweisen, dass es sich um eine formal ausländische Gesellschaft handelt, mussten ein Mindestkapital von EUR 18 000 haben und besondere Pflichten bei der Erstellung, Gestaltung und Offenlegung ihrer Jahresabschlüsse und Jahresberichte beachten. Für den Fall der Nichtbeachtung enthielt das WFBV Sanktionen. Insbesondere hafteten die Geschäftsführer neben der Gesellschaft als Gesamtschuldner für die im Namen der Gesellschaft vorgenommenen Rechtshandlungen, solange die Verpflichtung zur Eintragung in das Handelsregister nicht erfüllt war. Ein Teil der Vorschriften des WFBV (die Bestimmungen über das Mindestkapital und die Verpflichtungen hinsichtlich der Buchführung und der Jahresabschlüsse und Jahresberichte) galten nicht für Gesellschaften, die dem Recht eines Mitgliedstaates oder eines EWG-Staats unterlagen und unter die Zweite[250] bzw. Vierte[251] und die Siebente[252] Richtlinie fielen.

---

[245] EuGHE 2002, 9943, 9970 f. – Überseering, Rn. 79 ff.

[246] EuGHE 2002, 9943, 9971 ff. – Überseering, Rn. 83 ff., 93.

[247] EuGHE 2002, 9943, 9974 – Überseering, Rn. 92.

[248] EuGHE 2002, 9943, 9974 – Überseering, Rn. 93.

[249] *Behrens,* IPRax 2003, 193 ff.; *Ebke,* JZ 2003, 927 ff.; *Dubovizkaja,* GmbHR 2003, 694 ff.; *Forsthoff,* DB 2002, 2471 ff.; *Geyrhalter/Gänßler,* NZG 2003, 409 ff.; *Großerichter,* DStR 2003, 159 ff.; *Halbhuber,* ZEuP 2003, 418 ff.; *Kallmeyer,* DB 2002, 2521 f.; *Kersting,* NZG 2003, 9 ff.; *Kindler,* NJW 2003, 1073 ff.; *Knapp,* DNotZ 2003, 85 ff.; *Leible/Hoffmann,* ZIP 2003, 925 ff.; *dies.;* RIW 2002, 925 ff.; *Neye,* EWiR 2002, 1003 f.; *Eidenmüller,* ZIP 2002, 2233 ff.; *Paefgen,* WM 2003, 561 ff.; *ders.,* DB 2003, 487 ff.; *Rehberg,* 2003, 175 ff.; *Roth,* IPRax 2003, 117 ff.; *Schanze/Jüttner,* AG 2003, 30 ff.; *Schulz/Sester,* EWS 2002, 545 ff.; *Wertenbruch,* NZG 2003, 618 ff.; *von Halen,* WM 2003, 571 ff.

[250] Zweite Richtlinie vom 13. 12. 1975 (Kapitalrichtlinie) (77/91/EWG), vgl. dazu unten Rn. 819 f.

[251] Vierte Richtlinie vom 25. 7. 1978 (Bilanzrichtlinie) (78/660/EWG), vgl. dazu unten Rn. 821 ff.

[252] Siebente Richtlinie vom 13. 6. 1983 (Konzernrechnungsrichtlinie) (83/349/EWG), vgl. dazu unten Rn. 824 f.

162   Das Kantongericht Amsterdam, das über die Eintragung der Inspire Art Ltd. zu entscheiden hatte, legte dem EuGH verschiedene Fragen zur Vereinbarkeit des WFBV mit
dem Gemeinschaftsrecht zur Vorabentscheidung vor.

163   Daraufhin erkannte der EuGH in seinem Urteil vom 30. 9. 2003[253] wie folgt für Recht:
„1. Art. 2 der Elften Richtlinie 89/666/EWG des Rates vom 21. Dezember 1989 über die
Offenlegung von Zweigniederlassungen, die in einem Mitgliedstaat von Gesellschaften
bestimmter Rechtsformen errichtet wurden, die dem Recht eines anderen Staates unterliegen, steht einer Regelung eines Mitgliedstaats wie der Wet op de formeel
buitenlandse vennootschappen vom 17. Dezember 1997 entgegen, die Zweigniederlassungen einer nach dem Recht eines anderen Mitgliedstaats gegründeten Gesellschaft
Offenlegungspflichten auferlegt, die nicht in dieser Richtlinie vorgesehen sind.

2. Die Art. 43 EG und 48 EG stehen einer Regelung eines Mitgliedstaats wie der Wet op
de formeel buitenlandse vennootschappen entgegen, die die Ausübung der Freiheit zur
Errichtung einer Zweitniederlassung in diesem Staat durch eine nach dem Recht eines
anderen Mitgliedstaats gegründete Gesellschaft von bestimmten Voraussetzungen abhängig macht, die im innerstaatlichen Recht für die Gründung von Gesellschaften bezüglich des Mindestkapitals und der Haftung der Geschäftsführer vorgesehen sind. Die
Gründe, aus denen die Gesellschaft in dem anderen Mitgliedstaat errichtet wurde, sowie der Umstand, dass sie ihre Tätigkeit ausschließlich oder nahezu ausschließlich im
Mitgliedstaat der Niederlassung ausübt, nehmen ihr nicht das Recht, sich auf die durch
den EG-Vertrag garantierte Niederlassungsfreiheit zu berufen, es sei denn, im konkreten Fall wird ein Missbrauch nachgewiesen."

164   Der EuGH hat damit entschieden, dass sich die Inspire Art Ltd. auf die Niederlassungsfreiheit des EG-Vertrags berufen kann. Für die Anwendung der Vorschriften über die
Niederlassungsfreiheit sei es ohne Bedeutung, dass eine Gesellschaft in einem Mitgliedstaat
nur errichtet wurde, um sich in einem zweiten Mitgliedstaat niederzulassen, in dem die
Geschäftstätigkeit im Wesentlichen oder ausschließlich ausgeführt werden soll.[254] Der Umstand, dass eine Gesellschaft in einem Mitgliedstaat nur gegründet wurde, um in den Ge-
nuss vorteilhafter Rechtsvorschriften zu kommen, stelle keinen Missbrauch dar, und zwar
auch dann nicht, wenn die Gesellschaft hauptsächlich oder ausschließlich in einem zweiten
Staat tätig werde.[255] Die Niederlassungsfreiheit werde durch die Bestimmungen des WFBV
über das Mindestkapital (sowohl zum Zeitpunkt der Gründung als auch während des Bestehens der Gesellschaft) und über die Haftung der Geschäftsführer beschränkt.[256]

165   Eine Rechtfertigung der Beschränkung aus Gründen der öffentlichen Ordnung, Sicherheit oder Gesundheit gemäß Art 46 EG schied aus, da sich keines der Argumente, die die
niederländische Regierung zur Rechtfertigung vorgebracht hatte, auf Art. 46 EG bezog.[257]
Die Beschränkung sei daher nach der Rechtsprechung des Gerichtshofs „nur gerechtfertigt, wenn vier Voraussetzungen erfüllt sind: Die Beschränkungen müssen in nicht diskriminierender Weise angewandt werden, sie müssen aus zwingenden Gründen des Allgemeininteresses gerechtfertigt sein, sie müssen zur Erreichung des verfolgten Zieles geeignet
sein und sie dürfen nicht über das hinausgehen, was zur Erreichung dieses Zieles erforderlich ist.[258] Diese Voraussetzungen hielt der EuGH für nicht gegeben. Allein der Umstand,
dass eine Gesellschaft in dem Mitgliedstaat, in dem sie ihren Sitz hat, keine Tätigkeit entfaltet und ihre Tätigkeit ausschließlich oder hauptsächlich im Mitgliedstaat ihrer Zweigniederlassung ausübt, stelle noch kein missbräuchliches und betrügerisches Verhalten dar,

---

[253] EuZW 2003, 687 – Inspire Art (= NZG 2003, 1064; in wesentlichen Teilen auch abgedruckt
in NJW 2003, 3331).
[254] EuGH EuZW 2003, 687, 692 – Inspire Art, Rn. 95.
[255] EuGH EuZW 2003, 687, 692 f. – Inspire Art, Rn. 96.
[256] EuGH EuZW 2003, 687, 693 – Inspire Art, Rn. 99 ff., 105.
[257] EuGH EuZW 2003, 687, 695 – Inspire Art, Rn. 131.
[258] EuGH EuZW 2003, 687, 695 – Inspire Art, Rn. 133.

das es dem letzteren Mitgliedstaat erlauben würde, auf die betreffende Gesellschaft die Gemeinschaftsvorschriften über das Niederlassungsrecht nicht anzuwenden.[259] Im Übrigen habe weder die niederländische Handelskammer noch die niederländische Regierung dargetan, dass die geprüften Vorschriften des WFBV im Hinblick auf das Ziel der Erhaltung der Lauterkeit des Handelsverkehrs und der Wirksamkeit der Steuerkontrollen die erforderlichen Kriterien der Wirksamkeit, der Verhältnismäßigkeit und der Gleichbehandlung erfülle.[260] Da die Bestimmungen über das Mindestkapital mit der durch den EG-Vertrag garantierten Niederlassungsfreiheit unvereinbar seien, gelte zwangsläufig dasselbe für die Sanktionen, die an die Nichterfüllung der fraglichen Verpflichtungen geknüpft sind, d. h. die persönliche gesamtschuldnerische Haftung der Geschäftsführer in dem Fall, dass das Kapital nicht den im nationalen Recht vorgeschriebenen Mindestbetrag erreicht oder während des Betriebes unter diesen sinkt.[261]

Das Inspire Art-Urteil bildet den wohl nur vorläufigen Schlusspunkt in der Rechtsprechung des EuGH zur Niederlassungsfreiheit von EU-Gesellschaften. Die aus ihm zu ziehenden Schlussfolgerungen sind wiederum Gegenstand zahlreicher Publikationen.[262] **166**

5. Umsetzung der Vorgaben des EuGH durch die deutschen Gerichte

a) Deutsche Rechtsprechung in der Zeit zwischen Centros und Überseering

Mit großer Spannung wurde erwartet, welchen Standpunkt die deutschen Gerichte zur Sitztheorie auf der Grundlage der Centros-Entscheidung einnehmen würden. Zusammenfassend lässt sich sagen, dass auch die deutsche Rechtsprechung keine klare Vorstellung hatte, ob und gegebenenfalls welche Konsequenzen die Centros-Entscheidung für die Vereinbarkeit der Sitztheorie mit der Niederlassungsfreiheit haben sollte. **167**

Die meisten Gerichte haben in ihren Entscheidungen die Sitztheorie weiterhin unverändert angewandt.[263] Einige Untergerichte haben jedoch auch die Eintragung von Zweigniederlassungen englischer Limiteds mit Hauptverwaltungssitz in Deutschland in das deutsche Handelsregister unter Berufung auf Centros gestattet.[264] **168**

Das OLG Frankfurt a. M. hat in seinem Urteil vom 23. 6. 1999 die Gründungstheorie angewandt. Erkenntnisse zur Zulässigkeit oder Unzulässigkeit der Sitztheorie ergeben sich allerdings aus diesem Urteil nicht. Das OLG Frankfurt a. M. hat in diesem Urteil die Anknüpfung an das Recht des Gründungsstaates nur subsidiär gewählt, da die im Ausland tätige Kapitalgesellschaft keinen (feststellbaren) Verwaltungssitz hatte.[265] **169**

Das AG Heidelberg hatte über die Zulässigkeit einer identitätswahrenden Sitzverlegung einer deutschen GmbH nach Spanien zu entscheiden. Das AG Heidelberg nahm dies zum Anlass einer Vorlage an den EuGH. In dieser Vorlage wurde der EuGH gefragt, ob die identitätswahrende Sitzverlegung zu den von Art. 43 und Art. 48 EG erfassten Rechten gehört und ob diese Bestimmungen des EG-Vertrags einer Regelung entgegenstehen, die **170**

---

[259] EuGH EuZW 2003, 687, 695 – Inspire Art, Rn. 139.

[260] EuGH EuZW 2003, 687, 695 – Inspire Art, Rn. 140.

[261] EuGH EuZW 2003, 687, 695 – Inspire Art, Rn. 141.

[262] Vgl. *Bayer*, BB 2003, 2357 ff.; *Behrens*, IPRax 2004, 20 ff.; *Binge/Thölke*, DNotZ 2004, 21 ff.; *Drygala*, EWiR 2003, 1029 f.; *Eidenmüller*, JZ 2004, 24 ff.; *Eidenmüller/Rehm*, ZGR 2004, 159 ff.; *Graf von Bernstorff*, RIW 2003, 498 ff.; *Hirte*, EWS 2003, 521 f.; *Horn*, NJW 2004, 893 ff.; *Kieninger*, ZEuP 2004, 685 ff.; *Kindler*, NZG 2003, 1086 ff.; *Kleinert/Probst*, DB 2003, 2217 ff.; *dies.*, MDR 2003, 1265 ff.; *Leible/Hoffmann*, EuZW 2003, 677 ff.; *Mankowski*, RIW 2004, 481, 483 ff.; *Maul/Schmidt*, BB 2003, 2297 ff.; *Riegger*, ZGR 2004, 510 ff.; *Sandrock*, BB 2003, 2588 f.; *Spindler/Berner*, RIW 2003, 949 ff.; *Triebel/von Hase*, BB 2003, 2409 ff.; *Wachter*, GmbHR 2004, 88 ff.

[263] LG München I ZIP 1999, 1680, zustimmend *Kowalski*, EWiR 2000, 127 f.; LG Potsdam RIW 2000, 145; OLG Brandenburg ZIP 2000, 1616; OLG Zweibrücken ZIP 2000, 2172; OLG Hamm ZIP 2001, 791; BFH IPRspr. 2001, Nr. 15, S. 35.

[264] Vgl. *Leible/Hoffmann*, ZIP 2003, 925, 927 Fn. 26 m. w. N. der nicht veröffentlichten Entscheidungen.

[265] OLG Frankfurt a. M. RIW 1999, 783; vgl. dazu oben Rn. 105 ff.

eine solche Sitzverlegung verbietet. Gegenstand der dem EuGH vorgelegten Frage war daher nicht die Sitztheorie im Allgemeinen, jedoch ein wichtiger Teilaspekt der Sitztheorie.[266] Der EuGH hat am 10. 7. 2001 beschlossen, dass er für die Beantwortung der vom AG Heidelberg gestellten Fragen offensichtlich nicht zuständig ist. Das AG Heidelberg habe den EuGH in seiner Eigenschaft als das Handelsregister führende Behörde und im Rahmen eines Verfahrens, das eine Eintragung in das Handelsregister betrifft, um Vorabentscheidung ersucht, während nach Art. 234 EG Vorlagen an den EuGH nur möglich sind, wenn beim vorlegenden Gericht ein Rechtsstreit anhängig ist und das Gericht im Rahmen eines Verfahrens zu entscheiden habe, das auf eine Entscheidung mit Rechtsprechungscharakter abzielt.[267]

171   Hinzuweisen ist schließlich auf eine weitere Entscheidung des BGH, die vor der Überseering-Entscheidung des EuGH erging. Dabei handelte es sich wie im Fall Überseering um die Klage einer ausländischen Gesellschaft, die ihren tatsächlichen Verwaltungssitz nach Deutschland verlegt hatte. Im Gegensatz zu Überseering handelte es sich aber nicht um eine Gesellschaft, die sich auf die EU-Niederlassungsfreiheit berufen konnte.[268] Der BGH konnte diesen Fall daher ohne Rücksicht auf die Niederlassungsfreiheit und die ausstehende Antwort des EuGH auf die ihm vom BGH mit Beschluss vom 30. 3. 2000 vorgelegten Fragen entscheiden. In seinem Urteil vom 1. 7. 2002 entschied der BGH: Verlegt eine ausländische Gesellschaft, die entsprechend ihrem Statut nach dem Recht des Gründungsstaates als rechtsfähige Gesellschaft ähnlich einer Gesellschaft mit beschränkter Haftung deutschen Rechts zu behandeln wäre, ihren Verwaltungssitz nach Deutschland, so ist sie nach deutschem Recht jedenfalls eine rechtsfähige Personengesellschaft und damit vor den deutschen Gerichten aktiv und passiv parteifähig.[269]

172   In der Literatur ist das Urteil des BGH vom 1. 7. 2002 teilweise heftig kritisiert und dem BGH vorgeworfen worden, er habe die sich ankündigende Entscheidung des EuGH in Sachen Überseering abzuwenden versucht.[270] Außerdem wurde in der Literatur ganz überwiegend schon vor den nachfolgenden Überseering-Entscheidungen des EuGH und des BGH die Auffassung vertreten, dass das BGH-Urteil mit den Vorgaben der EU-Niederlassungsfreiheit nicht vereinbar und daher auf Gesellschaften aus EU-Mitgliedstaaten nicht übertragbar sei.[271] Der EuGH und anschließend dann der BGH haben diese Auffassung mit ihren nachfolgenden Überseering-Entscheidungen bestätigt.[272]

b) Deutsche Rechtsprechung seit Überseering

173   Nach der Überseering-Entscheidung des EuGH beschäftigten sich deutsche Gerichte in mehreren Entscheidungen mit den Vorgaben des EuGH und Fragen des internationalen Gesellschaftsrechts.

---

[266] AG Heidelberg RIW 2000, 557.

[267] EuGH NZG 2001, 1027 (= DB 2001, 1824); vgl. dazu *Zimmer*, BB 2000, 1361; *Roth*, ZIP 2000, 1597.

[268] Vgl. dazu bereits oben Rn. 43 ff., 56 f., 107.

[269] BGHZ 151, 204 (= NJW 2002, 3539).

[270] Vgl. oben Rn. 43 f. m. w. N.

[271] *Heidenhain*, NZG 2002, 1141, 1143; *Forsthoff*, DB 2002, 2471, 2475; *Geyrhalter/Gänßler*, NZG 2003, 409, 410; *Halbhuber*, ZEuP 2003, 418, 430; *Kieninger*, ZEuP 2004, 685, 691; *Eidenmüller*, ZIP 2002, 2233, 2238; wohl auch *Horn*, NJW 2004, 893, 896; *Kersting*, NZG 2003, 9; a. A. *Großerichter*, DStR 2003, 159, 166; *Kindler*, NJW 2003, 1073, 1076 f.; *ders.*, IPRax 2003, 41, 43 f.; wohl auch *Leible/Hoffmann*, RIW 2002, 925, 929: Die Anerkennung der Rechtspersönlichkeit (Identität), die der EuGH zutreffend fordere, verlange nicht notwendigerweise die Beibehaltung des ausländischen Gesellschaftsstatuts; vgl. auch *dies.*, DB 2002, 2203 ff.; das AG Hamburg ZIP 2003, 1008, 1009, entschied dagegen noch am 14. 5. 2003, dass die vom BGH in seinem Urteil vom 1. 7. 2002 entwickelte Auslegung der Sitztheorie nicht gegen die Grundfreiheiten des EG-Vertrags, namentlich Art. 43, 48 und 293 EG verstoße, wobei davon auszugehen ist, dass dem Gericht im Zeitpunkt seiner Entscheidung das Überseering-Urteil des BGH vom 13. 3. 2003 nicht bekannt war.

[272] Vgl. BGHZ 154, 185, 189 – Überseering.

Der BGH hat mit Urteil vom 13. 3. 2003[273] die Vorgaben des EuGH aus der Über- **174**
seering-Entscheidung für den Fall Überseering umgesetzt. Er hat entschieden, dass eine
Gesellschaft, die unter dem Schutz der im EG-Vertrag garantierten Niederlassungsfreiheit
steht, berechtigt ist, ihre Rechte in jedem Mitgliedstaat geltend zu machen, wenn sie nach
der Rechtsordnung des Staates, in dem sie gegründet worden ist und in dem sie nach einer
eventuellen Verlegung ihres Verwaltungssitzes in einen anderen Mitgliedstaat weiterhin
ihren satzungsmäßigen Sitz hat, hinsichtlich des geltend gemachten Rechts rechtsfähig ist.
Wie sich insbesondere aus den Entscheidungsgründen ergibt, hat der BGH damit jedoch
zunächst nur entschieden, dass eine Gesellschaft nach deutschem internationalen Gesellschaftsrecht hinsichtlich ihrer Rechtsfähigkeit dem Recht des Staates zu unterstellen ist, in
dem sie gegründet worden ist. Damit ist noch nicht geklärt, ob die Gründungstheorie für
alle oder nur für einzelne Aspekte (wie z.B. die Rechtsfähigkeit) Anwendung finden soll.

Ähnlich hatte bereits zuvor das BayObLG in einem Beschluss vom 19. 12. 2002 ent- **175**
schieden, dass einer Kapitalgesellschaft, die in einem Mitgliedstaat des EG-Vertrags wirksam gegründet wurde und dort als rechtsfähig anerkannt ist, die Rechtsfähigkeit und damit
die Grundbuchfähigkeit in Deutschland auch dann nicht versagt werden kann, wenn der
tatsächliche Verwaltungssitz in Deutschland liegt.[274]

In mehreren weiteren Entscheidungen haben verschiedene Obergerichte im Hinblick **176**
auf die Eintragung inländischer Zweigniederlassungen ausländischer Gesellschaften ent-
schieden, dass die Sitztheorie keine Anwendung finde:[275] Das OLG Naumburg und das
Kammergericht entschieden, dass die Eintragung nicht allein unter Hinweis auf die vom
BGH bislang vertretene gesellschaftsrechtliche Sitztheorie bzw. wegen des tatsächlichen
Verwaltungssitzes am Ort der Zweigniederlassung verweigert werden kann.[276] Das OLG
Celle entschied, dass die Rechtsfolgen aus der Anknüpfung der Rechtsfähigkeit einer
Gesellschaft an den Verwaltungssitz gegen die in Art. 43 und 48 EG-Vertrag gewährleis-
tete Niederlassungsfreiheit verstoßen.[277] Das OLG Zweibrücken führte in seiner Entscheidung aus, dass die Eintragung einer Zweigniederlassung einer englischen Limited nicht mit
der Begründung ihrer angeblich fehlenden (inländischen) Rechtsfähigkeit als Limited nach
englischem Recht abgelehnt werden darf.[278] Aus keiner dieser Entscheidungen lässt sich
entnehmen, in welchem Umfang die Gerichte eine Abkehr von der Sitztheorie für erforderlich halten.[279]

In einem weiteren Urteil entschied der BGH am 2. 6. 2003, dass für eine luxemburgi- **177**
sche Kapitalgesellschaft, die ihren Satzungssitz in Luxemburg hat, dort aber lediglich einen
Briefkasten unterhält und sämtliche Geschäfte von Deutschland aus führt, die Sitztheorie
nicht gilt und die Gesellschaft vor den deutschen Gerichten verklagt werden könne.[280]

Das LG Hannover kam in seinem Beschluss vom 2. 7. 2003[281] zu dem Ergebnis, dass **178**
eine wirksam in England gegründete Limited in Deutschland rechts- und parteifähig ist,
auch wenn sie ihren tatsächlichen Verwaltungssitz in Deutschland hat. Wesentliche sich
daraus ergebende Schlussfolgerungen ließ das LG Hannover zwar ausdrücklich dahinstehen. Nach Auffassung des Gerichts dürfte dies jedoch zur Folge haben, dass „die englische

---

[273] BGHZ 154, 185 – Überseering (= NJW 2003, 1461); vgl. dazu *Forsthoff*, DB 2003, 979; *Paefgen*, EWiR 2003, 571 f.

[274] BayObLG NZG 2003, 290; vgl. dazu *Leible/Hoffmann*, NZG 2003, 259 f.; *Mankowski*, EWiR
2003, 273 f.

[275] So im Ergebnis auch einige Untergerichte in nicht veröffentlichten Entscheidungen, vgl.
Leible/Hoffmann, ZIP 2003, 925, 927.

[276] OLG Naumburg GmbHR 2003, 533; KG NJW-RR 2004, 331, 333 (= GmbHR 2004, 116);
vgl. auch LG Trier NZG 2003, 778.

[277] OLG Celle IPRax 2003, 245.

[278] OLG Zweibrücken NZG 2003, 537, 538.

[279] Vgl. *Leible/Hoffmann*, ZIP 2003, 925, 927 zur Entscheidung des OLG Naumburg.

[280] BGH NJW 2003, 2609 (= GmbHR 2003, 956).

[281] LG Hannover NZG 2003, 1072.

Limited, wenn sie hier ein Handelsgewerbe betreibt nicht mehr wie bisher als oHG, sondern als Limited behandelt wird". Ebenso „dürfte die Haftungsbeschränkung der englischen Gesellschaft in Deutschland bestehen bleiben und die Haftung der Gesellschafter für Schulden der Gesellschafter grundsätzlich ausgeschlossen sein."

179   Im Fall einer Gesellschaft spanischen Rechts, die (möglicherweise) ihren tatsächlichen Verwaltungssitz in Deutschland hatte, ließ das OLG Düsseldorf in einem Urteil vom 22. 12. 2003 ausdrücklich offen, ob „in Fortentwicklung der Rechtsprechungstendenz des EuGH für das Gesellschaftskollisionsrecht Deutschlands und der anderen Mitgliedstaaten eine gemeinschaftsweit geltende Gründungstheorie europarechtlicher Prägung mit der Folge zu gelten hat, dass die Gesellschaftsformen der einzelnen Mitgliedstaaten gemeinschaftsweit unabhängig vom Verwaltungssitz der Gesellschaft selbst dann anzuerkennen sind, wenn der Gründungs und Wegzugstaat die Sitztheorie verfolgt."[282]

180   In den Entscheidung des BayObLG vom 11. 2. 2004[283] und des OLG Brandenburg vom 30. 11. 2004[284] war über die Verlegung des Satzungs- und tatsächlichen Verwaltungssitzes einer deutschen GmbH nach Portugal bzw. Italien zu befinden. Beide Gerichte entschieden, dass die Verlegung des Satzungssitzes nicht in das deutsche Handelsregister eingetragen werden könne, da nach einhelliger Rechtsprechung und ganz überwiegender Auffassung in der Literatur eine dem deutschen Recht unterliegende Kapitalgesellschaft zwingend eines in ihrer Satzung bestimmten inländischen Gesellschaftssitzes bedürfe. Diesem Ergebnis stünden die Centros-, Überseering- und Inspire Art-Urteile des EuGH nicht entgegen.[285]

181   Unvereinbar mit der Überseering-Entscheidung des EuGH war die Entscheidung des LG Frankenthal vom 6. 12. 2002,[286] die deshalb zurecht vom OLG Zweibrücken in dem bereits genannten Beschluss vom 26. 3. 2003 aufgehoben wurde.[287] In dieser Entscheidung nahm das LG Frankenthal Bezug auf die Überseering-Entscheidung des EuGH. Aus der Überseering-Entscheidung folge aber noch nicht die Anerkennung der ausländischen Rechtsform. Das LG Frankenthal ergänzte: „Weil ihre Rechtsform nicht anerkannt wird, ist sie eben wie eine GbR zu behandeln, was bedeutet, dass die Gesellschafter persönlich für die Verbindlichkeiten haften."

182   Im Urteil vom 14. 3. 2005 entschied der BGH,[288] dass sich die Haftung des Geschäftsführers einer englischen *private limited company* mit tatsächlichem Verwaltungssitz im Inland für rechtsgeschäftliche Verbindlichkeiten nach dem am Ort ihrer Gründung geltenden Recht, und nicht nach dem Recht ihres tatsächlichen Verwaltungssitzes richtet. Einer Handelndenhaftung in analoger Anwendung von § 11 Abs. 2 GmbHG stehe nach der Rechtsprechung des EuGH die Niederlassungsfreiheit entgegen. Selbst unter Gläubigerschutzgesichtspunkten könne im vorliegenden Fall nicht an das Recht des tatsächlichen Verwaltungssitzes angeknüpft werden.[289] Unter Hinweis auf die Inspire Art-Entscheidung des EuGH führte der BGH weiter aus, dass es grundsätzlich noch keinen Missbrauch darstelle, wenn mit einer ausländischen Briefkastengesellschaft die zwingenden inländischen Normativbestimmungen umgangen werden sollen. Da die Bestimmungen über das Mindestkapital einer Gesellschaft insoweit mit der durch den EG-Vertrag garantierten Niederlassungsfreiheit unvereinbar seien, gelte zwangsläufig dasselbe für die Sanktionen,

---

[282] OLG Düsseldorf DB 2004, 128, 129.

[283] BayObLG ZIP 2004, 806 (= DB 2004, 699 = GmbHR 2004, 490); vgl. dazu auch *Stieb,* GmbHR 2004, 492.

[284] OLG Brandenburg ZIP 2005, 489.

[285] BayObLG ZIP 2004, 806, 807 f.; OLG Brandenburg ZIP 2005, 489, 491 f.

[286] LG Frankenthal NJW 2003, 762 (= NZG 2003, 189).

[287] OLG Zweibrücken NZG 2003, 537; vgl. oben Rn. 176.

[288] BGH NJW 2005, 1648 (= NZG 2005, 508), vgl. dazu *Bruns,* EWiR 2005, 431 f.; *Eidenmüller,* NJW 2005, 1618 ff.; *Wand,* BB 2005, 1017 f.; *Ressos,* DB 2005, 1048 f.; kritisch *Leible/Hoffmann,* RIW 2005, 544 ff.

[289] BGH NJW 2005, 1648, 1649.

die an die Nichterfüllung der fraglichen Verpflichtungen geknüpft sind, das heißt die Anordnung einer persönlichen (gesamtschuldnerischen) Haftung der Geschäftsführer in dem Fall, dass das Kapital nicht den im nationalen Recht vorgeschriebenen Mindestbetrag erreicht oder während des Betriebs unter diesen sinkt.[290] Eine Haftung analog § 11 Abs. 2 GmbHG könne schließlich auch nicht daraus abgeleitet werden, dass der Geschäftsführer es entgegen §§ 13 d ff. HGB unterlassen habe, die „Zweigniederlassung" der *Ltd.* zum Handelsregister anzumelden. Der Gesetzgeber habe sich als Sanktion ausschließlich für die Möglichkeit des Zwangsgeldes nach § 14 HGB entschieden, nicht aber für haftungsrechtliche Konsequenzen. Im Ergebnis hat der BGH die Sache an die Vorinstanz zurückverwiesen und darauf hingewiesen, der Klägerin sei Gelegenheit zu geben, ihren Anspruch auf etwaige bislang nicht geltend gemachte Haftungstatbestände des materiellen englischen Rechts oder des (deutschen) Deliktsrechts (§§ 823 ff. BGB) zu stützen.[291]

6. Umsetzung der Vorgaben des EuGH durch die Österreichischen Gerichte

In Österreich gilt auf der Grundlage von § 10 IPRG die Sitztheorie.[292] Der österreichi- **183** sche Oberste Gerichtshof (öOGH) hat die Centros-Entscheidung des EuGH zum Anlass genommen und am 15. 7. 1999 in zwei Beschlüssen[293] entschieden, dass die Sitztheorie nicht mit der vom europäischen Recht gewährleisteten „sekundären Niederlassungsfreiheit" vereinbar sei. Daraus folge im Bereich der sekundären Niederlassungsfreiheit die eingeschränkte Anwendung der in § 10 IPRG verkörperten Sitztheorie.

Die den beiden Entscheidungen des öOGH zugrunde liegenden Sachverhalte waren **184** dem der Centros-Entscheidung vergleichbar. In beiden Fällen beantragte eine nach englischem Recht gegründete *private limited company* die Eintragung einer Zweigniederlassung in Österreich. Die Gründer dieser englischen Gesellschaft hatten ihren Wohnsitz in Österreich. Das österreichische Firmenbuchgericht verlangte als Eintragungsvoraussetzung eine Bestätigung der für die Hauptniederlassung zuständigen Gewerbebehörde über den Bestand sowie die regelmäßige Geschäftstätigkeit der Gesellschaft in England. Da dieser Aufforderung nicht entsprochen wurde, verweigerte das Firmenbuchgericht die Eintragung. Die englische Gesellschaft tätige offenbar keine Geschäfte in England, habe (letztlich wegen des Wohnsitzes der Gründer) ihren Sitz in Österreich und müsse deshalb nach österreichischem Gesellschaftsstatut als österreichische Gesellschaft gegründet werden.

Der öOGH ist in diesen Entscheidungen zu Unrecht davon ausgegangen, Dänemark **185** folge wie Österreich der Sitztheorie. Da Dänemark (im Hinblick auf Kapitalgesellschaften) der Gründungstheorie folgt, wird in der Literatur die Auffassung vertreten, der öOGH wäre aufgrund der Centros-Entscheidung nicht zur teilweisen Aufgabe der Sitztheorie, wohl aber zu einer weiteren Vorlage an den EuGH verpflichtet gewesen.[294]

Der öOGH bestätigte ausdrücklich seine Entscheidungen vom 15. 7. 1999 in einer **186** Entscheidung vom 11. 11. 1999.[295] Auch in diesem Fall ging es um die verweigerte Eintragung einer Zweigniederlassung einer englischen *private limited company* in Österreich. Der öOGH stellte in den Leitsätzen seiner Entscheidung fest: „Die Rechts- und Handlungsfähigkeit der in einem Mitgliedstaat rechtswirksam errichteten ausländischen juristischen Person ist im Zusammenhang mit der Errichtung einer Zweigniederlassung in Österreich nach jenem Recht zu beurteilen, nach dem die juristische Person gegründet

---

[290] BGH NJW 2005, 1648, 1649.

[291] BGH NJW 2005, 1648, 1650; kritisch dazu *Eidenmüller,* NJW 2005, 1618, 1620.

[292] Vgl. öOGH IPRax 1997, 126.

[293] ÖOGH EuZW 2000, 156 (= AG 2000, 333) und öOGH NZG 2000, 36 (= RIW 2000, 378 = IPRax 2000, 418); vgl. dazu *Behrens,* IPRax 2000, 384; *Höfling,* EuZW 2000, 145; *Mäsch,* JZ 2000, 201; *Jaeger,* NZG 2000, 918.

[294] Vgl. *Jaeger,* NZG 2000, 918, 919 m. w. N.; *Lurger,* IPRax 2001, 346, 347.

[295] ÖOGH ZfRV 2000, 113.

wurde, sofern sich ihr satzungsmäßiger Sitz oder die Hauptverwaltung oder die Hauptniederlassung in einem Mitgliedstaat befindet. Der Umstand, dass sich Hauptverwaltung
oder Hauptniederlassung nicht im Gründungsstaat wohl aber in einem anderen Mitgliedstaat befinden, steht in diesem Fall der Anerkennung der Rechtspersönlichkeit der ausländischen Gesellschaft nicht entgegen. Die sekundäre Niederlassungsfreiheit kommt damit
auch einer nach dem Recht eines Mitgliedstaates rechtmäßig errichteten Gesellschaft
zugute, die im Gründungsstaat selbst nur einen statutarischen Sitz hat, dort jedoch keine
Geschäftstätigkeit entfaltet und deren Hauptverwaltung oder Hauptniederlassung sich in
einem anderen Mitgliedstaat befindet." In der österreichischen Literatur wird kontrovers
diskutiert, ob die Gründungstheorie nur auf den vom OGH entschiedenen Fall der
„sekundären Niederlassungsfreiheit" oder auch auf andere EU-bezogene Sachverhalte
anzuwenden ist.[296]

187   Das Landesgericht Salzburg hatte in einem weiteren „Centros"-ähnlichen Fall über die
Eintragung einer österreichischen Zweigniederlassung zu entscheiden und im Beschluss
vom 27. 11. 2000 dem EuGH weitere Fragen zur Geltung der Sitztheorie bei Gründung
einer Zweigniederlassung vorgelegt.[297] Wie im Fall der Vorlage des AG Heidelberg,[298] hat
sich der EuGH auch in diesem Fall für unzuständig erklärt, da es sich um eine Handelsre-
gistersache handele und nicht um einen Rechtsstreit mit Rechtsprechungscharakter.[299]

188   Mit der Zulässigkeit einer Umwandlung über die Grenze befasste sich der öOGH in
seiner Entscheidung vom 20. 3. 2003.[300] Gegenstand des Beschlusses war die Umwandlung einer österreichischen GmbH durch Übertragung ihres Unternehmens auf ihre ausländische Alleingesellschafterin, eine deutsche GmbH, gemäß §§ 2 ff. öUmwG bei gleichzeitiger Errichtung einer österreichischen Zweigniederlassung der deutschen GmbH. Eine
Umwandlung durch Übertragung des Unternehmens einer Kapitalgesellschaft auf ihren
Hauptgesellschafter gemäß §§ 2 ff. öUmwG erfüllt die gleiche Funktion wie eine Verschmelzung[301] und wird daher in der österreichischen Praxis häufig „verschmelzende
Umwandlung" genannt.[302] Das deutsche Recht kennt kein der verschmelzenden Umwandlung entsprechendes Rechtsinstitut. Im österreichischen Recht gibt es dagegen außer
der verschmelzenden Umwandlung auch die Möglichkeit einer Verschmelzung von Kapitalgesellschaften (§§ 96 ff. öGmbHG i. V. m. §§ 220 ff. öAktG). Der öOGH entschied,
dass die (verschmelzende) Umwandlung hinsichtlich ihrer Voraussetzung, Durchführung
und Wirkung ausschließlich materiellem österreichischen Umwandlungsrecht unterliegt.[303]
Aus der Überseering Entscheidung des EuGH folgerte der öOGH, dass sich die Wirkungen der (verschmelzenden) Umwandlung, insbesondere auch die Frage, ob sie einen weiteren Organisationsakt beim „übernehmenden" deutschen Alleingesellschafter voraussetzt,
nach dem Gesellschaftsstatut der umzuwandelnden österreichischen GmbH richte. Im
Unterschied zur Verschmelzung greife die (verschmelzende) Umwandlung nicht in die
gesellschaftsrechtliche Organisation des „übernehmenden" Haupt- oder Alleingesellschaf-
ters ein.[304] Mangels eines solchen Eingriffs bedürfe es auch keiner Anmeldung oder Eintragung der Umwandlung im deutschen Handelsregister als Voraussetzung für die nach
dem Gesellschaftsstatut der umzuwandelnden Gesellschaft im Inland vorzunehmende
Firmenbucheintragung.[305] Insbesondere stehe einer Eintragung in das österreichische Fir-

---

[296] Vgl. *Jaeger*, NZG 2000, 918, 919.

[297] Landesgericht Salzburg ZIP 2001, 460.

[298] AG Heidelberg RIW 2000, 557.

[299] EuGHE 2002, 735.

[300] ÖOGH ZIP 2003, 1086; vgl. dazu *Hirte/Mock*, EWiR 2003, 595 f.; *Paefgen*, IPRax 2004,
132 ff.; *Doralt*, NZG 2004, 396 ff.

[301] Vgl. öOGH ZIP 2003, 1086, 1088.

[302] Vgl. *Doralt*, NZG 2004, 396, 397.

[303] ÖOGH ZIP 2003, 1086, 1088.

[304] ÖOGH ZIP 2003, 1086, 1088 f.

[305] ÖOGH ZIP 2003, 1086, 1089.

menbuch nicht entgegen, dass das deutsche UmwG die Gesamtrechtsnachfolge des Allein-gesellschafters einer Kapitalgesellschaft durch Umwandlung nur nach verschmelzungs-rechtlichen Grundsätzen ermögliche.[306] In der Literatur wird die Entscheidung des öOGH aus mehreren Gründen kritisiert. Zum einen wird die vom öOGH vorgenommene Dif-ferenzierung zwischen Verschmelzung und (verschmelzender) Umwandlung für nicht vertretbar erachtet.[307] Zum anderen wird die Auffassung des öOGH, deutsches (Umwand-lungs-)Recht finde keine Anwendung, zu Recht nicht geteilt.[308]

Nach der Überseering-Entscheidung und der Inspire Art-Entscheidung des EuGH hatte **189** der öOGH in zwei gleichgelagerten Beschlüssen vom 29. 4. 2004 jeweils über einen An-trag auf Eintragung einer inländischen Zweigniederlassung von zwei in England wirksam errichteten Gesellschaften zu entscheiden.[309] Beide Beschlüsse sind weitgehend identisch begründet. Der öOGH stellte klar, dass die von dem Rekursgericht geforderte Prüfung, ob mit der Errichtung einer österreichischen Zweigniederlassung die österreichischen Gründungsvorschriften umgangen werden sollen, die Gesellschaft über hinreichendes Vermögen verfügt und die Hauptniederlassung in London tatsächlich errichtet wurde und eine Geschäftstätigkeit ausübt, gegen die Rechtsprechung des EuGH zur Niederlassungs-freiheit verstoße.[310] Dies ändere jedoch nichts daran, dass für die Eintragung einer Zweig-niederlassung die Voraussetzungen des § 13 öHGB vorliegen müssten. Danach müsste eine Zweigniederlassung bestehen, was sich nach österreichischem Recht richte. Die Antrag-steller hätten daher den Nachweis zu erbringen, dass tatsächlich eine Zweigniederlassung im Inland errichtet worden sei.[311] Eine Aussage des öOGH zur Inspire Art-Entscheidung des EuGH ist über die entschiedenen Fälle hinaus von grundsätzlicher Bedeutung. Nach Auffassung des öOGH hat der EuGH in der Entscheidung Inspire Art klargestellt, dass „nicht nur die Rechts- und Parteifähigkeit einer zugezogenen Scheinauslandsgesellschaft anzuerkennen ist, sondern auch ihr gesamtes Gründungsstatut und dass eine Angleichung an das Gesellschaftsrecht des Zuzugstaates nicht erforderlich ist".[312]

7. Aktueller Stand und Ausblick: Entschiedene Fragen, Schlussfolge-rungen und offene Fragen

Bei einer Auswertung der Rechtsprechung des EuGH kommt man zu dem Ergebnis, **190** dass nur einige Fragen des auf EG-Gesellschaften anwendbaren internationalen Gesell-schaftsrechts klar entschieden sind. Viele Fragen sind dagegen offen geblieben. In der Literatur ist eine heftige Diskussion darüber entbrannt, welche Schlussfolgerungen aus den EuGH-Urteilen über ihren Wortlaut hinaus zu ziehen sind. Die deutschen Gerichte haben zumindest seit „Inspire Art" die Vorgaben des EuGH ganz überwiegend zutreffend umgesetzt.[313] Bei nahezu allen Entscheidungen handelte es sich aber um Sachverhalte, die im Wesentlichen den Sachverhalten der EuGH-Urteilen entsprachen. Den Urteilen der deutschen Gerichte lassen sich daher kaum Anhaltspunkte zur Beantwortung der offenen Fragen entnehmen. Die (endgültige) Klärung der offenen Fragen bedarf daher weiterer Entscheidungen deutscher Gerichte und letztlich des EuGH. Man kann davon ausgehen, dass es auch in den nächsten Jahren zu weiteren Vorlagen an den EuGH kommen wird.

---

[306] ÖOGH ZIP 2003, 1086, 1089.

[307] Vgl. *Doralt*, NZG 2004, 396, 397 f.

[308] Vgl. *Doralt*, NZG 2004, 396, 398 f.; *Paefgen*, IPRax 2004, 132, 134 ff.; zur (verschmelzenden) Übertragung einer österreichischen Kapitalgesellschaft auf ihre deutsche Haupt- oder Alleingesell-schafterin vgl. im Übrigen unten Rn. 513 f.

[309] ÖOGH, Beschluss v. 29. 4. 2004 – 6 Ob 43/04y und öOGH EuLF 2004, 232 ff.

[310] ÖOGH EuLF 2004, 232, 233 f.

[311] ÖOGH EuLF 2004, 232, 234.

[312] ÖOGH, Beschluss v. 29. 4. 2004 – 6 Ob 43/04y, 4. Absatz des Rechtssatzes der Begründung.

[313] Vgl. oben Rn. 179 f. bzw. 182.

a) **Wesentliche entschiedene Fragen**

191   **aa) Niederlassungsfreiheit der Gesellschaften – Anwendungsbereich und Folgerungen.** Europarechtliche Vorgaben, denen das nationale Gesellschaftsrecht zu entsprechen hat, ergeben sich insbesondere aus der im EG-Vertrag garantierten Niederlassungsfreiheit, im Übrigen jedoch auch aus den verschiedenen gesellschaftsrechtlichen Richtlinien.[314]

192   Gesellschaften, die nach den Rechtsvorschriften eines Mitgliedstaats gegründet wurden,
die ihren satzungsmäßigen Sitz, ihre Hauptverwaltung oder ihre Hauptniederlassung innerhalb der Europäischen Gemeinschaft haben und einen Erwerbszweck verfolgen, genießen gemeinschaftsweit die Niederlassungsfreiheit. Art. 293, 3. Spiegelstrich EG, wonach
die Mitgliedstaaten soweit erforderlich Verhandlungen einleiten über die gegenseitige
Anerkennung von Gesellschaften oder die Beibehaltung der Rechtspersönlichkeit bei
Verlegung des Sitzes von einem Staat in einen anderen Staat, steht dem nicht entgegen.[315]

193   Ein Staatsangehöriger eines Mitgliedstaates, der eine Gesellschaft gründen möchte, hat
das Recht, diese in dem Mitgliedstaat zu errichten, dessen gesellschaftsrechtliche Vorschriften ihm die größte Freiheit lassen.[316]

194   Aus der Niederlassungsfreiheit folgt das Recht einer in einem Mitgliedstaat errichteten
Gesellschaft, in anderen Mitgliedstaaten Zweigniederlassungen zu gründen.[317] Dies gilt
auch dann, wenn die Geschäftstätigkeit der Gesellschaft im Wesentlichen oder ausschließlich im Staat der Zweigniederlassung ausgeübt werden soll.[318] Abgesehen vom Fall des
Betrugs spielen für die Anwendung der Vorschriften über die Niederlassungsfreiheit die
Gründe, aus denen eine Gesellschaft in einem bestimmten Mitgliedstaat errichtet wurde,
kein Rolle.[319]

195   Eine Gesellschaft, die nach dem Recht eines Mitgliedstaates wirksam gegründet wurde
und dort ihren satzungsmäßigen Sitz hat, ist grundsätzlich in den anderen Mitgliedstaaten
anzuerkennen. Auch falls die Gesellschaft ihren tatsächlichen Verwaltungssitz in das Hoheitsgebiet eines anderen Mitgliedstaates verlegt hat, bleibt es grundsätzlich bei dieser
Anerkennung.[320] Dies gilt jedenfalls dann, wenn der Umstand der Verlegung des tatsächlichen Verwaltungssitzes nicht zum Verlust der Rechtspersönlichkeit der Gesellschaft nach
der Rechtsordnung ihres Gründungsstaates geführt hat.[321] Anerkennung bedeutet (zumindest) Achtung der Rechts- und Parteifähigkeit, die diese Gesellschaft nach dem Recht
ihres Gründungsstaats besitzt.[322] Das heißt, im Fall der Verlegung des tatsächlichen Verwaltungssitzes einer niederländischen B. V. nach Deutschland ist die Rechtsfähigkeit der
Gesellschaft als niederländische B. V. zu achten.[323]

196   **bb) Beschränkungen der Niederlassungsfreiheit.** Beschränkungen der Niederlassungsfreiheit durch einzelne Mitgliedstaaten sind nur aus einem der in Art. 46 EG genannten Gründe (öffentliche Ordnung, Sicherheit oder Gesundheit) oder, unter engen
Voraussetzungen, einem zwingenden Grund des Allgemeininteresses gerechtfertigt.[324]

---

[314] Vgl. EuGH EuZW 2003, 687, 690 – Inspire Art, Rn. 51.

[315] Vgl. EuGHE 2002, 9943, 9963 – Überseering, Rn. 52 ff.

[316] EuGHE 1999, 1484, 1493 – Centros, Rn. 27; EuGH EuZW 2003, 687, 695 – Inspire Art,
Rn. 138.

[317] EuGHE 1999, 1484, 1493 – Centros, Rn. 27; EuGH EuZW 2003, 687, 695 – Inspire Art,
Rn. 138.

[318] EuGHE 1999, 1484, 1494 – Centros, Rn. 30; EuGH EuZW 2003, 687, 692 – Inspire Art, Rn. 95.

[319] EuGH EuZW 2003, 687, 692 – Inspire Art, Rn. 95; vgl. auch EuGHE 1999, 1484, 1492 –
Centros, Rn. 24.

[320] EuGHE 2002, 9943, 9971 – Überseering, Rn. 82.

[321] Vgl. EuGHE 2002, 9943, 9970 – Überseering, Rn. 80.

[322] EuGHE 2002, 9943, 9976 – Überseering, Tenor Nr. 2.

[323] BGHZ 154, 185, 189 – Überseering.

[324] Vgl. EuGH EuZW 2003, 687, 693 – Inspire Art, Rn. 107.

Außerdem sind die Mitgliedstaaten berechtigt, Maßnahmen zu treffen, die verhindern sollen, dass sich einige ihrer Staatsangehörigen unter Ausnutzung der Niederlassungsfreiheit in missbräuchlicher Weise der Anwendung des nationalen Rechts entziehen.[325] Der Umstand, dass eine Gesellschaft in dem Mitgliedstaat, in dem sie ihren Sitz hat, keine Tätigkeit entfaltet und ihre Tätigkeit ausschließlich oder hauptsächlich im Mitgliedstaat ihrer Zweigniederlassung ausübt, stellt kein missbräuchliches oder gar betrügerisches Verhalten dar, welches es dem Mitgliedstaat der Zweigniederlassung erlauben würde, auf die betreffende Gesellschaft die Gemeinschaftsvorschriften über das Niederlassungsrecht nicht anzuwenden.[326]

Eine Rechtfertigung gemäß Art. 46 EG wird in aller Regel nicht in Betracht kom- **197** men.[327] Außerhalb des Anwendungsbereichs von Art. 46 Abs. 1 EG sind nach der Rechtsprechung des EuGH nationale Maßnahmen, die die Ausübung der Niederlassungsfreiheit behindern oder weniger attraktiv machen können, nur dann gerechtfertigt, wenn vier Voraussetzungen erfüllt sind: Sie müssen in nicht diskriminierender Weise angewandt werden, sie müssen aus zwingenden Gründen des Allgemeininteresses gerechtfertigt sein, sie müssen zur Erreichung des verfolgten Ziels geeignet sein, und sie dürfen nicht über das hinausgehen, was zur Erreichung dieses Ziels erforderlich ist.[328] Bei der Frage, welche Gründe „zwingende Gründe des Allgemeininteresses" sind, ist der EuGH in der Regel eher großzügig; die notwendige Geeignetheit und Erforderlichkeit wird vom EuGH dagegen streng geprüft.[329] Gläubigerschutz, die Lauterkeit des Handelsverkehrs und die Wirksamkeit von Steuerkontrollen können Behinderungen der Niederlassungsfreiheit zumindest im Grundsatz nicht rechtfertigen.[330]

b) Offene Fragen und Schlussfolgerungen

aa) Kollisionsrechtlicher Charakter der Niederlassungsfreiheit. In der Literatur **198** wird diskutiert, ob die Niederlassungsfreiheit eine „versteckte Kollisionsnorm" des internationalen Gesellschaftsrechtes enthalte.[331] Dies ist nicht der Fall. Die Niederlassungsfreiheit ist eine europarechtliche Vorgabe, der sowohl das gesamte Sach- als auch das Kollisionsrecht der Mitgliedstaaten genügen müssen. Nicht nur die Rechtsfolgen einer gesellschaftsrechtlichen Kollisionsnorm, sondern auch sachrechtliche Regelungen des Gesellschaftsrechts sowie sachrechtliche Regelungen, die nicht als gesellschaftsrechtlich zu qualifizieren sind, können daher gegen die Niederlassungsfreiheit verstoßen.[332] Ist ein Verstoß gegeben, muss dem abgeholfen werden, wobei es dem jeweiligen Mitgliedstaat und seinen Gerichten freisteht, sich dazu sach- oder kollisionsrechtlicher Regelungen zu bedienen.

bb) Derzeitige Anwendungsbereiche von Gründungs- und Sitztheorie. Die **199** Urteile des EuGH enthalten keine unmittelbare Aussage dazu, ob die Sitztheorie im inter-

---

[325] EuGH EuZW 2003, 687, 695 – Inspire Art, Rn. 136 m. w. N.; vgl. dazu *Kieninger,* ZEuP 2004, 685, 698; *Eidenmüller/Rehm,* ZGR 2004, 159, 178 ff.

[326] EuGH EuZW 2003, 687, 695 – Inspire Art, Rn. 139 m. w. N.

[327] Vgl. EuGHE 1999, 1484, 1495 – Centros, Rn. 34; EuGHE 2002, 9943, 9971 ff. – Überseering, Rn. 83 ff.; EuGH EuZW 2003, 687, 695 – Inspire Art, Rn. 131; *Eidenmüller/Rehm,* ZGR 2004, 159, 169; Eidenmüller/*Eidenmüller,* Ausländische Kapitalgesellschaften im deutschen Recht, § 3 Rn. 19.

[328] EuGH EuZW 2003, 687, 695 – Inspire Art, Rn. 133 m. w. N.; *Eidenmüller/Rehm,* ZGR 2004, 159, 169 ff.; Voraussetzung der Verhältnismäßigkeit ist wohl auch, dass keine Schutzinstrumente des Herkunftslandes eingreifen, vgl. *Kieninger,* ZEuP 2004, 685, 702.

[329] Vgl. *Kieninger,* ZEuP 2004, 685, 700 ff.

[330] EuGH EuZW 2003, 687, 695 – Inspire Art, Rn. 142.

[331] Vgl. *Eidenmüller/Rehm,* ZGR 2004, 159, 164 ff. m. w. N. in Fn. 30; *Eidenmüller,* NJW 2005, 1618 f.; *Horn,* NJW 2004, 893, 896; *Knapp,* DNotZ 2003, 85, 88; *Leible/Hoffmann,* RIW 2002, 925, 934 sprechen dagegen von einer „europarechtlichen Gründungstheorie", die den Artt. 43, 48 EG zu entnehmen sein soll.

[332] Vgl. *Eidenmüller/Rehm,* ZGR 2004, 159, 166.

nationalen Gesellschaftsrecht mit der Niederlassungsfreiheit vereinbar ist.[333] Die Begriffe Sitztheorie und Gründungstheorie werden in keiner Entscheidung auch nur ein einziges mal verwendet. Dass die Rechtsfolgen der Sitztheorie in gewissen Konstellationen gegen die Niederlassungsfreiheit verstoßen, was nahezu unstreitig ist,[334] bedeutet nicht, dass die Sitztheorie insgesamt europarechtswidrig ist oder insgesamt im Hinblick auf Gesellschaften aus Mitgliedstaaten der EG aufgegeben werden müsste.[335] Eine davon zu unterscheidende Frage ist, ob es rechtspolitisch sinnvoll wäre, de lege ferenda die Sitztheorie im Hinblick auf Gesellschaften aus Mitgliedstaaten der EG oder gar generell aufzugeben.[336] Der BGH hat die Sitztheorie auch im Anwendungsbereich der EU-Niederlassungsfreiheit zumindest bisher nicht generell aufgegeben.[337] Gleiches gilt, soweit ersichtlich, für die Spruchpraxis deutscher Obergerichte.[338] Es ist daher beim derzeitigen Stand der deutschen Rechtsprechung davon auszugehen, dass die Sitztheorie nach wie vor Anwendung findet, soweit sie nicht mit der Niederlassungsfreiheit unvereinbar ist. Damit stellt sich für die derzeitige Praxis die Frage, in welchem Umfang die Niederlassungsfreiheit und die Rechtsprechung des EuGH eine Anwendung der Gründungstheorie zwingend erfordern und in welchem Umfang Raum für die Anwendung der Sitztheorie bleibt.

200   *(1) Gesellschaften, die keinen Erwerbszweck verfolgen.* Gesellschaften, die keinen Erwerbszweck verfolgen, genießen gemäß Art. 48 Satz 2 EG keine Niederlassungsfreiheit. Daraus wird zu schließen sein, dass auf solche Gesellschaften das deutsche Recht grundsätzlich weiterhin die Sitztheorie anwendet, unabhängig davon, ob diese in einem EU-Mitgliedstaat wirksam gegründet wurden.[339]

201   *(2) Personenvereinigungen ohne eigene Rechtspersönlichkeit.* In der Literatur wird vertreten, die Rechtsprechung des EuGH zur Niederlassungsfreiheit der Gesellschaften finde keine Anwendung auf Personenvereinigungen ohne eigene Rechtspersönlichkeit, wozu aus deutscher Sicht insbesondere die Personenhandelsgesellschaften, die Gesellschaften bürgerlichen Rechts und die nicht rechtsfähigen Vereine gehören.[340] Obwohl auch diese Gesellschaften die EG-Niederlassungsfreiheit genießen, soll sich aus den Formulierungen des EuGH im Überseering-Urteil, insbesondere der englischen Textfassung, ergeben, dass der EuGH keine Aussage zu den Personengesellschaften beabsichtigte.[341] Ergänzend wird darauf hingewiesen, dass die Gründungstheorie in den Mitgliedstaaten der EU stets nur für

---

[333] Vgl. *Forsthoff*, DB 2002, 2471, 2474; *Halbhuber*, ZEuP 2003, 418, 428 f.; *Kallmeyer*, DB 2002, 2521; *Kieninger*, ZEuP 2004, 685, 696 f.; *Hirte*, EWS 2003, 521, 522.

[334] A. A. wohl *Kindler*, NZG 2003, 1086 ff.

[335] Vgl. *Eidenmüller*, ZIP 2002, 2233, 2241; *Hirte*, EWS 2003, 521, 522; a. A. wohl *Baudenbacher/Buschle*, IPRax 2004, 26, 27; mehrfach finden sich in der Literatur auch die generellen Aussagen, die Sitztheorie gelte für EU-Gesellschaften nicht mehr bzw. im Anwendungsbereich der Niederlassungsfreiheit sei jetzt von der Gründungstheorie auszugehen, vgl. *Ebke*, JZ 2003, 927, 930; *Forsthoff*, DB 2002, 2471, der jedoch auf S. 2476 selbst einräumt, dass die Centros- und Überseering-Urteile des EuGH nur eine teilweise Aufgabe der Sitztheorie erfordern; *Kieninger*, ZEuP 2004, 685, 690 f.; Palandt/*Heldrich*, Anh zu EGBGB 12 Rn. 6.

[336] Vgl. z. B. *Drygala*, ZEuP 2004, 337, 352; *Forsthoff*, DB 2002, 2471, 2476 f.

[337] Vgl. BGHZ 154, 185 – Überseering.

[338] Vgl. z. B. OLG Düsseldorf DB 2004, 128, 129, welches ausdrücklich offen ließ, ob „in Fortentwicklung der Rechtsprechungstendenz des EuGH für das Gesellschaftskollisionsrecht Deutschlands und der anderen Mitgliedstaaten eine gemeinschaftsweit geltende Gründungstheorie europarechtlicher Prägung mit der Folge zu gelten hat, dass die Gesellschaftsformen der einzelnen Mitgliedstaaten gemeinschaftsweit unabhängig vom Verwaltungssitz der Gesellschaft selbst dann anzuerkennen sind, wenn der Gründungs- und Wegzugsstaat die Sitztheorie verfolgt."

[339] *Binge/Thölke*, DNotZ 2004, 21, 28, halten es dagegen für sinnvoll, schon zur Vermeidung von Abgrenzungsschwierigkeiten die Gründungstheorie auch auf Nichterwerbsgesellschaften aus anderen Mitgliedstaaten anwenden.

[340] *Leible/Hoffmann*, RIW 2002, 925, 933 f.; *Großerichter*, DStR 2003, 159, 165; a. A. *Binge/Thölke*, DNotZ 2004, 21, 24 f.; *Hausmann* in Reithmann/Martiny, Intern. Vertragsrecht, Rn. 2284 a.

[341] *Leible/Hoffmann*, RIW 2002, 925, 933 f.

juristische Personen, nicht aber für Personengesellschaften gelte. Für Personengesellschaften bleibe daher weiterhin generell eine Sitzanknüpfung zulässig.[342]

(3) Schein-EU-Gesellschaften (pseudo EU corporations). Als „Schein-EU-Gesellschaften" **202** oder „pseudo EU corporations"[343] werden Gesellschaften bezeichnet, die lediglich in einem Mitgliedstaat gegründet wurden, ihren tatsächlichen Verwaltungssitz aber in einem Drittstaat haben, und auch im Übrigen keinen Bezug zur Gemeinschaft aufweisen. In der Literatur wird diskutiert, ob diese Gesellschaften sich auf die EU-Niederlassungsfreiheit berufen können.[344] Gemäß Art. 48 Satz 1 EG genießen alle Gesellschaften Niederlassungsfreiheit, die nach den Rechtsvorschriften eines Mitgliedstaats gegründet wurden und „ihren satzungsmäßigen Sitz, ihre Hauptverwaltung oder ihre Hauptniederlassung innerhalb der Gemeinschaft haben". Damit können sich auch pseudo EU corporations auf die EG-Niederlassungsfreiheit berufen, sofern der Gründungsstaat der Gründungstheorie folgt.[345] Dieses Ergebnis ist von praktischer Bedeutung, falls die Anwendung des deutschen Rechts auf Gesellschaften vermieden werden soll, deren tatsächlicher Verwaltungssitz sich zunächst im Zeitpunkt ihrer Gründung in einem Drittstaat befindet, zu einem späteren Zeitpunkt aber nach Deutschland verlegt werden soll.[346]

(4) Gründung von Auslandsgesellschaften, die von Anfang an ihren tatsächlichen Verwaltungssitz **203** *im Inland haben.* Im Fall Überseering handelte es sich um eine niederländische B.V., die ihren tatsächlichen Verwaltungssitz zunächst in den Niederlanden hatte und dann nach Deutschland verlegte. In den Urteilen zum Fall Überseering haben der EuGH[347] und ihm folgend der BGH[348] entschieden, dass die Niederlassungsfreiheit gebiete, die Überseering B.V. auch nach ihrer Sitzverlegung in Deutschland als solche, d.h. als niederländische B.V. anzuerkennen.[349] Anzuerkennen sind daher zumindest alle Gesellschaften, die in einem der Gründungstheorie folgenden Mitgliedstaat gegründet wurden und nach der Gründung ihren tatsächlichen Verwaltungssitz aus dem Gründungsstaat in einen anderen Mitgliedstaat der EU verlegen.[350]

Damit ist höchstrichterlich noch nicht entschieden, ob eine im Ausland wirksam ge- **204** gründete Gesellschaft mit tatsächlichem Verwaltungssitz im Inland auch dann anzuerkennen ist, wenn sie ihren Verwaltungssitz nicht nach ihrer Gründung ins Inland verlegt, sondern von Anfang an im Inland hatte. In der Literatur ist man überwiegend der Auffassung, die Niederlassungsfreiheit umfasse auch die Gründung einer Auslandsgesellschaft, die von Anfang an ihren tatsächlichen Verwaltungssitz im Inland hat.[351] Diese Auffassung, der sich auch das OLG Frankfurt a.M. angeschlossen hat,[352] ist im Grundsatz zutreffend. Sie setzt aber voraus, dass das Recht des Gründungsstaats die Gründung einer Gesellschaft mit tatsächlichem Verwaltungssitz im Ausland zu-

---

[342] *Leible/Hoffmann,* RIW 2002, 925, 933f.

[343] *Leible/Hoffmann,* RIW 2002, 925, 932; *Hausmann* in Reithmann/Martiny, Intern. Vertragsrecht, Rn. 2284.

[344] *Leible/Hoffmann,* RIW 2002, 925, 932.

[345] *Hausmann* in Reithmann/Martiny, Intern. Vertragsrecht, Rn. 2284; *Leible/Hoffmann,* RIW 2002, 925, 932f.

[346] Vgl. oben Rn. 54ff. und 171.

[347] EuGHE 2002, 9943 – Überseering.

[348] BGHZ 154, 185 (= NJW 2003, 1461).

[349] In der Literatur wird dies vereinzelt für nicht notwendig erachtet, vgl. *Leible/Hoffmann,* RIW 2002, 925, 929.

[350] Vgl. oben Rn. 174.

[351] *Halbhuber,* ZEuP 2003, 418, 435; *Horn,* NJW 2004, 893, 894; *Eidenmüller,* ZIP 2002, 2233, 2243; *Weller,* IPRax 2003, 324, 327; *Baudenbacher/Buschle,* IPRax 2004, 26, 29; *Leible/Hoffmann,* RIW 2002, 925, 929ff.; a.A. *Kindler,* NJW 2003, 1073, 1078; *ders.,* IPRax 2003, 41f.; aus der Zeit vor dem Überseering-Urteil des EuGH: *Kieninger,* ZGR 1999, 724, 728ff.; *Zimmer,* ZHR 164 (2000), 23, 40f.

[352] OLG Frankfurt a.M. IPRax 2004, 56, 58.

lässt,[353] und zwar sowohl kollisionsrechtlich, indem der Gründungsstaat der Gründungstheorie folgt, als auch sachrechtlich.

205 Da diese Auffassung noch nicht höchstrichterlich bestätigt ist, sollte man in der Praxis das Risiko einer möglicherweise abweichenden Auffassung der (Instanz-)Gerichte vermeiden, was sehr einfach möglich ist: Wenn im Zeitpunkt der Gründung die Gesellschaft ihren tatsächlichen Verwaltungssitz im ausländischen Gründungsstaat hat, kann dieser unmittelbar danach ins Inland verlegt werden. Eine solche Sitzverlegung ist von der Niederlassungsfreiheit umfasst und auch nicht missbräuchlich;[354] die im Ausland wirksam gegründete Gesellschaft ist dann unstreitig im Inland anzuerkennen.

206 *(5) Zuzug (Verlegung des tatsächlichen Verwaltungssitzes ins Inland) von Gesellschaften aus Mitgliedstaaten, die der Sitztheorie folgen.* In der Literatur wird vielfach die Auffassung vertreten, die Gründungstheorie gelte in jedem Zuzugsfall, d. h. in jedem Fall, in dem eine in einem anderen Mitgliedstaat gegründete Gesellschaft ihren tatsächlichen Verwaltungssitz nach Deutschland verlegt.[355] Richtigerweise ist dagegen nach dem derzeitigen Stand der Rechtsprechung zwischen dem Zuzug aus Staaten, die der Gründungstheorie folgen und dem Zuzug aus Staaten, die der Sitztheorie folgen zu differenzieren.

207 Im Fall des Zuzugs einer Gesellschaft, die in einem der Gründungstheorie folgenden Mitgliedstaat wirksam gegründet wurde, hat die Verlegung des tatsächlichen Verwaltungssitzes nach Deutschland nach dem Recht dieses Gründungsstaats keine Auswirkungen auf das Gesellschaftsstatut der Gesellschaft. Nach dem Gründungsrecht behält die Gesellschaft die ihr in ihrem Gründungsstaat zuerkannte Rechtspersönlichkeit. Die Niederlassungsfreiheit verpflichtet den Aufnahmestaat, die nach ihrem Gründungsrecht fortbestehende Gesellschaft als solche anzuerkennen. In diesem Fall gilt daher unstreitig die Gründungstheorie, weil damit dem Geltungsanspruch des Rechts des Gründungsstaates Rechnung getragen wird.

208 Folgt jedoch der Wegzugsstaat der Sitztheorie, dann steht die bisherige Rechtsprechung des EuGH einer weiteren Anwendung der Sitztheorie durch den Zuzugsstaat nicht entgegen.[356] Nach ganz herrschender Meinung lässt die Rechtsprechung des EuGH zu, dass die Mitgliedstaaten im Fall des Wegzugs von Gesellschaften, die ihrem Recht unterliegen, weiterhin die Sitztheorie anwenden.[357] Wendet der Wegzugsstaat ebenso wie der Zuzugsstaat die Sitztheorie an, führt die Verlegung des tatsächlichen Verwaltungssitzes über die Grenze zu einem Statutenwechsel und damit nach dem Recht des Wegzugsstaats zur Auflösung der Gesellschaft. Die dem Recht des Wegzugsstaates unterliegende Gesellschaft besteht dann als solche nicht fort. Bei genauer Betrachtung liegt in einem solchen Fall aus der Sicht des Aufnahmestaates rechtlich gesehen gar kein Zuzug vor, sondern eine Neugründung (ohne Wahrung der Identität).[358]

209 Wendet der Zuzugsstaat dagegen die Gründungstheorie an, ist ein identitätswahrender Zuzug auch aus einem der Sitztheorie folgenden Staat möglich. Das Recht des Wegzugsstaats würde zwar zunächst auf das Recht des Zuzugsstaats verweisen; das Recht des Zuzugsstaats würde dann jedoch auf das Recht des Gründungsstaates weiter- oder rückverweisen, wobei Wegzugsstaat und Gründungsstaat nicht notwendigerweise identisch sind.

---

[353] OLG Frankfurt a. M. IPRax 2004, 56, 58; *Halbhuber,* ZEuP 2003, 418, 435.

[354] Vgl. EuGHE 1999, 1484, 1494 – Centros, Rn. 30; EuGH EuZW 2003, 687, 692 – Inspire Art, Rn. 95.

[355] Vgl. *Bayer,* BB 2004, 1, 4; *ders.,* BB 2003, 2357, 2363; *Behrens,* IPRax 2003, 193, 203; *Graf von Bernstorff,* RIW 2004, 498; *Wertenbruch,* NZG 2003, 618, 619; *Drygala,* EWiR 2003, 1029, 1030; wohl auch *ders.,* ZEuP 2004, 337, 346 und wohl auch *Binge/Thölke,* DNotZ 2004, 21 ff.; *Großerichter,* DStR 2003, 159, 165 f.

[356] Vgl. OLG Frankfurt a. M. IPRax 2004, 56, 59; *Horn,* MittBl. DAV Internationaler Rechtsverkehr 2/2003, 23, 25; *ders.,* NJW 2004, 893, 896 f.; *Leible/Hoffmann,* RIW 2002, 925, 931 ff.; *Graf von Bernstorff,* RIW 2004, 498, 501; *Hausmann* in Reithmann/Martiny, Intern. Vertragsrecht, Rn. 2288; *Kallmeyer,* DB 2002, 2521, 2522; *Horn,* NJW 2004, 893, 896.

[357] Vgl. unten Rn. 212 ff. und 468 ff.

[358] Vgl. *Kallmeyer,* DB 2002, 2521.

Ob das deutsche Recht im Fall eines Zuzugs einer Gesellschaft aus einem anderen der **210** Sitztheorie folgenden Mitgliedstaat der EU die Sitz- oder die Gründungstheorie anwenden wird, ist derzeit offen und letztlich eine rechtspolitische Frage. Solange durch gesetzliche Regelung oder Rechtsprechung kein Wechsel zur Gründungstheorie erfolgt, ist davon auszugehen, dass auch insoweit die Sitztheorie weiterhin anzuwenden ist.

(6) Wegzug (Verlegung des tatsächlichen Verwaltungssitzes ins Ausland). Das nationale deut- **211** sche Recht sowie das nationale Recht einiger anderer Mitgliedstaaten der EU lässt bisher nicht zu, dass der tatsächliche Verwaltungssitz der nach ihrem Recht gegründeten Gesellschaften unter Beibehaltung ihrer rechtlichen Identität ins Ausland verlegt wird. Automatische Rechtsfolge der Sitzverlegung soll vielmehr die Auflösung der Gesellschaft sein. In der Literatur wird intensiv diskutiert, ob diese nationalen Wegzugsbeschränkungen mit der Niederlassungsfreiheit und der neueren Rechtsprechung des EuGH vereinbar und rechtspolitisch sinnvoll sind.[359]

Die deutschen Gerichte, die sich mit dieser Frage bisher beschäftigt haben, sowie die **212** wohl überwiegende Literatur sind der Auffassung, dass die bisherige Rechtsprechung des EuGH den Wegzugsbeschränkungen nicht entgegen steht, sondern diese nach dem derzeitigen Willen des EuGH nach wie vor zulässig sind.[360] Dies wird insbesondere dem Überseering-Urteil[361] entnommen, welches auf Aussagen des Daily Mail-Urteils Bezug nimmt, ohne die darin getroffenen Aussagen zur Zulässigkeit von Wegzugsbeschränkungen einzuschränken.[362] Dazu gehören vor allem die Feststellungen, dass „eine aufgrund einer nationalen Rechtsordnung gegründete Gesellschaft jenseits der nationalen Rechtsordnung, die ihre Gründung und ihre Existenz regelt, keine Realität hat",[363] „dass sich die Möglichkeit für eine nach dem Recht eines Mitgliedstaats gegründete Gesellschaft, ihren satzungsmäßigen Sitz oder ihren tatsächlichen Verwaltungssitz in einen anderen Mitgliedstaat zu verlegen, ohne die ihr durch die Rechtsordnung des Gründungsmitgliedstaats zuerkannte Rechtspersönlichkeit zu verlieren, und gegebenenfalls die Modalitäten dieser Verlegung nach den nationalen Rechtsvorschriften beurteilen, nach denen diese Gesellschaft gegründet worden ist"[364] und „dass ein Mitgliedstaat die Möglichkeit hat, einer nach seiner Rechtsordnung gegründeten Gesellschaft Beschränkungen hinsichtlich der Verlegung ihres tatsächlichen Verwaltungssitzes aus seinem Hoheitsgebiet aufzuerlegen, damit sie die ihr nach dem Recht dieses Staates zuerkannte Rechtspersönlichkeit beibehalten kann."[365] Unter Berufung auf die genannten Aussagen des EuGH und zum Teil auch unabhängig davon ist die wohl überwiegende Literatur nach wie vor der Auffassung, Wegzugsbeschränkungen bzw. die Anwendung der Sitztheorie auf Wegzugsfälle seien mit der Niederlassungsfreiheit grundsätzlich vereinbar.[366]

---

[359] Vgl. dazu auch unten Rn. 211 ff. und 468 ff.

[360] Vgl. BayObLG ZIP 2004, 806, 807; BFH NZG 2003, 646, 648; *Lutter*, BB 2003, 7, 10; *Rieger*, ZGR 2004, 510, 528; *Drygala*, EWiR 2003, 1029, 1030; *Dubovizkaja*, GmbHR 2003, 694, 696; *Triebel/von Hase*, BB 2003, 2409, 2411; ebenso wohl *Bayer*, BB 2003, 2357, 2363; *Eidenmüller*, JZ 2004, 24, 29; *Eidenmüller/Rehm*, ZGR 2004, 159, 176 ff.; *Forsthoff*, DB 2002, 2471, 2474; *Zimmer*, NJW 2003, 3585, 3592.

[361] Vgl. EuGHE 2002, 9942, 9965 ff. – Überseering Rn. 61 ff.

[362] Das BayObLG ZIP 2004, 806, 807 wertet dies als zumindest indirekte Bestätigung des Daily Mail-Urteils.

[363] EuGHE 2002, 9943, 9967 – Überseering Rn. 67.

[364] EuGHE 2002, 9943, 9967 f. – Überseering Rn. 70 Satz 1.

[365] EuGHE 2002, 9943, 9968 – Überseering Rn. 70 Satz 2.

[366] Vgl. *Binz/Mayer*, GmbHR 2003, 249, 255; *Kallmeyer*, DB 2002, 2521, 2522; *ders.*, DB 2004, 636 *Horn*, NJW 2004, 893, 897; *Eidenmüller*, ZIP 2002, 2233, 2242 f.; *Binge/Thölke*, DNotZ 2004, 21. 27; *Schuster/Binder*, WM 2004, 1665, 1666 f.; *Stieb*, GmbHR 2004, 492, 493; vgl. Eidenmüller/Rehm, Ausländische Kapitalgesellschaften im deutschen Recht, § 2 Rn. 87; sowie die Nachweise in Fn. 468 ff.; vgl. dazu auch unten Rn. 342.

213   Andere sind dagegen der Auffassung, den neueren EuGH Urteilen könne nicht entnommen werden, dass Wegzugsbeschränkungen weiterhin zulässig sein sollen[367] oder sind unabhängig von diesen Urteilen der Meinung, Wegzugsbeschränkungen bzw. die von der Sitztheorie aufgestellten Wegzugsschranken seien mit der Niederlassungsfreiheit grundsätzlich nicht vereinbar.[368]

214   Fest steht, dass der EuGH seit dem Daily Mail-Urteil über die Zulässigkeit von gesellschaftsrechtlichen Wegzugsbeschränkungen nicht zu entscheiden hatte und seine seitherigen Urteile auch keine ausdrückliche Aussage dazu enthalten,[369] diese aber der Zulässigkeit nationaler Wegzugsbeschränkungen auch nicht entgegen stehen.[370] Dies gilt auch für die Entscheidung des EuGH „Hughes de Lasteyrie du Saillant" vom 11. 3. 2004.[371] Diese Entscheidung befasste sich ausschließlich mit steuerlichen Wegzugsbeschränkungen. In ihr wird das Daily Mail-Urteil nicht erwähnt und es enthält weder unmittelbar noch mittelbar Aussagen zur Zulässigkeit gesellschaftsrechtlicher Wegzugsbeschränkungen.[372] Bis zu einer eindeutigen Entscheidung des EuGH ist daher von der Fortgeltung der im Überseering-Urteil zitierten Aussagen des Daily Mail-Urteils und damit der grundsätzlichen Zulässigkeit von Wegzugsbeschränkungen – einschließlich der Anwendung der Sitztheorie auf Wegzugsfälle – auszugehen. Ob dies rechtspolitisch sinnvoll ist, ist eine andere Frage.[373]

215   **cc) Geltung der Einheitslehre – Sonderanknüpfungen.** *(1) Grundsatz der einheitlichen Anwendung des ausländischen Gesellschaftsstatuts auf ausländische Gesellschaften mit tatsächlichem Verwaltungssitz im Inland.* Verlegt eine nach dem Recht eines Mitgliedstaats wirksam gegründete Gesellschaft ihren tatsächlichen Verwaltungssitz in einen anderen Mitgliedstaat, so gebietet die EU-Niederlassungsfreiheit, dass der Zuzugstaat die Gesellschaft als solche, d.h. unter Wahrung ihrer Identität als Gesellschaft ausländischen Rechts, anerkennt.[374] Dies gilt zumindest dann, wenn die Sitzverlegung nach dem Recht des Gründungsstaats nicht zur Auflösung der Gesellschaft führt.[375] Noch nicht abschließend geklärt und in der Literatur umstritten ist, was „Anerkennung" bedeutet und ob und in welchem Umfang der Zuzugstaat anordnen kann, dass auf die zugezogene Gesellschaft sein nationales Recht Anwendung findet.

216   Ein Teil der Literatur ist der Auffassung, die zugezogene Gesellschaft sei zwar anzuerkennen, dies bedeute jedoch nicht, dass auf sie das ausländische Recht ihres Gründungsstaats als Gesellschaftsstatut anzuwenden sei. Vielmehr finde in Deutschland die so ge-

---

[367] Vgl. Palandt/*Heldrich,* Anh zu EGBGB 12 Rn. 7 m.w.N.; *Ziemons,* ZIP 2003, 1913, 1919; *Kieninger,* ZEuP 2004, 685, 694 f.

[368] Vgl. *Wachter,* EWiR 2004, 375, 376; *Ziemons,* ZIP 2003, 1913, 1919; *Wertenbruch,* NZG 2003, 618, 619 f.; *Mankowski,* RIW 2004, 481, 484.

[369] Vgl. *Kallmeyer,* DB 2004, 636.

[370] Vgl. *Kieninger,* ZEuP 2004, 685, 694.

[371] EuGH EuZW 2004, 273 (= GmbHR 2004, 504 = ZIP 2004, 662; auszugsweise auch veröffentlich in NJW 2004, 2439); vgl. dazu *Kleinert/Probst,* NJW 2004, 2425; *Meilicke,* GmbHR 2004, 511; *Korsten/Bieniek,* EWiR 2004, 801.

[372] Vgl. *Stieb,* GmbHR 2004, 492, 493; *Korsten/Bieniek,* EWiR 2004, 801, 802; a.A. *Mankowski,* RIW 2004, 481, 485; für *Wachter,* GmbHR, GmbH-Report 2004 R 161, R 162, spricht nach der Entscheidung Lasteyrie du Saillant „viel dafür, dass der EuGH nationale Bestimmungen, die den Wegzug einer in einem Mitgliedstaat wirksam errichteten Gesellschaft in einen anderen Mitgliedstaat generell verhindern, heute als sachlich nicht gerechtfertigte Beschränkung der Niederlassungsfreiheit ansehen würde".

[373] In der Literatur wird dies nahezu einhellig bezweifelt, vgl. *Großerichter,* DStR 2003, 159, 164 f.; *Eidenmüller,* ZIP 2002, 2233, 2242 f.; *ders.,* JZ 2004, 24, 29; *Bayer,* BB 2003, 2357, 2363; *Zimmer,* NJW 2003, 3585, 3592; *Lutter,* BB 2003, 7, 10; *Dubovizkaja,* GmbHR 2003, 694, 696; *Kallmeyer,* DB 2004, 636; *Triebel/von Hase,* BB 2003, 2409, 2411.

[374] Vgl. oben Rn. 195 und 207 ff.

[375] Vgl. oben Rn. 208 und 211 ff.

nannte Einheitslehre[376] auf ausländische Gesellschaften mit tatsächlichem Verwaltungssitz im Inland keine Anwendung; die Sitztheorie bzw. eine an den tatsächlichen Verwaltungssitz anknüpfende Kollisionsregel bleibe für die Bestimmung des Gesellschaftsstatuts außerhalb der Anerkennung maßgeblich.[377] Diese Literaturmeinung kommt damit zum Ergebnis, dass auf die Scheinauslandsgesellschaft trotz ihrer „Anerkennung" deutsches (Gesellschafts-)Recht zur Anwendung kommt.

Diese Auffassung ist mit der Rechtsprechung des EuGH unvereinbar. Die EU-Nie-   **217** derlassungsfreiheit gebietet, die zugezogene Gesellschaft in Deutschland identitätswahrend als Gesellschaft ausländischen Rechts anzuerkennen. Nicht nur die Gründung, sondern auch die Existenz einer Gesellschaft bestimmt sich grundsätzlich nach der nationalen Rechtsordnung ihres Gründungsstaats.[378] Die Anwendung des nationalen Gesellschaftsrechts des Zuzugsstaats auf die zugezogene Gesellschaft ausländischen Rechts stellt eine Beeinträchtigung der Niederlassungsfreiheit dar.[379] Die Beeinträchtigung ist unzulässig, falls es dafür keinen ausreichenden Rechtfertigungsgrund gibt.[380] Für die grundsätzliche Anwendung des deutschen Gesellschaftsrechts auf Scheinauslandsgesellschaften gibt es keine generelle Rechtfertigung; eine davon zu unterscheidende Frage ist es, ob die Anwendung einzelner Vorschriften im Wege von Sonderanknüpfungen gerechtfertigt ist. An der Hürde der erforderlichen Rechtfertigung scheitert auch die Anwendung der „Überlagerungstheorie", nach der das ausländische Gesellschaftsstatut generell durch zwingende Vorschriften des deutschen Sitzrechts überlagert werden soll.[381] Auf die in einem EU-Mitgliedstaat wirksam gegründete ausländische Gesellschaft mit tatsächlichem Verwaltungssitz in Deutschland findet daher im Grundsatz das ausländische Recht des Gründungsstaats als einheitliches Gesellschaftsstatut Anwendung;[382] Ausnahmen bedürfen der Rechtfertigung.

(2) Rechtfertigung von Sonderanknüpfungen oder Sondervorschriften. In der Literatur wurde   **218** insbesondere vor der Inspire Art-Entscheidung des EuGH empfohlen, die Anwendung des deutschen Sachrechts auf ausländische Gesellschaften mit tatsächlichem Verwaltungssitz in Deutschland durch eine Vielzahl von Sonderanknüpfungen herbeizuführen.[383] Voraussetzung für die Zulässigkeit jeder Sonderanknüpfung ist ihre Vereinbarkeit mit den Vorgaben der EU-Niederlassungsfreiheit und der dazu ergangenen Rechtsprechung des EuGH. Dies gilt auch für die getrennte Anknüpfung von Sachnormen des nationalen Rechts, die nicht gesellschaftsrechtlich zu qualifizieren sind. D.h. auch die Anwendung von zum Beispiel insolvenzrechtlichen oder deliktischen Normen muss mit der Niederlassungsfreiheit vereinbar sein.[384]

Spätestens seit der Inspire Art-Entscheidung des EuGH steht fest, dass die Anforderun-   **219** gen an eine Rechtfertigung von Sonderanknüpfungen oder Sondervorschriften für auslän-

---

[376] Vgl. dazu oben Rn. 21 ff.

[377] Vgl. *Großfeld*, RIW 2002, Heft 12 Seite I; *Altmeppen/Wilhelm*, DB 2004, 1083, 1085 f.; *Altmeppen*, NJW 2004, 97, 98 ff.; wohl auch *Hirte*, EWS 2003, 521, 522.

[378] Vgl. EuGHE 2002, 9943, 9967 – Überseering, Rn. 67; EuGHE 1988, 5505, 5511 – Daily Mail, Rn. 19.

[379] Vgl. EuGH EuZW 2003, 687, 693 – Inspire Art, Rn. 99 ff.

[380] Vgl. EuGH EuZW 2003, 687, 693 – Inspire Art, Rn. 106 ff.

[381] Ebenso der Begründer der Überlagerungstheorie, *Sandrock*, ZvglRWiss 102 (2003), 447 ff.; vgl. auch *Ebke*, JZ 2003, 927, 932; *Drygala*, ZEuP 2004, 337, 346; *Horn*, NJW 2004, 893, 896; *Kieninger*, ZEuP 2004, 685, 691.

[382] Vgl. *Palandt/Heldrich*, Anh zu EGBGB 12 Rn. 7 m.w.N.; *Graf von Bernstorff*, RIW 2004, 498 ff.; *Horn*, NJW 2004, 893, 897; *Kieninger*, ZEuP 2004, 685, 691 m.w.N., *Kallmeyer*, DB 2002, 2521, 2522; Vgl. *Eidenmüller/Eidenmüller*, Ausländische Kapitalgesellschaften im deutschen Recht, § 3 Rn. 1.

[383] Vgl. *Forsthoff*, DB 2002, 2471, 2476; *Geyrhalter/Gänßler*, NZG 2003, 409, 413; *Großerichter*, DStR 2003, 159, 168.

[384] Vgl. *Kieninger*, ZEuP 2004, 685, 697; Eidenmüller/*Eidenmüller*, Ausländische Kapitalgesellschaften im deutschen Recht, § 3 Rn. 8 f.; *ders.*, NJW 2005, 1618, 1620 f.

dische Gesellschaften mit tatsächlichem Verwaltungssitz im Inland sehr hoch sind.[385] Für Sonderanknüpfungen und Sonderregelungen bleibt damit kaum Raum.[386]

220   Möglich bleiben Sonderanknüpfungen wohl insbesondere dann, wenn die Verlegung des tatsächlichen Verwaltungssitzes der ausländischen Gesellschaft ins Inland dazu führt, dass (Schutz-)Vorschriften des entsprechenden ausländischen Rechts nicht mehr zur Anwendung kommen, weil sie einen tatsächlichen Sitz im Ausland voraussetzen. In einem solchen Fall stehen der Anwendung entsprechender (Schutz-)Vorschriften des deutschen Rechts keine Einwände entgegen.

221   Sonderanknüpfungen für Vorschriften über Mindestkapital, Kapitalaufbringung, Kapitalerhaltung und eigenkapitalersetzende Gesellschafterleistungen sind unzulässig.[387] Die Zulässigkeit von Sonderanknüpfungen für Vorschriften über die Haftung wegen Existenzvernichtung und die unternehmerische Mitbestimmung ist zweifelhaft.[388]

222   **dd) Wettbewerb der Gesellschaftsrechte, Vor- und Nachteile der englischen Ltd.; Reformbedarf für das deutsche Gesellschaftsrecht.** Es dürfte unstreitig sein, dass die vom EuGH umgesetzte Niederlassungsfreiheit die Voraussetzungen für einen Wettbewerb der nationalen Gesellschaftsrechte der Mitgliedstaaten der EU geschaffen hat.[389] Bei Gründung einer Gesellschaft besteht nunmehr in gewissem Umfang die Freiheit, das für die Gesellschaft maßgebliche Gesellschaftsstatut auszuwählen. Zur Wahl stehen außer dem Recht des Mitgliedstaates, in dem die Gesellschaft ihren tatsächlichen Sitz haben soll, zumindest noch die Rechte aller Mitgliedstaaten, die der Gründungstheorie folgen.

223   Diese Rechtswahlfreiheit wird in der Praxis wohl zunehmend genutzt. Vor allem die englische *Private Companies Limited by Shares (Ltd.)* wird für eine attraktive Gesellschaftsform und interessante Alternative zur Wahl einer deutschen Kapitalgesellschaft gehalten.[390] In der Literatur wird berichtet, die Zahl der Gründung englischer *Ltds.* mit tatsächlichem Verwaltungssitz in Deutschland habe erheblich zugenommen.[391] Verlässliche Angaben hierüber liegen jedoch nicht vor.

224   In der deutschen Literatur wird inzwischen auch vielfach die englische *Ltd.* in Aufsätzen, Buchbeiträgen oder Monographien mehr oder weniger ausführlich dargestellt[392] und

---

[385] Zu den Möglichkeiten und Voraussetzungen einer Rechtfertigung vgl. oben Rn. 197; eine weitergehende Rechtfertigung wird von der von der EU Kommission eingesetzten „High Level Group of Experts on Company Law" in ihrem Bericht vom 4. 11. 2002 für sachgerecht erachtet, vgl. „Bericht der hochrangigen Gruppe von Experten auf dem Gebiet des Gesellschaftsrechts über moderne gesellschaftsrechtliche Rahmenbedingungen in Europa", http://europa.eu.int/comm/internal_market/eu/company/company/modern/consult/report_de.pdf , S. 20, 112 ff.; ebenso und in der Tendenz vielleicht noch weitergehend die „Group of German Experts on Corporate Law" in ihrer Stellungnahme zum Bericht der High Level Group of Experts on Company Law, ZIP 2003, 863, 876 f.; vgl. dazu auch *Drygala,* ZEuP 2004, 337, 344 ff.

[386] Vgl. *Kleinert/Probst,* DB 2003, 2217, 2218; *Mankowski,* RIW 2004, 481, 483; *Heckschen,* GmbHR 2004, S. R 25; *Palandt/Heldrich,* Anh zu EGBGB 12 Rn. 8; *Horn,* NJW 2004, 893, 898 f.

[387] Vgl. dazu Rn. 312 ff. zu Kapitalausstattung und Kapitalersatz.

[388] Vgl. dazu Rn. 299 ff. (zur Mitbestimmung) und Rn. 339 ff. (zur Haftung wegen Existenzvernichtung).

[389] Vgl. *Horn,* NJW 2004, 893, 900 f.; *Heckschen,* GmbHR 2004, S. R 25; *Binge/Thölke,* DNotZ 2004, 21, 30; *Eidenmüller/Eidenmüller,* Ausländische Kapitalgesellschaften im deutschen Recht, § 1 Rn. 10 ff.

[390] Vgl. *Halbhuber,* ZEuP 2003, 418, 436; *Eidenmüller/Eidenmüller,* Ausländische Kapitalgesellschaften im deutschen Recht, § 1 Rn. 15, der eine dominante Position der Gesellschaftsrechte des Vereinigten Königreichs sowie der Republik Irland erwartet.

[391] Vgl. *Hirte,* EWS 2003, 521, 522; *Kleinert/Probst,* DB 2003, 2217, 2218.

[392] Vgl. *Graf von Bernstorff,* RIW 2004, 498 ff.; *Heinz,* Die englische Limited; *Eidenmüller/Rehm,* Ausländische Kapitalgesellschaften im deutschen Recht, § 10 Rn. 1 ff.; *Kasolowsky* in Hirte/Bücker, Grenzüberschreitende Gesellschaften, § 4; *Wachter,* GmbHR 2004, 88 ff.; weitere Nachweise bei *Kieninger,* ZEuP 2004, 685, 702 Fn. 110; vgl. auch die Darstellung zum englischen Gesellschaftsrecht unten Rn. 1124 ff., 1131 ff.

die tatsächlichen oder vermeintlichen Vor- und Nachteile von englischer *Ltd.* und deutscher GmbH verglichen.[393] Als Vorteile werden genannt: ihre kostengünstige Gründung, die schnelle und unbürokratische Gründung,[394] kein Mindestkapitalerfordernis und keine Einlagepflicht,[395] eine weitgehende Freiheit bei der Gestaltung der Gesellschaftsstruktur,[396] die Unanwendbarkeit der deutschen Regeln über die unternehmerischen Mitbestimmung[397] und die Übertragbarkeit der Anteile ohne die Notwendigkeit einer notariellen Beurkundung.[398] Die meisten Autoren kommen letztlich aber zu einem für die *Ltd.* ernüchternden Ergebnis. Die Kosten der Gründung einer GmbH seien geringer als die Kosten der Gründung einer *Ltd.* in England,[399] eine *Ltd.* sei auch nicht schneller zu erhalten als eine Vorrats-GmbH,[400] die laufenden Kosten einer *Ltd.* seien deutlich höher als die einer GmbH,[401] auch der Beratungsaufwand sei im Fall der *Ltd.* höher,[402] im Bereich der Organisationsverfassung bestehe ein eindeutiger Nachteil der *Ltd.*,[403] außerordentliche Probleme bereiteten die Vertretungsnachweise einer *Ltd.*, während ein deutscher Handelsregisterauszug eine „Wohltat" sei,[404] an die Stelle der Kapitalaufbringung trete bei der *Ltd.* in bestimmten Fällen eine im Vergleich zur GmbH schärfere Haftung der Gesellschafter und Geschäftsführer,[405] es bestehe die Gefahr, dass der deutsche Unternehmer die Nachteile des ausländischen Gesellschaftsrechts nicht durchschaue und deshalb die Wahl der ausländischen Rechtsform zur Haftungsfalle werde[406] und das negative Image der *Ltd.*[407] bzw. die Skepsis der potenziellen Vertragspartner könne dazu führen, dass diese auf eine geschäftlichen Kontakt mit der *Ltd.* lieber verzichten.[408] Im Ergebnis wird damit deutlich, dass sich kein eindeutiger Vorteil für die *Ltd.* gegenüber der GmbH feststellen lässt.[409]

Möchte man die Wettbewerbsfähigkeit der deutschen Gesellschaftsformen und des **225** deutschen Gesellschaftsrechts stärken, liegt es nahe, die erkannten Nachteile der deutschen GmbH und der Aktiengesellschaft zu beseitigen. Die wohl wichtigsten Nachteile sind das deutsche System des Kapitalschutzes und Eigenkapitalersatzes, die unternehmerische Mitbestimmung und die große Zahl zwingender Vorschriften, insbesondere im Aktienrecht, die maßgeschneiderten Gesellschaftsstrukturen entgegenstehen. Soweit möglich, wäre es vorzugswürdig, diese Nachteile durch eine weitere Vereinheitlichung des Gesellschaftsrechts auf europäischer Ebene zu beseitigen. Wünschenswert wäre insbesondere eine europäische Lösung der Mitbestimmungsproblematik und ein einheitliches Kapitalschutzsystem

---

[393] *Kallmeyer*, DB 2004, 636 ff.; *Binge/Thölke*, DNotZ 2004, 21, 30 ff.; *Schall*, ZIP 2005, 965 ff.

[394] *Eidenmüller/Rehm*, Ausländische Kapitalgesellschaften im deutschen Recht, § 10 Rn. 3.

[395] *Kallmeyer*, DB 2004, 636 f.; *Eidenmüller/Rehm*, Ausländische Kapitalgesellschaften im deutschen Recht, § 10 Rn. 3; zweifelnd *Kiem* in Gesellschaftsrecht in der Diskussion 1999, S. 199, 207 f.

[396] *Eidenmüller/Rehm*, Ausländische Kapitalgesellschaften im deutschen Recht, § 10 Rn. 3; *Kiem* in Gesellschaftsrecht in der Diskussion 1999, S. 199, 208 f., hält diesen Vorteil für „eher gering".

[397] *Kallmeyer*, DB 2004, 636, 638; *Kiem* in Gesellschaftsrecht in der Diskussion 1999, S. 199, 209, der diesen Vorteil jedoch für „überschaubar" hält.

[398] *Kallmeyer*, DB 2004, 636, 638.

[399] *Binge/Thölke*, DNotZ 2004, 21, 30 f.

[400] *Binge/Thölke*, DNotZ 2004, 21, 31.

[401] *Binge/Thölke*, DNotZ 2004, 21, 31 f.

[402] *Binge/Thölke*, DNotZ 2004, 21, 32; *Eidenmüller/Rehm*, Ausländische Kapitalgesellschaften im deutschen Recht, § 10 Rn. 3; *Heckschen*, GmbHR 2004, S. R 25; *Kallmeyer*, DB 2004, 636; *Kiem* in Gesellschaftsrecht in der Diskussion 1999, S. 199, 211.

[403] *Kallmeyer*, DB 2004, 636, 638.

[404] *Kiem* in Gesellschaftsrecht in der Diskussion 1999, S. 199, 207, 211 f.

[405] *Graf von Bernstorff*, RIW 2004, 498, 502.

[406] *Drygala*, ZEuP 2004, 337, 356.

[407] *Graf von Bernstorff*, RIW 2004, 498, 502.

[408] *Eidenmüller/Rehm*, Ausländische Kapitalgesellschaften im deutschen Recht, § 10 Rn. 3.

[409] Vgl. *Kallmeyer*, DB 2004, 636, 639, der zu dem Ergebnis gelangt, dass sich die Vor- und Nachteile von *Ltd.* und GmbH die Waage halten.

auch für Kapitalgesellschaften, bei denen es sich nicht um Aktiengesellschaften handelt[410] sowie die Schaffung einer „genuin europäischen kleinen Kapitalgesellschaft".[411] Sofern und solange diese weiteren Schritte zu einer Vereinheitlichung der Gesellschaftsrechte in Europa nicht erfolgen, sollte der deutsche Gesetzgeber die wesentlichen Nachteile des deutschen Kapitalgesellschaftsrecht im Wege der Deregulierung beseitigen oder reduzieren. Dazu sollte eine vorsichtige Deregulierung des Kapitalschutzrechtes[412] (insbesondere die Abkehr vom Konzept des Mindestkapitals)[413] und der Abbau zwingender Vorschriften bzw. das Zulassen einer größere Gestaltungsfreiheit, insbesondere im Aktienrecht,[414] gehören. In einem ersten Schritt sollte das Mindestkapital der GmbH auf 10 000 Euro abgesenkt werden. Den entsprechenden Gesetzentwurf nahm der Bundestag jedoch im Juni 2005 wegen der sich abzeichnenden Bundestagwahl von der Tagesordnung.[415]

226   Andere Mitgliedstaaten der EU haben bereits begonnen, ihre nationalen Gesellschaftsrechte zu reformieren und zu verschlanken. So hat zum Beispiel Frankreich durch ein Gesetz vom 5. 8. 2003 die Mindestanforderungen an die SARL weitgehend reduziert.[416] Dem bereits begonnenen Wettbewerb der nationalen Gesellschaftsrechte wird sich Deutschland nicht entziehen können. Der häufig befürchtete *race to the bottom*[417] sollte durch Regelungen auf europäischer Ebene verhindert bzw. begrenzt werden.

III. Sonderregeln für Gesellschaften aus Mitgliedstaaten des Europäischen Wirtschaftsraums (EWR)

227   Gemäß Art. 31 i. V. m. Art. 34 EWR-Abkommen[418] gilt die Niederlassungsfreiheit auch für Gesellschaften, die nach den Rechtsvorschriften eines EFTA-Staates gegründet wurden und ihren satzungsmäßigen Sitz, ihre Hauptverwaltung oder ihre Hauptniederlassung im Hoheitsgebiet der Vertragsparteien haben. Diese Niederlassungsfreiheit genießen (ebenso wie die Niederlassungsfreiheit des EG-Vertrags)[419] alle „Gesellschaften des bürgerlichen Rechts und des Handelsrechts einschließlich der Genossenschaften und die sonstigen juristischen Personen des öffentlichen und privaten Rechts mit Ausnahme derjenigen, die keinen Erwerbszweck verfolgen."[420]

228   Die vom EWR-Abkommen gewährte Niederlassungsfreiheit entspricht grundsätzlich der Niederlassungsfreiheit des EG-Vertrags.[421] Einschränkungen der Niederlassungsfreiheit können sich aus Art. 32 und 33 EWR-Abkommen ergeben. Praktische Bedeutung kann dabei allenfalls ausnahmsweise Art. 33 EWR-Abkommen zukommen, der anordnet, dass

---

[410] So z. B. auch *Bayer*, BB 2003, 2357, 2365 f.

[411] Eidenmüller/*Rehm*, ZGR 2004, 159, 186, vgl. auch Eidenmüller/*Eidenmüller*, Ausländische Kapitalgesellschaften im deutschen Recht, § 1 Rn. 23.

[412] *Kieninger*, ZEuP 2004, 685, 704; vgl. auch Eidenmüller/*Eidenmüller*, Ausländische Kapitalgesellschaften im deutschen Recht, § 1 Rn. 25; *Grunewald/Noack*, GmbHR 2005, 189 ff.

[413] *Koegel*, GmbHR 2003, 1225, 1226 f.; *Meilicke*, GmbHR 2003, 799, 808; *ders.*, GmbHR 2003, 1271, 1273.

[414] Eidenmüller/*Eidenmüller*, Ausländische Kapitalgesellschaften im deutschen Recht, § 1 Rn. 24; zu Vorschlägen für eine Deregulierung der GmbH vgl. auch *Happ*, ZHR 169 (2005), 6 ff.

[415] Vgl. Entwurf eines Gesetzes zur Neuregelung des Mindestkapitals der GmbH (MindestkapG) vom 14. 6. 2005, Bundestags-Drucksache 15/5673; kritisch dazu *Priester*, ZIP 2005, 921 f.

[416] Loi n. 2003–721 du 5 août 2003 pour l'initiative économique, J. O. 2003, 13 449; vgl. dazu *Becker*, GmbHR 2003, 1120 f.

[417] Vgl. z. B. BGH EuZW 2000, 412, 413.

[418] Vom 2. 5. 1992, BGBl. 1993 II, 267; in Kraft getreten am 1. 1. 1994, BGBl. 1993 II, 266 und BGBl. 1993 II, 1294.

[419] Vgl. Art. 48 Satz 2 EG.

[420] Art. 34 Satz 2 EWR-Abkommen.

[421] Vgl. OLG Frankfurt a. M. IPRax 2004, 56, 58.

Rechts- und Verwaltungsvorschriften, die eine besondere Regelung für Ausländer vorsehen und aus Gründen der öffentlichen Ordnung, Sicherheit oder Gesundheit gerechtfertigt sind, Vorrang haben. Damit sind wie im Anwendungsbereich der EG-Niederlassungsfreiheit[422] Regelungen, die ausländische Gesellschaften diskriminieren, zulässig, sofern diese aus Gründen der öffentlichen Ordnung, Sicherheit oder Gesundheit gerechtfertigt sind. Für die Rechtfertigung gemäß Art. 33 EWR-Abkommen und die sehr viel eher mögliche Rechtfertigung aus zwingenden Gründen des Allgemeininteresses gelten dieselben Maßstäbe wie im Anwendungsbereich der EG-Niederlassungsfreiheit.[423]

EFTA-Staaten sind derzeit Norwegen, Island und Liechtenstein. Für Gesellschaften aus **229** diesen Ländern und deren Anerkennung in Deutschland gilt daher zumindest im Grundsatz dasselbe, wie für Gesellschaften aus Mitgliedstaaten der Europäischen Union.[424]

IV. Sonderregeln für Gesellschaften aus Drittstaaten aufgrund von bilateralen Staatsverträgen

1. Rang staatsvertraglicher Regelungen im Verhältnis zum autonomen deutschen Recht und im Verhältnis zu Europäischem Recht

Kollisionsrechtliche Regelungen in Staatsverträgen haben gemäß Art. 3 Abs. 2 Satz 1 **230** EGBGB Vorrang gegenüber dem autonomen deutschen IPR; sie stehen jedoch im Rang hinter den (kollisionsrechtlichen) Regelungen in Rechtsakten der Europäischen Gemeinschaften (Art. 3 Abs. 2 Satz 2 EGBGB).

2. Das gescheiterte Haager Übereinkommen über die Anerkennung der Rechtspersönlichkeit von ausländischen Gesellschaften, anderen Personenverbindungen und Stiftungen vom 31. 10. 1951

Außer dem gescheiterten „Übereinkommen über die gegenseitige Anerkennung von **231** Gesellschaften und juristischen Personen" zwischen den damaligen Mitgliedstaaten der Europäischen Wirtschaftsgemeinschaft vom 29. 2. 1968 gibt es ein weiteres internationales Übereinkommen, das als gescheitert betrachtet werden kann: das Haager Übereinkommen über die Anerkennung der Rechtspersönlichkeit von ausländischen Gesellschaften, anderen Personenverbindungen und Stiftungen vom 31. 10. 1951.[425] Dieses Übereinkommen ist von Deutschland nicht gezeichnet worden und auch nicht in Kraft getreten.[426]

---

[422] Vgl. Art. 46 Abs. 1 EG, dessen Wortlaut mit Art 33 EWR-Abkommen nahezu identisch ist.

[423] Außerhalb des Anwendungsbereichs von Art. 46 Abs. 1 EG sind nach der Rechtsprechung des EuGH nationale Maßnahmen, die die Ausübung der Niederlassungsfreiheit behindern oder weniger attraktiv machen können, nur dann gerechtfertigt, wenn vier Voraussetzungen erfüllt sind: Sie müssen in nicht diskriminierender Weise angewandt werden, sie müssen aus zwingenden Gründen des Allgemeininteresses gerechtfertigt sein, sie müssen zur Erreichung des verfolgten Ziels geeignet sein, und sie dürfen nicht über das hinausgehen, was zur Erreichung dieses Ziels erforderlich ist, EuGH EuZW 2003, 687, 695 – Inspire Art (Nr. 133) m. w. N.

[424] OLG Frankfurt a. M. IPRax 2004, 56; *Reithmann* in Reithmann/Martiny, Intern. Vertragsrecht, Rn. 2284; Palandt/*Heldrich*, Anh zu EGBGB 12 Rn. 6 und Rn. 9; *Meilicke*, GmbHR 2003, 793, 798; *Weller*, IPRax 2003, 324, 328; *Baudenbacher/Buschle*, IPRax 2004, 26, 29 ff.; *Forsthoff*, DB 2002, 2471; *Kieninger*, ZEuP 2004, 685, 702; *Binge/Thölke*, DNotZ 2004, 21, 25; zu den Sonderregeln für Gesellschaften aus Mitgliedstaaten der EU vgl. Rn. 135 ff.; vgl. aber auch LG Nürnberg-Fürth DB 2003, 2765, das zur Entscheidung über die Parteifähigkeit einer Anstalt liechtensteinischen Rechts prüft, ob diese ihren tatsächlichen Verwaltungssitz in Liechtenstein hat und die Niederlassungsfreiheit nicht erwähnt.

[425] Vollständiger Text abgedruckt in französischer Sprache in Rev. crit. dr. i. p. 1951, 724 ff.; Art. 1–9 in französischer Sprache abgedruckt in RabelsZ 17 (1952), 270 ff.; Text in englischer Sprache abgedruckt in AmJCompL 1 (1952) 277.

[426] Vgl. Staudinger/*Großfeld* (1998) IntGesR Rn. 141; *Kegel/Schurig*, Internationales Privatrecht, S. 587.

3. Anerkennung von Gesellschaften aufgrund des Freundschafts-, Handels- und Schifffahrtsvertrags zwischen der Bundesrepublik Deutschland und den Vereinigten Staaten von Amerika vom 29. 10. 1954

232   Eine weitere Vereinbarung über die gegenseitige Anerkennung von Gesellschaften enthält der Freundschafts-, Handels- und Schifffahrtsvertrag zwischen der Bundesrepublik Deutschland und den Vereinigten Staaten von Amerika vom 29. 10. 1954.[427] Art. VII enthält Regelungen über die Niederlassungsfreiheit der Staatsangehörigen und Gesellschaften jedes Vertragsteils. Die wichtigste Regelung zur Anerkennung von Gesellschaften enthält Art. XXV Abs. 5:

> „Der Ausdruck „Gesellschaften" in diesem Vertrag bedeutet Handelsgesellschaften, Teilhaberschaften sowie sonstige Gesellschaften, Vereinigungen und juristische Personen; dabei ist es unerheblich, ob ihre Haftung beschränkt oder nicht beschränkt und ob ihre Tätigkeit auf Gewinn oder nicht auf Gewinn gerichtet ist. Gesellschaften, die gemäß den Gesetzen und sonstigen Vorschriften des einen Vertragsteils in dessen Gebiet errichtet sind, geltend als Gesellschaften dieses Vertragsteils; ihr rechtlicher Status wird in dem Gebiet des anderen Vertragsteils anerkannt."

233   Satz 1 dieses Art. XXV Abs. 5 enthält eine Bestimmung des Begriffes „Gesellschaften" für die Zwecke des Vertrags. Wie es auch im deutschen internationalen Gesellschaftsrecht üblich ist,[428] wird der Begriff Gesellschaften weit definiert und umfasst insbesondere auch Gesellschaften und sonstige Vereinigungen, die nur ideelle Zwecke verfolgen. Satz 2 enthält dann die kollisionsrechtliche Regelung:[429] Gesellschaften, die nach dem Recht eines Vertragsteils in dessen Gebiet wirksam errichtet wurden, gelten als Gesellschaften dieses Vertragsteils und werden vom anderen Vertragsteil anerkannt. Ausdrücklicher Anknüpfungspunkt der gegenseitigen Anerkennung ist damit ausschließlich der Gründungsakt.

234   Die Voraussetzungen und die Konsequenzen der Anerkennung, der in den USA wirksam gegründeten Gesellschaften sind umstritten. Mit seinen Urteilen vom 29. 1. 2003,[430] 5. 7. 2004[431] und vom 13. 10. 2004[432] hat der BGH einige Fragen geklärt, einige jedoch auch offen gelassen.

a) Voraussetzungen und Schranken der Anerkennung

235   **aa) Wirksame Gründung und Fortbestehen im Gründungsstaat.** Die einzige ausdrückliche Voraussetzung der Anerkennung einer US-amerikanischen Gesellschaft in Deutschland ist deren wirksame Gründung in den USA. Weitere Voraussetzung ist, dass die Gesellschaft nach dem maßgeblichen Recht der USA bzw. ihrer Bundesstaaten im Zeitpunkt der Anerkennung als solche noch besteht.[433] Sind diese Voraussetzungen gegeben, ist eine US-amerikanische Gesellschaft nach der Rechtsprechung des BGH und der überwiegenden Literatur zumindest im Grundsatz in Deutschland anzuerkennen, gleich-

---

[427] BGBl. 1956 II, 487; in Kraft seit dem 14. 7. 1956, BGBl. 1956 II, 763.

[428] Vgl. oben Rn. 111 ff.

[429] Dass es sich um eine kollisionsrechtliche Regelung handelt, ist in der Literatur teilweise bestritten worden, vgl. MünchKommBGB/*Kindler,* IntGesR Rn. 242 ff., *Dammann,* RabelsZ 68 (2004), 607, 611 und *Bungert,* DB 2003, 1043, 1044 sowie *ders.,* ZvglRWiss 93 (1994), 117, 133 f., jeweils m. w. N.; dies kann jedoch nach den Urteilen des BGH vom 29. 1. 2003, BGHZ 153, 353, vom 5. 7. 2004, NJW-RR 2004, 1618, und vom 13. 10. 2004, ZIP 2004, 2230, kaum noch bezweifelt werden; BGH ZIP 2004, 2230, 2231 bezeichnet Art. XXV Abs. 5 Satz 2 des Vertrags auch ausdrücklich als „staatsvertragliche Kollisionsnorm"; vgl. auch Palandt/*Heldrich,* Anh zu EGBGB 12 Rn. 23.

[430] BGHZ 153, 353 (= IPRax 2003, 265).

[431] BGH NJW-RR 2004, 1618 (= ZIP 2004, 1549 und NZG 2004, 1001).

[432] BGH ZIP 2004, 2230.

[433] Vgl. BGHZ 153, 353, 355; BGH ZIP 2004, 2230, 2231.

gültig, wo ihr effektiver Verwaltungssitz liegt,[434] d. h., auch wenn sie ihren Sitz von Anfang in Deutschland hatte oder ihn nachträglich nach Deutschland verlegt hat.[435] Im Anwendungsbereich des deutsch-amerikanischen Freundschafts-, Handels- und Schifffahrtsvertrags ist damit für die Frage der Anerkennung von Gesellschaften grundsätzlich die
Anknüpfung an das Gründungsrecht maßgeblich.[436]

Umstritten und in der höchstrichterlichen Rechtsprechung noch nicht abschließend ge- **236**
klärt ist, ob und unter welchen Umständen die Anerkennung einer in den USA wirksam
gegründeten Gesellschaft in Deutschland zu versagen ist. Diskutierte Gründe für eine
mögliche Versagung der Anerkennung sind ein fehlender sogenannter *genuine link* zum
Gründungsstaat und der Ordre Public-Vorbehalt.

bb) Genuine Link als Anerkennungsvoraussetzung? In der Literatur und der **237**
Rechtsprechung wird vielfach die Auffassung vertreten, die Anerkennung in Deutschland
sei zu versagen, wenn die Gesellschaft zu den USA über das formale Band der Gründung
hinaus keine tatsächlichen, effektiven Beziehungen *(genuine link)* hat und ihre geschäftlichen Aktivitäten allein in Deutschland entfaltet.[437] Eine solche Scheinauslandsgesellschaft
bzw. „pseudo foreign corporation" unterliege dem autonomen deutschen Kollisionsrecht,
d. h. nach derzeitiger Rechtslage der Sitzanknüpfung.[438] Die rechtliche Rechtfertigung
für diese Anerkennungsschranke bilde das völkerrechtliche *genuine link*-Erfordernis[439] bzw.
der sich aus dem fehlenden *genuine link* ergebende Verstoß gegen den deutschen Ordre
Public.[440]

Das OLG Düsseldorf hat dies in seiner Entscheidung vom 15. 12. 1994 wie folgt be- **238**
gründet: „Obwohl im Handelsvertrag 1954 die Vertragsparteien einen Ordre Public-
Vorbehalt nicht vereinbart haben, steht die Anerkennung amerikanischer Gesellschaften
unter dem Vorbehalt des deutschen Ordre Public, soweit dieser sachlich mit dem amerikanischen Ordre Public übereinstimmt. In beiden Rechtsordnungen gehört das Verbot des
Rechtsmissbrauchs zum jeweiligen Ordre Public. Die alleinige Anknüpfung an den Gründungsakt als Voraussetzung für die Anerkennung der Gesellschaft ist dann rechtsmissbräuchlich im Sinne des – fehlenden – sogenannten *genuine link*, wenn außer dem formalen Akt der Gründung und eventuell einem statutarischen Sitz keine realen Bindungen der
Gesellschaft mehr zum amerikanischen Gründungsstaat bestehen. Es handelt sich dann um
eine rechtsmissbräuchliche Umgehungsgründung allein zu dem Zweck, unter Ausnutzung
der amerikanischen „liberalen bis laxen" Rechtsordnung – im vorliegenden Fall speziell
des US-Bundesstaates Delaware – im Inland sämtliche gesellschaftlichen und geschäftlichen
Aktivitäten zu entfalten. Eine solche Gesellschaft ist als deutsche Spielart der „pseudo
foreign corporation" zu bezeichnen, der die Anerkennung in Deutschland zu versagen
ist".[441]

Der BGH hat in seinen Urteilen vom 5. 7. 2004[442] und vom 13. 10. 2004[443] ausdrück- **239**
lich dahinstehen lassen, ob (entsprechend dem Urteil des OLG Düsseldorf vom 15. 12.

---

[434] BGHZ 153, 353, 355; BGH ZIP 2004, 2230, 2231.

[435] So zum Beispiel ausdrücklich *Hausmann* in Reithmann/Martiny, Intern. Vertragsrecht,
Rn. 2208.

[436] BGHZ 153, 353, 356 m. w. N.; BGH NJW-RR 2004, 1618; BGH ZIP 2004, 2230, 2231.

[437] OLG Düsseldorf NJW-RR 1995, 1124, 1125; *Ebenroth/Bippus,* DB 1988, 842, 844 ff.;
Ebenroth/Kemner/Willburger, ZIP 1995, 972, 975.

[438] So jedenfalls im Hinblick auf Gesellschaften, die nicht aus einem Mitgliedstaat des EWR stammen.

[439] MünchKommBGB/*Kindler,* IntGesR Rn. 250 m. w. N.; *Ebenroth/Bippus,* DB 1988, 842, 844 f.

[440] OLG Düsseldorf NJW-RR 1995, 1124, 1125.

[441] OLG Düsseldorf NJW-RR 1995, 1124, 1125; wobei im konkreten Fall wohl entgegen der
Auffassung des OLG ein „genuine link" gegeben war, vgl. *Ebenroth/Kemner/Willburger,* ZIP 1995,
972, 974.

[442] BGH NJW-RR 2004, 1618.

[443] BGH ZIP 2004, 2230, 2231.

1994) einer in den USA gegründeten Gesellschaft, die über keinerlei tatsächliche, effektive Beziehungen *(genuine link)* zum Gründungsstaat verfügt und sämtliche Aktivitäten ausschließlich in Deutschland entfaltet, die Anerkennung zu versagen ist. Zutreffend weist der BGH darauf hin, das fragliche Erfordernis eines *genuine link* werde auch von seinen Befürwortern nicht dahin verstanden, dass der tatsächliche Verwaltungssitz der Gesellschaft sich im Gründungsstaat befinden muss. Ausreichend wäre vielmehr, dass die Gesellschaft irgendwelche geschäftlichen Aktivitäten in den USA – nicht notwendig im Gründungsbundesstaat – entwickelt.[444]

240   Diese Voraussetzungen waren nach Auffassung des BGH in dem am 5. 7. 2004 entschiedenen Fall gegeben. In diesem Fall hatte die in den USA gegründete Gesellschaft für ihr anvertraute Aktien ein Depot in den USA.[445]

241   Nicht so eindeutig ist der vom BGH am 13. 10. 2004 entschiedene Fall, was sich auch in der Urteilsbegründung niederschlug.[446] Der BGH führte darin aus, das Erfordernis eines *genuine link* solle Missbrauchsfällen entgegenwirken und könne daher nur in extrem gelagerten Ausnahmefällen zur Korrektur der staatsvertraglich festgelegten Anerkennung führen. Das *genuine link*-Erfordernis sei regelmäßig bereits mit der Ausübung einer auch nur geringen wirtschaftlichen Tätigkeit im Gründungsstaat erfüllt. Dafür könne bereits eine geringe werbende Tätigkeit in den USA ausreichen. Eine solche hielt der BGH im zu entscheidenden Fall für gegeben: Die in den USA gegründete Gesellschaft verfügte über einen Telefonanschluss, der eingehende Anrufe jedenfalls an einen Anrufbeantworter oder an einen Servicedienst weiterleitete. Nach Auffassung des BGH waren diese technischen Einrichtungen ersichtlich darauf angelegt, wirtschaftliche Tätigkeit auch im US-amerikanischen Bereich zu entfalten. Außerdem hatte die Gesellschaft in San Francisco einen Lizenzvertrag abgeschlossen, der nicht nur eine deutsche Marke, sondern auch eine in den USA geschützte Software für ein Datenbankentwicklungstool zum Gegenstand hatte. Für diesen Lizenzvertrag war nach der Vereinbarung der Parteien amerikanisches Recht maßgeblich.

242   Im Ergebnis ist nach der neueren Rechtsprechung des BGH die Anerkennung einer in den USA gegründeten Gesellschaft nur dann sichergestellt, wenn ein *genuine link* besteht. Die Anforderungen an ein *genuine link* sind jedoch nach der Rechtsprechung des BGH sehr gering, so dass sie in den meisten Fällen erfüllt sein werden.

243   Ob der BGH künftig in Fällen, in denen ein *genuine link* nicht gegeben ist, die Anerkennung verweigern wird, hat er ausdrücklich offen gelassen. Gegen die Verweigerung der Anerkennung alleine wegen eines fehlenden *genuine link* sprechen gewichtige Gründe: In seinem Urteil vom 5. 7. 2004 wies der BGH auch auf Art. VII des Freundschafts-, Handels- und Schifffahrtsvertrags und die darin den Gesellschaften jedes Vertragsteils im Gebiet des anderen Vertragsteils gewährte Niederlassungsfreiheit hin. „Insofern“ gelte, so der BGH, „hier ähnliches wie im Geltungsbereich der Niederlassungsfreiheit gemäß Art. 43 und 48 EG.“[447] Nach ständiger Rechtsprechung des EuGH ist es für die Anwendung der europarechtlichen Vorschriften über die Niederlassungsfreiheit ohne Bedeutung, dass eine Gesellschaft in einem Mitgliedstaat nur errichtet wurde, um sich in einem zweiten Mitgliedstaat niederzulassen, in dem die Geschäftstätigkeit im Wesentlichen oder ausschließlich ausgeübt werden soll.[448] Überträgt man dies auf die Niederlassungsfreiheit für Gesellschaften im Geltungsbereich des Freundschafts-, Handels- und Schifffahrtsvertrags, dann bleibt für ein *genuine link*-Erfordernis kein Raum. In der Literatur werden außerdem

---

[444] BGH NJW-RR 2004, 1618; BGH ZIP 2004, 2230, 2231; jeweils m. w. N.

[445] BGH NJW-RR 2004, 1618.

[446] Vgl. BGH ZIP 2004, 2230, 2232.

[447] BGH NJW-RR 2004, 1618; kritisch *Binge/Thölke*, DNotZ 2004, 21, 25: Der Begriff der Niederlassungsfreiheit im Freundschafts-, Handels- und Schifffahrtsvertrag ist „nicht notwendigerweise deckungsgleich mit dem betreffenden Begriff in Art. 43 EG“.

[448] EuGH EuZW 2003, 687, 692 – Inspire Art, Rn. 95 – m. w. N.

weitere überzeugende Gründe gegen ein *genuine link*-Erfordernis vorgebracht.[449] Das *genuine link*-Erfordernis ist jedenfalls kein zwingendes Völkerrecht und kann daher durch den Freundschafts-, Handels- und Schifffahrtsvertrag abbedungen werden.[450] Es ist davon auszugehen, dass dies dem Willen der Vertragsstaaten entsprach, da in Art. XXV Abs. 5 Satz 2 wohl abschließend geregelt werden sollte, welche Gesellschaften gegenseitig anzuerkennen sind.[451]

cc) Ordre Public als Anerkennungsvoraussetzung? Nach umstrittener Ansicht **244** kann der deutsche Ordre Public eine Anerkennungsschranke bilden, soweit er dem US-amerikanischen Ordre Public entspricht.[452] Dies erscheint auf den ersten Blick überzeugend. Der Freundschaft-, Handels- und Schifffahrtsvertrag enthält zwar keinen ausdrücklichen Ordre Public-Vorbehalt. Daraus wird man jedoch nicht zu schließen haben, es entspreche dem Willen der Vertragsstaaten Gesellschaften anzuerkennen, wenn diese Anerkennung gegen den Ordre Public beider Vertragsstaaten verstößt. Es ist daher davon auszugehen, dass die Vertragsstaaten einen solchen Ordre Public stillschweigend vorbehalten haben.[453]

Es ist jedoch sehr zweifelhaft, ob es überhaupt Fälle geben kann, in denen der Ordre **245** Public beider Vertragsstaaten einer Anerkennung entgegen steht. Häufig wird als Beispiel eines Verstoßes gegen den Ordre Public der Fall des Rechtsmissbrauchs genannt.[454] Ein solcher soll oder könne insbesondere dann gegeben sein, wenn eine Gesellschaft in den USA gegründet wurde, ihre gesamte Geschäftätigkeit jedoch in Deutschland entfalte.[455] Diese Auffassung verkennt, dass jedenfalls nach US-amerikanischem Verständnis, die Wahl einer für die Gründer oder Gesellschafter günstigen Gesellschaftsform durch Gründung der Gesellschaft in einem Staat, in dem diese nicht oder nur sehr untergeordnet tätig werden möchte, grundsätzlich nicht rechtsmissbräuchlich ist.[456] Ein Verstoß gegen den US-amerikanischen Ordre Public wird daher in solchen Fällen nicht vorliegen.

b) Rechtsfolgen der Anerkennung

Art. XXV Abs. 5 Satz 2 des Freundschafts-, Handels- und Schifffahrtsvertrags ordnet an, **246** dass Gesellschaften, die gemäß den Gesetzen und sonstigen Vorschriften des einen Vertragsteils in dessen Gebiet errichtet sind, als Gesellschaften dieses Vertragsteils „gelten" und „ihr rechtlicher Status" in dem Gebiet des anderen Vertragsteils „anerkannt" wird. Die Rechtsfolgen dieser „Anerkennung" sind in der Literatur umstritten. Insbesondere die Anhänger der Anerkennungslehre wollen nur die Rechtsfähigkeit als solche anerkennen;

---

[449] Vgl. *Dammann*, RabelsZ 68 (2004), 607, 645 ff. m. w. N.; *Bungert*, DB 2003, 1043, 1044 f.; *ders.*, WM 1995, 2125, 2128 ff.; *Ulmer*, IPRax 1996, 100, 101, 103; *Rehm*, JZ 2005, 304, 305 f.

[450] *Bungert*, WM 1995, 2125, 2129; *ders.*, DB 2003, 1043, 1044; zustimmend: *Dammann*, RabelsZ 68 (2004), 607, 645 und *Ulmer*, IPRax 1996, 100, 101.

[451] Vgl. *Dammann*, RabelsZ 68 (2004), 607, 645 f. m. w. N.; a. A. MünchKommBGB/*Kindler*, IntGesR Rn. 252.

[452] Vgl. MünchKommBGB/*Kindler*, IntGesR Rn. 254 f. m. w. N.; OLG Düsseldorf NJW-RR 1995, 1124, 1125; *Ebenroth/Bippus*, DB 1988, 842, 847; *Ebenroth/Kemner/Willburger*, ZIP 1995, 972, 975; a. A. *Ulmer*, IPRax 1996, 100, 102; *Bungert*, DB 2003, 1043, 1045 „jedenfalls für das Anerkennungsstatut"; ebenso *ders.*, WM 1995, 2125, 2127.

[453] Staudinger/*Großfeld* (1998) IntGesR Rn. 216; vgl. *Ebenroth/Bippus*, DB 1988, 842, 847; a. A. *Dammann*, RabelsZ 68 (2004), 607, 647 f., der keinen Anhaltspunkt für einen stillschweigenden Ordre Public-Vorbehalt im Freundschafts-, Handels- und Schifffahrtsvertrag sieht; ebenso auch *Bungert*, soweit sich die von der Gegenauffassung vertretene „Ordre Public-Überlagerung auf das Anerkennungsstatut bezieht", WM 1995, 2125, 2127.

[454] *Ebenroth/Kemner/Willburger*, ZIP 1995, 972, 975; MünchKommBGB/*Kindler*, IntGesR Rn. 255; *Ebenroth/Bippus*, DB 1988, 842, 847.

[455] *Ebenroth/Bippus*, DB 1988, 842, 847; OLG Düsseldorf NJW-RR 1995, 1124, 1125; MünchKommBGB/*Kindler*, IntGesR Rn. 255.

[456] Vgl. *Dammann*, RabelsZ 68 (2004), 607, 648 f. m. w. N.; vgl. auch *Bungert*, WM 1995, 2125, 2127.

für alle übrigen gesellschaftsrechtlichen Fragen soll das autonome deutsche Kollisionsrecht anwendbar bleiben. Andere wollen zwischen Außenstatut (Gründungsanknüpfung) und Innenstatut (Anknüpfung nach autonomem Kollisionsrecht) unterscheiden.[457] Die herrschende Meinung ist dagegen der Auffassung, die Anerkennung sei umfassend zu verstehen, zur Anwendung komme daher im Falle der Anerkennung das gesamte Gesellschaftsstatut.[458]

247   Aus den neueren Urteilen des BGH folgt, dass auch der BGH die Anerkennung zumindest im Grundsatz umfassend versteht. In seinem Urteil vom 29. 1. 2003 hatte der BGH nur über die Rechts- und Parteifähigkeit der US-amerikanischen Gesellschaft zu entscheiden. Der BGH bejahte die Rechts- und Parteifähigkeit und begründete diese insbesondere mit der in Art. VII des Freundschafts-, Handels- und Schifffahrtsvertrags geregelten Niederlassungsfreiheit.[459] In seinem Urteil vom 5. 7. 2004 stellte der BGH fest, der rechtliche Status der US-amerikanischen Gesellschaft werde in Deutschland „als solcher anerkannt". Daher sei grundsätzlich an das am Ort ihrer Gründung geltende Recht anzuknüpfen. Das gelte sowohl hinsichtlich der Frage der Rechts- und Parteifähigkeit der Gesellschaft als auch in Bezug auf die ebenfalls nach dem Personalstatut zu entscheidende Frage einer Haftung der Gesellschafter für die Gesellschaftsverbindlichkeiten. Zur Begründung verwies der BGH wiederum auf die in Art. VII des Freundschafts-, Handels- und Schifffahrtsvertrags geregelte Niederlassungsfreiheit.[460] Am deutlichsten wurde der BGH in seinem Urteil vom 13. 10. 2004. Dort entschied er: „Das Personalstatut (Gesellschaftsstatut) einer juristischen Person und damit auch deren Rechts- und Parteifähigkeit im Verhältnis zwischen der Bundesrepublik Deutschland und den Vereinigten Staaten von Amerika richtet sich grundsätzlich nach dem Recht des Staates, in dem die juristische Person gegründet wurde."[461] Ob und gegebenenfalls welche Ausnahmen bestehen, hat der BGH bislang noch nicht entschieden. In diesem Zusammenhang ist nochmals darauf hinzuweisen, dass gemäß Art. VII des Freundschafts-, Handels- und Schifffahrtsvertrags die Gesellschaften jedes Vertragsteils im Gebiet des anderen Vertragsteils Niederlassungsfreiheit genießen und nach Auffassung des BGH „insofern" ähnliches gilt wie im Geltungsbereich der Niederlassungsfreiheit gemäß Art. 43 und 48 EG.[462] Daraus ist zu schließen, dass auch im Anwendungsbereich des Freundschafts-, Handels- und Schifffahrtsvertrags Ausnahmen einer sachlichen Rechtfertigung bedürfen.

c) Konsequenzen der Anerkennung im Steuerrecht: das Urteil des BFH vom 29. 1. 2003

248   Der BFH hat in einem Urteil vom 29. 1. 2003 die von ihm bisher vertretene Rechtsauffassung zu der Frage, ob eine nach dem Recht des Staates Delaware gegründete US-Kapitalgesellschaft mit statutarischem Sitz in den USA, die ihre tatsächliche Geschäftsleitung in die Bundesrepublik verlegt hat, Organträgerin einer inländischen Kapitalgesellschaft sein kann, aufgegeben. § 14 Nr. 3 Satz 1 KStG 1984, welcher die Organträgereigenschaft in einem solchen Fall versagt, sei mit der Überseering-Entscheidung des EuGH nicht zu vereinbaren. Die EuGH-Entscheidung gelte zwar unmittelbar nur für Gesellschaften der EG-Mitgliedstaaten, wegen des in dem DBA-USA 1989 enthaltenen bilate-

---

[457] Sog. „Spaltungslösung", *Bungert*, ZVglRWiss. 93 (1994), 117, 137 f. m. w. N.; *ders.*, DB 2003, 1043, 1044; *ders.*, WM 1995, 2125, 2131; Staudinger/*Großfeld* (1998) IntGesR Rn. 210 und 219 f.; vgl. auch MünchKommBGB/*Kindler*, IntGesR Rn. 246 m. w. N.

[458] MünchKommBGB/*Kindler*, IntGesR Rn. 246 m. w. N.; *Rehm*, JZ 2005, 304, 305; *Stürner*, IPRax 2005, 305, 307; *Ebenroth/Bippus*, DB 1988, 842, 844; weitere Nachweise auch bei *Bungert*, ZVglRWiss. 93 (1994), 117, 138 Fn. 89, der selbst jedoch Anhänger der Spaltungslösung ist; vgl. hierzu auch die differenzierende Untersuchung von *Dammann*, RabelsZ 68 (2004), 607, 631 ff. m. w. N.

[459] BGHZ 153, 353, 357 f.

[460] BGH NJW-RR 2004, 1618.

[461] BGH ZIP 2004, 2230, 2231.

[462] BGH NJW-RR 2004, 1618; vgl. dazu auch *Paefgen*, EWiR 2004, 919, 920.

ralen Diskriminierungsverbots jedoch auch für US-amerikanische Gesellschaften.[463] In der Literatur wird diese Entscheidung als Abschied des BFH von der Sitztheorie im Steuerrecht bezeichnet.[464]

4. Anerkennung von Gesellschaften aufgrund des Niederlassungsvertrags zwischen der Bundesrepublik Deutschland und Spanien vom 23. 4. 1970

Art. 15 Abs. 2 des Niederlassungsvertrags vom 23. 4. 1970 zwischen der Bundesrepublik **249** Deutschland und Spanien[465] enthält folgende Regelung über die gegenseitige Anerkennung von Gesellschaften:

„Der rechtliche Status der Gesellschaften der einen Vertragspartei wird im Hoheitsgebiet der anderen Vertragspartei anerkannt. Die andere Vertragspartei ist nur dann berechtigt, diese Anerkennung zu versagen, wenn die betreffende Gesellschaft durch ihren Zweck oder ihre tatsächlich ausgeübte Tätigkeit gegen Grundsätze oder Vorschriften verstößt, welche diese Vertragspartei als Bestandteil der öffentlichen Ordnung im Sinne ihres internationalen Privatrechts ansieht."

In der Literatur wird vertreten, diese Bestimmung sei kollisionsrechtlich von Bedeu- **250** tung. Da auch Spanien kollisionsrechtlich der Gründungstheorie folge, werde durch diesen Staatsvertrag die unmittelbare Anerkennung wirksam gegründeter spanischer Gesellschaften durch die Bundesrepublik Deutschland begründet.[466] Diese Auffassung ist nicht richtig. Spanien folgt im Grundsatz ebenso wie Deutschland der Sitztheorie.[467] Solange dies der Fall ist, hat Art. 15 Abs. 2 des Niederlassungsvertrags keine kollisionsrechtliche Bedeutung. Im Übrigen stünde eine kollisionsrechtliche Bestimmung in diesem bilateralen Niederlassungsvertrag gemäß Art. 3 Abs. 2 Satz 2 EGBGB im Rang hinter Regelungen in Rechtsakten der Europäischen Gemeinschaften. Die Anerkennung von Gesellschaften im deutsch-spanischen Verhältnis bestimmt sich daher primär nach den Grundsätzen, die der EuGH zur Niederlassungsfreiheit der Gesellschaften entwickelt hat.

5. Anerkennung von Gesellschaften aufgrund des Handels- und Schifffahrtsvertrags zwischen dem Deutschen Reich und Irland vom 12. 5. 1930

Art. 13 Abs. 1 des Handels- und Schifffahrtsvertrags zwischen dem Deutschen Reich **251** und dem Irischen Freistaat vom 12. 5. 1930[468] regelt die gegenseitige Anerkennung von Gesellschaften wie folgt:

„Aktiengesellschaften und andere Erwerbsgesellschaften, Teilhaberschaften und Vereinigungen, die zur Ausübung von Handels-, Versicherungs-, Finanz-, Industrie-, Beförderungs- oder irgendwelchen sonstigen Geschäften gebildet und in dem Gebiet eines vertragschließenden Teils errichtet sind, sollen, vorausgesetzt dass sie in gehöriger Weise in Übereinstimmung mit den in diesem Gebiet geltenden Gesetzen gegründet sind, in dem Gebiet des anderen Teils zur Ausübung ihrer Rechte befugt und gemäß den Gesetzen dieses Teils als Kläger oder Beklagte vor Gericht zu erscheinen berechtigt sein."

---

[463] BFH NZG 2003, 646 (= ZIP 2003, 1340).

[464] *Sedemund,* BB 2003, 1362.

[465] BGBl. 1972 II, 1041.

[466] *Ebenroth/Bippus,* DB 1988, 842, 843; auch MünchKommBGB/*Kindler,* IntGesR Rn. 238 ist der Auffassung, diese Bestimmung habe konstitutive Bedeutung, begründet dies jedoch nicht näher; ähnlich Eidenmüller/*Rehm,* Ausländische Kapitalgesellschaften im deutschen Recht, § 2 Rn. 13, der ohne weitere Begründung der Auffassung ist, aufgrund des Niederlassungsvertrags gelte im Verhältnis zu Spanien die Gründungstheorie.

[467] Vgl. unten Rn. 1464; ebenso OLG Düsseldorf DB 2004, 128, 129 m. w. N.

[468] RGBl. 1931 II, 115.

252   Nach dem Wortlaut dieses Vertrags sind in Irland wirksam gegründete Gesellschaften in Deutschland rechts- und parteifähig. Da Irland der Gründungstheorie folgt, könnte der Vertrag damit im Grundsatz von kollisionsrechtlicher Bedeutung sein. Aufgrund der neueren Rechtsprechung des EuGH zur Niederlassungsfreiheit von Gesellschaften kommt Art. 13 Abs. 1 des Deutsch-Irischen Handels- und Schifffahrtsvertrags jedoch keine Bedeutung mehr zu. Die Anerkennung von Gesellschaften aufgrund der Niederlassungsfreiheit des EG-Vertrags hat gemäß Art. 3 Abs. 2 Satz 2 EGBGB Vorrang gegenüber der Anerkennung der Rechts- und Parteifähigkeit von Gesellschaften gemäß § 13 Abs. 1 des Deutsch-Irischen Handels- und Schifffahrtsvertrags.[469]

6. Anerkennung von Gesellschaften aufgrund der Freundschafts- und Niederlassungsabkommen mit der Dominikanischen Republik, Frankreich, Griechenland, Iran, Italien, Japan, den Niederlanden und der Türkei

253   Einige bilaterale Freundschafts- und Niederlassungsabkommen enthalten Regelungen über die gegenseitige Anerkennung von Gesellschaften mit Sitz in einem der beiden Vertragsstaaten. Dabei handelt es sich um Art. 11 im Protokoll zum Freundschafts-, Handels- und Schifffahrtsvertrags vom 23. 12. 1957 mit der Dominikanischen Republik,[470] Art. VI Abs. 1 des Niederlassungs- und Schifffahrtsvertrags mit Frankreich vom 27. 10. 1956,[471] Art. 14 im Niederlassungs- und Schifffahrtsvertrag mit Griechenland vom 18. 3. 1960,[472] Art. 4 Abs. 1 im Niederlassungsabkommen mit dem Iran vom 17. 2. 1929,[473] Art. 33 im Freundschafts-, Handels- und Schifffahrtsvertrag mit Italien vom 21. 11. 1957[474], Art. XIII im Handels- und Schifffahrtsvertrag zwischen dem Deutschen Reich und Japan vom 20. 7. 1927[475] und Art. 1 im Vertrag über die gegenseitige Anerkennung von Aktiengesellschaften mit den Niederlanden vom 11. 2. 1907.[476]

254   Alle diese Regelungen nehmen zwar ausdrücklich nur Bezug auf den „Sitz" der Gesellschaft und könnten damit auch an den Satzungssitz anknüpfen. Gemeint ist jedoch stets der tatsächliche Verwaltungssitz.[477] Zumindest solange in den jeweiligen Vertragsstaaten im Grundsatz die Sitztheorie gilt, haben diese Staatsverträge für die Anerkennung von Gesellschaften daher nur feststellenden, deklaratorischen Charakter.[478] Außerdem gilt für alle Bestimmungen in Verträgen mit Mitgliedstaaten des EWR wiederum, dass die Anerkennung von Gesellschaften aufgrund der Niederlassungsfreiheit des EG-Vertrags gemäß Art. 3 Abs. 2 Satz 2 EBGBG Vorrang genießt.

255   Auch das Niederlassungsabkommen zwischen dem Deutschen Reich und der Türkischen Republik vom 12. 1. 1927[479] enthält in Art. 5 eine Bestimmung über die gegenseitige Anerkennung von Gesellschaften. Art. 5 Abs. 1 lautet:

„Handels-, Industrie- oder Finanzgesellschaften, einschließlich der Transport- oder Versicherungsgesellschaften, die im Gebiete des einen vertragsschließenden Teils ordnungsgemäß errichtet sind, werden im Gebiete des anderen Teils anerkannt."

---

[469] Vgl. Eidenmüller/*Rehm,* Ausländische Kapitalgesellschaften im deutschen Recht, § 2 Rn. 12.

[470] BGBl. 1959 II, 1468.

[471] BGBl. 1957 II, 1661.

[472] BGBl. 1962 II, 1505.

[473] RGBl. 1930 II, 1002.

[474] BGBl. 1959 II, 949.

[475] RGBl. 1927 II, 1087.

[476] RGBl. 1908, 65.

[477] Staudinger/*Großfeld* (1998) IntGesR Rn. 208; MünchKommBGB/*Kindler,* IntGesR Rn. 237.

[478] *Ebenroth/Bippus,* DB 1988, 842, 843; Staudinger/*Großfeld* (1998) IntGesR Rn. 208; Münch KommBGB/*Kindler,* IntGesR Rn. 237.

[479] RGBl. 1927 II, 76; wieder in Kraft aufgrund Bekanntmachung vom 29. 5. 1952, BGBl. 1952 II, 608.

In der Literatur findet sich mehrfach die Aussage, auch diese Bestimmung knüpfe an **256** den tatsächlichen Sitz der Gesellschaft an.[480] Dem Wortlaut des Niederlassungsabkommens lässt sich eine Anknüpfung an den tatsächlichen Sitz nicht entnehmen. Vereinzelt wird daher in der Literatur auch vertreten, aufgrund des Niederlassungsabkommens gelte im Verhältnis zur Türkei die Gründungstheorie.[481] Entgegen dieser Auffassung ergibt sich die Anknüpfung an den tatsächlichen Sitz faktisch aus dem Umstand, dass sowohl Deutschland als auch die Türkei zumindest im Grundsatz der Sitztheorie folgen.[482]

7. Die Anerkennung von Gesellschaften aufgrund von bilateralen Kapitalanlage- und Kapitalschutzabkommen

Die Bundesrepublik Deutschland hat mit über 100 Staaten bilaterale Abkommen über **257** die Förderung und den gegenseitigen Schutz von Kapitalanlagen geschlossen. Diese Abkommen, die teilweise auch Investitionsförderungs- und -schutzverträge (IFV) genannt werden, enthalten regelmäßig Vereinbarungen, die für die gegenseitige Anerkennung von Gesellschaften von Bedeutung sein können. Typischerweise enthalten diese Abkommen Bestimmungen über die Förderung und den Schutz von Kapitalanlagen von Staatsangehörigen und Gesellschaften der jeweils anderen Vertragspartei sowie Diskriminierungsverbote und Meistbegünstigungsklauseln zugunsten der Staatsangehörigen und Gesellschaften der jeweils anderen Vertragspartei. Diese Bestimmungen werden durch Definitionen des Begriffes „Gesellschaften" ergänzt.

Ein Großteil dieser Abkommen enthält für Gesellschaften beider Vertragsparteien eine **258** Definition, die (auch) an den „Sitz" der Gesellschaften anknüpft.[483] Gemeint ist damit der tatsächliche Verwaltungssitz der Gesellschaft.[484] Daraus folgt: Zumindest solange Deutschland im Grundsatz der Sitztheorie folgt, haben diese Abkommen für das deutsche Internationale Gesellschaftsrecht und die Anerkennung ausländischer Gesellschaften in Deutschland keine Bedeutung.[485]

Etwa 40 Kapitalschutzabkommen wurden jedoch mit Staaten geschlossen, die der **259** Gründungstheorie folgen und die nur für deutsche Gesellschaften Definitionen enthalten, welche an den Sitz der Gesellschaft im Hoheitsgebiet der Bundesrepublik Deutschland anknüpfen.[486] Gesellschaften in bezug auf die ausländische Vertragspartei werden dagegen als diejenigen juristischen Personen, Handelsgesellschaften, Firmen oder Vereinigungen definiert, die nach den geltenden Rechtsvorschriften dieses Staates errichtet oder gegründet wurden[487] oder die im Hoheitsgebiet dieses Staates eingetragen sind und nach dessen

---

[480] MünchKommBGB/*Kindler*, IntGesR Rn. 240; Soergel/*Lüderitz*, BGB, Anh. Art. 10 Rn. 12.

[481] Eidenmüller/*Rehm*, Ausländische Kapitalgesellschaften im deutschen Recht, § 2 Rn. 13.

[482] Für die Türkei vgl. unten Rn. 1464.

[483] So definiert z. B. Art. 1 Abs. 4 des Vertrags mit Südafrika vom 11. 9. 1995, BGBl. 1997 II, 2099, den Begriff Gesellschaften wie folgt: „jede juristische Person sowie jede Handelsgesellschaft oder sonstige Gesellschaft oder Vereinigung mit oder ohne Rechtspersönlichkeit, die ihren Sitz im Hoheitsgebiet der jeweiligen Vertragspartei hat, gleichviel, ob ihre Tätigkeit auf Gewinn gerichtet ist oder nicht."

[484] Vgl. MünchKommBGB/*Kindler*, IntGesR Rn. 239; Soergel/*Lüderitz,* BGB, Anh. Art. 10 Rn. 12.

[485] MünchKommBGB/*Kindler*, IntGesR Rn. 240; Ebenroth/*Bippus*, RIW 1988, 336.

[486] Vgl. z. B. Art. 1 Abs. 4 lit. a) der Verträge mit Bolivien vom 23. 3. 1987, BGBl. 1988 II, 255, und mit Burkina Faso vom 22. 10. 1996, BGBl. 1998 II, 1458, Art. 1 lit. a) i) des Vertrags mit Indien vom 10. 7. 1995, BGBl. 1998 II, 620, Art. 8 Abs. 4 lit. a) des Vertrags mit Pakistan vom 25. 11. 1959, BGBl. 1961 II, 794, und Art. 8 Abs. 4 lit. b) des Vertrags mit Korea vom 4. 2. 1964, BGBl. 1966 II, 842.

[487] So z. B. Art. 1 Abs. 4 lit. b) des Vertrags mit Burkina Faso vom 22. 10. 1996, BGBl. 1998 II, 1458; ähnlich z. B. auch Art. 1 Abs. 4 lit. b) des Vertrags mit Bolivien vom 23. 3. 1987, BGBl. 1988 II, 255, und Art. 1 lit. a) ii) des Vertrags mit Indien vom 10. 7. 1995, BGBl. 1998 II, 620.

Gesetzen rechtmäßig bestehen.[488] Daraus folgt eine eingeschränkte konstitutive Bedeutung dieser Abkommen für das deutsche Internationale Gesellschaftsrecht: Gesellschaften aus diesen ausländischen Staaten sind in Deutschland anzuerkennen, sofern sie ihren tatsächlichen Verwaltungssitz im Ausland haben, unabhängig davon, ob sie diesen auf dem Gebiet der ausländischen Vertragspartei oder auf dem Gebiet eines anderen ausländischen Staates haben und unabhängig davon, ob die ausländische Vertragspartei der Sitz- oder der Gründungstheorie folgt.[489] Hat dagegen eine dieser Gesellschaften ihren tatsächlichen Verwaltungssitz in Deutschland, gebieten auch diese Abkommen keine Anerkennung; es bleibt dann vielmehr (zumindest gegenwärtig) bei der Anwendung der Sitztheorie des deutschen Rechts.[490]

260   Mit folgenden Staaten, die wohl der Gründungstheorie folgen, hat Deutschland Kapitalschutzabkommen geschlossen, aus denen die Anerkennung der Gesellschaften der ausländischen Vertragspartei folgt, sofern sich deren Sitz im Ausland befindet:

Antigua und Barbuda[491]
Brunei Darussalam[492]
Burkina Faso[493]
China[494]
Dominicanischer Bund[495]
Ghana[496]
Guyana[497]
Honduras[498]
Hongkong[499]
Indien[500]
Indonesien[501]
Israel[502]

---

[488] So z. B. Art. 8 Abs. 4 lit. b) des Vertrags mit Pakistan vom 25. 11. 1959, BGBl. 1961 II, 794, und Art. 8 Abs. 4 lit. a) des Vertrags mit Korea vom 4. 2. 1964, BGBl. 1966 II, 842; vgl. auch Art. 1 Abs. 3 des Abkommens mit China vom 7. 10. 1983, BGBl. 1985 II, 31: „Gesellschaften, Unternehmen oder sonstige wirtschaftliche Organisationen, die von der chinesischen Regierung anerkannt, registriert und zur wirtschaftlichen Zusammenarbeit mit dem Ausland berechtigt sind."

[489] MünchKommBGB/*Kindler*, IntGesR Rn. 239; Soergel/*Lüderitz*, BGB, Anh. Art. 10 Rn. 13; *Ebenroth/Bippus*, RIW 1988, 336, 339 f.

[490] MünchKommBGB/*Kindler*, IntGesR Rn. 239; *Ebenroth/Bippus*, RIW 1988, 336, 339 f.; Staudinger/*Großfeld* (1998) IntGesR Rn. 224.

[491] Vertrag vom 5. 11. 1998, BGBl. 2000 II, 858; in Kraft seit 28. 2. 2001, BGBl. 2001 II, 247. Anzuerkennen sind jedoch nur Gesellschaften, welche direkt oder indirekt von Staatsangehörigen Antiguas und Barbudas kontrolliert werden.

[492] Vertrag vom 30. 3. 1998, BGBl. 2004 II, 40; in Kraft seit 15. 6. 2004, BGBl. 2004 II, 1096.

[493] Vertrag vom 22. 10. 1996, BGBl. 1998 II, 1457; in Kraft seit 25. 7. 1998, BGBl. 1998 II, 1457.

[494] Vertrag vom 7. 10. 1983, BGBl. 1985 II, 30; in Kraft seit 18. 3. 1985, BGBl. 1985 II, 639.

[495] Vertrag vom 1. 10. 1984, BGBl. 1985 II, 1170; in Kraft seit 11. 5. 1986, BGBl. 1986 II, 730.

[496] Vertrag vom 24. 2. 1995, BGBl. 1997 II, 2055; in Kraft seit 23. 11. 1998, BGBl. 1998 II, 2960.

[497] Vertrag vom 6. 12. 1989, BGBl. 1993 II, 938; in Kraft seit 9. 3. 1994, BGBl. 1994 II, 614.

[498] Vertrag vom 21. 3. 1995, BGBl. 1997 II, 2064; in Kraft seit 27. 5. 1998, BGBl. 1998 II, 2320.

[499] Vertrag vom 31. 1. 1996, BGBl. 1997 II, 1848; in Kraft seit 19. 2. 1998, BGBl. 1998 II, 687.

[500] Vertrag vom 10. 7. 1995, BGBl. 1998 II, 619; in Kraft seit 13. 7. 1998, BGBl. 1998 II, 2265.

[501] Vertrag vom 8. 11. 1968, BGBl. 1970 II, 492; in Kraft seit 19. 4. 1971; BGBl. 1971 II, 214.

[502] Vertrag vom 24. 6. 1976, BGBl. 1978 II, 209, in Kraft seit 21. 2. 1978, BGBl. 1978 II, 209. Dieser Vertrag enthält in Art. 1 Abs. 4 lit. b für Gesellschaften des Staates Israel eine Verknüpfung von Gründungs- und Kontrolltheorie: „Für die Zwecke dieses Vertrags bezeichnet der Begriff „Gesellschaften" in Bezug auf den Staat Israel: Kapital- und Personalgesellschaften, Genossenschaften und Vereinigungen, die im Staat Israel eingetragen sind und im Eigentum oder unter der Kontrolle von Personen mit ständigem Aufenthalt im Staat Israel stehen."

Jamaika[503]
Jemen[504]
Jugoslawien[505]
Kambodscha[506]
Kamerun[507]
Katar[508]
Kongo, Demokratische Republik (früherer Staatsname Zaïre)[509]
Korea[510]
Kuba[511]
Lesotho[512]
Liberia[513]
Malaysia[514]
Mali[515]
Mauritius[516]
Nepal[517]
Oman[518]
Pakistan[519]
Papua-Neuguinea[520]
Senegal[521]
Singapur[522]
Somalia[523]
Sri Lanka[524]

---

[503] Vertrag vom 24. 9. 1992, BGBl. 1996 II, 58; in Kraft seit 29. 5. 1996, BGBl. 1996 II, 2597.

[504] Vertrag vom 21. 6. 1974, BGBl. 1975 II, 1246; in Kraft seit 19. 12. 1978, BGBl. 1979 II, 90.

[505] Vertrag vom 10. 7. 1989, BGBl. 1991 II, 1042; in Kraft seit 25. 10. 1990, BGBl. 1991 II, 1042; dieser Vertrag wird im Verhältnis zur Bundesrepublik Jugoslawien weiter angewendet, BGBl. 1997 II, 961.

[506] Vertrag vom 15. 2. 1999, BGBl. 2001 II, 487; in Kraft seit 14. 4. 2002, BGBl. 2002 II, 1532.

[507] Vertrag vom 29. 6. 1962, BGBl. 1963 II, 991; in Kraft seit 21. 11. 1963, BGBl. 1963 II, 1537.

[508] Vertrag vom 14. 6. 1996, BGBl. 1998 II, 628; in Kraft seit 19. 1. 1999, BGBl. 1999 II, 81: Dieser Vertrag enthält in Art. 1 Abs. 3 lit. b (2) für Gesellschaften des Staates Katar eine Verknüpfung von Gründungs- und Kontrolltheorie: „Investor in Bezug auf den Staat Katar" ist nach dieser Bestimmung unter anderem „jede juristische Person mit der Rechtsstellung einer Gesellschaft, einer Kapitalgesellschaft oder einer staatlichen oder halbstaatlichen Einrichtung, die im Hoheitsgebiet des Staates Katar nach Maßgabe seiner Rechtsvorschriften gegründet wurde oder mittelbar oder unmittelbar unter dem Einfluss von Staatsangehörigen des Staates Katar stehen".

[509] Vertrag vom 18. 3. 1969, BGBl. 1970 II, 509; in Kraft seit 22. 7. 1971, BGBl. 1971 II, 1099.

[510] Vertrag vom 4. 2. 1964, BGBl. 1966 II, 841; in Kraft seit 15. 1. 1967, BGBl. 1967 II, 736.

[511] Vertrag vom 30. 4. 1996, BGBl. 1998 II, 746; in Kraft seit 22. 11. 1998, BGBl. 1998 II, 2961.

[512] Vertrag vom 11. 11. 1982, BGBl. 1985 II, 14; in Kraft seit 17. 8. 1985, BGBl. 1985 II, 889.

[513] Vertrag vom 12. 12. 1961, BGBl. 1967 II, 1537; in Kraft seit 22. 10. 1967, BGBl. 1967 II, 2337.

[514] Vertrag vom 22. 12. 1960, BGBl. 1962 II, 1064; teilweise in Kraft seit 6. 7. 1963, BGBl. 1963 II, 1153; Geltung im gesamten Staatsgebiet von Malaysia seit 2. 9. 1966, BGBl. 1966 II, 885.

[515] Vertrag vom 28. 6. 1977, BGBl. 1979 II, 77; in Kraft seit 16. 5. 1980, BGBl. 1980 II, 695.

[516] Vertrag vom 25. 5. 1971, BGBl. 1973 II, 615; in Kraft seit 27. 8. 1973, BGBl. 1973 II, 1511.

[517] Vertrag vom 20. 10. 1986, BGBl. 1988 II, 262; in Kraft seit 7. 7. 1988, BGBl. 1988 II, 619.

[518] Vertrag vom 25. 6. 1979, BGBl. 1985 II, 354; in Kraft seit 4. 2. 1986, BGBl. 1986 II, 460.

[519] Vertrag vom 25. 11. 1959, BGBl. 1961 II, 793; in Kraft seit 28. 4. 1962, BGBl. 1962 II, 172.

[520] Vertrag vom 12. 11. 1980, BGBl. 1982 II, 389; in Kraft seit 3. 11. 1983, BGBl. 1983 II, 723.

[521] Vertrag vom 24. 1. 1964, BGBl. 1965 II, 1391; in Kraft seit 16. 1. 1966, BGBl. 1966 II, 10, 108.

[522] Vertrag vom 3. 10. 1973, BGBl. 1975 II, 49; in Kraft seit 1. 10. 1975, BGBl. 1975 II, 1781.

[523] Vertrag vom 27. 11. 1981, BGBl. 1984 II, 778; in Kraft seit 15. 2. 1985, BGBl. 1985 II, 558.

[524] Vertrag vom 7. 2. 2000, BGBl. 2002 II, 296; in Kraft seit 16. 1. 2004, BGBl. 2004 II, 104.

St. Lucia[525]
St. Vincent und die Grenadinen[526]
Sudan[527]
Swasiland[528]
Tansania[529]
Tschad[530]
Zentralafrikanische Republik[531]

---

[525] Vertrag vom 16. 3. 1985, BGBl. 1987 II, 13; in Kraft seit 22. 7. 1987, BGBl. 1987 II, 436.

[526] Vertrag vom 25. 3. 1986, BGBl. 1987 II, 774; in Kraft seit 8. 1. 1989, BGBl. 1989 II, 766.

[527] Vertrag vom 7. 2. 1963, BGBl. 1966 II, 889; in Kraft seit 24. 1. 1967, BGBl. 1967 II, 908.

[528] Vertrag vom 5. 4. 1990, BGBl. 1993 II, 956; in Kraft seit 7. 8. 1995, BGBl. 1995 II, 902.

[529] Vertrag vom 30. 1. 1965, BGBl. 1966 II, 873; in Kraft seit 12. 7. 1968, BGBl. 1968 II, 584.

[530] Vertrag vom 11. 4. 1967, BGBl. 1968 II, 221; in Kraft seit 23. 11. 1968, BGBl. 1968 II, 1095.

[531] Vertrag vom 23. 8. 1965, BGBl. 1967 II, 1657; in Kraft seit 21. 1. 1968, BGBl. 1968 II, 48. Anzuerkennen sind jedoch nur Gesellschaften, welche von zentralafrikanischen Staatsangehörigen oder zentralafrikanischem Kapital kontrolliert werden.

C. Für Gesellschaften relevante Sachverhalte mit Auslandsberührung

I. Grundsatz

Nach der herrschenden Einheitslehre umfasst das Gesellschaftsstatut grundsätzlich sämtliche gesellschaftsrechtlich einzustufenden Sachverhalte.[532] Es umfasst Fragen der Gesellschaftsgründung und der Auflösung einer Gesellschaft, Fragen der inneren Verfassung mit der Regelung der Verhältnisse der Organe untereinander, der Gesellschafter untereinander und der Gesellschafter und Organe zu der Gesellschaft und Fragen des gesellschaftsrechtlichen Außenverhältnisses wie die Haftung der Gründer oder der Gesellschafter und der Vertretung der Gesellschaft.[533] **261**

Dagegen spricht sich eine abweichende Meinung in der Literatur zur Abmilderung der Gründungstheorie insbesondere auch im Anschluss an die „Überseering"-Rechtsprechung des EuGH für eine differenzierte Anknüpfung für gesellschaftsrechtliche Sachverhalte im Innen- und Außenverhältnis aus.[534] Diese Auffassung ist mit der Rechtsprechung des EuGH zur Niederlassungsfreiheit unvereinbar.[535] Im deutschen Internationalen Gesellschaftsrecht gilt daher nach wie vor der Grundsatz der Einheitslehre. Dieser Grundsatz gilt auch für ausländische Gesellschaften mit tatsächlichem Verwaltungssitz in Deutschland, deren ausländisches Gesellschaftsstatut demnach grundsätzlich Anwendung findet. **262**

Die Einheit des Gesellschaftsstatutes schließt nach herrschender Meinung nicht aus, dass in Ausnahmefällen eine Sonderanknüpfung erforderlich sein kann.[536] Eine solche Sonderanknüpfung, die das anwendbare Sachrecht in Hinblick auf die Gesellschaft nicht anhand des Gesellschaftsstatuts sondern anhand anderer Kriterien bestimmt, erfordert aber immer eine besondere Begründung.[537] Dabei ist auch darauf zu achten, dass durch die Sonderanknüpfung kein Systembruch entsteht und wesentliche Zusammenhänge zwischen Normkomplexen nicht leichtfertig aufgebrochen werden. Neben der Möglichkeit von Sonderanknüpfungen kann die Einheit des Gesellschaftsstatutes aber auch durch das Zusammenspiel und die Abgrenzung verschiedener Statute beeinträchtigt werden. Daher ist auch die Abgrenzung der unter das Gesellschaftsstatut fallenden Sachgebiete zur Vermeidung von Systembrüchen mit großer Sorgfalt vorzunehmen. Dies soll im Folgenden für die wichtigsten Bereiche dargestellt werden. **263**

II. Gründung der Gesellschaft

a) Vorgründungsphase

Der regelmäßig erste Schritt im Rahmen der Errichtung und Gründung einer Gesellschaft ist die vertragliche Verpflichtung der zukünftigen Gesellschafter zur Gründung der Gesellschaft. Dieser Gründungsvorvertrag wird nach deutschem materiellen Gesellschafts- **264**

---

[532] Vgl. oben Rn. 21 ff.

[533] MünchKommBGB/*Kindler*, IntGesR Rn. 412; Staudinger/*Großfeld* (1998) IntGesR Rn. 249.

[534] Vgl. oben Rn. 216; vgl. *Sandrock*, BB 1999, 1337, 1343; *ders.*, BB 2003, 2588; *Bungert*, ZVglRWiss 93 (1994), 117.

[535] Vgl. Rn. 217.

[536] Vgl. zu den Tendenzen in der Literatur zur Sonderanknüpfung des Rechtes der unternehmerischen Mitbestimmung unten Rn. 301 ff.

[537] MünchKommBGB/*Kindler*, IntGesR Rn. 413; Staudinger/*Großfeld* (1998) IntGesR Rn. 250.

recht nach herrschender Meinung als Gesellschaftsvertrag einer oHG oder GbR je nach dem Gesellschaftszweck angesehen.[538] Dennoch gehen die Rechtsprechung und die herrschende Meinung in der Literatur davon aus, dass dieser Gründungsvorvertrag internationalprivatrechtlich nicht dem Gesellschaftsstatut zu unterstellen sei, sondern dem Vertragsstatut unterliege.[539] Dies gilt nach herrschender Meinung unabhängig davon, ob dieser Vertrag auch in der zur Anwendung berufenen ausländischen Rechtsordnung einen Gesellschaftsvertrag darstellt.[540] Dies wird damit begründet, dass der noch nicht beschlossene Verwaltungssitz der zukünftigen Gesellschaft nicht als Anknüpfungspunkt geeignet sei und der Vertrag lediglich Rechte *inter partes* begründe, die Teilnahme als Gesellschaft am Rechtsverkehr aber noch nicht hinreichend konkretisiert sei.[541]

265   Dagegen wendet eine abweichende Ansicht in der Literatur das selbständig zu ermittelnde Gesellschaftsstatut der Vorgründungsgesellschaft an.[542] In der Praxis wird das Vertragsstatut regelmäßig mit dem Gesellschaftsstatut der Vorgründungsgesellschaft und der späteren Gesellschaft übereinstimmen, da der engste Bezug des Vertrages zu dem Staat bestehen wird, dessen Recht die Gesellschaft unterworfen sein wird.[543] Von Bedeutung ist der Meinungsstreit aber dann, wenn die Vertragsparteien den Gründungsvorvertrag privatautonom einer anderen Rechtsordnung unterstellen.

b) Errichtungsphase

266   Die Errichtungsphase unterliegt umfassend dem Gesellschaftsstatut der später entstehenden Gesellschaft.[544] Dies betrifft zunächst die Frage, ob überhaupt eine Vorgesellschaft existiert, welche Rechtsnatur sie hat und die Frage ihrer Rechts- und Parteifähigkeit.[545] Evidenter Maßen unterliegen auch die materiellen Anforderungen an die Errichtung der Gesellschaft dem Gesellschaftsstatut. Da der Gesellschaftsvertrag nicht nur während des Errichtungszeitraums, sondern auch während des Zeitraumes nach Eintragung wirkt, muss die Normierung seines Mindestgehaltes ebenso wie andere Anforderungen an die Errichtung der Gesellschaft bereits dem Gesellschaftsstatut unterliegen.[546] Gleiches gilt für die Übernahme und Zeichnung von Gesellschaftsanteilen, nach herrschender Meinung soll dies sogar für die Frage des Vorliegens von Willensmängeln bei der Zeichnung oder Übernahme und deren Rechtsfolgen gelten.[547] Diese Unterstellung der Regeln der allgemeinen Rechtsgeschäftslehre unter das Gesellschaftsstatut ist deshalb richtig, weil die Frage der Anfechtungswirkung einschließlich der Regelungen der fehlerhaften Gesellschaft von wesentlichem Verkehrsschutzinteresse ist und daher nicht von der gesellschaftsrechtlichen

---

[538] Scholz/*K. Schmidt*, GmbHG § 11, Rn. 9; *Lutter/Bayer* in Lutter/Hommelhoff, GmbHG, § 11, Rn. 2. Zur Gegenansicht Michalski/*Michalski*, GmbHG § 11, Rn. 10.

[539] BGH WM 1975, 387; Scholz/*Westermann*, GmbHG Einl. Rn. 99; Palandt/*Heldrich*, Anh zu EGBGB 12 Rn. 10; MünchKommBGB/*Kindler*, IntGesR Rn. 415; Staudinger/*Großfeld* (1998) IntGesR Rn. 257; a. A. *Assmann* in Großkomm AktG, Einl. Rn. 572; Michalski/*Leible*, GmbHG, Syst. Darst. 2 Rn. 64.

[540] Siehe zur schweizerischen Vorgründungsgesellschaft BGH WM 1975, 387.

[541] MünchKommBGB/*Kindler*, IntGesR Rn. 415; Scholz/*Westermann*, GmbHG Einl. Rn. 99.

[542] Michalski/*Leible*, GmbHG, Syst. Darst. 2 Rn. 64; Behrens/*Behrens*, Die Gesellschaft mit beschränkter Haftung im internationalen und europäischen Recht, IPR Rn. 28.

[543] MünchKommBGB/*Kindler*, IntGesR Rn. 415; Staudinger/*Großfeld* (1998) IntGesR Rn. 257; BGH WM 1975, 387.

[544] MünchKommBGB/*Kindler*, IntGesR Rn. 418; Behrens/*Behrens*, Die Gesellschaft mit beschränkter Haftung im internationalen und europäischen Recht, IPR Rn. 28; Staudinger/*Großfeld* (1998) IntGesR Rn. 261; Michalski/*Leible*, GmbHG, Syst. Darst. 2 Rn. 65; BayObLGZ, 1965, 294; OLG München IPRspr. 1966/67 Nr. 15; OLG Nürnberg IPRspr. 1966/67 Nr. 17; vgl. auch BGH IPRspr. 1966/67 Nr. 14 und KG GmbHR 1994, 121.

[545] Staudinger/*Großfeld* (1998) IntGesR Rn. 261.

[546] Vgl. zur inneren Verfassung der Gesellschaft sogleich unten Rn. 297 f.

[547] OLG München IPRspr. 1929 Nr. 23; MünchKommBGB/*Kindler*, IntGesR Rn. 416; Staudinger/*Großfeld* (1998) IntGesR Rn. 259.

Betrachtung getrennt werden kann. Die Geschäftsfähigkeit der Gründer ist dagegen nach dem jeweiligen Statut für die Geschäftsfähigkeit anzuknüpfen.[548] Die Regelung der internen Verfassung der Vorgesellschaft unterliegt wiederum dem Gesellschaftsstatut, ebenso wie die Frage der Befugnis zur Außenvertretung. Aus Gründen des Verkehrsschutzes ist bei der Außenvertretung allerdings die mögliche Analogie zu Art. 12 Abs. 1 EGBGB zu beachten.[549]

Daneben sind auch die Voraussetzungen der Entstehung der Gesellschaft nach dem **267** Gesellschaftsstatut zu beurteilen. Dies umfasst insbesondere ein eventuelles Eintragungserfordernis sowie den Inhalt und die Rechtsfolgen einer solchen Eintragung. Für das Eintragungsverfahren stellt die herrschende Meinung dagegen auf die lex fori ab.[550] Richtigerweise sollte die Anwendung der lex fori aber stets Besonderheiten des Verfahrensrechts des Gesellschaftsstatuts beachten, die mit dem materiellen Gesellschaftsrecht untrennbar verbunden sind.[551] Bei Anwendung der Sitztheorie entspricht die lex fori ohnehin dem Gesellschaftsstatut.

Schließlich unterliegt auch die Frage der Übernahme von Verbindlichkeiten der Vor- **268** gesellschaft durch die spätere Gesellschaft oder einer eventuellen Identität zwischen der Vorgesellschaft und der später entstehenden Gesellschaft dem Gesellschaftsstatut. Ebenso hängt hiermit das Recht der Haftung der Gesellschafter und der im weitesten Sinne für die Gesellschaft Handelnden für Verbindlichkeiten der Vorgesellschaft zusammen.[552] Auch diese Frage kann nicht sinnvoll losgelöst von der Haftungsverfassung der späteren Gesellschaft beurteilt werden.

Von der umfassenden Geltung des Gesellschaftsstatuts für die Rechtsverhältnisse in der **269** Errichtungsphase ist die Haftung im Zusammenhang mit der Einbringung von Betrieben auszunehmen.[553] Dies betrifft im deutschen Sachrecht insbesondere die §§ 25 und 28 HGB. Die Anwendung dieser Vorschriften beurteilt sich nach der lex rei sitae des eingebrachten Betriebes, um dem Verkehrsschutzinteresse der Gläubiger gerecht zu werden. Die Gläubiger der eingebrachten Betriebe sollen darauf vertrauen können, dass Schutzvorschriften nicht durch die Einbringung in Gesellschaften eines fremden Gesellschaftsstatuts umgangen werden. Auch der dingliche Übertragungsakt bei Sacheinlagen ist nicht nach dem Gesellschaftsstatut, sondern nach der lex rei sitae zu beurteilen.

III. Rechtsfähigkeit

1. Allgemeine Rechtsfähigkeit

Das Gesellschaftsstatut regelt auch die Rechtsfähigkeit einer Gesellschaft. Dies umfasst **270** nicht nur die Frage, ob die Gesellschaft rechtsfähig ist, sondern auch ab wann und in welchem Umfang diese Rechtsfähigkeit besteht.[554] Nach diesem Grundsatz ist eine Gesellschaft, deren ausländisches Gesellschaftsstatut ihr die Rechtsfähigkeit verleiht, auch in

---

[548] Staudinger/*Großfeld* (1998) IntGesR Rn. 259; *Wohlgemuth,* RIW 1980, 759, 762.

[549] Siehe hierzu LG München ZIP 1999, 1680 und unten Rn. 271.

[550] MünchKommBGB/*Kindler,* IntGesR Rn. 417; Behrens/*Behrens,* Die Gesellschaft mit beschränkter Haftung im internationalen und europäischen Recht, IPR, Rn. 28.

[551] Vgl. auch Staudinger/*Großfeld* (1998) IntGesR Rn. 337 zu Aktionärsklagerechten und zu der Rechtslage zum Insolvenzverfahren Michalski/*Leible,* GmbHG, Syst. Darst. 2 Rn. 125 m. w. N.

[552] MünchKommBGB/*Kindler,* IntGesR Rn. 418; Staudinger/*Großfeld* (1998) IntGesR Rn. 261; Michalski/*Leible,* GmbHG, Syst. Darst. 2 Rn. 65. Vgl. zur Handelndenhaftung auch LG München ZIP 1999, 1680.

[553] MünchKommBGB/*Kindler,* IntGesR Rn. 416 m. w. N.; Staudinger/*Großfeld* (1998) IntGesR Rn. 262.

[554] BGH NJW 1998, 2452; BGHZ 128, 41, 44; OLG Düsseldorf IPRspr. 1964/65 Nr. 21; *Kegel/Schurig,* Internationales Privatrecht, § 17 II 2, S. 577; Staudinger/*Großfeld* (1998) IntGesR Rn. 272.

Deutschland rechtsfähig, eine Gesellschaft, deren Gesellschaftsstatut ihr die Rechtsfähigkeit versagt, ist auch in Deutschland nicht rechtsfähig. Auch die Beschränkung der grundsätzlich bestehenden Rechtsfähigkeit nach einem ausländischen Gesellschaftsstatut ist anzuerkennen, selbst wenn das deutsche Gesellschaftsrecht die Rechtsfähigkeit einer entsprechenden Gesellschaftsform anders beurteilen würde oder eine entsprechende Beschränkung der Rechtsfähigkeit nicht kennt.[555]

271   Nach dieser herrschenden Meinung können ausländische Gesellschaften in Deutschland am Rechtsverkehr teilnehmen, ohne über die nach deutschem Recht erforderliche Rechtsfähigkeit zu verfügen. Dies kann erhebliche Probleme für die Rechtssicherheit verursachen. Im EG-europäischen Bereich dürfte dieses Problem zwar angesichts von Art. 9 Publizitätsrichtlinie kaum relevant werden.[556] Von wesentlicher Bedeutung ist es aber im Hinblick auf Gesellschaften des angloamerikanischen Rechtsraumes. Nach der hier geltenden Ultra-Vires-Lehre bildet der satzungsmäßig festgelegte Geschäftsgegenstand die Grenze der Geschäftsbetätigung auch im Außenverhältnis. Rechtsgeschäfte, die nicht vom Geschäftsgegenstand gedeckt sind, sind grundsätzlich nichtig. Um den Verkehrsschutzinteressen des inländischen Rechtsverkehrs gerecht zu werden, wendet die herrschende aber nicht unumstrittene Meinung Art. 12 Satz 1 EGBGB analog auf Gesellschaften an.[557] Danach kann sich eine Vertragspartei nicht auf eine ihr nach dem Personalstatut fehlende Rechts-, Geschäfts- oder Handlungsfähigkeit berufen, wenn ihr nach dem Vornahmestaat die Rechts-, Geschäfts- oder Handlungsfähigkeit zustünde. Diese Regelung zum Verkehrsschutz ist direkt nur auf natürliche Personen anwendbar. Da der Gesetzgeber aber das internationale Gesellschaftsrecht nicht geregelt hat und die Interessenlage bei Gesellschaften der Interessenlage bei natürlichen Personen vergleichbar ist, ist die Vorschrift analog auch auf Gesellschaften anwendbar.[558] Voraussetzung für die Sonderanknüpfung ist allerdings gemäß Art. 12 Satz 1 EGBGB, dass sich beide Parteien in demselben Staat befinden. Dies ist grundsätzlich bei Handlungen durch eine inländische Zweigniederlassung und dann der Fall, wenn sich der Vertreter der Gesellschaft in dem entsprechenden Staat aufhält. Bei Distanzgeschäften, bei denen eine der Parteien aus einem fremden Staat heraus handelt, ist das Vertrauen auf die Rechtsfähigkeit nach einer bestimmten Rechtsordnung dagegen nicht schutzwürdig.[559]

272   Art. 12 EGBGB bietet einen Gutglaubensschutz, auf den sich nur der Vertragspartner, nicht aber die ohne Rechtsfähigkeit handelnde Gesellschaft berufen kann. Noch weitgehend ungeklärt ist die Frage, welche Nachforschungspflicht den Vertragspartner trifft, um die grobe Fahrlässigkeit auszuschließen. Zu weitgehend erscheint es, bereits bei der bloßen Kenntnis von dem Vorliegen einer ausländischen Gesellschaftsform grobe Fahrlässigkeit anzunehmen.[560] Art. 12 EGBGB gilt allseitig, d. h. er ist nicht nur auf ausländische Gesell-

---

[555] Staudinger/*Großfeld* (1998) IntGesR Rn. 274; OLG Düsseldorf IPRspr. 1964/65 Nr. 21; vgl. auch KG IPRspr. 1929, Nr. 21.

[556] Erste gesellschaftsrechtliche Richtlinie vom 9. 3. 1968, Richtlinie Nr. 68/151/EWG, ABl. 1968 Nr. L 65/8, siehe hierzu unten Rn. 289.

[557] Vgl. BGH NJW 1998, 2452, 2453 m. w. N., der diese Frage offen gelassen hat. Palandt/*Heldrich*, Anh zu EGBGB 12 Rn. 7 (speziell zur Ultra-Vires-Lehre); MünchKommBGB/*Kindler*, IntGesR Rn. 429; Staudinger/*Großfeld* (1998) IntGesR Rn. 276; *Kegel/Schurig*, Internationales Privatrecht, § 17 II 2, S. 577; a. A. OLG Bremen als Vorinstanz zu BGH NJW 1998, 2452. OLG Nürnberg WM 1985, 259 wendet allgemeine Rechtsscheinsgrundsätze auf eine nach deutschem Recht nicht rechtsfähige Scheinauslandsgesellschaft an. Vgl. auch BGH NJW 1960, 1204, 1205; OLG Düsseldorf IPRspr. 1964/65 Nr. 21.

[558] BGH NJW 1998, 2452 weist ausdrücklich auf die grundsätzliche Möglichkeit einer Analogie hin.

[559] MünchKommBGB/*Kindler,* IntGesR Rn. 431; Michalski/*Leible,* GmbHG, Syst. Darst. 2 Rn. 83 Fn. 219.

[560] So aber OLG Hamburg IPRspr. 1932 Nr. 14. Wie hier Michalski/*Leible,* GmbHG, Syst. Darst. 2 Rn. 83; *ders.,* IPRax 1997, 133, 136; MünchKommBGB/*Kindler,* IntGesR Rn. 432; *Kegel/Schurig*, Internationales Privatrecht, § 17 II 2, S. 577, der für den Gutglaubensschutz fordert, dass der

schaften in Deutschland sondern auch auf deutsche Gesellschaften im Ausland und auf Sachverhalte mit mehrfacher Auslandsberührung anwendbar.[561]

2. Besondere Rechtsfähigkeiten

Die allgemeine Rechtsfähigkeit betrifft zunächst nur die Frage, ob eine Gesellschaft **273** überhaupt Trägerin von Rechten und Pflichten sein kann. Die Bejahung dieser Frage bedeutet aber noch nicht, dass die rechtsfähige Gesellschaft Rechte aller Art erwerben kann. So stellen die verschiedenen Rechtsordnungen besondere Anforderungen an die Qualität eines Rechtssubjekt, das gewisse Rechte erwerben kann. Die Erfüllung der Voraussetzungen für den Erwerb solcher besonderen Rechte wird als besondere Rechtsfähigkeit bezeichnet. Da eine Gesellschaft nur dann besondere Rechte und Pflichten erwerben kann, wenn ihre Rechtsfähigkeit überhaupt anerkannt ist, ist die allgemeine Rechtsfähigkeit eine Vorfrage der besonderen Rechtsfähigkeit.[562] Im Folgenden sollen einzelne praktisch bedeutsame besondere Rechtsfähigkeiten dargestellt werden.

a) Erwerb von Gesellschaftsanteilen an anderen Gesellschaften

Die Frage, ob eine Gesellschaft Beteiligungen an einer Gesellschaft mit fremdem Gesell- **274** schaftsstatut erwerben kann, wird als Beteiligungsfähigkeit bezeichnet.[563] Diese Frage richtet sich nach herrschender Meinung nach den Gesellschaftsstatuten sowohl der Zielgesellschaft, an der die Beteiligung begründet werden soll, als auch nach dem Gesellschaftsstatut der Gesellschaft, die die Beteiligung begründen will.[564] Zunächst ergibt sich aus dem Gesellschaftsstatut der Zielgesellschaft, ob Gesellschaften oder juristische Personen generell Gesellschafter der Zielgesellschaft sein können.[565] Dies folgt daraus, dass das Gesellschaftsstatut der Zielgesellschaft die innere Struktur derselben und damit auch die Frage regelt, welche Personen Gesellschafter sein können.[566] Dabei ist eine Regelung zur Beteiligungsfähigkeit genau auf seinen internationalen Anwendungsbereich hin zu untersuchen. Regelmäßig wird die Versagung der Beteiligungsfähigkeit aber nicht nur die Beteiligung inländischer Gesellschaften sondern auch vergleichbarer ausländischer Gesellschaften erfassen.

Daneben muss aber nach herrschender Meinung auch das Gesellschaftsstatut der sich **275** beteiligenden Gesellschaft die Beteiligung an der Zielgesellschaft zulassen.[567] Dieses weitere Erfordernis ergibt sich bereits aus rechtspraktischen Überlegungen, da der einseitige Bezug auf das Gesellschaftsstatut der Zielgesellschaft zu hinkenden Rechtsverhältnissen und damit zu großer Rechtsunsicherheit führen würde.[568] Bei solchen sachrechtlichen Regelungen zur Möglichkeit des Beteiligungserwerbes wird regelmäßig nicht ausdrücklich auf die Rechtsform der Zielgesellschaft, die ausländischem Recht untersteht, Bezug ge-

---

ausländischen Gesellschaft eine inländische Gesellschaft mit Rechtsfähigkeit entspreche, da der Vertragspartner sonst an nichts glauben könne.

[561] *Kegel/Schurig,* Internationales Privatrecht, § 17 II 2, S. 577; MünchKommBGB/*Kindler,* IntGesR Rn. 429; Michalski/*Leible,* GmbHG, Syst. Darst. 2 Rn. 84.

[562] Vgl. OLG Saarbrücken NJW 1990, 647.

[563] Michalski/*Leible,* GmbHG, Syst. Darst. 2 Rn. 93.

[564] Michalski/*Leible,* GmbHG, Syst. Darst. 2 Rn. 93; Palandt/*Heldrich,* Anh zu EGBGB 12 Rn. 16; *Ammon* in Röhricht/Graf von Westphalen, HGB § 19, Rn. 68; *Heinrich,* Die ausländische juristische Person & Co. KG, S. 216 ff.; BayObLG NJW 1986, 3029, 3031; offen lassend OLG Saarbrücken NJW 1990, 647; a. A. (Beurteilung nur nach dem Gesellschaftsstatut der Zielgesellschaft) Baumbach/*Hopt,* HGB, Anh. § 177 a, Rn. 11 m. w. N.

[565] Michalski/*Leible,* GmbHG, Syst. Darst. 2 Rn. 93; *Heinrich,* Die ausländische juristische Person & Co. KG, S. 216 ff.

[566] Siehe zur Frage der inneren Organisation der Gesellschaft unten Rn. 297.

[567] Michalski/*Leible,* GmbHG, Syst. Darst. 2 Rn. 93; *Heinrich,* Die ausländische juristische Person & Co. KG, S. 216 ff. Vgl. zu einem gesetzlichen Verbot der Beteiligung Art. 552, 594 Abs. (2) Schweizerisches Obligationenrecht.

[568] So *Heinrich,* Die ausländische juristische Person & Co. KG, S. 217.

nommen werden. Daher ist insbesondere in dem Fall, in dem eine Regelung besteht, die die Beteiligung an einer Gesellschaft verbietet, zu untersuchen, ob dieses Verbot auch die Beteiligung an Gesellschaften, die einem ausländischen Gesellschaftsstatut unterstehen, erfasst. Regelmäßig wird dafür auf den Normzweck des Beteiligungsverbotes abzustellen sein. Wenn der Zweck des Verbotes in der sich beteiligenden Gesellschaft angelegt ist, wenn also das Tätigkeitsfeld der sich beteiligenden Gesellschaft eingeschränkt werden soll, wird es regelmäßig auch die Beteiligung an Gesellschaften ausländischen Rechts, die ihrer Struktur nach der einheimischen Gesellschaft, an der eine Beteiligung verboten ist, erfassen. Wenn der Zweck des Verbotes dagegen in der Zielgesellschaft angelegt ist, insbesondere im Schutz der Gläubiger oder der Gesellschafter der Zielgesellschaft, so wird das Verbot nur die Beteiligung an Zielgesellschaften der jeweiligen nationalen Rechtsordnung betreffen.[569] Ein wesentliches Indiz wird dabei die systematische Stellung der Norm im Sachrecht sein.[570] Im Ergebnis ist festzuhalten, dass sich eine Gesellschaft nur dann an einer Gesellschaft einer anderen Rechtsordnung beteiligen kann, wenn beide Rechtsordnungen dies zulassen.

b) Grenzüberschreitende Typenvermischung

276 **aa) Zulässigkeit der Typenvermischung.** Die Frage der grenzüberschreitenden Grundtypenvermischung baut auf der Frage der Beteiligungsfähigkeit auf. Sie betrifft die Frage, ob sich eine Gesellschaft an einer Zielgesellschaft eines anderen Gesellschaftsstatuts in der Weise beteiligen kann, dass zwei verschiedene Grundtypen vermischt werden können. Die herrschende Meinung beurteilt die Zulässigkeit einer solchen Typenvermischung entsprechend der Beteiligungsfähigkeit kumulativ anhand der Gesellschaftsstatute der Zielgesellschaft und der sich beteiligenden Gesellschaft. In der deutschen Rechtspraxis hat besonders die Beteiligung einer ausländischen Kapitalgesellschaft als einzige Komplementärin einer deutschen KG Bedeutung erlangt. Die Zulässigkeit einer solchen ausländischen Kapitalgesellschaft & Co. KG ist heftig umstritten. In der deutschen Rechtspraxis ist die Zulässigkeit der Typenvermischung durch die Beteiligung einer deutschen Kapitalgesellschaft als einzige persönlich haftende Gesellschafterin einer deutschen Personenhandelsgesellschaft anerkannt.[571]

277 In der Literatur und Rechtsprechung[572] wird teilweise angenommen, dass eine solche Typenvermischung unter Beteiligung einer ausländischen Gesellschaft als persönlich haftender Gesellschafterin nicht zulässig sei, weil eine solche grenzüberschreitende Typenvermischung zu großen Rechtsanwendungsproblemen führen könne.[573] So sind auf den durch die grenzüberschreitende Typenvermischung entstehenden Gesellschaftsverbund nicht nur das deutsche Personengesellschaftsrecht anwendbar, sondern daneben das Gesellschaftsstatut der ausländischen persönlich haftenden Gesellschafterin. Darüber hinaus entstehen Rechtsunsicherheiten über die Vertretungs- und Haftungsverhältnisse in diesem Gesellschaftsverbund. Schließlich verstoße die Zulassung einer solchen Typenvermischung gegen die Sitztheorie, weil die einheitliche Anknüpfung an den Sitz der Hauptverwaltung ausgeschlossen sei, wenn ein ausländisches Gesellschaftsstatut für die Beurteilung der Rechtsverhältnisse des persönlich haftenden Gesellschafters und damit eines wesentlichen Elementes der Gesellschaft herangezogen werden müsse.[574] Die angeführten Probleme

---

[569] *Heinrich,* Die ausländische juristische Person & Co. KG, S. 217 f.

[570] Vgl. zum Schweizerischen Obligationenrecht, das nur die Beteiligung einer AG an einer schweizerischen Kommanditgesellschaft untersagt, OLG Saarbrücken NJW 1990, 647, 648; OLG Stuttgart WM 1995, 928, 930.

[571] Vgl. die implizite gesetzgeberische Anerkennung dieser Typenvermischung durch die Regelungen der §§ 125a, 129a, 130a, 130b, 172a und 177a HGB.

[572] Vgl. AG Bad Oeynhausen GmbHR 2005, 692, 693 f.

[573] MünchKommBGB/*Kindler,* IntGesR Rn. 439; Staudinger/*Großfeld* (1998) IntGesR Rn. 542; *Kaligin,* DB 1985, 1449, 1452, jeweils m. w. N.

[574] So insbesondere MünchKommBGB/*Kindler,* IntGesR Rn. 439.

können sich dabei noch vergrößern, wenn nicht nur eine ausländische Kapitalgesellschaft, sondern gleich mehrere Kapitalgesellschaften unterschiedlicher Rechtsordnungen als persönlich haftende Gesellschafter an einer deutschen Personenhandelsgesellschaft beteiligt sind.

Dagegen hält die mittlerweile wohl herrschende Ansicht in der Literatur die Beteiligung **278** einer ausländischen Kapitalgesellschaft als persönlich haftende Gesellschafterin einer deutschen Personenhandelsgesellschaft für zulässig.[575] Diese Ansicht verweist auf die Wortlaute der §§ 125a, 129a, 130a, 130b, 172a und 177a HGB, die gerade nicht auf die Rechtsformen der deutschen Kapitalgesellschaft & Co. beschränkt sind sondern allgemein Gesellschaften ohne unbeschränkt haftenden Gesellschafter erfassen. Die Rechtsunsicherheit aufgrund der Normenmischung sei nicht so groß, dass dies einen generellen Ausschluss der Typenvermischung rechtfertige. Ähnlich wie bei der Beteiligung ausländischer Minderjähriger an deutschen Gesellschaften müssten auch bei der Typenvermischung die auf der Anwendung verschiedener Rechtordnungen beruhenden Schwierigkeiten hingenommen werden. Dagegen kann wohl aus § 5 Abs. 2 Nr. 3 des Kapitalverkehrsteuergesetzes[576] nicht auf die grundsätzliche gesetzgeberische Anerkennung der Zulässigkeit der grenzüberschreitenden Typenvermischung geschlossen werden, weil das Steuerrecht fiskalische Ziele verfolgt, die auf gesellschaftsrechtliche Erwägungen keinen Einfluss haben.[577] Schließlich vertreten auch verschiedene Autoren die Ansicht, dass die im EG-Vertrag verankerte Niederlassungsfreiheit fordere, dass das deutsche internationale Privatrecht zumindest EG-ausländischen Kapitalgesellschaften die Möglichkeit einräume, eine Kapitalgesellschaft und Co. KG zu gründen.[578]

Die obergerichtliche Rechtsprechung geht mittlerweile in verschiedenen Urteilen von **279** der Zulässigkeit der ausländischen Kapitalgesellschaft & Co. KG aus.[579] Auf dieser Grundlage kann sich die Praxis mit einiger Sicherheit auf die Zulässigkeit einer entsprechenden Typenvermischung einstellen.

bb) Firmierung und Publizität der Vertretungsmacht. Noch weitgehend unge- **280** klärt ist dagegen die Frage, wie eine solche ausländische Kapitalgesellschaft & Co. KG firmieren muss. Ausgangspunkt ist hierbei § 19 Abs. 2 HGB, wonach die Firma eine Bezeichnung enthalten muss, welche die Haftungsbeschränkung kennzeichnet.[580] Daher muss die Firma der KG jedenfalls die Rechtsform der ausländischen Kapitalgesellschaft beinhalten. Problematisch ist aber, ob darüber hinaus auch zu fordern ist, dass der Rechtsformzusatz durch die Angabe des Registrierungslandes oder des Landes des Satzungssitzes oder beides zu ergänzen ist. Teilweise wird auch der Zusatz „beschränkt haftende Kommanditgesellschaft" gefordert. Es erscheint aus Gründen der Firmenklarheit vorzugswürdig, bei ausländischen Gesellschaften generell die Angabe des Registrierungslandes oder mangels Registrierung des Landes, dessen Recht die Gesellschaft untersteht, zu fordern. Es ist dem Beobachter ansonsten nicht in zumutbarer Weise möglich festzustellen, wie die Haftungsverhältnisse in der Gesellschaft geregelt sind.[581] Dies gilt umso mehr in dem Fall einer ös-

---

[575] Michalski/*Leible*, GmbHG, Syst. Darst. 2 Rn. 146; Palandt/*Heldrich*, Anh zu EGBGB 12 Rn. 14 jeweils m. w. N.

[576] BGBl. 1972 I, 2129, die Vorschrift ist nicht mehr in Kraft.

[577] So MünchKommBGB/*Kindler*, IntGesR Rn. 439; im Ergebnis auch OLG Stuttgart WM 1995, 928, 930; a. A. BayObLG NJW 1986, 3029, 3031.

[578] MünchKommHGB/*Bokelmann*, § 19 Rn. 73; zu den Voraussetzungen der Errichtung einer englischen Ltd. & Co. KG vgl. *Werner*, GmbHR 2005, 288 ff. und *Süß*, GmbHR 2005, 673 f.

[579] Vgl. BayObLGZ 1986, 61, 66 (= NJW 1986, 3029); OLG Saarbrücken NJW 1999, 647; OLG Stuttgart WM 1995, 928, 930.

[580] Vgl. zur Problematik der Firmierung ausführlich *Heinrich*, Die ausländische juristische Person & Co. KG, S. 254 ff.

[581] So auch MünchKommHGB/*Bokelmann*, § 19 Rn. 59, der auf den Einzelfall abstellt und gegebenenfalls zusätzlich auch die Angabe des Satzungssitzes und der Registrierungsnummer fordert. Anders BayObLG NJW 1986, 3029; Baumbach/*Hopt*, HGB, § 19, Rn. 27.

terreichischen oder einer schweizerischen GmbH oder AG, die persönlich haftende Gesellschafterin einer deutschen Personenhandelsgesellschaft ist, da die Firmenzusätze „GmbH" oder „AG" den unbefangenen Beobachter zwangsläufig zu der Annahme verleitet, es handele sich um eine „GmbH" oder „AG" deutschen Rechts. Die Nennung auch des Satzungssitzes der persönlich haftenden Gesellschafterin in der Firma der ausländischen Kapitalgesellschaft & Co. KG wäre dagegen ebenso wie der Zusatz „b. h. KG" eher verwirrend. Die Rechtsprechung bietet in Fällen, in denen es sich nicht um einen Rechtsformzusatz handelt, der einem deutschen Rechtsformzusatz entspricht, hinsichtlich der Forderung des Nationalitätenzusatzes kein eindeutiges Bild. Auch hinsichtlich des Zusatzes „beschränkt haftende Kommanditgesellschaft" ist die Rechtsprechung nicht einheitlich.[582] In der Praxis wird dabei vieles vom im Einzelfall entscheidenden Registerrichter abhängen.

281   Gleiches gilt auch für die Frage der Eintragungsfähigkeit und -pflichtigkeit der Vertretungsverhältnisse in der ausländischen Kapitalgesellschaft im Handelsregister der deutschen Personenhandelsgesellschaft. An einer solchen Eintragung besteht deshalb ein Interesse, weil diese Vertretungsverhältnisse nicht aus einem anderen deutschen Handelsregister ersichtlich sind, in manchen Rechtsordnungen wird gar kein dem deutschen Handelsregister entsprechendes Register geführt, sodass selbst durch Einsicht in ein ausländisches Register keine Klarheit gewonnen werden kann. Daher wird teilweise die Eintragungsfähigkeit und die Eintragungspflichtigkeit der Vertretungsverhältnisse der Komplementärkapitalgesellschaft angenommen, damit der Rechtsverkehr Klarheit über die Vertretungsverhältnisse in der durch die ausländische Komplementärin vertretenen Kommanditgesellschaft erlangen kann.[583]

c) Organfähigkeit

282   Ähnlich wie die Beteiligungsfähigkeit ist die Organfähigkeit von Gesellschaften zu ermitteln. Diese wird zunächst nach dem Gesellschaftsstatut der Gesellschaft beurteilt, zu deren Organ eine andere Gesellschaft bestellt werden soll.[584] Dies gilt schon deshalb, weil es sich bei der Organfähigkeit um eine Frage der inneren Verfassung der Gesellschaft handelt, die umfassend nach dem Gesellschaftsstatut dieser Gesellschaft angeknüpft wird.[585] Die Regelung ist aber auf ihren internationalen Anwendungsbereich zu untersuchen und es ist zu fragen, ob sie die Organfähigkeit nur inländischen Gesellschaften oder auch ausländischen Gesellschaften abspricht oder zuerkennt.[586] Nur wenn dieses Gesellschaftsstatut die Gesellschaft, die zum Organ bestellt werden soll, als organfähig ansieht, ist in einem zweiten Schritt zu prüfen, ob auch das Gesellschaftsstatut der zum Organ zu bestellenden Gesellschaft diese als organfähig qualifiziert, wobei insbesondere bei einer Versagung der Organfähigkeit jeweils zu prüfen ist, ob sich dieses Verbot auch auf die Bestellung zum Organ einer ausländischen Gesellschaft bezieht.[587] Diese doppelte Anknüpfung verhindert hinkende Rechtsverhältnisse und schützt so die Gesellschaft, zu deren Organ eine ausländische Gesellschaft bestellt werden soll vor der Undurchsetzbarkeit von Ansprüchen gegen ihr Organ im Ausland.[588]

---

[582] Vgl. BayObLG NJW 1986, 3029; OLG Hamm WM 87, 753; Baumbach/*Hopt*, HGB, § 19, Rn. 27; a. A. *Ammon* in Röhricht/Graf von Westphalen, HGB § 19, Rn. 68. Vgl. allgemein zum Zusatz „KG mbH" OLG Köln RPfleger 1978, 21.

[583] BayObLG NJW 1986, 3029, 3032.

[584] MünchKommBGB/*Kindler*, IntGesR Rn. 442; Staudinger/*Großfeld* (1998) IntGesR Rn. 310.

[585] Siehe zur inneren Verfassung noch unten Rn. 297.

[586] MünchKommBGB/*Kindler*, IntGesR Rn. 442; Staudinger/*Großfeld* (1998) IntGesR Rn. 310. Danach sind § 76 Abs. (3) und § 100 Abs. (1) AktG auch auf ausländische juristische Personen anwendbar. Vgl. zur vergleichbaren Problematik bei der Beteiligungsfähigkeit oben Rn. 274.

[587] MünchKommBGB/*Kindler*, IntGesR Rn. 442; Staudinger/*Großfeld* (1998) IntGesR Rn. 310. Vgl. zur vergleichbaren Problematik bei der Beteiligungsfähigkeit oben Rn. 274.

[588] MünchKommBGB/*Kindler*, IntGesR Rn. 442; Staudinger/*Großfeld* (1998) IntGesR Rn. 310.

d) Wechsel- und Scheckfähigkeit

Das Gesellschaftsstatut bestimmt über die Wechsel- und Scheckfähig einer Gesellschaft. **283** Für die passive Wechsel- und Scheckfähigkeit, also die Fähigkeit, eine Wechsel- oder Scheckverbindlichkeit einzugehen, ergibt sich dies bereits aus Art. 91 Abs. 1 WG bzw. aus Art. 60 Abs. 1 ScheckG.[589] Die aktive Wechsel- und Scheckfähigkeit wird dagegen über Art. 7 EGBGB bestimmt.[590]

Bei der Bestimmung der passiven Wechsel- oder Scheckfähigkeit sind die dem Ver- **284** kehrsschutz dienenden Bestimmungen der Art. 91 Abs. 2 Satz 1 WG und Art. 60 Abs. 2 Satz 1 ScheckG zu beachten. Hiernach wird eine nicht wechsel- oder scheckfähige Person durch ihre Unterschrift wirksam verpflichtet, wenn sie die Unterschrift in einem Land abgibt, in dem sie wechsel- oder scheckfähig wäre. Abzustellen ist dabei auf den Ort der tatsächlich geleisteten Unterschrift, nicht auf den Ort, an dem der Begebungsvertrag abgeschlossen wurde.[591] Die Vorschriften sind allerdings gemäß den jeweiligen Sätzen 2 nicht anwendbar, wenn ein Inländer im Ausland unterschrieben hat, da die inländischen Gerichte nicht dazu gezwungen werden sollen, wider die berechtigten Interessen ihres eigenen Staates eine nicht wirksame Verbindlichkeit aufgrund ausländischen Rechts als wirksam anzuerkennen.[592] Ein deutsches Gericht würde danach eine Wechsel- oder Scheckverbindlichkeit, die eine deutsche Gesellschaft, die nach deutschem Recht nicht wechsel- oder scheckfähig ist, im Ausland eingegangen ist, selbst dann nicht anerkennen, wenn die Gesellschaft im Ausland wechsel- oder scheckfähig wäre.

e) Anleihefähigkeit

Noch nicht endgültig geklärt ist die Frage, wie die Anleihefähigkeit anzuknüpfen ist. **285** Die herrschende Literatur wendet zunächst das Recht des Staates an, nach dessen Recht und in dessen Hoheitsgebiet die jeweiligen Inhaberschuldverschreibungen in Verkehr gebracht werden.[593] Diese Anknüpfung ergibt sich aus Gläubigerschutzgesichtspunkten, da der Emissionsstaat ein berechtigtes Interesse hat, besondere Anforderungen an den Emittenten zu stellen.[594] Daneben soll aber auch das Gesellschaftsstatut zur Anwendung kommen, wenn dieses der Gesellschaft die Anleihefähigkeit abspricht.[595] Ein solches Verbot nach dem Gesellschaftsstatut ist dann allerdings genau auf seine internationale Reichweite zu prüfen. Wenn das Gesellschaftsstatut der Gesellschaft die Anleihefähigkeit aus Gläubigerschutzgesichtspunkten abspricht, wird dieses Verbot regelmäßig nicht auch die Emission von Anleihen im Ausland unter einer Rechtsordnung, die der Gesellschaft die Anleihefähigkeit zuerkennt, erfassen.[596]

Der BGH scheint dagegen eher einer Anknüpfung der Anleihefähigkeit allein nach dem **286** Gesellschaftsstatut zuzuneigen.[597] Für die Praxis verbleibt aber eine erhebliche Unsicherheit, wenn der Emissionsstaat entgegen dem Gesellschaftsstatut vergleichbaren Gesellschaften im Emissionsstaat die Anleihefähigkeit abspricht.

---

[589] *Bülow*, Wechselgesetz/Scheckgesetz § 91, Rn. 1; Michalski/*Leible*, GmbHG, Syst. Darst. 2 Rn. 86; MünchKommBGB/*Kindler*, IntGesR Rn. 440; Staudinger/*Großfeld* (1998) IntGesR Rn. 312.

[590] *Bülow*, Wechselgesetz/Scheckgesetz § 91, Rn. 1; Michalski/*Leible*, GmbHG, Syst. Darst. 2 Rn. 86; MünchKommBGB/*Kindler*, IntGesR Rn. 440.

[591] *Bülow*, Wechselgesetz/Scheckgesetz § 91, Rn. 3.

[592] *Bülow*, Wechselgesetz/Scheckgesetz § 91, Rn. 3.

[593] MünchKommBGB/*Kindler*, IntGesR Rn. 441; Michalski/*Leible*, GmbHG, Syst. Darst. 2 Rn. 87; Staudinger/*Großfeld* (1998) IntGesR Rn. 313. Vgl. auch OLG Karlsruhe ZIP 1996, 123, 126.

[594] MünchKommBGB/*Kindler*, IntGesR Rn. 441; Staudinger/*Großfeld* (1998) IntGesR Rn. 313.

[595] MünchKommBGB/*Kindler*, IntGesR Rn. 441; Michalski/*Leible*, GmbHG, Syst. Darst. 2 Rn. 87; Staudinger/*Großfeld* (1998) IntGesR Rn. 313.

[596] MünchKommBGB/*Kindler*, IntGesR Rn. 441; Staudinger/*Großfeld* (1998) IntGesR Rn. 313.

[597] BGH NJW 1996, 2795, 2796.

3. Existenznachweis (Nachweis der Rechts- und Parteifähigkeit)

287   Die Existenz einer Gesellschaft bzw. ihre Rechts- und Parteifähigkeit ist grundsätzlich in der Form nachzuweisen, die ihr Gesellschaftsstatut vorsieht.[598]

IV. Geschäftsfähigkeit und Vertretung der Gesellschaft

1. Organschaftliche Vertretung

288   Das Gesellschaftsstatut entscheidet auch darüber, welche Personen die Gesellschaft organschaftlich vertreten können und in welchem Umfang sie Vertretungsmacht besitzen.[599] Dies betrifft den Beginn der Vertretungsmacht, eventuelle Beschränkungen derselben durch Schriftformerfordernisse, Gesamtvertretung, Verbot des Selbstkontrahierens oder ähnliche, bis hin zur Abänderung oder Aufhebung der Vertretungsmacht. Ebenfalls nach dem Gesellschaftsstatut richtet sich der registerrechtliche Schutz von Vertragspartnern der Gesellschaft, die auf das Fortbestehen einer organschaftlichen Vertretungsmacht vertrauen.[600] Die deutsche Registerpublizität ist daher nur auf Gesellschaften anwendbar, die dem deutschen Gesellschaftsrecht unterliegen.

289   Da Beschränkungen der Vertretungsmacht generell als Einschränkungen der Rechtssicherheit im internationalen Rechtsverkehr wirken, werden verschiedene Ansätze zur Ausweitung der Rechtssicherheit diskutiert. So wird verschiedentlich angenommen, dass solche Beschränkungen gegen die europäischen Grundfreiheiten aus Art. 43 und Art. 56 EG oder gegen Art. 9 Abs. 2 der ersten Publizitätsrichtlinie verstoßen. Eine Entscheidung des EuGH zu dieser Frage existiert aber nicht. Daneben wird auf die Vertretungsmacht der Rechtsgedanke des Art. 12 EGBGB angewandt.[601] Von einer Mindermeinung wird allerdings vertreten, der Verkehrsschutz solle nur dann gewährt werden, wenn der Auslandsbezug nicht erkennbar oder die eigene Nachforschung des Vertragspartners hinsichtlich der Vertretungsverhältnisse nicht zumutbar seien.[602]

2. Vollmacht

290   Nicht nach dem Gesellschaftsstatut sondern nach dem Vollmachtsstatut richtet sich dagegen die Vertretungsmacht anderer Personen als der Organmitglieder.[603] Das Vollmachtsstatut richtet sich auch bei Vollmachten, die durch Gesellschaften erteilt werden, nach dem Recht des Wirkungslandes, d.h. dem Recht des Ortes, an dem die Vollmacht tatsächlich eingesetzt wird oder nach dem Willen des Vollmachtgebers eingesetzt werden soll.[604] Nach dem Vollmachtstatut ist auch das Vorliegen einer Anscheins- oder einer Dul-

---

[598] Vgl. hierzu im Einzelnen Rn. 686 ff.

[599] BGH NJW 1995, 1032; BGH NJW 2001, 305, 306; Palandt/*Heldrich,* Anh zu EGBGB 12 Rn. 10; MünchKommBGB/*Kindler,* IntGesR Rn. 443; *Kaligin,* DB 1985, 1449, 1452.

[600] BGH NJW 1995, 1032; wohl ebenso MünchKommBGB/*Kindler,* IntGesR Rn. 445.

[601] OLG Hamm IPRspr. 1956/57, Nr. 27. Siehe hierzu bereits oben Rn. 271.

[602] Soergel/*Lüderitz,* Anh. Art. 10, Rn. 39. Ablehnend dazu Staudinger/*Großfeld* (1998) IntGesR Rn. 281.

[603] MünchKommBGB/*Kindler,* IntGesR Rn. 443; Palandt/*Heldrich,* Anh zu EGBGB 12 Rn. 13; Staudinger/*Großfeld* (1998) IntGesR Rn. 284; BGHZ 43, 21, 26; BGH NJW 1954, 1561; BGHZ 128, 41, 47.

[604] Die Rechtsprechung ist hier nicht eindeutig. Vgl. BGHZ 128, 41, 47; BayObLG IPRspr., 1999 Nr. 23, S. 55; LG Köln IPRspr. 2000 Nr. 15, S. 35 (Land, in dem die Vollmacht nach Willen der Vollmachtgeber ihre Wirkung entfalten soll); Palandt/*Heldrich,* Anh zu EGBGB 32 Rn. 1 (Land, in dem die Vollmacht genutzt werden soll); BGH NJW 1990, 3088; LG Karlsruhe RIW 2002, 153 (Land, in dem die Vollmacht genutzt wird). Vgl. aber auch MünchKommBGB/*Spellenberger,* vor EGBGB 11 Rn. 216 ff.; *Kegel/Schurig,* Internationales Privatrecht, § 17 V 2 a, S. 620 ff. m. w. N.

dungsvollmacht zu beurteilen. Da bei diesen Rechtsinstituten gar keine Vollmacht erteilt wurde, ist hier nicht auf das Wirkungsland abzustellen, sondern auf das Gebrauchsland, d.h. das Land, in dem der Rechtsschein einer wirksamen Bevollmächtigung entstanden ist und sich ausgewirkt hat.[605] Dabei ist aber jeweils im Einzelfall zu erwägen, ob Art. 31 Abs. 2 EGBGB in analoger Anwendung einer Bindung eines Scheinvertretenen, dessen Personalstatut keine Anscheins- oder Duldungsvollmacht kennt, entgegensteht.[606]

3. Nachweis der Vertretungsmacht und Rechtsfolgen der Vertretung ohne Vertretungsmacht

Der Nachweis der organschaftlichen Vertretungsmacht kann grundsätzlich nur in der **291** Form erfolgen, die das jeweilige Gesellschaftsstatut vorsieht.[607] Dagegen ist aber in Eintragungsverfahren, beispielsweise bei der Gründung von Tochtergesellschaften oder bei der Eintragung von Zweigniederlassungen, die lex fori zu beachten. Deutsche Registerrichter fordern dabei regelmäßig öffentlich beglaubigte Urkunden oder Nachweise aus einem öffentlichen Glauben genießenden Register.[608] Wenn ein solches Register nach dem Gesellschaftsstatut nicht geführt wird, kann es in der Praxis zu schwer zu lösenden Konflikten kommen. Insbesondere US-amerikanische Gesellschaften führen den Vertretungsnachweis über ein sogenanntes *Secretary's Certificate,* durch das der *Company Secretary*[609] bescheinigt, dass eine bestimmte Person zum Vorstand gewählt wurde und zur Vertretung der Gesellschaft befugt ist.[610] Ein solches *Secretary's Certificate,* zur Wirkungserstreckung versehen mit einer Apostille, genügt als Vertretungsnachweis. Daneben kann noch ein Existenznachweis der Gesellschaft durch ein apostilliertes *Certificate of Good Standing* erforderlich sein.[611]

Für englische Gesellschaften kann der Nachweis auf unterschiedliche Weise geführt **292** werden: Durch eine Urkunde eines englischen Notars, in der er bestätigt, von wem die englische Gesellschaft vertreten wird[612] oder durch einen Gesellschafterbeschluss. Im Falle eines Nachweises durch Vorlage eines Gesellschafterbeschlusses muss grundsätzlich eine Beschlussabschrift aus dem Protokollbuch der Gesellschaft (*minute book*) vorgelegt werden, zusammen mit einer Bestätigung des *Company Secretary,* dass der Beschluss ordnungsgemäß

---

[605] BGHZ 43, 21, 27; OLG Karlsruhe ZIP 1986, 1578, 1580; *Kegel/Schurig,* Internationales Privatrecht, § 17 V 2a, S. 621; MünchKommBGB/*Kindler,* IntGesR Rn. 446; MünchKommBGB/*Spellenberger,* vor EGBGB 11 Rn. 216ff. Die Formulierung des BGH kritisiert *Leible,* IPRax 1998, 257, 260, Michalski/*Leible,* GmbHG, Syst. Darst. 2 Rn. 97 als zu unscharf, es sei das Recht des Ortes anwendbar, an dem das Geschäft vorgenommen worden ist.

[606] Vgl. Palandt/*Heldrich,* Anh zu EGBGB 32 Rn. 3; Michalski/*Leible,* GmbHG, Syst. Darst. 2 Rn. 97.

[607] Zum Nachweis der Vertretungsmacht zahlreicher ausländischer Gesellschaften vgl. *Hausmann* in Reithmann/Martiny, Intern. Vertragsrecht: Belgien (Rn. 2307), England (Rn. 2315), Frankreich (Rn. 2323), Italien (Rn. 2332), Niederlande (Rn. 2338), Österreich (Rn. 2344), Portugal (Rn. 2350), Spanien (Rn. 2356), Polen (Rn. 2365), Russische Föderation (Rn. 2372), Tschechische Republik/Slowakische Republik (Rn. 2378), Ungarn (Rn. 2386), Japan (Rn. 2390), Kanada (Rn. 2398), Liechtenstein (Rn. 2406), Schweiz (Rn. 2412) und USA (Rn. 2422) und Ebenroth/Boujong/Joost/*Schaub,* HGB Anh. zu § 12 Rn. 52ff.: Belgien (Rn. 58), Dänemark (Rn. 63), England (Rn. 67), Frankreich (Rn. 74), Italien (Rn. 80), Liechtenstein (Rn. 85), Niederlande (Rn. 90), Österreich (Rn. 95), Portugal (Rn. 100), Schweiz (Rn. 105), Spanien (Rn. 110) und USA (Rn. 116ff.).

[608] Vgl. zum notariellen und registerrechtlichen Rechtsverkehr mit ausländischen Gesellschaften Ebenroth/Boujong/Joost/*Schaub,* HGB Anh. zu § 12 Rn. 17ff.; *Langhein,* NZG 2001, 1123; *Langhein,* ZNotP 1999, 218; *Fischer,* ZNotP 1999, 352; *Wachter,* ZNotP 1999, 314.

[609] Der *Company Secretary* ist kein bloßer Sekretär, sondern der Schriftführer und eine Art Urkundsbeamter der Gesellschaft, oft der die Gesellschaft beratende Rechtsanwalt, der die gesellschaftsrechtlichen Unterlagen führt; es muss aber kein Jurist sein.

[610] *Fischer,* ZNotP, 1999, 352.

[611] *Fischer,* ZNotP, 1999, 352, 359.

[612] LG Berlin NZG 2004, 1014, 1015; *Wachter,* DB 2004, 2795, 2800.

gefasst wurde und unverändert Gültigkeit besitzt.[613] Nach Auffassung des LG Berlin soll der Nachweis auch durch gesonderte Bescheinigung des *Registrar of Companies* geführt werden können, in der infolge einer Prüfung der hinterlegten Gesellschaftsdokumente, insbesondere der Satzung, die vertretungsberechtigten Personen bezeichnet werden.[614] Eine solche Bescheinigung wird es jedoch tatsächlich kaum geben können, da der *Registrar of Companies* aufgrund der ihm vorliegenden Unterlagen nur bestätigen kann, welche Personen der Geschäftsführung angehören. Informationen über Art und Umfang der Vertretungsmacht hat er jedoch nicht.[615] Ein Auszug aus dem vom *Registrar of Companies* geführten Handelsregister, welcher keine Angaben über die Vertretungsbefugnis enthält, genügt auch nach Auffassung des LG Berlin nicht.[616]

293   Die Rechtsfolgen der Vertretung ohne Vertretungsmacht richten sich bei organschaftlicher Vertretung ebenso wie bei rechtsgeschäftlich eingeräumter Vertretungsmacht nach dem Recht des Vornahmeortes. Der Dritte Geschäftspartner sollte sich aber im Interesse des Verkehrsschutzes auch auf das Gesellschaftsstatut berufen können, wenn dieses eine für ihn günstigere Regelung bei Überschreitungen der organschaftlichen Vertretungsmacht vorsieht.[617]

V. Partei- und Prozessfähigkeit

1. Parteifähigkeit

294   Nach traditioneller Ansicht wurde die aktive Parteifähigkeit anknüpfend an die lex fori gemäß § 50 Abs. 1 ZPO bestimmt.[618] Danach waren nur solche Gesellschaften parteifähig, die nach ihrem Gesellschaftsstatut die Rechtsfähigkeit besaßen. Diese Theorie wird aber nach heute herrschender Meinung als nicht zweckmäßig angesehen. Danach soll die Parteifähigkeit vielmehr selbständig anhand des Gesellschaftsstatut angeknüpft werden.[619] Unabhängig von der Rechtsfähig ist danach eine ausländische Gesellschaft dann parteifähig, wenn ihr nach ihrem Gesellschaftsstatut diese Parteifähigkeit zuerkannt ist. Darüber hinaus soll eine ausländische Gesellschaft aber gemäß § 50 Abs. 2 ZPO auch dann parteifähig sein, wenn sie nach ihrem Gesellschaftsstatut zwar rechtsfähig, nicht aber parteifähig ist.

295   Die passive Parteifähigkeit bestimmt sich ebenfalls zunächst nach dem Gesellschaftsstatut.[620] Dies gilt schon aus Praktikabilitätsgründen, weil durch die Anknüpfung an das ausländische Gesellschaftsstatut sichergestellt ist, dass der in Deutschland erstrittene Titel zur Vollstreckung im Land des Gesellschaftsstatutes nicht erst umgeschrieben werden muss. Darüber hinaus kann sich die passive Parteifähigkeit einer ausländischen Gesellschaft aber selbst dann aus einer analogen Anwendung von § 50 Abs. 2 ZPO ergeben, wenn diese nach ihrem Gesellschaftsstatut nicht passiv parteifähig ist.[621]

---

[613] *Wachter*, DB 2004, 2795, 2800.

[614] LG Berlin NZG 2004, 1014, 1015.

[615] Vgl. *Wachter*, DB 2004, 2795, 2800 m. w. N.

[616] LG Berlin NZG 2004, 1014, 1015.

[617] MünchKommBGB/*Kindler*, IntGesR Rn. 447; Staudinger/*Großfeld* (1998) IntGesR Rn. 285; Michalski/*Leible*, GmbHG, Syst. Darst. 2 Rn. 97. Teilweise wird auch auf das Deliktsstatut abgestellt.

[618] OLG Düsseldorf IPRspr. 1964/65, Nr. 21; BGH 1965, 1666, 1667. Vgl. MünchKommBGB/*Kindler*, IntGesR Rn. 448.

[619] Staudinger/*Großfeld* (1998) IntGesR Rn. 291 ff.; Michalski/*Leible*, GmbHG, Syst. Darst. 2 Rn. 89; MünchKommBGB/*Kindler*, IntGesR Rn. 448; *Kaligin*, DB 1985, 1449, 1452; BGHZ 51, 27, 28; OLG Zweibrücken NJW 1987, 2168; OLG Koblenz RIW 1986, 137; LG Frankfurt a. M. IPRspr. 1982, Nr. 10; offen lassend OLG Düsseldorf IPRspr. 1964/65, Nr. 21.

[620] Staudinger/*Großfeld* (1998) IntGesR Rn. 292; Michalski/*Leible*, GmbHG, Syst. Darst. 2 Rn. 89; OLG Koblenz RIW 1986, 137.

[621] Staudinger/*Großfeld* (1998) IntGesR Rn. 292. Ausschließlich auf § 50 Abs. (2) abstellend MünchKommBGB/*Kindler*, IntGesR Rn. 448 und Rn. 332. Vgl. auch BGH NJW 1960, 1204, 1205.

2. Prozessfähigkeit

Die Prozessfähigkeit wird ebenfalls anhand des Gesellschaftsstatutes angeknüpft.[622] **296** Daneben gilt aber nach herrschender Meinung auch § 55 ZPO, wonach eine ausländische Gesellschaft, die nach ihrem Gesellschaftsstatut nicht prozessfähig ist, in einem deutschen Zivilprozess prozessfähig ist, wenn eine vergleichbare deutsche Gesellschaft dies wäre.[623]

VI. Innere Verfassung, Mitbestimmung

1. Überblick

Das Gesellschaftsstatut bestimmt grundsätzlich auch die innere Verfassung der Gesell- **297** schaft.[624] Hierunter fällt das gesamte innere Organisationsrecht, insbesondere die Rechte und Pflichten der Gesellschaftsorgane.[625] Umfasst werden davon der Aufbau der Gesellschaftsorgane, ihre Errichtung, Zusammensetzung und die Bestellung und Abberufung ihrer Mitglieder.[626] Das Gesellschaftsstatut bestimmt aber auch die Rechtsverhältnisse der Gesellschaftsorgane zueinander, insbesondere ihre Funktionen, und ihre Befugnisse und die Haftung im Innenverhältnis.[627] Nicht durch das Gesellschaftsstatut sondern durch das gemäß Art. 27 f. EGBGB geregelte Vertragsstatut wird dagegen das anwendbare Recht für mit den Geschäftsleitern abgeschlossene Dienstverträge bestimmt.[628] Da der Zusammenhang mit der Organstellung aber häufig den engsten Kontakt zum Staat des Gesellschaftsstatuts begründen wird, wird das Vertragsstatut häufig, wenn auch nicht immer, mit dem Gesellschaftsstatut übereinstimmen.

Zur inneren Verfassung und damit in den Anwendungsbereich des Gesellschaftsstatuts **298** gehört auch die Rechtsstellung der Gesellschafter innerhalb der Gesellschaft.[629] Dies gilt zum einen hinsichtlich ihrer Teilnahme an der Gesellschafterversammlung, da die Gesellschafter insoweit Teil des Organs Gesellschafterversammlung sind.[630] Das Gesellschaftsstatut bestimmt aber auch über die Fragen der Begründung, Übertragung und Beendigung der Gesellschafterstellung, die Pflichten der Gesellschafter wie auch Fragen des Minderheitenschutzes, der Informationsrechte und Teilnahmerechte und die Möglichkeit der Durchsetzung von Gesellschafterrechten.[631] Für Verfahrensfragen gilt das oben zum Gründungsverfahren Ausgeführte entsprechend.[632] Weiterhin unterfällt dem Gesellschaftsstatut

---

[622] Staudinger/*Großfeld* (1998) IntGesR Rn. 295; MünchKommBGB/*Kindler,* IntGesR Rn. 449; Michalski/*Leible,* GmbHG, Syst. Darst. 2 Rn. 89.

[623] Staudinger/*Großfeld* (1998) IntGesR Rn. 295; MünchKommBGB/*Kindler,* IntGesR Rn. 449; Michalski/*Leible,* GmbHG, Syst. Darst. 2 Rn. 89.

[624] Vgl. zur Überlagerungstheorie bereits oben Rn. 65 f.

[625] Staudinger/*Großfeld* (1998) IntGesR Rn. 335; Michalski/*Leible,* GmbHG, Syst. Darst. 2 Rn. 103; *Bous,* NZG 2000, 595, 596 ff.; BGH NJW 1985, 1286.

[626] BGH NJW 1995, 1032; LG München IPRspr. 1982 Nr. 11.

[627] Staudinger/*Großfeld* (1998) IntGesR Rn. 335; vorausgesetzt in BGH AG 1989, 89; LG Saarbrücken IPRspr. 1950/51 Nr. 15. Vgl. zur Vertretungsmacht der Gesellschaftsorgane bereits oben Rn. 288 f.

[628] Staudinger/*Großfeld* (1998) IntGesR Rn. 335; BGH NJW 1985, 1286; LG München IPRspr. 1982 Nr. 11; so wohl auch OLG Celle NZG 2000, 595 zu verstehen, allerdings mit missverständlicher Begründung.

[629] Staudinger/*Großfeld* (1998) IntGesR Rn. 336; Michalski/*Leible,* GmbHG, Syst. Darst. 2 Rn. 105; *Zimmer,* Internationales Gesellschaftsrecht, S. 399.

[630] OLG Brandenburg NJW-RR 1999, 543, 544; Staudinger/*Großfeld* (1998) IntGesR Rn. 336.

[631] BGH NJW 1994, 939, 940; OLG Brandenburg NJW-RR 1999, 543, 544; Michalski/*Leible,* GmbHG, Syst. Darst. 2 Rn. 105; Rowedder/Schmidt-Leithoff/*Schmidt-Leithoff,* GmbHG, Einl. Rn. 328; Staudinger/*Großfeld* (1998) IntGesR Rn. 335 ff.; *Zimmer,* Internationales Gesellschaftsrecht, S. 399; vorausgesetzt in BGH AG 1989, 89; ebenso OLG Frankfurt a. M. AG 1988, 109.

[632] Vgl. hierzu bereits oben Rn. 267. Für eine weitgehende Anwendung des Verfahrensrechts des Gesellschaftsstatuts Staudinger/*Großfeld* (1998) IntGesR Rn. 337.

auch das Rechtsverhältnis der Gesellschafter untereinander.[633] Hiervon werden alle sich aus der Gesellschafterstellung ergebenden Rechte und Pflichten erfasst.[634]

2. Unternehmerische Mitbestimmung

a) Abgrenzung zur betrieblichen Mitbestimmung

299   Von besonderer Bedeutung sind aus deutscher Sicht die Fragen der Mitbestimmung. Hier ist zwischen der betrieblichen Mitbestimmung nach dem Betriebverfassungsgesetz und der unternehmerische Mitbestimmung gemäß § 7 Abs. 1 i.V.m. § 1 MitbestG, § 4 Abs. 1 i.V.m. § 1 Montan-MitbestG und § 1 Abs. 1 i.V.m. § 4 Abs. 1 DrittelbeteiligungsG zu unterscheiden. Die betriebliche Mitbestimmung knüpft unabhängig von dem Gesellschaftsstatut des Rechtsträgers ausschließlich an das Belegenheitsrecht des Betriebes an. Für inländische Betriebe ausländischer Gesellschaften gilt daher die deutsche betriebliche Mitbestimmung, für ausländische Betriebe deutscher Gesellschaften gilt dagegen nur eine eventuell im Ausland vorhandene betriebliche Mitbestimmung.[635] In Ausnahmefällen kann allerdings ein Arbeitnehmer, der im Ausland eingesetzt wird, nach der Ausstrahlungstheorie von der deutschen betrieblichen Mitbestimmung erfasst werden.[636]

b) Grundsatz der Anknüpfung an das Gesellschaftsstatut

300   Nach heute noch ganz herrschender Meinung ist die unternehmerische Mitbestimmung gesellschaftsrechtlich zu qualifizieren, so dass sich die Zusammensetzung des Aufsichtsrates nach dem Gesellschaftsstatut richtet.[637] Diese herrschende Ansicht findet ihre Grundlage zunächst in den eindeutigen Wortlauten der § 1 MitbestG, § 1 Montan-MitbestG und § 1 DrittelbeteiligungsG, die die Anwendungsbereiche der Mitbestimmung auf Unternehmen beschränken, die durch eine der aufgezählten deutschen Gesellschaftsformen betrieben werden. Diese Aufzählung war vom Gesetzgeber ausweislich der Gesetzesmaterialien als abschließend gedacht, und daher hat die Rechtsprechung diese Anknüpfungsregel in der Vergangenheit auch strikt angewandt und Analogien auf andere Gesellschaftsformen stets abgelehnt. Abgesehen vom Fall der amerikanischen Gesellschaften, deren Anerkennung in Art. XXV Abs. V Satz 2 des deutsch-amerikanischen Freundschafts-, Handels- und Schifffahrtsvertrags festgeschrieben ist, bestand zu einer solchen Analogie auch kein Anlass, da die Sitztheorie ausreichenden Schutz vor einer Umgehung des Mitbestimmungsrechts bot.

c) Literaturansichten zur Sonderanknüpfung

301   Bereits seit einiger Zeit, und verstärkt durch die Rechtsprechung des EuGH in den Rechtssachen „Überseering" und „Inspire Art", wurden in der Literatur zum Umgehungsschutz der Mitbestimmung Theorien herausgearbeitet, nach denen das Recht der unternehmerischen Mitbestimmung einer Sonderanknüpfung zumindest insoweit unterliegen soll, als Gesellschaften ausländischer Rechtsform mit tatsächlichem Verwaltungssitz in Deutschland (Scheinauslandsgesellschaften) in Rede stehen.[638] Praktisch am ehesten anwendbar wäre der Ansatz einer Analogie zum deutschen Gesellschaftsrecht in den Fällen,

---

[633] Staudinger/*Großfeld* (1998) IntGesR Rn. 336; BGH WM 1992, 1812, 1818.
[634] Zu schuldrechtlichen Vereinbarungen der Gesellschafter siehe sogleich unten Rn. 318.
[635] BAG NZA 1990, 658; vgl. auch Michalski/*Leible*, GmbHG, Syst. Darst. 2 Rn. 119 f. m.w.N.
[636] Vgl. hierzu *Boemke*, NZA 1992, 112.
[637] BGH IPRax 1983, 70, 71; OLG Frankfurt a.M. DB 1986, 2658; LG Stuttgart BB 1993, 1541, 1542; Staudinger/*Großfeld* (1998) IntGesR Rn. 510; MünchKommBGB/*Kindler*, IntGesR Rn. 451; *Wachter*, GmbHR 2004, 88, 92; *Roth*, IPRax 2003, 117, 125; *Zimmer*, Internationales Gesellschaftsrecht, S. 143 ff., jeweils m.w.N.
[638] Vgl. zur Behandlung von Schein-US-Corporations OLG Düsseldorf ZIP 1995, 1009 und OLG Naumburg, Urteil vom 19.12.1995, Juris Dok.-Nr. KORE 400679900. Der BGH hat die genannte Entscheidung des OLG Düsseldorf DB 2003, 818 zitiert, ohne das Problem des genuine link anzusprechen (BGH DB 2003, 818). Zweifelhaft bleibt, ob er diese Rechtsprechung unterstützt. Zustimmend *Kindler*, BB 2003, 812, ablehnend *Bungert*, DB 2003, 1043 f.

in denen die Scheinauslandsgesellschaft einer deutschen Gesellschaftsform zumindest ähnlich ist.[639] Gegen diese Ansicht spricht allerdings, dass für eine Analogie kein Raum ist, weil der Gesetzgeber die Gesellschaftsformen, die der unternehmerischen Mitbestimmung unterliegen sollen, noch jüngst im Drittbeteiligungsgesetz abschließend aufgezählt hat und daher keine Regelungslücke besteht.[640]

Weiterhin wird vertreten, dass das deutsche Recht der unternehmerischen Mitbestim-   **302** mung Teil des nach Art. 6 EGBGB zwingend anwendbaren positiven Ordre Public sei, doch ist die Annahme, dass die unternehmerische Mitbestimmung zu den Grundprinzipien des deutschen Rechts gehöre, sehr fragwürdig. Der Gesetzgeber hat ausdrücklich nur ausgewählte Gesellschaftsformen der unternehmerischen Mitbestimmung unterworfen, während insbesondere die oHG, die KG oder auch die GmbH & Co. KGaA mitbestimmungsfrei ausgestaltet sind, so dass kaum angenommen werden kann, dass die mitbestimmungsfreie Tätigkeit von ausländischen Gesellschaften einem wesentlichen Grundprinzip deutschen Rechts widerspricht.[641] Darüber hinaus ist darauf hinzuweisen, dass die europarechtliche Niederlassungsfreiheit auch die deutsche Ordre Public-Klausel überlagert.

Die in der Literatur auch diskutierten Ansätze der Anknüpfung der unternehmerischen   **303** Mitbestimmung an die Betriebsstätte,[642] eines gesetzlichen Zwanges ausländischer Gesellschaften zur Gründung einer Tochtergesellschaft nach deutschem Recht für ihre Geschäftstätigkeit in Deutschland[643] und die Anwendung der Vorschriften über die unternehmerische Mitbestimmung in der *Societas Europaea*[644] auf Scheinauslandsgesellschaften sind dagegen allenfalls de lege ferenda zu betrachten.[645]

Schließlich ist bei allen Versuchen zur Ausdehnung des Anwendungsbereiches der   **304** deutschen unternehmerischen Mitbestimmung in der Literatur zu beachten, dass sie nicht europäischem Recht widersprechen dürfen. Es ist bisher durch die Rechtsprechung des EuGH nicht geklärt, inwieweit der Schutz der unternehmerischen Mitbestimmung deutscher Prägung geeignet ist, Beschränkungen der Niederlassungsfreiheit zu rechtfertigen. In der Literatur ist hierzu eine rege Diskussion entbrannt, die hier nicht in ihren Einzelheiten wiedergegeben werden kann.[646] In der Praxis kann man wohl derzeit de lege lata von der Mitbestimmungsfreiheit auch von Scheinauslandsgesellschaften ausgehen.[647]

d) Behandlung von Arbeitnehmern ausländischer Tochtergesellschaften und Zweigniederlassungen in deutschen Konzernen

Bei Konzernen mit einer deutschen Konzernspitze und Tochtergesellschaften im Aus-   **305** land stellen sich hinsichtlich der Arbeitnehmer der ausländischen Gesellschaften zwei im

---

[639] *Müffelmann*, BB 1977, 628; *Ulmer* in Hanau/Ulmer, MitbestG § 1 Rn. 7f. und 33; *Raiser*, MitbestG, § 1, Rn. 14; *Zimmer*, Internationales Gesellschaftsrecht, S. 159 ff., der diese Ansicht aber nunmehr in NJW 2003, 3585, 3590 ausdrücklich aufgibt und eine Analogie als „fragwürdiges Unterfangen" bezeichnet.

[640] So auch der BGH in BGHZ 134, 392, 400 zur erweiternden Auslegung auf ein Unternehmen, das in der Rechtsform der GmbH & Co. KGaA betrieben wird.

[641] Ähnlich auch *Zimmer*, Internationales Gesellschaftsrecht, S. 163 f.

[642] So noch *Zimmer*, Internationales Gesellschaftsrecht, S. 148 ff., der diese Ansicht mittlerweile aufgegeben hat, vgl. NJW 2003, 3585, 3591.

[643] So *Großfeld/Erlinghagen*, JZ 1993, 217, 221 f.

[644] *Schanze/Jüttner*, AG 2003, 30, 35 ff.; *dies.*, AG 2003, 661, 668.

[645] Vgl. allerdings *Großfeld/Erlinghagen*, JZ 1993, 217, 221 f., die die Pflicht zur Gründung einer deutschen Tochtergesellschaft de lege lata befürworten, kritisch dazu auch *Zimmer*, Internationales Gesellschaftsrecht, S. 163.

[646] Vgl. in jüngster Zeit *Kamp*, BB 2004, 1496; *Thüsing*, ZIP 2004, 381; *Sandrock*, AG 2004, 57, 62; *Veit/Wichert*, AG 2004, 14 ff.; *Altmeppen*, NJW 2004, 97 ff.; *Schwark*, AG 2004, 173; *Bayer*, BB 2004, 1, 4, jeweils m. w. N.

[647] So im Erg. z. B. auch *Binz/Mayer*, GmbHR 2003, 249, 257; *Ebke*, JZ 2003, 927; 931; *Kallmeyer*, DB 2004, 636, 638; wohl auch *Eidenmüller/Rehm*, ZGR 2004, 159, 184; *Forsthoff*, DB 2002, 2471, 2477.

Ergebnis parallel zu beantwortende Fragen: Erstens ist problematisch, ob diese Arbeitnehmer bei der Berechnung der Schwellenwerte gemäß § 1 Abs. 1 Nr. 2 MitbestG, § 1
Abs. 2 Montan-MitbestG und § 1 Abs. 1 Nr. 1 DrittelbetG mitzurechnen sind, zweitens
ist zu fragen, ob diese Arbeitnehmer an der Wahl der Aufsichtsratsvertreter oder der Delegierten teilnehmen. Beide Fragen müssen und werden einheitlich beantwortet, da es dem
Sinn der Mitbestimmung widerspräche, einen Arbeitnehmer für die Begründung des Mitbestimmungsrechts seiner Kollegen mitzuzählen, ihn aber selber nicht an dieser Mitbestimmung teilhaben zu lassen.[648] Ein Teil der Literatur befürwortet die Einbeziehung auch
der ausländischen Arbeitnehmer und kann sich insoweit auf die Anknüpfung an das Gesellschaftsstatut stützen, nach der die Belegenheit der Betriebsstätte grundsätzlich irrelevant
ist.[649] Dagegen steht aber die wohl herrschende Meinung in der Literatur und auch der
Rechtsprechung, die sich insoweit auf den Ausschussbericht zum MitbestG berufen kann
und auf praktische Schwierigkeiten bei der Teilnahme ausländischer Arbeitnehmer an
Aufsichtsratswahlen in Deutschland verweist.[650] Hiernach werden Arbeitnehmer ausländischer Tochtergesellschaften weder bei der Berechnung von Schwellenwerten noch bei der
Wahl zum Aufsichtsrat bei der deutschen Konzernmutter berücksichtigt.

306   Ähnliche Fragen stellen sich im Falle einer deutschen Gesellschaft mit einer ausländischen Zweigniederlassung. Die Interessenlage entspricht hier der bei ausländischen Tochtergesellschaften, und daher tendiert auch hier die herrschende Literatur zur Nichteinbeziehung der Arbeitnehmer ausländischer Zweigniederlassungen in die Mitbestimmung der
deutschen Gesellschaft.[651] Die Praxis wird sich auch hier an der herrschenden Meinung
der Nichteinbeziehung ausländischer Mitarbeiter orientieren, wobei allerdings in Einzelfällen mit besonderer Bindung des Arbeitnehmers zur deutschen Zentrale und insbesondere aufgrund der im Betriebsverfassungsrecht entwickelten Ausstrahlungstheorie etwas
anderes gelten kann.[652]

e) Behandlung von Arbeitnehmern deutscher Zweigniederlassungen ausländi-
scher Gesellschaften

307   Es wird auch diskutiert, ob inländische Zweigniederlassungen ausländischer Gesellschaften, die alleine die Arbeitnehmer-Schwellenwerte zur Mitbestimmung überschreiten,
den deutschen Mitbestimmungsgesetzen unterliegen. Die überwiegende Ansicht verneint
dies zu recht.[653] Für die unternehmerische Mitbestimmung innerhalb der deutschen
Zweigniederlassung einer ausländischen Gesellschaft ist damit ausschließlich das ausländische Gesellschaftsstatut maßgeblich.

---

[648] Auch MünchKommBGB/*Kindler*, IntGesR Rn. 453; Staudinger/*Großfeld* (1998) IntGesR
Rn. 324 ff.; Michalski/*Leible*, GmbHG, Syst. Darst. 2 Rn. 118. Anders *Lux*, BB 1977, 905.

[649] *Zimmer*, Internationales Gesellschaftsrecht, S. 169, für den von ihm konstruierten Fall, dass
deutsches Mitbestimmungsrecht auf eine Gesellschaft ausländischer Rechtsform angewandt wird. Vgl.
auch MünchKommBGB/*Kindler*, IntGesR Rn. 454 Fn. 1089.

[650] Michalski/*Leible*, GmbHG, Syst. Darst. 2 Rn. 117; LG Frankfurt a. M. IPRax 1983, 234, 235;
LG Düsseldorf AG 1980, 83; vgl. auch MünchKommBGB/*Kindler*, IntGesR Rn. 454 m. w. N. Vgl.
zur auch hier zu berücksichtigenden Ausstrahlungstheorie aber sogleich unten Rn. 306.

[651] Michalski/*Leible*, GmbHG, Syst. Darst. 2 Rn. 117; *Raiser*, MitbestG (2002), § 1, Rn. 19 f.; vgl.
auch MünchKommBGB/*Kindler*, IntGesR Rn. 455 m. w. N.

[652] Vgl. LG Frankfurt a. M. DB 1982, 1312 zur Einbeziehung von Arbeitnehmern der GTZ GmbH,
die teilweise zwischen sechs und 20 Jahren ausschließlich im Ausland tätig waren. Das LG wandte
nicht die Ausstrahlungstheorie an, weil eine Ausstrahlung nicht gegeben sei, sondern begründete die
Teilnahme der Arbeitnehmer mit ihrer aufgrund des Auslandseinsatzes besonderen Schutzbedürftig-
keit. Nach Ansicht des LG sei der Anwendungsbereich der unternehmerischen Mitbestimmung insoweit weiter zu ziehen als der des BetrVG 1972, praktische Gesichtspunkte seien nicht zu berücksichtigen, da eine Briefwahl problemlos möglich sei. Vgl. zur Ausstrahlungstheorie auch NZA 1992, 112.
Kritisch zur Abgrenzung der herrschenden Meinung auch *Raiser*, MitbestG (2002), § 1, Rn. 20.

[653] Vgl. MünchKommBGB/*Kindler*, IntGesR Rn. 455 m. w. N.; Michalski/*Leible*, GmbHG, Syst.
Darst. 2 Rn. 118; Staudinger/*Großfeld* (1998) IntGesR Rn. 515 ff.

Eine andere Frage ist es, ob die Arbeitnehmer einer deutschen Zweigniederlassung an **308** der Konzernmitbestimmung gemäß § 5 Abs. 1 MitbestG teilnehmen, und zwar sowohl hinsichtlich der Erreichung der Arbeitnehmer-Schwellenwerte als auch hinsichtlich der Wahl der Arbeitnehmervertreter. Aufgrund des Gleichlaufs der Interessen mit der Konstellation bei deutschen Enkelgesellschaften spricht sich die wohl herrschende aber sehr umstrittene Meinung für die Einbeziehung dieser Arbeitnehmer in die Konzernmitbestimmung aus.[654]

f) Grenzüberschreitende Konzerne

Bei grenzüberschreitenden Konzernen mit einer ausländischen Konzernobergesellschaft **309** sind in der Literatur verschiedene Versuche unternommen worden, die unternehmerische Mitbestimmung nach den deutschen Vorschriften im Konzern und in der ausländischen Konzernobergesellschaft zu erzwingen.[655] Dabei wird übersehen, dass das deutsche Recht nicht die Kompetenz hat, die Bildung oder Zusammensetzung entsprechender Organe innerhalb des ausländischen Gesellschaftsstatuts zu erzwingen.[656]

Für die Mitbestimmung beim mehrstufigen grenzüberschreitenden Konzern mit deut- **310** scher Teilkonzernspitze ist § 5 Abs. 3 MitbestG zu beachten. Das der ausländischen Konzernspitze am nächsten stehende deutsche Unternehmen wird demnach als herrschendes Unternehmen im Sinne des § 5 Abs. 1 MitbestG fingiert. Dabei ist unerheblich, ob die ausländische Konzernobergesellschaft die der deutschen Teilkonzernspitze nachgeordneten inländischen Konzerngesellschaften mit oder ohne Mitwirkung der Verwaltung der deutschen Teilkonzernspitze leitet.[657] Die Literaturansichten, die insoweit die Unzulässigkeit eines Beherrschungsvertrages oder zumindest ein Widerspruchsrecht des mitbestimmten Aufsichtsrats der deutschen Zwischenholding annehmen, sind für die Praxis wohl derzeit nicht von Bedeutung.[658]

Von der im vorigen Absatz dargestellten Konstellation zu unterscheiden ist der Fall, dass **311** eine deutsche mitbestimmte Konzernspitze eine ausländische Zwischenholding hält, die ihrerseits eine deutsche Muttergesellschaft mit Tochtergesellschaften hält. Diese Konstellation wird aufgrund der mitbestimmten Konzernspitze nicht von § 5 Abs. 3 MitbestG erfasst, dennoch kann insbesondere dann – auf Arbeitnehmerseite – ein Interesse an einer Mitbestimmung in der deutschen Muttergesellschaft bestehen, wenn die Leitung der ausländischen Zwischenholding weitgehend frei von der deutschen Konzernspitze ausgestaltet wird. Auf diesen Fall kann in Ausnahmefällen die in der für das Mitbestimmungsrecht[659] befürwortete, für das Aktienrecht[660] dagegen überwiegend abgelehnte Rechtsfigur des Konzerns im Konzern Anwendung finden. Sofern die Organe der deutschen Mutterge-

---

[654] *Raiser,* MitbestG (2002), § 1, Rn. 30; Staudinger/*Großfeld* (1998) IntGesR Rn. 515; *Duden,* ZHR 141, (1977), 145, 185; anders MünchKommBGB/*Kindler,* IntGesR Rn. 457; Michalski/*Leible,* GmbHG, Syst. Darst. 2 Rn. 118 m. w. N.

[655] Vgl. *Bernstein-Koch,* ZHR 144 (1980), 522, 536.

[656] MünchKommBGB/*Kindler,* IntGesR Rn. 459 ff.; *Zimmer,* Internationales Gesellschaftsrecht, S. 170; LG Düsseldorf AG 1980, 83.

[657] Strittig: Wie hier OLG Stuttgart WM 1995, 928; vgl. MünchKommBGB/*Kindler,* IntGesR Rn. 465 m. w. N.; *Lutter,* ZGR 1977, 195, 213; vgl. aber auch OLG Celle BB 1993, 957, 959.

[658] Vgl. zu dieser Ansicht aber *Raiser,* MitbestG (2002), § 1, Rn. 30 m. w. N.

[659] Vgl. hierzu *Raiser,* MitbestG, (2002), § 5 Rn. 22 ff. m. w. N.; *Ulmer* in Hanau/Ulmer, MitbestG, 1981, § 5 Rn. 38 ff.; *Fitting/Wlotzke/Wißmann,* MitbestG, § 5 Rn. 31; MünchKomm AktG/*Gach,* § 5 MitbestG Rn. 24; *Oetker* in Großkomm AktG, § 5 MitbestG, Rn. 26; Kölner Komm/*Mertens* AktG, 2. Aufl., Anh. § 117B § 5 MitbestG Rn. 32. Aus der Rechtsprechung, die ganz überwiegend die Rechtsfigur bejaht, aber im jeweiligen konkreten Fall überwiegend die Annahme eines Teilkonzerns ablehnt vgl. BAGE 34, 230, 232 ff. (zur betrieblichen Mitbestimmung); OLG Düsseldorf AG 1979, 318; OLG Zweibrücken AG 1984, 80, 81; OLG Frankfurt a. M. WM 1987, 237, 238; OLG Celle BB 1993, 957, 958 (offen lassend); OLG Düsseldorf ZIP 1997, 546, 547.

[660] Vgl. hierzu *Hüffer,* AktG, § 18, Rn. 14; MünchKommAktG/*Bayer,* § 18 Rn. 42; Kölner Komm/*Koppensteiner* AktG, 3. Aufl., § 18 Rn. 22; MünchHdb. GesR IV/*Krieger* § 68 Rn. 74.

sellschaft frei in der eigenen Leitung der Gesellschaft sind, würde diese Muttergesellschaft als Obergesellschaft eines Konzerns im Konzern gemäß § 5 Abs. 1 MitbestG mitbestimmungspflichtig sein.[661] Diese Mitbestimmung kann allerdings in der Praxis oftmals durch Gestaltungen, die die Annahme einer freien Leitung durch die Organe der deutschen Muttergesellschaft ausschließen, umgangen werden.

VII. Kapitalausstattung und Kapitalersatz

312   Das Gesellschaftsstatut ist grundsätzlich für alle Fragen der Kapitalausstattung maßgeblich.[662] Dazu gehören alle Fragen der Anwendbarkeit eines Mindestkapitals,[663] der Kapitalaufbringung[664] (einschließlich der Frage der Zulässigkeit und Wirksamkeit von Sacheinlagen),[665] der Kapitalerhaltung[666] und der Behandlung von Zahlungen oder sonstigen Leistungen als (verdeckte) Gewinnausschüttung. Fraglich ist nur, ob und in welchem Umfang das Gesellschaftsstatut auch für kapitalersetzende Gesellschafterdarlehen und sonstige kapitalersetzende Gesellschafterleistungen maßgeblich ist und ob deutsche Bestimmungen über Kapitalausstattung und Kapitalersatz über Sonderanknüpfungen auf ausländische Gesellschaften mit tatsächlichem Verwaltungssitz im Inland anwendbar sind.

1. Kapitalersatz

313   Die Qualifizierung des Kapitalersatzrechts ist umstritten. Einige Autoren befürworten eine einheitliche insolvenzrechtliche Qualifizierung[667] oder eine Differenzierung zwischen den gesellschaftsrechtlichen und den insolvenzrechtlichen Folgen des Kapitalersatzrechts,[668] was zu dem Ergebnis führt, dass für die von der Rechtsprechung in entsprechender Anwendung der §§ 30, 31 GmbHG entwickelten Regeln das Gesellschaftsstatut und für die §§ 32a und 32b GmbHG das Insolvenzstatut maßgeblich wäre.[669] Außerdem wird vertreten, die §§ 32a und 32b GmbHG seien nur dann anzuwenden, wenn deutsches Recht sowohl als Gesellschaftsstatut als auch als Insolvenzstatut zur Anwendung kommt (Doppelqualifikation).[670] Die herrschende Meinung ist dagegen der Auffassung, dass die

---

[661] Ob darüber hinaus auch § 5 Abs. 3 MitbestG anwendbar sein kann, wenn nur die Organe der ausländischen Zwischenholding frei in der eigenen Leitung der Gesellschaft sind und daher nur ein Teilkonzern mit der ausländischen Zwischenholding angenommen werden könnte, wird dagegen, soweit ersichtlich, nicht diskutiert. Vielmehr wird im Schrifttum allgemein darauf hingewiesen, dass § 5 Abs. 3 MitbestG nur anwendbar sei, wenn die Konzernspitze nicht mitbestimmt wird, vgl. *Raiser*, MitbestG (2002), § 5, Rn. 37 m. w. N.; *Duden*, ZHR 141, 145, 158. Die Frage ist wohl zu verneinen, da andernfalls ein von § 5 Abs. 3 MitbestG nicht intendiertes und mangels Leitungsmacht der deutschen Muttergesellschaft nicht sinnvolles Geflecht von Konzernmitbestimmungen entstehen würde.

[662] Vgl. Staudinger/*Großfeld* (1998) IntGesR Rn. 335; Michalski/*Leible*, GmbHG, Syst. Darst. 2 Rn. 104; *Zimmer*, Internationales Gesellschaftsrecht, S. 291 f.; RGZ 73, 366, 367.

[663] *Zimmer*, Internationales Gesellschaftsrecht, S. 292.

[664] Staudinger/*Großfeld* (1998) IntGesR Rn. 336; Michalski/*Leible*, GmbHG, Syst. Darst. 2 Rn. 104; *Zimmer*, Internationales Gesellschaftsrecht, S. 292; vgl. auch BGH RIW 1991, 158.

[665] MünchKommBGB/*Kindler*, IntGesR Rn. 475 m. w. N.

[666] BGH NJW 2001, 3123; Michalski/*Leible*, GmbHG, Syst. Darst. 2 Rn. 104; *Zimmer*, Internationales Gesellschaftsrecht, S. 292; Staudinger/*Großfeld* (1998) IntGesR Rn. 335; Palandt/*Heldrich*, Anh zu EGBGB 12 Rn. 15; *Röhricht*, ZIP 2005, 505, 506.

[667] Vgl. *Haas*, in von Gerkan/Hommelhoff, Handbuch des Kapitalersatzrechts, Rn. 15.12 ff.; *ders.*, NZI 2001, 1, 3 ff.; *Paulus*, ZIP 2002, 729, 734.

[668] Vgl. *Schücking*, ZIP 1994, 1156 ff.; MünchKommBGB/*Kindler*, IntGesR Rn. 475 und Rn. 531; *Ulmer*, KTS 2004, 291, 299 f.; *ders.*, NJW 2004, 1201, 1207; *Huber*, FS Gerhardt, 397, 418 f.

[669] Vgl. *Schücking*, ZIP 1994, 1156, 1159.

[670] Vgl. MünchKommBGB/*Kindler*, IntGesR Rn. 475.

Regeln des Kapitalersatzes insgesamt dem Gesellschaftsstatut zu unterstellen sind.[671] Gesellschaftsrechtlich zu qualifizieren wären demnach sowohl die §§ 32a und 32b GmbHG als auch die Rechtsprechungsregeln entsprechend §§ 30, 31 GmbHG.

Der herrschenden Meinung ist zuzustimmen. Das deutsche Kapitalersatzrecht ist in erweiternder Auslegung der §§ 30, 31 GmbHG entwickelt worden und ergänzt damit die Bestimmungen über Mindestkapital, Kapitalaufbringung und Kapitalerhaltung. Daraus folgt, dass die §§ 32a und 32b GmbHG sowie die Rechtsprechungsregeln (entsprechend §§ 30, 31 GmbHG) zum Gesellschaftsstatut gehören. **314**

Nicht zum Gesellschaftsstatut, sondern zum Insolvenzstatut gehören dagegen § 135 InsO (Anfechtbarkeit von Rechtshandlungen, die für die Forderung eines Gesellschafters auf Rückgewähr eines kapitalersetzenden Darlehens oder für eine gleichgestellte Forderung Sicherung oder Befriedigung gewährt haben) und § 39 Abs. 1 Nr. 5 InsO (Nachrangigkeit der Forderungen auf Rückgewähr kapitalersetzender Darlehen eines Gesellschafters oder gleichgestellte Forderungen).[672] Bei der Anfechtbarkeit von Rechtshandlungen in der Insolvenz sind allerdings auch Art. 13 EuInsVO und § 339 InsO zu beachten. Demnach findet das Insolvenzstatut bei Anfechtungen nicht uneingeschränkt Anwendung. Eine Rechtshandlung, die nach dem Insolvenzstatut anfechtbar wäre, ist gemäß Art. 13 EuInsVO und § 339 InsO ausnahmsweise nicht anfechtbar, wenn die durch die Rechtshandlung begünstigte Person nachweisen kann, dass für diese Handlung das Recht eines anderen (Mitglieds-)Staates maßgebend ist und die Handlung nach diesem Recht in keiner Weise angreifbar ist. Eine Anfechtung der Rückzahlung kapitalersetzender Darlehen wird damit ausscheiden, sofern nicht die anzufechtende Handlung auch nach dem maßgeblichen Gesellschaftsstatut angreifbar ist.[673] **315**

2. Anwendbarkeit der deutschen Bestimmungen über Kapitalausstattung und Kapitalersatz auf ausländische Gesellschaften mit tatsächlichem Verwaltungssitz im Inland?

Für ausländische Gesellschaften aus dem EWR und US-amerikanische Gesellschaften mit tatsächlichem Verwaltungssitz im Inland gilt im Grundsatz deren ausländisches Gesellschaftsstatut; Ausnahmen (Sonderanknüpfungen) bedürfen der Rechtfertigung.[674] Der EuGH hat in der Inspire Art-Entscheidung ausdrücklich festgestellt, dass Regelungen eines Mitgliedstaates, die einer ausländischen Gesellschaft mit Sitz im Inland die Einhaltung eines Mindestkapitals auferlegen, nicht gerechtfertigt und daher mit der Niederlassungsfreiheit unvereinbar sind.[675] Es ist daher mit der EU-Niederlassungsfreiheit unvereinbar, die Mindestkapitalvorschriften des deutschen Gesellschaftsrechts auf ausländische Gesellschaften mit tatsächlichem Verwaltungssitz im Inland anzuwenden.[676] **316**

---

[671] Vgl. BGH NJW 2001, 3123 und OLG Karlsruhe NZG 1998, 349 (beide betreffend die Rechtsprechungsregeln entsprechend §§ 30, 31 GmbHG); Scholz/*Westermann*, GmbHG, Einl. Rn. 96; *ders.*, GmbHR 2005, 4, 15; *Zimmer*, Internationales Gesellschaftsrecht, S. 292; Scholz/*K. Schmidt*, GmbHG, §§ 32a, b Rn. 15; *Trunk*, Internationales Insolvenzrecht, S. 192f.; *Kallmeyer*, DB 2004, 636, 639; *Meilicke*, GmbHR 2003, 1271, 1272; *Altmeppen*, NJW 2004, 97, 103; *Habersack*, ZGR 2000, 384, 389f.

[672] Vgl. *Haas*, in von Gerkan/Hommelhoff, Handbuch des Kapitalersatzrechts, Rn. 15.18 zur Maßgeblichkeit des Insolvenzstatuts für den Nachrang kapitalersetzender Darlehen im Insolvenzverfahren.

[673] Vgl. *Forsthoff/Schulz* in Hirte/Bücker, Grenzüberschreitende Gesellschaften, § 15 Rn. 37f.

[674] Vgl. Rn. 197 und Rn. 219.

[675] EuGH EuZW 2003, 687 – Inspire Art, Rn. 141 (= NZG 2003, 1064; in wesentlichen Teilen auch abgedruckt in NJW 2003, 3311).

[676] Nahezu einhellige Meinung, vgl. für viele *Bayer*, BB 2003, 2357, 2364; *Forsthoff/Schulz* in Hirte/Bücker, Grenzüberschreitende Gesellschaften, § 15 Rn. 27; a.A. wohl *Kindler*, NZG 2003, 1086, 1089, der der Auffassung ist, zur Zulässigkeit von Durchbrechungen des Gesellschaftsstatuts, etwa im Hinblick auf Mindestkapital und Sicherheitsleistung, Registerpublizität, Kapitalaufbringung und -er-

317   Der EuGH hat in der Entscheidung Inspire Art ausführlich begründet, weshalb es mit der Niederlassungsfreiheit unvereinbar ist, dass ein Mitgliedstaat seine Mindestkapitalvorschriften auf Gesellschaften aus anderen Mitgliedstaaten, die ihren Sitz im Inland haben, anwendet.[677] Dieser Begründung lässt sich entnehmen, dass nach Auffassung des EuGH gleiches auch für entsprechende Bestimmungen über Kapitalaufbringung, Kapitalerhaltung oder Kapitalersatz gilt. Auch für Sonderanknüpfungen dieser Bestimmungen fehlt eine mit der Niederlassungsfreiheit vereinbare Rechtfertigung. Es ist folglich mit der EU-Niederlassungsfreiheit grundsätzlich unvereinbar, die Bestimmungen des deutschen Gesellschaftsrechts über Kapitalaufbringung,[678] Kapitalerhaltung[679] und Kapitalersatz[680] auf ausländische Gesellschaften mit tatsächlichem Verwaltungssitz im Inland anzuwenden. Die Anwendung dieser Vorschriften auf ausländische Gesellschaften mit tatsächlichem Verwaltungssitz im Inland ist im Ausnahmefall möglich, wenn und soweit das ausländische Gesellschaftsstatut funktional entsprechende (Schutz-)Vorschriften enthält, die jedoch nach dem ausländischen Gesellschaftsstatut nicht zur Anwendung kommen, weil die Gesellschaft ihren tatsächlichen Verwaltungssitz im Inland hat. Mit anderen Worten: Schutzlücken, die dadurch entstehen, dass die ausländische Gesellschaft ihren tatsächlichen Verwaltungssitzes ins Inland verlegt hat, können vom deutschen Recht geschlossen werden.

VIII. Schuldrechtliche Nebenabreden der Gesellschafter

1. Grundsatz

318   Nicht unter des Gesellschaftsstatut fallen sonstige schuldrechtliche Vereinbarungen zwischen den Gesellschaftern, die zwar im Zusammenhang mit ihrer Gesellschaftereigenschaft stehen, aber nicht mittelbar oder unmittelbar in die Struktur der Gesellschaft eingreifen. Hierunter fallen insbesondere interne Ausgleichsansprüche, Wettbewerbsverbote zwischen den Gesellschaftern und Schiedsverträge[681] sowie nach herrschender Meinung auch Poolverträge[682] und Vereinbarungen zwischen den Gesellschaftern über Veräuße-

---

haltung, Arbeitnehmermitbestimmung und Firmenrecht habe sich seit „Überseering" nichts Neues ergeben und der insoweit auf *Kindler,* NJW 2003, 1073, 1078 f. verweist.

[677] Vgl. EuGH EuZW 2003, 687 – Inspire Art, Rn. 131 ff.

[678] Nahezu einhellige Meinung, vgl. für viele *Bayer,* BB 2003, 2357, 2364; *Horn,* NJW 2004, 893, 899; *Schumann,* DB 2004, 743; *Drygala,* ZEuP 2004, 337, 347 f.; *Forsthoff/Schulz* in Hirte/Bücker, Grenzüberschreitende Gesellschaften, § 15 Rn. 28 ff. m. w. N.; a. A. wohl *Kindler,* NZG 2003, 1086, 1089, der der Auffassung ist, zur Zulässigkeit von Durchbrechungen des Gesellschaftsstatuts, etwa im Hinblick auf Mindestkapital und Sicherheitsleistung, Registerpublizität, Kapitalaufbringung und -erhaltung, Arbeitnehmermitbestimmung und Firmenrecht habe sich seit „Überseering" nichts Neues ergeben und der insoweit auf *Kindler,* NJW 2003, 1073, 1078 f. verweist.

[679] Ebenso die herrschende Meinung, vgl. für viele *Bayer,* BB 2003, 2357, 2364; *Horn,* NJW 2004, 893, 899; *Eidenmüller,* JZ 2004, 24, 28; *Eidenmüller/Rehm,* ZGR 2004, 159, 181; *Schumann,* DB 2004, 743, 744 f.; *Drygala,* ZEuP 2004, 337, 347 f.; *Forsthoff/Schulz* in Hirte/Bücker, Grenzüberschreitende Gesellschaften, § 15 Rn. 32 ff. m. w. N.; a. A. *Altmeppen,* NJW 2004, 97, 102 f.

[680] Ebenso die herrschende Meinung, vgl. für viele *Kallmeyer,* DB 2004, 636, 639; *Borges,* ZIP 2004, 733, 743 m. w. N.; *Eidenmüller,* JZ 2004, 24, 28 (Ausnahmen nur im Fall des Normenmangels); *Eidenmüller/Rehm,* ZGR 2004, 159, 181 f. (Ausnahmen nur im Fall des Normenmangels); *Drygala,* ZEuP 2004, 337, 347 f.; *Kleinert/Probst,* DB 2003, 2217, 2218; vgl. auch *Forsthoff/Schulz* in Hirte/Bücker, Grenzüberschreitende Gesellschaften, § 15 Rn. 35 ff. m. w. N.; a. A. *Altmeppen,* NJW 2004, 97, 103; *Altmeppen/Wilhelm,* DB 2004, 1083, 1088.

[681] Vgl. MünchKommBGB/*Kindler,* IntGesR Rn. 474; BGH WM 1986, 883, 884 (Abrede über Verlustausgleich zwischen Gesellschaftern); BGH WM 1996, 1467, 1468 (Garantie einer Mindestdividende zwischen Gesellschaftern); BGH IPRspr. 1966/67, Nr. 14; BGH IPRspr. 1968/69, Nr. 30; vgl. auch LG Hamburg IPRspr. 1977 Nr. 6.

[682] Anders aber Staudinger/*Großfeld* (1998) IntGesR Rn. 346.

rungsbeschränkungen und Vorkaufsrechte.[683] Solche Vereinbarungen unterstehen dem Vertragsstatut des jeweiligen Vertrages gemäß Art. 28 EGBGB. Danach ist mangels Rechtswahl das Recht des Staates anzuwenden, zu dem die engste Bindung des Vertrages besteht, was allerdings bei Absprachen im Zusammenhang mit der Gesellschafterstellung in einer Gesellschaft regelmäßig mit dem Gesellschaftsstatut übereinstimmen wird.[684] Der Vorrang des Vertragsstatuts gilt dann unabhängig davon, ob die Vereinbarung in den Gesellschaftsvertrag aufgenommen oder unabhängig davon abgeschlossen wurde. Abzustellen ist lediglich auf den materiellen Inhalt der Vereinbarung, nicht auf ihre formale Gestaltung.[685]

2. Eingriffe in die Gesellschaftsstruktur

Derzeit noch nicht endgültig geklärt ist, welches Recht auf schuldrechtliche Abreden **319** zwischen den Gesellschaftern anzuwenden ist, die unmittelbar oder mittelbar in die Struktur der Gesellschaft eingreifen. Hierunter fallen insbesondere Haftungsvereinbarungen und Stimmbindungsverträge.[686] Die Besonderheit dieser Verträge liegt darin, dass sie nur schwer vom Gesellschaftsstatut zu trennen sind, insbesondere dann, wenn das Gesellschaftsstatut solchen Verträgen die Wirksamkeit abspricht. Da sie auf das Gesellschaftsstatut einwirken, hat dieses ein legitimes Interesse an der Normierung zumindest der Wirksamkeit solcher Vereinbarungen. Die Diskussion in Literatur und Rechtsprechung ist dabei insbesondere an der Frage des Statutes von Stimmbindungsverträgen entbrannt. Die wohl herrschende Meinung beurteilt die Wirksamkeit dieser Verträge nach dem Gesellschaftsstatut, und dehnt die Anwendung des Gesellschaftsstatutes zur Vermeidung einer Statutenspaltung auch auf die Regelung der Rechtsfolgen von Verstößen gegen solche Vereinbarungen aus.[687] Nach abweichenden Ansichten soll dagegen entweder die Wirksamkeit von Stimmbindungsverträgen gemäß Art. 27 f. EGBGB der Vertragsfreiheit der Parteien und damit einem eigenen Vertragsstatut unterliegen, während die Rechtsfolge der Stimmabgabe nach dem Gesellschaftsstatut zu beurteilen sei,[688] oder allein die Wirksamkeit des Stimmbindungsvertrages soll nach dem Gesellschaftsstatut zu beurteilen sein, während die Rechtsfolge insbesondere des Schadenersatzes aufgrund von Verstößen gegen den Stimmbindungsvertrag, nach dem Vertragsstatut zu beurteilen sein soll.[689] Der Praxis wird aus Gründen der Rechtssicherheit zu empfehlen sein, solche Verträge im Wege einer Rechtswahlklausel umfassend dem Gesellschaftsstatut zu unterstellen.

---

[683] Vgl. MünchKommBGB/*Kindler,* IntGesR Rn. 474.

[684] Staudinger/*Großfeld* (1998) IntGesR Rn. 345; Michalski/*Leible,* GmbHG, Syst. Darst. 2 Rn. 107; MünchKommBGB/*Kindler,* IntGesR Rn. 473; BGH NJW 1996, 54; BGH WM 1986, 883, 884; BGH IPRspr. 1966/67 Nr. 14; LG Hamburg IPRspr. 1977 Nr. 6. Ähnlich, aber im Ergebnis vom Gesellschaftsstatut abweichend BGH IPRspr. 1968/69 Nr. 30 und BGH WM 1996, 1467.

[685] Michalski/*Leible,* GmbHG, Syst. Darst. 2 Rn. 63; Scholz/*Westermann,* GmbHG Einl. Rn. 98.

[686] MünchKommBGB/*Kindler,* IntGesR Rn. 474; Staudinger/*Großfeld* (1998) IntGesR Rn. 345; *Overath,* ZGR 3, 86.

[687] MünchKommBGB/*Kindler,* IntGesR Rn. 474; Staudinger/*Großfeld* (1998) IntGesR Rn. 345; Michalski/*Leible,* GmbHG, Syst. Darst. 2 Rn. 107; *Overath,* ZGR 3, 86, m. N. zur Gegenansicht; Kölner Komm/*Zöllner,* AktG, 2. Aufl., § 136 Rn. 118; unklar aber wohl ähnlich Behrens/*Behrens,* Die Gesellschaft mit beschränkter Haftung im internationalen Recht, IPR Rn. 28.

[688] So *Grasmann,* System des internationalen Gesellschaftsrecht, Rn. 1054 f.

[689] So noch MünchKommBGB/*Ebenroth,* IntGesR Rn. 317; Kölner Komm/*Zöllner,* AktG, 2. Aufl., § 136 Rn. 118; ähnlich auch RGZ 161, 296, 298.

IX. Übertragung und Belastung von Gesellschaftsanteilen

320   Die Übertragbarkeit und die Möglichkeit der Belastung von Gesellschaftsanteilen beurteilt sich nach dem Gesellschaftsstatut.[690] Dies betrifft allerdings zunächst nur die Frage, ob Gesellschaftsanteile überhaupt übertragen oder belastet werden können und, im Falle der Übertragung im Wege der Erbfolge, ob und inwieweit die durch das Erbstatut vorgegebenen Verhältnisse auch den Gesellschaftsanteil erfassen.[691]

321   Eine andere Frage ist es, nach welchen Vorschriften der dingliche Übertragungsakt zu beurteilen ist. Dies ist nach allgemeinen Grundsätzen zu beurteilen. Hiernach erfolgt die Abtretung und Belastung von Rechten nach dem Recht des Staates, dem das Recht unterliegt, das heißt nach dem Gesellschaftsstatut.[692] Etwas anderes gilt dagegen für Wertpapiere. Diese sind Sachen und deren Übertragung und Belastung richten sich gemäß den allgemeinen Grundsätzen nach der lex rei (cartae) sitae, nach dem Recht, in dem sich das Wertpapier befindet.[693] Folgt die Inhaberschaft an dem Gesellschaftsanteil der Inhaberschaft an dem Wertpapier, so ist auch die Übertragung und Belastung des Gesellschaftsanteils nach der lex rei sitae des Wertpapiers zu beurteilen.[694] Hiervon zu unterscheiden ist die Vorfrage, ob die Rechtsinhaberschaft an dem Gesellschaftsanteil der Inhaberschaft an dem Wertpapier folgt. Diese Frage ist nach dem Gesellschaftsstatut zu beurteilen.[695] Eine Sonderregelung gilt gemäß § 17a DepotG für Wertpapiere, die mit rechtsbegründender Wirkung in ein Register eingetragen oder auf einem Konto verbucht werden.[696] Aus Gründen der Rechtsklarheit wird diesbezüglich an die lex libri siti angeknüpft.

322   Ein der Übertragung oder Belastung eines Gesellschaftsanteils zugrunde liegender schuldrechtlicher Vertrag unterliegt dagegen dem selbständigen Vertragsstatut gemäß Art. 27 ff. EGBGB.[697] Als Frage des dinglichen Geschäftes unterliegt dagegen die Beurteilung der Auswirkungen von Mängeln des Kausalgeschäfts auf das dingliche Geschäft dem Recht, dem das dingliche Geschäft unterliegt.[698] Darüber hinaus ist darauf hinzuweisen, dass im Zusammenhang mit einem Kaufvertrag oder einem anderen Kausalgeschäft gesell-

---

[690] Staudinger/*Großfeld* (1998) IntGesR Rn. 341; MünchKommBGB/*Kindler,* IntGesR Rn. 467; Behrens/*Behrens,* Die Gesellschaft mit beschränkter Haftung im internationalen und europäischen Recht, IPR Rn. 41; OLG Celle WM 1984, 494, 500; FG Düsseldorf RIW 1992, 776; LG München I IPRax 01, 459; unklar aber wohl ebenso BGH NJW-RR 1995, 766. Vgl. zur Übertragung von Personengesellschaftsabteilen im Wege der Erbfolge *von Oertzen,* IPRax, 1994, 73; Palandt/*Heldrich,* EGBGB 25, Rn. 15.

[691] Palandt/*Heldrich,* EGBGB 25 Rn. 15; *von Oertzen,* IPRax, 1994, 73 m.w.N.; LG München I IPRax 01, 459.

[692] Staudinger/*Großfeld* (1998) IntGesR Rn. 341; MünchKommBGB/*Kindler,* IntGesR Rn. 467; Behrens/*Behrens,* Die Gesellschaft mit beschränkter Haftung im internationalen und europäischen Recht, IPR Rn. 41; OLG Celle WM 1984, 494, 500; FG Düsseldorf RIW 1992, 776.

[693] Staudinger/*Großfeld* (1998) IntGesR Rn. 341; MünchKommBGB/*Kindler,* IntGesR Rn. 468; *Kegel/Schurig,* Internationales Privatrecht, § 19 II, S. 769; BGH WM 1989, 1756; OLG Köln RIW 1994, 968, 969; siehe aber auch Art. 43 Abs. 2 EGBGB.

[694] MünchKommBGB/*Kindler,* IntGesR Rn. 468; *Kegel/Schurig,* Internationales Privatrecht, § 19 II, S. 769; BGH WM 1989, 1756. Teilweise wird vertreten, dass nur eingeschränkt auf die lex rei sitae verwiesen werde, insbesondere in dem Fall, in dem das Gesellschaftsstatut entgegen der lex rei sitae einen gutgläubigen Erwerb nicht zulasse, hierzu Staudinger/*Großfeld* (1998) IntGesR Rn. 343.

[695] MünchKommBGB/*Kindler,* IntGesR Rn. 468; *Kegel/Schurig,* Internationales Privatrecht, § 19 II, S. 769; BGH WM 1989, 1756, 1757.

[696] Vgl. hierzu *Einsele,* WM 01, 15, 2415; *Schefold,* IPRax 00, 468; *Keller,* WM 00, 1281; *Kegel/Schurig,* Internationales Privatrecht, § 19 II, S. 769; Palandt/*Heldrich,* EGBGB 43 Rn. 1.

[697] Michalski/*Leible,* GmbHG, Syst. Darst. 2 Rn. 106; OLG Düsseldorf RIW 1994, 420; BGH NJW 1987, 1441; BGH WM 1996, 1467; vgl. auch BGH RIW 1991, 158.

[698] BGH RIW 1991, 158.

Spahlinger/Wegen

schaftsrechtlich zu qualifizierende Treue- und Aufklärungspflichten der Gesellschaftsorgane oder der Gesellschafter gegenüber dem Erwerber oder dem Veräußerer bestehen können, die zwingend dem Gesellschaftsstatut unterliegen.[699] Gleiches gilt für den Fall gesellschaftsrechtlicher Übertragungspflichten und gesellschaftsrechtlicher Erwerbsverbote.[700]

Für die Pfändbarkeit von Gesellschaftsanteilen ist dagegen das Recht des Vollstre-   **323** ckungsstaates maßgeblich. Nicht selten wird dieses Recht aber an die nach dem Gesellschaftsstatut zu bestimmende Frage der Übertragbarkeit oder Belastbarkeit des Gesellschaftsanteils anknüpfen.[701]

X. Haftung (insbesondere Durchgriffshaftung)

1. Allgemeines

a) Gesellschaftsrechtliche Haftungstatbestände

Die Haftung der Gesellschafter und der Organe für Verbindlichkeiten der Gesellschaft   **324** richtet sich nach herrschender Meinung nach dem Gesellschaftsstatut.[702] Dies gilt auch bei ausländischen Gesellschaften mit tatsächlichem Verwaltungssitz im Inland[703] unabhängig von dem Statut, dem die Verbindlichkeit der Gesellschaft unterliegt.[704] Diese allgemeine Anknüpfung an das Gesellschaftsstatut ist aus zwei grundsätzlichen Erwägungen erforderlich. Einerseits haben die Gläubiger der Gesellschaft ein Interesse an einer Gleichbehandlung. Dieses Interesse an Gleichbehandlung kann auch nicht mit dem Argument abgetan werden, dass selbst die Gläubiger, die nicht auf die Privatvermögen der Gesellschafter zurückgreifen können, einen Vorteil aus der Haftung der Gesellschafter gegenüber dritten Gläubigern hätten. Zwar kann durch eine den potentiellen Vertragspartnern der Gesellschaft günstige Haftungsregelung die Bereitschaft von Gläubigern, mit der Gesellschaft Geschäfte abzuschließen, gesteigert werden. Hierdurch kann der Gesellschaft zumindest theoretisch leichter neue Liquidität zufließen.[705] Die Frage der Gesellschafterhaftung wird regelmäßig aber nur dann Bedeutung erlangen, wenn die Gesellschaft aufgrund von Liquiditätsschwierigkeiten ihre Schulden nicht mehr bedienen kann. In einer solchen Krisensituation wird ein Gläubiger aber ohnehin keine Geschäfte mit der Gesellschaft mehr abschließen, es sei denn, dass ihm ausreichende Sicherheiten eingeräumt werden, oder dass er von der Krisensituation keine Kenntnis hat. Ist dies der Fall, ist aber der Haftungsdurchgriff ohnehin kein zusätzlicher Anreiz. Darüber hinaus spricht für die Anknüpfung an das Gesellschaftsstatut auch das Interesse der Gesellschaft und ihrer Gesellschafter an Rechtssicherheit. Die Anknüpfung der Haftung der Gesellschafter und der Organe an das Recht der zugrunde liegenden Forderung würde bei einer international tätigen Gesellschaft dazu führen, dass sie einer Vielzahl von verschiedenen Haftungsregimen unterworfen wäre. Dies würde zu einer wesentlichen Hemmung der Geschäftstätigkeit der

---

[699] MünchKommBGB/*Kindler*, IntGesR Rn. 468.

[700] Michalski/*Leible*, GmbHG, Syst. Darst. 2 Rn. 106; Scholz/*Westermann*, GmbHG Einl. Rn. 114 (beide zur Einziehung); Staudinger/*Großfeld* (1998) IntGesR Rn. 344; MünchKommBGB/*Kindler*, IntGesR Rn. 468 (beide zum Erwerb eigener Aktien).

[701] MünchKommBGB/*Kindler*, IntGesR Rn. 467; *Schack*, IPRax, 1997, 318, 319 f.; vgl. OLG Oldenburg IPRax 1997, 338, 340.

[702] BGH NJW 2005, 1648, 1649; BGH NJW-RR 2004, 1618; BGH BB 2002, 1227, 1228; BGH NJW 2005, 1648 (= NZG 2005, 508) für die Handelndenhaftung nach § 11 Abs. 2 GmbHG (vgl. dazu auch oben Rn. 186); Behrens/*Behrens*, Die GmbH im internationalen und europäischen Recht, IPR Rn. 43; Scholz/*Westermann*, GmbHG, Einl. Rn. 107; Michalski (*Leible*), GmbHG Syst. Darst. 2 Rn. 108; MünchKommBGB/*Kindler*, IntGesR Rn. 479, jeweils m. w. N.

[703] Vgl. BGH NJW 2005, 1648.

[704] Scholz/*Westermann*, GmbHG, Einl. Rn. 107; Michalski/*Leible*, GmbHG, Syst. Darst. 2 Rn. 108.

[705] MünchKommBGB/*Kindler*, IntGesR Rn. 479.

Gesellschaft im Ausland führen.[706] Aus den gleichen Gründen ist auch die alternative Anknüpfung nach dem Drittgünstigkeitsprinzip an das Vornahme- oder Wirkungsstatut abzulehnen.

b) Nicht gesellschaftsrechtliche Haftungstatbestände

325   Nicht nach dem Gesellschaftsstatut richtet sich dagegen die Anknüpfung der Haftung der Gesellschafter und der Gesellschaftsorgane aufgrund von nicht gesellschaftsrechtlich zu qualifizierenden Haftungstatbeständen. Die Anwendung solcher speziellen Haftungsvorschriften, die die Gesellschaftereigenschaft oder Organeigenschaft zwar als Tatbestandsmerkmal für die Haftung voraussetzen, die aber keine gesellschaftsrechtlichen Haftungstatbestände darstellen, werden anhand ihres Schuldstatuts autonom angeknüpft. Die Qualifizierung einer Norm als gesellschaftsrechtlich oder als nicht-gesellschaftsrechtlich kann aber mitunter sehr schwer sein. Dies ist eine Frage der Auslegung, die für jeden Einzelfall durchzuführen ist.

c) Verkehrsschutzgesichtspunkte

326   Verschiedentlich wird in der Literatur vertreten, dass Haftungsbeschränkungen nach dem Gesellschaftsstatut dann nicht anwendbar sein sollen, wenn das Recht des Vornahmeortes einer Handlung oder eines Rechtsgeschäftes eine solche Haftungsbeschränkung nicht kennt. Diese Einschränkung soll dem Verkehrsschutz im Land des Vornahmeortes dienen und lehnt sich offensichtlich an den Rechtsgedanken des Art. 12 EGBGB an.[707] Indessen ist für eine solche Übertragung der Wertung des Art. 12 EGBGB auf alle Fälle des Handelns einer Gesellschaft kein Raum. Aus den oben bereits dargestellten Gründen der Gläubigergleichbehandlung und des Schutzes der Gesellschafter und Gesellschaftsorgane muss das Interesse der Gesellschaftsgläubiger hinter den Interessen der Gesellschafter und Gesellschaftsorgane zurücktreten. Dies gilt im Falle einer deliktischen Schuld schon deshalb, weil deliktische Rechtsverhältnisse keinen Raum für Vertrauensschutztatbestände bieten. Gleiches gilt aber auch für rechtsgeschäftliche Verbindlichkeiten. Der Gläubiger, der sehenden Auges mit einer ausländischen Gesellschaft eine vertragliche Bindung eingeht, darf nicht auf die Haftung der Gesellschafter oder Organe dieser Gesellschaft vertrauen. Der wesentliche Unterschied zu den Fällen des Art. 12 EGBGB liegt darin, dass die für die Gesellschaft handelnden Personen nicht durch ihr Handeln als solches bereits den Eindruck erwecken, dass die Gesellschafter voll für die begründeten Schulden der Gesellschaft haften. Dies ist bei der Abgabe einer Willenserklärung im Namen der Gesellschaft anders, da hier bereits durch die Erklärung im Namen der Gesellschaft der Eindruck erweckt wird, der Erklärende sei zur Abgabe der Erklärung auch befugt.[708]

2. Durchgriffshaftung der Gesellschafter

a) Grundsatz

327   Von der Anknüpfung der allgemeinen Haftungsverfassung der Gesellschaft ist die Anknüpfung der Durchgriffshaftung auf die Gesellschafter zu unterscheiden. Es handelt sich hierbei um die Frage, in welchen Ausnahmefällen die nach dem Gesellschaftsstatut grundsätzlich nicht haftenden Gesellschafter ausnahmsweise für Schulden der Gesellschaft haften.[709]

---

[706] Vgl. MünchKommBGB/*Kindler,* IntGesR Rn. 479; Michalski/*Leible,* GmbHG, Syst. Darst. 2 Rn. 108, jeweils m. w. N.

[707] Vgl. die Nachweise bei Michalski/*Leible,* GmbHG, Syst. Darst. 2 Rn. 109; MünchKommBGB/*Kindler,* IntGesR Rn. 481; *Kaligin,* DB 1985, 1449, 1455.

[708] Im Ergebnis ebenso Michalski/*Leible,* GmbHG, Syst. Darst. 2 Rn. 109; MünchKommBGB/*Kindler,* IntGesR Rn. 481; *Kaligin,* DB 1985, 1449, 1455.

[709] Michalski/*Leible,* GmbHG, Syst. Darst. 2 Rn. 111 ff.; MünchKommBGB/*Kindler,* IntGesR Rn. 486 ff.; *Kaligin,* DB 1985, 1449, 1454.

aa) Literaturansichten. Eine Literaturmeinung will die Durchgriffshaftung nach dem 328
Drittgünstigkeitsprinzip anknüpfen. Dabei soll, je nachdem welches Statut das für den
Gläubiger günstigste ist, die Durchgriffshaftung anhand des Vornahme-, des Wirkungs-
oder des Personalstatuts angeknüpft werden.[710] Gegen diese Ansicht spricht auch hier, dass
dies zu einer vollkommen unübersichtlichen Haftungssituation für die Gesellschafter führen würde. Diese wären einer Vielzahl von Haftungsregimen unterworfen, die je nach
dem Ort der Tätigkeit der Gesellschaft grundlegend variieren könnten.

Eine andere Ansicht will die Durchgriffshaftung grundsätzlich anhand der lex fori an- 329
knüpfen.[711] Dieser Ansicht ist entgegenzuhalten, dass sie in unzulässiger Weise die Frage
des anwendbaren materiellen Rechts mit der Frage der Gerichtszuständigkeit verknüpft.
Darüber hinaus würde diese Anknüpfung zu einer nicht voraussehbaren Rechtsanwen-
dung und damit zu großer Rechtsunsicherheit führen, weil der Gerichtstand häufig von
der Wahl des Klägers abhängen wird.

Weiterhin wird danach differenziert, ob der Durchgriff der Befriedigung der Gesamt- 330
heit der Gläubiger dient oder lediglich einzelne Gläubiger schützen soll.[712] Wenn der
Schutz der Gesamtheit der Gläubiger intendiert sei, sei das Gesellschaftsstatut anwendbar,
wenn dagegen nur der Schutz eines einzelnen oder einzelner Gläubiger intendiert sei,
richte sich die Frage des Durchgriffs nach dem Wirkungsstatut. Auch diese Ansicht über-
zeugt nicht, da der Schutz aller Gesellschaftsgläubiger allenfalls ein Indiz dafür sein kann,
dass die Durchgriffsnorm die rechtliche Selbständigkeit der Gesellschaft grundsätzlich in
Frage stellt und daher nach dem Recht zu beurteilen sein muss, das auch die Rechtsfähigkeit regelt. Dies zeigt sich bereits daran, dass insolvenzrechtliche Tatbestände regelmäßig
alle Gläubiger schützen, aber nicht zwingend gesellschaftsrechtlicher Natur sind.

Nach der früher herrschenden Meinung in der Literatur sind alle Durchgriffshaftungs- 331
tatbestände einheitlich anzuknüpfen. Diese einheitliche Anknüpfung soll jede Ungleich-
heit der Gesellschaftsgläubiger vermeiden und Rechtssicherheit der Gesellschafter von
Gesellschaften, die in verschiedenen Jurisdiktionen tätig sind, bewirken.[713] Eine solche
einheitliche Anknüpfung ist aber nicht sinnvoll.[714] Sie würde zu einer undifferenzierten
Überbetonung des Gesellschaftsstatutes gegenüber speziellen Anknüpfungsregeln führen.
Dadurch wird auch nicht unbedingt zusätzliche Rechtssicherheit gewonnen. Offen bleibt
bei einer solchen pauschalen Anknüpfung nämlich die Frage, ob es sich um einen Durch-
griffshaftungstatbestand oder um einen speziellen, bei dem Gesellschafter anzusiedelnden
und von der Gesellschaftsschuld unabhängigen Haftungstatbestand handelt.[715]

Aus diesem Grunde ist es mit einer heute in der Literatur vordringenden Meinung vor- 332
zugswürdig, nach dem Rechtsgrund des Haftungstatbestandes zu differenzieren. Originär
gesellschaftsrechtliche Haftungstatbestände sind dabei an das Gesellschaftsstatut anzuknüpfen. Ob ein solcher originär gesellschaftsrechtlicher Haftungstatbestand vorliegt, ist dabei
aber nicht nur anhand der Anspruchsgrundlage zu bestimmen. So kann im Rahmen eines
Anspruches aus § 823 BGB durchaus die gesellschaftsrechtliche Struktur und die daraus
resultierenden Verhaltenspflichten der Gesellschafter und der Organe maßgeblich sein.
Diese Verhaltenspflichten und die Rechtsfolge der Verletzung einer solchen Pflicht kann
aber sinnvoll nur nach dem Gesellschaftsstatut angeknüpft werden.[716] Auch hinsichtlich
sonstiger Haftungstatbestände zu Lasten von Gesellschaftern und Organen spricht eine ge-

---

[710] Vgl. die Nachweise in MünchKommBGB/*Kindler*, IntGesR Rn. 491.

[711] Vgl. die Nachweise in MünchKommBGB/*Kindler*, IntGesR Rn. 492.

[712] Behrens/*Behrens*, Die GmbH im europäischen und internationalen Recht, IPR Rn. 44.

[713] Vgl. MünchKommBGB/*Kindler*, IntGesR Rn. 490.

[714] Staudinger/*Großfeld* (1998) IntGesR Rn. 355 ff.; *Moeremanns*, RIW 1985, 778, 780 ff; vgl. auch
Scholz/*Westermann*, GmbHG Einl. Rn. 108; Michalski/*Leible*, GmbHG, Syst. Darst. 2 Rn. 112.

[715] Vgl. zur Unterscheidung von Durchgriffshaftung und Doppelverpflichtung MünchKommBGB/
Kindler, IntGesR Rn. 497.

[716] Scholz/*Westermann*, GmbHG Einl. Rn. 108.

wisse Wahrscheinlichkeit zunächst für die Anknüpfung an das Gesellschaftsstatut.[717] Diese Anknüpfung darf aber nicht unreflektiert durchgeführt werden, sondern muss in jedem Einzelfall auf ihre Richtigkeit untersucht werden. Handelt es sich um einen besonderen Haftungsdurchgriffstatbestand, der nicht als gesellschaftsrechtlich zu qualifizieren ist, ist eine Anknüpfung anhand des Delikts- bzw. Schuldstatutes der Anknüpfung anhand des Gesellschaftsstatutes vorzuziehen.[718]

333   **bb) Rechtsprechung.** Die Rechtsprechung knüpft jedenfalls die originär gesellschaftsrechtlichen Durchgriffshaftungstatbestände an das Gesellschaftsstatut an.[719] Ob darüber hinaus alle Haftungsdurchgriffstatbestände nach dem Gesellschaftsstatut anzuknüpfen sind, ist den zitierten Urteilen nicht eindeutig zu entnehmen. Die Rechtsprechung beschränkt sich auf die Beurteilung der zur Entscheidung anstehenden Sachverhalte und sagt nur pauschal, dass die Durchgriffshaftung anhand des Gesellschaftsstatutes anzuknüpfen sei. Ein Ausschluss der anderweitigen Anknüpfung bei besonderen Durchgriffstatbeständen, die nicht originär gesellschaftsrechtlicher Natur sind, kann hieraus wohl nicht abgeleitet werden.

b) Rechtsumgehungstatbestände

334   Verschiedentlich wird in der Literatur diskutiert, ob in Ausnahmefällen der Haftungsbeschränkung nach dem ausländischem Gesellschaftsstatut unter Rückgriff auf das Rechtsinstitut der Rechtsumgehung die Anerkennung zu versagen ist.[720] Ein solcher Fall der Rechtsumgehung kommt zunächst bei Vorliegen einer Scheinauslandsgesellschaft in Betracht. In diesem Fall einer Scheinauslandsgesellschaft nimmt die Rechtsprechung aber wohl nicht Rückgriff auf das Institut der Rechtsumgehung mit der Folge einer Durchgriffshaftung. Verschiedentlich wurde dagegen in der Rechtsprechung das Erfordernis eines genuine link zur Anerkennung einer Auslandsgesellschaft erwogen mit der Rechtsfolge, dass der Scheinauslandsgesellschaft überhaupt die Anerkennung versagt würde.[721] Für den Fall der europäischen Scheinauslandsgesellschaft hat der EuGH unmissverständlich deutlich gemacht, dass die bloße Ausnutzung eines „laxeren" Gesellschaftsrechts keinen Rechtsmissbrauch darstelle, so dass zumindest insoweit die Annahme einer Rechtsumgehung nach deutschem Recht ausscheiden muss. Weiterhin kommt als Rechtsumgehungstatbestand aber auch der Fall in Betracht, in dem in einem Konzern eine Gesellschaftsform ohne Durchgriffshaftungsmöglichkeit zwischengeschaltet wird, um den Durchgriff auf die Konzernobergesellschaft zu verhindern. Aus der Rechtsprechung ist aber keine Entscheidung bekannt, die auf den Gesichtspunkt der Rechtsumgehung gestützt wurde. Unberührt bleibt hiervon die in jedem Einzelfall mögliche Prüfung eines Verstoßes der Haftungsfreiheit des Gesellschafters gegen den Ordre Public.[722] Die Beurteilung, ob ein solcher Ordre Public-Verstoß vorliegt, muss sich dann aber gegebenenfalls an den Vorgaben des Europarechts und damit an den Vorgaben der EuGH-Rechtsprechung zur Niederlassungsfreiheit von europäischen Gesellschaften orientieren.[723]

c) Doppelter Haftungsdurchgriff

335   Schließlich ist noch darauf hinzuweisen, dass bei Konzernsachverhalten jeder Haftungsdurchgriff von Gläubigern einer Konzerngesellschaft auf die nächst höhere Gesellschaft getrennt zu betrachten ist. Grundsätzlich kann ein Gläubiger der Enkelgesellschaft nicht unmittelbar auf die Muttergesellschaft als Gesellschafterin der Tochtergesellschaft durch-

---

[717] Vgl. auch LG Stuttgart IPRspr. 2001 Nr. 17, S. 38, 43.

[718] So auch Michalski/*Leible*, GmbHG, Syst. Darst. 2 Rn. 112.

[719] BGH WM 1957, 1047, 1049; BGHZ 78, 318, 334; OLG Düsseldorf RIW 1995, 508; MünchKommBGB/*Kindler*, IntGesR Rn. 490; Palandt/*Heinrich*, Anh zu EGBGB 12 Rn. 11.

[720] MünchKommBGB/*Kindler*, IntGesR Rn. 493 ff.; dagegen Staudinger/*Großfeld* (1998) IntGesR Rn. 356.

[721] OLG Düsseldorf ZIP 1995, 1009; offen gelassen in BGH BB 2004, 1868, 1869.

[722] Michalski/*Leible*, GmbHG, Syst. Darst. 2 Rn. 113.

[723] So wohl auch *Ulmer*, JZ 1999, 662, 663.

greifen. Vielmehr ist für einen solchen Durchgriff eine Kette von Durchgriffen von der Enkelgesellschaft auf die Tochtergesellschaft und von der Tochtergesellschaft auf die Muttergesellschaft erforderlich. Diese Einzeldurchgriffe richten sich nach dem jeweiligen Gesellschaftsstatut der Gesellschaft, deren Gesellschafterin in die Haftung genommen werden soll.

3. Ausgewählte Haftungstatbestände

a) Materielle Unterkapitalisierung

Sofern eine Haftung wegen materieller Unterkapitalisierung bejaht wird, wird diese in **336** der Rechtsprechung[724] und von der herrschenden Meinung der Literatur als originär gesellschaftsrechtliche Haftung angesehen.[725] Die hieraus folgende gesellschaftsrechtliche Anknüpfung ist deshalb überzeugend, weil der Haftungstatbestand unmittelbar an die Finanzausstattung der Gesellschaft anknüpft. Inhaltlich ist diese Frage mit der Frage der Kapitalaufbringung eng verbunden. Es handelt sich um eine Frage des Missbrauchs der Rechtspersönlichkeit aufgrund dessen die rechtliche Selbstständigkeit der Gesellschaft insgesamt in Frage gestellt wird.

In der Literatur wird aber ebenso der Versuch unternommen, die Haftung wegen materieller Unterkapitalisierung deliktsrechtlich anzuknüpfen.[726] Für eine solche Anknüpfung **337** spricht einerseits die Verortung der Anspruchsgrundlage in § 826 BGB durch Teile der Rechtsprechung,[727] andererseits die inhaltliche Nähe zum Rechtsmissbrauch. Die Praxis muss sich darauf einrichten, dass die Rechtsprechung eine selbstständige deliktische Verpflichtung der Gesellschafter anhand des Deliktsstatutes anknüpfen könnte, wobei aber wohl die Haftungsverfassung der ausländischen Gesellschaft für die Beurteilung eines Schädigungsvorsatzes maßgeblich zu berücksichtigen wäre.

b) Vermögensvermischung

Der Haftungstatbestand der Vermögensvermischung ist nach herrschender Meinung **338** gesellschaftsrechtlich anzuknüpfen.[728] Dieser Tatbestand knüpft originär an die Art und Weise der Leitung der Gesellschaft an. Der Haftungsdurchgriff basiert dabei auf einer Betrachtung der wirtschaftlichen und in deren Folge der rechtlichen Selbstständigkeit der Gesellschaft. Auch die Pflicht zur Vermögenstrennung und die Anforderungen an die Buchführung zur Dokumentation dieser Trennung können sinnvoll nur anhand des Gesellschaftsstatuts beurteilt werden. Insoweit ist die Frage der Vermögensvermischung mit der Frage der Rechtsfähigkeit der Gesellschaft untrennbar verbunden.[729]

c) Existenzvernichtender Eingriff

Die Haftung wegen existenzvernichtendem Eingriff ist vom BGH in den grundlegen- **339** den Entscheidungen „Bremer Vulkan"[730] und „KBV"[731] entwickelt worden.[732] Der BGH hat damit die zuvor von der Rechtsprechung entwickelte Haftung im qualifiziert faktischen Konzern aufgegeben und durch eine eigenständige Haftung außerhalb des Kon-

---

[724] Vgl. AG Bad Segeberg ZIP 2005, 812, 813.

[725] Michalski/*Leible*, GmbHG, Syst. Darst. 2 Rn. 112, so wohl auch *Meilicke*, GmbHR 2003, 793, 805.

[726] So wohl *Bayer*, BB 2003, 2357, 2364. In dieser Richtung auch *Zimmer*, NJW 2003, 3585, 3588 f.

[727] Vgl. BGH NJW 1979, 2104; OLG Oldenburg NZG 2000, 55; OLG Dresden NZG 2000, 598, 601.

[728] Michalski/*Leible*, GmbHG, Syst. Darst. 2 Rn. 112; zweifeld *Zimmer*, NJW 2003, 3585, 3588 f.

[729] Michalski/*Leible*, GmbHG, Syst. Darst. 2 Rn. 112.

[730] BGHZ 149, 10 – Bremer Vulkan (= NJW 2001, 3622).

[731] BGHZ 151, 181 – KBV (= NJW 2002, 3024).

[732] Vgl. in neuerer Zeit auch BGH NZG 2005, 117.

zernrechts ersetzt. Haftungsbegründend sind Zugriffe der Gesellschafter einer GmbH auf das Gesellschaftsvermögen unter Außerachtlassung der gebotenen Rücksichtnahme auf die Zweckbindung dieses Vermögens, welche die Fähigkeit der Gesellschaft zur Erfüllung ihrer Verbindlichkeiten in einem ins Gewicht fallenden Ausmaß beeinträchtigen. Solche Zugriffe stellen einen Missbrauch der Rechtsform der GmbH dar, der zum Verlust des Haftungsprivilegs führt, soweit nicht der der GmbH zugefügte Nachteil schon nach §§ 30, 31 GmbHG vollständig ausgeglichen werden kann.[733]

340   Wie die Rechtsfigur des existenzvernichtenden Eingriffs anzuknüpfen ist, ist in der Literatur sehr umstritten und noch vollkommen ungeklärt. Eine Festlegung der Rechtsprechung gibt es zu dieser Frage noch nicht. Dies hängt damit zusammen, dass auch die dogmatische Verortung dieser Rechtsfigur derzeit noch nicht geklärt ist.

341   Es zeichnet sich aber eine herrschende Literaturmeinung zugunsten einer gesellschaftsrechtlichen Anknüpfung ab.[734] Stützt man die Haftung wegen existenzvernichtenden Eingriffs inhaltlich auf die gesellschaftsrechtliche Treuepflicht, so ist der existenzvernichtende Eingriff eindeutig gesellschaftsrechtlicher Natur. Für diese gesellschaftsrechtliche Qualifizierung spricht auch der Umstand, dass die Haftung für existenzvernichtenden Eingriff auf einem Missbrauch der Rechtspersönlichkeit beruht. Wann ein solcher Missbrauch vorliegt, kann aber nur nach dem Gesellschaftsstatut, das das Haftungsgefüge und die Rechte der Gesellschafter umschreibt, beurteilt werden.[735] Daher wäre die Haftung wegen existenzvernichtenden Eingriffs anhand des Gesellschaftsstatutes anzuknüpfen.

342   In der Literatur wird aber ebenso vertreten, dass der existenzvernichtende Eingriff kein gesellschaftsrechtliches Rechtsinstitut sei, sondern ein deliktsrechtliches. Daher sei die Haftung auch anhand des Deliktsstatutes anzuknüpfen.[736] Diese Anknüpfung wird insbesondere im Zusammenhang mit der Haftung von Gesellschaftern europäischer Scheinauslandsgesellschaften diskutiert. Für diese Ansicht spricht insbesondere der Umstand, dass regelmäßig neben einer Existenzvernichtungshaftung auch eine Haftung wegen unerlaubter Handlung greift.[737] Das Bestandsinteresse der Gesellschaft könnte als eine verfestigte Haftungserwartung aufgefasst werden, die ein absolutes Recht der Gläubiger darstellt. Der Gesellschafter, der dieses absolute Recht rechtswidrig verletzt, würde dann deliktsrechtlich gegenüber den Gläubigern haften.[738] Gegen die deliktsrechtliche Qualifizierung spricht jedoch, dass es sich nicht um eine jedermann treffende Haftung handelt, sondern um eine Haftung der Gesellschafter, die an deren Stellung und Verantwortlichkeit anknüpft.[739]

343   Schließlich wird noch diskutiert, die Haftung für existenzvernichtenden Eingriff insolvenzrechtlich zu qualifizieren.[740] Diese Ansicht stellt für die Beurteilung der Anknüpfung

---

[733] Vgl. BGHZ 151, 181, 187 – KBV (= NJW 2002, 3024, 3025).

[734] Vgl. *Schön*, ZHR 168 (2004), 268, 292; *Schumann*, DB 2004, 745, 749; *Burg*, GmbHR 2004, 1379; *Ulmer*, NJW 2004, 1201, 1207; *Spindler/Berner*, RIW 2004, 7, 11; *Altmeppen/Wilhelm*, DB 2004, 1083, 1088; *Fleischer* in Lutter, Europäische Auslandsgesellschaften in Deutschland, S. 49, 83 ff.; *Eidenmüller/Eidenmüller*, Ausländische Kapitalgesellschaften im deutschen Recht, § 4 Rn. 21 m. w. N.; insoweit auch *Altmeppen*, NJW 2004, 97, 101; ebenso AG Bad Segeberg ZIP 2005, 812, 814.

[735] Ähnlich *Schumann*, DB 2004, 743, 749; *Burg*, GmbHR 2004, 1379; vgl. auch *Schön*, ZHR 168 (2004), 268, 292.

[736] Vgl. *Bayer*, BB 2003, 2357, 2365; *Hausmann* in Reithmann/Martiny, Intern. Vertragsrecht Rn. 2291 c; vgl. auch *Zimmer*, NJW 2003, 3585, 3588 f.

[737] *Schön*, ZHR 168 (2004), 268, 292; *Burg*, GmbHR 2004, 1379 f. (beide im Ergebnis eine deliktsrechtliche Haftung ablehnend); *Weller*, IPRax 2003, 207, 210.

[738] Vgl. *Weller*, IPRax 2003, 207, 210.

[739] Vgl. *Eidenmüller/Eidenmüller*, Ausländische Kapitalgesellschaften im deutschen Recht, § 4 Rn. 21.

[740] Vgl. *Weller*, IPRax 2003, 207, 209 f. (der aber letztlich offen lässt, ob er eine insolvenzrechtliche Qualifizierung befürwortet); für eine „versuchsweise" „vorinsolvenzrechtliche Qualifikation" *Roth*, NZG 2003, 1081, 1085; vgl. auch *Zimmer*, NJW 2003, 3585, 3589.

schwerpunktmäßig auf die inhaltliche Nähe des existenzvernichtenden Eingriffs zum Insolvenzrecht ab. Zwar setzt der existenzvernichtende Eingriff zweifelsfrei nicht die Eröffnung oder Durchführung eines Insolvenzverfahrens voraus und bezweckt auch nicht die Befriedigung der Gläubiger nach gleichen Grundsätzen. Dennoch ist diese Rechtsfigur an das Vorliegen einer Existenzvernichtung der Gesellschaft gebunden und steht daher funktional dem Insolvenzrecht nahe.[741] Für eine insolvenzrechtliche Anknüpfung genügt dieser Umstand jedoch nicht. Im Ergebnis ist daher einer gesellschaftsrechtlichen Qualifikation der Vorzug zu geben.

In der Literatur ist auch sehr streitig, ob die Haftung wegen existenzvernichtendem **344** Eingriff im Wege der Sonderanknüpfung auf ausländische Gesellschaften mit tatsächlichem Verwaltungssitz im Inland Anwendung findet. Voraussetzung dafür wäre – jedenfalls im Anwendungsbereich der EU-Niederlassungsfreiheit – eine ausreichende Rechtfertigung.[742] Als Zweck der Sonderanknüpfung und Rechfertigungsgrund käme nur der Gläubigerschutz in Betracht. Nach der Rechtsprechung des EuGH im Fall Inspire Art bestehen allerdings große Zweifel, ob der Gläubigerschutz überhaupt Eingriffe in die Niederlassungsfreiheit rechtfertigen kann. Der EuGH hat darauf abgestellt, dass den Gläubigern einer Gesellschaft deren Rechtsform bekannt ist, sie daher im Fall einer ausländischen Gesellschaft hinreichend darüber unterrichtet sind, dass diese anderen Rechtsvorschriften unterliegt als inländische Gesellschaften und dass sich die Gläubiger auch auf bestimmte gemeinschaftsrechtliche Schutzregelungen berufen können.[743] Diese Umstände sprechen gegen die Erforderlichkeit einer Sonderanknüpfung zum Zweck des Gläubigerschutzes.[744] Teilweise wird in der Literatur für entscheidend erachtet, ob das ausländische Gesellschaftsstatut einen adäquaten Gläubigerschutz biete.[745] Zurecht wird jedoch angenommen, dass diese Voraussetzung bei EU-Auslandsgesellschaften grundsätzlich nicht gegeben und daher die deutschen Regeln über die Haftung für einen existenzvernichtenden Eingriff auf EU-Auslandsgesellschaften nicht anwendbar sind.[746] Während ein Teil der Literatur zum gleichen Ergebnis gelangt,[747] ist auch eine größere Zahl von Autoren der Auffassung eine Sonderanknüpfung der Haftung wegen existenzvernichtendem Eingriff sei generell möglich.[748]

d) Rechtsscheinhaftung

Eine differenzierte Betrachtung ist hinsichtlich der Anknüpfung von Rechtsscheintat- **345** beständen geboten. Die gesellschaftsrechtlich fixierten Anforderungen an die Firma, wie beispielsweise § 4 GmbHG, richten sich nach dem Gesellschaftsstatut.[749] Daher sind ausländische Gesellschaften auch nur den ausländischen Anforderungen an die Firmierung und den Anforderungen an die Firmierung der Zweigniederlassung unterworfen.[750] Darüber hinaus kann aber jede Gesellschaft sowie die hinter der Gesellschaft stehenden Gesellschafter und Organe einer Haftung nach dem deutschen allgemeinen Rechtsschein-

---

[741] Vgl. *Weller,* IPRax 2003, 207, 210.

[742] Vgl. Rn. 197.

[743] EuGH EuZW 2003, 687, 695 – Inspire Art, Rn. 135.

[744] Vgl. Eidenmüller/*Eidenmüller,* Ausländische Kapitalgesellschaften im deutschen Recht, § 4 Rn. 26.

[745] Vgl. Eidenmüller/*Eidenmüller,* Ausländische Kapitalgesellschaften im deutschen Recht, § 4 Rn. 11 und Rn. 21; *Forsthoff/Schulz* in Hirte/Bücker, Grenzüberschreitende Gesellschaften, § 15 Rn. 70 ff.; *Paefgen,* DB 2003, 487, 490 f.

[746] Vgl. Eidenmüller/*Eidenmüller,* Ausländische Kapitalgesellschaften im deutschen Recht, § 4 Rn. 26.

[747] Vgl. *Ziemons,* ZIP 2003, 1913, 1917; *Schumann,* DB 2004, 743, 748 f.

[748] Vgl. *Altmeppen,* NJW 2004, 97, 101; *Altmeppen/Wilhelm,* DB 2004, 1083, 1088; *Borges,* ZIP 2004, 733, 741 ff.

[749] OLG Karlsruhe GmbHR 2004, 1016.

[750] Siehe umfassend zum Firmenrecht unten Rn. 554 ff.

grundsatz unterworfen sein. Die Anwendung dieser Rechtsscheingrundsätze richtet sich nach dem Ort, an dem der Rechtsschein gesetzt wurde. Daher haftet ein Gesellschaftsorgan einer ausländischen Gesellschaft auch dann für die Verbindlichkeiten einer Gesellschaft, wenn es im Rahmen eines unternehmensbezogenen Geschäfts nicht ausreichend deutlich macht, dass Träger dieses Unternehmens nicht eine natürliche Person sondern eine juristische Person ist, deren Gesellschafter beschränkt haften.[751]

e) Haftung wegen Insolvenzverschleppung und Haftung gemäß § 64 Abs. 2 GmbHG, §§ 92 Abs. 3, 93 Abs. 3 Nr. 6 AktG

346   Die Haftung wegen Insolvenzverschleppung sanktioniert Verstöße gegen die Insolvenzantragspflicht. Die Haftung wegen Insolvenzverschleppung kann daher nicht isoliert betrachtet werden. Sowohl die Qualifizierung der Insolvenzantragspflicht als auch die Qualifizierung der Haftung wegen Insolvenzverschleppung ist sehr umstritten. Für die Insolvenzantragspflicht wird teilweise eine gesellschaftsrechtliche Qualifizierung vertreten, während die wohl überwiegende Meinung eine insolvenzrechtliche Qualifizierung befürwortet.[752] Für die Haftung wegen Insolvenzverschleppung ist umstritten, ob sie gesellschaftsrechtlich, deliktisch oder gesellschaftsrechtlich zu qualifizieren ist.[753] Insbesondere der Zweck beider Vorschriften spricht für eine einheitliche insolvenzrechtliche Qualifizierung. Dies gilt außerhalb des Anwendungsbereichs der EuInsVO ebenso wie in ihrem Anwendungsbereich. Daher gilt die Insolvenzantragspflicht gemäß § 64 Abs. 1 GmbHG und § 92 Abs. 2 AktG nicht nur für den Geschäftsführer einer deutschen GmbH und den Vorstand einer deutschen AktG, sondern auch für entsprechende Organe ausländischer Kapitalgesellschaften, für die eine internationale Zuständigkeit zur Eröffnung eines deutschen Hauptinsolvenzverfahrens gegeben ist.[754]

347   Die gleiche insolvenzrechtliche Anknüpfung gilt auch für den Schadenersatzanspruch nach § 64 Abs. 2 GmbHG bzw. § 92 Abs. 3 AktG.[755]

f) Stellvertretereigenhaftung

348   Die nach deutschem Sachrecht begründete Stellvertretereigenhaftung von organschaftlichen Vertretern bei Inanspruchnahme besonderen Vertrauens oder Vorliegen eines besonderen persönlichen Interesses ist keine gesellschaftsrechtliche Haftung. Sie ist vielmehr eine allgemeine Stellvertreterhaftung, die unabhängig von der Organstellung des Stellvertreters ist. Daher ist hinsichtlich dieser Stellvertretereigenhaftung nicht an das Gesellschaftsstatut anzuknüpfen, sondern vielmehr und das Vertragsstatut.[756]

g) Haftung wegen Verletzung fremden Eigentumsvorbehalts

349   Nach deutschem Sachrecht ist der Geschäftsführer einer Gesellschaft persönlich gemäß § 823 Abs. 1 BGB zum Schadenersatz verpflichtet, wenn er im Rahmen seiner Organtätigkeit pflichtwidrig die Verletzung des Eigentumsvorbehalts eines Lieferanten der Gesellschaft nicht unterbindet.[757] Dieser Haftungsgrund ist rein deliktischer Natur. Die Haftung des Organs ergibt sich nicht aufgrund des Gesellschaftsrechts, sondern vielmehr trotz der grundsätzlichen Haftungsfreiheit des Gesellschaftsorgans gegenüber den Gesellschaftsgläubigern. Die Eigenhaftung des Gesellschaftsorgans unterscheidet sich insoweit nicht von der Haftung des leitenden Angestellten, in dessen Verantwortungsbereich ein fremder Eigen-

---

[751] OLG Karlsruhe GmbHR 2004, 1016.

[752] Vgl. Rn. 753 f.

[753] Vgl. Rn. 755 f.

[754] Gemäß Art. 3 Abs. 1 EuInsVO oder gemäß § 3 Abs. 1 InsO; vgl. Rn. 714 ff., 766.

[755] Vgl. Rn. 755 f.

[756] So wohl Staudinger/*Großfeld* (1998) IntGesR Rn. 356. Allgemein zur Anknüpfung der culpa in contrahendo anhand des Vertragsstatuts *Degner,* RIW 1983, 825, 830; *Lorenz,* IPRax 2002, 192, 195; LG Braunschweig IPRax 2002, 213.

[757] BGHZ 109, 297, 302 ff.

tumsvorbehalt verletzt wird.[758] Daher haftet nach diesen Grundsätzen auch jedes Gesellschaftsorgan einer ausländischen Gesellschaft, sofern seine Handlung dem deutschen Deliktsstatut unterworfen ist. Die Vorfrage, wie der Verantwortungsbereich des Gesellschaftsorgans innerhalb der Gesellschaft abzustecken ist, ist dagegen anhand des Gesellschaftsstatutes zu ermitteln.[759]

h) Action en comblement du passif nach französischem Recht

In der Literatur wird zum ausländischen Sachrecht insbesondere die Haftung der *diri-* **350** *geants de droit et de fait en comblement du passif social* – der rechtlichen und tatsächlichen Geschäftsführer zur Auffüllung des Gesellschaftsvermögens – gemäß Art. L 624–3 des französischen Code de Commerce diskutiert.[760] Diese Haftungsvorschrift ist nach herrschender Meinung nicht gesellschaftsrechtlich sondern insolvenzrechtlich zu qualifizieren.[761] Für diese insolvenzrechtliche Qualifizierung spricht entscheidend die systematische Stellung und der Zweck der Norm.[762] Daher ist die Vorschrift auf Geschäftsführer einer französischen Gesellschaft nur dann anwendbar, wenn die Gesellschaft einem französischen Insolvenzverfahren unterzogen wird. Auf den Geschäftsführer einer deutschen Gesellschaft kann die Vorschrift ebenfalls dann anwendbar sein, wenn diese einem französischen Insolvenzverfahren unterzogen wird.

4. Umgekehrter Durchgriff auf das Vermögen der Gesellschaft

Schließlich ist auch die Haftung der Gesellschaft für Schulden ihrer Gesellschafter **351** nach dem Gesellschaftsstatut zu beurteilen.[763] Dieser sogenannte umgekehrte Haftungsdurchgriff basiert auf der Missachtung der rechtlichen Selbstständigkeit der Gesellschaft. Diese rechtliche Selbstständigkeit wird aber anhand des Gesellschaftsstatutes beurteilt. Daher muss auch die Missachtung der Selbständigkeit der Gesellschaft nach dem Gesellschaftsstatut beurteilt werden. Zu beachten sind dabei auch die unmittelbaren Auswirkungen des umgekehrten Durchgriffs auf die Kapitalerhaltung der Gesellschaft, auf deren Vermögen durchgegriffen werden soll.[764] Auch dieser Zusammenhang legt die Anknüpfung anhand des Gesellschaftsstatuts der Gesellschaft nahe. Dabei ist irrelevant, worauf die Forderung gegen den Gesellschafter, deren Erfüllung der Durchgriff dienen soll, beruht.[765]

Im Falle des Durchgriffs auf das Vermögen einer Schwestergesellschaft gelten dieselben **352** Überlegungen.[766] Daher richtet sich der Durchgriff auf das Vermögen einer Schwestergesellschaft nach dem Gesellschaftsstatut der Schwestergesellschaft, auf deren Vermögen durchgegriffen werden soll.

---

[758] Vgl. BGHZ 109, 297, 303.

[759] Vgl. zum Verhältnis Deliktsstatut und Gesellschaftsstatut sogleich unten Rn. 353 ff.

[760] Michalski/*Leible,* GmbHG, Syst. Darst. 2 Rn. 110; MünchKommBGB/*Kindler,* IntGesR Rn. 482 ff.

[761] Vgl. EuGHE 1979, 733 (= RIW 1979, 273); OLG Hamm EWS 1993, 408; Michalski/*Leible,* GmbHG, Syst. Darst. 2 Rn. 110; MünchKommBGB/*Kindler,* IntGesR Rn. 485; Staudinger/*Großfeld* (1998) IntGesR Rn. 352, jeweils m. w. N., a. A. *Zimmer,* Internationales Gesellschaftsrecht, S. 293 ff.

[762] Vgl. MünchKommBGB/*Kindler,* IntGesR Rn. 485 m. w. N.

[763] Michalski/*Leible,* GmbHG, Syst. Darst. 2 Rn. 114; MünchKommBGB/*Kindler,* IntGesR Rn. 496.

[764] Vgl. hierzu Michalski/*Michalski,* GmbHG, § 13 Rn. 393; Scholz/*Emmerich* § 13 Rn. 96 m. w. N.; BGH NJW-RR 1990, 738; BGH DStR 1999, 1822.

[765] Vgl. BGHZ 78, 318, 334; BGH NJW 1992, 2026, 2030; BGH NJW-RR 1995, 766, 767.

[766] Vgl. jüngst zum Haftungsdurchgriff auf eine Schwestergesellschaft BGH BB 2004, 2372.

XI. Abgrenzung zwischen Gesellschaftsstatut und Deliktsstatut

1. Vorliegen einer unerlaubten Handlung und Haftung des Gesellschaftsorgans

353   Die Frage, ob ein Gesellschaftsorgan eine unerlaubte Handlung begangen hat, also die Frage nach dem tatbestandlichen Vorliegen einer unerlaubten Handlung, ist generell anhand des Deliktsstatuts zu beurteilen. Ebenso ist die Frage, ob das Gesellschaftsorgan auch persönlich für einen Schaden haftet, den es im Zusammenhang mit seiner Organtätigkeit verursacht, anhand des Deliktsstatuts zu beurteilen.

2. Deliktsfähigkeit der Gesellschaft

354   Die Deliktsfähigkeit der Gesellschaft richtet sich nach herrschender Meinung ebenfalls nach dem Deliktsstatut und nicht nach dem Gesellschaftsstatut.[767] Zwar wäre grundsätzlich auch eine Anknüpfung an das Gesellschaftsstatut denkbar. Die besondere Anknüpfung unabhängig von dem Gesellschaftsstatut begründet sich aber mit dem Funktionszusammenhang zwischen dem Deliktsrecht und dem Zurechnungsrecht. Beide sind regelmäßig aufeinander abgestimmt. So ist denkbar, dass ein Ausschluss der Zurechnung darauf beruht, dass das Haftungsrecht generell sehr streng ist. Dieser Zusammenhang soll nicht durch die Anwendung des Gesellschaftsstatuts auseinander gerissen werden.[768] Daher beurteilt sich die Haftung einer deutschen und einer ausländischen Gesellschaft für Schäden aus unerlaubten Handlungen, die von ihren Organen begangen wurden, nach § 31 BGB, sofern die Handlung zur Anwendung des deutschen Deliktsstatutes führt. Nach diesem Recht beurteilt sich aber nicht nur die Deliktsfähigkeit der Gesellschaft, sondern ebenso die Frage, für welche Handlungen welcher Organe die Gesellschaft einzustehen hat.[769] Ob eine Handlung also in Ausführung einer Verrichtung im Sinne des § 31 BGB begangen wurde, ist bei Anwendung deutschen Deliktsstatuts nach deutschem Recht zu beurteilen. Gleiches gilt für die Frage, ob eine Person als Organ oder Organvertreter im Sinne des § 31 BGB anzusehen ist.

3. Nach dem Gesellschaftsstatut zu ermittelnde Vorfragen

355   Für die Beurteilung der Deliktsfähigkeit einer ausländischen Gesellschaft ist aber als Vorfrage das Gesellschaftsstatut zu erforschen. Es ist zu fragen, ob die ausländische Gesellschaft über eine ausreichende körperschaftliche Verfassung im Sinne von § 31 BGB verfügt. Im Ergebnis ist dabei zu prüfen, ob die ausländische Gesellschaftsform einer deutschen Gesellschaftsform, auf die § 31 BGB anwendbar ist, ausreichend ähnelt.[770]

356   Ebenso alleine nach dem Gesellschaftsstatut kann die Vorfrage ermittelt werden, wie die Rechtsstellung der Person ausgestaltet ist, die die unerlaubte Handlung begangen hat. Auch dies ist zunächst anhand des Gesellschaftsstatutes zu prüfen und erst dann ist zu fragen, ob diese Rechtsstellung eine Organeigenschaft im Sinne des § 31 BGB begründet.

---

[767] OLG Köln NJW-RR 1998, 756; OLG Schleswig IPRspr., 1970, Nr. 19; MünchKommBGB/*Kindler,* IntGesR Rn. 501; Staudinger/*Großfeld* (1998) IntGesR Rn. 314 f.; Scholz/*Westermann,* GmbHG Einl. Rn. 105.

[768] Staudinger/*Großfeld* (1998) IntGesR Rn. 314.

[769] Scholz/*Westermann,* GmbHG Einl. Rn. 105; MünchKommBGB/*Kindler,* IntGesR Rn. 502.

[770] Staudinger/*Großfeld* (1998) IntGesR Rn. 314. Unklar OLG Schleswig IPRspr., 1970, Nr. 19.

XII. Grenzüberschreitende Konzerne und Unternehmensgruppen

1. Einführung

Bei grenzüberschreitenden Konzernen[771] denkt man zunächst nur an große weltweit tätige Unternehmensgruppen wie z.B. DaimlerChrysler, Exxon, Shell, Sony, Pfizer, McDonalds oder Monsanto. Dabei sind grenzüberschreitende Konzerne auch ansonsten nicht die Ausnahme, sondern die Regel. Die weit überwiegende Mehrzahl der Kapitalgesellschaften in Europa ist Teil eines Konzerns.[772] Meist handelt es sich dabei nicht nur um nationale Konzerne. Nahezu jede deutsche mittelständische Firmengruppe und auch viele kleinere Unternehmen haben heute Tochtergesellschaften und Beteiligungen im Ausland. Umgekehrt unterhalten viele ausländische Unternehmen Tochtergesellschaften und Beteiligungen in Deutschland. Die für grenzüberschreitende Konzerne und Unternehmensgruppen maßgeblichen rechtlichen Rahmenbedingungen sind daher nicht nur für eine verhältnismäßig kleine Zahl großer Unternehmensgruppen relevant.　**357**

a) Unterordnungskonzern, Gleichordnungskonzern, Vertragskonzern, faktischer Konzern,

Nach deutschem Recht besteht eine „Konzern", wenn ein herrschendes und ein oder mehrere abhängige Unternehmen unter der einheitlichen Leitung des herrschenden Unternehmens zusammengefasst sind (§ 18 Abs. 1 Satz 1 AktG, sogenannter Unterordnungskonzern)[773] oder wenn rechtlich selbständige Unternehmen unter einheitlicher Leitung zusammengefasst sind, ohne dass ein Unternehmen von dem anderen abhängig ist (§ 18 Abs. 2 AktG, sogenannter Gleichordnungskonzern).[774] Unterordnungs- und Gleichordnungskonzerne können durch vertragliche Vereinbarung („Vertragskonzern") oder aufgrund sonstiger tatsächlicher Verhältnisse („faktischer Konzern") entstehen.[775] Unterordnungskonzerne können außerdem durch Eingliederung entstehen („Eingliederungskonzern"). Vertragliche Unterordnungskonzerne entstehen durch Abschluss eines Beherrschungsvertrags, der dem herrschenden Unternehmen Leitungsmacht verschafft (§§ 18 Abs. 1 Satz 2, 291 ff., 308 AktG). Unabhängig vom Vorliegen eines Beherrschungsvertrags wird von jedem abhängigen Unternehmen i. S. v. § 17 AktG vermutet, dass es mit dem herrschenden Unternehmen einen Konzern bildet (§ 18 Abs. 1 Satz 3 AktG, sogenannte Konzernvermutung).[776]　**358**

Grenzüberschreitende Eingliederungskonzerne sind nicht möglich. Möglich sind dagegen grenzüberschreitende Vertragskonzerne und faktische Konzerne; dies gilt sowohl für Unterordnungs- als auch für Gleichordnungskonzerne.　**359**

b) Rechtlicher Rahmen auf internationaler und EU-Ebene

Ein einheitliches Konzernrecht besteht bisher weder auf internationaler noch auf EU-Ebene.[777] Auf europäischer Ebene vereinheitlicht ist lediglich das Recht der Konzernrech-　**360**

---

[771] Synonym für den Begriff grenzüberschreitend werden oft auch die Begriffe „international" und „multinational" verwendet, ohne dass damit inhaltlich ein anderes Phänomen beschrieben würde.

[772] Vgl. *Grundmann,* Europäisches Gesellschaftsrecht, Rn. 559, 980 m. w. N.

[773] *Hüffer,* AktG, § 18 Rn. 17 ff.; *Emmerich* in Emmerich/Habersack, Aktien- und GmbH-Konzernrecht, § 18 Rn. 8 ff.; MünchKommAktG/*Bayer,* § 18 Rn. 26 ff.

[774] Vgl. *Hüffer,* AktG, § 18 Rn. 20 f.; *Emmerich* in Emmerich/Habersack, Aktien- und GmbH-Konzernrecht, § 18 Rn. 25 ff.; MünchKommAktG/*Bayer,* § 18 Rn. 49 ff.

[775] Vgl. *Hüffer,* AktG, § 18 Rn. 3.

[776] Vgl. *Emmerich* in Emmerich/Habersack, Aktien- und GmbH-Konzernrecht, § 18 Rn. 20 ff.

[777] Vgl. *Habersack,* Europäisches Gesellschaftsrecht, Rn. 58 f. zu den Bemühungen um ein einheitliches europäisches Konzernrecht; zu den unterschiedlichen Regelungen des Rechts verbundener

nung.[778] Das Vorhaben einer neunten EG-Richtlinie „Über die Verbindungen zwischen Unternehmen, insbesondere über Konzerne" ist dagegen gescheitert und wurde aufgegeben.[779]

361   Frühere Entwürfe zum Statut der europäischen Aktiengesellschaft enthielten für diese weitgehende konzernrechtliche Regelungen. Die Mitgliedstaaten konnten sich jedoch nicht auf ein einheitliches Konzernrecht für die SE einigen.[780] Heute enthalten lediglich die Art. 31 Abs. 2, 61, 62 SE-VO konzernrelevante Regelungen des Berichts- und Prüfsystems. Im Übrigen verweist Art. 9 der SE-VO auf das nationale Recht.[781]

362   Außer Deutschland regeln in der EU das Konzernrecht gesondert nur noch Portugal,[782] Italien[783] und in einigen Bereichen Belgien.[784] Im Übrigen bestehen nur vereinzelt besondere Vorschriften zu Konzernsachverhalten.[785] Allerdings gibt es auf EU-Ebene eine Vielzahl von Richtlinien und Verordnungen für einzelne konzernrelevante Fragen. Neben den Regelungen zur SE, der SE-VO und der SE-RL, geht es vor allem um Regelungen zur Bilanzierung und Besteuerung sowie zu Meldepflichten, zu Übernahmen und zu Zusammenschlüssen.

363   Teilweise werden umfassendere Regelungen auf EU-Ebene gefordert.[786] Ein einheitliches EU-Konzernrecht ist allerdings derzeit nicht zu erwarten. Die von der EU-Kommission im Herbst 2001 eingesetzte „High Level Group of Company Law Experts" empfahl nur die Änderung bestehender gesellschaftsrechtlicher Bestimmungen in drei Bereichen: Die „Transparenz der Konzernstruktur und der Konzernbeziehungen" soll verbessert werden, „Spannungen zwischen den Interessen des Konzerns und seiner Teile" sollen auf der Grundlage einer Mitgliedstaatlichen Rahmenbedingung zum Ausgleich gebracht werden und bei so genannten „Pyramidenstrukturen" sollen den Holdinggesellschaften, deren Vermögen ausschließlich oder vorwiegend aus einer Beteiligung an einem anderen börsennotierten Unternehmen besteht, die Zulassung zum Handel auf einem geregelten Markt verweigert werden.[787]

c) Die Regelung grenzüberschreitender Konzernsachverhalte im deutschen Recht

364   Deutsche Gesetze enthalten derzeit keine Regelung für grenzüberschreitende Konzernverhältnisse. Es bleibt daher Rechtsprechung und Literatur überlassen, angemessene kollisions- und sachrechtliche Regelungen für grenzüberschreitende Konzernsachverhalte zu entwickeln. Besonders praxisrelevant erscheinen die im folgenden behandelten Problemkreise.

Unternehmen in den Mitgliedstaaten der EU siehe die Darstellung des *Forum Europaeum Konzernrecht,* Konzernrecht für Europa, ZGR 1998, 672 ff.

[778] Zur EG-Konzernrechnungsrichtlinie vgl. unten Rn. 824 f.

[779] Vgl. unten Rn. 1067 ff.; vgl. auch Arbeitsgruppe Europäisches Gesellschaftsrecht (Group of German Experts on Corporate Law), Stellungnahme zum Bericht zur Entwicklung des Europäischen Gesellschaftsrechts (Report of the High Level Group of Company Law Experts on a modern Regulatory Framework for Company Law in Europe), V.1, ZIP 2003, 863, 875.

[780] Vgl. dazu unten Rn. 994.

[781] Vgl. *Maul,* Konzernrecht in Theisen/Wenz, Die Europäische Aktiengesellschaft, S. 408. Die Reichweite der Verweisung ist hinsichtlich des Konzernrechts im Einzelnen streitig; insbesondere ist umstritten, ob auch das nationale Kollisionsrecht erfasst ist; vgl. unten Rn. 994.

[782] Vgl. *Lutter/Overrath,* ZGR 1991, 394 ff. mit einem Abdruck des portugiesischen Gesetzestextes.

[783] Vgl. *Steinhauer,* EuZW 2004, 364, 367.

[784] Vgl. *Blaurock,* ZEuP 1998, 460, 479.

[785] Vgl. *Wimmer-Leonhardt,* Konzernhaftungsrecht – Die Haftung der Konzernmuttergesellschaft für die Tochtergesellschaften im deutschen und englischen Recht, S. 774; vgl. auch *Forum Europaeum Konzernrecht,* Konzernrecht für Europa, ZGR 1998, 672, 676 ff. mit weiteren Hinweisen zum Konzernrecht außerhalb der EU, insbesondere in Brasilien, Slowenien und Kroatien.

[786] So etwa *Bauschatz,* Der Konzern 2003, 805, 809.

[787] Vgl. Group of German Experts on Corporate Law, ZIP 2003, 863, 875 f. V.1.

2. Grenzüberschreitender Unterordnungskonzern

a) Kollisionsrechtliche Regeln

Über die kollisionsrechtliche Behandlung grenzüberschreitender Unterordnungskon- **365**
zerne besteht weitgehend Einigkeit. Im Grundsatz ist das Gesellschaftsstatut der abhängigen Gesellschaft maßgeblich. Das heißt, die konzernrechtlich zu qualifizierenden Regelungen des Gesellschaftsstatuts der abhängigen Gesellschaft finden Anwendung.[788] Grund
dieser Anknüpfung ist der im Vordergrund stehende Schutzzweck der Konzernrechts.
Konzernrechtliche Vorschriften bezwecken insbesondere den Schutz der abhängigen Gesellschaft, ihrer Minderheitsgesellschafter und ihrer Gläubiger.[789] Die Regelanknüpfung an
das Recht der abhängigen Gesellschaft ist eine allseitige Kollisionsnorm;[790] sie gilt daher
nicht nur im Fall von abhängigen deutschen Gesellschaften, sondern auch im Fall von
ausländischen abhängigen Gesellschaften.

Konzernrecht enthält aber auch Regelungen, die nicht die abhängige Gesellschaft, ihre **366**
Minderheitsgesellschafter und ihrer Gläubiger schützen sollen. Dabei handelt es sich um
Vorschriften zum Schutz der herrschenden Gesellschaft, deren Gesellschafter und Gläubiger und um Regelungen des Konzernorganisationsrechts. Für diese Bestimmungen ist eine
Anknüpfung an die abhängige Gesellschaft nicht sachgerecht. Zur Anwendung kommen
vielmehr die entsprechenden konzernrechtlichen Bestimmungen des Gesellschaftsstatuts
der herrschenden Gesellschaft.[791] Bestimmt beispielsweise das Gesellschaftsstatut der herrschenden Gesellschaft, dass ihre Gesellschafter dem Abschluss eines Beherrschungsvertrags
mit qualifizierter Mehrheit zustimmen müssen (so ausdrücklich § 293 Abs. 2 AktG für die
AG und i. V. m. § 278 Abs. 3 AktG für die KGaA), so ist diese Voraussetzung bei einem
grenzüberschreitenden Beherrschungsvertrag selbst dann einzuhalten, wenn das Recht der
beherrschten Gesellschaft eine solche Zustimmung nicht verlangt. Die Zustimmung der
Gesellschafter der herrschenden Gesellschaft kann außerdem für strukturverändernde
Maßnahmen erforderlich sein. Solche Zustimmungserfordernisse können sich für Aktiengesellschaften insbesondere aus dem „Holzmüller"-Urteil[792] des BGH und den dieses Urteil konkretisierenden Entscheidungen[793] ergeben.[794] Im Ergebnis gibt es daher kein einheitliches Konzernstatut.[795]

Ob diese kollisionsrechtlichen Regeln auch bei ausländischen Gesellschaften mit Sitz im **367**
Inland gelten, ist umstritten und noch nicht abschließend geklärt.[796]

---

[788] Vgl. für viele Staudinger/*Großfeld* (1998) IntGesR Rn. 557; MünchKommBGB/*Kindler*,
IntGesR Rn. 549 mit einer Zusammenstellung der verschiedenen methodischen Begründungen die-
ser Kollisionsregel in Rn. 555 f.; MünchKommAktG/*Altmeppen*, Einl. §§ 291 ff. Rn. 36 ff., *Zimmer*,
IPRax 1998, 187, 188; jeweils m. w. N.; kritisch *Einsele*, ZGR 1996, 40, 54.

[789] *Habersack* in Emmerich/Habersack, Aktien- und GmbH-Konzernrecht, § 311 Rn. 21.

[790] MünchKommAktG/*Altmeppen*, Einl. §§ 291 ff. Rn. 40; MünchKommBGB/*Kindler*, IntGesR
Rn. 554, jeweils m. w. N.

[791] *Brandi*, NZG 2003, 889, 891 m. w. N.

[792] BGHZ 83, 122 (= NJW 1982, 1703); vgl. auch Staudinger/*Großfeld* (1998) IntGesR Rn. 582.

[793] Insbesondere den sogenannten Gelatine-Urteilen BGH NZG 2004, 571 und 575 (= BGH ZIP
2004, 993 und 1001); vgl. auch OLG Stuttgart DB 2003, 1944.

[794] Vgl. MünchKommAktG/*Altmeppen*, Einl. §§ 291 ff. Rn. 41; zur Frage ob die Grundsätze der
Holzmüller-Entscheidung auch auf inländische Enkelgesellschaften Anwendung finden, die über eine
ausländische Tochter von einem deutschen Mutterunternehmen beherrscht werden, vgl. *Bauschatz*,
Der Konzern 2003, 805 (806).

[795] *Bauschatz*, Der Konzern 2003, 805; zur Frage, inwieweit ein vom Gesellschaftsstatut eigenständiges Konzernstatut besteht, vgl. *Keck*, Nationale und internationale Gleichordnungskonzerne im
deutschen Konzern- und Kollisionsrecht (1998), S. 221 ff.

[796] Vgl. dazu unten Rn. 392 ff.

b) Grenzüberschreitende Beherrschungs- und Gewinnabführungsverträge

368   Die §§ 291 ff. AktG regeln Unternehmensverträge, insbesondere Gewinnabführungs- und Beherrschungsverträge, für die AG und i. V. m. § 278 Abs. 3 AktG für die KGaA. Für andere Gesellschaften, insbesondere die GmbH, werden diese Vorschriften größtenteils entsprechend angewendet.[797]

369   **aa) Zulässigkeit nach deutschem Sachrecht.** Nach der höchstrichterlichen Rechtsprechung sind grenzüberschreitende Gewinnabführungs- und Beherrschungsverträge nach deutschem Recht zulässig.[798] In der Literatur wird diese Auffassung ganz überwiegend geteilt.[799]

370   **bb) Kollisionsrecht.** Die kollisionsrechtliche Regel der Anknüpfung an das Recht der beherrschten Gesellschaft findet Anwendung. Nach dieser Regel unterliegen grenzüberschreitende Beherrschungs- und Gewinnabführungsverträge zwischen einer ausländischen herrschenden und einer inländischen abhängigen Gesellschaft dem deutschen Recht. Diese Anknüpfung ist nach herrschender Meinung zwingend; eine abweichende Rechtswahl ist unzulässig und unwirksam.[800] Grund hierfür ist die Einordnung des Beherrschungs- und Gewinnabführungsvertrags als Organisationsvertrag, der in seinen Wirkungen einer Satzungsänderung der abhängigen Gesellschaft vergleichbar ist.[801] Die für Beherrschungs- und Gewinnabführungsverträge maßgeblichen Normen sind daher gesellschaftsrechtlich und nicht etwa vertragsrechtlich zu qualifizieren.[802]

371   Soweit die abhängige Gesellschaft eine AG oder KGaA ist, sind demnach zwingend die §§ 293 ff. AktG anzuwenden.[803] Handelt es sich bei der abhängigen Gesellschaft um eine GmbH oder Personenhandelsgesellschaft, finden die entsprechenden Bestimmungen Anwendung, die in wesentlichen Teilen von Rechtsprechung und Literatur entwickelt wurden.[804] Deutsches Sachrecht ist jedenfalls anzuwenden, soweit es dem Schutz der jeweiligen deutschen Gesellschaft, deren Minderheitsbeteiligten oder Gläubigern dient.[805] So bedarf der Zustimmungsbeschluss der Gesellschafterversammlung der abhängigen GmbH der notariellen Beurkundung nach § 53 GmbHG.[806] Die ausländische herrschende Gesellschaft

---

[797] *Selzner/Sustmann,* Der Konzern, 2003, 85; vgl. zur analogen Anwendung der §§ 291 ff. AktG auf den GmbH-Konzern *Emmerich* in Emmerich/Habersack, Aktien- und GmbH-Konzernrecht vor § 291 Rn. 8, 9; *Lutter/Hommelhoff* in Lutter/Hommelhoff, GmbHG, Anh § 13 Rn. 32.

[798] Vgl. BGHZ 119, 1 (= NJW 1992, 2760); BGHZ 138, 126 (= NJW 1998, 1866); ebenso BayObLG, RIW 1997, 596.

[799] Vgl. MünchKommAktG/*Altmeppen,* Einl. §§ 291 ff., Rn. 46 f.; MünchKommBGB/*Kindler,* IntGesR Rn. 568 ff.; *Emmerich* in Emmerich/Habersack, Aktien- und GmbH-Konzernrecht, § 291 Rn. 37: Kölner Komm./*Koppensteiner* AktG, 3. Aufl., Vorb. § 291 Rn. 194; *Selzner/Sustmann,* Der Konzern, 2003, 85, 90 ff.; *Jaecks/Schönborn,* RIW 2003, 254, 264, jeweils m. w. N.

[800] Vgl. MünchKommBGB/*Kindler,* IntGesR Rn. 566; Staudinger/*Großfeld* (1998) IntGesR Rn. 575; *Emmerich* in Emmerich/Habersack, Aktien- und GmbH-Konzernrecht, § 291 Rn. 35, Palandt/*Heldrich,* Anh zu EGBGB 12, Rn. 18, jeweils m. w. N.; a. A. MünchKommAktG/*Altmeppen,* Einl. §§ 291 ff., Rn. 48 f. m. w. N., ausreichend sei, dass ein etwa vereinbartes anderes Recht zumindest ähnliche Schutzvorschriften aufweise; *Hahn,* IPRax 2002, 107, 112, der von der grundsätzlichen Rechtswahlfreiheit der Parteien ausgeht, dann aber die zwingenden Normen beider Rechtsordnungen anwenden will.

[801] BGH NJW 1989, 295; *Selzner/Sustmann,* Der Konzern, 2003, 85, 88; *Ulrich,* GmbHR 2004, 1000, 1003.

[802] Kölner Komm/*Koppensteiner* AktG, 3. Aufl., Vorb. § 291 Rn. 188 m. w. N.

[803] *Bauschatz,* Der Konzern 2003, 805, 806.

[804] Zur Entwicklung des GmbH-Konzernrechts und zur Anwendbarkeit aktienrechtlicher Regeln auf die GmbH vgl. Kölner Komm/*Koppensteiner* AktG, 3. Aufl., Vorb. § 291 Rn. 169 ff.; *Lutter/Hommelhoff,* GmbHG, Anh. § 13 Rn. 5 ff.; jeweils m. w. N.

[805] Ausführlich zu Personenhandelsgesellschaften siehe *Lange,* IPRax 1998, 438, 443 f.

[806] BGH NJW 1989, 295; zum Streitstand hinsichtlich der für den Gesellschafterbeschluss erforderlichen Mehrheit siehe *Emmerich* in Emmerich/Habersack, Aktien- und GmbH-Konzernrecht, § 293 Rn 43 f.; *Lutter/Hommelhoff* in Lutter/Hommelhoff, GmbHG, Anh. § 13 Rn. 38, 49 ff.

benötigt für den Abschluss des Beherrschungsvertrags keine Zustimmung ihrer „Hauptversammlung" (bzw. des entsprechenden Gesellschaftsorgans) nach § 293 Abs. 2 AktG.[807] Insoweit gilt vielmehr das ausländische Gesellschaftsstatut.[808] Das Zustimmungserfordernis des § 293 Abs. 2 AktG bezweckt nur den Schutz deutscher herrschender Unternehmen, insbesondere wegen der Ausgleichspflicht nach den §§ 302, 303 AktG.[809] Soweit aber das Gesellschaftsstatut der ausländischen herrschenden Gesellschaft besondere Gültigkeitsvoraussetzungen kennt, zum Beispiel ein Zustimmungserfordernis entsprechend der Regelung des § 293 Abs. 2 AktG, werden diese vom deutschen Recht akzeptiert.[810]

Ist ein deutsches Unternehmen Obergesellschaft eines grenzüberschreitenden Unterord-   **372** nungskonzerns, sind für das konzernrechtliche Verhältnis grundsätzlich die konzernrechtlichen Regelungen des Gesellschaftsstatuts der ausländischen abhängigen Gesellschaft maßgeblich.[811] Ein Zustimmungsbeschluss der Hauptversammlung der Obergesellschaft gemäß § 293 Abs. 2 AktG kann dennoch erforderlich sein. Wegen seines Schutzzwecks findet § 293 Abs. 2 AktG Anwendung, falls das maßgebliche ausländische Recht eine den §§ 302, 303 AktG vergleichbare Verlustausgleichspflicht statuiert.[812] Kennt das maßgebliche ausländische Recht eine solche Verlustausgleichspflicht nicht, findet § 293 Abs. 2 AktG dagegen keine Anwendung.[813] Weitere Ausnahmen von der Anknüpfung an das Gesellschaftsstatut der ausländischen abhängigen Gesellschaft können erforderlich sein, damit Regelungen des deutschen Rechts zum Schutz der herrschenden Gesellschaft, deren Gesellschafter und Gläubiger und Regelungen des Konzernorganisationsrechts Anwendung finden.[814]

cc) Das für grenzüberschreitende Gewinnabführungs- und Beherrschungsver-   373 träge maßgebliche deutsche Sachrecht; Vertragsgestaltung und Umsetzung in der Praxis. Voraussetzungen und Rechtfolgen von grenzüberschreitenden Gewinnabführungs- und Beherrschungsverträgen, die deutschem Recht unterliegen, entsprechen grundsätzlich denen für Verträge zwischen deutschen Gesellschaften.

Nach einer verbreiteten Literaturmeinung muss ein Beherrschungs- und Gewinnab-   **374** führungsvertrag zwischen einer abhängigen deutschen Gesellschaft und einem ausländischen herrschenden Unternehmen ausdrücklich klarstellen, dass (insoweit) deutsches Sachrecht anzuwenden ist (sogenannte Loyalitätsklausel).[815] Diese ausdrückliche Rechtswahl soll Wirksamkeitsvoraussetzung sein.[816] Damit soll die Durchsetzbarkeit des deutschen Konzernrechts gesichert und den Parteien die Möglichkeit genommen werden, sich vor einem ausländischen Gericht auf die Anwendung eines anderen Statuts zu berufen. Dieser Auffassung ist nicht zuzustimmen.[817] Nachdem in einem solchen Fall deutsches

---

[807] Vgl. *Hüffer*, AktG, § 293 Rn. 18 m. w. N.

[808] *Bauschatz*, Der Konzern 2003, 805, 806 m. w. N.

[809] Vgl. zum Schutzzweck von § 293 Abs. 2 AktG auch BGH NJW 1992, 1452 f., Tz. 10; siehe zum Zustimmungserfordernis bei Änderungsverträgen BGH NJW 1992, 2760.

[810] Vgl. MünchKommAktG/*Altmeppen*, Einl. §§ 291 ff. Rn. 50 m. w. N.

[811] Vgl. *Emmerich* in Emmerich/Habersack, Aktien- und GmbH-Konzernrecht, § 291 Rn. 34.

[812] Str.; vgl. zum Streitstand *Emmerich* in Emmerich/Habersack, Aktien- und GmbH-Konzernrecht, § 293 Rn. 6a; zur möglicherweise die Obergesellschaft treffenden Beweislast für eine „ungefährliche" ausländische Rechtslage siehe *Hüffer*, AktG, § 293 Rn 18; Kölner Komm/*Koppensteiner* AktG, 3. Aufl. § 293 Rn 43.

[813] Vgl. *Hüffer*, AktG, § 293 Rn. 18.

[814] Vgl. dazu bereits oben Rn. 366. Die Holzmüller-Grundsätze sollen jedoch nicht anzuwenden sein, wenn die inländische Muttergesellschaft über die ausländische Tochter an einer deutschen Enkel- oder Urenkelgesellschaft beteiligt ist, vgl. *Bauschatz*, Der Konzern 2003, 805, 806.

[815] Vgl. Staudinger/*Großfeld* (1998) IntGesR Rn. 575, der diese Auffassung als „überwiegende Meinung" bezeichnet; *Selzner/Sustmann*, Der Konzern, 2003, 85, 95 f. m. w. N.

[816] Staudinger/*Großfeld* (1998) IntGesR Rn. 575; *Wiedemann*, Gesellschaftsrecht, Band 1 (1980), S. 805 f.

[817] Ebenso *Emmerich* in Emmerich/Habersack, Aktien- und GmbH-Konzernrecht, § 291 Rn. 35; *Hüffer*, AktG, § 291 Rn 13, Kölner Komm/*Koppensteiner* AktG, 3. Aufl. Vorb. § 291 Rn. 195, jeweils m. w. N.; *Bauschatz*, Der Konzern 2003, 805, 806;. *Wimmer-Leonhardt*, Konzernhaftungsrecht –

Recht unabhängig von einer etwaigen Rechtswahl im Vertrag zur Anwendung kommt, wäre es unverhältnismäßig, einem Vertrag, der diese klarstellende Klausel nicht enthält, die Wirksamkeit zu versagen. In der Rechtsprechung ist diese Frage noch nicht höchstrichterlich geklärt. Deshalb sollte bis zu einer solchen Klärung das Risiko der Unwirksamkeit durch Aufnahme einer solchen Loyalitätsklausel in den Vertrag vermieden werden.

375   In der Literatur wird von einigen Autoren außerdem verlangt, dass im Vertrag ausdrücklich ein deutscher Gerichtsstand vereinbart wird (gemäß § 38 ZPO bzw. Art. 17 EuGVVO),[818] wobei keine Einigkeit darüber herrscht, ob es sich dabei um ein weiteres Wirksamkeitserfordernis oder nur eine Gestaltungsempfehlung handelt.[819] Gelegentlich wird ergänzend verlangt, dieser Gerichtsstand müsse ausdrücklich auch zugunsten Dritter gelten, denen Ansprüche im Zusammenhang mit dem Vertrag zustehen könnten.[820] Begründet wird dies ebenfalls mit möglichen Durchsetzungsschwierigkeiten im Ausland. Auch dieser Auffassung ist nicht zuzustimmen. Im Regelfall wird ein gesetzlicher Gerichtsstand in Deutschland gegeben sein.[821] Überzeugende Gründe dafür, dass ausländische Gerichte inländisches Konzernrecht nicht anwenden würden, sind bisher nicht vorgetragen worden.[822] Will man das Risiko einer etwaigen Unwirksamkeit des Vertrags in der Praxis vermeiden, ist zu empfehlen, im Vertrag einen deutschen Gerichtsstand zu vereinbaren.

376   In der Literatur wird schließlich in diesem Zusammenhang auch vertreten, dass der Vorstand bzw. die Geschäftsführung der deutschen abhängigen Gesellschaft nachteilige Weisungen erst befolgen dürfe, wenn das herrschende Unternehmen entweder (zum Ausgleich der Nachteile ausreichendes) Vermögen im Inland habe oder sich verpflichtet habe, die Zwangsvollstreckung aus einem rechtskräftigen Urteil über Ansprüche der abhängigen Gesellschaft aus dem Unternehmensvertrag hinzunehmen.[823] Auch hier gilt: In der Praxis sollte sich der Vorstand bzw. die Geschäftsführung der abhängigen deutschen Gesellschaft entsprechend dieser Auffassung verhalten. Andernfalls könnte eine persönliche Haftung des Vorstands bzw. der Geschäftsführung bestehen.

377   Die Eintragung der Gewinnabführungs- und Beherrschungsverträge in das Handelsregister der abhängigen Gesellschaft ist nach Maßgabe von § 294 AktG erforderlich.[824]

378   Ein Beherrschungsvertrag muss den in den §§ 291 Abs. 1, Satz 1, 302, 305, 308 AktG bestimmten Inhalt haben. Nach herrschender Meinung kann auch ein Beherrschungsvertrag zwischen einem ausländischen herrschenden Unternehmen und einer inländischen Gesellschaft einen variablen Ausgleich gemäß § 304 Abs. 2 Satz 2 AktG vorsehen.[825] Das Angebot einer Barabfindung ist bei grenzüberschreitenden Beherrschungsverträgen Pflicht (§ 305 Abs. 2 Nr. 3 AktG).

379   Da das Weisungsrecht nicht rückwirkend begründet werden kann,[826] sollte der Vertragsbeginn ausdrücklich geregelt werden. Wird der Vertrag auf unbestimmte Zeit ge-

---

Die Haftung der Konzernmuttergesellschaft für die Tochtergesellschaften im deutschen und englischen Recht (2004), S. 698.

[818] Vgl. Staudinger/*Großfeld* (1998) IntGesR Rn. 575; *Selzner/Sustmann,* Der Konzern, 2003, 85, 95.

[819] Für Staudinger/*Großfeld* (1998) IntGesR Rn. 575, handelt es sich wohl um ein Wirksamkeitserfordernis; für *Selzner/Sustmann,* Der Konzern, 2003, 85, 95, ist die Gerichtsstandsvereinbarung dagegen „empfehlenswert".

[820] Vgl. *Selzner/Sustmann,* Der Konzern, 2003, 85, 95.

[821] Vgl. unten Rn. 426 ff. sowie *Selzner/Sustmann,* Der Konzern, 2003, 85, 94 f.

[822] Kölner Komm/*Koppensteiner* AktG, 3. Aufl. Vorb. § 291 Rn. 194.

[823] Vgl. Staudinger/*Großfeld* (1998) IntGesR Rn. 577; MünchKommBGB/*Kindler,* IntGesR Rn. 578, jeweils m. w. N.

[824] Vgl. für viele MünchKommBGB/*Kindler,* IntGesR Rn. 577; Staudinger/*Großfeld* (1998) IntGesR Rn. 576; zur Frage des Bestehens einer Eintragungspflicht auch für das herrschende Unternehmen vgl. *Hüffer,* AktG, § 294 Rn. 1 m. w. N.

[825] *Emmerich* in Emmerich/Habersack, Aktien- und GmbH-Konzernrecht, § 304 Rn. 45; *Selzner/Sustmann,* Der Konzern, 2003, 85, 96 f. m. w. N

[826] Vgl. BGHZ 122, 211, 223.

schlossen, kann er nach herrschender Meinung vorzeitig nur aus wichtigem Grund gemäß § 297 Abs. 1 AktG gekündigt werden.[827] Daher empfiehlt sich bei einer unbestimmten Vertragslaufzeit eine ausdrückliche Regelung, dass der Verlust der Mehrheitsbeteiligung ein wichtiger Grund im Sinne von § 297 Abs. 1 AktG darstellt.[828]

Ein Gewinnabführungsvertrag muss den in §§ 291 Abs. 1 Satz 2, 302, 304, 305 AktG **380** bestimmten Inhalt haben. Die Verpflichtung zur Abführung des ganzen Gewinnes wird in der Praxis gerade für die GmbH oft isoliert abgegeben. Sie ist auch mit Wirkung für das noch laufende Geschäftsjahr zulässig.[829]

Zur Erforderlichkeit eines Zustimmungsbeschlusses der Hauptversammlung gemäß **381** § 293 Abs. 2 AktG siehe oben Rn. 371 f.

dd) Steuerliche Überlegungen (Witt). Aus steuerlicher Sicht stellt sich vor allem die **382** Frage, ob eine grenzüberschreitende Organschaft erreicht werden kann.[830] Die Wirkung einer solchen Organschaft bestünde darin, dass es zu einer Verrechnung von Gewinnen und Verlusten kommt. Nach den deutschen Organschaftsregeln würde das selbständig ermittelte Einkommen der Tochtergesellschaft (Organgesellschaft) mit dem Ergebnis der Muttergesellschaft (Organträger) zusammengerechnet und bei dem Organträger der Ertragsbesteuerung unterworfen.[831]

Die ertragsteuerliche Organschaft ist aber nach §§ 14 ff. KStG und § 2 Abs. 2 GewStG **383** ausschließlich für Inlandssachverhalte konzipiert. Während die Organgesellschaft nach § 14 Abs. 1 Satz 1 KStG sowohl den Sitz als auch die Geschäftsleitung im Inland haben muss, genügt es für den Organträger gemäß § 14 Abs. 1 Satz 1 Nr. 2 KStG, dass dessen Geschäftsleitung im Inland liegt. Damit können auch doppelt ansässige Gesellschaften mit Sitz im Ausland und Geschäftsleitung im Inland als Organträger fungieren. Der deutsche Fiskus braucht in diesen Fällen letztlich keinen Verlust von Steuersubstrat zu befürchten, da sich das Besteuerungsrecht nach dem OECD-Musterabkommen grundsätzlich nach dem Ort der tatsächlichen Geschäftsleitung richtet. Dies ist auch der Grund, wieso es umgekehrt nicht genügen soll, dass der Organträger zwar seinen Sitz, nicht aber die Geschäftsleitung im Inland hat.

Dieses Ergebnis wird als unbefriedigend angesehen, weil nach § 18 KStG sogar be- **384** schränkt steuerpflichtige ausländische Unternehmensträger über eine im Handelsregister eingetragene inländische Zweigniederlassung Organträger sein können.[832] Darüber hinaus führt die Voraussetzung des doppelten Inlandsbezugs der Organgesellschaft innerhalb der EU zu einer kaum zu rechtfertigen Diskriminierung von ausländischen Tochtergesellschaften.[833] Erleidet eine inländische Tochtergesellschaft Verluste, können diese im Rah-

---

[827] Vgl. MünchKommAktG/*Altmeppen*, § 297 Rn. 68 m. w. N. zum Streitstand.

[828] *Selzner/Sustmann*, Der Konzern, 2003, 85, 97.

[829] Vgl. *Ulrich*, GmbHR 2004, 1000, 1001 insbesondere auch für die Vertragsgestaltung bzgl. der Beendigung von Gewinnabführungsverträgen; *Cahn/Simon*, Der Konzern, 2003, 1, 3, 6.

[830] Allgemeine Literaturhinweise zur grenzüberschreitenden Organschaft bei *Witt/Dötsch* in Dötsch/Eversberg/Jost/Pung/Witt, 52. EL 10/2004, § 18 KStG n.F. vor Rn. 1.

[831] Die Ausführungen beschränken sich hier auf die körperschaftsteuerliche und die gewerbesteuerliche Organschaft; zur umsatzsteuerlichen Organschaft vgl. *Schmidt/Müller/Stöcker*, Die Organschaft, Rn. 1091 ff., insbesondere Rn. 1554 ff.; zur grunderwerbsteuerlichen Organschaft vgl. *Hofmann*, Grunderwerbsteuergesetz, § 1 Rn. 165 ff.

[832] *Witt* in Dötsch/Eversberg/Jost/Pung/Witt, 49. EL 10/2003, § 14 KStG n. F., Rn. 32; *Frotscher* in Frotscher/Maas, 72. EL 8/2003, § 14 KStG, Rn. 26; *Meilicke*, DB 2002, 911 hält die Regelung für EU-rechtswidrig; ablehnend zur erweiternden Auslegung dieser Vorschrift BFH vom 29. 1. 2003, BFH/NV 2003, 969; zu diesem Urteil BMF-Schreiben vom 8. 12. 2004, GmbHR 2005, 67.

[833] *Frotscher* in Frotscher/Maas, 72. EL 8/2003, § 14 KStG, Rn. 15; *Meilicke*, GmbHR 2005, 68 m. w. N.; dem EuGH liegt seit dem 22. 10. 2003 eine Vorlagefrage zur Vorabentscheidung nach Art. 234 EG-Vertrag vor, die den vergleichbaren „group relief" in Großbritannien betrifft (Rs. C-446/03 – Marks and Spencer) und die erhebliche Auswirkungen auf die Zulässigkeit grenzüberschreitender Organschaften in Deutschland haben könnte; die Schlussanträge des Generalanwalts Ma-

men einer steuerlichen Organschaft mit Gewinnen des Organträgers verrechnet werden. Entstehen die Verluste bei einer ausländischen Tochtergesellschaft, die durch eine inländische Betriebsstätte bzw. eine im Handelsregister eingetragene inländische Zweigniederlassung tätig wird, ist dagegen keine Verrechnung möglich. Denn für Organgesellschaften fehlt eine dem § 18 KStG entsprechende Regelung.

385   Neben den Anforderungen an den Sitz und den Ort der Geschäftsleitung des Organträgers bzw. der Organgesellschaft setzt die ertragsteuerliche Organschaft den Abschluss eines Gewinnabführungsvertrages sowie die finanzielle Eingliederung der Organgesellschaft in den Organträger voraus. Letzteres bedeutet, dass der Organträger über die Mehrheit der Stimmrechte verfügen muss. Eine wirtschaftliche oder organisatorische Eingliederung ist dagegen nicht mehr erforderlich. Der Organträger muss keine besondere Rechtsform haben und kann demnach natürliche Person, mitunternehmerische Personengesellschaft oder Körperschaft sein. Allerdings muss er ein gewerbliches Unternehmen betreiben. Als Organgesellschaft kommen dagegen nur Kapitalgesellschaften in Betracht.

386   Für Organschaften mit Auslandsbezug ist schließlich auf die Regelung in § 14 Abs. 1 Nr. 5 KStG hinzuweisen. Durch diese Vorschrift soll eine doppelte Nutzung von Verlusten des Organträgers im In- und Ausland vermieden werden. Allerdings ist der Wortlaut der Vorschrift unklar, so dass es erhebliche Diskussionen über die zutreffende Auslegung gibt.[834]

387   Im Ergebnis bleibt festzustellen, dass es zwar gesellschaftsrechtlich die Möglichkeit von grenzüberschreitenden Beherrschungs- und Gewinnabführungsverträgen gibt, diese aber nicht zu einer grenzüberschreitenden steuerlichen Organschaft führen. In der Praxis geht es damit auch in einem grenzüberschreitenden Konzern in erster Linie darum, die Voraussetzungen für eine Verrechnung von Gewinnen und Verlusten der deutschen Aktivitäten sicherzustellen.

c) Andere Unternehmensverträge

388   Bei Gewinnabführungs- und Beherrschungsverträgen wird die Regelanknüpfung an das Gesellschaftsstatut der abhängigen Gesellschaft kaum in Frage gestellt. Bei anderen Unternehmensverträgen (§ 292 AktG) ist dagegen erheblich unklarer, ob das Gesellschaftsstatut der abhängigen Gesellschaft zur Anwendung kommt. Nach Auffassung einiger Autoren soll im Grundsatz das von den Parteien frei gewählte Vertragsstatut maßgeblich sein.[835] Zur Begründung wird darauf verwiesen, dass der Gesetzgeber andere Unternehmensverträge i. S. v. § 292 AktG als normale schuldrechtliche Austauschverträge angesehen hat. Nach herrschender Auffassung kommt dagegen richtigerweise das Recht der abhängigen Gesellschaft zur Anwendung, sofern zwischen den Parteien des Unternehmensvertrags ein Abhängigkeitsverhältnis besteht.[836] Ein solches wird in aller Regel gegeben sein. Fehlt ausnahmsweise ein Abhängigkeitsverhältnis, soll dennoch deutsches Konzernrecht maßgeblich sein, soweit es den Schutz der Interessen der deutschen Vertragspartei bezweckt. Dieser Auffassung ist zuzustimmen, wobei dahinstehen kann, ob es dazu einer Sonderanknüpfung bedarf.[837]

d) Faktischer Konzern

389   Numerisch ist der faktische (Unterordnungs-)Konzern der in der Praxis am häufigsten anzutreffende grenzüberschreitende Konzern. Dies folgt insbesondere aus dem Umstand, dass eine GmbH und ein an ihr mit Mehrheit beteiligtes Unternehmen aufgrund der Weisungsrechte der GmbH-Gesellschafterversammlung in der Regel einen faktischen Konzern bil-

---

duro vom 7. 4. 2005 sind unter „www.curia.eu.int" abrufbar; vgl. hierzu auch *Dörr*, IStR 2004, 265 und *Scheunemann*, IStR 2005, 303, jeweils m. w. N.

[834] Vgl. *Lüdicke* in Herzig, Organschaft, 2003, S. 436 ff. m. w. N.

[835] So insbesondere *Neumayer*, ZVglRWiss 83 (1984), 129, 160 f.; weitere Nachweise bei Münch KommAktG/*Altmeppen*, Einl. §§ 291 ff. Rn. 51.

[836] Vgl. MünchKommAktG/*Altmeppen*, Einl. §§ 291 ff. Rn. 52 m. w. N.

[837] So z. B. Kölner Komm/*Koppensteiner* AktG, 3. Aufl., Vorb. § 291 Rn. 190 m. w. N.

den[838] und ausländische Gesellschaftsgruppen für ihre Tochtergesellschaften und Beteiligungen in Deutschland meist die Rechtsform der GmbH wählen. Das Recht faktischer Konzerne hat daher für abhängige Gesellschaften mit beschränkter Haftung besondere Bedeutung.

Auf grenzüberschreitende faktische Konzerne finden die allgemeinen für Unterord-   **390** nungskonzerne maßgeblichen kollisionsrechtlichen Regeln Anwendung:[839] Im Grundsatz gelten demnach die konzernrechtlichen Bestimmungen des Gesellschaftsstatuts der abhängigen Gesellschaft.[840] Diese Kollisionsregel ist allseitig[841] und gilt somit im Fall von abhängigen deutschen Unternehmen sowie im Fall von abhängigen ausländischen Unternehmen. Im Fall einer abhängigen deutschen AG sind folglich die §§ 311–318 AktG anwendbar und im Fall einer abhängigen deutschen GmbH gelten die von der Rechtsprechung und Literatur entwickelten Regeln.[842]

Von besonderer Bedeutung, insbesondere im (faktischen) GmbH-Konzern, sind die von   **391** der Rechtsprechung entwickelten Fallgruppen einer Durchgriffshaftung der Gesellschafter. Praktische Relevanz hat dabei vor allem die Haftung wegen existenzvernichtendem Eingriff.[843]

e) Ausländische Gesellschaften mit Verwaltungssitz in Deutschland als Konzerngesellschaft

Nach der neueren Rechtsprechung des EuGH zur Niederlassungsfreiheit von Gesell-   **392** schaften aus EU Mitgliedstaaten können zumindest die in einem Mitgliedstaat gegründeten Kapitalgesellschaften ihren tatsächlichen Verwaltungssitz unter Wahrung ihrer Identität als Gesellschaft ausländischen Rechts nach Deutschland verlegen. Gleiches gilt für (Kapital-)Gesellschaften aus dem EWR und grundsätzlich auch für US-amerikanische Gesellschaften.[844] Als Folge der Sitzverlegung haben diese Gesellschaften einen Satzungssitz im Ausland und einen tatsächlichen Verwaltungssitz im Inland. Sofern diese Gesellschaften Teil eines grenzüberschreitenden Konzerns sind, stellt sich die Frage, welches nationale Konzernrecht Anwendung findet. Es dürfte unstreitig sein, dass es im Grundsatz bei den oben genannten kollisionsrechtlichen Regeln[845] bleibt. Problematisch und umstritten ist jedoch, welches Recht zur Anwendung kommt, wenn diese Regeln an die ausländische Gesellschaft mit Sitz in Deutschland anknüpfen. Zum einen könnte auch in diesem Fall das ausländische Gesellschaftsstatut anwendbar sein. Zum anderen könnte das am tatsächlichen Sitz der Gesellschaft maßgebliche Konzernrecht Anwendung finden. Diese Frage ist vor allem dann von Bedeutung, wenn die ausländische Gesellschaft mit Verwaltungssitz in Deutschland im Konzern die abhängige Gesellschaft ist. Gerichte haben, soweit ersichtlich, zu dieser Frage noch nicht Stellung genommen.

Nach vereinzelt vertretener Auffassung soll bei einer abhängigen Gesellschaft, bei der es   **393** sich um eine ausländische Gesellschaft mit tatsächlichem Verwaltungssitz in Deutschland handelt, deutsches Konzernrecht zur Anwendung kommen.[846] Kollisionsrechtlich wäre dies eine Sonderanknüpfung an den Ort des tatsächlichen Verwaltungssitzes.[847]

---

[838] Vgl. für viele *Lutter/Hommelhoff* in Lutter/Hommelhoff, GmbHG, Anh. § 13 Rn. 9.

[839] Siehe dazu oben Rn. 363 f.

[840] Das ist im Ergebnis bei zum Teil unterschiedlicher Begründung nahezu unstreitig; vgl. Münch KommAktG/*Altmeppen*, Einl. §§ 291 ff. Rn. 54; Staudinger/*Großfeld* (1998) IntGesR Rn. 580; MünchKommBGB/*Kindler*, IntGesR Rn. 580; *Lutter/Hommelhoff* in Lutter/Hommelhoff, GmbHG, Anh. § 13 Rn. 79; *Habersack* in Emmerich/Habersack, Aktien- und GmbH-Konzernrecht, § 311 Rn. 21; jeweils m. w. N.

[841] Staudinger/*Großfeld* (1998) IntGesR Rn. 580.

[842] Vgl. *Lutter/Hommelhoff* in Lutter/Hommelhoff, GmbHG, Anh. § 13 Rn. 79, 9 ff.

[843] Vgl. dazu Rn. 339 ff.; zu den weiteren Tatbeständen einer Durchgriffshaftung vgl. Rn. 336 ff.

[844] Vgl. oben Rn. 153 ff., 174, 195, 227 ff., 246 f.

[845] Rn. 365 ff.

[846] Vgl. *Altmeppen*, NJW 2004, 97, 103.

[847] Vgl. *Hirte* in Hirte/Bücker, Grenzüberschreitende Gesellschaften, § 1 Rn. 82.

394   Nach der wohl überwiegenden Auffassung bleibt es dagegen bei der Anwendbarkeit des Gesellschaftsstatuts der abhängigen Gesellschaft.[848] Dies gilt im Vertragskonzern ebenso wie im faktischen Konzern.[849] Der Schutz abhängiger Gesellschaften, ihrer Minderheitsgesellschafter und Gläubiger ist Teil der Regelungskompetenz des maßgeblichen Gesellschaftsstatuts. Eine Sonderanknüpfung an das am Ort des tatsächlichen Verwaltungssitzes maßgebliche Konzernrecht bedürfte nach der Rechtsprechung des EuGH einer Rechtfertigung.[850] Eine solche wird jedoch im Regelfall nicht gegeben sein.[851] Den Minderheitsgesellschaftern und den Gläubigern war die Rechtsform der Gesellschaft im Zeitpunkt des Erwerbs ihrer Gesellschaftsanteile bzw. bei Erwerb ihrer Gläubigerstellung bekannt. Ein schutzwürdiges Vertrauen auf die Anwendbarkeit eines vom Gesellschaftsstatut der Gesellschaft abweichenden Konzernrechts ist daher nicht anzunehmen. Raum für eine Sonderanknüpfung und damit die Anwendung des am Verwaltungssitz der Gesellschaft maßgeblichen Konzernrechts bleibt wohl nur in Ausnahmefällen. Ein solcher wäre gegeben, wenn die Verlegung des tatsächlichen Verwaltungssitzes der ausländischen Gesellschaft ins Inland dazu führen würde, dass die Vorschriften des ausländischen Gesellschaftsstatuts zum Schutz abhängiger Gesellschaften nicht mehr zur Anwendung kommen.

f) Deutsche Gesellschaften mit Verwaltungssitz im Ausland als Konzerngesellschaft

395   Nach derzeitigem Stand der Rechtsprechung ist es deutschen Gesellschaften verwehrt, ihren tatsächlichen Verwaltungssitz identitätswahrend ins Ausland zu verlegen.[852] Sollte sich dies zum Beispiel aufgrund einer künftigen Entscheidung des EuGH ändern, fänden wiederum die allgemeinen kollisionsrechtlichen Regeln Anwendung. Auch in diesem Fall wäre eine Sonderanknüpfung an das Recht des tatsächlichen Verwaltungssitzes in aller Regel abzulehnen. Eine deutsche Gesellschaft mit tatsächlichem Verwaltungssitz im Ausland würde deutschem Konzernrecht unterliegen.[853] Eine deutsche Gesellschaft mit tatsächlichem Verwaltungssitz im Inland könnte sich dem deutschen Konzernrecht nicht dadurch entziehen, dass sie ihren Verwaltungssitz ins Ausland verlegt.[854]

3. Grenzüberschreitender Gleichordnungskonzern – Dual Headed Structure

a) Praktische Bedeutung; Vor- und Nachteile

396   Ein grenzüberschreitender Gleichordnungskonzern liegt vor, wenn sich zwei rechtlich selbständige Unternehmen unterschiedlicher Rechtsordnung unter einheitlicher Leitung zusammenschließen, ohne dass ein Unternehmen vom anderen abhängig ist.[855] Die praktische Bedeutung grenzüberschreitender Gleichordnungskonzerne ist sehr gering.[856] Dies gilt vor allem für grenzüberschreitende Gleichordnungskonzerne mit deutscher Beteiligung. In einigen europäischen Ländern scheint die praktische Bedeutung etwas größer zu

---

[848] Vgl. *Hirte* in Hirte/Bücker, Grenzüberschreitende Gesellschaften, § 1 Rn. 82 ff.; *Eidenmüller/Eidenmüller*, Ausländische Kapitalgesellschaften im deutschen Recht, § 4 Rn. 33, 35; *Eidenmüller/Rehm*, ZGR 2004, 159, 182; *Bauschatz*, Der Konzern 2003, 805, 809; ebenso wohl *Maul/Schmidt*, BB 2003, 2297, 2300.

[849] Vgl. *Hirte* in Hirte/Bücker, Grenzüberschreitende Gesellschaften, § 1 Rn. 82 ff.

[850] Vgl. oben Rn. 196 f.

[851] Vgl. *Hirte* in Hirte/Bücker, Grenzüberschreitende Gesellschaften, § 1 Rn. 82 f.; *Eidenmüller/Eidenmüller*, Ausländische Kapitalgesellschaften im deutschen Recht, § 4 Rn. 35.

[852] Vgl. Rn. 212 ff., 446 ff., 468 ff.

[853] Vgl. *Habersack* in Emmerich/Habersack, Aktien- und GmbH-Konzernrecht, § 311 Rn. 21.

[854] *Bauschatz*, Der Konzern 2003, 805, 809.

[855] Vgl. § 18 Abs. 2 AktG.

[856] Vgl. *Lutter/Drygala*, ZGR 1995, 557: „seltenes Phänomen der Rechtspraxis"; MünchHdb. GesR IV/*Krieger* § 68 Rn. 77; Kölner Komm/*Koppensteiner* AktG, 3. Aufl., § 18 Rn. 14.

sein. Jedenfalls gibt es eine Reihe prominenter Beispiele von europäischen Unternehmenszusammenschlüssen, die in englischer Sprache als *„dual headed structures"*[857] bezeichnet werden und die nach deutschem Verständnis grenzüberschreitende Gleichordnungskonzerne sein können.[858]

Ein grenzüberschreitender Gleichordnungskonzern oder eine dual headed structure **397** kann Vorteile für grenzüberschreitende Unternehmenszusammenschlüsse bieten: Sie ermöglichen einen wirtschaftlichen Unternehmenszusammenschluss im Sinne eines „merger of equals" unter Beibehaltung der rechtlichen Identität und gegebenenfalls der Börsennotierung der beiden Partner.[859] Durch die Doppelspitze können der öffentliche Eindruck einer Übernahme durch eines der beiden Unternehmen sowie möglicherweise auch steuerliche Nachteile vermieden werden. Außerdem lassen sich dadurch die möglicherweise einem vollen Zusammenschluss entgegenstehenden Change-of-Control-Klauseln umgehen.[860] Schließlich wird bei einem Gleichordnungskonzern unter Beteiligung von zwei börsennotierten Gesellschaften durch den Erhalt beider Börsennotierungen ein sogenannter *flowback* (d.h. Kursverluste, die beim Ausscheiden einer börsennotierten Gesellschaft aus einem Index infolge eines Zusammenschlusses entstehen würden)[861] vermieden. Dem stehen jedoch zum Teil weitreichende Nachteile gegenüber. Die einheitliche Unternehmensführung wird häufig schwerfälliger sein und der Handel mit den betreffenden Aktien ist regelmäßig weniger attraktiv.[862] Außerdem stellen sich im grenzüberschreitenden Gleichordnungskonzern jedenfalls aus deutscher Sicht eine Reihe schwieriger kollisions- und sachrechtlicher Probleme.

Bei einem grenzüberschreitenden Unternehmenszusammenschluss ist aus unternehme- **398** rischer Sicht in nahezu allen Fällen eine einheitliche Leitung des Konzerns und eine gemeinsame Gewinnermittlung und Gewinnverteilung gewünscht. Sofern dies der Fall ist, ist es regelmäßig sinnvoll, die Gesellschaftsanteile an beiden Unternehmen in einer gemeinsamen Holding zusammenzuführen. Der Gleichordnungskonzern bildet insoweit regelmäßig die „zweitbeste" Kompromisslösung.

b) Konstruktion; kollisionsrechtliche Behandlung und Überblick über sachrechtliche Schwierigkeiten nach deutschem Recht

Ebenso wie grenzüberschreitende Unterordnungskonzerne können auch grenzüber- **399** schreitende Gleichordnungskonzerne durch Vertrag oder faktisch begründet werden.

Ein vertraglicher Gleichordnungskonzern liegt vor, wenn die einheitliche Leitung der **400** Unternehmen in einem zwischen den Unternehmen abgeschlossenen Gleichordnungsvertrag begründet und geregelt wird.[863] Die einheitliche unternehmerische Willensbildung

---

[857] Vgl. *Bücker* in Hirte/Bücker, Grenzüberschreitende Gesellschaften, § 3 Rn. 35 ff.

[858] Insbesondere die niederländisch-englische Royal Dutch/Shell, die französisch-belgische Dexia-Gruppe und die englisch-schweizerische BAT Zurich (die jedoch inzwischen beide in Einheitsgesellschaften umgewandelt wurden) sowie die niederländisch-englische Unilever; und die englisch-niederländische Reed/Elsevier; vgl. auch *Harbarth,* AG 2004, 573, 580.

[859] *Bücker* in Hirte/Bücker, Grenzüberschreitende Gesellschaften, § 3 Rn. 36.

[860] Vgl. *Harbarth,* AG 2004, 573, 574, 578; *Stengel* in Semler/Volhard, Arbeitshandbuch für Unternehmensübernahmen, Band 1, 2001, § 17 Rn 353.

[861] Vgl. *Schwingeler* in Horn (Hrsg.), Cross-border mergers, S. 59, 60; Beispiel für die Nichtaufnahme einer Aktie in einen nationalen Index nach einem Zusammenschluss ist DaimlerChrysler. DaimlerChrysler fand keine Aufnahme in den S & P 500-Index, dem Chrysler vor dem Zusammenschluss angehört hatte.

[862] Vgl. *Stengel* in Semler/Volhard, Arbeitshandbuch für Unternehmensübernahmen, Band 1, 2001, § 17 Rn 355.

[863] Praxisbeispiele für die Bildung eines grenzüberschreitenden Gleichordnungskonzerns durch Abschluss eines Gleichordnungsvertrages sind die Verbindung Unilever N. V. Rotterdam mit der Unilever Plc, London, vgl. dazu *Großfeld,* Internationales und Europäisches Unternehmensrecht, E § 3 II, und der „Internationale Gleichordnungskonzernvertrag" der bofrost*-Gruppe in Europa von 1997, vgl. dazu BAG DB 2004, 1997.

und -umsetzung kann insbesondere durch Errichtung gemeinsamer Leitungsgremien und personelle und kapitalmäßige Verflechtungen erreicht werden. Häufig wird durch den Vertrag auch eine Gewinngemeinschaft nach § 292 Abs. 1 Nr. 1 AktG begründet. Durch Abschluss eines Gleichordnungsvertrags wird nach deutscher Rechtsauffassung in der Regel eine Gesellschaft bürgerlichen Rechts zwischen den beteiligten Unternehmen gegründet.[864] Der Vertrag regelt üblicherweise insbesondere die übereinstimmende Gewinnermittlung und Verteilung sowie die personenidentische Besetzung der Verwaltungsorgane.

401   Grenzüberschreitende Gleichordnungskonzerne können auch (vertraglich oder faktisch) durch paritätische Über-Kreuz-Verflechtungen gebildet werden.[865] Dabei werden typischerweise in den Sitzstaaten der Muttergesellschaften der beiden Unternehmensgruppen neue Betriebsgesellschaften gegründet, an denen über Kreuz beide Muttergesellschaften je zu 50 % beteiligt sind. Diesen gemeinsamen Tochtergesellschaften wird dann das operative Geschäft beider Unternehmensgruppen übertragen oder verpachtet, wodurch die Muttergesellschaften zu reinen Holdinggesellschaften werden. Außerdem werden die Leitungsgremien der beiden Tochtergesellschaften in der Regel identisch und paritätisch besetzt. Eine weitere Gestaltungsvariante ist die sogenannte Zentralgesellschaftsstruktur. Dabei gründen die sich zusammenschließenden Unternehmen eine gemeinsame Tochtergesellschaft, in die sie ihre sämtlichen Aktivitäten einbringen, wodurch sie selbst zu reinen Holdinggesellschaften werden. Die Verwaltung der Zentralgesellschaft wird paritätisch besetzt und stellt die operative Leitung des Verbunds dar.[866]

402   Gleichordnungskonzerne werfen kollisionsrechtliche und sachrechtliche Fragen auf, die vielfach noch nicht abschließend geklärt sind.[867]

403   Kollisionsrechtlich gibt es im Gleichordnungskonzern keinen Ansatzpunkt dafür, generell oder auch nur grundsätzlich an das Recht einer der beteiligten Gesellschaften anzuknüpfen. Die Konzernmuttergesellschaften, ihre Gläubiger und (Minderheits-)Gesellschafter sind gleichermaßen betroffen und schutzwürdig. Daher gelten grundsätzlich die Gesellschaftsstatute der Konzernmuttergesellschaften kumulativ und gleichberechtigt; Kollisionen sind im Wege der Anpassung zu klären.[868] Das im Einzelfall anzuwendende Recht ist anhand des Schutzzwecks der jeweiligen Bestimmung des materiellen Konzernrechts zu ermitteln.[869] Damit sind insbesondere die jeweiligen zwingenden Regelungen zu Unternehmenszusammenschlüssen sowie im Fall der vertraglichen Bildung eines Gleichordnungskonzerns zwingende Zustimmungs- und Formerfordernisse einzuhalten.

404   Soweit der Bildung eines Gleichordnungskonzerns ein Vertrag zugrunde liegt und die Parteien damit eine reine Innengesellschaft bilden, können sie das für diese Gesellschaft

---

[864] Vgl. für viele MünchKommAktG/*Altmeppen,* § 291 Rn. 212.

[865] Eines der seltenen Praxisbeispiele ist die ehemalige Verbindung zwischen der Agfa AG und der Gaevert Fotoproducten N. V.

[866] Beispiele hierfür sind die Fälle der Hoesch AG/Hoogovens N. V. und VfW GmbH/Fokker N. V.; vgl. auch MünchKommBGB/*Kindler,* IntGesR Rn. 585 f.

[867] Vgl. *Raiser,* Recht der Kapitalgesellschaften, § 56 Rn. 8, der die gesellschaftsrechtliche Behandlung des Gleichordnungskonzerns als „weitgehend ungeklärt und umstritten, in zahlreichen Punkten sogar noch kaum erörtert" beschreibt.

[868] Staudinger/*Großfeld* (1998) IntGesR Rn. 560; MünchKommAktG/*Altmeppen,* Einl. §§ 291 ff. Rn. 43; *Keck,* Nationale und internationale Gleichordnungskonzerne im deutschen Konzern- und Kollisionsrecht (1998), S. 235; *Kloster,* Grenzüberschreitende Unternehmenszusammenschlüsse (2004), S. 451; einschränkend für den Vertragskonzern mit Leitungsgesellschaft: *Wimmer-Leonhardt,* Konzernhaftungsrecht – Die Haftung der Konzernmuttergesellschaft für die Tochtergesellschaften im deutschen und englischen Recht (2004), S. 701: Rechtsordnung der Leitungsgesellschaft kann angewendet werden.

[869] *Keck,* Nationale und internationale Gleichordnungskonzerne im deutschen Konzern- und Kollisionsrecht (1998), S. 235.

anzuwendende Recht selbst bestimmen (Art. 27 EGBGB).[870] Diese freie Rechtswahl wird jedoch durch die Statuten der gleichgeordneten Gesellschaften begrenzt.[871] Besteht eine gemeinsame Leitungsgesellschaft in Form einer Außengesellschaft, ist für die Rechtsbeziehungen dieser Gesellschaft deren Gesellschaftsstatut anzuwenden.[872]

Nach deutschem Recht bestehen beim Abschluss eines Gleichordnungsvertrags unter **405** Beteiligung einer deutschen Gesellschaft erhebliche sachrechtliche Schwierigkeiten. Dies gilt vor allem bei Beteiligung einer Aktiengesellschaft.[873] Die gemeinsame Willensbildung und deren Umsetzung ließe sich erreichen, wenn man die entsprechenden Leitungsgremien personengleich besetzt und in doppelter Funktion tätig werden lässt. Bei der AG und der nach den Bestimmungen des MitbestG oder des Montan-MitbestG mitbestimmten GmbH ist jedoch der Aufsichtsrat ausschließlich und zwingend zuständig für die Bestellung von Vorstandsmitgliedern bzw. Geschäftsführern (§§ 84 Abs. 1 Satz 1, 107 Abs. 3 Satz 2 AktG; § 31 MitbestG, § 12 Montan-MitbestG, § 13 MitbestErgG). Deshalb werden vertragliche Regelungen als nach § 134 BGB nichtig angesehen, welche die AG oder eine entsprechende GmbH in der Entscheidung über die Besetzung ihres Leitungsorgans binden sollen.[874] Des Weiteren ist die gleichmäßige Gewinnverteilung an die Aktionäre problematisch. Diese kann häufig nur über die zusätzliche Errichtung einer Gewinngemeinschaft oder über Genussrechte erreicht werden.[875] Außerdem muß die Dividendenpolitik der beiden Obergesellschaften möglichst rechtsverbindlich koordiniert werden. In formeller Hinsicht ist streitig, ob der Gleichordnungsvertrag einem Zustimmungserfordernis unterliegt (§ 293 Abs. 1 AktG analog).[876] Das Erfordernis der Zustimmung der Hauptversammlung der AG kann sich jedenfalls aus den Grundsätzen des „Holzmüller"-Urteils[877] ergeben.[878]

Die Regeln über wechselseitige Beteiligungen, §§ 19, 328 AktG, finden bei grenz- **406** überschreitenden Beteiligungen keine Anwendung, da sie sich nur auf inländische Sachverhalte beziehen.[879]

Nicht abschließend geklärt ist die Haftung im Gleichordnungskonzern.[880] Bei Fällen mit **407** gemeinschaftlicher Beteiligung der Konzernmuttergesellschaften an den Untergesellschaften sind Maßnahmen, die eine Muttergesellschaft einseitig benachteiligen, nicht denkbar. Da die Muttergesellschaften außer der Beteiligung an den Untergesellschaften über kein

---

[870] Staudinger/*Großfeld* (1998) IntGesR Rn. 560; MünchKommAktG/*Altmeppen,* Einl. §§ 291 ff. Rn. 43; MünchKommBGB/*Kindler,* IntGesR Rn. 589.

[871] Staudinger/*Großfeld* (1998) IntGesR Rn. 560; MünchKommAktG/*Altmeppen,* Einl. §§ 291 ff. Rn. 43; MünchKommBGB/*Kindler,* IntGesR Rn. 589.

[872] Staudinger/*Großfeld* (1998) IntGesR Rn. 560; MünchKommAktG/*Altmeppen,* Einl. §§ 291 ff. Rn. 43; MünchKommBGB/*Kindler,* IntGesR Rn. 588.

[873] Vgl. (zu dual headed structures) *Bücker* in Hirte/Bücker, Grenzüberschreitende Gesellschaften, § 3 Rn. 38 und *Harbarth,* AG 2004, 573 ff.

[874] Vgl. MünchKommAktG/*Altmeppen,* § 291 Rn. 224; *Hüffer,* AktG, § 84 Rn. 5, jeweils m. w. N.; *Harbarth,* AG 2004, 573, 575.

[875] Vgl. *Harbarth,* AG 2004, 573, 581.

[876] Nach der wohl überwiegenden Meinung ist bei der AG eine Zustimmung der Hauptversammlung nicht erforderlich, vgl. *Hüffer,* AktG, § 291 Rn. 34 f.; Kölner Komm/*Koppensteiner* AktG, 3. Aufl., § 291 Rn. 104 f.; MünchKommAktG/*Altmeppen,* § 291 Rn. 213 f.; a. A. *Emmerich* in Emmerich/Habersack, Aktien- und GmbH-Konzernrecht, § 291 Rn. 74, § 18 Rn. 34 f.; *Grüner,* NZG 2003, 601, 602; *Raiser,* Recht der Kapitalgesellschaften, § 56 Rn. 10.

[877] BGHZ 83, 122 (= NJW 1982, 1703); vgl. auch die das Holzmüller-Urteil konkretisierenden Gelatine-Urteile BGH NZG 2004, 571 und 575 (= BGH ZIP 2004, 993 und 1001).

[878] MünchKommAktG/*Altmeppen,* § 291 Rn. 215 m. w. N.; a. A. Kölner Komm/*Koppensteiner* AktG, 3. Aufl., § 291 Rn. 105.

[879] MünchKommAktG/*Altmeppen,* Einl. §§ 291 ff. Rn. 43 m. w. N.

[880] Vgl. MünchKommAktG/*Altmeppen,* § 291 Rn. 217; *Emmerich* in Emmerich/Habersack, Aktien- und GmbH-Konzernrecht, § 18 Rn. 36 ff.; *Raiser,* FS Ulmer, S. 493 ff.; MünchKommAktG/*Bayer,* § 18 Rn. 58 f.; *Hüffer,* AktG, § 291 Rn 35.

Vermögen verfügen, scheidet eine Interessendivergenz aus.[881] In diesen Strukturen stellt sich aber die Frage der horizontalen Haftung auf Ebene der Betriebsgesellschaften. Hierzu hat der BGH jüngst eine Haftung der Schwestergesellschaft wegen existenzvernichtenden Eingriffs als fraglich bezeichnet.[882] Im Fall des rein vertraglichen Gleichordnungskonzerns sind Maßnahmen, die eine Muttergesellschaft einseitig benachteiligen, dagegen möglich. Nach überwiegender Meinung bleibt der Vorstand einer deutschen Aktiengesellschaft aber auch im Gleichordnungskonzern gemäß § 76 AktG allein dem Interesse seiner Gesellschaft verpflichtet, weshalb er nachteilige Maßnahmen, die von der einheitlichen Leitung beschlossen wurden, nicht umsetzen darf.[883] Ein entsprechendes „Schädigungsverbot„ ergibt sich wohl auch für die Parteien des Gleichordnungsvertrags aus ihrer vertraglichen Treuepflicht.[884] Ein Verstoß gegen das Schädigungsverbot zum Nachteil einer Konzernmuttergesellschaft führt nach überwiegender Auffassung zu einer Haftung der anderen Konzernmuttergesellschaft.[885] Nach anderer Ansicht soll der Gleichordnungsvertrag als Unternehmensvertrag einzuordnen bzw. mit einem solchen vergleichbar sein und bedürfe deshalb der Zustimmung der Gesellschafter. Diese Legitimation erlaube auch nachteilige Maßnahmen, allerdings mit der Folge einer Verlustausgleichspflicht analog §§ 713, 670, 730 ff. BGB bzw. § 302 AktG.[886] Alle im deutschen Recht vertretenen Haftungskonzepte bezwecken einen Schutz vor ungerechtfertigten Vermögensnachteilen. Nach deutschem Internationalen Gesellschaftsrecht können diese Konzepte daher zur Anwendung kommen, wenn für die geschädigte Gesellschaft das deutsche Gesellschaftsstatut gilt.[887]

408   Die Frage der Anwendbarkeit des Kartellverbots des Art. 81 Abs. 1 EG auf grenzüberschreitende Gleichordnungskonzerne ist bisher nicht gerichtlich entschieden worden.[888] Im Ergebnis dürften Gleichordnungskonzerne den Kartellverboten der Art. 81 EG, § 1 GWB weitgehend entzogen sein.[889] Gleichordnungskonzerne können jedoch der Fusionskontrolle unterliegen.[890]

4. Aktienrechtliche Grenzen zulässiger Konzernverflechtung

409   Das deutsche Aktienrecht untersagt gewisse konzernrechtliche Sachverhalte und beschränkt damit die Möglichkeiten der Konzernverflechtung. Diese Beschränkungen gelten zum Teil auch im grenzüberschreitenden Aktienkonzern.

a) Übernahme-, Erwerbs- und Besitzverbote gemäß §§ 56 Abs. 2 und 71 d Satz 2 AktG

410   Gemäß §§ 56 Abs. 2 und 71 d Satz 2 AktG ist es abhängigen bzw. in Mehrheitsbesitz stehenden Unternehmen im Grundsatz verboten, Aktien der herrschenden Gesellschaft bzw. der an ihm mit Mehrheit beteiligten Gesellschaft zu übernehmen, zu erwerben oder zu besitzen. Diese Bestimmungen dienen vor allem dem Kapitalschutz des herrschenden

---

[881] Vgl. *Milde*, S. 138.

[882] BGH ZIP 2004, 2138, 2139; grundsätzlich a. A. *K. Schmidt*, § 17 III 3, § 39 IV 2: horizontaler Verlustausgleich bei qualifiziert faktischer Gleichordnung als Strukturhaftung.

[883] Vgl. *Emmerich* in Emmerich/Habersack, Aktien- und GmbH-Konzernrecht, § 18 Rn. 36 m.w.N.

[884] Vgl. *Hüffer*, AktG, § 291 Rn. 35.

[885] Vgl. *Lutter/Drygala*, ZGR 1995, 557, 562; MünchHdb. GesR IV/*Krieger*, § 68 Rn. 86; *Emmerich/Sonnenschein/Habersack*, Konzernrecht, § 4 IV 4; *Hüffer*, AktG, § 291 Rn. 35; a. A. *Gromann*, S. 57 f.; kritisch hierzu auch *K. Schmidt*, § 39 IV 2 b; *Keck*, S. 112.

[886] Vgl. *K. Schmidt*, § 17 III 3 c; *Wellkamp*, DB 1993, 2517, 2518 f.; *Emmerich* in Emmerich/Habersack, Aktien- und GmbH-Konzernrecht, § 18 Rn. 34 ff; *Keck*, S. 115 ff.

[887] Vgl. *Keck*, S. 236, 249, 277 ff.

[888] Vgl. *Buntscheck*, WuW 2004, 374, 379.

[889] Mit eingehender Begründung *Buntscheck*, WuW 2004, 374, 384.

[890] MünchKommAktG/*Bayer*, § 18 Rn. 61 m. w. N.; BGHZ 121, 137 (= NJW 1993, 2114); BGH ZIP 1999, 331, „Pirmasenser Zeitung".

Unternehmens.[891] Sie sollen verhindern, dass den Aktionären durch Rückkauf von Aktien ihre Einlagen zurückgewährt werden.[892] Bei grenzüberschreitenden Konzernen sind zwei Konstellationen zu unterscheiden.

Gilt für das abhängige Unternehmen das deutsche Gesellschaftsstatut und für das herr- **411** schende Unternehmen ein ausländisches Statut, kommen die §§ 56 Abs. 2 und 71 d Satz 2 AktG nach herrschender Auffassung nicht zur Anwendung.[893] Dies folge aus dem Schutz-zweck der Vorschriften und der allgemeinen Kollisionsregel, wonach sich der Schutz der Obergesellschaft nach deren Gesellschaftsstatut richtet. Unter Berufung auf den „reflexar-tigen" Schutz auch der abhängigen Kapitalgesellschaft soll nach einer Mindermeinung in der Literatur § 71 d AktG auch auf den Erwerb von Aktien einer ausländischen Oberge-sellschaft anzuwenden sein, wenn das ausländische Gesellschaftsstatut kein dem deutschen AktG entsprechendes Erwerbsverbot vorsieht.[894] Der herrschenden Meinung ist zuzu-stimmen. Die deutsche abhängige Gesellschaft benötigt keinen „reflexartigen" Schutz durch die Erwerbsverbote des AktG und es ist nicht Aufgabe des deutschen Rechts, eine etwaige Schutzlücke im ausländischen Gesellschaftsstatut der herrschenden Gesellschaft zu schließen.[895]

Gilt für das abhängige Unternehmen ein ausländisches Gesellschaftsstatut und für die **412** herrschende AG das deutsche Recht, finden nach herrschender Auffassung die §§ 56 Abs. 2 und 71 d Satz 2 AktG Anwendung.[896] Der abhängigen ausländischen Gesellschaft ist es mithin nach Maßgabe der §§ 56 Abs. 2 und 71 d Satz 2 AktG untersagt, Aktien der deutschen herrschenden AG zu übernehmen, zu erwerben oder zu besitzen. Unerheblich ist, ob sich der Erwerbsvorgang nach ausländischem Recht richtet und ob das Verbot durchsetzbar ist.[897]

b) Nichtigkeit von Stimmbindungsverträgen gemäß § 136 Abs. 2 Satz 1 AktG

Gemäß § 136 Abs. 2 Satz 1 AktG sind Verträge nichtig, durch die sich ein Aktionär **413** verpflichtet, das Stimmrecht nach Weisung der Gesellschaft, des Vorstands oder des Auf-sichtsrats der Gesellschaft oder nach Weisung eines abhängigen Unternehmens auszuüben. Zweck des Verbotes ist es sicherzustellen, dass die Ausübung der Aktionärsrechte in der Hauptversammlung unabhängig von den Interessen der Verwaltung der AG erfolgt.[898] Durch das ergänzende Verbot, das Stimmrecht nach Weisung eines abhängigen Unter-nehmens auszuüben, sollen Umgehungen vermieden werden.[899] Der allgemeinen Kolli-sionsregel und dem Schutzzweck des Verbots folgend ist das Gesellschaftsstatut der herr-schenden Gesellschaft maßgeblich. Das Verbot und die Nichtigkeitsfolge erfasst daher auch

---

[891] Kölner Komm/*Lutter* AktG, 2. Aufl., § 71 d Rn. 81; Staudinger/*Großfeld* (1998) IntGesR Rn. 587; MünchKommBGB/*Kindler,* IntGesR Rn. 599 m. w. N.

[892] *Stengel* in Semler/Vollhard, Arbeitshandbuch für Unternehmensübernahmen, Band 1, 2001, § 17 Rn. 370. Aufgrund dieses Zwecks verhindern die Erwerbsverbote bereits im rein nationalen Kontext nicht, dass Unternehmenszusammenschlüsse durch Aktientausch erfolgen können.

[893] MünchKommAktG/*Oechsler,* § 71 Rn. 59; Staudinger/*Großfeld* (1998) IntGesR Rn. 587; MünchKommBGB/*Kindler,* IntGesR Rn. 599 f. m. w. N.

[894] *Einsele,* ZGR 1996, 40, 46; Kölner Komm/*Lutter* AktG, 2. Aufl. 1988, § 71 d Rn. 90 soweit abhängiges Unternehmen eine deutsche AG ist.

[895] Vgl. Kölner Komm/*Lutter* AktG, 2. Aufl., § 71 d Rn. 81.

[896] Vgl. MünchKommBGB/*Kindler,* IntGesR Rn. 600 m. w. N.

[897] Vgl. MünchKommBGB/*Kindler,* IntGesR Rn. 600 f.; Staudinger/*Großfeld* (1998) IntGesR Rn. 587; MünchKommAktG/*Oechsler,* § 71 Rn. 59; a. A. *Huber,* FS Duden, S. 137, 148 ff., 155 un-ter Hinweis auf die auch nach deutschem Recht begrenzten Rechtsfolgen der Rückabwicklung. Al-lerdings befürwortet *Huber* (S. 171) eine Schadensersatzpflicht des Vorstands der deutschen AG nach § 93 AktG für Fälle, in denen die Muttergesellschaft der ausländischen Tochtergesellschaft die Mittel für den Aktienerwerb zur Verfügung stellt oder die Tochtergesellschaft eigens zum Zweck des Akti-enerwerbs gründet und mit Kapital ausstattet.

[898] *Hüffer,* AktG, § 136 Rn. 2.

[899] *Hüffer,* AktG, § 136 Rn 28; MünchKommAktG/*Schröer,* § 136 Rn. 75.

grenzüberschreitende Stimmbindungsverträge, in denen sich ein Aktionär einer deutschen AG entsprechend verpflichtet.[900] Das heißt, es ist unerheblich, ob die abhängige Gesellschaft, nach deren Weisung das Stimmrecht ausgeübt werden soll, einem ausländischem Gesellschaftsstatut unterliegt. § 136 Abs. 2 Satz 1 AktG findet dagegen keine Anwendung, wenn die herrschende Gesellschaft einem ausländischen Gesellschaftsstatut unterliegt.[901]

c) Bestellung des Aufsichtsrats

414 Gemäß § 100 Abs. 2 Satz 1 Nr. 2 AktG kann ein gesetzlicher Vertreter eines von der AG abhängigen Unternehmens nicht Mitglied des Aufsichtsrats dieser AG sein. Die Vorschrift will sicherstellen, dass der Aufsichtsrat der AG seine Überwachungsfunktion effektiv erfüllen kann[902] und dient damit dem Schutz der herrschenden Gesellschaft. Ist die herrschende Gesellschaft eine deutsche AG gilt § 100 Abs. 2 Satz 1 Nr. 2 AktG nach herrschender Meinung unabhängig davon, ob eine Person gesetzlicher Vertreter eines von der AG abhängigen inländischen oder ausländischen Unternehmens ist.[903] Das heißt, auch das geschäftsführende Organ einer ausländischen abhängigen Gesellschaft kann nicht dem Aufsichtsrat einer deutschen herrschenden Aktiengesellschaft angehören.[904] Davon zu unterscheiden ist die Anrechnung von Aufsichtsratsmandaten im Rahmen von § 100 Abs. 2 Satz 1 Nr. 1 AktG. Nach ganz herrschender Meinung sind hier nur Aufsichtsratsmandate anzurechnen, die bei Gesellschaften mit Sitz in Deutschland bestehen.[905]

5. Mitteilungs- und Informationspflichten

415 Deutsche Gesetze statuieren an mehreren Stellen Mitteilungs- und Informationspflichten von Unternehmen gerade aufgrund ihrer Verbindung mit anderen Unternehmen. Von großer praktischer Bedeutung sind die kapitalmarktrechtlichen Mitteilungspflichten.[906] Für nicht börsennotierte Aktiengesellschaften und Kommanditgesellschaften auf Aktien mit Sitz im Inland ordnet § 20 Abs. 1, 3 und 4 AktG (im Fall der KGaA i. V. m. § 278 Abs. 3 AktG) an, dass ein Unternehmen, das mehr als ein Viertel der Aktien dieser Gesellschaft oder eine Mehrheitsbeteiligung an dieser Gesellschaft hält, dies der Gesellschaft unverzüglich schriftlich mitzuteilen hat. Außerdem ist der Gesellschaft nach § 20 Abs. 5 AktG gleichfalls unverzüglich schriftlich mitzuteilen, wenn eine Beteiligung in der nach § 20 Abs. 1, 3 oder 4 AktG mitteilungspflichtigen Höhe nicht mehr besteht. Diese Mitteilungspflichten gelten auch für ausländische Unternehmen.[907]

416 Zur Sicherung der betrieblichen Mitbestimmung statuiert das BetrVG Informationspflichten. Nach §§ 106, 111 BetrVG besteht die Pflicht, den Betriebsrat/Wirtschaftsausschuss über Umstrukturierungen zu informieren. Diese Pflicht gilt grundsätzlich nicht für Konzernobergesellschaften.[908] In der Literatur ist umstritten, ob und unter welchen Vo-

---

[900] Vgl. MünchKommBGB/*Kindler,* IntGesR Rn. 605; Staudinger/*Großfeld* (1998) IntGesR Rn. 591.

[901] Vgl. MünchKommBGB/*Kindler,* IntGesR Rn. 605; *Koppensteiner,* Internationale Unternehmen im deutschen Gesellschaftsrecht (1971), S. 291; Staudinger/*Großfeld* (1998) IntGesR Rn. 591.

[902] *Hüffer,* AktG, § 100 Rn 1.

[903] Vgl. MünchKommBGB/*Kindler,* IntGesR Rn. 604; Staudinger/*Großfeld* (1998) IntGesR Rn. 589; *Engert/Herschlein,* NZG 2004, 459; vgl. auch *Hüffer,* AktG, § 100 Rn. 5 m. w. N.; a. A. *Grasmann,* System des internationalen Gesellschaftsrechts, Rn. 1044; *Meyer-Landrut* in Großkomm AktG, § 100 Rn. 5.

[904] Die funktionsbezogene Auslegung des Merkmals „gesetzlicher Vertreter" befürworten *Engert/ Herschlein,* NZG 2004, 459, 460.

[905] *Hüffer,* AktG, § 100 Rn. 3; MünchKommAktG/*Semler,* § 100 Rn 25, jeweils m. w. N.; a. A. Staudinger/*Großfeld* (1998) IntGesR Rn. 588, der auch solche Mitgliedschaften in ausländischen Unternehmen einbeziehen will, die der Stellung eines deutschen Aufsichtsrates vergleichbar sind.

[906] Vgl. unten Rn. 585 ff.

[907] Vgl. für viele *Hüffer,* AktG, § 20 Rn. 2 m. w. N.

[908] Vgl. *Diller/Powietzka,* DB 2001, 1034.

raussetzungen ausnahmsweise eine Informationspflicht der Obergesellschaft besteht.[909] Eine solche Pflicht kann jedoch allenfalls inländische Konzernobergesellschaft treffen. Denn das BetrVG ist in jedem Fall nach dem Territorialitätsprinzip nur auf inländische Unternehmen anwendbar.[910]

6. Besondere Vorschriften für Rechtsbeziehungen im grenzüberschreitenden Konzern

a) Dokumentationspflichten/Verrechnungspreise

417   Mit Wirkung für 2003 hat der deutsche Gesetzgeber neue Aufzeichnungsvorschriften[911] zur Einkunftsabgrenzung zwischen international verbundenen Unternehmen einschließlich grenzüberschreitender Betriebsstätten geschaffen. Damit soll die Finanzverwaltung einfacher prüfen können, ob Gewinne korrekt zugeordnet und versteuert werden. Aus Sicht des Gesetzgebers bestand Handlungsbedarf, da grenzüberschreitende Konzerne oft versuchen, die Gesamtkonzernsteuerlast zu senken, indem sie bei der Verrechnung von Leistungen innerhalb der Konzernstruktur Preise vereinbaren, die nicht den marktüblichen Preisen entsprechen.[912]

418   Aufzeichnungspflichtig sind gemäß § 90 Abs. 3 AO Steuerpflichtige, die grenzüberschreitende Geschäftsbeziehungen zu Personen unterhalten, an denen sie mindestens zu 25% beteiligt sind bzw. die über Betriebsstätten oder Personengesellschaften im Ausland tätig sind. Die Pflicht umfasst Aufzeichnungen zum Sachverhalt (§ 90 Abs. 3 Satz 1 AO) und zur Angemessenheit des Verrechnungspreises (§ 90 Abs. 3 Satz 2 AO). Die Sachverhaltsdokumentation[913] erstreckt sich auf Dokumente zum Konzernaufbau, zu geschäftlichen Vorgängen sowie zum Management. Die Angemessenheitsdokumentation beinhaltet im Wesentlichen transaktionsbezogene Aufzeichnungen mit Vergleichsdaten[914] (Grundsatz des Fremdvergleichs). Die Finanzverwaltung fordert hier ein „ernsthaftes Bemühen" in Form ausreichender Beweisvorsorge und Erstellung einer konzerninternen Verrechnungspreisrichtlinie.[915] Kommt der Steuerpflichtige dem nicht oder nur verspätet nach, kann die Finanzbehörde den Gewinn zu seinem Nachteil schätzen (§ 162 Abs. 3 AO) und einen „Zuschlag" von bis zu EUR 1 000 000 festsetzen (§ 162 Abs. 4 AO).

b) Datenaustausch

419   Der Austausch von Daten innerhalb des Konzerns ist gängige Praxis.[916] Der Datenaustausch und die damit in Zusammenhang stehende Vernetzung kann Kosten reduzieren

---

[909] Vgl. *Diller/Powietzka,* DB 2001, 1034, 1035 f.

[910] *Diller/Powietzka,* DB 2001, 1034, 1036.

[911] Vgl. § 90 Abs. 3 AO, die Gewinnabgrenzungsaufzeichnungsverordnung vom 13. 11. 2003 (BGBl. 2003 I, 2296) und mit Wirkung ab 2004 die Sanktionsvorschriften § 162 Abs. 3 und 4 AO.

[912] Zu den Möglichkeiten, die Konzernsteuerquote durch Bildung von Verrechnungspreisen zu senken vgl. *Baumhoff,* IStR 2003, 14 ff.; *Naumann/Förster,* IStR 2004, 246 ff.

[913] Die Begriffe Aufzeichnung und Dokumentation werden hier synonym verwendet. Zur Frage, ob die Anforderungen an eine „Aufzeichnung" niedriger sind, als die Anforderungen an eine „Dokumentation" vgl. *Wassermeyer,* DB 2003, 1535, 1536.

[914] Nach § 1 Abs. 3 der Gewinnabgrenzungsaufzeichnungsverordnung vom 13. 11. 2003 kommen als Vergleichsdaten in Betracht: Preise und Geschäftsbedingungen, Kostenaufteilungen, Gewinnaufschläge, Bruttospannen, Nettospannen und Gewinnaufteilungen; siehe zur Verwendung verschiedener Verrechnungspreismethoden *Vögle/Brem,* IStR 2004, 48, 50.

[915] Vgl. § 1 Gewinnabgrenzungsaufzeichnungsverordnung vom 13. 11. 2003; *Vögle/Brem,* IStR 2004, 48, 49.

[916] Vgl. Stellungnahme 8/2001 der EU-Datenschutzgruppe, WP 48, 5062/01 vom 13. 9. 2001, S. 32, abrufbar unter www.europa.eu.int.

und die Effizienz der Konzernaktivitäten steigern. Weder deutsches noch EU-Recht regeln den Datentransfer innerhalb eines Konzerns besonders. Es besteht kein „Konzernprivileg".[917] Vielmehr unterliegt der Datenaustausch zwischen den rechtlich selbstständigen Unternehmen eines Konzerns den gleichen Bestimmungen wie der Datentransfer an sonstige (externe) Dritte im Sinne von § 3 Abs. 8 i. V. m. § 2 Abs. 4 Bundesdatenschutzgesetz (BDSG).[918] Das BDSG lässt die Übermittlung von personenbezogenen Daten nur zu, wenn dafür eine Rechtsgrundlage besteht. Verstöße können vor allem zu aufsichtsrechtlichen Maßnahmen (§ 38 Abs. 5 Satz 2 BDSG) und wettbewerbsrechtlichen Untersagungsverfügungen (§ 3 UWG) führen. Daneben drohen Schadensersatzpflichten, individuelle Löschungsansprüche (§ 35 Abs. 2 Satz 2 Nr. 1 BDSG), Ordnungswidrigkeitsverfahren (§ 43 Abs. 2 Nr. 1 BDSG) und Strafverfolgung (§ 44 Abs. 1 BDSG). Der Aufwand der Rechtsverteidigung und insbesondere mögliche Imageschäden sollten nicht unterschätzt werden. Im (grenzüberschreitenden) Konzern besteht ein besonderes praktisches Bedürfnis für die Übermittlung von Arbeitnehmerdaten und Kundendaten.

420   **aa) Arbeitnehmerdaten.** Arbeitnehmerdaten können zulässigerweise zwischen Konzernunternehmen nach § 28 Abs. 1 Nr. 1 BDSG übermittelt werden, soweit dies der Zweckbestimmung des Arbeitsverhältnisses entspricht.[919] Hierunter fallen z. B. die Übermittlung von Fehltagen für Arbeitnehmer, die sowohl bei der deutschen Tochter als auch bei der ausländischen Mutter beschäftigt sind. § 28 BDSG erlaubt dagegen keine Datenübermittlung, die nur im Interesse eines anderen Konzernunternehmens liegt.[920]

421   Voraussetzung einer grenzüberschreitenden Datenübermittlung in Länder außerhalb der EU/EWR ist außerdem, dass beim Empfänger ein „angemessenes Schutzniveau" besteht (§ 4b Abs. 2 Satz 2 BDSG). Zur Sicherstellung dieses Schutzniveaus kommen verschiedene Möglichkeiten in Betracht. So kann sich der Empfänger verpflichten, ein entsprechendes Schutzniveau zu gewährleisten. Tatsächlich wird diese Möglichkeit kaum genutzt. Eine Alternative zur Gewährleistung eines „angemessenen Schutzniveaus" ist die Einwilligung der Betroffenen (§ 4c Abs. 1 Satz 1 Nr. 1 BDSG). Eine entsprechende Einwilligung kann aber insbesondere mangels Freiwilligkeit oder hinreichender Bestimmtheit unwirksam sein.[921] Widerruflichkeit und Verwaltungsaufwand machen die individuelle Einwilligung zu einem wenig praktikablen Instrument. Als weitere Alternative bieten sich Betriebsvereinbarungen an, welche die Datenverarbeitung konzerneinheitlich regeln. Für die Betriebsvereinbarungen sind grundsätzlich der Konzernbetriebsrat und die Konzernleitung zuständig.[922] Allerdings können ausländische Konzerngesellschaften keine Betriebsvereinbarungen mit deutschen Betriebsräten schließen. Sowohl für die Einwilligung als auch für die Betriebsvereinbarung empfiehlt sich im Hinblick auf die Bestimmtheit, dass die am Datenaustausch teilnehmenden Konzernunternehmen ausdrücklich benannt werden.[923]

422   **bb) Kundendaten.** Im Konzerninteresse ist der Transfer von Kundendaten vor allem für das sogenannte „Customer Relationship Management" (CRM). Dabei sollen über die Abwicklung eines konkreten Geschäfts hinaus die Beziehungen zum Kunden gepflegt werden.[924] Die Datenübermittlung ist hier in der Regel nicht zur Vertragsdurchführung erforderlich (§ 4c Abs. 1 Satz 1 Nr. 1 BDSG). Es dürfte unrealistisch sein, eine Einwilligung des Kunden für jede Information zu erhalten. Eine konkludente Einwilligung ist un-

---

[917] *Simitis,* BDSG, § 2 Rn. 139; *Gola/Schomerus,* BDSG, § 27 Rn. 4, § 28 Rn. 10; *von Lewinski,* RDV 2003, 122, 129.

[918] *Lambrich/Cahlik,* RDV 2002, 287, 288.

[919] Zur grundsätzlichen Reichweite von § 28 Abs. 1 Nr. 1 BDSG für das Arbeitsverhältnis siehe BAG NZA 1987, 415.

[920] Vgl. *Lambrich/Cahlik,* RDV 2002, 287, 291.

[921] Vgl. *Lambrich/Cahlik,* RDV 2002, 287, 292.

[922] BAG DB 1996, 1985; *Schröder,* DuD 2004, 462, 465.

[923] Vgl. *Gola,* RDV 2002, 111, 115.

[924] Vgl. *Lewinski,* RDV 2003, 122 ff.

zureichend (§ 4 c Abs. 1 Nr. 1 i. V. m. § 4 a BDSG). Die Europäische Kommission verweist hier auf die Verwendung von Standardvertragsklauseln.[925]

c) Mitbestimmung

Zu den Besonderheiten der Mitbestimmung in grenzüberschreitenden Konzernen vgl. **423** die Darstellung im Teil C. VI. 2. lit. f).[926]

7. Besondere Konzernhaftungstatbestände

a) Konzernhaftung im EU-Wettbewerbsrecht

Bei Verstößen gegen EU-Wettbewerbs-/Kartellrecht nimmt die EU-Kommission **424** wahlweise die Tochter- und/oder die Muttergesellschaft in Anspruch.[927] Bei der Bemessung der Geldbuße wird der Umsatz aller Unternehmen herangezogen, die der Unternehmensgruppe im relevanten Markt angehören. Die Geldbuße kann damit auch für einen größeren Konzern zu einer empfindlichen Sanktion werden. Zwar steht den in Anspruch genommenen Unternehmen der Entlastungsbeweis offen. In der Praxis ist es jedoch oft schwierig, diesen zu führen: Die betreffende Gesellschaft müsste nachweisen, dass sie den wettbewerbswidrigen Beschluss der Unternehmensvereinigung nicht gekannt, nicht umgesetzt oder sich von diesem distanziert hat.[928]

b) Konzernhaftung gemäß BBodSchG

Eine wichtige Ausnahme vom Grundsatz der Begrenzung der Haftung auf das jeweilige **425** Rechtssubjekt enthält § 4 Abs. 3 Satz 4, Alt. 1 BBodSchG:[929] Auch die ausländische Konzernmutter haftet in sogenannten Altlastenfällen für die deutsche Tochtergesellschaft, soweit sie aus gesellschaftsrechtlichem Rechtsverhältnis für die Tochter einzustehen hat (Akzessorietät zum Gesellschaftsrecht).

8. Internationale Gerichtszuständigkeit für Konzernhaftungsansprüche

Das angerufene Gericht entscheidet über seine internationale Zuständigkeit nach dem **426** Recht seines Staates (lex fori).[930] Nach deutscher Rechtsprechung indiziert die örtliche Zuständigkeit die internationale Zuständigkeit.[931] Außer dem allgemeinen Gerichtsstand des Beklagten nach Art. 2 Abs. 1 EuGVVO, Art. 2 Abs. 1 EUGVÜ[932] und Art. 2 Abs. 1 des Lugano-Übereinkommens (LugÜ)[933] bzw. §§ 12, 17 ZPO stehen für Konzernhaftungsansprüche besondere Gerichtsstände zur Verfügung. Zu unterscheiden sind dabei Ansprüche innerhalb des Konzerns, insbesondere zwischen abhängigem und herrschenden Unternehmen (Konzerninnenhaftung), Ansprüche von außerhalb des Konzerns stehenden Gläubigern gegen einzelne Konzernunternehmen (Konzernaußenhaftung) und konzernspezifische Organhaftungsansprüche.

---

[925] Entscheidung der Kommission vom 15. 6. 2001 hinsichtlich der Standardvertragsklauseln für die Übermittlung personenbezogener Daten in Drittländer nach der Richtlinie 95/46/EG, ABl. 2001 Nr. L 181/19 (= http://www.datenschutz-berlin.de/doc/eu/kommission/de_final_clean.htm).

[926] Siehe Rn 309 ff.

[927] Art. 23 IV Verordnung Nr. 1/2003 zu Art. 81, 82 EG ordnet ausdrücklich einen Haftungsdurchgriff auf die Mitglieder einer Unternehmensvereinigung an; vgl. *Hossenfelder/Lutz*, WuW 2003, 118, 128: „gesamtschuldnerische Haftung"; vgl. auch *Mansdörfer/Timmerbeil*, WM 2004, 362, 369.

[928] Vgl. *Mansdörfer/Timmerbeil*, WM 2004, 362, 370; *Riesenkampff*, WuW 2001, 357 f.

[929] Zur bodenschutzrechtlichen Konzernhaftung nach dem BBodSchG siehe *Wrede*, NuR 2003, 593 ff.

[930] Vgl. für viele Zöller/*Geimer*, IZPR Rn. 1.

[931] Vgl. BGH NJW 1997, 2245; Zöller/*Geimer*, IZPR Rn. 37.

[932] Das EuGVÜ gilt noch im Verhältnis zu Dänemark, vgl. Art. 1 Abs. 3, Art. 68 Abs. 1 EuGVVO.

[933] Das LugÜ gilt derzeit noch im Verhältnis zu Island, Norwegen und der Schweiz; vgl. Zöller/*Geimer*, Anh I Art. 1 EuGVVO Rn. 16 ff.

a) Konzerninnenhaftung

427   Ansprüche im Rahmen der Konzerninnenhaftung[934] können nach deutschem Internationalen Zivilprozessrecht am Sitz der abhängigen Gesellschaft geltend gemacht werden. Die Zuständigkeit der Gerichte am Sitz der Gesellschaft ergibt sich aus § 22 ZPO (Gerichtsstand der Mitgliedschaft).[935] In den Anwendungsbereichen der EuGVVO, EuGVÜ und LugÜ ist ein Gerichtsstand der Mitgliedschaft dagegen nicht gegeben.

428   Gilt für die abhängige Gesellschaft das deutsche Gesellschaftsstatut, ist zumindest für Ansprüche im Vertragskonzern der Gerichtsstand des Erfüllungsorts gemäß § 29 ZPO bzw. Art. 5 Nr. 1 EuGVVO, EuGVÜ und LugÜ gegeben.[936] Erfüllungsort ist der Sitz der abhängigen Gesellschaft, da nach deutschem Recht die Gesellschafter ihre Verpflichtungen gegenüber der Gesellschaft an deren Sitz zu erbringen haben.[937] Ob der Gerichtsstand des Erfüllungsorts auch für Ansprüche im faktischen Konzern gegeben ist, ist umstritten und noch nicht abschließend geklärt.[938]

429   Soweit die Konzerninnenhaftung auf unerlaubter Handlung beruht, sind § 32 ZPO und Art. 5 Nr. 3 EuGVVO, EuGVÜ und LugÜ maßgeblich. Die Ansprüche können dann am Ort der Handlung (§ 32 ZPO) bzw. am Ort des Eintritts des schädigenden Ereignisses (Art. 5 Nr. 3 EuGVVO, EuGVÜ und LugÜ) geltend gemacht werden. Sowohl der Begehungsort i.S.v. § 32 ZPO als auch der Ort des Eintritts des schädigendes Ereignisses i.S.v. Art. 5 Nr. 3 EuGVVO, EuGVÜ und LugÜ umfassen den Ort der Handlung und den Erfolgsort.[939] Unter § 32 ZPO fällt jeder Eingriff in eine fremde Rechtssphäre.[940] Nach der Rechtsprechung des EuGH erfasst Art. 5 Nr. 3 EuGVVO und EuGVÜ alle Klagen, mit denen eine Schadenshaftung des Beklagten geltend gemacht wird und die nicht an einen „Vertrag" im Sinne von Art. 5 Nr. 1 anknüpfen.[941] Falls man für Ansprüche im faktischen Konzern den Gerichtsstand des Erfüllungsortes gemäß Art. 5 Nr. 1 EuGVVO, EuGVÜ und LugÜ ablehnt, dürfte damit der Gerichtsstand nach Art. 5 Nr. 3 EuGVVO, EuGVÜ und LugÜ gegeben sein.[942]

430   Nach Maßgabe von §§ 38, 40 ZPO, Art. 23 EuGVVO bzw. Art. 17 EuGVÜ und LugÜ kann die deutsche internationale Zuständigkeit auch aufgrund einer Vereinbarung der Parteien bestehen.

---

[934] Insbesondere Ansprüche der abhängigen Gesellschaft gegen das herrschende Unternehmen gemäß §§ 302, 311, 317 Abs. 1 AktG.

[935] Zöller/*Vollkommer,* § 22 Rn. 6; MünchKommBGB/*Kindler,* IntGesR Rn. 633 m.w.N.; Staudinger/*Großfeld* (1998) IntGesR Rn. 572.

[936] Vgl. MünchKommInso/*Ehricke,* Art. 102 EGInsO Rn. 427; MünchKommBGB/*Kindler,* IntGesR Rn. 633 (ohne Differenzierung zwischen Ansprüchen im Vertragskonzern und Ansprüchen im faktischen Konzern).

[937] MünchKommBGB/*Kindler,* IntGesR Rn. 633; für MünchKommInso/*Ehricke,* Art. 102 EGInsO Rn. 427 sind dagegen die §§ 269f. BGB maßgeblich; bei Ansprüchen aus §§ 302f. AktG folge demnach die Zuständigkeit des Gerichts am Sitz der abhängigen Gesellschaft aus § 270 BGB.

[938] Den Gerichtsstand des Erfüllungsortes befürworten für Art. 5 Nr. 3 EuGVVO *Geimer* in Geimer/Schütze, EuZVR A.1 – Art. 5 EuGVVO Rn. 32 m.w.N. (der aber selbst in Zöller, Anh. I Art. 5 EuGVVO Rn. 13 die Gegenauffassung vertritt); a.A. OLG Düsseldorf IPRax 1998, 210; generell den Gerichtsstand des Erfüllungsortes befürwortend MünchKommBGB/*Kindler,* IntGesR Rn. 633 (ohne Differenzierung zwischen Ansprüchen im Vertragskonzern und Ansprüchen im faktischen Konzern).

[939] Vgl. Zöller/*Vollkommer,* § 32 Rn. 16 und Zöller/*Geimer,* Anh. I Art. 5 EuGVVO Rn. 26, jeweils m.w.N.

[940] Vgl. Zöller/*Vollkommer,* § 32 Rn. 4.

[941] EuGHE, 1988, 5565 (LS 2) (= NJW 1988, 3088); zur Auslegung des Begriffs der unerlaubten Handlung in Art. 5 Nr. 3 EuGVO vgl. auch *Haubold,* IPRax 2000, 375, 378f.

[942] Vgl. MünchKommInso/*Ehricke,* Art. 102 EGInsO Rn. 441: für Ansprüche gegen das herrschende Unternehmen aus §§ 317, 311 AktG ist das Gericht am Ort des abhängigen Unternehmens gemäß Art. 5 Nr. 3 EuGVVO und § 32 ZPO zuständig; a.A. OLG Düsseldorf IPRax 1998, 210f.

b) Konzernaußenhaftung

Fraglich ist, ob Gläubiger einer abhängigen inländischen Gesellschaft Ansprüche gegen- **431** über der herrschenden ausländischen Gesellschaft[943] in Deutschland geltend machen kön- nen. Zwischen dem Gläubiger und dem herrschenden Unternehmen besteht keine un- mittelbare vertragliche Beziehung. Deshalb scheidet nach überwiegender Auffassung der internationale Gerichtsstand des Erfüllungsorts gemäß § 29 ZPO bzw. Art. 5 Nr. 1 EuGVVO, EuGVÜ und LugÜ am Sitz der abhängigen Gesellschaft aus.[944]

Auch der Gerichtsstand der unerlaubten Handlung gemäß § 32 ZPO bzw. Art. 5 Nr. 3 **432** EuGVVO, EuGVÜ und LugÜ wird überwiegend verneint.[945]

Der Gerichtsstand der Niederlassung gemäß § 21 ZPO bzw. Art. 5 Nr. 5 EuGVVO, **433** EuGVÜ und LugÜ wird dagegen häufig gegeben sein,[946] soweit die Klage nicht nach Auflösung der Niederlassung erhoben wird.[947] Nach wohl überwiegender Auffassung er- fasst der Gerichtsstand der Niederlassung auch Tochtergesellschaften, die rechtlich selb- ständig sind, sofern sie als Außenstelle eines ausländischen Stammhauses hervortreten.[948] Kriterien für ein solches Auftreten sind insbesondere Namensgleichheit, gemeinsame Ge- schäftsführung, aber auch gemeinsames Auftreten während der Vertragsverhandlungen oder Vertragsdurchführungen.[949]

Wesentlich für Konzernhaftungsfälle ist regelmäßig auch der Gerichtsstand der Streitge- **434** nossenschaft nach Art. 6 Nr. 1 EuGVVO[950] bzw. Art. 6 Nr. 1 EuGVÜ und LugÜ. Da die Konzernhaftungsansprüche gegen das herrschende Unternehmen Ansprüche des Gläubi- gers gegen die abhängige Gesellschaft voraussetzen, ist der erforderliche Sachzusammen- hang i. S. v. Art. 6 Nr. 1 EuGVVO gegeben.[951]

Für eine Klage gegen ein ausländisches herrschendes Unternehmen mit Sitz außerhalb **435** der Anwendungsbereiche der EuGVVO, EuGVÜ und LugÜ kann in Deutschland auch der Gerichtsstand des Vermögens gemäß § 23 ZPO gegeben sein. Die Gesellschaftsanteile der ausländischen Muttergesellschaft an der abhängigen deutschen Gesellschaft sind in Deutschland belegenes Vermögen.[952]

Die deutsche Gerichtszuständigkeit kann auch für die Außenhaftung aufgrund Ge- **436** richtsstandsvereinbarung begründet werden (§§ 38, 40 ZPO, Art. 23 EuGVO, Art. 17 EuGVÜ und LugÜ). Eine Gerichtsstandsvereinbarung zwischen dem abhängigem Unter- nehmen und dem Gläubiger wirkt auch gegen das herrschende Unternehmen als Zweit- schuldner.[953]

---

[943] Insbesondere gemäß § 303 Abs. 1 AktG.

[944] Vgl. OLG Düsseldorf IPRax 1998, 210 (zu Art. 5 Nr. 1 EuGVÜ); *Haubold*, IPRax, 375, 381; MünchKommBGB/*Kindler*, IntGesR Rn. 636; *Goette*, DStR 1997, 503, 504; a. A. (für gesetzliche Haftung Dritter für vertragliche Ansprüche gegen das herrschende Unternehmen): *Schlosser*, EUZ/EuGVVO, Art. 5 EuGVVO Rn. 6; *Möllers*, Internationale Zuständigkeit bei der Durchgriffs- haftung (1987), S. 86.

[945] Vgl. OLG Düsseldorf IPRax 1998, 210f. (zu Art. 5 Nr. 3 EuGVÜ); MünchKommBGB/ *Kindler*, IntGesR Rn. 637 m. w. N.; a. A. für Ansprüche im (qualifiziert) faktischen Konzern: *Haubold*, IPRax 2000, 375, 381.

[946] Vgl. MünchKommBGB/*Kindler*, IntGesR Rn. 638; *Haubold*, IPRax 2000, 375, 382f.

[947] *Schlosser*, EUZ/EuGVVO, Art. 5 EuGVVO Rn. 24; vgl. auch *Goette*, DStR 1997, 503, 504.

[948] MünchKommBGB/*Kindler*, IntGesR Rn. 638 m. w. N.; *Schlosser*, EUZ/EuGVVO, Art. 5 EuGVVO Rn. 23.

[949] MünchKommBGB/*Kindler*, IntGesR Rn. 638.

[950] Vgl. zum allgemeinen Gerichtsstand nach EuGVO im Gegensatz zur Regelung der Streitge- nossenschaft nach der ZPO: *Kropholler*, Europäisches Zivilprozessrecht: Kommentar zu EuGVO und Lugano-Übereinkommen, Art. 6 Rn. 4; *Schack*, Internationales Zivilverfahrensrecht, Rn. 356.

[951] MünchKommBGB/*Kindler*, IntGesR Rn. 639; *Haubold*, IPRax 2000, 375, 383.

[952] Vgl. MünchKommBGB/*Kindler*, IntGesR Rn. 640 m. w. N.

[953] MünchKommBGB/*Kindler*, IntGesR Rn. 641; zu Gerichtsstandsklauseln mit Wirkung für Dritte vgl. auch *Kropholler*, Europäisches Zivilprozessrecht: Kommentar zu EuGVO und Lugano- Übereinkommen, Art. 23 Rn. 63 ff.

c) Konzernspezifische Organhaftung

437   §§ 309 Abs. 2 und 317 Abs. 3 AktG begründen eine konzernspezifische Haftung der gesetzlichen Vertreter des herrschenden Unternehmens. Für diese Haftungsansprüche ist der Gerichtsstand der unerlaubten Handlung gemäß § 32 ZPO bzw. Art. 5 Nr. 3 EuGVVO, EuGVÜ und LugÜ gegeben.[954] Soweit neben der Haftung der gesetzlichen Vertreter des herrschenden Unternehmens eine entsprechende Haftung des herrschenden Unternehmens selbst gegeben ist, wird für die Ansprüche gegen die gesetzlichen Vertreter in der Regel auch der Gerichtsstand der Streitgenossenschaft nach Art. 6 Nr. 1 EuGVO, EuGVÜ und LugÜ zur Verfügung stehen.[955]

9. Konzerninsolvenz

438   Durch die Insolvenz der abhängigen Gesellschaft endet die Leitungsmacht des herrschenden Unternehmens. Für den faktischen Konzern dürfte dies unstreitig sein. Im Vertragskonzern ist dagegen umstritten, ob der Unternehmensvertrag mit der Eröffnung des Insolvenzverfahrens über das Vermögen der abhängigen Gesellschaft automatisch endet oder der Insolvenzverwalter nur das Recht zur fristlosen Kündigung aus wichtigem Grund hat.[956] Hätte der Insolvenzverwalter ein Kündigungsrecht und würde dieses nicht ausüben, käme es zu kaum lösbaren Konflikten zwischen der Leitungsmacht des herrschenden Unternehmens und dem Recht des Insolvenzverwalters, das zur Insolvenzmasse gehörende Vermögen des abhängigen Unternehmens zu verwalten und zu verwerten.[957] Die herrschende Meinung kommt daher zurecht zu dem Ergebnis, dass der Unternehmensvertrag mit der Eröffnung des Insolvenzverfahrens über das Vermögen der abhängigen Gesellschaft automatisch endet.

439   Das deutsche Recht kennt kein Konzerninsolvenzrecht. Gegenstand eines Insolvenzverfahrens nach deutschem Recht ist stets ein einzelnes Rechtssubjekt bzw. ein einzelner Unternehmensträger[958] und das deutsche Insolvenzrecht enthält auch keine Rechtsgrundlage für die Zusammenfassung mehrerer Insolvenzverfahren.[959] Auch die EuInsVO enthält keine besonderen Regeln zur Konzerninsolvenz[960] und keine Rechtsgrundlage für die Zusammenfassung mehrere Insolvenzverfahren.[961] Sie regelt grenzüberschreitende Insolvenzen und parallele Verfahren (Hauptinsolvenzverfahren und Sekundärinsolvenzverfahren) nur insoweit, als sich die Verfahren auf denselben Schuldner beziehen.[962] Eine gewisse faktische Koordinierung von Insolvenzverfahren mehrerer Konzernunternehmen kann über die Bestellung desselben Insolvenzverwalters erzielt werden. Alternativ besteht die Möglichkeit, der Konzernobergesellschaft bzw. dem Insolvenzverwalter der Konzernobergesellschaft einen gewissen Einfluss auf die insolvente Konzerntochter durch Anordnung der Eigenverwaltung einzuräumen.

440   Im Gegensatz zum deutschen Insolvenzrecht ermöglicht manches ausländische Insolvenzrecht die Zusammenfassung von Massen mehrerer Unternehmen desselben Konzerns oder die Zusammenfassung von Verfahren verschiedener Unternehmen eines Konzerns. Sollen dabei Konzernunternehmen einbezogen werden, für die eine Zuständigkeit der deutschen Insolvenzgerichte gegeben ist, so ist eine solche Einbeziehung in Deutschland nicht anzuerkennen.[963]

---

[954] Vgl. MünchKommBGB/*Kindler*, IntGesR Rn. 642; *Geimer*, Internationales Zivilprozessrecht, Rn. 1521 a; Staudinger/*Großfeld* (1998) IntGesR Rn. 572.

[955] Vgl. MünchKommBGB/*Kindler*, IntGesR Rn. 642.

[956] Vgl. für viele MünchKommInsO/*Ehricke*, Art. 102 EGInsO Rn. 413 ff. m. w. N.

[957] Vgl. MünchKommInsO/*Ehricke*, Art. 102 EGInsO Rn. 416.

[958] Vgl. für viele MünchKommInsO/*Ehricke*, Art. 102 EGInsO Rn. 381.

[959] MünchKommInsO/*Ehricke*, Art. 102 EGInsO Rn. 382.

[960] *Duursma-Kepplinger*/*Duursma*, IPRax 2003, 505, 509 m. w. N.

[961] MünchKommInsO/*Ehricke*, Art. 102 EGInsO Rn. 382.

[962] *Eidenmüller*, IPRax 2001, 2, 4.

[963] Vgl. MünchKommInsO/*Ehricke*, Art. 102 EGInsO Rn. 383.

In der Praxis europäischer Insolvenzgerichte gibt es eine Tendenz, Hauptinsolvenzver- **441** fahren über das Vermögen von abhängigen Gesellschaften auch dann am Ort des Sitzes der Konzernmutter durchzuführen, wenn die abhängigen Gesellschaften einen anderen Sitz, insbesondere einen Sitz im Ausland, haben. Grundlage dieser Praxis ist Art. 3 Abs. 1 Satz 1 EuInsVO, der bestimmt, dass für die Eröffnung eines Hauptinsolvenzverfahrens die Gerichte des Mitgliedstaates zuständig sind, in dessen Gebiet der Schuldner den Mittelpunkt seiner hauptsächlichen Interessen *(„center of main interests ")* hat.[964]

10. Die SE als Konzerngesellschaft

Die Europäische Aktiengesellschaft (Societas Europaea, SE) wird typischerweise – als **442** herrschendes oder abhängiges Unternehmen – in einem grenzüberschreitenden Konzern stehen.[965] Dies folgt bereits aus den in Art. 2 und 3 SE-VO bestimmten Wegen ihrer Gründung. Nur bei der Gründung einer SE durch Verschmelzung von zwei Aktiengesellschaften mit Sitz in unterschiedlichen EU-Mitgliedstaaten entsteht nicht notwendigerweise ein grenzüberschreitender Konzern. Mangels eines besonderen EU-Konzernrechts ist auch auf die SE das deutsche Konzernrecht anzuwenden, soweit dies nach den allgemeinen Kollisionsregeln Anwendung findet. Einzelheiten zum Konzernrecht der SE werden im Teil D. II. 2.lit. b) dargestellt.[966]

XIII. (Identitätswahrende) grenzüberschreitende Sitzverlegung

Für die Gestaltungspraxis ist die identitätswahrende grenzüberschreitende Sitzverlegung **443** von großem Interesse. Die identitätswahrende grenzüberschreitende Sitzverlegung zeichnet sich dadurch aus, dass die betreffende Gesellschaft ohne vorhergehende Auflösung im Wegzugsstaat und nachfolgende Neugründung im Zuzugsstaat ihren Sitz in einen anderen Staat verlegt.[967] Die identitätswahrende Sitzverlegung ist gegenüber Auflösung und Neugründung in aller Regel vorteilhaft; sie kann unter bestimmten Umständen steuerneutral realisiert werden und das Gesellschaftsvermögen und die Rechtsverhältnisse der Gesellschaft mit Dritten werden prinzipiell nicht tangiert.[968]

Auf Basis der in Deutschland nach wie vor grundsätzlich geltenden Sitztheorie[969] sind **444** die Voraussetzungen einer identitätswahrenden Sitzverlegung im Grundsatz klar: Sowohl das Recht des Wegzugsstaats als auch das Recht des Zuzugsstaats müssen den Fortbestand der Gesellschaft trotz der Sitzverlegung bejahen.[970] Dies gilt auch nach der Entscheidung „Inspire Art"[971] noch für den Wegzug von deutschen Gesellschaften ins EU-Ausland. Allerdings ist diese Entscheidung und die europarechtliche Niederlassungsfreiheit bei Fällen

---

[964] Vgl. dazu Rn. 715 ff.

[965] *Brandi,* NZG 2003, 889, 890; *Veil,* WM 2003, 2169; *Habersack,* Europäisches Gesellschaftsrecht, Rn. 418.

[966] Rn. 994.

[967] *Weller,* DStR 2004, 1218.

[968] *Weller,* DStR 2004, 1218; *Zimmer,* Internationales Gesellschaftsrecht, S. 198; *Behrens,* IPRax 1989, 354, 355; vgl. Art. 3 des Vorentwurfs einer 14. gesellschaftsrechtlichen Richtlinie zur Verlegung des Gesellschaftssitzes innerhalb der EU, abgedruckt in ZIP 1997, 1721. Ausführlich hierzu in letzter Zeit, *Grundmann,* Europäisches Gesellschaftsrecht, Rn. 813 ff.

[969] Vgl. oben Rn. 34 ff.

[970] Staudinger/*Großfeld* (1998) IntGesR Rn. 606; MünchKommBGB/*Kindler,* IntGesR Rn. 387 jeweils m. w. N.; *Zimmer,* Internationales Gesellschaftsrecht, S. 198; *Neumayer,* ZVglRWiss 83 (1984), 129, 169 f.; *Kegel/Schurig,* Internationales Privatrecht, § 17 II, S. 581 f.; *Assmann* in Großkomm AktG, Einl. Rn. 554, Grundmann, Europäisches Gesellschaftsrecht, Rn. 775.

[971] EuGH EuZW 2003, 687 (= NZG 2003, 1064 = WM 2003, 2042).

der innereuropäischen Sitzverlegung besonders zu würdigen. Die innereuropäische Sitzverlegung wird deshalb gesondert behandelt.[972]

1. Außereuropäische Sitzverlegung

445   Im Hinblick auf die Möglichkeiten einer grenzüberschreitenden Sitzverlegung außerhalb der Europäischen Union ohne spezielle staatsvertragliche Regelungen sind die folgenden Fallgruppen zu unterscheiden:

a) Verlegung des Verwaltungssitzes einer nach deutschem Recht gegründeten Gesellschaft ins Ausland

446   Diese Fallgruppe zeichnet sich dadurch aus, dass die Geschäftsleitung einer deutschen Gesellschaft ins Ausland verlegt wird, dabei aber der im Handelsregister eingetragene Satzungssitz in Deutschland beibehalten wird.

447   **aa) Kollisionsrechtliche Behandlung.** Auf Grundlage der Sitztheorie führt die Verlegung des Verwaltungssitzes grundsätzlich zu einem Statutenwechsel. Verlegt eine deutsche Gesellschaft ihren in Deutschland gelegenen Verwaltungssitz in einen Staat, welcher der Sitztheorie folgt, so bestimmt sich das Gesellschaftsstatut fortan nach dem Recht des Zuzugsstaats.[973] Da meist die Gründungsvorschriften des neuen Gesellschaftsstatuts nicht beachtet sein dürften, ist die Auflösung der Gesellschaft die regelmäßige Folge und eine Neugründung nach dem Recht des Zuzugsstaats ist erforderlich.[974] Davon abgesehen, wird eine für die Erlangung der Rechtsfähigkeit konstitutive Registereintragung in aller Regel nicht zu erlangen sein, da es der zuziehenden Gesellschaft an einem Satzungssitz im Zuzugsstaat mangelt.[975]

448   Folgt der Zuzugsstaat der Gründungstheorie und verlegt eine deutsche Gesellschaft unter Beibehaltung ihres Satzungssitzes in Deutschland ihren effektiven Verwaltungssitz dorthin, so verweist die Sitztheorie zunächst auf das Recht des ausländischen Zuzugsstaats als Sitzstaat.[976] Aufgrund der im Zuzugstaat auf Basis der Gründungstheorie vorzunehmenden Gründungsanknüpfung, verweist das Kollisionsrecht des Zuzugsstaats allerdings zurück auf deutsches Recht als Gründungsrecht (Art. 4 Abs. 1 Satz 2 EGBGB), da sich der Satzungs- und Gründungssitz weiterhin in Deutschland befindet.[977] Aus kollisionsrechtlicher Sicht ergeben sich daher in einem solchen Fall keine Hindernisse für die Sitzverlegung, da der neue Sitzstaat die nach Gründungsrecht erworbene Rechtsfähigkeit anerkennt und keine Neugründung verlangt.[978] Eine wirksame Rückverweisung würde allerdings voraussetzen, dass die Gesellschaft nach deutschem Sachrecht trotz der Verlegung ihres tatsächlichen Verwaltungssitzes als solche fortbesteht.

449   **bb) Behandlung nach deutschem Sachrecht.** Die überwiegende Ansicht in Rechtsprechung und Literatur geht davon aus, dass nach deutschem Sachrecht die Verlegung des effektiven Verwaltungssitzes einer deutschen Gesellschaft ins Ausland ein zwingender Grund für die Auflösung und Liquidation der Gesellschaft sei.[979] Dies soll auch dann gel-

---

[972] Vgl. unten Rn. 466 ff.

[973] BayObLG WM 1992, 1371; OLG Hamm NZG 2001, 562, 563; OLG Hamm NJW-RR 1998, 615; Staudinger/*Großfeld* (1998) IntGesR Rn. 608, 617 ff., 665; *Ebenroth/Auer*, RIW-Beil. 1/92, 6; MünchKommBGB/*Kindler*, IntGes Rn. 390; *Schwarz*, Europäisches Gesellschaftsrecht, Rn. 169.

[974] MünchKommBGB/*Kindler*, IntGesR Rn. 390.

[975] *Schwarz*, Europäisches Gesellschaftsrecht, Rn. 169.

[976] MünchKommBGB/*Kindler*, IntGesR Rn. 391; *Schwarz*, Europäisches Gesellschaftsrecht, Rn. 173.

[977] *Ebenroth/Auer*, RIW Beil. 1/92, 6; MünchKommBGB/*Kindler*, IntGesR Rn. 391; *Schwarz*, Europäisches Gesellschaftsrecht, Rn. 173.

[978] MünchKommBGB/*Kindler*, IntGesR Rn. 391; *Weitnauer*, EWS 1992, 165, 166.

[979] BGHZ 25, 134, 144 mit Verweis auf RGZ 7, 69; 88, 55; BayObLG WM, 1992, 1371; OLG Hamm NZG 2001, 562; MünchKommBGB/*Kindler*, IntGesR Rn. 393; Staudinger/*Großfeld* (1998) IntGesR Rn. 610; *Kegel/Schurig*, Internationales Privatrecht, § 17 II, S. 582.

ten, wenn ein der Gründungstheorie folgender Zuzugsstaat auf deutsches Sachrecht zurückverweist.[980] Ein entgegenstehender Willen der Gesellschafter oder eine die Sitzverlegung zulassende Satzungsbestimmung soll wirkungslos sein.[981] Für diese Ansicht wird angeführt, die Verlegung des Verwaltungssitzes scheitere daran, dass die juristische Person meist die Ausprägung einer spezifischen Gesellschaftsrechtsordnung, der soziale und wirtschaftspolitische Hintergrund des Zuzugsstaats aber davon verschieden sei. Auch wird geltend gemacht, Interessen der Gläubiger, der Gesellschafter und der Arbeitnehmer verböten eine identitätswahrende Verlagerung des tatsächlichen Verwaltungssitzes ins Ausland.[982]

Die Autorität der herrschenden Ansicht wird dadurch geschwächt, dass nicht immer **450** klar zwischen der Verlegung des Satzungssitzes (der bei der hier vorliegenden Fallkonstellation gerade nicht verlegt wird) und der Verlegung des Verwaltungssitzes differenziert wird.[983] Allein mit der Sitztheorie jedenfalls lässt sich die herrschende Meinung nur schwer begründen, wenn deren Anwendung aufgrund der Rückverweisung – wie soeben geschildert – gerade nicht zu einem Auflösungszwang führt.

Ergeben sich aus kollisionsrechtlicher Sicht keine Hindernisse, so ist entscheidend, ob **451** deutsches Sachrecht dafür spricht, in der Verlegung des Verwaltungssitzes einen zwingenden Grund für die Liquidation der Gesellschaft zu sehen. Ist man der Ansicht, dass sich die Sitztheorie in der kollisionsrechtlichen Regelung erschöpft und nicht auf das deutsche Sachrecht einwirkt, ergibt sich ein Auflösungszwang nur, wenn entweder zugleich der Satzungssitz[984] geändert wird oder die Beibehaltung des deutschen Satzungssitzes deutschem Gesellschaftsrecht widerspricht.[985] Bei Kapitalgesellschaften ist es nach § 5 AktG und § 4a Abs. 2 GmbHG möglich, einen vom Sitz der Geschäftsleitung verschiedenen inländischen Satzungssitz zu wählen, wenn an diesem Ort (i) ein inländischer Betrieb vorhanden ist, (ii) oder sich dort die Geschäftsleitung befindet, (iii) oder dort die Verwaltung geführt wird. Selbst diese Voraussetzungen sollen nur in der Regel gelten; bei schutzwürdigem Interesse sind daher Abweichungen möglich.[986] Es sind keine durchgreifenden Gründe ersichtlich, diese Wahlfreiheit bei Verlegung des Verwaltungssitzes in ein Land, das der Gründungstheorie folgt, einzuschränken. Insbesondere behalten die Arbeitnehmer, Gläubiger und die Gesellschafterminderheit ihre angestammten Rechte, da die deutsche Gesellschaft auch nach einer Sitzverlegung eine deutsche Gesellschaft bleibt.[987] Die identitätswahrende Verlegung des tatsächlichen Verwaltungssitzes ins Ausland ist daher entgegen der herrschenden Meinung möglich, sofern die Gesellschaft nach deutschem Sachrecht zulässigerweise weiterhin einen deutschen Satzungssitz hat und der Zuzugstaat der Gründungstheorie folgt. Ist der deutsche Satzungssitz nach deutschem Sachrecht nicht gerechtfertigt oder erfolgt eine Verlegung des Verwaltungssitzes in ein Land, das nicht der Gründungstheorie folgt, liegt im Sinne der herrschenden Meinung ein durch deutsches Sachrecht bestimmter Auflösungstatbestand vor.

Daneben ist strittig, wie ein deutschem Sachrecht widersprechender Gesellschafter- **452** beschluss über die Verlegung des Verwaltungssitzes zu behandeln ist. Nach herrschender Meinung soll ein solcher Gesellschafterbeschluss als Auflösungsbeschluss anzusehen

---

[980] Staudinger/*Großfeld* (1998) IntGesR Rn. 629; a. A. OLG Hamm NZG 2001, 562, 563 *(obiter dictum)*; *Assmann* in Großkomm AktG, Einl. Rn. 569; MünchKommBGB/*Kindler,* IntGesR Rn. 400; *Triebel/von Hase,* BB 2003, 2409, 2412.

[981] Staudinger/*Großfeld* (1998) IntGesR Rn. 609.

[982] Ausführlich zu diesen Argumenten insbesondere Staudinger/*Großfeld* (1998) IntGesR Nr. 618.

[983] So auch Staudinger/*Großfeld* (1998) IntGesR Rn. 631; vgl. aber OLG Hamm NZG 2001, 562.

[984] Siehe sogleich unter Rn. 453 ff., 457 ff.

[985] Vgl. *Triebel/von Hase,* BB 2003, 2409, 2412; MünchKommBGB/*Kindler,* IntGesR Rn. 396; *Lutter/Bayer* in Lutter/Hommelhoff, GmbHG, § 4a Rn. 21; *Kögel,* GmbHR 1998, 1108, 1111.

[986] *Hueck/Fastrich* in Baumbach/Hueck, GmbHG, § 4a Rn. 6 m.w.N.

[987] Vgl. für die Sitzverlegung innerhalb der EU, *Drygala,* ZEuP 2004, 337, 352; *Knobbe-Keuk,* ZHR 154 (1990), 325, 352; *Triebel/von Hase,* BB 2003, 2409, 2412 ff.

sein.[988] Eine im Vordringen begriffene Meinung geht dagegen davon aus, dass es sich insoweit um einen Beschluss handelt, der gemäß § 241 Nr. 3 AktG (analog) nichtig ist.[989] Zurecht wird der herrschenden Meinung entgegen gehalten, es erscheine lebensfremd und gekünstelt, den beschlussfassenden Gesellschaftern bei einem solchen Beschluss zu unterstellen, sie meinten bei einem Beschluss über die Sitzverlegung in Wirklichkeit einen Auflösungsbeschluss.[990]

b) Verlegung des Satzungssitzes einer nach deutschem Recht gegründeten Gesellschaft ins Ausland

453   Auch die Verlegung des Satzungssitzes ist sowohl kollisionsrechtlich, als auch sachrechtlich zu betrachten. Kollisionsrechtlich ist danach zu differenzieren, ob der Zuzugsstaat der Gründungs- oder der Sitztheorie folgt. Folgt sowohl der Wegzugs- als auch der Zuzugsstaat der Sitztheorie, so führt die Verlegung (nur) des Satzungssitzes ins Ausland grundsätzlich nicht zu einem Statutenwechsel, da der Satzungssitz sowohl für den Zuzugsstaat als auch für den Wegzugsstaat kein kollisionsrechtlicher Anknüpfungspunkt ist.[991] Es bleibt daher bei der Maßgeblichkeit des deutschen Gesellschaftsrechts und die Möglichkeit einer solchen Verlegung hängt allein davon ab, ob sie nach deutschem Sachrecht zulässig ist oder nicht.

454   Folgt der Zuzugsstaat hingegen der Gründungstheorie, ist der internationale Entscheidungseinklang nicht mehr gewahrt. Aufgrund der Anknüpfung an den Satzungssitz hält der Zuzugsstaat das eigene Recht für anwendbar, während der Wegzugsstaat aufgrund der Unbeachtlichkeit des Satzungssitzes im Rahmen der Sitztheorie ebenfalls das eigene Recht für anwendbar hält. Die Anwendung des Rechts des Zuzugsstaats hätte in einem solchen Fall zur Folge, dass die wegziehende Gesellschaft bei Anwendung des Sachrechts des geänderten Satzungssitzes nicht anerkennungsfähig ist, da die Gründungsvorschriften des Zuzugsstaats nicht eingehalten wurden.[992]

455   Letztlich muss diese Differenzierung zwischen Staaten, die der Sitztheorie und solchen, die der Gründungstheorie folgen, allerdings nicht weiter beachtet werden, da aufgrund der Anwendung des deutschen Sachrechts eine bloße Verlegung des Satzungssitzes in jedem Fall nicht möglich ist. Der BGH[993] – im Einklang mit der Literatur[994] – verlangt von jeder deutschen Gesellschaft einen inländischen Satzungssitz. Dieses Erfordernis ergibt sich für Aktiengesellschaften und GmbHs aus §§ 5 AktG, 4a Abs. 2 GmbHG. Ein inländischer Satzungssitz dient als Anknüpfungspunkt für die Zuständigkeit, etwa bei Registereintragungen und verschiedenen gesellschaftsrechtliche Entscheidungen. Die Aufgabe des Erfordernisses eines inländischen Satzungssitzes würde die damit einhergehende faktische Gewährleistung der Durchsetzbarkeit deutschen Gesellschaftsrechts unterschätzen.[995] Ohne Satzungssitz im Inland hängt die Gesellschaft praktisch „in der Luft".[996] Zudem ist ein schutzwürdiges Interesse für die Verlegung des Satzungssitzes in das Ausland unter Beibe-

---

[988] BayObLG WM 1992, 1371; OLG Hamm WiB 1997, 1242; OLG Düsseldorf BB 2001, 901; *Ebenroth/Auer*, JZ 1993, 374, 375; Staudinger/*Großfeld* (1998) IntGesR Rn. 655; MünchKomm BGB/*Kindler*, IntGesR Rn. 399.

[989] MünchKommAktG/*Heider*, § 5 Rn. 65; *Hüffer*, AktG, § 5 Rn. 12; *Triebel/von Hase*, BB 2003, 2409, 2414 f.

[990] *Triebel/von Hase*, BB 2003, 2409, 2414 f.

[991] Staudinger/*Großfeld* (1998) IntGesR Rn. 650; *Ebenroth/Auer*, RIW-Beil. 1/92, 7; Münch KommBGB/*Kindler*, IntGesR Rn. 399; *Assmann* in Großkomm AktG, Einl. Rn. 565 Fn. 134.

[992] *Schwarzer*, NZG 2001, 613, 614.

[993] BGHZ 29, 320, 328; 19, 102, 105 f., vgl. auch schon RGZ 107, 94, 97. Aus der Rechtsprechung der Instanzgerichte: OLG Düsseldorf NZG 2001, 506; OLG Hamm NZG 2001, 562.

[994] *Triebel/von Hase*, BB 2003, 2409, 2414; *Lutter/Bayer* in Lutter/Hommelhoff, GmbHG, § 4a Rn. 22; *Hüffer*, AktG, § 5 Rn. 5; *Zimmer*, BB 2000, 1361; MünchKommAktG/*Heider*, § 5 Rn. 65.

[995] MünchKommBGB/*Kindler*, IntGesR Rn. 399; Staudinger/*Großfeld* (1998) IntGesR Rn. 651.

[996] *Triebel/von Hase*, BB 2003, 2409, 2412.

haltung der deutschen Rechtsform nicht zu erkennen. Dies gilt auch für das EU-Ausland.[997]

Im nächsten Schritt stellt sich nach deutschem Sachrecht die Frage, wie ein Gesell-   **456** schafterbeschluss zur Verlegung des Satzungssitzes zu behandeln ist. Ebenso wie bei einem Beschluss über die Verlegung des Verwaltungssitzes ist hier der im Vordringen befindlichen Auffassung der Vorzug zu geben, wonach ein die Satzungsbestimmung zum Gesellschaftssitz ändernder Beschluss gemäß § 241 Nr. 3 AktG (analog) nichtig ist.[998] Für die Praxis ist dieser Streit letztlich wenig relevant, da die Registergerichte die Anmeldung der Sitzverlegung regelmäßig mit der Begründung zurückweisen, dass bei Verlegung des Satzungssitzes die Auflösung der Gesellschaft anzumelden sei und nicht die Auflösung eintragen.[999]

c) Verlegung des Verwaltungssitzes und des Satzungssitzes einer nach deutschem Recht gegründeten Gesellschaft ins Ausland

In der Mehrzahl der bisher entschiedenen Fälle zur identitätswahrenden Sitzverlagerung   **457** aus Deutschland heraus, wurde von den betreffenden Gesellschaften nicht versucht nur den Verwaltungssitz oder nur den Satzungssitz zu verlegen, sondern es sollte sowohl der Verwaltungssitz als auch der Satzungssitz verlegt werden.[1000] Insbesondere in einem zuletzt entschiedenen innereuropäischen Fall wurde dabei – unter Ausnutzung expliziter Regelungen der transnationalen Sitzverlegung im portugiesischen Recht[1001] – zugleich versucht, die Gesellschaft in eine Gesellschaftsform des Zuzugsstaats umzuwandeln.[1002]

Bei Verlegung sowohl des Satzungssitzes als auch des Verwaltungssitzes, ändert sich nur   **458** für den Fall, dass der Zuzugsstaat der Sitztheorie folgt, das Gesellschaftsstatut. Aufgrund der Verlegung des Verwaltungssitzes, ist in einem solchen Fall fortan das Recht des Zuzugsstaats anwendbares Sachrecht. Schon daran wird im Regelfall die identitätswahrende transnationale Umwandlung scheitern, da das Sachrecht des Zuzugsstaats im Regelfall eine Neugründung verlangt. Trotzdem ist auch wenn der Zuzugsstaat der Gründungstheorie folgt, eine identitätswahrende transnationale Umwandlung im Regelfall nicht möglich, da nach dem Wegzug auch die Gründungstheorie die Gesellschaft mangels Identität von Gründungsrecht und Satzungssitz nicht anerkennt.[1003]

Vom Standpunkt des deutschen Sachrechts aus, gilt grundsätzlich nichts anderes als bei   **459** alleiniger Verlegung des Satzungssitzes, da die gleichzeitige Verlegung von Verwaltungssitz und Satzungssitz notwendigerweise immer eine Verlegung des Satzungssitzes beinhaltet. Die gleichzeitige Verlegung des Satzungssitzes und des Verwaltungssitzes hat daher zwingend die Liquidation der Gesellschaft zur Folge; ein entsprechender Gesellschaftsbeschluss ist nichtig.[1004]

Logisch zwingend ist dies allerdings dann nicht, wenn die deutsche Gesellschaft im We-   **460** ge des grenzüberschreitenden Rechtsformwechsels in eine Rechtsform des Zuzugsstaates wechseln will und der Zuzugsstaat einen solchen transnationalen Rechtsformwechsel ohne Neugründung gestattet. Denn sobald die Gesellschaft in einem solchen Fall sowohl ihren Satzungssitz als auch ihren Verwaltungssitz ins Ausland verlegt hat, findet auf die Gesell-

---

[997] *Triebel/von Hase*, BB 2003, 2409, 2414.

[998] MünchKommAktG/*Heider*, § 5 Rn. 65; *Hüffer*, AktG, § 5 Rn. 12; MünchKommBGB/*Kindler*, IntGesR Rn. 399; *Triebel/von Hase*, BB 2003, 2409, 2414 f.; vgl. Rn. 452.

[999] Vgl. BayObLG ZIP 2004, 806.

[1000] Vgl. OLG Hamm NJW-RR, 1998, 615; BayObLG NJW-RR 1993, 43; OLG Brandenburg ZIP 2005, 489; BayObLG ZIP 2004, 806 zu letzterem *Thölke*, DNotZ 2004, 728; *Buchbinder*, IStR 2004, 216; *Stieb*, GmbHR 2004, 492; *Wachter*, EWiR 2004, 375; *Weller*, DStR 2004, 1218.

[1001] Siehe dazu *Stieb*, GmbHR 2004, 492, 494; *Schwarz*, Europäisches Gesellschaftsrecht, Rn. 171.

[1002] BayObLG ZIP 2004, 806 ff., hierzu *Thölke*, DNotZ 2004, 728; *Buchbinder*, IStR 2004, 216; *Stieb*, GmbIIR 2004, 492; *Wachter*, EWiR 2004, 375; *Weller*, DStR 2004, 1218.

[1003] MünchKommBGB/*Kindler*, IntGesR Rn. 400; *Ebenroth/Eyles*, DB Beil 2/88 S. 7.

[1004] Str. s. oben unter 452, 456.

schaft nach Sitz- und Gründungstheorie das Recht des Zuzugsstaates Anwendung.[1005] Aus einer deutschen GmbH würde eine entsprechende ausländische Gesellschaft; dass für letztere ein inländischer Satzungssitz nicht zwingend sein kann, liegt auf der Hand. Wie jeder Rechtsformwechsel fordert aber auch ein solch grenzüberschreitender Rechtsformwechsel eine gesetzlich abgesicherte Sicherung der Gläubiger, (Minderheits-)Gesellschafter und des Fiskus.[1006] Dies zeigt sich für innerdeutsche Sachverhalte schon an der bestehenden Regelung durch das Umwandlungsgesetz. Eine solche Regelung gibt es zur grenzüberschreitenden Umwandlung im deutschen Recht bisher nicht. Solange eine solche gesetzliche Regelung fehlt, können schutzwürdige Interessen bei einem Wegzug der Gesellschaft ins Ausland nur durch deren Auflösung und das sich anschließende Liquidationsverfahren gewahrt werden.[1007]

d) Verlegung einer nach ausländischem Recht gegründeten Gesellschaft in die Bundesrepublik Deutschland

461   Der Zuzug einer im Ausland gegründeten Gesellschaft in den Geltungsbereich des deutschen Rechts durch Verlegung des Verwaltungssitzes ist der Schulfall für die Anwendung der Sitztheorie. Mit „Grenzübertritt" (durch die Verlegung des Verwaltungssitzes) wird die Gesellschaft aufgrund der Sitztheorie nach deutschem Recht beurteilt.[1008] Bis zur Änderung der Rechtsprechung des BGH im Jahr 2002 bedeutete dies: Eine ausländische Gründung genügte in der Regel den Gründungsvorschriften des deutschen Rechts nicht. Folglich fehlte es an einer nach deutschen Recht rechtsfähigen Gesellschaft; die Gesellschaft wurde – bildlich gesprochen – an der Grenze „totgeschlagen".[1009] Dabei war unerheblich, ob dem Kollisionsrecht des Wegzugsstaates die Sitztheorie oder die Gründungstheorie zugrunde lag und/oder ob der Wegzugsstaat den Wegzug gestattete. Seit dem Urteil des BGH vom 1. 7. 2002[1010] ist die im Ausland gegründete Gesellschaft nach deutschem Recht jedenfalls eine rechtsfähige Personengesellschaft, die als solche in Deutschland auch parteifähig ist.[1011] Etwas anderes gilt spätestens nach den „Überseering"- und „Inspire Art"-Entscheidungen des EuGH[1012] innerhalb der Europäischen Union, wonach der Zuzug von ausländischer Gesellschaften aus der Europäischen Union gestattet werden muss.[1013]

462   Wird mit dem Verwaltungssitz zugleich der Satzungssitz ins Inland verlegt, ändert dies an der Beurteilung nichts. Die Verlegung des Satzungssitzes ist aufgrund der in Deutschland nach wie vor geltenden Sitztheorie kollisionsrechtlich ohne Bedeutung.[1014] Aus diesem Grunde ist auch die alleinige Verlegung des Satzungssitzes nach Deutschland für die hiesige Rechtsordnung unmaßgeblich. Es bleibt allein das Recht des Verwaltungssitzes anwendbar und die Rechtsfolgen der Satzungssitzverlegung beurteilen sich nach dem Recht des Wegzugsstaates.

463   Etwas anderes gilt nur, wenn staatsvertragliche Anerkennungsbestimmungen das allgemeine deutsche Kollisionsrecht verdrängen. So bestimmt der Freundschafts-, Handels- und Schifffahrtsvertrag vom 29. 10. 1954 zwischen der Bundesrepublik Deutschland und den

---

[1005] Vgl. *Weller*, DStR 2004, 1218, 1219.

[1006] *Weller*, DStR 2004, 1218, 1219.

[1007] *Weller*, DStR 2004, 1218, 1219.

[1008] BGHZ 97, 269; BGH NJW 1992, 618; 1986, 2194; BayObLG NJW 1986, 2197, 2198; OLG Zweibrücken IPRax 1991, 406; OLG Hamburg NJW 1986, 2199; Staudinger/*Großfeld* (1998) IntGesR Rn. 38, 136, 677; *Michalski*, NZG 1998, 762, Palandt/*Heldrich*, Anh zu EGBGB 12 Rn. 4f.

[1009] *Lutter*, BB 2003, 7, 10f.

[1010] BGHZ 151, 204 (= BGH NJW 2002, 3539).

[1011] Vgl. oben Rn. 78f.

[1012] EuGHE 2002, 9919 – Überseering (= NZG 2002, 1164); EuGH EuZW 2003, 687 – Inspire Art (= NZG 2003, 1064).

[1013] Vgl. dazu Rn. 153ff., 174, 195, 466ff.

[1014] Vgl. MünchKommBGB/*Kindler*, IntGesR Rn. 405 m. w. N.

USA, dass Gesellschaften, die gemäß den Gesetzen und sonstigen Vorschriften des einen Vertragsteils in dessen Gebiet errichtet sind, in dem Gebiet des anderen Vertragsteils anzuerkennen sind.[1015]

e) Verlegung des Verwaltungssitzes von einem ausländischen Staat in einen anderen

In dieser Konstellation ist primär das Recht des ausländischen Wegzugsstaates und das **464** Recht des ausländischen Zuzugsstaates maßgeblich. Aus der Sicht des deutschen Rechts stellt sich lediglich die Frage, ob auf der Grundlage der Sitztheorie oder besonderen bi- oder multilateralen Vereinbarungen die Verlegung des Verwaltungssitzes dazu führt, dass die Gesellschaft nach deutschem Recht nicht mehr anerkannt wird.

Besteht die Gesellschaft nach dem Zusammenspiel des Wegzugsstaats und des Zuzugs- **465** staats fort, so ist dieses Ergebnis für das deutsche Recht erheblich (Art. 4 Abs. 1 Satz 1 EGBGB) und es wechselt lediglich das Gesellschaftsstatut.[1016] Verlangt hingegen der Wegzugstaat die Auflösung, so kann der Zuzugsstaat die vom Wegzugsstaat verlangte Auflösung nicht beseitigen und die Gesellschaft wird vom deutschen Recht nicht anerkannt. Genauso werden Gesellschaften nicht anerkannt von denen der Zuzugstaat bei grenzüberschreitender Verlegung des Verwaltungssitzes eine Neugründung verlangt. Der ausgewanderten Gesellschaft wird in diesen Fällen vom deutschen Recht die Anerkennung verweigert, wenn sie im Zuzugsstaat nicht rechtsfähig ist.

2. Grenzüberschreitende identitätswahrende Sitzverlegung innerhalb der Europäischen Union

a) Zuzugsfälle nach den Überseering- und Inspire Art-Entscheidungen des EuGH

Durch die „Überseering"- und „Inspire Art"-Entscheidungen des EuGH[1017] ist geklärt, **466** dass ausländische Gesellschaften mit tatsächlichem Verwaltungssitz in Deutschland als Gesellschaften ausländischen Rechts anzuerkennen sind, sofern das Gründungsrecht dieser Gesellschaft einen ausländischen Verwaltungssitz zulässt. Eine Anpassung der ausländischen Gesellschaften an das deutsche Gesellschaftsrecht kann nicht verlangt werden. Europäische Gesellschaften aus Staaten, die der Gründungstheorie folgen, können daher unproblematisch ihren Verwaltungssitz nach Deutschland verlegen. Für Zuzugsfälle aus Mitgliedstaaten der EU, die der Gründungstheorie folgen, gilt damit innerhalb der Europäischen Union im Zuzugsstaat die Gründungstheorie.[1018]

Für Zuzugsfälle aus Mitgliedstaaten der EU, die der Sitztheorie folgen, kann in **467** Deutschland weiterhin die Sitztheorie angewandt werden. Ob dies sinnvoll ist, ist rechtspolitisch zu diskutieren. Solange durch gesetzliche Regelung oder Rechtsprechung kein Wechsel zur Gründungstheorie erfolgt, ist davon auszugehen, dass auch insoweit die Sitztheorie weiterhin Anwendung findet. Bei Anwendung der Sitztheorie liegt in einem solchen Fall gar kein Zuzug vor, da der mit der Sitzverlegung verbundene Statutenwechsel zur Auflösung der Gesellschaft führt. Nach einem etwaigen Wechsel zur Gründungstheorie wäre ein identitätswahrender Zuzug auch aus einem der Sitztheorie folgenden Staat möglich.[1019]

[1015] Art. XXV Abs. 5 des Freundschafts-, Handels- und Schifffahrtsvertrag vom 29. 10. 1954 zwischen der Bundesrepublik Deutschland und den Vereinigten Staaten von Amerika; Gesetz vom 7. 5. 1956 zu diesem Vertrag, BGBl. 1956 II, 487, 500; vgl. dazu oben Rn. 232 ff.

[1016] Staudinger/*Großfeld* (1998) IntGesR Rn. 648, auch zum Folgenden.

[1017] EuGHE 2002, 9919 – Überseering (= NZG 2002, 1164); EuGH EuZW 2003, 687 – Inspire Art (= NZG 2003, 1064).

[1018] *Bayer,* BB 2003, 2357, 2363; ähnlich *Leible,* ZGR 2004, 531, 534 „europarechtliche Gründungstheorie"; vgl. dazu auch oben Rn. 153 ff., 174, 195.

[1019] Vgl. oben Rn. 206 ff., 209.

b) Wegzugsfälle und Niederlassungsfreiheit

468   Für Wegzugsfälle innerhalb der europäischen Union ist fraglich, ob die oben[1020] geschilderten äußerst beschränkten Möglichkeiten der identitätswahrenden Sitzverlegung deutscher Gesellschaften nicht europarechtlichen Vorgaben widersprechen. Dabei ist insbesondere die EuGH-Rechtsprechung von „Daily Mail"[1021] über „Centros"[1022] und „Überseering"[1023] bis „Inspire Art"[1024] zu würdigen.

469   **aa) Möglichkeiten zur Verlegung des Verwaltungssitzes unter Beibehaltung des (deutschen) Satzungssitzes.** Nach der hier vertretenen Ansicht[1025] kann eine deutsche Gesellschaft bereits nach geltendem Recht ihren tatsächlichen Verwaltungssitz unter Wahrung ihrer Identität ins Ausland verlegen, sofern sie weiterhin zulässigerweise einen deutschen Satzungssitz hat und der Zuzugstaat der Gründungstheorie folgt. Ein Teil der Literatur schließt aus den „Überseering"- und „Inspire Art"-Entscheidungen des EuGH, dass die Mitgliedstaaten der EU im Fall eines Zuzugs einer Gesellschaft aus einem anderen Mitgliedstaat generell die Gründungstheorie anzuwenden haben.[1026] Die Urteile des EuGH enthalten hierfür keine Anhaltspunkte. Die bisherige Rechtsprechung des EuGH steht vielmehr einer weiteren Anwendung der Sitztheorie durch den Zuzugstaat nicht entgegen, falls auch der Wegzugstaat der Sitztheorie folgt.[1027]

470   Sollte jedoch entgegen der hier vertretenen Auffassung oder aufgrund einer künftigen Entscheidung des EuGH eine generelle Anwendung der Gründungstheorie auf alle Zuzugsfälle geboten sein, so würden damit die Möglichkeiten einer identitätswahrenden Sitzverlegung erweitert. Oben wurde es für möglich gehalten, dass eine deutsche Gesellschaft ihren Verwaltungssitz unter Beibehaltung des deutschen Satzungssitzes in einen Staat verlegt, der der Gründungstheorie folgt, solange ein inländischer Satzungssitz gerechtfertigt ist. Folgt man dieser Ansicht, so bestünde dann diese Möglichkeit innerhalb der gesamten Europäischen Union unabhängig davon, ob der Zuzugstaat der Gründungs- oder der Sitztheorie folgt. Schließlich hätte dann jeder europäische Staat, den Zuzug von Gesellschaften aus dem EU-Ausland zu gestatten. Innerhalb der europäischen Union ergäbe sich daher für den Fall des Wegzugs einer deutschen Kapitalgesellschaft nur noch dann ein Auflösungzwang, wenn entweder gleichzeitig der Satzungssitz geändert würde oder die Beibehaltung des deutschen Satzungssitzes deutschem Gesellschaftsrecht widerspräche; bei Kapitalgesellschaften also wenn der Satzungssitz nicht durch das Vorhandensein eines inländischen Betriebs oder die Beibehaltung sonstiger Geschäftätigkeit im Inland gerechtfertigt wäre.

471   Unabhängig davon, ob die Gründungstheorie in allen Zuzugsfällen Anwendung findet, wäre es auch rechtspolitisch wünschenswert, den deutschen Gesellschaften die identitätswahrende Sitzverlegung zu eröffnen. Sonst wäre zwar der Zuzug ausländischer Gesellschaften (insbesondere aus Staaten die der Gründungstheorie folgen) möglich, der Export der deutschen GmbH oder AG jedoch nicht.[1028]

472   **bb) Verlegung des Verwaltungssitzes und Niederlassungsfreiheit.** Fraglich ist, ob die – auch nach der hier vertretenen Ansicht – bestehenden Beschränkungen hinsichtlich der Verlegung des Verwaltungssitzes oder der nach wohl herrschender Meinung generell bestehende Auflösungzwang des deutschen Sachrechts bei Verlegung des Verwaltungssitzes gegen die europarechtliche Niederlassungsfreiheit verstößt.

[1020] Vgl. oben Rn. 443.
[1021] EuGHE 1998, 5505 (= NJW 1989, 2186).
[1022] EuGHE 1999, 1484 (= NJW 1999, 2027).
[1023] EuGHE 2002, 9943 (= NZG 2002, 1164).
[1024] EuGH EuZW 2003, 687 (= NZG 2003, 1064).
[1025] Vgl. oben Rn. 451.
[1026] Vgl. oben Rn. 206 m. w. N.
[1027] Vgl. oben Rn. 206 ff., 208 m. w. N.
[1028] Vgl. *Lutter/Bayer* in Lutter/Hommelhoff, GmbHG, § 4 a Rn. 21.

Basierend auf der aktuellen Rechtsprechung des EuGH ist – solange Wegzugsfälle we-   **473**
der vom deutschen Gesetzgeber noch vom europäischen Gesetzgeber geregelt wurden[1029]
– weiterhin davon auszugehen, dass Wegzugsbeschränkungen, die ein Mitgliedstaat Gesellschaften auferlegt, die ihre Rechtsfähigkeit von seiner staatlichen Autorität ableiten,
nicht gegen die europarechtliche Niederlassungsfreiheit nach Art. 43 i. V. m. Art. 48 EG
verstoßen.[1030]

Zwar ist spätestens seit „Inspire Art" geklärt, dass Zuzugsbeschränkungen gegenüber   **474**
einer nach ausländischem Recht gegründeten Gesellschaft, die ihre Tätigkeit in einem anderen EU-Staat ausüben will, mit der in Art. 43 und 48 EG gewährten Niederlassungsfreiheit unvereinbar sind. Der EuGH hat sich aber bereits im „Überseering"-Urteil und zuletzt im „Inspire Art"-Urteil ausdrücklich auf seine Entscheidung in „Daily Mail" bezogen. In der Entscheidung in Sachen „Daily Mail" aus dem Jahre 1988 konzedierte der
EuGH zwar, der Schutz der Niederlassungsfreiheit wäre „sinnentleert, wenn der Her-
kunftsstaat Unternehmen verbieten könnte, auszuwandern, um sich in einem anderen
Mitgliedstaat niederzulassen."[1031] Zugleich findet sich jedoch die Aussage aus den Rege-
lungsvorläufern der Art. 43, 48 EG folge kein Recht, „der Gesellschaften nationalen
Rechts, den Sitz ihrer Geschäftsleitung unter Bewahrung ihrer Eigenschaften als Gesell-
schaften des Mitgliedstaats ihrer Gründung in einen anderen Mitgliedstaat zu verlegen."[1032]
Im Ergebnis sah der EuGH daher in „Daily Mail" in Wegzugbeschränkungen, welche die
Zulässigkeit der Sitzverlegung an die Genehmigung einer Steuerbehörde banden, als zu-
lässig an. Die Niederlassungsfreiheit werde im Allgemeinen durch die Errichtung von
Agenturen, Zweigniederlassungen und Tochtergesellschaften sowie der Möglichkeit der
Teilnahme an einer Neugründung in einem anderen Mitgliedstaat verwirklicht.[1033]

Offenbar sieht der EuGH „Wegzugsbeschränkungen" nicht als ein Problem der Nie-   **475**
derlassungsfreiheit an, sondern als Teil des nationalen Gesellschaftsrechts.[1034] Dies ist auch
konsequent, da das Primärrecht den Mitgliedstaaten nicht vorgibt, wie sie ihr nationales
Gesellschaftsrecht auszugestalten haben. Ausfluss dieser Haltung ist die wiederholt getätigte
Aussage, die juristische Person habe jenseits der nationalen Rechtsordnung keine Realität.[1035] Entsprechend kann ein Mitgliedstaat die Existenz einer bestimmten Gesellschaft
auch von einem inländischen Verwaltungssitz abhängig machen, z. B. weil die räumliche
Nähe zum Registergericht für das Funktionieren bestimmter Kontrollmechanismen als
notwendig angesehen wird.[1036]

Dem steht auch die Entscheidung „Hughes de Lasteyrie du Saillant"[1037] nicht entgegen.   **476**
In diesem Fall handelte es sich um eine steuerliche Wegzugsbeschränkung und nicht um
eine gesellschaftsrechtliche Wegzugsbeschränkung. Insbesondere vor dem Hintergrund der
ausdrücklichen Bezugnahme auf die „Daily Mail"-Entscheidung im „Überseering"-Urteil
und im „Inspire Art"-Urteil, kann die Gemeinschaftsrechtswidrigkeit einer Wegzugsbe-

---

[1029] Eine solche Regelung wird weithin für erforderlich und wünschenswert gehalten; vgl. nur
Leible, ZGR 2004, 531 ff.; *Schuster/Binder,* WM 2004, 1665, 1667; zweifelnd *Drygala,* ZEuP 2004,
337, 355.

[1030] OLG Brandenburg ZIP 2005, 489, 490; BayObLG ZIP 2004, 806, 808; *Riegger,* ZGR 2004,
511, 528; *Staudinger/Großfeld* (1998) IntGesR Rn. 664 ff.; *Binge/Thölke,* DNotZ 2004, 21, 27; *Horn,*
NJW 2004, 893, 897; *Schuster/Binder,* WM 2004, 1665, 1666 f.

[1031] EuGH NJW 1989, 2186, 2187 – Daily Mail.

[1032] EuGH NJW 1989, 2186, 2188 – Daily Mail.

[1033] EuGH NJW 1989, 2186, 2187 – Daily Mail.

[1034] *Riegger,* ZGR 2004, 511, 528; *Drygala,* ZEuP 2004, 337, 350.

[1035] EuGH NJW 1989, 2186, 2187 – Daily Mail; EuGHE 2002, 9943, 9967, 9971 – Überseering
(= NJW 2002, 3614, 3615) Rn. 67 und 81; vgl. die Anmerkungen von *Franz,* EuZW 2004, 270 und
Kleinert/Propst, NJW 2004, 2525.

[1036] *Binge/Thölke,* DNotZ 2004, 21, 27.

[1037] EuGH EuZW 2004, 273 (= GmbHR 2004, 504; auszugsweise auch veröffentlicht in NJW
2004, 2439); vgl. auch OLG Brandenburg ZIP 2005, 489, 491.

steuerung nicht für die Gemeinschaftsrechtswidrigkeit einer gesellschaftsrechtlichen Wegzugsbeschränkung in Anspruch genommen werden.

477   Gleichwohl mehren sich in der Literatur die Stimmen, die für eine Gleichbehandlung des Weg- und des Zuzugs plädieren.[1038] Die Wegzugssperre für deutsche Gesellschaften widerspreche der Niederlassungsfreiheit, weil sie zu einer Diskriminierung inländischer Gesellschaften in Deutschland führt.[1039] Für die Gestaltungspraxis[1040] ist aber – vorbehaltlich einer erneuten Befassung des EuGH mit der Wegzugsproblematik oder einer europäischen Regelung – davon auszugehen, dass innerhalb der Europäischen Union die identitätswahrende Verwaltungssitzverlegung nur möglich ist, wenn das nationale Gesellschaftsrecht den Wegzug gestattet. Dies ist nach der hier vertretenen Ansicht dann der Fall, wenn eine deutsche Kapitalgesellschaft ihren Verwaltungssitz ins Ausland verlegt, ihren deutschen Satzungssitz aufrechterhält und diese Aufrechterhaltung durch das Vorhandensein eines inländischen Betriebs oder der Aufrechterhaltung sonstiger Geschäftstätigkeit gerechtfertigt ist. Der Zuzugsstaat muss allerdings der Gründungstheorie folgen.

478   **cc) Verlegung des Satzungssitzes und Niederlassungsfreiheit.** Die Möglichkeit einer transnationalen Umwandlung dergestalt, dass sowohl der Satzungssitz als auch der Verwaltungssitz einer deutschen Gesellschaft unter Wahrung der Identität der Gesellschaft ins EU-Ausland verlegt werden und die Gesellschaft in eine Rechtsform des Zuzugsstaats umgewandelt wird, ist nicht vom Schutzbereich der Niederlassungsfreiheit umfasst. Dass die europäische Niederlassungsfreiheit aus Art. 43, 48 EG die Zulassung der identitätswahrenden Verlegung des Satzungs- und Verwaltungssitzes gebietet, ist bisher nicht überzeugend dargetan worden.[1041]

479   Dies würde in jedem Fall voraussetzen, dass die Niederlassungsfreiheit auch das Recht garantiert, den Satzungssitz identitätswahrend innerhalb der europäischen Gemeinschaft verlegen zu können. Höchstrichterlich geklärt ist diese Frage bislang nicht. Ein entsprechendes Vorabentscheidungsersuchen des AG Heidelberg[1042] wurde vom EuGH als unzulässig zurückgewiesen.[1043] Dagegen, dass die Verlegung des Satzungssitzes von der Niederlassungsfreiheit umfasst ist, spricht, dass Art. 43 Abs. 2 EG die „Aufnahme und Ausübung selbständiger Erwerbstätigkeiten" sowie die „Gründung und Leitung von Unternehmen" im Auge hat. Das sind tatsächliche wirtschaftliche und nicht rein rechtliche Vorgänge. Die Verlegung der Hauptniederlassung mag daher ein niederlassungsrechtlicher Vorgang sein, die bloße Umwandlung einer inländischen in eine ausländische Gesellschaft unter Wahrung der Rechtsidentität und unter Wechsel des Satzungssitzes ist aber für die Lokalisierung des Unternehmensstandorts nicht unmittelbar relevant.[1044]

c) Der Vorentwurf eines Richtlinienvorschlags zur Verlegung des Gesellschaftssitzes innerhalb der EU

480   Aus den vorstehenden Ausführungen ist deutlich geworden, dass – insbesondere für Wegzugsfälle aus Sitztheoriestaaten – auch innerhalb der Europäischen Union keine

---

[1038] Kritik bei *Behrens*, IPRax 2003, 193, 205; *Großerichter*, DStR 2003, 159, 164; *von Halen*, WM 2003, 571; 574; *Paefgen*, WM 2003, 561, 568 f.; *Wertenbruch*, NZG 2003, 618, 619; *Triebel/von Hase*, BB 2003, 2409; 2411; *Eidenmüller*, JZ 2004, 24, 29. Bei *Drygala* ZEuP 2004, 337, 351 insbesondere vor dem Hintergrund der Niederlassungsfreiheit von Gesellschaftern.

[1039] *Behrens*, IPRax 2003, 193, 197 f., 205; *Roth*, IPRax 2003, 117, 121; vgl. auch *Grundmann*, Europäisches Gesellschaftsrecht, Rn. 779.

[1040] Davon geht auch *Grundmann*, Europäisches Gesellschaftsrecht, Rn. 780 aus.

[1041] Vgl. auch BayObLG ZIP 2004, 806, 808 mit Verweis auf *Triebel/von Hase*, BB 2003, 2409; 2413 f.; *Staudinger/Großfeld* (1998) IntGesR Rn. 680.

[1042] AG Heidelberg NZG 2000, 927. Vgl. *Behrens*, IPRax 2000, 384, 388; *Jaeger*, NZG 2000, 918; *Roth*, ZIP 2000, 1597.

[1043] EuGH NZG 2001, 1027.

[1044] *Leible*, ZGR 2004, 531, 535 im Anschluss an *Behrens*, IPRax 2000, 384, 389. Vgl. auch *Binge/Thölke*, DNotZ 2004, 21, 27 f.; *Triebel/von Hase*, BB 2003, 2409, 2413 ff.

Rechtssicherheit besteht. Nur durch Rechtssicherheit kann aber das Potenzial einer grenzüberschreitenden identitätswahrenden Sitzverlegung ausgeschöpft werden.[1045] Daher gilt
die Vorbereitung einer Sitzverlegungsrichtlinie zu Recht als eine der wichtigsten Initiativen aus dem Bereich des Gesellschaftsrechts. Der „Aktionsplan zur Modernisierung des
Gesellschaftsrechts und Verbesserung der Corporate Governance in der europäischen Union"[1046] kündigte im Mai 2003 unter anderem die Vorlage eines überarbeiteten Vorschlags
einer Richtlinie über die Sitzverlegung an (14. Gesellschaftsrechtliche Richtlinie). Ursprünglich wurde ein Vorschlag für 2004 erwartet; bis jetzt ist jedoch noch keine Veröffentlichung erfolgt. Der Vorentwurf einer „Richtlinie zur Verlegung des Gesellschaftssitzes
innerhalb der EU" der Kommission vom 22. 4. 1997 ist daher nach wie vor der letzte
veröffentlichte Richtlinienvorschlag.[1047]

Ziel der damals vorgeschlagenen Regelung ist es ein Verfahren zu einer zwar statusän- **481**
dernden, aber gleichwohl identitätswahrenden Verlegung des Satzungssitzes oder tatsächlichen Verwaltungssitzes in einen anderen Mitgliedstaat zur Verfügung zu stellen (Art. 3
Satz 2 des Vorentwurfs). Zur Erreichung dieses Ziels lässt der Vorentwurf das internationale Gesellschaftsrecht weitgehend unberührt und setzt stattdessen auf der Ebene des
Sachrechts an.[1048]

Art. 3 des Vorentwurfs verpflichtet die Mitgliedstaaten, alle erforderlichen Maßnahmen **482**
zu treffen, damit der satzungsmäßige oder tatsächliche Sitz einer Gesellschaft in einen anderen Mitgliedstaat verlegt werden kann, ohne dass dies die Auflösung der Gesellschaft
oder die Gründung einer neuen juristischen Person zur Folge hat. Nach Art. 4-8 des Vorentwurfs muss die wegziehende Gesellschaft vor dem Wirksamwerden der Verlegung
verschiedene Handlungen und Formalitäten erfüllen. Die bestehenden Beziehungen der
Gesellschaft zu ihren Gläubigern und Gesellschaftern werden dadurch dem Recht des
Wegzugsstaats überantwortet; erst mit Wirksamwerden des Wegzugs findet das Recht des
Zuzugsstaates Anwendung. Die vor Wegzug zu beachtenden Formalitäten sind dem allgemeinen Standard bei Umstrukturierungsmaßnahmen nachgebildet.[1049] Nach Art. 4
und 5 des Vorentwurfs sind ein Verlegungsplan und ein Verlegungsbericht zu erstellen.
Der Verlegungsbeschluss bedarf – wie die erforderliche Neufassung der Satzung in der
Hauptversammlung einer satzungsändernden Mehrheit (Art. 6 des Vorentwurfs). Gläubiger der Gesellschaft können nach Art. 8 des Vorentwurfs Sicherheitsleistung verlangen.

Im neuen Sitzstaat muss die Gesellschaft mittels einer vom Wegzugsstaat ausgestellten **483**
Bescheinigung nachweisen, dass sie alle dort vorgeschriebenen Handlungen und Formalitäten für einen Wegzug erfüllt hat (Art. 10 des Vorentwurfs). Erfüllt die neue Gesellschaft
zudem alle im Zuzugsstaat erforderlichen Voraussetzungen, kann sie mit ihrem neuen Sitz
im dortigen Register eingetragen werden. Die Sitzverlegung wird damit nach Art. 11
Abs. 1 des Vorentwurfs wirksam.

Letztlich ist dieser Vorentwurf für eine Sitzverlegungsrichtlinie spätestens durch die **484**
Entscheidung Inspire Art[1050] überholt. Nach dem Vorentwurf bleibt es der Sitztheorie folgenden Staaten unbenommen, bei der Verlegung der Hauptverwaltung zusätzlich eine
Verlegung des satzungsgemäßen Sitzes zu verlangen.[1051] Ein Auseinanderfallen von Sat-
zungs- und Verwaltungssitz kann nach dem Vorentwurf also verhindert werden.

[1045] *Meilicke,* GmbHR 1998, 1053; *Grundmann,* Europäisches Gesellschaftsrecht, Rn. 813.
[1046] KOM (2003) 284 endg. = Sonderbeilage NZG 13/2003; dazu *Bayer,* BB 2004, 1, 5 ff.; *Habersack,* NZG 2004, 1.
[1047] Vorentwurf für eine 14. Richtlinie des europäischen Parlaments und des Rats über die Verlegung des Sitzes einer Gesellschaft in einen anderen Mitgliedstaat mit Wechsel des für die Gesellschaft
maßgebenden Rechts vom 20. 4. 1997, s. bspw. ZIP 1997, 1721.
[1048] *Leible,* ZGR 2004, 531, 538.
[1049] *Grundmann,* Europäisches Gesellschaftsrecht, Rn. 829.
[1050] EuGH NJW 2003, 3331.
[1051] Vgl. *Leible,* ZGR 2004, 531, 538; *Grundmann,* Europäisches Gesellschaftsrecht, Rn. 844.

3. Steuerrechtliche Folgen der Sitzverlegung *(Witt)*

485   Neben den zivilrechtlichen Fragen einer grenzüberschreitenden Sitzverlegung sind die steuerlichen Auswirkungen zu beachten.[1052] Dabei beschränken wir uns grundsätzlich auf die Sitzverlegung von Kapitalgesellschaften.[1053]

486   Die steuerlichen Folgen einer grenzüberschreitenden Sitzverlegung richten sich nach den Sondervorschriften in §§ 11, 12 KStG. Danach ist grundsätzlich von einer Realisierung der gesamten stillen Reserven des Betriebsvermögens auszugehen. Sinn und Zweck dieses Instituts der sogenannten „Schlussbesteuerung" ist die Erfassung aller stillen Reserven des steuerverstrickten Betriebsvermögens im letztmöglichen Zeitpunkt.

487   Die Tage der Schlussbesteuerung in ihrer jetzigen Form scheinen gleichwohl gezählt: Die beinahe einhellige Literatur vertritt die Auffassung, dass die Anwendung des § 12 KStG bei einer Sitzverlegung ins Ausland gegen die Niederlassungsfreiheit nach Art. 43, 48 EG-Vertrag verstößt, soweit inländisches Betriebsvermögen zurückgelassen wird.[1054] Im Übrigen bestehen gute Gründe, nach dem Urteil des EuGH vom 11. 3. 2004 – de Lasteyrie du Saillant[1055] – das Institut der Schlussbesteuerung für gemeinschaftsrechtswidrig zu erklären.[1056]

488   Darüber hinaus ist in dem am 17. 10. 2003 vorgelegten Vorschlag der EU-Kommission über eine Novellierung der Fusionsrichtlinie (FRL-E)[1057] in Art. 10a–10c die Möglichkeit einer Steuerfreistellung bei Sitzverlegungen einer Societas Europaea (SE) vorgesehen.[1058] Bisher wurde auf das jeweilige nationale Recht des (vormaligen) Sitzstaats der SE verwiesen, so dass es grundsätzlich zu einer Anwendung der Schlussbesteuerung nach § 12 KStG kam. Der ECOFIN-Rat hat am 17. 2. 2005 dem Änderungsvorschlag in modifizierter Form zugestimmt und die geänderte Richtlinie wurde am 4. 3. 2005 im Amtsblatt der Europäischen Union veröffentlicht.[1059]

489   Die 14. Richtlinie auf dem Gebiet des Gesellschaftsrechts über die grenzüberschreitende Verlegung des Satzungssitzes von Kapitalgesellschaften befindet sich dagegen weiterhin im Stadium eines Richtlinienvorschlags.[1060] Die Richtlinie soll nach dem gegenwärtigen Stand der Beratungen entsprechend den Grundsätzen für grenzüberschreitende Fusionen eine Steuerfreistellung von Sitzverlegungen aller europäischen Kapitalgesellschaften vorsehen.

490   Trotz dieser europarechtlichen Entwicklungen werden im Folgenden die steuerlichen Folgen einer Sitzverlegung nach den zur Zeit (noch) geltenden Steuergesetzen dargestellt. Hierfür sind die Gesellschafts- und die Gesellschafterebene voneinander zu unterscheiden.

[1052] Vgl. zuletzt van *Lishaut*, FR 2004, 1301 und *Kessler/Huck/Obser/Schmalz*, DStZ 2004, 813 und 855.

[1053] Zur Betriebsverlegung einer Personengesellschaft in das Ausland vgl. BFH vom 16. 7. 1969, BStBl. 1970 II, 175, 176; Kirchhof/*Reiß*, § 16 EStG, Rn. 315 und *Pohl* in Lüdicke, Fortentwicklung der internationalen Unternehmensbesteuerung, Forum der internationalen Besteuerung, Bd. 23 (2002), 33, 45 ff. – Zur Verlegung einer inländischen Betriebsstätte vgl. *Lenz* in Erle/Sauter, § 12 KStG, Rn. 39 ff.

[1054] Vgl. nur *Dötsch* in Dötsch/Eversberg/Jost/Pung/Witt, 51. EL 05/2004, § 12 KStG n. F., Rn. 68; *Lenz* in Erle/Sauter, § 12 KStG, Rn. 19a.

[1055] DB 2004, 686 (Urteilsgegenstand war eine französische Regelung zur sog. „Wegzugsbesteuerung" natürlicher Personen, die mit dem deutschen § 6 AStG vergleichbar ist).

[1056] Vgl. *Kessler/Huck/Obser/Schmalz*, DStZ 2004, 856 ff. und 862.

[1057] Vorschlag für eine Richtlinie des Rates zur Änderung der Richtlinie 90/434/EWG vom 23. 7. 1990 über das gemeinsame Steuersystem für Fusionen, Spaltungen, die Einbringung von Unternehmensteilen und den Austausch von Anteilen, die Gesellschaften verschiedener Mitgliedstaaten betreffen, KOM (2003) 613. Das Dokument ist im Internet abrufbar unter www.europa.eu.int/eur-lex.

[1058] Zur SE siehe auch Rn. 920.

[1059] Vgl. Pressemitteilungen IP/04/1446 vom 7. 12. 2004 und IP/05/193 vom 17. 2. 2005 sowie Richtlinie 2005/19/EG des Rates vom 17. Februar 2005 zur Änderung der Richtlinie 90/434/EWG, ABl. 2005 L 58/19, alles abrufbar unter www.europa.eu.int.; vgl. hierzu auch *Saß*, DB 2005, 1238.

[1060] Siehe oben Rn. 480 ff.; vgl. auch *Leible*, ZGR 2004, 531; geplant war eine solche Richtlinie als Vorentwurf schon 1997, vgl. ZGR 1999, 157 bzw. ZIP 1997, 1721.

a) Ebene der Gesellschaft

Auf der Ebene der Gesellschaft ist § 12 Abs. 1 KStG maßgebend, wobei es ohne Be- **491** deutung ist, ob und in welchem Umfang es auf Ebene der Anteilseigner zu einer Steuerentstrickung der Gesellschaftsanteile kommt.[1061]

aa) Voraussetzungen zur Anwendung der Schlussbesteuerung. Erforderlich ist **492** zunächst eine unbeschränkt steuerpflichtige Körperschaft, Vermögensmasse oder Personenvereinigung im Sinne von § 1 KStG. Darüber hinaus muss dieses Steuersubjekt durch die Verlegung des (statutarischen) Sitzes und/oder der Geschäftsleitung aus der unbeschränkten Steuerpflicht ausscheiden. Da die unbeschränkte Körperschaftsteuerpflicht eine alternative Anknüpfung an den Sitz oder den Ort der Geschäftsleitung vorsieht, darf im Ergebnis keines von beiden im Inland verbleiben. Auch eine nur vorübergehende Verlegung des Sitzes oder der Geschäftsleitung reicht aus, um den Tatbestand zu erfüllen.[1062]

Unklar ist das Verhältnis von § 12 Abs. 1 KStG zum DBA-Recht. Wenn durch den **493** Umzug von Sitz oder Geschäftsleitung eine sogenannte doppelt ansässige Gesellschaft entsteht, bleibt es bei der nationalen unbeschränkten Körperschaftsteuerpflicht, so dass § 12 Abs. 1 KStG keine Anwendung findet.[1063] Allerdings erfolgt nach den meisten DBA-Kollisionsregelungen eine überwiegende Zuordnung der Einkünfte zugunsten des Staates, in dessen Staatsgebiet sich die tatsächliche Geschäftsleitung befindet. Die Besteuerungsrechte des jeweils anderen Staates sind allenfalls mit einer beschränkten Steuerpflicht vergleichbar. Eine doppelt ansässige Gesellschaft ist somit vor allem in denjenigen Fällen interessant, in denen Vermögen in dem Staat des statutarischen Sitzes existiert, ohne dass es dort zu einer Betriebsstätte kommt.

Ebenfalls nicht von der Schlussbesteuerung erfasst sind Besteuerungssubjekte, die nicht **494** zur Buchführung verpflichtet sind, weil sie z.B. nur Überschusseinkünfte erzielen (z.B. Stiftungen).[1064] Praktisch bedeutsam sind auch die besonderen Probleme einer Sitzverlegung von Gesellschaften, für die eine steuerliche Organschaft nach § 14 KStG besteht. Die steuerliche Anerkennung einer Organgesellschaft setzt voraus, dass sowohl Sitz als auch der Ort der Geschäftsleitung im Inland liegen.[1065]

Strittig ist, ob die Schlussbesteuerung auch insoweit eingreift, wie es nach der Verle- **495** gung von Sitz und/oder Geschäftsleitung im Inland bei einer beschränkten Steuerpflicht bleibt. Im Gegensatz zu den doppelt ansässigen Gesellschaften ist hier § 12 Abs. 1 KStG zwar dem Wortlaut nach erfüllt. Nach Sinn und Zweck der Regelung, nämlich der steuerpflichtigen Entstrickung im letztmöglichen Zeitpunkt, bedarf es aber keines fiskalischen Zugriffs auf die stillen Reserven. Dies gilt insbesondere im Fall des Begründens oder Verbleibens einer Betriebsstätte im Inland. Aus diesem Grund geht die wohl herrschende Meinung in der Literatur von einer teleologischen Reduktion des § 12 Abs. 1 KStG aus, soweit dem deutschen Fiskus der steuerliche Zugriff auf das Betriebsvermögen erhalten bleibt.[1066]

[1061] *Frotscher* in Frotscher/Maas, 71. EL 5/2003, § 12 KStG, Rn. 2; *Dötsch* in Dötsch/Eversberg/ Jost/Pung/Witt, 51. EL 05/2004, § 12 KStG n. F., Rn. 3.

[1062] *Kolbe* in Herrmann/Heuer/Raupach, 210. EL 7/2003, § 12 KStG, Rn. 13; teilweise andere Ansicht: Blümich/*Hofmeister*, 74. EL 3/2002, § 12 KStG, Rn. 13, der den Rechtsgedanken des § 6 Abs. 4 AStG jedenfalls bei unbeabsichtigter Verlegung der Geschäftsleitung ins Ausland in Betracht zieht.

[1063] Gleiche Auffassung *Frotscher* in Frotscher/Maas, 71. EL 5/2003, § 12 KStG, Rn. 11; *Wassermeyer*, GmbHR 2004, 615; a. A. *Knobbe-Keuk*, DB 1991, 298, 300.

[1064] *Dötsch* in Dötsch/Eversberg/Jost/Pung/Witt, 51. EL 05/2004, § 12 KStG n. F., Rn. 29; *Lenz* in Erle/Sauter, § 12 KStG, Rn. 25.

[1065] Vgl. hierzu Rn. 383 ff.

[1066] *Frotscher* in Frotscher/Maas, 71. EL 5/2003, § 12 KStG, Rn. 12; Ernst & Young/*Wacht*, 31. EL 10/2002, § 12 KStG n. F., Rn. 32; Blümich/*Hofmeister*, 74. EL 3/2002, § 12 KStG n. F., Rn. 27; a. A. *Dötsch* in Dötsch/Eversberg/Jost/Pung/Witt, 51. EL 05/2004, § 12 KStG, Rn. 21; Streck/*Olgemöller*, § 12 KStG, Anm. 6.

496   **bb) Rechtsfolgen der Schlussbesteuerung.** In der Rechtsfolge ordnet § 12 Abs. 1 KStG eine entsprechende Anwendung von § 11 KStG an, soweit nach dem Sinn und Zweck beider Normen eine Vergleichbarkeit gegeben ist. Im Ergebnis kommt es zu einer Auflösung und Besteuerung der stillen Reserven der Gesellschaft.

497   Zu diesem Zweck hat die Gesellschaft auf den Zeitpunkt der Sitzverlegung eine Gewinnermittlungsschlussbilanz aufzustellen.[1067] Der Verlegungsgewinn ist durch einen Bestandsvergleich eigener Art zu ermitteln, indem das „Verlegungsendvermögen" dem „Verlegungsanfangsvermögen" unter Berücksichtigung bestimmter Kürzungen und Hinzurechnungen gegenübergestellt wird.

498   Das Verlegungsanfangsvermögen besteht grundsätzlich aus dem Steuerbilanz-Buchvermögen, das am Schluss des der Sitzverlegung vorangegangenen Wirtschaftsjahrs der Veranlagung zur Körperschaftsteuer zugrunde lag.

499   Das Verlegungsendvermögen ist das gesamte zum Zeitpunkt des Ausscheidens aus der unbeschränkten Steuerpflicht vorhandene Weltvermögen der Gesellschaft. Allerdings sind auch für den Verlegungsgewinn die Regelungen der DBA zu beachten. Die Bewertung des Endvermögens erfolgt mit dem gemeinen Wert, so dass eine gedachte Einzelveräußerung zugrunde zu legen ist.[1068] Dabei ist nach der wohl herrschenden Meinung der gegenüber einem *ausländischen* Erwerber erzielbare Preis anzusetzen.[1069] Die passiven Ausgleichsposten für Wirtschaftsgüter, die nach dem Betriebsstätten-Erlass der Finanzverwaltung gewinnneutral in das Ausland überführt wurden, sind gewinnerhöhend aufzulösen.

500   Strittig ist, ob zum vorhandenen Vermögen auch selbstgeschaffene (originäre) immaterielle Wirtschaftsgüter gehören, d. h. insbesondere ein originärer Firmenwert. Sowohl die Finanzverwaltung als auch die herrschende Auffassung in der Literatur gehen davon aus, dass der Firmenwert im Verlegungsendvermögen anzusetzen und damit zu versteuern ist.[1070] Denn im Unterschied zur Liquidation geht bei einer Sitzverlegung der Firmenwert gerade nicht unter, sondern wirkt fort. Fraglich ist, mit welchem Wert der originäre Firmenwert zu erfassen ist. Dem Wortlaut des § 12 Abs. 1 KStG folgend wäre der Wert einer gedachten Einzelveräußerung anzusetzen. Dies ist bei dem Firmenwert kaum möglich. Das überwiegende Schrifttum möchte daher *contra legem* auf den Teilwert im Sinne einer gedachten (Gesamt-)Unternehmensveräußerung an einen Ausländer abstellen.[1071]

501   Die Aufdeckung der stillen Reserven im Rahmen der Schlussbesteuerung erfolgt ohne Herstellung der Ausschüttungsbelastung, da keine Vermögensübertragung an die Gesellschafter vorliegt. Daraus folgt, dass jegliches KSt-Guthaben verfällt. Entsprechendes gilt aber auch für Körperschaftsteuer-Erhöhungen nach § 38 KStG.[1072] Hieraus kann sich in der Praxis ein Vorteil der Sitzverlegung gegenüber einer Liquidation ergeben.

502   **cc) Zuzug von Gesellschaften.** § 12 KStG enthält keine Regelung bezüglich der Verlegung des Sitzes und/oder der Geschäftsleitung einer Gesellschaft in das Inland. Die

---

[1067] *Frotscher* in Frotscher/Maas, 71. EL 5/2003, § 12 KStG, Rn. 14; Ernst & Young/*Wacht,* 31. EL 10/2002, § 12 KStG, Rn. 33.

[1068] H. M., vgl. *Dötsch* in Dötsch/Eversberg/Jost/Pung/Witt, 51. EL 05/2004, § 12 KStG n. F., Rn. 31; *Frotscher* in Frotscher/Maas, 71. EL 5/2003, § 12 KStG, Rn. 17; *Lenz* in Erle/Sauter, § 12 KStG, Rn. 27; a. A. *Kolbe* in Herrmann/Heuer/Raupach, 210. EL 7/2003, § 12 KStG, Rn. 30 m. w. N.

[1069] Streck/*Olgemöller,* § 12 KStG, Anm. 5; *Kolbe* in Herrmann/Heuer/Raupach, 210. EL 7/2003, § 12 KStG, Rn. 30 a. E.; a. A. Blümich/*Hofmeister,* 79. EL 8/2003, § 12 KStG, Rn. 19.

[1070] Vgl. Verfügung der OFD Frankfurt/Main vom 1. 8. 1985, WPg 1985, 499; *Dötsch* in Dötsch/Eversberg/Jost/Pung/Witt, 51. EL 05/2004, § 12 KStG n. F., Rn. 33; *Kolbe* in Herrmann/Heuer/Raupach, 210. EL 7/2003, § 12 KStG, Rn. 21; *Frotscher* in Frotscher/Maas, 71. EL 5/2003, § 12 KStG, Rn. 17; a. A. Streck/*Olgemöller* § 12 KStG, Anm. 5.

[1071] *Dötsch* in Dötsch/Eversberg/Jost/Pung/Witt, 51. EL 05/2004, § 12 KStG n. F., Rn. 33; *Lenz* in Erle/Sauter, § 12 KStG, Rn. 31; *Kolbe* in Herrmann/Heuer/Raupach, 210. EL 7/2003, § 12 KStG, Rn. 30; detaillierter: Ernst & Young/*Wacht,* 31. EL 10/2002, § 12 KStG, Rn. 44 f.

[1072] Ernst & Young/*Wacht,* 31. EL 10/2002, § 12 KStG, Rn. 55; *Dötsch* in Dötsch/Eversberg/Jost/Pung/Witt, 51. EL 05/2004, § 12 KStG n. F., Rn. 39.

herrschende steuerrechtliche Literatur geht unabhängig von der zivilrechtlichen Würdigung davon aus, dass die steuerliche Identität der Gesellschaft erhalten bleibt. Sofern nicht schon vor dem Zuzug eine beschränkte Steuerpflicht kraft inländischer Betriebsstätte bestand, ist eine Eröffnungsbilanz zu Teilwerten zu erstellen, die eine inländische Steuerverstrickung mit im Ausland gebildeten stillen Reserven verhindert. Lag bereits eine inländische Betriebsstätte vor, kommt es nicht zu einer Besteuerung der stillen Reserven nach § 12 Abs. 2 Satz 2 Halbsatz 1 KStG.[1073]

b) Ebene des Anteilseigners

Werden die Gesellschaftsanteile der in das Ausland verzogenen Gesellschaft im Privat- **503** vermögen gehalten, stellt sich die Frage, unter welchen Voraussetzungen die Gesellschaft als „aufgelöst" im Sinne des § 17 Abs. 4 Satz 1 EStG gilt. Nach der Rechtsprechung des BFH ist hierfür an die zivilrechtliche Würdigung anzuknüpfen.[1074] In der Rechtsfolge kommt es nach § 17 Abs. 4 Satz 2 EStG zu einem fiktiven Veräußerungsgewinn, der sich nach dem gemeinen Wert des dem Steuerpflichtigen „zugeteilten oder zurückgezahlten Vermögens der Kapitalgesellschaft" richtet und zu 50 % der Einkommensteuer unterliegt. Soweit die Gesellschafter ihrerseits Kapitalgesellschaften sind, greift § 8 b Abs. 2 Satz 3 KStG ein, der ebenfalls auf eine „Auflösung" der Kapitalgesellschaft abstellt. Ein etwaiger Veräußerungsgewinn ist hier im Ergebnis zu 95 % von der Körperschaftsteuer befreit.

XIV. Grenzüberschreitende Verschmelzung und Spaltung

1. Kollisionsrecht

Ausgangspunkt der kollisionsrechtlichen Betrachtung scheint zunächst § 1 Abs. 1 **504** UmwG zu sein, wonach nur deutsche Rechtsträger nach dem UmwG umgewandelt werden können. Indessen ist diese Vorschrift keine Kollisionsnorm, die die Frage des anwendbaren Rechts beantwortet, sondern eine selbstbeschränkte Sachnorm.[1075] Nach heute ganz überwiegender Ansicht wird das bei grenzüberschreitenden Verschmelzungen und Spaltungen anwendbare Recht durch das Gesellschaftsstatut bestimmt.[1076] Nach den früher stark vertretenen Einzeltheorien sollte je nach Spielart der Theorie das Sachrecht des übertragenden oder des aufnehmenden Rechtsträgers auf den Umwandlungsvorgang voll zur Anwendung kommen.[1077] Dagegen ist heute die Vereinigungstheorie herrschend, nach der sowohl das Sachrecht des übertragenden Rechtsträgers als auch das Sachrecht des übernehmenden Rechtsträgers nebeneinander zu berücksichtigen sind. Der Umwand-

---

[1073] *Kolbe* in Herrmann/Heuer/Raupach, 210. EL 7/2003, § 12 KStG, Rn. 14; *Ernst & Young/ Wacht,* 31. EL 10/2002, § 12 KStG, Rn. 76; *Frotscher* in Frotscher/Maas, 71. EL 5/2003, § 12 KStG, Rn. 30; Blümich/*Hofmeister,* 79. EL 8/2003, § 12 KStG, Rn. 43; vgl. auch BFH vom 17. 5. 2000, IStR 2001, 152, 154; a. A. *Oppermann,* DB 1988, 1469; *Ebenroth/Daiber/Frommel,* European Taxation 1990, Fn. 23 a; *Debatin,* GmbHR 1991, 164; *Beinert/Werder,* DB 2005, 1480; *Korts/Korts,* BB 2005, 1474.

[1074] BFH vom 4. 11. 1997, BStBl. 1999 II, 344; BFH vom 3. 6. 1993, BStBl. 1994 II, 162; gl. A. *Dötsch/Pung* in Dötsch/Eversberg/Jost/Pung/Witt, 50. EL 02/2004, § 17 EStG n. F., Rn. 207; a. A. *Eilers/Schmidt* in Herrmann/Heuer/Raupach, 208. EL 11/2002, § 17 EStG, Rn. 288 und Schmidt/*Weber-Grellet,* § 17 EStG, Rn. 214.

[1075] MünchKommBGB/*Kindler,* IntGesR Rn. 655; Michalski/*Leible,* GmbHG, Syst. Darst. 2 Rn. 150; *Kronke,* ZGR 1994, 26, 35.

[1076] MünchKommBGB/*Kindler,* IntGesR Rn. 657; Michalski/*Leible,* GmbHG, Syst. Darst. 2 Rn. 150; Staudinger/*Großfeld* (1998) IntGesR Rn. 683.

[1077] Vgl. die Nachweise bei MünchKommBGB/*Kindler,* IntGesR Rn. 657 ff.

lungsvorgang ist dabei in die Teilfragen der Voraussetzungen, des Verfahrens und der Wirkungen der Umwandlung zu unterteilen.[1078]

505   Zu den Voraussetzungen der Umwandlung gehört zunächst die Zulässigkeit der Verschmelzung oder Spaltung, d. h. die Frage, ob das jeweilige nationale Sachrecht die Verschmelzung oder Spaltung überhaupt und darüber hinaus die Verschmelzung oder Spaltung unter Beteiligung der jeweiligen Rechtsträger zulässt. Die Voraussetzungen bestimmen sich nach dem jeweiligen Sachrecht der betroffenen Rechtsträger selbstständig. Folglich ist die grenzüberschreitende Verschmelzung oder Spaltung nur dann zulässig, wenn die Sachrechte beider Rechtsträger den Verschmelzungsvorgang für zulässig erachten.[1079]

506   Hinsichtlich des Verfahrens ist zu unterscheiden zwischen Sachverhalten, die sich nur auf einen der betroffenen Rechtsträger beziehen und Sachverhalten, die beide Rechtsträger betreffen. Zu der ersten Gruppe gehören insbesondere Zustimmungserfordernisse von Organen, Verfahrensfragen hinsichtlich der Entscheidungsfindung innerhalb eines Rechtsträgers oder auch die Anforderungen an die Sicherstellung von Gläubigern eines der Rechtsträger. Diese Sachverhalte sind nur anhand des Sachrechts des betroffenen Rechtsträgers zu beurteilen.[1080] Dagegen ist eine solche Einzelanknüpfung dann nicht möglich, wenn ein Sachverhalt beide Rechtsträger gleichermaßen betrifft, wie dies insbesondere bei Fragen des Inhalts, der Form und des Verfahrens hinsichtlich des Verschmelzungs- oder Spaltungsvertrages sowie hinsichtlich der Vertragsprüfung der Fall ist. Diese Fragen sind kumulativ nach allen betroffenen Gesellschaftsstatuten anzuknüpfen mit der Folge, dass jeweils auf die strengste Sachnorm abzustellen ist, soweit dies mit allen anderen betroffenen Sachnormen vereinbar ist.[1081] Schwierigkeiten kann diese kumulative Anknüpfung dann bereiten, wenn das Sachrecht einer Rechtsordnung vorsieht, dass die Verschmelzung oder Spaltung in dem Handelsregister der ausländischen Gesellschaft einzutragen ist, die Rechtsordnung dieser ausländischen Gesellschaft ein Handelsregister aber gar nicht führt, oder wenn beide betroffenen Rechtsordnungen für die eigene Eintragung der Verschmelzung oder Spaltung auf die Voreintragung im Register der jeweils dem fremden Gesellschaftsstatut unterstehenden Gesellschaft abstellen. In diesen Fällen wird in der Praxis mit den Registerrichtern zu verhandeln sein. Ein möglicher Weg kann das Rechtsinstitut der Substitution sein, nach dem die Eintragung im Handelsregister der inländischen Gesellschaft ausreicht.[1082]

507   Die Wirkungen der grenzüberschreitenden Verschmelzung oder Spaltung umfassen insbesondere die Reichweite und die Art und Weise der Rechtsnachfolge. Diese wird zunächst anhand der Rechtsordnung des übertragenden Rechtsträgers angeknüpft. Für die Rechtsstellung der Gesellschafter in der übernehmenden Gesellschaft und die nach dem Erlöschen der übertragenden Gesellschaften eintretenden Wirkungen ist dagegen das Gesellschaftsstatut der übernehmenden Gesellschaft maßgeblich.[1083]

508   Im Ergebnis bedeutet dies für die Praxis, dass bei grenzüberschreitenden Verschmelzungen oder Spaltungen jeweils die Anforderungen sowohl des Personalstatutes der übertragenden als auch der aufnehmenden Rechtsträger beachtet werden müssen. Die grenzüberschreitende Verschmelzung oder Spaltung wird nur dann gelingen, wenn die betrof-

---

[1078] MünchKommBGB/*Kindler,* IntGesR Rn. 661 ff.; Michalski/*Leible,* GmbHG, Syst. Darst. 2 Rn. 150 ff.; Staudinger/*Großfeld* (1998) IntGesR Rn. 683.

[1079] MünchKommBGB/*Kindler,* IntGesR Rn. 664 ff.; Michalski/*Leible,* GmbHG, Syst. Darst. 2 Rn. 151; Staudinger/*Großfeld* (1998) IntGesR Rn. 686.

[1080] MünchKommBGB/*Kindler,* IntGesR Rn. 668; Michalski/*Leible,* GmbHG, Syst. Darst. 2 Rn. 152; Staudinger/*Großfeld* (1998) IntGesR Rn. 687.

[1081] MünchKommBGB/*Kindler,* IntGesR Rn. 668; Michalski/*Leible,* GmbHG, Syst. Darst. 2 Rn. 152; Staudinger/*Großfeld* (1998) IntGesR Rn. 687.

[1082] Vgl. zu diesem Problem MünchKommBGB/*Kindler,* IntGesR Rn. 671; öOGH ZIP 2003, 1086. Eine pragmatische Lösung wird in *Dorr/Stukenborg,* DB 2003, 647, 652 berichtet.

[1083] MünchKommBGB/*Kindler,* IntGesR Rn. 672 ff.; Michalski/*Leible,* GmbHG, Syst. Darst. 2 Rn. 153; Staudinger/*Großfeld* (1998) IntGesR Rn. 688.

fenen Gesellschaftsstatute insbesondere in Hinblick auf die Wirkungen der Verschmelzung oder Abspaltung aufeinander abgestimmt sind.[1084]

2. Grenzüberschreitende Verschmelzungen und Spaltungen nach deutschem Sachrecht

a) Zulässigkeit der grenzüberschreitenden Verschmelzung und Spaltung

Nach den oben dargestellten Grundsätzen ist im Falle der Beteiligung einer deutschen **509** Gesellschaft an einer Verschmelzung oder Spaltung deutsches Sachrecht hinsichtlich der deutschen Gesellschaft anwendbar. Die Frage der Zulässigkeit der grenzüberschreitenden Umwandlung nach deutschem Sachrecht ist in der Literatur heftig umstritten. Ausgangspunkt der Diskussion ist § 1 Abs. 1 UmwG, wonach an einer Umwandlung nur Rechtsträger mit Sitz in Deutschland beteiligt sein können.[1085] Die wohl herrschende Meinung geht von der Unzulässigkeit von grenzüberschreitenden Verschmelzungen und Spaltungen aus, weil der Gesetzgeber ausweislich der Gesetzesmaterialien[1086] nur Umwandlungen von deutschen Rechtsträgern in deutsche Rechtsträger regeln wollte. Unter Hinweis auf das in § 1 Abs. 2 UmwG niedergelegte Analogieverbot versteht diese Ansicht die gesetzgeberische Selbstbeschränkung dahin, dass Umwandlungen über die Grenze hinweg ausgeschlossen sein sollten.[1087] Dagegen nimmt eine abweichende Meinung an, dass die Regelung des § 1 Abs. 1 UmwG Umwandlungen unter Beteiligung ausländischer Rechtsträger nicht schlechthin ausschließe, sondern lediglich den Anwendungsbereich des Umwandlungsgesetzes auf die die deutschen Rechtsträger betreffenden Fragen beschränke.[1088] Diese Ansicht scheint aber trotz ihrer rechtspolitischen Vorzüge angesichts des eindeutigen Willens des Gesetzgebers nur schwer vertretbar.

Abweichend von dem vorgenannten Grundsatz wird in der Literatur zunehmend ver- **510** treten, dass grenzüberschreitende Verschmelzungen und Spaltungen unter Beteiligung von Gesellschaften aus EG-Staaten vor dem Hintergrund der Niederlassungsfreiheit zulässig sein müssten.[1089] Vielfach differieren die Autoren in der dogmatischen Begründung dieses Ergebnisses und in der Reichweite der Zulässigkeit grenzüberschreitender Verschmelzungen und Spaltungen. Dabei wird teilweise unter Bezugnahme auf die Daily Mail-Rechtsprechung des EuGH die Zulässigkeit der Herein-Umwandlung angenommen, während die Heraus-Umwandlung abgelehnt wird.[1090] Teilweise wird auch darauf abgestellt, ob der übertragende Rechtsträger nach der Verschmelzung oder Spaltung fortbesteht oder durch diesen Vorgang erlischt und ob der übernehmende Rechtsträger bereits vor der Verschmelzung oder Spaltung existiert. Danach können sich nur solche Gesellschaften auf die

---

[1084] Michalski/*Leible*, GmbHG, Syst. Darst. 2 Rn. 153.

[1085] Zur Qualifikation dieser Norm als selbstbeschränkte Sachnorm siehe bereits oben Rn. 504.

[1086] Vgl. BR-Drucks. 75/94 S. 71, 80. Danach sollten Regelungen für die grenzüberschreitende Umwandlung bewusst ausgespart bleiben, da sie nach Ansicht des Gesetzgebers besondere rechtspolitische und rechtstechnische Probleme bergen. Solche Regelungen sollten einer späteren europäischen Rechtsangleichung vorbehalten bleiben.

[1087] MünchKommBGB/*Kindler*, IntGesR Rn. 681; Staudinger/*Großfeld* (1998) IntGesR Rn. 699; Michalski/*Leible*, GmbHG, Syst. Darst. 2 Rn. 156; *Kallmeyer*, ZIP 1994, 1746, 1752; *Lutter*, ZGR 1994, 87, 91; *Paefgen*, GmbHR 2004, 463, 465; *Neye*, ZIP 1994, 917; *Schaumburg*, GmbHR 1996, 501 und 585.

[1088] *Kallmeyer*, ZIP 1996, 535 unter Bezugnahme seiner gegenteiligen Auffassung in ZIP 1994, 1746, 1752; Kallmeyer/*Kallmeyer*, UmwG § 1 Rn. 10; *Triebel/Hase*, BB 2003, 2409.

[1089] Kallmeyer/*Kallmeyer*, UmwG § 1, Rn. 10; Lutter/*Lutter*, UmwG § 1 Rn. 9f.; *Beul*, IstR 2003, 536; *Dorr/Stukenborg*, DB 2003, 647; *Kloster*, GmbHR 2003, 1413; *Paefgen*, GmbHR 2004, 463, 468 ff. mit der Einschränkung, dass nur die Beteiligung von solchen ausländischen Gesellschaften, die einer deutschen umwandlungsfähigen Gesellschaftsform entsprechen, an einer Umwandlung geschützt sei.

[1090] So wohl *Beul*, IstR 2003, 536; *Picot/Land*, DB 1998, 1601, 1606.

Niederlassungsfreiheit berufen, die sowohl vor als auch nach der Verschmelzung oder Spaltung existieren.[1091]

511   Die deutsche Rechtsprechung geht im Grundsatz von der Unzulässigkeit von grenzüberschreitenden Umstrukturierungen aus.[1092] Dies gilt auch für Verschmelzungen und Spaltungen unter Beteiligung EG-ausländischer Gesellschaften. In jüngerer Zeit sind aber verschiedene Berichte veröffentlicht worden, nach denen eine grenzüberschreitende Verschmelzung durch das jeweils zuständige Registergericht eingetragen wurde.[1093] Dabei handelte es sich nur in einem Fall um eine Verschmelzung einer deutschen Gesellschaft auf eine ausländische Gesellschaft (so genannte Heraus-Verschmelzung), die übrigen Fälle betrafen die Verschmelzung einer ausländischen Gesellschaft auf eine deutsche Gesellschaft (sogenannte Herein-Verschmelzung). Alle berichteten Fälle betrafen die Verschmelzung unter Beteiligung einer EG-ausländischen Gesellschaft. Darüber hinaus handelte es sich jeweils um Fälle, in denen die Gesellschafter der an der Verschmelzung beteiligten Gesellschaften die Verschmelzung einstimmig unterstützten und die Verschmelzung kein Interesse der Öffentlichkeit erregte. Für die Praxis bleibt insoweit eine wesentliche Unsicherheit. Insbesondere in Fällen, in denen Widerstand der Minderheitsgesellschafter gegen den Verschmelzungs- oder Abspaltungsbeschluss zu erwarten ist, wird die offensichtliche Unbegründetheit einer Gesellschafterklage in einem Freigabeverfahren gemäß § 16 Abs. 3 UmwG kaum feststellbar sein.[1094] Hinzuweisen ist aber auf die nunmehr auch für deutsche Aktiengesellschaften bestehenden Möglichkeiten der grenzüberschreitenden Verschmelzung auf eine Europäische Aktiengesellschaft.[1095]

b) Anwendbares deutsches Sachrecht

512   Geht man von der Zulässigkeit einer grenzüberschreitenden Verschmelzung oder Spaltung nach deutschem Sachrecht – zumindest im Anwendungsbereich der Niederlassungsfreiheit – aus, ist weiterhin problematisch, ob das deutsche UmwG zumindest die Fragestellungen hinsichtlich der deutschen Gesellschaft regelt. Wie oben bereits dargestellt war es gerade nicht die Intention des deutschen Gesetzgebers, grenzüberschreitende Vorgänge zu regeln. Daher vertritt *Lutter*, dass das deutsche UmwG nicht anwendbar sei und statt dessen allgemeine Rechtsprinzipien oder unmittelbar die Grundsätze der europäischen Fusionsrichtlinie oder der Richtlinienvorschlag zur Regelung von internationalen Verschmelzungen Anwendung finden.[1096] Diesen Ansätzen stehen aber neben der mangelnden Konkretisierung der genannten Regelwerke auch verschiedene dogmatische Bedenken entgegen. Daher ist wohl eher von einer unmittelbaren oder analogen Anwendung des UmwG auszugehen.[1097] Im Einzelnen ist auch hier vieles streitig.

3. Umwandlung einer österreichischen Kapitalgesellschaft durch Übertragung ihres Unternehmens auf ihren deutschen Hauptgesellschafter gemäß §§ 2 ff. öUmwG

513   Nach österreichischem Umwandlungsrecht, §§ 2 ff. öUmwG, kann eine Kapitalgesellschaft umgewandelt werden, indem sie ihr Unternehmen auf ihren Hauptgesellschafter

---

[1091] So insbesondere *Lennerz*, Internationale Verschmelzung und Spaltung S. 78 f.; *Paefgen*, GmbHR 2004, 463, 466; *Dorr/Stukenborg*, DB 2003, 647, 649 in Fn. 28.

[1092] OLG Zweibrücken NJW 1990, 1392; BayObLG GmbHR 1992, 529; vgl. auch *Semler/Stengel*, UmwG Einl. A, Rn. 110 ff.; *Kallmeyer*, UmwG § 1 Rn. 10 ff.

[1093] Vgl. die Berichte in BB 2004, 1061 (Heraus-Verschmelzung in EG-Ausland); DB 2003, 647 (Herein-Verschmelzung aus EG-Ausland); GmbHR 1993, 572 (Herein-Verschmelzung aus EG-Ausland). Vgl. dagegen aber den Vorlagebeschluss des AG Koblenz IStR 2003, 736.

[1094] *Picot/Land*, DB 1998, 1601, 1607 raten aus diesem Grunde generell von grenzüberschreitenden Umwandlungen ab.

[1095] Siehe zur SE unten Rn. 920 ff., 934 ff.

[1096] Lutter/*Lutter*, UmwG § 1 Rn. 13 ff.

[1097] *Picot/Land*, DB 1998, 1601, 1606 f.; *Dorr/Stukenborg*, DB 2003, 647, 648 f.

überträgt. Wie im Fall einer Verschmelzung führt dies zur Gesamtrechtsnachfolge des Hauptgesellschafters bei gleichzeitiger Löschung der Tochtergesellschaft,[1098] weshalb diese Umwandlung in der österreichischen Praxis häufig „verschmelzende Umwandlung,, genannt wird.[1099] Das österreichische Recht lässt die verschmelzende Umwandlung einer österreichischen Kapitalgesellschaft auf einen ausländischen Hauptgesellschafter zu.[1100] Nach einer Entscheidung des öOGH vom 20. 3. 2003 unterliegt die verschmelzende Umwandlung einer österreichischen GmbH durch Übertragung ihres Unternehmens auf ihre ausländische Alleingesellschafterin, eine deutsche GmbH, hinsichtlich ihrer Voraussetzung, Durchführung und Wirkung ausschließlich materiellem österreichischen Umwandlungsrecht.[1101] Nach Auffassung des öOGH setzt die Wirksamkeit der verschmelzenden Umwandlung einer österreichischen GmbH auf eine deutsche Gesellschaft demnach nicht voraus, dass die Umwandlung im Handelsregister der deutschen Gesellschaft eingetragen wird. Zumindest aus Sicht des deutschen Rechts kann dieser Entscheidung nicht zugestimmt werden.[1102]

Auch im Fall einer verschmelzenden Umwandlung einer österreichischen Kapitalgesellschaft durch Übertragung ihres Unternehmens auf ihren deutschen Hauptgesellschafter gemäß §§ 2 ff. öUmwG gilt die Vereinigungstheorie.[1103] Österreichisches und deutsches Umwandlungsrecht sind daher grundsätzlich kumulativ anzuwenden bzw. sich daraus ergebende Widersprüche im Wege der kollisionsrechtlichen Anpassung zu lösen. Das deutsche Recht kennt zwar kein der verschmelzenden Umwandlung entsprechendes Rechtsinstitut. In entsprechender Anwendung des deutschen UmwG bedarf aber auch in diesem Fall ein wirksamer Gesamtrechtsübergang auf die deutsche Gesellschaft eines Gesellschafterbeschlusses der deutschen GmbH sowie der Eintragung der Umwandlung im österreichischen Firmenbuch und im deutschen Handelsregister.[1104] Ob die deutschen Gerichte die Eintragung einer grenzüberschreitenden verschmelzenden Umwandlung nach österreichischem Recht im deutschen Handelsregister gestatten werden, ist eine offene Frage. Solange dies nicht zweifelsfrei feststeht, sollten die an einer grenzüberschreitenden verschmelzenden Umwandlung nach österreichischem Recht beteiligten Gesellschaften hilfsweise die Übertragung aller Vermögensgegenstände der österreichischen Gesellschaft auf ihre deutsche Haupt- oder Alleingesellschafterin durch Einzelrechtsnachfolge vereinbaren.[1105] **514**

4. Grenzüberschreitende Umwandlung oder Verschmelzung durch Vereinigung aller Gesellschaftsanteile in einer Hand

a) Vereinigung aller Gesellschaftsanteile an einer deutschen Personen- oder Personenhandelsgesellschaft in der Hand einer ausländischen Person

Das deutsche Recht setzt voraus, dass eine Gesellschaft bürgerlichen Rechts, eine OHG und eine KG mindestens zwei Gesellschafter hat.[1106] Scheiden mit Ausnahme eines Gesellschafters alle Gesellschafter aus der Gesellschaft aus (z.B. durch Übertragung ihrer Gesellschaftsanteile auf den verbleibenden Gesellschafter), so führt dies kraft Gesetzes zu einer Übertragung des gesamten Vermögens und der gesamten Verbindlichkeiten der Gesellschaft im Wege der Gesamtrechtsnachfolge auf den verbleibenden Gesellschafter (soge- **515**

[1098] Vgl. öOGH ZIP 2003, 1086, 1088.

[1099] Vgl. *Doralt*, NZG 2004, 396; 397.

[1100] ÖOGH ZIP 2003, 1086, 1088.

[1101] ÖOGH ZIP 2003, 1086, 1088; vgl. zu dieser Entscheidung auch *Hirte/Mock*, EWiR 2003, 595f.; *Paefgen*, IPRax 2004, 132 ff.; *Doralt*, NZG 2004, 396 ff. und oben Rn. 188.

[1102] Krit. auch *Paefgen*, IPRax 2004, 132 ff. und aus österreichischer Sicht *Doralt*, NZG 2004, 396 ff.

[1103] *Paefgen*, IPRax 2004, 132, 134; vgl. auch *Doralt*, NZG 2004, 396; 399.

[1104] *Paefgen*, IPRax 2004, 132, 136.

[1105] Ebenso *Doralt*, NZG 2004, 396; 400.

[1106] Vgl. für viele Palandt/*Sprau*, § 705 Rn. 1; *Baumbach/Hopt*, HGB, § 105 Rn. 18.

nannte Anwachsung) und dem Erlöschen der Gesellschaft.[1107] Damit können Gesellschaften bürgerlichen Rechts und Personenhandelsgesellschaften außerhalb des UmwG umgewandelt bzw. verschmolzen werden. Ist der verbleibende Gesellschafter ein Einzelkaufmann, liegt eine Umwandlung in ein einzelkaufmännisches Unternehmen vor. Ist der verbleibende Gesellschafter eine Gesellschaft, liegt eine Verschmelzung auf diese Gesellschaft vor. Dies gilt auch dann, wenn der verbleibende Gesellschafter eine ausländische Person bzw. eine Gesellschaft ausländischen Rechts ist. Im Ergebnis können damit deutsche Gesellschaften bürgerlichen Rechts und deutsche Personenhandelsgesellschaften auf ausländische Gesellschaften verschmolzen werden.

b) Vereinigung aller Gesellschaftsanteile an einer ausländischen Gesellschaft in der Hand einer deutschen Person

516   Sofern im Fall der Vereinigung aller Gesellschaftsanteile an einer ausländischen Gesellschaft in der Hand einer deutschen Person oder Gesellschaft, das ausländische Gesellschaftsrecht die Übertragung des gesamten Vermögens und der gesamten Verbindlichkeiten der Gesellschaft im Wege der Gesamtrechtsnachfolge auf den verbleibenden deutschen Gesellschafter anordnet, wird dieses Ergebnis vom deutschen Recht akzeptiert. Damit ist auch eine grenzüberschreitende Verschmelzung auf eine deutsche Gesellschaft und eine grenzüberschreitende Umwandlung in ein deutsches einzelkaufmännisches Unternehmen grundsätzlich möglich.

5. Im Ausland belegenes Vermögen

517   Besondere Aufmerksamkeit ist bei der Verschmelzungen und Spaltungen dem im Ausland belegenen Vermögen zu widmen.[1108] Dies gilt sowohl bei Verschmelzungen oder Spaltungen innerhalb einer Rechtsordnung als auch bei Verschmelzungen oder Spaltungen über die Grenze hinweg.

518   Die Wirkungen der Verschmelzung oder Spaltung beurteilen sich nach deutschem internationalen Recht zunächst anhand der Personalstatute der an der Verschmelzung oder Spaltung beteiligten Gesellschaften.[1109] Wenn danach das deutsche Recht bei Verschmelzungen oder Spaltungen die Gesamtrechtsnachfolge ohne weitere Übertragungsvorgänge vorsieht, gilt dies aus deutscher Sicht grundsätzlich auch für im Ausland belegenes Vermögen. Gleiches gilt für eine Verschmelzung oder Spaltung nach ausländischem Recht, sofern hiervon in Deutschland belegenes Vermögen betroffen ist.

519   Etwas anderes gilt dagegen dann, wenn das Sachstatut des Belegenheitsortes an die Übertragung von Rechten oder Pflichten im Wege der Gesamtrechtsnachfolge besondere Anforderungen stellt. Solche besonderen Anforderungen kommen insbesondere in Form von behördlichen Erlaubnissen oder in Form von Zustimmungen Dritter vor.[1110] In diesen Fällen tritt nach herrschender Meinung das Personalstatut hinter das Belegenheitsstatut des betroffenen Vermögens zurück.[1111]

520   Eine weitere Rechtsunsicherheit bei Verschmelzungen und Spaltungen nach deutschem Recht von Gesellschaften mit Vermögen im Ausland begründet die Unsicherheit über die

---

[1107] Vgl. für viele Baumbach/*Hopt*, HGB, Einl v § 105 Rn. 21 f.; § 105 Rn. 8 und § 140 Rn. 25; jeweils m. w. N.

[1108] Vgl. zu der Problematik des im Ausland belegenen Vermögens umfassend *Racky*, DB 2003, 923.

[1109] Widmann/Mayer/*Vossius*, UmwG, 65. EL Juni 02, § 20, Rn. 33 ff.; Marsch-Barner/*Grunewald*, § 20, Rn. 12; Kallmeyer/*Marsch-Barner*, UmwG § 20, Rn. 5; *Kropholler*, Internationales Privatrecht, § 54 I 3 e).

[1110] Widmann/Mayer/*Vossius*, UmwG, 33. EL Juli 96, § 20, Rn. 45. Im deutschen Recht ist insbesondere das Widerspruchsrecht der betroffenen Arbeitnehmer beim Betriebsübergang zu beachten.

[1111] MünchKommBGB/*Kindler*, IntGesR Rn. 672; Michalski/*Leible*, GmbHG, Syst. Darst. 2 Rn. 153 in Fn. 409; *Racky*, DB 2003, 923, 924; Widmann/Mayer/*Vossius*, UmwG, 33. EL Juli 96, § 20, Rn. 45.

Frage, ob die ausländische Rechtsordnung grundsätzlich die Gesamtrechtsnachfolge nach deutschem Recht anerkennt. Ist dies nicht der Fall, z. B. weil die betroffene Rechtsordnung eine Gesamtrechtsnachfolge in der Form der Verschmelzung oder Spaltung nicht kennt, führt dies zu einem hinkenden Rechtsverhältnis. Nach deutschem Recht ist der Rechtsübergang erfolgt, das ausländische Recht geht dagegen von einem Verbleib des Rechtes bei dem übertragenden Rechtsträger aus.[1112]

Um zu verhindern, dass der übernehmende Rechtsträger vor den ausländischen Ge-   **521** richten des Belegenheitsortes seine Rechte nicht durchsetzen kann, ist daher stets zu prüfen, ob das Recht des Belegenheitsortes die Rechtsnachfolge aufgrund der deutschen Verschmelzung oder Spaltung anerkennt und ob es an die Übertragung im Wege der Gesamtrechtsnachfolge besondere Anforderungen stellt.[1113] Sofern dies nicht der Fall ist, sollte zur Sicherheit eine Einzelrechtsübertragung der betroffenen Vermögensgegenstände durchgeführt werden. Diese Übertragung kann in Fällen der Verschmelzung zur Neugründung nur über einen Treuhänder erfolgen, weil der neue Rechtsträger erst entsteht, wenn der alte Rechtsträger erlischt. In allen anderen Fällen sollte die Einzelübertragung möglichst im unmittelbaren Zusammenhang mit dem Abschluss des Verschmelzungs- oder Spaltungsvertrages vor der Eintragung vorgenommen werden. Dies minimiert die Probleme bei einer eventuell im Zusammenhang mit einer Kapitalerhöhung der aufnehmenden Gesellschaft erforderlichen Werthaltigkeitsprüfung gemäß § 69 UmwG.[1114] Sofern die Einzelrechtsübertragung bei einer Verschmelzung oder Aufspaltung nicht vor der Eintragung und damit dem Untergang der übertragenden Gesellschaft erfolgt ist, kann diese nur noch anhand von unsicheren Hilfskonstruktionen erreicht werden.[1115]

6. Der Entwurf einer Richtlinie des Europäischen Parlaments und des Rates über die grenzüberschreitende Verschmelzung von Kapitalgesellschaften (Verschmelzungsrichtlinie)

a) Rechtsetzungsverfahren und Ziele der Richtlinie

Die Kommission der Europäischen Gemeinschaften hat am 18. 11. 2003 einen neuen   **522** Entwurf für eine Richtlinie über die Verschmelzung von Kapitalgesellschaften aus verschiedenen Mitgliedstaaten veröffentlicht und zur Diskussion gestellt.[1116] Nach intensivem politischen Ringen, insbesondere um die Fragen der unternehmerischen Mitbestimmung, hat sich der Ministerrat am 26. 11. 2004 gegen die Stimme Italiens auf einen Richtlinienentwurf zur grenzüberschreitenden Verschmelzung von Kapitalgesellschaften (RL-E) geeinigt.[1117] Der Entwurf wurde mit Änderungen in der ersten Lesung im Europäischen Parlament am 10. 5. 2005 gebilligt.[1118] Die Umsetzungsfrist der Richtlinie wird voraussichtlich zwei Jahre betragen. Wesentliches Ziel des RL-E ist es, die Verschmelzung von Kapitalgesellschaften mit Sitz in einem Mitgliedstaat der Europäischen Gemeinschaften auf Kapitalgesellschaften mit Gesellschaftssitz in einem anderen Mitgliedstaat der Europäischen

---

[1112] Vgl. zu dieser Problematik auch Widmann/Mayer/*Vossius*, UmwG, 33. EL Juli 96, § 20, Rn. 48.

[1113] Widmann/Mayer/*Vossius*, UmwG § 20, Rn. 45 und 48; *Racky*, DB 2003, 923, 924.

[1114] So auch *Racky*, DB 2003, 923, 924.

[1115] Vgl. hierzu *Racky*, DB 2003, 923, 925 ff.

[1116] Kommissionsdokument Nr. 703/03.

[1117] Ratsdokument Nr. 14752/04.

[1118] Die Änderungsvorschläge des Europäischen Parlaments (P6_TA-PROV(2005)0166) sind abrufbar unter http://www2.europarl.eu.int/omk/sipade2?L=DE&OBJID=96033&LEVEL=3&MODE= SIP&NAV=X&LSTDOC=N. Der Bericht des Rechtsausschusses des Europäischen Parlaments vom 25. 4. 2005 (A6-0089/2005) ist abrufbar unter http://www2.europarl.eu.int/omk/sipade2?PROG= REPORT&L=DE&SORT_ORDER=D&S_REF_A=%25&PUBREF=&PART=&NAV=S&LEG _ID=6&COM_ID=823&LEVEL=2.

Gemeinschaften zu erleichtern.[1119] Es steht daher zu erwarten, dass die oben dargestellten Probleme der Zulässigkeit der grenzüberschreitenden Verschmelzung zumindest in einem Teilbereich gesetzgeberisch gelöst werden.[1120]

b) Überblick über den voraussichtlichen Inhalt der Richtlinie

523 Der RL-E gilt nur für Kapitalgesellschaften.[1121] Nach deutschem Recht sind dies insbesondere die Aktiengesellschaft und die Gesellschaft mit beschränkter Haftung, nicht jedoch Personengesellschaften. Für Letztere wird sich, sofern sich der Gesetzgeber nicht für eine einheitliche Lösung der Zulässigkeit der grenzüberschreitenden Verschmelzung aller Gesellschaftsformen entschließt, an der derzeitigen oben dargestellten unklaren Rechtslage nichts ändern. Der RL-E regelt nur die Verschmelzung, er unterscheidet hierbei zwischen der Verschmelzung zur Aufnahme, der Verschmelzung durch Neugründung und der Verschmelzung durch Übertragung des gesamten Vermögens auf eine einhundertprozentige Muttergesellschaft der übertragenden Gesellschaft.[1122] Der RL-E findet nur dann Anwendung, wenn mindestens zwei der an einer Verschmelzung beteiligten Gesellschaften dem Recht verschiedener Mitgliedstaaten der Europäischen Gemeinschaften unterliegen. Ferner sind gemäß Art. 2 der Richtlinie grenzüberschreitende Verschmelzungen nur dann möglich, wenn die entsprechenden Gesellschaften nach dem nationalen Recht der jeweiligen Mitgliedstaaten an einer Verschmelzung teilnehmen können.

524 Hinsichtlich der Form- und Verfahrensvorschriften verweist der RL-E auf die jeweiligen nationalen Rechtsordnungen. Dies betrifft auch Vorschriften zum Schutz der Gläubiger und der Arbeitnehmer mit Ausnahme der Regelungen über die unternehmerische Mitbestimmung. Der RL-E erlaubt den nationalen Gesetzgebern ausdrücklich, besondere Gläubigerschutzvorschriften für den Fall der grenzüberschreitenden Verschmelzung zu erlassen.

525 Gemäß Art. 3 RL-E erstellen die Leitungs- oder Verwaltungsorgane der sich verschmelzenden Gesellschaften einen gemeinsamen Verschmelzungsplan. Der Inhalt entspricht im Wesentlichen den bereits durch die Richtlinie 78/855/EWG harmonisierten Angaben. Darüber hinaus ist die Erstellung eines Verschmelzungsberichts der jeweiligen Verwaltungsorgane gemäß Art. 3 RL-E und unabhängiger Sachverständiger gemäß Art. 5 RL-E vorgesehen. Der Sachverständigenbericht muss mindestens die bereits harmonisierten Angaben nach Art. 10 der Richtlinie 78/855/EWG enthalten und entspricht dem deutschen Verschmelzungsbericht gemäß § 12 UmwG.[1123]

526 Die Kontrolle der Einhaltung der Verfahrens- und Formvorschriften durch die jeweiligen Gesellschaften unterliegt gemäß Art. 7 RL-E einer zu bestimmenden nationalen Stelle. Die Rechtmäßigkeitskontrolle hinsichtlich der Durchführung der Verschmelzung und bei der Verschmelzung zur Neugründung hinsichtlich der Gründung der neuen Gesellschaft unterliegen gemäß Art. 8 RL-E der einheitlichen Kontrolle einer zu bestimmenden Stelle des Staates, dessen Recht die übernehmende oder neu zu gründende Gesellschaft unterliegt. Nach dem Recht dieses Staates wird gemäß Art. 9 RL-E auch der Wirksamkeitszeitpunkt der Verschmelzung bestimmt. Art. 10 RL-E regelt die Offenlegung der Verschmelzung in den verschiedenen nationalen Registern.

527 Gemäß Art. 11 RL-E bewirkt die Verschmelzung die Übernahme des gesamten Vermögens durch die übernehmende oder neu zu gründende Gesellschaft. Die Gesellschafter der übertragenden Gesellschaft werden Gesellschafter der übernehmenden Gesellschaft, die

---

[1119] Siehe zum Richtlinienentwurf *Pluskat*, EWS 2004, 1; *Maul/Teichmann/Wenz*, BB 2003, 2633; *Müller*, ZIP 2004, 1790; *Schulte-Hillen*, GPR 2003–04, 89.

[1120] *Pluskat*, EWS 2004, 1.

[1121] Der RL-E verweist insoweit auf die Richtlinie 68/151/EWG, ABl. 1968 Nr. L 65/8. Vgl. *Pluskat*, EWS 2004, 1, 4; *Schulte-Hillen*, GPR 2003–04, 89, 90.

[1122] *Maul/Teichmann/Wenz*, BB 2003, 2633, 2634.

[1123] *Pluskat*, EWS 2004, 1, 6.

übertragende Gesellschaft erlischt. Eventuell erforderliche besondere Übertragungsakte für Vermögensgegenstände einer übertragenden Gesellschaft sind von der übernehmenden Gesellschaft vorzunehmen. Gemäß Art. 12 RL-E kann eine einmal wirksam gewordene Verschmelzung nicht mehr für nichtig erklärt werden.

Der Hauptstreitpunkt des RL-E war die Regelung der unternehmerischen Mitbestim- **528** mung gemäß Art. 14 RL-E.[1124] Nach der Kompromissformel des Ministerrates richtet sich die unternehmerische Mitbestimmung nunmehr grundsätzlich nach dem Recht des Gesellschaftsstatuts der übernehmenden oder neu gegründeten Gesellschaft. Darüber hinaus soll zum Erhalt der Mitbestimmung unter bestimmten Voraussetzungen ein an die Regeln der Richtlinie und der Verordnung zur Europäischen Gesellschaft (SE) angelehntes Verfahren Anwendung finden.[1125]

7. Steuerrecht *(Witt)*

Aus steuerlicher Sicht ist entscheidend, ob eine grenzüberschreitende Verschmel- **529** zung/Spaltung ohne Aufdeckung und Besteuerung der stillen Reserven möglich ist. Dies wurde in der jüngeren Vergangenheit vor allem für die seit dem 8. 10. 2004 zulässige grenzüberschreitende Verschmelzung einer SE[1126] diskutiert. Durch die Verschmelzungsrichtlinie, die auch für andere Kapitalgesellschaftsformen die Möglichkeit einer grenzüberschreitenden Verschmelzung eröffnen soll, wird die praktische Bedeutung dieser Diskussion erheblich zunehmen.

Grundlage für eine steuerneutrale Verschmelzung oder Spaltung von Rechtsträgern ist **530** normalerweise das Umwandlungssteuergesetz (UmwStG), mit dem die Vorgaben der steuerlichen Fusionsrichtlinie[1127] in das deutsche Recht umgesetzt wurden. Allerdings erfolgte bisher keine vollständige Umsetzung der Fusionsrichtlinie. Insbesondere werden grenzüberschreitende Verschmelzungen und Spaltungen nicht vom UmwStG erfasst. Unter Hinweis auf § 1 Abs. 1 UmwStG i. V. m. § 1 Abs. 1 UmwG wird vielmehr gefordert, dass sowohl der übertragende als auch der übernehmende Rechtsträger ihren Sitz im Inland haben.[1128] Der Gesetzgeber hat dies damit begründet, dass es bereits an den zivilrechtlichen Voraussetzungen einer grenzüberschreitenden Umwandlung fehle.[1129]

Vor diesem Hintergrund musste in der Vergangenheit auf Hilfskonstruktionen zurück- **531** gegriffen werden, mit denen zumindest das wirtschaftliche Ergebnis einer grenzüberschreitenden Verschmelzung oder Spaltung erreicht werden sollte. Steuerlich basieren diese Gestaltungen überwiegend auf den im 8. und 9. Teil des Umwandlungssteuergesetzes geregelten Einbringungen, insbesondere der Möglichkeit einer steuerneutralen grenzüberschreitenden Einbringung von Unternehmen und Unternehmensteilen (§ 23 Abs. 1 bis Abs. 3 UmwStG) und der Möglichkeit eines steuerneutralen grenzüberschreitenden Anteilstauschs (§ 23 Abs. 4 UmwStG). Allerdings bestehen auch insofern Umsetzungsdefizite, so dass die Steuerneutralität nicht in allen von der Fusionsrichtlinie angesprochenen Fällen möglich ist.[1130]

Angesichts der europarechtlichen Entwicklungen sollen im Folgenden die steuerlichen **532** Konsequenzen einer „echten" grenzüberschreitenden Verschmelzung von Kapitalgesell-

---

[1124] Vgl. *Pluskat*, EWS 2004, 1, 4; *Schulte-Hillen*, GPS 2003–04, 89, 90.

[1125] Vgl. *Wiesner*, DB 2005, 91, 92 ff.

[1126] Vgl. hierzu Ausführungen in Rn. 936 ff. und Rn. 1010.

[1127] Richtlinie Nr. 90/434 vom 23. 7. 1990, ABl. 1990 Nr. L 225/1; zuletzt geändert durch Richtlinie Nr. 2005/19 vom 17. 2. 2005, ABl. 2005 Nr. L 58/19.

[1128] Tz. 00.03 und 01.03 Umwandlungssteuer-Erlass vom 25. 3. 1998, BStBl. 1998 I, 268; dazu *Dötsch* in Dötsch/Patt/Pung/Jost, Umwandlungssteuerrecht, Einf. UmwStG, Rn. 6.

[1129] Begründung des Entwurfs des Steueränderungsgesetzes 1992, BT-Drucks. 12/1108, 36.

[1130] Ausführlich zu den steuerlichen Implikationen der Hilfskonstruktionen: *Schaumburg*, Internationales Steuerrecht, Rn. 17.52 ff. und *Klingberg/van Lishaut*, FR 1999, 1209; vgl. auch FG Baden-Württemberg vom 17. 2. 2005, IStR 2005, 278.

schaften untersucht werden.[1131] Hierfür sind zunächst die europarechtlichen Grundlagen aufzuzeigen (unten a.). Anschließend sind die Fälle der Heraus-Verschmelzung (unten b.) und der Hinein-Verschmelzung (unten c.) anhand der in Deutschland geltenden Vorschriften zu untersuchen. Dabei wird unterstellt, dass es sich um eine Verschmelzung durch Aufnahme und nicht um eine Verschmelzung durch Neugründung handelt.

a) Europarechtliche Grundlagen

533　　Grundlage für eine steuerneutrale grenzüberschreitende Verschmelzung von Kapitalgesellschaften sind die Art. 4–8 und 11 der Fusionsrichtlinie. Art. 4 Abs. 1 Fusionsrichtlinie ermöglicht auf Ebene der Gesellschaft die steuerliche Buchwertfortführung. Allerdings ist die Suspendierung der Gewinnrealisierung davon abhängig, dass im Staat der einbringenden Gesellschaft eine Betriebsstätte verbleibt, der das Vermögen der übertragenden Gesellschaft zuzurechnen ist. Die Steuerneutralität auf Ebene des Anteilseigners wird im Wesentlichen durch Art. 8 der Fusionsrichtlinie geregelt. Danach darf der durch die Verschmelzung ausgelöste Anteilstausch grundsätzlich nicht zur Besteuerung eines Veräußerungsgewinns führen. Voraussetzung ist die Fortführung der Buchwerte durch den Gesellschafter. Darüber hinaus wird den Mitgliedstaaten gestattet, die Gewinne aus einer späteren Veräußerung der erworbenen Anteile in gleicher Weise zu besteuern wie den Gewinn aus der Veräußerung der ursprünglichen Anteile. Weitere Vorschriften betreffen steuerfreie Rückstellungen und Rücklagen (Art. 5), die Übertragung von Verlusten (Art. 6), die Behandlung des Upstream-Mergers (Art. 7) sowie die Regelung von Versagungsgründen im Falle eines Missbrauchs (Art. 11).

534　　Die EU-Kommission hat am 17. 10. 2003 einen Vorschlag zu Änderungen der Fusionsrichtlinie vorgelegt.[1132] Für die Möglichkeit einer grenzüberschreitenden Verschmelzung war insbesondere von Bedeutung, die SE in den Katalog der begünstigten EU-Kapitalgesellschaften aufzunehmen. Damit wurde klargestellt, dass die Fusionsrichtlinie auch auf die SE, bei der eine grenzüberschreitende Verschmelzung seit dem 8. 10. 2004 zulässig ist, Anwendung findet. Darüber hinaus sah der Änderungsvorschlag die Steuerneutralität der Sitzverlegung einer SE[1133] sowie eine Ausdehnung der Spaltungsregelungen vor. Weitere Änderungsvorschläge betrafen die Vermeidung einer Verdoppelung von stillen Reserven im Zuge der Umwandlung. Der ECOFIN-Rat hat am 17. 2. 2005 diesem Änderungsvorschlag in modifizierter Form zugestimmt und die geänderte Richtlinie wurde am 4. 3. 2005 im Amtsblatt der Europäischen Union veröffentlicht.[1134]

535　　Soweit die Normen der Fusionsrichtlinie noch nicht in deutsches Recht umgesetzt worden sind bzw. die Änderungen der Fusionsrichtlinie nicht innerhalb der vorgeschriebenen Frist in deutsches Recht umgesetzt werden, stellt sich die Frage, ob die Regelungen der Fusionsrichtlinie unmittelbar anwendbar sind. Da die Frist zur Umsetzung der Fusionsrichtlinie bereits am 31. 12. 1991 abgelaufen ist, wird in der Literatur hierüber seit langem gestritten.[1135] Obwohl es zumindest für einzelne Vorschriften gute Argumente gibt,

---

[1131] Zu inländischen Umwandlungen mit Auslandsbezug und ausländischen Umwandlungen mit Inlandsbezug vgl. *Eilers/Teske* in Lüdicke/Rieger, Münchner Anwaltshandbuch Unternehmenssteuerrecht, § 30 Rn. 8 ff. und 49 ff. sowie *Schaumburg,* Internationales Steuerrecht, Rn. 17.15 ff. und 17.151 ff.

[1132] KOM (2003) 613. Vgl. hierzu *van Lishaut,* FR 2004, 1301, 1302 f.; *Haritz/Wisniewski,* GmbHR 2004, 28 ff.; speziell zu den Erweiterungen bei den Spaltungsnormen *Rogall,* RIW 2004, 271 ff.

[1133] Siehe oben Rn. 488.

[1134] Vgl. Nachweise in Fn. 1059 zu Rn. 488. Im Vergleich zum ursprünglichen Vorschlag der EU-Kommission sind vor allem die Änderungsvorschläge zur Vermeidung einer Verdoppelung von stillen Reserven abgelehnt worden.

[1135] Für eine unmittelbare Anwendung z.B. *Thömmes,* ZGR 1994, 77 ff.; *Förster/Lange,* DB 2002, 288, 290 f.; *Kessler/Achilles/Huck,* IStR 2003, 715, 717; *Engert,* DStR 2004, 664, 665 f. Gegen die unmittelbare Anwendung z.B. *Schaumburg,* Internationales Steuerrecht, Rn. 3.68; *Jacobs,* Internationale Unternehmensbesteuerung, S. 171; *Klingberg/van Lishaut,* FR 1999, 1209, 1213. Zu den allgemeinen Voraussetzungen einer unmittelbaren Anwendung von Richtlinien vgl. EuGH vom 19. 1. 1982, Rs. C-8/81 – Becker ./. Finanzgericht Münster, Slg. 1982, I-53.

zu einer unmittelbaren Anwendung dieser Vorschriften zu kommen, ist dieser Weg in der Praxis aufgrund der mangelnder Rechtssicherheit regelmäßig nicht zu empfehlen. Entsprechendes gilt für etwaige Schadensersatzansprüche wegen der Nichtumsetzung der Richtlinie, die nach der Rechtsprechung des EuGH auch dann gegeben sein können, wenn die Voraussetzungen einer unmittelbaren Anwendbarkeit der Richtlinie nicht vorliegen.[1136]

b) Heraus-Verschmelzung

Als Heraus-Verschmelzung wird der Fall bezeichnet, dass ein inländischer Rechtsträger **536** auf einen ausländischen Rechtsträger verschmolzen wird. Für die Frage, ob es in Deutschland zu einer Auflösung und Besteuerung von stillen Reserven kommt, sind insbesondere der inländische Rechtsträger sowie dessen Anteilseigner zu betrachten.[1137]

aa) Steuerliche Folgen bei der Gesellschaft. Zu den steuerlichen Folgen bei der **537** Gesellschaft werden die unterschiedlichsten Auffassungen vertreten. Die wohl überwiegende Ansicht geht allerdings davon aus, dass die grenzüberschreitende Heraus-Verschmelzung einer deutschen Kapitalgesellschaft im Ergebnis zur Auflösung und Besteuerung der stillen Reserven der Wirtschaftsgüter dieser Gesellschaft führt. Zur Begründung wird teilweise auf eine Betriebsveräußerung bzw. Betriebsaufgabe nach § 16 EStG,[1138] teilweise auf eine (analoge) Anwendung der Vorschriften zur Schlussbesteuerung von Kapitalgesellschaften nach §§ 11, 12 KStG[1139] und teilweise auf eine Gewinnrealisierung durch Sachauskehrung[1140] abgestellt. Diejenigen, die auch nach dem zurzeit geltenden Recht eine steuerpflichtige Gewinnrealisierung ablehnen, begründen dies überwiegend mit einer unmittelbaren Anwendung der Fusionsrichtlinie oder einer Analogie zu den §§ 11 ff. UmwStG.[1141]

Aufgrund der unklaren Rechtslage wird von der Praxis dringend eine Anpassung der **538** steuerlichen Vorschriften an die europarechtlichen Vorgaben gefordert. Es ist deshalb zu hoffen, dass die vom Bundesfinanzministerium eingesetzte Arbeitsgruppe so schnell wie möglich ihre Ergebnisse vorlegen wird.

bb) Steuerliche Folgen beim Anteilseigner. Für die Anteilseigner ergibt sich ein **539** vergleichbares Ergebnis. Auch hier wartet die Praxis dringend auf eine Umsetzung von Art. 8 der Fusionsrichtlinie für grenzüberschreitende Verschmelzungen. Denn überwiegend wird davon ausgegangen, dass es nach derzeitiger Rechtslage zu einem steuerpflichtigen Anteilstausch kommt.[1142]

Für inländische Anteilseigner in der Rechtsform einer Kapitalgesellschaft ist die Reali- **540** sierung der stillen Reserven allerdings nach § 8b Abs. 2 KStG nahezu steuerfrei.[1143] Lediglich 5% des Veräußerungsgewinns werden als nicht abziehbare Betriebsausgaben behandelt und sind somit im Ergebnis steuerpflichtig. Etwas anderes gilt, wenn ein Ausnahmetatbestand des § 8b Abs. 4 KStG eingreift, d.h. insbesondere im Fall einbringungsgeborener Anteile. Für inländische natürliche Personen als Anteilseigner gilt das Halbeinkünfteverfahren. Danach ist der Veräußerungsgewinn grundsätzlich zur Hälfte steuerfrei (§§ 3

[1136] EuGH vom 19. 11. 1991, Rs. C-6/90 und C-9/90 – Francovich –, Slg. 1991, I-5357 ff.

[1137] Der ausländische Rechtsträger spielt vor allem dann eine Rolle, wenn er eine inländische Betriebsstätte unterhält und die Anteile des inländischen Rechtsträgers dieser Betriebsstätte zuzuordnen sind (sog. Upstream-Verschmelzung), vgl. *van Lishaut,* FR 2004, 1301, 1307. Zur Problematik der Behandlung des steuerlichen Eigenkapitalkontos vgl. *Kessler/Achilles/Huck,* IStR 2003, 715, 717 und *van Lishaut,* DStR 2004, 1301, 1307.

[1138] *Schulz/Petersen,* DStR 2002, 1508, 1511.

[1139] *Klosters,* EuZW 2003, 293, 298; *Schulz/Petersen,* DStR 2002, 1508, 1512.

[1140] *Förster/Lange,* DB 2002, 288, 289 f.

[1141] *Eilers/Teske* in Lüdicke/Rieger, Münchner Anwaltshandbuch Unternehmenssteuerrecht, § 30 Rn. 101; *Engert,* DStR 2004, 664, 669 f. Teilweise wird auch von einer Besteuerungslücke ausgegangen, vgl. *Thömmes* in Theisen/Wenz, Die Europäische Aktiengesellschaft, 2002, S. 492 ff.

[1142] Vgl. beispielsweise *Förster/Lange,* DB 2002, 288, 289 ff.

[1143] Geht man von einer Sachauskehrung aus, ergibt sich die Steuerfreiheit aus § 8b Abs. 1 KStG.

Nr. 40 und 3 c Abs. 2 EStG). Zusätzlich besteht unter Umständen die Möglichkeit eines Aufschubs der Besteuerung nach § 6 b Abs. 10 EStG.

541   Für ausländische Anteilseigner kann der Anteilstausch zu einer beschränkten Steuerpflicht nach § 49 Abs. 1 Nr. 2 Buchstabe a) oder e) EStG bzw. nach § 49 Abs. 1 Nr. 8 EStG führen. Voraussetzung ist, dass die Beteiligung in einer inländischen Betriebsstätte gehalten wurde, die Beteiligungsquote innerhalb der letzten fünf Jahre bei mindestens 1% lag oder die Anschaffung weniger als ein Jahr zurückliegt. Sofern ein Doppelbesteuerungsabkommen anwendbar ist und die Beteiligung nicht in einer inländischen Betriebsstätte gehalten wird, steht das Besteuerungsrecht allerdings regelmäßig dem Ansässigkeitsstaat des ausländischen Anteilseigners zu, so dass eine Besteuerung in Deutschland entfällt.[1144]

542   Nach der in der Literatur vertretenen Gegenansicht führt der Anteilstausch als Folge einer grenzüberschreitenden Verschmelzung schon nach derzeitiger Rechtslage für sämtliche Anteilseigner nicht zu einer Besteuerung in Deutschland. Entsprechend den Ausführungen zur Ebene der Gesellschaft wird dabei entweder auf eine unmittelbare Anwendung der Fusionsrichtlinie (Art. 8) oder auf eine analoge Anwendung der umwandlungssteuerlichen Vorschriften (§ 13 UmwStG) zurückgegriffen.[1145] Für Anteile im Privatvermögen wird teilweise auch von einer Weitergeltung des Tauschgutachtens des BFH ausgegangen.[1146]

c) Hinein-Verschmelzung

543   Als Hinein-Verschmelzung wird der Fall bezeichnet, dass ein ausländischer Rechtsträger auf einen inländischen Rechtsträger verschmolzen wird.

544   Aus Sicht der beiden verschmolzenen Gesellschaften kommt eine deutsche Steuerpflicht vor allem in Bezug auf eine inländische Betriebsstätte der übertragenden ausländischen Kapitalgesellschaft in Betracht. Hier stellt sich die Frage, ob eine Buchwertverknüpfung nach § 12 Abs. 2 Satz 2 Halbsatz 2 KStG möglich ist.[1147] Teilweise wird bei der Hinein-Verschmelzung auch auf eine analoge Anwendung der Vorschriften des UmwStG abgestellt.[1148] Darüber hinaus wird diskutiert, ob es im Fall der Upstream- oder Downstream-Verschmelzung zu steuerpflichtigen Gewinnrealisationen bei der aufnehmenden deutschen Gesellschaft kommt.

545   Soweit an der übertragenden ausländischen Kapitalgesellschaft deutsche Anteilseigner beteiligt waren, gelten die Ausführungen zu den steuerlichen Folgen im Fall der Heraus-Verschmelzung entsprechend.

XV. Pflichten zur Anmeldung beim Handelsregister

1. Kollisionsrechtliche Anknüpfung der Anmeldungspflicht

546   Das deutsche Handelsrecht ordnet an, dass bestimmte Rechtstatsachen beim Handelsregister anzumelden sind.[1149] Die Einhaltung dieser Verpflichtung wird vom Handelsregistergericht überprüft und gegebenenfalls durch Festsetzung von Zwangsgeld gemäß § 14 HGB erzwungen. Die Anmeldungspflichten sind öffentlich-rechtlich zu qualifizieren, wo-

---

[1144] Innerhalb der EU gilt dies jedoch nicht für die DBA mit Tschechien, Zypern und Slowenien. Weiterhin ist für Grundstücksgesellschaften auf die Ausnahme in Art. 13 Abs. 4 OECD-Musterabkommen hinzuweisen.

[1145] *Engert,* DStR 2004, 664, 669 f.; teilweise wird auch von einer Besteuerungslücke ausgegangen, vgl. *Thömmes* in Theisen/Wenz, Die Europäische Aktiengesellschaft, 2002, S. 494.

[1146] So *Patt* in Dötsch/Patt/Pung/Jost, Umwandlungssteuerrecht, vor § 20 UmwStG Rn. 27 m. w. N. und *Dautel,* BB 2002, 1844 unter Hinweis auf BFH vom 16. 12. 1958, BStBl. 1959 III, 30 und das BMF-Schreiben vom 9. 2. 1998, BStBl. 1998 I, 163.

[1147] Vgl. hierzu *Förster/Lange,* DB 2002, 288, 291 f.; *Schulz/Petersen,* DStR 2002, 1508, 1511 f.; *Kessler/Achilles/Huck,* IStR 2003, 715, 716.

[1148] *Engert,* DStR 2004, 664, 669.

[1149] Überblick bei *Canaris,* Handelsrecht, § 4 I.2.a., S. 56 f.

bei maßgebliches Anknüpfungskriterium der Ort der kaufmännischen Niederlassung ist.[1150] Soweit die Pflicht zur Anmeldung Körperschaften oder Personengesellschaften betrifft, deckt sich der Anknüpfungspunkt der kaufmännischen Niederlassung mit dem effektiven Verwaltungssitz der Gesellschaft.[1151] Für Gesellschaften mit effektivem Verwaltungssitz in Deutschland bedeutet dies, dass auf Grundlage der Sitztheorie sowohl nach dem Gesellschaftsstatut als auch nach der öffentlich-rechtlichen Anknüpfung deutsches Recht zur Anwendung kommt. Für EU-Auslandsgesellschaften gilt dies allerdings nicht. Da die Rechtsprechung des EuGH faktisch zu einer „europarechtlichen Gründungstheorie" führt,[1152] fällt bei solchen Gesellschaften Gesellschaftsstatut und öffentlich-rechtliche Anknüpfung auseinander.

2. Zweigniederlassungen

Unabhängig vom Gesellschaftsstatut enthält das deutsche Sachrecht Anmeldungspflich- **547** ten für deutsche Zweigniederlassungen ausländischer Kaufleute und ausländischer Gesellschaften (§§ 13 d ff. HGB).[1153] Da diese Bestimmungen nur für ausländische Gesellschaften nicht aber für deutsche Gesellschaften gelten, sind sie Teil des so genannten Fremdenrechts.[1154]

Zweigniederlassungen sind von der Hauptniederlassung räumlich getrennte, unter deren **548** Oberleitung stehende, jedoch wirtschaftlich und organisatorisch verselbständigte Betriebsteile und stellen eine Zwischenform zwischen der Bildung eines eigenständigen Unternehmens und bloßen Abteilungen eines Unternehmens dar.[1155] Die Zweigniederlassung ist trotz ihrer Selbstständigkeit Teil des Geschäftsbetriebs der unternehmenstragenden Gesellschaft.[1156] Aus der rechtlichen Unselbständigkeit folgt zwingend die Maßgeblichkeit des Statuts der Hauptniederlassung.[1157] Aus diesem Grund sind die Zweigniederlassung betreffende Rechtsfolgen nach der für den Rechtsträger der Hauptniederlassung maßgeblichen Rechtsordnung zu beurteilen. Die inländische Zweigniederlassung einer ausländischen Gesellschaft unterliegt daher dem ausländischen Gesellschaftsstatut.

Dies gilt jedoch nicht uneingeschränkt. Aufgrund von Sonderanknüpfungen oder frem- **549** denrechtlichen Bestimmungen kann auf inländische Zweigniederlassungen ausländischer Unternehmen auch deutsches Sachrecht zur Anwendung kommen. Sonderanknüpfungen an den Ort der Zweigniederlassung bestehen für (i) die Beurteilung der Kaufmannseigenschaft,[1158] (ii) die Buchführungs- und Rechnungslegungspflichten[1159] und (iii) die auf den Betrieb der inländischen Zweigniederlassung beschränkte Prokura (so genannte Filialprokura).[1160] Außerdem gelten für die Firma der Zweigniederlassung besondere Regelungen.

[1150] *von Bar,* Internationales Privatrecht II, Rn. 608, 614 mit Fn. 32; *Brüggemann* in Großkomm HGB, vor § 1 HGB Rn. 30; Soergel/*Lüderitz,* BGB, Art. 10 Anh. Rn. 46; Allgemein zur territorialen Anknüpfung im Internationalen Öffentlichen Recht BGHZ 31, 367, 371 und *Kegel/Schurig,* Internationales Privatrecht, § 23 I. 2, S. 1095 f.

[1151] Zum Anknüpfungspunkt des effektiven Verwaltungssitzes s. oben Rn. 80 ff.

[1152] Vgl. zu diesem Begriff *Leible,* ZGR 2004, 531, 534.

[1153] Dazu ausführlich unter Rn. 627 ff.

[1154] Zu den einzelnen fremdenrechtlichen Bestimmungen s. unter Rn. 619 ff.

[1155] MünchKommHGB/*Bokelmann,* § 13 Rn. 4 ff.; *Köbler,* BB 1969, 845; *Brüggemann* in Großkomm HGB, vor § 1 HGB Rn. 30, vor § 13 HGB Rn. 9 ff.

[1156] BayObLGZ, 1985, 272, 281 ff.; BGHZ 4, 62, 65; RGZ 107, 44, 45 ff.; 130, 23, 25; OLG Karlsruhe IPRspr. 1977 Nr. 126; OLG Düsseldorf RIW 1996, 776; Baumbach/*Hopt,* HGB, § 13 Rn. 4.

[1157] BayObLGZ 1985, 272, 277 ff.; MünchKommBGB/*Kindler,* IntGesR Rn. 141 m.w.N. auch zur veralteten abweichenden Ansicht; *Kaligin,* DB 1985, 1449, 1450; Staudinger/*Großfeld* (1998) IntGesR Rn. 977; *Hüffer* in Großkomm HGB, § 13b HGB a. F. Rn. 13.

[1158] Vgl. hierzu Rn. 572 ff.

[1159] Vgl. hierzu Rn. 563 ff.

[1160] Vgl. hierzu Rn. 570 f.

3. Pflicht zur Anmeldung der Hauptniederlassung einer ausländischen Gesellschaft

550   Nach § 13 d Abs. 1 HGB müssen ausländische Gesellschaften, die in Deutschland eine Zweigniederlassung errichten, diese in das Handelsregister eintragen lassen. Spätestens nach der EuGH Entscheidung „Inspire Art"[1161] ist aber zu fragen, ob nicht nur die Errichtung einer echten Zweigniederlassung in das Handelsregister eingetragen werden muss, sondern auch die Tatsache, dass eine Auslandsgesellschaft faktisch ihre Hauptniederlassung in Deutschland hat.[1162] Da in Deutschland auf Gesellschaften mit Satzungssitz außerhalb der EU auch weiterhin die Sitztheorie anzuwenden ist,[1163] wird diese Konstellation zumeist nur bei EU-Auslandsgesellschaften, die von den durch die EuGH Rechtsprechung geschaffenen Möglichkeiten Gebrauch machen, relevant werden.

551   Die Registerpublizität für Zweigniederlassungen dient dem Schutz öffentlicher Interessen; das Registergericht kann anhand der Angaben, die die Anmeldung enthalten muss, die wirksame Gründung der ausländischen Gesellschaft prüfen und feststellen, ob erforderliche öffentlich-rechtliche Genehmigungen vorliegen.[1164] Außerdem bietet die Eintragung im Handelsregister dem inländischen Geschäftsverkehr die Möglichkeit, sich über die grundlegenden Verhältnisse der Gesellschaft in Deutschland zu informieren.[1165]

552   Dieser Schutzzweck ist mindestens im gleichen Maße betroffen, wenn in Deutschland nicht lediglich eine Zweigniederlassung errichtet wird, sondern faktisch die Hauptniederlassung der ausländischen Gesellschaft.[1166] Die wesentlichen Merkmale einer Zweigniederlassung wie die räumliche Selbstständigkeit, die Dauer des Geschäftsbetriebs und die äußere Einrichtung ähnlich einer Hauptniederlassung sowie das Vorhandensein eines Leiters sind am Verwaltungssitz einer ausländischen Gesellschaft notwendigerweise vorhanden. Daher lässt sich die Eintragungspflicht nicht mit der Begründung verneinen, es fehle für die Eintragung als Zweigniederlassung an einer Hauptniederlassung im Sinne der deutschen handelsrechtlichen Vorschriften. Eine auf diese Erwägung beruhende Verweigerung der Eintragung als Zweigniederlassung wäre als europarechtswidrig anzusehen.[1167] Im Gegenzug kann das Registergericht die Gesellschaft nach § 14 HGB zur Anmeldung einer Zweigniederlassung am Sitz der Hauptverwaltung zwingen, selbst wenn es sich nach autonomem deutschen Verständnis der handelsrechtlichen Vorschriften nicht um eine Zweig-, sondern um eine Hauptniederlassung handelt.[1168] Ein Verstoß gegen die Verpflichtung zur Anmeldung der Hauptniederlassung hat allerdings nicht die persönliche Haftung des Geschäftsführers analog § 11 Abs. 2 GmbHG zur Folge.[1169]

553   Ist eine EU-Auslandsgesellschaft mit Verwaltungssitz in Deutschland danach verpflichtet, eine Zweigniederlassung zum Handelsregister anzumelden, stellt sich natürlich die Frage, ob sie nicht gleich als Auslandsgesellschaft ins Handelsregister eingetragen werden kann. Eine englische Limited wäre also beispielsweise als „Private Company limited by shares englischen Rechts" einzutragen. Aufgrund fehlender gesetzlicher Regelung ist je-

---

[1161] EuGH NJW 2003, 3331, zur Möglichkeit der Bildung von EU-Auslandsgesellschaften mit effektivem Verwaltungssitz in Deutschland siehe oben Rn. 195, 203 ff.

[1162] Vgl. OLG Naumburg GmbHR 2003, 533; OLG Zweibrücken GmbHR 2003, 530 ff.; KG Berlin GmbHR 2004, 116; AG Duisburg NZG 2003, 1072 ff., 1073; vgl. auch *Paefgen*, DB 2003, 487, 490; *Kindler*, NJW 2003, 1073, 1078; *Hirsch/Britain*, NZG 2003, 1100, 1101; *Leible/Hoffmann*, EuZW 2003, 677, 679; *Binge/Thölke*, DNotZ 2004, 21, 24; *Riegger*, ZGR 2004, 510, 513 ff.

[1163] Vgl. oben Rn. 73 ff,. 79.

[1164] Vgl. *Riegger*, ZGR 2004, 510, 513 mit dem Beispiel OLG Celle GmbHR 2003, 532, 533.

[1165] MünchKommHGB/*Bokelmann*, § 13 e Rn. 1 ff.; Ebenroth/Boujong/Joost/*Pentz*, HGB § 13 d Rn. 17.

[1166] *Riegger*, ZGR 2004, 511, 513.

[1167] KG Berlin BB 2003, 2644, 2647 f.; *Binge/Thölke*, DNotZ 2004, 21, 24.

[1168] *Binge/Thölke*, DNotZ 2004, 21, 24; *Riegger*, ZGR 2004, 510, 513.

[1169] Vgl. BGH NJW 2005, 1648, 1649 (= NZG 2005, 508, 509).

doch davon auszugehen, dass ausländische Gesellschaften nicht in einem Handelsregister eingetragen werden können.[1170]

XVI. Firmenrecht

1. Kollisionsrechtliche Anknüpfung

Soweit es die Berechtigung zur Führung einer bestimmten Firma regelt (vgl. §§ 17–24 **554** HGB), ist das Firmenrecht Ordnungsrecht.[1171] Für die Ordnungsfunktion des Firmenrechts, die sich insbesondere in den Grundsätzen der Firmenwahrheit, Firmenbeständigkeit, Firmenunterscheidbarkeit und Firmeneinheit zeigt, spricht die Tatsache, dass das Handelsregister zur Durchsetzung dieser Grundsätze von Amts wegen tätig zu werden hat (§ 37 Abs. 1 HGB). Die ordnungsrechtliche Qualifikation führt zu einer gebietsbezogenen Anknüpfung der Firmenberechtigung an das Recht am Ort der Niederlassung.[1172] Soweit sich die Rechtsprechung bei der firmenrechtlichen Anknüpfung auf das Gesellschaftsstatut bezieht,[1173] kommt sie auf der Grundlage der Sitztheorie zumeist zur Anwendung deutschen Sachrechts. Bei Gesellschaften ausländischen Rechts mit Verwaltungssitz im Inland, wie sie innerhalb der EU oder aufgrund staatsvertraglicher Kollisionsnormen zulässig sein können, kann es bei einer solchen Anknüpfung allerdings zur Abweichungen kommen. Die hier vertretene gebietsbezogene Anknüpfung führt trotz ausländischen Gesellschaftsstatuts zur Maßgeblichkeit deutschen Firmenrechts.[1174]

2. Zulässigkeit der Firma der Zweigniederlassung

Die Zulässigkeit der Firma der inländischen Zweigniederlassung einer ausländischen **555** Gesellschaft beurteilt sich sowohl nach dem ausländischen Gesellschaftsstatut, als auch nach dem Recht am Ort der Zweigniederlassung.[1175] Aufgrund der Geltung des ausländischen Gesellschaftsstatuts ist zunächst die Zulässigkeit der ausländischen Firma nach ausländischem Recht zu untersuchen. Entspricht die Firmenbildung dem anwendbaren ausländischen Gesellschaftsrecht, ist danach in einem zweiten Schritt zu prüfen, ob die Firma auch nach inländischem Firmenrecht als Firma der inländischen Zweigniederlassung der ausländischen Gesellschaft zulässig ist.[1176] Die Firma der inländischen Zweigniederlassung darf nicht den Grundsatz der Firmenwahrheit und Firmenklarheit verletzen.[1177] Daher muss die

---

[1170] *Riegger*, ZGR 2004, 511, 513; MünchKommHGB/*Bokelmann*, § 13 e HGB Rn. 1; Scholz/*Emmerich*, GmbHG, § 4 a Rn. 6.

[1171] *Brüggemann* in Großkomm HGB, vor § 1 HGB Rn. 30; vgl. *Canaris*, Handelsrecht, § 11, S. 250; MünchKommBGB/*Kindler*, IntGesR Rn. 146; anders teilweise die Rechtsprechung wenn sie das Firmenrecht dem „Gesellschaftsstatut" (BayObLGZ, 1986, 61, 64), dem „Personalstatut" (RGZ 117, 215, 218; BGH NJW 1971, 1522, 1523) oder gar dem „Heimatrecht" (BGH NJW 1958, 17 ff.) zuweist.

[1172] RGZ 82, 167; RGZ 100, 182, 185 ff.; RGZ 109, 213; RGZ 117, 215, 218; BGH NJW 1958, 17 ff.; BGH NJW 1971, 1522, 1523; BGHZ 75, 172, 176; OLG Hamm NJW-RR 1987, 990; *Hüffer* in Großkomm HGB, vor § 17 Rn. 13; Staudinger/*Großfeld* (1998) IntGesR Rn. 319 ff.; Baumbach/*Hopt*, HGB, § 17 Rn. 48.

[1173] BayObLGZ 1986, 61, 64.

[1174] Vgl. auch Art. 10 des Deutsch-US-Amerikanischen Handelsvertrags vom 29. 10. 1954, BGBl. 1956 II, S. 487; hierzu OLG Hamm WRP 1991, 497 und 1992, 354.

[1175] MünchKommHGB/*Bokelmann*, § 13 d Rn. 16 ff.; *Bokelmann*, ZGR 1994, 325, 328 ff.; MünchKommBGB/*Kindler*, IntGesR Rn. 153.

[1176] Gegen eine Prüfung nach deutschem Recht *Brüggemann* in Großkomm HGB, vor § 1 HGB Rn. 34; dagegen wiederum MünchKommBGB/*Kindler*, IntGesR Rn. 153 f.

[1177] BayObLGZ 1986, 61, 64; Staudinger/*Großfeld* (1998) IntGesR Rn. 320 f.; MünchKomm HGB/*Bokelmann*, § 13 d Rn. 18; MünchKommBGB/*Kindler*, IntGesR Rn. 154.

Firma der Hauptniederlassung in der Firma der Zweigniederlassung erkennbar sein.[1178] Anders als bei der Firma der Zweigniederlassung eines inländischen Unternehmens muss auch bei Firmenidentität des ausländischen Unternehmens mit der inländischen Zweigniederlassung der Firma der letzteren ein Zusatz beigefügt werden, der zum Ausdruck bringt, dass es sich um die Firma einer Zweigniederlassung handelt.[1179]

556　Zur Vermeidung wesentlicher Irreführungen können auch zusätzliche Firmenbestandteile erforderlich werden.[1180] Möchte z.B. eine Gesellschaft mit beschränkter Haftung österreichischen Rechts eine Zweigniederlassung in Deutschland gründen, so muss sich aus der Firma der Zweigniederlassung ergeben, dass es sich dabei um eine Zweigniederlassung einer GmbH ausländischen Rechts handelt. Lautet die Firma der österreichischen GmbH beispielsweise „Müller Holzbau GmbH", wäre eine deutsche Zweigniederlassung mit der Firma „Müller Holzbau GmbH, Zweigniederlassung München" nicht zulässig. Zulässig wäre dagegen, z.B. die Firma „Müller Holzbau GmbH, Österreich, Zweigniederlassung München".

557　Rechtsformzusätze in der ausländischen Sprache sind auch für die Firma der Zweigniederlassung in der Originalsprache zu übernehmen.[1181] Ist der Rechtsformzusatz in Deutschland unverständlich, darf nicht die ausländische Firma ein „eingedeutscht" werden und die Übersetzung an ihre Stelle treten. In einem solchen Fall kann die Übersetzung zwar zur Firma der Zweigniederlassung werden, doch muss dann auch die ausländische Firma Bestandteil der Firma der Zweigniederlassung sein.

558　Die Anwendung des (strengen) deutschen Firmenrechts kann dazu führen, dass einem ausländischen Unternehmen das Recht genommen wird, sich unter seiner im Ausland zulässigen Firma im Inland niederzulassen. In Bezug auf Gesellschaften aus dem EU-Ausland verbieten Art. 43 i.V.m. Art. 48 EG (Niederlassungsfreiheit) und die abschließende Regelung der Publizitätsgegenstände in der Zweigniederlassungsrichtlinie 89/666/EWG solche Beschränkungen bei der Gründung von Zweigniederlassungen.[1182]

559　Schließlich ist auch zu beachten, dass die Firma einer ausländischen Gesellschaft im Inland wegen eines Verstoßes gegen den deutschen Ordre Public unzulässig sein kann. Da – zumindest im Grundsatz – die deutschen firmenrechtlichen Grundsätze auch für die Firma einer inländischen Zweigniederlassung gelten, bleibt hierfür allerdings ein zu vernachlässigender Anwendungsbereich.[1183]

3. Die Firma einer Auslandgesellschaft

560　Nach der oben beschriebenen kollisionsrechtlichen Anknüpfung gilt auch für eine EU-Auslandsgesellschaft mit Verwaltungssitz im Inland das Firmenrecht des Orts der Niederlassung. Für in Deutschland ansässige EU-Auslandsgesellschaften gilt daher deutsches Firmenrecht. Aus der Entscheidung „Inspire Art"[1184] ergibt sich allerdings, dass über die Anforderungen der Zweigniederlassungsrichtlinie 1989/666/EWG nicht hinausgegangen werden darf.[1185]

[1178] MünchKommHGB/*Bokelmann*, § 13 d Rn. 18.

[1179] MünchKommHGB/*Bokelmann*, § 13 d Rn. 18; vgl. auch die Begründung des Entwurfs eines Gesetzes zur Durchführung der 11. Richtlinie des Rats der europäischen Gemeinschaften, BT-Drucks. 12/3908, S. 15 (Gesetzentwurf der Bundesregierung); Baumbach/*Hopt*, HGB, § 13 d Rn. 4; MünchKommBGB/*Kindler*, IntGesR Rn. 154; vgl. LG Frankfurt a.M. BB 2005, 1297, sowie *Wachter*, BB 2005, 1289 (krit.).

[1180] MünchKommHGB/*Bokelmann*, § 13 d Rn. 20; vgl. LG Hagen NJW 1973, 2162 für eine AG in Vaduz.

[1181] MünchKommHGB/*Bokelmann*, § 13 d Rn. 19; *Kögel*, Rpfleger 1993, 8, 9.

[1182] MünchKommHGB/*Bokelmann*, § 13 d Rn. 19; *Bokelmann*, DB 1990, 1021, 1025 ff., 1027; *Bokelmann*, Das Recht der Firmen und Geschäftsbezeichnungen, Rn. 888.

[1183] Vgl. MünchKommBGB/*Kindler*, IntGesR Rn. 158 ff.

[1184] EuGH NJW 2003, 3331.

[1185] EuGH NJW 2003, 3331, 3334 Rn. 135; *Leible/Hoffmann*, EuZW 2003, 677, 680.

Der EuGH geht in der Entscheidung „Inspire Art" davon aus, dass Auslandsgesellschaf- **561**
ten unter Angabe ihres Personalstatuts „auftreten", also entsprechend firmieren und dies
auch in Geschäftsbriefen offen legen. Das nationale Recht muss also befugt sein, den Auslandsgesellschaften ein eindeutiges Auftreten als Auslandsgesellschaft vorzuschreiben. Eine
zusätzliche Offenlegung soll aber der Zweigniederlassungsrichtlinie 1989/666/EWG widersprechen. Es kann daher nicht darauf ankommen, dass der Rechtsverkehr weiß, dass es
sich um eine Gesellschaft eines bestimmten Rechtssystems handelt. Entscheidend ist vielmehr, dass für den Rechtsverkehr erkennbar ist, dass die Gesellschaft ausländischem Recht
unterliegt. Daher genügt in Deutschland die Firmierung einer englischen *„Private Company
limited by shares"* als Ltd. obwohl sich daraus nicht ergibt, ob die Gesellschaft englischem,
schottischem oder irischem Recht unterliegt.[1186] Kommt es dem Rechtsverkehr darauf an
zu erfahren, aus welcher Rechtsordnung die Gesellschaft stammt, so muss er etwa durch
einen Blick auf die Angabe des Gründungsregisters eigene Nachforschungen anstellen.
Nur in den Fällen, in denen eine Verwechslungsgefahr mit inländischen Rechtsformzusät-
zen besteht, sind die Mitgliedstaaten daher befugt, im Interesse des Verkehrsschutzes eine
Überlagerung der Firmenbildung vorzunehmen und zu verlangen, dass sich die Eigenschaft als ausländische Gesellschaft zweifelsfrei aus der Firmierung ergibt.[1187]

XVII. Haftung wegen Firmenfortführung

Das für firmenrechtliche Fragen maßgebliche Recht am Ort der gewerblichen Nieder- **562**
lassung entscheidet auch darüber, ob wegen Firmenfortführung gehaftet wird. Bei Beibehaltung der bisherigen Firma entscheidet das Recht am Ort der gewerblichen Niederlassung als Firmenstatut über den Übergang von Rechten und Pflichten aus dem Handelsge-
schäft.[1188] Dies gilt unabhängig von der Rechtsform der beteiligten Unternehmensträger.
Für in Deutschland gelegene Zweigniederlassungen oder Auslandsgesellschaften sind daher
die Haftungsvorschriften der §§ 25–28 HGB anwendbar.

XVIII. Rechnungslegung und Abschlussprüfung

Sowohl für die handelsrechtliche Rechnungslegung (Vorschriften über die Führung der **563**
Handelsbücher, die Erstellung des Jahresabschlusses und die Aufbewahrung der Handelsbücher und sonstiger Aufzeichnungen) als auch für die Abschlussprüfung ist die kollisionsrechtliche Einordnung umstritten. Die kollisionsrechtliche Einordnung der Rech-
nungslegungs- und Publizitätsvorschriften hängt entscheidend davon ab, ob man diese
Vorschriften öffentlich-rechtlich[1189] oder gesellschaftsrechtlich qualifiziert.[1190] Für eine ge-

---

[1186] Beispiel von *Leible/Hoffmann*, EuZW 2003, 677, 680.

[1187] *Leible/Hoffmann*, EuZW 2003, 677, 681; so schon vor „Inspire Art" Ebenroth/Boujong/
Joost/*Zimmer*, HGB § 17 Anh. Rn. 29; MünchKommHGB/*Bokelmann*, § 13 d Rn. 20. Vgl. auch
oben Rn. 556 zum ähnlich gelagerten Problem bei der Zweigniederlassung.

[1188] OLG Düsseldorf NJW-RR 1995, 1184; RGZ 60, 296, 297; *Brüggemann* in Großkomm HGB,
Einl. Rn. 43; *von Hoffmann*, IPRax 1989, 175; MünchKommBGB/*Kindler*, IntGesR Rn. 161
m. w. N.; *Schnelle*, RIW 1997, 281, 285.

[1189] Für die öffentlich-rechtliche Qualifikation: *Röhricht* in Röhricht/Graf von Westphalen, HGB
Einl. Rn. 52; MünchKommBGB/*Kindler*, IntGesR Rn. 183; Ebenroth/Boujong/Joost/*Pentz*, HGB
§ 13 d Rn. 21; wohl auch *Riegger*, ZGR 2004, 510, 515; für die Anwendbarkeit der deutschen
Rechnungslegungsvorschriften auf Zweigniederlassungen ausländischer Gesellschaften auch *Hüffer* in
Großkomm HGB, § 238 Rn. 24.

[1190] Für eine gesellschaftsrechtliche Qualifikation: *Zimmer*, Internationales Gesellschaftsrecht,
S. 179 ff., S. 183; Staudinger/*Großfeld* (1998) IntGesR Rn. 362; wohl auch *Hüffer* in Großkomm
HGB, vor § 238, Rn. 2, vgl. allerdings Rn. 24. Für die gesellschaftsrechtliche Qualifikation von Pub-
lizitätspflichten auch *Zimmer* in Großkomm HGB, § 325 Rn. 59.

sellschaftsrechtliche Qualifizierung sprechen die Bezüge der Rechnungslegung zum Gesellschaftsrecht; für eine öffentlich-rechtliche Qualifikation lässt sich anführen, dass die Rechnungslegung in erster Linie dem Schutz der Gläubiger sowie dem Schutz öffentlicher Interessen dient. Dass die deutschen Rechnungslegungsvorschriften nicht von einer bestimmten Rechtsform abhängen und das deutsche Bilanzrecht folglich auch auf ausländische Staatsbürger, die in Deutschland ein Handelsgewerbe betreiben Anwendung findet, spricht ebenfalls für eine öffentlich-rechtliche Qualifikation.[1191] Geht man von einer öffentlich-rechtlichen Qualifikation aus, so ist für die Rechnungslegung und die Publizität an den Ort der kaufmännischen Niederlassung anzuknüpfen.

564   Aus den obengenannten Gründen liegt auch für das Ob und Wie der Abschlussprüfung sowie darüber wer als Abschlussprüfer berufen werden kann, eine öffentlich-rechtliche Qualifikation nahe. Diese wiederum bedingt eine Anknüpfung an den Verwaltungssitz der Gesellschaft.[1192] Unter Anwendung der Sitztheorie besteht insoweit ein Gleichlauf mit dem Gesellschaftsstatut. Mit der öffentlich-rechtlichen Qualifikation ist sichergestellt, dass Gesellschaften ausländischen Rechts mit Inlandssitz dem deutschen Abschlussprüfungsrecht und nicht dem ausländischen Gesellschaftsrecht und dessen Abschlussprüfungsrecht unterliegen.[1193]

1. Rechnungslegung inländischer Zweigniederlassungen

565   Für Zweigniederlassungen von Kapitalgesellschaften mit Sitz in einem EU-Mitgliedstaat oder EWR-Vertragsstaat sind die Regelungen des § 325a HGB zu beachten. Aufgrund dieser Vorschrift kann die kollisionsrechtliche Zuordnung der Rechnungslegungs- und Publizitätsvorschriften in solchen Fällen dahin stehen. Nach § 325a Abs. 1 HGB sind inländische Zweigniederlassungen von Kapitalgesellschaften aus dem EU-Ausland verpflichtet, die Unterlagen der Rechnungslegung der Hauptniederlassung, die nach dem für die Hauptniederlassung maßgeblichen Recht erstellt, geprüft und offengelegt worden sind, nach den §§ 325, 328, 329 Abs. 1 HGB offen zu legen. Die Unterlagen sind zum Handelsregister am Sitz der Zweigniederlassung einzureichen.

2. Rechnungslegung von EU-Auslandsgesellschaften

566   Für EU-Auslandsgesellschaften mit Verwaltungssitz in Deutschland kann die kollisionsrechtliche Zuordnung der Rechnungslegungs- und Publizitätsvorschriften ebenfalls dahin gestellt bleiben. Die entsprechenden Pflichten ergeben sich aus § 325a HGB.

567   Auch die faktische Hauptniederlassung einer EU-Auslandsgesellschaft ist eine Zweigniederlassung im Sinne des § 325a, §§ 13d ff. HGB.[1194] Nach dem Wortlaut des § 325a Abs. 1 HGB sind „die Unterlagen der Rechnungslegung der Hauptniederlassung, die nach dem für die Hauptniederlassung maßgeblichen Recht geprüft, erstellt und offen gelegt worden sind", offen zu legen. Aufgrund der Gleichstellung mit einer Zweigniederlassung ist davon auszugehen, dass damit auf das Recht des Satzungssitzes Bezug genommen wird.[1195] Für den Fall einer englischen „Private Company limited by shares" mit Verwaltungssitz in Deutschland ist also das englische Recht maßgeblich. Auch bei einer öffentlich-rechtlich Qualifikation der Rechnungslegungsvorschriften, müssen Gesellschaften aus

---

[1191] MünchKommBGB/*Kindler*, IntGesR Rn. 183; *Röhricht* in Röhricht/Graf von Westphalen, HGB Einl. Rn. 52; Ebenroth/Boujong/Joost/*Pentz*, HGB § 1 d Rn. 21; *Riegger*, ZGR 2004, 510, 515.

[1192] MünchKommBGB/*Kindler*, IntGesR Rn. 188; für eine gesellschaftsrechtliche Qualifikation Staudinger/*Großfeld* (1998) IntGesR Rn. 366; *Kaligin*, DB 1985, 1449, 1454.

[1193] Vgl. MünchKommBGB/*Kindler*, IntGesR Rn. 188.

[1194] *Riegger*, ZGR 2004, 510, 516; *Zimmer*, Internationales Gesellschaftsrecht, S. 185 ff.

[1195] *Riegger*, ZGR 2004, 510, 516; *Binge/Thölke*, DNotZ 2004, 21, 31; vgl. auch MünchKomm HGB/*Fehrenbacher*, § 325a Rn. 12; *Adler/Düring/Schmaltz*, Rechnungslegung und Prüfung der Unternehmen, § 325a HGB Rn. 21, 22.

EU-Mitgliedstaaten also nicht noch einen zusätzlichen Jahresabschluss nach deutschem HGB erstellen und offen legen.[1196]

XIX. Prokura und Handlungsvollmacht

Das deutsche internationale Privatrecht enthält keine ausdrückliche Regelung über die **568** kollisionsrechtliche Behandlung einer Vollmacht. Soweit es an einer Rechtswahl fehlt, führt die von der herrschenden Meinung vorgenommene selbständige Anknüpfung zum Recht des Landes, in dem das Vertretergeschäft vorgenommen werden soll (Wirkungsland).[1197] Nach anderer Ansicht ist auf das Recht des Staates abzustellen, in dem die Vollmacht tatsächlich ausgeübt wird (Gebrauchsort).[1198]

Für kaufmännische Vollmachten von in der Geschäftsleitung des Unternehmens tätigen **569** Personen ist streitig, ob deren starker Bezug zum Unternehmen eine Anknüpfung an den Ort des Unternehmenssitzes nahe legt.[1199] Für den Fall der Handlungsvollmacht ist diese Frage, soweit ersichtlich, bislang nicht entschieden worden. Für Prokuristen indes hat der BGH eine Anknüpfung an den Ort des Unternehmens ausdrücklich bejaht und hierbei die gleichen Anknüpfungsmerkmale wie zur Bestimmung des Gesellschaftsstatus verwendet.[1200] Für den Fall der Prokura ist also höchstrichterlich geklärt, dass an den Ort des Unternehmenssitzes und nicht an den Gebrauchsort anzuknüpfen ist. Für die Prokura kommt es daher – soweit die Sitztheorie noch Anwendung findet – zu einem Gleichlauf mit dem Gesellschaftsstatut. Dieser Gleichlauf rechtfertigt sich aus der besonders engen Verbindung kaufmännisch Bevollmächtigter mit der Rechtsordnung, die für die organschaftliche und für die gesetzliche Vertretung des Unternehmensträgers maßgeblich ist. Hinzu kommt, dass Prokuristen meist im Rahmen einer längerfristigen Anstellung mit einem bestimmten räumlichen Schwerpunkt – eben dem Sitz des Unternehmens – tätig sind.[1201] Da diese Argumente ebenso auf Handlungsbevollmächtigte zutreffen, ist kein Grund für eine Differenzierung zwischen Prokuristen und Handlungsbevollmächtigten ersichtlich.

Abweichende Anknüpfungen sind denkbar. Beschränkt sich die Vertretungsmacht auf **570** den Betrieb einer Zweigniederlassung außerhalb des Sitzstaates des Unternehmensträgers, so fehlt es an einem signifikanten Bezug der Tätigkeit zum Sitzrecht des Unternehmensträgers. Eine Prokura für die inländische Zweigniederlassung eines ausländischen Unternehmens (sogenannte Filialprokura) unterliegt deshalb hinsichtlich Bestand und Umfang den §§ 48 ff. HGB.[1202] In der Literatur wird außerdem angenommen, dass es bei der Wirkungs- bzw. Gebrauchsortanknüpfung bleibe, sofern der Vertragspartner den Ort des Unternehmenssitzes bzw. den Ort der Niederlassung des vertretenen Unternehmens nicht kenne.[1203] Eine gerichtliche Entscheidung liegt hierzu, soweit ersichtlich, noch nicht vor.

[1196] *Riegger,* ZGR 2004, 510, 516; *Binge/Thölke,* DNotZ 2004, 21, 31; *Habersack,* Europäisches Gesellschaftsrecht, 1999, Rn. 131; MünchKommHGB/*Fehrenbacher,* § 325 a Rn. 12; *Ellroth/Spremann,* Beckscher Bilanzkommentar, § 325 a, Rn. 2, 31.

[1197] BGHZ 64, 183; BGH NJW 1982, 2733; BGH NJW 1990, 3088; BGHZ 128, 41, 47; *Schäfer,* RIW 1996, 189, 192 ff.; MünchKommBGB/*Kindler,* IntGesR Rn. 174.

[1198] *Kegel/Schurig,* Internationales Privatrecht, § 17 V. 2 a, S. 620 f. m. w. N.; *Ebenroth,* JZ 1983, 821; *von Hoffmann,* Internationales Privatrecht, § 10 Rn. 14.

[1199] Vgl. *Kegel/Schurig,* Internationales Privatrecht, § 17 V. 2 a, S. 621 m. w. N.; MünchKomm BGB/*Kindler,* IntGesR Rn. 175; dagegen *von Bar,* Internationales Privatrecht II, 1991, Rn. 590 ff.; MünchKommBGB/*Spellenberg,* EGBGB 11 Rn. 177.

[1200] Vgl. BGH NJW 1992, 618 = JZ 1992, 579 Anm. von Bar.

[1201] Vgl. MünchKommBGB/*Kindler,* IntGesR Rn. 176.

[1202] MünchKommBGB/*Kindler,* IntGesR Rn. 182; *Hüffer* in Großkomm HGB, § 13 b a. F. Rn. 15; im Ergebnis auch OGH IPRax 1997, 126, 127 mit Anm. *Leible,* 133, 135.

[1203] *Ebenroth,* JZ 1983, 821, 824; *Joost* in Großkomm HGB, vor § 48 Rn. 54; MünchKomm BGB/*Kindler,* IntGesR. Rn. 54, 180.

571   Bei EU-Auslandsgesellschaften mit Verwaltungssitz im Inland ist der Gleichlauf zwischen Gesellschaftsstatut und Vollmachtsstatut bei kaufmännischen Vollmachten von in der Geschäftsleitung des Unternehmens tätigen Personen nicht gewahrt. Knüpft man bei EU-Auslandsgesellschaften an den Unternehmenssitz an, führt dies zur Anwendung des Rechts des effektiven Verwaltungssitzes, während sich das Gesellschaftsstatut nach dem Satzungssitz bestimmt. Auch hier erscheint aber ein Gleichlauf mit dem Gesellschaftsstatut, das für die organschaftliche und gesetzliche Vertretung des Unternehmensträgers maßgeblich ist, vorzugswürdig. Das Auseinanderfallen von Sitzrecht und Gesellschaftsstatut ist schon durch die Gründungsanknüpfung bedingt. Deshalb kann die Nähe zum Unternehmenssitz die Anwendung des Rechts des Unternehmenssitzes auf kaufmännische Vollmachten nicht begründen. Trotzdem besteht für solche Gesellschaften die Möglichkeit, eine Prokura deutschem Sachrecht zu unterstellen. Da sich EU-Auslandsgesellschaften in Deutschland als Zweigniederlassungen in das Handelsregister einzutragen haben,[1204] besteht auch die Möglichkeit, eine Prokura nur für die inländische „Zweigniederlassung" zu erteilen. Eine solche (untypische) Filialprokura unterliegt dann – ebenso wie eine typische Filialprokura – hinsichtlich Bestand und Umfang den §§ 48 ff. HGB.

XX. Kaufmannseigenschaft

1. Kollisionsrechtliche Anknüpfung

572   Das deutsche Sachrecht enthält vielfach unterschiedliche Regelungen für Kaufleute und für Nicht-Kaufleute. Beispiel hierfür ist beispielsweise die Regelung der Fälligkeitszinsen in § 353 HGB, die Vorschriften über die Untersuchungs- und Rügepflicht in § 377 HGB oder die Formfreiheit einer Bürgschaft nach § 350 HGB. Bei diesen und anderen Vorschriften kommt es darauf an, ob eine natürliche Person oder eine Gesellschaft „Kaufmann" im Sinne der gesetzlichen Definition (§§ 1–7 HGB) ist; entweder indem direkt an die Kaufmannseigenschaft anknüpft wird (§ 353 HGB) oder indem das Vorliegen eines Handelsgeschäfts vorausgesetzt wird (beispielsweise § 377 HGB), was nach § 343 HGB wiederum die Kaufmannseigenschaft voraussetzt. In Fällen mit Auslandsberührung wird es meist darum gehen, bei Anwendbarkeit deutschen (Handels-) Rechts die Kaufmannseigenschaft eines auslandsansässigen Beteiligten (beispielsweise einer ausländischen Gesellschaft) festzustellen.[1205] Denkbar ist aber auch, dass bei Maßgeblichkeit ausländischen Rechts die Frage auftritt, ob ein in Deutschland oder einem Drittstaat ansässiger Beteiligter als Kaufmann im Sinne der anwendbaren Rechtsordnung zu betrachten ist.

573   Kollisionsrechtlich unterstehen die kaufmannsbezogen Vorschriften den unterschiedlichsten Statuten. So gehören die Handelsgeschäfte beispielsweise zum internationalen Vertragsrecht (Art. 27 ff. EGBGB) während Prokura sowie Handlungsvollmacht dem Vollmachtsstatut unterliegen. Die unselbständigen kaufmännischen Hilfspersonen unterliegen hingegen dem internationalen Arbeitsrecht. Trotzdem ist ein einheitlicher Anknüpfungspunkt für die in den verschiedenen sonderrechtlichen Bestimmungen enthaltene Kaufmannseigenschaft anzustreben, um zu vermeiden, dass die Kaufmannseigenschaft ein und derselben natürlichen oder juristischen Person innerhalb einer Fallprüfung einmal bejaht und einmal verneint wird.[1206]

[1204] Vgl. oben Rn. 550 ff.

[1205] Siehe dazu unter Rn. 578 ff.

[1206] MünchKommBGB/*Kindler*, IntGesR Rn. 74; Ebenroth/Boujong/Joost/*Kindler*, HGB vor § 1 Rn. 78; *Ebenroth*, ZHR 149 (1985), 704, 705 ff.; a. A. *von Venrooy*, Die Anknüpfung der Kaufmannseigenschaft im deutschen internationalen Privatrecht, 1985.

Aus kollisionsrechtlicher Sicht handelt es sich bei der Kaufmannseigenschaft um eine **574** Teilfrage.[1207] Eine Teilfrage ist eine Rechtsfrage, die niemals isoliert, sondern stets nur im Zusammenhang mit einer anderen Rechtsfrage – der sogenannten Hauptfrage – auftreten kann. Sie betrifft in der Regel eine tatbestandliche Voraussetzung eines komplexen Rechtsverhältnisses. Teilweise sind die kollisionsrechtlichen Anknüpfungen für Teilfragen durch gesetzgeberische Entscheidung verselbständigt. Einer gesetzlich geregelten Sonderanknüpfung unterliegt zum Beispiel die Geschäftsfähigkeit (Art. 7 Abs. 1 EGBGB) oder die Form eines Rechtsgeschäfts (Art. 11 EGBGB). Wurde die Teilfrage nicht eigenständig normiert, so unterliegt die Teilfrage dem auf die Hauptfrage anwendbaren Recht.[1208]

Diese Regel würde in der Frage des Kaufmannsbegriffs dann zum deutschen Recht **575** führen, wenn deutsches Recht Wirkungsstatut ist, also wenn z. B. ein Schuldvertrag dem deutschen Recht unterliegt (Art. 27 ff. EGBGB) und ein Anspruch auf Fälligkeitsverzinsung gemäß § 353 HGB in Betracht kommt.[1209]

Trotzdem hält eine in der Literatur weit verbreitete Ansicht die Kaufmannseigenschaft **576** für einen selbstständigen Anknüpfungsgegenstand, der stets unabhängig von dem auf die Hauptfrage anwendbaren Recht („Wirkungsstatut") nach dem Recht der Niederlassung der betroffenen Person zu beurteilen sei.[1210]

Dieser Literaturansicht ist jedoch nicht zu folgen.[1211] Allein die Anknüpfung an das **577** Wirkungsstatut kann die – bei jeder Abspaltung von Teilfragen bestehende – Gefahr von Wertungswidersprüchen vermeiden.[1212] Insbesondere bei der Kaufmannseigenschaft entstünden solche Wertungswidersprüche fast zwangsläufig.

2. Kaufmannseigenschaft ausländischer Personen

Wenn man der unselbständigen Anknüpfung der Kaufmannseigenschaft an das Wir- **578** kungsstatut folgt, verlagert sich die Problematik – soweit deutsches Sachrecht anwendbar ist – auf die Frage, ob die an einem entsprechenden Sachverhalt mit Auslandsbezug beteiligten ausländischen Personen Kaufleute im Sinne des deutschen Sachrechts sind. Die Prüfung ausländischer Gebilde in einem solchen Fall ist ein Fall der Substitution.[1213] Bei der Substitution wird – nachdem die zur Entscheidung berufene Sachnorm kollisionsrechtlich feststeht, aber ein Tatbestandsmerkmal der Norm in einem ausländischen Staat verwirklicht ist – geprüft, ob die fremde Rechtserscheinung an Stelle der inländischen den

---

[1207] Ebenroth/Boujong/Joost/*Kindler*, HGB vor § 1 Rn. 80; MünchKommBGB/*Kindler*, IntGesR Rn. 74; zum Begriff der Teilfrage siehe *von Hoffmann*, Internationales Privatrecht, § 6 Rn. 43 ff. m. w. N.; MünchKommBGB/*Sonnenberger*, Einl. IPR Rn. 495.

[1208] *Von Hoffmann*, Internationales Privatrecht, § 6 Rn. 46; Ebenroth/Boujong/Joost/*Kindler*, HGB vor § 1 Rn. 81; MünchKommBGB/*Sonnenberger*, Einl. IPR Rn. 495.

[1209] Ebenroth/Boujong/Joost/*Kindler*, HGB vor § 1 Rn. 81.

[1210] *Kegel/Schurig*, Internationales Privatrecht, § 17 IV, S. 608; *Hübner*, NJW 1980, 2601, 2606; *Brüggemann* in Großkomm HGB, vor § 1 Rn. 30; *Baumbach/Hopt*, HGB, § 1 Rn. 55, Einl. Rn. 24; *Reichert/Facilides*, VersR 1978, 481, 482 Fn. 13; MünchKommBGB/*Ebenroth*, IntGesR Rn. 53; *Ebenroth*, JZ 1988, 19; für eine Anknüpfung nach dem Gesellschaftsstatut wohl LG Hamburg IPRspr. 1958/59 Nr. 22. Mit einer Übersicht zu den übrigen meist veralteten Ansichten Ebenroth/Boujong/Joost/*Kindler*, HGB vor § 1 Rn. 80 ff.

[1211] Für eine unselbständige Anknüpfung nach dem Wirkungsstatut: OLG München NJW 1967, 1326, 1328; *Assmann* in Großkomm AktG, Einl. Rn. 599; Staudinger/*Großfeld* (1998) IntGesR Rn. 326; *Birk*, ZVglRWiss. 79 (1980), 281; *Häuselmann*, WM 1994, 1693, 1695; Erman/*Hohloch*, BGB, Art. 7 EGBGB Rn. 11; MünchKommBGB/*Birk*, EGBGB 7 Rn. 44; *Kaligin*, DB 1985, 1449, 1454; Bamberger/Roth/*Mäsch*, BGB, Art. 7 EGBGB Rn. 40; Ebenroth/Boujong/Joost/*Kindler*, HGB vor § 1 Rn. 80 ff.

[1212] Ebenroth/Boujong/Joost/*Kindler*, HGB vor § 1 Rn. 104; vgl. auch Staudinger/*Großfeld* (1998) IntGesR Rn. 328.

[1213] Ebenroth/Boujong/Joost/*Kindler*, HGB vor § 1 Rn. 113; *Assmann* in Großkomm AktG, Einl. Rn. 599 Fn. 259.

Tatbestand der inländischen Sachnorm ausfüllen kann. Dabei geht es nicht um eine kollisionsrechtliche Prüfung, sondern um die zutreffende Auslegung des zur Anwendung berufenen Sachrechts.

579   Ausländische natürliche Personen sind als Kaufleute im Sinne des deutschen Rechts anzuerkennen,[1214] wenn sie (i) ein gewerbliches Unternehmen betreiben, das nach Art und Umfang einen in kaufmännischer Weise eingerichteten Geschäftsbetrieb erfordert (§ 1 Abs. 2 HGB) oder (ii) in ein ausländisches Register eingetragen sind, welches in etwa vergleichbar mit dem deutschen Handelsregister ist (wie z.B. das in Italien von der Industrie- und Handelskammer geführte Register).

580   Ausländische Gesellschaften sind Kraft ihrer Rechtsform Kaufleute im Sinne des deutschen Rechts, wenn sie aufgrund ihrer Struktur einer deutschen AG, KGaA oder GmbH vergleichbar sind.[1215] Innerhalb der Europäischen Union wird man davon ausgehen können, dass die ausländischen Entsprechungen der AG, KGaA oder GmbH als Handelsgesellschaften anzusehen sind.[1216]

581   Bei den Personengesellschaften ist die Rechtslage etwas komplizierter. Grundsätzlich ist auch hier ein Strukturvergleich mit verwandten Gesellschaftstypen des ausländischen Rechts vorzunehmen. Eine generelle Gleichstellung verbietet sich jedoch jedenfalls dann, wenn diese Gesellschaften auch zu anderen als zu handelsrechtlichen Zwecken errichtet und betrieben werden können.[1217] Die Kaufmannseigenschaft kann sich dann freilich unmittelbar aus §§ 1 ff. HGB ergeben, ohne den Umweg über § 6 Abs. 1 HGB.

582   Als Personenhandelsgesellschaft ist auch die deutsche EWIV einzustufen, da sie subsidiär dem Recht der OHG unterliegt (§ 1 EWIV-AusfG). Für die ausländische EWIV ist darauf abzustellen, welchem Gesellschaftstyp sie nach dortigem Recht subsidiär zugeordnet ist. Bei Genossenschaften ist zu prüfen, ob das ausländische Gebilde in seinen Wesensmerkmalen mit der Genossenschaft des deutschen Rechts übereinstimmt.[1218]

XXI. Kapitalmarktrechtlichte Sachverhalte

1. Einheitliche kapitalmarktrechtliche Kollisionsnorm?

583   Regelungsziel des Kapitalmarktrechts ist die Schaffung eines effizienten und funktionsfähigen Kapitalmarkts.[1219] Der zivilrechtliche Individualschutz von Anlegern (beispielsweise §§ 37b und c WpHG) ist neben hoheitlichen Sanktionen, Strafen und Zwangsgeldern (vgl. §§ 38ff. WpHG, § 264a StGB), Erlaubnisvorbehalten (beispielsweise § 30 BörsG) nur ein Instrument. Trotz der vielfältigen Regelungsansätze wird für das Kapitalmarktrecht teilweise überlegt, für alle Teilbereiche von einer einheitlichen kollisionsrechtlichen Anknüpfung auszugehen.[1220] Es wird vorgeschlagen, die Normen des Kapitalmarktrechts sollten dem Recht des in Anspruch genommenen Marktes zu entnehmen sein.[1221] Andere wollen in Anlehnung an § 130 Abs. 2 GWB (§ 98 Abs. 2 GWB a.F.), bei

---

[1214] Ebenroth/Boujong/Joost/*Kindler*, HGB vor § 1 Rn. 114ff.; MünchKommBGB/*Kindler*, IntGesR Rn. 110ff.; Staudinger/*Großfeld* (1998) IntGesR Rn. 330f.

[1215] Ebenroth/Boujong/Joost/*Kindler*, HGB vor § 1 Rn. 121; Staudinger/*Großfeld* (1998) IntGesR Rn. 333.

[1216] Ebenroth/Boujong/Joost/*Kindler*, HGB vor § 1 Rn. 123.

[1217] Ebenroth/Boujong/Joost/*Kindler*, HGB vor § 1 Rn. 126.

[1218] Ebenroth/Boujong/Joost/*Kindler*, HGB vor § 1 Rn. 127.

[1219] *Assmann* in Assmann/Schütze, Handbuch des Kapitalanlagerechts, § 1 Rn. 22ff.; *Kümpel*, Bank- und Kapitalmarktrecht, Rn. 8.173ff.; *Lenenbach*, Kapitalmarkt- und Börsenrecht, 2002, Rn. 1.37ff.

[1220] Vgl. insbesondere *Schuster*, Die internationale Anwendung des Börsenrechts, 1996, S. 65; *Kronke*, FS Buxbaum, S. 363; MünchKommBGB/*Kindler*, IntGesR, Rn. 59ff.; *Schneider*, AG 2001, 269, 272.

[1221] *Kiel*, Internationales Kapitalanlegerschutzrecht, 1994, S. 208ff.

der Anknüpfung kapitalmarktrechtlicher Normen nach dem Auswirkungsprinzip verfahren.[1222]

Eine solche Einheitsanknüpfung entspricht aber nicht dem geltenden deutschen **584** Recht.[1223] Da es *de lege lata* an einer für eine einheitliche Kollisionsnorm erforderlichen Grundlage fehlt, werden im Folgenden verschiedene grenzüberschreitende kapitalmarktrechtliche Sachverhalte kollisionsrechtlich getrennt betrachtet.

2. Kapitalmarktrechtliche Mitteilungspflichten

Der internationale Anwendungsbereich der in §§ 21 ff. WpHG geregelten Mitteilungs- **585** und Veröffentlichungspflichten bei Veränderungen der Stimmrechtsanteile an börsennotierten Gesellschaften ist in § 21 Abs. 2 WpHG gesetzlich geregelt. Gemäß § 21 Abs. 2 WpHG bestehen Verpflichtungen zur Veröffentlichung bei Veränderungen der Stimmrechtsanteile nur im Hinblick auf Gesellschaften mit Sitz in Deutschland, deren Aktien zum Handel an einem organisierten Markt in einem Mitgliedstaat der europäischen Union oder in einem anderen Vertragsstaat des Abkommens über den europäischen Wirtschaftsraum zugelassen sind. Sitz im Sinne dieser Vorschrift ist der effektive Verwaltungssitz.[1224] Dagegen ist die Meldepflicht unabhängig von der Nationalität oder dem Wohnsitz des Aktionärs bzw. dem Sitz der Niederlassung des Aktionärs. Meldepflichtig nach §§ 21 ff. WpHG sind auch ausländische Aktionäre mit Wohnsitz im Ausland, Gesellschaften mit Sitz im Ausland und ausländische Staaten als Aktionäre oder mittelbar Beteiligte.[1225]

Für die Zurechnungstatbestände des § 22 WpHG gilt nichts anderes. Wird beispiels- **586** weise im Ausland ein Treuhandverhältnis zugunsten des wirtschaftlichen Anteilseigners (vgl. § 22 Abs. 1 Nr. 2 WpHG) begründet oder wirken Anleger im Ausland im Sinne eines *Acting in Concert* (vgl. § 22 Abs. 2 Satz 1, 2. Alt WpHG) zusammen, so sind die Zurechnungstatbestände des § 22 WpHG erfüllt.[1226] Zweck der Zurechnungsregeln ist die Aufdeckung von potentiellem rechtlichen oder faktischen Einfluss.[1227] Dieses Regelungsziel kann nur verwirklicht werden, wenn die in § 22 WpHG genannten Fälle in gleicher Weise auf ausländische Aktionäre und/oder ausländische Tatbestände Anwendung finden wie § 21 WpHG.

Weitere Veröffentlichungspflichten bestehen gemäß § 26 Abs. 1 WpHG für Gesell- **587** schaften mit Sitz im Ausland, deren Aktien im Inland zum Handel an einem organisierten Markt zugelassen sind. Sitz im Sinne von § 26 Abs. 1 WpHG ist gleichfalls der effektive Verwaltungssitz.[1228] Nach § 26 Abs. 1 WpHG ist eine solche Gesellschaft mit Sitz im Ausland verpflichtet, bei Überschreiten der in § 21 Abs. 1 Satz 1 WpHG genannten Schwellen, die Überschreitung der Stimmrechtsschwelle und die Höhe des Stimmrechtsanteils spätestens innerhalb von neun Kalendertagen in einem überregionalen Börsenpflichtblatt zu veröffentlichen.

Hinzuweisen ist außerdem auf § 26 Abs. 3 WpHG wonach Gesellschaften mit Sitz in **588** einem anderen Mitgliedstaat der europäischen Union oder in einem anderen Vertragsstaat des Abkommens über den europäischen Wirtschaftsraum, deren Aktien sowohl im Sitzstaat als auch im Inland zum Handel an einem organisierten Markt zugelassen sind, Veröf-

---

[1222] Vgl. *Assmann* in Großkomm AktG, Einl. Rn. 690 ff.; *Rehbinder,* FG Kronstein, S. 203, 228 ff.; *Grundmann,* RabelsZ 54 (1990), S. 283, 308.

[1223] *Schneider,* AG 2001, 269, 272; MünchKommBGB/*Kindler,* IntGesR Rn. 67.

[1224] *Hüffer,* AktG, Anh. § 22, § 21 WpHG Rn. 13; MünchKommAktG/*Bayer,* § 22 Anh. § 21 WpHG Rn. 11.

[1225] *Schneider* in Assmann/Schneider, WpHG, vor § 21 Rn. 32, § 21 Rn. 11; *Nottmeier/Schäfer,* AG 1997, 87, 90; *Schneider,* AG 2001, 269, 277.

[1226] *Schneider* in Assmann/Schneider, WpHG, § 21 Rn. 11 a.

[1227] *Burgard,* BB 1995, 2069, 2071 f.; *Starke,* Beteiligungstransparenz im Gesellschafts- und Kapitalmarktrecht, 2002, S. 200.

[1228] Vgl. *Hüffer,* AktG, Anh. § 22, § 26 WpHG Rn. 1.

fentlichungen, die das Recht des Sitzstaats aufgrund Art. 10 der Transparenzrichtlinie[1229] verlangt, auch im Inland in einem überregionalen Börsenpflichtblatt in deutscher Sprache vorzunehmen haben.

3. Insiderrecht

589 Der internationale Anwendungsbereich der Insiderverbote des WpHG ist von hoher praktischer Relevanz. Fragen stellen sich insbesondere dann, wenn deutsche Insider (beispielsweise das Vorstandsmitglied eine deutschen börsennotierten Aktiengesellschaft) außerhalb Deutschlands Insiderverstöße (beispielsweise Weitergabe von Insidertatsachen an Journalisten im Ausland) begehen.

590 Vor Erlass des WpHG findet sich zur kollisionsrechtlichen Behandlung von Insiderbestimmungen eine verwirrende Vielfalt von Vorschlägen. Teilweise wird angenommen, die rechtliche Beurteilung von Insidertransaktionen bestimme sich zunächst nach dem Gesellschaftsstatut,[1230] in erster Linie nach dem Vertragsstatut[1231] oder ausschließlich nach dem Statut des Transaktionsmarktes.[1232] Soweit Stellungnahmen nach Erlass des WpHG vorliegen, wurde überwiegend angenommen, das Insiderrecht des WpHG sei auf alle Geschäfte anwendbar, die über eine im Inland gelegene Börse abgewickelt werden.[1233] Teilweise wurde auch vertreten, das Insiderhandelsverbot erstrecke sich aufgrund der „Auswirkung" auf den deutschen Kapitalmarkt auch auf eine Weitergabe im Ausland.[1234]

591 Das Anlegerschutzverbesserungsgesetz vom 28. 10. 2004 hat die verbleibenden Zweifel im Hinblick auf den Anwendungsbereich des Insiderrechts des WpHG beseitigt. Der neu gefasste § 1 Abs. 2 WpHG bestimmt nunmehr, dass das Insiderrecht des WpHG auch auf Handlungen und Unterlassungen, die im Ausland vorgenommen werden, anzuwenden ist, sofern die Handlungen und Unterlassungen Finanzinstrumente betreffen, die an einer inländischen Börse gehandelt werden. Diese Kollisionsnorm geht auf Art. 10 der Marktmissbrauchsrichtlinie[1235] zurück und soll der Tatsache Rechnung tragen, dass bei Kapitalmarkttransaktionen regelmäßig grenzüberschreitend gehandelt wird.[1236] Da diese Regelung nur den Anwendungsbereich der Insiderverbote bestimmt, nicht jedoch besagt, unter welchen Voraussetzungen auf ein bestimmtes ausländisches Recht verwiesen wird, handelt es sich um eine einseitige Kollisionsnorm.

592 Die Regelung in § 1 Abs. 2 WpHG ist vergleichbar mit der kartellrechtlichen Regelung des § 130 Abs. 2 GWB. Eine solche an § 130 Abs. 2 GWB angelehnte Regelung ist vor dem Anlegerschutzverbesserungsgesetz in der Literatur schon mehrfach vorgeschlagen worden.[1237] Bei der Auslegung der neugeschaffenen Regelung kann aufgrund des vergleichbaren Regelungsansatzes auf die zu § 130 Abs. 2 GWB entwickelten Grundsätze zurückgegriffen werden.

a) § 1 Abs. 2 WpHG als zivilrechtliche Kollisionsnorm

593 § 130 Abs. 2 GWB ist als maßgebliche Kollisionsnorm des Kartellprivatrechts, welche die allgemeinen Regeln des Vertrags- und Deliktsrechts verdrängt, anerkannt.[1238] Insbe-

---

[1229] Richtlinie 88/627/EWG vom 12. 12. 1988.

[1230] *Großfeld*, Internationales und europäisches Unternehmensrecht, S. 124; Staudinger/*Großfeld*, BGB, IntGesR Rn. 323.

[1231] MünchKommBGB/*Martiny*, Art. 34 Rn. 76.

[1232] *Assmann* in Großkomm AktG, Einl. Rn. 708.

[1233] MünchKommBGB/*Kindler*, IntGesR Rn. 472; *Zimmer*, Internationales Gesellschaftsrecht, S. 79 ff.

[1234] *Schneider*, AG 2001, 269, 275.

[1235] Richtlinie 2003/6/EG vom 28. 1. 2003.

[1236] *Holzborn/Israel*, WM 2004, 1948, 1949.

[1237] Vgl. *Schneider*, AG 2001, 269, 276.

[1238] *Bechtold*, GWB, § 130 Rn. 11; OLG Frankfurt a.M. WRP 1992, 331, 332; *Rehbinder* in Immenga/Mestmäcker, GWB, § 130 Abs. 2 Rn. 222.

sondere ist im Anwendungsbereich dieser Vorschrift anerkannt, dass der Grundsatz der Rechtswahlfreiheit bei Verträgen unanwendbar ist.[1239] Soweit sich an Insiderverstöße nach WpHG zivilrechtliche Rechtsfolgen knüpfen,[1240] kann nichts anderes gelten.[1241]

Wenn die Verhaltenspflichten allerdings einen von der Regelung im WpHG abwei- **594** chenden Geltungsgrund haben, ist eine davon abweichende kollisionsrechtliche Anknüpfung denkbar. Dies gilt für Verhaltensgebote deren Geltungsgrund im Gesellschaftsrecht oder in vertraglichen Vereinbarungen liegt. In solchen Fällen ist das Gesellschaftsstatut oder das Vertragsstatut maßgebend.

b) § 1 Abs. 2 WpHG als verwaltungsrechtliche Kollisionsnorm

Von größerer Bedeutung ist § 1 Abs. 2 WpHG als verwaltungsrechtliche Kollisions- **595** norm. Die Vorschrift geht – wie § 130 Abs. 2 GWB – den allgemeinen Lehren des internationalen Verwaltungsrechts vor und verdrängt insoweit den strikten Grundsatz der Territorialität des öffentlichen Rechts. Das völkerrechtliche Territorialitätsprinzip[1242] hindert die Bundesanstalt für Finanzdienstleistungsaufsicht allerdings daran, ihre Befugnisse im Ausland durchzusetzen; sie wird insoweit auf Amtshilfe angewiesen sein.[1243]

Aufgrund der durch § 1 Abs. 2 WpHG erfolgten Erweiterung des Adressatenkreises **596** stellen sich insbesondere zwei Fragen: Wie sind im Ausland vorgenommene Bagatellfälle zu behandeln[1244] und was passiert, wenn andere (außereuropäische Staaten) abweichende Regelungen treffen, die zu unterschiedlichen Handlungsanweisungen für Betroffene führen.

Hier sind die zu § 130 Abs. 2 GWB entwickelten Erfahrungen nutzbar zu machen.[1245] **597** Bei der Anwendung des § 130 Abs. 2 GWB haben sich aus kollisions- und völkerrechtlichen Erwägungen sowie aus dem Gebot der internationalen Rücksichtnahme heraus, Einschränkungen herausgebildet. Maßstab für dies sind insbesondere die Spürbarkeit und die Unmittelbarkeit der Wirkung auf den inländischen Markt sowie eine Interessenabwägung. Für Bagatellfälle und bei Auslandssachverhalten, für die im betreffenden Staat anderslautenden Regelungen bestehen, sind entsprechende Einschränkungen auch bei Anwendung des WpHG zu machen.[1246]

c) Straf- und Ordnungswidrigkeitenrecht

Im Straf- und Ordnungswidrigkeitsrecht ist § 38 WpHG zu beachten.[1247] § 38 Abs. 1 **598** WpHG, der als Blankettnorm unter anderem die Strafbarkeit von Verstößen gegen Insiderverbote begründet, unterliegt als eine Norm des Nebenstrafrechts grundsätzlich den in §§ 3 ff. StGB enthaltenen Regeln des deutschen Internationalen Strafrechts.[1248] Da § 38 WpHG lediglich strafbarkeitsbegründende, dienende Funktion hat, reicht seine Anwendbarkeit keinesfalls weiter als das in Bezug genommene Verbot des § 14 WpHG.[1249] Dieses

---

[1239] *Rehbinder* in Immenga/Mestmäcker, GWB, § 130 Abs. 2 Rn. 222.

[1240] Vgl. zu den zivilrechtlichen Folgen von Insiderverstößen *Assmann* in Assmann/Schneider, WpHG, § 14 Rn. 104 ff.

[1241] Nach *Spindler*, NJW 2004, 3449 ergeben sich durch die Regelung in § 1 Abs. 2 WpHG keine Auswirkungen auf die kollisionsrechtliche Einordnung von deliktischen Ansprüchen.

[1242] Im Einzelnen *Seidl-Hohenveldern*, Völkerrecht, 1987, S. 229 ff.; *Ipsen*, Völkerrecht, S. 144 ff.

[1243] *Holzborn/Israel*, WM 2004, 1948, 1949; vgl. zu § 130 Abs. 2, *Bechtold*, GWB, § 130 Rn. 11 ff.

[1244] Zur daraus folgenden Kritik am Auswirkungsprinzip, vgl. MünchKommBGB/*Kindler*, IntGesR Rn. 65.

[1245] *Holzborn/Israel*, WM 2004, 1948, 1949; ausführlich zu § 130 Abs. 2, *Rehbinder* in Immenga/Mestmäcker, GWB, § 130 Abs. 2 Rn. 15 ff.

[1246] Vgl. *Holzborn/Israel*, WM 2004, 1948, 1949; *Spindler*, NJW 2004, 3449; vgl. auch *Schneider* in Assmann/Schneider, WpHG, vor § 21 Rn. 31.

[1247] Vgl. *Kondring*, WM 1998, 1369 ff.; *Cramer/Vogel* in Assmann/Schneider, WpHG, § 38 Rn. 14.

[1248] Mittlerweile wohl h.M. Zum Meinungsstand vgl. *Cramer/Vogel* in Assmann/Schneider, WpHG, § 38 Rn. 14; a. A. noch *Cramer* in Assmann/Schneider, WpHG, 2. Aufl. 1999, § 38 Rn. 4.

[1249] *Cramer/Vogel* in Assmann/Schneider, WpHG, § 38 Rn. 16.

ist wiederum nach § 1 Abs. 2 WpHG anwendbar auf alle Handlungen und Unterlassungen, die im Ausland vorgenommen werden, sofern sie Finanzinstrumente betreffen, die an einer inländischen Börse gehandelt werden. Ist § 14 WpHG anwendbar, kommt es im Rahmen von § 38 Abs. 1 WpHG darauf an, dass zusätzlich die Voraussetzungen der §§ 3 ff. StGB erfüllt sind.

599 § 38 Abs. 5 WpHG, wonach ein entsprechendes ausländisches Verbot den deutschen Verbotsvorschriften gleichsteht, erlangt dann Bedeutung, wenn eine Strafbarkeit gemäß § 38 Abs. 1 WpHG nach diesen Grundsätzen ausscheidet (beispielsweise weil die entsprechenden Finanzinstrumente nicht an einer inländischen Börse gehandelt werden).[1250] Aufgrund der Erweiterung des Anwendungsbereichs des § 14 WpHG durch das Anlegerschutzverbesserungsgesetz, verliert § 38 Abs. 5 WpHG daher entscheidend an Bedeutung.

4. Übernahmeangebote

a) Der internationale Anwendungsbereich des WpÜG

600 Der internationale Anwendungsbereich des WpÜG ergibt sich aus §§ 1, 2 Abs. 3 WpÜG. Gemäß § 1 WpÜG ist das Gesetz auf Angebote zum Erwerb von Wertpapieren anzuwenden, die von einer Zielgesellschaft ausgegeben und zum Handel an einem organisierten Markt zugelassen sind. Unter einer Zielgesellschaft sind gemäß § 2 Abs. 3 WpÜG Aktiengesellschaften oder Kommanditgesellschaften auf Aktien mit Sitz im Inland zu verstehen. Da diese Regelung nur den Anwendungsbereich des WpÜG bestimmt, nicht jedoch besagt, unter welchen Voraussetzungen auf ein bestimmtes ausländisches Recht verwiesen wird, handelt es sich um eine einseitige Kollisionsnorm.[1251]

601 Aus der nach wie vor herrschenden Sitztheorie,[1252] wird verschiedentlich gefolgert, es komme für die Anwendung des WpÜG entscheidend auf den effektiven Verwaltungssitz der Zielgesellschaft an.[1253] Richtigerweise ist aber auf den Satzungssitz abzustellen.[1254] Aus den zahlreichen sich auf den „Vorstand" und den „Aufsichtsrat" beziehenden Vorschriften ergibt sich deutlich, dass das WpÜG nur auf Gesellschaften anwendbar sein soll, die deutschem Aktienrecht unterliegen.[1255] Die andere Auffassung würde dazu führen, dass Aktiengesellschaften ausländischen aber europäischen Rechts mit Verwaltungssitz in Deutschland, die spätestens nach der Entscheidung „Inspire Art"[1256] in Deutschland als rechtsfähig anzuerkennen sind und auf die das ausländische Aktienrecht anzuwenden ist, dem WpÜG unterfallen. Es ist daher davon auszugehen, dass § 2 Abs. 3 WpÜG auf den Satzungssitz Bezug nimmt.

602 Nicht erforderlich ist, dass sich der Ort der Börsenzulassung im selben Staat befindet wie der Sitz der Gesellschaft.[1257] Maßgeblich für die Anwendbarkeit des WpÜG ist allein der (satzungsmäßige) Inlandssitz. Der Ort der Börsenzulassung ist für die Berufung inländischen Rechts unerheblich, sofern er nur in einem EG/EWR-Staat liegt (vgl. § 1 WpÜG i. V. m. § 2 Abs. 7 WpÜG).

603 Diese Bestimmung des Anwendungsbereichs führt dazu, dass das WpÜG auf eine ausländischem Recht unterliegende Zielgesellschaft keine Anwendung findet, deren Wertpapiere in Deutschland zum Handel zugelassen sind und deren Aktionäre zu einem erheblichen Teil in Deutschland ansässig sind. Die deutschen Aktionäre müssen in einem sol-

---

[1250] *Cramer/Vogel* in Assmann/Schneider, WpHG, § 38 Rn. 16; *Kondring*, WM 1998, 1369, 1371.

[1251] Vgl. *Hahn*, RIW 2002, 741; zum Begriff, *Kegel/Schurig*, Internationales Privatrecht, S. 301 ff.

[1252] Vgl. oben Rn. 73 ff., 79.

[1253] Vgl. *Hahn*, RIW 2002, 741; Geibel/Süßmann/*Angerer*, WpÜG, § 1 Rn. 40 ff.; Haarmann/*Schüppen*, WpÜG, § 2 Rn. 28 f.

[1254] Schwark/*Noack*, Kapitalmarktrechtskommentar, §§ 1, 2 WpÜG Rn. 24; Kölner Komm/*Versteegen* WpÜG § 2 Rn. 107; *Steinmeyer/Häger*, WpÜG, § 1 Rn. 23, 27.

[1255] Kölner Komm/*Versteegen* WpÜG § 2 Rn. 107.

[1256] EuGH WM 2003, 2042.

[1257] *Hahn*, RIW 2002, 741.

chen Fall darauf vertrauen, dass das anwendbare ausländische Recht ihnen ausreichenden Schutz gewährt. Es ist allerdings in einem solchen Fall möglich, dass auch ausländisches Übernahmerecht keine Anwendung findet. Verfügt etwa ein US-Emittent in den USA nicht über Anleger und ist er nur in Deutschland notiert, gilt weder US-amerikanisches Gesamt- oder einzelstaatliches Übernahmerecht noch deutsches Übernahmerecht.[1258]

Auf Übernahmeangebote die nicht dem deutschen WpÜG unterliegen, finden aller- **604** dings möglicherweise andere Vorschriften des deutschen Kapitalmarktrechts Anwendung. Hier ist insbesondere auf eine etwaige Prospektpflicht nach dem Verkaufsprospektgesetz hinzuweisen, die entstehen kann, wenn als Gegenleistung Aktien angeboten werden und das WpÜG keine Anwendung findet (vgl. § 4 Abs. 1 Nr. 9 VerkProspG).[1259]

Auf Bieterseite ist das WpÜG gemäß § 2 Abs. 4 WpÜG auf jede natürliche oder juris- **605** tische Person oder Personengesellschaft anwendbar. Auf die Nationalität oder den Sitz des Bieters kommt es dabei nicht an.[1260] Das WpÜG findet daher auch auf Fälle Anwendung in denen ein ausländisches Unternehmen eine deutsche Aktiengesellschaft oder Kommanditgesellschaft auf Aktien erwerben möchte.

b) Kollisionsrecht der Unternehmensübernahmen

Soweit das WpÜG öffentlich-rechtliche Regelungen trifft, handelt es sich bei der Be- **606** stimmung des Anwendungsbereichs nach §§ 1 und 2 Abs. 3 WpÜG um internationales Verwaltungsrecht. Einige Vorschriften des WpÜG wie beispielsweise § 31 Abs. 5 WpÜG sind jedoch auch privatrechtlicher Natur. Auch deren Anwendungsbereich legen §§ 1 und 2 Abs. 3 WpÜG fest. Insoweit bilden §§ 1 und 2 Abs. 3 WpÜG das deutsche „IPR der Unternehmensübernahmen".[1261]

Vom Übernahmestatut zu unterscheiden sind die durch das Angebot und dessen An- **607** nahme begründeten Rechtsverhältnisse. Diese richten sich nach dem Übernahmevertragsstatut.[1262] Dies ist insofern konsequent, als das WpÜG grundsätzlich keine Regelungen über die Erfüllung der durch das Übernahmeangebot zustande gekommenen Rechtsverhältnisse enthält. Das Übernahmevertragsstatut bestimmt sich nach internationalem Schuldvertragsstatut. § 1 WpÜG gilt insoweit nicht, maßgeblich sind vielmehr die Art. 27 ff. EGBGB. Ist der internationale Anwendungsbereich des WpÜG eröffnet und unterliegt damit das Übernahmeangebot deutschem Recht, können die durch das Angebot zustande gekommenen Verträge – beispielsweise aufgrund abweichender Rechtswahl – trotzdem ausländischem Recht unterliegen.[1263]

Bestimmt das WpÜG zwingend den Inhalt des aufgrund des Angebots und seiner An- **608** nahme zustande gekommenen Rechtsverhältnisses (vgl. beispielsweise § 31 Abs. 4 und 5 WpÜG), so ist insoweit unabhängig vom Übernahmevertragsstatut deutsches Recht anwendbar. Dies kann man über § 1 WpÜG begründen, wenn man das Übernahmestatut für einschlägig hält oder über Art. 34 EGBGB, wenn man das Übernahmevertragsstatut für einschlägig hält.[1264]

Besondere Fragen nach dem Gesellschaftsstatut stellen sich in aller Regel nicht.[1265] Nach **609** der hier vertretenen Auffassung zur Auslegung von § 2 Abs. 3 WpÜG ist Zielgesellschaft notwendig eine deutschem Aktienrecht unterliegende Gesellschaft. Bei oder durch die Übernahme aufgeworfene gesellschaftsrechtliche Fragen richten sich daher notwendig nach deutschem Aktienrecht. Das Gesellschaftsstatut für den Bieter, der auch eine ausländische (juristische) Person sein kann, bestimmt sich nach den allgemeinen Regeln.

[1258] Vgl. Kölner Komm/*Versteegen* WpÜG § 1 Rn. 10.
[1259] Apfelbacher/Barthelmess/Buhl/von Dryander, German Takeover Law, 2002, S. 99.
[1260] Schwark/*Noack,* Kapitalmarktrechtskommentar, §§ 1, 2 WpÜG Rn. 28.
[1261] Kölner Komm/*Versteegen* WpÜG § 1 Rn. 41.
[1262] Kölner Komm/*Versteegen* WpÜG § 1 Rn. 44.
[1263] Kölner Komm/*Versteegen* WpÜG § 1 Rn. 44.
[1264] Kölner Komm/*Versteegen* WpÜG § 1 Rn. 44.
[1265] Vgl. Kölner Komm/*Versteegen* WpÜG § 1 Rn. 44.

c) Kollisionsrechtliche Regelungen der Übernahmerichtlinie

610   Die EU-Übernahmerichtlinie[1266] ist nach über 15 Jahren andauernden Verhandlungen durch Ministerrat und Parlament verabschiedet worden. Sie ist bis Mai 2006 in deutsches Recht umzusetzen.[1267] Nach Art. 1 Abs. 1 der Richtlinie umfasst der räumliche Anwendungsbereich alle Übernahmeangebote, die für die Wertpapiere einer Gesellschaft, die dem Recht eines Mitgliedstaats untersteht, abgegeben werden, wenn deren Wertpapiere – alle oder zum Teil – zum Handel an einem geregelten Markt im Sinne des Art. 1 Nr. 13 der Wertpapierdienstleistungsrichtlinie[1268] in einem oder mehreren Mitgliedstaaten zugelassen sind. Die Definition des geregelten Marktes in der Wertpapierdienstleistungsrichtlinie entspricht dem Begriff des organisierten Marktes in § 2 Abs. 7 WpÜG.[1269]

611   Die Zuständigkeit der Aufsichtsbehörde und das anzuwendende Recht bestimmt sich nach Art. 4.

612   Art. 4 Abs. 1 schreibt zunächst vor, dass die Mitgliedstaaten eine oder mehrere Stellen benennen müssen, die für die Beaufsichtigung des Angebotsvorgangs zuständig sind. Sind die Wertpapiere einer Zielgesellschaft an einem geregelten Markt in deren Sitzmitgliedstaat zum Handel zugelassen, dann ist die Aufsichtsstelle dieses Staates zuständig (Art. 4 Abs. 2 lit. a).

613   Das anwendbare Recht ist in Art. 4 Abs. 2 lit. a nicht ausdrücklich geregelt, doch lässt sich aus Art. 4 Abs. 2 lit. e der Grundsatz entnehmen, dass im Anwendungsbereich der Richtlinie ein Gleichlauf zwischen zuständiger Aufsichtsstelle und anwendbarem Recht bestehen soll.[1270] Damit wendet die Aufsichtsbehörde im Sitzstaat ihr eigenes Recht auf Angebote an, die sich an Aktionäre von Gesellschaften richten, die in diesem Staat nach den Regeln des dort geltenden internationalen Gesellschaftsrechts ihren Sitz haben und für die gleichzeitig in diesem Staat eine Börsenzulassung besteht.[1271]

614   Fallen Sitz- und Marktort auseinander, gilt eine gespaltene Rechtsanwendungs- und Kompetenzregelung. Für Fragen, die den Angebotsvorgang selbst betreffen, ist die Aufsichtsbehörde desjenigen Mitgliedstaats zuständig, an dessen geregelten Markt die Wertpapiere zum Handel zugelassen wurden (Art. 4 Abs. 2 lit. b). Das von der im Mitgliedstaat des Marktorts angesiedelten Aufsichtsbehörde anzuwendende Recht richtet sich nach Art. 4 Abs. 2 lit. e Satz 1. Soweit es um Fragen der Gegenleistung, des Inhalts der Angebotsunterlage und die Bekanntmachung des Angebots geht, sind die Vorschriften des Mitgliedstaats, der das zuständige Aufsichtsorgan stellt, anwendbar.

615   Sind die Papiere der Zielgesellschaft in mehr als einem Mitgliedstaat zum Handel zugelassen, ist die Aufsichtsstelle desjenigen Mitgliedstaats zuständig, auf dessen geregelten Markt die Wertpapiere zuerst zum Handel zugelassen wurden (Art. 4 Abs. 2 lit. b). Für das anwendbare Recht gilt das Gleiche wie bei einer Zulassung zum geregelten Handel in einem anderen Mitgliedstaat.

616   Wurden die Wertpapiere jedoch in mehr als einem Mitgliedstaat gleichzeitig erstmals zum Handel zugelassen, so hat nach Art. 4 Abs. 2 lit. c Unterabs. 1 die Zielgesellschaft selbst zu entscheiden, welche Aufsichtsstelle zuständig sein soll. Die Zielgesellschaft legt damit auch das anwendbare Recht fest (vgl. Art. 4 Abs. 2 lit. e Satz 1).

617   Für Fälle der gleichzeitigen Mehrfachzulassung, die zum Ablauf der Umsetzungsfrist der Übernahmerichtlinie bereits existieren, müssen die Aufsichtsstellen der betroffenen Mitgliedstaaten gemeinsam festlegen, wer zuständig ist. Sie bestimmen somit auch über das

---

[1266] Richtlinie 2004/25/EG vom 21. 4. 2004.

[1267] Zum Änderungsbedarf vgl. *Mülbert,* NZG 2004, 633 ff.

[1268] Richtlinie 93/22/EWG vom 11. 6. 1993 geändert durch die Richtlinie 2000/64/EG vom 17. 11. 2000.

[1269] *Maul/Muffat-Jeandet,* AG 2004, 221, 226.

[1270] *Kindler/Horstmann,* DStR 2004, 866, 867; *von Hein,* AG 2001, 213, 215; *Maul/Muffat-Jeandet,* AG 2004, 221, 226.

[1271] *Kindler/Horstmann,* DStR 2004, 866, 867.

anzuwendende Recht (Art. 4 Abs. 2 lit. c Unterabs. 2 Satz 1). In Ermangelung einer frist-gemäßen Entscheidung der Aufsichtsstellen entscheidet wiederum die Zielgesellschaft, welche dieser Aufsichtsstellen zuständig sein soll. Bei gesellschaftsrechtlichen Fragen bzw. bei Fragen, welche die Unterrichtung der Arbeitnehmer betreffen, ist wiederum das Recht des Sitzstaats der Zielgesellschaft maßgebend (Art. 4 Abs. 2 lit. b und c sowie lit. e Satz 2).

Der internationale Anwendungsbereich des WpÜG steht nicht in Einklang mit Art. 4 **618** der Übernahmerichtlinie. Das WpÜG ist von seinem internationalen und sachlichen An-wendungsbereich her auf Wertpapiere einer Zielgesellschaft mit Sitz in Deutschland, deren Wertpapiere zum Handel an einem organisierten Markt zugelassen sind, anwendbar. Auf Angebote auf Wertpapiere einer ausländischen Zielgesellschaft, deren Wertpapiere zum Handel an einem organisierten Markt in Deutschland gehandelt werden, findet das WpÜG keine Anwendung. Nach der Übernahmerichtlinie käme es grundsätzlich auf den Marktort an. Die Regelung im WpÜG muss damit entsprechend angepasst werden.[1272]

XXII. Fremdenrecht

1. Allgemeines

Einige Bestimmungen des deutschen Sachrechts gelten nur für ausländische natürliche **619** oder juristische Personen, nicht aber für deutsche natürliche oder juristische Personen. Diese Bestimmungen werden als Fremdenrecht bezeichnet.[1273]

In der Regel wird die Anwendbarkeit solcher Bestimmungen auf der Grundlage der für **620** die Sitztheorie maßgeblichen Kriterien bestimmt; fremdenrechtliche Bestimmungen er-fassen daher grundsätzlich Gesellschaften die ihren Verwaltungssitz im Ausland genom-men haben und aufgrund dieser Tatsache als ausländisch zu qualifizieren sind.[1274] Soweit die Gründungstheorie Anwendung findet – also im Rahmen zwischenstaatlicher Abkommen und bei EU-Auslandsgesellschaften – kann es zur Bestimmung der Ausländereigenschaft allerdings auch auf den Gründungssitz ankommen. So sind die Vorschriften über die Ein-tragung von Zweigniederlassungen ausländischer Unternehmen beispielsweise auch auf EU-Auslandsgesellschaften mit Verwaltungssitz in Deutschland anwendbar, d.h. diese ha-ben – trotzdem sie ihren Hauptsitz in Deutschland haben – beim zuständigen deutschen Handelsregister eine Zweigniederlassung anzumelden.[1275]

Teilweise kommt aufgrund besonderer gesetzlicher Regelung auch die sogenannte **621** Kontrolltheorie[1276] zur Anwendung (so z.B. bei § 3 Abs. 1 Satz 2 LuftVG, § 6 Abs. 2 Nr. 2a KrWaffG oder §§ 14 Abs. 1, 15 Abs. 2 VereinsG). In diesen Vorschriften wird auf die Staatsangehörigkeit der Gesellschafter oder der Organe abgestellt, die beherrschenden Einfluss auf die Gesellschaft ausüben. Die Kontrolltheorie kann zur Folge haben, dass fremdenrechtliche Bestimmungen nicht nur auf ausländische Gesellschaften (einschließlich inländischer Zweigniederlassungen ausländischer Gesellschaften) Anwendung finden, son-dern – je nach gesetzlicher Umsetzung – auch auf deutsche Gesellschaften auf die auslän-dische Staatsangehörige maßgeblichen Einfluss ausüben können.

Fremdenrechtliche Sonderbestimmungen finden sich in vielen zwischenstaatlichen Ab- **622** kommen und Gesetzen. Gesetzliche Sonderregeln für ausländische Gesellschaften berühren

---

[1272] *Maul/Muffat-Jeandet*, AG 2004, 221, 229; zu weiteren Folgerungen für die Anpassung des An-wendungsbereichs des WpÜG, vgl. *Mülbert*, NZG 2004, 633, 639.

[1273] Vgl. hierzu die ausführlichen Darstellungen bei MünchKommBGB/*Kindler*, IntGesR Rn. 751 ff.; Staudinger/*Großfeld* (1998) IntGesR Rn. 961 ff.

[1274] Vgl. MünchKommBGB/*Kindler*, IntGesR Rn. 753.

[1275] Zu dieser nach h.M. bestehenden Pflicht siehe oben Rn. 550 ff.

[1276] Vgl. MünchKommBGB/*Kindler*, IntGesR Rn. 259 und 752.

etwa den Grundrechtsschutz (Art. 19 Abs. 3 GG) oder finden sich im Kapitalmarktrecht (§ 41 Abs. 2 BörsG), im Prozessrecht (§§ 55, 110, 114 Abs. 2, 4 ZPO), in den besonderen Normen für ausländische Stiftungen und Vereine (§§ 23, 80 Satz 2 BGB) sowie für inländische Zweigniederlassungen ausländischer Unternehmen (beispielsweise §§ 53–53 c KWG; §§ 105 ff. VAG).[1277] Schließlich zählen auch die Vorschriften über die Eintragung von inländischer Zweigniederlassungen ausländischer Unternehmen (§§ 13 d ff. HGB) zum Fremdenrecht.

2. Inländische Zweigniederlassung eines ausländischen Unternehmens

a) Erforderliche Genehmigungen

623   Die Gründung einer inländischen Zweigniederlassung bedarf grundsätzlich keiner besonderen, d. h. auf der Ausländereigenschaft beruhenden Genehmigung.[1278] Ebenso wie für inländische Gesellschaften besteht gemäß § 14 GewO die Verpflichtung, den Beginn des Betriebs der Zweigniederlassung der zuständigen Behörde anzuzeigen. Diese hat dann gemäß § 15 Abs. 2 Satz 2 GewO die Möglichkeit, die Fortsetzung des Betriebs der Zweigniederlassung zu verhindern, „wenn ein Gewerbe von einer ausländischen juristischen Person begonnen wird, deren Rechtsfähigkeit im Inland nicht anerkannt wird".

624   Versicherungsunternehmen mit Sitz außerhalb der Mitgliedstaaten der Europäischen Union oder eines anderen Vertragsstaates des Abkommens über den Europäischen Wirtschaftsraum unterliegen nach § 105 Abs. 2 VAG einem Erlaubnisvorbehalt. Für Versicherungsunternehmen mit Sitz in einem Mitgliedstaat der Europäischen Union oder eines anderen Vertragsstaates des Abkommens über den Europäischen Wirtschaftsraum gilt hingegen das Sitzlandprinzip der §§ 110 a ff. VAG.

625   Vergleichbares gilt für Unternehmen, die im Inland gewerbsmäßig Bankgeschäfte betreiben wollen. Die Zweigstelle eines Unternehmens mit Sitz in einem Staat außerhalb des Europäischen Wirtschaftsraums bedarf der Erlaubnis nach § 53 Abs. 1 i. V. m. § 32 KWG, während Unternehmen mit Sitz in einem anderen Staat des Europäischen Wirtschaftsraums grundsätzlich keiner Erlaubnis zur Errichtung einer Zweigniederlassung bedürfen (§ 53 b KWG).

626   Für den öffentlichen Vertrieb von Investmentanteilen an einer Investmentgesellschaft mit Sitz in einem Mitgliedstaat der Europäischen Union oder eines anderen Vertragsstaates des Abkommens über den Europäischen Wirtschaftsraum, gelten die Regelungen der §§ 130 ff. InvG (insbesondere die Anzeigepflicht des § 132 InvG). Für den öffentlichen Vertrieb von Investmentanteilen an Investmentgesellschaften die keinen Sitz in einem solchen Staat haben, gelten die §§ 135 ff. InvG (insbesondere die Anzeigepflicht des § 139 InvG).

b) Registerrecht

627   **aa) Allgemeines.** Das Registerrecht für inländische Zweigniederlassungen ausländischer Unternehmen beruht in seiner heutigen Form auf der EG-Zweigniederlassungsrichtlinie.[1279] Seit der Umsetzung der EG-Zweigniederlassungsrichtlinie in deutsches Recht enthalten die §§ 13–13 g HGB die für Zweigniederlassungen inländischer und ausländischer Unternehmen aller Rechtsformen maßgeblichen Vorschriften. Für inländische Zweigniederlassungen ausländischer Unternehmen sind die §§ 13 d–13 g HGB maßgeblich.

628   Diese Vorschriften sind wie folgt konzipiert: § 13 d HGB ist die Grundnorm, die immer dann Anwendung findet, wenn sich die Hauptniederlassung eines Einzelkaufmanns oder

---

[1277] Vgl. zu Letzterem umfassend *Rinne,* Zweigniederlassungen ausländischer Unternehmen im deutschen Kollisions- und Sachrecht, 1998.

[1278] MünchKommBGB/*Kindler,* IntGesR Rn. 760; Staudinger/*Großfeld* (1998) IntGesR Rn. 979.

[1279] Richtlinie Nr. 89/666/EWG vom 22. 12. 1989.

einer juristischen Person oder der Sitz einer Handelsgesellschaft im Ausland befindet. § 13 e HGB enthält besondere Vorschriften für Zweigniederlassungen von Kapitalgesellschaften mit Sitz im Ausland; in dieser Untergruppe enthält § 13 f HGB wiederum ergänzende Vorschriften für Zweigniederlassungen von Aktiengesellschaften mit Sitz im Ausland und § 13 g für Zweigniederlassungen von Gesellschaften mit beschränkter Haftung mit Sitz im Ausland.

§ 13 d Abs. 1 HGB nennt als Adressaten der Nachweis- und Offenlegungspflichten **629** „Einzelkaufleute" und „juristische Personen" mit „Hauptniederlassung" im Ausland sowie „Handelsgesellschaften" mit „Sitz" im Ausland. Für die Frage, ob die Hauptniederlassung oder der Sitz sich im Ausland befindet, ist grundsätzlich der effektive Verwaltungssitz maßgeblich,[1280] soweit die Sitztheorie Anwendung findet. EU-Auslandsgesellschaften mit Verwaltungssitz in Deutschland sind nach der hier vertretenen Auffassung unabhängig von ihrem deutschen Verwaltungssitz als Zweigniederlassung in das Handelsregister einzutragen.[1281]

Da das deutsche Gesetz die deutschen sachrechtlichen Bezeichnungen (insbesondere **630** „Kapitalgesellschaften", „Aktiengesellschaft", „Gesellschaft mit beschränkter Haftung" und „Kommanditgesellschaft auf Aktien") verwendet, die ausländischen Gesellschaften aber in Rechtsformen ihres Gesellschaftsstatuts organisiert sind, ist für die Bestimmung der jeweils anwendbaren Vorschrift entscheidend, mit welcher deutschen Rechtsform die Rechtsform der jeweiligen ausländischen Gesellschaft vergleichbar ist.[1282] Soweit die §§ 13 d ff. HGB Durchführungsbestimmungen zur Zweigniederlassungsrichtlinie darstellen, d. h. soweit inländische Zweigniederlassungen von ausländischen AG, KGaA und GmbH in Rede stehen,[1283] ist die Vergleichbarkeit durch Rückgriff auf das EG-Gesellschaftsrecht zu prüfen; die Vergleichbarkeit allein mit der deutschen Rechtsform genügt nicht.[1284] Im Übrigen ist nach den allgemeinen international-privatrechtlichen Grundsätzen der Substitution vorzugehen.[1285]

Insbesondere bei der Eintragung von Zweigniederlassungen von Gesellschaften, deren **631** Sitz sich außerhalb der Europäischen Union befindet, kann die Einordnung zweifelhaft sein. Häufig ist eine Gesellschaft eines gewissen Typs nicht generell z. B. einer GmbH vergleichbar; die Einordnung wird vielmehr häufig von der Ausgestaltung im jeweiligen Einzelfall abhängen. Beispiel hierfür ist die „*corporation*" nach dem Recht der meisten US-amerikanischen Einzelstaaten. Diese Gesellschaftsform ist im Ausgangpunkt mit der deutschen AG vergleichbar, in der Variante der „*close corporation*" ist sie in der Regel jedoch mit der GmbH vergleichbar. Abhängig von der konkreten Ausgestaltung der Statuten kann aber auch die „*close corporation*" mit einer AG vergleichbar sein.

Eine englische „*private limited company*" ist als der GmbH vergleichbar anzuerkennen.[1286] **632**

bb) Internationale Zuständigkeit und anwendbares Recht. § 13 d Abs. 1 HGB **633** bestimmt die internationale und örtliche Zuständigkeit des Gerichts der inländischen

---

[1280] *Hüffer*, AktG, Anh. § 45 § 13 d HGB Rn. 2; *Kindler*, NJW 1993, 3301, 3304 f.; MünchKomm BGB/*Kindler*, IntGesR Rn. 785, Ebenroth/Boujong/Joost/*Pentz*, HGB § 13 d Rn. 14.

[1281] Siehe oben Rn. 550 ff.; außerdem *Hüffer*, AktG, Anh. § 45 § 13 d HGB Rn. 2; OLG Celle GmbHR 2003, 532; OLG Naumburg GmbHR 2003, 533 (= IPRax 2003, 246); OLG Zweibrücken NZG 2003, 537 (= GmbHR 2003, 530); KG Berlin GmbHR 2004, 116 (= NJW-RR 2004, 331).

[1282] *Kindler*, NJW 1993, 3301, 3303 f.; *Seibert*, DB 1993, 1705; MünchKommHGB/*Bokelmann*, § 13 d Rn. 9; Staudinger/*Großfeld* (1998) IntGesR Rn. 991; siehe auch BayObLG WM 1985, 1202.

[1283] Vgl. Art. 1 Abs. 1 Zweigniederlassungsrichtlinie (Richtlinie Nr. 89/666/EWG vom 22. 12. 1989) i. V. m. Art. 1 Publizitätsrichtlinie (68/151/EWG vom 9. 3. 1968).

[1284] *Kindler*, NJW 1993, 3301, 3303; MünchKommBGB/*Kindler*, IntGesR Rn. 786; Ebenroth/Boujong/Joost/*Pentz*, HGB § 13 e Rn. 8. Eine Liste vergleichbarer Aktiengesellschaften und GmbH ist bei Ebenroth/Boujong/Joost/*Pentz*, HGB § 13 e Rn. 12 und 34 abgedruckt.

[1285] Ebenroth/Boujong/Joost/*Pentz*, HGB § 13 e Rn. 8; MünchKommBGB/*Kindler*, IntGesR Rn. 786; vgl. zur Substitution MünchKommBGB/*Sonnenberger*, Einl. IPR Rn. 550 ff.

[1286] KG Berlin GmbHR 2004, 116, 117.

Zweigniederlassung für alle Anmeldungen, Zeichnungen, Einreichungen und Eintragungen, die sich auf die Zweigniederlassung beziehen.[1287] Werden mehrere Zweigniederlassungen unterhalten, so sind alle Zweigniederlassungsgerichte zuständig, und die Anmeldung, Zeichnungen, Einreichungen und Eintragungen haben bei jedem dieser Gerichte zu erfolgen.[1288] Dies ergibt sich aus § 13 e Abs. 5 HGB, wonach ausländische Kapitalgesellschaften mit mehreren inländischen Zweigniederlassungen lediglich für die Einreichung der Satzung bzw. des Gesellschaftsvertrags ein Hauptregister wählen können. Eine entsprechende Erleichterung gilt nach § 325 a Abs. 1 Satz 2 HGB für die einzureichenden Unterlagen der Rechnungslegung.[1289]

634   Für das registerrechtliche Verfahren gilt deutsches Recht *(lex fori)*.[1290] Die Zweigniederlassung wird registerrechtlich – und auch kostenrechtlich – wie die Hauptniederlassung eines inländischen Unternehmens behandelt (§ 13 d Abs. 3 HGB). Ausdrücklich ausgenommen von diesem Grundsatz sind nach § 13 d Abs. 3 HGB die ausländischen Aktiengesellschaften, Kommanditgesellschaften auf Aktien und Gesellschaften mit beschränkter Haftung. Für diese Unternehmensformen enthalten § 13 d Abs. 1, Abs. 2 und §§ 13 e–13 g HGB abschließende Sonderregelungen. Einschränkungen des *lex fori*-Prinzips ergeben sich auch aus dem allgemeinen Vorbehalt zu Gunsten des ausländischen Rechts in § 13 d Abs. 3 HGB. Aus diesem Grund darf das Registergericht nicht in Anwendung deutschen Rechts in die durch ausländisches Recht geordneten Verhältnisse des ausländischen Unternehmens eingreifen, etwa im Hinblick auf die Gründungsvoraussetzungen und die Organisationsstruktur der ausländischen Gesellschaft.[1291] So findet z.B. auch § 6 Abs. 2 Sätze 3 und 4 GmbHG auf den Geschäftsführer der ausländischen Gesellschaft keine Anwendung; Personen, die aufgrund von § 6 Abs. 2 Sätze 3 und 4 GmbHG nicht Geschäftsführer einer deutschen Gesellschaft sein können, dürfen daher als Geschäftsführer einer ausländischen Gesellschaft eine Zweigniederlassung im Inland betreiben.[1292]

635   **cc) Zur Anmeldung verpflichtete Personen und Inhalt der Anmeldung.** Wer die inländische Zweigniederlassung eines ausländischen Unternehmens zur Eintragung anzumelden hat, richtet sich nach deutschem Recht. Einzelkaufleute haben die Zweigniederlassung selbst anzumelden,[1293] während Zweigniederlassungen von Personengesellschaften durch alle Gesellschafter anzumelden sind (§§ 108 Abs. 1, 161 Abs. 2 HGB).[1294] Ausländische Kapitalgesellschaften haben ihre Zweigniederlassungen durch die Vorstandsmitglieder bzw. Geschäftsführer in vertretungsberechtigter Zahl[1295] (§ 13 e Abs. 2 Satz 1 HGB) anzumelden.[1296] Das dem Vorstand oder den Geschäftsführern einer deutschen Gesellschaft entsprechende Organ ist im Wege der Substitution zu ermitteln.[1297] In erster

---

[1287] *Hüffer*, AktG, Anh. § 45 § 13 d HGB Rn. 4; MünchKommBGB/*Kindler*, IntGesR Rn. 795; Ebenroth/Boujong/Joost/*Pentz*, HGB § 13 d Rn. 15.

[1288] *Hüffer*, AktG, Anh. § 45 § 13 d HGB Rn. 4; MünchKommBGB/*Kindler*, IntGesR Rn. 795; Ebenroth/Boujong/Joost/*Pentz*, HGB § 13 d Rn. 15.

[1289] Ebenroth/Boujong/Joost/*Pentz*, HGB § 13 d Rn. 15.

[1290] KG Berlin GmbHR 2004, 116, 117; Ebenroth/Boujong/Joost/*Pentz*, HGB § 13 d Rn. 16; MünchKommBGB/*Kindler*, IntGesR Rn. 796.

[1291] BayObLGZ 1986, 351, 356; MünchKommBGB/*Kindler*, IntGesR Rn. 798.

[1292] OLG Oldenburg IPRspr. 2001 Nr. 16, S. 37.

[1293] Ebenroth/Boujong/Joost/*Pentz*, HGB § 13 d Rn. 17; MünchKommBGB/*Kindler*, IntGesR Rn. 800.

[1294] MünchKommBGB/*Kindler*, IntGesR Rn. 800.

[1295] Abweichend vom früheren Recht verlangt § 13 e Abs. 2 Satz 1 HGB nicht mehr die Anmeldung durch alle Mitglieder des Geschäftsführungsorgans. Die Bestimmung der zur Vertretungsberechtigung genügenden Anzahl bestimmt sich nach dem Heimatrecht der ausländischen Gesellschaft, vgl. Ebenroth/Boujong/Joost/*Pentz*, HGB § 13 d Rn. 17.

[1296] KG Berlin GmbHR 2004, 116, 117.

[1297] KG Berlin GmbHR 2004, 116, 117; vgl. Staudinger/*Großfeld* (1998) IntGesR Rn. 996; Baumbach/*Hopt*, HGB, § 13 d Rn. 5; MünchKommBGB/*Kindler*, IntGesR Rn. 803.

Linie bestimmt sich das zur Anmeldung verpflichtete Organ danach wer bei der ausländischen Rechtsform die bei einer deutschen AG/GmbH dem Vorstand/den Geschäftsführern obliegende Geschäftsführungsbefugnis wahrnimmt.[1298] Vertretung von Organpersonen ist zulässig, sofern die Bevollmächtigten nach dem Heimatrecht der ausländischen Gesellschaft entsprechende Handlungen vornehmen können.[1299]

Bei der englischen *„private limited company"* obliegt die Leitung der Gesellschaft dem **636** board of directors (Direktorium).[1300]

Den Leiter der inländischen Zweigniederlassung trifft nach herrschender aber nicht un- **637** umstrittener Ansicht keine persönliche Anmeldepflicht.[1301] Insofern fehlt es an einer entsprechenden gesetzlichen Anordnung.[1302]

Den Inhalt der Anmeldung bestimmt § 13d Abs. 2 i. V. m. Abs. 3 HGB. Bei Kapitalge- **638** sellschaften ersetzen die §§ 13e–g HGB den § 13d Abs. 3 HGB. Einen Überblick über die bei der Anmeldung zu erfüllenden Nachweis- und Offenlegungspflichten bei der Anmeldung von Zweigniederlassungen ausländischer Kapitalgesellschaften geben die im Anschluss an diesen Abschnitt abgedruckten Checklisten.

dd) Prüfungsrechte des Registergerichts. Da für Eintragungsverfahren deutsches **639** Verfahrensrecht gilt, haben die Registergerichte im Fall der inländischen Zweigniederlassungen eines ausländischen Unternehmens grundsätzlich die gleichen Prüfungspflichten und Prüfungsrechte wie im Fall einer inländischen Hauptniederlassung; die Beschränkungen, die für die Überprüfung einer inländischen Zweigniederlassung bestehen, gelten insoweit nicht.[1303] Dies ergibt sich aus § 13d Abs. 3 HGB. Für die in dieser Vorschrift ausgeklammerten Kapitalgesellschaften ergibt sich dies aus §§ 13f Abs. 3 und 4, § 13g Abs. 3 und 4 HGB.[1304] Im Hinblick auf die Eintragung der Zweigniederlassung als solche sowie der einzelnen einzutragenden Tatsachen hat das Registergericht grundsätzlich ein unbeschränktes Prüfungsrecht, sowohl im Hinblick auf die materiellen als auch im Hinblick auf die formellen Voraussetzungen der Eintragung.[1305] In erster Linie hat es zu prüfen, ob die vorzunehmende Eintragung den deutschen materiellen Rechtsgrundsätzen widersprechen würde, namentlich ob die Gesellschaft besteht (§ 13e Abs. 2 Satz 2 HGB). Es ist ferner zu prüfen, ob die inländische Zweigniederlassung tatsächlich errichtet wurde und Unterscheidbarkeit i. S. v. § 30 HGB besteht.[1306] An ausländische Eintragungen und Entscheidungen ist das deutsche Registergericht nicht gebunden.[1307]

Mit welcher Intensität die deutschen Registergerichte von ihrem Prüfungsrecht **640** Gebrauch machen, ist sehr unterschiedlich. Teilweise dauern die Eintragungsverfahren sehr lange. Im Ergebnis folgt aus den §§ 13d–g HGB, dass die Einrichtung einer Zweigniederlassung teilweise sehr viel aufwendiger und komplizierter ist, als die Gründung einer deutschen Tochtergesellschaft (insbesondere in der Form einer GmbH).

[1298] Ebenroth/Boujong/Joost/*Pentz,* HGB § 13e Rn. 63.

[1299] Staudinger/*Großfeld* (1998) IntGesR Rn. 1007; Baumbach/*Hopt,* HGB, § 13e Rn. 2; Münch KommBGB/*Kindler,* IntGesR Rn. 804; Ebenroth/Boujong/Joost/*Pentz,* HGB § 13e Rn. 64; *Ammon* in Röhricht/Graf von Westphalen, HGB § 13e Rn. 5.

[1300] KG Berlin GmbHR 2004, 116, 117.

[1301] MünchKommHGB/*Bokelmann,* § 13d Rn. 23; *Hüffer* in Großkomm HGB, § 13b a. F. Rn. 22; MünchKommBGB/*Kindler,* IntGesR Rn. 802; *Ammon* in Röhricht/Graf von Westphalen, HGB § 13d Rn. 15; Koller/*Roth*/Morck, § 13d Rn. 6; a. A. Baumbach/*Hopt,* HGB, § 13d Rn. 5; Staudinger/*Großfeld* (1998) IntGesR Rn. 996.

[1302] MünchKommBGB/*Kindler,* IntGesR Rn. 802.

[1303] Ebenroth/Boujong/Joost/*Pentz,* HGB § 13d Rn. 18; MünchKommBGB/*Kindler,* IntGesR Rn. 830; *Hüffer,* AktG, Anh. § 45 § 13d HGB Rn. 5.

[1304] Staudinger/*Großfeld* (1998) IntGesR Rn. 1016; MünchKommBGB/*Kindler,* IntGesR Rn. 830 Fn. 174.

[1305] BayObLG NJW 1999, 654, 656; Staudinger/*Großfeld* (1998) IntGesR Rn. 1016.

[1306] MünchKommHGB/*Bokelmann,* § 13d Rn. 21.

[1307] BayObLG WM 1985, 1202.

641   **ee) Weitere anmeldepflichtige Vorgänge.** Nach § 13 e Abs. 3 und Abs. 4, § 13 f Abs. 5 und Abs. 6 sowie § 13 g Abs. 5 und 6 HGB bestehen umfangreiche Pflichten zu weiteren Anmeldungen nach Eintragung der Zweigniederlassung. Im Ergebnis ist jede Änderung eines Sachverhalts, der im Handelsregister der Zweigniederlassung eingetragen ist, zur Eintragung in das Handelsregister der Zweigniederlassung anzumelden. So ist z. B. nach § 13 e Abs. 3 HGB jede Änderung des Vorstands oder der Vertretungsbefugnis eines Vorstandsmitglieds der ausländischen Gesellschaft zur Eintragung ins Handelsregister der inländischen Zweigniederlassung anzumelden. Nach § 13 f Abs. 5 und § 13 g Abs. 5 HGB sind Änderungen von Satzung oder Gesellschaftsvertrag der ausländischen Gesellschaft durch die zur Anmeldung verpflichteten Geschäftsführungsorgane zur Eintragung in das Handelsregister anzumelden.

642   Anzumelden ist insbesondere auch die Eröffnung oder Ablehnung der Eröffnung eines Insolvenzverfahrens oder eines ähnlichen Verfahrens über das Vermögen der Gesellschaft (§ 13 e Abs. 4 HGB).

643   **ff) Wirkungen der Eintragung.** Die Entstehung der inländischen Zweigniederlassung selbst hängt von der tatsächlichen Geschäftsaufnahme ab, so dass der Eintragung der Zweigniederlassung in das Register lediglich deklaratorische Bedeutung zukommt.[1308] Eine konstitutive Wirkung der Eintragung kann sich für die Kaufmannseigenschaft des ausländischen Unternehmens ergeben.

644   **gg) Durchsetzungsmöglichkeiten der Anmeldung.** Grundsätzlich liegt die Anmeldung und Eintragung der inländischen Zweigniederlassung eines ausländischen Unternehmens im eigenen Interesse der ausländischen Gesellschaft. Dies folgt aus den strengen positiven sowie negativen Publizitätswirkungen erfolgter oder unterlassener Eintragungen nach § 15 HGB.[1309]

645   Zur Erzwingung der Eintragung sieht das Gesetz in § 14 HGB ein Erzwingungsverfahren in Form von Beugestrafen vor (§§ 132 ff. FGG). Dieses Ordnungsstrafverfahren endet aber auf Grund der territorialen Begrenzung hoheitlicher Strafgewalt, wenn sich die anmeldepflichtigen Organe der ausländischen Gesellschaft im Ausland aufhalten.[1310] Eine Ausweitung dieser Zwangsmaßnahmen auch auf ausdrücklich zur Anmeldung bevollmächtigte inländische Zweigniederlassungsleiter oder sogar Inländer kommt nicht in Betracht. Eine derartige Vollmacht enthält nur die Berechtigung, aber gerade keine gesetzliche Verpflichtung, zur Anmeldung.

646   **hh) Weitere eintragungsfähige Tatsachen.** Im Handelsregister der Zweigniederlassung kann eingetragen werden, dass gesetzliche Vertreter der Gesellschaft und im Handelsregister einzutragende ständige Vertreter der Gesellschaft (i. S. v. § 15 e Abs. 2 Satz 4 Nr. 3 HGB) vom Verbot des Selbstkontrahierens befreit sind.[1311]

c) Auftreten der eingetragenen Zweigniederlassung im Geschäftsverkehr

647   Für inländische Zweigniederlassungen einer ausländischen Kapitalgesellschaft enthalten die §§ 80 Abs. 4 AktG und 35 a Abs. 4 GmbHG Vorschriften darüber, welche Angaben auf Geschäftsbriefen und Bestellscheinen gemacht werden müssen. Anzugeben sind (i) Angaben über die ausländische Gesellschaft entsprechend § 80 Abs. 1–3 AktG bzw. § 35 a Abs. 1–3 GmbHG (soweit nicht das ausländische Recht Abweichungen nötig macht) und (ii) das Register, bei dem die Zweigniederlassung geführt wird und die Registernummer.

[1308] KG Berlin GmbHR 2004, 116, 117; Staudinger/*Großfeld* (1998) IntGesR Rn. 1029; Münch KommBGB/*Kindler,* IntGesR Rn. 834.

[1309] MünchKommBGB/*Kindler,* IntGesR Rn. 835.

[1310] H.M. vgl. MünchKommBGB/*Kindler,* IntGesR Rn. 835; Keidel/*Winkler,* FGG, § 132 Rn. 17 m. w. N.; dagegen *Hüffer,* AktG, Anh. § 45 § 13 e HGB Rn. 11; *Ammon* in Röhricht/Graf von Westphalen, HGB § 13 e Rn. 14.

[1311] Vgl. LG Augsburg NZG 2005, 356, LG Freiburg GmbHR 2005, 168 und LG Chemnitz GmbHR 2005, 691, jeweils zum Fall eines *directors* einer englischen *Limited*; vgl. dazu auch *Wachter,* NZG 2005, 338 ff.

d) Rechnungslegungspflichten der Zweigniederlassung

Eine inländische Zweigniederlassung einer ausländischen Kapitalgesellschaft mit Sitz in **648** einem Mitgliedstaat der EG oder einem Vertragsstaat des Abkommens über den Europäischen Wirtschaftsraum ist nach § 325 a HGB zur Offenlegung der Unterlagen der Rechnungslegung der Hauptniederlassung, welche nach dem für die Hauptniederlassung maßgeblichen Recht erstellt, geprüft und offengelegt worden sind, verpflichtet. Eine eigene Rechnungslegung für die inländische Zweigniederlassung wird nicht verlangt. Die Unterlagen sind grundsätzlich in deutscher Sprache beim Handelsregister am Sitz der Zweigniederlassung einzureichen. Eine vorherige Bekanntmachung der Unterlagen ist nur dann erforderlich, wenn die Zweigniederlassung die Merkmale einer großen Kapitalgesellschaft (§ 267 Abs. 3 HGB) überschreitet.

e) Checklisten zur Errichtung einer Zweigniederlassung in Deutschland

aa) Checkliste zur Errichtung einer Zweigniederlassung in Deutschland einer 649 ausländischen Gesellschaft, die einer deutschen GmbH entspricht.

I. Vorfrage – Einordnung der Gesellschaft: Ist die Gesellschaft einer deutschen GmbH[1312] und nicht einer deutschen AG bzw. KGaA vergleichbar bzw. keine Kapitalgesellschaft?

II. Tatsächliche Vorbereitung der Errichtung der Zweigniederlassung.

III. Entscheidung der Gesellschaft, Zweigniederlassung zu errichten.

IV. Anmeldepflichtige Personen: „Geschäftsführer" der Gesellschaft in vertretungsberechtigter Zahl (§ 13 e Abs. 2 Satz 1 HGB) – Vertretung ist möglich (Vollmacht in öffentlich beglaubigter Form, § 12 Abs. 2 Satz 1, Abs. 1 HGB)

V. Dem Handelsregister vorzulegende Dokumente:

1. Dokumente zum Nachweis des Bestehens der Gesellschaft (§ 13 e Abs. 2 Satz 2 HGB).[1313]

2. Dokumente (Gesellschafterbeschluss o. ä.) zur Legitimation der „Geschäftsführer", sofern diese nicht im Gesellschaftsvertrag bestellt sind (§ 13 g Abs. 2 Satz 2 HGB, § 8 Abs. 1 Nr. 2 GmbHG); Vertretungsnachweis der für die Gesellschaft als gesetzliche(r) Vertreter handelnden Person(en).[1314]

3. Staatliche Genehmigung, sofern Gegenstand des Unternehmens oder die Zulassung zum Gewerbebetrieb in Deutschland der staatlichen Genehmigung bedarf (§ 13 e Abs. 2 Satz 2 HGB).

4. Gesellschaftsvertrag der Gesellschaft in öffentlich beglaubigter Form und beglaubigte Übersetzung in deutscher Sprache (sofern Satzung im Original nicht in deutscher Sprache ist, § 13 g Abs. 2 Satz 1 HGB).

5. [Dokument über Entscheidung der Errichtung der Zweigniederlassung, z.B. Beschluss der Gesellschafter der Gesellschaft.] *Anmerkung: Eine gesetzliche Verpflichtung, dieses Dokument vorzulegen besteht nicht; die Vorlage ist aber zu empfehlen.*

VI. Inhalt der Anmeldung zum Handelsregister:

1. Umstand der Errichtung der Zweigniederlassung durch die Gesellschaft (§ 13 e Abs. 2 Satz 1 HGB).

2. Firma der Zweigniederlassung (§ 13 d Abs. 2 HGB).[1315]

3. Anschrift der Zweigniederlassung (§ 13 e Abs. 2 Satz 3 HGB).[1316]

4. Gegenstand der Zweigniederlassung (§ 13 e Abs. 2 Satz 3 HGB).[1317]

[1312] Englische *private limited company* ist GmbH vergleichbar: KG Berlin GmbHR 2004, 116, 117.

[1313] Vgl. hierzu *Wachter,* DB 2004, 2795 ff.; KG Berlin GmbHR 2004, 116.

[1314] Vgl. KG Berlin GmbHR 2004, 116, 117.

[1315] Zur Firma der Zweigniederlassung siehe Rn. 554 ff.

[1316] Erforderlich ist Angabe der exakten Adresse, nicht nur Postfach; vgl. § 24 HRV.

[1317] Der nicht mit dem Unternehmensgegenstand der Gesellschaft identisch sein, sondern nur in dessen Rahmen liegen muss, vgl. LG Bielefeld GmbHR 2005, 98.

5. Angaben über Gesellschaft:

   a) Firma der Gesellschaft (§ 13 g Abs. 3 HGB, § 10 Abs. 1 Satz 1 GmbHG).

   b) Rechtsform der Gesellschaft – in ausländischer Sprache (§ 13 e Abs. 2 Satz 4 Nr. 2 HGB).

   c) Angabe des Heimatrechts der Gesellschaft (sofern keine Gesellschaft aus der EU oder einem EWR-Mitgliedstaat, § 13 e Abs. 2 Satz 4 Nr. 4 HGB).

   d) Sitz der Gesellschaft (§ 13 g Abs. 3 HGB, § 10 Abs. 1 Satz 1 GmbHG).

   e) Register, Registernummer der Gesellschaft, sofern das Recht des Staates, in dem Gesellschaft ihren Sitz hat, eine Registereintragung vorsieht (§ 13 e Abs. 2 Satz 4 Nr. 1 HGB).

   f) Gegenstand des Unternehmens der Gesellschaft (§ 13 g Abs. 3 HGB, § 10 Abs. 1 Satz 1 GmbHG).[1318]

   g) Tag des Abschlusses des „Gesellschaftsvertrags" (§ 13 g Abs. 3 HGB, § 10 Abs. 1 Satz 1 GmbHG).

   h) Bestimmung des „Gesellschaftsvertrags" über die Dauer der Gesellschaft (§ 13 g Abs. 3, § 10 Abs. 2 GmbHG).

   i) Höhe des „Stammkapitals" der Gesellschaft (§ 13 g Abs. 3 HGB, § 10 Abs. 2 Satz 1 GmbHG).

   j) Angabe aller „Geschäftsführer" mit Vornamen, Familiennamen, Geburtsdatum und Wohnort (§ 13 g Abs. 3 HGB, § 10 Abs. 1 Satz 1 GmbHG).

   k) Angabe der Vertretungsbefugnis der „Geschäftsführer" der Gesellschaft (§§ 13 g Abs. 2 Satz 2 HGB, § 8 Abs. 4 GmbHG).

6. Angabe aller ständigen Vertreter der Gesellschaft (Prokuristen, Handlungsbevollmächtigte)[1319] im Hinblick auf die Tätigkeit der Zweigniederlassung – mit Vornamen, Familiennamen, Geburtsdatum und Wohnort[1320] unter Angabe der Befugnisse (§ 13 e Abs. 2 Satz 4 Nr. 3 HGB).

7. Zeichnung von Unterschriften durch alle „Geschäftsführer" (§ 13 g Abs. 2 Satz 2 HGB, § 8 Abs. 5 GmbHG); in öffentlich beglaubigter Form (§ 12 Abs. 1 HGB und §§ 13 g Abs. 6 HGB i. V. m. 39 Abs. 4 GmbHG).

8. Zeichnung von Unterschriften durch alle ständigen Vertreter der Gesellschaft (Prokuristen, Handlungsbevollmächtigte)[1321] im Hinblick auf die Tätigkeit der Zweigniederlassung; in öffentlich beglaubigter Form (§ 12 Abs. 1 HGB).

9. Sofern die Errichtung einer Zweigniederlassung in den ersten zwei Jahren nach der Eintragung der Gesellschaft in das Handelsregister ihres Sitzes angemeldet wird und das Kapital der Gesellschaft durch Sacheinlagen erbracht wurde/werden soll (und soweit nicht das ausländische Recht Abweichungen nötig macht):
Festsetzungen im Gesellschaftsvertrag der Gesellschaft über den Gegenstand der Sacheinlage und den Betrag der Stammeinlage, auf die sich die Sacheinlage bezieht und Angaben im Sachgründungsbericht der Gesellschafter über die für die Angemessenheit der Sacheinlagen wesentlichen Umstände (§ 13 g Abs. 2 Satz 3 HGB, § 5 Abs. 4 GmbHG).

VII. Form der einzureichenden Unterlagen: Original (Urschrift oder Ausfertigung) oder öffentlich beglaubigte Abschrift – Beglaubigungen im Ausland sind ausreichend (in der Regel ist Legalisierung erforderlich).[1322]

[1318] Str., vgl. *Herchen*, RIW 2005, 529, 531 f.

[1319] Sofern den Handlungsbevollmächtigten eine ständige Prozessführungsbefugnis und eine generelle Vertretungsmacht eingeräumt worden ist; vgl. Ebenroth/Boujong/Joost/*Pentz*, HGB § 13 e Rn. 75; zur Befreiung vom Selbstkontrahierungsverbot vgl. oben Rn. 646.

[1320] § 43 Nr. 6 lilt. o) HRV.

[1321] Siehe vorherige Fn.

[1322] Zu Existenz- und Vertretungsnachweisen vgl. oben Rn. 287.

bb) Checkliste zur Errichtung einer Zweigniederlassung in Deutschland einer 650
ausländischen Gesellschaft, die einer deutschen AG entspricht

 I. Vorfrage – Einordnung der Gesellschaft: Ist die Gesellschaft einer deutschen AG und nicht einer deutschen GmbH vergleichbar bzw. keine Kapitalgesellschaft?

 II. Tatsächliche Vorbereitung der Errichtung der Zweigniederlassung.

 III. Entscheidung der Gesellschaft, Zweigniederlassung zu errichten.

 IV. Anmeldepflichtige Personen: „Vorstand" der Gesellschaft in vertretungsberechtigter Zahl (§ 13 e Abs. 2 Satz 1 HGB) – Vertretung ist möglich (Vollmacht in öffentlich beglaubigter Form, § 12 Abs. 2 Satz 1, Abs. 1 HGB).

 V. Dem Handelsregister vorzulegende Dokumente:

   1. Dokumente zum Nachweis des Bestehens der Gesellschaft (§ 13 e Abs. 2 Satz 2 HGB).

   2. Vertretungsnachweis der für die Gesellschaft als gesetzliche(r) Vertreter handelnden Person(en).

   3. Staatliche Genehmigung, sofern Gegenstand des Unternehmens oder die Zulassung zu Gewerbebetrieb in Deutschland der staatlichen Genehmigung bedarf (§ 13 e Abs. 2 Satz 2 HGB).

   4. Satzung der Gesellschaft in öffentlich beglaubigter Form und beglaubigte Übersetzung in deutscher Sprache (sofern Satzung im Original nicht in deutscher Sprache ist, § 13 f Abs. 2 Satz 1 HGB).

   5. Die für den Sitz der Gesellschaft ergangene gerichtliche Bekanntmachung – sofern es eine solche gibt (§ 13 f Abs. 2 Satz 4 HGB).

   6. [Dokument über Entscheidung der Errichtung der Zweigniederlassung, z. B. Beschluss der Gesellschafter der Gesellschaft] *Anmerkung: Eine gesetzliche Verpflichtung, dieses Dokument vorzulegen besteht nicht; die Vorlage ist aber zu empfehlen.*

 VI. Inhalt der Anmeldung zum Handelsregister:

   1. Umstand der Errichtung der Zweigniederlassung durch die Gesellschaft (§ 13 e Abs. 2 Satz 1 HGB).

   2. Firma der Zweigniederlassung (§ 13 d Abs. 2 HGB).[1323]

   3. Anschrift der Zweigniederlassung (§ 13 e Abs. 2 Satz 3 HGB).[1324]

   4. Gegenstand der Zweigniederlassung (§ 13 e Abs. 2 Satz 3 HGB).

   5. Angaben über Gesellschaft:

     a) Firma der Gesellschaft (vorbehaltlich notwendiger Abweichungen aufgrund des ausländischen Rechts der Gesellschaft, § 13 f Abs. 2 Satz 3 HGB, 23 Abs. 3 Nr. 1 AktG).

     b) Rechtsform der Gesellschaft – in ausländischer Sprache (§ 13 e Abs. 2 Satz 4 Nr. 2 HGB).

     c) Angabe des Heimatrechts der Gesellschaft (sofern keine Gesellschaft aus der EU oder einem EWR Mitgliedstaat, § 13 e Abs. 2 Satz 4 Nr. 4 HGB).

     d) Sitz der Gesellschaft (vorbehaltlich notwendiger Abweichungen aufgrund des ausländischen Rechts der Gesellschaft, §§ 13 f Abs. 2 Satz 3 HGB, § 23 Abs. 3 Nr. 1 AktG).

     e) Register, Registernummer der Gesellschaft, sofern möglich (§ 13 e Abs. 2 Satz 4 Nr. 1 HGB).

     f) Gegenstand des Unternehmens der Gesellschaft (vorbehaltlich notwendiger Abweichungen aufgrund des ausländischen Rechts der Gesellschaft, §§ 13 f Abs. 2 Satz 3 HGB, 23 Abs. 3 Nr. 2 AktG).

     g) [Tag der Feststellung der „Satzung" der Gesellschaft]. *Anmerkung: Dieser Tag ist gemäß §§ 13 f Abs. 3 HGB, 39 Abs. 1 AktG im Handelsregister einzutragen; es besteht aber keine gesetzliche Anmeldungsverpflichtung.*

[1323] Vgl. zur Firma einer Zweigniederlassung Rn. 554 f.
[1324] Erforderlich ist Angabe der exakten Adresse, nicht nur Postfach; vgl. § 24 HRV.

h) [Bestimmung der Satzung über die Dauer der Gesellschaft]. *Anmerkung: Diese Bestimmung ist gemäß §§ 13f Abs. 3 HGB, 39 Abs. 1 AktG im Handelsregister einzutragen; es besteht aber keine gesetzliche Anmeldungsverpflichtung.*

i) Höhe des Grundkapitals der Gesellschaft (vorbehaltlich notwendiger Abweichungen aufgrund des ausländischen Rechts der Gesellschaft, §§ 13f Abs. 2 Satz 3 HGB, 23 Abs. 3 Nr. 3 AktG).

j) Die Zerlegung des Grundkapitals entweder in Nennbetragsaktien oder in Stückaktien, bei Nennbetragsaktien deren Nennbeträge und die Zahl der Aktien jeden Nennbetrags, bei Stückaktien deren Zahl; wenn mehrere Gattungen bestehen, die Gattung der Aktien und die Zahl der Aktien jeder Gattung (vorbehaltlich notwendiger Abweichungen aufgrund des ausländischen Rechts der Gesellschaft, §§ 13f Abs. 2 Satz 3 HGB, 23 Abs. 3 Nr. 4 AktG).

k) [Bestimmungen der Satzung über das Genehmigte Kapital der Gesellschaft.] *Anmerkung: Diese Bestimmungen sind gemäß §§ 13f Abs. 3 HGB, 39 Abs. 2 AktG im Handelsregister einzutragen; es besteht aber keine gesetzliche Anmeldungsverpflichtung.*

l) Ob die Aktien auf den Inhaber oder auf den Namen ausgestellt sind (vorbehaltlich notwendiger Abweichungen aufgrund des ausländischen Rechts der Gesellschaft, §§ 13f Abs. 2 Satz 3 HGB, 23 Abs. 3 Nr. 5 AktG).

m) Kann Aktionär (aufgrund der Satzung) verlangen, dass seine Inhaberaktie in eine Namensaktie oder seine Namensaktie in eine Inhaberaktie umzuwandeln ist? (vorbehaltlich notwendiger Abweichungen aufgrund des ausländischen Rechts der Gesellschaft, §§ 13f Abs. 2 Satz 3 HGB, 24 AktG).

n) Abstrakte Angaben über den „Vorstand": Zahl der Mitglieder des „Vorstands" oder die Regeln nach denen diese Zahl festgelegt wird (vorbehaltlich notwendiger Abweichungen aufgrund des ausländischen Rechts der Gesellschaft, §§ 13f Abs. 2 Satz 3 HGB, 23 Abs. 3 Nr. 6 AktG); Bestimmungen der Satzung über die Zusammensetzung des „Vorstands" (vorbehaltlich notwendiger Abweichungen aufgrund des ausländischen Rechts der Gesellschaft, § 13f Abs. 2 Satz 3 HGB).

o) (Abstrakte) Angabe der Vertretungsbefugnis der „Vorstandsmitglieder" der Gesellschaft (§§ 13f Abs. 2 Satz 2 HGB, 37 Abs. 3 AktG).

p) Angabe aller gegenwärtigen „Vorstandsmitglieder" mit Vornamen, Familiennamen, Geburtsdatum und Wohnort.

q) Bestimmungen über die Form der Bekanntmachungen der Gesellschaft (vorbehaltlich notwendiger Abweichungen aufgrund des ausländischen Rechts der Gesellschaft, §§ 13f Abs. 2 Satz 3 HGB, 23 Abs. 4 AktG).

r) In welchen Blättern sollen die Bekanntmachungen der Gesellschaft erfolgen? (vorbehaltlich notwendiger Abweichungen aufgrund des ausländischen Rechts der Gesellschaft, §§ 13f Abs. 2 Satz 3 HGB, 25 Satz 2 AktG).

s) Angaben nach § 40 Abs. 1 Nr. 1, 2 und 3 AktG mit Ausnahme des Berufs der Gründer – sofern die Anmeldung innerhalb von zwei Jahren nach der Eintragung der Gesellschaft in das Handelsregister ihres Sitzes erfolgt („Nachgründungsvorschriften") (vorbehaltlich notwendiger Abweichungen aufgrund des ausländischen Rechts der Gesellschaft, § 13f Abs. 2 Satz 3 HGB).

6. Angabe aller ständigen Vertreter der Gesellschaft (Prokuristen, Handlungsbevollmächtigte) im Hinblick auf die Tätigkeit der Zweigniederlassung – mit Vornamen, Familiennamen, Geburtsdatum und Wohnort[1325] unter Angabe der Befugnisse (§ 13e Abs. 2 Satz 4 Nr. 3 HGB).[1326]

[1325] § 43 Nr. 6 lit. o) HRV.

[1326] Sofern den Handlungsbevollmächtigten eine ständige Prozessführungsbefugnis und eine generelle Vertretungsmacht eingeräumt worden ist; vgl. Ebenroth/Boujong/Joost/*Pentz,* HGB § 13e Rn. 75 zur Befreiung vom Selbstkontrahierungsverbot vgl. oben Rn. 640.

7. Zeichnung von Unterschriften durch alle „Vorstandsmitglieder" (§§ 13 f Abs. 2 Satz 2 HGB, 37 Abs. 5 AktG); in öffentlich beglaubigter Form (§ 12 Abs. 1 HGB).

8. Zeichnung von Unterschriften durch alle ständigen Vertreter der Gesellschaft (Prokuristen, Handlungsbevollmächtigte) im Hinblick auf die Tätigkeit der Zweigniederlassung; in öffentlich beglaubigter Form (§ 12 Abs. 1 HGB).

VIII. Form der einzureichenden Unterlagen: Original (Urschrift oder Ausfertigung) oder öffentlich beglaubigte Abschrift (§§ 13 f Abs. 2 Satz 2 HGB, § 37 Abs. 6 AktG). Beglaubigungen im Ausland sind ausreichend (in der Regel ist Legalisierung erforderlich).

3. Ausländer als Organmitglieder ausländischer Gesellschaften

Unter welchen Voraussetzungen ein ausländischer Staatsbürger zum Geschäftsführer **651** einer deutschen GmbH oder zum Vorstand einer deutschen AG bestellt werden kann, ist umstritten. Die veröffentlichten Gerichtsentscheidungen und der Großteil der Stellungnahmen in der Literatur betrifft GmbH-Geschäftsführer. Für Vorstandsmitglieder einer AG gilt jedoch unstreitig Entsprechendes.[1327] Im Folgenden wird daher nicht unterschieden. Es stellen sich im Wesentlichen zwei Fragen: Erstens ob die ausländische Staatsangehörigkeit einer wirksamen Bestellung entgegensteht und zweitens ob ein ausländischer Wohnsitz einer wirksamen Bestellung entgegensteht.

a) Ausländische Staatsangehörigkeit

Sowohl im AktG als auch im GmbHG[1328] fehlt jeder Anhaltspunkt, die deutsche Staats- **652** angehörigkeit zur persönlichen Voraussetzung einer Geschäftsführerbestellung zu machen. Es besteht daher Einigkeit, dass die deutsche Staatsangehörigkeit nicht Voraussetzung für eine Bestellung zum Geschäftsführer einer deutschen GmbH ist.[1329] Auch in einer mehrköpfigen Geschäftsführung braucht kein einziges Mitglied die deutsche Staatsangehörigkeit zu besitzen. Entsprechende Satzungsregeln sind aber grundsätzlich möglich.[1330]

Gegenüber EU- und EWR-Angehörigen würde eine gesetzliche Beschränkung auch **653** gegen die Niederlassungs- und Dienstleistungsfreiheit aus dem EG-Vertrag verstoßen.[1331] Art. 43 EG erwähnt die Leitung von Unternehmen ausdrücklich.

b) Wohnsitz

Ebenso wenig wie an die Staatsangehörigkeit stellen AktG und GmbHG Anforderun- **654** gen an Wohnsitz oder gewöhnlichen Aufenthalt.[1332] Im Grundsatz spricht daher nichts dagegen, die Geschäfte der Gesellschaft vom Ausland aus durch einen ausländischen Geschäftsführer führen zu lassen. Die gesetzlichen Verpflichtungen eines Geschäftsführers wie etwa die Sorge um die Buchführung (§ 41 GmbHG), die Insolvenzantragspflicht (§ 64

[1327] Vgl. *Hüffer*, AktG, § 76 Rn. 25; *Erdmann*, NZG 2002, 503, die ebenfalls nicht differenzieren.

[1328] Soweit im Folgenden nicht ausdrücklich zwischen Geschäftsführern und Vorständen differenziert wird, ist jeweils auch der Vorstand einer AG gemeint.

[1329] OLG Frankfurt a. M. NJW 1977, 1595; LG Braunschweig DB 1983, 706; *Miller*, DB 1983, 978; *Hommelhoff/Kleindiek* in Lutter/Hommelhoff, GmbHG, § 6 Rn. 14; *Erdmann*, NZG 2002, 503 f.; *Hüffer*, AktG, § 76 Rn. 25.

[1330] *Scholz/Schneider*, GmbHG, § 6 Rn. 24, *Erdmann*, NZG 2002, 503, 504; *Hüffer*, AktG, § 76 Rn. 26.

[1331] Vgl. *Triebel/von Hase*, BB 2003, 2409, 2410.

[1332] OLG Köln GmbHR 1999, 182, 183; OLG Hamm GmbHR 1999, 1089, 1090; OLG Dresden NZG 2003, 628 f.; *Hommelhoff/Kleindiek* in Lutter/Hommelhoff, GmbHG, § 6 Rn. 14; *Erdmann*, NZG 2002, 503, 506; *Hüffer*, AktG, § 76 Rn. 25. Auch deutsche Sprachkenntnisse sind im Übrigen keine notwendige Bedingung der Bestellung, vgl. *Hommelhoff/Kleindiek* in Lutter/Hommelhoff, GmbHG, § 6 Rn. 14.

GmbHG), die Steuererklärungspflichten sowie andere Auskunftspflichten gegenüber verschiedenen Behörden, veranlasst allerdings einen Teil der registerrechtlichen Praxis, die Geschäftsführerbestellung von der jederzeitigen Einreisemöglichkeit abhängig zu machen.[1333] Zur Erfüllung dieser Pflichten sei es erforderlich, dass der Geschäftsführer jederzeit seinen Betrieb aufsuchen könne und unmittelbar Einsicht in Bücher und Schriften der Gesellschaft nehme. Die Geschäftsführerbestellung einer Person, die diese Voraussetzungen nicht erfüllt, wird als unwirksam angesehen; bei späterem Wegfall der Voraussetzungen soll die Organstellung erlöschen.[1334]

655   Diese Ansicht schränkt die Amtsfähigkeit von EU-Ausländern nicht ein.[1335] Auch Angehörige aus Nicht-EU-Staaten, die nach deutschem Ausländerrecht für Aufenthalte bis zu drei Monaten keiner Visumpflicht unterliegen, sollen ohne weiteres zu Geschäftsführern bestellt werden können.[1336]

656   Trotzdem ist das Erfordernis der jederzeitigen Einreisemöglichkeit mit einer sowohl in der registerrechtlichen Praxis als auch im Schrifttum im Vordringen befindlichen Auffassung aufzugeben.[1337] Zum einen ist es mittels moderner Kommunikationsmittel und der Delegation von Leitungsaufgaben jederzeit möglich Geschäftsführeraufgaben vom Ausland aus wahrzunehmen ohne gesetzliche Pflichten zu vernachlässigen.[1338] Zum anderen überdehnen die Registergerichte mit einer solchen „ausländerpolizeirechtlichen" Prüfung ihr Prüfungsrecht. Die Registergerichte können die Eintragung – die ja ohnehin nur deklaratorischer Natur ist – nur von im AktG und GmbHG vorausgesetzten Versicherungen und öffentlich-rechtlichen Genehmigungsnachweisen abhängig machen.[1339]

657   Folgt man dieser Ansicht ist allerdings zu beachten, dass mit einer mehr oder weniger ausschließlich im Ausland stattfindenden Geschäftsführer-Tätigkeit möglicherweise eine tatsächliche Verlegung des Verwaltungssitzes ins Ausland verbunden ist,[1340] die nach einem Teil des Schrifttums und der Rechtsprechung zwingend die Auflösung der Gesellschaft zur Folge hätte.[1341] Nach der hier[1342] vertretenen Auffassung ist dies aus Sicht des deutschen Sachrechts allerdings solange unproblematisch wie der inländische Satzungssitz nach § 4a GmbHG oder § 5 AktG gerechtfertigt ist.

XXIII. Formfragen, Beurkundungen, Beglaubigungen

658   Formfragen sollten in der Praxis stets sehr sorgfältig geprüft und damit verbundene Risiken vermieden werden. Nach deutschem Sachrecht bedürfen zahlreiche gesellschaftsrechtliche Akte der notariellen Beurkundung oder der notariellen Beglaubigung. Notarielle Beurkundung ist insbesondere notwendig für die Feststellung und Änderung des Gesellschaftsvertrags (§ 23 AktG, §§ 2, 53 Abs. 2 Satz 1 GmbHG), für Hauptversammlungsbeschlüsse börsennotierter Aktiengesellschaften (§ 130 Abs. 1 Satz 1 AktG), für den

---

[1333] OLG Zweibrücken NZG 2001, 857; OLG Hamm GmbHR 1999, 1089; OLG Köln GmbHR 1999, 182; OLG Köln GmbHR 2001, 923, 925. Zustimmend Scholz/*Schneider*, GmbHG, § 6 Rn. 18a.

[1334] Die Eintragung kann von Amts wegen gelöscht werden, OLG Zweibrücken NZG 2001, 857.

[1335] Vgl. Scholz/*Schneider*, GmbHG, § 6 Rn. 18a.

[1336] OLG Frankfurt a.M. NZG 2001, 757.

[1337] Vgl. OLG Dresden NZG 2003, 628, 629 (= GmbHR 2003, 537, 538); *Hommelhoff/Kleindiek* in Lutter/Hommelhoff, GmbHG, § 6 Rn. 14a; *Erdmann*, NZG 2002, 503, 506f.; *Wachter*, MittBayNot 1999, 534ff.; *Wachter*, GmbHR 2003, 538ff.; *Hueck/Fastrich* in Baumbach/Hueck, GmbHG, § 6 Rn. 9.

[1338] Ausführlich *Erdmann*, NZG 2002, 503, 506f.

[1339] *Erdmann*, NZG 2002, 503, 506.

[1340] Hierauf weist *Erdmann*, NZG 2002, 503, 507 zurecht hin.

[1341] Vgl. oben Rn. 449 sowie *Wachter*, GmbHR 2003, 538, 542.

[1342] Vgl. oben Rn. 451.

Beschluss über die Erhöhung des Stammkapitals nach § 58 f Abs. 1 Satz 3 GmbHG, für die Bestellung von Aufsichtsrat, Vorstand und Abschlussprüfer (§ 30 Abs. 1 Satz 2 AktG), für umwandlungsrechtliche Maßnahmen (§§ 6, 13, 125, 193 Abs. 3 Satz 1 UmwG) sowie für die Abtretung von GmbH-Geschäftsanteilen und die Vereinbarung entsprechender Verpflichtungen (§ 15 Abs. 3 Abs. 4 GmbHG). Der notariellen Beglaubigung bedürfen insbesondere die Vollmacht zum Abschluss eines GmbH-Gesellschaftsvertrags (§ 2 Abs. 2 GmbHG) und die Übernahme neuer Stammeinlagen (§ 55 Abs. 1 GmbHG). Darüber hinaus verlangt das Gesetz für etliche Vorgänge die Form der öffentlichen Beglaubigung, insbesondere für Handelsregisteranmeldungen und Vollmachten hierzu (§ 12 HGB) sowie für die Eintragungsbewilligung zum Grundbuch (§ 29 GBO).

Bei grenzüberschreitenden Sachverhalten stellt sich die Frage, ob die deutschen Form- **659** vorschriften zur Anwendung kommen. Ist dies der Fall und sollen die Beglaubigungen oder Beurkundungen im Ausland stattfinden, ist fraglich, ob und unter welchen Voraussetzungen dies möglich ist. Entsprechendes gilt für die umgekehrte Situation, d. h. wenn Vorgänge hinsichtlich einer ausländischen Gesellschaft, die nach dem maßgeblichen Gesellschaftsstatut einer besonderen Form bedürfen, im Inland vorgenommen werden sollen.

1. Anwendbarkeit von Art. 11 EGBGB

Die für Formfragen maßgebliche Kollisionsnorm des IPR enthält Art. 11 Abs. 1 **660** EGBGB, der bestimmt, dass ein Rechtsgeschäft formgültig ist, „wenn es die Formerfordernisse des Rechts, das auf das seinen Gegenstand bildende Rechtsverhältnis anzuwenden ist, oder des Rechts des Staates erfüllt, in dem es vorgenommen wird". Nach dieser Vorschrift wäre ausreichend, wenn das Rechtsgeschäft entweder die Formerfordernisse des Geschäftsrechts[1343] oder die Formerfordernisse des Ortsrechts erfüllt (Günstigkeitsprinzip).[1344] Die Wahl eines bestimmten Ortes, um Notargebühren zu sparen, stellt nach herrschender Meinung keine unzulässige Gesetzesumgehung dar.[1345]

Ob und auf welche gesellschaftsrechtlichen Sachverhalte Art. 11 Abs. 1 EGBGB An- **661** wendung findet, ist umstritten und noch nicht höchstrichterlich geklärt. Ein Teil der Literatur und Rechtsprechung hält die Einhaltung der Form des Geschäftsrechts oder der Form des Ortsrechts bei allen gesellschaftsrechtlichen Vorgängen für ausreichend, sofern das Ortsrecht für den betreffenden Rechtsakt überhaupt eine Form bereithält.[1346]

Ein anderer Teil der Literatur und einige Gerichte halten dagegen bei allen gesell- **662** schaftsrechtlichen Vorgängen die Einhaltung der Formvorschriften des Gesellschaftsstatuts für erforderlich.[1347]

Wortlaut und Systematik sprechen zwar dafür, Art. 11 Abs. 1 EGBGB ohne Einschrän- **663** kung auch auf gesellschaftsrechtliche Vorgänge anzuwenden. In der Praxis sollte jedoch in

[1343] So genanntes „Wirkungsstatut"; vgl. für viele Palandt/*Heldrich,* EGBGB 11 Rn. 2.

[1344] Erman/*Hohloch,* EGBGB 11 Rn. 10; *Merkt,* Internationaler Unternehmenskauf, Rn. 402.

[1345] Staudinger/*Großfeld* (1998) IntGesR Rn. 506; Palandt/*Heldrich,* EGBGB 11 Rn. 16; *Merkt,* Internationaler Unternehmenskauf, Rn. 425 f.; *Janßen/Roberts,* GmbHR 2003, 433, 434; Erman/*Hohloch,* EGBGB 11 Rn. 25 mit einer Einschränkung für krasse Einzelfälle der Arglist; a. A. Keidel/*Winkler,* Beurkundungsgesetz, Einl. Rn. 80.

[1346] Vgl. OLG München RIW 1998, 147; OLG Stuttgart NJW 1981, 1176; OLG Frankfurt a. M. DB 1981, 1456; BayObLG NJW 1978, 500; Palandt/*Heldrich,* EGBGB 11 Rn. 13; MünchKomm BGB/*Spellenberg,* EGBGB 11 Rn. 93 b; auch nach einem obiter dictum des BGH (BGHZ 80, 76, 78) „spricht viel für die Richtigkeit der Ansicht …, Art. 11 Abs. 1 Satz 2 EGBGB [heute Art. 11 Abs. 1 EGBGB] gelte generell, also auch für gesellschaftsrechtliche Vorgänge".

[1347] Vgl. OLG Hamburg ZIP 1993, 921; OLG Karlsruhe RIW 1979, 567, 568; OLG Hamm NJW 1974, 1057; LG Augsburg GmbHR 1996, 941; AG Köln GmbHR 1990, 171; AG Fürth GmbHR 1991, 24; Staudinger/*Großfeld* (1998) IntGesR Rn. 467 ff.; *Winkler,* NJW 1972, 981, 982 ff.; *Großfeld/Berndt,* RIW 1996, 625, 630; *Geimer,* DNotZ 1981, 406, 408; *Schervier,* NJW 1992, 593, 598; weitere Nachweise bei MünchKommBGB/*Kindler,* IntGesR Rn. 421.

Übereinstimmung mit der vorläufigen Auffassung des BGH,[1348] der Auffassung einiger Instantzgerichte[1349] und der wohl h. M. in der Literatur[1350] davon ausgegangen werden, dass für Rechtsgeschäfte, die sich unmittelbar auf die Verfassung der Gesellschaft beziehen, die Einhaltung der Ortsform nicht genügt. Die Form des Gesellschaftsstatuts sollte daher bei Gründung, Satzungsänderung und Umwandlung der Gesellschaft sowie bei Abschluss von Unternehmensverträgen stets eingehalten werden. Bei Rechtsgeschäften, die sich nicht unmittelbar auf die Verfassung der Gesellschaft beziehen, genügt dagegen grundsätzlich die Einhaltung der Form des Geschäfts- oder des Ortsrechts.

664   Für den Fall, dass die Form des Ortsrechts genügt, muss das Ortsrecht den betreffenden Vorgang auch regeln. Ausreichend ist, wenn das Ortsrecht eine dem deutschen Recht vergleichbare Gesellschaftsform und ein vergleichbares Geschäft kennt. Es genügt die Übereinstimmung in wesentlichen geschäftstypischen Merkmalen.[1351] Ist dies nicht der Fall, geht die Alternative der Form des Ortsrechts in die Leere (so genannte „Formenleere").[1352] Dieser Fall kommt häufiger vor als man dies vielleicht zunächst vermutet. So ist zum Beispiel die Übertragung von Gesellschaftsanteilen vieler ausländischer Gesellschaften mit der Abtretung von Geschäftsanteilen an einer deutschen GmbH nicht vergleichbar: Überall dort, wo ein Land nur eine Form der Kapitalgesellschaft kennt, ist diese prima facie eher mit der deutschen Aktiengesellschaft und nicht mit der deutschen GmbH vergleichbar. Ein wesentliches Indiz ist in diesem Zusammenhang die Art und Weise der Anteilsübertragung. Mit § 15 Abs. 3 und 4 GmbHG wollte der Gesetzgeber sicherstellen, dass GmbH-Anteile nicht frei gehandelt werden.[1353] Die formfreie Übertragbarkeit der Gesellschaftsanteile ist demgegenüber Strukturmerkmal der AG.

2. Zuständigkeit deutscher Notare und Behörden für Beurkundungen und Beglaubigungen im In- und Ausland

665   Die internationale Zuständigkeit der deutschen Notare folgt aus ihrer örtlichen Zuständigkeit gemäß § 2 BeurkG, § 11 BNotO.[1354] Die Hoheitsbefugnisse eines deutschen Notars sind auf das deutsche Staatsgebiet beschränkt (völkerrechtlicher Territorialitätsgrundsatz).[1355] Urkundsakte, die ein deutscher Notar außerhalb des deutschen Hoheitsgebietes vornimmt, sind unwirksam.[1356] Deutsche Hoheitsbefugnisse bestehen auch für deutsche Schiffe, die sich nicht im Hoheitsgebiet eines anderen Staates befinden sowie für deutsche Flugzeuge im Luftraum. Insoweit ist jeder deutsche Notar für Beurkundungen zuständig.[1357] Demgegenüber gehören diplomatische Vertretungen zum Gebiet des Empfangs-

---

[1348] Vgl. BGH NZG 2005, 41, 42: Bei einer „schuldrechtlichen Vereinbarung, auf Verlangen Geschäftsanteile an einer ausländischen Gesellschaft übertragen zu müssen, geht es nicht um Fragen der inneren Verfassung der Gesellschaft, so dass die Anwendbarkeit von Art. 11 EGBGB nach Auffassung des Senats nahe liegt."

[1349] Vgl. LG Mannheim IPRspr. 1999 Nr. 23, S. 55.

[1350] Vgl. MünchKommBGB/*Kindler*, IntGesR Rn. 422 m. w. N.; *Menke,* BB 2004, 1807, 1809; *Limmer* in Eylmann/Vaasen, Bundesnotarordnung/Beurkundungsgesetz, § 2 BeurkG Rn. 15; *Goette,* FS Boujong, 131, 143; *ders., *DStR 1996, 709, 713; *Röhricht* in Großkomm AktG, § 23 Rn. 47 ff.; *Kröll,* ZGR 2000, 111, 114 ff.

[1351] Staudinger/*Großfeld* (1998) IntGesR Rn. 454; *Soehring,* WUB II C § 53 GmbHG 1.89.

[1352] Vgl. RGZ 160, 225, 229; Staudinger/*Großfeld* (1998) IntGesR Rn. 454.

[1353] Vgl. MünchKommBGB/*Kindler*, IntGesR Rn. 423.

[1354] Vgl. *Schütze,* DNotZ 1992, 66, 69.

[1355] *Limmer* in Eylmann/Vaasen, Bundesnotarordnung/Beurkundungsgesetz, § 2 BeurkG Rn. 8.

[1356] Allgemeine Meinung: BGHZ 138, 359; Keidel/*Winkler,* Beurkundungsgesetz, Einl. Rn. 40; *Limmer* in Eylmann/Vaasen, Bundesnotarordnung/Beurkundungsgesetz, § 2 BeurkG Rn. 8; *Saenger,* JZ 1999, 103.

[1357] Keidel/*Winkler,* Beurkundungsgesetz, Einl. Rn. 43, 44; *Limmer* in Eylmann/Vaasen, Bundesnotarordnung/Beurkundungsgesetz, § 2 BeurkG Rn. 22.

staates, so dass ein deutscher Notar keine wirksamen Beurkundungen in deutschen Vertretungen im Ausland vornehmen kann.[1358]

Soweit nach deutschem Recht eine Beurkundung oder Beglaubigung erforderlich ist, **666** genügt auch die Beurkundung oder Beglaubigung durch einen deutschen Konsul im Ausland (§ 10 Abs. 2 KonsG).[1359] Allerdings besteht grundsätzlich kein Anspruch auf Beurkundung durch einen Konsularbeamten. Der Konsularbeamte entscheidet über ein Beurkundungsbegehren nach pflichtgemäßem Ermessen im Rahmen seiner Kapazität.[1360]

3. Einhaltung deutscher Formvorschriften durch ausländische Notare

Ist nach Kollisionsrecht deutsches Recht für die Formwirksamkeit anzuwenden, stellt **667** sich die Frage, ob die Inlandsform (notarielle Beurkundung oder Beglaubigung) auch durch einen ausländischen Notar erfüllt werden kann (Substitution).[1361] Voraussetzung für eine Substitution ist, dass die Beurkundung oder Beglaubigung im Ausland der deutschen Form gleichwertig ist.[1362] Die Gleichwertigkeit setzt voraus, dass sowohl die Urkundsperson als auch der Beurkundungsvorgang im Großen und Ganzen im Hinblick auf den Zweck der Form als gleichwertig anzusehen sind.[1363]

Soweit deutsches Recht eine Beglaubigung zur Sicherung der Identität von Personen **668** oder Dokumenten fordert, wird die funktionale Gleichwertigkeit in Literatur und Rechtsprechung nicht in Zweifel gezogen.[1364]

Fraglich ist dagegen, unter welchen Voraussetzungen die Gleichwertigkeit einer auslän- **669** dischen Beurkundung gegeben ist. Die persönliche Gleichwertigkeit der Beurkundungsperson ist nach herrschender Meinung gegeben, wenn der ausländische Notar nach Vorbildung und Aufgabenstellung einen Rang wie ein inländischer Notar hat und vergleichbaren disziplinären und haftungsrechtlichen Bindungen unterliegt.[1365] Ein *Notary* bzw. *Notary Public* aus dem US-amerikanischen Rechtskreis erfüllt diese persönlichen Voraussetzungen nicht. Die Gleichwertigkeit des Beurkundungsvorgangs setzt voraus, dass der ausländische Notar ein Verfahren beachtet, das den tragenden Grundsätzen des deutschen Beurkundungsrechts entspricht.[1366] Demgegenüber ist nicht maßgeblich, ob der ausländische Notar die Vorschriften seines Amtsrechts eingehalten hat – es geht nicht um die Einhaltung der Ortsform.[1367] Die Anforderungen, die sich im Einzelnen daraus ergeben, insbesondere im Hinblick auf das jeweils zu beurkundende Rechtsgeschäft, sind in erheblichem Umfang unklar. Dementsprechend ist auch in erheblichem Umfang unklar, bei welchen ausländischen Notaren und im Hinblick auf welche Rechtsgeschäfte die erforderliche Gleichwertigkeit gegeben ist. In der Literatur werden teilweise pauschal Notare aus dem lateinischen Rechtskreis, schweizerische Notare, österreichische Notare, niederländische Notare und teilweise selbst englische Notare als gleichwertig bezeichnet.[1368] Da

---

[1358] Keidel/*Winkler,* Beurkundungsgesetz, Einl. Rn. 42.

[1359] Vgl. zu den völkerrechtlichen Grundlagen Keidel/*Winkler,* Beurkundungsgesetz, Einl. Rn. 94–98; *Geimer,* DNotZ 1978, 3, 6–8; zu den Unterschieden bei Beurkundungen durch einen Konsularbeamten im Vergleich zum deutschen Notar siehe *Limmer* in Eylmann/Vaasen, Bundesnotarordnung/Beurkundungsgesetz, § 1 BeurkG Rn. 18; *Bindseil,* DNotZ 1993, 5, 14 ff.

[1360] *Bindseil,* DNotZ 1993, 5, 14; *Biehler,* NJW 2000, 1243, 1245.

[1361] Vgl. *Goette,* FS Boujong, 131, 139, *Merkt,* Internationaler Unternehmenskauf, Rn. 428; Keidel/*Winkler,* Beurkundungsgesetz, Einl. Rn. 50 ff.

[1362] Vgl. für viele *Reithmann* in Reithmann/Martiny, Intern. Vertragsrecht Rn. 576.

[1363] OLG München RIW 1998, 147; BGHZ 80, 76, 78; Erman/*Hohloch,* EGBGB 11 Rn. 20; vgl. auch *Kröll,* ZGR 2000, 111, 126 ff.

[1364] Vgl. OLG Naumburg IPRspr. 2001 Nr. 20, S. 51 f.; *Reithmann,* NJW 2003, 385, 386; *Reithmann* in Reithmann/Martiny, Intern. Vertragsrecht Rn. 593.

[1365] Vgl. Staudinger/*Großfeld* (1998) IntGesR Rn. 472 m. w. N.

[1366] BGHZ 80, 76.

[1367] Erman/*Hohloch,* EGBGB 11 Rn. 21.

[1368] Vgl. Staudinger/*Großfeld* (1998) IntGesR Rn. 474 m. w. N.

für die Gleichwertigkeit auch das zu beurkundende Rechtsgeschäft maßgeblich ist, kann eine solche pauschale Aussage für keines der genannten Länder getroffen werden. Außerdem ist darauf hinzuweisen, dass mit jeder Auslandsbeurkundung ein nicht unerhebliches Risiko der Formunwirksamkeit verbunden ist, sofern die höchstrichterliche Rechtsprechung nicht klar entschieden hat, dass die Beurkundung eines solchen Rechtsgeschäftes durch einen Notar des entsprechenden ausländischen Staates wirksam ist. Diese für die Praxis wichtige Rechtssicherheit besteht nur in wenigen Fällen.[1369]

4. Einzelne Sachverhalte und praktische Aspekte

a) Rechtsgeschäfte mit unmittelbarem Bezug zur Gesellschaftsverfassung

670 Es besteht erhebliche Rechtsunsicherheit, ob Auslandsbeurkundungen, die sich auf Rechtsgeschäfte mit unmittelbarem Bezug zur Gesellschaftsverfassung beziehen, zulässig sind.[1370] Zu diesen statusrelevanten Geschäften gehören die Gründung, Satzungsänderung, Kapitalerhöhung, Spaltung, Verschmelzung und die formwechselnde Umwandlung einer Gesellschaft.[1371] Der Bundesgerichtshof hat 1981 die Beurkundung einer Satzungsänderung durch einen Züricher Notar für zulässig erachtet.[1372] Einige Obergerichte und Teile der Literatur sind dem gefolgt.[1373] So hat z.B. das LG Kiel entschieden, dass ein Vertrag zur Verschmelzung von Genossenschaften durch einen österreichischen Notar beurkundet werden kann.[1374] Die herrschende Meinung in der Literatur und einige Gerichte sind dagegen der Auffassung, dass für alle statusrelevanten Geschäfte des Gesellschaftsrechts die Form einzuhalten ist, die das Gesellschaftsstatut fordert,[1375] und eine Auslandsbeurkundung nicht gleichwertig mit einer Beurkundung in Deutschland ist.[1376] Da die Rechtslage ungeklärt ist, sollten derartige Beurkundungen im Ausland, auch in der Schweiz, wegen der damit verbundenen Risiken vermieden werden.

b) Verkauf und Abtretung von GmbH-Geschäftsanteilen

671 Für den Kauf und die Übertragung von Geschäftsanteilen an einer deutschen GmbH schreiben die § 15 Abs. 3 und 4 GmbHG die notarielle Beurkundung vor. Bei der Frage, ob diese Form bei grenzüberschreitenden Sachverhalten einzuhalten ist, ist zwischen dem Verpflichtungsgeschäft und dem Verfügungsgeschäft zu differenzieren.

672 Die Parteien haben das Recht, das auf den schuldrechtlichen Kaufvertrag anwendbare Recht zu wählen (Art. 27 EGBGB).[1377] Tun sie dies nicht, unterliegt der Kaufvertrag gemäß Art. 28 EGBGB im Regelfall entweder dem Gesellschaftsstatut der Zielgesellschaft[1378] oder dem Recht des Staates, in dem der veräußernde Rechtsträger seine Hauptverwaltung hat.[1379] Für die Abtretung der Geschäftsanteile ist dagegen zwingend das Gesellschaftsstatut der Zielgesellschaft maßgeblich.[1380]

673 Nach überwiegender Auffassung findet Art. 11 Abs. 1 EGBGB sowohl auf den schuldrechtlichen Kaufvertrag als auch auf die Abtretung der Geschäftsanteile Anwendung. Für

---

[1369] Vgl. unten Rn. 670, 675; vgl. auch *Reichert/Weller,* DStR 2005, 250, 252 f.

[1370] Vgl. oben Rn. 661 ff.; *Brück,* DB 2004, 2409, 2412.

[1371] Vgl. *Brück,* DB 2004, 2409, 2411.

[1372] BGHZ 80, 76, 78.

[1373] Nachweise bei Staudinger/*Großfeld* (1998) IntGesR Rn. 461.

[1374] LG Kiel BB 1998, 120 f.

[1375] Vgl. oben Rn. 662 f.

[1376] Vgl. *Goette,* FS Boujong, 131, 142.

[1377] Vgl. für viele *Merkt,* Internationaler Unternehmenskauf, Rn. 403; Palandt/*Heldrich,* EGBGB 28 Rn. 8; vgl. auch oben Rn. 322; auch eine Teilrechtswahl für die Form des Verpflichtungsgeschäft soll möglich sein, vgl. *Merkt,* Internationaler Unternehmenskauf, Rn. 403.

[1378] Vgl. Palandt/*Heldrich,* EGBGB 28 Rn. 8.

[1379] Vgl. MünchKommBGB/*Martiny,* EGBGB 28 Rn. 117; *Merkt,* RIW 1995, 533; *Dürig,* RIW 1999, 746, 749.

[1380] Vgl. oben Rn. 321.

den Kaufvertrag genügt demnach alternativ die Einhaltung der Form des gewählten Geschäftsrechts oder der Form des Ortsrechts (sofern das Ortsrecht für den Verkauf von Gesellschaftsanteilen an einer mit der deutschen GmbH vergleichbaren Gesellschaft überhaupt eine Form bereithält). Für die Abtretung genügt alternativ die Einhaltung der Form des § 15 Abs. 3 GmbHG oder der Form des Ortsrechts (sofern das Ortsrecht für die Abtretung von Gesellschaftsanteilen an einer mit der deutschen GmbH vergleichbaren Gesellschaft überhaupt eine Form bereithält).[1381]

Ein Teil der Literatur ist der Auffassung, § 15 Abs. 3 GmbHG sei ein wesentliches **674** Strukturelement der GmbH. Die Form der Übertragung von Gesellschaftsanteilen an einer deutschen GmbH sei damit verbindlich und unabhängig vom Ort der Vornahme des Geschäfts durch das Gesellschaftsstatut geregelt.[1382] Einige Autoren sind der Auffassung, dies gelte auch für das Verpflichtungsgeschäft, § 15 Abs. 4 GmbHG.[1383] Die vom deutschen Recht vorgegebene Form sei daher sowohl bei Verpflichtungsgeschäften als auch bei der Abtretung der Geschäftsanteile zwingend einzuhalten.

Zumindest auf der Grundlage der genannten Mindermeinung ist daher für die Form- **675** wirksamkeit des Verkaufs und/oder der Übertragung von GmbH-Geschäftsanteilen im Ausland maßgeblich, ob die Beurkundung im Ausland einer Beurkundung im Inland vergleichbar und daher den Anforderungen des deutschen Gesellschaftsstatuts genügt. Von der Rechtsprechung wurden Beurkundungen von GmbH-Anteilsübertragungen für gleichwertig erachtet, die durch Notare bestimmter Schweizer Kantone erfolgten.[1384] Dabei handelte es sich in neuerer Zeit um Notare in Basel/Stadt[1385] und Zürich Altstadt[1386] und in älteren Entscheidungen um Notare in Bern,[1387] Luzern[1388] sowie dem Schweizer Kanton Zug.[1389] Die Aussagekraft der älteren Entscheidungen ist jedoch gering, da diese ergingen, bevor der BGH in BGHZ 80, 76 die heute noch maßgeblichen Voraussetzungen für die Gleichwertigkeit einer Auslandsbeurkundung aufstellte.[1390]

Aus dieser Rechtslage ergibt sich für die Praxis folgende Empfehlung: Die rechtssichere **676** Übertragung von GmbH-Geschäftsanteilen setzt voraus, dass die Abtretung von einem deutschen Notar oder zumindest einem Notar in Basel oder Zürich Altstadt beurkundet wird. Die Vereinbarung von Verpflichtungsgeschäften nach ausländischem Recht in der

---

[1381] Zur schuldrechtlichen Vereinbarung vgl. BGH NZG 2005, 41, 42 f. (obiter dictum); vgl. im Übrigen OLG Frankfurt RIW/AWD 1981, 552 (= DB 1981, 1456 = DNotZ 1982, 186); viele Gerichtsentscheidungen lassen diese Frage aber letztlich offen, so z. B. OLG München RIW 1998, 147 und OLG Stuttgart DB 2000, 1218, 1219; aus der Literatur vgl. *Hueck/Fastrich* in Baumbach/Hueck, GmbHG, § 15 Rn. 22 m. w. N.; *Kröll,* ZGR 2000, 111, 123 f.; *Brück,* DB 2004, 2409, 2412; Palandt/*Heldrich,* EGBGB 11 Rn. 13 m. w. N.; *Merkt,* ZIP 1994, 1417, 1419; *Pfeiffer,* LMK 2005, 46 f.; weitere Nachweise bei Staudinger/*Großfeld* (1998) IntGesR Rn. 492 und 498 und bei MünchKommBGB/*Kindler,* IntGesR Rn. 423.

[1382] Vgl. MünchKommBGB/*Kindler,* IntGesR Rn. 423 m. w. N.; *Lutter/Bayer* in Lutter/Hommelhoff, GmbHG, § 15 Rn. 16; *Großfeld/Berndt,* RIW 1996, 625, 630; Staudinger/*Großfeld* (1998) IntGesR Rn. 492 ff.

[1383] So z. B. *Großfeld/Berndt,* RIW 1996, 625, 630; Staudinger/*Großfeld* (1998) IntGesR Rn. 498; wohl auch MünchKommBGB/*Kindler,* IntGesR Rn. 423, jeweils m. w. N.; a. A. (aus dem Kreis der Befürworter des zwingenden Charakters des § 15 Abs. 3 GmbHG) *Lutter/Bayer* in Lutter/Hommelhoff, GmbHG, § 15 Rn. 35.

[1384] Dies ergibt sich auch aus dem Urteil des BGH NJW-RR 2000, 273, welches allerdings den Schweizer Kanton der Beurkundung nicht nennt, vgl. *Werner,* EWiR 2000, 487.

[1385] OLG München RIW 1998, 147; OLG Frankfurt a. M. GmbH R 2005, 764 (Begründung einer Vereinbarungstreuhand); vgl. auch LG Nürnberg-Fürth NJW 1992, 633 (wirksame Beurkundung eines Verschmelzungsvertrags und einer GmbH-Gesellschafterversammlung).

[1386] BGH ZIP 1989, 1052, 1055.

[1387] OLG Hamburg IPR Rspr. 1979, Nr. 9.

[1388] LG Koblenz IPR Rspr. 1970 Nr. 144.

[1389] LG Stuttgart IPR Rspr. 1976 Nr. 5 a.

[1390] *Reichert/Weller,* DStR 2005, 250, 253.

nach diesem Recht maßgeblichen Form ist ein überschaubares Risiko, sofern die Abtretung der GmbH-Geschäftsanteile in Erfüllung dieser Verpflichtung nach deutschem Recht erfolgt und von einem deutschen Notar (bzw. einem Notar in Basel oder Zürich Altstadt) beurkundet wird. Durch die formwirksame Abtretung wird der etwaige Formmangel des Verpflichtungsgeschäftes geheilt (§ 15 Abs. 4 Satz 2 GmbHG). Sollte auf der Grundlage der in Deutschland vertretenen Mindermeinung das Verpflichtungsgeschäft nach deutschem Recht (form-)unwirksam sein, so wird dies in aller Regel die nach ausländischem Recht bestehende Formwirksamkeit nicht berühren. Die nach deutschem Recht (nach der Mindermeinung) bestehende Formunwirksamkeit hätte zur Konsequenz, dass die Erfüllung des Verpflichtungsgeschäftes in Deutschland nicht durchgesetzt werden könnte. In diesem Fall würden jedoch nach dem maßgeblichen ausländischen Schuldstatut wohl auch Schadensersatzansprüche bestehen.

677   Wurde eine Abtretung von GmbH-Geschäftsanteilen durch einen ausländischen Notar beurkundet, so hat auch der ausländische Notar die Verpflichtung gemäß § 40 Abs. 1 Satz 2 GmbHG, die Abtretung unverzüglich dem Registergericht anzuzeigen.[1391] Die Anzeige hat in deutscher Sprache oder in fremder Sprache mit deutscher Übersetzung zu erfolgen.[1392]

c) Verkauf und Übertragung von Gesellschaftsanteilen an einer ausländischen GmbH nach deutschem Recht oder in Deutschland

678   Auch beim Verkauf und der Übertragung von Gesellschaftsanteilen an einer ausländischen GmbH nach deutschem Recht oder in Deutschland ist zwischen dem schuldrechtlichen Verpflichtungsgeschäft und der Übertragung der Gesellschaftsanteile zu differenzieren.

679   Die Übertragung der Gesellschaftsanteile einer ausländischen Gesellschaft richtet sich zwingend nach dem Gesellschaftsstatut.[1393] Die Einhaltung der vom ausländischen Gesellschaftsstatut vorgeschriebenen Form ist daher für die Übertragung stets ausreichend.[1394] § 15 Abs. 3 GmbHG ist auf die Übertragung von Gesellschaftsanteilen an einer ausländischen GmbH nicht anwendbar.[1395] Alternativ zur Form des Gesellschaftsstatuts kann jedoch auch die Einhaltung der deutschen Ortsform des § 15 Abs. 3 GmbHG ausreichend sein, sofern diese mit der Form des anwendbaren ausländischen Rechts gleichwertig und die ausländische Gesellschaft mit der deutschen GmbH vergleichbar ist.[1396]

680   Werden Geschäftsanteile einer ausländischen GmbH nach deutschem Recht oder in Deutschland verkauft, ist fraglich, ob § 15 Abs. 4 Satz 1 GmbHG Anwendung findet. Gemäß Art. 11 Abs. 1 EGBGB sind die Formvorschriften des Geschäfts- oder des Ortsrechts anzuwenden. Geschäftsrecht ist das vereinbarte oder gemäß Art. 28 EGBGB maßgebliche deutsche Recht und Ortsrecht ist im Fall des Abschlusses des Kaufvertrags in Deutschland gleichfalls deutsches Recht.[1397] Gilt deutsches Recht als Geschäfts- und Ortsrecht, ist nach umstrittener Auffassung § 15 Abs. 4 Satz 1 GmbHG anwendbar, sofern die ausländische Gesellschaft der deutschen GmbH vergleichbar ist.[1398] In Übereinstimmung mit dieser Auffassung hat das OLG Celle 1991 die Vergleichbarkeit einer GmbH nach polnischem Recht

[1391] Vgl. *Reichert/Weller*, DStR 2005, 250, 253.

[1392] Vgl. *Reichert/Weller*, DStR 2005, 250, 253.

[1393] *Menke*, BB 2004, 1807, 1810; *Reichert/Weller*, DStR 2005, 250 f. m. w. N.

[1394] Vgl. *Reithmann* in Reithmann/Martiny, Intern. Vertragsrecht Rn. 637 f.; Staudinger/*Großfeld* (1998) IntGesR Rn. 500 m. w. N.

[1395] Vgl. *Hueck/Fastrich* in Baumbach/Hueck, GmbHG, § 15 Rn. 20 m. w. N.

[1396] Vgl. *Lutter/Bayer* in Lutter/Hommelhoff, GmbHG, § 15 Rn. 22.

[1397] Vgl. *Menke*, BB 2004, 1807, 1810; a. A. *Merkt*, ZIP 1994, 1417, 1425, der vorschlägt, dass für den Anteilskaufvertrag im Rahmen des Wirkungsstatuts nicht das Schuld- sondern das Personalstatut gelten soll.

[1398] Vgl. *Lutter/Bayer* in Lutter/Hommelhoff, GmbHG, § 15 Rn. 35; *Menke*, BB 2004, 1807, 1810; *Merkt*, ZIP 1994, 1417, 1420; *Geyrhalter*, ZIP 1999, 647, 651 f.; *Dutta*, RIW 2005, 98, 99; ebenso wohl OLG Celle NJW-RR 1992, 1126 ff. und obiter dictum BGH NZG 2005, 41, 42 f.

bejaht und einen Kaufvertrag, der in Deutschland nach deutschem Recht geschlossen wurde, wegen § 15 Abs. 4 Satz 1 GmbHG für formunwirksam angesehen.[1399]

Demgegenüber hat das OLG München 1993 entschieden, § 15 Abs. 3 und Abs. 4 **681** GmbHG finden „nach dem Normzweck allein auf eine deutsche GmbH und nicht auf eine ausländische „GmbH" Anwendung.[1400] Auch die wohl überwiegende Literatur ist der Auffassung, dass § 15 Abs. 3 und 4 GmbHG auf ausländische Gesellschaften generell nicht anzuwenden sei.[1401]

Aus der Entscheidung des BGH vom 4. 11. 2004[1402] ergibt sich, dass der BGH wohl in **682** Übereinstimmung mit dem OLG Celle § 15 Abs. 4 GmbH für anwendbar erachtet, wenn deutsches Recht als Geschäfts- und Ortsrecht zur Anwendung kommt. Für den Fall, dass das maßgebliche ausländische Gesellschaftsstatut kein entsprechendes Formerfordernis kennt, hält es jedoch anscheinend auch der BGH für unbefriedigend, dass sich das strengere deutsche Geschäfts- und Ortsrecht gegenüber dem milderen Gesellschaftsstatut durchsetzen würde. Der BGH neigt deshalb dazu, Art. 11 EGBGB erweiternd auszulegen und die alternative Einhaltung der Form des ausländischen Gesellschaftsstatuts genügen zu lassen.[1403]

Sofern Gesellschaftsanteile an einer mit einer deutschen GmbH vergleichbaren auslän- **683** dischen Gesellschaft durch einen Vertrag unter deutschem Recht, der in Deutschland abgeschlossen wird, verkauft werden sollen, ist zur Rechtssicherheit eine Beurkundung durch einen deutschen Notar zu empfehlen.[1404] Alternativ dazu kann auch die Anwendung der Formvorschriften des deutschen Rechts im Kaufvertrag ausgeschlossen werden, indem die Parteien in einer Teilrechtswahlklausel vereinbaren, dass das ausländische Gesellschaftsstatut für alle Formfragen maßgeblich sein soll.[1405]

d) Bestellung eines GmbH-Geschäftsführers, der sich im Ausland befindet

Die Bestellung des Geschäftsführers einer GmbH und seine Vertretungsbefugnis müssen **684** zur Eintragung in das Handelsregister angemeldet werden (§§ 8, 39 GmbHG, § 12 Abs. 1 HGB, §§ 40f. BeurkG). Der Geschäftsführer muss mit eigenhändiger Unterschrift versichern, dass seiner Bestellung keine Ausschlussgründe entgegenstehen und dass er über seine unbeschränkte Auskunftspflicht gegenüber dem Registergericht belehrt worden ist. Anmeldung und Unterschrift sind dem Registergericht in öffentlich beglaubigter Form einzureichen (§ 12 Abs. 1 HGB). Hält sich der neue Geschäftsführer im Ausland auf, kann dem Formerfordernis dadurch genügt werden, dass ein ausländischer Notar oder ein deutscher Konsularbeamter die Beglaubigung vornimmt. Die Belehrung kann dagegen nur ein deutscher Konsularbeamter oder ein deutscher Notar vornehmen, da dem ausländischen Notar die erforderlichen Kenntnisse des deutschen Rechts fehlen.[1406] Die Belehrung durch den deutschen Notar kann schriftlich erfolgen. Auf diese kann der ausländische Notar dann Bezug nehmen.[1407]

[1399] Vgl. OLG Celle NJW-RR 1992, 1126.

[1400] OLG München RIW 1993, 504; Nachweise zu der gleichfalls umstrittenen Literatur bei Staudinger/*Großfeld* (1998) IntGesR Rn. 502

[1401] Vgl. Staudinger/*Großfeld* (1998) IntGesR Rn. 503; MünchKommBGB/*Kindler,* IntGesR Rn. 424 m.w.N.; *Bungert,* DZWiR 1993, 494, 497f.; *Wrede,* GmbHR 1995, 365, 367; *Werner,* EWiR 2005, 75, 76; *Menke,* BB 2004, 1807, 1811.

[1402] BGH NZG 2005, 41 (= DB 2004, 2631 = RIW 2005, 144).

[1403] Vgl. BGH NZG 2005, 41, 43; zustimmend *Dutta,* RIW 2005, 98, 102; ebenso schon *Merkt,* ZIP 1994, 1417, 1423 f.

[1404] Ebenso *Depping,* GmbHR 1994, 386, 387.

[1405] Vgl. *Menke,* BB 2004, 1807, 1811; Palandt/*Heldrich,* EGBGB 27 Rn 9; MünchKommBGB/ *Martiny,* EGBGB 27 Rn. 53ff., 62; *Dutta,* RIW 2005, 98, 101; auch der BGH scheint davon auszugehen, dass eine solche Teilrechtswahl zulässig ist, vgl. BGH NZG 2005, 41, 43; vgl. dazu auch *Reichert/Weller,* DStR 2005, 292f.

[1406] A. A. für Londoner Notare *Langhein,* NZG 2001, 1123, 1126.

[1407] Vgl. *Wachter,* ZNotP 1999, 314, 316.

e) Gesellschafterversammlung im Ausland

685   Gesellschaften mit einem hohen Anteil ausländischer Gesellschafter haben oft das Interesse, eine Gesellschafterversammlung außerhalb Deutschlands abzuhalten. Ob dies zulässig und im Fall der Aktiengesellschaft im Hinblick auf das Beurkundungserfordernis des § 130 AktG praktisch durchführbar ist, ist noch nicht hinreichend geklärt.[1408] Es spricht viel dafür, dass eine Gesellschafterversammlung im Ausland stattfinden kann, wenn die Satzung dies vorsieht.[1409]

f) Existenz- und Vertretungsnachweise

686   Die Existenz einer Gesellschaft sowie bestehende Vertretungsbefugnisse können dadurch erbracht werden, dass ein beglaubigter Handelsregisterauszug vorgelegt wird (§ 9 Abs. 3 HGB). Bei ausländischen Gesellschaften entscheidet das Gesellschaftsstatut darüber, wie ihre Existenz nachzuweisen ist. Bei Eintragungsverfahren in Deutschland, beispielsweise bei der Gründung von Tochtergesellschaften oder bei der Eintragung von Zweigniederlassungen, ist jedoch zusätzlich die lex fori, d.h. deutsches Registerrecht zu beachten.[1410] Deutsche Registerrichter fordern dabei regelmäßig öffentlich beglaubigte Urkunden oder Nachweise aus einem amtlichen Handelsregister. Bei ausländischen Gesellschaften, die nicht in einem amtlichen Handelsregister eingetragen sind, bereitet der Nachweis in der Praxis oft Schwierigkeiten. Dies ist vor allem dann der Fall, wenn deutsche Handelsregister und deutsche Vertragspartner einen nach dem maßgeblichen ausländischen Gesellschaftsstatut üblichen Nachweis nicht kennen oder akzeptieren.

687   Bei einer englischen *private limited company* kann der Existenznachweis durch ein *Certificate of Incorporation*,[1411] einen Auszug aus dem englischen Handelsregister oder durch Bescheinigung eines englischen Notars erbracht werden.[1412] Das LG Berlin hat zum Nachweis der Existenz einer englischen Gesellschaft auch die Vorlage einer Bescheinigung des *Registrar of Companies,* dass die Gesellschaft gegründet worden ist, genügen lassen.[1413] Des Weiteren hat das LG Berlin zum Nachweis der Vertretungsbefugnis für englische Gesellschaften eine gesonderte Bescheinigung des *Registrar of Companies* als vergleichbar mit dem beglaubigten deutschen Handelsregisterauszug im Sinne von § 9 Abs. 2 HGB angesehen.[1414]

688   Inwieweit Auszüge aus Registern anderer Staaten mit dem deutschen Handelsregisterauszug vergleichbar sind, muss von Fall zu Fall entschieden werden. Eine entsprechende europaweite Harmonisierung innerhalb der EU steht noch aus.[1415]

689   In den USA fehlt ein Register, das dem deutschen Handelsregister vergleichbar ist und ein amerikanischer *Notary Public* ist nach US-Recht zur Ausstellung von Bescheinigungen weder zuständig noch geeignet.[1416] Die Existenz US-amerikanischer Gesellschaften kann daher weder durch Vorlage eines Registerauszugs noch durch eine Bestätigung eines amerikanischen *Notary Public* nachgewiesen werden.[1417] Der Nachweis ist vielmehr durch Vorlage eines vom zuständigen *Secretary of State* ausgestellten *Certificate of Good Standing* (bzw. im Fall einer kalifornischen Gesellschaft eines *Certificate of Status*) zu führen.[1418] Diese Dokumente müssen in deutscher Übersetzung, in beglaubigter Form und mit Apostille versehen vorgelegt werden.[1419]

[1408] Vgl. *Hüffer,* AktG, § 121 Rn. 14 m. w. N.

[1409] Vgl. *Hüffer,* AktG, § 121 Rn. 15 m. w. N.

[1410] Vgl. z.B. LG Berlin NZG 2004, 1014, 1015.

[1411] Vgl. LG Berlin NZG 2004, 1014, 1015 m. w. N.; *Langhein,* NZG 2001, 1123, 1126.

[1412] *Wachter,* DB 2004, 2795, 2799 m. w. N.; *Langhein,* NZG 2001, 1123, 1127.

[1413] LG Berlin NZG 2004, 1014, 1015; vgl. dazu *Wachter,* DB 2004, 2795 ff.

[1414] LG Berlin NZG 2004, 1014, 1015.

[1415] Vgl. *Wachter,* GmbHR, GmbH-Report 2004, R 29.

[1416] Vgl. *Fischer,* ZNotP 1999, 352, 354.

[1417] *Fischer,* ZNotP 1999, 352, 353 f.

[1418] *Fischer,* ZNotP 1999, 352, 356 f.; *Ebenroth/Boujong/Joost/Schaub,* HGB Anh zu § 12 Rn. 118.

[1419] Vgl. *Ries,* ZIP 2004, 2382, 2383.

Der Nachweis der Rechts- und Parteifähigkeit einer *private company limited by shares* der **690** Isle of Man hat regelmäßig durch Vorlage einer Gründungsbescheinigung (*Certificate of Incorporation*) sowie einer aktuellen Bescheinigung des Gesellschaftsregisters (*Companies Registry*) der Isle of Man betreffend die Eintragung und die Rechtsverhältnisse der Gesellschaft zu erfolgen.[1420]

Zum Nachweis der Vertretungsmacht der gesetzlichen Vertreter einer Gesellschaft vgl. **691** die Ausführungen und weiterführenden Hinweise im Teil C. IV. 3.[1421]

g) Urkunden in ausländischer Sprache

Grundsätzlich sind Urkunden in ausländischer Sprache auf der Grundlage des Beurkun- **692** dungsgesetzes möglich. Voraussetzung ist, dass der Notar der anderen Sprache „hinreichend kundig" ist und die Parteien die Errichtung in der fremden Sprache verlangen (§ 5 Abs. 2 BeurkG). Mangelnde Sprachkenntnisse des Notars haben auf die Gültigkeit der Urkunde keinen Einfluss.[1422] Teile der Urkunde können auch in unterschiedlichen Sprachen aufgenommen werden.[1423]

Fraglich ist, ob auch die für eine Gesellschaft statusrelevanten Vorgänge in ausländischer **693** Sprache beurkundet werden können. Für die Abfassung einer GmbH-Satzung ist dies vom LG Düsseldorf mit der Maßgabe bejaht worden, dass der Anmeldung zur Eintragung in das Handelsregister eine deutsche Übersetzung beizufügen ist.[1424] Zur Vermeidung von Risiken können solche Vorgänge auch zweisprachig beurkundet werden, mit der deutschen Fassung als offizielle Fassung und der ausländischen Fassung als im Innenverhältnis zwischen den Parteien/Gesellschaftern verbindliche Übersetzung.

h) Bezugnahme auf ausländische Urkunden

Gerade für umfangreiche Vertragswerke erleichtert eine Bezugnahme auf andere nota- **694** rielle Urkunden den Beurkundungsvorgang erheblich. Insbesondere kann auf das Vorlesen und das Beifügen der in Bezug genommenen Urkunde verzichtet werden (§ 13 a BeurkG). Auf die Urkunde eines ausländischen Notars kann jedoch nicht gemäß § 13 a BeurkG verwiesen werden, da der ausländische Notar keine Beurkundung im Sinne des Beurkundungsgesetzes vornehmen kann.[1425]

i) Verwendung ausländischer Urkunden; Legalisation und Apostille

Eine gemäß den Bestimmungen einer Jurisdiktion errichtete Urkunde kann nur unter **695** gewissen Voraussetzungen im Ausland verwendet werden und dort Wirkung entfalten. Voraussetzung der Beweiskraft einer Urkunde ist ihre Echtheit. In Deutschland besteht für eine Urkunde die Vermutung der Echtheit, wenn sie von einer deutschen öffentlichen Behörde (oder einer mit öffentlichen Glauben versehenen Person) errichtet wurde (§ 437 Abs. 1 ZPO). Für Urkunden, die von einer ausländischen Behörde (oder einer mit öffentlichen Glauben versehenen ausländischen Person) errichtet wurden, besteht keine solche Vermutung (§ 438 Abs. 1 ZPO). Deren Echtheit ist grundsätzlich zu beweisen.

aa) Legalisation. Der Beweis der Echtheit ist grundsätzlich durch „Legalisation" zu **696** führen (§ 438 Abs. 2 ZPO). Mit der Legalisation bestätigt die Behörde des Ziellandes förmlich, dass die Urkunde des anderen Staates echt ist, d.h. die zuständige deutsche Behörde bestätigt die Echtheit einer ausländischen Urkunde, die in Deutschland verwendet werden soll. Nach § 13 Konsulargesetz sind die Konsularbeamten für die in ihrem Amtsbezirk ausgestellten Urkunden zuständig. Dieser theoretische Grundsatz ist in der Praxis heute die Ausnahme.

[1420] KG Berlin GmbHR 2005, 771 (= DB 2005, 1158).
[1421] Rn. 291.
[1422] *Eylmann* in Eylmann/Vaasen, Bundesnotarordnung/Beurkundungsgesetz, § 5 BeurkG Rn. 3.
[1423] Keidel/*Winkler*, Beurkundungsgesetz, § 5 Rn. 11.
[1424] LG Düsseldorf NZG 1999, 730.
[1425] Vgl. *Eylmann* in Eylmann/Vaasen, Bundesnotarordnung/Beurkundungsgesetz, § 13 a BeurkG Rn. 6.

697   **bb) Entbehrlichkeit der Legalisation aufgrund von Staatsverträgen.** Deutschland ist Partei einiger Staatsverträge, die abweichende Regelungen enthalten. Vielfach wurde vereinbart, dass die Legalisation entbehrlich ist, so z.B. in Art. 56 EuGVVO und den Übereinkommen zur Befreiung öffentlicher Urkunden von der Legalisation mit Belgien,[1426] Dänemark,[1427] Frankreich,[1428] Griechenland,[1429] Italien,[1430] Österreich[1431] und der Schweiz.[1432] Die Abkommen haben unterschiedliche Reichweite und werden wohl auch unterschiedlich konsequent umgesetzt.[1433]

698   **cc) Haager Übereinkommen zur Befreiung ausländischer öffentlicher Urkunden von der Legalisation vom 5. 10. 1961.** Im Rechtsverkehr mit einer großen Zahl sonstiger Staaten gilt eine wesentliche Erleichterung aufgrund des Haager Übereinkommens zur Befreiung ausländischer öffentlicher Urkunden von der Legalisation vom 5. 10. 1961.[1434] Anstelle der Legalisation wird die Echtheit der Urkunde durch die dafür zuständige Behörde des Herkunftslandes der Urkunde bestätigt (sogenannte Apostille). Behörden des Ziellandes akzeptieren diese Bestätigung als Echtheitsnachweis. Die Apostille muss exakt dem *Model of Certificate* des Haager Übereinkommens entsprechen.[1435] Der Ursprungsstaat bestimmt die Behörde, die für die Erteilung der Apostille zuständig ist.[1436]

699   **dd) Verzeichnis der Vertragsstaaten des Haager Übereinkommens zur Befreiung ausländischer öffentlicher Urkunden von der Legalisation – Stand 14. 6. 2005.** Vertragsstaaten des Haager Übereinkommens zur Befreiung ausländischer öffentlicher Urkunden von der Legalisation vom 5. 10. 1961 sind derzeit (Stand 14. 6. 2005):[1437]

Number of Contracting States to this Convention: 87

[1426] Abkommen vom 13. 5. 1975, BGBl. 1980 II, 815; in Kraft seit 1. 5. 1981, BGBl. 1981 II, 142; Wortlaut des Abkommens (Art. 1–10) in Anhang I, S. 377 f.

[1427] Abkommen vom 17. 6. 1936, RGBl. 1936 II, 213; wieder anwendbar mit Wirkung vom 1. 9. 1952 gem. Bek. vom 30. 6. 1953, BGBl. 1953 II, 186; Wortlaut des Abkommens (Art. 1–7) in Anhang II, S. 379 f.

[1428] Abkommen vom 13. 9. 1971, BGBl. 1974 II, 1075; in Kraft seit 1. 4. 1975, BGBl. 1975 II, 353; Wortlaut des Abkommens (Art. 1–13) in Anhang III, S. 381 f; vgl. dazu *Karst,* RIW 2005, 289, 290 ff.

[1429] Art. 24 des Rechtshilfeabkommens vom 11. 5. 1938, RGBl. 1939 II, 848; wieder anwendbar mit Wirkung vom 1. 2. 1952 gem. Bek. vom 26. 6. 1952, BGBl. 1952 II, 634; Wortlaut des Artikels 24 des Abkommens in Anhang IV, S. 383.

[1430] Vertrag vom 7. 6. 1969, BGBl. 1974 II, 1071; in Kraft seit 5. 5. 1975 gem. Bek. vom 22. 4. 1975, BGBl. 1975 II, 660; Wortlaut des Abkommens (Art. 1–8) in Anhang V, S. 384 f.

[1431] Vertrag vom 21. 6. 1923, RGBl. 1924 II, 61; wieder anwendbar mit Wirkung vom 1. 1. 1952 gem. Bek. vom 13. 3. 1952, BGBl. 1952 II, 436; Wortlaut des Abkommens (Art. 1–4) in Anhang VI, S. 386.

[1432] Vertrag vom 14. 2. 1907, RGBl. 1907, 411; in Kraft seit 16. 8. 1907 gem. Bek. vom 19. 7. 1907, RGBl. 1907, 415; Wortlaut des Abkommens (Art. 1–4) in Anhang VII, S. 387.

[1433] Die Abkommen mit Griechenland und der Schweiz betreffen nicht notarielle Urkunden; *Reithmann* in Reithmann/Martiny, Intern. Vertragsrecht Rn. 708 Fn. 1 weist darauf hin, dass es nach Auskunft des Deutschen Notarinstituts Würzburg bei der Anwendung des Deutsch-Belgischen Abkommens Probleme gebe.

[1434] BGBl. 1965 II, 876; auch abgedruckt bei *Jayme/Hausmann,* Internationales Privat- und Verfahrensrecht, S. 690 ff.; der Text des Übereinkommens ist verfügbar auf http://hcch.e-vision.nl/index_en.php?act=conventions.pdf&cid=41; weiterführende Informationen, Rechtsprechung und Literatur zum Übereinkommen sind verfügbar auf http://hcch.e-vision.nl/index_en.php?act=conventions.text&cid=41.

[1435] Das *Model of Certificate* der Konvention kann heruntergeladen werden von http://hcch.e-vision.nl/upload/apostille.pdf.

[1436] Ein Verzeichnis der national zuständigen Behörden kann eingesehen werden auf http://hcch.e-vision.nl/index_en.php?act=conventions.authorities&cid=41.

[1437] Das jeweils aktuelle Verzeichnis der Beitrittsstaaten kann eingesehen werden auf http://hcch.e-vision.nl/index_en.php?act=conventions.status&cid=41.

Member States of the Organisation

States	S[1]	R/A[2]	Type[3]	EIF[4]	Ext[5]	Auth[6]	Res/D/N[7]
Albania		3-IX-2003	A	9-V-2004		1	N12
Argentina		8-V-1987	A	18-II-1988		1	D13
Australia		11-VII-1994	A	16-III-1995		1	D13
Austria	5-X-1961	14-XI-1967	R	13-I-1968		1	
Belarus			Su	31-V-1992		1	
Belgium	10-III-1970	11-XII-1975	R	9-II-1976		1	
Bosnia and Herzegovina			Su	24-I-1965		1	
Bulgaria		1-VIII-2000	A	29-IV-2001		1	
China (People's Republic of)			C			2	N
Croatia			Su	24-I-1965		1	
Cyprus		26-VII-1972	A	30-IV-1973		1	
Czech Republic		23-VI-1998	A	16-III-1999		1	
Estonia		11-XII-2000	A	30-IX-2001		1	
Finland	13-III-1962	27-VI-1985	R	26-VIII-1985		1	
France	9-X-1961	25-XI-1964	R	24-I-1965		1	D
Germany	5-X-1961	15-XII-1965	R	13-II-1966		1	N
Greece	5-X-1961	19-III-1985	R	18-V-1985		1	
Hungary		18-IV-1972	A	18-I-1973		1	D13
Iceland	7-IX-2004	28-IX-2004	R	27-XI-2004		1	
Ireland	29-X-1996	8-I-1999	R	9-III-1999		1	
Israel		11-XI-1977	A	14-VIII-1978		1	
Italy	15-XII-1961	13-XII-1977	R	11-II-1978		1	
Japan	12-III-1970	28-V-1970	R	27-VII-1970		1	
Latvia		11-V-1995	A	30-I-1996		1	
Lithuania		5-XI-1996	A	19-VII-1997		1	
Luxembourg	5-X-1961	4-IV-1979	R	3-VI-1979		1	
Malta		12-VI-1967	A	3-III-1968		1	
Mexico		1-XII-1994	A	14-VIII-1995		1	
Monaco		24-IV-2002	A	31-XII-2002		1	
Netherlands	30-XI-1962	9-VIII-1965	R	8-X-1965	2	1	
New Zealand		7-II-2001	A	22-XI-2001		1	D13
Norway	30-V-1983	30-V-1983	R	29-VII-1983		1	
Panama		30-X-1990	A	4-VIII-1991		1	
Poland		19-XI-2004	A	14-VIII-2005		1	
Portugal	20-VIII-1965	6-XII-1968	R	4-II-1969		1	D13
Romania		7-VI-2000	A	16-III-2001		1	
Russian Federation		4-IX-1991	Su	31-V-1992		1	
Serbia and Montenegro			Su	24-I-1965		1	D
Slovak Republic		6-VI-2001	A	18-II-2002		1	
Slovenia			Su	24-I-1965		1	
South Africa		3-VIII-1994	A	30-IV-1995		1	
Spain	21-X-1976	27-VII-1978	R	25-IX-1978		1	D

States	S[1]	R/A[2]	Type[3]	EIF[4]	Ext[5]	Auth[6]	Res/D/N[7]
Suriname			Su	25-XI-1975		1	
Sweden	2-III-1999	2-III-1999	R	1-V-1999		1	
Switzerland	5-X-1961	10-I-1973	R	11-III-1973		1	
The former Yugoslav Republic of Macedonia			Su	24-I-1965		1	
Turkey	8-V-1962	31-VII-1985	R	29-IX-1985		1	
Ukraine		2-IV-2003	A★★	22-XII-2003		1	
United Kingdom of Great Britain and Northern Ireland	19-X-1961	21-VIII-1964	R	24-I-1965	13	1	D13
United States of America		24-XII-1980	A	15-X-1981		1	D
Venezuela		1-VII-1998	A	16-III-1999		1	

1) S = Signature
2) R/A = Ratification or Accession
3) Type = R: Ratification;
A: Accession;
A★: Accession giving rise to an acceptance procedure; click on A★ for details of acceptances of the accession;
C: Continuation;
Su: Succession;
D: Denunciation;
4) EIF = Entry into force
5) Ext = Extensions of application
6) Auth = Designation of Authorities
7) Res/D/N = Reservations, declarations or notifications

Non-Member States of the Organisation

States	S[1]	R/A[2]	Type[3]	EIF[4]	Ext[5]	Auth[6]	Res/D/N[7]
Andorra		15-IV-1996	A	31-XII-1996		1	
Antigua and Barbuda			Su	1-XI-1981		1	
Armenia		19-XI-1993	A	14-VIII-1994		1	
Azerbaijan		13-V-2004	A★★	2-III-2005		1	
Bahamas			Su	10-VII-1973		1	
Barbados			Su	30-XI-1966		1	
Belize		17-VII-1992	A	11-IV-1993		1	
Botswana			Su	30-IX-1966		1	
Brunei Darussalam		23-II-1987	A	3-XII-1987		1	
Colombia		27-IV-2000	A	30-I-2001		1	D
Cook Islands		13-VII-2004	A	30-IV-2005		1	
Dominica			Su	3-XI-1978		1	
Ecuador		2-VII-2004	A	2-IV-2005		1	
El Salvador		14-IX-1995	A	31-V-1996		1	
Fiji			Su	10-X-1970		1	
Grenada			Su	7-II-1974		1	
Honduras		20-I-2004	A	30-IX-2004		1	
India		26-X-2004	A★★	14-VII-2005		1	
Kazakhstan		5-IV-2000	A	30-I-2001		1	D
Lesotho			Su	4-X-1966		1	

States	S[1]	R/A[2]	Type[3]	EIF[4]	Ext[5]	Auth[6]	Res/D/N[7]
Liberia		24-V-1995	A★★	8-II-1996		1	
Liechtenstein	18-IV-1962	19-VII-1972	R	17-IX-1972		1	
Malawi		24-II-1967	A	2-XII-1967		1	
Marshall Islands		18-XI-1991	A	14-VIII-1992		1	
Mauritius			Su	12-III-1968		1	
Namibia		25-IV-2000	A	30-I-2001		1	
Niue		10-VI-1998	A	2-III-1999		1	
Saint Kitts and Nevis		26-II-1994	A	14-XII-1994		1	
Saint Lucia		5-XII-2001	A	31-VII-2002		1	
Saint Vincent and the Grenadines			Su	27-X-1979		1	
Samoa		18-I-1999	A	13-IX-1999		1	
San Marino		26-V-1994	A	13-II-1995		1	
Seychelles		9-VI-1978	A	31-III-1979		1	
Swaziland			Su	6-IX-1968		1	
Tonga			Su	4-VI-1970		1	
Trinidad and Tobago		28-X-1999	A	14-VII-2000		1	

1) S = Signature
2) R/A = Ratification or Accession
3) Type = R: Ratification;
A: Accession;
A★: Accession giving rise to an acceptance procedure; click on A★ for details of acceptances of the accession;
C: Continuation;
Su: Succession;
D: Denunciation;
4) EIF = Entry into force
5) Ext = Extensions of application
6) Auth = Designation of Authorities
7) Res/D/N = Reservations, declarations or notifications

XXIV. Auflösung, Abwicklung, Beendigung

Alle Voraussetzungen und Rechtsfolgen der Auflösung, Abwicklung und Beendigung **700** einer Gesellschaft beurteilen sich grundsätzlich nach ihrem Gesellschaftsstatut. Das Gesellschaftsstatut regelt daher die Auflösungsgründe, das einzuhaltende Verfahren und die Stellung und Rechtsverhältnisse der Abwicklungsgesellschaft. Zum Regelungsbereich des Gesellschaftsstatuts gehört damit auch die Vertretungsmacht der Organe oder Verwalter der Abwicklungsgesellschaft wie z. B. der Liquidatoren einer deutschen GmbH.

Das Erlöschen einer ausländischen Gesellschaft und die sich daraus nach dem auslän- **701** dischen Gesellschaftsstatut ergebenden Rechtsfolgen werden vom deutschen Recht grundsätzlich anerkannt. Ebenso wie bei der Frage der organschaftlichen Vertretung der nicht aufgelösten Gesellschaft[1438] wird auch im Falle der Liquidation zum Schutz des inländischen Rechtsverkehrs der Rechtsgedanke aus Art. 12 Satz 1 EGBGB für anwendbar erachtet.[1439] Durfte ein inländischer Vertragspartner des Liquidators einer aus-

---

[1438] Vgl. Rn. 288 f.
[1439] Vgl. MünchKommBGB/*Kindler*, IntGesR Rn. 499; Staudinger/*Großfeld* (1998) IntGesR Rn. 372, jeweils m. w. N.

ländischen Gesellschaft diesen für vertretungsberechtigt erachten (insbesondere, weil ein Liquidator einer vergleichbaren deutschen Gesellschaft typischerweise vertretungsberechtigt gewesen wäre), käme demnach eine wirksame Vereinbarung auch dann zustande, wenn der ausländische Liquidator eine entsprechende Vertretungsmacht tatsächlich nicht hatte. Gibt es nach dem ausländischen Gesellschaftsstatut keinen gesetzlichen Vertreter der aufgelösten Gesellschaft mehr, hat diese aber noch Vermögen im Inland, so kann dafür ein Pfleger nach §§ 1911, 1913 BGB bestellt werden.[1440] Gleiches gilt, wenn unbekannt ist, ob die ausländische Gesellschaft fortbesteht oder wer sie vertritt.[1441]

702   Falls eine aufgelöste ausländische Gesellschaft nach dem maßgeblichen ausländischen Gesellschaftsstatut ihre Partei- und Prozessfähigkeit verloren hat, während sie im Inland noch Vermögen hat, wird die Gesellschaft nach deutschem Recht auch weiterhin als partei- und prozessfähig angesehen.[1442] Dass Vereine, juristische Personen und Handelsgesellschaften bis zum Abschluss ihres Liquidationsverfahrens rechts- und parteifähig bleiben, ist ein allgemeines Strukturmerkmal des deutschen Rechts. Der Ordre Public-Vorbehalt des Art. 6 EGBGB verlangt daher, dass eine aufgelöste ausländische Gesellschaft als partei- und prozessfähig anzusehen ist, solange sie im Inland noch Vermögen hat.[1443]

XXV. Insolvenz der Gesellschaft

1. Maßgeblichkeit des Internationalen Insolvenzrechts; Rechtsquellen

703   Bei Gesellschaften, die ausschließlich auf dem Gebiet des Staates ihres Satzungs- und tatsächlichen Verwaltungssitzes tätig werden und auch sonst keine Auslandsberührung haben, besteht kein Zweifel, dass nach dem Recht dieses Staates auch zu beurteilen ist, ob eine Gesellschaft insolvent ist, und dass im Insolvenzfall die Insolvenzgerichte dieses Staates zuständig sind. Bei allen anderen Gesellschaften stellt sich die Frage, welche Insolvenzgerichte international zuständig sind und welches Insolvenzrecht anwendbar ist. Diese Fragen beantwortet nicht das Gesellschaftsstatut der Gesellschaft, sondern das für die Gesellschaft maßgebliche Internationale Insolvenzrecht. Internationales Insolvenzrecht ist der Oberbegriff für alle insolvenzrechtlich zu qualifizierenden kollisionsrechtlichen Bestimmungen sowie alle sach- und verfahrensrechtlichen Regeln, die auf grenzüberschreitende Insolvenzen Anwendung finden.

704   Für das Internationale Insolvenzrecht gibt es – je nach Fallgestaltung – verschiedene Rechtsquellen. Gesellschaften, die den Mittelpunkt ihrer hauptsächlichen Interessen in einem Mitgliedstaat der Europäischen Union mit Ausnahme von Dänemark[1444] haben, fallen unter den Anwendungsbereich der Europäischen Verordnung über Insolvenzver-

---

[1440] Vgl. OLG Stuttgart NJW 1974, 1627 f.; MünchKommBGB/*Kindler*, IntGesR Rn. 499; Staudinger/*Großfeld* (1998) IntGesR Rn. 372.

[1441] Staudinger/*Großfeld* (1998) IntGesR Rn. 372.

[1442] Vgl. BGHZ 53, 383, 386 f.; OLG Stuttgart NJW 1974, 1627 f.; MünchKommBGB/*Kindler*, IntGesR Rn. 500 m. w. N.

[1443] Vgl. BGHZ 53, 383, 387; MünchKommBGB/*Kindler*, IntGesR Rn. 500 m. w. N.

[1444] Dänemark hat gegen eine Teilnahme an der EuInsVO optiert, vgl. Art. 1 und 2 des Protokolls (Nr. 5) zum Amsterdamer Vertrag, ABl. 1997 Nr. C 340/101; die Richtlinie 2001/17/EG vom 19. 3. 2001 über die Sanierung und Liquidation von Versicherungsunternehmen, ABl. 2001 Nr. L 110/28 ff., und die Richtlinie 2001/24/EG vom 4. 4. 2001 über die Sanierung und Liquidation von Kreditinstituten, ABl. 2001 Nr. L 125/15 ff., gelten dagegen auch für Dänemark, vgl. *Duursma-Kepplinger* in Duursma-Kepplinger/Duursma/Chalupsky, Europäische Insolvenzverordnung, Art. 3 Rn. 16 Fn. 30; zu Richtlinie über die Sanierung und Liquidation von Kreditinstituten vgl. *Paulus*, ZBB 2002, 492.

fahren (EuInsVO).[1445] Die EuInsVO ist am 31. 5. 2002 in Kraft getreten. Ergänzende Vorschriften zur Durchführung der EuInsVO enthält Art. 102 EGInsO.[1446]

Das autonome deutsche Internationale Insolvenzrecht ist seit dem Inkrafttreten des Geset- **705** zes zur Neuregelung des Internationalen Insolvenzrechts am 20. 3. 2003 in den §§ 335–358 InsO geregelt. Es regelt grenzüberschreitende Insolvenzfälle außerhalb des Anwendungsbereichs der EuInsVO, d. h. grenzüberschreitende Insolvenzfälle, bei denen der Mittelpunkt der hauptsächlichen Interessen des Schuldners außerhalb der EU oder in Dänemark liegt[1447] und sonstige grenzüberschreitende Insolvenzrechtssachverhalte, die Drittstaaten betreffen.[1448] Im Anwendungsbereich der EuInsVO kommen die nationalen Regeln der EU-Mitgliedstaaten[1449] und damit auch die Regeln des autonomen deutschen internationalen Insolvenzrechts nur zur Anwendung, soweit sie den europäischen nicht widersprechen.

Daneben ist noch auf einige internationale Verträge hinzuweisen, die Regelungen für **706** grenzüberschreitende Insolvenzfälle enthalten.[1450] Eine umfassende, für das gesamte Bundesgebiet geltende Regelung enthält der am 25. 5. 1979 geschlossene Vertrag zwischen der Bundesrepublik Deutschland und der Republik Österreich auf dem Gebiet des Konkurs- und Vergleichs-(Ausgleichs-)Rechts,[1451] den allerdings die EuInsVO „in ihrem sachlichen Anwendungsbereich hinsichtlich der Beziehungen der Mitgliedstaaten untereinander" ersetzt hat.[1452] Daneben gibt es noch konkursrechtliche Übereinkünfte aus der Zeit des Deutschen Bundes (1815–1866). Zumindest zwei dieser Staatsverträge werden auch heute noch als gültig und wirksam erachtet: der Vertrag Württembergs mit 19 Schweizer Kantonen vom 12. 12. 1825/13. 5. 1826[1453] und der Vertrag Bayerns mit mehreren Schweizer Kantonen vom 11. 5./27. 6. 1834.[1454]

Weder die EuInsVO noch das autonome deutsche Recht enthalten Regelungen für die **707** Insolvenz von verbundenen Unternehmen bzw. Konzernen.[1455]

Die Liste von Insolvenzverfahren, Liquidationsverfahren und Verwaltern in den Anhängen A, B und C ist durch Verordnung (EG) Nr. 603/2005 des Rates vom 12. 4. 2005 geändert worden, ABl. 2005 Nr. L 100/1 ff.

[1445] ABl. 2000 Nr. L 160/1 ff.

[1446] In der Fassung des Internationalen Insolvenzrechts-NeuregelungsG vom 14. 3. 2003 (BGBl. 2003 I, 345); in Kraft seit dem 20. 3. 2003.

[1447] Vgl. Erwägungsgrund (14) der EuInsVO.

[1448] Vgl. *Duursma-Kepplinger* in Duursma-Kepplinger/Duursma/Chalupsky, Europäische Insolvenzverordnung, Art. 1 Rn. 67.

[1449] Vgl. MünchKommInsO, Anh. II zu Art. 102 EGInsO mit Länderberichten und Literaturnachweisen zum Insolvenzrecht verschiedener Mitglieds- und Drittstaaten.

[1450] Vgl. MünchKommInsO/*Reinhart,* vor Art. 102 EGInsO Rn. 71 ff. m. w. N.

[1451] BGBl. 1985 II, 411 mit deutschem Zustimmungsgesetz vom 4. 3. 1985, BGBl. 1985 II, 410; vgl. auch das deutsche Ausführungsgesetz vom 8. 3. 1985, BGBl. 1985 I, 535.

[1452] Art. 44 lit. a) EuInsVO.

[1453] „Übereinkunft zwischen der Krone Württemberg und 19 Kantonen der Schweizerischen Eidgenossenschaft in Beziehung auf eine gegenseitige gleiche Behandlung der beiderseitigen Staatsangehörigen in Concursen"; Württ. Reg.Bl. 1828, 250; abgedruckt bei: *Blaschczok,* ZIP 1983, 141, 143 f.; keine Vertragsparteien sind die Kantone Schwyz, Neuenburg und Appenzell-Ausserrhoden. Zur räumlichen Geltung im heutigen Land Baden-Württemberg vgl. die bei *Bürgi,* FS 100 Jahre SchKG, S. 175, 179, abgedruckte Stellungnahme des Ministeriums für Justiz, Bundes- und Europaangelegenheiten Baden-Württemberg vom 16. 2. 1988.

[1454] Übereinkunft zwischen den Schweizer Kantonen (außer Schwyz und Appenzell-Innerrhoden) und dem Königreich Bayern über gleichmäßige Behandlung der gegenseitigen Staatsangehörigen in Konkursfällen; Bay. Reg.Bl. 1834, Sp. 929, 1005; abgedruckt bei: *Blaschczok,* ZIP 1983, 141, 144.

[1455] Vgl. zur EuInsVO *Duursma-Kepplinger* in Duursma-Kepplinger/Duursma/Chalupsky, Europäische Insolvenzverordnung, Art. 1 Rn. 48 und zum deutschen Recht *Uhlenbruck* in Kölner Schrift zur Insolvenzordnung, S. 1180 ff.; vgl. auch *Ehricke,* EWS 2002, 101 ff., der verschiedene Anknüpfungspunkte in der EuInsVO für die Behandlung grenzüberschreitender Konzerninsolvenzen untersucht; vgl. im Übrigen Rn. 438 ff.

2. EuInsVO

a) Grundstruktur der EuInsVO; Haupt-, Partikular- und Sekundärinsolvenzverfahren

708   Die EuInsVO schafft kein europaweit einheitliches Insolvenzverfahren. Ein wesentlicher Inhalt der EuInsVO ist die Bestimmung der internationalen Zuständigkeit der nationalen Insolvenzgerichte. Damit wird automatisch auch das für die Eröffnung, Durchführung und Wirkungen des Insolvenzverfahrens maßgebliche Recht bestimmt. Dies ist gemäß der Kollisionsnorm des Art. 4 EuInsVO das Recht des Mitgliedstaates, in dem das Verfahren eröffnet wird (lex fori concursus).

709   Über das gesamte Vermögen des Schuldners kann gemeinschaftsweit nur ein einziges Hauptinsolvenzverfahren eröffnet werden. Für die Eröffnung des Hauptinsolvenzverfahrens sind nach Art. 3 Abs. 1 EuInsVO die Gerichte des Mitgliedstaates zuständig, in dessen Gebiet der Schuldner den Mittelpunkt seiner hauptsächlichen Interessen hat. Das Hauptinsolvenzverfahren entfaltet grundsätzlich eine universale Wirkung.[1456] Sobald die Entscheidung zur Eröffnung des Insolvenzverfahrens im Staat der Verfahrenseröffnung wirksam ist, wird diese Entscheidung in allen übrigen Mitgliedstaaten anerkannt (Art. 16 Abs. 1 EuInsVO); d. h. es bedarf keiner weiteren staatlichen Anerkennung.[1457] Dies hat zur Folge, dass gemäß Art. 17 EuInsVO das gesamte in den Mitgliedstaaten gelegene Schuldnervermögen von dem Insolvenzverfahren erfasst wird. Art. 18 EuInsVO erweitert die Befugnisse des für das Hauptinsolvenzverfahren bestellten Verwalters. Dieser darf grundsätzlich im Gebiet eines anderen Mitgliedstaates alle Befugnisse ausüben, die ihm nach dem Recht des Staates zustehen, in dem das Hauptinsolvenzverfahren eröffnet wurde.

710   Außer einem Hauptinsolvenzverfahren lässt die EuInsVO unter gewissen Voraussetzungen auch Partikularinsolvenzverfahren oder Sekundärinsolvenzverfahren zu. Partikularinsolvenzverfahren und Sekundärinsolvenzverfahren können in Mitgliedstaaten eröffnet werden, in denen der Schuldner zwar nicht den Mittelpunkt seiner hauptsächlichen Interessen aber eine Niederlassung hat (Art. 3 Abs. 2 Satz 1 EuInsVO). Die Wirkungen von Partikular- und Sekundärinsolvenzverfahren sind territorial auf das Gebiet des jeweiligen Staates beschränkt (Art. 3 Abs. 2 Satz 2 EuInsVO). Die Eröffnung eines Partikularinsolvenzverfahrens ist nach Art. 3 Abs. 4 EuInsVO nur zulässig, falls entweder die Eröffnung eines Hauptinsolvenzverfahrens nach dem Recht des für die Eröffnung des Hauptinsolvenzverfahrens zuständigen Mitgliedstaates nicht möglich wäre (Art. 3 Abs. 4 lit. a) EuInsVO) oder die Eröffnung des Partikularinsolvenzverfahrens von einem Gläubiger beantragt wird, der seinen Wohnsitz, gewöhnlichen Aufenthalt oder Sitz in dem Mitgliedstaat hat, in dem sich die betreffende Niederlassung befindet oder dessen Forderung auf eine sich aus dem Betrieb dieser Niederlassung ergebenden Verbindlichkeit beruht (Art. 3 Abs. 4 lit. b) EuInsVO). Findet ein nach Art. 3 Abs. 2 EuInsVO eröffnetes territorial beschränktes Insolvenzverfahren parallel zu einem Hauptinsolvenzverfahren statt, ist es ein Sekundärinsolvenzverfahren (Art. 3 Abs. 3 EuInsVO), auf das die besonderen Regelungen in Art. 27 ff. EuInsVO Anwendung finden.

b) Anwendungsbereich der EuInsVO

711   Der sachliche Anwendungsbereich umfasst nach Art. 1 Abs. 1 EuInsVO Gesamtverfahren, die die Insolvenz des Schuldners voraussetzen und den vollständigen oder teilweisen Vermögensbeschlag gegen den Schuldner sowie die Bestellung eines Verwalters zur Folge haben. Welche Verfahren in den jeweiligen Mitgliedstaaten hierunter fallen, ergibt sich aus Art. 2 lit. a) und c) EuInsVO i. V. m. den Anhängen A und B zur EuInsVO.

712   Der persönliche Anwendungsbereich der EuInsVO ist nicht abschließend definiert. Grundsätzlich fallen hierunter natürliche und juristische Personen. Der persönliche Anwen-

---

[1456] Vgl. Erwägungsgrund (12) der EuInsVO; *Leible/Staudinger,* KTS 2000, 533, 545; *Weller,* IPRax 2004, 412, 413.

[1457] Vgl. *Smid,* Deutsches und Europäisches Internationales Insolvenzrecht, Art. 16 EuInsVO Rn. 1 ff.

dungsbereich ist im Einzelfall nach Art. 4 Abs. 2 lit. a) EuInsVO nach dem Recht des Staates zu bestimmen, in dem das Verfahren eröffnet wird. Ausgenommen von dem persönlichen Anwendungsbereich sind gemäß Art. 1 Abs. 2 EuInsVO Vermögen von Versicherungsunternehmen, Kreditinstituten und dort näher definierte Wertpapierunternehmen.[1458]

Der räumliche Anwendungsbereich umfasst grenzüberschreitende Insolvenzverfahren **713** innerhalb der EU (mit Ausnahme von Dänemark), sofern der Schuldner innerhalb der EU (mit Ausnahme von Dänemark) den Mittelpunkt seiner hauptsächlichen Interessen hat (*„center of main interests"*).[1459] Damit steht fest, dass die EuInsVO nicht zur Anwendung kommt, soweit es sich um reine Binnensachverhalte handelt, also die Auswirkungen des Insolvenzverfahrens sich nur auf einen Mitgliedstaat beschränken.[1460] Unklar ist, ob im Sinne eines qualifizierten Auslandsbezugs ein transnationaler Bezug zu mehr als einem Mitgliedstaat erforderlich ist.[1461] Gegenüber Drittstaaten kann die EuInsVO grundsätzlich keine Wirkung entfalten. Ein Hauptinsolvenzverfahren setzt nicht voraus, dass der Schuldner seinen Sitz in der EU hat. Auch über Gesellschaften, mit (Satzungs-)Sitz außerhalb der EU kann daher in einem Mitgliedstaat der EU ein Hauptinsolvenzverfahren eröffnet werden, sofern die Gesellschaft in diesem Mitgliedstaat den Mittelpunkt ihrer hauptsächlichen Interessen hat.

c) Hauptinsolvenzverfahren

aa) Internationale Zuständigkeit gemäß Art. 3 Abs. 1 EuInsVO. Der Bestim- **714** mung der internationalen Zuständigkeit zur Eröffnung des Hauptinsolvenzverfahrens nach Art. 3 Abs. 1 EuInsVO kommt aufgrund der damit verbundenen Bestimmung des anzuwendenden Rechts erhebliche Bedeutung zu.[1462] Die zentrale Frage ist dabei die Feststellung des Mittelpunkts der hauptsächlichen Interessen des Schuldners.

(1) Bestimmung des Mittelpunkts der hauptsächlichen Interessen des Schuldners. Nach Art. 3 **715** Abs. 1 Satz 1 EuInsVO sind für die Eröffnung des Hauptinsolvenzverfahrens die Gerichte des Mitgliedstaates zuständig, in dessen Gebiet der Schuldner den Mittelpunkt seiner hauptsächlichen Interessen hat. Hierfür stellt Art. 3 Abs. 1 Satz 2 EuInsVO eine Vermutungsregel auf. Danach ist bei Gesellschaften und juristischen Personen bis zum Beweis des Gegenteils davon auszugehen, dass der Mittelpunkt ihrer hauptsächlichen Interessen der Ort des satzungsmäßigen Sitzes ist. Es ist jedoch allgemeine Meinung, dass trotz dieser Vermutungsregel das Insolvenzgericht von Amts wegen den Mittelpunkt der hauptsächlichen Interessen des Schuldners zu ermitteln hat.[1463]

[1458] Für Banken gilt die Richtlinie (2001/24/EG) vom 4. 4. 2001 über die Sanierung und Liquidation von Kreditinstituten, ABl. 2001 Nr. L 125/15 (dazu *Paulus*, ZBB 2002, 492) und für Versicherungsunternehmen die Richtlinie (2001/17/EG) vom 19. 3. 2001 über die Sanierung und Liquidation von Versicherungsunternehmen, ABl. 2001 Nr. L 110/28.

[1459] Vgl. Art. 3 Abs. 1 und Abs. 2 EuInsVO und Erwägungsgrund (12) der EuInsVO.

[1460] *Smid*, Deutsches und Europäisches Internationales Insolvenzrecht, Art. 1 EuInsVO Rn. 7 f.

[1461] Einen qualifizierten Auslandsbezug halten nicht für erforderlich: High Court of Justice Leeds ZIP 2004, 1769; *Sabel/Schlege*, EWiR 2003, 367; *Huber*, ZZP 114 (2001), 133, 138; so wohl auch High Court of Justice Chancery Companies Court (England) ZIP 2003, 813 („BRAC-Budget"), der die Problematik aber nicht anspricht, da auch ein qualifizierter Auslandsbezug gegeben war, vgl. *Krebber*, IPRax 2004, 540, 542. Einen qualifizierten Auslandsbezug fordern *Duursma-Kepplinger* in Duursma-Kepplinger/Duursma/Chalupsky, Europäische Insolvenzverordnung, Art. 1 Rn. 3; *Mock/Schildt* in Hirte/Bücker, Grenzüberschreitende Gesellschaften, § 16 Rn. 10 und *Smid*, Deutsches und Europäisches Internationales Insolvenzrecht, Art. 3 EuInsVO Rn. 6a. Gegen die Entscheidung des High Court of Justice Chancery Companies Court (England) Eidenmüller/*Eidenmüller*, Ausländische Kapitalgesellschaften im deutschen Recht, § 9 Rn. 8.

[1462] Zur Bedeutung von Art. 3 Abs. 1 EuInsVO für die Insolvenzpraxis vgl. *Kübler*, FS Gerhardt, 527, 530 ff.

[1463] Vgl. *Huber*, ZZP 114 (2001), 133, 141; *Vallendar/Fuchs*, ZIP 2004, 829, 831; zweifelnd dagegen *Duursma-Kepplinger* in Duursma-Kepplinger/Duursma/Chalupsky, Europäische Insolvenzverordnung, Art. 3 Rn. 25.

716   Für die Bestimmung des Mittelpunkts der hauptsächlichen Interessen des Schuldners gibt Erwägungsgrund 13 zur EuInsVO zwei Kriterien vor. Als Mittelpunkt der hauptsächlichen Interessen des Schuldners soll der Ort gelten, an dem der Schuldner gewöhnlich der Verwaltung seiner Interessen nachgeht und damit für Dritte feststellbar ist.

717   Es gibt noch keine gefestigte Auslegung der Kriterien.[1464] Es lassen sich jedoch zwei unterschiedliche Tendenzen erkennen. Dabei geht es insbesondere um die Gewichtung des Verhältnisses zwischen der Schuldnerin und der Muttergesellschaft, also inwiefern die Einflussnahme durch die Muttergesellschaft auf die Schuldnerin bei der Bestimmung des Mittelpunkts der hauptsächlichen Interessen der Schuldnerin eine Rolle spielt. Da noch keine einheitliche Linie erkennbar ist, werden hier einige Entscheidungen mit den wesentlichen Gründen dargestellt. Solange keine abschließende Klärung durch den EuGH erfolgt ist, ist daher anzuraten, für den betreffenden Mitgliedstaat die dortige Rechtsprechung auf einen vergleichbaren Fall hin zu untersuchen.

718   Auf der einen Seite wird darauf abgestellt, wo die strategischen Entscheidungen des Schuldners getroffen werden.[1465] So stellte der High Court of Justice Leeds in seinem Urteil vom 16. 5. 2003 – Daisytek-ISA – darauf ab, dass die in England ansässige Muttergesellschaft die in Deutschland ansässige Schuldnerin verwalte und kontrolliere, ihre Finanzverwaltung übernehme und für die unbezahlten Rechnungen der Schuldnerin bürge.[1466] Einkäufe der Schuldnerin über EUR 5000 bedurften der Zustimmung der Muttergesellschaft. Des Weiteren wurden 70% der Einkäufe der deutschen Tochtergesellschaft von England aus verhandelt und betreut. Hinsichtlich des Kriteriums der Erkennbarkeit für Dritte führt das Gericht aus, dass es auf die potenziellen Gläubiger ankäme. Bei der Schuldnerin als Handelsgesellschaft seien dies die Finanzierer und Zulieferer. Diesen sei bekannt gewesen, dass die wichtigsten Tätigkeiten von England aus erfolgten und nicht von Deutschland. Das englische Gericht kam damit zu dem Ergebnis, der Mittelpunkt der hauptsächlichen Interessen der Schuldnerin liege in England.

719   Vergleichbar entschied auch das AG München.[1467] Hinsichtlich der in Österreich ansässigen Schuldnerin, die in Österreich 13 Verkaufsniederlassungen betrieb, stellte das Gericht darauf ab, dass die strategische und operative Ausrichtung der Schuldnerin sowie alle Dienstleistungen wie Personal, EDV, Planung oder Vertragswesen von der in Deutschland ansässigen Muttergesellschaft erbracht wurden. Für das AG München war deshalb der Mittelpunkt der hauptsächlichen Interessen der Schuldnerin in Deutschland.

720   Auch das AG Siegen sah den Mittelpunkt der hauptsächlichen Interessen der in Österreich ansässigen Schuldnerin bei der Muttergesellschaft in Deutschland.[1468] Die Geschäfte

---

[1464] In der Rechtsprechung haben sich mit der Bestimmung des Mittelpunkts der hauptsächlichen Interessen des Schuldners schon zahlreiche Gerichte unterschiedlicher Mitgliedstaaten auseinandergesetzt: AG Offenbach NZI 2004, 673; Supreme Court of Ireland NZI 2004, 505; AG Siegen NZI 2004, 673; Tribunale di Parma ZIP 2004, 1220 und ZIP 2004, 2295; High Court of Justice Leeds ZIP 2004, 1769 und NZI 2004, 219; AG München IPRax 2004, 433; AG Mönchengladbach NZG 2004, 1016; High Court Dublin ZIP 2004, 1223; Cour d'Appel Versailles ZIP 2004, 377. Vgl. aus der Literatur *Bähr/Riedemann*, ZIP 2004, 1066; *Weller*, IPRax 2004, 412; *Paulus*, ZIP 2003, 1725; *Mankowski*, EWiR 2003, 767, *Smid*, DZWiR 2004, 397 und insbesondere mit weiteren Beispielen aus der Rechtsprechung der Mitgliedstaaten *Kübler*, FS Gerhardt, 527, 540 ff. *Pannen/Riedemann*, NZI 2004, 646.

[1465] Vgl. High Court of Justice Leeds („ISA-Daisytek") NZG 2004, 340.

[1466] High Court of Justice Leeds NZG 2004, 340, 341 f., dazu *Paulus*, ZIP 2003, 1725 und *ders.*, EWiR 2003, 709.

[1467] AG München IPRax 2004, 433, dazu *Paulus*, EWiR 2004, 493 und – kritisch – das Landesgericht Innsbruck ZIP 2004, 1721, 1722, welches jedoch ausführt, die Entscheidung des AG München sei gemäß Art. 16 Abs. 1 EuInsVO anzuerkennen und deshalb ein Sekundärinsolvenzverfahren eröffnet. Zur Entscheidung des LG Innsbruck vgl. *Bähr/Riedemann*, EWiR 2004, 1085.

[1468] AG Siegen NZI 2004, 673; vgl. dazu *Mankowski*, EWiR 2005, 175 f.; ebenso in einem vergleichbaren Fall das AG Offenburg, vgl. *Pannen/Riedemann*, EWiR 2005, 73 f.

der Schuldnerin wurden ausschließlich von der Muttergesellschaft geführt. In Österreich gab es kein eigenes Management und die Produktion erfolgte fast ausschließlich für die Muttergesellschaft. Das für die Schuldnerin in Österreich zuständige LG Klagenfurt eröffnete daraufhin ein österreichisches Sekundärinsolvenzverfahren.[1469]

Ähnlich entschied das Tribunale di Parma im Fall Parmalat.[1470] Die in Deutschland an- **721** sässige Schuldnerin habe den Mittelpunkt ihrer hauptsächlichen Interessen in Italien, da die Leitungsfunktion und der eigentliche geschäftliche Schwerpunkt der Gesellschaft am Sitz der Muttergesellschaft liegen. Das Tribunale di Parma stellte unter anderem auf die gesellschaftsrechtlichen Verflechtungen zwischen Muttergesellschaft und Schuldnerin ab, die zum Teil im Gesellschaftsvertrag der Schuldnerin niedergelegt waren. So sei die Muttergesellschaft alleinige Gesellschafterin der Schuldnerin und der Alleingeschäftsführer der Schuldnerin sei ein Angestellter der Muttergesellschaft. Zudem habe die Schuldnerin nur Hilfsfunktion für die Verfolgung der wirtschaftlichen Interessen der Muttergesellschaft gehabt. Daher hätten die Gläubiger der Schuldnerin auch die Muttergesellschaft als ihren eigentlichen Verhandlungspartner angesehen.

Der Supreme Court of Ireland führte dagegen aus, dass es nicht auf den Sitz der Mut- **722** tergesellschaft ankomme, selbst wenn diese die Handlungen der Tochter bestimme, und begründete damit seine Zuständigkeit für die Insolvenzeröffnung über das Vermögen der in Irland ansässigen Schuldnerin.[1471] Der Supreme Court of Ireland stellt darauf ab, dass es üblich sei, dass Tochtergesellschaften sich der Konzernpolitik unterzuordnen hätten. Die Gläubiger der Schuldnerin würden sich auf die gesetzlichen Regeln des Staates verlassen, in dem die Schuldnerin ihren Sitz habe. Würde man bei der Bestimmung des Mittelpunkts der hauptsächlichen Interessen der Tochtergesellschaft auf die finanzielle Kontrolle der Muttergesellschaft anstatt auf die rechtliche Eigenständigkeit der Schuldnerin abstellen, so hätte dies nach Auffassung des Supreme Court of Ireland ernsthafte Auswirkungen für die internationalen gesellschaftsrechtlichen Strukturen.

Auch das AG Mönchengladbach hält das Verhältnis der Muttergesellschaft zur Schuld- **723** nerin für nicht entscheidungserheblich, da es sich um ein Internum handele.[1472] Das entscheidende Außenverhältnis der Schuldnerin zu ihren Geschäftskunden und damit zu den potentiellen Gläubigern sei davon nicht betroffen.

(2) Weitere Einzelfragen zur internationalen Zuständigkeit. Wenn in mehreren Mitglied- **724** staaten Hauptinsolvenzverfahren eröffnet werden, geht nach dem Prioritätsgrundsatz das zeitlich zuerst eröffnete Verfahren vor. In Deutschland dürfen später eröffnete Verfahren gemäß Art. 102 § 3 Abs. 1 Satz 2 EGInsO nicht fortgeführt werden.[1473] Davon zu unterscheiden ist die Fallgestaltung, dass in mehr als einem Mitgliedstaat ein Antrag auf Eröffnung des Hauptinsolvenzverfahrens gestellt wird. Hier kommt es alleine darauf an, welcher Antrag zuerst positiv beschieden wird und somit die Eröffnung des Hauptinsolvenzverfahrens nach sich zieht.[1474] Ein besonderer Jurisdiktionskonflikt besteht, wenn die Entscheidung über die Eröffnung des Insolvenzverfahrens wie z.B. in England nach Art. 129 II Insolvency Act 1986[1475] oder in Irland nach Section 220 (2) Companies Act 1963 mit Rückwirkung auf den Zeitpunkt der Antragsstellung ausgestattet ist. Das

---

[1469] LG Klagenfurt NZI 2004, 677; vgl. dazu *Beutler/Debus*, EWiR 2004, 217.

[1470] Tribunale di Parma ZIP 2004, 2295; ähnlich auch Tribunale di Parma ZIP 2004, 1220 – Eurofoods –, dazu *Riera/Wagner*, EWiR 2004, 597.

[1471] Supreme Court of Ireland NZI 2004, 505.

[1472] AG Mönchengladbach NZG 2004, 101, dazu *Kebekus*, EWiR 2004, 705.

[1473] AG Düsseldorf NZI 2004, 269, 270, dazu *Herweg/Tschauner*, EWiR 2004, 495; *Smid*, Deutsches und Europäisches Insolvenzrecht, Art. 3 EuInsVO Rn. 19.

[1474] Vgl. *Bähr/Riedemann*, ZIP 2004, 1066, 1067; *Smid*, Deutsches und Europäisches Internationales Insolvenzrecht, Art. 3 EuInsVO Rn. 18; a.A. *Laukemann*, RIW 2005, 104, 110ff.: auch nach § 3 Abs. 2 InsO sei auf die Antragsstellung abzustellen.

[1475] Vgl. *Ehricke/Köster/Müller-Seils*, NZI 2003, 409ff. zu den Neuerungen im englischen Unternehmensinsolvenzrecht durch den Enterprise Act 2002.

AG Mönchengladbach sieht in einem solchen Antrag zurecht kein Hindernis für die Verfahrenseröffnung in einem anderen Mitgliedstaat.[1476] Erst die Entscheidung über die Eröffnung kann in einem anderen Mitgliedstaat die Eröffnung eines Hauptinsolvenzverfahrens sperren. Anderer Auffassung ist der High Court Dublin, der für den Fall, dass der Antrag positiv beschieden wird, auf die Rückwirkung der Entscheidung abstellt.[1477]

725 Fraglich ist, ob die vorläufige Insolvenzverwaltung schon als Eröffnung eines Hauptinsolvenzverfahrens gilt. Der High Court Dublin sieht die Bestellung des Provisional Liquidators nach irischem Recht unter Bezug auf Art. 2 lit. b) EuInsVO i. V. m. Anhang C zur EuInsVO als Eröffnung des Hauptinsolvenzverfahrens nach Art. 3 Abs. 1 EuInsVO an.[1478] Das Tribunale di Parma lehnt dies dagegen zurecht ab, da es sich lediglich um eine Sicherungsmaßnahme bis zur Entscheidung über die Eröffnung des Insolvenzverfahrens handele.[1479]

726 Die internationale Zuständigkeit des Eröffnungsgerichts ist grundsätzlich nicht nachzuprüfen.[1480] Es kommt daher nur darauf an, ob das Gericht des Hauptinsolvenzverfahrens seine Zuständigkeit nach Art. 3 Abs. 1 EuInsVO angenommen hat; nicht dagegen, ob das Gericht des Zweitstaats das Eröffnungsgericht für international zuständig hält. Befindet sich im Zweitstaat der Sitz der Schuldnerin, kann dort in aller Regel ein Sekundärinsolvenzverfahren durchgeführt werden.[1481]

727 Ausnahmsweise ist auch ein zeitlich vorher eröffnetes Hauptinsolvenzverfahren in einem anderen Mitgliedstaat nicht zu beachten, wenn es nach Art. 26 EuInsVO gegen den Ordre Public dieses Mitgliedstaats verstößt. Dies hat z. B. der High Court Dublin hinsichtlich der Entscheidung des Tribunale di Parma angenommen.[1482] Das italienische Gericht habe nämlich zu Lasten der Gläubiger den Grundsatz des rechtlichen Gehörs verletzt, so dass die Entscheidung zur Eröffnung des Hauptinsolvenzverfahrens für das irische Gericht keine Wirkung entfalte.[1483] Ein Verstoß gegen die internationale Zuständigkeit der EuInsVO oder die fehlende Begründung der internationalen Zuständigkeit des Gerichts, welches das Hauptinsolvenzverfahren i. S. v. Art. 3 Abs. 1 EuInsVO eröffnet hat, stellt grundsätzlich keinen Verstoß gegen den Ordre Public dar.[1484]

728 Der BGH hat klargestellt, dass die internationale Zuständigkeit nach der EuInsVO nicht über die Annexvorschrift des Art. 25 Abs. 1 Unterabs. 2 EuInsVO begründet werden kann.[1485] In dem vom BGH zu entscheidenden Fall hatte der deutsche Insolvenzverwalter in einem in Deutschland eröffneten Insolvenzverfahren versucht, für die Insolvenzanfechtung nach §§ 129 ff. InsO hinsichtlich der Übertragung eines in Spanien belegenen Grundstücks die internationale Zuständigkeit eines deutschen Prozessgerichts zu begründen.

729 Noch nicht entschieden ist die Frage, wie es sich auf die zunächst begründete internationale Zuständigkeit auswirkt, wenn der Schuldner nach Antragstellung, aber vor Eröff-

---

[1476] Vgl. AG Mönchengladbach NZG 2004, 1016.

[1477] Vgl. High Court Dublin ZIP 2004, 1223, 1224.

[1478] Vgl. High Court Dublin ZIP 2004, 1223, 1224.

[1479] Vgl. Tribunale di Parma ZIP 2004, 1220, 1223.

[1480] Vgl. OLG Wien NZI 2005, 57, 58; OLG Düsseldorf RIW 2005, 150; *Huber*, ZZP 114 (2001), 133, 146; *Duursma-Kepplinger/Chapulsky* in Duursma-Kepplinger/Duursma/Chapulsky, Europäische Insolvenzverordnung Art. 16 Rn. 14.

[1481] Vgl. unten Rn. 737.

[1482] Vgl. High Court Dublin ZIP 2004, 1223, 1226 f.

[1483] Das AG Düsseldorf (NZG 2004, 426 f.) hat ebenfalls einen Verstoß gegen Art. 26 EuInsVO geprüft wegen einer möglichen Verletzung des Grundsatzes des rechtlichen Gehörs der gesetzlichen Vertreter der Schuldnerin, i. E. aber verneint.

[1484] Vgl. OLG Wien NZI 2005, 56, 59 f.; dazu *Paulus*, NZI 2005, 62.

[1485] Vgl. BGH NJW 2003, 2916, 2917, dazu *Haubold*, EuZW 2003, 703; ebenso MünchKomm InsO/*Reinhart*, Art. 25 EuInsVO Rn. 6; *Leible/Staudinger*, KTS 2000, 533, 566 Fn. 230.

nung des Hauptinsolvenzverfahrens den Mittelpunkt seiner hauptsächlichen Interessen in einen anderen Mitgliedstaat verlegt. Der BGH hat diese Frage dem EuGH vorgelegt.[1486]

bb) Örtliche Zuständigkeit. Die örtliche Zuständigkeit ist in der EuInsVO nicht **730** geregelt. Diese bestimmt sich nach der lex fori concursus; in Deutschland also nach § 3 Abs. 1 InsO. Soweit sich daraus kein inländischer Gerichtsstand ergibt, ist nach Art. 102 § 1 Abs. 1 EGInsO das Insolvenzgericht ausschließlich zuständig, in dessen Bezirk der Schuldner den Mittelpunkt seiner hauptsächlichen Interessen hat.

cc) Anerkennung und ihre Wirkung. **731**

(1) Voraussetzungen. Voraussetzung einer Anerkennung ist nach Art. 16 Abs. 1 EuInsVO die Wirksamkeit der verfahrenseröffnenden Entscheidung nach der lex fori concursus. Ein förmliches Anerkennungsverfahren wird nicht durchgeführt. Die Anerkennung kann nach Art. 26 EuInsVO wegen Verstoßes gegen den Ordre Public dieses Mitgliedstaates verweigert werden.

(2) Wirkungen. Art. 17 EuInsVO enthält die grundsätzliche Regelung für die Wirkun- **732** gen der Anerkennung. Danach entfaltet das nach Art. 3 Abs. 1 EuInsVO eröffnete Hauptinsolvenzverfahren in jedem anderen Mitgliedstaat die Wirkungen, die das Recht des Staates der Verfahrenseröffnung dem Verfahren beilegt, ohne dass es hierfür „irgendwelcher Förmlichkeiten bedürfte". Dies gilt, sofern sich aus der EuInsVO nichts anderes bestimmt und solange in diesem anderen Mitgliedstaat kein Verfahren nach Art. 3 Abs. 2 EuInsVO (Sekundärinsolvenzverfahren) eröffnet ist. Konkretisierungen, Ergänzungen und Abweichungen enthalten die Art. 18 ff. EuInsVO. Ergänzend sind auch die Art. 4 ff. EuInsVO zu beachten.

Der Verwalter[1487] eines Hauptinsolvenzverfahrens darf gemäß Art. 18 Abs. 1 EuInsVO **733** auf dem Gebiet eines anderen Mitgliedstaates alle Befugnisse ausüben, die ihm nach der lex fori concursus zustehen,[1488] solange in dem anderen Mitgliedstaat kein weiteres Insolvenzverfahren eröffnet oder Sicherungsmaßnahmen ergriffen wurden. Dazu gehört grundsätzlich auch die Befugnis, Massegegenstände aus dem Gebiet des anderen Vertragsstaats zu entfernen. Auf Antrag des Verwalters ist die Entscheidung über die Verfahrenseröffnung in anderen Mitgliedstaaten öffentlich bekannt zu machen und in den öffentlichen Registern dieser Staaten zu vermerken (Art. 22 Abs. 1 EuInsVO). Nach Art. 24 Abs. 1 EuInsVO haben Leistungen Dritter an den Schuldner befreiende Wirkung, wenn dem Leistenden im Zeitpunkt der Leistung die Eröffnung des Verfahrens nicht bekannt war. Erfolgte die Leistung vor der Bekanntmachung nach Art. 21 EuInsVO,[1489] wird vermutet, dass der Leistende keine Kenntnis von der Eröffnung hatte. Erfolgte die Leistung dagegen nach dieser Bekanntmachung, wird vermutet, dass dem Leistenden die Eröffnung bekannt war.

Durch die EuInsVO wird nicht ausgeschlossen, dass einzelne Gläubiger eine vollständi- **734** ge oder anteilige Befriedigung ihrer Forderungen außerhalb der nach der EuInsVO eröffneten Insolvenzverfahren, insbesondere durch Einzelvollstreckungen, erlangen können.[1490] Wenn ein Gläubiger auf diese Weise nach der Eröffnung eines Hauptinsolvenzverfahrens

---

[1486] BGH NJW-RR 2004, 848; vgl. dazu *Laukemann*, RIW 2005, 104 ff., der für das Prioritätsprinzip den Zeitpunkt der Antragstellung für maßgeblich erachtet; vgl. auch *Smid*, DZWiR 2004, 397; *Mankowski*, EWiR 2004, 229, der nach Schuldner und Gläubigerantrag differenziert.

[1487] Wer i. S. d. EuInsVO als Verwalter anzuerkennen ist, ergibt sich aus Anhang C zur EuInsVO.

[1488] Vgl. *Pannen/Kühnle/Riedemann*, NZI 2003, 72 und *Herchen*, ZInsO 2002, 345, zu den Befugnissen des deutschen Insolvenzverwalters hinsichtlich der „Auslandsmasse" unter Berücksichtigung der EuInsVO.

[1489] In Österreich sind nach § 14 des österreichischen Insolvenzrechtseinführungsgesetzes in einer Insolvenzdatei die Daten aufzunehmen, die nach dem Insolvenzgesetz öffentlich bekannt zu machen sind. Diese Daten können unter www.edikte.justiz.gv.at eingesehen werden, vgl. dazu *Mohr*, ZIP 2000, 997.

[1490] Vgl. *Pannen/Riedemann/Kühnle*, NZI 2002, 303 zur Stellung der Insolvenzgläubiger nach der EuInsVO.

aus einem Gegenstand der Masse befriedigt wird, der in einem anderen Vertragsstaat gelegen ist, muss er grundsätzlich das Erlangte nach Art. 20 Abs. 1 EuInsVO an den Verwalter des Hauptinsolvenzverfahrens herausgeben.

735   Art. 20 Abs. 2 EuInsVO regelt, wie parallel erzielte Erlöse zu berücksichtigen sind. Danach muss sich ein Gläubiger, der mit seiner Forderung parallel an mehreren Insolvenzverfahren teilnimmt, eine in einem Insolvenzverfahren erzielte Quote bei der Verteilung im Rahmen der anderen Verfahren anrechnen lassen. Er nimmt an der Verteilung in anderen Verfahren erst teil, wenn die Gläubiger gleichen Rangs oder gleicher Gruppenzugehörigkeit die gleiche Quote erlangt haben. Diese Anrechnungsregel ist vor allem im Verhältnis von Haupt- und Sekundärinsolvenzverfahren anzuwenden.

736   **dd) Unterrichtung der Gläubiger und Anmeldung ihrer Forderungen.** Die Verordnung verpflichtet die zuständigen Gerichte und den Verwalter der Insolvenzverfahren, die Gläubiger in allen anderen Mitgliedstaaten über die Eröffnung des Verfahrens zu informieren. Ferner werden Anordnungen getroffen, wie diese Gläubiger ihre Forderungen anmelden können (Art. 39–42 EuInsVO).

d) Sekundärinsolvenzverfahren

737   **aa) Zulässigkeit des Sekundärinsolvenzverfahrens.** Voraussetzung des Sekundärinsolvenzverfahrens ist nach Art. 3 Abs. 2 Satz 1 EuInsVO, dass der Schuldner in dem betreffenden Mitgliedstaat eine Niederlassung i. S. v. Art. 2 lit. h) EuInsVO unterhält. Art. 2 lit. h) EuInsVO definiert Niederlassung als „jeden Tätigkeitsort, an dem der Schuldner einer wirtschaftlichen Aktivität von nicht vorübergehender Art nachgeht, die den Einsatz von Personal und Vermögenswerten voraussetzt". Dieser Begriff ist sehr weit und stimmt nicht mit dem Begriff der Zweigniederlassung i. S. v. § 13 ff. HGB überein. Der Sitz bzw. die Hauptniederlassung einer Gesellschaft wird in aller Regel eine Niederlassung i. S. der EuInsVO sein.[1491] Dies ist von Bedeutung, falls ein Gericht in einem Mitgliedstaat der EuInsVO, in dem die Schuldnerin nicht ihren Sitz hat, zur Auffassung gelangt, der Mittelpunkt der hauptsächlichen Interessen der Schuldnerin liege im Staat dieses Gerichts und nicht im Staat ihres Sitzes und deshalb ein Hauptinsolvenzverfahren eröffnet. Auch wenn diese Auffassung evident falsch war, ist die Eröffnung des Hauptinsolvenzverfahrens im Sitzstaat der Schuldnerin vorbehaltlich eines Verstoßes gegen den Ordre Public anzuerkennen.[1492] Für die Gläubiger der Schuldnerin kann es daher von erheblicher Bedeutung sein, dass im Sitzstaat der Schuldnerin zumindest ein Sekundärinsolvenzverfahren durchgeführt wird.

738   Die internationale Zuständigkeit des Gerichts zur Eröffnung des Verfahrens bestimmt Art. 3 Abs. 2 EuInsVO. Antragsberechtigt ist nach Art. 29 lit. a) EuInsVO der Verwalter des Hauptinsolvenzverfahrens und nach Art. 29 lit. b) EuInsVO jede andere Person oder Stelle, der das Antragsrecht nach dem Recht des Mitgliedstaats zusteht, in dessen Gebiet das Sekundärinsolvenzverfahren eröffnet werden soll.[1493] Den einzelnen Gläubigern wird daher in der Regel ein Antragsrecht zustehen. Ob auch der Schuldners das Recht hat, die Eröffnung eines Sekundärinsolvenzverfahrens zu beantragen, ist umstritten.[1494]

[1491] Vgl. AG Köln ZIP 2004, 471; LG Klagenfurt NZI 2004, 677, 678; LG Innsbruck ZIP 2004, 1721, 1722; *Bähr/Riedmann*, EWiR 2004, 1085, 1086.

[1492] Vgl. oben Rn. 726 f.

[1493] Dem AG Mönchengladbach zufolge kann ein Antrag auf Eröffnung des Sekundärinsolvenzverfahrens als ein Antrag auf Eröffnung des Hauptinsolvenzverfahrens ausgelegt werden, vgl. AG Mönchengladbach NZG 2004, 1016.

[1494] Dagegen: *Duursma-Kepplinger/Chalupsky* in Duursma-Kepplinger/Duursma/Chalupsky, Europäische Insolvenzverordnung, Art. 29 Rn. 8, da der Schuldner mit Eröffnung des Hauptinsolvenzverfahrens keine Verfügungsbefugnis mehr habe; dafür: AG Köln NZI 2004, 151, 153 mit dem Hinweis, dass trotz des eröffneten Hauptinsolvenzverfahrens dem Schuldner zahlreiche Mitwirkungs- und Verfahrensrechte zuständen.

Hervorzuheben ist, dass gemäß Art. 27 Satz 1 EuInsVO das Gericht, das über die Eröff- **739** nung des Sekundärinsolvenzverfahrens entscheidet, die Insolvenz des Schuldners nicht mehr prüfen darf.[1495]

bb) Durchführung des Sekundärinsolvenzverfahrens und Verhältnis zum **740** **Hauptinsolvenzverfahren.** Die Wirkungen des Hauptinsolvenzverfahrens bestehen auch nach Eröffnung des Sekundärinsolvenzverfahrens fort, soweit sie nicht mit den spezielleren Wirkungen des Sekundärinsolvenzverfahrens kollidieren.[1496] D. h., trotz Eröffnung des Sekundärinsolvenzverfahrens verlieren die Vermögenswerte grundsätzlich nicht den Insolvenzbeschlag des Hauptinsolvenzverfahrens.[1497]

Das eröffnete Sekundärinsolvenzverfahren wird im Grundsatz nach der eigenen lex **741** fori durchgeführt; modifizierend und ergänzend finden die Art. 5 ff. EuInsVO und die Art. 31 ff. EuInsVO Anwendung. Die Art. 31 ff. EuInsVO regeln vor allem die Kooperation und Koordination der Haupt- und Sekundärinsolvenzverfahren, insbesondere die Kooperation der laufenden Verfahren und die besondere Verknüpfung der Verfahren im Zusammenhang mit der Verfahrensbeendigung.[1498] Art. 31 Abs. 1 EuInsVO sieht die Kooperation der Verwalter des Haupt- und des Sekundärinsolvenzverfahrens vor. Für das deutsche Sekundärinsolvenzverfahren kann Eigenverwaltung gemäß §§ 270 ff. InsO angeordnet werden.[1499]

Art. 33 EuInsVO ermöglicht, auf Antrag des Verwalters des Hauptinsolvenzverfahrens **742** die Liquidation im Sekundärinsolvenzverfahren (ganz oder teilweise) auszusetzen. Damit soll ein Zeitrahmen geschaffen werden, der es ermöglicht, das Hauptinsolvenzverfahren durch einen Vergleich unter Einschluss der Masse des Sekundärinsolvenzverfahrens zum Abschluss zu bringen. Für die Aussetzung ist das Gericht zuständig, welches das Sekundärinsolvenzverfahren eröffnet hat.

Das Sekundärinsolvenzverfahren muss gemäß Art. 3 Abs. 3 Satz 2, Art. 2 lit. c) **743** EuInsVO auf die Liquidation und nicht die Sanierung des Schuldnervermögens gerichtet und zugleich ein im Anhang B zur EuInsVO aufgelistetes Verfahren sein.[1500] Jedoch ist die Beendigung der Sekundärinsolvenzverfahren ohne eine Liquidation gemäß Art. 34 Abs. 1 EuInsVO möglich, wenn dies nach der maßgeblichen lex fori concursus zugelassen wird. Eine solche Beendigung bedarf jedoch grundsätzlich der Zustimmung des Verwalters des Hauptinsolvenzverfahrens. Die Zustimmung ist entbehrlich, wenn die finanziellen Interessen der Gläubiger des Hauptinsolvenzverfahrens durch die vorgeschlagene Maßnahme nicht beeinträchtigt werden (Art. 34 Abs. 1 Satz 2 EuInsVO). Wenn die Liquidation im Rahmen des Sekundärinsolvenzverfahrens nach Art. 33 EuInsVO ausgesetzt ist, kann eine Beendigung dieses Verfahrens durch einen Sanierungsplan, einen Vergleich oder eine andere vergleichbare Maßnahme nur mit Zustimmung des Verwalters des Hauptinsolvenzverfahrens erfolgen (Art. 34 Abs. 3 EuInsVO).

Mit welchen Forderungen ein Gläubiger an der Verteilung in einem Sekundärinsol- **744** venzverfahren teilnimmt, bestimmt die jeweilige lex fori concursus. Die EuInsVO enthält

---

[1495] Vgl. *Smid,* Deutsches und Europäisches Internationales Insolvenzrecht, Art. 27 EuInsVO Rn. 9.

[1496] Vgl. *Bähr/Riedemann,* ZIP 2004, 1066, 1067 f.; *Vallender/Fuchs,* ZIP 2004, 829 zu der streitigen Frage, ob der Geschäftsführer einer deutschen GmbH schon mit der Stellung des Antrags auf Eröffnung des Hauptinsolvenzverfahrens im Ausland seiner Antragspflicht nach § 64 Abs. 1 GmbHG genügt.

[1497] Vgl. AG Köln NZI 2004, 151, 153, dazu *Sabel,* NZI 2004, 126; *Blenske,* EWiR 2004, 601.

[1498] Vgl. *Staak,* NZI 2004, 480, 483 ff. zu den Einflussmöglichkeiten des Hauptinsolvenzverwalters auf das Sekundärinsolvenzverfahren und zu möglichen Problemen bei der Koordination von Haupt- und Sekundärinsolvenzverfahren; vgl auch *Ehricke,* ZIP 2005, 1104 ff. zum Verhältnis des Hauptinsolvenzverwalters zum Sekundärinsolvenzverwalter.

[1499] Vgl. AG Köln ZIP 2004, 471.

[1500] Dazu gehört nach AG Köln NZI 2004, 151, 153, die im Rahmen des Insolvenzverfahrens mögliche Eigenverwaltung nach §§ 270 ff. InsO.

dazu keine Regelungen. Von der EuInsVO wird folglich zugelassen, dass alle Gläubiger mit ihren Forderungen in jedem Verfahren (im Hauptinsolvenzverfahren und in jedem Sekundärinsolvenzverfahren) berücksichtigt werden. Dementsprechend hat nach Art. 32 Abs. 1 EuInsVO jeder Gläubiger auch das Recht, seine Forderung im Hauptinsolvenzverfahren und in jedem Sekundärinsolvenzverfahren anzumelden.

745   Die EuInsVO regelt auch die gegenseitige Berücksichtigung der Verfahrensergebnisse in Haupt- und Sekundärinsolvenzverfahren. Verbleibt bei der Verteilung der Masse des Sekundärinsolvenzverfahrens ein Überschuss, so ist dieser unverzüglich an den Verwalter des Hauptinsolvenzverfahrens herauszugeben (Art. 35 EuInsVO). Da am Sekundärinsolvenzverfahren alle Forderungen teilnehmen können, ist dies ein praktisch eher seltener Fall.

746   Von großer praktischer Bedeutung ist dagegen Art. 20 Abs. 2 EuInsVO, der die Anrechnung erzielter Erlöse bei paralleler Teilnahme an mehreren Insolvenzverfahren regelt.

e) Art. 102 EGInsO, Durchführung der EuInsVO

747   Art. 102 EGInsO dient im Wesentlichen der Umsetzung der EuInsVO. Als Verordnung hat die EuInsVO zwar allgemeine und unmittelbare Wirkung in jedem Mitgliedstaat und bedarf keiner weiteren Umsetzung. Jedoch ergeben sich bei Anwendung der EuInsVO Fragestellungen, die auf Ebene des Mitgliedstaates weiterer Regelungen bedürfen. Zum Beispiel ist gemäß Art. 21 Abs. 1 EuInsVO auf Antrag des Insolvenzverwalters des Hauptinsolvenzverfahrens in jedem anderen Mitgliedstaat der wesentliche Inhalt der Entscheidung über die Verfahrenseröffnung entsprechend den Bestimmungen des jeweiligen Staates zu veröffentlichen. Ergänzend zu dieser Vorschrift bestimmt Art. 102 § 5 Abs. 1 EGInsO, an welches Gericht im Inland dieser Antrag auf Veröffentlichung zu richten ist. Des Weiteren sehen zum Beispiel Art. 102 § 3 und § 4 EGInsO vor, wie zu verfahren ist, wenn ein Gericht eines anderen Mitgliedstaates bereits ein Hauptinsolvenzverfahren eröffnet hat und bei einem inländischen Gericht ein weiterer Antrag auf Eröffnung des Hauptinsolvenzverfahrens gestellt wird. Daher sind bei Sachverhalten, die von der EuInsVO erfasst werden, stets auch die ergänzenden Bestimmungen in Art. 102 EGInsO zu beachten.

f) Insolvenz ausländischer Gesellschaften, die den Mittelpunkt ihrer hauptsächlichen Interessen im Inland haben

748   Für die internationale Zuständigkeit zur Eröffnung eines Hauptinsolvenzverfahrens und die Bestimmung des im Insolvenzfall anwendbaren Rechts ist es entscheidend, wo der Mittelpunkt der hauptsächlichen Interessen des Schuldners liegt.[1501] Mit dieser Anknüpfung hat die EuInsVO bewusst das Auseinanderfallen von Gesellschafts- und Insolvenzstatut in Kauf genommen. In der Praxis wird es insbesondere aufgrund der neueren Rechtsprechung des EuGH zur Niederlassungsfreiheit der Gesellschaften[1502] vielfach zu einem solchen Auseinanderfallen kommen.[1503] Nach dieser Rechtsprechung können die nach dem Recht eines anderen Mitgliedstaates gegründeten Gesellschaften ihren tatsächlichen Verwaltungssitz im Inland haben und dort auch überwiegend oder ausschließlich tätig sein. Da der Mittelpunkt der hauptsächlichen Interessen einer Gesellschaft häufig am Ort ihres tatsächlichen Verwaltungssitzes liegen wird,[1504] haben in einem solchen Fall die

---

[1501] Vgl. Art. 3 Abs. 1 und Art. 4 EuInsVO.

[1502] Vgl. EuGHE 1999, 1484 (= NJW 1999, 2027) – Centros; EuGHE 2002, 9943 (= NZG 2002, 1164; in wesentlichen Teilen auch abgedruckt in NJW 2002, 3614) – Überseering; EuGH EuZW 2003, 687 (= NZG 2003, 1064; in wesentlichen Teilen auch abgedruckt in NJW 2003, 3331) – Inspire Art; vgl. dazu oben Rn. 149 ff., 153 ff., 161 ff.

[1503] Das Auseinanderfallen ergibt sich im Übrigen auch aus der Rechtsprechung, die bei grenzüberschreitenden Konzernen vielfach der Auffassung ist, der Mittelpunkt der hauptsächlichen Interessen der abhängigen Gesellschaft sei am (Verwaltungs-)Sitz der Konzernmutter; vgl. oben Rn. 717 ff.

[1504] Vgl. Eidenmüller/*Eidenmüller*, Ausländische Kapitalgesellschaften im deutschen Recht, § 9 Rn. 11 m. w. N.

deutschen Insolvenzgerichte die internationale Zuständigkeit zur Eröffnung eines Hauptinsolvenzverfahrens über das Vermögen der Gesellschaft ausländischen Rechts.

aa) Insolvenzfähigkeit. Gemäß Art. 4 Abs. 2 lit. a) EuInsVO gilt für die Insolvenzfä- **749** higkeit das nach Art. 4 Abs. 1 EuInsVO maßgebliche lex fori concursus des Mitgliedstaates, in dem das Hauptinsolvenzverfahren eröffnet wurde. Im deutschen Recht bestimmt sich die Insolvenzfähigkeit nach den §§ 11, 12 InsO. Es ist also zu prüfen, ob die ausländische Gesellschaft eine der in § 11 InsO aufgezählten Personen ist, insbesondere eine juristische Person oder eine Gesellschaft ohne Rechtspersönlichkeit, oder mit einer solchen vergleichbar ist.[1505] Ausländische Kapitalgesellschaften und ausländische Personengesellschaften sind den entsprechenden Gesellschaftsformen des deutschen Rechts vergleichbar und daher als juristische Personen bzw. Gesellschaften ohne Rechtspersönlichkeit i. S. v. § 11 Abs. 1 bzw. Abs. 2 Nr. 1 InsO insolvenzfähig.[1506]

Die EuInsVO ist auch anwendbar, wenn der Schuldner eine in einem Drittstaat ge- **750** gründete Gesellschaft ist, die den Mittelpunkt ihrer hauptsächlichen Interessen in einem Mitgliedstaat hat. Hat die in einem Drittstaat gegründete Gesellschaft den Mittelpunkt ihrer hauptsächlichen Interessen im Inland, so ergibt sich die Insolvenzfähigkeit der Gesellschaft aus dem Urteil des BGH vom 1. 7. 2002.[1507] Danach sind auch sogenannte Scheinauslandsgesellschaften aus Drittstaaten als deutsche Personengesellschaften des Handelsrechts oder Gesellschaften bürgerlichen Rechts anzuerkennen.

bb) Eröffnungsgründe. Die Eröffnungsgründe bestimmen sich nach dem Recht des **751** Staates der Verfahrenseröffnung.[1508] Im Fall einer ausländischen Gesellschaft, die den Mittelpunkt ihrer hauptsächlichen Interessen im Inland hat, sind daher die Zahlungsunfähigkeit (§ 17 InsO), die drohende Zahlungsunfähigkeit (§ 18 InsO) und bei juristischen Personen zusätzlich die Überschuldung (§ 19 InsO) Eröffnungsgründe für das Insolvenzverfahren.

cc) Insolvenzantrag: Antragsrecht und Antragspflicht. Auch das Antragsrecht **752** bestimmt sich nach dem Recht des Staates der Verfahrenseröffnung.[1509] Die Berechtigung, einen Insolvenzantrag zu stellen, ist in §§ 13, 15 InsO geregelt. Antragsberechtigt ist damit insbesondere bei einer juristischen Person oder einer Gesellschaft ohne Rechtspersönlichkeit jedes Mitglied des Vertretungsorgans.

Sehr streitig ist, nach welchem Recht sich bestimmt, welche Personen eine Antrags- **753** pflicht haben und wann diese besteht. Ein Teil der Literatur ist der Auffassung, die Antragspflicht sei gesellschaftsrechtlich zu qualifizieren,[1510] was zu dem unsinnigen Ergebnis führt, dass unterschiedliche Rechtsordnungen über Antragsrecht und Antragspflicht entscheiden und damit die Insolvenzgründe von zwei unterschiedlichen Rechtsordnungen maßgeblich sein sollen. Dass dieses Ergebnis nicht sachgerecht ist, wird auch von Befürwortern der gesellschaftsrechtlichen Qualifikation der Antragspflicht eingeräumt.[1511]

[1505] Die Vergleichbarkeit genügt, da eine Substitution möglich ist; vgl. Eidenmüller/*Eidenmüller,* Ausländische Kapitalgesellschaften im Deutschen Recht, § 9 Rn. 18.

[1506] Für ausländische Kapitalgesellschaften, vgl. Eidenmüller/*Eidenmüller,* Ausländische Kapitalgesellschaften im Deutschen Recht, § 9 Rn. 18 m. w. N.

[1507] BGHZ 151, 204 (= NJW 2002, 3539); vgl. dazu oben Rn. 43 und 171.

[1508] Vgl. Art. 4 Abs. 2 Satz 1 EuInsVO.

[1509] Wie sich aus Art. 4 Abs. 2 Satz 1 EuInsVO ergibt. Soweit darauf abgestellt wird, ob das Antragsrecht insolvenzrechtlich zu qualifizieren ist, dürfte auch dies unstreitig der Fall sein; vgl. *Mock/ Schildt* in Hirte/Bücker, Grenzüberschreitende Gesellschaften, § 16 Rn. 33 m. w. N.

[1510] Vgl. *Mock/Schildt* in Hirte/Bücker, Grenzüberschreitende Gesellschaften, § 16 Rn. 35 ff. m. w. N.; *dies.,* ZInsO 2003, 396, 399 f.; *Mock/Westhoff,* DZWiR 2004, 23, 26 f.; *Bayer,* BB 2003, 2357, 2365; *Schanze/Jüttner,* AG 2003, 661, 670; *Schumann,* DB 2004, 743, 746; *Ulmer,* NJW 2004, 1201, 1207; *Vallender/Fuchs,* ZIP 2004, 829, 830.

[1511] Vgl. *Mock/Schildt* in Hirte/Bücker, Grenzüberschreitende Gesellschaften, § 16 Rn. 50, die darauf hinweisen, dieses Ergebnis könne endgültig nur durch ein einheitliches europäisches Insolvenzantragsverfahren beseitigt werden.

754 Dass die Antragspflichten im deutschen Recht in § 64 Abs. 1 GmbHG und § 92 Abs. 2 AktG geregelt und damit Teil gesellschaftsrechtlicher Regelwerke sind, ist für die Frage der insolvenz- oder gesellschaftsrechtlichen Qualifizierung nicht entscheidend.[1512] Entscheidend ist vielmehr der Zweck der Antragspflicht.[1513] Zweck der Antragspflicht ist wohl unstreitig der Schutz der Gläubiger der Gesellschaft, die durch eine Fortführung der insolventen Gesellschaft und ein späteres Insolvenzverfahren geschädigt würden. Dieser Zweck ist insolvenzrechtlicher Natur.[1514] Die Antragspflichten sind daher insolvenzrechtlich zu qualifizieren.[1515] Ausländische Gesellschaften, die den Mittelpunkt ihrer hauptsächlichen Interessen im Inland haben, unterliegen daher den Insolvenzantragspflichten des deutschen Rechts (§ 64 Abs. 1 GmbHG und § 92 Abs. 2 AktG). Das gleiche gilt für die der Antragspflicht vorgelagerten Pflichten der Geschäftsleiter, beim Vorliegen von Krisenanzeichen die Überschuldungssituation und Zahlungsfähigkeit zu prüfen und während der Dauer der Krise der Gesellschaft angemessen zu überwachen.[1516]

755 **dd) Haftung wegen Insolvenzverschleppung und Haftung gemäß § 64 Abs. 2 GmbHG, §§ 92 Abs. 3, 93 Abs. 3 Nr. 6 AktG.** Auch die Qualifizierung einer Haftung wegen Insolvenzverschleppung und die Qualifizierung sonstiger Haftungstatbestände im Insolvenzfall ist noch ungeklärt und heftig umstritten. Die entsprechenden Haftungstatbestände des deutschen Rechts sind insbesondere: die deliktische Haftung der Geschäftsführer einer GmbH und der Vorstände einer AG gegenüber den Gläubigern der Gesellschaft wegen Verletzung der Insolvenzantragspflicht (Insolvenzverschleppung) gemäß § 823 Abs. 2 BGB i. V. m. § 64 Abs. 1 GmbHG bzw. § 92 Abs. 2 AktG und die Haftung der Geschäftsführer einer GmbH und der Vorstände einer AG gegenüber der Gesellschaft für Zahlungen, die unzulässigerweise nach Eintritt von Zahlungsunfähigkeit oder Überschuldung geleistet wurden (§ 64 Abs. 2 GmbHG bzw. §§ 92 Abs. 3, 93 Abs. 3 Nr. 6 AktG).

756 Die Haftung wegen Insolvenzverschleppung sanktioniert Verstöße gegen die Insolvenzantragspflicht. Sie dient daher demselben Zweck wie die Antragspflicht selbst: dem Schutz der Gläubiger der Gesellschaft vor den mit einem verspäteten Insolvenzantrag verbundenen Nachteilen bzw. dem Ausgleich dieser Nachteile, nämlich dem Ausgleich einer Schmälerung der Insolvenzmasse, die das Ergebnis der Insolvenzverschleppung ist. Die Insolvenzantragspflicht und die Haftung wegen einer Verletzung dieser Pflicht sind daher einheitlich zu qualifizieren. Aus dem Schutzzweck der Vorschriften folgt ihre Zuordnung zum Insolvenzrecht. Auch die Haftung wegen Insolvenzverschleppung ist demnach insolvenzrechtlich zu qualifizieren.[1517] Für die insolvenzrechtliche Qualifizierung der Haftung

---

[1512] Vgl. *Mock/Schildt* in Hirte/Bücker, Grenzüberschreitende Gesellschaften, § 16 Rn. 36; Eidenmüller/*Eidenmüller*, Ausländische Kapitalgesellschaften im Deutschen Recht, § 9 Rn. 26.

[1513] Eidenmüller/*Eidenmüller*, Ausländische Kapitalgesellschaften im Deutschen Recht, § 9 Rn. 26.

[1514] Eidenmüller/*Eidenmüller*, Ausländische Kapitalgesellschaften im Deutschen Recht, § 9 Rn. 26; a. A. *Mock/Schildt* in Hirte/Bücker, Grenzüberschreitende Gesellschaften, § 16 Rn. 36.

[1515] Vgl. Eidenmüller/*Eidenmüller*, Ausländische Kapitalgesellschaften im Deutschen Recht, § 9 Rn. 26, der der Auffassung ist, dies „dürfte inzwischen h. M. sein"; *Altmeppen*, NJW 2004, 97, 100; *Riedemann*, GmbHR 2004, 345, 349; *Borges*, ZIP 2004, 733, 739 f.; *Zimmer*, NJW 2003, 3585, 3589 f.; *Müller*, NZG 2003, 414, 416; *Weller*, IPRax 2003, 520, 522 Fn. 27; *Wachter*, GmbHR 2004, 88, 101; *Roth*, NZG 2003, 1081, 1085; zum gleichen Ergebnis kommt *Huber* in Lutter, Europäische Auslandsgesellschaften in Deutschland, S. 307, 328 ff. mit einer kollisionsrechtlichen Sonderanknüpfung des § 64 GmbHG.

[1516] Vgl. Eidenmüller/*Eidenmüller*, Ausländische Kapitalgesellschaften im Deutschen Recht, § 9 Rn. 30 m. w. N.

[1517] Im Ergebnis ebenso Eidenmüller/*Eidenmüller*, Ausländische Kapitalgesellschaften im Deutschen Recht, § 9 Rn. 32; *Goette*, DStR 2005, 197, 200; *Hausmann* in Reithmann/Martiny, Intern. Vertragsrecht, Rn. 2291 c; *Borges*, ZIP 2004, 733, 740; *Müller*, NZG 2003, 414, 417; *Weller*, IPRax 2003, 520, 524; *ders.*, IPRax 2003, 324, 328; *ders.*, DStR 2003, 1800, 1804; *Wachter*, GmbHR 2004, 88, 101 Fn. 101; *ders.*, GmbHR 2003, 1254, 1257; *Roth*, NZG 2003, 1081, 1085.; wohl auch *Röhricht*, ZIP 2005, 505, 507 f.; eine gesellschaftsrechtliche Qualifizierung befürworten dagegen AG Bad

wegen Insolvenzverschleppung spricht auch, dass der EuGH[1518] in Übereinstimmung mit der herrschenden Meinung[1519] die Haftung der *dirigeants de droit et de fait* aufgrund einer *action en comblement du passif social* im französischen Recht insolvenzrechtlich qualifiziert hat. Der Zweck dieser Haftung ist mit dem Zweck der Insolvenzverschleppungshaftung vergleichbar.[1520] Aufgrund der insolvenzrechtlichen Qualifizierung konnte auch die Haftung *en comblement du passif social* den Geschäftsleiter einer nichtfranzösischen Gesellschaft treffen, sofern über diese Gesellschaft ein französisches Insolvenzverfahren eröffnet wurde.[1521]

Umstritten ist auch, ob die insolvenzrechtliche Qualifizierung und die sich daraus erge- **757** bende Anwendung der deutschen Insolvenzverschleppungshaftung auf ausländische Gesellschaften, die den Mittelpunkt ihrer hauptsächlichen Interessen im Inland haben, mit der EU-Niederlassungsfreiheit vereinbar ist. Das europäische Recht ordnet durch die EuInsVO selbst an, dass Insolvenzverfahren über Gesellschaften im Mitgliedstaat des Mittelpunkts ihrer hauptsächlichen Interessen nach dem dort geltenden Recht durchgeführt werden, und zwar unabhängig davon, welches Gesellschaftsstatut auf diese Gesellschaft Anwendung findet. Da die Insolvenzverschleppungshaftung insolvenzrechtlicher Natur ist und für alle einem deutschen Insolvenzverfahren unterworfenen Gesellschaften und ihre Geschäftsleiter gleichermaßen gilt, stellt sie richtigerweise keinen rechtfertigungsbedürftigen Eingriff in die Niederlassungsfreiheit dar.[1522]

Es ist zu hoffen, dass die für die Praxis bedeutsamen Fragen der Qualifizierung der In- **758** solvenzverschleppungshaftung und ihrer Vereinbarkeit mit der EU-Niederlassungsfreiheit bald gerichtlich geklärt oder gesetzgeberisch geregelt werden. Die EU-Kommission hat in ihrem Aktionsplan „Modernisierung des Gesellschaftsrechts und Verbesserung der Corporate Governance in der Europäischen Union" vom 21. 5. 2003[1523] vorgesehen, eine einheitliche Regelung zur Haftung wegen Insolvenzverschleppung zu schaffen.[1524]

Auch bei der Qualifizierung der Haftung gemäß § 64 Abs. 2 GmbHG bzw. §§ 92 **759** Abs. 3, 93 Abs. 3 Nr. 6 AktG ist auf den Zweck der Vorschriften abzustellen. Dieser ist die Sicherung der gleichmäßigen Befriedigung der Gläubiger im Vorfeld der Insolvenzeröffnung.[1525] Die gemeinschaftliche Befriedigung der Gläubiger nach gleichen Grundsätzen ist das wesentliche Ziel des Insolvenzverfahrens.[1526] Daraus folgt, dass auch diese Haftungs-

---

Segeberg ZIP 2005, 812, 814; *Drygala,* ZEuP 2004, 337, 362; *Mock/Schildt* in Hirte/Bücker, Grenzüberschreitende Gesellschaften, § 16 Rn. 43 ff.; *dies.,* ZInsO 2003, 396, 400; *Mock/Westhoff,* DZWiR 2004, 23, 27; *Ulmer,* NJW 2004, 1201, 1207 f.; *Altmeppen/Wilhelm,* DB 2004, 1083, 1088; für eine deliktsrechtliche Qualifikation befürworten Scholz/*Westermann,* GmbHG Einl. Rn. 108; *Schanze/Jüttner,* AG 2003, 661, 670; *Schumann,* DB 2004, 743, 748 und eine Mehrfachqualifikation befürwortet *Kindler,* NZG 2003, 1086, 1090.

[1518] EuGHE 1979, 733 (= RIW 1979, 273), allerdings zur Frage der internationalen Zuständigkeit nach dem EuGVÜ.

[1519] Vgl. oben Rn. 350 m. w. N.

[1520] Vgl. Eidenmüller/*Eidenmüller,* Ausländische Kapitalgesellschaften im Deutschen Recht, § 9 Rn. 32.

[1521] Vgl. MünchKommBGB/*Kindler,* IntGesR Rn. 485.

[1522] Str.; wie hier im Ergebnis Eidenmüller/*Eidenmüller,* Ausländische Kapitalgesellschaften im Deutschen Recht, § 9 Rn. 29 und 33; *Borges,* ZIP 2004, 733, 740; *Huber* in Lutter, Europäische Auslandsgesellschaften in Deutschland, S. 307, 348 ff.; a. A. *Spindler/Berner,* RIW 2004, 7, 12; *Schall,* ZIP 2005, 965, 974; *Zimmer,* NJW 2003, 3585, 3590, der den Eingriff jedoch für gerechtfertigt erachtet.

[1523] Mitteilung an den Rat und das Europäische Parlament (KOM [2003] 284 endg.), S. 19, abgedruckt in NZG 2003, Sonderbeilage zu Heft 13; vgl. zu dem Aktionsplan *Habersack,* NZG 2004, 1.

[1524] Vgl. dazu *Habersack/Verse,* ZHR 168 (2004), 174; *Bayer,* BB 2004, 1, 7; für einen kurzen Überblick zur Insolvenzverschleppungshaftung in England, Niederlanden, Frankreich und Italien *Mock/Westhoff,* DZWiR 2004, 23, 27 f.

[1525] *Schulze-Osterloh* in Baumbach/Hueck, GmbHG, § 64 Rn. 70 m. w. N.

[1526] Vgl. § 1 InsO und *Kirchhof* in HK-InsO, § 1 Rn. 4.

normen insolvenzrechtlich zu qualifizieren sind.[1527] Auch diese Qualifizierung und ihre Konsequenzen sind mit der EU-Niederlassungsfreiheit vereinbar.

760   **ee) Strafrechtliche Verantwortlichkeit im Insolvenzfall; insbesondere: Strafbarkeit wegen Insolvenzverschleppung.** In engem Zusammenhang mit der zivilrechtlichen Haftung wegen Insolvenzverschleppung steht eine mögliche strafrechtliche Verantwortlichkeit der Geschäftsleiter. Strafbewehrt sind nach deutschem Recht die allgemeinen Insolvenzstraftaten, §§ 283 ff. StGB. Die allgemeinen Normen des Wirtschaftsstrafrechts, wie die §§ 283 ff. StGB, sind auch auf ausländische Gesellschaften und ihre Gesellschafter anwendbar.[1528] Besondere Strafvorschriften wegen Insolvenzverschleppung finden sich für den Geschäftsführer der GmbH in § 84 Abs. 1 Nr. 2 GmbHG, für den Vorstand der AG in § 401 Abs. 1 Nr. 2 AktG und den Vorstand der Genossenschaft in § 148 Abs. 1 Ziff. 2 GenG. Diese besonderen Strafvorschriften können schon vom Wortlaut her nicht auf Organmitglieder ausländischer Gesellschaften angewendet werden. Einer analogen Anwendung steht das strafrechtliche Analogieverbot entgegen.[1529] Daneben dürfen die deutschen Strafverfolgungsbehörden auch nicht die Strafvorschriften des Gesellschaftsstatuts der ausländischen Gesellschaft anwenden.[1530]

761   **ff) Verfahrenseröffnung, Verfahrensablauf und Verfahrensbeendigung.** Die lex fori concursus bestimmt auch die Eröffnung, den Ablauf und die Beendigung des Verfahrens. Hierzu gehören gemäß Art. 4 Abs. 2 lit. c) EuInsVO auch die Stellung und Befugnisse des Schuldner und des Insolvenzverwalters.

762   **gg) Keine Haftung wegen existenzvernichtendem Eingriff und keine Anwendung der Eigenkapitalersatzregeln.** Sowohl die Qualifizierung der Haftung wegen existenzvernichtendem Eingriff als auch die Qualifizierung der Regeln über eigenkapitalersetzende Darlehen und sonstige eigenkapitalersetzende Gesellschafterleistungen ist umstritten. Nach richtiger Auffassung sind beide gesellschaftsrechtlich zu qualifizieren.[1531] Auf ausländische Gesellschaften sind daher die entsprechenden Bestimmungen des deutschen Rechts grundsätzlich nicht anwendbar.[1532]

3. Autonomes deutsches Internationales Insolvenzrecht

763   Das autonome deutsche Internationale Insolvenzrecht ist in den §§ 335 ff. EGInsO geregelt. Neben allgemeinen Vorschriften gibt es besondere Vorschriften über ausländische Insolvenzverfahren und ihre Anerkennung in Deutschland und besondere Vorschriften für Partikularverfahren und Sekundärinsolvenzverfahren über das Inlandsvermögen des Schuldners. Das autonome deutsche Internationale Insolvenzrecht ist in seinem Aufbau und Inhalt der EuInsVO vergleichbar.

a) Anwendungsbereich der §§ 335 ff. InsO

764   Die §§ 335 ff. InsO sind anwendbar, soweit die EuInsVO keine Anwendung findet, d. h. auf grenzüberschreitende Insolvenzfälle, bei denen der Mittelpunkt der hauptsächlichen Interessen des Schuldners außerhalb der EU oder in Dänemark liegt[1533] und auf sonstige grenzüberschreitende Insolvenzrechtssachverhalte, die Drittstaaten betref-

---

[1527] Im Ergebnis ebenso Eidenmüller/*Eidenmüller*, Ausländische Kapitalgesellschaften im Deutschen Recht, § 9 Rn. 31 ff.

[1528] Vgl. *Horn*, NJW 2004, 893, 899; ebenso *Goette*, DStR 2005, 197, 1999 für § 266 a StGB.

[1529] Art. 103 Abs. 2 GG; vgl. *Spindler/Berner*, RIW 2004, 7, 14; *Wachter*, GmbHR 2003, 1254, 1257; *ders.*, GmbHR 2004, 88, 101; *Zimmer*, NJW 2003, 3585, 3590.

[1530] Staudinger/*Großfeld* (1998) IntGesR Rn. 388; MünchKommBGB/*Kindler*, IntGesR Rn. 534; *Weller*, IPRax 2003, 207, 209.

[1531] Vgl. zur Haftung wegen existenzvernichtendem Eingriff Rn. 339 ff. und zum Eigenkapitalersatzrecht Rn. 313 ff.

[1532] Str., vgl. oben Rn. 317 und Rn. 344.

[1533] Vgl. Erwägungsgrund (14) der EuInsVO.

fen.[1534] Im Anwendungsbereich der EuInsVO[1535] kommen die §§ 335 ff. InsO nur zur Anwendung, soweit sie der EuInsVO nicht widersprechen.

Für die Zeit vor Inkrafttreten der EuInsVO am 31. 5. 2002 war grundsätzlich für alle **765** in- und ausländischen Insolvenzverfahren sowie die sich daraus ergebenden Fragen Art. 102 EGInsO a. F. anzuwenden.

b) Internationale Zuständigkeit

Im Gegensatz zur EuInsVO enthält das deutsche Internationale Insolvenzrecht keine **766** ausdrückliche Regelung der internationalen Zuständigkeit. Die internationale Zuständigkeit ergibt sich daher aus der örtlichen Zuständigkeit nach § 3 InsO.[1536] Danach ist primär das Insolvenzgericht zuständig, in dessen Bezirk der Mittelpunkt einer selbständigen wirtschaftlichen Tätigkeit des Schuldners liegt (§ 3 Abs. 1 Satz 2 InsO). Für Gesellschaften wird dies in der Regel der tatsächliche Verwaltungssitz der Gesellschaft sein.[1537] Im Übrigen, d. h. für Schuldner, die keine selbständige wirtschaftliche Tätigkeit ausüben, ist nach § 3 Abs. 1 Satz 1 InsO der allgemeinen Gerichtsstand des Schuldners maßgeblich.

c) Anwendbares Recht

Gemäß § 335 InsO unterliegen das Insolvenzverfahren und seine Wirkungen grund- **767** sätzlich dem Recht des Staates, in dem das Verfahren eröffnet worden ist. Das heißt, in Übereinstimmung mit Art. 4 Abs. 1 EuInsVO gilt der Grundsatz der lex fori concursus. Zu dem Insolvenzverfahren und seinen Wirkungen gehören das Insolvenzantragsverfahren, die Eröffnung und die Beendigung des Verfahrens. Des Weiteren gilt die lex fori concursus sowohl für das Verfahrensrecht als auch für das materielle Insolvenzrecht, soweit keine Sonderregelungen eingreifen.[1538]

Zu den „Wirkungen" des Insolvenzverfahrens zählen nicht nur Normen aus der Insol- **768** venzordnung, sondern auch z. B. die §§ 30 d, 153 b ZVG.[1539] Vom Grundsatz der lex fori concursus abweichende Sonderanknüpfungen und Sonderregelungen enthalten die §§ 336 InsO (Verträge über unbewegliche Gegenstände), 337 (Arbeitsverhältnisse), 338 (Aufrechnung), 339 (Insolvenzanfechtung) und 340 (organisierte Märkte, Pensionsgeschäfte).

d) Anerkennung ausländischer Insolvenzverfahren

Die Anerkennung eines ausländischen Insolvenzverfahrens ist in § 343 InsO geregelt. **769** Danach wird ein ausländisches Insolvenzverfahren grundsätzlich automatisch anerkannt. Ein förmliches Anerkennungsverfahren sieht die Insolvenzordnung nicht vor. Die automatische Anerkennung des ausländischen Insolvenzverfahrens hat folgende Voraussetzungen:[1540]

– Es darf kein inländisches Insolvenzverfahren mit universellem Wirkungsanspruch eröffnet worden sein.
– Das Auslandsverfahren muss nach den inländischen Rechtsgrundsätzen ein Insolvenzverfahren sein.
– Die ausländische lex fori concursus muss ihrem Verfahren universelle bzw. extraterritoriale Wirkung beilegen.
– Die das Insolvenzverfahren eröffnende staatliche Stelle muss spiegelbildlich zu § 3 Abs. 1 InsO international zuständig sein.[1541]

[1534] Vgl. *Duursma-Kepplinger* in Duursma-Kepplinger/Duursma/Chalupsky, Europäische Insolvenzverordnung, Art. 1 Rn. 67.
[1535] Vgl. oben Rn. 704 und 711 ff.
[1536] Vgl. für viele *Kirchhof* in HK-InsO, § 3 Rn. 3 m. w. N.
[1537] Vgl. *Kirchhof* in HK-InsO, § 3 Rn. 9 m. w. N.
[1538] *Stephan* in HK-InsO, § 335 Rn. 16 ff.
[1539] *Liersch,* NZI 2003, 302, 304; Braun/*Liersch,* § 335 Rn. 8.
[1540] Vgl. *Stephan* in HK-InsO, § 343 Rn. 3 ff.
[1541] § 343 Abs. 1 Nr. 1 InsO.

  – Die ausländische Insolvenzeröffnung muss nach der lex fori concursus wirksam sein.
  – Die Anerkennung darf nicht den inländischen Ordre Public verletzen.[1542]

770   § 343 Abs. 2 InsO sieht vor, dass die Anerkennung nach Abs. 1 auch für Sicherungsmaßnahmen gilt, die nach dem Antrag auf Eröffnung des Insolvenzverfahrens getroffen werden, sowie für Entscheidungen, die zur Durchführung oder Beendigung des anerkannten Insolvenzverfahrens ergangen sind.

771   Zum Schutz der Insolvenzmasse ist es nach § 344 Abs. 1 InsO zulässig, dass das deutsche Insolvenzgericht Maßnahmen nach § 21 InsO anordnet, wenn im Ausland vor Eröffnung des Hauptinsolvenzverfahrens ein vorläufiger Insolvenzverwalter bestellt wurde. Die §§ 345–353 InsO enthalten weitere Vorschriften über die Wirkung des ausländischen Insolvenzverfahrens und dessen Verhältnis zum deutschen Insolvenzrecht.

e) Partikular- und Sekundärinsolvenzverfahren

772   Vergleichbar zur EuInsVO sind auch nach dem deutschen autonomen Insolvenzrecht Partikular- und Sekundärinsolvenzverfahren möglich. Gemäß § 354 Abs. 1 InsO ist ein Partikularinsolvenzverfahren zulässig, wenn die Zuständigkeit eines deutschen Gerichts zur Eröffnung eines Insolvenzverfahrens über das gesamte Vermögen des Schuldners nicht gegeben ist und der Schuldner im Inland eine Niederlassung oder sonstiges Vermögen hat. Der Begriff Niederlassung ist in der InsO nicht definiert. In Übereinstimmung mit der Definition in Art. 2 lit. h) EuInsVO ist eine Niederlassung jeder Tätigkeitsort, an dem der Schuldner einer wirtschaftlichen Aktivität von nicht bloß vorübergehender Art nachgeht.[1543] Hat der Schuldner im Inland keine Niederlassung, so ist nach § 354 Abs. 2 InsO der Antrag eines Gläubigers auf Eröffnung des Partikularverfahrens nur zulässig, wenn dieser ein besonderes Interesse an der Eröffnung des Verfahrens hat. Ein solches Interesse ist insbesondere dann gegeben, wenn der Gläubiger in einem ausländischen Insolvenzverfahren voraussichtlich erheblich schlechter stehen würde.

773   Das Sekundärinsolvenzverfahren ist in den §§ 356–358 InsO geregelt. Vergleichbar zu Art. 27 EuInsVO wird auch nach § 356 Abs. 3 InsO das Sekundärinsolvenzverfahren eröffnet, ohne dass zuvor ein Eröffnungsgrund festgestellt werden muss. § 357 InsO regelt die Zusammenarbeit der Insolvenzverwalter des Haupt- und des Sekundärinsolvenzverfahrens.

4. Insolvenz einer ausländischen Gesellschaft mit (Zweig-)Niederlassung in Deutschland

774   Hat eine ausländische Gesellschaft den Mittelpunkt ihrer hauptsächlichen Interessen in einem anderen Mitgliedstaat der Europäischen Union (mit Ausnahme von Dänemark) oder den Mittelpunkt ihrer selbständigen wirtschaftlichen Tätigkeit in Dänemark oder einem sonstigen Staat, der nicht Mitglied der EU ist, so besteht keine internationale Zuständigkeit für die Eröffnung eines deutschen Hauptinsolvenzverfahrens über das Vermögen dieser Gesellschaft. In diesem Fall kann jedoch in Deutschland möglicherweise ein Partikular- oder Sekundärinsolvenzverfahren eröffnet werden. Im Anwendungsbereich der EuInsVO setzt ein Partikular- oder Sekundärinsolvenzverfahren in Deutschland voraus, dass die Gesellschaft in Deutschland eine Niederlassung i. S. v. Art. 2 lit. h) EuInsVO hat,[1544] was bei einer im deutschen Handelsregister eingetragenen Zweigniederlassung regelmäßig der Fall sein wird. Außerhalb des Anwendungsbereichs der EuInsVO setzt ein Partikular- oder Sekundärinsolvenzverfahren in Deutschland voraus, dass die Gesellschaft in Deutschland eine Niederlassung oder sonstiges Vermögen hat.[1545] Auch diese Voraus-

---

[1542] § 343 Abs. 1 Nr. 2 InsO.

[1543] Vgl. *Stephan* in HK-InsO, § 354 Rn. 12.

[1544] Art. 3 Abs. 2 EuInsVO; zum Begriff der Niederlassung vgl. Rn. 737 und zu den Einzelheiten des Sekundärinsolvenzverfahrens vgl. Rn. 737 ff.

[1545] § 354 Abs. 1 InsO; vgl. Rn. 772 f.

setzung wird in aller Regel erfüllt sein, wenn die Gesellschaft in Deutschland eine eingetragene Zweigniederlassung hat.

Ist ein Hauptinsolvenzverfahren im Ausland eröffnet worden, hat der ausländische In **775** solvenzverwalter oder ein ständiger Vertreter der Zweigniederlassung i.S.v. § 13 e Abs. 2 Satz 4 Nr. 3 HGB das deutsche Insolvenzgericht, in dessen Bezirk die Zweigniederlassung oder sonstige Niederlassung liegt, über die Verfahrenseröffnung, den wesentlichen Inhalt der Entscheidung über die Verfahrenseröffnung und den wesentlichen Inhalt der Entscheidung über die Bestellung des Insolvenzverwalters zu unterrichten.[1546] Außerhalb des Anwendungsbereichs der EuInsVO wird das deutsche Insolvenzgericht daraufhin prüfen, ob die Voraussetzungen für die Anerkennung der ausländischen Verfahrenseröffnung gegeben sind. Ist dies der Fall oder handelt es sich um eine Verfahrenseröffnung gemäß Art. 3 Abs. 1 EuInsVO, wird das deutsche Insolvenzgericht von Amts wegen den wesentlichen Inhalt der Entscheidung über die Verfahrenseröffnung und der Entscheidung über die Bestellung des Insolvenzverwalters bekannt machen.[1547]

Handelt es sich bei der ausländischen Gesellschaft um eine Kapitalgesellschaft und hat **776** diese in Deutschland eine im Handelsregister eingetragene Zweigniederlassung, so haben die ständigen Vertreter der Zweigniederlassung i.S.v. § 13 e Abs. 2 Satz 4 Nr. 3 HGB oder, wenn solche nicht zum deutschen Handelsregister angemeldet wurden, die gesetzlichen Vertreter der Gesellschaft die Eröffnung oder die Ablehnung der Eröffnung eines Insolvenzverfahrens oder ähnlichen Verfahrens über das Vermögen der Gesellschaft zur Eintragung in das deutsche Handelsregister der Zweigniederlassung anzumelden.[1548]

XXVI. Gesellschaftsrechtliche Straf- und Ordnungsvorschriften

Ebenso wie ausländische Gesellschaftsrechte enthält das deutsche Gesellschaftsrecht eini **777** ge Strafvorschriften und Vorschriften über Ordnungswidrigkeiten. Dabei handelt es sich zum einen um die Strafbarkeit der Insolvenzverschleppung gemäß § 130 b HGB für die OHG, § 177 a HGB für die KG, § 401 Abs. 1 Nr. 2 AktG für die AG, §§ 408 i.V.m. 401 Abs. 1 Nr. 2 AktG für die KGaA, § 84 Abs. 1 Nr. 2 GmbHG für die GmbH und § 148 GenG für die Genossenschaft und die Strafbarkeit wegen unterlassener Anzeige des Verlustes der Hälfte des Grundkapitals der AG und der KGaA (§§ 401 Abs. 1 Nr. 1, 408 AktG) bzw. der Hälfte des Stammkapitals der GmbH (§ 84 Abs. 1 Nr. 1 GmbHG). Darüber hinaus sind weitere gesellschaftsrechtliche Pflichten sanktionsbewehrt, insbesondere Pflichten, keine falschen Angaben zu machen, sowie Darstellungs-, Berichts- und Geheimhaltungspflichten, etwa nach den §§ 313–315 UmwG, den §§ 399–408 AktG, §§ 82, 85 GmbHG und den §§ 147–152 GenG.

Das für das nationale Straf- und Ordnungswidrigkeitsrecht maßgebliche Kollisionsrecht **778** ist nicht Teil des IPR, sondern bildet das eigenständige Internationale Strafrecht bzw. Internationale Straf- und Ordnungswidrigkeitsrecht, welches im wesentlichen in §§ 3–7 StGB und § 5 OWiG geregelt ist.[1549] Kommt nach Internationalem Straf- und Ordnungswidrigkeitsrecht im Grundsatz deutsches Recht zur Anwendung, ist gegebenenfalls sachrechtlich durch Auslegung der einzelnen Norm zu prüfen, ob sie auch ausländische Rechtsgüter schützt[1550] bzw. den entsprechenden grenzüberschreitenden Sachverhalt erfasst. Deutsche Gesellschaften haben vielfach gesetzliche Vertreter, die ausländische Staats

---

[1546] § 345 Abs. 2 Satz 2 i.V.m. Abs. 1 Satz 1 InsO.
[1547] § 345 Abs. 2 Satz 1 InsO bzw. Art. 21 EuInsVO, Art. 102 § 5 Abs. 2 Satz 1 EGInsO.
[1548] § 13 e Abs. 4 HGB; vgl. auch Art. 22 EuInsVO, Art. 102 § 6 EGInsO.
[1549] Vgl. Tröndle/*Fischer*, StGB, Vor §§ 3–7 Rn 1; MünchKommBGB/*Kindler*, IntGesR Rn. 534; Lackner/*Kühl*, StGB, Vor §§ 3–7 Rn. 1.
[1550] Tröndle/*Fischer*, StGB, Vor §§ 3–7 Rn 4.

bürger sind und zumindest teilweise im Ausland handeln. Für die Verwirklichung der straf- und ordnungswidrigkeitsrechtlichen Bestimmungen im deutschen Gesellschaftsrecht ist irrelevant, welche Staatsangehörigkeit die handelnde Person hat und ob die Handlung in Deutschland oder im Ausland erfolgte.

779   Die besonderen straf- und ordnungswidrigkeitsrechtlichen Bestimmungen im deutschen Gesellschaftsrecht gelten nur für die betreffenden deutschen Gesellschaften, nicht aber für Gesellschaften mit ausländischem Gesellschaftsstatut.[1551] Diese Straftaten und Ordnungswidrigkeiten beziehen sich nur auf Gesellschaften des deutschen Rechts, wie sich bereits aus dem Wortlaut der Vorschriften ergibt.[1552] Eine Substitution und damit eine entsprechende Anwendung auf ausländische Gesellschaften kommt aufgrund des strafrechtlichen Analogieverbots nicht in Betracht (Art. 103 Abs. 2 GG, § 1 StGB, § 3 OWiG). Die Organe und gesetzlichen Vertreter ausländischer Gesellschaften können daher diese Straftaten und Ordnungswidrigkeiten nicht verwirklichen. Dies gilt unabhängig davon, ob die handelnden Personen deutsche Staatsangehörige sind oder die Handlung in Deutschland begangen wurde. Soweit die anzuwendende ausländische Rechtsordnung den betreffenden Sachverhalt nicht straf- oder ordnungswidrigkeitsrechtlich sanktioniert, können nach deutschem Verständnis Schutzlücken bestehen.[1553]

780   Eine Besonderheit enthält § 38 Abs. 5 WpHG: Ausländische Verbote, die den in § 38 Abs. 5 WpHG genannten Verbotsvorschriften des WpHG entsprechen, stehen den deutschen Verboten gleich.[1554]

XXVII. Internationale Gerichtszuständigkeit für gesellschaftsrechtliche Streitigkeiten

781   Das angerufene Gericht entscheidet über seine internationale Zuständigkeit nach dem Recht seines Staates (lex fori).[1555] Nach deutscher Rechtsprechung indiziert die örtliche Zuständigkeit die internationale Zuständigkeit.[1556] Für alle Mitgliedstaaten der EU mit Ausnahme von Dänemark gilt die EuGVVO. Im Verhältnis zu Dänemark gilt weiterhin das EuGVÜ und im Verhältnis zu Island, Norwegen und der Schweiz gilt das LugÜ.[1557] Außer dem allgemeinen Gerichtsstand des Beklagten nach Art. 2 Abs. 1 EuGVVO, EuGVÜ und LugÜ bzw. §§ 12, 17 ZPO gibt es in der EuGVVO, dem EuGVÜ, dem LugÜ und der ZPO ausschließliche und besondere Gerichtszuständigkeiten für gesellschaftsrechtliche Streitigkeiten. Zu den besonderen Zuständigkeiten für Konzernhaftungsansprüche vgl. oben Rn. 426 ff.

1. Ausschließliche und besondere Zuständigkeiten gemäß EuGVVO, EuGVÜ und LugÜ

a) Ausschließliche Zuständigkeit nach Art. 22 Nr. 2 Satz 1 EuGVVO und Art. 16 Nr. 2 EuGVÜ und LugÜ

782   Art. 22 Nr. 2 Satz 1 EuGVVO und Art. 16 Nr. 2 EuGVÜ und LugÜ enthalten übereinstimmend ausschließliche Zuständigkeiten für Klagen welche die Gültigkeit oder

---

[1551] MünchKommBGB/*Kindler,* IntGesR Rn. 534; Staudinger/*Großfeld* (1998) IntGesR Rn. 387; für die AG und die eingetragene Genossenschaft *Overrath,* ZGR 1974, 86, 100; a. A. zum Anwendungsbereich der §§ 399 AktG von 1975: *Würdinger* in Großkomm AktG, 3. Aufl. 1975, Vor § 399 Anm. 6.; kritisch auch *Otto* in Großkomm AktG, Vor § 399 Rn. 8 ff.

[1552] MünchKommBGB/*Kindler,* IntGesR Rn. 534; Staudinger/*Großfeld* (1998) IntGesR Rn. 387.

[1553] MünchKommBGB/*Kindler,* IntGesR Rn. 534; Staudinger/*Großfeld* (1998) IntGesR Rn. 388.

[1554] Vgl. dazu Rn. 598 f.

[1555] Vgl. für viele Zöller/*Geimer,* IZPR Rn. 1.

[1556] Vgl. BGH NJW 1997, 2245; Zöller/*Geimer,* IZPR Rn. 37.

[1557] Vgl. Zöller/*Geimer,* Anh I Art. 1 EuGVVO Rn. 16 ff.

Nichtigkeit einer Gesellschaft oder juristischen Person, die Auflösung einer Gesellschaft oder juristischen Person oder die Gültigkeit oder Nichtigkeit der Beschlüsse der Organe einer Gesellschaft oder juristischen Person betreffen. Für solche Klagen sind ausschließlich die Gerichte des Mitgliedstaats bzw. Vertragsstaats zuständig, in dessen Hoheitsgebiet die Gesellschaft oder juristische Person ihren Sitz hat. Art. 22 Nr. 2 Satz 2 EuGVVO enthält ergänzend eine Regelung, wie der „Sitz" im Sinne des Art. 22 Nr. 2 Satz 1 EuGVVO zu bestimmen ist. Demnach entscheidet darüber das Gericht unter Anwendung der Vorschriften seines Internationalen Privatrechts,[1558] d. h. dem für das Gericht maßgeblichen Internationalen Gesellschaftsrecht. Art. 60 EuGVVO ist nicht anwendbar.[1559]

Deutsche Gerichte[1560] sind daher ausschließlich zuständig für

– Klagen auf Nichtigerklärung einer Gesellschaft mit beschränkter Haftung gemäß §§ 75, **783**
76 GmbHG, Nichtigerklärung einer Aktiengesellschaft gemäß § 275 AktG, Nichtigerklärung einer Kommanditgesellschaft auf Aktien gemäß §§ 275, 278 Abs. 3 AktG, Nichtigerklärung einer Genossenschaft gemäß § 94 GenG, Nichtigerklärung eines Vereins, Nichtigerklärung einer offenen Handelsgesellschaft, Nichtigerklärung einer Kommanditgesellschaft und Nichtigerklärung einer Gesellschaft bürgerlichen Rechts.

– Klagen auf Auflösung einer Gesellschaft mit beschränkter Haftung gemäß § 61 GmbHG, auf Auflösung einer offenen Handelsgesellschaft gemäß § 133 HGB[1561] und auf Auflösung einer Kommanditgesellschaft gemäß §§ 133, 161 Abs. 2 HGB und

– Anfechtungs- oder Nichtigkeitsklagen gegen Beschlüsse deutscher Gesellschaften, z. B. gemäß §§ 246 ff. AktG, und Klagen auf Feststellung der Wirksamkeit oder Unwirksamkeit von Beschlüssen deutscher Gesellschaften gemäß § 256 ZPO.[1562]

„Auflösung" i.S.v. Art. 22 Nr. 2 Satz 1 EuGVVO und Art. 16 Nr. 2 EuGVÜ und Lu- **784**
gÜ ist weit zu verstehen und umfasst außer der Auflösung im engeren Sinn auch die Liquidation, d.h. die Umsetzung einer Auflösungsentscheidung bis zur Löschung bzw. der Beendigung der Gesellschaft.[1563] Klagen der Gesellschafter auf Auszahlung eines Gewinnanteils und Klagen der Gesellschaft auf Zahlung einer Stammeinlage werden dagegen nicht erfasst.[1564]

b) Besondere Zuständigkeiten

Soweit eine ausschließliche Zuständigkeit gemäß Art. 22 Nr. 2 Satz 1 EuGVVO, und **785**
Art. 16 Nr. 2 EuGVÜ und LugÜ nicht gegeben ist, kommen für gesellschaftsrechtliche Streitigkeiten eine Reihe besonderer Gerichtsstände in Betracht:

– Der Gerichtsstand des vertraglichen Erfüllungsortes, Art. 5 Nr. 1 EuGVVO, EuGVÜ und LugÜ,

– der Gerichtsstand der unerlaubten Handlung, Art 5 Nr. 3 EuGVVO, EuGVÜ und Lu-
GÜ und

– der Gerichtsstand der Niederlassung, Art. 5 Nr. 5 EuGVVO, EuGVÜ und LugÜ.

Art. 5 EuGVVO, EuGVÜ und LugÜ setzt voraus, dass der Beklagte seinen Wohnsitz **786**
im Hoheitsgebiet eines Mitgliedstaates hat. „Wohnsitz" einer Gesellschaft i. S. d. EuGVVO ist gemäß Art. 60 Abs. 1 EuGVVO, der Ort an dem sich ihr satzungsmäßiger Sitz, ihre Hauptverwaltung oder ihre Hauptniederlassung befindet. Ergänzend regelt Art. 60 Abs. 2 EuGVVO für Gesellschaften des Vereinigten Königreichs und Irlands, dass unter dem Ausdruck „satzungsmäßiger Sitz" das *registered office* oder, wenn ein solches nirgendwo be-

---

[1558] *Schillig*, IPRax 2005, 208, 216.

[1559] *Kropholler*, Europäisches Zivilprozessrecht, Art. 22 Rn. 41.

[1560] Zur Rechtslage aus der Sicht des britischen Gesellschaftsrechts vgl. *Schilling*, IPRax 2005, 208, 213 ff.

[1561] Strittig ist, ob auch eine Ausschließungsklage nach § 140 HGB von Art. 22 Nr. 2 EuGVVO erfasst wird; vgl. hierzu Geimer/Schütze/*Geimer*, EuZVR A. 1 – Art. 22 EuGVVO Rn. 181.

[1562] Vgl. *Schilling*, IPRax 2005, 208, 213.

[1563] Vgl. *Schilling*, IPRax 2005, 208, 213.

[1564] *Wagner* in Lutter, Europäische Auslandsgesellschaften in Deutschland, S. 223, 263.

steht, der *place of incorporation* (Ort der Erlangung der Rechtsfähigkeit) oder, wenn ein solcher nirgendwo besteht, der Ort nach dessen Recht die *formation* (Gründung) erfolgt ist, zu verstehen ist. Dem Wohnsitz i. S. d. EuGVO und LugÜ steht gemäß Art. 53 Abs. 1 der Sitz der Gesellschaft gleich, den das Gericht unter Anwendung seiner Vorschriften des Internationalen Privatrechts feststellt.[1565]

787   Lässt sich eine Klage sowohl auf vertragliche als auch auf deliktische Ansprüche stützen, so ist nach Ansicht des EuGH die internationale Gerichtszuständigkeit gespalten.[1566]

788   **aa) Einzelheiten zum Gerichtsstand des vertraglichen Erfüllungsortes, Art. 5 Nr. 1 EuGVVO, EuGVÜ und LugÜ.** Art. 5 Nr. 1 EuGVVO, EuGVÜ und LugÜ werden von der Rechtsprechung weit ausgelegt. Vertrag i. S. dieser Bestimmungen ist nach der Rechtsprechung des EuGH jede freiwillig gegenüber einer anderen Person eingegangene Verpflichtung.[1567] Der EuGH hat dementsprechend die Mitgliedschaft in einem Verein sowie das Verhältnis von Aktionären untereinander als „vertraglich" im Sinne des Art. 5 Nr. 1 EuGVÜ eingestuft.[1568] Unstreitig dürfte sein, dass ein Anspruch auf Erbringung einer gesellschaftsrechtlichen Einlageschuld unter Art. 5 Nr. 1 EuGVVO, EuGVÜ und LugÜ fällt.[1569] Nicht so eindeutig sind andere Sachverhalte: Nach der Rechtsprechung einiger deutscher Obergerichte fallen auch organschaftliche Sonderbeziehungen zwischen einer Gesellschaft und ihrem Vorstand oder Geschäftsführer unter den Begriff des Vertrages gemäß Art. 5 Nr. 1 EuGVVO.[1570] Demnach ist die Haftung der Organe gegenüber der Gesellschaft im Hinblick auf Art. 5 Nr. 1 EuGVVO, EuGVÜ und LugÜ vertraglich zu qualifizieren.[1571] Dies gilt auch für die Gründerhaftung gemäß §§ 9a Abs. 1, 57 Abs. 4 GmbHG.[1572] Auch Erstattungsansprüche gemäß §§ 30f., 32a, 32b GmbHG werden von deutschen Obergerichten als Ansprüche „aus Vertrag" i. S. v. Art. 5 Nr. 1 EuGVVO/EuGVÜ eingeordnet.[1573] Dem stehe nicht entgegen, dass es sich um keine Ansprüche handelt, die direkt im Vertrag vereinbart wurden, sondern sich aus dem Gesetz ergeben. Vielmehr wird für ausreichend erachtet, dass diese Ansprüche das Bestehen einer GmbH und damit das Vorliegen eines Gesellschaftsvertrags zwingend voraussetzen. Zu den Verpflichtungen aus dem Gesellschaftsvertrag sollen auch diejenigen Verpflichtungen gehören, die an die Stelle einer nicht erfüllten vertraglichen Verpflichtung treten.[1574] Mit dieser (zweifelhaften) Begründung könnten letztlich wohl alle gesellschaftsrechtlichen Ansprüche am Gerichtsstand des vertraglichen Erfüllungsort geltend gemacht werden.

789   Nach deutschem Gesellschaftsrecht ist einheitlicher Erfüllungsort für Forderungen der Gesellschaft gegen ihre Gesellschafter der Sitz der Gesellschaft.[1575]

790   **bb) Einzelheiten zum Gerichtsstand der unerlaubten Handlung, Art 5 Nr. 3 EuGVVO, EuGVÜ und LugÜ.** Art. 5 Nr. 3 EuGVVO, EuGVÜ und LugÜ begründen eine gerichtliche Zuständigkeit für das Gericht des Ortes, an dem das schädigende Ereignis eingetreten ist oder einzutreten droht. Darunter fällt nach der Rechtsprechung des EuGH sowohl der Handlungs- als auch der Erfolgsort.[1576] Zumindest bei Ansprüchen der

---

[1565] Vgl. dazu *Wagner* in Lutter, Europäische Auslandsgesellschaften in Deutschland, S. 223, 242 ff.

[1566] EuGH NJW 1988, 3088.

[1567] EuGH JZ 1995, 90 Rn. 15; EuGH EuZW 1999, 59, 60 Rn. 17; vgl. auch Zöller/*Geimer*, Anh I Art. 5 EuGVVO Rn. 10 m. w. N.

[1568] EuGH IPRax 1984, 85 und EuGH IPRax 1993, 32.

[1569] BGH ZIP 2003, 1417, 1418.

[1570] OLG München IPRax 2000, 416; OLG Celle NZG 2000, 595; a.A. OLG Naumburg NZG 2000, 1218, 1219.

[1571] Vgl. *Haubold*, IPRax 2000, 375, 377.

[1572] Str. vgl. OLG München IPRax 2000, 416, 417; *Haubold*, IPRax 2000, 375, 378f. m.w.N.

[1573] Vgl. OLG Bremen RIW 1998, 63; OLG Koblenz IPRspr. 2001 Nr. 130, S. 272; ebenso *Schwarz*, NZI 2002, 290, 295.

[1574] OLG Koblenz IPRspr. 2001 Nr. 130, S. 272, 274.

[1575] OLG Koblenz IPRspr. 2001 Nr. 130, S. 272, 274 m.w.N.; Palandt/*Heinrichs*, § 269 Rn. 14, 18.

[1576] EuGH NJW 1977, 493.

Gesellschaft wird der Ort des Schadenseintritts in der Regel der Sitz der Gesellschaft sein.[1577]

Auch Art. 5 Nr. 3 EuGVVO, EuGVÜ und LugÜ werden vom EuGH weit ausgelegt. **791** Die Bestimmungen sollen alle Ansprüche umfassen, die eine Schadenshaftung begründen, aber nicht auf einen Vertrag zurückgehen.[1578] Nach einer Entscheidung des OLG Köln können Ansprüche der Gläubiger einer Aktiengesellschaft gegen die Gründungsgesellschafter wegen eindeutiger materieller Unterkapitalisierung dieser Aktiengesellschaft am Gerichtsstand der unerlaubten Handlung, Art. 5 Nr. 3 EuGVVO, geltend gemacht werden. Handlungsort sei insoweit der Sitz der Gesellschaft zum Gründungszeitpunkt.[1579] Für das OLG Köln war in diesem Zusammenhang ausreichend, dass der Begriff der unerlaubten Handlung vom EuGH weit ausgelegt wird[1580] und für die geltend gemachte Durchgriffshaftung neben Haftungstatbeständen, die von der h. M. als gesellschaftsrechtlich angesehen werden „auch solche des allgemeinen Verkehrsrechts, darunter insbesondere des Deliktsrechts treten können".[1581]

Da Art. 5 Nr. 3 EuGVVO ausdrücklich auch solche Ansprüche einbezieht, welche ei- **792** ner unerlaubten Handlung gleichstehen, können im Grundsatz alle Ansprüche aufgrund einer Durchgriffshaftung an diesem Gerichtsstand geltend gemacht werden. Denn diese Haftungstatbestände haben unabhängig von ihrer dogmatischen Einordnung zumindest eine Nähe zur Haftung aus unerlaubter Handlung. Dies gilt insbesondere für die Haftung der Gesellschafter für existenzvernichtende Eingriffe. Art. 5 Nr. 3 EuGVVO bietet außerdem wohl auch einen Gerichtsstand für die Geltendmachung der Insolvenzverschleppungshaftung.[1582]

cc) Einzelheiten zum Gerichtsstand der Niederlassung, Art. 5 Nr. 5 EuGV- 793 VO, EuGVÜ und LugÜ. Art. 5 Nr. 5 EuGVVO, EuGVÜ und LugÜ umfassen Klagen gegen den Inhaber einer Niederlassung, die sich auf vertragliche oder außervertragliche Ansprüche stützen und betriebsbezogen sind.[1583] Eine Niederlassung i. S. dieser Vorschriften kann auch eine juristische Person sein, d. h. sowohl ein Konzerntochtergesellschaft als auch eine Konzernmuttergesellschaft kann als Niederlassung zu qualifizieren sein.[1584]

2. Besondere Zuständigkeiten in der ZPO

Außerhalb des Anwendungsbereichs von EuGVVO, EuGVÜ und LugÜ bestimmt sich **794** die Zuständigkeit deutscher Gerichte nach der ZPO.

a) Besonderer Gerichtsstand der Mitgliedschaft, § 22 ZPO

Klagen einer deutschen Gesellschaft gegen ihre Gesellschafter und Klagen von Gesell- **795** schaftern „als solchen" gegeneinander können gemäß §§ 22, 17 ZPO bei dem für den tatsächlichen Verwaltungssitz der Gesellschaft zuständigen Gericht geltend gemacht werden. Der Gerichtsstand des § 22 ZPO gilt für vermögensrechtliche und nicht vermögensrechtliche Ansprüche. Klagen der Gesellschaft gegen ihre Gesellschafter müssen die Mitgliedschaft, d. h. die Gesellschafterstellung als solche betreffen.[1585] Dazu gehören Klagen auf Zahlung der Stammeinlage, auf Erstattung von Leistungen aus dem zur Erhaltung des Stammkapitals der GmbH erforderlichen Vermögen und auf Rückgewähr kapitalersetzen-

---

[1577] Vgl. *Haubold*, IPRax 2000, 375, 378, der es auch bei Schadensersatzansprüchen von Gesellschaftern für möglich hält, dass der Sitz der Gesellschaft der Erfolgsort ist.

[1578] EuGH IPRax 1989, 288.

[1579] OLG Köln ZIP 2005, 322.

[1580] OLG Köln ZIP 2005, 322, 324 m. w. N.

[1581] OLG Köln ZIP 2005, 322, 324.

[1582] Vgl. *Wagner* in Lutter, Europäische Auslandsgesellschaften in Deutschland, S. 223, 282 ff., 304.

[1583] *Kropholler*, Europäisches Zivilprozessrecht, Art. 5 Rn. 99.

[1584] Vgl. *Zöller/Geimer*, Anh I Art. 5 EuGVVO Rn. 46 f. m. w. N.

[1585] OLG Köln NJW 2004, 862; *Zöller/Vollkommer*, § 22 Rn. 6.

der Darlehen. Der Gerichtsstand des § 22 ZPO greift auch ein, wenn ein Insolvenzverwalter diese Ansprüche der Gesellschaft geltend macht.[1586] Er soll jedoch nach umstrittener Auffassung nicht gegeben sein, wenn ein Insolvenzverwalter einer KG einen Kommanditisten auf Zahlung der Kommanditeinlage in Anspruch nimmt.[1587] Auch Klagen, die auf einer Verletzung von besonderen Pflichten eines Organs beruhen, werden von § 22 ZPO nicht erfasst. Klagen aus unerlaubter Handlung des Vorstandes oder der Geschäftsführer fallen selbst dann nicht unter § 22 ZPO, wenn diese auch Gesellschafter sind.[1588]

b) Sonstige besondere Gerichtsstände

796   **aa) Besonderer Gerichtsstand des Erfüllungsortes, § 29 ZPO.** Vom besonderen Gerichtsstand des Erfüllungsortes sind alle Ansprüche aus Vertragsverhältnissen umfasst. Bestimmte vertragsähnliche Sonderbeziehungen wie etwa die Organstellung werden gleichgestellt, sodass auch Klagen aus § 43 Abs. 2 GmbHG und §§ 93 Abs. 2, 116 AktG erfasst werden.[1589]

797   **bb) Besonderer Gerichtsstand der unerlaubten Handlung, § 32 ZPO.** Unter den besonderen Gerichtsstand der unerlaubten Handlung fallen zunächst die Ansprüche wegen Insolvenzverschleppung.[1590] Hinsichtlich der Ansprüche aus Durchgriffshaftung kommt es im Rahmen des § 22 ZPO auf die dogmatische Einordnung der einzelnen Haftungstatbestände an.[1591]

798   **cc) Besonderer Gerichtsstand der Niederlassung, § 21 ZPO.** Der Gerichtsstand nach § 21 ZPO umfasst alle Ansprüche die einen Bezug zu der Niederlassung haben. Dies sind zum einen Ansprüche aus Verträgen, die am Geschäftsort der Niederlassung geschlossen wurden oder dort zu erfüllen sind. Zum anderen werden von § 21 ZPO aber auch Vertragsverletzungen und unerlaubte Handlungen erfasst, welche vom Ort der Niederlassung ausgehen.[1592]

[1586] Vgl. Stein/Jonas/*Roth*, ZPO, § 22 Rn. 12; Zöller/*Vollkommer*, § 22 Rn. 6 m. w. N.

[1587] Vgl. Zöller/*Vollkommer*, § 22 Rn. 6. m. w. N.

[1588] Zöller/*Vollkommer*, ZPO, § 22 Rn. 6 m. w. N.

[1589] Zöller/*Vollkommer*, ZPO, § 29 Rn. 6 m. w. N.

[1590] LG München I BB 2000, 428; Zöller/*Vollkommer*, ZPO, § 32 Rn. 11a m. w. N.

[1591] Vgl. dazu Rn. 336 ff.

[1592] Stein/Jonas/*Roth*, ZPO, § 21 Rn. 20.

D. Grundlagen des Europäischen Unternehmensrechts, EWIV und Europäische Gesellschaft (SE)

I. Einleitung

1. Gegenstand des Europäischen Unternehmensrechts

a) Begriff des Europäischen Unternehmensrechts

Der Begriff Europäisches Unternehmensrecht ist als Oberbegriff der organisationsrecht- **799** lichen Grundlagen zu verstehen, die auf Basis des Gemeinschaftsrechts für Unternehmen in den Mitgliedstaaten Anwendung finden. Thematisch umfasst das Europäische Unternehmensrecht insbesondere das Gesellschaftsrecht, das Kapitalmarktrecht, das Unternehmenssteuerrecht, das Mitbestimmungsrecht, das Wettbewerbs-, insbesondere Kartellrecht und das Insolvenzrecht. Die Rechtsgrundlagen des Europäischen Unternehmensrechts wirken meist nicht unmittelbar, sondern beeinflussen das nationale Unternehmensrecht, insbesondere in Form der Umsetzung von Richtlinien durch die Gesetzgeber in den Mitgliedstaaten. Die Einwirkung des europäischen Rechts ist, neben dem Wettbewerbsrecht, im Gesellschaftsrecht besonders ausgeprägt. Dies liegt nicht hauptsächlich an der Schaffung der Europäischen wirtschaftlichen Interessenvereinigung (EWIV), der Europäischen Genossenschaft (SCE) und der Europäischen Aktiengesellschaft (SE) als gemeinschaftseinheitliche Rechtsform innerhalb der Mitgliedstaaten. Vielmehr wurde das nationale Gesellschaftsrecht der Mitgliedstaaten in den letzten dreißig Jahren durch Richtlinien immer mehr angeglichen, um die organisationsrechtlichen Rahmenbedingungen unternehmerischer Tätigkeit im Binnenmarkt zu harmonisieren. Schätzungen zufolge ist mittlerweile mehr als die Hälfte aller Normen des nationalen Gesellschaftsrechts der Mitgliedstaaten Gegenstand des Einwirkungsbereichs von EG-Richtlinien.[1593]

b) Rechtsquellen des Europäischen Unternehmensrechts

Die Rechtsquellen des Gemeinschaftsrechts sind nach den Grundsätzen der Normab- **800** stufung geordnet. Man unterscheidet zwischen primärem Gemeinschaftsrecht und sekundärem Gemeinschaftsrecht, welches dem primären im Rang unterworfen ist.

aa) Primärrecht. Die Rechtsquellen des primären Gemeinschaftsrechts sind insbeson- **801** dere die drei Gründungsverträge, der Vertrag zur Gründung der Europäischen Gemeinschaft vom 25. 3. 1957 (EG), der Vertrag über die Gründung der Europäischen Gemeinschaft für Kohle und Stahl vom 18. 4. 1951 (EG KSV) und der Vertrag zur Gründung der Europäischen Atomgemeinschaft vom 25. 3. 1957 (EAGV) samt ihren Protokollen und Ergänzungen (z.B. Beitrittsverträge), ferner der EU-Vertrag. Ergänzt wird das primäre Gemeinschaftsrecht durch allgemeine Rechtsgrundsätze, insbesondere die Rechtsstaatsprinzipien und die Grundrechte sowie das Gewohnheitsrecht (ungeschriebenes Primärrecht). Aus diesen Rechtsgrundlagen des Primärrechts werden als sekundäres Gemeinschaftsrecht die Verordnungen und Richtlinien abgeleitet.

Die Wirkung der EG-Gründungsverträge zielt, auch wenn einigen Vertragsbestimmun- **802** gen unmittelbare Wirkung gegenüber Privaten zuerkannt wird,[1594] hauptsächlich auf die

---

[1593] Vgl. *Schwarz*, Europäisches Gesellschaftsrecht, S. V.
[1594] Ausgehend von EuGH, Urteil vom 15. 2. 1963, Rs. 26/62 (van Gend & Loos/Niederländische Finanzverwaltung), Slg. 1963, 1, 8 ff.

Mitgliedstaaten und ihre Organe. Der Einzelne kann sich aber insbesondere seit dem Ende der Übergangszeit des Art. 7 EG, die zur sukzessiven Verwirklichung des gemeinsamen Marktes vorgesehen war, auf die unmittelbare Wirkung zahlreicher Vorschriften berufen, welche die Mitgliedstaaten zur Verwirklichung eines bestimmten Rechtszustandes innerhalb der Übergangszeit verpflichten. Im Bereich des Unternehmensrechts gilt dies insbesondere für den früheren Art. 52 und jetzigen Art. 43 EG, der die Beseitigung von Niederlassungsbeschränkungen für Individuen anderer Mitgliedstaaten fordert.

803   **bb) Sekundärrecht.** Das Sekundärrecht wirkt teilweise unmittelbar und verbindlich in den Mitgliedstaaten, teilweise überlässt es den Mitgliedstaaten die unmittelbar verbindliche Umsetzung der festgelegten Grundsätze. Unmittelbar verbindlich innerhalb der Mitgliedstaaten wirken Verordnungen.[1595] Die Verbindlichkeit wirkt gegenüber jedermann in jedem Mitgliedstaat, der vom Regelungstatbestand erfasst wird (Art. 249 Abs. 2 EG). Demgegenüber wirkt die Richtlinie nur hinsichtlich ihrer Zielvorgabe verbindlich, Art. 249 Abs. 3 EG. Die Mittel, die zur Verwirklichung der Zielvorgaben eingesetzt werden, bleiben den Mitgliedstaaten überlassen.[1596] Welchen Gestaltungsspielraum der nationale Gesetzgeber dabei hat, hängt davon ab, wie detailliert die Richtlinie ist. Gemäß Art. 10 Abs. 1 EG müssen die Mitgliedstaaten die jetzigen Mittel wählen, die zur Zielerreichung am besten geeignet sind.[1597] Richtlinien sehen regelmäßig eine Umsetzungsfrist vor. Wird der durch die Richtlinie vorgegebene Normzweck von einem Mitgliedstaat nicht innerhalb der Umsetzungsfrist als geltendes Recht implementiert, kann die Richtlinie nach der Rechtsprechung des EuGH unter bestimmten Voraussetzungen unmittelbare Wirkung entfalten.[1598] Voraussetzung für eine unmittelbar Wirkung ist, neben einer fehlenden oder unzureichenden Umsetzung innerhalb der Frist, dass der Inhalt der Richtlinie zu ihrer unmittelbaren Anwendung ausreichend bestimmt ist und die Bestimmung den Einzelnen begünstigt. Die unmittelbare Wirkung findet bei Vorliegen dieser Voraussetzung jedoch nur im Verhältnis zwischen dem Staat und dem Individuum statt, nicht zwischen privaten Individuen untereinander.[1599]

2. Rechts- und Ermächtigungsgrundlagen des EG-Vertrages

804   Zentrale primärrechtliche Vorschrift des Europäischen Unternehmensrechts ist die in Art. 43, 48 EG normierte Niederlassungsfreiheit. Sie ist die „magna charta" des Europäischen Gesellschaftsrechts[1600] (früher Art. 52 EG). Die Niederlassungsfreiheit bedeutet zunächst, dass jeder Bürger eines EU-Mitgliedstaates in allen anderen Mitgliedstaaten nach dem dort geltenden Recht ein Unternehmen gründen kann (sogenannte primäre Niederlassungsfreiheit); jede Diskriminierung nach der Nationalität ist unzulässig. Dabei stehen ihm im gleichen Umfang wie einem Inländer alle im jeweiligen Land verfügbaren unternehmerischen Organisationsformen offen. Diese Wahlfreiheit darf auch nicht durch diskriminierende Steuerbestimmungen eingeschränkt werden.[1601] Dasselbe gilt grundsätzlich auch für die sekundäre Niederlassungsfreiheit, die eine Beteiligung an bereits bestehenden Unternehmen nach den Regeln des jeweiligen Mitgliedstaates beinhaltet. Un-

---

[1595] Vgl. *Beutler/Biber/Pipkorn/Streil,* Die Europäische Union, S. 194.

[1596] *Schwarz,* Europäisches Gesellschaftsrecht, Rn. 75.

[1597] EuGH, Urteil vom 8. 4. 1976, Rs. 48/75 (Royer) Slg. 1976, 497 Rn. 74/75.

[1598] EuGH, Urteil vom 6. 10. 1970, Rs. 9/70 (Grad/Finanzamt Traunstein), Slg. 1970, 825, 838 Rn. 5; EuGH Urteil vom 12. 7. 1973, Rs. 70/72 (Kommission/Bundesrepublik Deutschland), Slg. 1973, 813, 829; EuGH, Urteil vom 4. 12. 1974, Rs. 41/74 (van Duyn/Home Office), Slg. 1974, 1337, 1348 Rn. 12 ff.

[1599] EuGH, Urteil vom 14. 7. 1994, Rs. C-91/92 (Faccini Dori/Recreb), Slg. 1994, 3325, 3356 Rn. 24.

[1600] *Lutter,* Europäisches Unternehmensrecht, S. 36.

[1601] EuGH, Urteil vom 28. 1. 1986, Rs. 270/83 (Kommission/Frankreich), Slg. 1986, 273), Slg. 1986, 273 (= RIW 1986, 739).

mittelbare oder mittelbare Beschränkungen sind auch hier grundsätzlich unzulässig.[1602] Dies bedeutet, dass EU-Ausländer stets gleich zu behandeln sind wie Inländer, also auch inländische Gesellschaften mit ausländischen Gesellschaftern gleich denen mit inländischen Gesellschaftern zu behandeln sind.[1603] Ferner sind im Rahmen der Niederlassungsfreiheit natürliche Personen mit Handelsgesellschaften gleichzustellen; die Niederlassung gilt also für natürliche Personen, Personenhandelsgesellschaften und Kapitalgesellschaften gleichermaßen.

Die in Art. 43 EG geregelte Niederlassungsfreiheit entfaltet nach herrschender Meinung **805** nicht nur Wirkung im Verhältnis Staat-Individuum, sondern auch zwischen Privatpersonen, soweit diese die Niederlassung tatsächlich verhindern oder erschweren können. Letzteres ist etwa bei Kammern, Berufsverbänden und sonstigen privatrechtlichen Organisationen der Fall, soweit diese den Zugang zu einem Beruf kontrollieren oder über das Erfordernis einer Mitgliedschaft auf die Berufsausübung einwirken können. Der EuGH hat eine Drittwirkung für Bestimmungen über die Arbeitnehmerfreizügigkeit bzw. Dienstleistungsfreiheit ausdrücklich bestätigt.[1604] Die wesentlichen Erwägungen dieser Rechtsprechung lassen sich auf die Niederlassungsfreiheit übertragen.[1605]

Neben dem Grundsatz der Niederlassungsfreiheit enthält der EG Regelungen, die als **806** Rechtsgrundlagen für sekundäre Rechtsnormen zur Harmonisierung des Gemeinschaftsrechts dienen. Die für das Gesellschaftsrecht wichtigsten Ermächtigungsnormen sind folgende:

a) Art. 44 Abs. 1, Abs. 2 lit. g EG

Die für die Harmonisierung des Gesellschaftsrechts der Mitgliedstaten durch Richtlinien **807** bedeutsamste Rechtsgrundlage ist Art. 44 Abs. 2 lit. g EG. Alle bisherigen gesellschaftsrechtlichen Richtlinien wurden auf dieser Grundlage erlassen. Normzweck der Regelungen des Art. 44 EG (früher Art. 54 EG) ist grundsätzlich die Verwirklichung der Niederlassungsfreiheit. Neben einem allgemeinen Programm zur Aufhebung der Beschränkungen der Niederlassungsfreiheit war es erklärtes Ziel, rechtliche Hindernisse durch Angleichung der gesellschaftsrechtlichen Strukturen so abzubauen, dass eine Standortwahl nach rein ökonomischen Kriterien getroffen werden kann. Diesem Ziel kann man auf zwei Wegen näher kommen: zum einen durch Schaffung einheitlicher europäischer Gesellschaftsformen, wie die EWIV, die SCE oder die SE, zum anderen durch die Angleichung der nationalen Bestimmungen. Für den zuletzt genannten Weg bietet Art. 44 Abs. 2 lit. g die Rechtsgrundlage. Er ermöglicht den Erlass von Angleichungsmaßnahmen, deren Zielrichtung die „Koordinierung der Schutzbestimmungen" ist, die in den Mitgliedstaaten für Gesellschaften im Sinne des Art. 48 Abs. 2 EG im Interesse der Gesellschafter oder Dritter vorgeschrieben sind. Der Begriff „Schutzbestimmungen" ist ein unbestimmter Rechtsbegriff, für den es bisher keine anerkannte Definition gibt. Er wird überwiegend weit verstanden, da nahezu sämtliche Bereiche des Gesellschaftsrechtes einen Schutzzweck zum Ziel haben.[1606] Dasselbe gilt für die Begriffe Gesellschafter, Gesellschaft und Dritter. Insbesondere hat der EuGH klargestellt, dass der Begriff des Dritten nicht nur Personen erfasst, die in einer Rechtsbeziehung zur Gesellschaft stehen.[1607]

[1602] Für den Fall der steuerlichen Ungleichbehandlung: EuGH, Urteil vom 13. 7. 1993, Rs. C-330/91, EuZW 1993, 741 (Commerzbank).

[1603] EuGH, Urteil vom 4. 10. 1991, Rs. C-246/89 (Kommission/Großbritannien), Slg. 1991, 4607.

[1604] EuGH, Urteil vom 14. 7. 1976, Rs. 13/76 (Donna/Mantero), Slg. 1976, 1333, 1340; EuGH, Urteil vom 15. 12. 1995, Rs. C-415/93 (Bosman), Slg. 1995, I-4921.

[1605] *Schwarz*, Europäisches Gesellschaftsrecht, Rn. 143 m. w. N.

[1606] Vgl. dazu auch *Schwarz*, Europäisches Gesellschaftsrecht, Rn. 196 m. w. N.; *Bleckmann*, EurR, Rn. 1661.

[1607] EuGH, Urteil vom 4. 12. 1997, Rs. C-97/96 (Verband deutscher Daihatsu-Händler e. V./ Daihatsu Deutschland GmbH), Slg. 1997, I-6843 ff. (= ZIP 1997, 2155 ff.).

808   Art. 44 Abs. 2 lit. g EG eröffnet also einen weiten Spielraum für Richtlinien zur Harmonisierung des Gesellschaftsrechts. Das Verfahren hierfür ist in Art. 44 Abs. 1 EG geregelt. Der Rat hat vor Erlass der Richtlinie zunächst den Wirtschafts- und Sozialausschuss im Verfahren nach Art. 251 EG anzuhören.

809   Die in Art. 44 Abs. 2 lit. g EG vorgesehene Koordination der Schutzbestimmungen der Mitgliedstaaten findet nur statt „soweit erforderlich". Diese Einschränkung ist Ausfluss des Subsidiaritätsprinzips. Rat und Kommission werden nur tätig, wenn und soweit die Ziele nur auf Gemeinschaftsebene ausreichend verwirklicht oder wegen Umfang und Wirkung dort besser erreicht werden können. Der Kommission steht herbei eine Einschätzungsprärogative zu.

b) Art. 95 EG

810   Art. 95 EG (früher Art. 100a) wurde 1987 durch die Einheitliche Europäische Akte eingeführt und stellt ein wesentliches Instrumentarium für die mit der Einheitlichen Europäischen Akte beabsichtigte Verwirklichung des Binnenmarktes dar. Er eröffnet dem Rat die Möglichkeit, Maßnahmen zur Angleichung von Rechts- und Verwaltungsvorschriften der Mitgliedstaaten zu erlassen, welche die Schaffung und das Funktionieren des Binnenmarktes zum Gegenstand haben. Anders als andere generelle Rechtsangleichungsklauseln ist für Harmonisierungsmaßnahmen nach Art. 95 EG keine Einstimmigkeit erforderlich; es genügt die qualifizierte Mehrheit. Als Generalklausel ist Art. 95 EG subsidiär gegenüber Spezialregelungen, etwa dem Art. 44 Abs. 2 lit. g EG, andererseits aber wiederum lex specialis gegenüber den noch generelleren Art. 94 EG und Art. 308 EG.

811   Art. 95 EG ermöglicht allgemeine „Maßnahmen zur Angleichung". Als Maßnahmen kommen nicht nur Richtlinien, sondern auch verbindliche Maßnahmen, insbesondere Verordnungen und Entscheidungen in Betracht. Ziel dieser Angleichungsmaßnahmen muss die Errichtung und das Funktionieren des Binnenmarktes sein. Art. 95 EG gilt in der Kommission als wichtigste Kompetenznorm zur Rechtsvereinheitlichung.[1608] Die Kommission stützt vor allem den Erlass von Verordnungen zur Schaffung europäischer Gesellschaftsformen auf Art. 95 EG.

c) Art. 293 EG

812   Art. 293 EG stellt nicht selbst Rechtssätze auf, sondern verpflichtet die Mitgliedstaaten, „soweit erforderlich" Verhandlungen über Staatsverträge zu führen, die die gegenseitige Ankennnung von Gesellschaften, grenzüberschreitende Sitzverlegungen und Verschmelzungen sowie die Beseitigung von Doppelbesteuerungen regeln. Art. 293 EG hat sich in der bisherigen Praxis im Bereich des Unternehmensrechts als wenig bedeutsam erwiesen. Offensichtlicher Grund ist, dass das Instrument des Staatsvertrages eine Einigung aller Mitgliedstaaten im Verhandlungswege voraussetzt, um das Ziel einer Harmonisierung zu erreichen. Zahlreiche Verhandlungen sind jedoch gescheitert.[1609] Demgegenüber ist die Vorgabe einer Richtlinie, die von jedem Mitgliedstaat separat umgesetzt wird, deutlich effektiver.

d) Art. 308 EG

813   Art. 308 EG ist eine Auffangnorm. Seine Anwendung kommt stets in Betracht, wenn explizite oder implizite Befugnisse für Maßnahmen, die zur Verwirklichung des Vertragsziels erforderlich sind, fehlen.[1610] Dank der Kompetenzergänzungsvorschrift bzw. Reserveermächtigung des Art. 308 EG ist in solchen Fällen nicht gleich eine aufwändige Vertragsergänzung nach Art. 48 EU-Vertrag erforderlich. Art. 308 EG gilt nur subsidiär. Aus Sicht der Kommission ist seine Bedeutung deshalb für den Bereich des Gesellschaftsrechts mit

---

[1608] Vgl. *Schwarz*, Europäisches Gesellschaftsrecht, Rn. 200.

[1609] So etwa das Übereinkommen zur Anerkennung von Gesellschaften vom 29. 2. 1968 und das Übereinkommen über eine grenzüberschreitende Fusion.

[1610] Vgl. EuGH, Beitritt MRK, Gutachten 2/94, Slg. 1996 I-1759, 1787 Rn. 25 f.

Einführung des Art. 100a EG stark zurückgegangen. Während sich die 1985 verabschiedete Verordnung über die Schaffung einer Europäischen wirtschaftlichen Interessenvereinigung (EWIV) und die 1989 erlassene Verordnung über die Kontrolle von Unternehmenszusammenschlüssen noch auf Art. 308 EG als Rechtsgrundlage stützten, hat die Kommission ihre Vorschläge zur Schaffung europäischer Wirtschaftsformen wie die Europäische Aktiengesellschaft nach Inkrafttreten des Art. 100a EG (jetzt Art. 95) gestützt.

Art. 308 EG dient nicht nur als Ermächtigungsgrundlage für bestimmte Handlungsfor- **814** men. Er spricht allgemein von Vorschriften, so dass auf seiner Grundlage Rechtsakte unterschiedlicher Art erlassen werden können. Allerdings kann der Rat auf der Grundlage von Art. 308 EG – im Gegensatz zu Art. 95 EG – nur aufgrund einstimmiger Entscheidung handeln. Das Europäische Parlament ist anzuhören, hat allerdings kein Mitentscheidungs- oder Vetorecht.[1611]

II. Verabschiedete gesellschaftsrechtliche Abkommen, Verordnungen und Richtlinien

1. Gesellschaftsrechtliche Richtlinien

Auf Grundlage von Art. 44 Abs. 2 lit. g EG (früher Art. 54 Abs. 3 lit. g) wurden bislang **815** elf gesellschaftsrechtliche Richtlinien verabschiedet. Neun davon sind in Deutschland bereits in nationales Recht umgesetzt worden.

a) Publizitätsrichtlinie

Am 9. 3. 1968 verabschiedete der Rat der EG die erste Richtlinie über die Publizität, **816** die Vertretungsmacht der Organe und die Nichtigkeit von Gesellschaften.[1612] Sie betrifft die Rechtsformen der Aktiengesellschaft, der Kommanditgesellschaft auf Aktien und der GmbH. Geregelt wird die Publizität bestimmter gesellschaftsrechtlicher Verhältnisse sowie die Mittel und die Wirkungen der Publizität.[1613] Die Richtlinie führt ferner den Grundsatz der sachlich unbeschränkten und unbeschränkbaren Vertretungsmacht der Gesellschaftsorgane der betroffenen Kapitalgesellschaften ein. Zudem werden die Gründe für eine Nichtigkeit und Vernichtbarkeit von Gesellschaften abschließend aufgeführt.

Die Richtlinie ist in allen zwölf Mitgliedstaaten des Jahres 1994 in nationales Recht **817** transformiert worden. In Deutschland fand diese Umsetzung bereits mit Gesetz vom 15. 8. 1969[1614] und Verordnung vom 23. 7. 1969[1615] statt.

Durch eine weitere Richtlinie vom 15. 7. 2003 ist die Publizitätsrichtlinie, gestützt auf **818** Art. 44 Abs. 2 lit. g des EG geändert worden.[1616] Ziel der Änderungen ist eine Aktualisierung der Richtlinie, um die seither neu geschaffenen oder abgeschafften Gesellschaftsformen sowie die weiteren seitdem ergangenen Richtlinien, insbesondere zur Rechnungslegung, zu berücksichtigen.[1617] Zudem soll Gesellschaften ermöglicht werden, die offen zu legenden Urkunden und Angaben auch in elektronischer Form einzureichen und Urkunden

---

[1611] Vgl. *Schwarz,* Europäisches Gesellschaftsrecht, Rn. 207.

[1612] „Erste Richtlinie zur Koordinierung der Schutzbestimmungen, die in den Mitgliedstaaten den Gesellschaften i. S. d. Art. 58 Abs. 2 des Vertrages im Interesse der Gesellschafter sowie Dritter vorgeschrieben sind, um diese Bestimmungen gleichwertig zu gestalten." (68/151/EWG), ABl. 1968 Nr. L 65/8.

[1613] Die Publizitätsrichtlinie ist abgedruckt bei *Lutter,* Europäisches Unternehmensrecht, S. 104–108.

[1614] BGBl. 1969 I, 1146.

[1615] BGBl. 1969 I, 1152.

[1616] Richtlinie 2003/58/EG des Europäischen Parlaments und des Rates vom 15. 7. 2003 zur Änderung der Richtlinie 68/151/EWG des Rates in Bezug auf die Offenlegungspflichten von Gesellschaften bestimmter Rechtsformen.

[1617] Vierter und fünfter Erwägungsgrund der Richtlinie vom 15. 7. 2003.

oder Kopien davon vom Register auch in elektronischer Form zu erhalten.[1618] Dasselbe gilt für Bekanntmachungen im Amtsblatt.[1619] Auch soll der grenzüberschreitende Zugang zu Unternehmensinformationen durch eine zusätzliche Offenlegung in einer anderen Sprache ermöglicht werden.[1620] Schließlich soll klargestellt werden, dass die in Art. 4 der Publizitätsrichtlinie vorgeschriebenen Angaben auf Briefen und Bestellscheinen der Gesellschaft unabhängig von der Form (Textform, elektronische Form), ferner auch auf den Webseiten der Gesellschaft publik zu machen sind.[1621]

b) Kapitalrichtlinie

819   Am 13. 12. 1976 verabschiedete der Rat der EG die Zweite Richtlinie über die Vorschriften für die Gründung von Aktiengesellschaften sowie für die Erhaltung und Änderung ihres Kapitals.[1622] Die Richtlinie wurde geändert durch die Richtlinie des Rats vom 23. 11. 1992.[1623] Die Richtlinie betrifft ausschließlich Aktiengesellschaften und regelt zunächst Fragen der Gründung und des Satzungsinhalts.[1624] Schwerpunktmäßig betrifft sie Regelungen zum Gesellschaftskapital und schreibt ein festes Mindestkapital von ECU 25 000 verbindlich fest. Im Zusammenhang damit enthält die Richtlinie Regelungen zu Einzahlungsfristen, Sacheinlagen, eigenen Aktien, der Einziehung von Aktien sowie zur Kapitalerhöhung und -herabsetzung. Die Richtlinie wurde in Deutschland durch das Gesetz vom 13. 12. 1978[1625] umgesetzt. Eine Umsetzung der Ergänzung der Kapitalrichtlinie vom 23. 11. 1992 war nicht erforderlich, da die vorgesehen Regelungen zum Erwerb eigener Aktien durch Tochtergesellschaften im deutschen Recht ohnehin bereits existierten (heute § 71 d AktG).

820   Für das deutsche Recht waren folgende Regelungen wesentlich:
- Nach dem Aktiengesetz 1965 konnte eine Aktiengesellschaft zu Lasten des Kapitals eigene Aktien erwerben. Diese Möglichkeit wurde durch Art. 19 Abs. 1 und 22 Abs. 1 der Kapitalrichtlinie beseitigt.
- Nach Art. 2 lit. d der Kapitalrichtlinie ist die Zahl der Mitglieder des Vorstands oder die Regeln, nach denen diese Zahl festgelegt wird, in der Satzung anzugeben. Dies ist in § 23 Abs. 3 Ziff. 6 AktG nunmehr vorgesehen.
- Der in Art. 42 der Kapitalrichtlinie festgelegte Gleichbehandlungsgrundsatz ist nunmehr in § 53 a AktG enthalten.
- Die Einbringung eines nur schuldrechtlichen Anspruchs auf Übertragung eines Vermögenswertes genügt nach Art. 9 Abs. 2 der Richtlinie den Anforderungen an eine Sacheinlage nicht mehr; die Übertragung des Vermögensgegenstandes muss innerhalb von fünf Jahren vollzogen sein.[1626] Ferner musste § 183 AktG insoweit angepasst werden, als Art. 27 Abs. 2 der Kapitalrichtlinie auch bei Kapitalerhöhungen eine Prüfung der Sacheinlage fordert.
- Das Bezugsrecht der Aktionäre ist in Art. 29 der Kapitalrichtlinie als satzungsfestes Recht festgeschrieben, kann jedoch durch Hauptversammlungsbeschluss ausgeschlossen werden. Die Anforderungen an einen solchen Hauptversammlungsbeschluss, insbeson-

---

[1618] Sechster und siebter Erwägungsgrund.

[1619] Achter Erwägungsgrund.

[1620] Neunter Erwägungsgrund.

[1621] Zehnter Erwägungsgrund.

[1622] „Zweite Richtlinie zur Koordinierung der Schutzbestimmungen, die in den Mitgliedstaaten den Gesellschaften im Sinne des Art. 58 Abs. 2 im Interesse der Gesellschafter sowie Dritter für die Gründung der Aktiengesellschaft sowie für die Erhaltung und Änderung ihres Kapitals vorgeschrieben sind, um diese Bestimmungen gleichwertig zu gestalten" (77/91/EWG), ABl. 1977 Nr. L 26/1.

[1623] Richtlinie vom 23. 11. 1992 (92/101/EWG), ABl. 1992 Nr. L 347/64.

[1624] Die Richtlinie ist abgedruckt bei: *Lutter,* Europäisches Unternehmensrecht, S. 114–127.

[1625] BGBl. 1978 I, 1959.

[1626] Vgl. zur Auswirkung der Richtlinie auf die deutschen Regelungen zur Sacheinlage: BGHZ 110, 47.

dere der Bericht des Vorstandes, hat zu einer Stärkung des Minderheitenschutzes geführt, der in § 186 Abs. 4 Satz 2 AktG reflektiert ist. Zu Fragen materieller Erfordernisse des Bezugsrechtsausschlusses äußert sich die Richtlinie nicht.

c) Bilanzrichtlinie

Am 25. 7. 1978 wurde die Vierte Richtlinie über den Jahresabschluss von Kapitalge- **821** sellschaften vom Rat der EG auf Basis des Art. 54 Abs. 3 lit. g (heute Art. 44 Abs. 2 lit. g EG) verabschiedet.[1627] Die Bedeutung dieser Richtlinie für die Angleichung des Unternehmensrechts der Mitgliedstaaten und die Auswirkungen der Richtlinie für das deutsche Recht war erheblich. Das Ziel der Richtlinie, Informationen über die Vermögens-, Finanz- und Ertragslage von Gesellschaften in den Mitgliedstaaten vergleichbar zu machen, ist aufgrund der zahlreichen Wahlrechte, die von den Mitgliedstaaten unterschiedlich ausgeübt wurden, allerdings nur teilweise gelungen.[1628] Einige Bestimmungen der Bilanzrichtlinie sind durch die Siebente Richtlinie (Konzernrechnungsrichtlinie) vom 13. 6. 1983 neu gefasst worden. Weitere Änderungen, die die Differenzierung der Größenklassen der betroffenen Gesellschaft zum Gegenstand haben, sind in einer Änderungsrichtlinie vom 27. 11. 1984[1629] festgehalten. Die Richtlinie ist in Deutschland durch das Bilanzrichtliniengesetz vom 19. 12. 1985[1630] umgesetzt worden. Weitere Änderungen sind in der sogenannten „Mittelstandsrichtlinie" des Rates vom 8. 11. 1990[1631] festgelegt.

Die Bilanzrichtlinie betrifft die Aktiengesellschaft und die GmbH. Personengesellschaf- **822** ten, bei denen kein persönlich haftender Gesellschafter eine natürliche Person ist, sollten nach dem Regelungszweck ebenfalls erfasst werden. Nach Diskussionen über die Anwendbarkeit auf die GmbH & Co. KG hat der Rat der EG am 8. 11. 1990 die „GmbH & Co. KG-Richtlinie"[1632] verabschiedet, die die Anwendbarkeit auf die GmbH & Co. KG klarstellt.

Die Bilanzrichtlinie regelt nur den Einzelabschluss und legt dessen Bestandteile (Bilanz, **823** Gewinn- und Verlustrechnung, Anhang) fest. Sie regelt ferner Grundsätze zur Erstellung dieser Anteile. Schließlich enthält die Richtlinie Bestimmungen über die Prüfungspflicht und die Offenlegung des Jahresabschlusses. Dabei sind für mittlere und kleine Gesellschaften Erleichterungen vorgesehen.

d) Konzernrechnungsrichtlinie

Am 13. 6. 1983 wurde die Siebte Richtlinie über den konsolidierten Abschluss vom **824** Rat der EG auf Basis des Art. 54 Abs. 3 lit. g (heute Art. 44 Abs. 2 lit. g EG) verabschiedet.[1633] Sie ergänzt die Bilanzierungsrichtlinie und soll für eine einheitliche und zutreffende Darstellung der Vermögens-, Finanz- und Ertragslage auch von verbundenen Unternehmen auf konsolidierter Basis sorgen. Auch der konsolidierte Abschluss unterliegt danach einer Prüfungspflicht und ist offen zu legen. Erfasst werden grundsätzlich alle Muttergesellschaften unabhängig von ihrer Rechtsform, wobei die Beschränkung auf Kapitalgesellschaften gestattet ist.

In Deutschland ist die Konzernrechnungsrichtlinie durch das Bilanzrichtliniengesetz **825** vom 19. 12. 1985 mit umgesetzt worden.

[1627] „Vierte Richtlinie aufgrund von Art. 54 Abs. 3 lit. g des Vertrages über den Jahresabschluss von Gesellschaften bestimmter Rechtsformen" (78/660/EWG), ABl. 1978 Nr. L 222/11, abgedruckt bei *Lutter,* Europäisches Unternehmensrecht, S. 147.

[1628] Vgl. dazu *Niehus,* ZGR 1985, 566 ff.

[1629] Richtlinie vom 27. 11. 1984 (84/569/EWG), ABl. 1984 Nr. L 314/28.

[1630] BGBl. 1985 I, 2355.

[1631] Richtlinie vom 8. 11. 1990 (90/604/EWG), ABl. 1990 Nr. L 317/57.

[1632] Richtlinie vom 8. 11. 1990 (90/605/EWG), ABl. 1990 Nr. L 317/60.

[1633] „Siebente Richtlinie aufgrund von Art. 54 Abs. 3 lit. g des Vertrages über den konsolidierten Abschluss" (83/349/EWG), ABl. 1983 Nr. L 193/1; abgedruckt bei *Lutter,* Europäisches Unternehmensrecht, S. 211 ff.

e) Prüferbefähigungsrichtlinie

826   Ergänzend zur Bilanzrichtlinie und der Konzernabschlussrichtlinie hat der Rat der EG am 10. 4. 1984 auf Basis des Art. 54 Abs. 3 lit. g (heute Art. 44 Abs. 2 lit. g EG) die Achte Richtlinie über die Zulassung von Abschlussprüfern[1634] erlassen. Sie regelt Qualifikationsvoraussetzungen für Abschlussprüfer, einschließlich Ausbildungs- und Prüfungsvoraussetzungen. Ferner bestimmt sie die von den Abschlussprüfern anzuwendenden Sorgfaltspflichten und die Unabhängigkeit der Abschlussprüfer. Auch diese Richtlinie ist mit dem Bilanzrichtliniengesetz vom 19. 12. 1985[1635] mit umgesetzt worden. Grundlegende Änderungen waren dazu nicht erforderlich. Eine Änderung haben die §§ 131 ff. WPO erfahren. Der deutsche Gesetzgeber hat sich für das reine Wirtschaftsprüferprinzip[1636] entschieden. Für Steuerberater und Rechtsanwälte, die einen erheblichen Teil, aber nicht alle Voraussetzungen der §§ 131 ff. WPO erfüllen, wurde der Beruf des vereidigten Buchprüfers geschaffen. Dieser ist zur Prüfung von Jahresabschlüssen mittelgroßer Gesellschaften mit beschränkter Haftung befähigt.[1637]

f) Fusionsrichtlinie

827   Bereits am 9. 10. 1978 verabschiedete der Rat der EG auf Basis des Art. 54 Abs. 3 lit. g (heute Art. 44 Abs. 2 lit. g EG) die Dritte Richtlinie über die Verschmelzung von Aktiengesellschaften.[1638] Sie behandelt lediglich die Verschmelzung von Aktiengesellschaften, betrifft also nicht die GmbH.[1639] Zentraler Aspekt der Richtlinie ist, dass alle Mitgliedstaaten zur Einführung des Rechtsinstituts einer förmliche Fusion mit Übertragung aller Aktiva und Passiva ipso jure gegen Gewährung von Anteilen und liquidationslosem Untergang der übertragenden Gesellschaft verpflichtet wurden.[1640] Die Richtlinie sieht sowohl die Verschmelzung durch Aufnahme einer oder mehrerer Gesellschaften als auch die Verschmelzung zur Gründung einer neuen Gesellschaft vor. Ferner sind zugunsten der Aktionäre Minderheitenschutzrechte, insbesondere ein ausführlicher Bericht der Leitungsorgane, ein Verschmelzungsplan und dessen Prüfung durch Sachverständige sowie die Auslegung von Bilanzen in der Richtlinie festgeschrieben. Schließlich sieht die Fusionsrichtlinie Informations- und Konsultationsrechte der Arbeitnehmer vor. Die Fusionsrichtlinie ist durch das Durchführungsgesetz zur Dritten Richtlinie vom 25. 10. 1982[1641] in deutsches Recht umgesetzt.

g) Spaltungsrichtlinie

828   Am 17. 12. 1982 wurde die Sechste Richtlinie betreffend die Spaltung von Aktiengesellschaften vom Rat der EG auf Basis des Art. 54 Abs. 3 lit. g (heute Art. 44 Abs. 2 lit. g EG)[1642] verabschiedet. Anders als die Fusionsrichtlinie schreibt sie keine zwingende Einführung des Rechtsinstituts in allen Mitgliedstaaten vor. Sie richtet sich vielmehr nur an jene Mitgliedstaaten, deren nationales Recht die Rechtsfigur der Spaltung vorsieht. Deutschland war also bis zur Einführung der Spaltung im Umwandlungsgesetz

---

[1634] „Achte Richtlinie gemäß Art. 54 Abs. 3 lit. g des Vertrages über die Zulassung der mit der Pflichtprüfung des Jahresabschusses von Gesellschaften bestimmter Rechtsformen beauftragten Personen" (84/253/EWG), ABl. 1984 Nr. L 126/20, abgedruckt bei *Lutter,* Europäisches Unternehmensrecht, S. 232–238.

[1635] Vgl. Fn. 1118.

[1636] *Lutter,* Europäisches Unternehmensrecht, S. 230.

[1637] § 319 Abs. 1 Satz 2 HGB.

[1638] „Dritte Richtlinie gemäß Art. 54 Abs. 3 lit. g des Vertrages betreffend die Verschmelzung von Aktiengesellschaften" (78/855/EWG), ABl. 1978 Nr. L 295/36.

[1639] Die Fusionsrichtlinie ist abgedruckt bei *Lutter,* Europäisches Unternehmensrecht, S. 131–138.

[1640] Art. 2 der Fusionsrichtlinie.

[1641] BGBl. 1982 I, S. 1425 ff.

[1642] „Sechste Richtlinie gemäß Art. 54 Abs. 3 lit. g des Vertrages betreffend die Spaltung der Aktiengesellschaften" (82/891/EWG), ABl. 1982 Nr. L 378/47.

1995[1643] durch die Richtlinie nicht verpflichtet, musste die Vorgaben der Richtlinie aber bei Einführung der Spaltung beachten. Die Spaltungsrichtlinie betrifft ausschließlich Aktiengesellschaften. Diese enthält Regelungen über die Spaltung zur Aufnahme und die Spaltung zur Neugründung, jeweils gegen Gewährung von Anteilen. In beiden Erscheinungsformen geht die Mehrzahl der Regelungen der Spaltungsrichtlinie davon aus, dass die gespaltene Gesellschaft nach Wirksamwerden der Spaltung ohne Liquidation erlischt, ohne dies aber vorzuschreiben. Sie enthält vergleichbare Regelungen zum Schutz der Minderheitsaktionäre wie die Fusionsrichtlinie. Ferner enthält sie Gläubigerschutzvorschriften, insbesondere Sicherheitsleistung oder gesamtschuldnerische Haftung der beteiligten Gesellschaften. Zudem regelt sie Informations- und Konsultationsrechte zugunsten der Arbeitnehmer.[1644]

h) Zweigniederlassungsrichtlinie

829 Der Rat hat am 21. 12. 1989 die Elfte gesellschaftsrechtliche Richtlinie über die Offenlegungspflichten von Zweigniederlassungen auf Grundlage des Art. 54 (heute Art. 44 EG) verabschiedet.[1645] Die Richtlinie ergänzt die Publizitätsrichtlinie und regelt, welche Urkunden und Angaben bei der Errichtung von inländischen Zweigniederlassungen durch ausländische Kapitalgesellschaften offen zu legen sind. Die Regelungen betreffen sowohl Kapitalgesellschaften aus den Mitgliedstaaten als auch solche aus Drittländern. Ziel der Richtlinie ist der Verkehrsschutz. Die Richtlinie ist mit Gesetz vom 22. 7. 1993[1646] in deutsches Recht umgesetzt worden. Die Regelungen zur Errichtung und Anmeldung von Zweigniederlassungen sind insbesondere in den §§ 13d–13g HGB festgeschrieben. Die Regelungen über die Offenlegung der Unterlagen über die Rechnungslegung sind in § 325a HGB enthalten. Regelungen zu Angaben auf Geschäftsbriefen sind für die Aktiengesellschaft in § 80 Abs. 4 AktG und für die GmbH in § 35a Abs. 4 GmbHG enthalten.[1647]

i) Einpersonengesellschaftsrichtlinie

830 Zur Förderung der Gründung und Entwicklung kleinerer und mittlerer Unternehmen hat der Rat am 21. 12. 1989 eine Zwölfte Richtlinie zu Einpersonengesellschaften[1648] verabschiedet. Sie erfasst Gesellschaften mit beschränkter Haftung und erklärt Einpersonen-Gründungen in allen Mitgliedstaaten ohne persönliche Haftung des Einpersonengesellschafters für zulässig. Ferner darf die Verminderung des Gesellschafterbestands auf eine Person nicht mehr zum Erlöschen oder zur Auflösung der Gesellschaft führen. In Deutschland waren zur Umsetzung der Richtlinie durch Gesetz vom 18. 12. 1991[1649] keine größeren Änderungen des GmbH-Rechts erforderlich. Die Gründung einer Einpersonen-GmbH war bereits durch die GmbH-Novelle von 1980 eingeführt worden.

831 Anders als Deutschland haben andere Mitgliedstaaten von der Ermächtigung in Art. 2 Abs. 2 Gebrauch gemacht, besondere Vorschriften für den Fall vorzusehen, dass eine andere juristische Person einziger Gesellschafter einer Einpersonengesellschaft ist, oder die natürliche Gesellschafterperson noch Einpersonengesellschafter von anderen Kapitalgesellschaften ist. Das italienische Recht sieht beispielsweise in diesem Fall die persönliche

---

[1643] Vgl. §§ 123ff. UmwG.

[1644] Die Spaltungsrichtlinie ist abgedruckt bei *Lutter*, Europäisches Unternehmensrecht, S. 199–206.

[1645] Richtlinie über die handelsrechtliche Publizität von Zweigniederlassungen (89/666/EWG), ABl. 1989 Nr. L 395/36.

[1646] BGBl. 1993 I, S. 1282.

[1647] Die Zweigniederlassungsrichtlinie ist abgedruckt bei *Lutter*, Europäisches Unternehmensrecht, S. 269–273.

[1648] „Zwölfte gesellschaftsrechtliche Richtlinie des Rats betreffend Gesellschaften mit beschränkter Haftung mit einem einzigen Gesellschafter" (89/667/EWG), ABl. 1989 Nr. L 395/40, abgedruckt in *Lutter*, Europäisches Unternehmensrecht, S. 278–280.

[1649] Durchführungsgesetz zur Zwölften Richtlinie vom 18. 12. 1991, BGBl. 1991 I, 2206.

Haftung des Einpersonengesellschafters vor. Auf derartige Regelungen ist bei der Gründung 100%iger Tochtergesellschaften in den betroffenen Ländern zu achten.

832   Der zunächst in Deutschland entstandene Streit, ob die von Literatur und Rechtsprechung entwickelten Grundsätze der Konzernhaftung[1650] dann Art. 2 der Richtlinie widersprechen, wenn der in Anspruch Genommene ein Einpersonengesellschafter ist, dürfte mittlerweile erledigt sein. Der BGH hat die Haftung wegen qualifizierten faktischen Konzerns inzwischen aufgegeben und durch eine Rechtsprechung unter dem Gesichtspunkt des existenzvernichtenden Eingriffs ersetzt.[1651]

j) Übernahmerichtlinie

833   Nach langjährigem Ringen haben das Europäische Parlament und der Rat am 21. 4. 2004 die Richtlinie betreffend öffentliche Übernahmeangebote unterzeichnet.[1652] Die Richtlinie ist am 20. 5. 2004 in Kraft getreten und ist von den Mitgliedstaaten bis spätestens zum 20. 5. 2006 in nationales Recht umzusetzen. Die Richtlinie bestimmt europaweit den Rahmen für den Erwerb von Wertpapieren einer börsennotierten Gesellschaft, der sich an den Erwerb der Kontrolle der Zielgesellschaft anschließt oder den Kontrollerwerb zum Ziel hat. Zweck ist zum einen die Gewährleistung eines einheitlichen, fairen Verfahrens, das dem Grundsatz der Gleichbehandlung der Aktionäre Rechnung trägt. Zum anderen geht es darum, Wertpapierinhabern, insbesondere Minderheitsaktionären, nach dem Erwerb der Kontrolle der Zielgesellschaft zu schützen. In Deutschland besteht Anpassungsbedarf vor allem bei dem im Jahre 2001 verabschiedeten Wertpapiererwerbs- und Übernahmegesetz (WpÜG).[1653]

834   **aa) Historie.** Vorschläge zu einer gemeinschaftsweiten Regelung von Übernahmeangeboten existieren seit dem Jahr 1974.[1654] Im Jahre 1987 erfolgte ein weiterer Entwurf.[1655] Die Kommission legte 1989 den Vorschlag des Rates für eine dreizehnte Richtlinie auf dem Gebiet des Gesellschaftsrechts über Übernahmeangebote vom 19. 1. 1989 vor.[1656] Gegenstand war vor allem die Verpflichtung zur Abgabe eines öffentlichen Angebots. Der Vorschlag wurde 1990 überarbeitet.[1657] In Deutschland wurde vor allem das vorgesehene Pflichtangebot kritisiert, das als unvereinbar mit dem deutschen konzernrechtlichen Minderheitenschutz angesehen wurde.[1658] Kritik kam auch aus anderen Ländern. Großbritannien sah den in seinem *City Code on Takeovers and Mergers* vorgesehenen selbstregulatorischen Ansatz in Frage gestellt. Die im Rat erforderliche Mehrheit wurde nicht erreicht.

835   In den Jahren 1996[1659] und 1997[1660] legte die Kommission einen neuen Entwurf vor. Dabei ging es im Wesentlichen darum, einen einheitlichen Rahmen für die unterschiedlichen nationalen Konzepte des Schutzes von Minderheitsaktionären zu schaffen. Auf die Vorschläge und dazu ergangenen Stellungnahmen folgte der Gemeinsame Standpunkt des Rates vom 19. 6. 2000.[1661] Vorgesehen war ein Neutralitätsgebot, wonach der Vorstand der Zielgesellschaft grundsätzlich verpflichtet war, für Abwehrmaßnahmen die Einwilligung der Hauptversammlung einzuholen. Da allerdings die in einigen Mitgliedstaaten zu-

---

[1650] Vgl. BGH, Urteil vom 29. 3. 1993, BGHZ 122, 123 (TBB).

[1651] Vgl. BGHZ 149, 10 – Bremer Vulkan; BGH ZIP 2002, 848 und 1578 (KWV).

[1652] Richtlinie 2004/25/EG, ABl. 2004 Nr. L 142/12.

[1653] Dazu *Krause*, BB 2004, 113 ff.; *Maul/Muffat-Jeandet,* AG 2004, 221 ff., 306 ff.; *Mülbert*, NZG 2004, 633 ff.; *Hopt/Mülbert/Kumpan,* AG 2005, 109 ff.

[1654] Pennington-Entwurf, Komm. Dok. XI/56/74-E; dazu *Behrens*, ZGR 1975, 433 ff.

[1655] Komm. Dok XV/63/87-DE.

[1656] ABl. 1989 Nr. C 64/8; dazu *Baums*, ZIP 1989, 1376 ff.

[1657] ABl. 1990 Nr. C 240/7.

[1658] Dazu *Baums*, ZIP 1989, 1376; *Mertens*, AG 1990, 252, 256.

[1659] ABl. 1996 Nr. C 162/5.

[1660] ABl. 1997 Nr. C 378/10.

[1661] ABl. 2001 Nr. C 23/1.

gelassenen präventiven Abwehrmaßnahmen (Höchst- und Mehrfachstimmrechte) unangetastet bleiben sollten, stieß der Vorschlag auf Kritik, vor allem auch auf den Widerstand der Bundesrepublik Deutschland.[1662] Im Jahre 2000 hatte Vodafone sein Angebot auf den Erwerb der Aktien an Mannesmann abgegeben, und der Vorstand von Mannesmann hatte sich gegen die Übernahme heftig gewehrt. Im Dezember 2001 verabschiedete der deutsche Gesetzgeber das Wertpapiererwerbs- und Übernahmegesetz, wobei er sich inhaltlich an dem Gemeinsamen Standpunkt des Rates vom 19. 6. 2000 orientierte und versuchte, die danach zu erwartenden EG-rechtlichen Vorgaben zu antizipieren. Nach § 33 WpÜG unterliegt der Vorstand einer deutschen Aktiengesellschaft zwar grundsätzlich einem Vereitelungsverbot, jedoch kann dieses durch weitreichende Ausnahmetatbestände (Zustimmung des Aufsichtrats, Vorratsbeschluss) unterlaufen werden.[1663] Auch der Richtlinienvorschlag fand am 4. 7. 2001 nicht die notwendige Mehrheit im Europäischen Parlament.

Die Kommission beauftragte daraufhin eine Expertengruppe unter der Leitung des nie- **836** derländischen Gesellschaftsrechtlers *Jaap Winter* mit der Ausarbeitung eines neuen Konzepts. Der am 10. 1. 2002 vorgelegte „Bericht der hochrangigen Gruppe von Experten auf dem Gebiete des Gesellschaftsrechts über die Abwicklung von Übernahmeangeboten" beinhaltet zwei Grundsätze. Zum einen soll der Vorstand der Zielgesellschaft zur Neutralität verpflichtet sein, zum anderen soll das Mitspracherecht jedes Kapitalgebers der Höhe seiner Kapitalbeteiligung entsprechen (*„One share – one vote"*). Die Kommission legte am 2. 10. 2002 einen geänderten Vorschlag vor.[1664] Angeregt durch den *Winter*-Bericht war unter anderem vorgesehen, dass satzungsmäßige Beschränkungen der Übertragbarkeit von Aktien an der Zielgesellschaft dem Bieter nicht entgegen gehalten werden können (kleine Durchbrechungsregel). Die Kommission konnte sich allerdings nicht dazu durchringen, eine große Durchbruchslösung vorzuschlagen, die auch die Wirkungslosigkeit etwa existierender Mehrstimmrechte vorsieht.

Zwischenzeitlich entschied der EuGH in drei Fällen über die Zulässigkeit von Rege- **837** lungen, die einem Staat Sonderrechte an einer Gesellschaft einräumen, sogenannte Goldene Aktien *(Golden Shares)*. Der EuGH stellte fest, dass Goldene Aktien im Hinblick auf die EG-Kapitalverkehrsfreiheit (Art. 56 EG) nur zulässig sind, wenn sie nach Art. 58 EG oder durch zwingende Gründe des Allgemeinwohls gerechtfertigt sind.[1665]

Die Kombination von Neutralitätspflicht des Vorstands einerseits und Zulassung von **838** Mehrstimmrechten in anderen Mitgliedstaaten andererseits stieß auf den Widerstand der Bundesregierung Deutschlands. Das vom Europäischen Parlament in Auftrag gegebene Gutachten von *Dauner-Lieb/Lamandini* bemängelte ebenfalls die Ausklammerung von Mehrstimmrechten in der Durchgriffsregel.[1666]

Die Einigung über die Übernahmerichtlinie wurde schließlich durch einen portugiesi- **839** schen Kompromissvorschlag ermöglicht, den die italienische Ratspräsidentschaft aufgriff. Gegen das Votum der Kommission einigten sich der Rat und das europäische Parlament auf ein Optionsmodell, dass den Mitgliedstaaten erlaubt, von der Umsetzung der Neutralitätspflicht und/oder der Durchgriffsregel abzusehen.[1667]

bb) Die einzelnen Regelungen. Der Anwendungsbereich der Richtlinie erstreckt **840** sich auf öffentliche Übernahmeangebote von Wertpapieren einer dem Recht eines Mitgliedstaats unterliegenden Gesellschaft, sofern diese Wertpapiere zum Handel auf einem geregelten Markt mindestens in einem Mitgliedstaat zugelassen sind (Art. 1 Abs. 1).

[1662] Dazu *Grunewald,* AG 2001, 288.

[1663] Dazu *Ekkenga* in Ehricke/Ekkenga/Oechsler, WpÜG, 2003, § 33 Rn. 4 ff.; *Grunewald* in Baums/Thoma, WpÜG, Stand 05/2004, § 33 Rn. 12 ff.

[1664] ABl. 2003 Nr. C 45 E/1.

[1665] EuGH, ZIP 2002, 1085 ff.; dazu *Bayer,* BB 2002, 2289 ff.; *Krause,* NJW 2002, 2747 ff.

[1666] Vgl. dazu *Dauner-Lieb/Lamandini,* BB 2003, 265 ff.

[1667] Ausführlich zur geschichtlichen Entwicklung: *Baums/Fischer* in Baums/Thoma, WpÜG, Stand 05/2004, Einl. Rn. 1.17 ff.; *Maul/Muffat-Jeandet,* AG 2004, 221, 223 ff.

841   Die Richtlinie enthält Vorgaben zur Aufsichtsstelle und zum anwendbaren Recht (Art. 4).

842   Potentielle Zielgesellschaften, das heißt börsennotierte Gesellschaften im Sinne des Art. 1 Abs. 1, müssen umfassende Informationen über ihr bekannte Übernahmehindernisse (gesetzliche, satzungsmäßige und vertragliche) im Lagebericht offen legen (Art. 10). Nur die Offenlegung von *Change-of-Control*-Klauseln kann unterbleiben, sofern die Offenlegung der Gesellschaft erheblich schaden würde.

843   Erwirbt eine natürliche oder juristische Person die Kontrolle über die Zielgesellschaft, so ist sie verpflichtet, allen Aktionären ein Angebot zum Erwerb der Aktien zu einem angemessenen Preis zu unterbreiten (Art. 5 Abs. 1, Pflichtangebot). Die Richtlinie definiert die Kontrollschwelle nicht. Für das Pflichtangebot ist der höchste Preis maßgeblich, den der Bieter in einem von den Mitgliedstaaten festzulegenden Zeitraum von sechs bis zwölf Monaten vor der Abgabe des Angebots für die gleichen Wertpapiere gezahlt hat (Art. 5 Abs. 4). Im Falle eines freiwilligen Übernahmeangebots hat der Bieter die Entscheidung zur Abgabe eines Angebots unverzüglich bekannt zu geben (Art. 6 Abs. 1) und eine Angebotsunterlage zu veröffentlichen (Art. 6 Abs. 2, 3).

844   Das Leitungs-/Verwaltungsorgan der Zielgesellschaft ist verpflichtet, zu dem Angebot eine mit Gründen versehene Stellungnahme zu erstellen, zu veröffentlichen und den Arbeitnehmervertretern zu übermitteln (Art. 9 Abs. 5). Hinsichtlich der Annahme des Angebots können die Mitgliedstaaten eine Frist von zwei bis zehn Wochen bestimmen (Art. 7 Abs. 1).

845   Abwehrmaßnahmen darf das Leitungs-/Verwaltungsorgan der Zielgesellschaft nur nach Ermächtigung der Hauptversammlung ergreifen (Art. 9 Abs. 1–4, Neutralitätspflicht). Eine Ausnahme gilt für die Suche nach konkurrierenden Angeboten. Die Möglichkeit von Vorratbeschlüssen ist nicht vorgesehen.

846   Außerdem sind abwehrwirksame Übertragungs- und Stimmrechtsbeschränkungen in starkem Umfang eingeschränkt (Art. 11, Durchgriffsregel).

847   Während der Annahmefrist sind satzungsmäßige und vertragliche Einschränkungen der Übertragbarkeit der Aktien außer Kraft gesetzt setzt (Art. 11 Abs. 2). Dementsprechend können vinkulierte Namensaktien (§ 68 Abs. 2 AktG) auch ohne Zustimmung der Gesellschaft an den Bieter übertragen werden. Auch in der Satzung enthaltene Stimmrechtsbeschränkungen entfalten keine Wirkung (Art. 11 Abs. 3 Unterabs. 1). Vertragliche Stimmrechtsbeschränkungen sind ebenfalls unwirksam, wenn sie nach Annahme der Richtlinie vereinbart worden sind (Art. 11 Abs. 3 Unterabs. 2). Zudem gewähren Mehrstimmrechte nur ein Stimme (Art. 11 Abs. 3 Unterabs. 3).

848   Im Falle des Erwerbs von 75% des stimmberechtigten Kapitals werden für die erste nach Abschluss des Übernahmeverfahrens einberufene Hauptversammlung Einschränkungen der Übertragbarkeit der Aktien und Stimmrechtsbeschränkungen gemäß dem vorstehend beschriebenen Art. 11 Abs. 2 und 3 außer Kraft gesetzt. Außerdem finden etwaige satzungsmäßige Entsendungsrechte (vgl. § 101 Abs. 2 AktG) keine Anwendung (Art. 11 Abs. 4).

849   Zulässig sind Stimmrechtsbeschränkungen, für die besondere finanzielle Vorteile gewährt werden (Art. 11 Abs. 6). Dies trifft zu auf die in Deutschland möglichen stimmrechtslosen Vorzugsaktien (§ 139 Abs. 1 AktG). Auch staatliche Stimmrechtsbeschränkungen (Goldene Aktien) werden nicht erfasst werden. Das VW-Gesetz, das in § 2 Abs. 1 das Stimmrecht bei der Volkswagen AG auf maximal 20% des Grundkapitals begrenzt, bleibt daher von der Übernahmerichtlinie unberührt.[1668] Die Zulässigkeit von Goldenen Aktien ist freilich an der EG-Kapitalverkehrsfreiheit zu messen und nach der oben erwähnten Rechtsprechung des EuGH (Rn. 837) nur ausnahmsweise zu bejahen.

850   Nach der politischen Kompromisslösung sind die Mitgliedstaaten berechtigt (Art. 12), von der Umsetzung der Neutralitätspflicht und/oder der Durchgriffsregel abzusehen *(Opt-*

[1668] *Krause,* BB 2004, 113, 115.

out). Allerdings müssen die Mitgliedstaaten dann den Gesellschaften in ihrem Hoheitsgebiet ermöglichen, sich den Beschränkungen der Richtlinie individuell zu unterstellen *(Opt-in).* Aufgrund dieses Optionsmodells stellt die Richtlinie nur einen Minimalkonsens dar. Der von der Kommission verfolgte Hauptzweck, die Errichtung gleicher Ausgangsbedingungen für Übernahmeangebote innerhalb der Europäischen Union *(Level Playing Field),* dürfte nicht erreicht worden sein.[1669]

Die Mitgliedstaaten müssen dem Bieter ermöglichen, Minderheitsaktionäre auszuschlie- **851** ßen *(Squeeze-out),* wenn dieser mindestens 90% (bzw. 95%) des stimmberechtigten Kapitals der Zielgesellschaft und der Stimmrechte hält oder er durch die Annahme des öffentlichen Angebots 90% des Grundkapitals und der Stimmrechte erworben oder sich zum Erwerb verpflichtet hat (Art. 15). Damit korrespondiert ein Andienungsrecht *(Sell-out)* der Minderheitsaktionäre (Art. 16). Hinzuweisen ist darauf, dass für die Bestimmung der Angemessenheit der Abfindung auf das vorangehende Übernahmeangebot verwiesen wird. Sowohl im Falle eines freiwilligen Angebots als auch bei einem Pflichtangebot gilt die jeweils angebotene Abfindung als angemessen (Art. 15 Abs. 5 Unterabs. 2, 3).

Die Richtlinie enthält keine Regelung über die materiell-rechtlichen Ansprüche und **852** Rechtsschutzmöglichkeiten von Aktionären der Zielgesellschaft.[1670]

cc) Änderungsbedarf im Hinblick auf das WpÜG. Nach Verabschiedung der **853** Richtlinie trifft den bundesdeutschen Gesetzgeber die Verpflichtung, die Regelungen durch den Erlass neuer und/oder die Änderung der bisher geltenden Gesetze bis zum 20. 5. 2006 umzusetzen. In sachlicher Hinsicht hat der Gesetzgeber sicherzustellen, dass die durch die Richtlinie bestimmten Mindeststandards erreicht werden und die in der Richtlinie festgelegten Höchststandards nicht überschritten werden. In besonderem Maße ist dabei das WpÜG vom 20. 12. 2001 betroffen, das die Materie bisher regelt.[1671]

(1) Anwendungsbereich. Der sachliche und persönliche Anwendungsbereich der Richt- **854** linie stimmt konzeptionell weitgehend mit den bestehenden Regelungen des WpÜG überein und überträgt diese räumlich auf das Gebiet der Mitgliedstaaten.

(a) Personaler und sachlicher Anwendungsbereich. In personaler Hinsicht gilt die Richtlinie **855** für Angebote zur Übernahme von Zielgesellschaften mit Sitz in einem Mitgliedstaat, die am geregelten Markt eines Mitgliedstaates zugelassen sind (Art. 1 Abs. 2 RL). Die Erweiterung des persönlichen Anwendungsbereiches ist durch eine entsprechende Änderungen der §§ 1, 2 Abs. 3 und Abs. 7 WpÜG umzusetzen.

In sachlicher Hinsicht ist der Anwendungsbereich der Richtlinie, in Übereinstimmung **856** mit §§ 2 Abs. 1, 29 Abs. 1, 35 Abs. 2 WpÜG auf öffentliche Pflichtangebote und freiwillige öffentliche Angebote beschränkt (Art. 2 Abs. 1 lit. a RL).

(b) Auswirkung der Zuständigkeitsregelungen auf den Anwendungsbereich. Aus der multilatera- **857** len Konzeption der Richtlinie ergibt sich das Bedürfnis zur Abgrenzung der Anwendungsbereiche der verschiedenen einzelstaatlichen Übernahmegesetze und der Zuständigkeiten der jeweiligen einzelstaatlichen Aufsichtsorgane, wobei für die Bundesrepublik die BaFin zuständig bleibt. Die Richtlinie sieht zur Abgrenzung der Anwendbarkeit der verschiedenen einzelstaatlichen Übernahmegesetzte und der Abgrenzung der Zuständigkeiten der jeweils zuständigen Aufsichtsorgane der Mitgliedstaaten ein differenziertes System vor, das nach Sitz und Marktort der Zielgesellschaft unterscheidet und im WpÜG bisher naturgemäß keine Entsprechung hat (Art. 4 Abs. 2 RL). Grundsätzlich sollen für Fragen des Gesellschafts- und Arbeitsrechtes das Recht und die Zuständigkeit des Sitzstaates gelten (Art. 4 lit. e Satz 2 RL), für die Fragen der Gegenleistung und des Angebotsverfahrens

---

[1669] *Krause,* BB 2004, 113, 119; vgl. auch *Baums/Fischer* in Baums/Thoma, WpÜG, Stand 05/2004, Einl. Rn. 1.37.

[1670] Dazu OLG Frankfurt a. M. ZIP 2003, 1977, 1980.

[1671] Vgl. dazu ausführlich *Mülbert,* NZG 2004, 633 ff.; *Maul/Muffat-Jeandet,* AG 2004, 221 ff., 306–318; *Krause,* BB 2004, 113 ff.; Vorschläge zur Neuregelung der WpÜG vgl. *Hopt/Mülbert/Kumpan,* AG 2005, 109 ff.

hingegen das Recht und die Zuständigkeit des Staates des Marktortes (Art. 4 lit. b, c, e Satz 1 RL):

– Bestehen Sitz und eine Zulassung der Wertpapiere in demselben Mitgliedstaat, findet das Recht des Sitzstaates Anwendung. Zuständig ist das jeweilige Aufsichtsorgan dieses Mitgliedstaates (Art. 4 Abs. 2 lit. a, e Satz 2 RL).

– Besteht keine Zulassung im Sitzstaat sondern in einem anderen Mitgliedstaat, so spaltet sich das anwendbare Recht sowie die Zuständigkeit der verschiedenen Aufsichtsorgane:

858   Für Angebotsverfahren und Gegenleistung gilt insoweit das Recht des Staates des Marktortes; zuständig ist das Aufsichtsorgan des Marktortes (Art. 2 Abs. 2 lit. b Satz 1 RL).

859   Bei Mehrfachnotierungen innerhalb der EG gilt hinsichtlich des Angebotsverfahrens das Recht und die Zuständigkeit des Aufsichtsorgans im Staat der Erstnotierung (Art. 2 Abs. 2 lit. b Satz 2, lit. e Satz 1 RL).

860   Bei gleichzeitigen Erstzulassungen an Marktorten verschiedener Mitgliedstaaten vor dem 20. 5. 2006 entscheiden die zuständigen Aufsichtsorgane gemeinsam (Art. 2 Abs. 2 lit. c Satz 2, lit. e Satz 1 RL).

861   Für gleichzeitige Erstzulassungen nach dem 20. 5. 2006 gelten Recht und Zuständigkeit nach Wahl der Zielgesellschaft (Art. 2 Abs. 2 lit. c Satz 1, lit. e Satz 1 RL).

862   Im Übrigen, d. h. für Fragen des Gesellschafts- und Arbeitsrechts gilt das Recht des Sitzstaates (Abwehrmaßnahmen, Arbeitnehmerunterrichtung, Mitbestimmung); zuständig ist das Aufsichtsorgan des Sitzstaates (Art. 23 Abs. 2 lit. e Satz 2 RL).

863   Damit ist der Anwendungsbereich des WpÜG für Fragen des Gesellschafts- und Arbeitsrechts auf Zielgesellschaften mit Sitz im Inland zu begrenzen. Hinsichtlich der Gegenleistung und des Angebotsverfahrens jedoch auf im Inland zugelassene Gesellschaften auszuweiten, wenn sie im Sitzstaat nicht notiert sind und keine frühere Erstzulassung zu einem geregelten Markt eines anderen Mitgliedstaates vorliegt.

864   *(2) Kontrollerwerb, Auslösung und Inhalt des Pflichtangebotes.* Die Richtlinie weicht, soweit die Auslösung des Pflichtangebotes betroffen ist, nicht von der bisher geltenden Regelung des WpÜG ab und knüpft insoweit an den Kontrollerwerb an, dessen Festlegung dem einzelstaatlichen Gesetzgeber überlassen bleibt (Art. 5 Abs. 1 und 3 RL). Damit können die Regelung in § 29 Abs. 2 WpÜG (30%-Schwelle), einschließlich der Regelung zur Zurechnung von Stimmen gemäß § 30 WpÜG erhalten bleiben. Ebenfalls identisch sind die Regelungen zur Entbehrlichkeit eines Pflichtangebotes bei vorangegangenem freiwilligen Vollangebot (Art. 5 Abs. 2 RL; § 35 Abs. 3 WpÜG). Unterschiede kommen in folgenden Regelungsbereichen in Betracht:

865   *(a) Acting in Concert.* Unterschiede zum WpÜG ergeben sich wohl für abgestimmte Kontrollerwerbe, das sogenannte *acting in concert.* Das WpÜG behandelt diesen Fall gemäß § 30 Abs. 2 WpÜG als Zurechnungstatbestand, von dem Dispens erteilt werden kann. BaFin und Literatur wenden die Regelung jedoch sehr restriktiv an, so dass nicht alle Fälle des abgestimmten Parallelerwerbes erfasst werden, die insoweit pflichtangebotsfrei bleiben. Die Richtlinie sieht die Erfassung dieser Fälle dagegen als Mindeststandard vor (Art. 2 Abs. 1 lit. d RL).[1672]

866   *(b) Teilangebote.* Unterschiede zum WpÜG ergeben sich ferner hinsichtlich der Regelungen über Teilangebote, die nach § 32 WpÜG unzulässig sind, die Richtlinie jedoch zulässt (Art. 1 Abs. 1 RL). Die Richtlinie ist insoweit jedoch als Mindeststandard zu verstehen, womit die Regelung des WpÜG mit einem höheren Schutzniveau erhalten bleiben kann (Art. 3 Abs. 2. lit. b RL).[1673]

867   *(c) Inhalt des Angebots.* Nach der Richtlinie muss sich das Pflichtangebot umfänglich nur auf den Erwerb aller stimmberechtigten Wertpapiere beziehen (Art. 5 Abs. 1 Satz 2, Art. 2 Abs. 2 lit. e RL). Im Rahmen des § 35 Abs. 2 WpÜG ist das Angebot demgegenüber auf alle Beteiligungspapiere, insbesondere auch stimmrechtslose Vorzugsaktien im Sinne des

---

[1672] Vgl. *Mülbert,* NZG 2004, 637.
[1673] *Maul/Muffat-Jeandet,* AG 2004, 225 f.

§ 139 AktG, zu beziehen. Die Richtlinie legt wohl auch insoweit lediglich einen Mindeststandard fest, so dass die strengere Regelung des WpÜG beibehalten werden kann (Art. 3 Abs. 2 lit. b RL).

(d) Gegenleistung. Erhebliche Abweichungen zum WpÜG bestehen im Rahmen der Gegenleistung, bei der sich die Richtlinie in mehrfacher Hinsicht von §§ 39, 31 WpÜG i. V. m. §§ 3 f. WpÜG-AV unterscheidet (Art. 5 Abs. 4 RL). Maßgeblicher Zeitraum zur Berechnung des angemessenen Preises ist ein Zeitraum von sechs bis zwölf Monaten vor Abgabe des Pflichtangebotes, die bisherige Regelung des § 4 WpÜG-AV sieht drei Monate vor. Die Bestimmung der Höhe des Preises richtet sich, von einigen Ausnahmen abgesehen, strikt nach dem höchsten Preis, den der Bieter im Rahmen eines Vorerwerbes im oben genannten Zeitraum bezahlt hat. Die Mindestpreisregelung nach § 5 Abs. 1 WpÜG-AV, wonach auf den durchschnittlichen gewichteten Durchschnittspreis der letzten drei Monate abzustellen ist, kann daher nicht erhalten bleiben. **868**

(3) Transparenz. Erheblicher Umsetzungsbedarf besteht aufgrund der Transparenzregelungen der Richtlinie, die in diesem Umfang weder im WpÜG noch in anderen Gesetzen vorgesehen sind (Art. 10 RL). Die Offenlegung hat durch Beifügung zum Lagebericht und Konzernlagebericht zu erfolgen, und ist der ordentlichen Hauptversammlung durch Vorlage eines Berichts zu erläutern (Art. 10 Abs. 2 und Abs. 3 RL). Die Offenlegungspflicht erfasst übernahmerelevante Sachverhalte, unter anderem die Zusammensetzung des Kapitals, Beschränkungen der Übertragbarkeit von Wertpapieren, bedeutende direkte oder indirekte Beteiligungen (ab 10%), Sonderrechte wie Veto- oder Abberufungs- und Entsendungsrechte, Stimmrechtsbeschränkungen, Stimmbindungsverträge, soweit diese der Gesellschaft bekannt sind, Ermächtigungen des Vorstandes zum Aktienrückkauf oder zur Aktienausgabe, Change-of-Control-Vereinbarungen, soweit die Offenlegung nicht erheblichen Nachteil beinhaltet sowie Entschädigungsvereinbarungen mit Organmitgliedern oder Arbeitnehmern, die sich auf den Übernahmefall beziehen. **869**

(4) Neutralitätspflicht des Leitungsorgans der Zielgesellschaft; opt-in und opt-out, Art. 9 Abs. 1 und 2; Art. 12 RL. Änderungsbedarf besteht auch im Rahmen des § 33 WpÜG, der die Verhaltenspflichten des Vorstandes der Zielgesellschaft während eines Übernahmeangebotes regelt. Die Richtlinie sieht hier eine Neutralitätspflicht vor, und erlaubt – mit Ausnahme der Suche nach einem konkurrierenden Angebot – nur solche Abwehrmaßnahmen, die die Hauptversammlung nach Bekanntmachung des Angebotes autorisiert hat (Art. 9 Abs. 2 und 3 RL). Allerdings wird den nationalen Gesetzgebern die Möglichkeit eingeräumt, von der Umsetzung dieser Regelung abzusehen, so dass die weit weniger restriktive Regelung gemäß § 33 WpÜG bestehen bleiben kann (Art. 12 Abs. 1 RL). In diesem Falle hat der Gesetzgeber die Regelungen des Art. 9 Abs. 2 und 3 RL allerdings als Option umzusetzen und den betroffenen Gesellschaften ein Wahlrecht einzuräumen, im Wege einer Satzungsänderung zu entscheiden, welcher Regelung sie sich unterwerfen wollen (Art. 12 Abs. 2 RL). Das Wahlrecht kann jederzeit erneut ausgeübt werden. Zusätzlich kann der Gesetzgeber eine Gegenseitigkeitsregelung erlassen, wonach sich Gesellschaften, die zunächst für die Neutralitätsregelung optiert haben, von dieser lösen können, wenn sie Ziel eines Übernahmeangebotes werden und wenn die Bietergesellschaft, bzw. die den Bieter kontrollierende Gesellschaft, die Neutralitätspflicht nicht anwendet (Art. 9 Abs. 3 RL). **870**

(5) Durchgriffsregelung. Ein Umsetzungswahlrecht der Mitgliedstaaten besteht auch im Rahmen der Durchgriffsregelungen (Art. 11 Abs. 2 und Abs. 3 RL), wonach im Rahmen der Übernahme Stimmverbote, Stimmbindungen, satzungsmäßige Veräußerungsverbote und Sonderrechte nicht zur Anwendung kommen sollen (Art. 12 Abs. 1 RL). Im Falle der Nichtumsetzung muss der Gesetzgeber den betroffenen Unternehmen auch hier ein Wahlrecht einräumen, die Regelung anzuwenden (Art. 12 Abs. 2 Satz 1 RL). **871**

(6) Übernahmespezifisches Squeeze-out und Sell-out. Die Richtlinie enthält, im Unterschied zum WpÜG, eigene Squeeze-out- und Sell-out-Regelungen, die dem Bieter ermöglichen sollen, im Anschluss an ein Übernahmeangebot verbleibende Minderheitsaktionäre auszu- **872**

schließen, und umgekehrt den verbleibenden Minderheitsaktionären ein Verkaufsrecht einräumt (Art. 15, Art. 16 RL).

873   *(a) Squeeze-out.* Im Rahmen des Squeeze-out bestehen Umsetzungsspielräume (Art. 15 Abs. 2, Abs. 3 und Abs. 4 RL), die eine den §§ 327 a f. AktG weitgehend entsprechende Regelung ermöglichen, so dass auf Erlass eines selbständigen WpÜG-spezifischen Ausschlussrechtes zumindest teilweise verzichtet werden kann und auf die bestehende aktienrechtliche Regelung verwiesen werden kann. Unterschiede ergeben sich lediglich im Rahmen der Gegenleistung, die sich an den Preis des freiwilligen Angebotes bzw. des Pflichtangebotes anzuschließen hat (Art. 15 Abs. 5 RL) sowie im Rahmen der Ausübungsfrist, für die die Richtlinie drei Monate vorschreibt (Art. 15 Abs. 4 RL).

874   *(b) Sell-out.* Spiegelbildlich zum Squeeze-out sieht die Richtlinie ein Andienungsrecht der Minderheitsaktionäre vor, das im WpÜG bisher ebenfalls ohne Entsprechung ist und daher neu zu regeln sein wird (Art. 16 RL). Schwellenwerte, Ausübungszeitraum und Gegenleistung sind denen des Squeeze-out nachzubilden.

875   *(7) Stellungnahme des Leitungs- bzw. Verwaltungsorgans, Art. 9 Abs. 5 Satz 1 RL.* Die seitens des Leitungsorgans nach Kenntnisnahme des Angebots zu veröffentliche Stellungnahme muss sämtlichen Interessen der Gesellschaft Rechnung tragen und insbesondere Aussagen zu Beschäftigung, strategischer Planung des Bieters und den voraussichtlichen Auswirkungen auf Arbeitsplätze und Standorte enthalten. Auch insoweit wird die Richtlinie als Mindeststandard zu verstehen sein, so dass die Regelung des § 27 Abs. 1 WpÜG, wonach im Vergleich zur Richtlinie zusätzliche Angaben zu machen sind und die Stellungnahme von Vorstand und Aufsichtsrat gemeinsam abzufassen ist, erhalten bleiben kann.

876   *(8) Unterrichtung und Anhörung der Arbeitnehmervertreter.* Die Regelungen zur Unterrichtung und Anhörung der Arbeitnehmer folgt dem jeweiligen Recht des Sitzstaates (Art. 14 RL). Insoweit bedarf es keiner Änderungen der bundesdeutschen Regelungen. Die Richtlinie schreibt insofern nur vor, dass die zu verfassende Stellungnahme den Arbeitnehmern zu übermitteln ist (Art. 9 Abs. 5 Satz 1 RL).

2. Europäisches Einheitsrecht

877   Zur Verwirklichung des Ziels, einheitliche rechtliche Rahmenbedingungen zu schaffen, die die Standortwahl von Rechtsfragen unabhängig machen, sind bereits drei europäische Gesellschaftsformen realisiert worden; die Europäische Interessenvereinigung (EWIV), die Europäische Aktiengesellschaft (SE) und die Europäische Genossenschaft (SCE).

a) Europäische Wirtschaftliche Interessenvereinigung (EWIV)

878   Die EWIV ist die erste gemeinschaftsrechtliche Gesellschaftsform. Die „Verordnung über die Schaffung einer europäischen wirtschaftlichen Interessenvereinigung (EWIV)" wurde am 25. 7. 1985 vom Rat der Europäischen Gemeinschaften auf Grundlage des Art. 308 EG beschlossen. Ziel der Schaffung der EWIV ist es, interessierten Unternehmen und Einzelpersonen durch eine geeignete Organisationsform eine grenzüberschreitende Zusammenarbeit zu ermöglichen.[1674] Insbesondere kleinen und mittleren Unternehmen soll ermöglicht werden, zur Erschließung des europäischen Marktes grenzüberschreitend zu kooperieren, im Übrigen aber rechtlich und wirtschaftlich selbständig zu bleiben.[1675]

879   **aa) Historie.** Der Gedanke einer Schaffung gemeinschaftsrechtlicher Gesellschaftsformen neben der Harmonisierung der nationalen Gesellschaftsrechte geht bis Ende der fünfziger Jahre zurück. Die EWIV als Organisationsform für eine grenzüberschreitende Zusammenarbeit basiert auf dem 1967 in Frankreich entstandenen G. I. P. *(groupement d'intérêt économique).*[1676] Nach ersten Vorentwürfen legte die Kommission dem Ministerrat der EG

[1674] Präambel, Erwägungsgründe 1 und 2 EWIV–VO.
[1675] Vgl. *Miller-Gugenberger*, NJW 1989, 1449, 1450.
[1676] Vgl. *Schwarz*, Europäisches Gesellschaftsrecht, Rn. 968.

im Jahr 1973 einen ersten Vorschlag für eine Verordnung zur Schaffung einer „Europäischen Kooperationsvereinigung" vor. Dieser Vorschlag wurde 1978 von der Kommission geändert, nachdem bereits positive Stellungnahmen des Wirtschafts- und Sozialausschusses und des Europäischen Parlaments vorlagen. Im November 1979 nahm auch der Bundesrat positiv zum Vorschlag der Kommission Stellung, im Mai 1981 auch der Wirtschaftsausschuss des Deutschen Bundestages. In den Jahren 1982 bis 1985 wurde der überarbeitete Vorschlag von der Gruppe „Wirtschaftsfragen" des Rates der EG beraten, ehe er mit weiteren Änderungen am 25. 7. 1985 auf der Grundlage von Art. 308 EG als Verordnung verabschiedet werden konnte.[1677]

Im Interesse eines raschen Zustandekommens der Verordnung wurde ihr Regelungs- **880** bereich auf einen einheitlichen Rechtsrahmen begrenzt, der durch mitgliedschaftliches Recht ausgefüllt wird, welches durch Verweisungen, Verpflichtungen und Ermächtigungen in den Regelungsgegenstand einbezogen wird.[1678] In Deutschland ist die EWIV-VO durch das Gesetz zur Ausführung der EWG-Verordnung über die Europäische wirtschaftliche Interessenvereinigung vom 14. 4. 1988 (EWIV-Ausführungsgesetz, BGBl. 1988 I, 514ff.) und durch die Achte Verordnung zur Änderung der Handelsregisterverfügung vom 19. 6. 1989 (BGBl. 1989 I, 1113f.) ausgeführt worden.

bb) Normenhierarchie/Anknüpfungsleiter. Die EWIV-VO besitzt gemäß Art. 249 **881** Abs. 2 EG in allen Mitgliedstaaten unmittelbare Wirkung und geht dem Recht der Mitgliedstaaten insoweit vor. Da sie das Recht der EWIV selbst nicht vollständig und abschließend regelt, sondern nur diejenigen Bereiche, die notwendigerweise einer gemeinschaftsrechtlichen Regelung bedurften, bestimmt sie zugleich die Anwendung der übrigen Rechtsgrundlagen des Mitgliedstaatlichen Rechts. Die EWIV-VO enthält zudem zahlreiche dispositive Regelungen. Diesen dispositiven Regelungen sowie dem zwingenden Mitgliedstaatlichen Recht gehen die in Übereinstimmung mit der EWIV-VO getroffenen Regelungen des Gründungsvertrages der EWIV vor. Die Vertragsfreiheit soll nach der Begründung der Kommission Vorrang vor zwingenden Mitgliedstaatlichen Regelungen haben, damit die Mitglieder ihre EWIV bedürfnisgerecht gestalten können.[1679] Anders ist dies freilich dort, wo die EWIV-VO die Vertragsfreiheit durch ausdrücklichen Verweis auf das mitgliedschaftliche Recht einschränkt. Primär gelten demnach die zwingenden Bestimmungen der EWIV-VO, sodann, in folgender Reihen- und zugleich Rangfolge, die Bestimmungen des Gründungsvertrages, die aus dispositiven Bestimmungen der EWIV-VO folgen und erst danach das Mitgliedstaatliche Recht. Die wichtigsten auf die EWIV in Deutschland anwendbaren Mitgliedstaatlichen Regelungen sind die über das Recht der oHG in §§ 105–160 HGB, auf die § 1 EWIV-Ausführungsgesetz verweist, sowie die Regelungen über die BGB-Gesellschaft in §§ 705–740 BGB, auf die § 105 Abs. 2 HGB seinerseits verweist.

cc) Grundstruktur, Einzelfragen. *(1) Zweck: Hilfsfunktion.* Nach Art. 3 Abs. 1 **882** EWIV-VO ist Zweck der EWIV die Erleichterung oder Entwicklung der wirtschaftlichen Tätigkeit ihrer Mitglieder, indem Mittel, Tätigkeiten oder Erfahrungen zusammengeschlossen werden, und ferner die Verbesserung oder Steigerung dieser Tätigkeit. Das Ziel einer eigenen Gewinnverfolgung ist ausgeschlossen. Dies bedeutet aber kein Gewinnerzielungsverbot, wie Art. 21 Abs. 1 der EWIV-VO bestätigt, indem er anordnet, dass Gewinne aus den Tätigkeiten der Vereinigung im Zweifel nach Köpfen an die Mitglieder zu verteilen sind. Der Ausschluss des Gewinnerzielungszwecks verdeutlicht also lediglich die Beschränkung auf den Kooperationszweck.[1680] Zweck ist somit eine reine Hilfstätigkeit für die wirtschaftliche Tätigkeit ihrer Mitglieder. In der Praxis kommen insbesondere gemeinsame Forschungstätigkeiten, Produktions-, Vertriebs- und Marketinggemeinschaften

---

[1677] Vgl. *Abmeier*, NJW 1986, 2987, 2988.
[1678] Vgl. *Gleichmann*, ZHR 149 (1985), 633, 648.
[1679] *Schwarz*, Europäisches Gesellschaftsrecht, Rn. 971.
[1680] *Schwarz*, Europäisches Gesellschaftsrecht, Rn. 983; *Miller/Gugenberger*, NJW 1989, 1449, 1454.

oder die gemeinsame Teilnahme an Ausschreibungen und Kooperationen im Rahmen freiberuflicher Tätigkeiten in Betracht.

883   Aus dem Zweck der EWIV ergeben sich auch Tätigkeitsverbote, die in Art. 3 Abs. 2 normiert sind:

884   – Art. 3 Abs. 2 lit. a EWIV-VO stellt ein absolutes Konzernleitungsverbot auf. Die EWIV darf keine Leitungs- oder Kontrollmacht über ihre Mitglieder oder andere Unternehmen ausüben. Beispielhaft werden dazu die Gebiete des Personal-, Finanz- und Investitionswesens genannt. Klarzustellen ist, dass es nicht um ein Verbot der Kooperation der Mitglieder in diesen Bereichen geht, sondern um ein Verbot der Verlagerung von Entscheidungsbefugnissen der Mitglieder in diesen Bereichen auf die EWIV.[1681]

885   – Art. 3 Abs. 2 lit. b, erster Halbsatz der EWIV-VO verbietet, dass die EWIV Aktien oder im weitesten Sinne Anteile an ihren Mitgliedsunternehmen hält. Der zweite Halbsatz dieser Regelung stellt klar, dass dieses Verbot nicht ausschließt, dass die EWIV Anteile oder Aktien an anderen Unternehmen für Rechnung ihrer Mitglieder und im Interesse des Vereinigungszwecks hält. Ein Beispiel dafür ist die Beteiligung einer objektbezogenen EWIV an einem Joint-Venture zur Durchführung eines bestimmten Großprojekts.[1682]

886   – Nach Art. 3 Abs. 2 lit. c EWIV-VO darf eine EWIV nicht mehr als 500 Arbeitnehmer beschäftigen. Diese Begrenzung sollte ursprünglich verhindern, dass die EWIV durch ihre schiere Größe und Funktion faktische Leitungsmacht über ihre Mitglieder ausüben kann.[1683] Im Laufe der Verhandlungen änderte sich der Zweck der Vorschrift dahin, dass die Mitarbeiterschwelle für die Anwendung der deutschen Regelungen über die Arbeitnehmermitbestimmung bei Kapitalgesellschaften auch auf die EWIV Anwendung finden sollte. Es handelt sich somit nicht mehr um eine Zweckbegrenzungsregelung.

887   Nach Art. 3 Abs. 2 lit. d Satz 1 und 3 der EWIV-VO darf die EWIV dem Leiter eines Mitgliedsunternehmens oder einer mit ihm verbundenen Person kein Darlehen gewähren oder ein vergleichbares Rechtsgeschäft vornehmen, wenn ein solches Rechtsgeschäft nach den Mitgliedstaatlichen Regelungen, die auf das Mitgliedsunternehmen Anwendung finden, einer Beschränkung oder Kontrolle unterliegen.[1684] Nach Satz 2 dieser Regelung darf die EWIV auch nicht zur Übertragung von Vermögensgegenständen an diese Person benutzt werden, es sei denn, dies wird von den für das Mitgliedsunternehmen geltenden Gesetzen zugelassen. Hierdurch sollen die Mitgliedstaatlichen Regelungen gegen Missbrauch und Umgehung geschützt werden. Einen solchen Schutz können die Mitgliedstaaten aber bereits nach dem 16. Erwägungsgrund der EWIV-VO selbst bewirken, da danach ein Mitgliedstaat gegen Missbrauch oder Umgehung seiner nationalen Rechtsvorschriften durch die EWIV oder eines ihrer Mitglieder geeignete Maßnahmen ergreifen kann.

888   – Nach Art. 3 Abs. 2 lit. e EWIV-VO können zwar die Mitglieder einer EWIV an einer anderen EWIV beteiligt sein, nicht aber die EWIV selbst. Hierdurch sollen unübersichtliche Verschachtelungen verhindert werden.[1685] Teilweise wird auch diese Regelung für überflüssig gehalten, da bereits Art. 3 Abs. 2 lit. b EWIV-VO die Möglichkeit der EWIV zur Beteiligung an anderen Unternehmen begrenzt.

889   Im Falle eines Verstoßes des Vereinigungszwecks gegen die Beschränkungen des Art. 3 Abs. 1 oder die Verbote des Art. 3 Abs. 2 EWIV-VO muss das zuständige Gericht auf

---

[1681] *von der Heydt/von Rechenberg*, Die Europäische Wirtschaftliche Interessenvereinigung unter besonderer Berücksichtigung gesellschafts-, steuer- und kartellrechtlicher Aspekte, 1991, S. 20.

[1682] *von der Heydt/von Rechenberg*, Die Europäische Wirtschaftliche Interessenvereinigung unter besonderer Berücksichtigung gesellschafts-, steuer- und kartellrechtlicher Aspekte, 1991, S. 21.

[1683] Vgl. *Schwarz*, Europäisches Gesellschaftsrecht, Rn. 986.

[1684] Vgl. in Deutschland die §§ 89, 115 AktG, 43 a GmbHG, 25 Abs. 1 Nr. 2 MitbestG, 39 Abs. 2 GenossenschaftsG und 34, 35 VAG.

[1685] *von der Heydt/von Rechenberg*, Die Europäische Wirtschaftliche Interessenvereinigung unter besonderer Berücksichtigung gesellschafts-, steuer- und kartellrechtlicher Aspekte, 1991, S. 24.

Antrag eines Beteiligten oder der zuständigen Behörde die Auflösung der Vereinigung aussprechen, es sei denn, die Mängel sind vor der Entscheidung des Gerichts behoben worden, Art. 32 Abs. 1 EWIV-VO. Im Falle eines Verstoßes gegen Art. 3 Abs. 2 EWIV-VO bereits im Zuge der Gründung, ist die Eintragung der EWIV abzulehnen.

Ein weiteres Tätigkeitsverbot für die EWIV ist in Art. 23 der EWIV-VO festgeschrie- **890** ben. Danach darf sich die EWIV nicht öffentlich an den Kapitalmarkt wenden. Die Rechtsfolgen eines Verstoßes hiergegen richten sich nach dem jeweiligen Recht des Mitgliedstaates

(2) Mitglieder. Nach Art. 4 Abs. 1 EWIV-VO können sowohl juristische als auch natür- **891** liche Personen Mitglieder einer EWIV sein. Nach Art. 4 Abs. 1 lit. a EWIV-VO können Gesellschaften oder andere juristische Einheiten des öffentlichen oder privaten Rechts, die nach dem Recht eines Mitgliedstaates gegründet worden sind und ihren satzungsmäßigen oder gesetzlichen Sitz und ihre Hauptverwaltung in der Gemeinschaft haben, Mitglieder einer EWIV sein. Gesellschaften sind gemäß Art. 48 Abs. 2 EG die Gesellschaften des Bürgerlichen und des Handelsrechts, Genossenschaften und sonstige juristische Personen des öffentlichen und privaten Rechts mit Ausnahme derjenigen, die keinen Erwerbszweck verfolgen. Hierzu gehören auch Vorgesellschaften, wenn sie nach dem auf sie anwendbaren Mitgliedstaatlichen Recht als Gesellschaften anzusehen sind, was für nach deutschem Recht gegründete Kapitalgesellschaften vor der Registereintragung bereits der Fall ist. Im Gegensatz zu den übrigen von Art. 4 Abs. 1 lit. a EWIV-VO erfassten Einheiten müssen die „anderen juristischen Einheiten" keinen Erwerbszweck verfolgen, so dass auch gemeinnützige Unternehmen und insbesondere Forschungsorganisationen Mitglieder einer EWIV werden können. Sie müssen jedoch zumindest eine „wirtschaftliche" Tätigkeit im weitesten Sinne verfolgen.

Nach Art. 4 Abs. 1 lit. b der EWIV-VO können auch alle natürlichen Personen Mit- **892** glieder einer EWIV sein, wenn sie eine gewerbliche, kaufmännische, handwerkliche, landwirtschaftliche oder freiberufliche Tätigkeit in der Gemeinschaft ausüben oder dort andere Dienstleistungen erbringen. Die Aufzählung der Tätigkeitsbegriffe orientiert sich an Art. 50 EG. Die Begriffe sind zudem extensiv auszulegen, da der sechste Erwägungsgrund der EWIV-VO natürlichen Personen den Zugang zur EWIV „soweit wie möglich" eröffnen will.[1686] Gemäß Art. 4 Abs. 4 EWIV-VO kann jeder Mitgliedstaat die Beteiligung bestimmter Gruppen von natürlichen oder juristischen Personen aus Gründen des öffentlichen Interesses beschränken oder ausschließen. Dies spielt insbesondere für Banken und Versicherungen sowie andere der staatlichen Aufsicht unterliegende Unternehmen eine Rolle. Für eine EWIV mit Sitz in Deutschland gibt es solche Beschränkungen nicht.

Nach Art. 4 Abs. 2 EWIV-VO muss die EWIV mindestens zwei Mitglieder aus ver- **893** schiedenen Mitgliedstaaten haben. Anknüpfungspunkt für die Lokalisierung der Mitglieder ist bei natürlichen Personen der Schwerpunkt der Berufstätigkeit, bei Gesellschaften und anderen juristischen Einheiten der Ort der Hauptverwaltung.[1687] Die Gründung einer Einpersonen-EWIV ist ausgeschlossen. Jeder Mitgliedstaat kann nach Art. 4 Abs. 3 Satz 1 EWIV-VO die zulässige Zahl der Mitglieder auf nicht mehr als 20 beschränken. Auch Beschränkungen hinsichtlich der Mitgliederzahl gibt es für eine EWIV mit Sitz in Deutschland nicht.

(3) Gründung. Die Gründung setzt zunächst den Abschluss eines Gründungsvertrages **894** (Art. 1 Abs. 1 Satz 2 EWIV-VO) voraus. Die den Vertrag schließenden Parteien müssen als spätere Mitglieder die Voraussetzung des Art. 4 EWIV-VO erfüllen. Eine andere Art der Errichtung, etwa durch Umwandlung, Verschmelzung o.ä. ist nicht möglich. Die Form des Vertragsschlusses ist zwar nicht ausdrücklich geregelt, ergibt sich aber mittelbar aus Art. 7 Satz 1 EWIV-VO. Danach ist der Gründungsvertrag beim Register zu hinterle-

---

[1686] *Schwarz,* Europäisches Gesellschaftsrecht, Rn. 95.
[1687] *von der Heydt/von Rechenberg,* Die Europäische Wirtschaftliche Interessenvereinigung unter besonderer Berücksichtigung gesellschafts-, steuer- und kartellrechtlicher Aspekte, 1991, S. 28f.

gen, so dass eine schriftliche Vertragsurkunde anzufertigen ist. Der Gründungsvertrag muss nach Art. 5 EWIV-VO folgende Mindestangaben enthalten:

895 – Der Name mit dem voran- oder nachgestellten Rechtsformzusatz muss festgelegt werden. Die Grenzen, in denen der Name frei festgelegt werden kann, ergeben sich nach einer Entscheidung des EuGH[1688] aus dem jeweils anwendbaren Mitgliedstaatlichen Recht. In Deutschland verweist § 1 EWIV-Ausführungsgesetz insoweit auf die §§ 17 ff. HGB.

896 – Im Gründungsvertrag ist ferner der Sitz der Vereinigung anzugeben, Art. 5 lit. b EWIV-VO. Er ist nach Maßgabe des Art. 12 EWIV-VO zu bestimmen. Danach kann er grundsätzlich innerhalb der Gemeinschaft frei gewählt werden. Nach Art. 12 Satz 2 EWIV-VO ist entweder der Ort der Hauptverwaltung der EWIV als Sitz zu bestimmen, oder ein Ort, an dem eines der Mitglieder der EWIV seine Hauptverwaltung hat bzw. seine Haupttätigkeit ausübt, wobei die Vereinigung dort tatsächlich tätig werden muss. Die Wahl des Sitzes der EWIV ist insbesondere von Bedeutung für die Frage, welche Mitgliedstaatlichen Regelungen Anwendung finden. Die Anforderung, dass an dem gewählten Sitz tatsächlich eine Tätigkeit ausgeübt werden muss, soll die Gefahr einschränken, dass das subsidiär anwendbare Mitgliedstaatliche Recht willkürlich ausgewählt wird.[1689] Die EWIV kann im Gegensatz zu den meisten Mitgliedstaatlichen Gesellschaftsformen ihren Sitz innerhalb der Gemeinschaft grenzüberschreitend verlegen, ohne aufgelöst werden zu müssen, Art. 13 Satz 1 EWIV-VO. Das Verfahren hierzu ist in Art. 14 EWIV-VO geregelt. Erforderlich ist zunächst ein Verlegungsplan, der gemäß Art. 7 und 8 EWIV-VO zu hinterlegen und bekannt zu machen ist. Die Sitzverlegung darf frühestens zwei Monate nach Bekanntmachung beschlossen werden, damit die Gläubiger die Möglichkeit haben, Ansprüche zu realisieren oder zu sichern.[1690] Ferner ist ein einstimmiger Beschluss und die Eintragung der Sitzverlegung in das Register des neuen Sitzes erforderlich, wobei die Eintragung erst aufgrund des Nachweises über die Bekanntmachung des Verlegungsplans und damit unter Fristeinhaltung vorgenommen werden darf. Anschließend wird die Eintragung der EWIV im Register des früheren Sitzes gelöscht. Solange diese Löschung noch nicht bekannt gemacht ist, kann sich ein Dritter allerdings weiterhin auf den alten Sitz berufen, es sei denn, ihm ist der neue Sitz nachweislich bekannt. Die Mitgliedstaaten können die Möglichkeit einer Sitzverlegung, die einen Wechsel des subsidiär anwendbaren Mitgliedstaatlichen Rechtes zur Folge hätte, einschränken. Sie können ferner bestimmen, dass die zuständige Behörde innerhalb von zwei Monaten nach Bekanntmachung des Verlegungsplans aus Gründen des öffentlichen Interesses Einspruch gegen die Sitzverlegung erheben darf. Gegen diesen Einspruch muss ein Rechtsbehelf zulässig sein.

897 – Schließlich muss ein Gründungsvertrag nach Art. 5 lit. c EWIV-VO den Unternehmensgegenstand angeben. Der Unternehmensgegenstand ist nicht identisch mit dem Zweck.[1691] Er betrifft nicht den gesamten möglichen und zulässigen Tätigkeitsbereich einer EWIV, sondern den konkreten Tätigkeitsbereich der zu gründenden EWIV. Selbstverständlich muss er sich im Rahmen des zulässigen Zwecks bewegen und so genau bezeichnet sein, dass dies überprüfbar ist.

898 – Art. 5 lit. d EWIV-VO verlangt, dass im Gründungsvertrag der Name, die Firma, die Rechtsform, der Wohnsitz bzw. Sitz und ggf. die Nummer und der Ort der Registereintragung der Mitglieder angegeben werden. Diese Regelung dient dem Gläubigerschutz und soll die Inanspruchnahme der Mitglieder nach Art. 24 EWIV-VO erleichtern.

[1688] EuGH, Urteil vom 15. 12. 1997 Rs. C-402/96 (European Information Technology Observatory, Europäische Wirtschaftliche Interessenvereinigung), Slg. 1997, I 7515.

[1689] MünchHdb. GesR I/*Salger/Neye,* § 88 Rn. 20.

[1690] Vgl. *Schwarz,* Europäisches Gesellschaftsrecht, Rn. 1004.

[1691] Vgl. oben Rn. 882 ff.

– Schließlich ist nach Art. 5 lit. e EWIV-VO die Dauer der Vereinigung anzugeben, so- **899** fern die EWIV nicht auf unbestimmte Zeit errichtet wurde. Endet die im Gründungsvertrag bestimmte Dauer der Vereinigung hat dies nicht die automatische Auflösung zur Folge. Vielmehr haben die Mitglieder nach Art. 31 Abs. 2 Satz 1 lit. a EWIV-VO einen Auflösungsbeschluss zu fassen (zwingender Auflösungsgrund).

Abgesehen von diesen Mindestangaben herrscht weitgehend Gestaltungsfreiheit, was **900** der vierte Erwägungsgrund der EWIV-VO ausdrücklich bekräftigt. Die Grenzen der Gestaltungsfreiheit sind die zwingenden Vorschriften der EWIV-VO und die zwingenden Vorschriften des nach Art. 2 Abs. 1 EWIV-VO anwendbaren subsidiären Rechts. Hierzu gehört insbesondere der Grundsatz der Gleichbehandlung der Mitglieder. Gestaltungsfreiheit besteht insbesondere hinsichtlich der Gewährung von Stimmen an Mitglieder, der Beschlussmehrheiten, sofern nicht zwingend anders geregelt (z.B. Sitzverlegung in einen anderen Mitgliedstaat), die Bedingungen für die Bestellung und Abberufung der Geschäftsführung, die Vertretungsverhältnisse, Beiträge und Gewinnverteilung, die Festlegung von Kündigungs- und Ausschlussgründen und Fortsetzung nach Tod oder Ausscheiden eines Mitglieds.

Nach Abschluss des Gründungsvertrages und vor Eintragung besteht eine Vorvereini- **901** gung. Auf die Vorvereinigung finden die Vorschriften der Verordnung entsprechende Anwendung, sofern und soweit sie nicht zwingend die Eintragung der EWIV voraussetzen.[1692]

Die Gründung der EWIV wird abgeschlossen, indem sie gemäß Art. 6 EWIV-VO in **902** das nach Art. 39 EWIV-VO zu bestimmende Register des Sitzstaats eingetragen wird. Die Eintragung hat nach dem Wortlaut des Art. 1 Abs. 2 EWIV-VO konstitutive Wirkung. Nach § 3 Abs. 1 EWIV-Ausführungsgesetz haben in Deutschland die Geschäftsführer die Vereinigung zur Eintragung im Handelsregister, welches für den Sitz der EWIV zuständig ist, anzumelden. Zudem ist der Gründungsvertrag bei dem zuständigen Register zu hinterlegen. Die Hinterlegung hat deklaratorische Wirkung. Die Bedingungen für die Hinterlegung ergeben sich aus Mitgliedstaatlichem Recht. Gemäß Art. 8 EWIV-VO ist zudem der nach Art. 5 EWIV-VO zwingend vorgeschriebene Mindestinhalt des Gründungsvertrages sowie die Nummer, der Tag und der Ort der Eintragung der EWIV in Form einer vollständigen Wiedergabe in einem Amtsblatt des Sitzstaates bekannt zu machen. Gemäß Art. 11 EWIV-VO ist anschließend die Gründung der Vereinigung im Amtsblatt der Europäischen Gemeinschaft anzuzeigen, und zwar unter Angabe von Nummer, Tag und Ort der Eintragung sowie Tag und Ort der Bekanntmachung und Titel des nationalen Mitteilungsblattes.

(4) Rechte der Mitglieder. Das wichtigste Mitgliedschaftsrecht ist das Stimmrecht. Nach **903** dem in Art. 17 Satz 1 EWIV-VO aufgestellten Grundsatz hat jedes Mitglied eine Stimme. Die Regelung ist jedoch dispositiv: Der Gründungsvertrag kann einzelnen Mitgliedern mehrere Stimmen gewähren, sofern hierdurch nicht ein Mitglied die Mehrheit aller vorhandenen Stimmen erhält, Art. 17 Abs. 1 Satz 1 EWIV-VO. Die Ausübung des Stimmrechts richtet sich aufgrund des Verweises in Art. 2 EWIV-VO nach dem anwendbaren nationalen Recht.

Jedem Mitglied steht ferner ein Auskunftsrecht über die Geschäfte der Vereinigung und **904** ein Einsichtsrecht in die Bücher und Geschäftsunterlagen zu. Diese Rechte sind nicht dispositiv. Die fehlende Abdingbarkeit korrespondiert mit der fehlenden Selbstorganschaft der Mitglieder und ihrer persönlichen Haftung. Deshalb darf das in Art. 18 EWIV-VO festgelegte Auskunfts- und Einsichtsrecht als eigennütziges Mitgliedschaftsrecht verstanden werden.[1693] Es ist weit auszulegen. Begrenzt wird es jedoch durch die allgemeinen Miss-

---

[1692] *von der Heydt/von Rechenberg,* Die Europäische Wirtschaftliche Interessenvereinigung unter besonderer Berücksichtigung gesellschafts-, steuer- und kartellrechtlicher Aspekte, 1991, S. 42; MünchHdb. GesR I/*Salger/Neye,* § 88 Rn. 12.

[1693] Vgl. *Schwarz,* Europäisches Gesellschaftsrecht, Rn. 1025.

brauchsgrundsätze.[1694] Der Anspruch ist gegenüber der Geschäftsführung der EWIV geltend zu machen.

905   Schließlich steht den Mitgliedern ein Gewinnbeteiligungsrecht zu. Da die EWIV nach Art. 3 Abs. 1 der EWIV-VO nicht den Zweck verfolgen darf, eigene Gewinne zu erzielen, gelten die von ihr erwirtschafteten Gewinne nach Art. 21 Abs. 1 EWIV-VO als Gewinne der Mitglieder. Art. 21 Abs. 1 EWIV-VO gibt den Mitgliedern nicht nur ein Recht auf Feststellung des Gewinnanteils, sondern einen direkten Gewinnauszahlungsanspruch. Die Gewinnermittlung und der Zeitpunkt der Ausschüttung richten sich nach nationalem Recht. Die Verteilung des Gewinns erfolgt mangels abweichende Regelung im Gründungsvertrag zu gleichen Teilen. Besteuert wird das Ergebnis der Tätigkeit der Vereinigung gemäß Art. 40 EWIV-VO bei ihren Mitgliedern; im Übrigen gilt das Mitgliedstaatliche Steuerrecht.

906   Regelungen über ein Entnahmerecht enthält die EWIV-VO nicht. In Deutschland gilt über den Verweis in § 1 EWIV-Ausführungsgesetz § 122 HGB, der die Entnahme von Geld durch ein Mitglied bis zu einem Betrag von 4% seines für das letzte Geschäftsjahr festgestellten Kapitalanteils zulässt. Der Gesellschaftsvertrag kann abweichende Regelungen treffen. Da der Gründungsvertrag nicht unbedingt einen Kapitalanteil der Mitglieder festlegen muss, kann die Anwendung des § 122 HGB dazu führen, dass der gesamte Kapitalanteil entnommen werden darf.[1695] Somit empfiehlt sich eine vertragliche Regelung.

907   Aufwendungsersatzansprüche richten sich mangels Regelung in der EWIV-VO nach nationalem Recht, in Deutschland nach § 1 EWIV-Ausführungsgesetz i. V. m. § 110 HGB. Schließlich gewährt Art. 33 Abs. 1 Satz 1 EWIV-VO einem ausscheidenden Mitglied ein Abfindungsguthaben, sofern das Ausscheiden nicht zur Auflösung der Vereinigung führt. Das Auseinandersetzungsguthaben wird auf Grundlage des Vermögens der EWIV zum Zeitpunkt des Ausscheidens ermittelt. Hinsichtlich der Einzelheiten besteht Gestaltungsfreiheit, wobei der Wert allerdings gemäß Art. 33 Abs. 2 EWIV-VO nicht im Voraus pauschal bestimmt werden darf.

908   *(5) Pflichten der Mitglieder.* Die EWIV-VO schreibt kein bestimmtes Kapital vor, wodurch auch Regelungen zu Beitragspflichten obsolet wurden. Insoweit besteht Gestaltungsfreiheit.[1696] Neben vertraglichen Beitragspflichten können sich solche Pflichten aus der allgemeinen Förderpflicht ergeben, soweit diese Beiträge zur Durchführung des Zwecks der EWIV notwendig sind. Entsprechende Förderungs- und Treuepflichten der Mitglieder sind in der Verordnung zwar nicht ausdrücklich normiert. Sie ergeben sich jedoch zum einen aus dem personenbezogenen Charakter der EWIV, werden zum anderen von der EWIV-VO vorausgesetzt. Allerdings ist die Treuepflicht nicht schrankenlos. Jedes Mitglied darf die berechtigten Eigeninteressen gegen die der Vereinigung abwägen.[1697] Wie weit die Treuepflicht im Einzelnen geht, ist umstritten. Für eine deutsche EWIV erreicht sie zumindest das Niveau der Treuepflicht von GmbH-Gesellschaftern, nämlich eine Pflicht zur Mitwirkung an Beschlüssen, deren Unterlassen die Vereinigung objektiv nachhaltig schädigen würde. Dafür, dass die Förderpflichten der EWIV-Mitglieder weiter gehen, als diejenigen von GmbH-Gesellschaftern, spricht die Tatsache, dass die jeweils anderen Mitglieder persönlich haften.

909   Sieht der Gesellschaftsvertrag Beitragspflichten vor, setzt deren Änderung einen einstimmigen Mitgliederbeschluss voraus, Art. 17 Abs. 2 lit. e EWIV-VO. Die Mitglieder sind

---

[1694] *von der Heydt/von Rechenberg,* Die Europäische Wirtschaftliche Interessenvereinigung unter besonderer Berücksichtigung gesellschafts-, steuer- und kartellrechtlicher Aspekte, 1991, S. 64.

[1695] Vgl. *von der Heydt/von Rechenberg,* Die Europäische Wirtschaftliche Interessenvereinigung unter besonderer Berücksichtigung gesellschafts-, steuer- und kartellrechtlicher Aspekte, 1991, S. 67.

[1696] Vgl. *von der Heydt/von Rechenberg,* Die Europäische Wirtschaftliche Interessenvereinigung unter besonderer Berücksichtigung gesellschafts-, steuer- und kartellrechtlicher Aspekte, 1991, S. 70.

[1697] Vgl. *von der Heydt/von Rechenberg,* Die Europäische Wirtschaftliche Interessenvereinigung unter besonderer Berücksichtigung gesellschafts-, steuer- und kartellrechtlicher Aspekte, 1991, S. 72.

zudem nach Art. 21 Abs. 2 EWIV-VO zum Ausgleich desjenigen Betrages verpflichtet, um den die Ausgaben die Einnahmen übersteigen. Die EWIV-VO sieht kein Wettbewerbsverbot der Mitglieder vor. Angesichts des Zwecks einer EWIV, eine Organisationsform für die Kooperation der Mitglieder im Rahmen ihrer wirtschaftlichen Tätigkeit zur Verfügung zu stellen, ergeben sich zwangsläufig Überschneidungen. Ein gewisser Wettbewerb ergibt sich somit aus der Natur der Sache. Allerdings kann sich im Einzelfall ein Wettbewerbsverbot aus der Treuepflicht der Mitglieder ergeben, wenn Geschäfte mit dem Unternehmensgegenstand der EWIV identisch sind.[1698] Dies gilt insbesondere bei einer projektbezogenen EWIV, kann aber auch bei einer auf Dauer angelegten EWIV gelten.

(6) Beschlussfassung. Die Beschlussfassung kann nach der EWIV-VO weitgehend frei **910** geregelt werden. Dies gilt insbesondere für die Festlegung der Beschlussfähigkeit, der Beschlussmehrheit und der Gewährung von Mehrstimmrechten, sofern nicht ein Mitglied hierdurch die Mehrheit aller Stimmen erhält. Allerdings bedürfen folgende Beschlüsse zwingend der Einstimmigkeit:
– Sitzverlegung bei Wechsel des subsidiären Rechts, Art. 14 Abs. 1 Satz 3 EWIV-VO;
– Änderungen des Unternehmensgegenstandes, Art. 17 Abs. 2 lit. a EWIV-VO;
– Änderungen der Stimmenzahl jedes Mitglieds, Art. 17 Abs. 2 lit. b EWIV-VO;
– Änderungen der Bedingungen für die Beschlussfassung, Art. 17 Abs. 2 lit. c EWIV-VO;
– Verlängerung der Dauer der Vereinigung über den im Gründungsvertrag festgelegten Zeitpunkt hinaus, Art. 17 Abs. 2 lit. d EWIV-VO;
– Änderungen des Beitrags jedes Mitglieds oder bestimmter Mitglieder zur Finanzierung der Vereinigung, Art. 17 Abs. 2 lit. e EWIV-VO;
– Zustimmung zur Abtretung einer Beteiligung, Art. 22 Abs. 1 EWIV-VO, und zur Aufnahme neuer Mitglieder, Art. 26 Abs. 1 EWIV-VO;
– Zustimmung zur Kündigung der Mitgliedschaft, Art. 27 Abs. 1 EWIV-VO, und zur Rechtsnachfolge des Erben in die Mitgliedschaft, Art. 28 Abs. 2 EWIV-VO.

(7) Mitgliederwechsel. Der Eintritt, Austritt und die Abtretung der Mitgliedschaft ist zu- **911** lässig, bedarf allerdings der Zustimmung aller übrigen Mitglieder. Die Entscheidung über die Aufnahme neuer Mitglieder ist nach Art. 26 EWIV-VO einstimmig zu fassen. Tritt ein Mitglied seine gesamte Beteiligung einschließlich aller Rechte und Pflichten ab, ist dies ein Fall des Mitgliederwechsels unter Abänderung des Gründungsvertrages. Im Falle der Abtretung hat das ausscheidende Mitglied keinen Anspruch auf sein Auseinandersetzungsguthaben gemäß Art. 33 Satz 1 EWIV-VO.

Im Fall des Todes eines Mitglieds geht die Beteiligung grundsätzlich nicht auf den Er- **912** ben über, Art. 28 Abs. 2 EWIV-VO. Der Bestand der Vereinigung bleibt unberührt, Art. 30 EWIV-VO. Der Erbe kann aber in die Vereinigung eintreten, wenn der Gründungsvertrag dies vorsieht oder die Mitglieder einen einstimmigen Beschluss fassen. Die Regelung des Art. 28 Abs. 2 EWIV-VO ist entsprechend auf die Verschmelzung und die Aufspaltung von Mitgliedern anzuwenden. Bei einer Abspaltung oder Ausgliederung von Teilen des Vermögens eines übertragenden Rechtsträgers sind die für die Abtretung nach Art. 22 Abs. 1 EWIV-VO geltenden Regelungen entsprechend anzuwenden.

Ein Mitglied scheidet ferner automatisch ipso jure aus, wenn es die Voraussetzungen **913** einer Mitgliedschaft nicht mehr erfüllt, etwa seine berufliche Tätigkeit aufgibt, Art. 28 Abs. 1 Satz 1, 2. Alternative EWIV-VO. Außerdem ermächtigt Art. 28 Abs. 1 Satz 2 EWIV-VO die Mitgliedstaaten, das Ausscheiden eines EWIV-Mitgliedes im Falle der Auflösung, Abwicklung, Zahlungsunfähigkeit oder Zahlungseinstellung vorzusehen. Auf Basis dieser Ermächtigungsgrundlage regelt § 8 des EWIV-Ausführungsgesetzes, dass die Eröffnung eines Insolvenzverfahrens über das Vermögen eines Mitglieds dessen Mitgliedschaft beendet.

[1698] Vgl. *von der Heydt/von Rechenberg,* Die Europäische Wirtschaftliche Interessenvereinigung unter besonderer Berücksichtigung gesellschafts-, steuer- und kartellrechtlicher Aspekte, 1991, S. 71; *Schwarz,* Europäisches Gesellschaftsrecht, Rn. 1036.

914   Ein Mitglied kann gemäß Art. 27 Abs. 1 EWIV-VO nach Maßgabe des Gründungsvertrages zudem durch ordentliche Kündigung ausscheiden, wenn die übrigen Mitglieder
durch einstimmigen Beschluss zustimmen. Die Kündigung aus wichtigem Grund ist jederzeit zulässig. Die Anforderungen an eine Kündigung und die Frage, ob auch Gläubiger
eines Mitglieds die Mitgliedschaft kündigen können, richten sich nach den Vorschriften
des nationalen Rechts.[1699]

915   Zudem sieht Art. 27 Abs. 2 EWIV-VO den Ausschluss eines Mitglieds vor. Die Ausschlussgründe sind im Gründungsvertrag zu regeln. Daneben ist der Ausschluss eines Mitglieds wegen grober Pflichtverstöße oder schwerer Störung der Arbeit der Vereinigung
stets zulässig. Es genügt, wenn die schwere Arbeitsstörung droht oder tatsächlich vorhanden ist; Verschulden des Mitglieds ist nicht erforderlich.[1700] Mangels abweichender Regelung im Gründungsvertrag kann ein Ausschluss nur auf Antrag der Mehrheit der übrigen
Mitglieder durch gerichtliche Entscheidung erfolgen, Art. 27 Abs. 2 EWIV-VO.

916   *(8) Organe.* Die EWIV hat zwei Pflichtorgane, Art. 16 Abs. 1 Satz 1 EWIV-VO. Dies
sind zum einen die gemeinsam handelnden Mitglieder und zum anderen der oder die Geschäftsführer. Art. 16 Abs. 1 Satz 2 EWIV-VO eröffnet zudem die Möglichkeit, weitere
fakultative Organe vorzusehen, deren Befugnisse durch den Gesellschaftsvertrag bestimmt
werden.

917   Die Gesamtheit der Mitglieder ist oberstes Organ. Ihre Willensbildung findet durch
Beschlussfassung statt. Auf detaillierte Verfahrensregelung zur Willensbildung hat die
EWIV-VO bewusst verzichtet, um jede Art der Willensbildung zu ermöglichen, insbe-
sondere auch Beschlussfassungen unter Einsatz moderner Kommunikationsmittel. Die
Einberufung von Mitgliederversammlungen wird aufgrund der Transnationalität der Ver-
einigungen eher die Ausnahme sein. Die einzige Regelung zum Beschlussverfahren ent-
hält Art. 17 Abs. 4 EWIV-VO. Danach hat auf Verlangen eines Mitglieds oder eines
Geschäftsführers eine Anhörung der Mitglieder stattzufinden, damit eine gemeinsame
Entscheidung getroffen wird. Hierdurch soll die Partizipation jedes Mitglieds an der Willensbildung sichergestellt werden. Der Gründungsvertrag kann Verfahrensvorschriften in
Übereinstimmung mit dem subsidiär anwendbaren nationalen Recht festlegen. Die Mitgliedergesamtheit kann gemäß Art. 16 Abs. 2 EWIV-VO jeden Beschluss zur Verwirklichung des Unternehmensgegenstandes treffen. Dies bedeutet, dass sie auch jede Ge-
schäftsführungsaufgabe an sich ziehen kann. Lediglich die Vertretung nach außen ist ihr
verwehrt (Art. 20 Abs. 1 Satz 1 EWIV-VO). Die Mitgliedergesamtheit kann die Geschäftsführer aber entsprechend anweisen. Die Geschäftsführung in der EWIV obliegt gemäß Art. 19 Abs. 1 EWIV-VO grundsätzlich einer oder mehreren natürlichen Personen,
die durch den Gründungsvertrag oder durch Beschluss der Mitgliedergesamtheit zur Geschäftsführung bestellt wurden. Die Geschäftsführer müssen nicht Mitglieder sein. Art. 19
Abs. 2 EWIV-VO ermächtigt zudem die nationalen Gesetzgeber, eine Geschäftsführung
durch juristische Personen vorzusehen. Von dieser Möglichkeit haben alle Mitgliedstaaten
außer Dänemark und Deutschland Gebrauch gemacht.[1701] Personen, die nach dem auf sie
anwendbaren Recht oder nach dem auf die jeweilige EWIV anwendbaren Mitgliedstaatlichen Recht nicht Verwaltungs- oder Leitungsorganen von Gesellschaftsorganen angehören können, kein Unternehmen leiten und nicht als Geschäftsführer handeln dürfen,
können nicht zum Geschäftsführer bestellt werden, Art. 19 Abs. 1 Satz 2 EWIV-VO.
Dasselbe gilt, wenn eine in einem Mitgliedstaat ergangene oder anerkannte Gerichts- oder
Verwaltungsentscheidung diesen Inhalts existiert. Die Befugnisse der Geschäftsführer werden durch den Gründungsvertrag und einstimmige Mitgliederbeschlüsse festgelegt. Im
Übrigen kommt ihnen gemäß Art. 19 Abs. 1 Satz 1 EWIV-VO die Führung der Geschäfte

---

[1699] *von der Heydt/von Rechenberg,* Die Europäische Wirtschaftliche Interessenvereinigung unter besonderer Berücksichtigung gesellschafts-, steuer- und kartellrechtlicher Aspekte, 1991, S. 90 ff.
[1700] MünchHdb. GesR I/*Salger/Neye,* § 89 Rn. 26.
[1701] MünchHdb. GesR I/*Salger/Neye,* § 90 Rn. 3.

der Vereinigung und gemäß Art. 20 EWIV-VO die Vertretung der Vereinigung gegenüber Dritten zu. Jeder Geschäftsführer kann gemäß Art. 17 EWIV-VO die Beschlussfassung der Mitgliedergesamtheit zu einem bestimmten Gegenstand verlangen. Die Pflichten
der Geschäftsführer sind nur teilweise in der Verordnung geregelt. Sie ergeben sich im
Wesentlichen aus dem ergänzend anwendbaren nationalen Recht. In Deutschland sind
diese Pflichten insbesondere in § 5 Abs. 1 EWIV-Ausführungsgesetz normiert. Sie haben
danach ihre Tätigkeit mit der Sorgfalt eines ordentlichen und gewissenhaften Geschäftsleiters zu erledigen und sind zur Vertraulichkeit verpflichtet. Bei Pflichtverletzung haben
sie nach § 5 Abs. 2 EWIV-Ausführungsgesetz den daraus entstehenden Schaden zu ersetzen. Eine Verletzung der Vertraulichkeitsverpflichtung ist gemäß § 14 EWIV-Ausführungsgesetz strafbewehrt. Das EWIV-Ausführungsgesetz enthält zudem Regelungen über
Verpflichtungen zur Bewirkung der Anmeldungen zum Handelsregister (§ 3 Abs. 1, 2,
Buchführung und Bilanzierung (§ 6), Stellung eines Antrags auf Eröffnung eines Insolvenzverfahrens, wenn kein Mitglied eine natürliche Person ist (§ 11 Satz 2), ordnungsgemäße Fassung von Schriftstücken (§ 12) und Abwicklung der EWIV im Falle der Auflösung außerhalb eines Insolvenzverfahrens (§ 10).

(9) Haftung. Die EWIV kann selbst Träger von Rechten und Pflichten sein, Art. 1 **918**
Abs. 2 EWIV-VO. Sie haftet den Gläubigern unbeschränkt mit ihrem Gesellschaftsvermögen. Die Zurechnung deliktischer Verbindlichkeiten ergibt sich aus dem jeweiligen nationalen Recht.

Daneben haften alle Mitglieder der EWIV gesamtschuldnerisch und unbeschränkt für die **919**
Verbindlichkeiten der Vereinigung, Art. 24 Abs. 1 Satz 1 EWIV-VO. Dies gilt für Verbindlichkeiten jeglicher Art, einschließlich Steuerschulden und Sozialversicherungsabgaben.[1702]
Abweichende Vereinbarungen der Mitglieder haben keine Wirkung gegenüber Dritten. Neu
beitretende Mitglieder haften auch für die Verbindlichkeiten, die vor ihrem Eintritt begründet wurden. Art. 26 Abs. 2 Satz 2 und 3 EWIV-VO sieht die Möglichkeit einer Haftungsbegrenzung bei entsprechender Bekanntmachung für neu eintretende Mitglieder vor. Ausscheidende Mitglieder haften nach Art. 34 i. V. m. Art. 24 EWIV-VO für Verbindlichkeiten,
die aus der Tätigkeit der EWIV während der gesamten Dauer ihrer Mitgliedschaft entstanden
sind. Die persönliche Haftung der Mitglieder verjährt in spätestens fünf Jahren nach Bekanntmachung der Abwicklung oder des Ausscheidens des entsprechenden Mitglieds aus der
EWIV. Im Einzelfall geltende kürzere Verjährungsfristen bleiben unberührt.

b) Europäische Aktiengesellschaft (SE)

Seit dem 8. 10. 2004 kann in den Mitgliedstaaten der EU eine Europäische Aktiengesell- **920**
schaft, die Societas Europaea („SE"), gegründet werden, das „Flaggschiff" des europäischen
Gesellschaftsrechts.[1703] Sie soll es Unternehmen ermöglichen, im Binnenmarkt mit einer
einheitlichen Gesellschaftsform zu operieren, so dass diese ihren Standort auf Basis wirtschaftlicher und ungeachtet rechtlicher Erwägungen wählen können. Allerdings ist dieses
Ziel nicht vollständig erreicht worden, da auf die SE teilweise auch die Mitgliedstaatlichen
Regelungen Anwendung finden. Die SE kann also je nach Sitzstaat unterschiedliche Erscheinungsformen aufweisen.[1704] Es wird daher voraussichtlich einen Wettbewerb der nationalen Rechtsordnungen um die attraktivsten Auffangregelungen geben.[1705]

aa) Historie. Der Gedanke, eine Gesellschaftsform auf Basis des europäischen Rechts zu **921**
erschaffen, geht auf den 57. Kongress der Notare Frankreichs im Jahr 1959 zurück. 1966
erarbeitete der Rotterdamer Professor *Sanders* unter Mitwirkung weiterer Sachverständiger
aus fünf Mitgliedstaaten einen ersten Entwurf eines Statuts für eine europäische Aktiengesellschaft. 1970 legte die Kommission dem Ministerrat den Entwurf einer Verordnung zur

---

[1702] Vgl. Erwägungsgrund 10 der EWIV–VO.
[1703] *Brandi,* NZG 2003, 889; *Gruber/Weller,* NZG 2003, 297; *Ihrig/Wagner,* BB 2003, 969.
[1704] *Ihrig/Wagner,* BB 2003, 969.
[1705] *Lutter,* BB 2002, 1, 3.

Europäischen Aktiengesellschaft vor.[1706] Dabei handelte es sich um eine Art vollständiges europäisches Aktiengesetz[1707] einschließlich betriebsverfassungs-, konzern- und steuerrechtlicher Regelungen. Das Europäische Parlament hatte weitgehende Änderungsvorschläge. Diese hat die Kommission aufgegriffen und den Entwurf 1975 dem Rat zur Verabschiedung vorgelegt.[1708] Darin war für die Unternehmensleitung ausschließlich das dualistische System (Trennung in Leitungs- und Aufsichtsorgan) vorgesehen.[1709] Die Verabschiedung scheitere jedoch. Hierfür gab es im wesentlichen zwei Gründe: erstens stieß die vorgesehene Mitbestimmungsregelung (ein Drittel Anteilseignervertreter, ein Drittel Arbeitnehmervertreter und ein Drittel Unabhängige)[1710] auf Widerstand; damals gab es innerhalb der Europäischen Gemeinschaft nur in Deutschland eine vergleichbare Arbeitnehmervertretung.[1711] Zweitens hatten die Mitgliedstaaten Sorge, dass durch eine Europäische Aktiengesellschaft ihre nationalen Aktiengesellschaften ausgetrocknet werden könnten.[1712] 1982 hat der Rat die Arbeiten an einer Europäischen Aktiengesellschaft daher auf Eis gelegt.

922   1987 wurden sie wieder aufgenommen. 1989 machte die Kommission dem Rat einen neuen Regelungsvorschlag. Darin war das Regelwerk für die Europäische Aktiengesellschaft erstmals getrennt in einen Verordnungs- und einen Richtlinienentwurf. Letzterer sollte die Mitbestimmung enthalten. Diese Entwürfe hatten nicht mehr *eine* supranationale Europäische Aktiengesellschaft zum Gegenstand. Vielmehr sollte die Europäische Aktiengesellschaft auch nach nationalen Rechtsvorschriften ausgestaltet werden. Konzern- und steuerrechtliche Vorschriften waren in diesen Entwürfen nicht mehr enthalten. Außerdem war in dem Richtlinienentwurf eine Wahlmöglichkeit zwischen einem monistischen und einem dualistischen Modell für die Führung der Gesellschaft vorgesehen. 1993 wurden die Arbeiten an der Europäischen Aktiengesellschaft erneut ausgesetzt.[1713] Der Grund waren die gegensätzlichen Positionen Großbritanniens und Deutschlands in der Frage der Arbeitnehmermitbestimmung.[1714]

923   1996 wurde eine Sachverständigengruppe unter dem Vorsitz des ehemaligen Vizepräsidenten der Kommission, *Davignon,* eingesetzt. Die Sachverständigengruppe sollte insbesondere die Frage der Mitbestimmung erneut angehen. Eine Entspannung kam hier mit der Richtlinie über Europäische Betriebsräte[1715] („Betriebsrats-RL") in Sicht. Diese enthielt erstmals eine Verhandlungslösung. Danach sollten in erster Linie die Sozialpartner den Umfang der Mitbestimmung regeln. Diesen Gedanken hat die Kommission aufgegriffen und in ihren Richtlinienentwurf aufgenommen. Die Entwürfe sind schließlich auf der Gipfelkonferenz in Nizza im Dezember 2000 angenommen und am 8. 10. 2001 im Europäischen Rat verabschiedet worden.

924   Am 8. 10. 2004 sind die Verordnung über das Statut der Europäischen Gesellschaft („SE-VO")[1716] und die Richtlinie zur Ergänzung dieser Verordnung hinsichtlich der Arbeitnehmer („SE-RL")[1717] in Kraft getreten. Zur Ausführung der SE-VO ist am 22. 12.

[1706] *Blanquet,* ZGR 2002, 20, 22; *Lutter,* BB 2002, 1.

[1707] *Brandt,* NZG 2002, 991.

[1708] *Blanquet,* ZGR 2002, 20, 22.

[1709] *Blanquet,* ZGR 2002, 20, 22.

[1710] Dazu *Pluskat,* DStR 2001, 1483.

[1711] *Blanquet,* ZGR 2002, 20, 23.

[1712] *Blanquet,* ZGR 2002, 20, 23; *Lutter,* BB 2002, 1.

[1713] *Blanquet,* ZGR 2002, 20, 27.

[1714] *Blanquet,* ZGR 2002, 20, 27.

[1715] Richtlinie 94/45/EG des Rates vom 22. 9. 1994 über die Einsetzung eines Europäischen Betriebsrats oder die Schaffung eines Verfahrens zur Unterrichtung und Anhörung der Arbeitnehmer in gemeinschaftsweit operierenden Unternehmen und Unternehmensgruppen, ABl. 1994 Nr. L 254/64.

[1716] Verordnung (EG) Nr. 2157/2001 des Rates vom 8. 10. 2001 über das Statut der Europäischen Gesellschaft (SE), ABl. 2001 Nr. L 294/1.

[1717] Richtlinie 2001/86/EG des Rates vom 8. 10. 2001 zur Ergänzung des Statuts der Europäischen Gesellschaft hinsichtlich der Beteiligung der Arbeitnehmer, ABl. 2001 Nr. L 294/22.

2004 das SE-Ausführungsgesetz (SE-AG) und das SE-Beteiligungsgesetz (SE-BG) beschlossen worden.[1718]

bb) Normenhierarchie/Anknüpfungsleiter. Die Regelungen für die SE sind in fünf **925** verschiedenen Normregimen enthalten. Diese stehen in einer Hierarchie zueinander, Art. 9 SE-VO:[1719]

(1) Zunächst gilt für jede SE die SE-VO.[1720] Als Verordnung wirkt sie unmittelbar in **926** allen Mitgliedstaaten.[1721]

(2) Sofern die SE-VO dispositive Satzungsbestimmungen ausdrücklich zulässt, wie im **927** Falle der Amtsdauer der Organmitglieder,[1722] gelten diese Satzungsbestimmungen.[1723] Eine Besonderheit besteht allerdings, wenn eine Vereinbarung über die unternehmerische Mitbestimmung der Arbeitnehmer getroffen ist.[1724] Steht eine solche Vereinbarung im Widerspruch zur Satzung der SE, so hat die Vereinbarung Vorrang.[1725]

(3) Soweit eine Regelung in der SE-VO nur unvollständig getroffen ist, finden die von **928** den Mitgliedstaaten speziell für die SE erlassenen Rechtsvorschriften Anwendung.[1726] Das ist insbesondere bei den Regelungen der Fall, durch die die SE-RL umgesetzt wurde. In Deutschland ist dies durch das SE-BG vom 22. 12. 2004 geschehen. Sofern ein Mitgliedstaat die SE-RL nicht fristgerecht umgesetzt hat, wird deren unmittelbare Geltung diskutiert.[1727] Dagegen spricht jedoch, dass die SE-RL den Mitgliedstaaten Gestaltungsspielräume gewährt. Sie ist also nicht in allen Teilen hinreichend bestimmt, um unmittelbar zu gelten.

(4) Soweit weder die SE-VO noch die nationalen Gesetze spezielle Regelungen für die **929** SE enthalten, gelten die Rechtsvorschriften der Mitgliedstaaten, die auf Aktiengesellschaften anzuwenden sind.[1728]

(5) Am Ende der Normenhierarchie stehen diejenigen Satzungsbestimmungen, die zwar **930** nicht in der SE-VO (sonst bereits zweite Hierarchiestufe), aber nach dem Recht des Sitz-Mitgliedstaats ausdrücklich zugelassen sind.[1729]

Die verschiedenen Normregime, die für eine SE gelten, hängen also in erheblichem **931** Maße davon ab, welche Rechtsvorschriften die Mitgliedstaaten treffen – sowohl für die SE als auch für ihre Aktiengesellschaften und die Satzungsautonomie. Die unterschiedlichen nationalen Regelungen weichen so stark voneinander ab, dass man von einer deutschen SE, einer englischen SE und anderen SE sprechen könnte.[1730]

cc) Grundstruktur der SE. *(1) Rechtsfähigkeit und Firma der SE.* Die SE erlangt **932** Rechtsfähigkeit mit Eintragung im Register.[1731] Eine SE mit Sitz in Deutschland ist dabei – wie eine Aktiengesellschaft – in das Handelsregister einzutragen.[1732] Die Eintragung wird sowohl nach den Vorschriften des Sitzstaates offen gelegt,[1733] als auch (deklaratorisch) im

---

[1718] BGBl. 2004 I, 3675 f., 3686.

[1719] Zur Normenhierarchie auch: *Brandt/Scheifele,* DStR 2002, 547, 555; *Bungert/Beier,* EWS 2002, 1, 2.

[1720] Art. 9 Abs. 1 lit. a) SE-VO.

[1721] Art. 249 EG.

[1722] Art. 46 Abs. 1 SE-VO.

[1723] Art. 9 Abs. 1 lit. b) SE-VO.

[1724] Dazu unten Rn. 975 ff.

[1725] Art. 12 Abs. 4 SE-VO; *Bungert/Beier,* EWS 2002, 1, 2.

[1726] Art. 9 Abs. 1 lit. c) i) SE-VO.

[1727] *Kallmeyer,* AG 2003, 197.

[1728] Art. 9 Abs. 1 lit. c) ii) SE-VO.

[1729] Art. 9 Abs. 1 lit. c) iii) SE-VO.

[1730] *Buck,* StWK Gruppe 22, 63, 66; *Lutter,* BB 2002, 1, 3; *Schwarz,* ZIP 2001, 1847, 1860 f.; *Steding,* BuW 2003, 420, 421; *Waclawik,* DB 2004, 1191, 1192.

[1731] Art. 16 Abs. 1, 12 SE-VO.

[1732] § 3 SE-AG.

[1733] Art. 15 Abs. 2, 13 SE-VO.

Amtsblatt der Europäischen Gemeinschaften veröffentlicht.[1734] Die Firma der SE muss den Zusatz „SE" voran- oder nachstellen.[1735]

933   *(2) Gezeichnetes Kapital.* Das gezeichnete Kapital der SE ist in Aktien zerlegt.[1736] Es muss mindestens EUR 120 000 betragen,[1737] sofern die Mitgliedstaaten nicht für Gesellschaften, die bestimmte Arten von Tätigkeiten ausüben, ein höheres gezeichnetes Kapital vorsehen.[1738] Das kommt in Deutschland insbesondere für Aktiengesellschaften der Kredit- und Versicherungswirtschaft in Betracht.[1739] Die Kapitalaufbringung richtet sich nach dem jeweiligen Recht des Sitzstaates.[1740]

934   **dd) Gründung der SE.** Für die SE bestehen vier originäre Gründungsformen. Alle vier setzten bereits bestehende Gesellschaften voraus.[1741] Eine originäre Gründung durch Zeichnung des Gesellschaftskapitals gibt es nicht. Dies liegt unter anderem daran, dass die Gemeinschaftszuständigkeit ein transnationales Element voraussetzt.[1742] Die vier Gründungsformen sind die SE-Gründung durch Verschmelzung (dazu unter (1)), die Gründung einer Holding-SE (dazu unter (2)), die Gründung einer Tochter-SE (dazu unter (3)) und die SE-Gründung durch Umwandlung einer bestehenden Aktiengesellschaft (dazu unter (4)). In jedem Fall muss ein Bezug zu mindestens zwei verschiedenen Mitgliedstaaten gegeben sein[1743] (Mehrstaatlichkeitsprinzip).[1744] Weiter müssen die Gründungsgesellschaften ihren Sitz grundsätzlich in der EU haben. Abweichend davon können Mitgliedstaaten daneben vorsehen, dass sich auch eine solche Aktiengesellschaft an der Gründung beteiligen kann, die zwar nach dem Recht eines Mitgliedstaats gegründet ist und ihren Sitz in diesem Mitgliedstaat hat, deren Hauptverwaltung aber außerhalb der Gemeinschaft liegt. Dies geht allerdings nur, sofern diese Aktiengesellschaft mit der Wirtschaft eines Mitgliedstaats in tatsächlicher und dauerhafter Verbindung steht.[1745]

935   Neben den originären Gründungsformen besteht die Möglichkeit einer sekundären Gründung durch Errichtung einer Tochter-SE durch eine Mutter-SE.[1746]

936   *(1) SE-Gründung durch Verschmelzung.* Eine SE kann durch Verschmelzung von Aktiengesellschaften gegründet werden.[1747] Voraussetzung ist, dass die Aktiengesellschaften nach dem Recht eines Mitgliedstaats gegründet worden sind, und grundsätzlich ihren Sitz und ihre Hauptverwaltung in der Gemeinschaft haben.[1748] Für die Gründung einer SE im Wege der Verschmelzung müssen mindestens zwei der beteiligten Aktiengesellschaften dem Recht verschiedener Mitgliedstaaten unterliegen.[1749] Dabei kommen auch Vorrats- oder Mantelgesellschaften in Betracht.[1750]

[1734] Art. 14 SE-VO.

[1735] Art. 11 Abs. 1 SE-VO.

[1736] Art. 1 Abs. 2 Satz 1 SE-VO.

[1737] Art. 4 Abs. 2 SE-VO.

[1738] Art. 4 Abs. 3 SE-VO.

[1739] Vgl. MünchKommAktG/*Heider*, § 7 Rn. 13 ff.

[1740] Art. 5 i. V. m. 15 Abs. 1 SE-VO; teilweise wird vertreten, dass die Regelungen der Kapitalrichtlinie heranzuziehen seien (so *Kersting*, DB 2001, 2079, 2080; a. A. *Bungert/Beier*, Die Europäische Aktiengesellschaft, EWS 2002, 1, 3).

[1741] *Waclawik*, DB 2004, 1191, 1192.

[1742] *Blanquet*, ZGR 2002, 20, 44.

[1743] Für die SE-Gründung durch Verschmelzung: Art. 2 Abs. 1 SE-VO. Für die Gründung einer Holding-SE: Art. 2 Abs. 2 SE-VO. Für die Gründung einer Tochter-SE: Art. 2 Abs. 3 SE-VO. Für die SE-Gründung durch Umwandlung: Art. 2 Abs. 4 SE-VO.

[1744] *Herzig/Griemla*, StuW 2002, 55, 57.

[1745] Art. 2 Abs. 5 SE-VO.

[1746] Art. 3 Abs. 2 SE-VO. *Lutter*, BB 2002, 1, 4.

[1747] Art. 2 Abs. 1, 17 ff. SE-VO.

[1748] Zur Ausnahme oben auf S. 238.

[1749] Art. 2 Abs. 1 SE-VO; *Kallmeyer*, AG 2003, 197, 198.

[1750] *Kallmeyer*, AG 2003, 197, 198.

Die Verschmelzung kann entweder im Wege der Aufnahme oder im Wege der Neu- **937** gründung durchgeführt werden.[1751] Bei der Verschmelzung durch Aufnahme geht das gesamte Aktiv- und Passivvermögen einer oder mehrerer übertragender Gesellschaften auf die übernehmende Gesellschaft über. Die Aktionäre jeder übertragenden Gesellschaft werden Aktionäre der übernehmenden Gesellschaft, während jede übertragende Gesellschaft erlischt. Die übernehmende Gesellschaft nimmt die Form der SE an.[1752] Bei der Verschmelzung durch Neugründung geht das gesamte Aktiv- und Passivvermögen nicht etwa auf eine schon bestehende Gesellschaft über (eine solche gibt es nicht), sondern die SE entsteht durch die Verschmelzung von mindestens zwei übertragenden Gesellschaften. Die Aktionäre der sich verschmelzenden Gesellschaften werden Aktionäre der SE, während die sich verschmelzenden Gesellschaften erlöschen.[1753]

Die Verschmelzung wird nach den Vorschriften der SE-VO und hilfsweise nach den **938** Vorschriften der Mitgliedstaaten durchgeführt.

(a) An der Verschmelzung beteiligte Gesellschaften. An der Verschmelzung können zunächst **939** Aktiengesellschaften beteiligt sein. Dies ergibt sich aus Art. 2 Abs. 1 SE-VO. Danach können Aktiengesellschaften eine SE durch Verschmelzung gründen. Darüber hinaus kann sich auch eine bestehende SE an der Verschmelzung beteiligen. Dies folgt aus Art. 3 Abs. 1 SE-VO, der anordnet, dass eine SE für den Bereich der Verschmelzung als Aktiengesellschaft gilt.[1754] Allerdings dürfen nach dem Zweck der SE-VO, neue SE zu ermöglichen, an der Verschmelzung nicht ausschließlich SE beteiligt sein.[1755]

(b) Verschmelzungsplan und Abfindung. Zunächst müssen die Leitungs- und Verwaltungs- **940** organe der Gründungsgesellschaften einen Verschmelzungsplan erstellen. Der Mindestinhalt des Verschmelzungsplans ist in Art. 20 Abs. 1 SE-VO festgelegt. Danach müssen unter anderem das Umtauschverhältnis der Aktien und gegebenenfalls die Höhe einer Ausgleichszahlung sowie die Satzung der SE enthalten sein. Nach § 7 I SE-AG ist zusätzlich denjenigen Aktionären, die gegen den Verschmelzungsbeschluss Widerspruch zur Niederschrift erklären, eine Abfindung für ihre Anteile anzubieten.[1756] Denn kein Aktionär soll gezwungen sein, die Änderung seiner Rechte und Pflichten, die mit der Rechtsform der SE verbunden ist, hinzunehmen.[1757]

(c) Sachverständige. Die SE-VO sieht vor,[1758] dass anstelle der Bestellung unterschiedlicher **941** Sachverständiger für die unterschiedlichen beteiligten Gesellschaften *ein* oder mehrere Sachverständige auf gemeinsamen Antrag der beteiligten Gesellschaften von einem Gericht oder von einer Verwaltungsbehörde des Mitgliedstaats, dessen Recht eine der sich verschmelzenden Gesellschaften oder die künftige SE unterliegt, bestellt werden können. Dieser Sachverständige oder diese Sachverständigen muss/müssen dann den Verschmelzungsplan prüfen und einen für alle Aktionäre bestimmten einheitlichen Bericht erstellen.

(d) Zustimmung der Hauptversammlungen. Die Hauptversammlungen der sich verschmel- **942** zenden Gründungsgesellschaften müssen dem Verschmelzungsplan zustimmen.[1759] Die Fragen, wie ein solcher Zustimmungsbeschluss angefochten werden kann und ob eine Anfechtung des Zustimmungsbeschlusses der Eintragung der SE entgegensteht, richten sich weitgehend nach nationalem Recht.[1760] In Deutschland ist nach § 16 Abs. 2 UmwG

[1751] Art. 17 Abs. 2 SE-VO; *Förster/Lange,* DB 2002, 288.

[1752] Art. 29 Abs. 1 SE-VO.

[1753] Art. 29 Abs. 2 SE-VO.

[1754] *Kallmeyer,* AG 2003, 197, 199.

[1755] Ebenso *Kallmeyer,* AG 2003, 197, 199.

[1756] Als Ermächtigungsgrundlage wird Art. 24 Abs. 2 SE-VO herangezogen, der die Sitzstaaten ermächtigt, für ihre jeweilige Jurisdiktion Schutzregelungen für Minderheitsaktionäre zu erlassen.

[1757] Diese Begründung ist umstritten, vgl. *Kalss,* ZGR 2003, 593, 624 ff.

[1758] Art. 22 SE-VO.

[1759] Art. 23 Abs. 1 SE-VO.

[1760] Art. 25 Abs. 1 verweist hinsichtlich der Rechtmäßigkeitskontrolle auf die nationalen Regelungen für die Verschmelzung von Aktiengesellschaften.

Voraussetzung für die Eintragung einer Verschmelzung, dass der Vorstand der beteiligten Aktiengesellschaft eine Erklärung abgibt, nach der keine Anfechtungsklage gegen den Verschmelzungsbeschluss (mehr) anhängig ist.

943   *(e) Bescheinigung über Vorliegen der Gründungsvoraussetzungen.* Voraussetzung für eine Eintragung ist ferner, dass in jedem der betreffenden Mitgliedstaaten das zuständige Gericht, der Notar oder eine andere zuständige Behörde eine Bescheinigung ausstellt, aus der zweifelsfrei hervorgeht, dass die der Verschmelzung vorangehenden Rechtshandlungen und Formalitäten durchgeführt sind.[1761]

944   *(f) Verfahren zur Überprüfung von Umtauschverhältnis oder Abfindung.* Die Mitgliedstaaten können Vorschriften zum Schutz derjenigen Minderheitsaktionäre erlassen, die sich gegen die Verschmelzung aussprechen. Die Vorschriften dürfen sich allerdings nur auf Gesellschaften erstrecken, die ihren Sitz in dem Mitgliedstaat haben, der die Schutzvorschriften erlässt.[1762] Ein dem deutschen Spruchverfahren vergleichbares Verfahren zur Überprüfung von Umtauschverhältnis und Barabfindung, welches der Eintragung der Verschmelzung nicht entgegen steht, kann demnach nicht uneingeschränkt Anwendung finden. Auf Gründungsgesellschaften, die dem Recht eines anderen Mitgliedstaats unterliegen, ist ein solches Überprüfungsverfahren vielmehr nur anzuwenden, wenn diese Gründungsgesellschaften bei der Zustimmung zum Verschmelzungsplan ausdrücklich akzeptieren, dass ihre Gesellschafter auf ein solches Verfahren zurückgreifen können.[1763] Auf diese Weise ist sichergestellt, dass eine Gründungsgesellschaft sich nicht überraschend erhöhten Abfindungsansprüchen ausgesetzt sieht, die für sie nach dem Recht ihres Sitzstaats nicht bestünden.

945   Im SE-AG ist vorgesehen, dass jeder Aktionär das Umtauschverhältnis der Anteile auf seine Angemessenheit überprüfen lassen und eine bare Zuzahlung verlangen kann.[1764] Dieses Verfahren steht jedoch nur den Gesellschaftern der übertragenden Gesellschaft zur Verfügung, nicht auch den Gesellschaftern der aufnehmenden Gesellschaft.[1765]

946   *(g) Gläubigerschutz.* Wenn der Sitz der künftigen SE im Ausland liegt, können die Gläubiger der übertragenden Gründungsgesellschaft verlangen, dass Sicherheit geleistet wird. Dies gilt allerdings nur, wenn sie glaubhaft machen, dass ihre Befriedigung gefährdet ist.[1766]

947   *(h) Sitz der SE.* Die neu gegründete SE kann ihren Sitz in einem der Mitgliedstaaten haben, in denen die beteiligten Gründungsgesellschaften ihren Sitz haben. Sie kann ihren Sitz aber auch in einem dritten Mitgliedstaat haben.[1767] Dies ergibt sich aus Art. 22 SE-VO. Danach können Sachverständige zur Prüfung des Verschmelzungsplans und zur Erstellung eines einheitlichen Berichts bestellt werden. Die Bestellung wird durch ein Gericht oder eine Verwaltungsbehörde des Mitgliedstaats, dessen Recht eine der sich verschmelzenden Gesellschaften *oder die künftige SE unterliegt,* vorgenommen. Dasjenige Recht, dem die künftige SE unterliegt, muss also nicht mit demjenigen Recht identisch sein, dem die Gründungsgesellschaften unterliegen. Vielmehr kann es auch das Recht eines anderen Mitgliedstaats sein – eben des Sitzstaats, dem nur die künftige SE (und nicht bereits eine der Gründungsgesellschaften) unterliegt.[1768]

[1761] Art. 25 Abs. 2 SE-VO.

[1762] Art. 24 Abs. 2 SE-VO. Die Beschränkung der Regelung auf Gesellschaften, die ihren Sitz in Deutschland haben, ergibt sich zwar nicht aus dem Wortlaut von § 6 SE-AG. Allerdings wird in der Begründung von § 6 SE-AG auf Art. 24 Abs. 2 SE-VO Bezug genommen. Daraus folgt, dass § 6 SE-AG sich auf Gesellschaften mit Sitz in Deutschland bezieht. Ebenso *Ihrig/Wagner,* BB 2003, 969, 971.

[1763] Art. 25 Abs. 3 SE-VO.

[1764] § 6 Abs. 2 SE-AG. Kritisch zu dieser Regelung *Ihrig/Wagner,* BB 2003, 969, 971.

[1765] So auch *Waclawik,* DB 2004, 1191, 1192 f.

[1766] §§ 13, 8 SE-AG; *Waclawik,* DB 2004, 1191, 1193. Kritisch zu dieser Regelung *Ihrig/Wagner,* BB 2003, 969, 973.

[1767] *Kallmeyer,* AG 2003, 197, 198; *Lutter,* BB 2002, 1, 4.

[1768] Ebenso *Kallmeyer,* AG 2003, 197, 198.

(i) Einspruchsmöglichkeit für Mitgliedstaaten. Die Mitgliedstaaten können vorsehen, dass die **948** Beteiligung einer Gründungsgesellschaft, die dem Recht dieses Mitgliedstaats unterliegt, nur möglich ist, wenn keine zuständige Behörde dieses Mitgliedstaats dagegen im öffentlichen Interesse Einspruch erhebt.[1769] Sie können also auf diese Weise die SE-Gründung durch Verschmelzung stark einschränken.

(2) SE-Gründung durch Gründung einer Holding-SE. Die zweite Möglichkeit der SE- **949** Gründung ist die Gründung einer Holding-SE.[1770] Dafür bringen Gesellschafter der Gründungsgesellschaften einen Mindestprozentsatz ihrer Anteile an den Gründungsgesellschaften in die Holding-SE ein. Im Gegenzug erhalten sie Aktien der Holding-SE.[1771] Voraussetzung für die Gründung einer Holding-SE ist, dass mindestens zwei der Gesellschaften, die diese Gründungsform anstreben, dem Recht verschiedener Mitgliedstaaten unterliegen oder seit mindestens zwei Jahren eine dem Recht eines anderen Mitgliedstaats unterliegende Tochtergesellschaft oder eine Zweigniederlassung in einem anderen Mitgliedstaat haben.[1772] Anders als bei der SE-Gründung durch Verschmelzung, bei der mindestens eine der verschmelzenden Gesellschaften erlischt, bestehen die an der Gründung einer Holding-SE beteiligten Gesellschaften fort.[1773]

(a) An der Gründung der Holding-SE beteiligte Gesellschaften. An der Gründung einer Hol- **950** ding-SE können sich Aktiengesellschaften und Gesellschaften mit beschränkter Haftung beteiligen. Die beteiligten Gründungsgesellschaften müssen nach dem Recht eines Mitgliedstaats gegründet worden sein oder seit mindestens zwei Jahren eine dem Recht eines anderen Mitgliedstaats unterliegende Tochtergesellschaft oder eine Zweigniederlassung in einem anderen Mitgliedstaat haben[1774] und grundsätzlich ihren Sitz sowie ihre Hauptverwaltung in der Gemeinschaft haben.[1775]

(b) Gründungsplan und Abfindung. Die Leitungs- oder die Verwaltungsorgane der Grün- **951** dungsgesellschaften erstellen einen gleich lautenden Gründungsplan für die SE.[1776] Dessen Inhalt ist weitgehend identisch mit dem Inhalt des Verschmelzungsplans, mit den Ausnahmen, die sich aus dem Fortbestand der Gründungsgesellschaften im Falle einer Holding-Gründung ergeben.[1777] Zusätzlich ist als Mindestprozentsatz anzugeben, wie viele Anteile die Gesellschafter der Gründungsgesellschaften einbringen müssen. Dieser Mindestprozentsatz muss mehr als 50% der durch Anteile verliehenen ständigen Stimmrechte jeder Gründungsgesellschaft betragen.[1778] Der Gründungsplan ist offen zu legen.[1779] Wenn die Holding-SE ihren Sitz im Ausland hat oder wenn sie ihrerseits abhängig im Sinne des § 17 AktG ist, muss in dem Gründungsplan ein Abfindungsangebot an diejenigen Gesellschafter enthalten sein, die gegen den Zustimmungsbeschluss zum Gründungsplan Widerspruch zur Niederschrift erklärt haben.[1780]

(c) Sachverständige. Der Gründungsplan wird von Sachverständigen geprüft.[1781] Grund- **952** sätzlich werden die Sachverständigen jeweils von dem Gericht oder der Verwaltungsbehörde des Mitgliedstaats, dessen Recht die einzelnen Gründungsgesellschaften unterliegen, bestellt. Diese Sachverständigen erstellen einen schriftlichen Bericht für die Gesellschafter

---

[1769] Art. 19 SE-VO.

[1770] Art. 2 Abs. 2, 32 ff. SE-VO.

[1771] Art. 33 Abs. 4 SE-VO.

[1772] Art. 2 Abs. 2 SE-VO.

[1773] Art. 32 Abs. 1 Satz 2 SE-VO.

[1774] Art. 2 Abs. 2 SE-VO.

[1775] Zur Ausnahme oben auf S. 238.

[1776] Art. 32 Abs. 2 Satz 1 SE-VO.

[1777] Dazu oben Rn. 940.

[1778] Art. 32 Abs. 2 a. E. SE-VO.

[1779] Art. 32 Abs. 3 SE-VO.

[1780] Vgl. zur Frage des Austritts gegen Abfindung bei Holding-Gründung auch *Teichmann,* Austrittsrecht und Pflichtangebot bei SE-Gründung, AG 2004, 67 ff.

[1781] Art. 32 Abs. 4 SE-VO.

der einzelnen Gründungsgesellschaften. Wenn sämtliche Gründungsgesellschaften einverstanden sind, kann alternativ ein Gericht oder eine Verwaltungsbehörde des Mitgliedstaats, dessen Recht eine der die Gründung anstrebenden Gesellschaften oder die künftige SE unterliegt, einen oder mehrere unabhängige Sachverständige bestellen, um einen einheitlichen schriftlichen Bericht für die Gesellschafter aller Gesellschaften zu erstellen. In dem Bericht ist unter anderem anzugeben, ob das Umtauschverhältnis der Anteile angemessen ist.[1782]

953   *(d) Zustimmung der Gesellschafterversammlungen.* Die Gesellschafterversammlung jeder Gründungsgesellschaft muss dem Gründungsplan zustimmen.[1783] Bei Gründung der Holding-SE sind also schon für die Begründung der Abhängigkeit die Gesellschafterbeschlüsse erforderlich.[1784] Nach deutschem Aktienrecht bedürfen nur Gewinnabführungs- und Beherrschungsverträge eines Hauptversammlungsbeschlusses. Zur Begründung der Abhängigkeit selbst bedarf es demgegenüber keines Hautversammlungsbeschlusses.

954   Ob die Erhebung einer Anfechtungsklage gegen den Zustimmungsbeschluss einer Eintragung der Holding-SE entgegen steht, ist nach der SE-VO nicht ganz klar. Immerhin bestimmt Art. 33 Abs. 5 SE-VO, dass die Eintragung erst vorgenommen werden darf, wenn die nötigen Formalitäten nachweislich erfüllt seien. Es spricht also viel dafür, dass die Eintragung eine Bestandskraft des Zustimmungsbeschlusses voraussetzt.[1785] Für Deutschland stellt § 10 Abs. 2 SE-AG klar, dass die Vertretungsorgane bei der Anmeldung eine dem § 16 Abs. 2 UmwG nachgebildete Erklärung abzugeben haben.

955   *(e) Erklärungsfrist für Gesellschafter.* Die Gesellschafter der die Gründung anstrebenden Gesellschaften müssen diesen Gesellschaften innerhalb von drei Monaten mitteilen, ob sie beabsichtigen, ihre Gesellschaftsanteile bei der Gründung der Holding-SE einzubringen. Die Frist beginnt mit dem Zeitpunkt, zu dem der Gründungsplan endgültig festgelegt worden ist.[1786] Erklären sich innerhalb dieser Frist Gesellschafter bereit, Anteile, die zusammen den Mindestprozentsatz erreichen, einzubringen, so haben die anderen Gesellschafter eine weitere Frist von einem Monat, um sich anzuschließen.[1787]

956   *(f) Verfahren zur Überprüfung von Umtauschverhältnis oder Abfindung.* Mitgliedstaaten können zum angemessenen Schutz der Minderheitsaktionäre, die die Gründung der Holding-SE ablehnen, sowie zum Schutz der Gläubiger und der Arbeitnehmer Rechtsvorschriften erlassen.[1788] Das deutsche Recht macht von dieser Ermächtigung Gebrauch und sieht ein Verfahren zur Überprüfung des Umtauschverhältnisses vor.[1789]

957   *(3) Gründung einer Tochter-SE.* Eine SE kann auch als Tochter-SE gegründet werden.[1790] Personengesellschaften, Genossenschaften und sonstige juristische Personen des öffentlichen und privaten Rechts (mit Ausnahme derjenigen, die keinen Erwerbszweck verfolgen), die nach dem Recht eines Mitgliedstaats gegründet worden sind und grundsätzlich ihren Sitz sowie ihre Hauptverwaltung in der Gemeinschaft haben,[1791] können eine Tochter-SE durch Zeichnung ihrer Aktien gründen. Voraussetzung ist, dass mindestens zwei der Gesellschaften, die die Gründung der Tochter-SE anstreben, dem Recht verschiedener Mitgliedstaaten unterliegen oder seit mindestens zwei Jahren eine dem Recht eines anderen Mitgliedstaats unterliegende Tochtergesellschaft oder eine Zweigniederlas-

---

[1782] Art. 32 Abs. 5 SE-VO.

[1783] Art. 32 Abs. 6 SE-VO.

[1784] Auf diesen Unterschied weist auch *Teichmann,* AG 2004, 67, 70 hin.

[1785] Vgl. auch *Teichmann,* AG 2004, 67, 69/70.

[1786] Art. 33 Abs. 1 SE-VO.

[1787] Art. 33 Abs. 3 SE-VO.

[1788] Art. 34 SE-VO.

[1789] §§ 9, 6, 11 SE-AG. *Ihrig/Wagner,* BB 2003, 969, 973 meinen, dass § 9 SE-AG außerhalb der Grenzen der Ermächtigungsnorm (Art. 34 SE-VO) liegt.

[1790] Art. 2 Abs. 3, 35f. SE-VO.

[1791] Zur Ausnahme oben Rn. 934.

sung in einem anderen Mitgliedstaat haben.[1792] Die Gründung vollzieht sich nach den Vorschriften, die das nationale Recht für die Gründung der Tochtergesellschaft einer Aktiengesellschaft vorsieht.[1793]

(4) SE-Gründung durch Umwandlung einer bestehenden Aktiengesellschaft. Wenn eine Aktiengesellschaft nach dem Recht eines Mitgliedstaats gegründet worden ist und grundsätzlich ihren Sitz sowie ihre Hauptverwaltung in der Gemeinschaft hat,[1794] kann sie in eine SE umgewandelt werden, wenn sie seit mindestens zwei Jahren eine dem Recht eines anderen Mitgliedstaats unterliegende Tochtergesellschaft hat.[1795] Dann besteht Identität zwischen der Gründungsgesellschaft und der SE. **958**

(a) Umwandlungsplan. Das Leitungs- oder das Verwaltungsorgan der betreffenden Aktiengesellschaft erstellt einen Umwandlungsplan und einen Bericht, in dem die rechtlichen und wirtschaftlichen Aspekte der Umwandlung erläutert und begründet werden. Außerdem sind die Auswirkungen, die der Übergang in die Rechtsform einer SE für die Aktionäre und Arbeitnehmer hat, darzulegen.[1796] Der Umwandlungsplan ist einen Monat vor der Hauptversammlung, die über die Umwandlung zu beschließen hat, offen zu legen.[1797] **959**

(b) Sachverständige. Von einem oder mehreren Sachverständigen ist vor der Hauptversammlung, die über die Umwandlung beschließt, zu bescheinigen, dass die Gesellschaft über Nettovermögen mindestens in Höhe ihres Nominalkapitals zuzüglich der kraft Gesetzes oder Statut nicht ausschüttungsfähigen Rücklagen verfügt.[1798] **960**

(c) Zustimmung der Hauptversammlung. Die Hauptversammlung der betreffenden Aktiengesellschaft stimmt dem Umwandlungsplan zu und genehmigt die Satzung.[1799] **961**

(d) Zustimmung des mitbestimmten Organs. Ein Mitgliedstaat kann die Umwandlung davon abhängig machen, dass das Organ der umzuwandelnden Gesellschaft, in dem die Mitbestimmung der Arbeitnehmer vorgesehen ist, der Umwandlung mit qualifizierter Mehrheit oder einstimmig zustimmt.[1800] **962**

(5) Sekundäre Gründung: Gründung einer Tochter-SE durch Mutter-SE. Eine SE kann im Wege der sekundären Gründung eine Tochter-SE gründen.[1801] **963**

ee) Sitz der SE. Die SE hat ihren Sitz und ihre Hauptverwaltung in einem der Mitgliedstaaten.[1802] Der Sitz kann jederzeit von einem Mitgliedstaat in einen anderen Mitgliedstaat verlegt werden, ohne dass dafür die SE erlöschen und in einem anderen Mitgliedstaat neu gegründet werden müsste.[1803] Allerdings ist das Recht, das auf die SE anzuwenden ist, immer stark durch die Vorschriften des jeweiligen Sitzstaats geprägt. Deshalb sind die Mitgliedstaaten dazu ermächtigt, Rechtsvorschriften zu erlassen, nach denen die zuständige Behörde eines Mitgliedstaates der Sitzverlegung aus Gründen des öffentlichen Interesses widersprechen kann, wenn die Sitzverlegung einen Wechsel des maßgeblichen Rechts zur Folge hätte.[1804] Außerdem können sie Vorschriften zum Schutz der Minderheitsaktionäre erlassen.[1805] Deutschland hat von dieser Ermächtigung Gebrauch gemacht. Danach muss die SE, die ihren Sitz verlegt, jedem Aktionär, der gegen den Verlegungs- **964**

[1792] Art. 2 Abs. 3 SE-VO.
[1793] Art. 36 SE-VO.
[1794] Zur Ausnahme oben Rn. 934.
[1795] Art. 2 Abs. 4, 37 SE-VO.
[1796] Art. 37 Abs. 4 SE-VO.
[1797] Art. 37 Abs. 5 SE-VO.
[1798] Art. 37 Abs. 6I SE-VO.
[1799] Art. 37 Abs. 7 SE-VO.
[1800] Art. 37 Abs. 8 SE-VO.
[1801] Art. 3 Abs. 2 SE-VO. *Neye/Teichmann,* AG 2003, 169, 170.
[1802] Art. 7 Satz 1 SE-VO.
[1803] Art. 8 Abs. 1 SE-VO.
[1804] Art. 8 Abs. 14 SE-VO.
[1805] Art. 8 Abs. 5 SE-VO.

beschluss Widerspruch zur Niederschrift erklärt, den Erwerb seiner Aktien gegen eine angemessene Barabfindung anbieten.[1806]

965   Bei einer grenzüberschreitenden Sitzverlegung muss die Gesellschaft außerdem den Gläubigern Sicherheit anbieten, wenn diese glaubhaft machen, dass durch die Sitzverlegung die Erfüllung der Forderung gefährdet wird.[1807] Der Grund für diese Gläubigerschutzregelung ist, dass mit einer Sitzverlegung die Gefahr späterer Vermögensverlagerung verbunden ist.[1808] Außerdem können die Kapitalerhaltungsvorschriften in den unterschiedlichen Sitzstaaten variieren.[1809]

966   **ff) Organe der SE.** Jede deutsche Aktiengesellschaft muss drei Organe haben: die Hauptversammlung, den Vorstand und den Aufsichtsrat. Eine SE muss eine Hauptversammlung haben[1810] und ein weiteres Organ oder (wahlweise) zwei weitere Organe. Das weitere Organ/die weiteren Organe muss/müssen in der Satzung festgelegt werden. In Betracht kommen entweder ein Aufsichtsorgan *und* ein Leitungsorgan (dualistisches System) oder nur *ein* Verwaltungsorgan (monistisches System).[1811]

967   *(1) Hauptversammlung.* Art. 52–60 SE-VO enthalten Regelungen für den Ablauf der Hauptversammlung. Im Übrigen wird auf das nationale Recht verwiesen.[1812] Das gilt auch für die Zuständigkeit der Hauptversammlung.[1813]

968   *(2) Dualistisches System.* Das dualistische System ist das System der deutschen Aktiengesellschaft. Die SE hat danach drei Organe: die Hauptversammlung, ein Leitungsorgan (vergleichbar mit dem Vorstand der deutschen Aktiengesellschaft) und ein Aufsichtsorgan (vergleichbar mit dem Aufsichtsrat der deutschen Aktiengesellschaft). Dabei darf niemand zugleich Mitglied in Leitungs- und Aufsichtsorgan sein.[1814]

969   Das Leitungsorgan führt die Geschäfte der SE in eigener Verantwortung.[1815] Die SE-VO schreibt die Anzahl seiner Mitglieder nicht vor. Allerdings ermächtigt sie die Mitgliedstaaten, hierzu eine Regelung zu treffen.[1816] Deutschland hat hiervon im SE-AG Gebrauch gemacht: Bei einem Grundkapital von EUR 3,0 Mio. hat das Leitungsorgan danach aus mindestens zwei Personen zu bestehen, wenn die Satzung nichts anderes bestimmt.[1817] Nach deutschem Aktienrecht wird der Vorstand vom Aufsichtsrat gewählt. Dies ist grundsätzlich für die SE entsprechend vorgesehen. Jedoch können die Mitgliedstaaten vorschreiben oder ermöglichen, dass in der Satzung der SE festgelegt wird, dass das Leitungsorgan nicht vom Aufsichtsorgan, sondern von der Hauptversammlung gewählt wird.[1818] Deutschland hat von dieser Ermächtigung keinen Gebrauch gemacht. Das Leitungsorgan einer SE mit Sitz in Deutschland muss daher von der Hauptversammlung gewählt werden.[1819]

970   Das Aufsichtsorgan überwacht die Geschäftsführung.[1820] Auch hier schreibt die SE-VO keine Mitgliederzahl vor, ermächtigt aber die Mitgliedstaaten, Regelungen zu treffen.[1821] Das SE-AG verlangt eine Mindestzahl von drei Mitgliedern und staffelt diese – abhängig

---

[1806] § 12 SE-AG.

[1807] § 13 SE-AG.

[1808] *Wenz,* AG 2003, 213 f.

[1809] *Ihrig/Wagner,* BB 2003, 969, 973 f.

[1810] Art. 38 lit. a) SE-VO.

[1811] Art. 38 lit. b) SE-VO.

[1812] Art. 52 lit. f) SE-VO.

[1813] Dies kritisiert wegen der großen nationalen Unterschiede *Lutter,* BB 2002, 1, 4.

[1814] Art. 39 Abs. 3 SE-VO.

[1815] Art. 39 Abs. 1 SE-VO.

[1816] Art. 39 Abs. 4 SE-VO.

[1817] § 16 SE-AG.

[1818] Art. 39 Abs. 2 SE-VO.

[1819] *Nagel,* DB 2004, 1299 f.

[1820] Art. 40 Abs. 1 SE-VO.

[1821] Art. 40 Abs. 3 SE-VO.

vom Grundkapital – auf bis zu 21.[1822] Die Mitglieder des Aufsichtsorgans werden von der Hauptversammlung gewählt.[1823] Das Aufsichtsorgan kann – bei entsprechender Regelung in dem Sitzstaat – bestimmte Arten von Geschäften von seiner Zustimmung abhängig machen.[1824] Für Deutschland ist dies in § 19 SE-AG geregelt.

(3) Monistisches System. Die monistisch verfasste SE hat zwei Organe: die Hauptversammlung und das Verwaltungsorgan.[1825] Das Verwaltungsorgan übt eine Überwachungs- und Leitungsfunktion aus.[1826] Um die Kontrolle optimal zu gewährleisten, können die Mitgliedstaaten vorsehen, dass im Verwaltungsorgan geschäftsführende Direktoren und nicht-geschäftsführende Direktoren (Kontrolle und Beratung) gewählt werden.[1827] Seine Mitglieder werden grundsätzlich von der Hauptversammlung bestellt.[1828] Der Vorsitzende des Verwaltungsorgans wird aus der Mitte des Verwaltungsorgans gewählt.[1829] Dabei muss er ein Vertreter der Anteilseigner sein.[1830] Sämtliche Mitglieder des Verwaltungsorgans haben zu allen Informationen, die dem Verwaltungsorgan übermittelt werden, Zugang.[1831] Die Informationsmöglichkeiten der Arbeitnehmervertreter gehen in der monistisch verfassten SE also weiter als in der Aktiengesellschaft nach deutschem Recht (§ 111 II AktG).[1832] **971**

Die Zahl der Mitglieder des Verwaltungsorgans ist in der SE-VO nicht festgelegt. Jedoch bestimmt das SE-AG, dass der Verwaltungsrat -als solcher wird das Verwaltungsorgan im SE-AG bezeichnet –[1833] aus mindestens drei Mitgliedern bestehen muss.[1834] Die Satzung kann eine abweichende Zahl bestimmen. Sofern das Grundkapital mehr als EUR 3,0 Mio. beträgt, muss der Verwaltungsrat allerdings aus mindestens drei Mitgliedern bestehen. Die Mitgliederzahl ist gestaffelt nach der Höhe des Grundkapitals.[1835] **972**

Nach dem SE-AG bestellt der Verwaltungsrat einen oder mehrere geschäftsführende Direktoren,[1836] die die Geschäfte der SE führen[1837] und sie gegenüber Dritten vertreten.[1838] Für die geschäftsführenden Direktoren besteht grundsätzlich Gesamtvertretungsbefugnis. Sie haben eine vorstandsähnliche Stellung.[1839] Daher wird die SE ihnen gegenüber – ähnlich wie bei § 112 AktG – durch den Verwaltungsrat vertreten.[1840] Es bestehen aber wesentliche Unterschiede zum Vorstand einer deutschen Aktiengesellschaft: die geschäftsführenden Direktoren dürfen aus dem Verwaltungsrat stammen, sofern die Mehrheit der Mitglieder des Verwaltungsrats weiterhin aus nicht geschäftsführenden Mitgliedern besteht.[1841] Es ist sogar sinnvoll, den Verwaltungsratsvorsitzenden zum geschäftsführenden Direktor zu bestellen.[1842] Vorstandsmitglieder einer deutschen Aktiengesellschaft dürfen demgegenüber niemals gleichzeitig Mitglieder des Aufsichtsrats derselben Aktiengesell- **973**

[1822] § 17 SE-AG.
[1823] Art. 40 Abs. 2 Satz 1 SE-VO.
[1824] Art. 48 Abs. 1 SE-VO.
[1825] Art. 38 lit. b) SE-VO.
[1826] *Ihrig/Wagner*, BB 2003, 969, 975. Art. 43 Abs. 1 SE-VO; § 22 Abs. 1 SE-AG.
[1827] Art. 43 Abs. 1 SE-VO. Dazu auch *Henssler* in FS Ulmer, S. 193, 210.
[1828] Art. 43 Abs. 3 SE-VO.
[1829] Art. 45 Satz 1 SE-VO.
[1830] Dies ist für die partitätisch mitbestimmte SE in Art. 45 Satz 2 SE-VO vorgegeben.
[1831] Art. 44 Abs. 2 SE-VO.
[1832] *Henssler* in FS Ulmer, S. 193, 207.
[1833] *Ihrig/Wagner*, BB 2003, 969, 974.
[1834] § 23 Abs. 1 Satz 1 SE-AG.
[1835] § 23 Abs. 1 SE-AG.
[1836] § 40 Abs. 1 SE-AG.
[1837] § 40 Abs. 2 Satz 1 SE-AG
[1838] § 41 Abs. 1 SE-AG.
[1839] *Waclawik*, DB 2004, 1191, 1196.
[1840] *Waclawik*, DB 2004, 1191, 1196.
[1841] *Ihrig/Wagner*, BB 2003, 969, 975.
[1842] *Eder*, NZG 2004, 544, 546.

schaft sein. Außerdem können die geschäftsführenden Direktoren jederzeit durch Beschluss des Verwaltungsorgans abberufen werden.[1843] Auch dies unterscheidet sie von Vorstandsmitgliedern einer deutschen Aktiengesellschaft.[1844] Schließlich kann der Verwaltungsrat ihnen jederzeit Weisungen erteilen.[1845] Die geschäftsführenden Direktoren sind damit im Ergebnis eher mit dem Geschäftsführer einer GmbH vergleichbar, als mit dem Vorstandsmitglied einer deutschen Aktiengesellschaft.[1846]

974   *(4) Gemeinsame Vorschriften für dualistisches und monistisches System.* Während im deutschen Aktienrecht die Amtszeit für den Vorstand auf fünf Jahre begrenzt ist[1847] und für den Aufsichtsrat bis zur Beendigung der Hauptversammlung, die über die Entlastung für das vierte Geschäftsjahr nach dem Beginn der Amtszeit beschließt,[1848] sieht die SE-VO eine Begrenzung auf sechs Jahre vor.[1849] Nach der SE-VO kann die Satzung einer SE bestimmen, dass Gesellschaften oder andere juristische Personen Mitglied im Leitungs-, Aufsichts- oder Verwaltungsorgan werden können. Dies gilt allerdings nur, sofern das Aktienrecht des Sitzstaats nichts anderes bestimmt.[1850] Eine SE mit Sitz in Deutschland kann daher keine entsprechende Bestimmung in ihrer Satzung vorsehen. Denn Mitglieder von Vorstand und Aufsichtsrat dürfen nur natürliche Personen sein.[1851]

975   **gg) Unternehmerische Mitbestimmung.** Die unternehmerische Mitbestimmung in der SE ist in der SE-RL enthalten. Wenn die SE-RL von Mitbestimmung spricht, ist stets die Unternehmensmitbestimmung gemeint, nicht die betriebliche Mitbestimmung.[1852] Da die SE-RL nicht unmittelbar wirkt, musste sie in den einzelnen Mitgliedstaaten umgesetzt werden. Dies ist in Deutschland durch das SE-BG vom 22. 12. 2004 geschehen.

976   *(1) Ausgangspunkt: Mitbestimmungsvereinbarung.* Ähnlich wie in der Betriebsrats-RL hat auch in der SE eine Vereinbarung der Arbeitnehmer mit den Gesellschaften über die unternehmerische Mitbestimmung Vorrang vor einer gesetzlichen Lösung.[1853] Die Arbeitnehmer werden durch ein besonderes Verhandlungsgremium vertreten, die Gesellschaften durch ihre Vertretungsorgane.[1854] Bildung und Zusammensetzung des besonderen Verhandlungsgremiums sind sehr kompliziert.[1855] Die damit verbundenen Kosten tragen die beteiligten Gesellschaften.[1856]

977   *(a) Zusammensetzung des besonderen Verhandlungsgremiums.* Durch das besondere Verhandlungsgremium werden die Arbeitnehmer vertreten. Für die Wahl seiner Mitglieder sind bestimmte Vorgaben nach der SE-RL einzuhalten:

978   (1) Nach Art. 3 Abs. 2 lit. a) i) SE-RL müssen in dem besonderen Verhandlungsgremium die Arbeitnehmer in demselben zahlenmäßigen Verhältnis vertreten sein, das der Zahl der in jedem Mitgliedstaat beschäftigten Arbeitnehmer der beteiligten Gesellschaften und der betroffenen Tochtergesellschaften oder betroffenen Betriebe entspricht. Dabei muss das zahlenmäßige Verhältnis der in einem Mitgliedstaat beschäftigten Arbeitneh-

---

[1843] § 40 V S. 1 SE-AG.

[1844] Bei der Aktiengesellschaft ist ein wichtiger Grund für den Widerruf der Bestellung eines Vorstandsmitglieds durch den Aufsichtsrat erforderlich – § 84 Abs. 3 Satz 1 AktG.

[1845] § 44 II SE-AG.

[1846] So *Neye/Teichmann,* AG 2003, 169, 179; *Waclawik,* DB 2004, 1191, 1196.

[1847] § 84 Abs. 1 Satz 1 AktG.

[1848] § 102 Abs. 1 Satz 1 AktG.

[1849] Art. 46 Abs. 1 SE-VO.

[1850] Art. 47 SE-VO.

[1851] § 76 Abs. 3 Satz 1 AktG für den Vorstand und § 100 Abs. 1 Satz 1 AktG für den Aufsichtsrat.

[1852] *Nagel,* DB 2004, 1299, 1300. Siehe auch Art. 2k) SE-RL; § 2 Abs. 12 SE-BG; *Wollburg/ Banerjea,* ZIP 2005, 277.

[1853] Vgl. Art. 3 Abs. 3 SE-RL. Zur Anlehnung an die Betriebsrats-RL auch *Blanquet,* ZGR 2002, 20, 61; *Lutter,* BB 2002, 1, 5.

[1854] Vgl. Art. 4 Abs. 1 SE-RL.

[1855] *Lutter,* BB 2002, 1, 5.

[1856] Art. 3 Abs. 7 SE-RL.

mer zu der Gesamtzahl der in allen Mitgliedstaaten beschäftigten Arbeitnehmer betrachtet werden. Für jeweils 10%, die die Arbeitnehmer eines Mitgliedstaats im Verhältnis zur Gesamtzahl der beschäftigten Arbeitnehmer ausmachen, besteht Anspruch auf einen Sitz im besonderen Verhandlungsgremium.[1857] Sind in einem Mitgliedstaat weniger als 10% der Arbeitnehmer beschäftigt, so besteht auch für diesen geringeren Anteil Anspruch auf einen Sitz im besonderen Verhandlungsgremium. Es kommt dabei nicht darauf an, wie viele Arbeitnehmer in wie vielen Gesellschaften, in wie vielen Tochtergesellschaften oder in welchem Betrieb beschäftigt sind. Maßgeblich ist nur, wie viele betroffene Arbeitnehmer in dem betreffenden Mitgliedstaat beschäftigt sind.

(2) Wenn eine SE durch Verschmelzung gegründet wird, ist auf die einzelnen Gesellschaf- **979** ten abzustellen. Dabei geht es um diejenigen Gesellschaften, die erstens eingetragen sind, zweitens Arbeitnehmer in dem betreffenden Mitgliedstaat beschäftigen und drittens als Folge der geplanten Eintragung der SE als eigene Rechtspersönlichkeit erlöschen. Jede dieser Gesellschaften muss durch mindestens ein Mitglied im besonderen Verhandlungsgremium vertreten sein. Dies gilt allerdings nur, sofern dadurch die nach Art. 3 Abs. 2 lit. a) i) SE-RL ermittelte Mitgliederzahl des besonderen Verhandlungsgremiums um nicht mehr als 20% überschritten wird.[1858] Außerdem darf die Erhöhung nicht dazu führen, dass die betroffenen Arbeitnehmer in dem besonderen Verhandlungsgremium doppelt vertreten sind.[1859]

(b)Bestellung der Vertreter für das besondere Verhandlungsgremium. Der erste Schritt für die **980** Bestellung der Arbeitnehmervertreter und damit für die Zusammensetzung des besonderen Verhandlungsgremiums muss von der Arbeitgeberseite aus getan werden. Diese muss schriftlich zur Bildung des besonderen Verhandlungsgremiums auffordern.[1860] An wen diese Aufforderung zu richten ist, ist unklar.[1861] Anschließend soll sich das besondere Verhandlungsgremium innerhalb von zehn Wochen konstituieren.[1862] Das Verfahren für die Wahl oder die Bestellung der Arbeitnehmervertreter im besonderen Verhandlungsgremium legen die Mitgliedstaaten fest. Dabei können sie auch vorsehen, dass dem besonderen Verhandlungsgremium Gewerkschaftsvertreter selbst dann angehören, wenn sie selbst nicht Arbeitnehmer einer beteiligten Gesellschaft, einer betroffenen Tochtergesellschaft oder eines betroffenen Betriebs sind.[1863]

(c) Beschlussfassung im besonderen Verhandlungsgremium über die Mitbestimmungsvereinbarung. **981** Will das besondere Verhandlungsgremium eine Vereinbarung über die Mitbestimmung aushandeln, so ist es weitgehend frei darin, wie es die Mitbestimmung ausgestaltet.[1864] Eine Einschränkung gilt allerdings für den Fall der SE-Gründung im Wege der formwechselnden Umwandlung. Dann muss dasselbe Mindestniveau der Arbeitnehmerbeteiligung wie in der umzuwandelnden Gesellschaft erhalten bleiben.[1865]

Grundsätzlich werden Beschlüsse im besonderen Verhandlungsgremium mit der abso- **982** luten Mehrheit gefasst. Dabei muss erstens die absolute Mehrheit der Mitglieder des besonderen Verhandlungsgremiums (nicht bloß der Anwesenden) erreicht sein. Zweitens muss durch diese Mehrheit auch die absolute Mehrheit der Arbeitnehmer der beteiligten Unternehmen repräsentiert sein.[1866] Abweichend von diesem Grundsatz kann sogar eine Zwei-Drittel-Mehrheit der Mitglieder des besonderen Verhandlungsgremiums erforderlich

---

[1857] § 5 Abs. 1 Satz 2 SE-BG.
[1858] Art. 3 Abs. 2 lit. a) ii) 1. SpStr. SE-RL; § 5 Abs. 3SE-BG.
[1859] Art. 3 Abs. 2 lit. a) ii) 2. SpStr. SE-RL; § 5 Abs. 2 Satz 2 SE-BG.
[1860] Art. 3 Abs. 1 SE-RL; § 4 Abs. 1 SE-BG.
[1861] *Waclawik,* DB 2004, 1191, 1197.
[1862] § 11 Abs. 1 Satz 1 SE-BG.
[1863] Art. 3 Abs. 2 lit. b) SE-RL.
[1864] Einige Vorgaben sind in Art. 4 Abs. 2 SE-RL, § 21 SE-BG festgelegt.
[1865] Art. 4 Abs. 4 SE-RL. Siehe auch § 15 Abs. 5 SE-BG und *Henssler* in FS Ulmer, S. 193, 196; *Nagel,* DB 2004, 1299, 1301.
[1866] Art. 3 Abs. 4 SE-RL; § 15 Abs. 2 SE-BG.

sein, wenn die Mitbestimmungsvereinbarung eine Minderung der Mitbestimmungsrechte zur Folge hätte.[1867] Die zustimmenden Mitglieder des besonderen Verhandlungsgremiums müssen dabei mindestens zwei Drittel der Arbeitnehmer der beteiligten Unternehmen repräsentieren. Zusätzlich müssen sie Arbeitnehmer aus mindestens zwei Mitgliedstaaten repräsentieren. Dies gilt im Falle der SE-Gründung durch Verschmelzung nur, wenn sich die Mitbestimmung auf mindestens 25% der Arbeitnehmer der beteiligten Gesellschaften erstreckt.[1868] Im Falle der Gründung einer Holding-SE oder einer Tochter-SE gilt das Erfordernis der Zwei-Drittel-Mehrheit dann, wenn sich die Mitbestimmung auf mindestens 50% der Gesamtzahl der Arbeitnehmer der beteiligten Gesellschaften erstreckt.[1869]

983   Ein Abschmelzen des Mitbestimmungsniveaus dürfte angesichts der erforderlichen Quoren die Ausnahme bilden.[1870]

984   *(2) Beschlussfassung, keine Verhandlungen aufzunehmen oder Verhandlungen abzubrechen.* Anstelle eine Vereinbarung über die Mitbestimmung zu treffen, kann das besondere Verhandlungsgremium – außer bei der SE-Gründung durch Umwandlung –[1871] auch beschließen, keine Verhandlungen aufzunehmen oder aufgenommene Verhandlungen abzubrechen. Dadurch wird das Verfahren zum Abschluss einer Mitbestimmungsvereinbarung abgeschlossen. Es gelten die Vorschriften für die Unterrichtung und Anhörung der Arbeitnehmer, die in denjenigen Mitgliedstaaten gelten, in denen die SE Arbeitnehmer beschäftigt,[1872] nicht jedoch die Auffangregelung.[1873] Eine unternehmerische Mitbestimmung gibt es dann nicht.[1874] Für einen solchen Beschluss ist eine Mehrheit von zwei Dritteln der Stimmen der Mitglieder erforderlich. Diese Stimmen müssen mindestens zwei Drittel der Arbeitnehmer repräsentieren. Außerdem müssen die zustimmenden Mitglieder des besonderen Verhandlungsgremiums Arbeitnehmer aus mindestens zwei Mitgliedstaaten vertreten.

985   *(3) Auffangregelung. (a) Eingreifen der Auffangregelung.* Die SE-RL ordnet an, dass die Mitgliedstaaten eine Auffangregelung für die Mitbestimmung treffen müssen. Diese Auffangregelung greift in zwei Fällen ein: erstens, wenn die Parteien (besonderes Verhandlungsgremium und Gesellschaft) dies vereinbaren.[1875] Zweitens – und dies dürfte der häufigere Fall sein – gilt die Auffangregelung, wenn die Verhandlungen über eine Vereinbarung zur Mitbestimmung scheitern und bestimmte weitere Voraussetzungen erfüllt sind (Art. 7 Abs. 1 Satz 2 SE-RL). Die Verhandlungen sind gescheitert, wenn die Verhandlungsparteien sich nicht innerhalb von sechs Monaten nach der Einsetzung des besonderen Verhandlungsgremiums einigen.[1876] Ausnahmsweise kann der Zeitraum auf bis zu ein Jahr ausgedehnt werden. Dazu bedarf es eines Beschlusses der Verhandlungsparteien.[1877] Als weitere Voraussetzung müssen die zuständigen Organe der beteiligten Gesellschaften der Anwendung der Auffangreglung auf die SE zustimmen.[1878] Die Zustimmung ist erforderlich, weil das besondere Verhandlungsgremium andernfalls der Gesellschaft durch ein Scheiternlassen der Verhandlung die Auffangregelung aufzwingen könnte. Die Gesellschaft soll aber die Möglichkeit haben, stattdessen von der Gründung der SE Abstand zu nehmen, wenn es zu keiner Einigung mit dem besonderen Verhandlungsgremium kommt.

[1867] Art. 3 Abs. 4 SE-RL; § 15 Abs. 3 SE-BG.

[1868] Art. 3 Abs. 4 Satz 2, 1. SpStr. SE-RL; § 15 Abs. 3 Satz 2 lit. a) SE-BG.

[1869] Art. 3 Abs. 4 Satz 2, 2. SpStr. SE-RL; § 15 Abs. 3 Satz 2 SE-BG.

[1870] *Gruber/Weller,* NZG 2003, 297, 298.

[1871] Art. 3 VI SE-RL. Bei der formwechselnden Umwandlung soll die „Flucht aus der Mitbestimmung" verhindert werden. Dazu *Jahn/Herfs-Röttgen,* DB 2001, 631, 635.

[1872] Art. 3 Abs. 6 SE-RL; § 16 Abs. 1 Satz 3 SE-BG.

[1873] *Henssler* in FS Ulmer, S. 193, 197.

[1874] *Henssler* in FS Ulmer, S. 193, 197.

[1875] Art. 4 Abs. 3, 7 Abs. 1 Satz 2 lit. a) SE-RL.

[1876] Art. 5 Abs. 1, 7 Abs. 1 Satz 2 lit. b) SE-RL.

[1877] Art. 5 Abs. 2 SE-RL.

[1878] Art. 7 Abs. 1 Satz 2 lit. b) 1. SpStr. SE-RL.

Als dritte und letzte Voraussetzung für die Anwendung der Auffangregelung bei Scheitern der Verhandlung darf das besondere Verhandlungsgremium keinen Beschluss nach Art. 3 Abs. 6 SE-RL gefasst haben,[1879] d.h. die Auffangregelung kommt nicht zur Anwendung, wenn das besondere Verhandlungsgremium beschließt, Verhandlungen nicht aufzunehmen oder abzubrechen. Dann gelten die Vorschriften für die Unterrichtung und Anhörung der Arbeitnehmer.

(b) Gliederung der Auffangregelung. Die Auffangregelung ist in drei Teile gegliedert. Im **986** ersten Teil ist die Bildung eines Vertretungsorgans der Arbeitnehmer (SE-Betriebsrat) geregelt. Im zweiten Teil sind die grenzüberschreitenden Unterrichtungs- und Anhörungsrechte geregelt. Der dritte Teil enthält die Mitbestimmung der Arbeitnehmer im Aufsichts- oder im Verwaltungsorgan.

(c) SE-Betriebsrat nach der Auffangregelung. Scheitern die Verhandlungen des besonderen **987** Verhandlungsgremiums mit der Gesellschaft oder vereinbaren die Verhandlungsparteien, dass die Auffangregelung gelten soll, so wird ein Betriebsrat gebildet. Dessen Mitglieder werden ebenso gewählt, wie die Mitglieder des besonderen Verhandlungsgremiums.[1880]

(d) Unternehmerische Mitbestimmung nach der Auffangregelung. Für die Mitbestimmung der **988** Arbeitnehmer gilt Folgendes:

Im Falle der Umwandlung kommt die Auffangregelung hinsichtlich der Mitbestim- **989** mung zur Anwendung, wenn in der Gesellschaft vor der Umwandlung Bestimmungen über die Mitbestimmung der Arbeitnehmer im Aufsichts- oder Verwaltungsorgan galten.[1881] War die Gesellschaft also vor der SE-Gründung durch Umwandlung mitbestimmungsfrei, so kann sie es auch nach der Umwandlung sein.

Im Falle der Verschmelzung ist die Auffangregelung anzuwenden, wenn sich vor der **990** Eintragung der SE in einer oder mehreren der beteiligten Gründungsgesellschaften die Mitbestimmung auf mindestens 25% der Gesamtzahl der Arbeitnehmer aller beteiligten Gesellschaften und betroffenen Tochtergesellschaften erstreckte.[1882] War also beispielsweise vor der Verschmelzung nur eine der beteiligten Gesellschaften mitbestimmt und stellten deren Arbeitnehmer nur 10% der insgesamt von der Verschmelzung betroffenen Arbeitnehmer, so ist die SE mitbestimmungsfrei. Etwas anderes gilt nur dann, wenn das besondere Verhandlungsgremium beschließt, dass die Auffangregelung anzuwenden ist.[1883]

Im Falle der SE-Gründung durch Errichtung einer Holding-SE oder einer Tochter-SE **991** kommt die Auffangregelung zum Tragen, wenn vor der Eintragung der SE in einer oder mehreren der beteiligten Gesellschaften Mitbestimmung bestand und sich auf mindestens 50% der Gesamtzahl der Arbeitnehmer aller beteiligten Gesellschaften und betroffenen Tochtergesellschaften erstreckte.[1884] Auch hier kann das besondere Verhandlungsgremium beschließen, dass die Auffangregelung trotz Unterschreitens der 50%-Schwelle anzuwenden ist.[1885] Bestehen in den beteiligten Gesellschaften unterschiedliche Formen der Mitbestimmung, so entscheidet das besondere Verhandlungsgremium darüber, welche Form der Mitbestimmung in der SE anzuwenden sein soll. Trifft das besondere Verhandlungsgremium dagegen keine solche Entscheidung, so gilt die Mitbestimmung nach § 2 XII a) SE-BG, wenn eine deutsche SE, deren Arbeitnehmern Mitbestimmungsrechte zustehen, an der Gründung beteiligt ist.[1886] Wenn keine deutsche SE, in der Mitbestimmung gilt, an der Gründung beteiligt ist und wenn (zusätzlich) das besondere Verhandlungsgremium nicht bestimmt, welche Form der Mitbestimmung gelten soll, ist auf eine deutsche SE die

---

[1879] Art. 7 Abs. 1 Satz 2 lit. b) 2. SpStr. SE-RL.
[1880] Dazu auch *Nagel,* DB 2004, 1299, 1302.
[1881] Art. 7 Abs. 2 lit. a) SE-RL; § 34 Abs. 1 lit. a) SE-BG.
[1882] Art. 7 Abs. 2 lit. b) 1. SpStr. SE-RL; § 34 Abs. 1 lit. b) aa) SE-BG.
[1883] Art. 7 Abs. 2 lit. b) 2. SpStr. SE-RL; § 34 Abs. 1 lit. b) bb) SE-BG.
[1884] Art. 7 Abs. 2 lit. c) 1. SpStr. SE-RL; § 34 Abs. 1 lit. c) aa) SE-BG.
[1885] Art. 7 Abs. 2 lit. c) 2. SpStr. SE-RL; § 34 Abs. 1 lit. c) bb) SE-BG.
[1886] § 34 Abs. 2 Satz 2 SE-BG.

Mitbestimmung derjenigen Gesellschaft, der die meisten Arbeitnehmer der beteiligten Gesellschaften unterliegen, anzuwenden.[1887] Die Festlegung der Anzahl der Arbeitnehmervertreter betreffend wurde ein Änderungsvorschlag abgelehnt, der sich auf das monistische System bezog.[1888] Mit diesem Vorschlag sollte sichergestellt werden, dass es im monistischen System zu keiner Überparität der Arbeitnehmervertreter kommen kann, wenn bei Berechnung der Anzahl der Arbeitnehmervertreter auf den Anteil dieser Vertreter in den Organen vor der Verschmelzung oder Gründung einer Holding- oder Tochter-SE abgestellt wird und nicht auf die satzungsgemäße Anzahl der Organmitglieder, die funktional mit der Aufsicht betraut sind.[1889]

992   **hh) Steuerrechtliche Behandlung der SE.** Weder die SE-VO noch das SE-AG oder das SE-BG enthalten spezielle steuerrechtliche Regelungen.[1890] Nach Art. 9 Abs. 1 lit. c ii) SE-VO gelten für die Besteuerung der SE daher die Rechtsvorschriften der einzelnen Mitgliedstaaten.[1891]

993   **ii) SE und Pflichtangebot.** Die Gründung einer SE kann dem WpÜG unterliegen mit der Folge, dass den Aktionären ein Pflichtangebot gemacht werden muss.[1892] Nach § 35 II 1 WpÜG muss bei jeder Art der Kontrollerlangung, d.h. Erwerb von 30% der Stimmrechte oder mehr, ein Pflichtangebot gemacht werden. So kann beispielsweise auch der Erwerb von Stimmrechten im Wege der Verschmelzung dazu führen, dass Kontrolle im Sinne des WpÜG erlangt wird. Umstritten ist, ob auch die folgende Situation einen Kontrollerwerb nach dem WpÜG darstellt: Die Aktionäre der übertragenden Gründungsgesellschaft erhalten durch den Umtausch Aktien an der aufnehmenden Gesellschaft. Dadurch sehen sie sich erstmals einem Großaktionär (in der aufnehmenden Gesellschaft) ausgesetzt, der allerdings seinerseits überhaupt keine neuen Aktien erworben hat. Wenn hier – wie vielfach vertreten – auf die Sicht der (ehemaligen) Aktionäre der übertragenden Gesellschaft abzustellen ist, so ist ein Kontrollerwerb eingetreten.[1893]

994   **jj) Konzernrecht.** Die älteren Entwürfe zum SE-Statut sahen noch konzernrechtliche Regelungen vor.[1894] Die verabschiedete SE-VO enthält dagegen keine solchen Regelungen.[1895] Denn die Mitgliedstaaten konnten sich nicht auf solche Vorschriften einigen: Die nationalen Vorstellungen zur Notwendigkeit eines Konzernrechts lagen stark auseinander.[1896] Wonach richtet sich aber dann das Konzernrecht? Begreift man Art. 9 Abs. 1 lit. c ii) SE-VO als reinen Verweis auf das materielle Recht des Sitzstaats,[1897] so wäre das Konzernrecht des jeweiligen Sitzstaats anzuwenden. Jedenfalls für das Konzernrecht bezieht sich der Verweis aber auf das internationale Privatrecht des jeweiligen Sitzstaats.[1898] Dies ergibt sich aus dem Erwägungsgrund Nr. 15 zur SE-VO. Danach bestimmen sich die Regelungen zum Schutz von Minderheitsaktionären und Dritten im Konzernverhältnis gemäß den allgemeinen Grundsätzen des Internationalen Privatrechts nach dem Recht des Sitzstaats der abhängigen SE. Im Folgenden wird unterstellt, dass das deutsche materielle Konzernrecht über das Internationale Privatrecht anzuwenden ist.

[1887] § 34 Abs. 2 Satz 3 SE-BG.

[1888] BT-Drucks. 15/4075 vom 28. 10. 2004; Stellungnahme des Deutschen Anwaltsvereins Nr. 35/04, S. 11.

[1889] Vgl. § 34 Abs. 2 SE-BG.

[1890] *Herzig/Griemla*, StuW 2002, 55, 56.

[1891] *Herzig/Griemla*, StuW 2002, 55, 57; zur Besteuerung der SE vgl. die ausführliche Darstellung von *Herzig (Hrsg.)*, Besteuerung der Europäischen Aktiengesellschaft.

[1892] *Teichmann*, AG 2004, 67, 77 f.

[1893] Dazu *Teichmann*, AG 2004, 55, 77 m. w. N. in Fn. 125.

[1894] *Brandi*, NZG 2003, 889, 890; *Habersack*, ZGR 2003, 724, 725.

[1895] *Bungert/Beier*, EWS 2002, 1, 5.

[1896] *Brandi*, NZG 2003, 889, 890.

[1897] So *Brandt/Scheifele*, DStR 2002, 547, 553; *Wagner*, NZG 2002, 985, 987.

[1898] *Jaecks/Schönborn*, RIW 2003, 254, 256 f.; *Brandi*, NZG 2003, 889, 890; *Habersack*, ZGR 2003, 724, 728.

(1) Konzernrechtliches Berichts- und Prüfungssystem uneingeschränkt anwendbar. Das Berichts- **995** und Prüfungssystem des deutschen Konzernrechts ist uneingeschränkt auf eine SE mit Sitz in Deutschland anwendbar. Dies ergibt sich daraus, dass Art. 61, 62 SE-VO für Aufstellung, Prüfung und Offenlegung des Konzernabschlusses auf die Vorschriften für Aktiengesellschaften verweisen.[1899]

(2) SE als herrschendes Unternehmen zulässig. Für eine SE mit Sitz in Deutschland sind **996** deutsche Konzernrechtsregeln anzuwenden, soweit sie mit den Grundgedanken der SE-VO vereinbar sind. Für die SE, die selbst herrschendes Unternehmen ist, sind die deutschen Konzernvorschriften mit den Grundgedanken der SE-VO vereinbar.[1900] Dies gilt für den Vertragskonzern ebenso wie für den faktischen Konzern.[1901] Das Weisungsrecht wird in der dualistisch verfassten SE durch das Leitungsorgan ausgeübt, bei der monistisch verfassten SE durch die geschäftsführenden Direktoren.[1902]

(3) SE als beherrschtes Unternehmen zulässig. Soll eine SE mit Sitz in Deutschland dagegen **997** beherrschtes Unternehmen sein, so ist unklar, ob dies zulässig ist. Nach deutschem Konzernrecht wäre diese Frage zu bejahen. Das deutsche Konzernrecht ist aber nur insoweit anzuwenden, wie es nicht der SE-VO widerspricht.

(a) SE als beherrschtes Unternehmen im Vertragskonzern zulässig. Nach richtiger Ansicht ist **998** eine SE, auf die deutsches Konzernrecht anwendbar ist, im Vertragskonzern zulässig. Dies wird allerdings von *Hommelhoff* insbesondere mit zwei Argumenten bezweifelt:

Zunächst soll eine SE – anders als eine abhängige Aktiengesellschaft nach deutschem **999** Recht (§ 308 Abs. 1 Satz 1 AktG) – nicht den Weisungen des herrschenden Unternehmens unterliegen dürfen. Für die SE mit einer dualistischen Verfassung ergebe sich dies schon daraus, dass das Leitungsorgan die Geschäfte in eigener Verantwortung führe (Art. 39 Abs. 1 SE-VO).[1903] Für Weisungen eines herrschenden Unternehmens sei hier kein Raum. Das monistische System lasse dagegen zwar grundsätzlich Weisungen zu – allerdings nur solche der Hauptversammlung (Art. 38 SE-VO). Das herrschende Unternehmen müsse aber nicht Aktionär des beherrschten Unternehmens sein. Seine Weisungen seien demnach nicht solche der Hauptversammlung. Auch im monistischen System seien also Weisungen des herrschenden Unternehmens nicht mit der SE-VO vereinbar.[1904] Soweit nach deutschem Konzernrecht dem herrschenden Unternehmen im Vertragskonzern ein Weisungsrecht zustehe, sei dies im Verhältnis zu einer beherrschten SE nicht anzuwenden. Dem ist entgegen zu halten, dass die SE-VO nur insoweit abschließend ist, wie sie einen Sachverhalt regeln will. Da sich aber aus den Erwägungsgründen zur SE-VO[1905] gerade ergibt, dass die Konzernbildung zulässig sein soll, kann die SE-VO dies auch nicht (abschließend) verbieten.[1906] Dies entspricht auch dem Verständnis, das der deutsche Gesetzgeber von der Konzernfähigkeit der SE hat. Denn in § 49 I SE-AG nimmt er ausdrücklich die §§ 308–318 AktG in Bezug. Er beschränkt sich dabei nicht auf die SE als herrschendes Unternehmen.

Weiter meint *Hommelhoff*, aus dem Grundsatz der Kapitalerhaltung ergebe sich, dass die **1000** SE nicht Gesellschaft eines Konzerns sein könne. Die SE-VO verweise für die Kapitalerhaltung auf die nationalen Vorschriften.[1907] Für eine SE mit Sitz in Deutschland gelten daher die §§ 57 ff. AktG. Diese würden zwar beim Vertragskonzern durchbrochen.[1908] Die

---

[1899] *Habersack,* ZGR 2003, 724, 726; *Hommelhoff,* AG 2003, 179, 184.

[1900] *Brandi,* NZG 2003, 889, 891; *Habersack,* ZGR 2003, 724, 741 f.; *Hommelhoff,* AG 2003, 179, 182 f.

[1901] *Brandi,* NZG 2003, 889, 894.

[1902] *Brandi,* NZG 2003, 889, 892.

[1903] *Hommelhoff,* AG 2003, 179, 182.

[1904] *Hommelhoff,* AG 2003, 179, 182.

[1905] Erwägungsgründe Nr. 15 und 16.

[1906] Ebenso *Brandi,* NZG 2003, 889, 893.

[1907] Art. 5 SE-VO.

[1908] § 291 Abs. 3 AktG.

Durchbrechung solle aber nicht für die Kapitalerhaltung in der SE gelten.[1909] Hier gilt das oben Gesagte entsprechend. Indem die SE-VO gerade den Zweck verfolgt, Konzerne zuzulassen, wird sie nicht genau deren Bildung über den Verweis auf die Kapitalerhaltung verhindern.[1910]

1001   *(b) SE als beherrschtes Unternehmen im faktischen Konzern zulässig.* Im Rahmen des faktischen Konzerns lässt das deutsche Konzernrecht eine Nachteilszufügung zu Lasten der abhängigen Gesellschaft zu.[1911] *Hommelhoff* argumentiert, dies sei bei der SE mit dem Prinzip der Wahrung des Gesellschaftsinteresses nicht vereinbar.[1912] Auch hier gilt jedoch, dass die SE-VO die Konzernbildung gerade bezweckt. Dann aber muss eine SE auch abhängiges Unternehmen im faktischen Konzern sein können.[1913]

1002   **kk) Kriterien für die Wahl der Rechtsform SE.** Die folgenden Überlegungen sollten eine Rolle spielen, wenn es um die Entscheidung geht, ob eine SE gegründet werden soll:

1003   *(1) Einheitliche Rechtsform.* Unternehmen können mit Hilfe der SE in sämtlichen Mitgliedstaaten eine einheitliche Rechtsform mit weitgehend einheitlich geltenden gesetzlichen Regelungen haben. Bisher mussten sie in der Regel in jedem Mitgliedstaat die Rechtsform des jeweiligen Mitgliedstaats wählen.[1914]

1004   *(2) Sitzverlegungsmöglichkeit.* Die SE kann ihren Sitz zwischen den Mitgliedstaaten beliebig verlegen, ohne dass sie in einem Mitgliedstaat aufgelöst werden müsste, bevor sie in einem anderen Mitgliedstaat neu gegründet wird.[1915] Dadurch kann neben dem Verwaltungsaufwand von Auflösung und Neugründung auch vermieden werden, dass stille Reserven aufgedeckt und besteuert werden müssen.[1916] Allerdings ist bei der Sitzverlegung einer deutschen SE jedem Aktionär ein Barabfindungsangebot zu machen.[1917]

1005   *(3) Monistisches System.* Wird eine SE gegründet, so kann anstelle des dualistischen Systems, das für deutsche Aktiengesellschaften zwingend gilt, das monistische System gewählt werden.

1006   Das bringt einen Vorteil am Kapitalmarkt. Denn nichtdeutsche Kapitalanleger sind häufig nur mit dem monistischen System vertraut. Die Trennung in Vorstand und Aufsichtsrat ist ihnen unbekannt. Sie erregt eine gewisse Skepsis und führt zu Zurückhaltung dieser Anleger. Mit der Wahl der SE steht die Möglichkeit offen, für eine deutsche SE das monistische System zu wählen. Das steigert die Attraktivität bei den Kapitalanlegern.[1918] Das monistische System kann außerdem so ausgestaltet werden, dass eine stärkere Machtkonzentration in einer Hand erreicht wird (CEO).[1919] Dabei ist zu berücksichtigen, dass die geschäftsführenden Direktoren – ähnlich dem Geschäftsführer bei der GmbH – den Weisungen des Verwaltungsrats unterstehen. Dies kann insbesondere für Familiengesellschaften mit EU-Bezug interessant sein.[1920] Schließlich kann durch das monistische System auch konzernweit eine einheitliche Corporate Governance gebildet werden.

[1909] *Hommelhoff*, AG 2003, 179, 182.

[1910] *Brandi*, NZG 2003, 889, 893.

[1911] § 311 Abs. 1 AktG.

[1912] *Hommelhoff*, AG 2003, 179, 183; a. A. *Habersack*, ZGR 2003, 724, 731 ff.

[1913] *Brandi*, NZG 2003, 889, 894 f.

[1914] *Blanquet*, ZGR 2002, 20, 34.

[1915] Zu diesem Vorteil der SE gegenüber nationalen Kapitalgesellschaften auch *Blanquet*, ZGR 2002, 20, 41 f.; *Bundesministerium für Wirtschaft und Arbeit* und *Bundesministerium der Justiz*, Pressemitteilung vom 26. 5. 2004; *Götzenberger*, StWK Gruppe 22, 77, 100; *Herzig/Griemla*, StuW 2002, 55, 56.

[1916] *Nagel*, DB 2004, 1299.

[1917] *Waclawik*, DB 2004, 1191, 1194 hält die Notwendigkeit eines Barabfindungsangebots für ein unnötiges Mobilitätshemmnis.

[1918] *Gruber/Weller*, NZG 2003, 297 f.

[1919] Dazu auch *Eder*, NZG 2004, 544, 547.

[1920] *Waclawik*, DB 2004, 1191, 1196.

(4) Europäische Identität. Die SE hat eine europäische Identität. Dies kann auf dem Markt **1007** ein psychologischer Vorteil sein.[1921]

(5) Mindestkapital. Die Höhe des Mindestkapitals von EUR 120 000, die weitgehende **1008** Satzungsstrenge (wie bei der Aktiengesellschaft) und der Verweis auf das nationale Aktienrecht können Aspekte sein, die für kleine und mittlere Unternehmen dagegen sprechen, eine SE zu gründen.[1922]

(6) Kostenreduzierung. Durch die Gründung einer SE können zahlreiche Kosten von **1009** Tochtergesellschaften eingespart werden, insbesondere Verwaltungs-, Führungs- und Rechnungslegungskosten.[1923] Für die Gründung ausländischer Unternehmen werden in der Regel ausländische Rechtsberater benötigt. Damit sind oft hohe Kosten verbunden. Auch diese können bei der Gründung einer SE eingespart werden.[1924] Allerdings werden für die Gründung zunächst erhöhte Rechtsberatungskosten entstehen – wegen der komplexen Regelungen zur SE.[1925]

(7) Möglichkeit grenzüberschreitender Verschmelzung. Bei der Gründung der SE ist eine **1010** grenzüberschreitende Verschmelzung von Kapitalgesellschaften möglich.[1926] Zur Veranschaulichung ein Beispielsfall, in dem die SE für die beteiligten Unternehmen vorteilhaft gewesen wäre: Aventis. 1999 wollte die deutsche Hoechst AG mit der französischen Rhône-Poulenc SA fusionieren und unter Aventis firmieren. Dazu wurde zunächst das französische Unternehmen in Aventis SA umbenannt. Die Aktionäre der Hoechst AG haben dann ihre Aktien auf die Aventis SA übertragen. Im Gegenzug haben sie dafür Aktien der Aventis SA erhalten. Dadurch wurde Aventis SA zur Mutter der Hoechst AG. Da sich nicht sämtliche Aktionäre der Hoechst AG an dieser Transaktion beteiligt haben, besteht die Hoechst AG fort. Hätte schon 1999 die Möglichkeit bestanden, eine SE zu gründen, so hätte die Hoechst AG mit der Rhône-Poulenc SA zur Aventis SE verschmolzen werden können. Dadurch wäre die Hoechst AG untergegangen.[1927]

c) Europäische Genossenschaft (SCE)

Am 22. 7. 2003 hat der Rat der Europäischen Union die „Verordnung über das Statut **1011** der Europäischen Genossenschaft (SCE)", gestützt auf Art. 308 EG, beschlossen.[1928] Die Verordnung soll Unternehmen jedweder Rechtsform die grenzüberschreitende Zusammenarbeit in Form einer Europäischen Genossenschaft (Societas Cooperativa Europaea, SCE) ermöglichen. Charakteristisch für die Genossenschaft ist, dass sie die Belange der Mitglieder vor allem durch den Abschluss von Geschäften mit diesen fördert.[1929] Die Genossenschaft und ihre Mitglieder sind regelmäßig durch Leistungsvereinbarungen (über Waren oder Dienstleistungen) miteinander verbunden.

aa) Historie. Bereits in den 1960er Jahren bemühten sich nationale Genossenschafts- **1012** verbände erstmals um ein europäisches Genossenschaftsrecht. Allerdings legte die Kommission erst 1992 einen offiziellen Entwurf für ein Statut vor. 1993 folgt ein geänderter Vorschlag. Einigung über die strittige Frage der Arbeitnehmermitbestimmung wurde 1995 erzielt. In der Folgezeit stand die Verabschiedung des Statuts der europäischen Aktiengesellschaft im Vordergrund; die weitere Behandlung der europäischen Genossenschaft

---

[1921] *Blanquet,* ZGR 2002, 20, 36; *Bundesministerium für Wirtschaft und Arbeit* und *Bundesministerium der Justiz,* Pressemitteilung vom 26. 5. 2004; *Nagel,* DB 2004, 1299, 1303. Auch die Firma „SE" ist attraktiv. So auch *Herzig/Griemla,* StuW 2002, 55, 56; *Lutter,* BB 2002, 1, 8.

[1922] *Steding,* BuW 2003, 420, 421.

[1923] Bundesministerium für Wirtschaft und Arbeit und Bundesministerium der Justiz, Pressemitteilung vom 26. 5. 2004; Wenz, AG 2003, 185, 187.

[1924] *Buck,* StWK Gruppe 22, 63, 64.

[1925] Dazu auch *Schulz/Geismar,* DStR 2001, 1078, 1082.

[1926] *Blanquet,* ZGR 2002, 20, 40 f.; *Herzig/Griemla,* StuW 2002, 55, 56.

[1927] Zu diesem Beispiel auch *Buck,* StWK Gruppe 22, 63, 66 und *Wenz,* AG 2003, 185, 189.

[1928] VO (EG) Nr. 1435/2003, ABl. 2003 Nr. L 207/1.

[1929] *Beuthien,* Genossenschaftsgesetz, Art. 1 SCE Rn. 2 ff.; *Schulze,* NZG 2004, 792, 793.

rückte in den Hintergrund. Nachdem der Rat im Herbst 2001 das Statut der Europäischen Gesellschaft verabschiedet hat, wurde die Verabschiedung des Statuts der SCE wieder aufgegriffen.[1930]

1013   Das Europäische Parlament ist der Ansicht, dass die vom Rat gewählte Rechtsgrundlage unzutreffend und stattdessen Art. 95 EG einschlägig ist. Während das Parlament im Verfahren nach Art. 308 EG nur anzuhören ist, muss es nach Art. 95 EG i. V. m. Art. 251 EG mitentscheiden. Das Parlament hat daher Klage vor dem EuGH gegen die VO erhoben.[1931] Das Parlament stellt nicht den Inhalt der Regelungen über die Europäische Genossenschaft in Frage, sondern nur die Ermächtigungsgrundlage bzw. das Verfahren. Das Statut der SCE ist wirksam und bleibt bis zur Entscheidung des EuGH über die Klage wirksam.[1932]

1014   **bb) Überblick.** Das Statut gibt – ähnlich wie das Statut der europäischen Aktiengesellschaft – nur einen verbindlichen Mindestrahmen vor und verweist ergänzend in erheblichem Umfang auf das jeweils einschlägige einzelstaatliche Genossenschaftsrecht (Art. 8 Abs. 1 lit. c ii). Die VO enthält im Wesentlichen Regelungen über das Wesen der SCE, das Grundkapital, die Satzung und den Sitz (Kapitel I. Art. 1–16). In Kapitel II. folgen Vorschriften über die Gründung der SCE (Art. 17–35); in Kapitel III. sind die Organe der Genossenschaft geregelt (Art. 36–63). Weiterhin enthält das Statut Regelungen zur Verwendung des Betriebsergebnisses (Kapitel V. Art. 65–67) sowie zum Jahresabschluss (Kapitel VI. Art. 68–71). Die Beteiligung der Arbeitnehmer in der europäischen Genossenschaft richtet sich nach der Richtlinie 2003/72/EG (Art. 1 Abs. 6).[1933] Das Statut regelt weder insolvenz- noch steuer- noch wettbewerbsrechtliche Fragen (Präambel Ziff. 16).

1015   **cc) Wesen der SCE.** Die europäische Genossenschaft besitzt eine eigene Rechtspersönlichkeit (Art. 1 Abs. 5). Das Grundkapital ist in Geschäftsanteile zerlegt (Art 1 Abs. 2 Unterabs. 1). Die Mitgliederzahl und das Grundkapital sind veränderlich (Art. 1 Abs. 2 Unterabs. 2). Die Genossenschaft hat damit sowohl personalistische als auch kapitalistische Elemente. Das Grundkapital muss mindestens EUR 30 000 betragen (Art. 3 Abs. 2).

1016   Die Haftung der Mitglieder ist grundsätzlich auf die Höhe des eingezahlten Geschäftsanteils beschränkt, es sei denn die Satzung sieht etwas anderes vor (Art. 1 Abs. 2 Unterabs. 3 Satz 1). Erforderlich ist allerdings, dass der Firma der SCE der Zusatz „mit beschränkter Haftung" angefügt wird (Art. 1 Abs. 2 Unterabs. 3 Satz 2).

1017   Mitglieder der europäischen Genossenschaft können natürliche Personen, nach dem Recht eines Mitgliedstaates gegründete juristische Personen des öffentlichen oder privaten Rechts sowie allgemein Gesellschaften im Sinne des Art. 48 Abs. 2 EG sein (Art. 2). Hauptzweck einer Genossenschaft ist es, den Bedarf ihrer Mitglieder zu decken und/oder deren wirtschaftliche und/oder soziale Tätigkeit zu fördern (Art. 1 Abs. 3). Allerdings kann die Mitgliedschaft auch Personen eröffnet werden, die an dem für die Genossenschaft typischen Leistungsaustausch mit den Mitgliedern nicht teilnehmen, sondern nur Kapital anlegen wollen („nicht nutzende Mitglieder"). Voraussetzung ist, dass diese Art der Mitgliedschaft sowohl von den Mitgliedstaaten als auch von der Satzung der jeweiligen SCE zugelassen wird (Art. 14 Abs. 1 Unterabs. 2).[1934]

1018   **dd) Gründung.** Eine europäische Genossenschaft kann nach Art. 2 durch Neugründung, Umwandlung oder Verschmelzung errichtet werden. Die Mitglieder müssen aus mindestens zwei verschiedenen Mitgliedstaaten stammen.

1019   Eine Neugründung ist zulässig durch mindestens zwei Gesellschaften im Sinne des Art. 48 Abs. 2 EG, durch insgesamt fünf natürlichen Personen und Gesellschaften im Sin-

---

[1930] Zur Entstehungsgeschichte ausführlich *Fischer,* Die Europäische Genossenschaft, 1995, S. 40 ff.

[1931] Siehe dazu den Vermerk des Rechtsdienstes des Europäischen Parlaments vom 27. 10. 2003, Ratsdokument Nr. 14 048/03.

[1932] *Beuthien,* Genossenschaftsgesetz, Einl. SCE Rn. 2.

[1933] ABl. 2003 Nr. L 207/25.

[1934] Dazu *Schulze,* NZG 2004, 792, 794.

ne des Art. 48 Abs. 2 EG oder durch fünf natürliche Personen. Voraussetzung ist stets, dass die Gesellschaften/natürlichen Personen ihren Sitz in mindestens zwei unterschiedlichen Mitgliedstaaten haben.

Nationale Genossenschaften aus verschiedenen Mitgliedstaaten können zur Aufnahme **1020** oder zur Neugründung verschmolzen werden (Art. 19–34).

Eine nationale Genossenschaft kann identitätswahrend in eine europäische Genossen- **1021** schaft umgewandelt werden, wenn sie seit mindestens zwei Jahren eine Tochter oder Niederlassung in einem anderen Mitgliedstaat hat (Art. 35).

ee) Organe. Die Struktur der Organe der SCE ähnelt der der europäischen Aktienge- **1022** sellschaft. Neben der Generalversammlung (Art. 52–63) ist ein Leitungsorgan vorgesehen, wobei die Genossenschaft in der Satzung zwischen dem dualistischen (Art. 37–41) und dem monistischen System (Art. 42–44) wählen kann. Beim dualistischen System gibt es ein Leitungs- und ein Aufsichtsorgan. Dieses System entspricht gegenwärtig dem des deutschen Genossenschaftsgesetzes (GenG). Das Leitungsorgan führt die Geschäfte und vertritt die Gesellschaft nach außen. Das Aufsichtsorgan überwacht die Geschäftsführung. Im monistischen System existiert demgegenüber nur ein Verwaltungsorgan. Insoweit besteht für den deutschen Gesetzgeber – ebenso wie bei der europäischen Aktiengesellschaft – Anpassungsbedarf.

Während bei der deutschen Genossenschaft das Prinzip der Selbstorganschaft gilt (§ 9 **1023** Abs. 2 Satz 1 GenG), ist in der europäischen Genossenschaft nicht Voraussetzung, dass die Organmitglieder auch Mitglieder der Genossenschaft sind. Die Satzung kann freilich etwas anders bestimmen.

III. Projekte

Die Fortschritte bei der Angleichung des nationalen Rechts innerhalb der Mitgliedstaa- **1024** ten sind erheblich. Zahlreiche Vorhaben sind jedoch noch nicht verwirklicht. Einzelne dieser Vorhaben wurden bereits vor über 30 Jahren begonnen. Einige wesentliche Angleichungsvorhaben werden nachfolgend dargestellt.

1. Richtlinien zur Angleichung der nationalen Gesellschaftsrechte (Vorentwürfe, Vorschläge)

a) Vorschlag für eine fünfte Richtlinie über die „Struktur der Aktiengesellschaft sowie die Befugnisse und Verpflichtungen ihrer Organe (Strukturrichtlinie)

Der Vorschlag einer Strukturrichtlinie basiert auf Art. 44 Abs. 2 lit. g EG. Sein Rege- **1025** lungsziel ist, die Struktur von Aktiengesellschaften und ihnen entsprechenden Gesellschaften in den Mitgliedstaaten zu koordinieren, ferner die Koordination der Rechte und Pflichten ihrer Organe. Die Richtlinie beschäftigt sich zum einen mit der Bildung, Zuständigkeit und Haftung der Verwaltungs- und Aufsichtsorgane, zum anderen mit der Einberufung und dem Ablauf von Hauptversammlungen und dem Stimmrecht der Aktionäre. Herzstück der geplanten Richtlinie ist die Leitungsstruktur der Aktiengesellschaft (monistisches und dualistisches System). Ziel der Richtlinie ist es aber nicht, sich für eines der System zu entscheiden.

aa) Historie. Die Kommission hat den Richtlinienvorschlag für die fünfte gesell- **1026** schaftsrechtliche Richtlinie erstmals am 9. 10. 1972 unterbreitet. Danach sollten die Aktiengesellschaften der Mitgliedstaaten nur nach dem dualistischen System strukturiert werden, also das Leitungsorgan (Vorstand) vom Aufsichtsorgan (Aufsichtsrat) getrennt existieren. Zudem sieht der Vorschlag die Festlegung eines Mindestmaßes für die Beteiligung der Arbeitnehmer am Prozess der unternehmerischen Willensbildung und Entscheidung vor. Der Vorschlag stieß auf teilweise heftige Kritik, insbesondere aus Großbritannien. Nach

Erläuterung der Regelungen durch die Kommission in einem sogenannten „Grün‾buch"[1935] und Stellungnahmen des Wirtschafts- und Sozialausschusses sowie des Europäischen Parlaments legte die Kommission am 19. 8. 1983 einen grundlegend überarbeiteten Vorschlag vor, der in den Folgefassungen vom 13. 12. 1990 und 20. 11. 1991 nur noch leicht modifiziert wurde. Der Richtlinienvorschlag in der Fassung vom 20. 11. 1991 liegt dem Rat zur Festlegung eines gemeinsamen Standpunktes vor. Der Richtlinienvorschlag in seiner aktuellen Fassung reagiert auf die stark unterschiedlichen Positionen zum Leitungssystem und der Arbeitnehmermitbestimmung durch Flexibilität. Die vorgeschlagenen unternehmensverfassungsrechtlichen Systeme sind nahezu ausschließlich solche, die bereits in den Mitgliedstaaten bestehen.

1027   **bb) Wesentlicher Inhalt.** Der Vorschlag der Strukturrichtlinie soll ausschließlich für Aktiengesellschaften gelten (Art. 1 Abs. 1, 5. RL-V). Dies sind in Großbritannien die Public Limited Company, in Frankreich die Société Anonyme, in Deutschland die Aktiengesellschaft und in den übrigen Mitgliedstaaten die entsprechenden Gesellschaften. Regelungsschwerpunkt ist die Organisation der Verwaltung der Gesellschaft und die Beteiligung der Arbeitnehmer daran (Art. 2–21u, 5. RL-V). Die Mitgliedstaaten können dabei wählen, ob die Gesellschaften dem dualistischen System (Art. 3–21, 5. RL-V) oder dem monistischen System (Art. 21a–21u, 5. RL-V) unterworfen werden. Auch die Möglichkeiten zur Beteiligung von Arbeitnehmern sind flexibel geregelt. Als Schwelle für die Einführung der Mitbestimmung ist eine Zahl von 1000 Arbeitnehmern der Gesellschaft einschließlich ihrer Tochtergesellschaften vorgesehen (Art. 4 Abs. 1, 21b Abs. 1, 5. RL-V).

1028   Ein weiterer Schwerpunkt ist die Regelung von Mindeststandards bei Vorbereitung und Durchführung von Hauptversammlungen, Art. 22–47, 5. RL-V. Schließlich regeln Art. 48–63, 5. RL-V Standards für die Prüfung und Feststellung des Jahresabschlusses.

1029   Derzeit sind insbesondere noch die Regelungen über die Arbeitnehmermitbestimmungen inhaltlich streitig. Während einzelne Länder, insbesondere Großbritannien, einen Eingriff des Gesetzgebers im Bereich der Mitbestimmung ablehnen, wendet sich Deutschland umgekehrt gegen die mangelnde Gleichwertigkeit der Arbeitnehmervertretung in den verschiedenen Systemen.

1030   **cc) Einzelheiten.** *(1) Verwaltung der Gesellschaft.* Der erste Richtlinienvorschlag der Kommission von 1972 bekannte sich noch zum dualistischen System. Die Kommission argumentierte, die Zusammenfassung der für die Verwaltung zuständigen Personen und der für deren Überwachung zuständigen Personen in einem einzigen Verwaltungsorgan werde den Erfordernissen einer modernen Unternehmensführung nicht gerecht. Vielmehr bedürfe es zum Schutz der Aktionäre und Dritter einer klaren Abgrenzung der jeweiligen Verantwortlichkeiten, was sich nur bei Zuweisung von Geschäftsleitung und Überwachung an zwei getrennte Organe erreichen lasse.[1936] Hiervon rückte die Kommission im überarbeiteten Vorschlag von 1983 nur aufgrund der Feststellung ab, dass die allgemein verbindliche Einführung des dualistischen Systems derzeit nicht zu verwirklichen sei und deshalb auch die Wahl des monistischen Systems offen stehen müsse. Das monistische System müsse jedoch mit Merkmalen ausgestattet werden, die dazu führen, dass seine Funktionsweise an das dualistische System angeglichen wird.[1937]

1031   *(a) Leitungs- und Aufsichtsorgan im dualistischen System.* Im dualistischen System obliegt dem Leitungsorgan die Geschäftsführung der Gesellschaft und dem Aufsichtsorgan die Aufsicht über die Geschäftsführung des Leitungsorgans, Art. 3 Abs. 1 lit. a, 5. RL-V. Niemand kann zugleich Mitglied des Leitungs- und des Aufsichtsorgans sein (Art. 6, 5. RL-V). Mitglieder des Leitungsorgans können nur natürliche Personen sein, Art. 5

[1935] Mitbestimmung der Arbeitnehmer und Struktur der Gesellschaft, Beilage 8/75 zum Bulletin der EG.

[1936] Begründung der Kommission zum 5. RL-V 1972, Einl. II.

[1937] Präambel, Erwägungsgrund 7, 5. RL-V 1983 und 5. RL-V 1991.

Abs. 1, 5. RL-V. Für die Mitglieder des Aufsichtsorgans kann das nationale Recht die Mitgliedschaft juristischer Personen zulassen, muss aber besondere Vorkehrungen treffen, um Missbrauch zu verhindern, Art. 5 Abs. 2, 5. RL-V. Die juristische Person kann im Aufsichtsrat nur durch einen designierten ständigen Vertreter vertreten werden, welcher alle Bedingungen erfüllen muss, die von Gesetz oder Satzung für Mitglieder des Aufsichtsorgans vorgeschrieben sind.[1938] Für den Vertreter gelten die gleichen Verpflichtungen, als wenn er persönliches Mitglied im Aufsichtsorgan wäre. Unberührt bleibt davon die Anwendung der nationalen Bestimmungen über die Haftung der juristischen Person für die Handlungen ihres Vertreters.

Das nationale Recht kann die Zahl der Mitglieder des Leitungsorgans frei bestimmen,   **1032** was Art. 3 Abs. 2, 5. RL-V indirekt zu entnehmen ist.[1939] Besteht das Leitungsorgan aus mehreren Mitgliedern, ist ein Mitglied zu bezeichnen, welchem die Personalfragen und die Fragen der Arbeitsbeziehungen zugewiesen sind. Mitgliedstaatliche Regelungen, nach denen ein Mitglied des Leitungsorgans nicht gegen den Willen der Mehrheit der Arbeitnehmervertreter im Aufsichtsorgan bestellt oder abberufen werden kann, bleiben unberührt, Art. 3 Abs. 3, 5. RL-V. Die Mitglieder des ersten Leitungsorgans können durch die Satzung bestellt werden, im Übrigen ist der Aufsichtsrat für die Bestellung zuständig, Art. 3 Abs. 1 lit. b, 13. Abs. 1, 5. RL-V. In Gesellschaften mit Arbeitnehmerbeteiligungen dürfen die Mitglieder des Leitungsorgans höchstens für sechs Jahre bestellt werden, wobei eine wiederholte Bestellung zulässig ist, Art. 7 Abs. 2, 5. RL-V. Sie unterliegen zudem einem Wettbewerbsverbot; ohne Genehmigung des Aufsichtsrates dürfen sie in keinem anderen Unternehmen selbständige oder unselbständige Tätigkeiten für eigene oder fremde Rechnung ausüben, Art. 9 Abs. 1, 5. RL-V.

Die Mitglieder des ersten Aufsichtsorgans können durch Satzung bestellt werden, wäh-   **1033** rend der Richtlinienvorschlag im Übrigen davon ausgeht, dass die Hauptversammlung stets an der Bildung des Aufsichtsorgans mitwirkt, Art. 4 Abs. 4, 5. RL-V. Nach Art. 4 Abs. 1, 5. RL-V, sind die Arbeitnehmer an der Bildung des Aufsichtsorgans zu beteiligen, wenn die Gesellschaft (einschließlich Tochtergesellschaften) mindestens 1000 Arbeitnehmer hat. Die Mitgliedstaaten können diese Grenze niedriger ansetzen. Auch die Art der Beteiligung der Arbeitnehmer an der Bestellung von Aufsichtsratsmitgliedern soll von den Mitgliedstaaten je nach dem gewählten Mitbestimmungsmodell geregelt werden, Art. 4 Abs. 2, 5. RL-V. Ferner kann Inhabern von Aktien einer bestimmten Gattung durch Satzung oder Errichtungsakt ein ausschließliches Vorschlagsrecht für Aufsichtsratsmitglieder eingeräumt werden, allerdings nur für maximal die Hälfte der von der Hauptversammlung zu bestellenden Aufsichtsratsmitglieder, Art. 4 Abs. 5, 5. RL-V. Das nationale Recht kann zudem bestimmen, dass maximal ein Drittel der Mitglieder des Aufsichtsorgans auf andere Weise als von der Hauptversammlung oder den Arbeitnehmern bestellt wird, Art. 4a, 5. RL-V. Den Bestellungs- bzw. Widerspruchsberechtigten muss vor Bestellung einer natürlichen Person zur Vermeidung von Interessenkonflikten der Aufsichtsratsmitglieder mitgeteilt werden, welche selbstständige oder unselbstständige Tätigkeit diese Person in einem anderen Unternehmen ausübt, Art. 9 Abs. 3, 5. RL-V. Auch die Mitglieder des Aufsichtsorgans werden für eine Amtsdauer von maximal sechs Jahren bestellt, wobei eine wiederholte Bestellung zulässig ist, Art. 7 Abs. 1, 5. RL-V.

(b) Monistisches System. Für das monistische System (Art. 21 a–21 u, 5. RL-V) ist die Zu-   **1034** gehörigkeit der für die Geschäftsleitung zuständigen Personen und der für ihre Überwachung zuständigen Personen in einem Organ vorgesehen. Eine solche Struktur ist den meisten Mitgliedstaatlichen Rechtsordnungen, Deutschland und Österreich ausgenommen, bekannt. Der Richtlinienvorschlag zielt darauf, das monistische System an die Funktionsweise des dualistischen Systems anzunähern.[1940] Das Organ soll sich aus geschäftsführenden

---

[1938] Begründungen der Kommission zu Art. 5, 5. RL-V 1972.
[1939] Vgl. *Schwarz,* Europäisches Gesellschaftsrecht, Rn. 717.
[1940] Präambel, Erwägungsgrund 7, 5. RL-V 1991.

und nicht-geschäftsführenden Mitgliedern zusammensetzen. Die geschäftsführenden Mitglieder führen die Geschäfte der Gesellschaft unter Aufsicht der nicht-geschäftsführenden Mitglieder, Art. 21 a Abs. 1 Satz 1, 5. RL-V. Die Funktion der nicht-geschäftsführenden Organmitglieder entspricht also der Funktion des Aufsichtsratsmitglieder im dualistischen System. Die Zahl der nicht-geschäftsführenden Mitglieder muss stets größer sein als die der geschäftsführenden. Zur Erleichterung der Arbeitnehmervertretung im Verwaltungsorgan soll die Zahl der nicht-geschäftsführenden Mitglieder durch drei teilbar sein, Art. 21 a Abs. 1 lit. a, 5. RL-V. Die geschäftsführenden Mitglieder werden von den nicht geschäftsführenden Mitgliedern bestellt und abberufen, Art. 21 a Abs. 1 lit. b, 21 t Abs. 1, 5. RL-V. Die Regelungen zur Bestellung und Abberufung von Organmitgliedern, die Anforderungen an die Besetzung des Organs, einschließlich Arbeitnehmermitbestimmung, werden im Wesentlichen den Regelungen für das dualistische System entnommen (vgl. Art. 21 b, 21 d und e, 21 j–o, 21 t, 5. RL-V). Dasselbe gilt für die Regelungen zu Wettbewerbsverboten und zur Vermeidung von Interessenkollisionen (vgl. Art. 21 o und 21 p, 5. RL-V). Allein das Kooptationsverfahren des dualistischen Systems wird im monistischen System nicht als Alternative angeboten.

1035 Demgemäss werden die Regelungen zu Informationsrechten und -pflichten, zu Zustimmungsvorbehalten bei besonders wichtigen Entscheidungen sowie zu Pflichten und zur Haftung der Organmitglieder nachfolgend für das monistische und das dualistische System gemeinsam dargestellt.

1036 *(2) Zustimmungsbedürftige Geschäfte.* Art. 12 Abs. 1 lit. a–d, 5. RL-V schreibt vor, dass das Leitungsorgan bestimmte Maßnahmen von besonderer Bedeutung nur mit Genehmigung des Aufsichtsorgans vornehmen darf. Nach Art. 21 s, 5. RL-V ist im monistischen System für diese Maßnahmen die Zustimmung der nicht-geschäftsführenden Organmitglieder erforderlich. Diese Maßnahmen sind:
– Schließung und Verlegung des Unternehmens oder wesentlicher Unternehmensteile,
– wesentliche Beschränkungen oder Erweiterungen der Unternehmenstätigkeit,
– bedeutsame Veränderungen in der Unternehmensorganisation,
– Beginn oder Beendigung dauernder Zusammenarbeit mit anderen Unternehmen.

1037 Dem Aufsichtsrat bzw. den nicht-geschäftsführenden Organmitgliedern werden jedoch auch insoweit keine Weisungsrechte zuerkannt. Er kann lediglich durch Verweigerung der Zustimmung Einfluss auf die Geschäftsleitung nehmen. Da Art. 12 nicht von der Genehmigungsbedürftigkeit des Rechtsgeschäfts, sondern der des „Beschlusses" spricht, ist davon auszugehen, dass die Genehmigung nur im Innenverhältnis erforderlich ist. Art. 12 Abs. 3, 5. RL-V, sieht zumindest vor, dass gutgläubige Dritte beim Fehlen der notwendigen Zustimmung geschützt sind. Die Mitgliedstaaten können neben dem zwingenden Katalog von zustimmungspflichtigen Maßnahmen eine Verstärkung der Aufsicht durch gesetzliche oder satzungsmäßige Regelungen vorsehen, Art. 12 Abs. 2, 5. RL-V. Allerdings dürfen die Zustimmungsbefugnisse des Aufsichtsorgans nicht soweit gehen, dass dem Leitungsorgan im Ergebnis die Geschäftsführung aus der Hand genommen wird.[1941]

1038 *(3) Vermeidung von Interessenkonflikten.* Nach Art. 10, 5. RL-V, bedarf jeder Vertrag, der auch nur mittelbar die Interessen eines Mitglieds des Leitungs- oder Aufsichtsorgans berührt, der Genehmigung des Aufsichtsorgans. Hierdurch soll verhindert werden, dass Organmitglieder ihre Befugnisse zum eigenen Vorteil oder zum Nachteil der Gesellschaft missbrauchen. Die Zuständigkeit des Aufsichtsorgans liegt auf der Hand, soweit es um Mitglieder des Leitungsorgans geht. Aber auch dort, wo Mitglieder des Aufsichtsorgans selbst betroffen sind, ist das Aufsichtsorgan für die Genehmigung zuständig. Jedes betroffene Organmitglied ist verpflichtet, eigene Interessen sowohl dem Leitungs- als auch dem Aufsichtsorgan offen zu legen, Art. 10 Abs. 2 Satz 1, 5. RL-V; ohne eine solche Offenlegungspflicht wäre der bezweckte Schutz vor Interessenkonflikten lückenhaft. Von der eigentlichen Beratung und Entscheidung über die Genehmigung ist das betroffene Mit-

---

[1941] Begründung der Kommission zu Art. 12, 5. RL-V 1972.

glied ausgeschlossen, Art. 10 Abs. 2 Satz 2, 5. RL-V. Zudem ist die Hauptversammlung von der Genehmigung des Aufsichtsrats zu unterrichten, Art. 10 Abs. 3, 5. RL-V. Die Verletzung der Informationspflichten oder des Genehmigungserfordernisses ist sanktioniert. Art. 10 Abs. 4, 5. RL-V, begrenzt den Schutz auf gutgläubige Dritte.

Die Regelungen des Art. 10 gelten gemäß Art. 21 p, 5. RL-V im monistischen System **1039** entsprechend.

(4) Rechte und Pflichten von Organmitgliedern. Mitglieder des Leitungs- und Aufsichtsor- **1040** gans unterliegen dem gemeinschaftsrechtlichen Gleichbehandlungsgrundsatz. Alle Mitglieder eines Organs haben nach Art. 10 a Abs. 1, 5. RL-V dieselben Rechte und Pflichten wie die übrigen Mitglieder desselben Organs. Eine Übertragung von Aufgaben an einzelne Mitglieder durchbricht demnach weder das Prinzip der Gesamtverantwortung noch das Recht eines Organmitglieds auf umfassende Unterrichtung.[1942] Im monistischen System gelten diese Regelungen gemäß Art. 21 q, 5. RL-V ebenfalls, jedoch mit der Maßgabe, dass jeweils alle geschäftsführenden Mitglieder dieselben Rechte und Pflichten haben müssen wie alle nicht-geschäftsführenden Mitglieder.

Gemäß Art. 8, 5. RL-V darf das jeweilige Organ nicht die Vergütung seiner eigenen **1041** Mitglieder festlegen; Ferner darf die Vergütung der Mitglieder des Überwachungsorgans nicht vom Leitungsorgan festgelegt werden. Dies gilt gemäß Art. 21 q, 5. RL-V entsprechend für die geschäftsführenden und die nicht geschäftsführenden Organmitglieder im monistischen System.

(5) Haftung gegenüber der Gesellschaft. Art. 14–21, 5. RL-V befassen sich ausführlich mit **1042** der Organhaftung und ihrer gerichtlichen Geltendmachung. Nach Art. 14 Abs. 1, 5. RL-V, haften die Mitglieder der Verwaltungsorgane gegenüber der Gesellschaft für alle Schäden, die durch schuldhafte Verletzung von Gesetz oder Satzung sowie durch sonstiges schuldhaftes Verhalten bei der Aufgabenerfüllung entstehen. Innerhalb des jeweiligen Organs trifft die Haftung alle Organmitglieder gesamtschuldnerisch und unbeschränkt, Art. 14 Abs. 2 Satz 1, 5. RL-V, und zwar ohne Rücksicht auf die Art des Verschuldens. Allerdings kann sich das einzelne Organmitglied gemäß Art. 14 Abs. 2 Satz 2, 5. RL-V von der Haftung befreien, indem es fehlendes eigenes Verschulden nachweist. Insoweit besteht also eine Beweislastumkehr, die durch die Schwierigkeit der Beurteilung organinterner Abläufe durch außenstehende Dritte gerechtfertigt wird.[1943] Für die Exkulpation reicht der Hinweis auf die interne Zuständigkeit eines anderen Organmitglieds allein nicht. Ausreichend ist aber, wenn das in Anspruch genommene Organmitglied nachweist, dass die schädigende Handlung im Zuständigkeitsbereich eines anderen Organmitglieds lag, dieses andere Organmitglied für die Tätigkeit geeignet war und ausreichend überwacht wurde und das in Anspruch genommene Organmitglied auch sonst alles Mögliche zum Schutz der Gesellschaftsinteressen getan hat.[1944] Eine Genehmigungserteilung durch das Aufsichtsorgan entlastet das Leitungsorgan nicht (Art. 14 Abs. 4, 5. RL-V). Ebenso wenig werden die Mitglieder der Verwaltungsorgane durch Entlastung oder Genehmigung seitens der Hauptversammlung enthaftet; nicht einmal eine Weisung der Hauptversammlung soll haftungsentlastende Wirkung haben (Art. 14 Abs. 5, 18 Abs. 1 lit. b, 5. RL-V). Den Mitgliedstaaten steht es frei, strengere Haftungsregelungen vorzusehen.

Für die Entscheidung über die Geltendmachung von Ersatzansprüchen ist die Hauptver- **1043** sammlung zuständig, die mit keiner größeren als der einfachen Mehrheit der abgegebenen Stimmen entscheidet, Art. 15, 5. RL-V. Ferner kann eine Schadensersatzklage auch von einer Aktionärsminderheit, die mindestens 5% des Grundkapitals oder Aktien im Wert von ECU 100 000 hält, gerichtlich erzwungen werden, Art. 16 Abs. 1, 5. RL-V. Hierdurch wird ein Minderheitenschutz vor schädigenden Organhandlungen zugunsten des Mehrheitsaktionärs bewirkt. Die Mitgliedstaaten können durch nationales Recht die Geltendma-

---

[1942] Begründung der Kommission zu Art. 10 a, 5. RL-V 1983.
[1943] Begründung der Kommission zu Art. 14, 5. RL-V 1972.
[1944] Begründung der Kommission zu Art. 14, 5. RL-V 1972.

chung von Ersatzansprüchen erleichtern.[1945] Zum Schutz vor rechtsmissbräuchlichen Klagen durch Minderheitsaktionäre sollen die Gerichte befugt sein, klagenden Aktionären die Prozesskosten ganz oder teilweise aufzuerlegen, wenn die Ersatzansprüche unbegründet sind, Art. 16 Abs. 2, 5. RL-V. Ferner können die Mitgliedstaaten die Geltendmachung von Ersatzansprüchen an eine vorherige gerichtliche Genehmigung knüpfen, sodass das Gericht die Klage bei offensichtlicher Unbegründetheit ablehnen kann, Art. 17 Abs. 2, 5. RL-V. Gleichzeitig darf die Erhebung der Klage nicht von einer vorherigen Entscheidung der Hauptversammlung abhängig gemacht werden, Art. 17 Abs. 1 lit. a, 5. RL-V.

1044   Für einen Verzicht auf Haftungsansprüche reicht die Erteilung der Entlastung nicht, Art. 18 Abs. 1, 5. RL-V. Vielmehr muss die Hauptversammlung hierzu betreffend eine schädigende Handlung aus der Vergangenheit einen Beschluss über den Anspruchsverzicht fassen. Auch ein solcher Beschluss hindert aber das Klagerecht des Quorums von Minderheitsaktionären nicht, sofern diese gegen den Hauptversammlungsbeschluss gestimmt und Widerspruch zur Niederschrift eingelegt haben, Art. 18 Abs. 2, 5. RL-V. Diese Regelungen gelten für einen Vergleich über Ersatzansprüche entsprechend.

1045   Über eine Haftung von Organmitgliedern gegenüber einzelnen Aktionären trifft der Richtlinienvorschlag keine Aussagen. Diese richtet sich nach nationalem Recht.

1046   Die Haftungsregelungen der Art. 14–21, 5. RL-V gelten im monistischen System gemäß Art. 21 u entsprechend.

1047   *(6) Beteiligung der Arbeitnehmer.* Der Richtlinienvorschlag sieht für Gesellschaften mit tausend oder mehr Arbeitnehmern zwingend eine Arbeitnehmermitbestimmung vor. Arbeitnehmer in Tochtergesellschaften sind aus Gründen des Umgehungsschutzes mitzuzählen, Art. 4 Abs. 1, 5. RL-V. Maßgeblich für die Anwendbarkeit ist die durchschnittliche Arbeitnehmerzahl in zwei aufeinanderfolgenden Geschäftsjahren, Art. 4 Abs. 1–3, 5 RL-V. Bei der Bestellung und Abberufung von Arbeitnehmervertretern sind – unabhängig von der Wahl des Beteiligungsmodells – bestimmte demokratische Grundsätze sicherzustellen.[1946] Hierzu ist ein System der Verhältniswahl mit Minderheitenschutz, allgemeine Wahlen, geheime Wahlen und die Gewährleistung der freien Meinungsäußerung vorgeschrieben, Art. 4i, 5. RL-V. Die Ausgestaltung im Einzelnen wird den Mitgliedstaaten überlassen. Nach Art. 4 Abs. 2, 2. Unterabs. 5. RL-V besteht die Möglichkeit, auf eine Arbeitnehmermitbestimmung zu verzichten, wenn dies dem Willen der Mehrheit der Arbeitnehmer der betroffenen Gesellschaft entspricht. Im dualistischen System stehen vier, im monistischen System drei alternative Beteiligungsmodelle (kein Kooptationsmodell) zur Verfügung, die sich an die im nationalen Recht der Mitgliedstaaten vorzufindenden Modellen anlehnen:

1048   – nach dem Repräsentationsmodell werden die Arbeitnehmer durch Bestellung von mindestens einem Drittel und höchstens der Hälfte der Mitglieder des Aufsichtsrates beteiligt, wobei im Falle der hälftigen Beteiligung ein Letztentscheidungsrecht der Anteilseignervertreter vorzusehen ist, Art. 4b, 5. RL-V.

1049   – beim Kooptationsmodell werden die Mitarbeiter am Entscheidungsprozess über die Bestellung von Organmitgliedern beteiligt. Die Ernennungskompetenz liegt beim Aufsichtsrat selbst, wobei sowohl die Hauptversammlung als auch die Arbeitnehmervertreter ein Widerspruchsrecht gegen die Bestellung der vorgeschlagenen Kandidaten haben. Im Falle eines Widerspruchs darf die Bestellung nur vorgenommen werden, wenn der Widerspruch durch eine unabhängige öffentlich-rechtliche Spruchstelle für unbegründet erklärt wird. Bei Widersprüchen der Arbeitnehmervertreter ist dabei entscheidend, ob die Arbeitnehmervertretung berechtigterweise der Auffassung ist, dass der fragliche Kandidat für die Aufgabenerfüllung ungeeignet sei oder der Aufsichtsrat durch seine Bestellung unter Berücksichtigung der Interessen der Gesellschaft, der Aktionäre und der Arbeitnehmer nicht angemessen zusammengesetzt wäre.

[1945] Begründung der Kommission zu Art. 16, 5. RL-V 1972.
[1946] Begründung der Kommission zu Art. 4i, 5. RL-V 1983.

– Art. 4 d, 5. RL-V regelt das Modell der gesonderten Arbeitnehmervertretung auf Un-   **1050**
ternehmensebene, der Unterrichtungs-, Anhörungs- und Beteiligungsrechte zustehen.
Die Rechte sind an die des Aufsichtsorgans angenähert. Das Aufsichtsorgan muss eine
von der der Arbeitnehmervertretung abweichende Auffassung in einer Angelegenheit,
die eine Anhörung erfordert, begründen.

– Schließlich sehen Art. 4 e–4 g der 5. RL-V das Tarifvertragsmodell vor. Danach beteili-   **1051**
gen sich die Arbeitnehmer in der Form eines der drei vorgenannten Modelle durch
entsprechende Festlegung im Tarifvertrag. Ist nach Ablauf eines Jahres ab Inkrafttreten
der Richtlinie kein entsprechender Tarifvertrag geschlossen worden, soll eines der drei
übrigen Beteiligungsmodelle zur Anwendung kommen, Art. 4 h, 5. RL-V.

Alle Arbeitnehmerbeteiligungsmodelle sowie die Schwellenwerte und die zu beachten-   **1052**
den Wahlgrundsätze gelten auch im monistischen System (Art. 21 b, 21 d–21 j, 5. RL-V).
Einzige Ausnahme ist, dass das Kooptationsverfahren nicht als Alternative zur Verfügung
steht. Die Beteiligungsrechte beziehen sich im monistischen System auf die Gruppe der
nicht-geschäftsführenden Mitglieder des Verwaltungsorgans, Art. 21 d, 5. RL-V.

dd) Regelungen zur Hauptversammlung. *(1) Zuständigkeiten der Hauptversammlung.*   **1053**
Neben den in verschiedenen anderen Richtlinien festgelegten Hauptversammlungszustän-
digkeiten weist die Strukturrichtlinie der Hauptversammlung insbesondere folgende Kompetenzen zu:

– Bestellung und Abberufung von Aufsichtsratsmitgliedern bzw. nicht-geschäftsführenden
  Mitgliedern des Verwaltungsorgans, Art. 4 und 13, Art. 21 b und 21 t, 5. RL-V;
– Ernennung der Rechnungsprüfer, Art. 55 und 61, 5. RL-V;
– die gerichtliche Geltendmachung von Ersatzansprüchen der Gesellschaft gegen ihre Or-
  gane sowie den Verzicht oder Vergleich darüber, Art. 15 und 18, 5. RL-V;
– Feststellung des Jahresabschlusses, Art. 48, 5. RL-V;
– Entscheidung über die Gewinnverwendung, Art. 50, 5. RL-V;
– Pflichtenerhöhung der Aktionäre, Art. 39, 5. RL-V und
– Satzungsänderungen, Art. 37, 5. RL-V, mit Ausnahme solcher, die entweder zur Aus-
  führung eines bereits gefassten Hauptversammlungsbeschlusses dienen oder die von
  einer Verwaltungsbehörde verlangt werden, von deren Genehmigung die Satzungsän-
  derung abhängt, oder die nur zur Anpassung der Satzung an zwingende gesetzliche
  Vorschriften erfolgen.

(2) Einberufung. Die Hauptversammlung ist mindestens einmal jährlich einzuberufen,   **1054**
Art. 22 Abs. 1, 5. RL-V, kann aber vom Leitungsorgan bzw. den geschäftsführenden Mitgliedern des Verwaltungsorgans jederzeit einberufen werden. Im Übrigen steht es den
Mitgliedstaaten frei, zusätzliche Einberufungsrechte durch Gesetz oder Satzung, auch zugunsten anderer Personen, etwa dem Aufsichtsorgan, einzuräumen.[1947] Art. 23 Abs. 1,
5. RL-V regelt zusätzlich ein Minderheitenverlangen. Minderheitsaktionäre, die zusammen 5% des gezeichneten Kapitals oder Aktien im Wert von ECU 100 000 halten, können
die Einberufung der Hauptversammlung und die Festsetzung der Tagesordnung beantragen. Wird diesem Antrag nicht innerhalb eines Monats stattgegeben, können sie das Gericht anrufen, Art. 23 Abs. 2, 5. RL-V. Die Durchführungsregelungen für das Gerichtsverfahren bleiben den Mitgliedstaaten überlassen. Die Einberufungsfrist muss mindestens
21 Tage betragen, Art. 24 Abs. 3, 5. RL-V. Ferner besteht eine Bekanntmachungspflicht
in den nationalen Amtsblättern, Art. 21 Abs. 1, 5. RL-V, es sei denn, alle Aktien der Gesellschaft sind Namensaktien. Dann reicht eine überprüfbare Mitteilung an alle Aktionäre,
Art. 24 Abs. 1, 5. RL-V. Mit der Einberufung müssen neben Firma und Sitz der Gesellschaft, Ort, Zeit und Art der Hauptversammlung sowie die Tagesordnung nebst den Be-
schlussvorschlägen bekannt gegeben werden; ferner die satzungsmäßigen Förmlichkeiten
hinsichtlich Teilnahme, Stimmrechtsausübung und Vertretungsbeschränkungen, Art. 24
Abs. 2, 5. RL-V. Sind Jahresabschluss oder Gewinnverwendung Tagesordnungspunkte, ist

---

[1947] Begründung der Kommission zu Art. 22, 5. RL-V 1972.

jedem Aktionär der Jahresabschluss, der Lagebericht sowie der Prüfbericht der mit der Rechnungsprüfung beauftragten Personen mit der Einberufung zur Verfügung gestellt bekommen, Art. 30 Abs. 1, 5. RL-V. Jedem Aktionär ist zudem auf Wunsch am Versammlungsort Einsichtnahme in den Prüfbericht der Rechnungsprüfer zu gewähren, Art. 30 Abs. 1, 5. RL-V. Verträge, denen die Hauptversammlung zustimmen soll, müssen den Aktionären ebenfalls mit ihrem vollständigen Inhalt vorab zur Verfügung gestellt werden, Art. 30 Abs. 2, 38, 5. RL-V.

1055   *(3) Teilnahmerecht.* Zur Hauptversammlung ist jeder Aktionär zuzulassen, der die gesetzlichen oder satzungsmäßigen Förmlichkeiten erfüllt hat, Art. 26, 5. RL-V. Abgesehen von einer Hinterlegung der Aktien, einer Anmeldung und einer Eintragung von Namensaktien darf die Teilnahme von keiner weiteren Voraussetzung abhängig gemacht werden.[1948]

1056   *(4) Auskunftsrecht.* Nach Art. 31 Abs. 1, 5. RL-V muss das Leitungsorgan bzw. die geschäftsführenden Mitglieder des Verwaltungsorgans dem Aktionär alle zur sachgerechten Beurteilung der Tagespunkte erforderlichen Auskünfte erteilen. Die Mitgliedstaaten können weitere Auskunftsverpflichtete vorsehen. Ein Auskunftsverweigerungsrecht soll lediglich dann bestehen, wenn der Gesellschaft durch Erteilung der Auskunft schwerer Schaden zugefügt wird oder durch Erteilung der Auskunft eine gesetzliche (nicht vertragliche) Geheimhaltungspflicht verletzt würde, Art. 31 Abs. 3, 5. RL-V. Weitere Auskunftsverweigerungsgründe dürfen im Mitgliedstaatlichen Recht nicht vorgesehen werden. Für Streitigkeiten über die Berechtigung einer Auskunftsverweigerung soll der Rechtsweg zu den Gerichten eröffnet werden, Art. 31 Abs. 4, 5. RL-V, und gleichzeitig mit der Entscheidung über die Verletzung des Auskunftsrechts auch über die Nichtigkeit oder Nichterklärung des entsprechenden Hauptversammlungsbeschlusses entschieden werden, Art. 42 lit. d, 5. RL-V.

1057   *(5) Stimmrecht.* Der relative Stimmenanteil soll dem relativen Kapitalanteil eines Aktionärs entsprechen, Art. 33 Abs. 1, 5. RL-V. Die Möglichkeit zur Ausgabe stimmrechtsloser oder -beschränkter Aktien soll durch Art. 33 Abs. 2, 5. RL-V deutlich eingeschränkt werden.[1949] Stimmrechtslose oder -beschränkte Aktien müssen zum einen besondere Vermögensvorteile gewähren und dürfen nur bis zur Höhe von 50% des gezeichneten Kapitals ausgegeben werden. Das Stimmrecht aus diesen Aktien soll entstehen, wenn die Gesellschaft ihre mit den Vorzugsaktien verbundenen Verpflichtungen nicht einhält. Sonstige Ausnahmen vom Gleichlauf des Stimmrechts – und des Kapitalanteils, insbesondere Mehrstimmrechtsaktien, sollen unzulässig sein. Zudem sehen Art. 33 Abs. 3 und 34, 5. RL-V Stimmverbote vor, wenn entweder Einlagen, die spätestens einen Monat vor der Hauptversammlung angefordert wurden, nicht geleistet sind oder Interessenkonflikte zwischen Gesellschaft und dem Aktionär bestehen (Entlastung, Geltendmachen von Ansprüchen gegen den Aktionär, Befreiung von Verbindlichkeiten und Zustimmung zu Verträgen mit dem Aktionär).

1058   Art. 35, 5. RL-V enthält Stimmbindungsregelungen. Zum einen soll eine Verpflichtung, nach Weisung oder entsprechend dem Vorschlag der Gesellschaft oder der Verwaltungsorgane zu stimmen, nichtig sein. Zum anderen dürfen Vereinbarungen zur Ausübung des Stimmrechts zwischen Aktionären oder zwischen Aktionären und Dritten nicht untersagt werden. Ferner soll eine Stimmbindung als Gegenleistung für besondere Vorteile unzulässig sein. Da diese Regelungen nur Mindeststandards darstellen, sollen weitergehende Missbrauchsvorschriften im nationalen Recht zulässig sein.

1059   Stimmrechtsvollmachten sind nach Art. 27, 5. RL-V zulässig. Nach Art. 29, 5. RL-V muss der Bevollmächtigte aber identifizierbar sein und deshalb seinen Namen und Wohnort sowie denjenigen des Vertretenen angeben. Bankenvollmachten, Vollmachten zugunsten der Gesellschaft oder zugunsten von Schutzvereinigungen unterliegen nach Art. 28 Abs. 1, 5. RL erhöhten Anforderungen. Die öffentlichen Ersuchen von Schutzvereini-

---

[1948] Begründung der Kommission zu Art. 26, 5. RL-V 1972.
[1949] Begründung der Kommission zu Art. 33, 5. RL-V 1991.

gungen nach Stimmrechtsvollmachten sind zudem an alle nach Namen und Wohnort bekannten Aktionäre zu richten. Das Ersuchen hat Abstimmungsvorschläge zu enthalten und gleichzeitig die Aktionäre zur Erteilung von Weisungen aufzufordern. Die Vollmacht ist jederzeit widerruflich und gilt nur für eine Hauptversammlung. Eine Vollmacht an die Gesellschaft darf von der Gesellschaft nicht deshalb abgelehnt werden, weil der Aktionär eine Weisung zur Abstimmung gegen den Beschlussvorschlag der Verwaltungsorgane erteilt hat.

Über jede Hauptversammlung ist eine Niederschrift aufzunehmen, die Ort und Tag der **1060** Hauptversammlung, den Gegenstand der Beschlussfassung, das Ergebnis der Abstimmung und den Widerspruch von Aktionären enthält. Die Niederschrift muss zusammen mit dem Teilnehmerverzeichnis und den Unterlagen über die Einberufung der entsprechenden Hauptversammlung mindestens drei Jahre aufbewahrt und den Aktionären zur Verfügung gestellt werden (Art. 41, 5. RL-V). Abstimmungen über nicht angekündigte Tagesordnungspunkte sind grundsätzlich unzulässig. Zudem schreibt die Richtlinie grundsätzlich eine Zweidrittelmehrheit für Hauptversammlungsbeschlüsse über Satzungsänderungen vor.

Art. 42 lit. a–f, 5. RL-V sichert zudem eine Anfechtungsmöglichkeit der Aktionäre ge- **1061** genüber Hauptversammlungsbeschlüssen, die unter Verstoß gegen zwingende Regelungen der Richtlinie zustande kommen. Dies gilt insbesondere auch dann, wenn solche Beschlüsse in Einklang mit den Mitgliedstaatlichen Bestimmungen stehen sollten. Die Mitgliedstaaten können zusätzliche Anfechtungs- oder Nichtigkeitsgründe bestimmen. Die Klagefrist kann von den Mitgliedstaaten auf drei bis zwölf Monate festgesetzt werden, Art. 44, 5. RL-V. Eine Heilung durch erneute, ordnungsgemäße Beschlussfassung bleibt auch im Falle der Anhängigkeit einer Anfechtungsklage möglich. Hierzu kann das Gericht der Gesellschaft eine Frist einräumen, Art. 45, 5. RL-V.

ee) Jahresabschluss. Der Jahresabschluss ist grundsätzlich von der Hauptversammlung **1062** festzustellen, Art. 48 Abs. 1, 5. RL-V. In Gesellschaften mit dualistischem System können die Mitgliedstaaten eine Zuständigkeitsverlagerung auf das Leitungs- und das Aufsichtsorgan vorsehen. Die Hauptversammlung wird dann nur zuständig, wenn beide Organe sich nicht über die Feststellung einigen können oder die Entscheidung der Hauptversammlung beantragen, Art. 48 Abs. 2, 5. RL-V.

Art. 49, 5. RL-V enthält eine Ergänzung der Bilanzrichtlinie,[1950] die die Einstellung von **1063** Gewinnen in die gesetzliche Rücklage betrifft. Mindestens 5% des Jahresergebnisses, abzüglich eines Verlustvortrags, sind in die gesetzliche Rücklage einzustellen, bis diese 10% des gezeichneten Kapitals erreicht hat. Die gesetzliche Rücklage steht grundsätzlich nicht zur Ausschüttung zur Verfügung, wohl aber für Kapitalerhöhungen aus Gesellschaftsmitteln. Auf Investmentgesellschaften, die praktisch keine außenstehenden Gläubiger haben, soll die Verpflichtung zur Bildung einer gesetzlichen Rücklage keine Anwendung finden, Art. 49 Abs. 3, 5. RL-V.

Nach Art. 50 Abs. 1, 5. RL-V ist die Hauptversammlung ferner für die Entscheidung **1064** über die Gewinnverwendung zuständig. Allerdings kann über einen Teil des Jahresüberschusses, der 50% nicht überschreiten darf, auch durch die Satzung verfügt werden, Art. 50 Abs. 2, 5. RL-V. Art. 55 ff., 5. RL-V enthält ergänzende Regelungen zur Jahresabschlussprüfung, die grundsätzlich in der Bilanzrichtlinie geregelt ist. Insbesondere ist bei der Prüfung des Jahresabschlusses der Gesichtspunkt von Bedeutung, ob der Jahresabschluss mit dem Lagebericht in Einklang steht und ein den tatsächlichen Verhältnissen entsprechendes Bild der Vermögens-, Finanz- und Ertragslage der Gesellschaft vermittelt, Art. 58 Abs. 1, 5. RL-V. Zudem ist ein Auskunftsanspruch der Wirtschaftsprüfer nochmals ausdrücklich geregelt, Art. 59, 5. RL-V. Die Wirtschaftsprüfer haben ihr Ergebnis in einem ausführlichen Prüfbericht festzuhalten, Art. 60, 5. RL-V. Der Richtlinienvorschlag enthält zudem Regelungen zur Sicherstellung der Unabhängigkeit des Jahresabschlussprüfers, insbesondere das Verbot der Organmitgliedschaft oder einer Arbeitnehmerstellung bei der

---

[1950] Richtlinie 78/660/EWG, ABl. 1978 Nr. L 222/11.

Gesellschaft innerhalb von drei Jahren vor und nach der Tätigkeit als Prüfer, die Begrenzung der Amtsdauer des Prüfers und die auf einen wichtigen Grund beschränkte Ab-
berufungsmöglichkeit nur (Art. 53, 53, 56 und 61, 5. RL-V). Ferner sollen die Grundsätze über die Organhaftung auch für die Haftung des Rechnungsprüfers gelten, Art. 62,
5. RL-V.

1065   **ff) Sonstige Bestimmungen.** Die Richtlinie ist bei Konzernunternehmen und Ten-
denzunternehmen mit politischem, religiösem, wohltätigem oder erzieherischem Zweck
nicht anwendbar.

1066   Ferner sieht der Richtlinienvorschlag vor, dass dem Rat und dem Europäischen Parlament fünf Jahre nach Inkrafttreten der Richtlinie ein Erfahrungsbericht vorgelegt wird,
anhand dessen die Vorschriften über den Anwendungsbereich, die Struktur der Gesellschaft, die Arbeitnehmermitbestimmung und die Unterrichtung und Genehmigung des
Aufsichtsorgans überprüft werden sollen.

b) Vorschlag für eine neunte Richtlinie „Über die Verbindungen zwischen Unternehmen, insbesondere über Konzerne" (Konzernrechtsrichtlinie)

1067   Mit der geplanten Konzernrechtsrichtlinie sollen die Strukturen von Konzernen, d. h.
verbundenen Unternehmen vereinheitlicht werden. Dabei soll es insbesondere um den
Schutz abhängiger Gesellschaften, ihrer Gläubiger und ihrer Minderheitsaktionäre gehen.

1068   **aa) Historie.** Der erste Vorentwurf der Richtlinie wurde im Jahr 1974 erstellt.[1951] Zu
dieser Zeit lag ein Schwerpunkt der Kommissionsarbeiten im Bereich der Angleichung der
nationalen Gesellschaftsrechte im Recht der verbundenen Unternehmen.[1952] Dieser Bereich wurde unter anderem deshalb als bedeutsam angesehen, weil es nur in einigen wenigen Mitgliedstaaten, insbesondere Deutschland und Portugal, ein kodifiziertes Konzernrecht gibt. Die meisten Mitgliedstaaten verfügen nur über allgemeine Regelungen. Nach
dem ersten Vorentwurf der Richtlinie sollte allein der Tatbestand der Konzernierung, sei
es auf vertraglicher oder sonstiger Grundlage, zu einer Abfindungspflicht gegenüber den
außenstehenden Aktionären und zur Anwendung sonstiger konzernrechtlicher Schutzvorschriften führen. Der Entwurf stieß in zahlreichen Mitgliedstaaten auf heftige Kritik.
Die Kommission hat den Vorentwurf daraufhin deutlich überarbeitet und 1984 den
nächsten, noch heute aktuellen Entwurf vorgelegt.[1953] Dieser Vorentwurf hat von der or-
ganischen Konzernverfassung Abstand genommen. Er lehnt sich an die Regeln des deutschen Aktienrechts von 1965 an, insbesondere an die Unterscheidung zwischen Vertrags-
konzernen und faktischem Konzern.[1954] Das Verfahren ist jedoch bis heute nicht zu einem
förmlichen Richtlinienvorschlag der Kommission gelangt. Für die Verabschiedung des
Entwurfs fand sich in der Kommission keine Mehrheit. Zahlreiche Mitgliedstaaten be-
zweifeln bereits die Notwendigkeit einer Vereinheitlichung des Konzernrechts. Die Arbeiten an dieser Richtlinie sind eingestellt und nicht wieder aufgenommen worden, so
dass eine Angleichung des Konzernrechts kurz- und mittelfristig nicht zu erwarten ist.[1955]
Die Konzernrechtsrichtlinie wird daher im Folgenden nur ganz knapp dargestellt.

1069   **bb) Inhalt.** Der Vorentwurf der Richtlinie betrifft nur die AG. Systematisch sind die
Regelungen dem deutschen Aktienrecht entlehnt, die dementsprechend zwischen Vertragskonzern und faktischem Konzern bzw. reinen Abhängigkeitsverhältnissen differenzieren.

1070   *(1) Vertragskonzern und Eingliederung.* Der durch Beherrschungsvertrag begründete Vertragskonzern wird im 5. Abschnitt des Vorentwurfs, Art. 13–32, behandelt. Die Regelungen entsprechen weitgehend denen des deutschen Aktienrechts. An die Stelle der Verlust-

---

[1951] Abgedruckt bei *Lutter,* Europäisches Unternehmensrecht, 2. Aufl. 1984, S. 187 f.

[1952] *Lutter,* Europäisches Unternehmensrecht, S. 239.

[1953] DOK III/1639/84; abgedruckt (ohne Begründung) in *Lutter,* Europäisches Unternehmensrecht, S. 244 f. und ZGR 1985, 444 ff.

[1954] Vgl. *Schwarz,* Europäisches Gesellschaftsrecht, Rn. 902; *Lutter,* Europäisches Unternehmensrecht, S. 240 f.

[1955] Vgl. auch *Wiesner,* EuZW 1998, 619, 621.

ausgleichsverpflichtung des herrschenden Unternehmens gemäß § 302 Abs. 1 AktG tritt allerdings die gesamtschuldnerische Mithaftung der Konzernobergesellschaft für Verbindlichkeiten der Tochtergesellschaft, Art. 29 Abs. 1 des Vorentwurfs. Ferner sieht der Vorentwurf bei Beendigung des Beherrschungsvertrages einen einmaligen Ausgleich für Wertverluste der Tochtergesellschaft während der Vertragslaufzeit vor, Art. 30 des Vorentwurfs vor, vgl. Art. 30 des Vorentwurfs.

In den Art. 33–37 a regelt der Vorentwurf die Eingliederung,[1956] wobei diese Organisa- **1071**
tionsform nicht deutlich von der des Vertragskonzerns getrennt wird. Art. 35 des Vorentwurfs regelt die entsprechende Anwendbarkeit der Leitungsbefugnisse und Weisungsrechte des Vertragskonzerns (Art. 29 und 30) sowie die entsprechende Anwendbarkeit der Schutzbestimmungen des Vertragskonzerns. Die Eingliederung soll bei einem unmittelbaren oder mittelbaren Besitz von mindestens 90% des Kapitals einer Tochtergesellschaft möglich sein.

(2) Faktischer Konzern und abhängige Gesellschaft. Art. 6–12 des Vorentwurfs befassen sich **1072**
mit dem Schutz der abhängigen Gesellschaft. Kernbegriff der Schutzvorschriften ist der in Art. 9 des Vorentwurfs geregelte Begriff des „tatsächlichen Geschäftsführers". Danach gilt jedes Unternehmen, das unmittelbar oder mittelbar einen bestimmenden Einfluss auf die Entscheidungen der Leitungsorgane einer Gesellschaft ausübt, als Geschäftsführer und trägt dementsprechend die Verantwortlichkeit und das Haftungsrisiko des Leitungsorgans. Ersatzansprüche gegen den tatsächlichen Geschäftsführer können von der Gesellschaft, jedem Aktionär sowie von Gläubigern und der Arbeitnehmervertretung geltend gemacht werden. Zudem muss das Leitungsorgan eines jeden Tochterunternehmens einen Sonderbericht erstellen, der der Regelung des Abhängigkeitsberichts in § 312 AktG nachgebildet ist. Die Definition des Tochterunternehmens ergibt sich aus Art. 2 Abs. 1 des Vorentwurfs. Im Unterschied zum Abhängigkeitsbericht nach deutschem Recht muss der Sonderbericht auch den Aktionären der abhängigen Gesellschaft vorgelegt werden, die hierdurch notwendige Informationen für eventuelle Schadensersatzansprüche der abhängigen Gesellschaft erhalten sollen. Ferner muss der Sonderbericht die Auswirkung der relevanten Maßnahmen auf die Arbeitnehmer behandeln. Die Arbeitnehmer erhalten zudem besondere Informations- und Antragsrechte.

Der Schutz soll ferner zudem gerichtliche Eingriffsbefugnisse sichergestellt werden. **1073**
Nach Art. 11 des Vorentwurfs kann ein Gericht Mitglieder des Leitungsorgans der Tochtergesellschaft, die ihre Pflichten gegenüber der Gesellschaft im Interesse des Mehrheitsgesellschafters vernachlässigen, einstweilen des Amtes entheben. Ferner kann es auf Antrag anordnen, dass eine für die Tochtergesellschaft schädliche Maßnahme rückabzuwickeln ist.

(3) Mitteilungspflichten. Die Art. 5 des Vorentwurfs regeln Mitteilungs- und Offenle- **1074**
gungspflichten der Inhaber von Beteiligungen an Aktiengesellschaften, die 10% des gezeichneten Kapitals und jede höhere, durch 5 teilbare Prozentzahl erreichen. Solange der Erwerb der Gesellschaft nicht mitgeteilt ist, kann der Aktionär seine Rechte aus den Aktien nicht ausüben. Die Mitteilungen sind im Anhang des Jahresabschlusses aufzuführen.

(4) Erwerbspflicht. Eine besondere Schutzvorschrift zugunsten der Minderheitsaktionäre **1075**
enthält Art. 39 des Vorentwurfs. Jeder Minderheitsaktionär kann von einem Aktionär, der 90% oder mehr des Kapitals der Gesellschaft (unmittelbar oder mittelbar) erworben hat, die Übernahme seiner Aktien gegen Barabfindung verlangen. Auf Antrag kann das zuständige Gericht die Höhe der dem Minderheitsaktionär zu zahlenden Barabfindung festsetzen.

c) Vorentwurf für eine Richtlinie über die Auflösung und Abwicklung von Aktiengesellschaften, Kommanditgesellschaften auf Aktien und Gesellschaften mit beschränkter Haftung (Liquidationsrichtlinie)

Das Ziel einer Liquidationsrichtlinie besteht darin, Gläubigern und Gesellschaftern im **1076**
Fall der Auflösung und Liquidation einer Gesellschaft einen gleichwertigen Schutz zu bie-

---

[1956] Vgl. §§ 319 ff. des deutschen Aktienrechts.

ten.[1957] Gläubiger sollen vor der Verteilung des Gesellschaftsvermögens zu Lasten ihrer Forderungen geschützt werden. Gesellschafter sollen ihren Anspruch auf Verteilung des Nettovermögens nach Befriedigung der Gläubiger geltend machen können. Eine Harmonisierung des Liquidationsrechts wird von der Kommission für erforderlich gehalten, um den zunehmenden länderübergreifenden Tätigkeiten der Gesellschaften Rechnung zu tragen und Rechtssicherheit für die in verschiedenen Mitgliedstaaten ansässigen Gläubiger und Gesellschafter zu schaffen.

1077   **aa) Historie.** Die Harmonisierung der Mitgliedstaatlichen Regelungen zur Liquidation von Gesellschaften wurde bereits im Jahr 1985 im Weißbuch der Kommission über die Vollendung des Binnenmarkts[1958] als eines der Ziele genannt. Ein Richtlinienvorschlag auf Basis des Art. 44 Abs. 2 lit. g EG wurde für 1987 angekündigt. Das Rechtssetzungsverfahren führte jedoch über einen Vorentwurf aus dem Jahr 1987 nicht hinaus. Das Angleichungsvorhaben wird derzeit offensichtlich nicht weiterbetrieben.

1078   **bb) Wesentlicher Inhalt.** Der Vorentwurf setzt sich im Wesentlichen aus drei Teilen zusammen. Der erste Teil regelt den Anwendungsbereich, Art. 1 Liquidations RL-VE. Der zweite Teil enthält Regelungen zur Auflösung der Gesellschaft, (Art. 2–5 Liquidations RL-VE). Dabei zählt Art. 2 Liquidations-RL-VE abschließend Auflösungsgründe auf, die näher präzisiert werden. Der dritte Teil regelt die Liquidation der Gesellschaft (Art. 6–14 Liquidations-RL-VE). Dabei wird die Liquidation als Folge der Auflösung festgeschrieben (Art. 6 Abs. 1 Liquidations-RL-VE), die Bestellung und Abberufung sowie Rechte, Pflichten und Haftung der Liquidatoren geregelt (Art. 6–9 Liquidations-RL-VE). Ferner enthält dieser Teil Gläubigerschutzvorschriften (Art. 10 und 11 Liquidations-RL-VE) und Vorschriften zur Vermögensverteilung (Art. 12–14 Liquidations-RL-VE). Der Vorentwurf zielt nicht auf eine abschließende Regelung, sondern soll Grundsätze aufstellen.[1959]

1079   *(1) Anwendungsbereich.* Die Regelungen der Liquidationsrichtlinie sollen nach Art. 1 Abs. 1 des Vorentwurfs auf Aktiengesellschaften, Kommanditgesellschaften auf Aktien und Gesellschaften mit beschränkter Haftung sowie die entsprechenden Rechtsformen in anderen Mitgliedstaaten Anwendung finden. Genossenschaften, die in einer dieser Rechtsformen gegründet worden sind, können durch die Mitgliedstaaten vom Anwendungsbereich ausgenommen werden (Art. 1 Abs. 3 Liquidations-RL-VE). Ferner soll die Richtlinie nicht auf Finanzinstitute angewendet werden. Auch Gesellschaften, über deren Vermögen ein Konkurs-, Vergleichs- oder ähnliches Verfahren eröffnet wurde, sind vom Anwendungsbereich ausgenommen. Schließlich sind die durch eine Verschmelzung nach der Fusionsrichtlinie aufgelösten Gesellschaften ausgenommen.

1080   *(2) Auflösung der Gesellschaft.* Nach der abschließenden Regelung in Art. 2 lit. a–c Liquidations-RL-VE kann die Gesellschaft nur durch Ablauf der festgelegten Dauer, einen Hauptversammlungsbeschluss nach Art. 3 Liquidations-RL-VE oder durch hoheitlichen Beschluss nach Art. 4 Liquidations-RL-VE aufgelöst werden. Das Absinken der Zahl der Gesellschafter unter eine gesetzliche Mindestzahl ist als Auflösungsgrund ausdrücklich ausgeschlossen (Art. 4 Abs. 2 Liquidations-RL-VE). Der Hauptversammlungsbeschluss über die Auflösung muss mindestens mit Zweidrittelmehrheit gefasst werden, wobei das Mitgliedstaatliche Recht eine einfache Mehrheit ausreichen lassen kann, wenn mehr als die Hälfte des gezeichneten Kapitals bei Beschlussfassung vertreten ist (Art. 3 Abs. 1 und 2 Liquidations-RL-VE). Der Gesellschafterbeschluss kann mit der gleichen Mehrheit wieder aufgehoben werden, es sei denn, mit der Vermögensverteilung wurde schon begonnen (Art. 5 Abs. 1 Liquidations-RL-VE). Ferner kann eine statuarisch festgelegte bestimmte Dauer der Gesellschaft mit dieser Mehrheit für nichtig erklärt werden (Art. 5 Abs. 2 Liquidations-RL-VE).

[1957] Präambel, Erwägungsgrund 7 LiqudationsRL-VE.

[1958] Kommission, Vollendung des Binnenmarkts, Weißbuch der Kommission an den Europäischen Rat, KOM (85) 310.

[1959] Präambel, Erwägungsgrund 8 Liquidations-RL-VE.

Ein hoheitlicher Beschluss über die Auflösung der Gesellschaft kann nur ergehen, wenn **1081** gesetzliche oder satzungsmäßige Regelungen über die Funktionsweise der Gesellschaft und die Ausübung ihrer Tätigkeit dies vorsehen, einer der Fälle des Art. 11 der Publizitätsrichtlinie vorliegt, der einen Gründungsmangel betrifft, oder der Zweck der Gesellschaft final erreicht ist (Art. 4 Abs. 1 Liquidations-RL-VE lit. a–c). Diese Form des Auflösungsverfahrens muss vom Verwaltungs-, Leitungs- oder Aufsichtsorgan der Gesellschaft oder aufgrund eines Minderheitsverlangens von Aktionären, die mindestens 5% des gezeichneten Kapitals halten, eingeleitet werden können (Art. 4 Abs. 3 Liquidations-RL-VE). Die zuständige hoheitliche Stelle, bzw. Gericht oder Verwaltungsbehörde, muss der Gesellschaft eine angemessene Frist zur Beseitigung des Mangels einräumen (Art. 4 Abs. 4 Liquidations-RL-VE). Schließlich muss gerichtlicher Rechtsschutz gegen den hoheitlichen Beschluss vorgesehen sein (Art. 4 Abs. 5 Liquidations-RL-VE).

(3) Liquidation. Die Liquidation ist nach Art. 6 Abs. 1 Liquidations-RL-VE die Folge **1082** der Auflösung der Gesellschaft. Nach Art. 6 Abs. 2 werden Liquidatoren entweder durch einen Beschluss der Hauptversammlung mit einfacher Mehrheit bestellt, – auf Antrag – durch einen hoheitlichen Beschluss des zuständigen Gerichts bzw. der zuständigen Verwaltungsbehörde. Sodann nehmen die Liquidatoren die Aufgaben des Verwaltungs- oder Leitungsorgans wahr (Art. 6 Abs. 3 Liquidations-RL-VE). Sie können bei einer Bestellung durch Hauptversammlungsbeschluss auch mit einfacher Mehrheit wieder abberufen werden. Im Falle der Bestellung durch ein Gericht oder eine Verwaltungsbehörde soll die Abberufung nur auf Antrag und bei Vorliegen eines wichtigen Grundes möglich sein.

Die Liquidatoren sind im Rahmen des Liquidationszwecks zur Geschäftsführung be **1083** rechtigt und verpflichtet und sollen unbeschränkte Vertretungsmacht erhalten (Art. 8 Abs. 1 und 2 Liquidations-RL-VE). Ob die Vertretungsmacht beschränkbar ist, bleibt der Regelung im Mitgliedstaatlichen Recht vorbehalten.[1960] Die Liquidatoren haben dafür Sorge zu tragen, dass die Tatsache, dass sich die Gesellschaft in Liquidation befindet, offen gelegt wird, ebenso die Bestellung, das Ausscheiden und die Personalien der Liquidatoren und die Vertretungsregelung. Die Haftung der Liquidatoren darf gemäß Art. 9 Satz 1 Liquidations-RL-VE nicht weniger streng geregelt werden als die der Mitglieder der Verwaltungs- oder Leitungsorgane und gegenüber der Gesellschaft jedem Gesellschafter und jedem Gläubiger der Gesellschaft bestehen (Art. 9 Satz 2 Liquidations-RL-VE).

(4) Abwicklungsverfahren. Zur Abwicklung der Gesellschaft haben die Liquidatoren zu **1084** nächst eine Liquidationseröffnungsbilanz zu erstellen und jedem Gesellschafter oder Gläubiger auf Anforderung eine Abschrift zu erteilen (Art. 10 Abs. 1 Liquidations-RL-VE).

Nach Art. 11 Liquidations-RL-VE haben die Liquidatoren mit Bekanntmachung der **1085** Auflösung der Gesellschaft die Gläubiger zur Anmeldung ihrer Forderungen aufzufordern. Diese Angaben sind zweimal im Abstand von mindestens zwei Wochen im jeweiligen Amtsblatt der Gesellschaft gemäß Art. 3 Abs. 4 der Publizitätsrichtlinie bekannt zu machen. Jeder Gläubiger, der sich nicht innerhalb von drei Monaten nach der letzten Aufforderung bei der Gesellschaft meldet, muss eine persönliche Mitteilung erhalten. Gläubiger, die ihre Forderung trotz ordnungsgemäßer Bekanntmachung und Mitteilung nicht innerhalb eines Jahres ab der letzten Bekanntmachung anmelden, sind mit der Geltendmachung ihrer Forderungen ausgeschlossen. Sie sind hierauf in den Bekanntmachungen und der persönlichen Aufforderung hinzuweisen (Art. 11 Abs. 3 Liquidations-RL-VE).

Erst wenn alle Gläubiger der Gesellschaft, die ihre Forderungen rechtzeitig geltend **1086** gemacht haben, befriedigt sind, darf eine Vermögensverteilung unter den Gesellschaftern stattfinden (Art. 12 Abs. 1 Liquidations-RL-VE). Die Verteilung erfolgt sodann entsprechend den Kapitalanteilen, soweit nicht in der Satzung und der Gründungsurkunde etwas anderes bestimmt ist (Art. 12 Abs. 2 Liquidations-RL-VE). Sind Bareinlagen nicht

---

[1960] *Schwarz,* Europäisches Gesellschaftsrecht, Rn. 860.

auf alle Gesellschaftsanteile im gleichen Verhältnis eingezahlt worden, sind diese Einlagen zu erstatten, bevor das restliche Nettovermögen verteilt wird (Art. 12 Abs. 3 Liquidations-RL-VE). Ist das Nettovermögen unzureichend, tragen die Gesellschafter den Verlust im Verhältnis ihrer Kapitalbeteiligung. Streitige und noch nicht fällige Forderungen müssen besichert werden, bevor Vermögen verteilt werden kann (Art. 12 Abs. 4 Liquidations-RL-VE). Grundlage der Verteilung soll ein von den Liquidatoren zu erstellender Verteilungsplan sein, von dem die Hauptversammlung zu unterrichten ist und gegen den jeder Berechtigte bei einem Gericht oder einer Verwaltungsbehörde innerhalb von drei Monaten nach Unterrichtung Einspruch erheben kann (Art. 13 Liquidations-RL-VE). Die Verteilung darf nicht vor Ablauf der Einspruchsfrist vorgenommen werden. Werden nachträglich Vermögensgegenstände entdeckt, hat auf Antrag eines Gesellschafters oder Gläubigers eine Nachtragsliquidation stattzufinden (Art. 14 Liquidations-RL-VE).

d) Weitere Projekte

1087   Besonders erwähnenswert unter den derzeitigen Gesetzgebungsprojekten der Gemeinschaft ist noch der Vorschlag für die zehnte Richtlinie „Über die grenzüberschreitende Verschmelzung von Aktiengesellschaften" (Internationale Fusionsrichtlinie), die kurz vor ihrem Zustandekommen steht.[1961] Ferner ist die 14. Richtlinie über die „Verlegung des Sitzes einer Gesellschaft in einen anderen Mitgliedstaat mit Wechsel des für die Gesellschaft maßgebenden Rechts" (Sitzverlegungsrichtlinie) von Bedeutung.[1962]

1088   Im Übrigen sind noch Richtlinien zur Angleichung der Organisationsstruktur der Kapitalgesellschaften, der Abschlussprüfung, der Rechnungslegung und der nationalen Betriebsverfassungsrechte geplant.

2. Europäisches Einheitsrecht (Vorentwürfe, Vorschläge)

a) Europäischer Verein (AE)

1089   Der AE ist als dauerhafter Zusammenschluss gedacht, dessen Mitglieder ihre Kenntnisse oder Tätigkeiten entweder zu gemeinnützigen Zwecken oder zu unmittelbarer oder mittelbarer Förderung der sektoralen oder beruflichen Interessen ihrer Mitglieder zusammenlegen. Mitglieder können natürliche oder juristische Personen sein.

1090   **aa) Historie.** Erste Vorschläge für eine Verordnung wurden von der Kommission am 18. 12. 1991 vorgelegt. Am 6. 7. 1993 wurde ein geänderter Vorschlag für eine Verordnung über das Statut des Europäischen Vereins und eine Richtlinie zur Ergänzung des Statuts des Europäischen Vereins hinsichtlich der Rolle der Arbeitnehmer vorgelegt. Diese Vorschläge liegen dem Rat zur Festlegung eines gemeinsamen Standpunktes vor.

1091   **bb) Zweck, Grundstruktur.** Nach dem in Art. 1 Abs. 1 AE-VOV festgelegten Zweck eines dauerhaften Zusammenschlusses der Mitglieder zur Konzentration ihrer Kenntnisse und Tätigkeiten für gemeinnützige Zwecke oder der Förderung sektoraler oder beruflicher Interessen liegt der Schwerpunkt des Vereins auf gemeinnützigen und mittelbar wirtschaftliche Interessen fördernden Tätigkeiten. In diesem Rahmen ist aber auch jede wirtschaftliche Tätigkeit zulässig. Die zur Verwirklichung des Hauptzwecks notwendigen Tätigkeiten können nach Art. 1 Abs. 2 Satz 1 AE-VOV frei bestimmt werden. Allerdings müssen die aus wirtschaftlicher Tätigkeit des AE erzielten Ergebnisse ausschließlich der Verwirklichung des ideellen Hauptzwecks zugute kommen, Art. 1 Abs. 2 AE-VOV; eine Verteilung von Gewinnen unter den Mitgliedern ist ausgeschlossen.

1092   Gegründet werden kann der AE durch mindestens zwei juristische Personen mit satzungsmäßigem und Hauptverwaltungssitz in mindestens zwei Mitgliedstaaten, Art. 3 Abs. 1, 1. Alt. AE-VOV. Ferner können mindestens sieben natürliche Personen mit

---

[1961] Vgl. oben Rn. 522 ff.
[1962] Vgl. oben Rn. 480 ff.

Wohnsitz in mindestens zwei Mitgliedstaaten einen AE gründen (Art. 3 Abs. 1, 2. Alt. AE-VOV), ferner eine oder mehrere der in einem Anhang aufgeführten Rechtsformen im Einvernehmen mit sieben natürlichen Personen, die ihren Wohnsitz in mindestens zwei Mitgliedstaaten haben (Art. 3 Abs. 1, 3. Alt. AE-VOV).

Der AE ist in das vom Sitzstaat gemäß Art. 7 Abs. 3 AE-VOV zu bestimmende Register **1093** des Mitgliedstaates einzutragen und besitzt ab der Eintragung eine Rechtspersönlichkeit, Art. 2 Abs. 1 AE-VOV. Die Eintragung wirkt also konstitutiv. Nach Art. 7 Abs. 3 Satz 3 AE-VOV kann der AE allerdings erst eingetragen werden, wenn die in der vorgeschlagenen Arbeitnehmerrichtlinie vorgesehenen Maßnahmen durchgeführt wurden. Die Eintragungsfähigkeit ist danach daran gebunden, dass entweder ein Mitgliedstaatliches Mitbestimmungsmodell (Art. 2 Abs. 1 AE-ErgRL-V) angewendet oder ein Informations- und Konsultationssystem zugunsten der Arbeitnehmer (Art. 2 Abs. 2 AE-ErgRL-V) festgelegt wird. Nach Gründung und vor Eintragung soll im Innenverhältnis bereits das Recht des Verordnungsvorschlags Anwendung finden.[1963] Im Außenverhältnis findet grundsätzlich das Vereinsrecht des Sitzstaates Anwendung; allerdings sieht Art. 7 Abs. 5 AE-VOV eine einheitliche Regelung für die Handelndenhaftung vor.

Die Gründung des AE ist nach Art. 3 Abs. 2 AE-VOV auch durch formwechselnde **1094** Umwandlung eines Vereins nach Mitgliedstaatlichem Recht möglich. Sofern der frühere Verein nach Mitgliedstaatlichem Recht nicht rechtsfähig war, erlangt der AE diese mit Eintragung der neuen Rechtsform, Art. 2 AE-VOV.

Der Verordnungsvorschlag sieht für die Struktur des AE zwingend zwei Organe vor. **1095** Dies ist zum einen die Generalversammlung, die ähnlich einer Gesellschafterversammlung für Satzungsänderungen, die Bestellung und Abberufung von Mitgliedern, der Verwaltungsorgane und weitere, regelmäßig der Gesellschafterversammlung zugewiesene Entscheidungen zuständig ist (vgl. Art. 1 lit. a AE-VOV). Sie ist ferner für alle Angelegenheiten zuständig, für die gemäß dem Verordnungsvorschlags, der Arbeitnehmerrichtlinie, zwingender Mitgliedstaatlicher Regelungen oder der Satzung des AE nicht ausschließlich das Verwaltungsorgan zuständig ist (Art. 11 lit. b AE-VOV). Das Verwaltungsorgan ist ausschließlich zuständig für die Geschäftsführung und Vertretung des AE (Art. 22 Abs. 1 AE-VOV). Es hat zudem den Jahresabschluss und den Lagebericht zu erstellen (Art. 13 Abs. 6 AE-VOV) und, im Falle einer Sitzverlegung in einen anderen Mitgliedstaat den Verlegungsplan und den Verlegungsbericht zu erstellen (Art. 5 Abs. 2 und 2a AE-VOV). Ferner ist das Verwaltungsorgan für die Unterrichtung und Konsultation der Arbeitnehmer zuständig (Art. 4 AE-ErgRL-V). Die Abgrenzung der Zuständigkeiten ist aufgrund der Möglichkeit, der Generalversammlung durch Mitgliedstaatliches Recht oder Satzungsregelung Kompetenzen zuzuweisen, unscharf.

b) Europäische Gegenseitigkeitsgesellschaft (ME)

Der Vorschlag zu einer Europäischen Gegenseitigkeitsgesellschaft (ME) geht ebenso wie **1096** die Vorschläge zum AE und zur SCE auf eine zusammenhängende Initiative zur Förderung der Unternehmen der *„Economie Sociale"* zurück. Das Verständnis des Begriffs „Economie Sociale" umfasst Unternehmen, die ihre Wirtschaftstätigkeit in einer spezifischen Organisationsform ausüben, deren Grundsätze die Solidarität und Beteiligung aller Mitglieder sowie ihrer Selbstbestimmung und Selbstverantwortung sind.[1964] Diese Unternehmen gehören insofern zum Bereich der Wirtschaft, als sie produktive Aktivitäten ausüben und ihre Ressourcen zur wirtschaftlichen Bedarfsdeckung einsetzen. Ein gängiges Beispiel ist die Bildung von Verbrauchergenossenschaften im Bereich des Lebensmittelvertriebs.

Sinn der SE ist es, ihren Mitgliedern gegen Entrichtung eines Beitrages Risiken abzu- **1097** nehmen. Dabei arbeitet die ME mit einem Betriebsfonds und Rücklagen, welche die

---

[1963] *Schwarz,* Europäisches Gesellschaftsrecht, Rn. 1264.
[1964] *Schwarz,* Europäisches Gesellschaftsrecht, Rn. 1226.

Schulden der ME abdecken. Den Mitgliedern der Verwaltungsorgane wird keine Arbeitsvergütung und keine Überschussbeteiligung gewährt.

1098 **aa) Historie.** Bereits im Zusammenhang mit Vorüberlegungen zum SE-VOV 1989 wurde von verschiedenen Seiten die Ausarbeitung eines gemeinschaftsweiten Sonderstatuts für Vereine, Genossenschaften und Gelegenheitsgesellschaften gefordert.[1965] Am 5. 3. 1992 legte die Kommission die ersten Vorschläge für Verordnungen über das Statut einer ME vor, gleichzeitig mit Vorschlägen zum AE und der SCE, jeweils ergänzt durch einen Vorschlag für eine Richtlinie hinsichtlich der Rolle der Arbeitnehmer. Das europäische Parlament hat diese Vorschläge mit Stellungnahme vom 20. 1. 1993 vorbehaltlich einer Vielzahl von Änderungsvorschlägen gebilligt. Unter Berücksichtigung dieser Änderungsanträge hat die Kommission ihre Verordnungsvorschläge und die ergänzenden Richtlinienvorschläge am 6. 7. 1993 wiederum gemeinsam vorgelegt. Die geänderten Vorschläge liegen dem Rat zur Festlegung eines gemeinsamen Standpunkts vor.

1099 **bb) Zweck und Anwendungsbereich der ME.** Die ME ist nicht auf einen bestimmten Tätigkeitsbereich festgelegt. Kernmerkmal ist, dass sie ihren Mitgliedern nach dem Prinzip der Gegenseitigkeit die vollständige Begleichung der im Rahmen der nach der Satzung zulässigen Tätigkeiten eingegangenen vertraglichen Verbindlichkeiten gegen Entrichtung eines Beitrags garantiert, Art. 1 Abs. 2 ME-VOV. Ihre Tätigkeit kann sich entweder im Bereich der sozialen Fürsorge oder in anderen Bereichen wie der Versicherung, der Kreditaufnahme oder der Hilfe im Gesundheitsbereich liegen.[1966] Nationale Begrenzungen des Tätigkeitsfeldes von Gegenseitigkeitsgesellschaften sind aufgrund des ergänzenden Verweises auf das Recht der Sitzstaaten zu beachten. Dies spielt insbesondere auch in Deutschland eine Rolle, wo die Tätigkeit von Gegenseitigkeitsgesellschaften auf Versicherungen in Form des VVAG begrenzt sind; somit kommen hier auch keine anderen Tätigkeiten einer ME in Betracht.

1100 **cc) Struktur der ME.** Die ME kann entweder im Wege der Neugründung oder durch Umwandlung einer nach dem Recht eines Mitgliedstaats gegründeten Gegenseitigkeitsgesellschaft gegründet werden, Art. 2 Abs. 1 und 2 ME-VOV. Die Neugründung kann durch mindestens zwei juristische Personen vorgenommen werden, die ihren Sitz und ihre Hauptverwaltung in mindestens zwei Mitgliedstaaten haben. Für Mitglieder, die ihre wesentlichen Tätigkeiten im Bereich der sozialen Fürsorge ausüben, sind die zulässigen Rechtsformen in einem Anhang 2 zur Art. 2 ME-VOV aufgeführt.[1967] Für Mitglieder, die im Wesentlichen andere als Fürsorgetätigkeiten ausüben, sind die zulässigen Rechtsformen in Anhang I zur ME-VOV aufgeführt.[1968] Zudem kann eine ME von wenigstens 500 natürlichen Personen mit Wohnsitz in mindestens zwei Mitgliedstaaten gegründet werden, wenn es sich um eine ME handelt, die im Wesentlichen andere als Fürsorgetätigkeiten ausübt, Art. 2 Abs. 1 lit. c ME-VOV.

1101 Die ME erlangt gemäß Art. 8 Abs. 3 Satz 1 ME-VOV mit Eintragung im Register des Sitzstaates Rechtspersönlichkeit. Allerdings kann sie erst eingetragen werden, wenn die in der vorgeschlagenen Ergänzungsrichtlinie vorgesehenen Maßnahmen zur Arbeitnehmermitbestimmung ergriffen wurden, Art. 8 Abs. 3 Satz 3 ME-VOV. Sie muss dazu ein im Sitzstaat bestehendes Mitbestimmungsmodell anwenden (Art. 2 Abs. 1 ME-ErgRL-V) oder die Festlegung eines Informations- und Konsultationssystems für Arbeitnehmervertretungen einführen (Art. 2 Abs. 2 ME-ErgRL-V). Zwischen Gründung und Eintragung der ME gilt im Innenverhältnis bereits die Satzung, im Außenverhältnis richtet sich das

---

[1965] Das EP hatte sich bereits zuvor mehrmals mit den Organisationen der Economie Sociale befasst, vgl. Bericht Fontaine, EP A 2–169/86.

[1966] Vgl. *Schwarz,* Europäisches Gesellschaftsrecht, Rn. 1370.

[1967] In Deutschland sind dies die gesetzlichen Krankenkassen gemäß SGB V, die Berufsgenossenschaften gemäß §§ 545, 632, 719 a und 762 der RVO.

[1968] In Deutschland sind dies der VVAG im Sinne des VAG, die gesetzlichen Krankenkassen gemäß SGB 5 und die Berufsgenossenschaften gemäß §§ 545, 632, 719 a und 762 der RVO.

anwendbare Recht nach dem auf Gegenseitigkeitsgesellschaften anwendbaren Recht des Sitzstaates. Art. 8 Abs. 5 ME-VOV regelt für das Gründungsstadium eine Handelndenhaftung, die der Regelung in Art. 9 Abs. 2 EWIV-VO inhaltlich entspricht.

Die ME muss einen Betriebsfonds von mindestens ECU 100 000 bzw. deren Gegenwert **1102** in Landeswährung haben, Art. 4 Abs. 1 ME-VOV. Das auf Gegenseitigkeitsgesellschaften anwendbare Recht des Sitzstaates kann einen höheren Mindestbetrag bestimmen, Art. 4 Abs. 2 ME-VOV. Die Satzung muss nach Art. 3 Abs. 1 ME-VOV Angaben über die Beiträge der Mitglieder sowie eventuelle Nachzahlungen auf diese Beiträge enthalten. Im Übrigen gelten für die Bildung des Betriebsfonds die Regelungen des nationalen Rechts des Sitzstaates.

Grundsätzlich sind für die ME zwei Organe zwingend vorgeschrieben, die Generals- **1103** versammlung (vgl. Art. 12 ME-VOV) und das Verwaltungsorgan (vgl. Art. 26 ME-VOV). Die Regelungen zum Verwaltungsorgan können, wie bei der SE, entweder nach dem dualistischen System (Leitungs- und Aufsichtsorgan) oder nach dem monistischen System (ein Verwaltungsorgan mit geschäftsführenden und überwachenden Mitgliedern) ausgestaltet werden. Das nationale Recht des Sitzstaates kann diese Wahlmöglichkeit einschränken, Art. 26 Satz 2 ME-VOV.

E. Ausländisches Recht

Mit ausländischen Gesellschaftsformen haben deutsche Unternehmen bereits heute in **1104** vielfältiger Weise über ihre Tochtergesellschaften im Ausland und Beteiligungen an ausländischen Gesellschaften Kontakt. Es steht zu erwarten, dass im Zuge der fortschreitenden Internationalisierung der Wirtschaftsbeziehungen und der erörterten neueren Entwicklungen auf dem Gebiet des internationalen Gesellschaftsrechts die Bedeutung ausländischer Gesellschaftsformen weiter zunehmen wird. Daher soll im Folgenden ein vergleichender Überblick über die in der Praxis häufig genutzten Gesellschaftsformen in den USA, England, den Niederlanden, Frankreich, der Schweiz, Österreich, Spanien, Kanada, Italien und Japan gegeben werden. Ausführlichere Darstellungen des US-amerikanischen, englischen, niederländischen und französischen Gesellschaftsrechts schließen sich an. Dieser Teil zum Ausländischen Recht schließt mit einer Übersicht darüber, welche Staaten in ihrem internationalen Gesellschaftsrecht feststellbar oder wahrscheinlich der Sitztheorie und welche Staaten der Gründungstheorie folgen.

I. Vergleichender Überblick: Grundinformationen über das Gesellschaftsrecht in den USA, England, den Niederlanden, Frankreich, Schweiz, Österreich, Spanien, Kanada, Italien und Japan

1. USA*

a) Häufig genutzte Gesellschaftsformen   1105

Corporation („Corp.", „Inc.", „Ltd.", „Co."); zu gründen nach dem Recht der Einzelstaaten.

General Partnership; zu gründen nach dem Recht der Einzelstaaten.

Limited Partnership („LP"); zu gründen nach dem Recht der Einzelstaaten.

b) Erforderliche Zeit für eine Gründung   1106

Für alle Rechtsformen gilt, dass eine Gründung der Gesellschaft relativ schnell, in einigen Bundesstaaten sogar innerhalb von einem Tag erfolgen kann.

c) Notwendige Schritte für die Gründung

Corporation   Unterzeichnung der *Articles of Incorporation* von mindestens **1107** einem Gründer, wobei es sich um eine natürliche oder juristische Person handeln kann, sowie Beglaubigung durch einen *notary public*.

Einreichen der *Articles of Incorporation* beim *Secretary of State* des Bundesstaates, in dem die Gründung erfolgen soll.

Überprüfung des notwendigen Inhalts und Ausstellung des *Certificate of Incorporation* durch den *Secretary of State*.

---

* Für die Vorbereitung dieses Länderberichts danken wir Christopher Harrison, Cravath Swaine & Moore LLP, New York.

Gegebenenfalls Ernennung der Mitglieder des ersten *board of directors* bzw. Durchführung der ersten Versammlung des *doard of directors*.
Ernennung der *officers*.
Annahme der *by-laws*.

1108 General Partnership   Abschluss eines Gesellschaftsvertrages zwischen mindestens zwei Gesellschaftern.

1109 Limited Partnership   Abschluss eines Gesellschaftsvertrages zwischen mindestens einem persönlich und einem beschränkt auf seine Einlage haftenden Gesellschafter.
Einreichen des Gesellschaftsvertrages bei der zuständigen Stelle des Gründungsstaates (zumeist dem *Secretary of State*).

d) Mindestkapital

1110 Corporation/   Unabhängig von der Rechtsform bestehen grundsätzlich
     General Partnership/Limited keine Vorgaben hinsichtlich eines Mindestkapitals bzw.
     Partnership   einer Mindesteinlage. In einigen Bundesstaaten ist für die Gründung einer *corporation* ein vergleichsweise geringes Mindestkapital erforderlich.

e) Notwendige Organe der Gesellschaft einschließlich Angabe der Mindestzahl der Personen in Geschäftsführungs- bzw. Verwaltungsorganen

1111 Corporation   Anteilseignerversammlung.
board of directors, das bei einer *closed corperation* oftmals mit der Anteilseignerversammlung personenidentisch ist, weil die Gesellschaft von den Anteilseignern selbst geführt wird.
officers.

1112 General Partnership/Limited Keine besonderen Organe neben den Gesellschaftern.
     Partnership

f) Börsenzulassung

1113 Corporation   Ja.
1114 General Partnership   Nein.
1115 Limited Partnership   Nur die Anteile der beschränkt haftenden Gesellschafter.

g) Wesentliche Steuern, die auf die Gesellschaft Anwendung finden und Angabe der anwendbaren Steuersätze

1116 Corporation   Körperschaftsteuern werden in der Regel auf Bundesebene und einzelstaatlicher Ebene, manchmal auch von Gemeinden erhoben. Seit 2004 ist die Körperschaftsteuer auf Bundesebene eine progressive Steuer mit einem Steuersatz zwischen 15% und 35%, bei der die niedrigeren Sätze bei höheren Ertragsniveaus auslaufen. Personenbezogene Holdinggesellschaften zahlen weitere 15% für nicht ausgeschüttete Gewinne, und eine *corporation* muss gegebenenfalls weitere 15% für ihren Gewinnvortrag zahlen.
Es ist eine Besonderheit des US-amerikanischen Steuerrechts, dass US-amerikanische Gesellschaften nicht nur für die Erträge US-amerikanischer Herkunft, sondern für die gesamten, weltweit von der Gesellschaft erwirtschafteten Erträge steuerpflichtig sind. Eine Zweigniederlassung einer ausländischen Kapitalgesellschaft unterliegt einer Körper-

schaftsteuer für Erträge, die in einem tatsächlichen Zusammenhang mit ihren Geschäften in den Vereinigten Staaten stehen. Erträge US-amerikanischer Herkunft, die nicht in einem tatsächlichen Zusammenhang mit US-amerikanischen Geschäften stehen, können zu einem Satz von 30% oder je nachdem welches Abkommen zur Anwendung kommt, auch geringer versteuert werden. *Corporations* können ferner einer „alternativen Mindeststeuer" unterliegen.

Die Körperschaft- oder Konzessionsteuer auf einzelstaatlicher Ebene variiert von Bundesstaat zu Bundesstaat zwischen 0% und 12% und zwar entweder in Stufen oder als Steuertarif mit konstantem Steuersatz.

Es wird keine allgemeine Umsatzsteuer oder andere Mehrwertsteuer auf Bundesebene erhoben. In einigen Bundesstaaten ist eine allgemeine Umsatzsteuer zu zahlen. Andere Steuern variieren von Bundesstaat zu Bundesstaat und können Vermögensteuer und andere ähnliche Steuern umfassen. Auch Gemeinden und Gebiete können in ihren Grenzen tätigen Geschäftsbetrieben unter Umständen Körperschaftsteuern, Gewerbesteuern, Konzessionssteuern und andere Steuern auferlegen.

General Partnership/ *Partnerships* sind steuerlich betrachtet in der Regel „pass- **1117**
Limited Partnership *through*"-Gesellschaften. Die Erträge, Gewinne und Verluste fallen direkt bei den Gesellschaftern an, die ihren Anteil an den Gesellschaftserträgen in ihrer Einkommensteuererklärung versteuern müssen. Auch hier kann Einkommensteuer auf Bundesebene, einzelstaatlicher und lokaler Ebene erhoben werden. Die Einkommensteuer auf Bundesebene ist eine progressive Steuer mit einem Steuersatz von maximal 35%. Außerdem gilt eine „alternative Mindeststeuer".

Partnerships können jedoch nicht ertragsbezogenen Steuern, wie Umsatzsteuern, Grundsteuern, Gewerbesteuern, Konzessionssteuern oder anderen Steuern unterliegen.

h) Weitere Besonderheiten

LLP Das *limited liability partnership* wurde in jüngerer Zeit entwi- **1118**
ckelt, um auch Berufsgruppen wie Anwälten und Ärzten *(professionals)* eine Beschränkung ihres Haftungsrisikos zu ermöglichen. Die persönliche Haftung der Gesellschafter ist prinzipiell auf die Einlage begrenzt. Aus allgemeinen Rechtsprinzipien haften sie darüber hinaus persönlich und unbeschränkt für ihre eigenen unerlaubten Handlungen. Anders als beim *general partnership* haften die Gesellschafter jedoch nicht für deliktisches Handeln ihrer Mitgesellschafter. Die Gesellschaft haftet als solche für die Delikte ihrer Gesellschafter. Die Haftungsbeschränkung ist in der Firma kenntlich zu machen. Dies erfolgt in der Regel durch die Abkürzung „LLP".

LLC Die *limited liability company* ist eine jüngere Gesellschaftsform **1119**
in den USA, die von ihrer Rechtsnatur zwischen der *corporation* und einem *partnership* steht. Sie verfügt über eine eigene Rechtspersönlichkeit. Sämtliche Gesellschafter haften

für Verbindlichkeiten der Gesellschaft nur begrenzt bis zur Höhe ihrer Einlage. Die Firma einer *limited liability company* muss einen die Gesellschaftsform erkennbar machenden Zusatz tragen, üblicherweise die Abkürzung „LLC".

1120 i) Weiterführende Literatur zum Gesellschaftsrecht dieses Landes und den häufig genutzten Gesellschaftsformen

Bungert, Die (Registered) Limited Liability Partnership, RIW 1994, 360 ff.

Bungert, Gesellschaftsrecht in den USA, 1. Aufl., München 1994

Elsing/Van Alstine, US-amerikanisches Handels- und Wirtschaftsrecht, 2. Aufl., Heidelberg 1999

Feddersen, Die Limited Liability Company: beschränkte, aber unvorhersehbare Haftung? IStR 2000, 411 ff.

Fleischer, Gläubigerschutz im Recht der Delaware corporation, RIW 2005, 92 ff.

Göthel, Internationales Gesellschaftsrecht in den USA: Die Internal Affairs Rule wankt nicht, RIW 2000, 904 ff.

Merkt, US-amerikanisches Gesellschaftsrecht, Heidelberg 1991

Papmehl, Delaware Corporate Law: Entstehungsgeschichte und Gründe für den Führungsanspruch im US-Gesellschaftsrecht, ZvglRWiss 101, 2002, 200 ff.

Reimann/Ackmann, Einführung in das US-amerikanische Privatrecht, München 1997

j) Kollisionsregel des Internationalen Gesellschaftsrecht: Nach welchen Kriterien bestimmt sich, welches Recht auf eine Gesellschaft Anwendung findet?

1121 Corporation

In allen Bundesstaaten unterliegen die inneren Verhältnisse *(internal affairs)* einer *corporation* dem Recht ihres Gründungsstaates (Gründungstheorie).

1122 General Partnership

Zahlreiche Bundesstaaten haben den *Uniform Partnership Act* in der Fassung aus dem Jahr 1997 übernommen. Dieser unterwirft die Beziehungen zwischen den Gesellschaftern sowie zwischen den Gesellschaftern und dem *partnership* dem Recht am Ort des *chief executive office*. Darunter wird der Ort verstanden, von dem aus der Schuldner tatsächlich den Hauptteil seines Geschäfts verwaltet. Damit entspricht dieser Ansatz der Sitztheorie. Diese Regelung ist dispositiv. Die Partner dürfen ein anderes Recht wählen.

Auch nach der Rechtsprechung der Bundesstaaten, die diese Regelung des *Uniform Partnership Acts* nicht übernommen haben, können die Partner das anwendbare Recht wählen. Die Gesellschafter oder das *partnership* muss aber regelmäßig eine wesentliche Beziehung zum gewünschten Recht aufweisen. Haben die Partner keine Rechtswahl getroffen, beurteilt die Rechtsprechung das *general partnership* nach dem Recht des Ortes, zu dem die Gesellschaft und die Gesellschafter die wichtigste Beziehung haben.

1123 Limited Partnership

Die Organisation, inneren Verhältnisse des *limited partnership* und die Haftung der beschränkt haftenden Gesellschafter unterliegen dem Gründungsrecht.

2. England*

a) Häufig genutzte Gesellschaftsformen 1124

Private Limited Company („Ltd")
Public Limited Company („Plc")

b) Erforderliche Zeit für eine Gründung

Ltd	In der Regel vier bis fünf Werktage.	1125

Plc In der Regel vier bis fünf Werktage. Zur Aufnahme ihrer 1126
Geschäftstätigkeit benötigt eine Plc ferner eine Bescheinigung, dass die Plc ein Grundkapital von mindestens GBP 50000 ausgegeben hat *(Trading Certificate)*. Das Ausstellen dieser Bescheinigung dauert weitere fünf Werktage.

c) Notwendige Schritte für die Gründung

Ltd/Plc Vorlage einer von allen Gesellschaftern unterschriebenen 1127
Satzung, bestehend aus *Memorandum* und *Articles of Association*, beim Gesellschaftsregister.
Meldung der *director(s)*, des *secretary* und des Sitzes.
Bestätigung durch einen Rechtsanwalt, einen *director* oder den *secretary* der Ltd/Plc, dass sämtliche Eintragungsvoraussetzungen erfüllt sind.

d) Mindestkapital

Ltd	Kein Mindestkapital.	1128

Plc GBP 50000, wovon mindestens ein Viertel eingezahlt sein 1129
muss.

e) Notwendige Organe der Gesellschaft einschließlich Angabe der Mindestzahl der Personen in Geschäftsführungs- bzw. Verwaltungsorganen

Ltd *Board of directors* (mindestens ein *Director*) 1130
Die *Articles of Association* können eine höhere Mindestanzahl und eine Höchstzahl vorsehen. Das *board of directors* kann sich aus angestellten *(executive)* und nicht angestellten *(non-executive)* Directors zusammensetzen.
Company secretary, der nicht mit einem alleinigen *director* identisch sein darf.
Gesellschafterversammlung (mindestens ein Gesellschafter).

Plc *Board of directors* (mindestens zwei *directors*) 1131
Die Satzung kann eine höhere Mindestanzahl und eine Höchstzahl vorsehen. Nicht zwingende Corporate Governance Regeln sehen für börsennotierte Plcs vor, dass sich das *board of directors* aus angestellten *(executive)* und nicht angestellten *(non-executive) directors* zusammensetzen muss.
Company secretary, der nach Einschätzung der *directors* über die für die Ausübung des Amts des *company secretary* notwendige Kenntnis und Erfahrung verfügen muss.
Hauptversammlung (mindestens zwei Gesellschafter).

---

* Für die Vorbereitung dieses Länderberichts danken wir Philip Talboys, Herbert Smith, London (zur Zeit sekundiert zu Gleiss Lutz Frankfurt).

f) Börsenzulassung

1132 Ltd   Nein.

1133 Plc   Ja.

1134 g) Wesentliche Steuern, die auf die Gesellschaft Anwendung finden und Angabe der anwendbaren Steuersätze

Ltd/Plc   In Großbritannien gegründete und steueransässige Gesellschaften unterliegen in Bezug auf steuerpflichtiges Einkommen und Kapitalerträge der Körperschaftsteuer. Der Steuersatz hängt vom Ertragsniveau der Gesellschaften und ggf. von der Größe ihres Konzerns ab. Für die meisten größeren Gesellschaften gilt ein Steuersatz von 30%. Gesellschaften unterliegen in Bezug auf die Körperschaftsteuer der Selbstveranlagung, was in der Regel bedeutet, dass Steuern im Laufe des Jahres in regelmäßigen Raten zu zahlen sind.

Die Gesellschaften unterliegen in Bezug auf Erträge aus der Veräußerung von Kapitalanlagen der Kapitalertragsteuer. Sie profitieren von indexgebundenen Ausgleichen (auf der Grundlage des Indexes für Einzelhandelspreise), die die „Grundkosten" ihrer Kapitalanlagen erhöhen und somit ihre steuerpflichtigen Erträge verringern. Die Höhe des Ausgleichs ist abhängig von der Anzahl der Jahre, über die die Kapitalanlagen bereits gehalten werden.

1135 h) Weiterführende Literatur zum Gesellschaftsrecht dieses Landes und den häufig genutzten Gesellschaftsformen

Barc (Hrsg.), Tolley's Company Law, 2. Aufl., Loseblattsammlung, London 1990

Bernstorff von, Einführung in das englische Recht, 2. Aufl., München 2000

Boyle (Hrsg.), Gore-Browne on Companies, 44. Aufl., Loseblattsammlung, Bristol 2003

Dierksmeier, Der Kauf einer englischen „private limited company", Münster 1996

Güthoff, Gesellschaftsrecht in Großbritannien, Eine Einführung mit rechtsvergleichenden Tabellen, München 1993

Gower/Davies, Principles of Modern Company Law, 7. Aufl., 2003

Höfling, Das englische internationale Gesellschaftsrecht, Heidelberg 2002

Just, Die englische Limited in der Praxis, München 2005

Lembeck, UK company Law Reform – Ein Überblick, NZG 2003, 956 ff.

Mayson/French/Ryan, Company Law, 21. Aufl., Oxford 2004

Michalsky, Vergleichender Überblick über das Recht der Kapitalgesellschaften in Großbritannien, DStR 1991, 1660 ff.

Morse (Hrsg.), Palmer's Company Law, 22. Aufl., Loseblattsammlung, London 2004

Schall, Englischer Gläubigerschutz bei der Limited in Deutschland, ZIP 2005, 965 ff.

Shearman, Die Gesellschaft mit beschränkter Haftung in England und Wales, GmbHR 1992, 149 ff.

Triebel/Hodgson/Kellenter/Müller, Englisches Handels-
und Wirtschaftsrecht, 2. Aufl., Heidelberg 1995

Wachter, Insichgeschäfte bei englischen private limited
companies, NZG 2005, 338

Walmsley (Hrsg.), Butterworths Company Law Handbook,
18. Aufl., London 2004

**i) Kollisionsregel des Internationalen Gesellschaftsrecht: Nach welchen Kriterien   1136
bestimmt sich, welches Recht auf eine Gesellschaft Anwendung findet?**

Ltd/Plc   Sowohl die Frage der Rechtsfähigkeit einer Gesellschaft
(capacity) als auch alle anderen die Verfassung der Gesellschaft betreffenden Angelegenheiten unterliegen englischem
Recht.

Es ist nicht zwingend erforderlich, dass eine Gesellschaft
ihren tatsächlichen Verwaltungssitz in England oder Wales
hat. Die Gründung in England und Wales reicht für die
Ausübung einer Geschäftätigkeit als Gesellschaft aus. Erforderlich ist jedoch ein eingetragener Sitz *(registered office)* in
England oder Wales.

3. Niederlande*

a) Häufig genutzte Gesellschaftsformen   1137

Besloten Vennootschap („B.V.")
Naamloze Vennootschap („N.V.")

b) Erforderliche Zeit für eine Gründung   1138

B.V./N.V.   In der Regel zwei bis drei Wochen.

c) Notwendige Schritte für die Gründung   1139

B.V./N.V.   Vornahme des Gründungsakts.
Erstellung einer notariell beurkundeten Gründungsurkunde.
Unbedenklichkeitsbescheinigung des Justizministeriums.
Beteiligung am Gesellschaftskapital durch eine oder mehrere
Personen.

d) Mindestkapital

B.V.   EUR 18 000.   **1140**

N.V.   EUR 45 000.   **1141**

**e) Notwendige Organe der Gesellschaft einschließlich Angabe der Mindestzahl   1142
der Personen in Geschäftsführungs- bzw. Verwaltungsorganen**

B.V./N.V.   Geschäftsführung bzw. Vorstand *(Raad van Bestuur),* bestehend aus mindestens einer (auch juristischen) Person.
Gesellschafter- bzw. Hauptversammlung *(Algemene Vergade-
ring van Aandeelhouders),* bestehend aus mindestens einer
(auch juristischen) Person.
Aufsichtsrat *(Raad van Commissarissen)* bei großen Gesellschaften (vgl. § 153/263(2) Niederländisches Zivilgesetzbuch – *Burgerlijk Wetboek*), bestehend aus mindestens einer
Person. Aufsichtsratsmitglieder dürfen keine juristischen
Personen sein.

* Für die Vorbereitung dieses Länderberichts danken wir Jaap Willeumier, Stibbe, Amsterdam.

Spahlinger/Wegen   279

f) Börsenzulassung

1143 B.V.

Nein. Zwingend vorgeschriebene Übertragungsbeschrän-
kungen im Gesellschaftsvertrag der B.V. verhindern den
Börsenhandel.

1144 N.V.

Ja. Inhaberaktien einer N.V. können an der Börse gehandelt werden.

**g) Wesentliche Steuern, die auf die Gesellschaft Anwendung finden und Angabe
der anwendbaren Steuersätze**

1145 B.V./N.V.

Es gilt ein Körperschaftsteuersatz von 29% für Beträge bis zu
EUR 22689 und von 34,5% für alle darüber liegenden Beträge.

1146

Eine Zusatzsteuer wird bei Ausschüttungen erhoben, die als
unangemessen hoch gelten. Der Steuersatz beläuft sich auf
20% des unangemessen hohen Teils der Ausschüttung. Unter gewissen Umständen kommen bestimmte Ausnahmen
und niedrigere Steuersätze zur Anwendung. Diese Gesetze
treten am 1.1.2006 außer Kraft.

1147

Eine Quellensteuer auf Dividenden ist zu zahlen u.a. für
jede Art von Dividendenzahlungen, für Liquidationserlöse,
die das für Steuerzwecke anerkannte Kapital übersteigen, für
Gratisaktien und grundsätzlich auch für eine Kapitalrück-
zahlung. In den Niederlanden ansässige Empfänger von Dividenden können die Quellensteuer in der Regel auf die zu
zahlende Körperschaftsteuer anrechnen. Der Steuersatz beträgt 25%, sofern nicht nach nationalem Recht, nach der
Mutter-Tochter-Richtlinie oder einem Abkommen eine
Ausnahme oder ein niedrigerer Steuersatz vorgesehen ist.

1148

Grunderwerbsteuer wird für die Übertragung des rechtlichen oder wirtschaftlichen Eigentums an Grundbesitz oder
einer Mindestbeteiligung an Immobiliengesellschaften erhoben. Der Steuersatz beträgt 6% des Marktpreises.

1149

Kapitalverkehrssteuer wird für die Einbringung von Kapital
in eine in den Niederlanden ansässige Gesellschaft erhoben,
deren Kapital in Anteile aufgeteilt ist. Die Kapitalverkehrssteuer wird derjenigen Gesellschaft auferlegt, die die Kapitaleinlage einbringt. Der Steuersatz beträgt 0,55% des
Nennwertes der Anteile oder des Marktwertes der Einlage.
Der jeweils höhere Betrag ist maßgeblich.

h) Weitere Besonderheiten

1150

Weitere Gesellschaftsformen sind die *vennootschap onder firma*
(„VOF") und die *commanditaire vennootschap* („CV"), die
beide keine juristischen Personen darstellen. Nach
einem aktuellen Gesetzesvorhaben sollen die VOF und die
CV durch zwei neue Rechtsformen ersetzt werden, namentlich (i) die *openbare vennootschap* („OV") und (ii) die
stille vennootschap. Die Gesellschafter einer OV können
wählen, ob die OV eine eigene Rechtspersönlichkeit haben
soll oder nicht. Der Gesetzentwurf soll in der ersten Hälfte
des Jahres 2006 in Kraft treten.

1151

Unter bestimmten Umständen gelten die VOF und die CV
als Körperschaftsteuerzahler; ansonsten sind sie steuertrans-

parent. Im letzteren Fall sind die Gewinne der VOF und der CV von den in den Niederlanden ansässigen Gesellschaftern zu versteuern. CVs, die Körperschaftsteuer zahlen müssen, unterliegen auch der Quellensteuer auf Dividenden und der Kapitalverkehrssteuer.

Einkommensteuer zahlen in den Niederlanden ansässige **1152** natürliche Personen, insbesondere die Gesellschafter einer steuertransparenten VOF oder CV. Es gelten die folgenden Steuersätze: EUR 0 bis EUR 16 265 1% (zuzüglich Sozialversicherungsbeiträgen); EUR 16 265 bis EUR 29 543 7,95% (zuzüglich Sozialversicherungsbeiträgen); EUR 29 543 bis EUR 50 652 42%; EUR 50 652 und mehr 52%.

i) Weiterführende Literatur zum Gesellschaftsrecht dieses Landes und den häufig genutzten Gesellschaftsformen **1153**

Asser/Maeijer, Vertegenwoordiging en rechtspersoon, De naamloze en de besloten vennootschap, Zwolle 2000
Asser/van der Grinten/Maeijer, Vertegenwoordiging en rechtspersoon, De Rechtspersoon, Zwolle 1997
Gotzen, Niederländisches Handels- und Wirtschaftsrecht, Heidelberg 2000
Mincke, Einführung in das niederländische Recht, München 2002
Van Schilfgaarde/Winter, Van de BV en de NV, 13. Aufl., Deventer 2003

j) Kollisionsregel des Internationalen Gesellschaftsrecht: Nach welchen Kriterien bestimmt sich, welches Recht auf eine Gesellschaft Anwendung findet? **1154**

Die Gründungstheorie findet grundsätzlich Anwendung. Alle gesellschaftsrechtlichen Angelegenheiten (z.B. Angelegenheiten hinsichtlich der Rechtspersönlichkeit der Gesellschaft, der Vertretung der Gesellschaft sowie der Haftung von Vorstandsmitgliedern, Geschäftsführern und anderen leitenden Angestellten) unterliegen den Gesetzen des Landes, in dem die Gesellschaft gegründet wurde.

4. Frankreich[*]

a) Häufig genutzte Gesellschaftsformen **1155**

Société à Responsabilité Limitée („SARL")
Société Anonyme („SA")
Société par Actions Simplifiée („SAS")

b) Erforderliche Zeit für eine Gründung **1156**

SARL/SA   Ca. drei Wochen; wenn Sacheinlagen eingebracht werden, auch länger.

c) Notwendige Schritte für die Gründung

SARL   Entwurf des Gesellschaftsvertrages (*„Statuts"*). **1157**
Zeichnung der anfänglich auszugebenden Anteile und Einzahlung der Einlagen.

---

[*] Für die Vorbereitung dieses Länderberichts danken wir Jacques Buhart, Herbert Smith, Paris.

Abschluss eines Miet- oder Kaufvertrages bezüglich der gewerblichen Immobilie, in der sich der Sitz der Gesellschaft befinden soll.

Unterzeichnung des Gesellschaftsvertrages.

Bestellung des Geschäftsführers *(„Gérant")*.

Erfüllung der gesetzlichen Meldeformalitäten.

Eintragung beim *Registre du Commerce et des Sociétés*.

1158 SA
Entwurf der Satzung *(„Statuts")*.

Zeichnung der anfänglich auszugebenden Aktien und Einzahlung der Einlagen.

Erstellung einer Zeichnungs- und Einzahlungsbescheinigung.

Abschluss eines Miet- oder Kaufvertrages bezüglich der gewerblichen Immobilie, in der sich der Sitz der Gesellschaft befinden soll.

Unterzeichnung der Satzung.

Bestellung der Geschäftsführung, die entweder einem Verwaltungsrat *(„Conseil d'administration")* mit einem Vorsitzenden (sowie gegebenenfalls einem Generaldirektor) oder einem von einem Aufsichtsrat *(„Conseil de surveillance")* überwachten Vorstand *(„Directoire")* obliegt.

Erfüllung der gesetzlichen Meldeformalitäten.

Eintragung beim *Registre du Commerce et des Sociétés*.

1159 SAS
Entwurf der Satzung.

Zeichnung der anfänglich auszugebenden Anteile und Einzahlung der Einlagen.

Abschluss eines Miet- oder Kaufvertrages bezüglich der gewerblichen Immobilie, in der sich der Sitz der Gesellschaft befinden soll.

Unterzeichnung der Satzung.

Bestellung der Geschäftsführung, die in der Satzung weitgehend frei geregelt werden kann; lediglich die Bestellung eines Präsidenten *(„Président")* ist gesetzlich vorgeschrieben.

Erfüllung der gesetzlichen Meldeformalitäten.

Eintragung beim *Registre du Commerce et des Sociétés*.

d) Mindestkapital

1160 SARL
EUR 1.

Das Stammkapital muss vollständig gezeichnet sein. Mindestens ein Fünftel des Nennwerts des Stammkapitals muss eingezahlt werden. Der Rest ist innerhalb von fünf Jahren nach Eintragung der SARL einzuzahlen.

1161 SA
EUR 37 000.

EUR 225 000 bei börsennotierten SAs.

Das Grundkapital muss vollständig gezeichnet sein und ist mindestens zur Hälfte des Nennwerts einzuzahlen; der Rest ist innerhalb von fünf Jahren nach Eintragung der SA einzuzahlen.

1162 SAS
EUR 37 000.

Die Bestimmungen für die Einzahlung des Grundkapitals einer SA gelten entsprechend.

e) Notwendige Organe der Gesellschaft einschließlich Angabe der Mindestzahl der Personen in Geschäftsführungs- bzw. Verwaltungsorganen

SARL	Ein oder mehrere Geschäftsführer (*„Gérants"*), bei denen es sich um natürliche Personen handeln muss.	1163
SA	Wahlmöglichkeit zwischen zwei Geschäftsführungsstrukturen:	1164

SA   Wahlmöglichkeit zwischen zwei Geschäftsführungsstrukturen: 1164
- Einsetzung eines aus mindestens drei und höchstens 18 Mitgliedern bestehenden Verwaltungsrats (*„Conseil d'Administration"*) mit einem Vorsitzenden (*„Président"*) und einem Generaldirektor, dem die tatsächliche Geschäftsführung der SA obliegt.
- Einrichtung (i) eines aus maximal fünf Mitgliedern bestehenden Vorstands (*„Directoire"*), dem die tatsächliche Geschäftsführung obliegt; und (ii) eines mindestens aus drei und höchstens aus 18 Mitgliedern bestehenden Aufsichtsrats (*„Conseil de Surveillance"*), der den Vorstand überwacht.

SAS   Eine SAS muss einen Präsidenten (*„Président"*) mit äußerst weitreichenden Befugnissen zur Vertretung der Gesellschaft haben. Im Übrigen können die Aktionäre die Geschäftsführung in der Satzung frei gestalten.   1165

f) Börsenzulassung

SARL	Nein.	1166
SA	Ja.	1167
SAS	Nein.	1168

g) Wesentliche Steuern, die auf die Gesellschaft Anwendung finden und Angabe der anwendbaren Steuersätze

Gesellschaften unterliegen einem Körperschaftsteuersatz von 33,33%, zuzüglich einem Aufschlag von 1,5%. Dies führt zu einem effektiven Körperschaftsteuersatz von 34,83%. Der Aufschlag von 1,5% entfällt für nach dem 1. 1. 2006 endende Steuerjahre.   1169

Bestimmte Gesellschaften unterliegen einem zusätzlichen Aufschlag von 3,3%. In der Praxis kommt diese Zusatzsteuer bei Gesellschaften zur Anwendung, deren Körperschaftsteuerpflicht EUR 763 000 übersteigt.   1170

Die Übertragung von Aktien (*„SA"* und *„SAS"*) unterliegt einer Registrierungssteuer von 1% (maximal EUR 3049). Die Übertragung von Gesellschaftsanteilen an einer SARL unterliegt einer Registrierungssteuer von 4,8%. Der Betrag, der als Bemessungsgrundlage für die Registrierungssteuer dient, unterliegt einem (*„Abattement"*) in Höhe von EUR 23 000 Abschlag, der anteilig, dem Prozentsatz der übertragenen Gesellschaftsanteile entsprechend gewährt wird.   1171

h) Weiterführende Literatur zum Gesellschaftsrecht dieses Landes und den häufig genutzten Gesellschaftsformen   1172

Becker, Baldiges neues Gründungsverfahren in Frankreich: Die französische „Blitz S.A.R.L.", GmbHR 2003, 706 ff.

Chaussade/Klein, Gesellschaftsrecht in Frankreich, 2. Aufl., München, Berlin 1998

Constantinesco/Hübner, Einführung in das französische Recht, 4. Aufl., München 2001

Editions Lamy, Sociétés Commerciales, 2005

Hübner, Einführung in das französische Recht, München 2001

Klein, Änderung des französischen Gesellschaftsrechts – die vereinfachte Aktiengesellschaft (SAS) als Einmanngesellschaft, RIW 1999, 750 ff.

Meyer/Ludwig, Französische GmbH-Reform 2003/2004: Hintergründe und „Ein-Euro-GmbH", GmbHR 2005, 346 ff.

Sonnenberger/Autexier, Einführung in das französische Recht, 3. Aufl., Darmstadt 2000

Storp, Reform des französischen Unternehmensrecht im Rahmen des Gesetzes über Neue Wirtschaftliche Regulierungen vom 15. 5. 2001, RIW 2002, 409 ff.

1173 i) Kollisionsregel des Internationalen Gesellschaftsrecht: Nach welchen Kriterien bestimmt sich, welches Recht auf eine Gesellschaft Anwendung findet?

Für alle Gesellschaftsformen wird der *„siège réel"*-Theorie gefolgt, nach der das Recht am Ort des tatsächlichen Gesellschaftssitzes maßgeblich ist. Als tatsächlicher Sitz gilt grundsätzlich der in der Satzung angegebene Sitz. Französisches Gesellschaftsrecht gilt daher für Gesellschaften, die ihren tatsächlichen Sitz in Frankreich haben.

5. Schweiz[*]

1174 a) Häufig genutzte Gesellschaftsformen

Gesellschaft mit beschränkter Haftung („GmbH")
Aktiengesellschaft („AG")

1175 b) Erforderliche Zeit für eine Gründung

GmbH/AG   Die Eintragung in das Handelsregister erfordert in der Regel je nach Kanton bzw. Registerbezirk rund 5 bis 20 Werktage ab Anmeldung. In besonderen Fällen kann das Eintragungsverfahren in Absprache mit dem zuständigen Handelsregisteramt beschleunigt werden.

c) Notwendige Schritte für die Gründung

1176 GmbH   Liberierung von mindestens 50% jeder Stammeinlage.

Bei qualifizierter Gründung (v. a. Sacheinlage und Sachübernahme) Angabe in den Statuten und Erstellung eines Gründungsberichts, der gemäss einem Teil der Lehre und nach der Praxis einiger Handelsregisterämter von einem Revisor zu prüfen ist. Das Handelsregisteramt des Kantons Zürich verlangt diese Prüfung nicht (wohl aber z. B. das Handelsregisteramt des Kantons Zug).

Öffentlich beurkundete Beschlussfassung durch die Grün-

---

[*] Für die Vorbereitung dieses Länderberichts danken wir Dr. Heinz Schärer, Homburger, Zürich.

dungsversammlung (mindestens zwei Gründer) und Festlegung der Statuten.
Anmeldung und Eintragung in das Handelsregister.

G Zeichnung sämtlicher Aktien. **1177**
Liberierung von mindestens 20% des Nennwertes jeder Aktie, wobei sämtliche geleisteten Einlagen mindestens CHF 50 000 betragen müssen. Stimmrechtsaktien sind voll zu liberieren, und Urkunden von Inhaberaktien dürfen erst nach voller Liberierung ausgegeben werden. Bareinlagen müssen auf ein Sperrkonto bei einer dem Bundesgesetz über die Banken und Sparkassen unterstellten Bank mit Sitz in der Schweiz eingezahlt werden. Dieses Konto wird mit dem Handelsregistereintrag freigeben.
Bei qualifizierter Gründung (v. a. Sacheinlage und Sachübernahme) Angabe in den Statuten und Erstellung eines durch einen Revisor geprüften Gründungsberichts, der sich über Art und Zustand der betroffenen Aktiva und die Angemessenheit der Bewertung auszusprechen hat.
Öffentlich beurkundete Beschlussfassung durch die Gründungsversammlung (mindestens drei Gründer), Bestellung der Organe und Festlegung der Statuten.
Anmeldung und Eintragung in das Handelsregister.

d) Mindestkapital

GmbH CHF 20 000. **1178**
AG CHF 100 000. **1179**

e) Notwendige Organe der Gesellschaft einschließlich Angabe der Mindestzahl der Personen in Geschäftsführungs- bzw. Verwaltungsorganen

GmbH Gesellschafterversammlung. **1180**
Geschäftsführungsorgan (mindestens eine Person).
Kontrollstelle (nur obligatorisch, falls den von der Geschäftsführung ausgeschlossenen Gesellschaftern kein umfassendes Einsichtsrecht gewährt wird).

AG Generalversammlung. **1181**
Verwaltungsrat (mindestens eine Person).
Revisionsstelle.

f) Börsenzulassung

GmbH Nein. **1182**
AG Aktien, Partizipationsscheine und Genussscheine der AG **1183**
können an der SWX Swiss Exchange gehandelt werden.

g) Wesentliche Steuern, die auf die Gesellschaft Anwendung finden und Angabe der anwendbaren Steuersätze

GmbH/AG GmbH und AG entrichten im Bund eine Gewinnsteuer **1184**
zum proportionalen Ansatz von 8,5% und im Kanton und der Gemeinde zu einem proportionalen oder renditeabhängigen Ansatz von rund 8% bis 25% je nach Sitz der Gesellschaft. Die Steuern sind vom Reingewinn abziehbar, so dass sich effektive Ansätze für Bund, Kanton und Gemeinde von ca. insgesamt 14,1% bis 25% ergeben. Von der Gewinnsteuer freigestellt (nämlich indirekt über einen verhältnismäßi-

gen Steuerabzug) wird der Nettobeteiligungsertrag aus Beteiligungen von mindestens 20% am Kapital einer anderen Gesellschaft oder mit einem Verkehrswert von mindestens CHF 2 Mio. (sogenannter Beteiligungsabzug). Entsprechendes gilt für Kapitalgewinn aus der Veräußerung von Beteiligungen von mindestens 20%, welche länger als ein Jahr gehalten wurden.

1185   Holdinggesellschaften sind im Kanton und der Gemeinde von der Gewinnsteuer befreit. Domizilgesellschaften und gemischte Gesellschaften unterliegen im Kanton und der Gemeinde einer reduzierten Besteuerung.

GmbH und AG entrichten im Kanton und der Gemeinde (nicht aber im Bund) eine Kapitalsteuer von 0,0675% bis 0,525%. Holdinggesellschaften, Domizilgesellschaften und gemischte Gesellschaften bezahlen eine reduzierte Kapitalsteuer von 0,005 % bis 0,15%.

h) Weitere Besonderheiten

1186 GmbH   Eine Ein-Personen-GmbH ist zulässig. Es besteht eine subsidiäre, persönliche Haftung der Gesellschafter in der Höhe des nicht einbezahlten Stammkapitals. Das Stimmrecht bemisst sich grundsätzlich nach der Kapitalbeteiligung. Das Geschäftsführungsorgan besteht aus sämtlichen Gründungsgesellschaftern, wobei eine gemeinsame Geschäftsführungs- und Vertretungsmacht besteht (abweichende Regelung möglich). Gesetzlich ist ausschließlich eine wirtschaftliche Zweckverfolgung vorgesehen. Mindestens einer der Geschäftsführer muss in der Schweiz wohnhaft sein. Eine umfassende Gesetzesrevision wird gegenwärtig durchgeführt.

1187 AG   Der Mindestnennwert der Aktie beträgt CHF 0,01. Eine Ein-Personen-AG ist zulässig. Für die Gesellschaftsschulden haftet ausschließlich das Gesellschaftsvermögen. Das Stimmrecht bemisst sich grundsätzlich nach der Kapitalbeteiligung. Verwaltungsräte müssen Aktionäre oder Vertreter einer juristischen Person oder Handelsgesellschaft sein, die an der AG beteiligt ist. Die Mitglieder des Verwaltungsrates müssen mehrheitlich Personen sein, die in der Schweiz wohnhaft sind und das Schweizer oder EU-/EFTA-Bürgerrecht besitzen.

1188   Weitere Gesellschaftsformen:
- Genossenschaft, Art. 828 ff. Obligationenrecht („OR");
- Verein, Art. 60 ff. Zivilgesetzbuch;
- Kollektivgesellschaft, Art. 552 ff. OR;
- Kommanditgesellschaft, Art. 594 ff. OR;
- Einfache Gesellschaft, Art. 530 ff. OR;
- Kommanditaktiengesellschaft, Art. 764 ff. OR.

1189 **i) Weiterführende Literatur zum Gesellschaftsrecht dieses Landes und den häufig genutzten Gesellschaftsformen**

Basler Kommentar zum schweizerischen Privatrecht: ZGB I Art. 1–456, 2. Aufl., Basel, Genf, München 2002

Basler Kommentar zum schweizerischen Privatrecht: OR II Art. 530–1186, 2. Aufl., Basel, Genf, München 2002

Böckli, Schweizer Aktienrecht, 3. Aufl., Zürich 2004

Forstmoser/Meier-Hayoz/Nobel, Schweizerisches Aktienrecht, Bern 1996

Handschin, Die GmbH – Ein Grundriss, Zürich 1996

Meier-Hayoz/Forstmoser, Schweizerisches Gesellschaftsrecht, 9. Aufl., Bern 2004

j) Kollisionsregel des Internationalen Gesellschaftsrecht: Nach welchen Kriterien 1190
bestimmt sich, welches Recht auf eine Gesellschaft Anwendung findet?

Primär anwendbar ist das Recht des Staates, in dem die Gesellschaft inkorporiert ist (Inkorporationstheorie). Subsidiär wird das Recht des Staates angewendet, in dem die Gesellschaft tatsächlich verwaltet wird (Sitztheorie). Ausnahmsweise kommen Sonderanknüpfungen in Betracht (Art. 154 ff. des Bundesgesetzes über das Internationale Privatrecht (IPRG)).

6. Österreich[*]

a) Häufig genutzte Gesellschaftsformen 1191

Gesellschaft mit beschränkter Haftung („GmbH")

Aktiengesellschaft („AG")

b) Erforderliche Zeit für eine Gründung

GmbH   Ca. vier bis sechs Wochen, abhängig u. a. von der Zeit, die 1192 für die Ausstellung/Beglaubigung von Gründungsvollmachten (Apostille, beglaubigte Übersetzungen, etc.) und für die Einzahlung des Stammkapitals (Auslandsüberweisungen aus Drittländern) erforderlich ist. Die Eintragung erfolgt in der Regel ca. 10 bis 14 Tage nach Einreichung der vollständigen Unterlagen beim zuständigen Firmenbuchgericht (Handelsregister).

AG   Vergleichbar mit GmbH, sofern nicht das in der Praxis 1193 allerdings äußerst selten vorkommende Verfahren einer Stufengründung gewählt wird.

c) Notwendige Schritte für die Gründung

GmbH   Errichtungserklärung (ein Gründer) oder Gesellschaftsver- 1194 trag (zwei oder mehr Gründer) in Form eines österreichischen Notariatsaktes.

Notariell beglaubigter Beschluss zur Bestellung des/der Geschäftsführer.

Notariell beglaubigte Unterschriftsleistung durch jeden Geschäftsführer zur Vorlage beim Firmenbuch.

Liste der Gesellschafter und der Geschäftsführer.

Nachweis der Zahlung der 1%igen Gesellschaftsteuer (Möglichkeit der Selbstberechnung durch den beurkundenden Notar).

Bestätigung einer österreichischen Bank über die Einzahlung des Stammkapitals.

---

[*] Für die Vorbereitung dieses Länderberichts danken wir Dr. Christian Herbst, Schönherr Rechtsanwälte, Wien.

Notariell beurkundete Anmeldung der Gesellschaft zur Eintragung im Firmenbuch durch alle Geschäftsführer.

1195 AG   Feststellung der Satzung durch mindestens einen Gründer in Form eines österreichischen Notariatsaktes.

Notariell beurkundete Bestellung des ersten Aufsichtsrates und des ersten Abschlussprüfers.

Bestellung des ersten Vorstandes durch den Aufsichtsrat.

Notariell beglaubigte Unterschriftsleistung durch jedes Vorstandsmitglied zur Vorlage beim Firmenbuch.

Gründungsbericht der Gründer über den Hergang der Gründung.

Gründungsbericht des Vorstands und des Aufsichtsrates.

Verzeichnis der Aufsichtsratmitglieder.

Bestätigung einer österreichischen Bank über die Einzahlung des Grundkapitals.

Notariell beurkundete Anmeldung der Gesellschaft zur Eintragung im Firmenbuch durch sämtliche Gründer, Vorstände und Aufsichtsräte.

d) Mindestkapital

1196 GmbH   EUR 35 000.

1197 AG   EUR 70 000.

e) Notwendige Organe der Gesellschaft einschließlich Angabe der Mindestzahl der Personen in Geschäftsführungs- bzw. Verwaltungsorganen

1198 GmbH   Mindestens ein Geschäftsführer.

Aufsichtsrat (mindestens drei Mitglieder) bei mehr als EUR 70 000 Stammkapital und mehr als 50 Gesellschaftern oder bei mehr als 300 Arbeitnehmern.

Generalversammlung (Gesellschafterversammlung).

1199 AG   Mindestens ein Vorstandsmitglied.

Aufsichtsrat (mindestens drei und höchstens 20 Mitglieder).

Hauptversammlung.

Abschlussprüfer.

f) Börsenzulassung:

1200 GmbH   Nein.

1201 AG   Ja.

g) Wesentliche Steuern, die auf die Gesellschaft Anwendung finden und Angabe der anwendbaren Steuersätze

1202   Umstrukturierungen (z. B. Verschmelzungen, Spaltungen, Einbringungen) profitieren von Sonderbestimmungen des Umgründungssteuergesetzes (UmgrStG), die eine steuerneutrale Durchführung solcher Maßnahmen erlauben.

1203 GmbH/AG   Die Gesellschaftsteuer beträgt 1% des Stammkapitals bei der Gründung.

Die Körperschaftsteuer betrug 34% (mindestens jedoch EUR 1750/Jahr bei der GmbH und EUR 3500/Jahr bei der AG); ab dem Jahr 2005 beträgt sie 25%.

Die Grunderwerbsteuer beim Liegenschaftserwerb liegt bei 3,5% der Gegenleistung, in Ausnahmefällen des Einheitswertes des Grundstücks.

h) Weiterführende Literatur zum Gesellschaftsrecht dieses Landes und den häufig genutzten Gesellschaftsformen

Diregger/Kalss/Winner, Österreichisches Übernahme- **1204** recht, Wien 2003

Doralt/Nowotny/Kalss, Kommentar zum Aktiengesetz, Wien 2003

Gellis/Feil, Kommentar zum GmbH-Gesetz, 4. Aufl., Wien 2004

Jabornegg/Strasser, Kommentar zum Aktiengesetz, 4. Aufl., Wien 2002

Kalss (Hrsg.), Die Übertragung von GmbH-Geschäftsanteilen in 14 europäischen Rechtsordnungen, Wien 2003

Kalss, Handkommentar zu Verschmelzung – Spaltung – Umwandlung, Wien 1997

Kastner/Doralt/Nowotny, Grundriss des österreichischen Gesellschaftsrechts, 5. Aufl., Wien 1990

Koppensteiner, GmbH-Gesetz, 2. Aufl., Wien 1999

Reich-Rohrwig, Das österreichische GmbH-Recht in systematischer Darstellung, Bd. I, 2. Aufl., Wien 1997

Roth/Fitz, Handels- und Gesellschaftsrecht, Wien 2000

Winner, Die Zielgesellschaft in der freundlichen Übernahme, Wien 2002

i) Kollisionsregel des Internationalen Gesellschaftsrecht: Nach welchen Kriterien **1205** **bestimmt sich, welches Recht auf eine Gesellschaft Anwendung findet?**

Gemäß § 10 i.V.m. § 12 des Bundesgesetzes über das internationale Privatrecht bestimmen sich die Rechts- und Handlungsfähigkeit einer juristischen Person nach dem Personalstatut. Das Personalstatut knüpft an den „tatsächlichen Sitz der Hauptverwaltung" an.

7. Spanien[*]

a) Häufig genutzte Gesellschaftsformen **1206**

Sociedad de responsabilidad limitada („SL")

Sociedad anónima („SA")

b) Erforderliche Zeit für eine Gründung **1207**

SL/SA   Ca. 20 Tage.

Kleine Gesellschaften können nach einem vereinfachten Verfahren in Form einer „SL Nueva Empresa" innerhalb von 48 Stunden gegründet werden.

c) Notwendige Schritte für die Gründung

SL/SA   Erhalt einer Bescheinigung *(„Certificacion negativa de denomi-* **1208** *nacion social")* vom Zentralen Handelsregister über die vorgemerkte Firma.

Beantragung der Steueridentifikationsnummer (der sogenannte *„Código de Identificacion Fiscal"* oder *CIF*).

Eröffnung eines Kontos bei einer Bank in Spanien, auf das die Bareinlagen einzuzahlen sind, worüber die Bank eine

---

[*] Für die Vorbereitung dieses Länderberichts danken wir David Lopez, Cuatrecasas, Madrid.

entsprechende Bescheinigung ausstellt. Sollen Sacheinlagen in eine SA eingebracht werden, so müssen sie von einem unabhängigen Sachverständigen geprüft werden, der auf Antrag des Handelsregisters benannt wird und den Wert der Einlage festzustellen hat. Der Sachverständige stellt einen Bericht aus, der der Gründungsurkunde beizufügen ist. Bei der SL ist ein derartiger Bericht nicht erforderlich.

Erforderlichenfalls Beurkundung einer Vollmacht zur Vertretung der Gesellschafter.

Notarielle Beurkundung des Gesellschaftsvertrags.

Eintragung im Handelsregister.

Einreichen des Formulars DA-1 beim spanischen Wirtschaftsministerium zur Erklärung der ausländischen Investition.

d) Mindestkapital

1209 SL

EUR 3006.

Das Stammkapital der SL ist in jedem Fall zu 100% zu zeichnen und einzuzahlen.

1210 SA

EUR 60 102.

Bei der Gründung ist das Grundkapital zu mindestens 25% zu zeichnen und einzuzahlen. Bei der börsennotierten SA beträgt das Mindestkapital EUR 1 200 000.

e) Notwendige Organe der Gesellschaft einschließlich Angabe der Mindestzahl der Personen in Geschäftsführungs- bzw. Verwaltungsorganen

1211 SL/SA

Gesellschafterversammlung.

Die Verwaltung und Vertretung kann (i) einem alleinigen Geschäftsführer, (ii) zwei oder mehreren einzelvertretungsberechtigten Geschäftsführern, (iii) zwei gemeinschaftlich vertretungsberechtigten Geschäftsführern oder (iv) einem Verwaltungsrat bestehend aus mindestens drei gemeinschaftlich vertretungsberechtigten Geschäftsführern übertragen werden.

Der Verwaltungsrat ist ein Organ mit gemeinschaftlicher Geschäftsführungs- und Vertretungsbefugnis. Keines der Verwaltungsratsmitglieder ist befugt, die Gesellschaft allein zu verwalten oder zu vertreten. Zur Sicherstellung der Handlungsfähigkeit des Verwaltungsrats können dessen Befugnisse einem oder mehreren Verwaltungsratsmitgliedern ganz oder teilweise übertragen werden. Diese Übertragung muss durch einen notariell beurkundeten und im Handelsregister eingetragenen Beschluss des Verwaltungsrats erfolgen *(„Delegación de facultades")*. Darüber hinaus besteht die Möglichkeit, ein Verwaltungsratsmitglied oder einen beliebigen Dritten (z.B. einen Manager) durch Erteilung der entsprechenden Vollmacht mit der Vornahme bestimmter Handlungen zu beauftragen *(„Otorgamiento de poderes")*.

Der Verwaltungsrat muss einen Vorsitzenden (Präsident) und einen Schriftführer (Sekretär) haben.

f) Börsenzulassung

1212 SL

Nein.

1213 SA

Ja.

g) Wesentliche Steuern, die auf die Gesellschaft Anwendung finden und Angabe der anwendbaren Steuersätze

Der allgemeine Körperschaftsteuersatz beträgt 35%. Auf **1214** kleine und mittlere Unternehmen (d.h. Gesellschaften, deren Nettoumsatzerlöse im vorangegangenen Veranlagungszeitraum EUR 6 Mio. nicht überschreiten) kommt ein ermäßigter Steuersatz von 30% auf die ersten EUR 90 151,81 ihrer Bemessungsgrundlage zur Anwendung.

Nicht in Spanien ansässige Gesellschaften, die in Spanien **1215** Einkünfte erzielen, zahlen Einkommensteuer in Höhe von 25%. Wenn diese Gesellschaften jedoch ihre Geschäftstätigkeit in Spanien über eine ständige Betriebsstätte ausüben, so werden sie grundsätzlich mit einem Satz von 35% besteuert.

Bei der Immobilien- bzw. Grundsteuer handelt es sich um **1216** eine auf die Körperschaftsteuer anrechenbare Besteuerung von Immobilien. Auf der Grundlage des Katasterwerts des Grundstücks wird je nach zuständiger Gemeinde ein Steuersatz zwischen 0,3% und 1,17% erhoben.

Bei Ausübung einer wirtschaftlichen bzw. gewerblichen **1217** Tätigkeit fällt Gewerbesteuer an. Der Steuersatz ist abhängig von der Art der Tätigkeit und ist mit dem sogenannten Gewichtungskoeffizienten, der je nach erzieltem Umsatzerlös zwischen 1 und 1,35 liegt, und ggf. mit einem von der Gemeinde festgelegten Koeffizienten zu multiplizieren.

Die Steuerpflichtigen sind während der ersten zwei Jahre **1218** ihrer gewerblichen Tätigkeit von der Gewerbesteuer befreit. Gleiches gilt, wenn der Umsatzerlös des unmittelbar vorangegangenen Geschäftsjahrs EUR 1 Mio. nicht übersteigt.

Der allgemeine Mehrwertsteuersatz beträgt 16%. Auf bestimmte Lieferungen und Leistungen kommt ein ermäßigter **1219** Steuersatz von 7% oder 4% zur Anwendung.

h) Weitere Besonderheiten

Nach spanischem Recht ist die Anzahl der Gesellschaftsfor- **1220** men begrenzt („numerus clausus"). Nach Art. 122 des spanischen HGB sind über die bereits beschriebenen Gesellschaftsformen hinaus folgende weitere Unternehmensformen zulässig:

Sociedad colectiva *(„y Cia")* – offene Handelsgesellschaft
Sociedad comanditaria simple *(„y Cia, Scom")* – Kommanditgesellschaft
Andere gesetzlich anerkannte Körperschaften des Rechtsverkehrs sind:
Sociedad cooperativa – Genossenschaft
Fundación – Stiftung
Agrupación de interés económico – wirtschaftliche Interessenvereinigung

SL

Die SL ist als Gesellschaftsform vorwiegend für kleinere **1221** Unternehmen und Familienbetriebe interessant. Die SL zeichnet sich dadurch aus, dass die Übertragung der Geschäftsanteile gewissen Beschränkungen unterliegt. Die Anforderungen sind bei dieser Gesellschaftsform im allgemeinen weniger streng als bei der SA. Die Firma setzt sich aus einem beliebigen Namen mit dem Zusatz „SL" zusammen.

1222 SL/SA Die Gründungsurkunde hat die wichtigsten Angaben zur Gesellschaft zu enthalten (Gesellschafter, Gründungsbeschluss, Beschreibung der Einlagen, Bestellung der Geschäftsführer). Der Gründungsurkunde wird die Satzung (*„Estatutos Sociales"*) beigefügt. Die Satzung einer SA muss mindestens die Firma, den Unternehmensgegenstand, das Datum der Aufnahme der Geschäftstätigkeit, den Sitz, das Grundkapital (gegebenenfalls unter Angabe des noch nicht eingezahlten Betrags), Angaben zu den Aktien (Nennwert, Gattung, Serie, Nummern, sowie die Angabe, ob es sich um Namens- oder Inhaberaktien handelt), die Zusammensetzung des Verwaltungsorgans, die Art der Beschlussfassung (Stimmenmehrheiten und zur Beschlussfassung erforderliche Mehrheiten) sowie die Festlegung des Geschäftsjahres enthalten. Der Gesellschaftsvertrag einer SL enthält ähnliche Angaben.

1223 Unter die Zuständigkeit der Gesellschafterversammlung fallen folgende Angelegenheiten:
- Prüfung des Jahresabschlusses, Entlastung des Verwaltungsorgans und Verwendung des Bilanzgewinns,
- Bestellung und Entlassung der Mitglieder des Verwaltungsorgans und des Abschlussprüfers,
- Änderung des Gesellschaftsvertrags (Satzung), einschließlich der Erhöhung und Herabsetzung des Kapitals,
- Änderung der Gesellschaftsstruktur (durch Umwandlung, Verschmelzung oder Spaltung) und,
- Auflösung und Abwicklung der Gesellschaft.

1224 In der Satzung der SA können weitere Angelegenheiten bestimmt werden, über die die Versammlung beschließen kann. Bei der SL kann die Gesellschafterversammlung darüber hinaus bestimmen, dass die Entscheidungen des Geschäftsführungs- bzw. Verwaltungsorgans in bestimmten Angelegenheiten genehmigungspflichtig sind. Die Versammlung wird durch das Verwaltungsorgan einberufen. Im Fall der SA ist die Einberufung mindestens 15 Tage vor der Abhaltung der Versammlung im Amtsblatt des Handelsregisters (*„Boletín Oficial del Registro Mercantil"* oder *BORME*) sowie in einer Zeitung öffentlich bekannt zu machen. Bei der SL kann die Gesellschafterversammlung dagegen – sofern im Gesellschaftsvertrag vorgesehen – durch eine entsprechende Mitteilung an jeden einzelnen Gesellschafter einberufen werden.

1225 Bei der SA gilt die Versammlung der Aktionäre nach der ersten Einberufung als beschlussfähig, wenn mindestens 25% des gezeichneten Kapitals mit Stimmrecht vertreten ist. Davon ausgenommen sind Sonderfälle, bei denen über besonders wichtige Angelegenheiten entschieden wird (wie z.B. die Finanzierung der Gesellschaft durch die Ausgabe von Schuldverschreibungen, die Änderung der Satzung oder der Gesellschaftsstruktur). In diesen Fällen müssen die anwesenden oder vertretenen Aktionäre mindestens 50% des Grundkapitals mit Stimmrecht halten.

Nach der zweiten Einberufung (mindestens 24 Stunden **1226** nach der ersten Einberufung) ist die Versammlung unabhängig von dem in ihr vertretenen Kapital beschlussfähig. In den oben aufgeführten Sonderfällen müssen die anwesenden oder vertretenen Aktionäre mindestens 25% des Grundkapitals halten. Vertreten die anwesenden Aktionäre weniger als 50% des Kapitals, können die im vorstehenden Absatz aufgeführten Beschlüsse nur mit der Zustimmung von mindestens zwei Dritteln des in der Versammlung anwesenden oder vertretenen Kapitals gefasst werden. Für die SL ist keine zur Beschlussfassung erforderliche Mindestteilnehmerzahl vorgesehen. Die Gesellschafterbeschlüsse werden bei beiden Gesellschaftsarten durch einfache Mehrheit der abgegebenen Stimmen gefasst. Bei der SL müssen die abgegebenen Stimmen jedoch mindestens ein Drittel des Stammkapitals darstellen. In Sonderfällen ist es erforderlich, dass die abgegebenen Stimmen mindestens die Hälfte (bei Satzungsänderungen) oder zwei Drittel (bei Änderungen der Gesellschaftsstruktur) des gesamten Stammkapitals darstellen. Andere Mehrheiten können in der Satzung festgelegt werden, wobei jedoch nicht Einstimmigkeit vorgeschrieben werden kann.

Die Geschäftsführer werden auf der Versammlung durch **1227** einen entsprechenden Gesellschafterbeschluss bestellt oder entlassen, der notariell beurkundet und in das Handelsregister eingetragen werden muss. Ein Geschäftsführer braucht weder spanischer Staatsangehöriger noch in Spanien ansässig zu sein. Die Ernennung ist ab der Amtsannahme durch den Ernannten wirksam. Diese ist ebenfalls beim Handelsregister anzumelden ist. Auch eine Gesellschaft kann zum Geschäftsführer bestellt werden; sie hat jedoch eine natürliche Person zur Ausübung der Geschäftsführungsbefugnisse zu benennen. Die Amtsdauer des Geschäftsführers einer SA ist in der Satzung zu regeln, beträgt jedoch höchstens fünf Jahre. Eine Wiederwahl ist möglich. Bei der SL kann der Geschäftsführer auf unbestimmte Dauer ernannt werden. In beiden Fällen ist die Abberufung der Geschäftsführer jederzeit ohne Angabe von Gründen möglich.

Die Vertretungsbefugnis des Geschäftsführers erstreckt sich **1228** auf alle von dem in der Satzung bestimmten Gesellschaftszweck erfassten Handlungen. Jede Beschränkung der Vertretungsbefugnisse des Geschäftsführers ist Dritten gegenüber unwirksam. Die Gesellschaft haftet jedoch gegenüber gutgläubig handelnden Dritten, selbst wenn sich aus der Satzung ergibt, dass die die Haftung begründende Handlung nicht vom Gesellschaftszweck gedeckt ist.

Der Verwaltungsrat ist beschlussfähig, wenn mehr als die **1229** Hälfte seiner Mitglieder anwesend ist. Die Beschlüsse werden durch absolute Mehrheit der anwesenden Verwaltungsratsmitglieder gefasst. Für eine Beschlussfassung im schriftlichen Verfahren ohne Abhaltung der Verwaltungsratssitzung ist Einstimmigkeit erforderlich. Der Verwaltungsrats kann sich eine Geschäftsordnung geben.

1230 i) Weiterführende Literatur zum Gesellschaftsrecht dieses Landes und den häufig genutzten Gesellschaftsformen

Adomeit/Frühbeck/Guillermo, Einführung in das spanische Recht, 2. Aufl., München 2001

Arroyo/Embid, Comentarios a la Ley de Sociedades de Responsabilidad Limitada, Madrid 1997

Bercovitz, Derecho de Sociedades (Libro homenaje al profesor Sanchez Calero), Madrid 2002

Calero, Instituciones de Derecho Mercantil, Madrid 2004

Chulia, Introduccion al Derecho Mercantil, 16. Aufl., Valencia 2003

Gandara de la/Gallego Sanchez, Fundamentos de Derecho Mercantil, Valencia 2000

Fischer/Fischer, Spanisches Handels- und Wirtschaftsrecht, 2. Aufl., Heidelberg 2005

Fleischer/Rensch, Einführung in das spanische Recht, Heidelberg 2003

Garrigues, Nuevos hechos, nuevos derechos de sociedades anónimas, Madrid 1998

Ibán, Einführung in das spanische Recht, Baden-Baden 1995

Irujo, Eine spanische Erfindung im Gesellschaftsrecht: Die Sociedad limitada nueva empresa – die neue unternehmerische GmbH, RIW 2004, 760 ff.

Navarro, La Sociedad limitada, Bosch, 1996

Navarro, La Sociedad anónima, Bosch, 1996

Stücker, Das spanische Internationale Gesellschaftsrecht, Münster 1999

Ureba, Derecho de Sociedades Anónimas, Madrid 1991

Uria/Menendez/Olivencia, Comentarios al Regimen Legal de las Sociedades Mercantiles, Madrid 1999

1231 j) Kollisionsregel des Internationalen Gesellschaftsrecht: Nach welchen Kriterien bestimmt sich, welches Recht auf eine Gesellschaft Anwendung findet?

Art. 9.11 des spanischen BGB bestimmt, dass das auf juristische Personen anwendbare Recht von deren „Staatsangehörigkeit" (_„nacionalidad"_) abhängt und es sämtliche mit deren Rechtsfähigkeit, Gründung, Vertretung, Umwandlung, Auflösung und Abwicklung zusammenhängenden Angelegenheiten regelt. Art. 28 des spanischen BGB sieht vor, dass gesetzlich anerkannte Gesellschaften mit Sitz in Spanien über die spanische „Staatsangehörigkeit" verfügen.

Entsprechend erkennen das spanische Aktiengesetz (Art. 5) und das spanische GmbH-Gesetz (Art. 6) Gesellschaften mit Sitz in Spanien, unabhängig von ihrem Gründungsort, die spanische „Staatsangehörigkeit" zu. Liegt die Hauptbetriebsstätte in Spanien, so ist die Gesellschaft verpflichtet, ihren Sitz in Spanien einzurichten. Einer solchen Gesellschaft, deren Hauptbetriebsstätte in Spanien liegt oder deren hauptsächliche Geschäftstätigkeit in Spanien erfolgt, wird die spanische „Staatsangehörigkeit" – unabhängig von ihrem satzungsmäßigen Sitz oder dem Sitz ihrer Geschäftsführung im Ausland – zugewiesen. Es ist daher anzunehmen, dass, selbst wenn die Gesellschaft der gesetzlichen Verpflichtung zur Einrichtung ihres Sitzes in Spanien nicht nachgekommen ist, spanisches Recht zur Anwendung kommt.

Sollte eine Gesellschaft zwei „Staatsangehörigkeiten" besitzen, so hat die spanische Vorrang (Art. 9.9 BGB). Besitzt sie zwei ausländische „Staatsangehörigkeiten", so hat jene desjenigen Staates Vorrang, in dem sich der Sitz der Gesellschaft oder ihre Hauptbetriebsstätte befindet.

8. Kanada[*]

a) Häufig genutzte Gesellschaftsformen   1232

Corporation; zu gründen nach Bundesrecht oder nach dem Recht einer jeden Provinz („Limited", „Ltd.", „Incorporated", „Inc.", „Corporation" oder „Corp."). Der föderalen Staatsstruktur entsprechend bestehen gesonderte Rechtsordnungen auf Bundesebene einerseits und auf Provinz- (10) und Territorialebene (3) andererseits.

General Partnership; zu gründen nach dem Recht einer jeden Provinz.

Limited Partnership („Limited Partnership" oder „LP"); zu gründen nach dem Recht einer jeden Provinz.

b) Erforderliche Zeit für eine Gründung

Corporation	Auf Bundesebene, in Ontario, Neuschottland, Britisch Kolumbien, Alberta grundsätzlich nur einen Tag. **1233**

In Québec, Neufundland, Prince Edward Island, Yukon ein bis zwei Tage.

In Manitoba etwa drei bis fünf Tage (Schnellverfahren möglich).

In Saskatchewan ca. zwei bis drei Wochen (Schnellverfahren möglich).

In den Nordwestterritorien ungefähr sieben bis zehn Tage.

In Nunavut ca. vier Wochen.

General Partnership	Die Eintragung der Firma erfolgt in der Regel noch am Tag der Anmeldung. **1234**
Limited Partnership	In Ontario einen Tag. **1235**

In Saskatchewan ca. zwei bis drei Wochen.

In anderen Provinzen zwischen einem und sieben Tagen (in einigen Provinzen ist ein Schnellverfahren möglich).

In den Nordwestterritorien sieben bis zehn Tage.

In Nunavut vier Wochen.

c) Notwendige Schritte für die Gründung

Corporation	Erstellung und Einreichung der *Articles of Incorporation* (auf Bundesebene, in Ontario, New Brunswick, Neuschottland, Britisch Kolumbien und Alberta in elektronischer Form möglich). **1236**

Meldung der *directors*.

Antrag auf bestimmte Steuerregistrierungsnummern.

Annahme der *by-laws*.

Wahl eines *board of directors*.

---

[*] Für die Vorbereitung dieses Länderberichts danken wir James Christie, Blake, Cassels & Graydon LLP, Toronto.

| 1237 | Limited Partnership | Erstellung und Einreichung der *Declaration of Limited Partnership* (grundsätzlich persönlich; in Alberta auch elektronisch möglich). |

d) Mindestkapital

| 1238 | Corporation/ Limited Partnership | Kein Mindestkapital. |

e) Notwendige Organe der Gesellschaft einschließlich Angabe der Mindestzahl der Personen in Geschäftsführungs- bzw. Verwaltungsorganen

| 1239 | Corporation | Mindestens einen *director*. Einige Rechtsordnungen verlangen, dass ein Teil der *directors* in Kanada ansässig ist. |
| 1240 | Limited Partnership | Das *limited partnership* muss mindestens einen Komplementär und mindestens einen Kommanditisten haben. Sowohl beim Komplementär als auch beim Kommanditisten kann es sich um eine *corporation* handeln. |

f) Börsenzulassung

| 1241 | Corporation | Ja. |
| 1242 | Limited Partnership | Ja. |

g) Wesentliche Steuern, die auf die Gesellschaft Anwendung finden und Angabe der anwendbaren Steuersätze

| 1243 | Corporation | Auf Bundesebene existiert die Körperschaftsteuer (ca. 21% des Einkommens). Diese Höhe basiert auf der Annahme, dass bestimmte Steuervergünstigungen auf Provinzebene verfügbar sind, und beinhaltet keine Zusatzsteuern auf Bundesebene. Der Inklusionssatz für Kapitalerträge ist 50%. Somit ist lediglich die Hälfte der Kapitalerträge der Körperschaftsteuer unterworfen. Ferner wird eine Kapitalsteuer erhoben (2004 ca. 0,2% auf zu versteuerndes und in Kanada verwendetes Kapital; dieser Steuersatz soll bis 2008 graduell auf Null reduziert werden). Auf Provinzebene sind mit unterschiedlichen Sätzen vor allem die Körperschaftsteuer, Kapitalsteuer und Grunderwerbsteuer zu nennen. |
| 1244 | General Partnership/ Limited Partnership | Ein general partnership/limited partnership berechnet sein ihr Einkommen, als ob es eine eigenständige Rechtspersönlichkeit hätte. Der so berechnete Gewinn bzw. Verlust wird dann auf die Gesellschafter umgelegt. Die Gesellschafter weisen ihren Anteil an dem Gewinn bzw. Verlust unabhängig von der Höhe der Ausschüttungen in ihrer Steuererklärung aus. |

h) Weitere Besonderheiten

| 1245 | Corporation/ General Partnership/ Limited Partnership | In allen anderen Provinzen und Territorien, in denen die Gesellschaft geschäftlich tätig ist, ist sie als provinzfremde Gesellschaft einzutragen. Wird die Gesellschaft in Québec gegründet oder ist sie in Québec geschäftlich tätig, ist eine französische Version der Firma erforderlich. Einige Rechtsordnungen verlangen, dass ein Teil der *directors* in Kanada ansässig ist: |

– Auf Bundesebene müssen mindestens 25% der *directors* in Kanada ansässig sein.
– In Ontario muss die Mehrheit der *directors* in Kanada ansässig sein.
– In Alberta müssen 50% der *directors* in Kanada ansässig sein, lediglich 33% jedoch bei Holdinggesellschaften.
– In Manitoba, Saskatchewan und Neufundland muss die Mehrheit der *directors* in Kanada ansässig sein, jedoch lediglich 33% bei Holdinggesellschaften.
– In British Columbia, Québec, Prince Edward Island, New Brunswick, Nova Scotia, Yukon, den North West Territories und in Nunavut bestehen keine Vorgaben.

ULC | In Nova Scotia existiert eine weitere Gesellschaftsform, die *unlimited liability corporation* („ULC"). Eine ULC ermöglicht bestimmten US-amerikanischen Anteilseignern eine vorteilhafte Steuerbehandlung. Abgesehen von den steuerlichen Besonderheiten unterliegen die ULC selbst sowie ihre Gründung den gleichen bundes- und provinzrechtlichen Vorschriften wie eine normale corporation nach dem Recht von Nova Scotia. | **1246**

i) Weiterführende Literatur zum Gesellschaftsrecht dieses Landes und den häufig genutzten Gesellschaftsformen 1247

Corporation | Welling, Corporate Law in Canada: The Governing Principles, 2. Aufl., Toronto 1991
Blake, Cassel & Graydon LLP: Investitionen in Kanada – Ein Leitfaden für deutsche Investoren, abrufbar unter: http://www.blakes.com/english/publications/referenceguid es/InvestingInCanadaGerman04.pdf
Buckley, Corporations: Principles and Policies, Toronto 1995

General Partnership/ Limited Partnership | Manzer, A Practical guide to Canadian Partnership Law, Aurora 1994

j) Kollisionsregel des Internationalen Gesellschaftsrecht: Nach welchen Kriterien bestimmt sich, welches Recht auf eine Gesellschaft Anwendung findet?

Corporation | Das auf die *corporation* anwendbare Recht bestimmt sich nach der Rechtsordnung, in der die Corporation gegründet wurde. | **1248**

General Partnership | Für ein *general partnership* ist das Recht maßgeblich, dem die Gesellschafter unterliegen. | **1249**

Limited Partnership | Auf das *limited partnership* findet das Recht derjenigen Provinz Anwendung, nach dem die *limited partnership* gegründet wurde. | **1250**

9. Italien*

a) Häufig genutzte Gesellschaftsformen 1251

Società a responsabilità limitata („S.r.l.")
Società per azioni („S.p.a.")

---

* Für die Vorbereitung dieses Länderberichts danken wir Sven von Mensenkampff, Pavia e Ansaldo, Mailand.

b) Erforderliche Zeit für eine Gründung

1252

Die für eine Gründung erforderliche Zeit variiert erheblich. Die Dauer hängt unter anderem davon ab, ob eine Standardlösung oder auf besondere Umstände zugeschnittene Lösung angestrebt wird. In letzterem Fall muss für Vorbereitung bzw. Verhandlung von Satzung und gesellschaftsrechtlichen Nebenabreden hinreichend Zeit veranschlagt werden.

1253 S. r. l./S. p. a.

Ab Feststellung der Satzung ungefähr zehn Tage, wobei die Dauer abhängig vom Notar und Unternehmensregister *(registro imprese)* erheblich schwanken kann. Im Eilfall kann unter Umständen eine Eintragung in zwei Tagen erreicht werden.

c) Notwendige Schritte für die Gründung

1254 S. r. l.

Notarielles Protokoll mit Feststellung des Gesellschaftsvertrages.
Übernahme des gesamten Stammkapitals durch die Gründer.
Im Falle einer Bargründung Einzahlung des gezeichneten Kapitals bei einer Bank vor oder bei der Feststellung des Gesellschaftsvertrages. Bei einer Mehrzahl von Gesellschaftern muss mindestens 25% der Einlage eingezahlt werden, bei einem Alleingesellschafter 100%.
Im Falle einer Sachgründung müssen 100% der Einlage geleistet werden. Die eingebrachten Güter oder Forderungen werden von einem Sachverständigen oder einer Wirtschaftsprüfungsgesellschaft bewertet.
Bestellung des ersten Geschäftsführungsorgans (Verwaltungsrat oder Einzelgeschäftsführer).
Gegebenenfalls Bestellung des ersten Revisorenrates.
Vorlage von Gründungsurkunde und Gesellschaftsvertrag beim Unternehmensregister durch einen Notar oder das Geschäftsführungsorgan und Beantragung der Eintragung.
Prüfung der formalen Voraussetzungen durch das Register und Eintragung der Gesellschaft.

1255 S. p. a.

Notarielles Protokoll mit Feststellung der Satzung.
Übernahme des gesamten Grundkapitals durch die Gründer.
Im Falle einer Bargründung Einzahlung des gezeichneten Kapitals bei einer Bank vor oder bei der Feststellung der Satzung. Bei einer Mehrzahl von Aktionären muss mindestens 25% der Einlage eingezahlt werden, bei einem Alleinaktionär 100%.
Im Falle einer Sachgründung müssen 100% der Einlage geleistet werden. Die eingebrachten Güter oder Forderungen werden von einem durch das zuständige Landgericht ernannten Sachverständigen bewertet.
Bestellung des ersten Geschäftsleitungsorgans (Verwaltungsrat oder Vorstand).
Bestellung des ersten Kontrollorgans (Revisorenrat oder Aufsichtsrat).
Vorlage von Gründungsurkunde und Satzung beim Unter-

nehmensregister durch einen Notar oder das Geschäftslei-
tungsorgan und Beantragung der Eintragung.
Prüfung der formalen Voraussetzungen durch das Register
und Eintragung der Gesellschaft.
Die Gründung einer S. p. a. kann auch durch eine öffentliche Ausschreibung erfolgen. Bei dieser Form der Gründung folgt die Übernahme des Grundkapitals durch Investoren nach Veröffentlichung eines Gründungsprogramms.
Diese Form der Gründung ist jedoch umständlich und teuer
und wird deshalb in der Praxis kaum gewählt.

d) Mindestkapital

S. r. l.	EUR 10 000.	**1256**
S. p. a.	EUR 120 000.	**1257**

e) Notwendige Organe der Gesellschaft einschließlich Angabe der Mindestzahl der Personen in Geschäftsführungs- bzw. Verwaltungsorganen

S. r. l.   Gesellschafterversammlung *(assemblea)*.   **1258**
                  Alleingeschäftsführer *(amministratore unico)*, mehrere Einzel-
                  geschäftsführer oder Verwaltungsrat *(consiglio di amministrazi-
                  one)* als Kollegialorgan.
                  Die Einrichtung eines Revisorenrates *(collegio sindacale)* als
                  Kontrollorgan ist zwingend, wenn das Stammkapital min-
                  destens EUR 120 000 beträgt oder bei Überschreitung von
                  zwei der folgenden drei Schwellenwerte in zwei aufeinander
                  folgenden Geschäftsjahren:
                  – Eigenkapital übersteigt EUR 3 125 000;
                  – Erträge aus Verkäufen und/oder Dienstleistungen über-
                    steigen EUR 6 250 000;
                  – Beschäftigung von durchschnittlich 50 Angestellten.
                  Der Revisorenrat hat fünf Mitglieder, davon drei aktive und
                  zwei Ersatzmitglieder. Zwei dieser Mitglieder müssen
                  Wirtschaftsprüfer sein, die anderen müssen bestimmten Be-
                  rufsgruppen (z. B. Rechtsanwälte) angehören.

S. p. a.   Hauptversammlung *(assemblea)*.   **1259**
                  Bei der S. p. a. kann zwischen drei verschiedenen Leitungs-/
                  Kontrollmodellen gewählt werden:
                  – Traditionelles Modell
                    Leitungsorgan: Alleinverwalter *(amministratore unico)* oder
                    Verwaltungsrat *(consiglio di amministrazione)* (Kollegialor-
                    gan), dessen Mitgliederzahl in der Satzung bestimmt wird.
                    Kontrollorgan: Revisorenrat *(collegio sindacale)* mit fünf
                    Mitgliedern, davon drei aktive und zwei Ersatzmitglieder.
                    Zwei dieser Mitglieder müssen Wirtschaftsprüfer sein, die
                    anderen müssen bestimmten Berufsgruppen (z. B. Rechts-
                    anwälte) angehören.
                  – Dualistisches Modell
                    Leitungsorgan: Vorstand *(consiglio di gestione)* mit mindes-
                    tens zwei Mitgliedern.
                    Kontrollorgan: Aufsichtsrat *(consiglio di sorveglianza)* mit
                    mindestens drei Mitgliedern, davon mindestens ein Wirt-
                    schaftsprüfer.
                  – Monistisches Modell

Im monistischen Modell wird innerhalb eines Verwaltungsrates ein Kontrollkomitee *(comitato per il controllo sulla gestione)* gebildet. Das Gesetz enthält keine Vorgaben zur Mindestanzahl der Mitglieder des Verwaltungsrates oder des Kontrollkomitees. Mitglieder des Kontrollkomitees dürfen keine Leitungsaufgaben wahrnehmen. Mindestens ein Mitglied des Kontrollkomitees muss Wirtschaftsprüfer sein.

f) Börsenzulassung

1260 S. r. l.   Nein.

1261 S. p. a.   Ja.

g) Wesentliche Steuern, die auf die Gesellschaft Anwendung finden und Angabe der anwendbaren Steuersätze

1262 Die Körperschaftsteuer *(IRES)* beträgt 33% des erwirtschafteten Gewinns.

1263 Die Regionalsteuer für Produktionsaktivitäten *(IRAP)* liegt bei 4,25%.

1264 Dividenden sind auf der Ebene der vereinnahmenden Gesellschaft zu 95% von der Besteuerung freigestellt, außer wenn es sich um Dividenden von Gesellschaften mit Sitz in einem Steuerparadies handelt.

1265 Steuerfreiheit von Gewinnen aus Veräußerungen von Beteiligungen *(shares)* an Kapitalgesellschaften, wenn
– die Beteiligung in der Bilanz unter Finanzanlagen ausgewiesen ist;
– die Anteile mindestens ein Jahr ununterbrochen gehalten wurden (LIFO-Methode);
– die Gesellschaft, an der die Beteiligung besteht, eine Handelstätigkeit ausübt;
– es sich nicht um Anteile an ausländischen Gesellschaften mit Sitz in einem Steuerparadies handelt.

1266 ### h) Weitere Besonderheiten

Das italienische Gesellschaftsrecht wurde durch das Gesetz Nr. 366 vom 3. 10. 2001 und die Gesetzesdekrete Nr. 5 und 6 vom 17. 1. 2003, die zum 1. 1. 2004 in Kraft traten, in weiten Teilen reformiert. Weitere Änderungen wurden durch die Gesetzesdekrete Nr. 37 vom 6. 2. 2004 und Nr. 320 vom 28. 12. 2004 eingeführt. Nach dem Inkrafttreten der Gesetzesdekrete am 1. 1. 2004 können Gesellschaften nur noch nach neuem Recht gegründet werden. Gesellschaften, die vor dem 1. 1. 2004 nach altem Recht gegründet wurden, waren verpflichtet, ihre Struktur bis zum 30. 9. 2004 an das neue Recht anpassen. Satzungsregelungen, die nach neuem Recht nicht zulässig sind, werden andernfalls ungültig und durch die neue gesetzliche Regelung ersetzt.

**i) Weiterführende Literatur zum Gesellschaftsrecht dieses Landes und den häufig   1267
genutzten Gesellschaftsformen**

> Abriani u. a., Diritto delle società – Manuale breve, Mailand 2004
>
> Buenger, Die Reform des italienischen Gesellschaftsrechts, RIW 2004, 249 ff.
>
> Campobasso, La riforma delle società di capitali e delle cooperative, (Ergänzung zu: Diritto Commerciale Bd. 2, 5. Aufl., Turin 2002), 2. Aufl., Turin 2004
>
> Cottino u. a., Il nuovo diritto societario, Turin 2004
>
> Galgano, Diritto Commerciale, 13. Aufl., Bologna 2003
>
> Hartl, Reform des italienischen Gesellschaftsrechts, NZG 2003, 667 ff.
>
> Hofmann, Gesellschaftsrecht in Italien, 2. Aufl., München 1997
>
> Ipsoa/Francis Lefebvre, Società commerciali 2005, Mailand 2005
>
> Kindler, Einführung in das italienische Recht, München 2002
>
> Kindler, Italienisches Handels- und Wirtschaftsrecht, Heidelberg 2002
>
> Magelli/Masotto, Reform des italienischen Gesellschaftsrechts: Kapitalmaßnahmen in italienischen Gesellschaften mit beschränkter Haftung, RIW 2003, 575 ff.
>
> Magrini, Italienisches Gesellschaftsrecht, München 2004
>
> Olivieri u. a., Il diritto delle società, Bologna 2004
>
> Steinhauer, Die Reform des Gesellschaftsrechts in Italien, EuZW 2004, 364 ff.

**j) Kollisionsregel des Internationalen Gesellschaftsrecht: Nach welchen Kriterien   1268
bestimmt sich, welches Recht auf eine Gesellschaft Anwendung findet?**

> Gemäß Art. 25 Italienisches IPR Gesetz (Gesetz Nr. 218 vom 31. 5. 1995) findet auf Gesellschaften das Recht des Staates Anwendung, in dessen Staatsgebiet ihre Gründung vollzogen wurde. Ungeachtet dessen findet italienisches Recht Anwendung, wenn der Verwaltungssitz in Italien liegt oder wenn die hauptsächlichen Geschäftsaktivitäten der Gesellschaft in Italien ausgeübt werden. Eine Verlegung des in der Satzung festgelegten Gesellschaftssitzes in einen anderen Staat und eine Verschmelzung von Gesellschaften mit Sitz in verschiedenen Staaten sind nur dann zulässig, wenn sie im Einklang mit den Gesetzen der betroffenen Staaten erfolgen.

10. Japan[*]

a) Häufig genutzte Gesellschaftsformen   1269

> Kabushiki Kaisha („K. K.")
> Yugen Kaisha („Y. K.")

b) Erforderliche Zeit für eine Gründung

K. K.	Zwei bis drei Wochen, sofern alle dafür erforderlichen Informationen vorliegen.	1270
Y. K.	Ca. drei Wochen.	1271

---

[*] Für die Vorbereitung dieses Länderberichts danken wir Steve Lewis, Herbert Smith, Tokio.

c) Notwendige Schritte für die Gründung

1272 K. K.   Vorläufige Genehmigung des Gesellschaftszwecks durch das zuständige Legal Affairs Bureau.

Erstellung der Satzung und notarielle Beurkundung.

Bestellung eines Vertreters (üblicherweise übernimmt diese Funktion ein japanischer Rechtsanwalt, der die Gesellschaftsgründung betreut), der die Gründer gegenüber dem Legal Affairs Bureau vertritt.

Bestellung einer Bank, bei der die Einlagen hinterlegt werden und die eine Bescheinigung bezüglich der Hinterlegung der Einlagen ausstellt. Die Bank wird die Einlagen bis zur Gründung der K. K. verwahren. Bei der Gründung zahlt die Bank die Einlagen in ein von der K. K. geführtes Konto ein.

Zahlung der Einlagen.

Erhalt der von der Bank auszustellenden Bescheinigung über die Einzahlung der Einlagen.

Erstellung des Prüfungsberichts durch die leitenden Angestellten der K. K., durch den bestätigt wird, dass das Gründungsverfahren ordnungsgemäß durchgeführt wurde.

Anmeldung der Gründung beim zuständigen Legal Affairs Bureau.

Erstellung des Gesellschaftssiegels.

Einreichung eines Post-facto-Berichts bezüglich des Erwerbs von Geschäftsanteilen durch die Muttergesellschaft der K. K. bei der japanischen Regierung in Übereinstimmung mit dem Devisen- und Außenhandelsrecht.

Schriftliche Benachrichtigung der nationalen und lokalen Steuerbehörden von der Gründung.

1273 Y. K.   Vorläufige Genehmigung des Gesellschaftszwecks durch das zuständige Legal Affairs Bureau.

Erstellung der Satzung und notarielle Beurkundung.

Bestellung einer Bank, bei der die Einlagen hinterlegt werden und die eine Bescheinigung bezüglich der Hinterlegung der Einlagen ausstellt. Die Bank wird die Einlagen bis zur Gründung der Y. K. verwahren. Bei der Gründung zahlt die Bank die Einlagen in ein von der Y. K. geführtes Konto ein.

Zahlung der Einlagen.

Erhalt der von der Bank auszustellenden Bescheinigung über die Einzahlung der Einlagen.

Erstellung des Prüfungsberichts durch die leitenden Angestellten der Y. K., durch den bestätigt wird, dass das Gründungsverfahren ordnungsgemäß durchgeführt wurde.

Anmeldung der Gründung beim zuständigen Legal Affairs Bureau.

Erstellung des Gesellschaftssiegels.

Einreichung eines Post-facto-Berichts bezüglich des Erwerbs von Geschäftsanteilen durch die Muttergesellschaft der Y. K. bei der japanischen Regierung in Übereinstimmung mit dem Devisen- und Außenhandelsrecht.

Schriftliche Benachrichtigung der nationalen und lokalen Steuerbehörden von der Gründung.

d) Mindestkapital

K. K.	JPY 10 000 000	**1274**
Y. K.	JPY 3 000 000	**1275**

e) Notwendige Organe der Gesellschaft einschließlich Angabe der Mindestzahl der Personen in Geschäftsführungs- bzw. Verwaltungsorganen

K. K.   Der Vorstand einer K. K. muss sich aus mindestens drei *di-* **1276** *rectors* zusammensetzen mit mindestens einem vertretungsberechtigten *director,* der für die Führung des laufenden Geschäftsbetriebs der K. K. zuständig ist. Mindestens ein *director* muss in Japan ansässig sein, ohne jedoch japanischer Staatsangehöriger sein zu müssen. Eine K. K. muss mindestens einen internen Prüfer bestellen. Beläuft sich ihr Grundkapital auf mehr als JPY 500 000 000, sind mindestens drei Prüfer erforderlich.

Die Anzahl von Aktionären einer K. K. unterliegt keinen **1277** gesetzlichen Vorgaben. Erlaubt ist auch ein Alleinaktionär. Ein Aktionär einer K. K. wird *Kabunushi* genannt.

Y. K.   Eine Y. K. bedarf lediglich eines *directors.* Die Bestellung ei- **1278** nes Prüfers ist optional. Mindestens ein *director* muss in Japan ansässig sein, ohne jedoch japanischer Staatsangehöriger sein zu müssen.

Die Anzahl der Gesellschafter einer Y. K. ist auf 50 begrenzt. Erlaubt ist auch ein einziger Gesellschafter. Ein Gesellschafter einer Y. K. wird *Shain* genannt.

Es steht im Ermessen der Gesellschaft, einen oder mehrere vertretungsberechtigte *directors* zu bestellen. Jeder vertretungsberechtigte *director* ist bevollmächtigt, die Gesellschaft zu vertreten und zu binden.

Alle *directors* einer Y. K. sind gesetzlich befugt, die Gesell- **1279** schaft zu vertreten und zu binden. Verfügt die Gesellschaft jedoch über einen oder mehrere vertretungsberechtigte *directors (representative directors),* so sind die übrigen *directors* nicht länger berechtigt, die Gesellschaft zu binden. Da vertretungsberechtigte *directors* beim Legal Affairs Bureau registriert sind, gelten Dritte als davon in Kenntnis gesetzt, dass ausschließlich die eingetragenen *directors* berechtigt sind, Transaktionen abzuschließen und die Gesellschaft zu binden.

f) Börsenzulassung

K. K.	Ja.	**1280**
Y. K.	Nein.	**1281**

g) Wesentliche Steuern, die auf die Gesellschaft Anwendung finden und Angabe der anwendbaren Steuersätze

Nach japanischem Recht gegründete Gesellschaften unter- **1282** liegen der Körperschaftsteuer *(Hojinzei),* Unternehmenssteuer *(Hojin jigyouzei)* und Einwohnersteuer für Körperschaften *(Hojin jyuminzei)* (vergleichbar mit der deutschen Gewerbesteuer).

Große Unternehmen, d. h. Unternehmen mit einem Kapital **1283** von über JPY 100 000 000, unterliegen einer Körperschaft-

steuer von 30%. Kleine Unternehmen, d. h. Unternehmen
mit einem Kapital von weniger als JPY 100 000 000, unterliegen einer Körperschaftsteuer von 22% für Gewinne bis zu
JPY 8 000 000 und einer Körperschaftsteuer von 30% für
höhere Gewinne.

1284   Während es sich bei der Körperschaftsteuer um eine einheitliche Steuer auf nationaler Ebene handelt, sind die
Unternehmenssteuer und Einwohnersteuer für Körperschaften lokale Steuern, die von Präfekten und Gemeinde-
regierungen erhoben werden. Dementsprechend variieren
die Steuersätze je nach Stadt bzw. Bezirk, in der/dem die
Gesellschaft gegründet wurde und ihren Sitz hat. Einwohnersteuer für Körperschaften ist außerdem abhängig von
der Höhe des eingezahlten Kapitals, der Kapitalrücklage
und der Anzahl der Arbeitnehmer. Hierzu folgendes Beispiel: Ein in Tokio gegründetes großes Unternehmen mit
einem eingezahlten Kapital und einer Kapitalrücklage von
insgesamt mehr als JPY 5 Milliarden und über 50 Arbeitnehmern müsste seine Gewinne wie folgt versteuern: Körperschaftsteuer 30%, Unternehmenssteuer 10,08% und Einwohnersteuer für Körperschaften 6,21 %, was zu einer
Steuerbelastung von insgesamt 46,29% führt. Bei Berücksichtigung von Steuervergünstigungen liegt sie wahrscheinlich bei 42%.

1285   Die Übertragung von Gesellschaftsanteilen unterliegt einer
Steuer auf Übertragungsgewinne *(jouto ekizei)*. Zwischen
dem 1. 1. 2003 und dem 31. 3. 2003 übertragene Anteile
unterliegen einer Steuer in Höhe von 20% (15% Körperschaftsteuer und 5% Einwohnersteuer für Körperschaften).
Anteile, die zwischen dem 1. 4. 2003 und dem 31. 12. 2007
übertragen wurden bzw. werden, unterliegen einer Steuer
in Höhe von 10% (7% Körperschaftsteuer und 3% Einwohnersteuer für Körperschaften). Nicht zu versteuern sind
Übertragungen von Anteilen, die zwischen dem 30. 11.
2001 und dem 31. 12. 2002 erworben wurden und in den
Jahren 2005 bis 2007 übertragen werden, sofern der ur-
sprüngliche Kaufpreis unter JPY 10 000 000 liegt.

h) Weitere Besonderheiten

1286   Es existieren zwei weitere Gesellschaftsformen, die jedoch
nur selten verwendet werden:
- *Gomei Kaisha,* deren Gesellschafter den Gläubigern der
  Gesellschaft gegenüber uneingeschränkt haften. Diese
  Gesellschaftsform ähnelt einer offenen Handelsgesell-
  schaft.

1287   –*Goshi Kaisha,* deren Gesellschafter sich aus Kommanditisten und Komplementären zusammensetzen. Die Haftung
der Kommanditisten gegenüber den Gläubigern der Gesellschaft ist auf ihre jeweilige Einlage beschränkt. Diese Gesellschaftsform ähnelt der Kommanditgesellschaft.

1288   Die Mehrheit der japanischen Gesellschaften sind K.K.s.
Der kommerzielle Nachteil einer Y.K. ist, dass sie den Eindruck eines kleineren Gewerbetriebes vermittelt.

Y.K.

Die wesentlichen Kosten der Gründung der Y.K. setzen **1289** sich folgendermaßen zusammen:
- Die Kosten der notariellen Beurkundung der Satzung belaufen sich auf ca. JPY 100 000 (einschließlich Stempelgebühren).
- Die Bank wird für die Verwahrung der Stammeinlagen in der Regel eine Bearbeitungsgebühr von 0,25% der zurückgezahlten Stammeinlagen berechnen. Dies entspricht einer Bearbeitungsgebühr von ca. JPY 8000 bei einem Anfangskapital von JPY 3 Mio.
- Die Registrierungssteuer für die Gründung beträgt entweder 0,7% des eingezahlten Kapitals der Gesellschaft oder JPY 60 000. Der höhere Betrag ist maßgeblich. Beläuft sich das Anfangskapital auf JPY 3 Mio., so beträgt die Registrierungssteuer JPY 60 000.
- Die Eintragung des Gesellschaftssiegels kostet etwa JPY 20 000.

Der Mindestwert eines Geschäftsanteils beträgt JPY 50 000. **1290** Alle Geschäftsanteile müssen den gleichen Wert haben. Beträgt das Anfangskapital JPY 3 Mio., wird das Stammkapital bei der Gründung beispielsweise in 60 Geschäftsanteile aufgeteilt (JPY 50 000 × 60 Geschäftsanteile).

K.K.

Der vertretungsberechtigte *director (representative director)* einer **1291** japanischen Gesellschaft ist der einzige leitende Angestellte mit uneingeschränkter Vertretungsmacht. Hat eine Gesellschaft mehrere vertretungsberechtigte *directors*, ist jeder einzelne von ihnen berechtigt, Verträge abzuschließen und die Gesellschaft zu binden, sofern nicht nur gemeinschaftliche Vertretungsmacht eingeräumt worden ist. Eine solche ist beim Legal Affairs Bureau einzutragen.

Die Vertretungsmacht eines vertretungsberechtigten *director* **1292** kann ferner durch einen Beschluss des *board* oder der Aktionäre eingeschränkt werden. Dies wird jedoch nicht beim Legal Affairs Bureau eingetragen und Dritten somit nicht zur Kenntnis gebracht. Da es sich hierbei um eine interne Beschränkung handelt, würde ein vertretungsberechtigter *director*, der eine Transaktion im Namen der Gesellschaft ohne die erforderliche Zustimmung des *board* abschließt, die Gesellschaft dennoch gegenüber dem betreffenden Dritten binden. Nach japanischem Handelsrecht kann die Gesellschaft die mangelnde Befugnis des vertretungsberechtigten *director*, die Gesellschaft zu binden, nicht gegenüber einem gutgläubigen Dritten geltend machen.

Auch ein nicht vertretungsberechtigter *director* und ein Geschäftsführer einer Gesellschaft, der einen Titel (beispielsweise Präsident, Vizepräsident, leitender Geschäftsführer oder Geschäftsführer) führt, bindet die Gesellschaft, wenn er Geschäfte im Namen der Gesellschaft mit gutgläubigen Dritten abschließt. **1293**

i) Weiterführende Literatur zum Gesellschaftsrecht dieses Landes und den häufig **1294**
genutzten Gesellschaftsformen

Baum, Der Markt für Unternehmen und die Regelung von öffentlichen Übernahmeangeboten in Japan, AG 1996, 399 ff.

Brondics/Kouichi/Inaniwa, Aktionär und Aktiengesellschaft
in Japan, RIW 1987, 13 ff.

Grossfeld/Yamauchi, Internationales Gesellschaftsrecht in
Japan, AG 1985, 229 ff.

Hayakawa/Raidl-Marcure, Japanische Gesellschaftsrechts-
reform – Teilnovelle 1991 zum Aktien- und GmbH-Recht,
RIW 1992, 282 ff.

Hommelhoff/Kiuchi, Die Gründung einer Tochtergesellschaft in Japan – eine Einführung, ZGR 1981, 145 ff.

Kessler, Leitungskompetenz und Leitungsverantwortung im
deutschen, US-amerikanischen und japanischen Aktienrecht, RIW 1998, 602 ff.

Kock, Unternehmensgründungen und -kooperationen in
Japan, WiB 1996, 976 ff.

Marutschke, Einführung in das japanische Recht, München
1999

Maruyama, Die Rechtslage der kleinen geschlossenen AG
in Japan, AG 1993, 115 ff.

Rudo/Takahasi, Bestandsaufnahme – Die japanische Aktienrechtsreform des Jahres 1997, RIW 1998, 616 ff.

Yamauchi, Internationales Konzernrecht in Japan, ZGR
1991, 235 ff.

**1295 j) Kollisionsregel des Internationalen Gesellschaftsrecht: Nach welchen Kriterien
bestimmt sich, welches Recht auf eine Gesellschaft Anwendung findet?**

Allgemein unterliegen alle Gesellschaften, die nach japani-
schem Recht gegründet wurden oder Zweigniederlassungen
ausländischer Gesellschaften sind, dem japanischen Recht.
Im japanischem Recht ist dies als der *„Hojin no jyuzokusei"*-
Grundsatz bekannt. Er ist jedoch weder im Zivilgesetzbuch
noch im Handelsgesetzbuch normiert. Die Aufnahme dieses
Grundsatzes in das Handelsgesetzbuch wurde indes im
März 2004 im japanischen Parlament erörtert.

II. Ausführlichere Länderberichte

1. Gesellschaftsrecht der USA*

a) Anwendbares Recht

1296   In den USA gibt es kein einheitliches Gesellschaftsrecht, da die Gesetzgebungskompetenz bei den einzelnen Bundesstaaten liegt. Dennoch stimmt die Rechtslage in den verschiedenen Bundesstaaten in ihren Grundzügen und vielfach auch im Detail überein.

1297   Für die Rechtsangleichung sind zum einen Modellgesetze verantwortlich, die zu allen
wesentlichen Gesellschaftsformen bestehen. Sie haben Einfluss auf die gesellschaftsrechtliche Gesetzgebung von vielen Bundesstaaten. Vielfach werden sie sogar ohne Änderungen von den Bundesstaaten übernommen. Für die weitgehende Rechtseinheit, insbesondere beim Gesellschaftsrecht für *corporations,* trägt jedoch in erster Linie bei, dass der
Gesetzgebung und Rechtsprechung im Bundesstaat Delaware in weiten Bereichen des

---

* Für die Vorbereitung dieses Länderberichts danken wir Christopher Harrison, Cravath Swaine &
Moore LLP, New York.

Gesellschaftsrechts eine Vorbildfunktion zukommt. Andere Bundesstaaten orientieren sich an den Gesetzesänderungen von Delaware und übernehmen sie zum Teil wortgleich. Fehlen Präjudizien in der eigenen Jurisdiktion, so greifen die Gerichte regelmäßig auf Entscheidungen aus Delaware zurück. Grund hierfür ist zum einen, dass Delaware bekannt ist für sein weitgehend dereguliertes, liberales und den Erfordernissen der Praxis entsprechendes Gesellschaftsrecht. Die Gerichtsbarkeit in diesem Staat weist eine besondere Fachkompetenz in gesellschaftsrechtlichen Fragestellungen auf, und aufgrund der Vielzahl an Entscheidungen ist die Rechtslage besser vorhersehbar. Zum anderen stehen die Einzelstaaten aus kollisionsrechtlichen Gründen teilweise untereinander im Wettbewerb; unabhängig von dem tatsächlichen Verwaltungssitz der Gesellschaft können die Gesellschaftsgründer das anwendbare Gesellschaftsrecht frei wählen.

Corporations, die in wirtschaftlicher Hinsicht wichtigste US-amerikanische Gesellschafts- **1298** form, unterliegen dem Recht ihres Gründungsstaats. Das ist besonders bedeutsam, da das Recht des Inkorporationsstaats maßgebend für die Gründung, Beendigung und Abwicklung sowie die internen Angelegenheiten der Gesellschaft ist. Insbesondere die Rechtsbeziehungen zwischen den *directors, officers* und *shareholders* bestimmen sich nach dem Gründungsrecht. Zu nennen sind etwa die Pflichten der *officers* und *directors* gegenüber der Gesellschaft, die Verantwortung des *board of directors* gegenüber den Aktionären, die Stimm- und Informationsrechte der *shareholders* sowie die Durchführung von Versammlungen der *directors* oder *shareholders.*

Bei der Wahl des Inkorporationsstaats durch einen ausländischen Investor kommt es vor **1299** allem darauf an, ob die Gesellschaftsanteile an Dritte veräußert werden sollen. Ist dies der Fall, ist Delaware normalerweise als Inkorporationsstaat zu empfehlen, da die Investoren mehr Rechtssicherheit genießen und weniger Aufwand bei der Due Diligence betreiben müssen. Der ausländische Investor sollte jedoch auch erwägen, dass bestimmte andere Bundesstaaten übernahmefreundliche Aspekte des Gesellschaftsrechts von Delaware nicht übernommen haben und daher wirksamere Abwehrmechanismen gegen feindliche Geschäftsübernahmen zulassen. Wenn keine Geschäftsanteile an Dritte veräußert werden sollen, dann kommt es in der Regel hauptsächlich darauf an, Mehraufwand und Zusatzkosten bei der Rechtsberatung zu vermeiden. Auch insofern kann eine Gesellschaftsgründung in Delaware vorteilhaft sein, da das Gesellschaftsrecht dieses Bundesstaats eine Ausnahmestellung in Bezug auf die Rechtsberatung und -vertretung einnimmt. Im Allgemeinen dürfen US-Anwälte nur zu dem Gesellschaftsrecht desjenigen Bundesstaates beraten, in dem sie zugelassen sind. Zum Gesellschaftsrecht des Bundesstaats Delaware dürfen aber auch in anderen Bundesstaaten zugelassene Anwälte und damit auch New Yorker Kanzleien beraten. Dadurch werden die Wahlmöglichkeiten für den Investor erheblich erweitert. Die mit einer Gründung in Delaware verbundenen Zusatzkosten und der Mehraufwand sind in der Regel minimal. Hat ein Investor jedoch nicht die Absicht, Anteile an der Gesellschaft zu einem späteren Zeitpunkt an Dritte zu veräußern, bietet sich natürlich auch das Recht des Bundesstaats, in dem die Gesellschaft ihren Verwaltungssitz hat, als Inkorporationsstatut an. Dies gilt besonders dann, wenn der Investor bereits von einer Kanzlei in diesem Bundesstaat beraten wird und auch die Gesellschaft von der Kanzlei beraten werden soll.

b) Gesellschaftsformen

Zu den in den USA am häufigsten genutzten Rechtsformen gehören die *corporation,* die **1300** *limited liability company* und verschiedene Arten von *partnerships.* Nach deutscher Gesellschaftsrechtsdogmatik wäre die *corporation* als Kapitalgesellschaft einzuordnen und die *partnerships* als Personengesellschaften. Neben den traditionellen Rechtsformen von US-amerikanischen Gesellschaften sind in jüngerer Zeit auch hybride Sonderformen entstanden, die Elemente sowohl einer *corporation* als auch eines *partnership* aufweisen. Die *limited liabilty company,* zum Beispiel, verbindet Elemente von einer Personengesellschaft und von einer Kapitalgesellschaft.

1301   Unabhängig von der gewählten Rechtsform sind Gesellschaftsgründungen in sämtlichen Bundesstaaten vergleichsweise schnell, kostengünstig und unkompliziert möglich. In der Regel dauert es ein bis zwei Tage, um die Formalitäten zu erledigen. Die Formalitäten sind in der Tat so gering, dass sie auch innerhalb von wenigen Stunden erledigt werden könnten.

1302   **aa) Corporation.** *(1) Strukturmerkmale.* Wenn die Anteile einer *corporation* weit gestreut sind und über die Börsen oder über Makler *(broker)* „over-the-counter" erworben und veräußert werden, wird die *corporation* als *public corporation* bezeichnet. Die *public corporation* (wie alle Gesellschaften mit öffentlich gehandelten Gesellschaftsanteilen) unterliegt den zusätzlichen Berichts- und Offenlegungspflichten des Kapitalmarktrechts *(securities laws)*. Wenn die Anteile über eine Börse gehandelt werden, muss auch das Regelwerk der Börse *(stock exchange rules)* beachtet werden. Demgegenüber verteilen sich die nicht öffentlich gehandelten Anteile der *closely held corporation* auf wenige Anteilseigner.

1303   Eine besondere Art der *closely held corporation* ist die *close corporation.* Wann eine *close corporation* vorliegt, ist nicht einheitlich definiert. Regelmäßig wird eine *corporation* aber erst als *close corporation* betrachtet, wenn die Gesellschafter der *corporation* eine entsprechende Entscheidung getroffen haben. Dabei wird weitgehend auf eine Höchstzahl der Anteilseigner und auf eine beschränkte Übertragbarkeit der Geschäftsanteile abgestellt. Eine Übertragung der Anteile bei der *close corporation* ist in der Regel verschiedenen Beschränkungen unterworfen, zum Beispiel durch eingeräumte Vorkaufsrechte. Bei einer *close corporation* nehmen die meisten Anteilseigner typischerweise aktiv an der Geschäftsführung teil. Ein Markt für den Handel mit Anteilen an *close corporations* existiert nicht.

1304   Die *corporation* hat eine eigene Rechtspersönlichkeit. Ihre Existenz ist vom Bestand der Gesellschafter unabhängig. Als juristische Person kann sie Trägerin von Rechten und Pflichten sein und unter eigenem Namen klagen und verklagt werden. Für Verbindlichkeiten der Gesellschaft haften die Gesellschafter nicht mit ihrem Privatvermögen. Das Gesellschaftskapital ist in Anteile *(shares)* aufgeteilt. Mit Ausnahme der *close corporation* können die Anteile einer *corporation* prinzipiell frei übertragen werden. Die Firma der *corporation* hat aus Gründen des Verkehrsschutzes deutlich zu machen, dass es sich um eine juristische Person handelt. Dies erfolgt regelmäßig durch Hinzufügung einer entsprechenden Abkürzung, insbesondere „Inc.", „Corp.", „Ltd." oder „Co.".

1305   *(2) Gründungsvorgang.* Die Gründung einer *corporation* kann durch einen einzelnen Gründer erfolgen. Dabei kann es sich auch um eine juristische Person handeln. In der Praxis wird die Unternehmensgründung üblicherweise durch Anwaltskanzleien oder spezialisierte Dienstleistungsunternehmen durchgeführt. Um eine *corporation* zu gründen, müssen *Articles of Incorporation* unterzeichnet und in beglaubigter Form beim *Secretary of State* des Gründungsstaates eingereicht werden. Zugleich müssen die Gründungsgebühren entrichtet werden. Die Behörde prüft die formellen Gründungsvoraussetzungen und stellt das sogenannte *Certificate of Incorporation* aus. Bereits mit der Registrierung ist die *corporation* rechtswirksam entstanden. Der Aufbringung eines Mindestkapitals bedarf es in den meisten Bundesstaaten nicht. In den übrigen Bundesstaaten ist es vergleichsweise gering.

1306   Durch schriftlichen Beschluss (oder Durchführung einer Gründungsversammlung) ernennen die Gründer die ersten *directors* und *officers* und erlassen die *by-laws.* Alternativ können bereits in den *Articles of Incorporation* die ersten *directors* benannt werden. Dadurch würde aber die Identität der ernannten *directors* in den behördlich verfügbaren *Articles of Incorporation* offengelegt werden.

1307   Bei den *by-laws* handelt es sich um eine Art Geschäftsordnung, in der die internen Angelegenheiten, Abläufe und Verfahrensweisen der Gesellschaft geregelt sind. Wenngleich diese Regelungen auch in den *Articles of Incorporation* getroffen werden könnten, geschieht dies aus Gründen der Praktikabilität zumeist in den *by-laws,* weil diese nicht bei der *Secretary of State* eingereicht werden und einfacher geändert werden können. Stehen die *by-laws* zu den *Articles of Incorporation* inhaltlich im Widerspruch, so gehen letztere vor.

(3) Organe der Gesellschaft. Die Gesellschaftsstruktur bei der *corporation* ist geprägt durch **1308** eine Aufteilung der verschiedenen Gesellschaftsfunktionen zwischen den *shareholders,* dem *board of directors* und den *officers.*

(a) Shareholders. Mindestens einmal im Jahr soll eine Jahreshauptversammlung *(annual* **1309** *shareholders' meeting)* abgehalten werden. Allgemein wählen die Aktionäre bei dieser Gelegenheit die *directors.* Zusätzlich können außerordentliche Hauptversammlungen *(special shareholders' meetings)* einberufen werden. Rechtlich gibt es keine Begrenzungen in Bezug auf die Fragen, die bei einer außerordentlichen Hauptversammlung zur Entscheidung anstehen dürfen. In der Praxis werden aber nur grundlegende Angelegenheiten der Gesellschaft wie Umstrukturierungen und Verschmelzungen in außerordentlichen Hauptversammlungen entschieden. Auch im Zusammenhang mit feindlichen Übernahmen werden außerordentliche Hauptversammlungen einberufen, bei denen die *shareholders* über die Abwahl der bisherigen *directors* und die Neuwahl von bietertreuen, übernahmefreundlichen *directors* zu entscheiden haben. Auf diese Weise kann unter bestimmten Umständen eine sogenannte *poison pill* (ein in den USA gängiger Abwehrmechanismus gegen feindliche Übernahmen) umgangen werden. Die Einberufung von außerordentlichen Hauptversammlungen erfolgt auf Antrag des *board of directors* oder von einem bestimmten Anteil der Aktionäre, der von Staat zu Staat unterschiedlich festgelegt ist, aber typischerweise bei 10% liegt.

Bei *public corporations* wird in der Regel die Mehrheit der Stimmrechte durch verschie- **1310** dene Arten von Aktienfonds (wie *pension funds* und *mutual funds)* verwaltet. Die Aktienfonds geben daher auch bei den Hauptversammlungen den Ton an, während nur ein Bruchteil der privaten Aktionäre (der sogenannten *retail shareholders)* überhaupt an ihnen teilnimmt. Die privaten Aktionäre delegieren zumeist ihre Stimmrechte durch die Erteilung von Abstimmungsvollmachten, sogenannter *proxies,* an das Management der Gesellschaft, wodurch sie indirekt für die vom Management vorgeschlagenen Positionen stimmen. Andere Personen, wie z. B. ein feindlicher Bieter, können auch für eine Übertragung der *proxies* auf sich werben. Ein sogenannter *proxy contest* ist die Folge. Die Stimmrechtsübertragung durch *proxies* ist zum Schutz der Aktionäre durch das bundesstaatliche Kapitalmarktrecht detailliert geregelt.

Den Aktionären stehen ferner Teilhaberechte am Gewinn der Gesellschaft zu, sofern **1311** dieser in Form einer Dividende ausgeschüttet wird. Ein Recht auf Ausschüttung einer Dividende haben die Anteilseigner aber grundsätzlich nicht. Die Entscheidung hierüber steht ausschließlich dem *board of directors* zu, das unter Berücksichtigung geschäftspolitischer Erwägungen zu entscheiden hat. Schließlich haben die Aktionäre Informationsrechte, wobei sich durch die Regelwerke der Börsen und das Wertpapiergesetz Unterschiede zwischen *public corporations* und *closely held corporations* ergeben. Grundsätzlich dürfen die Aktionäre die Geschäftsbücher und Geschäftsunterlagen der Gesellschaft einsehen. Allerdings besteht dieses Einsichtsrecht nicht uneingeschränkt, da in der Regel gewisse Haltefristen oder Mindestbeteiligungen Voraussetzung für die Einsicht sind. Bei *public corporations* sind die Berichts- und Offenlegungspflichten aufgrund des für sie zusätzlich geltenden Kapitalmarktrechts viel weitgehender als die im Gesellschaftsrecht verankerten Informationsrechte, die alle Gesellschaften zu gewähren haben.

(b) Directors. Das *board of directors* bestimmt die Geschäftspolitik und ist für die Überwa- **1312** chung des Managements verantwortlich. Die *directors* werden zwar von den Aktionären gewählt, sind diesen gegenüber jedoch nicht weisungsgebunden. Das *board of directors* ernennt die Geschäftsführung und leitenden Angestellten der Gesellschaft, die sogenannten *officers.* Die *officers* sind regelmäßig gleichzeitig Mitglieder des *board of directors,* und der *chief executive officer* der Gesellschaft bekleidet oft zugleich die Rolle des Vorsitzenden *(chairperson)* des *board of directors.* Ihre Aufgaben nehmen die *directors* in sogenannten *directors' meetings* wahr, die mindestens einmal jährlich abgehalten werden müssen. In der Praxis ist es allerdings üblich, dass das *board of directors* jedes Quartal oder sogar jeden Monat tagt. Bei Bedarf werden Sondersitzungen einberufen. Zur Erledigung besonderer Aufgaben kann das *board of directors* Ausschüsse bilden.

1313   Bei der Erfüllung ihrer Aufgaben obliegen den *directors* gegenüber der Gesellschaft besondere Sorgfalts- und Treuepflichten. *Directors* haben bei ihrer Aufgabenerfüllung diejenige Sorgfalt walten zu lassen, die eine in vernünftiger Weise umsichtige Person *(reasonably prudent person)* unter gleichen Umständen anwenden würde. Entscheidungen in geschäftlichen Angelegenheiten unterliegen jedoch nur eingeschränkt der gerichtlichen Kontrolle *(business judgment rule)*. Eine inhaltliche Überprüfung durch die Gerichte unterbleibt, sofern die *directors* auf hinreichender Informationsgrundlage und ohne Interessenkonflikte eine nicht gänzlich unvernünftige Entscheidung im Interesse der Gesellschaft getroffen haben. Die Treuepflicht gebietet, dass die Mitglieder des *board of directors* sich ausschließlich am Interesse der Gesellschaft orientieren und insbesondere Interessenkonflikte vermeiden oder gegebenenfalls offen legen. Dazu gehört auch, dass die *directors* nicht mit der Gesellschaft in unzulässigen Wettbewerb treten und nicht der Gesellschaft zustehende Gelegenheiten zum Geschäftsabschluss selber zu ihrem persönlichen Vorteil ausnutzen. Auf die Sorgfalts- und Treuepflichten sind auch viele der Vorgaben zur US-amerikanischen Corporate Governance sowie zur Struktur und zu den Verhaltensweisen des *board of directors* zurückzuführen, so zum Beispiel die Anforderungen an die Qualifikation der *directors,* das Verfahren der Entscheidungsfindung des *board of directors,* die Einsetzung von speziellen Ausschüssen *(special committees),* die Entscheidungskompetenzen der unabhängigen *directors,* die Zuständigkeiten für Entscheidungen über die Vergütung der *officers* und die Verhaltensanforderungen im Falle eines Übernahmeangebots.

1314   Aus den Prinzipien der Treue- und Sorgfaltspflichten ergibt sich auch die Haftung der *directors* für von ihnen zu verantwortende Entscheidungen. Wenn sie diese Entscheidungen nicht mit der angemessenen Sorgfalt oder unter Verletzung ihrer Treuepflicht treffen, können sie von den Aktionären der Gesellschaft verklagt werden, und zwar entweder indem die Aktionäre selbst als Kläger auftreten *(direct lawsuit by shareholders)* oder indem sie im Namen der Gesellschaft klagen *(derivative lawsuit)*. Bisher galt, dass die *directors* allgemein durch eine von der Gesellschaft erteilte Haftungsfreistellung vor einer persönlichen Schadenshaftung geschützt waren. Diese Freistellungen sind in der Regel sehr umfassend angelegt, können aber nicht von jeder Haftung befreien.

1315   Die *directors* können nicht von ihrer Haftung gegenüber der Gesellschaft selbst befreit werden. Daher können die Aktionäre die *directors* grundsätzlich im Namen der Gesellschaft zur Verantwortung ziehen. Allerdings erlangt diese Einschränkung des Freistellungsanspruchs in den meisten Fällen aufgrund der außergerichtlichen Einigung der Parteien keine Bedeutung. Im Falle eines Vergleichs wird nicht die Schuld der Beklagten festgestellt, sondern nur über eine finanzielle Entschädigung verhandelt. Im Ergebnis kommt also häufig die Gesellschaft für die von den *directors* zu leistenden Schadensersatz und für die Verfahrenskosten auf. Trotz des ökonomischen Unsinns solcher Verfahren aus Sicht der Gesellschaft sind solche Gerichtsverfahren in den USA keine Seltenheit, da die Anwälte der Klägerseite einen Anteil des erstrittenen Schadensersatzes als Honorar erhalten und daher für Klägeranwälte ein großer materieller Anreiz besteht, solche Verfahren zu führen. Durch die in Aussicht gestellte Entschädigung werden die Aktionäre ermuntert, sich an solchen Verfahren zu beteiligen.

1316   Des Weiteren kann eine Haftungsfreistellung der *directors* nicht bei betrügerischem Verhalten oder bei einem Verhalten erfolgen, das nicht dem „*good faith*"-Standard entspricht. Selbst die Haftpflichtversicherung *(directors' and officers' („D&O") insurance)*, die die Gesellschaft für ihre Board- und Managementmitglieder abschließt, kommt in diesen Fällen nicht für etwaige Schadensersatzleistungen auf.

1317   Einen Wendepunkt stellen die jüngsten Gerichtsverfahren gegen die *directors* der ehemals großen US-amerikanischen Gesellschaften Enron und Worldcom dar, in denen die *directors* persönlich für den zu leistenden Schadenersatz aufkommen mussten. Sie hatten ihre Sorgfaltspflichten verletzt, indem sie den Betrug von Vorstandsmitgliedern nicht aufgedeckt und damit geduldet hatten. In beiden Fällen waren die Gesellschaften insolvent und konnten die *directors* nicht in Höhe ihrer gesamten Schadensersatzverpflichtungen freistellen. Außerdem hatten die Kläger, große Aktienfonds, in beiden Fällen als Bedingung für einen Vergleich verlangt, dass die *directors* selbst für einen Teil des Schadensersatzes aufkommen. Im Falle von Enron zahlten die *directors* 10% der Gewinne aus den Aktienverkäufen, die sie in den Jahren getätigt hatten, in denen Enron mit gefälschten Bilanzen seine Börsennotierung in die Höhe getrieben hatte. Im Falle von Worldcom zahlten alle *directors* 20% ihres jeweiligen privaten Vermögens als Folge der außergerichtlichen Einigung.

(c) Officers. Den *officers* ist die eigentliche Geschäftsführung und Vertretung der Gesell- **1318** schaft nach außen übertragen. Die Verantwortungsbereiche der einzelnen *officers* werden bei der Gründung der Gesellschaft festgelegt, wobei die Aufgabenverteilung weitgehend den Gründern der Gesellschaft überlassen bleibt. Normalerweise werden ein *chief executive officer, president* und *corporate secretary* ernannt. Regelmäßig werden des Weiteren ein *treasurer* und *vice-presidents* bestellt. Bei der Führung der Geschäfte sind die *officers* zu Sorgfalt und Treue gegenüber der Gesellschaft verpflichtet. Sie unterliegen den Weisungen des *board of directors.*

bb) General Partnership. Bei einem *general partnership* handelt es sich rechtlich um **1319** einen Zusammenschluss von mindestens zwei natürlichen oder juristischen Personen mit dem Ziel, auf Dauer profitable Geschäfte zu betreiben. Der Gesellschaftsvertrag *(Partnership Agreement)* unterliegt keinem Formerfordernis. Wenn gemeinschaftliche Geschäftsaktivitäten ohne *Partnership Agreement* betrieben werden, besteht das Risiko, dass Gerichte nach den für *general partnerships* geltenden Grundsätzen von einem konkludenten Abschluss eines *Partnership Agreements* ausgehen. Weder eine Mindesteinlage noch eine Registereintragung der Gesellschaft ist erforderlich.

Bei dem *general partnership* sind sämtliche Partner in gleichem Maße zur Geschäftsfüh- **1320** rung und zur Vertretung des *partnership* nach außen berechtigt. Eine abweichende Regelung kann jedoch im Gesellschaftsvertrag getroffen werden. Gewinne und Verluste werden von allen Partnern zu gleichen Teilen getragen, solange nichts anderes vereinbart ist. Im Innenverhältnis treffen jeden der Partner strenge Treuepflichten *(fiduciary duty* und *duty of loyalty).* Aus dieser Treuepflicht wird vor allem ein Wettbewerbsverbot und eine Offenlegungspflicht hinsichtlich aller das *partnership* betreffenden Angelegenheiten abgeleitet. Ferner sind die Partner zur Rechenschaftslegung über die Geschäftsführung und die mit dem Gesellschaftsvermögen erzielten Einkünfte verpflichtet.

Nach außen haften alle Partner unbeschränkt und persönlich mit ihrem Privatvermö- **1321** gen. Für vertragliche Verbindlichkeiten der Gesellschaft haften sie gemeinsam *(jointly).* Eine gesamtschuldnerische Haftung besteht demgegenüber für Forderungen aus unerlaubter Handlung.

Eine rechtsgeschäftliche Übertragung der Gesellschafterstellung, einschließlich der Ge- **1322** schäftsführungs- und Vertretungsrechte, ist nur mit Zustimmung der übrigen Gesellschafter möglich. Ohne weiteres kann allerdings der bloße Anspruch auf Gewinnbeteiligung veräußert und übertragen werden.

cc) Limited Partnership. Die andere hergebrachte Form des *partnership* ist das *limited* **1323** *partnership.* Es setzt den Zusammenschluss von mindestens einem unbeschränkt, persönlich haftenden Gesellschafter *(general partner)* und mindestens einem auf die Höhe seiner Einlage beschränkt haftenden Gesellschafter *(limited partner)* voraus. Damit entspricht diese Gesellschaftsform im Ansatz der Kommanditgesellschaft nach deutschem Recht. Wie bei der GmbH & Co. KG kann auch im US-amerikanischem Recht der *general partner* eine Kapitalgesellschaft sein. Zur Gründung der Gesellschaft schließen die Partner einen Gesellschaftsvertrag *(Partnership Agreement),* der bei der zuständigen Stelle des Gründungsstaates *(Secretary of State)* einzureichen ist.

Der *general partner* vertritt die Gesellschaft nach außen. Den *limited partners* stehen Infor- **1324** mations- und Inspektionsrechte sowie Stimmrechte für bestimmte grundlegende Angelegenheiten zu. Übernimmt ein *limited partner* Geschäftsführungsaufgaben, dann haftet er, als ob er die Stellung eines *general partners* inne hätte. In der Praxis kann diese Haftung jedoch gegebenenfalls umgangen werden, indem der *limited partner* bei der Übernahme von Geschäftsführungsaufgaben als Vorstandsmitglied des *general partners* fungiert. Typischerweise aber nehmen die *limited partners* die Funktion von reinen Investoren ein. Für die Gewinnverteilung sind die Regelungen im *Partnership Agreement* maßgeblich. Im Zweifelsfall erfolgt sie entsprechend den Einlagequoten. Überträgt der *limited partner* seinen Anteil am *partnership,* so tritt der Erwerber ebenso wie beim *general partnership* nicht in vollem Umfang in die Gesellschafterstellung des Veräußerers ein. Er erwirbt lediglich die aus dem Anteil erwachsenden Vermögensrechte. Wenn allerdings sämtliche Gesellschafter einem solchen Gesellschafterwechsel zustimmen, dann kann der Erwerber in vollem Umfang in die Stellung des Veräußerers eintreten.

1325 **dd) Limited Liability Partnership.** Das *limited liability partnership* wurde in jüngerer Zeit entwickelt, um auch Berufsgruppen wie Anwälten und Ärzten *(professionals)* die Beschränkung ihres Haftungsrisikos in einer Gesellschaft zu ermöglichen. Alle Gesellschafter eines *limited liability partnership* sind gleichermaßen geschäftsführungs- und vertretungsberechtigt. Ihre persönliche Haftung ist prinzipiell auf ihre Einlage begrenzt. Aus allgemeinen Rechtsprinzipien haften sie aber persönlich und unbeschränkt für eigene unerlaubte Handlungen. Anders als bei einem *general partnership* haften die Gesellschafter jedoch nicht für deliktisches Handeln ihrer Mitgesellschafter. Die Gesellschaft haftet als solche für die Delikte ihrer Gesellschafter. Das *limited liability partnership* muss staatlich registriert werden und eine Versicherung mit einer gesetzlich festgelegten Mindestdeckungssumme abschließen. Die Haftungsbeschränkung ist durch einen in der Firma enthaltenen Zusatz kenntlich zu machen. Üblich ist, die Abkürzung „LLP" als Bestandteil in die Firma aufzunehmen.

1326 **ee) Limited Liability Company.** Die *limited liability company* ist ebenfalls eine jüngere Gesellschaftsform in den USA, die Elemente von einer Personengesellschaft und von einer Kapitalgesellschaft verbindet. Sie verfügt über eine eigene Rechtspersönlichkeit und ist haftungsrechtlich eine Kapitalgesellschaft. Die Gesellschafter haften für Verbindlichkeiten der Gesellschaft nur begrenzt bis zur Höhe ihrer Einlage. In der Gestaltung der Struktur der *limited liability company* haben die Gesellschafter mehr Flexibilität als bei einer *corporation*.

1327 Ihre Gründung ist vergleichsweise einfach und es existieren nur wenige verbindliche Regelungen. Zur Gründung sind die *Articles of Organization* beim *Secretary of State* einzureichen. Daneben regeln die Gesellschafter in dem Gesellschaftsvertrag *(Operating Agreement)* die Einzelheiten hinsichtlich Geschäftsführung und Vertretung der Gesellschaft.

1328 Die Gesellschaftsanteile sind grundsätzlich frei übertragbar. Wie bei einem *partnership* gehen jedoch nur die mit dem Anteil verknüpften Vermögensrechte über. Der Erwerber tritt im Übrigen nicht in die Gesellschafterstellung des Veräußerers ein. Dafür bedarf es der Zustimmung der anderen Gesellschafter. Auch in Bezug auf die Geschäftsführung weist die *limited liability company* Züge einer Personengesellschaft auf. Die Geschäftsführung obliegt grundsätzlich den Gesellschaftern (sogenanntes *member management)*. Wird im Gesellschaftsvertrag keine andere Regelung getroffen, sind alle Gesellschafter geschäftsführungs- und vertretungsbefugt. In der Praxis aber übertragen die Gesellschafter ihre Geschäftsführungs- und Vertretungsbefugnisse häufig einem sogenannten *managing member* oder einem *board of managers* durch eine Vereinbarung im *Operating Agreement*.

1329 Der Internal Revenue Service räumt ein Wahlrecht ein, ob die Gesellschaft als *corporation* oder als *partnership* steuerlich behandelt werden soll. Die Wahl des Steuerstatus erfolgt in der Steuererklärung durch eine sogenannte *check-the-box election*. Eine steuerrechtliche Behandlung als *partnership* kann unter bestimmten Bedingungen vorteilhaft sein, da die Gewinne nicht schon auf der Ebene der Gesellschaft, sondern erst unmittelbar bei den Gesellschaftern besteuert werden *(pass through entity)*. Darüber hinaus kann ein Gesellschafter die finanziellen Verluste der Gesellschaft als eigene Verluste steuermindernd geltend machen. Ferner steht bei einer Steuerbehandlung als *partnership* einer Ausschüttung der Gewinne nicht die Gefahr einer Doppelbesteuerung entgegen. Eine ähnliche Steuerbehandlung als *partnership* kann auch bei bestimmten *corporations* erreicht werden, wenn die *corporation* als eine sogenannte *S-Corporation* behandelt wird.

Die Firma einer *limited liability company* muss zum Schutz des Rechtsverkehrs einen die **1330** Gesellschaftsform erkennbar machenden Zusatz tragen, üblicherweise die Abkürzung „LLC". In manchen Einzelstaaten sind auch die Firmenbestandteile „Limited Company" oder „LC" zulässig.

2. Englisches Gesellschaftsrecht*

a) Gesellschaftsformen

Nach dem Recht von England und Wales kann eine Gesellschaft im Allgemeinen wie **1331** folgt gegründet werden:
– durch die Krone mittels Erteilung einer Königlichen Kommission (*„chartered company"*);
– seitens des Parlaments durch den Erlass eines Gesetzes (*„statutory company"*); oder
– durch die Eintragung bei einer Behörde, die durch das Parlament zur Gründung von Kapitalgesellschaften bevollmächtigt ist (*„registered company"*).

Chartered und *statutory companies* sind relativ selten. Erstere haben hauptsächlich für nicht **1332** gewinnorientierte, wohltätige und im Ausbildungssektor tätige Gesellschaften Bedeutung. Letztere setzen ein Ersuchen an das Parlament voraus, eine Gesellschaft für die wirtschaftlichen Zwecke des Antragstellers zu gründen. Die zweifellos in England und Wales am häufigsten verwendete Gesellschaftsform ist die *registered company*.

Der *Companies Act 1985* sieht die folgenden fünf Formen der *registered company* **1333** vor:
(1) *public limited company with share capital;*
(2) *private limited company with share capital* (die mit Abstand am häufigsten verwendete Gesellschaftsform);
(3) *private limited company without share capital* (auch *„company limited by guarantee"* genannt);
(4) *private unlimited company with share capital;* und
(5) *private unlimited company without share capital.*

Die Darstellung soll sich im Wesentlichen auf die unter (1) und (2) genannten Gesellschaftsformen beschränken, da die übrigen zwar für einige spezielle Zwecke geeignet sind (z.B. nicht gewinnorientierte Tätigkeiten), insgesamt jedoch nur vergleichsweise selten Verwendung finden. Mit Gesellschaft ist daher im weiteren eine *registered public* oder *registered private company limited by shares* gemeint.

b) Quellen des Gesellschaftsrechts

In England und Wales gegründete Gesellschaften unterliegen einer Vielzahl von Be- **1334** stimmungen aus unterschiedlichen Quellen: Gesetzen, Verordnungen, dem *Common Law* sowie der Satzung der Gesellschaft (d.h. ihrem *Memorandum of Association* und ihren *Articles of Association;* näher hierzu unter lit. e).

Der *Companies Act 1985* ist die wichtigste Rechtsquelle. Bedeutsame Vorschriften ent- **1335** halten ferner der *Insolvency Act 1986,* der *Company Directors Disqualification Act 1986,* der *Criminal Justice Act 1993* mit Regelungen zum Insiderhandel und der *Financial Services and Markets Act 2000,* der u.a. öffentliche Zeichnungsangebote und die Börsennotierung von Aktien regelt.

Der *Companies Act 1985* ermächtigt den *Secretary of State* Rechtsverordnungen zu erlas- **1336** sen. Für börsennotierte *public companies,* deren Aktien an der Londoner Börse gehandelt werden, stellen die von der *Financial Services Authority* in ihrer Funktion als *United Kingdom Listing Authority* erstellten *Listing Rules* eine der wichtigsten Formen delegierter Gesetzgebung dar. Die *Listing Rules* regeln die Voraussetzungen für die Börsenzulassung sowie die besonderen Pflichten börsennotierter Gesellschaften.

---

* Für die Vorbereitung dieses Länderberichts danken wir Philip Talboys, Herbert Smith, London (zur Zeit sekundiert zu Gleiss Lutz, Frankfurt).

1337   Ein Großteil des englischen Gesellschaftsrechts hat keine gesetzliche Grundlage, sondern beruht auf dem *Common Law*, den Rechtsprechungsgrundsätzen der Gerichte. Dies gilt etwa für die Rechte der Gesellschafter und für Fragen der Geschäftsführung einschließlich der Pflichten der *directors*.

c) Eigene Rechtspersönlichkeit

1338   Die mit Abstand wichtigste Folge der Gründung einer Gesellschaft ist der Erwerb einer eigenen Rechtspersönlichkeit durch die Gesellschaft.[1969]

1339   Eine Gesellschaft ist eine juristische Person und damit unabhängig von ihren Anteilseignern (*„shareholders"* bzw. *„members"*), *directors* und Arbeitnehmern. Sie kann Immobilieneigentum halten, Verträge abschließen, im eigenen Namen klagen und verklagt werden. Sie handelt durch ihre Organe und zwar in erster Linie durch die Anteilseignerversammlung und das *board of directors*.

1340   In dem Grundsatzurteil im Fall *Salomon v. A Salomon and Co. Ltd*[1970] zur Bedeutung und zu den Folgen der eigenen Rechtspersönlichkeit einer Gesellschaft betonte das Gericht, dass unabhängig vom Umfang der Beteiligung eines Gesellschafters an der Gesellschaft die Handlungen der Gesellschaft nicht Handlungen dieses Gesellschafters seien und auch die Verbindlichkeiten der Gesellschaft nicht Verbindlichkeiten des Gesellschafters seien und dass dieser Gesellschafter im Übrigen auch nicht als *governing director* die alleinige Kontrolle über die Angelegenheiten der Gesellschaft habe.[1971]

d) Beschränkte Haftung und Ausnahmen

1341   Grundsätzlich verhindert die eigene Rechtspersönlichkeit der Gesellschaft, dass ihre Anteilseigner und/oder *directors* für die Pflichten der Gesellschaft persönlich haften. Gläubigern einer *limited company* ist bekannt, dass für ihre Ansprüche nicht (wie beispielsweise im Fall eines *partnership*) die Gesellschafter mit ihrem privaten Vermögen einstehen, sondern lediglich das Vermögen der Gesellschaft haftet.

1342   Diese offensichtlichen Vorteile einer *limited company* können leicht missbraucht werden. In einigen wenigen Fällen haben Gerichte versucht, die Gesellschafter einer persönlichen Haftung für die Verbindlichkeiten und Verpflichtungen der Gesellschaft zu unterwerfen (*„pierce the corporate veil"*). Obgleich eine Durchgriffshaftung zunehmend seltener bejaht wird,[1972] werden die Gerichte jedenfalls dann auf sie zurückgreifen, wenn die Gesellschaftsform zu betrügerischen Zwecken oder als Mittel zur Umgehung vertraglicher oder anderer rechtlicher Pflichten benutzt wird.[1973]

e) Satzung der Gesellschaft

1343   Die Satzung der Gesellschaft setzt sich aus dem *Memorandum of Association* und den *Articles of Association* zusammen.

1344   *(1) Memorandum of Association.* Jede Gesellschaft muss über ein Memorandum of Association verfügen. Dieses Dokument definiert die Grundlage, auf der die Gesellschaft gegründet wird, das Ausmaß ihrer Befugnisse und die grundlegenden Merkmale der Gesellschaft.

[1969] Section 13(3) Companies Act 1985 lautet wie folgt: „Ab dem in der Gründungsurkunde (*„certificate of incorporation"*) angegebenen Gründungszeitpunkt sind die Unterzeichner des memorandum of association gemeinsam mit jeweils hinzukommenden neuen Anteilseignern der Gesellschaft eine juristische Person *(body corporate)* mit der im Memorandum angegebenen Bezeichnung."

[1970] [1897] AC 22.

[1971] Boyle, Gore-Browne on Companies, § 1.4.

[1972] Siehe *Ord v. Belhaven Pubs* [1998] BCC 607 und *Adams v. Cape Industries plc* [1990] Kapitel 433 für eine restriktive Annahme einer Durchgriffshaftung.

[1973] *Re Darby* [1911] 1 KB 95; *Wallersteiner v. Moir* (No 1) [1974] 1 WLR 997, CA bei 1013; *Phillips v 707 739 Alberta Ltd* [2000] 6 WWR 280, QB (Alta).

Nach Section 2 des *Companies Act 1985* muss das *Memorandum of Association* jeder Ge- **1345** sellschaft die Firma, den Sitz[1974] und den Unternehmenszweck[1975] festlegen. Bei einer *company limited by shares* muss das *Memorandum of Association* weitere Bestimmungen enthalten, die (i) darauf hinweisen, dass die Haftung der Gesellschafter beschränkt ist, und die (ii) die Höhe des Gründungskapitals angeben.

Die Gesellschaft verfügt lediglich über die ihr durch Gesetz oder im *Memorandum of As-* **1346** *sociation* ausdrücklich übertragenen Befugnisse und die mit diesen einhergehenden Befugnisse.

Eine *private company limited by shares* kann von einer einzigen Person gegründet wer- **1347** den.[1976] Dementsprechend ist es ausreichend, dass ein einziger Gesellschafter das *Memorandum of Association* unterzeichnet. Im Fall einer *public limited company* muss das *Memorandum of Association* von mindestens zwei Personen unterzeichnet werden, die sich verpflichten, jeweils mindestens einen Anteil an der Gesellschaft zu übernehmen.[1977]

(2) Articles of Association. Jede Gesellschaft muss ferner über *Articles of Association* verfü- **1348** gen. Sie regeln die internen Angelegenheiten der Gesellschaft sowie eine Vielzahl anderer Fragen, wie etwa die Rechte der Gesellschafter (einschließlich Stimmrechte), die Befugnisse der *directors*, den Ablauf der Gesellschafterversammlungen und die Versammlung des *board of directors*, die Vornahme von Kapitalerhöhungen und die Übertragung von Geschäftsanteilen (vorbehaltlich der Vorgaben des *Companies Act 1985* und der richterrechtlich entwickelten allgemeinen Grundsätze des Gesellschaftsrechts).

Die *Articles of Association* stellen einen Vertrag zwischen der Gesellschaft und ihren An- **1349** teilseignern dar. Sie können durch einen Gesellschafterbeschluss mit 75%iger Mehrheit der anwesenden und abstimmenden Gesellschafter geändert werden.

Auf der Grundlage des *Companies Act 1985* wurden Vorschriften erlassen, die eine **1350** Mustervorlage für *Articles of Association* enthalten (allgemein als „*Table A*" bezeichnet). *Private limited companies* legen sie häufig mit geringfügigen Änderungen ihren *Articles of Association* zu Grunde.

f) Gründung einer registered company

Zur Gründung und Eintragung einer *private* oder *public limited company* sind die folgen- **1351** den Dokumente beim Gesellschaftsregister für England und Wales, dem *Registrar of Companies in England and Wales,* einzureichen:

(1) das *Memorandum of Association;*
(2) die *Articles of Association;*
(3) eine Erklärung, welche Personen die ersten *directors* und der erste *secretary* der Gesellschaft sein werden und welcher Sitz für die Gesellschaft beabsichtigt ist;
(4) eine gesetzliche Erklärung, dass die für die Eintragung der Gesellschaft erforderlichen Maßnahmen ordnungsgemäß vorgenommen worden sind.

Unabhängig von ihrer Gründung als *public company* oder als *private company* kann die **1352** Gesellschaft zu einem späteren Zeitpunkt in die jeweils andere Gesellschaftsform umgewandelt werden. Eine *private company* kann also als *public company* neu eingetragen werden und umgekehrt.

Zusätzlich bestehen folgende wesentliche Voraussetzungen für die Gründung einer **1353** *public company:*
(1) der Wert des ausgegebenen Gesellschaftskapitals muss sich auf mindestens GBP 50 000 belaufen, wovon mindestens ein Viertel eingezahlt sein muss;

[1974] Für den Sitz ist die Bestimmung erforderlich, ob er sich in England, Wales oder Schottland befindet.

[1975] Für den Unternehmenszweck ist die Beschreibung der Gewerbe- oder Geschäftstätigkeit, für die die Gesellschaft gegründet wurde, sowie der ihr für diesen Zweck übertragenen Befugnisse erforderlich.

[1976] Section 1 (3A) Companies Act 1985.

[1977] Section 1 (1) Companies Act 1985.

(2) die Firma der Gesellschaft muss mit „public limited company" oder der Abkürzung „plc" enden; und

(3) eine gesetzliche Erklärung gemäß Section 117 des *Companies Act 1985* ist beim Gesellschaftsregister einzureichen, in der u. a. bestätigt wird, dass der Nennwert des ausgegebenen Gesellschaftskapitals nicht unter dem zulässigen Mindestbetrag liegt.[1978] Das Gesellschaftsregister stellt daraufhin normalerweise innerhalb von wenigen Tagen eine Bescheinigung aus, das so genannte *„Trading Certificate"*, durch die die Gesellschaft berechtigt wird, ihre Geschäftstätigkeit aufzunehmen.

1354   Wird die neu gegründete *public* oder *private company* in das Gesellschaftsregister eingetragen, so wird ihr eine Gründungsurkunde, das sogenannte *Certificate of Incorporation,* ausgestellt.

1355   Anstatt erst im Bedarfsfall jedes Mal eine neue Gesellschaft zu gründen und eintragen zu lassen, ist es möglich, eine Gesellschaft, die bereits gegründet ist, ihre Geschäftstätigkeit jedoch noch nicht aufgenommen hat (*„shelf company"*) zu kaufen und sie an die Bedürfnisse des Käufers anzupassen. Die Verwendung von *shelf companies* ist eine übliche Vorgehensweise in England und Wales, um das Gründungsverfahren zu beschleunigen und die Kosten der Gründung zu reduzieren.

g) Organe der Gesellschaft

1356   *(1) Board of directors.* In der Regel sehen die *Articles of Association* vor, dass die Geschäftsleitung den *directors* obliegt, die umfassend zur Führung der Geschäfte der Gesellschaft befugt sind.[1979] Den *directors* einer Gesellschaft stehen im Allgemeinen diejenigen Befugnisse zu, die nicht durch den *Companies Act 1985* oder die *Articles of Association* der Haupt- bzw. Anteilseignerversammlung zugewiesen sind. Die *Articles of Association* enthalten detaillierte Bestimmungen, die diese Befugnisse auf die *directors* gemeinsam in ihrer Funktion als *board of directors* übertragen und die Vertretung der Gesellschaft durch die *directors* regeln.

1357   Die den *directors* durch die *Articles of Association* der Gesellschaft übertragenen Befugnisse werden dem *board of directors* in seiner Gesamtheit und nicht den einzelnen *directors* übertragen. Die Befugnisse müssen somit gemeinschaftlich, auf ordnungsgemäß einberufenen Versammlungen des *board of directors* ausgeübt werden. Die *Articles of Association* können auch eine schriftliche Beschlussfassung durch alle *directors* vorsehen. Die Einberufung und Beschlussfähigkeit der Versammlungen des *board of directors* ist in den *Articles of Association* im Einzelnen geregelt. Die Beschlussfähigkeit setzt die Anwesenheit von mindestens zwei *directors* voraus (die *Articles of Association* können auch ein höheres Quorum vorsehen). Die Einladung zu den Versammlungen ist ihnen eine angemessene Zeit im Voraus zuzustellen.

1358   Nach den *Articles of Association* ist es dem *board of directors* regelmäßig gestattet, seine Aufgaben auf einen oder mehrere Ausschüsse oder auf einen Geschäftsführer oder andere *executive directors* zu übertragen. In der Praxis werden somit zwar die meisten Entscheidungen bezüglich der langfristigen Strategie der Gesellschaft vom *board of directors* getroffen, das jedoch zahlreiche Entscheidungen hinsichtlich des laufenden Geschäftsbetriebes an Ausschüsse oder einzelne *executive directors* delegiert.

1359   Bei *executive directors* handelt es sich um *directors,* die Angestellte der Gesellschaft sind. *directors,* die keine Angestellten der Gesellschaft sind, werden *non-executive directors* genannt. Nicht zwingende Regeln zur Corporate Governance sehen für börsennotierte Gesellschaften eine bestimmte Anzahl von unabhängigen *non-executive directors* vor. Nicht erforderlich ist, dass einige der *directors* die Angestellten vertreten.

1360   *(2) Haupt- bzw. Gesellschafterversammlung.* Bei großen Gesellschaften werden die meisten Entscheidungen vom *board of directors* getroffen. Gleichwohl spielt auch die Haupt- bzw. Gesellschafterversammlung für die Unternehmensleitung eine wichtige Rolle.

[1978] Section 118 Companies Act 1985 sieht einen Mindestbetrag von GBP 50 000 vor.
[1979] Siehe Art. 70 von Table A; siehe hierzu auch Rn. 636.

Nach dem *Companies Act 1985* ist eine Beteiligung der Anteilseigner an der Entschei- **1361** dungsfindung dann erforderlich, wenn sich die Entscheidung wahrscheinlich auf die gesetzlichen und satzungsmäßigen Rechte der Anteilseigner auswirkt. In den nachfolgenden Fällen ist eine Zustimmung der Haupt- bzw. Gesellschafterversammlung notwendig:

– Änderungen der *Articles of Association* und, sofern zulässig, des *Memorandum of Association* der Gesellschaft;[1980]
– Änderungen der Gesellschaftsform, wie z. B. eine Umwandlung von einer *public* in eine *private company* und umgekehrt;[1981]
– die Ausgabe von Gesellschaftsanteilen[1982] oder der Ausschluss von Bezugsrechten;[1983]
– eine freiwillige Abwicklung der Gesellschaft.[1984]

Directors werden in der Regel von der Haupt- bzw. Gesellschafterversammlung bestellt **1362** (oder ihre Bestellung wird von dieser bestätigt) und abberufen. Die Anteilseigner können auf die Ausübung der Befugnisse durch die *directors* nur dadurch Einfluss nehmen, dass sie die *Articles of Association* ändern, die *directors* abberufen und andere bestellen oder so viele zusätzliche *directors* wählen, dass diese die bisherigen *directors* überstimmen können. Anteilseigner können die *directors* im Falle einer ordnungsgemäßen Ausübung ihrer Befugnisse weder überstimmen noch ihre Befugnisse selbst ausüben. Überschreiten *directors* jedoch ihre Befugnisse, so können die Anteilseigner auf einer Haupt- bzw. Gesellschafterversammlung entscheiden, ob sie die betreffenden Handlungen genehmigen oder verhindern. Die Haupt- bzw. Gesellschafterversammlung ist jedoch manchmal berechtigt, anstelle des *board of directors* zu handeln, falls dieses nicht in der Lage ist oder es schlichtweg unterlässt, seine Befugnisse auszuüben.

h) Pflichten der *directors*

Obgleich die *Articles of Association* der meisten großen Gesellschaften dem *board of direc-* **1363** *tors* umfassende Geschäftsführungsbefugnisse erteilen, ist die Ausgestaltung und Konkretisierung der Pflichten der *directors* ein zentrales Anliegen des Gesellschaftsrechts. Die Pflichten der *directors* ergeben sich sowohl aus dem Gesetzesrecht als auch aus dem *Common Law*. Die richterrechtlich entwickelten Pflichten der *directors* können zwei Hauptkategorien zugeordnet werden:

(1) Sorgfaltspflichten (*„duty of skill and care"*) und
(2) Treuepflichten (*„fiduciary duty"* oder *„duty of good faith and honesty"*).

Die Treuepflicht, in gutem Glauben im besten Interesse der Gesellschaft zu handeln, **1364** umfasst u. a. die folgenden Pflichten:
– die Interessen der Gesellschaft zu verfolgen;
– Interessenkonflikte zu vermeiden;
– die Stellung nicht zum eigenen Vorteil auszunutzen und
– nicht gegen die Satzung der Gesellschaft zu verstoßen.

Auch durch Gesetz werden sowohl den *directors* persönlich, als auch der Gesellschaft **1365** Pflichten auferlegt. Zu ersteren gehört etwa die Aufstellung der Bilanz der Gesellschaft.[1985] Unterlassen es die *directors* sicherzustellen, dass die Pflichten der Gesellschaft erfüllt werden, können sowohl gegen die Gesellschaft als auch gegen die *directors* Geldstrafen verhängt werden.

Gesetzlich sind weitere Verhaltenspflichten der *directors* geregelt. So muss ein *director* **1366** beispielsweise offen legen, wenn er ein persönliches Interesse an einem Vertrag mit der

---

[1980] Sections 4 und 9 Companies Act 1985.
[1981] Sections 43–48 und Sections 53–55 Companies Act 1985.
[1982] Section 80 Companies Act 1985.
[1983] Section 95 Companies Act 1985.
[1984] Section 84 Insolvency Act 1986.
[1985] Section 226 Companies Act 1985.

Gesellschaft hat.[1986] Die Anteilseigner müssen ferner Geschäften über wesentliche Vermögensgegenstände zwischen einem *Director* und der Gesellschaft zustimmen.[1987] Der *Companies Act 1985* enthält außerdem umfangreiche Vorschriften, die es der Gesellschaft untersagen, einem ihrer *directors* ein Darlehen zu gewähren oder für ein Darlehen eines ihrer *directors* zu bürgen.[1988]

1367   Die Pflichten eines *non-executive director* unterscheiden sich im Wesentlichen nicht von den Pflichten eines *executive director*. Auch sie sind verpflichtet, bei der Erfüllung ihrer Aufgaben mit angemessener Sorgfalt zu handeln, und unterliegen in vollem Umfang den Treue- und Fürsorgepflichten. Auch die gesetzlichen Bestimmungen unterscheiden nicht zwischen *executive* und *non-executive directors*.

1368   Die Pflichten eines *director* bestehen grundsätzlich gegenüber der eigenen Gesellschaft und nicht gegenüber anderen Konzerngesellschaften oder einzelnen Anteilseignern bzw. Gruppen von Anteilseignern. Die *directors* sind jedoch gesetzlich verpflichtet, die Interessen der Arbeitnehmer zu berücksichtigen.[1989] Im Falle einer bereits eingeleiteten oder bevorstehenden Insolvenz schulden die *directors* eine pflichtgemäße Aufgabenerfüllung auch den Gläubigern der Gesellschaft.[1990]

i) Durchsetzung der Pflichten der *directors*

1369   Weil die Pflichten der *directors* nur gegenüber der Gesellschaft und nicht gegenüber den Anteilseignern bestehen, können pflichtwidrige Handlungen der *directors* durch einen Beschluss der Haupt- bzw. Gesellschafterversammlung genehmigt werden. Von diesem Grundsatz sieht sowohl das Gesetzesrecht als auch das *Common Law* Ausnahmen vor, denn sonst könnten die Mehrheitsgesellschafter Pflichtverstöße genehmigen, ohne dass die Minderheitsgesellschafter hiergegen eine Handhabe hätten.

1370   Kann ein Minderheitsgesellschafter darlegen, dass ein Betrug („fraud") begangen worden ist und dass die in betrügerischer Absicht handelnden Personen die Gesellschaft kontrollieren, so dass er in unzulässiger Weise daran gehindert wird, Klage im Namen der Gesellschaft zu erheben („fraud on the minority"), ist es dem Minderheitsgesellschafter nach den Grundsätzen des *Common Law* gestattet, im Namen der Gesellschaft selbst Klage gegen die in betrügerischer Absicht handelnden Personen zu erheben.

1371   Nach dem *Common Law* ist ein Anteilseigner ferner berechtigt, das *Memorandum of Association* und die *Articles of Association* einer Gesellschaft insoweit gerichtlich durchzusetzen, als es sich um eine persönliche Klage wegen eines ihm und nicht der Gesellschaft zugefügten Nachteils handelt. Zu denken ist etwa an den Fall, dass einem Anteilseigner eine Dividende, wie sie anderen Anteilseignern ausgezahlt worden ist, verweigert wird.

1372   Gemäß Section 112 des *Insolvency Act 1986* kann jeder Anteilseigner bei Gericht beantragen, dass die Gesellschaft abgewickelt wird, sofern dies billig und gerecht ist. Bei der Entscheidung, ob eine solche Abwicklung billig und gerecht ist, wird das Gericht gewöhnlich berücksichtigen, ob die Gegenseite bei der Führung der Gesellschaftsangelegenheiten gegen Verträge oder Abmachungen mit dem Antragsteller verstoßen hat. Gerichte gestatten eine Abwicklung üblicherweise nur im Falle von *private companies* mit einer geringen Anzahl an Anteilseignern (so genannten „quasi-partnerships"), wenn die Beziehung zwischen den Anteilseignern vollständig zerstört ist. Dieser Rechtsbehelf steht bei börsennotierten *public companies* mit einer großen Anzahl an Aktionären in der Regel nicht zur Verfügung.

1373   Gemäß Section 459 des *Companies Act 1985* kann ein Anteilseigner vor Gericht gehen, wenn die Angelegenheiten der Gesellschaft in einer Art und Weise geführt wurden bzw.

[1986] Section 317 Companies Act 1985.
[1987] Sections 320–322 Companies Act 1985.
[1988] Sections 330–342 Companies Act 1985.
[1989] Section 309 Companies Act 1985.
[1990] *West Mercia Safetywear Ltd. V Dodd* [1988] B.C.L.C. 250, C.A., Kapitel X Insolvency Act 1986.

gegenwärtig oder in der Zukunft geführt werden, die sich auf die Interessen der Anteilseigner nachteilig auswirkt. Das Gericht kann jede Anordnung treffen, die es zur Beseitigung des Missstandes für angemessen hält, beispielsweise die Angelegenheiten der Gesellschaft auf bestimmte Weise regeln, die Gesellschaft anweisen, bestimmte Handlungen vorzunehmen oder zu unterlassen, ein Gerichtsverfahren im Namen der Gesellschaft zulassen oder die Übernahme der Anteile eines Anteilseigners durch die übrigen Anteilseigner gestatten. Auch dieser Rechtsbehelf steht gewöhnlich lediglich bei *quasi-partnerships* zur Verfügung.

j) Handlungen der Gesellschaft

Da eine Gesellschaft eine juristische Person ist, muss sie zwangsläufig durch natürliche **1374** Personen handeln. Fraglich ist daher, wann die Entscheidungen oder Handlungen dieser natürlichen Person der Gesellschaft zugewiesen werden können.

Die Befugnisse einer in England und Wales gegründeten Gesellschaft werden durch den **1375** im *Memorandum of Association* beschriebenen Gesellschaftszweck bestimmt. Sie umfassen ferner die mit dem Erreichen dieses Zweckes in Verbindung stehenden impliziten Befugnisse.

Ein Vertrag kann im Namen der Gesellschaft von jeder Person abgeschlossen werden, **1376** die von der Gesellschaft hierzu ausdrücklich oder konkludent bevollmächtigt worden ist.[1991] Nach dem *Common Law* muss die Befugnis, eine Gesellschaft wirksam zu vertreten, entweder direkt durch die *Articles of Association* oder aufgrund einer in den *Articles of Association* vorgesehenen Befugnis übertragen werden. Ein von einem leitenden Angestellten der Gesellschaft ohne die entsprechende Befugnis abgeschlossener Vertrag kann von der Gesellschaft aufgehoben werden. In diesem Fall kann der Vertragspartner sämtliche Leistungen, die er nach dem Vertrag bereits erhalten hat, als Treuhänder im Rahmen eines fingierten Treuhandverhältnisses, d. h. als sogenannter „*constructive trustee*", für die Gesellschaft behalten.

Die Regelungen des *Common Law* werden durch das Gesetzesrecht modifiziert. Gegen- **1377** über gutgläubigen Dritten kann die Gesellschaft sich nicht darauf berufen, dass die Befugnis des *board of directors,* die Gesellschaft zu binden oder andere dazu zu bevollmächtigen, durch die Satzung *(Articles of Association)* eingeschränkt war.[1992] Guter Glaube wird bis zum Beweis des Gegenteils vermutet. Vertragspartner sind nicht dazu verpflichtet, sich zu erkundigen, ob der Abschluss eines Geschäfts nach dem *Memorandum of Association* der Gesellschaft zulässig ist oder ob die Befugnisse des *board of directors* im Hinblick auf den Geschäftsabschluss beschränkt sind.[1993] Allein die Kenntnis, dass das Geschäft von den in der Satzung der Gesellschaft *(Articles of Association)* vorgesehenen Befugnissen der *directors* nicht gedeckt ist, begründet noch keine Bösgläubigkeit.[1994] Somit ist eine Gesellschaft selbst dann an einen von einer Person mit tatsächlicher oder impliziter Vertretungsmacht abgeschlossenen Vertrag gebunden, wenn durch die Vornahme des Geschäfts gegen eine in der Satzung vorgesehene Beschränkung verstoßen wurde, solange der Vertragspartner in gutem Glauben gehandelt hat.

k) Kapitalaufbringung und Kapitalerhaltung

Als Kapital gilt der Wert der von den Zeichnern der Gesellschaftsanteile in die Gesell- **1378** schaft eingebrachten Vermögenswerte. Die von der Gesellschaft ausgegebenen Gesellschaftsanteile dürfen die Höhe des in ihrem *Memorandum of Association* angegebenen genehmigten Kapitals nicht übersteigen. Für *private companies* ist gesetzlich kein Mindeststammkapital vorgeschrieben. Bei *public companies* beträgt das Mindestkapital GBP 50 000,

---

[1991] Section 36 Companies Act 1985.
[1992] Section 35A Companies Act 1985.
[1993] Section 35B Companies Act 1985.
[1994] Section 35A(2)(b) Companies Act 1985.

wovon ein Viertel bei der Gründung eingezahlt werden muss.[1995] Ist das gesamte Grund-
bzw. Stammkapital der Gesellschaft ausgegeben, ist eine Finanzierung durch die Ausgabe
neuer Geschäftsanteile nur dann zulässig, wenn der Betrag des Grund- bzw. Stammkapitals
durch mit einfacher Mehrheit gefassten Beschluss der Anteilseigner auf einer Haupt- bzw.
Gesellschafterversammlung erhöht wird.[1996] *directors* dürfen Anteile an einer Gesellschaft
nur dann ausgeben, wenn sie hierzu befugt sind. Diese Befugnis muss entweder ausdrücklich in den *Articles of Association* vorgesehen sein oder durch einen mit einfacher Mehrheit
gefassten Beschluss der Anteilseigner auf einer Haupt- bzw. Gesellschafterversammlung
erteilt werden.[1997] Selbst wenn die *directors* zur Ausgabe von Gesellschaftsanteilen befugt
sind, bestehen Beschränkungen hinsichtlich der Personen, denen die ausgegebenen Anteile
zugeteilt werden dürfen. So müssen Anteile, die für eine Gegenleistung in bar ausgegeben
werden, zunächst den bestehenden Anteilseignern der Gesellschaft angeboten werden.[1998]
Dieses gesetzliche Bezugsrecht kann jedoch durch die *Articles of Association* oder durch
Beschluss der Anteilseigner ausgeschlossen werden.[1999]

1379   Zu den Grundprinzipien des englischen Gesellschaftsrechts gehört, dass das Grund-
bzw. Stammkapital der Gesellschaft (einschließlich eines etwaigen über seinen Nominal-
wert hinaus gezahlten Agio) als ständiges Kapital der Gesellschaft betrachtet wird und dass
es für die Gesellschaft, vorbehaltlich einiger weniger Ausnahmen, nach der Ausgabe ihres
Grund- bzw. Stammkapitals nicht mehr möglich ist, ihr Kapital oder Agio zu verringern
oder ihre eigenen Anteile zurückzukaufen. Hierdurch soll sichergestellt werden, dass eine
Gesellschaft stets über ausreichende Vermögenswerte verfügt, um die Ansprüche ihrer
Gläubiger zu erfüllen.

1380   Der *Companies Act 1985* sieht inzwischen einige wenige Ausnahmen zu diesem Grundsatz vor. So besteht beispielsweise die Möglichkeit, Anteile auszugeben, die zurückgekauft
werden können *(redeemable shares)*. Ferner können Gesellschaften ihre eigenen Anteile unter Verwendung von Gewinnen, die für Ausschüttungen verfügbar sind, oder mit Erlösen
aus einer Neuemission von Anteilen kaufen, sofern die Anteilseigner dem zustimmen.[2000]

1381   Eine *public limited company* kann jedoch für den Erwerb ihrer eigenen Anteile oder von
Anteilen ihrer Holdinggesellschaft sowie für die Erfüllung einer zu diesem Zweck eingegangenen Verbindlichkeit keine finanzielle Unterstützung, auch nicht in Form von Bürgschaften, Freistellungen oder Sicherheiten, gewähren. In bestimmten Fällen ist dies *private
companies* gestattet, sofern zuvor bestimmte Vorkehrungen zum Schutz von Gläubigern
und Anteilseignern getroffen worden sind.[2001]

3. Niederländisches Gesellschaftsrecht[*]

1382   Die beiden in den Niederlanden am häufigsten benutzten Rechtsformen sind die
besloten vennootschap („B.V.") und die *naamloze vennootschap* („N.V."), die mit der deutschen
Gesellschaft mit beschränkter Haftung bzw. der Aktiengesellschaft vergleichbar sind. Bei
beiden Rechtsformen ist die Haftung der Anteilseigner auf ihre Beteiligung an der Gesellschaft beschränkt. Die wichtigste Rechtsquelle für das Gesellschaftsrecht ist Buch 2 des
niederländischen Zivilgesetzbuches *(Burgerlijk Wetboek)*. Die Vorschriften enthalten grundsätzlich zwingendes Recht. Sofern sich aus dem Gesetz nicht anderes ergibt, darf von ihnen in der Satzung bzw. im Gesellschaftsvertrag nicht abgewichen werden.

[1995] Sections 11, 118 und 101 Companies Act 1985.

[1996] Section 121 Companies Act 1985 unter der Voraussetzung, dass dies im Einklang mit den Articles of Association steht.

[1997] Section 80 Companies Act 1985.

[1998] Section 89 Companies Act 1985.

[1999] Sections 91 und 95 Companies Act 1985.

[2000] Sections 159–181 Companies Act 1985.

[2001] Sections 151–158 Companies Act 1985.

[*] Für die Vorbereitung dieses Länderberichts danken wir Jaap Willeumier, Stibbe, Amsterdam.

a) Gründung

Erforderlich für eine wirksame Gründung einer Gesellschaft sind: **1383**
(1) eine gegenüber einem niederländischen Notar abgegebene Erklärung der Gründer, die Gesellschaft gründen zu wollen;
(2) eine notariell beurkundete Gründungsurkunde, die sich aus drei Teilen zusammensetzt:
 (i) der Bezeichnung der Gründer und ihrer Erklärung, die Gesellschaft gründen zu wollen;
 (ii) der Satzung der Gesellschaft und
 (iii) der Übernahme einer bestimmten Anzahl an Anteilen durch jeden Gründer, der Erklärung, wie die Einlagen für diese Anteile eingezahlt wurden bzw. noch eingezahlt werden, sowie der Bestellung der ersten Geschäftsführer und gegebenenfalls eines Aufsichtsrates;
(3) eine Unbedenklichkeitsbescheinigung des Justizministeriums. Vor ihrer Erteilung nimmt das Ministerium Einsicht in strafrechtliche, konkursrechtliche und andere Unterlagen, um Missbräuche durch Verwendung der Gesellschaftsformen zu verhindern; und
(4) die Beteiligung einer oder mehrerer Personen am Grund- bzw. Stammkapital der Gesellschaft.

Die Vorstandsmitglieder bzw. Geschäftsführer müssen die Gesellschaft im Handelsregis- **1384** ter eintragen lassen. Die Eintragung ist keine formale Gründungsvoraussetzung. Jedes Vorstandsmitglied bzw. jeder Geschäftsführer haftet aber gesamtschuldnerisch neben der Gesellschaft für alle bis zu ihrer Eintragung und der Erbringung der Mindesteinlage vorgenommenen Rechtshandlungen.

Zu den Gründungskosten einer B. V. und einer N. V. ist zum einen die an das Justizmi- **1385** nisterium zu zahlende Gründungsgebühr in Höhe von EUR 90,76 zu zählen. Ferner berechnet das Handelsregister eine Gebühr in Höhe von EUR 113,45 für die Prüfung, ob der Firmenname verfügbar ist, sowie eine Mindestgebühr von EUR 136,57 für die Eintragung der Gesellschaft. Eine Jahresgebühr wird u. a. auf der Grundlage des genehmigten Kapitals und der Anzahl der Arbeitnehmer erhoben. Schließlich ist Kapitalverkehrssteuer in Höhe von 0,55% der Kapitaleinlagen an die niederländischen Finanzbehörden zu zahlen. Steuerbefreiungen sind insbesondere bei Unternehmenszusammenschlüssen und internen Umstrukturierungen möglich. Hinzu kommen die Gebühren der beteiligten Notare und Rechtsanwälte, die regelmäßig von den jeweiligen Stundensätzen abhängen.

b) Eigenkapital

Das Mindestkapital beträgt bei der B. V. EUR 18 000 und bei der N. V. EUR 45 000. **1386** Zum Zeitpunkt der Gründung muss der Gesellschaft diese Kapitaleinlage zur Verfügung stehen, was durch eine entsprechende Erklärung einer Bank zu bescheinigen ist. Bei Bareinlagen muss lediglich 25% des Nennwertes der Anteile unmittelbar eingezahlt werden. Die restlichen 75% können zu einem späteren Zeitpunkt eingezahlt werden, sofern die bereits erbrachte Einlage der Höhe des Mindestkapitals entspricht. Sacheinlagen müssen vollständig erbracht werden.

B. V.s können nur Anteile ausgeben, die auf den Namen lauten. Grundsätzlich sind die **1387** Anteile an einer B. V. nicht frei übertragbar. N. V.s können sowohl Inhaber- als auch Namensaktien ausgeben. Da lediglich N. V.s frei übertragbare Inhaberaktien ausgeben können, können auch nur N. V.-Aktien an der Amsterdamer Wertpapierbörse notiert werden. B. V.s und N. V.s können ihre Anteile an eine Stiftung ausgeben, die dann Hinterlegungsscheine für die Anteile ausstellt. Die Ausgabe von Hinterlegungsscheinen ermöglicht eine Trennung der mit den Anteilen verbundenen Stimmrechte von der Kapitalbeteiligung. Die Stiftung übt die mit den Anteilen verbundenen Stimmrechte aus, während der Inhaber der Hinterlegungsscheine an den Gewinnen der Gesellschaft beteiligt ist. Hinterlegungsscheine, die auf den Inhaber lauten, dürfen nicht für eine B. V. ausgestellt werden.

Bestimmte Beschränkungen bezüglich der Trennung der Stimmrechte von der Kapitalbeteiligung gelten für börsennotierte Gesellschaften.

1388   **aa) Beschränkungen der Übertragbarkeit von Anteilen.** Die Übertragbarkeit von B.V.-Anteilen ist aufgrund zwingenden Rechts im Gesellschaftsvertrag zu beschränken. Die Übertragung muss entweder der Zustimmung eines Gesellschaftsorgans unterliegen oder den anderen Gesellschaftern muss ein Vorkaufsrecht eingeräumt werden. Beides ist auch kumulativ möglich. Auch die Satzung einer N.V. kann Beschränkungen bezüglich der Übertragbarkeit von Aktien vorsehen, sofern es sich um Namensaktien handelt.

1389   **bb) Ausschüttungen an Anteilseigner.** Nach Feststellung des Jahresabschlusses kann eine Gesellschaft eine Gewinnausschüttung an ihre Anteilseigner vornehmen. Dafür ist in der Praxis regelmäßig ein Beschluss eines Gesellschaftsorgans, normalerweise der Gesellschafter- bzw. Hauptversammlung, erforderlich. Der Beschluss wird zusammen mit der Feststellung des Jahresabschlusses gefasst. Dividenden können in dem Maße gezahlt werden, in dem das Eigenkapital der Gesellschaft den Betrag der bereits eingebrachten Einlagen, der noch einzuzahlenden Einlagen, der gesetzlich vorgesehenen Rücklagen und der nach der Satzung erforderlichen Rücklagen übersteigt. Die Satzung kann die Möglichkeit von Zwischenausschüttungen vorsehen.

1390   **cc) Rückkauf von Anteilen.** Einer Gesellschaft ist es unter bestimmten Umständen gestattet, Anteile an ihrem Kapital zurückzukaufen. Ein solcher Rückkauf unterliegt im Wesentlichen den folgenden Voraussetzungen: (i) der Nennwert der zurückzukaufenden Anteile muss vollständig eingezahlt sein, (ii) durch den Rückkauf darf das Eigenkapital nicht unter den Betrag der erbrachten Einlagen, etwaiger noch ausstehender Einlagen und die gesetzlich oder nach der Satzung vorgeschriebenen Rücklagen fallen, (iii) zusammen mit den von einer Tochtergesellschaft gehaltenen Anteilen darf die Gesellschaft nicht mehr als 50% des ausgegebenen Kapitals einer B.V. und nicht mehr als 10% des ausgegebenen Kapitals einer N.V. zurückerwerben und halten, und (iv) die Satzung muss die Möglichkeit eines solchen Rückkaufs vorsehen und die Haupt- bzw. Gesellschafterversammlung oder ein anderes nach der Satzung dafür zuständiges Gesellschaftsorgan muss dem Rückkauf zugestimmt haben.

1391   **dd) Kapitalaufbringung.** B.V.s und N.V.s dürfen keine Sicherheiten bestellen, nicht den Preis ihrer Anteile garantieren oder sich in irgendeiner anderen Weise binden, um Dritten die Zeichnung oder den Erwerb von Anteilen am Kapital der B.V. bzw. N.V. oder von Hinterlegungsscheinen für solche Anteile zu ermöglichen. Das Verbot gilt ebenfalls für Tochtergesellschaften. Eine B.V. darf jedoch Darlehen zum Zweck der Zeichnung oder des Erwerbs von Anteilen gewähren, falls die folgenden drei Voraussetzung erfüllt sind: (i) die B.V. ist hierzu nach der Satzung befugt, (ii) das Darlehen überschreitet nicht die frei verfügbaren Rücklagen der B.V. und (iii) die B.V. behält weiterhin eine nicht frei verfügbare Rücklage in Höhe des ausstehenden Darlehensbetrages. Nach der aktuellen Rechtssprechung könnte beispielsweise die X-B.V. bei einer Bank ein Darlehen aufnehmen, hierfür Sicherheiten leisten und das Geld der Y-Gesellschaft darlehensweise überlassen, damit diese das Geld zum Erwerb von Anteilen an der X-B.V. verwendet. Diese Ausnahme gilt ausschließlich für die B.V., nicht aber für N.V.s. N.V.s können lediglich ein Darlehen an Arbeitnehmer der Gesellschaft oder an Arbeitnehmer einer Konzerngesellschaft gewähren.

c) Vorstand und Vertretung der Gesellschaft

1392   Das niederländische Gesellschaftsrecht sieht eine zweigliedrige Führungsspitze für Kapitalgesellschaften vor bestehend aus einem Vorstand und einem optionalen Aufsichtsrat. Dem Vorstand obliegt die Leitung der Gesellschaft. Die Vorstandsmitglieder sind gemeinsam für die ordnungsgemäße Erfüllung ihrer Pflichten verantwortlich. Der Vorstand besteht aus einer oder mehreren Personen. Vorstandsmitglieder können natürliche oder juristische Personen sein. Handelt es sich bei einem Vorstandsmitglied um eine juristische Person, sind ihre Vorstandsmitglieder verantwortlich.

Die Vorstandsmitglieder werden auf der Haupt- bzw. Gesellschafterversammlung ge- **1393** wählt. Bei großen Gesellschaften werden sie allerdings vom Aufsichtsrat bestellt (näher zu großen Gesellschaften sogleich unter lit. j). Das Gesellschaftsorgan, das die Vorstandsmitglieder bestellt, ist auch befugt, sie zu suspendieren oder abzuberufen.

Der Vorstand ist grundsätzlich befugt, die Gesellschaft zu vertreten. Diese Befugnis steht **1394** auch jedem einzelnen Vorstandsmitglied zu. In der Satzung kann vorgesehen werden, dass nur mehrere Vorstandsmitglieder gemeinschaftlich die Gesellschaft wirksam nach außen vertreten können. Es ist aber nicht möglich, die Vertretungsbefugnis von Vorstandsmitgliedern auf bestimmte Angelegenheiten oder auf Geschäfte einer bestimmten Art oder von bestimmtem Umfang zu beschränken. Im Falle eines Interessenkonflikts zwischen einem oder mehreren Vorstandsmitgliedern und der Gesellschaft wird die Gesellschaft vom Aufsichtsrat vertreten, sofern die Satzung nichts anderes vorsieht. Die Gesellschafter- bzw. Hauptsammlung kann jederzeit eine oder mehrere Personen beauftragen, die Gesellschaft im Fall eines solchen Interessenkonflikts zu vertreten.

d) Gesellschafter- bzw. Hauptversammlung

Formal ist die Gesellschafter- bzw. Hauptversammlung nicht das oberste Organ einer **1395** Gesellschaft. Der Vorstand ist ihr nicht untergeordnet. Die Gesellschafter- bzw. Hauptversammlung kann ein Vorstandsmitglied jedoch jederzeit suspendieren oder abberufen. Die Weigerung eines Vorstandsmitgliedes, Weisungen zu befolgen, stellt einen ausreichenden Grund für seine Abberufung dar. Dies hat zur Folge, dass die Gesellschafter- bzw. Hauptversammlung gleichwohl faktisch als oberstes Organ der Gesellschaft betrachtet werden kann. Die Gesellschafter- bzw. Hauptversammlung kann Satzungsänderungen und sogar die Auflösung der Gesellschaft beschließen. Des Weiteren obliegt ihr die Bestellung, Suspendierung und Abberufung von Vorstandsmitgliedern und von mindestens zwei Dritteln der Aufsichtsratsmitglieder sowie die Feststellung des Jahresabschlusses, sofern es sich nicht um eine große Gesellschaft handelt.

e) Aufsichtsrat

Niederländische B. V.s und N. V.s müssen nicht zwingend einen Aufsichtsrat einsetzen. **1396** Nur bei großen Gesellschaften ist ein Aufsichtsrat vorgeschrieben (näher zu großen Gesellschaften unter lit. j). Aufsichtsratsmitglieder können nur natürliche Personen sein. Dem Aufsichtsrat obliegt die Kontrolle und die Beratung der Gesellschaft und ihrer Organe. Die Kontrolle erstreckt sich über sämtliche Handlungen des Vorstands, die allgemeinen Angelegenheiten der Gesellschaft und gegebenenfalls ihrer Tochtergesellschaften. Ferner vertritt der Aufsichtsrat die Gesellschaft bei Interessenkonflikten zwischen der Gesellschaft und ihrem Vorstand, sofern die Satzung nicht ein anderes Verfahren vorsieht. Der Aufsichtsrat kann ein Vorstandsmitglied jederzeit suspendieren, sofern die Satzung nicht etwas anderes vorsieht. Die Mitglieder des Aufsichtsrates werden grundsätzlich von der Hauptversammlung bestellt. Die Satzung kann vorsehen, dass ein oder mehrere Aufsichtsratsmitglieder, höchstens jedoch ein Drittel des Aufsichtsrates, von einer anderen Person oder einem anderen Organ bestellt werden. Etwas anderes gilt für große Gesellschaften. Zur Suspendierung und Abberufung der Aufsichtsratsmitglieder ist das gleiche Organ bzw. die gleiche Person befugt, die es auch bestellt hat.

f) Betriebsrat

Durch den Betriebsrat wird den Arbeitnehmern die Mitbestimmung auf Unterneh- **1397** mensebene ermöglicht. Der Betriebsrat verfügt nach dem Betriebsratsgesetz *(Wet of de Ondernemingsraden)* über wichtige Befugnisse. Ab 50 Beschäftigten müssen Gesellschaften einen Betriebsrat einsetzen. Je nach Anzahl der Beschäftigten variiert die Größe eines Betriebsrates zwischen 3 und 25 Mitgliedern, die von den Beschäftigten aus ihrer Mitte direkt gewählt werden. Die Gesellschaft und der Betriebsrat haben innerhalb von zwei Wochen eine Versammlung abzuhalten, wenn eine solche von einer der Parteien beantragt wird. Für die Gesellschaft nimmt an der Versammlung ein Vorstandsmitglied teil. Auf einer solchen Versammlung kann auf Antrag der Gesellschaft oder des Betriebsrates jede die Gesellschaft betreffende Angelegenheit erörtert werden.

1398   Der Betriebsrat sollte an allen wichtigen die Gesellschaft betreffenden Entscheidungen beteiligt werden. Damit der Betriebsrat Gelegenheit hat, sich an solchen Entscheidungen zu beteiligen, sind ihm gewisse Rechte einzuräumen. Dazu gehören (i) das allgemeine Recht von der Geschäftsführung diejenigen Informationen zu erhalten, derer der Betriebsrat vernünftigerweise zur Erfüllung seiner Aufgaben bedarf; (ii) das Recht, jede beliebige die Gesellschaft betreffende Angelegenheit in einer Versammlung zu erörtern; (iii) das Recht, über wichtige anstehende Entscheidungen vorab eine Empfehlung abzugeben; und (iv) ein Zustimmungsrecht bei Entscheidungen u. a. in Bezug auf zusätzliche Vergütungsbestandteile.

g) Schiedsordnung *(Geschillenregeling)*

1399   Eine Schiedsordnung gilt für B.V.s und diejenigen N.V.s, nach deren Satzung (i) ausschließlich Namensaktien ausgegeben werden, (ii) die Übertragbarkeit von Aktien beschränkt und (iii) unter Mitwirkung der Gesellschaft die Ausgabe von Hinterlegungsscheinen, die auf den Inhaber lauten, für Aktien verboten ist. Die Schiedsordnung soll Anteilseignern bei Streitigkeiten einen Ausweg bieten, da die Anteile einer B.V. und in den genannten Fällen auch einer N.V. nicht frei übertragbar sind, wodurch die Veräußerung dieser Anteile erheblich erschwert wird. Die Schiedsordnung sieht ein Recht zum *Squeeze-out* und ein Recht zum *Buy-out* vor.

1400   **aa) Squeeze-out.** Einer oder mehrere Anteilseigner, die einzeln oder zusammen mindestens ein Drittel der ausgegebenen Anteile halten, können einen Anteilseigner zwingen, seine Anteile auf sie zu übertragen, wenn dieser Anteilseigner durch sein Verhalten den Gesellschaftsinteressen so schwerwiegend schadet, dass eine weitere Beteiligung an der Gesellschaft nicht länger geduldet werden kann. Entscheidend hierbei ist, ob die Interessen der Gesellschaft und nicht nur die Interessen der anderen Anteilseigner betroffen sind. Wenn dem Antrag stattgegeben wird, hat der Anteilseigner seine Anteile zu einem Preis zu übertragen, der von ein bis drei Sachverständigen festgesetzt wird.

1401   **bb) Buy-out.** Ein Anteilseigner, dessen Rechte oder Interessen durch andere Anteilseigner beeinträchtigt werden, kann diese zwingen, seine Anteile zu übernehmen. Entscheidend hierbei ist, dass die Rechte oder Interessen des betroffenen Anteilseigners so stark beeinträchtigt werden, dass ihm eine weitere Beteiligung an der Gesellschaft vernünftigerweise nicht zugemutet werden kann. In diesem Fall sind die Anteile des beeinträchtigten Anteilseigners zu einem Preis zu übernehmen, der von ein bis drei Sachverständigen festgesetzt wird.

h) Untersuchungsverfahren *(Enquête)*

1402   Im Falle einer Streitigkeit mit der Gesellschaft oder innerhalb der Gesellschaft kann zur Aufklärung der Angelegenheit ein Untersuchungsverfahren eingeleitet werden. Gegenstand des Untersuchungsverfahrens sind vorrangig Handlungen des Vorstandes und des Aufsichtsrates, jedoch können auch Untersuchungen in Bezug auf Handlungen der Hauptversammlung oder eines anderen Gesellschaftsorgans durchgeführt werden. Das Verfahren gliedert sich in zwei Phasen.

1403   Die erste Phase beginnt mit einem Antrag auf Einleitung des Untersuchungsverfahrens. Vor Einleitung der ersten Phase muss der Antragsteller den Vorstand und teilweise auch den Aufsichtsrat schriftlich von seinen Einwänden gegen die Vorgehensweise der Gesellschaft unterrichten. Folgende Personen sind zur Antragstellung bei der Unternehmenskammer *(Ondernemingskamer)* des Amsterdamer Berufungsgerichts *(Hof Amsterdam)* befugt: (i) Anteilseigner oder Inhaber von Hinterlegungsscheinen für Anteile an der Gesellschaft, die mindestens 10% des Gesellschaftskapitals oder Anteile in Höhe von EUR 225 000 halten, (ii) eine Gewerkschaft, der Arbeitnehmer der Gesellschaft angehören, (iii) andere natürliche oder juristische Personen, denen dieses Recht durch die Satzung oder eine besondere Vereinbarung mit der Gesellschaft erteilt worden ist, und (iv) die Staatsanwaltschaft, sofern ein Antrag im öffentlichen Interesse liegt.

Die Unternehmenskammer gibt dem Antrag statt, wenn erhebliche Zweifel an einer **1404** ordnungsgemäßen Vorgehensweise der Gesellschaft bestehen. Wird dem Antrag stattgegeben, bestellt die Unternehmenskammer einen oder mehrere Berichterstatter und gibt ihnen Anweisungen, wie die Untersuchung durchzuführen ist. Nach Abschluss der Untersuchung, die meistens ein ganzes Jahr dauert, reichen die Berichterstatter einen Untersuchungsbericht beim Gerichtsregister des Amsterdamer Berufungsgerichts ein.

Geht aus dem Bericht hervor, dass in der Tat die Gesellschaft nicht ordnungsgemäß **1405** geführt worden ist, können die Antragsteller oder eine andere der oben genannten zur Antragstellung befugten Personen die zweite Phase einleiten, indem sie bei der Unternehmenskammer einen neuen Antrag einreichen, mit dem sie die Anordnung bestimmter Maßnahmen beantragen. Das Gesetz enthält eine Aufzählung der Maßnahmen, die beantragt werden können. Dazu gehören die Aussetzung oder Aufhebung von Beschlüssen, eine Suspendierung oder Abberufung von Organmitgliedern sowie eine vorübergehende Bestellung anderer Organmitglieder. Die Unternehmenskammer kann eine oder mehrere der beantragten Maßnahmen anordnen.

Der für die Untersuchung erforderliche Zeitraum von bis zu einem Jahr ist in Krisen- **1406** situationen oft zu lang. Die Unternehmenskammer kann daher auf Antrag der Antragsteller oder der Staatsanwaltschaft in jedem Stadium des Verfahrens einstweilige Anordnungen treffen, sofern nach der Lage der Gesellschaft oder im Interesse der Untersuchung solche erforderlich sind. Sie gelten nur für die Dauer des Verfahrens und können über die in der zweiten Phase des Untersuchungsverfahrens beantragten Maßnahmen hinausgehen. Anders als bei diesen bestehen keine gesetzlichen Vorgaben hinsichtlich Art und Tragweite der einstweiligen Anordnungen.

Es sei darauf hingewiesen, dass das Gericht im Rahmen des Untersuchungsverfahrens **1407** nicht über die Haftung bestimmter Personen entscheidet. Ansprüche auf Schadensersatz müssen in einem gesonderten Verfahren geltend gemacht werden.

i) Jahresabschluss

Der Vorstand ist für die Aufstellung des Jahresabschlusses, d. h. der Bilanz sowie Ge- **1408** winn- und Verlustrechnung, verantwortlich. Die Jahresabschlüsse sind innerhalb von fünf Monaten aufzustellen. Diese Frist kann bei Bedarf um sechs Monate verlängert werden. Die aufgestellten Jahresabschlüsse sind vom gesamten Vorstand zu unterzeichnen. Anschließend wird der Jahresabschluss von der Haupt- bzw. Gesellschafterversammlung festgestellt, es sei denn, die Gesellschaft ist eine große Gesellschaft. In diesem Fall stellt der Aufsichtsrat den Jahresabschluss fest. Stellt der Aufsichtsrat den Jahresabschluss fest, so muss die Hauptversammlung ihn genehmigen. Der Jahresabschluss ist von einem unabhängigen Abschlussprüfer zu prüfen. Der Abschlussprüfer fasst seine Ergebnisse in einem Prüfungsbericht zusammen. Sowohl die N. V. als auch die B. V. müssen ihre Jahresabschlüsse veröffentlichen, indem sie die Jahresabschlüsse zusammen mit dem Prüfungsbericht bei der Handelskammer einreichen.

Kleine und mittelgroße Gesellschaften sind von der Pflicht zur Aufstellung eines Jahres- **1409** abschlusses befreit. Kleine Gesellschaften sind solche mit Vermögenswerten von weniger als EUR 3,5 Mio., einem Nettoumsatz von maximal EUR 7 Mio. und einer durchschnittlichen Belegschaft von höchstens 50 Arbeitnehmern. Mittelgroße Gesellschaften sind definiert als Gesellschaften mit Vermögenswerten von weniger als EUR 14 Mio., einem Nettoumsatz von maximal EUR 28 Mio. und einer durchschnittlichen Belegschaft von höchstens 250 Arbeitnehmern. Kleine Gesellschaften müssen lediglich eine ungeprüfte, verkürzte Bilanz und eine Gewinn- und Verlustrechnung aufstellen. Lediglich die verkürzte Bilanz ist zusammen mit ihren Erläuterungen zu veröffentlichen. Mittelgroße Gesellschaften haben lediglich eine verkürzte Gewinn- und Verlustrechnung aufzustellen, die zusammen mit der geprüften Bilanz zu veröffentlichen ist. Die Abschlüsse mittelgroßer Gesellschaften müssen geprüft werden.

j) Große Gesellschaften

1410   Für Gesellschaften, die die Kriterien für eine große Gesellschaft erfüllen[2002] und als solche drei Jahre in Folge im Handelsregister eingetragen sind, ist zwingend ein Aufsichtsrat, bestehend aus mindestens drei Mitgliedern, zu bestellen. Eine Gesellschaft gilt als große Gesellschaft, wenn (i) ihr ausgegebenes Kapital samt Rücklagen mindestens EUR 16 Mio. beträgt, (ii) die Gesellschaft oder eine abhängige Gesellschaft einen gesetzlich vorgeschriebenen Betriebsrat eingesetzt hat und (iii) die Gesellschaft gemeinsam mit ihren abhängigen Gesellschaften normalerweise 100 oder mehr Arbeitnehmer in den Niederlanden beschäftigt.

1411   Von einer abhängigen Gesellschaft ist auszugehen bei (i) einer juristischen Person, an deren ausgegebenem Kapital die Gesellschaft oder eine ihrer abhängigen Gesellschaften einzeln oder zusammen, mittelbar oder unmittelbar mindestens zur Hälfte beteiligt ist, oder (ii) einer Personengesellschaft mit einem im Handelsregister eingetragenen Geschäftsbetrieb, bei der die Gesellschaft oder eine ihrer abhängigen Gesellschaften die Stellung eines unbeschränkt haftenden Gesellschafters hat.

1412   Der Aufsichtsrat einer großen Gesellschaft hat eine Reihe besonderer Befugnisse, z. B. die Befugnis, Vorstandsmitglieder zu bestellen, den Jahresabschluss festzustellen sowie bestimmte Beschlüsse des Vorstandes zu genehmigen oder ihnen zu widersprechen. Die Aufsichtsratsmitglieder werden auf Vorschlag des Aufsichtsrats von der Hauptversammlung bestellt. Die Hauptversammlung und der Betriebsrat können dem Aufsichtsrat Personen zum Vorschlag empfehlen. Die Satzung kann eine andere Regelung für die Bestellung vorsehen. Entzieht die Hauptversammlung dem Aufsichtsrat durch Beschluss das Vertrauen, hat dies eine Abberufung des gesamten Aufsichtsrates zur Folge.

4. Französisches Gesellschaftsrecht*

a) Häufig genutzte Gesellschaftsformen in Frankreich

1413   Investoren, die eine Gesellschaft gründen oder in Frankreich investieren wollen, benötigen grundsätzlich nicht mehr eine Investitionsgenehmigung. Sonderregeln bestehen jedoch noch für die Bereiche Verteidigung und Gesundheit. Einschränkungen existieren ferner bezüglich der Bestellung ausländischer Personen zum Geschäftsführer einer französischen Gesellschaft. Sie müssen:
– Staatsbürger eines anderen EWR-Mitgliedstaats sein;
– über eine Gewerbelegitimationskarte *(„carte de commerçant étranger")* verfügen;
– eine Aufenthaltsgenehmigung *(„carte de séjour")* besitzen; oder
– einer Befreiung nach einem internationalen Abkommen unterliegen.

1414   Gemäß der Verordnung vom 25. 3. 2004 ist nunmehr anstelle der Gewerbelegitimationskarte eine Genehmigung des *Préfet* (offizieller Regierungsvertreter in jeder Region) erforderlich. Die Bedingungen für die Ausstellung einer solchen Genehmigung sind jedoch noch in einem Erlass im Einzelnen zu regeln. In der Zwischenzeit ist das System der Gewerbelegitimationskarte weiterhin in Kraft. Staatsangehörige von OECD-Mitgliedstaaten werden von der Pflicht zur Einholung einer solchen Genehmigung des *Préfet* befreit sein.

1415   Das französische Recht sieht zwei Hauptarten von Gesellschaften vor: bürgerlich-rechtliche Gesellschaften *(„Sociétés civiles")* und handelsrechtliche Gesellschaften. Im Gegensatz zu bürgerlich-rechtlichen Gesellschaften können handelsrechtliche Gesellschaften jede Tätigkeit nach dem französischen Handelsgesetzbuch ausüben.

[2002] Seit dem 1. 10. 2004 gelten für große Gesellschaften neue gesetzliche Bestimmungen.
* Für die Vorbereitung dieses Länderberichts danken wir Jacques Buhart, Herbert Smith, Paris.

Unter den handelsrechtlichen Gesellschaften existieren verschiedene Rechtsformen. **1416** Unterschieden werden kann zwischen einerseits Gesellschaften, deren Anteilseigner für die Verbindlichkeiten der Gesellschaft unbeschränkt persönlich haften, und andererseits Gesellschaften, bei denen die Haftung der Anteilseigner auf ihrer Einlage beschränkt ist.

Zumeist werden diejenigen Gesellschaftsformen gewählt, bei denen die Haftung be- **1417** schränkt ist. Dazu gehören die *Société Anonyme („SA"), die Société à Responsabilité Limitée* („SARL") und die *Société par Action Simplifiée („SAS")*.

aa) Société Anonyme. Die SA ist die in Frankreich am häufigsten verwendete Ge- **1418** sellschaftsform. Sie ist von mindestens sieben natürlichen oder juristischen Personen zu gründen. Eine Höchstzahl besteht nicht. Die von einer SA ausgegebenen Aktien können von ihren Inhabern frei übertragen und an der Börse gehandelt werden. Bei einer börsennotierten SA gelten folgende Besonderheiten:

- Die SA kann ihre Aktien öffentlich zur Zeichnung anbieten;
- das Mindestkapital beträgt EUR 225 000 (sonst EUR 37 000);
- die Formalitäten bei der Gründung sind weitaus komplexer;
- während ihres Bestehens muss eine Reihe von Angelegenheiten in einem Amtsblatt (*„Bulletin des Annonces Légales Obligatoires"*) veröffentlicht werden, so z.B. die Einberufung von Hauptversammlungen (*„Assemblée Générale des Actionaires"*), Kapitalerhöhungen oder -herabsetzungen, die Ausgabe von Aktien, eine Verschmelzung und die Liquidation; und
- sie unterliegt der französischen Börsenaufsichtsbehörde (*„Autorité des Marchés Financiers"*) **1419** (1) *Gründung einer SA.* Vor der Gründung einer SA müssen die Gründer die Satzung entwerfen und die Aktien zeichnen.

(a) *Satzung.* Die Satzung muss folgende Angaben enthalten: **1420**
- Gesellschaftsform;
- Dauer (maximal 99 Jahre);
- Firma;
- Sitz;
- Zweck;
- Höhe des Grundkapitals; und
- Anzahl der ausgegebenen Aktien, Gattung und gegebenenfalls Nennwert bzw. Prozentsatz des Grundkapital, den die ausgegebenen Aktien darstellen.

Sofern in der Satzung keine Regelung getroffen wurde, gelten subsidiär die Bestim- **1421** mungen des französischen Handelsgesetzbuchs. In der Regel enthält die Satzung die folgenden zusätzlichen Angaben:
- Eine Regelung des Verfahrens für die Übertragung der Aktien (einschließlich etwaiger Bezugsrechte);
- Bestimmungen zur Zusammensetzung, Funktionsweise und zu den Befugnissen des Verwaltungsrates (*„Conseil d'Administration"*) und des Generaldirektors (*„Directeur Général"*) der Gesellschaft oder – abhängig von der gewählten Managementstruktur – des Aufsichtsrates (*„Conseil de Surveillance"*) und des Vorstands (*„Directoire"*) sowie der Hauptversammlung;
- eine Regelung der Gewinne, Rückstellungen und der Verteilung der Vermögenswerte im Fall einer Liquidation; und
- die Namen der ersten Mitglieder des Verwaltungsrates oder des Aufsichtsrates und des Vorstandes sowie des Rechnungsprüfers (*„Commissaire aux Comptes"*) und des stellvertretenden Rechnungsprüfers.

(b) *Zeichnung der Aktien.* Das Mindestkapital beträgt grundsätzlich EUR 37 000. Bietet **1422** die SA ihre Aktien öffentlich zum Erwerb an, so muss das Mindestkapital EUR 225 000 betragen. Die Aktionäre übernehmen die Aktien mit der Unterzeichnung der Satzung. Sämtliche Aktien müssen hierbei übernommen werden. Alle Aktien müssen ausgegeben werden. Dies geschieht gewöhnlich zum Nennwert. Die Einlagen sind mindestens in Höhe der Hälfte des Nennwerts der auszugebenden Aktien einzuzahlen. Der Restbetrag ist innerhalb von fünf Jahren nach Eintragung der SA einzuzahlen. Die Frist kann durch Beschluss des Verwaltungsrates oder des Vorstandes verkürzt werden. Solange der Ausgabepreis für die Aktien noch nicht vollständig eingezahlt worden ist, können die betreffenden Aktien nur nominell ausgegeben werden. Sacheinlagen müssen demgegenüber in voller Höhe erbracht werden. Eine Gründung ist auch im Rahmen eines öffentlichen Angebotes der Anteile zum Zwecke der Aufbringung des Gründungskapitals möglich.

1423   *(2) Die Geschäftsführung einer SA.* Die Geschäftsführung der SA obliegt zumeist einem Verwaltungsrat mit einem Vorsitzenden sowie einem Generaldirektor. Alternativ kann auch ein Vorstand eingerichtet werden, der von einem Aufsichtsrat überwacht wird.

1424   *(a) Verwaltungsrat und Generaldirektor.* Jedes Verwaltungsratsmitglied muss Aktionär der Gesellschaft sein. Wie viele Aktien ein Verwaltungsratsmitglied zu halten hat, ergibt sich aus der Satzung. Auch eine Gesellschaft oder andere juristische Person kann zum Mitglied des Verwaltungsrates einer SA bestellt werden. Der erste Verwaltungsrat wird durch die Satzung ernannt. Eine spätere Bestellung von Verwaltungsratsmitgliedern erfolgt normalerweise auf einer Hauptversammlung.

1425   Der Verwaltungsrat einer SA hat mindestens drei und höchstens 18 Mitglieder. Die Amtsdauer eines jeden Verwaltungsratsmitgliedes bestimmt sich nach der Satzung, darf jedoch sechs Jahre nicht überschreiten. Jedes Verwaltungsratsmitglied kann auch ohne Grund durch einfache Stimmenmehrheit der Aktionäre abberufen werden.

1426   Entscheidungen des Verwaltungsrates werden mit der Mehrheit der Stimmen der Verwaltungsratsmitglieder auf einer ordnungsgemäß einberufenen Versammlung gefasst. Mindestens die Hälfte der Verwaltungsratsmitglieder muss durchgehend anwesend sein und an der Abstimmung teilnehmen.

1427   Vorsitzender des Verwaltungsrates ist der *„Président du Conseil d'Administration"*, der aus den Reihen der Verwaltungsratsmitglieder gewählt wird und dessen Aufgabe es ist, die Arbeit des Verwaltungsrates zu organisieren und zu leiten. Der Verwaltungsratsvorsitzende kann zusätzlich auch mit der tatsächlichen Geschäftsführung der Gesellschaft betraut werden. Die Entscheidung, ob der Vorsitzende diese Geschäftsführungspflichten in seiner Funktion als Verwaltungsratsvorsitzender und Generaldirektor *(„Président Directeur Général")* erfüllt oder ob diese Aufgaben von zwei verschiedenen Personen, einem Verwaltungsratsvorsitzenden und einem Generaldirektor *(„Directeur Général")*, erfüllt werden, obliegt dem Verwaltungsrat. Der Generaldirektor braucht weder ein Mitglied des Verwaltungsrates noch ein Aktionär der SA zu sein.

1428   *(b) Aufsichtsrat und Vorstand.* Alternativ ist es möglich sowohl einen Aufsichtsrat als auch einen Vorstand einzurichten. Dieses Organisationsmodell geht von einer Funktionstrennung zwischen der tatsächlichen Geschäftsführung durch den Vorstand und seiner Kontrolle durch den Aufsichtsrat aus.

1429   Die einzige Aufgabe des Aufsichtsrates ist die Überwachung der geschäftsführenden Organe der Gesellschaft. Die Mitglieder des Aufsichtsrates werden entweder bei der Gründung durch die Satzung bestimmt oder auf der ersten ordentlichen Hauptversammlung ernannt. Der Aufsichtsrat muss mindestens drei, höchstens jedoch 18 Mitglieder haben. Ein Mitglied des Aufsichtsrates kann nicht gleichzeitig Vorstandsmitglied sein. Der Aufsichtsrat wählt aus den Reihen seiner Mitglieder einen Präsidenten und einen Vizepräsidenten.

1430   Den Vorstandsmitgliedern obliegt die tatsächliche Geschäftsführung der Gesellschaft. Die Geschäftsführungsbefugnis des Vorstandes ist grundsätzlich unbeschränkt. Einschränkungen können sich durch den Gesellschaftszweck der SA und durch die Satzung ergeben. Die in der Satzung vorgesehenen Beschränkungen entfalten gegenüber gutgläubigen Dritten keine Wirkung. Die Anzahl der Vorstandsmitglieder beträgt höchstens fünf; bei börsennotierten SAs kann sich der Vorstand aus sieben Mitgliedern zusammensetzen. Die Amtsdauer der Vorstandsmitglieder wird durch die Satzung vorgegeben. Vorstandsmitglieder können auch ohne wichtigen Grund von den Aktionären oder bei einer entsprechenden Regelung in der Satzung auch vom Aufsichtsrat abberufen werden.

(3) Hauptversammlungen einer SA. Die Aktionäre bestellen die Verwaltungsrats- und Auf- **1431** sichtsratsmitglieder sowie die Rechnungsprüfer, stellen den Jahresabschluss fest, erklären Dividenden, ändern die Satzung und können die Auflösung der SA oder ihre Umwandlung in eine andere Gesellschaftsform beschließen.

(4) Beschränkungen der Übertragbarkeit von Aktien. Bei einer SA sind die Aktien grundsätz- **1432** lich frei übertragbar. Jedoch kann die Satzung vorsehen, dass eine Übertragung von Aktien an Dritte der vorherigen Zustimmung der anderen Aktionäre, des Verwaltungsrates oder des Vorstandes bedarf. Das Erfordernis einer vorherigen Zustimmung ist im Fall einer Übertragung von Aktien unter Aktionären unzulässig. Ferner darf die Übertragung von Aktien auf Dritte nicht von der Zustimmung sämtlicher Aktionäre abhängig gemacht werden, da hierdurch eine Anteilsübertragung faktisch unmöglich gemacht würde.

(5) Rechnungsprüfer. Jede SA muss mindestens einen Rechnungsprüfer und einen stell- **1433** vertretenden Rechnungsprüfer haben, die von der Gesellschaft in jeglicher Hinsicht unabhängig sein müssen. Ihre Hauptaufgabe besteht darin, die Richtigkeit der Jahresabschlüsse der Gesellschaft zu bestätigen und sicherzustellen, dass die Gesellschaft bestimmte gesellschaftsrechtliche Vorschriften einhält.

bb) Sociétés à Responsabilité Limitée. Die SARL wird üblicherweise für kleine **1434** und mittelgroße Gesellschaften genutzt, da sie leichter zu führen ist als andere Gesellschaftsformen. Ein öffentliches Angebot zum Erwerb der Geschäftsanteile ist unzulässig.

(1) Gründung einer SARL. Eine SARL muss mindestens einen Gesellschafter haben. Es **1435** können höchstens 50 Gesellschafter sein. Gesellschafter einer SARL können sowohl natürliche als auch juristische Personen sein. Die Gründung einer SARL ist der Gründung einer SA sehr ähnlich. Auch der Gesellschaftsvertrag sollte inhaltlich der Satzung einer nicht börsennotierten SA weitgehend entsprechen.

(2) Zeichnung der Geschäftsanteile. Die Höhe des Stammkapitals wird im Gesellschaftsver- **1436** trag bestimmt und kann seit dem 1. 8. 2003 auch lediglich einen Euro betragen. Die Gesellschaftsanteile müssen vollständig übernommen werden. Bei Bareinlagen ist mindestens ein Fünftel der Einlage bei der Gründung der SARL einzuzahlen und der Restbetrag innerhalb von fünf Jahren nach dem Zeitpunkt der Gründung oder zu einem früheren Zeitpunkt, falls der Geschäftsführer dies beschließt. Sacheinlagen sind im Zeitpunkt der Gründung in vollem Umfang zu erbringen. Ferner ist die Sacheinlage zu bewerten und die Bewertung in die Satzung aufzunehmen. Die Bewertung ist in einem Bericht wiederzugeben, der von einem von den Gesellschaftern zu bestellenden Sachverständigen (*„Commissaire aux Apports“*) zu erstellen und dem Gesellschaftsvertrag als Anhang beizufügen ist. Der Bericht ist nicht bindend, und die Gesellschafter können der Sacheinlage einen anderen Wert beimessen.

(3) Geschäftsführung der SARL. Die Geschäftsführung einer SARL obliegt einem oder **1437** mehreren Geschäftsführern, bei denen es sich um natürliche Personen handeln muss. Im Gegensatz zur SA muss der Geschäftsführer nicht zwingend ein Gesellschafter der SARL sein. Sofern die Satzung nichts anderes vorsieht, werden die Geschäftsführer für die gesamte Dauer des Bestehens der SARL bestellt. Es ist ratsam, Geschäftsführer lediglich befristet zu bestellen, da ihre Abberufung Probleme bereiten kann. Ein Geschäftsführer kann zwar durch einen Beschluss der Mehrheit der Gesellschafter auch ohne wichtigen Grund abberufen werden. Er hat jedoch in diesem Fall Anspruch auf Schadensersatz.

Der Geschäftsführer ist uneingeschränkt zur Führung der Geschäfte der Gesellschaft **1438** befugt. Der Gesellschaftsvertrag kann jedoch vorsehen, dass bestimmte wichtige Entscheidungen der vorherigen Zustimmung der Gesellschafter bedürfen. Die Gesellschaft wird auch durch Handlungen des Geschäftsführers gebunden, die nicht vom Gesellschaftszweck umfasst sind, es sei denn, der Nachweis gelingt, dass der Dritte wusste bzw. unter den gegebenen Umständen hätte wissen müssen, dass der Geschäftsführer nicht im Rahmen des Gesellschaftszwecks handelte.

(4) Beschränkungen der Übertragbarkeit von Gesellschaftsanteilen. Die Geschäftsanteile einer **1439** SARL sind nicht frei übertragbar. Ihre Übertragung unterliegt den gesetzlichen und

statutarischen Beschränkungen. Grundsätzlich sind die Geschäftsanteile jedoch unter den Gesellschaftern uneingeschränkt übertragbar. Allerdings kann der Gesellschaftsvertrag im Gegensatz zu den für eine SA geltenden Bestimmungen auch etwas anderes vorsehen.

1440   *(5) Rechnungsprüfer.* Eine SARL, die zum Ende eines Geschäftsjahres zwei der folgenden Kriterien erfüllt, muss einen Rechnungsprüfer und einen stellvertretenden Rechnungsprüfer bestellen:

– die Summe der Nettovermögenswerte der SARL übersteigt EUR 1 550 000;

– die SARL hat einen Vorsteuerumsatz von mehr als EUR 3 100 000; oder

– die SARL hat während des betreffenden Geschäftsjahres durchschnittlich mehr als 50 Arbeitnehmer beschäftigt.

1441   **cc) Sociétés par Actions Simplifiées.** Die SAS bietet eine flexible Struktur und kann vor allem als geeignete Rechtsform für Joint-Ventures betrachtet werden.

1442   *(1) Gründung einer SAS.* Eine SAS kann von einer oder mehreren natürlichen oder juristischen Personen gegründet werden. Das Mindestkapital beträgt EUR 37 000. Das Gesellschaftskapital braucht zum Zeitpunkt der Gründung der SAS nicht vollständig eingezahlt sein. Die Einlagen können auf die gleiche Art und Weise erbracht werden wie bei einer SA. Die SAS darf weder Anteile noch andere Wertpapiere im Wege eines öffentlichen Angebots zum Erwerb anbieten.

1443   Die Gründungsformalitäten und -voraussetzungen für eine SAS entsprechen denjenigen, die für eine nicht börsennotierte SA gelten.

1444   *(2) Geschäftsführung einer SAS.* Die Geschäftsführung einer SAS wird einem Präsidenten übertragen. Er wird entweder bereits in der Satzung oder durch die Aktionäre auf der Hauptversammlung bestellt. Werden die Befugnisse des Präsidenten nicht ausdrücklich durch die Satzung beschränkt, hat er eine uneingeschränkte Geschäftsführungsbefugnis und Vertretungsmacht, soweit die vorgenommenen Geschäfte im Rahmen des Gesellschaftszweckes liegen. Aber auch wenn die Handlungen des Präsidenten außerhalb des Gesellschaftszweckes liegen, haftet die Gesellschaft, es sei denn, der Nachweis gelingt, dass der betreffende Dritte wusste bzw. unter den gegebenen Umständen hätte wissen müssen, dass das Geschäft nicht vom Gesellschaftszweck umfasst war. Auch die statutarischen Beschränkungen der Geschäftsführungsbefugnis und Vertretungsmacht des Präsidenten entfalten gegenüber gutgläubigen Dritten keine Wirkung.

1445   Abgesehen von der Tatsache, dass die SAS einen Präsidenten haben muss, kann die Geschäftsführung in organschaftlicher Hinsicht frei geregelt werden. Sie kann z. B. (i) einem Präsidenten allein, (ii) einem Präsidenten zusammen mit einem Management Committee oder (iii) einem Präsidenten zusammen mit einem Verwaltungsrat übertragen werden. Die Aktionäre haben ferner die Möglichkeit, einen stellvertretenden Präsidenten zu bestellen, der die gleichen Befugnisse hat wie der Präsident.

1446   *(3) Hauptversammlung einer SAS.* In der Satzung kann frei bestimmt werden, welche Angelegenheiten von der Geschäftsführung und welche von den Aktionären entschieden werden müssen. Ferner können in der Satzung die Entscheidungsverfahren und Zustimmungserfordernisse geregelt werden. Zwingend sind jedoch bestimmte Entscheidungen gemeinschaftlich zu treffen. Dazu gehören insbesondere solche, die die Kapitalerhöhung, Genehmigung einer Verschmelzung, Jahresabschlüsse, die Abwicklung oder Umwandlung der Gesellschaft betreffen. Einige Entscheidungen bedürfen überdies eines einstimmigen Beschlusses der Hauptversammlung.

1447   *(4) Beschränkungen bezüglich der Übertragbarkeit von Aktien.* Die freie Übertragbarkeit der Aktien der SAS kann in der Satzung beschränkt werden. Die Satzung kann vorsehen, dass der potenzielle Erwerber für die SAS zumutbar sein muss. Dies kann für sämtliche Fälle der Anteilsübertragung, einschließlich der Übertragung auf Mitaktionäre, vorgesehen werden. Die Satzung sollte angeben, welches Gesellschaftsorgan die Zustimmung der Gesellschaft zu der beabsichtigten Übertragung erteilen kann. Bei einem Verstoß gegen die Satzungsbestimmungen ist die Übertragung der Anteile unwirksam.

(5) Rechnungsprüfer. Die Bestellung eines Rechnungsprüfers ist zwingend vorgeschrieben und **1448** unterliegt den gleichen Bestimmungen wie die Bestellung eines Rechnungsprüfers für die SA.

b) Haftung der Geschäftsführer bei den in Frankreich am häufigsten genutzten Gesellschaftsformen

Nach den Bestimmungen des französischen Handelsgesetzbuchs haften die Geschäfts- **1449** führer einer SA, SAS und SARL unter gleichen Voraussetzungen. Aufsichtsratsmitglieder einer SA haften allerdings nur für ihr persönliches Fehlverhalten, nicht für Fehler im Rahmen der Geschäftsführung.

Nachfolgend sollen die wichtigsten Fälle dargestellt werden, in denen der Geschäfts- **1450** führer sowohl zivilrechtlich als auch strafrechtlich zur Verantwortung gezogen werden kann. Dabei können strafrechtliche Sanktionen auch neben und zusätzlich zur zivilrechtlichen Haftung verhängt werden.

aa) Zivilrechtliche Haftung. *(1) Haftung gegenüber den Anteilseignern der Gesellschaft.* **1451** Eine Haftung des Geschäftsführers gegenüber den Anteilseignern oder der Gesellschaft kann begründet werden durch:
– Verstöße gegen Gesetze und Verordnungen,
– Verstöße gegen die Satzung oder
– Fehler im Rahmen der Geschäftsführung.

(2) Haftung gegenüber Dritten. Ein Geschäftsführer haftet ferner gemäß Art. 1382 des fran- **1452** zösischen Zivilgesetzbuches für Schäden, die er kausal verursacht hat.

Auch Handlungen des Geschäftsführers im Rahmen der Geschäftsführung können eine **1453** persönliche Haftung begründen, sofern (i) der Geschäftsführer schuldhaft gehandelt hat, (ii) einem Dritten ein Schaden entstanden ist und (iii) eine ursächliche Verbindung zwischen dem Schaden und der schuldhaften Handlung besteht.

(3) Mögliche Haftungsbeschränkungen. Die Haftung des Geschäftsführers kann beschränkt **1454** sein, wenn der Geschäftsführer seine Befugnisse delegiert hat. Ein Geschäftsführer kann seine Aufgaben teilweise (jedoch nicht vollständig) auf eine andere Person übertragen und die betreffende Person dadurch ermächtigen, bestimmte Bereiche wie beispielsweise administrative, technische oder finanzielle Angelegenheiten im Namen der Gesellschaft zu führen. Die Haftung des Geschäftsführers kann weder durch die Satzung noch durch Beschluss der Anteilseigner beschränkt oder ausgeschlossen werden. Ansprüche verjähren nach Ablauf von drei Jahren.

bb) Strafrechtliche Sanktionen. Das französische Handelsgesetzbuch enthält ver- **1455** schiedene Straftatbestände, die sich speziell auf strafbare Handlungen in Zusammenhang mit der Gründung und der Leitung einer Gesellschaft beziehen. Handlungen, durch die sich ein Geschäftsführer strafbar machen kann, sind:
– die Ausschüttung von Scheindividenden;
– die Veröffentlichung oder Vorlage von Jahresabschlüssen, die die Finanzlage oder die Vermögenswerte der Gesellschaft nicht zutreffend ausweisen;
– die Ausübung seiner Befugnisse in bösem Glauben; und
– die Verwendung des Vermögens oder des Ansehens der Gesellschaft in bösem Glauben.

War ein Geschäftsführer an einer Straftat nicht persönlich beteiligt, entgeht er grund- **1456** sätzlich strafrechtlichen Sanktionen, wenn er nachweisen kann, dass er seine Befugnisse delegiert hat.

cc) Haftungsrelevante Fallkonstellationen. *(1) Konkurs der Gesellschaft.* Im Fall einer **1457** Konkursverwaltung oder Liquidation der Gesellschaft besteht eine erhöhte Gefahr für den Geschäftsführer, zur Zahlung von Gesellschaftsschulden herangezogen zu werden.

(2) Arbeitsrecht. Das französische Arbeitsrecht ist extrem reguliert. Haftungsrelevant sind **1458** vor allem folgende Handlungen:
– die Weigerung, eine Person aufgrund ihrer Rasse oder ihres Geschlechts einzustellen sowie eine Ungleichbehandlung bezüglich Gehalt und Arbeitsbedingungen aufgrund der Rasse oder des Geschlechts;

- eine Verhängung von Strafen oder von anderen finanziellen Sanktionen zu Lasten von Arbeitnehmern;
- eine Beschränkung der Ausübung von Gewerkschaftsrechten;
- die Nichteinhaltung eines detaillierten formalen Verfahrens bei Entlassungen;
- eine Beschäftigung unqualifizierter bzw. ungeeigneter Personen zur Vornahme der Arbeiten; sowie
- die Durchsetzung von Arbeitszeiten, die die vorgeschriebene Stundenhöchstzahl übersteigen oder die Nichtgewährung des gesamten bezahlten Urlaubsanspruchs.

1459   *(3) Gesundheits- und Sicherheitsfragen.* Die Gesundheit und Sicherheit am Arbeitsplatz französischer Arbeitnehmer wird durch ein umfassendes gesetzliches Regelwerk geschützt.

1460   *(4) Umweltrecht.* Je nach Geschäftsbereich der betreffenden Gesellschaft kann auch ein Verstoß gegen bestehende umweltrechtliche Vorgaben zu einer zivilrechtlichen oder strafrechtlichen Haftung eines Gesellschafters führen.

1461   *(5) Steuern.* Geschäftsführer haften persönlich und gesamtschuldnerisch für die Zahlung von Steuern und Bußgeldern im Fall betrügerischer Handlungen und ernster und wiederholter Verstöße gegen Steuerpflichten, die eine Steuereinziehung verhindern.

III. Überblick über das internationale Gesellschaftsrecht ausländischer Staaten

1462   Die Gründungstheorie herrscht – teilweise mit Einschränkungen –[2003] nach vergleichsweise gesicherter Erkenntnis in folgenden Staaten:
Argentinien[2004]
Aserbaidschan[2005]
Brasilien[2006]
Costa Rica[2007]
Dänemark[2008]
England[2009]
Estland[2010]
Finnland[2011]
Irland[2012]
Italien[2013]

[2003] Liegt der tatsächliche Verwaltungssitz im Inland, setzen einige Staaten das eigene Recht gegenüber dem ausländischen Gründungsrecht durch. Siehe hierzu die entsprechenden Hinweise bei den einzelnen Staaten. Vgl. dazu auch *Hausmann* in Reithmann/Martiny, Intern. Vertragsrecht, Rn. 2200.

[2004] In Argentinien gilt die Gründungstheorie nur eingeschränkt. Vgl. vor allem Art. 118, 124 des argentinischen Gesetzes über Handelsgesellschaften (1984). Ausführlich dazu *Pallarés,* 32 Stetson L. Rev. 785, 808 ff., 820 (2003).

[2005] Art. 12 IPRG (2000). Dazu *Hausmann* in Reithmann/Martiny, Intern. Vertragsrecht, Rn. 2200.

[2006] *Pallarés,* 32 Stetson L. Rev. 785, 795 f., 820 (2003).

[2007] Art. 229 costa-ricanisches HGB. Auskunft des Auswärtigen Amtes vom 20. 8. 2004.

[2008] *Schwarz,* Europäisches Gesellschaftsrecht, Rn. 164; *Kieninger,* ZGR 1999, 724, 726; *Werlauff,* ZIP 1999, 867, 874.

[2009] Statt vieler *Hausmann* in Reithmann/Martiny, Intern. Vertragsrecht, Rn. 2200; *Schwarz,* Europäisches Gesellschaftsrecht, Rn. 164; *Werlauff,* ZIP 1999, 867, 874. Näher zu der kollisionsrechtlichen Regelung auch oben Rn. 1136.

[2010] § 14 IPRG (2002). In Estland gilt die Gründungstheorie nur eingeschränkt. Vgl. dazu *Hausmann* in Reithmann/Martiny, Intern. Vertragsrecht, Rn. 2200.

[2011] *Schwarz,* Europäisches Gesellschaftsrecht, Rn. 164, *Werlauff,* ZIP 1999, 867, 874.

[2012] *Schwarz,* Europäisches Gesellschaftsrecht, Rn. 164, *Werlauff,* ZIP 1999, 867, 874.

[2013] Die Gründungstheorie gilt in Italien insoweit eingeschränkt, als dass italienisches Recht Anwendung findet, wenn die Gesellschaft ihren Verwaltungssitz oder geschäftlichen Schwerpunkt in

Japan[2014]
Jugoslawien und Nachfolgestaaten[2015]
Kasachstan[2016]
Liechtenstein[2017]
Litauen[2018]
Niederlande[2019]
Norwegen[2020]
Panama[2021]
Russische Föderation[2022]
Schweden[2023]
Schweiz[2024]
Slowenien[2025]
Uruguay[2026]
Usbekistan[2027]
Vereinigte Staaten von Amerika (USA)[2028]
Weißrussland[2029]

Italien hat. Vgl. dazu die Besprechung des Art. 25 italienisches IPRG (1995) oben Rn. 1268. Siehe auch *Hausmann* in Reithmann/Martiny, Intern. Vertragsrecht, Rn. 2200; *Schwarz,* Europäisches Gesellschaftsrecht, Rn. 164; *Staudinger/Großfeld* (1998) IntGesR Rn. 154.

[2014] Art. 482 japanisches HGB; abgedruckt in deutscher Übersetzung bei *Großfeld,* Internationales und Europäisches Unternehmensrecht, S. 51. In Japan gilt die Gründungstheorie nur eingeschränkt. Obwohl man von der Gründungstheorie ausgeht, wird das japanische materielle Gesellschaftsrecht angewandt, wenn die Gesellschaft ihren effektiven Verwaltungssitz im Inland hat. Vgl. dazu m. w. N. MünchKommBGB/*Kindler,* IntGesR Rn. 266. Siehe auch *Hausmann* in Reithmann/Martiny, Intern. Vertragsrecht, Rn. 2200; *Großfeld,* Internationales und Europäisches Unternehmensrecht, S. 51; Staudinger/*Großfeld* (1998) IntGesR Rn. 159. Näher zu der kollisionsrechtlichen Regelung auch oben Rn. 1295.

[2015] Art. 17 IPRG (1982). Danach gilt die Gründungstheorie eingeschränkt. Dazu *Hausmann* in Reithmann/Martiny, Intern. Vertragsrecht, Rn. 2200.

[2016] Art. 1110 ZGB (1999). Dazu *Hausmann* in Reithmann/Martiny, Intern. Vertragsrecht, Rn. 2200.

[2017] § 232 Personen- und Gesellschaftsrecht (1997). Dazu *Hausmann* in Reithmann/Martiny, Intern. Vertragsrecht, Rn. 2200; *Kohler,* IPRax 1997, 309, 310 f.

[2018] Art. 1.19 ZGB (2000). In Litauen gilt die Gründungstheorie eingeschränkt. Dazu *Hausmann* in Reithmann/Martiny, Intern. Vertragsrecht, Rn. 2200.

[2019] Art. 2, 3 Wet conflictenrecht (1997). Vgl. auch *Hausmann* in Reithmann/Martiny, Intern. Vertragsrecht, Rn. 2200; MünchKommBGB/*Kindler,* IntGesR Rn. 266; *Schwarz,* Europäisches Gesellschaftsrecht, Rn. 164; *Werlauff,* ZIP 1999, 867, 874. Näher zu der kollisionsrechtlichen Regelung auch oben Rn. 1154.

[2020] *Werlauff,* ZIP 1999, 867, 874.

[2021] Auskunft der Deutsch-Panamaischen IHK vom 23. 8. 2004.

[2022] Art. 1202 ZGB (2001). Dazu *Hausmann* in Reithmann/Martiny, Intern. Vertragsrecht, Rn. 2200.

[2023] *Schwarz,* Europäisches Gesellschaftsrecht, Rn. 164; *Werlauff,* ZIP 1999, 867, 874.

[2024] Art. 154 IPRG. Die Gründungstheorie gilt jedoch nicht uneingeschränkt. Das schweizerische IPR schützt die Interessen schweizerischer Gläubiger hinsichtlich der Handelndenhaftung (Art. 159 IPRG) und bei der Sitzverlegung (Art. 162 IPRG). Dazu *Hausmann* in Reithmann/Martiny, Intern. Vertragsrecht, Rn. 2200; MünchKommBGB/*Kindler,* IntGesR Rn. 266, Staudinger/*Großfeld* (1998) IntGesR Rn. 158. Näher zu der kollisionsrechtlichen Regelung auch oben Rn. 1190.

[2025] § 17 IPRG (1999). In Slowenien gilt die Gründungstheorie eingeschränkt. Vgl. dazu *Hausmann* in Reithmann/Martiny, Intern. Vertragsrecht, Rn. 2200.

[2026] In Uruguay gilt die Gründungstheorie eingeschränkt. Vgl. dazu *Pallarés,* 32 Stetson L. Rev. 785, 798 ff., 820 (2003).

[2027] Art. 1175 ZGB (1997). Dazu *Hausmann* in Reithmann/Martiny, Intern. Vertragsrecht, Rn. 2200.

[2028] *Hausmann* in Reithmann/Martiny, Intern. Vertragsrecht, Rn. 2200. Näher zu der kollisionsrechtlichen Regelung auch oben Rn. 1119 ff.

[2029] Art. 1111 ZGB (1999). Dazu *Hausmann* in Reithmann/Martiny, Intern. Vertragsrecht, Rn. 2200.

1463   Die Begriffsdefinitionen in bilateralen Kapitalschutzabkommen indizieren, dass die Gründungstheorie wahrscheinlich ferner in den folgenden Staaten gilt:

Antigua und Barbuda[2030]

Brunei Darussalam[2031]

Burkina Faso[2032]

Dominikanischer Bund[2033]

Ghana[2034]

Guyana[2035]

Honduras[2036]

Hongkong[2037]

Indien[2038]

Indonesien[2039]

Israel[2040]

Jamaika[2041]

Jemen[2042]

Kambodscha[2043]

Kamerun[2044]

Katar[2045]

[2030] Vgl. Art. 1 Abs. 3 lit. b) ii) des Kapitalschutzabkommens vom 5. 11. 1998, BGBl. 2000 II, 858; in Kraft seit 28. 2. 2001, BGBl. 2001 II, 247. Abgestellt wird sowohl auf die Gründung des Hauptunternehmens als auch auf die (in)direkte Kontrolle des Unternehmens durch Staatsangehörige von Antigua und Barbuda.

[2031] Vgl. Art. 1 Abs. 5 lit. a) des Kapitalschutzabkommens vom 30. 3. 1998, BGBl. 2004 II, 40; in Kraft seit 15. 6. 2004, BGBl. 2004 II, 1096.

[2032] Vgl. Art. 1 Abs. 4 lit. b) des Kapitalschutzabkommens vom 22. 10. 1996, BGBl. 1998 II, 1457; in Kraft seit 25. 7. 1998, BGBl. 1998 II, 1457.

[2033] Vgl. Art. 1 Abs. 4 lit. b) des Kapitalschutzabkommens vom 1. 10. 1983, BGBl. 1985 II, 1170; in Kraft seit 11. 5. 1986, BGBl. 1986 II, 730.

[2034] Vgl. Art. 1 Abs. 4 lit. b) des Kapitalschutzabkommens vom 24. 2. 1995, BGBl. 1997 II, 2055; in Kraft seit 23. 11. 1998, BGBl. 1998 II, 2960.

[2035] Vgl. Art. 1 Abs. 4 lit. b) des Kapitalschutzabkommens vom 6. 12. 1989, BGBl. 1993 II, 938; in Kraft seit 9. 3. 1994, BGBl. 1994 II, 614.

[2036] Vgl. Art. 1 Abs. 4 lit. b) des Kapitalschutzabkommens vom 21. 3. 1995, BGBl. 1997 II, 2064; in Kraft seit 27. 5. 1998, BGBl. 1998 II, 2320.

[2037] Vgl. Art. 1 Abs. 4 lit. b) ii) des Kapitalschutzabkommens vom 31. 1. 1996, BGBl. 1997 II, 1848; in Kraft seit 19. 2. 1998, BGBl. 1998 II, 687.

[2038] Vgl. Art. 1 lit. a) ii) des Kapitalschutzabkommens vom 10. 7. 1995, BGBl. 1998 II, 619; in Kraft seit 13. 7. 1998, BGBl. 1998 II, 2265. Anders jedoch die Auskunft des Auswärtigen Amtes vom 19. 8. 2004. Danach gilt in Indien die Sitztheorie.

[2039] Vgl. Art. 1 Abs. 4 lit. b) des Kapitalschutzabkommens vom 8. 11. 1968, BGBl. 1970 II, 492; in Kraft seit 19. 4. 1971; BGBl. 1971 II, 214.

[2040] Vgl. Art. 1 Abs. 4 lit. b) des Kapitalschutzabkommens vom 24. 6. 1976, BGBl. 1978 II, 209. Es wird sowohl auf die Gründung der Gesellschaft als auch auf ihre Kontrolle durch Personen mit ständigem Aufenthalt in Israel abgestellt.

[2041] Vgl. Art. 1 Abs. 4 lit. b) des Kapitalschutzabkommens vom 24. 9. 1992, BGBl. 1996 II, 58; in Kraft seit 12. 1. 1997, BGBl. 1997 II, 732.

[2042] Vgl. Art. 8 Abs. 4 lit. b) des Kapitalschutzabkommens vom 21. 5. 1974, BGBl. 1975 II, 1246; in Kraft seit 19. 12. 1978, BGBl. 1979 II, 90.

[2043] Vgl. Art. 1 Abs. 4 lit. b) des Kapitalschutzabkommens vom 15. 2. 1999, BGBl. 2001 II, 487; in Kraft seit 14. 4. 2002, BGBl. 2002 II, 1532.

[2044] Vgl. Art. 8 Abs. 4 lit. b) des Kapitalschutzabkommens vom 29. 5. 1962, BGBl. 1963 II, 991; in Kraft seit 21. 11. 1963, BGBl. 1963 II, 1537.

[2045] Vgl. Art. 1 Abs. 3 lit. b (2) des Kapitalschutzabkommens vom 14. 6. 1996, BGBl. 1998 II, 628; in Kraft seit 19. 1. 1999, BGBl. 1999 II, 81. „Investor in Bezug auf den Staat Katar" ist nach dieser Bestimmung unter anderem „jede juristische Person mit der Rechtsstellung einer Gesellschaft, einer

Kongo, Demokratische Republik (früherer Staatsname Zaïre)[2046]
Korea[2047]
Kuba[2048]
Lesotho[2049]
Liberia[2050]
Malaysia[2051]
Mali[2052]
Mauritius[2053]
Nepal[2054]
Oman[2055]
Pakistan[2056]
Papua-Neuguinea[2057]
Senegal[2058]
Singapur[2059]
Somalia[2060]
Sri Lanka[2061]
Sta. Lucia[2062]

Kapitalgesellschaft oder einer staatlichen oder halbstaatlichen Einrichtung, die im Hoheitsgebiet des Staates Katar nach Maßgabe seiner Rechtsvorschriften gegründet wurde oder mittelbar oder unmittelbar unter dem Einfluss von Staatsangehörigen des Staates Katar stehen".

[2046] Vgl. Art. 8 Abs. 4 lit. b) des Kapitalschutzabkommens vom 18. 3. 1969, BGBl. 1970 II, 509; in Kraft seit 22. 7. 1971, BGBl. 1971 II, 1099.

[2047] Vgl. Art. 1 Abs. 4 lit. a) des Kapitalschutzabkommens vom 4. 2. 1964, BGBl. 1966 II, 841; in Kraft seit 15. 1. 1967, BGBl. 1967 II, 736.

[2048] Vgl. Art. 1 Abs. 4 lit. b) des Kapitalschutzabkommens vom 30. 4. 1996, BGBl. 1998 II, 746; in Kraft seit 22. 11. 1998, BGBl. 1998 II, 2961.

[2049] Vgl. Art. 1 Abs. 4 lit. b) des Kapitalschutzabkommens vom 11. 11. 1982, BGBl. 1985 II, 14; in Kraft seit 17. 8. 1985, BGBl. 1985 II, 889.

[2050] Vgl. Art. 8 Abs. 4 lit. b) des Kapitalschutzabkommens vom 12. 12. 1961, BGBl. 1967 II, 1537; in Kraft seit 22. 10. 1967, BGBl. 1967 II, 2373.

[2051] Vgl. Art. 1 Abs. 4 lit. b) des Kapitalschutzabkommens vom 22. 12. 1960, BGBl. 1962 II, 1064; teilweise in Kraft seit 6. 7. 1963, BGBl. 1963 II, 1153; Geltung im gesamten Staatsgebiet von Malaysia seit dem 2. 9. 1966, BGBl. 1966 II, 885.

[2052] Vgl. Art. 1 Abs. 4 lit. a) des Kapitalschutzabkommens vom 28. 5. 1977, BGBl. 1979 II, 77; in Kraft seit 16. 5. 1980, BGBl. 1980 II, 695.

[2053] Vgl. Art. 8 Abs. 4 lit. b) des Kapitalschutzabkommens vom 25. 5. 1971, BGBl. 1973 II, 615; in Kraft seit 27. 8. 1973, BGBl. 1973 II, 1511.

[2054] Vgl. Art. 1 Abs. 4 lit. b) des Kapitalschutzabkommens vom 20. 10. 1986, BGBl. 1988 II, 262; in Kraft seit 7. 7. 1988, BGBl. 1988 II, 619.

[2055] Vgl. Art. 1 Abs. 4 lit. b) des Kapitalschutzabkommens vom 25. 5. 1979, BGBl. 1985 II, 354; in Kraft seit 4. 2. 1986, BGBl. 1986 II, 460.

[2056] Vgl. Art. 8 Abs. 4 lit. b) des Kapitalschutzabkommens vom 25. 11. 1959, BGBl. 1961 II, 793; in Kraft seit 28. 4. 1962, BGBl. 1962 II, 172.

[2057] Vgl. Art. 1 Abs. 4 lit. b) des Kapitalschutzabkommens vom 12. 11. 1980, BGBl. 1982 II, 389; in Kraft seit 3. 11. 1983, BGBl. 1983 II, 723.

[2058] Vgl. Art. 8 Abs. 4 lit. b) des Kapitalschutzabkommens vom 24. 1. 1964, BGBl. 1965 II, 1391; in Kraft seit 16. 1. 1966, BGBl. 1966 II, 10, 108.

[2059] Vgl. Art. 1 Abs. 4 lit. b) des Kapitalschutzabkommens vom 3. 10. 1973, BGBl. 1975 II, 49; in Kraft seit 1. 10. 1975, BGBl. 1975 II, 1781.

[2060] Vgl. Art. 1 Abs. 4 lit. b) des Kapitalschutzabkommens vom 27. 11. 1982, BGBl. 1984 II, 778; in Kraft seit 15. 2. 1985, BGBl. 1985 II, 558.

[2061] Vgl. Art. 1 Abs. 4 lit. b) des Kapitalschutzabkommens vom 7. 2. 2000, BGBl. 2002 II, 296; in Kraft seit 16. 1. 2004, BGBl. 2004 II, 104.

[2062] Vgl. Art. 1 Abs. 4 lit. b) des Kapitalschutzabkommens vom 16. 3. 1985, BGBl. 1987 II, 13; in Kraft seit 22. 7. 1987, BGBl. 1987 II, 436.

St. Vincent und die Grenadinen[2063]
Sudan[2064]
Swasiland[2065]
Tansania[2066]
Tschad[2067]
Zaïre[2068]
Zentralafrikanische Republik[2069]

1464   Die Sitztheorie gilt nach vergleichsweise gesicherter Erkenntnis in folgenden Staaten:
Armenien[2070]
Belgien[2071]
Bolivien[2072]
Bulgarien[2073]
China[2074]
Frankreich[2075]
Georgien[2076]

[2063] Vgl. Art. 1 Abs. 4 lit. b) des Kapitalschutzabkommens vom 25. 3. 1986, BGBl. 1987 II, 774; in Kraft seit 8. 1. 1989, BGBl. 1989 II, 766.

[2064] Vgl. Art. 8 Abs. 4 lit. b) des Kapitalschutzabkommens vom 7. 2. 1963, BGBl. 1966 II, 889; in Kraft seit 24. 1. 1967, BGBl. 1967 II, 908.

[2065] Vgl. Art. 1 Abs. 4 lit. b) des Kapitalschutzabkommens vom 5. 4. 1990, BGBl. 1993 II, 956; in Kraft seit 7. 8. 1995, BGBl. 1995 II, 902.

[2066] Vgl. Art. 8 Abs. 4 lit. b) des Kapitalschutzabkommens vom 30. 1. 1965, BGBl. 1966 II, 873: in Kraft seit 12. 7. 1968, BGBl. 1968 II, 584.

[2067] Vgl. Art. 8 Abs. 4 lit. b) des Kapitalschutzabkommens vom 11. 4. 1967, BGBl. 1968 II, 221; in Kraft seit 23. 11. 1968, BGBl. 1968 II, 1095.

[2068] Vgl. Art. 8 Abs. 4 lit. b) des Kapitalschutzabkommens vom 18. 3. 1969, BGBl. 1970 II, 509; in Kraft seit 22. 7. 1971, BGBl. 1971 II, 1099.

[2069] Vgl. Art. 8 Abs. 4 lit. b) des Kapitalschutzabkommens vom 23. 8. 1965, BGBl. 1967 II, 1657; in Kraft seit 21. 1. 1968, BGBl. 1968 II, 48. Es wird auf die Gründung und auf die Kontrolle der Gesellschaft durch zentralafrikanische Staatsangehörige oder zentralafrikanisches Kapital abgestellt.

[2070] Auskunft des Auswärtigen Amtes in Eriwan vom 31. 8. 2004. Dies indiziert auch die Begriffsdefinition in Art. 1 Abs. 4 lit. b) des Kapitalschutzabkommens vom 21. 12. 1995, BGBl. 2000 II, 46; in Kraft seit 4. 8. 2000, BGBl. 2000 II, 1087.

[2071] Art. 128, 129 des belgischen Gesetzes über die Handelsgesellschaften (1873) und Art. 197 des belgischen Code de Commerce. Vgl. dazu *Großfeld*, Internationales und Europäisches Unternehmensrecht, S. 38–39; *Hausmann* in Reithmann/Martiny, Intern. Vertragsrecht, Rn. 2198; MünchKommBGB/*Kindler*, IntGesR Rn. 312; *Schwarz*, Europäisches Gesellschaftsrecht, Rn. 164; Staudinger/*Großfeld* (1998) IntGesR Rn. 154.

[2072] Auskunft der Deutsch-Bolivianischen IHK vom 6. 9. 2004; vgl. aber Art. 1 Abs. 4 lit. b) des Kapitalschutzabkommens vom 23. 3. 1983 (BGBl. 1998 II, 255, in Kraft seit 9. 11. 1990, BGBl. 1991 II, 1041), das eher dafür spricht, dass Bolivien der Gründungstheorie folgt.

[2073] Auskunft der Deutschen Botschaft in Sofia vom 2. 9. 2004 und der Deutsch-Bulgarischen IHK vom 20. 8. 2004. Dies indiziert auch die Begriffsdefinition in Art. 1 Abs. 3 des Kapitalschutzabkommens vom 12. 4. 1986, BGBl. 1987 II, 742; in Kraft seit 10. 3. 1988, BGBl. 1998 II, 376.

[2074] Nach Auskunft des Delegierten Büros der Deutschen Wirtschaft Beijing (AHK/Peking) vom 26. 8. 2004 folgt China der Sitztheorie. Vgl. aber Art. 1 Abs. 4 lit. b) des Kapitalschutzabkommens zwischen der Volksrepublik China und der Bundesrepublik Deutschland vom 7. 10. 1983, das eher dafür spricht, dass China der Gründungstheorie folgt. BGBl. 1985 II, 30; in Kraft seit 18. 3. 1985 BGBl. 1985 II, 639.

[2075] Art. L210–3 Code de Commerce. Dazu unter Verweis auf das nicht mehr geltende Gesetz über Handelsgesellschaften vom 24. 7. 1966, *Hausmann* in Reithmann/Martiny, Intern. Vertragsrecht, Rn. 2198; MünchKommBGB/*Kindler*, IntGesR Rn. 312; *Schwarz*, Europäisches Gesellschaftsrecht, Rn. 164; Staudinger/*Großfeld* (1998) IntGesR Rn. 153. Näher zu der kollisionsrechtlichen Regelung auch oben Rn. 1173.

[2076] Art. 24 IPRG (1998). Dazu *Hausmann* in Reithmann/Martiny, Intern. Vertragsrecht, Rn. 2198.

Griechenland[2077]
Guinea[2078]
Kroatien[2079]
Kuwait[2080]
Lettland[2081]
Luxemburg[2082]
Österreich[2083]
Paraguay[2084]
Polen[2085]
Portugal[2086]
Rumänien[2087]
Spanien[2088]
Türkei[2089]

Die Begriffsdefinitionen in bilateralen Kapitalschutzabkommen indizieren, dass die **1465**
Sitztheorie wahrscheinlich ferner in folgenden Staaten gilt:
Ägypten[2090]
Albanien[2091]
Algerien[2092]
Bangladesch[2093]
Barbados[2094]

[2077] *Kindler,* NJW 2003, 1073, 1074 Fn. 8; *Schwarz,* Europäisches Gesellschaftsrecht, Rn. 164; Staudinger/*Großfeld* (1998) IntGesR Rn. 153.

[2078] Auskunft der Deutschen Botschaft in Conakry vom 19. 9. 2004.

[2079] Auskunft der Deutschen Botschaft in Zagreb vom 20. 8. 2004. Dies indiziert auch die Begriffsdefinition in Art. 1 Abs. 4 des Kapitalschutzabkommens vom 21. 3. 1997, BGBl. 2000 II, 653; in Kraft seit 28. 9. 2000, BGBl. 2000 II, 1331.

[2080] Auskunft der Deutschen Botschaft in Kuwait vom 11. 9. 2004.

[2081] § 8 Abs. 3 ZGB (1937). Dazu *Hausmann* in Reithmann/Martiny, Intern. Vertragsrecht, Rn. 2198.

[2082] Art. 159 Gesetz über die Handelsgesellschaften (1975). Dazu *Hausmann* in Reithmann/Martiny, Intern. Vertragsrecht, Rn. 2198; *Schwarz,* Europäisches Gesellschaftsrecht, Rn. 164; Staudinger/*Großfeld* (1998) IntGesR Rn. 153.

[2083] §§ 10, 12 IPRG (1978). Dazu *Hausmann* in Reithmann/Martiny, Intern. Vertragsrecht, Rn. 2198; *Schwarz,* Europäisches Gesellschaftsrecht, Rn. 164; Staudinger/*Großfeld* (1998) IntGesR Rn. 153. Näher zu der kollisionsrechtlichen Regelung auch oben Rn. 1205.

[2084] *Pallarés,* 32 Stetson L. Rev. 785, 797 f., 820 (2003).

[2085] Art. 9 §§ 2, 3 IPRG (1965).

[2086] Art. 3 Gesetzbuch über Handelsgesellschaften (1986). Dazu *Hausmann* in Reithmann/Martiny, Intern. Vertragsrecht, Rn. 2198; *Schwarz,* Europäisches Gesellschaftsrecht, Rn. 164; Staudinger/*Großfeld* (1998) IntGesR Rn. 153.

[2087] Art. 90 IPRG (1992). Dazu *Hausmann* in Reithmann/Martiny, Intern. Vertragsrecht, Rn. 2198.

[2088] Art. 5 Abs. 1 AktG (1989). Dazu *Hausmann* in Reithmann/Martiny, Intern. Vertragsrecht, Rn. 2198; *Schwarz,* Europäisches Gesellschaftsrecht, Rn. 164; Staudinger/*Großfeld* (1998) IntGesR Rn. 153. Näher zu der kollisionsrechtlichen Regelung auch oben Rn. 1231.

[2089] Art. 8 Abs. 4 Gesetz zum Internationalen Privat- und Prozessrecht.

[2090] Vgl. Art. 8 Abs. 4 des Kapitalschutzabkommens vom 5. 7. 1974, BGBl. 1977 II, 1145; in Kraft seit 22. 7. 1978, BGBl. 1978 II, 1247.

[2091] Vgl. Art. 1 Abs. 4 lit. b) des Kapitalschutzabkommens vom 31. 10. 1991, BGBl. 1994 II, 3720; in Kraft seit 18. 8. 1995, BGBl. 1995 II, 903.

[2092] Vgl. Art. 1 Abs. 1 Nr. 4 des Kapitalschutzabkommens vom 11. 3. 1996, BGBl. 2002 II, 286; in Kraft seit 30. 5. 2002, BGBl. 2002 II, 1571.

[2093] Vgl. Art. 8 Abs. 4 lit. b) des Kapitalschutzabkommens vom 6. 5. 1981, BGBl. 1984 II, 889; in Kraft seit 14. 9. 1986, BGBl. 1986 II, 889.

[2094] Vgl. Art. 1 Abs. 4 lit. b) des Kapitalschutzabkommens vom 2. 12. 1995, BGBl. 1997 II, 2047; in Kraft seit 11. 5. 2002, BGBl. 2002 II, 1198.

Benin[2095]
Bosnien und Herzegowina[2096]
Botswana[2097]
Burundi[2098]
Chile[2099]
Ecuador[2100]
Elfenbeinküste[2101]
El Salvador[2102]
Haiti[2103]
Iran[2104]
Jordanien[2105]
Kap Verde[2106]
Kenia[2107]
Kongo, Republik[2108]
Laos[2109]
Libanon[2110]
Madagaskar[2111]
Malta[2112]
Marokko[2113]

[2095] Vgl. Art. 8 Abs. 4 lit. b) des Kapitalschutzabkommens vom 29. 6. 1978, BGBl. 1985 II, 2; in Kraft seit 18. 7. 1985, BGBl. 1985 II, 876.

[2096] Vgl. Art. 1 Abs. 3 lit. b) des Kapitalschutzabkommens vom 18. 10. 2001, BGBl. 2004 II, 314.

[2097] Vgl. Art. 1 Abs. 4 lit. b) des Kapitalschutzabkommens vom 23. 5. 2000, BGBl. 2002 II, 278.

[2098] Vgl. Art. 1 Abs. 4 lit. b) des Kapitalschutzabkommens vom 10. 9. 1984, BGBl. 1985 II, 1162; in Kraft seit 9. 12. 1987, BGBl. 1987 II, 817.

[2099] Vgl. Art. 1 Abs. 4 lit. b) des Kapitalschutzabkommens vom 21. 10. 1991, BGBl. 1998 II, 1427; in Kraft seit 8. 5. 1999, BGBl. 1999 II, 455.

[2100] Vgl. Art. 1 Abs. 4 lit. b) des Kapitalschutzabkommens vom 21. 3. 1996, BGBl. 1998 II, 610; in Kraft seit 12. 2. 1999, BGBl. 1999 II, 113.

[2101] Vgl. Art. 8 Abs. 4 lit. b) des Kapitalschutzabkommens vom 27. 10. 1966, BGBl. 1968 II, 61; in Kraft seit 10. 6. 1968, BGBl. 1968 II, 529.

[2102] Vgl. Art. 1 Abs. 3 lit. b) ii) des Kapitalschutzabkommens vom 11. 12. 1997, BGBl. 2000 II, 673; in Kraft seit 15. 4. 2001, BGBl. 2001 II, 502.

[2103] Vgl. Art. 8 Abs. 4 lit. b) des Kapitalschutzabkommens vom 14. 8. 1973, BGBl. 1975 II, 101; in Kraft seit 1. 12. 1975, BGBl. 1975 II, 2230.

[2104] Vgl. Art. 1 Abs. 2 lit. b) des Kapitalschutzabkommens vom 17. 8. 2002, BGBl. 2004 II, 55.

[2105] Vgl. Art. 8 Abs. 4 lit. b) des Kapitalschutzabkommens vom 15. 7. 1974, BGBl. 1975 II, 1254; in Kraft seit 10. 10. 1977, BGBl. 1977 II, 1256.

[2106] Vgl. Art. 1 Abs. 4 lit. b) des Kapitalschutzabkommens vom 18. 1. 1990, BGBl. 1993 II, 947; in Kraft seit 15. 12. 1993, BGBl. 1994 II, 56.

[2107] Vgl. Art. 1 Abs. 4 lit. b) des Kapitalschutzabkommens vom 3. 5. 1996, BGBl. 1998 II, 585; in Kraft seit 7. 12. 2000, BGBl. 2000 II, 1561.

[2108] Vgl. Art. 8 Abs. 4 lit. b) des Kapitalschutzabkommens vom 13. 9. 1965, BGBl. 1967 II, 1733; in Kraft seit 14. 10. 1967, BGBl. 1967 II, 2367.

[2109] Vgl. Art. 1 Abs. 4 lit. b) des Kapitalschutzabkommens vom 9. 8. 1996, BGBl. 1998 II, 1466; in Kraft seit 24. 3. 1999, BGBl. 1999 II, 295.

[2110] Vgl. Art. 1 Abs. 1 lit. b) des Kapitalschutzabkommens vom 18. 3. 1997, BGBl. 1998 II, 1439; in Kraft seit 25. 3. 1999.

[2111] Vgl. Art. 8 Abs. 4 des Kapitalschutzabkommens vom 21. 9. 1962, BGBl. 1965 II, 369: in Kraft seit 21. 3. 1966, BGBl. 1966 II, 178.

[2112] Vgl. Art. 8 Abs. 4 lit. b) des Kapitalschutzabkommens vom 17. 9. 1974, BGBl. 1975 II, 1237; in Kraft seit 14. 12. 1975, BGBl. 1976 II, 137.

[2113] Vgl. Art. 1 Abs. 3 lit. b) des Kapitalschutzabkommens vom 6. 8. 2001, BGBl. 2004 II, 333.

Mauretanien[2114]
Mazedonien[2115]
Mexiko[2116]
Moldau, Republik[2117]
Mongolei[2118]
Mosambik[2119]
Namibia[2120]
Nicaragua[2121]
Niger[2122]
Peru[2123]
Philippinen[2124]
Ruanda[2125]
Sambia[2126]
Saudi-Arabien[2127]
Sierra Leone[2128]
Simbabwe[2129]
Südafrika[2130]
Syrien[2131]

[2114] Vgl. Art. 1 Abs. 4 lit. b) des Kapitalschutzabkommens vom 8. 12. 1982, BGBl. 1985 II, 22; in Kraft seit 26. 4. 1986, BGBl. 1986 II, 623.

[2115] Vgl. Art. 1 Abs. 3 lit. b) des Kapitalschutzabkommens vom 10. 9. 1996, BGBl. 2000 II, 646; in Kraft seit 17. 9. 2000, BGBl. 2001 II, 160.

[2116] Vgl. Art. 1 Abs. 4 des Kapitalschutzabkommens vom 25. 8. 1998, BGBl. 2000 II, 866; in Kraft seit 23. 2. 2001, BGBl. 2001 II, 175.

[2117] Vgl. Art. 1 Abs. 4 lit. b) des Kapitalschutzabkommens vom 28. 2. 1994, BGBl. 1997 II, 2072.

[2118] Vgl. Art. 1 Abs. 4 lit. b) des Kapitalschutzabkommens vom 26. 6. 1991, BGBl. 1996 II, 50; in Kraft seit 23. 6. 1996, BGBl. 1996 II, 2598.

[2119] Vgl. Art. 1 Abs. 4 lit. a) des Kapitalschutzabkommens vom 6. 3. 2002, BGBl. 2004 II, 341.

[2120] Vgl. Art. 1 Abs. 4 lit. b) des Kapitalschutzabkommens vom 21. 1. 1994, BGBl. 1997 II, 186; in Kraft seit 21. 12. 1997, BGBl. 1997 II, 2227. Abgestellt wird sowohl auf den Geschäftssitz im Inland als auch auf die wirtschaftliche Kontrolle der Gesellschaft durch namibische Staatsangehörige.

[2121] Vgl. Art. 8 Abs. 4 lit. b) des Kapitalschutzabkommens vom 6. 5. 1996, BGBl. 1998 II, 637; in Kraft seit 19. 1. 2001, BGBl. 2001 II, 160.

[2122] Vgl. Art. 8 Abs. 4 lit. b) des Kapitalschutzabkommens vom 29. 10. 1964, BGBl. 1965 II, 1402; in Kraft seit 10. 1. 1966, BGBl. 1966 II, 54.

[2123] Vgl. Art. 1 Abs. 4 des Kapitalschutzabkommens vom 30. 1. 1995, BGBl. 1997 II, 197; in Kraft seit 1. 5. 1997, BGBl. 1997 II, 2212.

[2124] Vgl. Art. 1 Abs. 4 lit. b) des Kapitalschutzabkommens vom 18. 4. 1997, BGBl. 1998 II, 1448; in Kraft seit 1. 2. 2000, BGBl. 2000 II, 695.

[2125] Vgl. Art. 8 Abs. 4 des Kapitalschutzabkommens vom 18. 5. 1967, BGBl. 1968 II, 1260; in Kraft seit 28. 2. 1969, BGBl. 1969 II, 191.

[2126] Vgl. Art. 8 Abs. 4 lit. b) des Kapitalschutzabkommens vom 10. 12. 1966, BGBl. 1968 II, 33; in Kraft seit 25. 8. 1972, BGBl. 1972 II, 1018.

[2127] Vgl. Art. 1 Abs. 3 lit. a) II) des Kapitalschutzabkommens vom 29. 10. 1996, BGBl. 1998 II, 593; in Kraft seit 8. 1. 1999, BGBl. 1999 II, 57.

[2128] Vgl. Art. 8 Abs. 4 lit. b) des Kapitalschutzabkommens vom 8. 4. 1965, BGBl. 1966 II, 861; in Kraft seit 10. 12. 1966, BGBl. 1996 II, 1564.

[2129] Vgl. Art. 1 Abs. 4 lit. b) des Kapitalschutzabkommens vom 29. 9. 1995, BGBl. 1997 II, 1839; in Kraft seit 14. 4. 2000, BGBl. 2000 II, 643.

[2130] Vgl. Art. 1 Abs. 4 des Kapitalschutzabkommens vom 11. 9. 1995, BGBl. 1997 II, 2098; in Kraft seit 10. 4. 1998, BGBl. 1998 II, 903.

[2131] Vgl. Art. 1 Abs. 4 lit. b) des Kapitalschutzabkommens vom 2. 8. 1977, BGBl. 1979 II, 422; in Kraft seit 20. 4. 1980, BGBl. 1980 II, 602.

Togo[2132]
Tschechoslowakei, ehemalige[2133]
Tunesien[2134]
Turkmenistan[2135]
Uganda[2136]
Ukraine[2137]
Ungarn[2138]
Venezuela[2139]
Vereinigte Emirate[2140]
Vietnam[2141]

[2132] Vgl. Art. 1 Abs. 4 lit. b) des Kapitalschutzabkommens vom 16. 5. 1961, BGBl. 1964 II, 154; in Kraft seit 21. 12. 1964, BGBl. 1965 II, 39.

[2133] Vgl. Art. 1 Abs. 3 des Kapitalschutzabkommens vom 2. 10. 1990, BGBl. 1992 II, 294; in Kraft seit 2. 8. 1992, BGB 1992 II, 934.

[2134] Vgl. Art. 1 Abs. 4 lit. b) des Kapitalschutzabkommens vom 20. 12. 1963, BGBl. 1965 II, 1377; in Kraft seit 6. 2. 1966, BGBl. 1996 II, 53.

[2135] Vgl. Art. 1 Abs. 4 lit. b) des Kapitalschutzabkommens vom 28. 8. 1997, BGBl. 2000 II, 664; in Kraft seit 19. 2. 2001, BGBl. 2001 II, 228.

[2136] Vgl. Art. 8 Abs. 4 lit. b) des Kapitalschutzabkommens vom 29. 11. 1966, BGBl. 1968 II, 449; in Kraft seit 19. 8. 1968, BGBl. 1968 II, 785.

[2137] Vgl. Art. 1 Abs. 4 lit. b) des Kapitalschutzabkommens vom 15. 2. 1993, BGBl. 1996 II, 75; in Kraft seit 29. 6. 1996, BGBl. 1996 II, 2597.

[2138] Vgl. Art. 1 Abs. 3 lit. b) des Kapitalschutzabkommens vom 30. 4. 1986, BGBl. 1987 II 1987, 438; in Kraft seit 7. 11. 1987, BGBl. 1987 II, 700.

[2139] Vgl. Art. 1 Abs. 4 des Kapitalschutzabkommens vom 14. 5. 1996, BGBl. 1998 II, 653; in Kraft seit 16. 10. 1998, BGBl. 1998 II, 2688.

[2140] Vgl. Art. 1 Abs. 2 lit. b) bb) des Kapitalschutzabkommens vom 21. 6. 1997, BGBl. 1998 II, 1474; in Kraft seit 2. 7. 1999, BGBl. 1999 II, 504.

[2141] Vgl. Art. 1 Abs. 4 lit. b) des Kapitalschutzabkommens vom 3. 4. 1993, BGBl. 1997 II, 2116; in Kraft seit 19. 9. 1998, BGBl. 1998 II, 2376.

F. Steuerliche Überlegungen zur Rechtsformwahl

Zunächst werden einige grundlegende Ausführungen zur Rechtsformwahl bei soge- **1466** nannten Outbound-Investitionen gemacht, d. h. bei Investitionen deutscher Unternehmen im Ausland.[2142] Im Mittelpunkt steht dabei ein Überblick über die steuerlichen Implikationen der Wahl zwischen einer ausländischen Kapital- oder Personengesellschaft (unten I.).[2143] Anschließend werden die steuerlichen Folgen der Verwendung ausländischer Rechtsformen im Inland erläutert (unten II.).

I. Wahl zwischen einer Kapital- oder Personengesellschaft im Ausland

1. Gestaltungsvorgaben

Wie bei jeder Steuergestaltung steht auch bei der internationalen Steuergestaltung das **1467** Bestreben im Vordergrund, die steuerlichen Belastungen zu minimieren. Dabei ist nicht nur die Auslandsgesellschaft, sondern die gesamte Unternehmensgruppe zu betrachten. Neben der Gründung bzw. dem Erwerb der ausländischen Gesellschaft sowie deren Veräußerung bzw. Liquidation ist insbesondere die laufende Besteuerung zu optimieren. Die steuerliche Planung muss die Besteuerung im Ausland, die Besteuerung des Transfers der Erträge in das Inland (Repatriierung) sowie die abschließende Besteuerung im Inland berücksichtigen.

Die Auswahl der geeigneten Gestaltung hängt von einer Vielzahl von Vorgaben ab. Aus **1468** steuerlicher Sicht ist insbesondere von Bedeutung, ob die Tätigkeit im Ausland mittels einer Kapitalgesellschaft, einer Personengesellschaft oder einer (unselbstständigen) Betriebsstätte des deutschen Stammhauses ausgeführt wird. Dagegen ist die Wahl zwischen verschiedenen ausländischen Kapitalgesellschafts- bzw. Personengesellschaftsformen aus steuerlicher Sicht in den meisten Fällen von untergeordnetem Interesse.

Die Besteuerung von Kapitalgesellschaften und Personengesellschaften unterscheidet **1469** sich grundlegend. Während die eigenständige Rechtspersönlichkeit der Kapitalgesellschaft auch steuerrechtlich akzeptiert wird, gilt für Personengesellschaften überwiegend das so genannte Mitunternehmerkonzept. Sie werden steuerlich als transparent angesehen,[2144] d. h. die Besteuerung knüpft nicht an der Gesellschaft selbst an, sondern an ihren Gesellschaftern (Mitunternehmern). Eine ausländische Personengesellschaft wird deshalb im Grundsatz wie eine ausländische Betriebsstätte behandelt, die den inländischen Gesellschaftern anteilig zugerechnet wird.[2145]

[2142] Allgemein zur steuerlichen Rechtsformwahl: *Jacobs,* Unternehmensbesteuerung und Rechtsform.

[2143] Zu Direktinvestitionen ohne feste Basis im Tätigkeitsstaat und zu Investitionen über ausländische Betriebsstätten vgl. *Jacobs,* Internationale Unternehmensbesteuerung, S. 461 ff.; ausführlich zur Betriebsstättenbesteuerung *Löwenstein/Looks,* Betriebsstättenbesteuerung, 2003.

[2144] In einigen Staaten werden dagegen auch Personengesellschaften als steuerlich intransparent angesehen (z. B. Spanien, Portugal, Belgien, Japan). Im deutschen Steuerrecht gilt das Mitunternehmerkonzept ebenfalls nicht uneingeschränkt. So ist die Personengesellschaft bei der Gewerbesteuer und der Umsatzsteuer selbst Steuersubjekt.

[2145] Tz. 1.1.5.1 Betriebsstätten-Verwaltungsgrundsätze vom 24. 12. 1999, BStBl. 1999 I, 1076.

1470   Eine entscheidende Komponente der Steuergestaltung bei grenzüberschreitenden Sachverhalten ist die Vermeidung von Doppelbesteuerungen, die dadurch entstehen können, dass die Erträge der ausländischen Tochtergesellschaft nicht nur in dem Staat besteuert werden, in dem die ausländische Tochtergesellschaft ansässig ist bzw. eine Betriebstätte unterhält (Quellenstaat), sondern auch in dem Sitzstaat des Gesellschafters. Outbound-Investitionen müssen deshalb so strukturiert werden, dass die Entlastungen eines Doppelbesteuerungsbesteuerungsabkommens (DBA) eingreifen. Bei kollidierenden Besteuerungsansprüchen weisen die DBA einem Vertragsstaat das vorrangige Besteuerungsrecht zu. Besteuerungsrechte des anderen Staates werden dagegen eingeschränkt oder völlig ausgeschlossen.

1471   Abkommensberechtigt sind nach Art. 1 OECD-Musterabkommen (OECD-MA)[2146] nur Personen, die in einem Vertragsstaat ansässig und damit unbeschränkt steuerpflichtig sind. Dies trifft auf eine in einem Vertragsstaat ansässige Kapitalgesellschaft zu. Mangels Steuersubjektivität ist eine Personengesellschaft dagegen grundsätzlich nicht abkommensberechtigt. Statt dessen kommt es für die Anwendbarkeit des jeweiligen DBA auf die Abkommensberechtigung der Gesellschafter der Personengesellschaft an.[2147] Dies kann unter Umständen für die Wahl einer ausländischen Kapitalgesellschaftsform sprechen.

2. Besteuerung von ausländischen Tochterkapitalgesellschaften

1472   Da die ausländische Tochterkapitalgesellschaft als eigenständiges Rechtssubjekt anzusehen ist, muss zwischen der Besteuerung der Tochterkapitalgesellschaft und der Besteuerung ihrer deutschen Anteilseigner unterschieden werden.

a) Besteuerung der Kapitalgesellschaft

1473   Die ausländische Tochterkapitalgesellschaft unterliegt als eigenständiges Steuersubjekt in ihrem Sitzstaat der unbeschränkten Steuerpflicht und ist dort im Regelfall mit dem gesamten Welteinkommen steuerpflichtig. Dies heißt aber nicht, dass eine zusätzliche Steuerpflicht in anderen Staaten ausgeschlossen ist. Besteht eine deutsche Betriebsstätte, wird beispielsweise zusätzlich eine Besteuerung in Deutschland ausgelöst. Zur Vermeidung einer Doppelbesteuerung ist in diesen Fällen die Anwendung eines DBA oder entsprechender nationaler Regelungen sicherzustellen.

b) Besteuerung der Gesellschafter

1474   Die Gesellschafter unterliegen mit ihren Dividendeneinkünften aus der ausländischen Tochterkapitalgesellschaft grundsätzlich der beschränkten Steuerpflicht im Ansässigkeitsstaat der Tochtergesellschaft. Üblicherweise werden im Ausland auf Gewinnausschüttungen Quellensteuern erhoben, die nach nationalem Recht zwischen 15% und 35% der Bruttodividende liegen. Die Steuer gilt regelmäßig mit Erhebung der Quellensteuer als abgegolten.

1475   Die Doppelbesteuerungsabkommen reduzieren den Quellensteuersatz für Dividendenzahlungen auf 5% bis 15%. Die Höhe der Quellensteuer hängt häufig von der Beteiligungsquote ab, wobei auf unternehmerische Beteiligungen ein ermäßigter Quellensteuersatz anzuwenden ist (so genannte Schachtelprivileg).[2148] Manche DBA schließen bei

---

[2146] Da sich die von der Bundesrepublik Deutschland abgeschlossenen Doppelbesteuerungsabkommen voneinander unterscheiden, kann im Folgenden nur auf die Regelungen des OECD-Musterabkommens Bezug genommen werden; zu etwaigen Abweichungen der deutschen DBA vgl. *Vogel/Lehner*, Doppelbesteuerungsabkommen, jeweils zu den einzelnen Vorschriften des OECD-MA.

[2147] Allgemein zur umstrittenen abkommensrechtlichen Behandlung von Personengesellschaften *Krabbe*, IWB Fach 3, Gruppe 2, 753; *Strunk/Kaminski*, IStR 2003, 181 und *Gündisch*, Personengesellschaften im DBA-Recht, 2004.

[2148] Art. 10 Abs. 2 lit. a) OECD-MA sieht bei einer Beteiligung von mindestens 25% die Reduzierung des Quellensteuersatzes von 15% auf 5% vor.

Schachtelbeteiligungen jegliche Quellensteuer aus. Das Gleiche gilt auch dann, wenn sowohl der Anteilseigner als auch die Tochterkapitalgesellschaft EU-Kapitalgesellschaften im Sinne der Mutter-Tochter-Richtlinie sind und die Beteiligung seit mindestens 12 Monaten besteht (§ 43b EStG). Ab 1. 1. 2005 wurde die für die Anwendung der Mutter-Tochter-Richtlinie erforderliche Mindestbeteiligungsquote von 25% auf 20% gesenkt. Eine weitere Reduzierung der Mindestbeteiligungsquote auf 10% erfolgt, wenn der Ansässigkeitsstaat der Tochterkapitalgesellschaft ebenfalls ab dieser Beteiligungshöhe von der Kapitalertragsteuer befreit.

Neben der beschränkten Steuerpflicht im Ansässigkeitsstaat der Tochtergesellschaft un- **1476** terliegen die Gesellschafter mit ihren Dividendeneinkünften der unbeschränkten deutschen Einkommensteuer- bzw. Körperschaftsteuerpflicht. Auf die Dividendeneinkünfte ist das sogenannte Halbeinkünfteverfahren anwendbar. Anteilseigner in der Rechtsform einer Kapitalgesellschaft können die Dividenden steuerfrei vereinnahmen. Allerdings gelten 5% der Dividende als nicht abziehbare Betriebsausgaben, so dass die Dividenden im Ergebnis lediglich zu 5% der Körperschaftsteuer in Höhe von 25% zuzüglich Solidaritätszuschlag unterliegen. Dividenden, die von natürlichen Personen unmittelbar oder mittelbar über eine zwischengeschaltete Personengesellschaft vereinnahmt werden, unterliegen zur Hälfte dem persönlichen Steuersatz der Einkommensteuer. Die im Ausland gezahlte Quellensteuer ist auf die Einkommensteuer anrechenbar bzw. bei der Ermittlung der Einkünfte abzugsfähig.

Die vereinnahmten Dividenden erhöhen grundsätzlich den Gewerbeertrag des deut- **1477** schen Anteilseigners. Dividenden einer ausländischen Körperschaft werden jedoch aus dem Gewerbeertrag des inländischen Anteilseigners gekürzt, wenn die Beteiligung größer als 10% ist und durchgehend vom Beginn bis zum Ende des Erhebungszeitraums besteht.[2149] Zudem müssen bestimmte aktive Tätigkeitsmerkmale gegeben sein, wenn die Tochtergesellschaft nicht in einem Mitgliedstaat der EU ansässig ist.

Grundsätzlich entsteht eine inländische Steuerpflicht der Anteilseigner nur bei Aus- **1478** schüttungen der ausländischen Tochtergesellschaft. Diese Abschirmwirkung der intransparenten Kapitalgesellschaft entfällt, wenn die Voraussetzungen der Hinzurechnungsbesteuerung nach §§ 7ff. Außensteuergesetz vorliegen. Maßgebliches Kriterium ist dabei die Erzielung von passiven Einkünften durch die ausländische Gesellschaft, die einer niedrigen Besteuerung von weniger als 25% unterliegen.[2150]

Von der ausländischen Tochterkapitalgesellschaft erwirtschaftete Verluste können auf- **1479** grund ihrer eigenständigen Steuersubjekteigenschaft beim inländischen Anteilseigner nicht berücksichtigt werden. Eine Organschaft, die grundsätzlich die Zurechnung des negativen Einkommens einer Tochtergesellschaft zur Muttergesellschaft ermöglicht, ist grenzüberschreitend bisher ausgeschlossen.[2151] Auch eine bei dauernder Wertminderung grundsätzlich mögliche Teilwertabschreibung auf die Beteiligung an der verlustbringenden ausländischen Tochterkapitalgesellschaft ist für Anteilseigner in der Rechtsform einer Kapitalgesellschaft nach § 8b Abs. 3 Satz 3 KStG ausgeschlossen. Bei natürlichen Personen als Anteilseignern ist die Teilwertabschreibung dagegen nach § 3c Abs. 2 EStG zur Hälfte steuerwirksam.

Veräußert der inländische Anteilseigner seine Beteiligung an der ausländischen Kapital- **1480** gesellschaft, hat dies grundsätzlich keine Folgen für die Tochtergesellschaft selbst. Der deutsche Anteilseigner kann dagegen mit dem Veräußerungsgewinn im Ansässigkeitsstaat der Tochtergesellschaft beschränkt steuerpflichtig sein. Allerdings ist das Besteuerungsrecht des Sitzstaats der Tochtergesellschaft nach Art. 13 Abs. 4 OECD-MA regelmäßig ausgeschlossen. Allein der Ansässigkeitsstaat des Anteilseigner ist danach berechtigt, den Veräu-

---

[2149] § 8 Nr. 5 und § 9 Nr. 7 GewStG.
[2150] Zur Hinzurechnungsbesteuerung vgl. *Strunk/Kaminski/Köhler*, Außensteuergesetz Doppelbesteuerungsabkommen, 2004, §§ 7ff. AStG.
[2151] Siehe dazu oben Rn. 382ff.

ßerungsgewinn zu besteuern.[2152] Die Besteuerung in Deutschland hängt wiederum davon ab, ob es sich bei dem veräußernden Anteilseigner um eine Kapitalgesellschaft oder um eine natürliche Person handelt und ob die veräußerten Anteile bei der natürlichen Person steuerverstrickt sind. Letzteres ist zunächst dann der Fall, wenn die Anteile im Betriebsvermögen gehalten werden. Anteile im steuerlichen Privatvermögen sind steuerverstrickt, wenn die Beteiligung mindestens 1% beträgt, zwischen Anschaffung und Veräußerung nicht mehr als ein Jahr liegt oder es sich um einbringungsgeborene Anteile nach § 21 UmwStG handelt.[2153] Gewinne aus der Veräußerung steuerverstrickter Anteile sind bei natürlichen Personen zur Hälfte steuerfrei (Halbeinkünfteverfahren). Veräußerungsgewinne von Kapitalgesellschaften sind dagegen vollständig steuerfrei. Allerdings gelten wiederum 5% des Veräußerungsgewinns als nicht abziehbare Betriebsausgaben, so dass die Steuerbefreiung im Ergebnis nur zu 95% besteht.

1481   Die Steuerbefreiung von 50% bzw. 95% gilt auch für die Gewerbesteuer. Nach dem neuen § 7 Satz 4 GewStG gilt dies auch dann, wenn die Beteiligung nicht unmittelbar, sondern mittelbar über eine zwischengeschaltete Personengesellschaft gehalten wird.[2154] Die bloße Beteiligung einer natürlichen Person an einer Kapitalgesellschaft führt nicht zur Entstehung eines inländischen Gewerbebetriebs und der daraus resultierenden Gewerbesteuerpflicht.

3. Besteuerung von ausländischen Tochterpersonengesellschaften

1482   Bei der Besteuerung von ausländischen Tochterpersonengesellschaften ist zwischen der Besteuerung im Sitzstaat der Personengesellschaft und im Ansässigkeitsstaat der Gesellschafter zu unterscheiden.

a) Sitzstaat der Personengesellschaft

1483   Die Personengesellschaft selbst ist steuerlich transparent und damit in ihrem Ansässigkeitsstaat weder unbeschränkt noch beschränkt steuerpflichtig.[2155] Allerdings sind die Gesellschafter im Sitzstaat der Personengesellschaft beschränkt steuerpflichtig. Anknüpfungspunkt der Besteuerung ist bei gewerblichen Einkünften das Vorliegen einer Betriebsstätte im Sitzstaat der Personengesellschaft. Daneben kommen das Belegenheits- und das Arbeitsortprinzip in Betracht. Welche Anforderungen an das Vorliegen einer Betriebsstätte oder eines sonstigen Anknüpfungspunkts der beschränkten Steuerpflicht zu stellen sind, richtet sich nach dem nationalen Steuerrecht des Sitzstaats der Personengesellschaft.

b) Sitzstaat der Gesellschafter

1484   Neben der Steuerpflicht im Sitzstaat der Personengesellschaft unterliegen die inländischen Gesellschafter mit ihren Gewinnen aus der ausländischen Personengesellschaft einer unbeschränkten Steuerpflicht im Inland. In der Regel liegen Einkünfte aus Gewerbebetrieb gemäß § 15 Abs. 1 Nr. 2 EStG vor. Bei der Beteiligung an einer ausländischen Mitunternehmerschaft fällt im Inland grundsätzlich keine Gewerbesteuer an, da die Beteiligung an einer ausländischen Personengesellschaft als solche weder einen Gewerbebetrieb noch eine Betriebsstätte darstellt.

1485   Das inländische Besteuerungsrecht wird aber durch das in Art. 7 Abs. 1 OECD-MA normierte Betriebsstättenprinzip regelmäßig ausgeschlossen. Der in Deutschland unbe-

---

[2152] Eine Ausnahme gilt beispielsweise für die DBA mit Tschechien, Zypern und der Slowakei.

[2153] Einbringungsgeborene Anteile entstehen, wenn sie als Gegenleistung für eine Einbringung in die Kapitalgesellschaft zu Buchwerten ausgegeben werden.

[2154] Zur alten Rechtslage a. A. BMF vom 28. 4. 2003, BStBl. 2003 I, 292.

[2155] Dies gilt nur dann, falls der Ansässigkeitsstaat der Personengesellschaft ein dem deutschen Mitunternehmerkonzept vergleichbares Besteuerungssystem hat. Besteuert der Sitzstaat hingegen auch Personengesellschaften nach Kapitalgesellschaftsgrundsätzen, ist die Personengesellschaft ihrerseits unbeschränkt steuerpflichtig.

schränkt steuerpflichtige Gesellschafter ist auf Abkommensebene als eine in diesem Vertragsstaat ansässige Person zu qualifizieren, wobei die Personengesellschaftsbeteiligung für ihn ein deutsches Unternehmen darstellt, welches im Ausland durch eine Betriebsstätte betrieben wird. Die Problematik besteht regelmäßig darin, die Erträge und Aufwendungen sachgerecht zwischen der Betriebsstätte und dem Stammhaus aufzuteilen.

Auch bei Tochterpersonengesellschaften ist die Hinzurechnungsbesteuerung zu beachten. Nach § 20 Abs. 2 AStG sind die Einkünfte der ausländischen Betriebsstätte bzw. Personengesellschaft nicht von der inländischen Besteuerung freizustellen, wenn sie bei einer ausländischen Kapitalgesellschaft als Zwischeneinkünfte steuerpflichtig wären. Statt der Freistellung sind die ausländischen Steuern dann lediglich auf die deutsche Steuerschuld anzurechnen. **1486**

Schließlich ist darauf hinzuweisen, dass die Mutter-Tochter-Richtlinie, die innerhalb der EU zur Befreiung von Quellensteuer auf Dividendenzahlungen führt, bei zwischengeschalteten Personengesellschaften keine Anwendung findet. Dies ist in der Praxis von Bedeutung, falls die ausländische Tochterpersonengesellschaft als Holding für weitere ausländische Beteiligungen dienen soll. **1487**

4. Qualifikation und Qualifikationskonflikte

Ob eine ausländische Gesellschaft für Zwecke des deutschen Steuerrechts als Kapitalgesellschaft oder als Personengesellschaft zu qualifizieren ist, bestimmt sich anhand eines Vergleichs der Struktur der ausländischen Gesellschaft mit den deutschen Gesellschaftsformen.[2156] Die ausländischen Zivilrechtsqualifikationen können nicht ohne Weiteres übernommen werden.[2157] Ob die ausländische Gesellschaft eine Kapitalgesellschaft oder eine Personengesellschaft ist, bestimmt sich insbesondere anhand der folgenden Kriterien.[2158] **1488**
– Geschäftsführung und Vertretungsmacht,
– Haftungsbegrenzung,
– Unabhängigkeit der Existenz der Gesellschaft vom Wechsel der Gesellschafter,
– Übertragbarkeit der Gesellschaftsanteile,
– Gewinnverteilung und Zurechnung des Gewinns zum Gesellschafter,
– Eintragung in einem dem Handelsregister vergleichbaren Gesellschaftsregister.

Zu einem Qualifikationskonflikt kommt es dann, wenn eine Gesellschaft aus Sicht des einen Staates als Personengesellschaft, aus Sicht des anderen Staates aber als Kapitalgesellschaft zu qualifizieren ist. Solche *hybriden* Gesellschaften können zur Steuergestaltung genutzt werden oder zu Doppelbesteuerungen führen.[2159] **1489**

Hier ist insbesondere auf die US-amerikanische Limited Liability Company (LLC) hinzuweisen, die keine Entsprechung im deutschen Gesellschaftsrecht findet. Je nach vertraglicher Ausgestaltung kann die Ähnlichkeit mit einer KG oder mit einer GmbH überwiegen. Seit 1997 können die Gesellschafter der LLC wählen, ob die Gesellschaft für Zwecke der US-Besteuerung als Personengesellschaft oder als Körperschaft behandelt werden soll (Check-the-Box). Wird nicht ausdrücklich für die Einordnung als Körperschaft optiert, gilt die LLC als Personengesellschaft. Für Zwecke der deutschen Besteuerung kann die LLC wiederum entweder als eigenständiges Steuersubjekt oder als Personengesellschaft (bzw. als unselbständige Niederlassung des einzigen Gesellschafters) einzuordnen sein. Die Einordnung richtet sich ausschließlich nach innerstaatlichem deutschen Steuerrecht. Die Einordnung der LLC nach dem Steuerrecht der USA ist dagegen unbeachtlich. Mittler- **1490**

[2156] Tz. 1.1.5.2 Betriebsstätten-Verwaltungsgrundsätze vom 24. 12. 1999, BStBl. 1999 I, 1076.

[2157] Nach spanischem Zivilrecht haben Personengesellschaften beispielsweise die Stellung juristischer Personen. Dies ändert aber nichts daran, dass sie für Zwecke der deutschen Besteuerung als Personengesellschaft anzusehen sind.

[2158] Vgl. dazu *Schnittker/Lemaitre*, GmbHR 2003, 1314 ff.

[2159] Vgl. dazu eingehend *Jacobs*, Internationale Unternehmensbesteuerung, S. 505 und S. 1253 ff.; *Kollruss*, IStR 2004, 735.

weile liegt ein gewichteter Kriterienkatalog der Finanzverwaltung zur Einordnung der LLC vor.[2160]

II. Handeln durch eine ausländische Rechtsform im Inland

1491   Seit den Urteilen „Centros", „Überseering" und zuletzt „Inspire Art" des EuGH erfreuen sich ausländische Kapitalgesellschaftsformen (insbesondere die UK Limited und die französische SARL) in Deutschland zunehmender Beliebtheit. Sie werden häufig statt einer GmbH eingesetzt. Der Einsatz einer ausländischen Gesellschaftsform im Inland ist mit steuerlichen Konsequenzen verbunden:

1492   Die Verlegung des tatsächlichen Verwaltungssitzes in das Inland hat die unbeschränkte Steuerpflicht der Gesellschaft in Deutschland zur Folge. Der unbeschränkten Körperschaftsteuerpflicht unterliegen Körperschaften, die entweder ihren Sitz (§ 11 AO) oder den Ort ihrer Geschäftsleitung (§ 10 AO) im Inland haben. Der gesellschaftsrechtliche Verwaltungssitz ist weitgehend identisch mit dem steuerrechtlichen Ort der Geschäftsleitung nach § 10 AO. Entscheidend ist der Ort, an dem der für die Geschäftsführung maßgebliche Wille gebildet wird und die für die kaufmännische Leitung der Gesellschaft erforderlichen Maßnahmen getroffen bzw. angeordnet werden.[2161] Meist befindet sich der Ort der Geschäftsleitung an dem Ort, an dem die zuständigen Gesellschaftsorgane ihre geschäftsleitende Tätigkeit entfalten.[2162] Verbleibt der tatsächliche Verwaltungssitz hingegen im Sitzstaat, werden lediglich die im Inland erzielten Einkünfte der (beschränkten) deutschen Besteuerung unterworfen.

1493   Neben der unbeschränkten Steuerpflicht in Deutschland bestehen weiterhin steuerliche Pflichten im Sitzstaat der Gesellschaft. Aufgrund ihres Sitzes bleibt die Gesellschaft auch dort regelmäßig unbeschränkt steuerpflichtig, so dass die potentielle Gefahr einer Doppelbesteuerung besteht. Allerdings ist nach Art. 4 Abs. 3 OECD-MA eine doppelansässige Gesellschaft in dem Staat ansässig, in dem sich der Ort ihrer Geschäftsleitung befindet. Dadurch wird die Doppelbesteuerung grundsätzlich vermieden. Trotzdem können aus der Doppelansässigkeit steuerliche Nachteile resultieren. Beispielsweise verlangt § 14 Abs. 1 Satz 1 KStG, dass die Organgesellschaft einer körperschaftsteuerlichen Organschaft ihre Geschäftsleitung und ihren Sitz in Deutschland haben muss. Damit scheidet eine Organschaft mit einer doppelansässigen Gesellschaft als Organgesellschaft aus.[2163] Nachteile entstehen doppelansässigen Gesellschaften auch beim Wegzug. Während Gesellschaften mit Sitz im Inland ihre Geschäftsleitung in das Ausland verlegen können, ohne die Wegzugsbesteuerung des § 12 KStG auszulösen, ist dies Gesellschaften mit Sitz im Ausland nicht möglich. Schließlich können sich bei Umwandlungen Nachteile ergeben. Die Finanzverwaltung geht (noch) davon aus, dass die Buchwertfortführung und damit eine steuerneutrale Umwandlung nach dem Umwandlungssteuergesetz nur möglich ist, wenn sich auch der Sitz der Gesellschaft im Inland befindet.[2164]

[2160] BMF vom 19. 3. 2004, BStBl. 2004 I, 411; zu den vom BMF genannten Kriterien und Rechtsfolgen vgl. *Djanani/Brähler/Hartmann,* IStR 2004, 481; *Möbus,* GmbHR 2004, 1202; *Herrmann,* RIW 2004, 445.

[2161] BFH vom 23. 1. 1991, BStBl. 1991 II, 554.

[2162] BFH vom 15. 7. 1998, BFH/NV 1999, 372.

[2163] Siehe hierzu oben Rn. 383.

[2164] Tz. 00.03 und 01.03 Umwandlungsteuer-Erlass vom. 25. 3. 1998, BStBl. 1998 I, 268; dazu *Dötsch* in Dötsch/Patt/Pung/Jost, Umwandlungssteuerrecht, Einf. UmwStG, Rn. 6; oben Rn. 530.

G. Corporate Governance

I. Begriffsbestimmung, Standort und Funktion von Corporate Governance

Enron, WorldCom, Bankgesellschaft Berlin, EMTV, Comroad, Infomatec, Holzmann, **1494**
Parmalat – Unternehmen, die als Synonyme für das Versagen unternehmensinterner Kontrollsysteme, unzureichende Leistung von Abschlussprüfern und den Vertrauensverlust der Kapitalmärkte stehen. Diese Fälle haben in den letzten Jahren die Corporate Governance Debatte bestimmt und zu umfangreichen Aktivitäten der Gesetzgeber auf deutscher, europäischer und US-amerikanischer Ebene geführt. Ein deutsches Unternehmen, das international agiert und insbesondere als Aktiengesellschaft Zugang zu den weltweiten Kapitalmärkten sucht, sieht sich deshalb mit einer Vielzahl von Regelungen zur Corporate Governance und Transparenz konfrontiert, die in Einzelfällen schwer kompatibel sind.

1. Begriffsbestimmung

Für den aus dem angelsächsischen Rechtskreis stammenden Begriff der Corporate **1495**
Governance hat sich in Deutschland noch keine einheitliche Definition durchgesetzt. Der Kern ist die Frage der Zusammenhänge zwischen Unternehmensleitung, Leitungskontrolle und Unternehmenserfolg,[2165] wobei die Diskussion in erster Linie die börsennotierte Aktiengesellschaft im Blickfeld hat. Ganz allgemein bezeichnet Corporate Governance den rechtlichen und faktischen Ordnungsrahmen für die Leitung und Überwachung eines Systems.[2166] Die Diskussion um Corporate Governance ist letztlich auch Ausfluss des klassischen Principal-Agent-Konflikts. Danach existieren grundsätzliche Unterschiede zwischen dem Agent (Vorstand als treuhänderisch gebundenes Leitungsorgan) und dem Principal als Anteilseigner bei der Verfolgung ihrer jeweils eigenen Interessen.

Der deutsche Corporate Governance Kodex (DCGK) hat bewusst auf eine Definition **1496**
verzichtet und verweist in der Präambel nur sehr allgemein auf die Standards „guter und verantwortungsvoller Unternehmensführung". Im Einzelnen werden zahlreiche Definitionsversuche für Corporate Governance unternommen.[2167] Es kann hier nicht darum gehen, eine neue Definition zu versuchen, jedoch sei beispielhaft das unterschiedliche Verständnis von Corporate Governance dargestellt.

a) Gesellschaftsrechtliche Definition

Eine enge Definition sieht Corporate Governance rein gesellschaftsrechtlich und versteht **1497**
darunter die „materielle Unternehmensverfassung" als System der Kompetenzen der Organe Vorstand, Aufsichtsrat und der Hauptversammlung sowie ihr Verhältnis zueinander.[2168]

b) Shareholder value und stakeholder value

Eine umfassende Definition von Corporate Governance betrachtet das Unternehmen **1498**
nicht nur in seiner rechtlichen Verfassung, sondern als sozialen Organismus mit Verant-

---

[2165] *Assmann*, AG 1995, 289.
[2166] *Von Werder* in Ringleb/Kremer/Lutter/von Werder, Deutscher Corporate Governance Kodex, Vorbem. Rn. 1.
[2167] Vgl. nur *Baums*, Einleitung zum Bericht der Regierungskommission Corporate Governance, 6 f.
[2168] MünchKommAktG/*Semler*, § 161 Rn. 2 m. w. N.

wortung gegenüber vielen Interessengruppen: „Corporate Governance umfasst die Rechte, Aufgaben und Pflichten der gesellschaftsrechtlichen Organe und ihre Koordination, Zusammenarbeit und Kontrolle unter Berücksichtigung der Anliegen der Anteilseigner *(shareholder)* und anderer Interessengruppen *(stakeholder)* – also derjenigen, die von der Leistung und dem Erfolg eines Unternehmens profitieren oder bei dessen Misserfolg Verluste erleiden. Dazu gehörten vor allem aktuelle und potenzielle Aktionäre, Gläubiger, Arbeitnehmer, Kunden und Lieferanten. Bei der Corporate Governance geht es dabei um die Zuweisung und Ausgestaltung von Rechten, Pflichten und Verantwortlichkeiten der Unternehmensleitung und deren Überwachung."[2169]

1499   Es liegt auf der Hand, dass es bei diesem Verständnis von Corporate Governance nahezu unmöglich ist, ein praktisch handhabbares Regelungskonzept für Corporate Governance zu entwickeln. Zur Operationalisierung des Begriffs wird im Folgenden ein enges, gesellschaftsrechtliches Verständnis von Corporate Governance zugrundegelegt.

c) Kapitalmarktrechtliche Dimension

1500   Durch den verstärkten Wettbewerb um global agierende Kapitalgeber gewinnt eine gute Corporate Governance als Wettbewerbsparameter an Bedeutung und wird ein wesentlicher Bewertungsmaßstab für Investoren. Nach einer Studie von McKinsey sind angeblich 80 % der Investoren bereit, ca. 20% mehr für ein Unternehmen mit guter Corporate Governance zu zahlen.[2170]

1501   Dabei ist festzustellen, dass in Deutschland die Diskussion in erster Linie aus der gesellschaftsrechtlichen Perspektive geführt wurde und das Kapitalmarktrecht bislang eine untergeordnete Rolle gespielt hat. Im Gegensatz dazu sind in den USA vor allem die kapitalmarktrechtlichen Vorschriften und die Regeln der Securities and Exchange Commission (SEC) sedes materiae für die Weiterentwicklung der Corporate Governance Regeln. Dies lässt sich neben den höher entwickelten Kapitalmärkten der USA darauf zurückführen, dass in den USA die gesellschaftsrechtlichen Regelungen in die Gesetzgebungskompetenz der einzelnen Bundesstaaten fallen, während das Kapitalmarktrecht dort Bundesrecht ist.[2171]

1502   Die fortschreitende Vernetzung der internationalen Kapitalmärkte übt einen starken Harmonisierungsdruck auf die nationalen Corporate Governance Systeme aus. Die kapitalmarktrechtliche „best practice" hat erheblichen und unmittelbaren Einfluss auf die Unternehmensführung in Deutschland und Europa. Es ist daher zu erwarten, dass die Corporate Governance Debatte mittelfristig stärker durch die Entwicklung internationaler Kapitalmarktstandards geprägt sein wird als durch die zwangsläufig langsamere nationale gesellschaftsrechtliche Gesetzgebung. Da insoweit die USA weltweit eine Vorreiterrolle einnehmen, wird sich auch die deutsche Corporate Governance verstärkt der angelsächsischen Corporate Governance annähern. Dementsprechend haben die jüngsten Reformen des deutschen Aktien-, Bilanz- und Kapitalmarktrechts eine klare Stoßrichtung im Hinblick auf eine verbesserte Corporate Governance.

2. Entwicklung eines deutschen Corporate Governance Regelwerks

1503   Die Corporate Governance Debatte wird in den angelsächsischen Ländern seit Jahrzehnten geführt. In Deutschland hat sie mit der Diskussion um die Rolle der Aufsichtsräte in den 80er Jahren intensiv eingesetzt. Die späte Entwicklung lag einerseits daran, dass historisch bedingt in Deutschland die Finanzierung von Unternehmen über die Börse lange nicht im Vordergrund stand.[2172] Ein weiterer Grund dürfte die enge Ver-

---

[2169] IDW, Wirtschaftsprüfung und Corporate Governance, 2002, 3 f.

[2170] McKinsey & Company Investor Opinion Survey on Corporate Governance, veröffentlicht unter www.mckinsey.com.

[2171] *Merkt,* US-Amerikanisches Gesellschaftsrecht, 1991, Rn. 147; *Bungert* in Assmann/Bungert, Handbuch des US-amerikanischen Handels-, Gesellschafts- und Wirtschaftsrechts, 2001, 1 Rn. 16.

[2172] Vgl. *Peltzer,* Deutsche Corporate Governance, Rn. 7.

flechtung der in Deutschland börsennotierten Großunternehmen gewesen sein („Deutschland AG").

Corporate Governance hat sich am nationalen Recht zu orientieren. Der Rahmen für **1504** Corporate Governance, die Rechte und Pflichten der Organe und der Anteilseigner sowie die Verantwortlichkeiten gegenüber dem Kapitalmarkt ergeben sich in aller erster Linie aus dem Gesetz. Dabei herrschen zwischen den Rechtsformen große Unterschiede: Die AG verlangt den unabhängigen Vorstand, einen kontrollierenden Aufsichtsrat und die für wesentliche Strukturentscheidungen und Satzungsänderungen zuständige Hauptversammlung. Die AG ist die Gesellschaftsform, deren Struktur verhältnismäßig wenig Flexibilität bietet und bei der die gesetzlichen Grundlagen klare Vorgaben für die Corporate Governance setzen. Anders bei der GmbH und bei den Personengesellschaften, bei denen die Rechte und Pflichten und die Kräfteverhältnisse zwischen den Organen sehr viel stärker „individuell" nach den Bedürfnissen der Gründer und Gesellschafter ausgestaltet werden können.

Die deutsche Corporate Governance-Debatte kreist in Deutschland – aus praktischen **1505** Gründen – vornehmlich um die börsennotierte AG und die Anforderungen des Kapitalmarkts. Im Folgenden wird deshalb auch die aktienrechtliche Corporate Governance im Vordergrund stehen.

Nach Vorarbeiten in der juristischen Literatur wurden im Jahr 2000 zwei Vorschläge **1506** aus privater Initiative veröffentlicht: Die Frankfurter Grundsätze zur Corporate Governance[2173] und der Berliner Vorschlag für einen German Code of Corporate Governance.[2174] Daraufhin hat die von der Bundesregierung im Jahr 2000 einberufene Kommission Corporate Governance unter der Leitung von Professor Baums in ihrem Abschlussbericht die Einsetzung einer weiteren Kommission zur Ausarbeitung eines einheitlichen Kodex vorgeschlagen. Diese Kommission veröffentlichte den Deutschen Corporate Governance Kodex am 26. 2. 2002 (DCGK).

II. Der Deutsche Corporate Governance Kodex

1. Zielsetzung

Das erklärte Ziel des DCGK[2175] ist die Darstellung der wesentlichen gesetzlichen Vor- **1507** schriften zur Leitung und Überwachung deutscher börsennotierter[2176] Aktiengesellschaften. Der DCGK enthält „international und national anerkannte Standards guter und verantwortungsvoller Unternehmensführung" und soll das deutsche Corporate Governance System insbesondere für ausländische Investoren transparent und nachvollziehbar machen.

2. Rechtliche Einordnung

Es ist zunächst festzuhalten, dass die Rechte und Pflichten der Organe einer Aktienge- **1508** sellschaft durch die gesetzlichen Vorschriften, in erster Linie AktG, HGB, MitbestG und Drittelbeteiligungsgesetz sowie die Satzung, bestimmt werden. Der DCGK ist lediglich eine Zusammenstellung von Verhaltensgrundsätzen durch eine von der Bundesregierung eingesetzte Kommission. Diese Kommission ist kein demokratisch legitimiertes Gremium. Der DCGK ist kein Gesetz im Sinne des Art. 2 EGBGB und hat auch keinen Rechtsnor-

---

[2173] *Grundsatzkommission Corporate Governance,* DB 2000, 238 ff.

[2174] *Berliner Initiativkreis German Code of Corporate Governance,* DB 2000, 1573 ff.

[2175] Abrufbar unter www.corporate-governance-code.de, hier in der Fassung vom 21. Mai 2003.

[2176] Nach der Legaldefinition des § 3 Abs. 2 AktG sind hiervon Gesellschaften nicht erfasst, deren Aktien ausschließlich im Freiverkehr (§ 57 BörsenG) gehandelt werden.

mencharakter. Er wird als „Soft Law" bezeichnet.[2177] Dieser Begriff ist insofern irreführend, weil er dem DCGK zumindest gesetzesähnliche Bedeutung zumisst. Eine rechtliche Wirkung entfaltet der DCGK jedoch nur mittelbar über die Verpflichtung von Vorstand und Aufsichtsrat börsennotierter Aktiengesellschaften gemäß § 161 AktG jährlich eine Entsprechenserklärung abzugeben. Dahinter steht das Prinzip der Selbstregulierung. Weder § 161 AktG noch der DCGK sehen Sanktionen bei Nichtbeachtung der Empfehlungen und Anregungen vor. Die Unternehmen sollen den Empfehlungen folgen, im Geschäftsbericht über die Corporate Governance berichten und – zumindest nach den Empfehlungen in Ziff. 3.10 des DCGK – etwaige Abweichungen öffentlich machen *(„comply or explain")*. Es ist gegebenenfalls die Aufgabe des Kapitalmarkts, faktische Sanktionen für die Nichtbeachtung der Empfehlungen des DCGK zu verhängen.

3. Systematik des Kodex

1509   Der Kodex bedient sich drei unterschiedlicher Regelungstechniken: Er enthält die vereinfachte *Wiedergabe von Bestimmungen des Aktiengesetzes.* Die *Empfehlungen* an Vorstand und Aufsichtsrat sind durch das Wort „soll" gekennzeichnet. Die Nichtbeachtung dieser Empfehlungen muss in der Entsprechenserklärung nach § 161 AktG öffentlich berichtet werden. Der DCGK enthält weiterhin *Anregungen,* die durch die Worte „sollte" oder „kann" gekennzeichnet sind. Die Abweichung von diesen Empfehlungen braucht nicht veröffentlicht werden.

4. Schwerpunkte und neuralgische Empfehlungen des DCGK

a) Aktionärsrechte

1510   Die Aktionäre nehmen als Träger des unternehmerischen Risikos eine besondere Stellung unter den Interessengruppen eines Unternehmens (stakeholder) ein. Zur Frage, in welchem Maß sich die Unternehmensführung an den Interessen der Aktionäre im Vergleich zu anderen Bezugsgruppen orientieren soll, nimmt der DCGK nicht explizit Stellung.[2178] Nach dem Kodex sind der Vorstand und der Aufsichtsrat dem Unternehmensinteresse verpflichtet (Ziff. 4.3.3 und 5.5.1). In Ziff. 4.1.1 Satz 2 wird der besonderen Stellung der Aktionäre Rechnung getragen. Danach ist der Vorstand bei der Führung des Unternehmens in eigener Verantwortung an das Unternehmensinteresse gebunden und der Steigerung des nachhaltigen Unternehmenswertes verpflichtet. Der Kodex basiert somit auf einem abgeschwächten shareholder value-Konzept.[2179]

1511   Die Rechte der Aktionäre sollen durch verschiedene Kodexempfehlungen gestärkt werden. Der Schutz der Minderheitsaktionäre ist ein Bestandteil der deutschen Corporate Governance. Hierbei stehen vor allem die Informationsrechte der Aktionäre im Vordergrund. Nach Ziff. 2.3.1 soll der Vorstand die vom Gesetz für die Hauptversammlung verlangten Berichte und Unterlagen einschließlich des Geschäftsberichts für die Aktionäre auch auf den Internet-Seiten der Gesellschaft zusammen mit der Tagesordnung veröffentlichen. Ferner soll die persönliche Wahrnehmung der Interessen des Aktionärs in der Hauptversammlung durch Stimmrechtsvertreter erleichtert werden (Ziff. 2.3.2–2.3.4).

1512   Der DCGK empfiehlt in Ziff. 2.3.3 und 2.3.4 die Wiedergabe der Hauptversammlung im Internet und die Möglichkeit, während der Hauptversammlung noch Weisungen an den Stimmrechtsvertreter erteilen zu können. Dieses Modell der „Online-Hauptversamm-

---

[2177] *Lutter,* ZGR 2000, 1, 17; MünchKommAktG/*Semler,* § 161 Rn. 28, *Wolf,* ZRP 2002, 59 ff.; kritisch aus verfassungsrechtlicher Sicht *Hüffer,* AktG, § 161 Rn. 4; *Seidel,* ZIP 2004, 285 ff. m. w. N.: „Faktische Wirkungslosigkeit"; *Heintzen,* ZIP 2004, 1933, 1938 sieht den DCGK als öffentlich rechtliches Soft Law, in seiner Außenwirkung vergleichbar mit Verwaltungsvorschriften.

[2178] Vgl. zur Frage shareholder vs. stakeholder umfassend *Fleischer* in Hommelhoff/Hopt/ von Werder, Handbuch Corporate Governance, S. 130 ff.

[2179] *von Werder,* DB 2002, 803 f.

lung"[2180] setzt nach § 118 Abs. 3 AktG eine entsprechende Ermächtigung in der Satzung voraus. Wegen des hohen Aufwands und der beträchtlichen Kosten kann die Online-Hauptversammlung kleineren börsennotierten Gesellschaften derzeit nicht empfohlen werden.

b) Empfehlungen an Vorstandsmitglieder

Obwohl der Vorstand der Aktiengesellschaft bei der Leitung des Unternehmens und der **1513** Corporate Governance eine zentrale Rolle spielt, wird er bei den Empfehlungen des DCGK nur zurückhaltend behandelt. Neben der Empfehlung in Ziff. 4.2.4 zur individuellen Offenlegung der Bezüge muss Ziff. 4.3.4 Satz 3 DCGK herausgehoben werden: Danach bedürfen „wesentliche" Geschäfte zwischen der Gesellschaft und einem Vorstandsmitglied der Zustimmung des Aufsichtsrates. Dies ist eine zumindest fragwürdige Formulierung. Es ist festzuhalten, dass nach § 112 AktG die Gesellschaft gegenüber Vorstandsmitgliedern stets und ausschließlich durch den Aufsichtsrat vertreten wird. Insoweit bedarf aktienrechtlich jedes Rechtsgeschäft zwischen einem Mitglied des Vorstands (auch ausgeschiedenen Vorstandsmitgliedern!)[2181] und der Gesellschaft der Mitwirkung des Aufsichtsrats.

c) Empfehlungen an Aufsichtsratsmitglieder

Ziff. 5.3.2 des DCGK empfiehlt die Einrichtung eines Bilanz- und Prüfungsausschusses **1514** im Aufsichtsrat (audit committee). Diese Empfehlung wird schon aus praktischer Notwendigkeit in den meisten Gesellschaften umgesetzt. Zu den Aufgaben des Prüfungsausschusses gehören vor allem das Risikomanagement, die Erteilung des Prüfungsauftrags an den Abschlussprüfer, die Bestimmung der Prüfungsschwerpunkte und die Vorbereitung der Beschlussfassung des gesamten Aufsichtsrats zur Feststellung des Jahresabschlusses.

Die Einrichtung eines Bilanz- und Prüfungsausschuss ist nach dem Sarbanes-Oxley **1515** Act[2182] auch Pflicht für Unternehmen, die an einer Börse in den USA gelistet sind.

Die Einrichtung von Fachausschüssen im Aufsichtsrat führt zwangsläufig zur Verdrän- **1516** gung wesentlicher Aufgaben des Gesamtaufsichtsrats in diese Ausschüsse. Die Gefahr einer geringeren Kontrolldichte ist nicht von der Hand zu weisen. Dies ist hinzunehmen, denn letztlich ist fraglich, ob große Aufsichtsräte mit 15 oder mehr Mitgliedern in der Lage sind, als Gesamtgremium alle notwendigen Aufgaben wahrzunehmen. Dies gilt umso mehr, weil manchen Aufsichtsratsmitgliedern beispielsweise die schwierigen bilanzrechtlichen Fragen nicht hinreichend vertraut sein dürften. Fortschreitende Spezialisierung in den Ausschüssen hilft, die anstehenden Fragen von Fachleuten bearbeiten zu lassen. Die Ausschüsse des Aufsichtsrats tragen dazu bei, ein wesentliches Ziel des DCGK, nämlich die effiziente Kontrolle des Vorstands durch den Aufsichtsrat, besser umzusetzen.

Sehr kritisch ist hingegen die Empfehlung an den Aufsichtsrat in Ziff. 5.1.2 Abs. 2 **1517** Satz 2 des DCGK, wonach eine Wiederbestellung von Vorstandsmitgliedern vor Ablauf eines Jahres vor dem Ende der Bestelldauer bei gleichzeitiger Aufhebung der laufenden Bestellung nur bei Vorliegen besonderer Umstände erfolgen soll. Ein solches Vorgehen ist aktienrechtlich unter dem Gesichtspunkt der unzulässigen Umgehung des § 84 Abs. 1 Satz 2 AktG höchst bedenklich.[2183] Durch die Empfehlung des DCGK wird eine scheinbar „offizielle" Rechtfertigung bereit gestellt. Dies ist abzulehnen.

Bei den Empfehlungen zur Handhabung von Interessenkonflikten bei Aufsichtsratsmit- **1518** gliedern in Ziff. 5.5.2 und 5.5.3 geht der DCGK weit über die Inkompatibilitätsregeln des § 100 Abs. 2 AktG hinaus. Dies ist zu begrüßen, insbesondere die Empfehlung, dass bei

---

[2180] Grundlegend *Riegger/Mutter*, ZIP 1998, 637; *Pickert/Rappers* in Semler/Volhard, Arbeitshandbuch für die Hauptversammlung, § 8 Rn. 3 ff.

[2181] BGHZ 130, 108, 111 f.

[2182] Section 301 und die Ausführungsbestimmungen der SEC.

[2183] Vgl. *Hüffer*, AktG, § 84 Rn. 7 m. w. N.

wesentlichen und dauerhaften Interessenkonflikten die Mitgliedschaft im Aufsichtsrat beendet werden soll.

d) Vergütung der Organmitglieder

1519   Für die Vergütung der Vorstandsmitglieder sieht der DCGK fixe und variable Bestandteile vor. Dies entspricht auch in vielfältigen Ausgestaltungen der Praxis. Die individuelle Offenlegung der Vorstandsbezüge wird von der Mehrheit der börsennotierten Unternehmen noch nicht praktiziert. Allerdings nahmen zahlreiche DAX 30-Unternehmen im Jahr 2004 hier eine Pionierrolle ein und werden zukünftig die einzelnen Vorstandsbezüge offen legen.

1520   Für den Aufsichtsrat empfiehlt der DCGK in Ziff. 5.4.5: „Die Mitglieder des Aufsichtsrats sollen neben einer festen eine erfolgsorientierte Vergütung erhalten. Die erfolgsorientierte Vergütung sollte auch auf den langfristigen Unternehmenserfolg bezogene Bestandteile enthalten." Für die Ausgestaltung der variablen Vergütung der Aufsichtsratsmitglieder besteht nach den Empfehlungen des DCGK weniger Spielraum als bei den Mitgliedern des Vorstands. Aktienoptionen oder vergleichbare Vergütungsbestandteile werden nicht explizit empfohlen. Der BGH hat Aktienoptionsprogramme zugunsten von Aufsichtsratsmitgliedern für unzulässig erklärt, soweit sie mit zurückgekauften eigenen Aktien der Gesellschaft (§ 71 Abs. 1 Nr. 8 Satz 5 AktG) unterlegt sind und auch soweit sie mit bedingtem Kapital (§ 192 Abs. 2 Nr. 3 AktG) unterlegt sind.[2184] Über den konkreten Fall äußert der BGH sein Unbehagen im Hinblick auf aktienkursbasierte Vergütungsprogrammen für Aufsichtsratsmitglieder. Der Gesetzgeber habe es bisher nicht für angebracht erachtet, dass die Vergütungsinteressen von Vorstand und Aufsichtsrat mit Ausrichtung auf Aktienoptionen und damit auf den Aktienkurs angeglichen werden. Dies könne der Kontrollfunktion des Aufsichtrats unter Umständen abträglich sein.[2185]

1521   Als Konsequenz muss bei der Ausgestaltung von Vergütungsprogrammen für den Aufsichtsrat umso gründlicher geprüft werden, ob im Einzelfall durch Verwendung von *„Phantom Stocks"* oder *„Stock Appreciation Rights"* eine zulässige Vergütungsform geschaffen werden kann.[2186]

e) Gesetzesauslegung im DCGK

1522   Neben den Empfehlungen und Anregungen enthält der DCGK Grundsätze, die das Ergebnis nicht ausdrücklich gekennzeichneter *Gesetzesauslegung* sind. Es ist zweifelhaft, ob diese vielfach verkürzte und stark vereinfachte Wiedergabe von Rechtsauffassungen richtig und sachdienlich ist.[2187] So ist z. B. der Zustimmungsvorbehalt zugunsten des Aufsichtsrats in Ziff. 3.3 zumindest unscharf formuliert und trägt der „Holzmüller"- bzw. „Gelatine"-Rechtsprechung des BGH zu den ungeschriebenen Hauptversammlungskompetenzen bei Ausgliederung oder Veräußerung wesentlicher Unternehmensteile nicht ausreichend Rechnung.

1523   Ziff. 6.2 des DCGK verlangt eine Veröffentlichung der Gesellschaft, wenn ihr „bekannt" wird, dass jemand die in § 21 WpHG genannten Stimmrechtsschwellen erreicht, über- oder unterschreitet. Das Anknüpfen an das „Bekanntwerden" ist nicht präzise, denn nur eine WpHG-Mitteilung an die betroffene AG löst die Veröffentlichungspflicht aus. Aus der Praxis sind Fälle bekannt, in denen das Überschreiten von Stimmrechtsschwellen der betreffenden Aktiengesellschaft auch ohne entsprechende WpHG-Mitteilungen bekannt wurde. Dies löst jedoch für die Gesellschaft noch keine Veröffentlichungspflicht nach § 25 WpHG aus.[2188]

[2184] BGH NZG 2004, 376 (MobilCom), dazu *Habersack* ZGR 2004, 721 ff.

[2185] BGH NZG 2004, 376, 377.

[2186] Für die Zulässigkeit *Vetter,* AG 2004, 234, 237 f.; *Richter,* BB 2004, 949, 956; ablehnend *Paefgen,* WM 2004, 1169, 1173; *Habersack,* ZGR 2004, 721, 731 f.

[2187] *Ulmer,* ZHR 166 (2002), 150, 153.

[2188] *Schneider* in Assmann/Schneider, WpHG, § 25 Rn. 4.

Problematisch ist auch die Ziff. 3.7 Abs. 2 DCGK, wonach der Vorstand „nach Be- **1524**
kanntgabe eines Übernahmeangebots keine Handlungen außerhalb des gewöhnlichen Geschäftsverkehrs vornehmen darf, durch die der Erfolg des Angebots verhindert werden
könnte, wenn er dazu nicht von der Hauptversammlung ermächtigt ist oder der Aufsichtsrat dem zugestimmt hat." Nach der maßgeblichen Norm des § 33 Abs. 1 WpÜG ist
der Vorstand jedoch auch ohne Ermächtigung der Hauptversammlung oder Zustimmung
des Aufsichtsrats berechtigt, Handlungen vorzunehmen, die ein nicht von einem Übernahmeangebot betroffener ordentlicher und gewissenhafter Geschäftsleiter durchführen
würde. Hierzu gehören auch Handlungen außerhalb des gewöhnlichen Geschäftsverkehrs.
Insbesondere gilt dies für die Suche nach einem konkurrierenden Bieter, was dem Vorstand nach § 33 Abs. 1 WpÜG ausdrücklich gestattet ist!

Aus alledem folgt: Vorstand und Aufsichtsrat sind gut beraten, wenn sie den Darstellun- **1525**
gen des DCGK nicht blind folgen, sondern im Einzelfall juristischen Rat einholt. Sofern
der DCGK lediglich Rechtsauffassungen verkürzt oder unzureichend wiedergibt, ohne
diese als Empfehlung auszusprechen, besteht keine Verpflichtung, bei Abweichung von
diesen Rechtsauffassungen in der Entsprechenserklärung nach § 161 AktG Stellung zu
nehmen.

5. Die unzureichende Berücksichtigung der konzernverbundenen AG im DCGK

Der DCGK trägt grundsätzlich der Tatsache Rechnung, dass ein börsennotiertes Unter- **1526**
nehmen häufig eine Gesellschaft im Konzern ist, meistens in der Rolle der Konzernspitze.
So spricht der DCGK dort, wo nicht nur die Gesellschaft selbst, sondern auch ihre Konzernunternehmen betroffen sind, von „Unternehmen" anstelle von „Gesellschaft". Dennoch wird der DCGK dem Phänomen der Unternehmensverbindungen, der geänderten
Rolle der beteiligten Organe und der außenstehenden Aktionäre nicht gerecht und dies
soll auch gar nicht seine Hauptaufgabe sein. Gilt doch im Recht der Unternehmensverbindungen: „Im Konzern ist vieles anders." An zwei Beispielen soll verdeutlicht werden,
dass dem DCGK die Konzerndimension fehlt und bei Konzernsachverhalten eine Abweichung von den Empfehlungen des DCGK geboten sein kann:

a) Informationsrechte des herrschenden Unternehmens

Das in Ziff. 6.3 des DCGK enthaltene Gebot der informationellen Gleichbehandlung **1527**
aller Aktionäre steht im Widerstreit zur Konzernpraxis und widerspricht der konzernrechtlichen Auffassung.[2189]

Sofern ein Beherrschungsvertrag besteht, findet ein enger Informationsaustausch zwi- **1528**
schen den Konzernunternehmen statt. Der Informationsaustausch wird dabei als eine Leistung innerhalb des Unternehmensvertrags angesehen. Das unter einem Beherrschungsvertrag bestehende Weisungsrecht des herrschenden Unternehmens umfasst zugleich ein
Auskunftsrecht über sämtliche Umstände, die für die Ausübung der Konzernleitung relevant sind.[2190] Die außenstehenden Aktionäre haben keinen Anspruch darauf, insoweit mit
dem herrschenden Unternehmen gleich behandelt zu werden und die – konzerninternen
– Informationen zu erhalten.[2191]

In der Praxis ist die börsennotierte Gesellschaft, die durch einen Unternehmensvertrag **1529**
beherrscht wird, sicherlich die Ausnahme. Börsennotierte Aktiengesellschaften sind aber
nicht selten abhängige Unternehmen innerhalb eines faktischen Konzerns. Auch in dieser
Konstellation kann keine informationelle Gleichbehandlung zwischen herrschendem Un-

---

[2189] Vgl. nur den besonderen Informationsanspruch des Mutterunternehmens in § 294 Abs. 3
Satz 2 HGB und § 131 Abs. 4 Satz 3 AktG.

[2190] *Emmerich* in Emmerich/Habersack, Aktien- und GmbH-Konzernrecht, § 308 Rn. 39; Kölner
Komm/*Koppensteiner* AktG, 3. Aufl., § 308 Rn. 28.

[2191] MünchKommAktG/*Kubis,* § 131 Rn. 141 m. w. N.

ternehmen und (Minderheits-)Aktionären verlangt werden. Mit der herrschenden Meinung ist davon auszugehen, dass im Rahmen des faktischen Konzerns das durch § 311 AktG privilegierte Verhältnis die Aktionärseigenschaft des herrschenden Unternehmens überlagert und insoweit kein Anspruch der übrigen Aktionäre nach § 131 Abs. 4 Satz 1 AktG besteht.[2192]

b) Verschwiegenheitspflicht der Organmitglieder im Konzern

1530   Die Verschwiegenheitspflicht der Organe nach § 93 Abs. 1 Satz 2 bzw. § 116 Satz 2 AktG wird auch in Ziff. 3.5 des DCGK besonders betont. In Unternehmensgruppen muss diese Verschwiegenheitspflicht ins Verhältnis gesetzt werden zu den Erfordernissen einer einheitlichen Leitung und den gruppenspezifischen Risikomanagement- und Kontrollsystemen. Dabei entfällt die Verschwiegenheitspflicht der Organmitglieder keinesfalls nur deshalb, weil ein Unternehmen in einen Konzernverbund integriert ist. Hier sind nur differenzierende Lösungen möglich.[2193] So wird im Vertragskonzern eine Durchbrechung der Verschwiegenheitspflicht, insbesondere bei Doppelmandanten, regelmäßig im Interesse des Gesamtkonzerns hinzunehmen sein. Im faktischen Konzern hingegen darf die Verschwiegenheitspflicht nur dann reduziert werden, wenn daraus entstehende Nachteile in jedem Einzelfall ausgleichsfähig sind.

6. Die Entsprechenserklärung nach § 161 AktG

a) Zuständigkeit

1531   Nach § 161 AktG haben Vorstand und Aufsichtsrat einer börsennotierten Aktiengesellschaft jährlich zu erklären, dass den vom Bundesministerium der Justiz im amtlichen Teil des elektronischen Bundesanzeigers bekannt gemachten Empfehlungen der Regierungskommission Deutscher Corporate Governance Kodex entsprochen wurde und wird oder welche Empfehlungen nicht angewendet wurden oder werden. Die Erklärung ist den Aktionären dauerhaft zugänglich zu machen. Die Pflicht zur Abgabe der Entsprechenserklärung trifft Vorstand und Aufsichtsrat der börsennotierten AG oder KGaA unmittelbar. Eine Entsprechenserklärung nach § 161 AktG kann dabei nur abgegeben werden, wenn beide Organe durch Beschluss die Erklärung gebilligt haben. Dabei ist ungeklärt, ob Vorstand und Aufsichtsrat jeweils eine Erklärung[2194] abzugeben haben, oder ob eine gemeinsame Erklärung[2195] erforderlich ist. In der Praxis wird häufig eine zusammengefasste Erklärung von Vorstand und Aufsichtsrat veröffentlicht, die jedoch von Vorstand und Aufsichtsrat zuvor gesondert beschlossen wird.

1532   Nach § 161 AktG sind aber auch unterschiedliche Entsprechenserklärungen möglich, wenn es bei den Empfehlungen an Vorstand und Aufsichtsrat zu Abweichungen gekommen ist.

1533   Der DCGK wird häufig mit dem Schlagwort *„comply or explain"* in Verbindung gebracht. Dies trifft jedoch nicht uneingeschränkt zu. So existiert keine Verpflichtung, in der Entsprechenserklärung nach § 161 AktG für Abweichungen von den Empfehlungen des DCGK eine Begründung anzugeben. Es reicht aus, wenn die Abweichungen in der Entsprechenserklärung lediglich benannt werden.[2196] Allerdings empfiehlt der DCGK in Ziff. 3.10, dass Vorstand und Aufsichtsrat eventuelle Abweichungen in ihrem Bericht zur Corporate Governance des Unternehmens im Geschäftsbericht begründen. Der Gesetzge-

---

[2192] *Hüffer,* AktG, § 131 Rn. 38, MünchKommAktG/*Kubis,* § 131 Rn. 142 m.w.N.; *Habersack/Verse,* AG 2003, 300, 305 f.

[2193] *Windbichler* in Hommelhoff/Hopt/von Werder, Handbuch Corporate Governance, S. 616; MünchKommAktG/*Hefermehl/Spindler,* § 93 Rn. 53 f.

[2194] *Seibt,* AG 2002, 249, 253.

[2195] *Schüppen,* ZIP 2002, 1269, 1271.

[2196] *Ringleb* in Ringleb/Kremer/Lutter/von Werder, Deutscher Corporate Governance Kodex, Anh. 1, Rn. 1012.; MünchKommAktG/*Semler,* § 161 Rn. 148; *Seibt,* AG 2002, 249, 251.

ber ging davon aus, dass die Unternehmen bereits aus eigenem Interesse eine Begründung für Abweichungen geben werden.[2197] Dies entspricht der gängigen Praxis.

Grundsätzlich stellt sich in der Praxis die Frage, ob schlechthin jede, auch marginale **1534** Abweichung von den Empfehlungen des DCGK anzugeben und ggf. zu begründen ist, oder ob Vorstand und Aufsichtsrat nur wesentliche Abweichungen nennen müssen. Die Regierungsbegründung und die überwiegende Ansicht in der Literatur befürworten – zu Recht – eine Wesentlichkeitsgrenze. Nur diejenigen Abweichungen, die aus Sicht des durchschnittlichen objektiven Kapitalanlegers von Bedeutung sein können, müssen dargestellt werden.[2198] Insoweit kann auf die gesetzliche Richtschnur des § 13 Abs. 1 Satz 2 WpHG zurückgegriffen werden, in der darauf abgestellt wird, ob „ein verständiger Anleger die Information bei seiner Anlageentscheidung berücksichtigen würde."

b) Praktische Hinweise

Die Entsprechenserklärung sollte bestimmten Mindestanforderungen genügen, insbe- **1535** sondere dann wenn nicht sämtliche Empfehlungen des DCGK berücksichtigt worden sind:[2199]

– Der durchschnittliche Kapitalanleger als Leser der Entsprechenserklärung wird nicht **1536** umfassend juristisch und betriebswirtschaftlich vorgebildet sein: Die Entsprechenserklärung sollte vor diesem Hintergrund verständlich und übersichtlich sein.

– Die Entsprechungserklärung muss vollständig und wahrheitsgemäß sein. **1537**

– Es muss klar und deutlich mitgeteilt werden, welche Empfehlungen die Gesellschaft, **1538** Vorstand und Aufsichtsrat anwenden und welche Empfehlungen nicht angewendet wurden oder werden.

– Das Gesetz sieht zwar keine Begründungspflicht für Abweichungen von den Empfeh- **1539** lungen vor. Dennoch wird es aufgrund der Erwartungen des Kapitalmarkts regelmäßig anhand des Sorgfaltsmaßstabs der §§ 93 Abs. 1; 116 Satz 1 AktG rechtlich geboten sein, etwaige Abweichungen von den Empfehlungen des DCGK in der Entsprechenserklärung zu begründen.[2200]

– Soweit denjenigen Empfehlungen des DCGK entsprochen wird, die Vorstand und/oder **1540** Aufsichtsrat einen breiten Spielraum eröffnen, ist es im Sinne der Transparenz zu empfehlen, konkrete Angaben zu machen. Beispiele: Ziff. 5.3.1, Aufsichtsratsausschüsse: Welche Ausschüsse wurden im Aufsichtsrat konkret gebildet; Ziff. 5.1.2 Abs. 2 Satz 3, Altersgrenze: Welche Altergrenze für Vorstandsmitglieder wurde konkret festgelegt; Ziff. 5.6, Effizienz des Aufsichtsrats: Welche Maßnahmen zur Effizienzprüfung wurden unternommen.

– § 161 AktG gibt nicht vor, ob und ggf. in welcher Form die Erklärung von Vorstand **1541** und Aufsichtsrat zu unterschreiben ist. Ein großer Teil der Gesellschaften veröffentlicht die Entsprechenserklärungen mit Wiedergaben der Unterschriften des Vorstandsvorsitzenden (bzw. mit Unterschriften von Vorstandsmitgliedern in vertretungsberechtigter Zahl) und des Aufsichtsratsvorsitzenden. Mit dieser Handhabung ist man in jedem Fall auf der sicheren Seite.

– Die Entsprechenserklärung ist nach § 161 Satz 2 AktG den Aktionären dauerhaft zu- **1542** gänglich zu machen. Hierfür ist es ausreichend, wenn die Erklärung auf der Website der Gesellschaft veröffentlicht wird.[2201] Die Entsprechenserklärung ist außerdem zusammen mit dem Jahresabschluss zum Handelsregister einzureichen (§ 325 HGB).

[2197] Begr. RegE BT-Drucks. 14/8769, S. 21 f.

[2198] Begr. RegE BT-Drucks. 14/8769, S. 51 f.; MünchKommAktG/*Semler*, § 161 Rn. 135; *Ringleb* in Ringleb/Kremer/Lutter/von Werder, Deutscher Corporate Governance Kodex, Anh. 1, Rn. 1005; *Hüffer*, AktG, § 161 Rn. 16; kritisch *Lutter*, ZHR 166 (2002), 523, 528.

[2199] Vgl. MünchKommAktG/*Semler*, § 161 Rn. 151.

[2200] *Seibt*, AG 2002, 249, 252; MünchKommAktG/*Semler*, § 161 Rn. 148.

[2201] Regierungsbegründung BT-Drucks. 14/8769, S. 14.

1543 – In der Hauptversammlung von Publikumsgesellschaften werden zwangsläufig Fragen zur Entsprechenserklärung gestellt. Etwaigen Fragen zur Beschlussfassung über die Entsprechenserklärung in Vorstand und Aufsichtsrat, sollte mit dem Hinweis auf das Vertraulichkeit der Beratungen in Vorstand und Aufsichtsrat begegnet werden. Bei internen Differenzen ist zu empfehlen, sich vorab auf eine gemeinsame Sprachregelung gegenüber der Hauptversammlung zu verständigen.

c) Aktualisierungspflicht

1544 Die Entsprechenserklärung zum DCGK verlangt eine vergangenheitsbezogene Aussage und eine Absichtserklärung für die Zukunft. Soweit sich die Absichten nach Veröffentlichung der Entsprechenserklärung in wesentlichen Punkten ändern, stellt sich die Frage, ob die Gesellschaft verpflichtet ist, unterjährig eine aktualisierte Entsprechenserklärung zu veröffentlichen. Dies wird von der herrschenden Meinung bejaht, denn aus dem Gebot der Abgabe der Entsprechenserklärung lässt sich ableiten, dass die Erklärung wahrheitsgemäß abzugeben ist. Wenn die Erklärung unrichtig geworden ist, verlange der Zweck der Entsprechenserklärung, den Kapitalmarkt über die Veränderungen zu informieren.[2202] Wenn sich die Absichten von Vorstand oder Aufsichtsrat im Hinblick auf die Befolgung von Empfehlungen des DCGK wesentlich ändern und dieser Sinneswandel geeignet ist, den Börsenpreis der zugelassenen Wertpapiere zu beeinflussen, besteht auch eine Pflicht, eine entsprechende Ad-hoc-Meldung nach § 15 WpHG zu veröffentlichen.[2203]

1545 Bei unterjährigen Änderungen der Empfehlungen des DCGK sprechen die besseren Gründe dafür, keine Pflicht zur Aktualisierung der Erklärung auf die neue Fassung des Kodex anzunehmen.[2204]

7. Akzeptanz des DCGK

1546 Die Akzeptanz des DCGK ist sehr hoch. Nach einer jüngsten Erhebung stimmen die untersuchten 241 börsennotierten deutschen Aktiengesellschaften durchschnittlich mit 61 der 72 Sollbestimmungen des DCGK überein.[2205] Bei den Dax-30-Gesellschaften ist die Übereinstimmung noch höher.

1547 Die meisten Abweichungen des DCGK lassen sich feststellen bei Ziff. 3.8 (Empfehlung eines angemessenen Selbstbehalts für Vorstand und Aufsichtsrat bei einer D&O-Versicherung), bei Ziff. 4.2.4 Satz 2 (Individuelle Aufschlüsselung der Vorstandsbezüge) und bei Ziff. 5.4.5 Abs. 3 Satz 1 (Individualisierung der Aufsichtsratsbezüge im Anhang des Konzernabschluss). Lediglich in diesen drei Fällen liegt die Akzeptanzquote bei den untersuchten Unternehmen insgesamt unter 50%.[2206]

1548 Es überrascht wenig, dass die Aufschlüsselung der Organbezüge die kritischsten Empfehlungen des DCGK sind. Selbst wenn die DAX-30-Unternehmen aufgrund des öffentlichen Drucks mehr und mehr dazu übergehen, die Bezüge von Vorstand und Aufsichtsrat individuell offen zu legen, bleibt abzuwarten, ob die Mehrheit der anderen börsennotierten Aktiengesellschaften diesem Druck Folge leisten wird. Nicht zuletzt wichtige verfassungsrechtliche Gründe wie das Recht auf informationelle Selbstbestimmung aus Art. 2 Abs. 1 i.V.m. Art. 1 Abs. 1 GG können als Argumente gegen eine Verpflichtung zur in-

---

[2202] *Lutter* in Ringleb/Kremer/Lutter/von Werder, Deutscher Corporate Governance Kodex, Anh. I, Rn. 1065; *Hüffer*, AktG, § 161 Rn. 20, *Ihrig/Wagner*, BB 2002, 789, 791; MünchKommAktG/*Semler*, § 161 Rn. 117. Gegen eine Aktualisierungspflicht *Schüppen*, ZIP 2002, 1269, 1273.

[2203] *Ihrig/Wagner*, BB 2002, 789, 791; MünchKommAktG/*Semler*, § 161 Rn. 118; *Seibt*, AG 2002, 249, 254.

[2204] *Hüffer*, AktG, § 161 Rn. 15; ausdrücklich auch die Pressemitteilung des Bundesjustizministeriums 49/03 vom 10. 6. 2003.

[2205] Von Werder/Talaulicar/Kolat, BB 2004, 1377, 1382.

[2206] Von Werder/Talaulicar/Kolat, BB 2004, 1377, 1379.

dividuellen Offenlegung angeführt werden.[2207] Der deutsche Gesetzgeber beabsichtigt, eine gesetzliche Verpflichtung zur Offenlegung einzuführen. Die europäische Kommission fordert ebenfalls die Mitgliedstaaten in einer – nicht verbindlichen – Empfehlung auf, angemessene Maßnahmen zur Offenlegung der Vergütung einzelner Vorstandsmitglieder zu ergreifen.[2208]

8. Haftungsrisiken im Zusammenhang mit der Entsprechenserklärung

Ein häufig diskutiertes Thema ist die Haftung der Aktiengesellschaft bzw. der Organ- **1549**
mitglieder bei fehlerhaften Entsprechenserklärungen. Die Nichtbeachtung der Empfehlungen des DCGK kann wegen des fehlenden Rechtsnormencharakters für sich genommen in keinem Fall haftungsbegründend wirken. Es ist auch naheliegend und selbstverständlich, dass die Praxis bemüht ist, die retrospektive Wissenserklärung zum Verhalten im Berichtszeitraum richtig und vollständig abzugeben. Hierbei helfen auch die veröffentlichten Checklisten.[2209]

Wenn dann trotzdem die Entsprechenserklärung fehlerhaft ist, können eine Innenhaf- **1550**
tung der Organmitglieder gegenüber der Gesellschaft und eine Außenhaftung gegenüber den Kapitalanlegern in Frage kommen.

a) Innenhaftung der Organmitglieder bei Nichtbeachtung von DCGK-Empfehlungen

Die Mitglieder des Vorstands haben nach § 93 Abs. 1 Satz 1 AktG die Sorgfalt eines or- **1551**
dentlichen und gewissenhaften Geschäftsleiters anzuwenden. Fraglich ist, ob die Nichtbeachtung der DCGK-Empfehlungen einen Verstoß gegen diese Sorgfaltspflicht darstellt. In der Literatur wird teilweise vertreten, dass die Nichtbeachtung von Empfehlungen ein Verstoß gegen die Sorgfaltspflicht indiziert.[2210] Dementsprechend soll der DCGK auch unabhängig von der gesetzlichen Verpflichtung zur Abgabe der Entsprechenserklärung zu einer Erhöhung des Pflichtenniveaus der Verwaltungsmitglieder in Einzelfragen führen.[2211]

Dagegen vertritt die überwiegende Meinung die Auffassung, dass die Empfehlungen des **1552**
DCGK wegen ihres unverbindlichen Charakters und wegen insoweit bestehender verfassungsrechtlicher Bedenken nicht haftungsbestimmend wirken dürfen.[2212] Weder die offengelegte Nichtbeachtung noch die fehlerhaft bekannt gegebene Beachtung oder die erklärungswidrige Nichtbeachtung von Wohlverhaltensempfehlungen des Kodex können zu gesetzlichen oder vertraglichen Ansprüchen gegen Organmitglieder des erklärenden Unternehmens führen. All diese Verstöße müssen rechtlich sanktionslos akzeptiert werden. Die vom Gesetzgeber bewusst gewollte Unverbindlichkeit des DCGK darf nicht über den Umweg erweiterter Haftungsrisiken zu faktischer Verbindlichkeit führen.

b) Außenhaftung der AG

Praktisch naheliegend ist eine Haftung der AG für Kursverluste von Anlegern, die im **1553**
Vertrauen auf die Richtigkeit der Entsprechenserklärung Aktien erworben oder veräußert haben. Im Verhältnis zwischen der AG und dem einzelnen Kapitalanleger kommen in der Regel nur deliktische Anspruchsgrundlagen in Betracht.

[2207] *Menke/Porsch,* BB 2004, 2533 ff.; *Kiethe,* BB 2003, 1573 ff.

[2208] Vgl. unten Rn. 1605 ff.

[2209] *Peltzer,* Deutsche Corporate Governance, S. 125 ff.; *von Werder* in Ringleb/Kremer/Lutter/ von Werder, Deutscher Corporate Governance Kodex, Anh. 2.

[2210] *Lutter,* ZHR 166 (2002), 523; 540 ff.; *Ulmer,* ZHR 166 (2002) 150, 166 ff.

[2211] *Seibt,* AG 2002, 249, 259.

[2212] *Hüffer,* AktG, § 161 Rn. 27; *Berg/Stöcker* WM 2002, 1569, 1575 ff.; MünchKommAktG/ *Semler,* § 161 Rn. 231.

1554   Eine Haftung nach § 823 Abs. 1 BGB kommt nicht in Betracht. Zwar ist das Mitgliedschaftsrecht des Aktionärs ein nach § 823 Abs. 1 BGB grundsätzlich geschütztes Recht. Die Entsprechenserklärung ist jedoch nicht an den einzelnen Aktionär gerichtet und deshalb kann eine falsche Entsprechenserklärung keinen haftungsbegründender Eingriff in das Mitgliedschaftsrecht darstellen.[2213]

1555   Eine Haftung nach § 823 Abs. 2 BGB scheidet aus. Die Empfehlungen des DCGK stellen keine Rechtsnormen und deshalb auch keine Schutzgesetze im Sinne des § 823 Abs. 2 BGB dar. Deshalb kommt eine Haftung nach dieser Vorschrift nicht in Betracht.[2214] Allenfalls wäre eine Außenhaftung der Organmitglieder nach den allgemeinen Vorschriften des § 826 BGB denkbar, wenn überhaupt eine Erklärung zum DCGK eine vorsätzliche sittenwidrige Schädigung sein kann. Nach den Grundsätzen der „Infomatec"-Entscheidungen des BGH[2215] gelten dabei jedenfalls die allgemeinen Grundsätze der Darlegungs- und Beweislast. Es dürfte deshalb für einen Aktionär nahezu aussichtslos sein, den Nachweis der haftungsbegründenden Kausalität zwischen einer fehlerhaften Entsprechenserklärung und einem Vermögensschaden zu führen.[2216]

1556   Zu berücksichtigen ist allerdings, dass die Abweichung von der zukunftsbezogenen Absichtserklärung nach § 161 AktG unter Umständen die Pflicht zur Veröffentlichung einer Ad-hoc-Mitteilung auslöst. Wird diese Mitteilung unterlassen oder enthält sie unwahre Tatsachen, besteht die Gefahr einer Haftung gegenüber Kapitalanlegern unter den Voraussetzungen der §§ 37 b, 37 c WpHG.[2217]

9. Strafrechtliche Risiken bei fehlerhafter Entsprechenserklärung?

1557   § 161 AktG ist keine strafbewehrte Norm. Vor dem Hintergrund der Entscheidung im Fall Haffa/EMTV[2218] zur Strafbarkeit falscher Unternehmensdarstellung nach § 400 AktG Abs. 1 Nr. 1 AktG stellt sich jedoch die Frage, ob eine fehlerhafte Entsprechenserklärung nach § 161 AktG eine Tathandlung im Sinne des § 400 Abs. 1 Nr. 1 AktG sein kann. Strafbar ist nach dieser Vorschrift, wer als Organmitglied „die Verhältnisse der Gesellschaft ... in Darstellungen oder Übersichten über den Vermögensstand ... unrichtig wiedergibt." Zweifelsfrei ist die Entsprechenserklärung eine Darstellung über die Verhältnisse der Gesellschaft. Dabei kommt es entscheidend darauf an, ob das Tatbestandsmerkmal „über den Vermögensstand" sich auch auf die „Darstellungen" bezieht oder nur auf die „Übersichten". Der BGH (II. Zivilsenat) hat dazu entschieden, dass die Darstellungen genau wie in § 264a StGB auch den Vermögensstand betreffen müssen und nicht isoliert betrachtet werden dürfen.[2219] Dem ist zuzustimmen, da sonst eine uferlose Ausweitung der möglichen Tathandlungen im Sinne des § 400 Abs. 1 Nr. 1 AktG drohte. Da die Entsprechenserklärung im Regelfall keine Darstellung des Vermögenstands enthält, ist insoweit eine Strafbarkeit nach § 400 Abs. 1 Nr. 1 AktG wegen fehlerhafter Entsprechenserklärung ausgeschlossen. Dies ist auch zivilrechtlich von Bedeutung: Schadensersatzansprüche könnten ansonsten auf die Verletzung des § 400 Abs. 1 Nr. 1 AktG gestützt werden, der Schutzgesetz im Sinne des § 823 Abs. 2 BGB ist.

[2213] Ulmer, ZHR 166 (2002), 150, 168; *Hüffer*, AktG, § 161 Rn. 28; *Berg/Stöcker*, WM 2002, 1569, 1578; *Körner*, NZG 2004, 1148, 1150.

[2214] *Hüffer*, AktG, § 161 Rn. 28; *Berg/Stöcker*, WM 2002, 1569, 1578; *Ulmer*, ZHR 166 (2002) 150, 168.

[2215] BGH NZG 2004, 811 und NZG 2004, 816.

[2216] Vgl. *Körner*, NZG 2004, 1148, 1150; *Hüffer*, AktG, § 161 Rn. 29, anders das Beispiel von *Lutter* in Ringleb/Kremer/Lutter/von Werder, Deutscher Corporate Governance Kodex, Anh. I, Rn. 1070 ff. auf der Grundlage einer allgemeinen Vertrauenshaftung.

[2217] Vgl. dazu *Borges*, ZGR 2003, 508, 532 ff.

[2218] BGH NZG 2005, 132.

[2219] BGH NZG 2004, 811, 813 („Infomatec"); vgl. auch *Körner*, NZG 2004, 1148, 1150; a.A. MünchKommAktG/*Semler/Schaal*, § 161 Rn. 218; *Baums*, Bericht der Regierungskommission Corporate Governance, Rn. 184.

Eine strafrechtliches Risiko besteht nach § 400 Abs. 1 Nr. 1 AktG allenfalls dann, wenn **1558** ein Organmitglied in der Hauptversammlung vorsätzlich falsche Informationen zur Entsprechenserklärung erteilt.

10. Auswirkungen fehlerhafter Entsprechenserklärungen auf Entlastungsbeschlüsse

Die offene Nichtbeachtung von Empfehlungen oder Anregungen des DCGK stellt für **1559** sich allein keinen Verstoß gegen Gesetz oder Satzung dar. Entlastungsbeschlüsse können deshalb nicht angefochten werden.

Bei fehlender oder fehlerhafter Entsprechenserklärung verstoßen Vorstand und Auf- **1560** sichtsrat jedoch gegen ihre gesetzliche Verpflichtung zur sorgfältigen Unternehmensleitung bzw. zur ordnungsmäßigen Überwachung der Geschäftsführung. Sofern diese Verstöße die Wesentlichkeitsgrenze aus Sicht des durchschnittlichen objektiven Kapitalanlegers überschreiten, ist die Verwaltung der Gesellschaft durch Vorstand und Aufsichtsrat nicht mehr rechtmäßig. Ein dennoch gefasster Entlastungsbeschluss ist rechtswidrig und anfechtbar.[2220] Dabei ist im Einzelfall jedoch immer zu prüfen, ob der Entlastungsbeschluss in Bezug auf sämtliche Organmitglieder anfechtbar ist oder ob die Anfechtbarkeit nur für diejenigen Organmitglieder durchgreift, die individuell ihren Erklärungspflichten im Zusammenhang mit dem DCGK nicht oder fehlerhaft entsprochen haben.

III. Kapitalmarktrechtliche Vorschriften für Corporate Governance

1. Transparenz durch Mitteilungspflichten

a) Ad-hoc-Mitteilungen

Ein wesentliches Element der Unternehmenskommunikation und der Gleichbehand- **1561** lung aller Marktteilnehmer ist die unverzügliche Mitteilung wichtiger, anlegerrelevanter Information. In Deutschland unterliegen börsennotierte Unternehmen der Ad-hoc-Publizitätspflicht nach den §§ 15 ff. WpHG.

Durch das Anlegerschutzverbesserungsgesetz[2221] wurde die Pflicht zur Ad-hoc-Publizität **1562** weitgehend geändert. Neu ist die Bezugnahme auf Insiderinformationen. Zukünftig muss ein Emittent grundsätzlich alle Insiderinformationen, die ihn unmittelbar betreffen, unverzüglich veröffentlichen. Allerdings ist nicht jede Insiderinformation auch publizitätspflichtig. Zunächst muss die Insiderinformation den Emittenten unmittelbar betreffen (§ 15 Abs. 1 Satz 1 WpHG). Darüber hinaus ist der Emittent nach § 15 Abs. 3 WpHG von der Pflicht zur Veröffentlichung solange befreit, wie es der Schutz seiner berechtigten Interessen erfordert, keine Irreführung der Öffentlichkeit zu befürchten ist und der Emittent die Vertraulichkeit der Insiderinformation gewährleisten kann. Der Emittent kann im Unterschied zum alten Recht nun selbst prüfen und bestimmen, ob eine Ad-hoc-Mitteilung bereits zwingend erforderlich ist oder ob die Veröffentlichung von Insiderinformationen zurückgehalten werden kann. Jedoch ist die Publizitätspflicht nur aufgeschoben. Fallen die in § 15 Abs. 3 Satz 1 WpHG genannten Gründe für die Zurückhaltung von Insiderinformationen weg, ist die Veröffentlichung unverzüglich nachzuholen.

§ 15 Abs. 3 WpHG in der Fassung des Anlegerschutzverbesserungsgesetzes stellt die **1563** Praxis vor schwierige Fragen. Beabsichtigt eine börsennotierte Gesellschaft, wesentliche Teile des Unternehmens im Rahmen eines Bieterverfahrens zu veräußern, ist der Beginn

---

[2220] MünchKommAktG/*Semler*, § 161 Rn. 185 f.; *Hüffer* AktG, § 161 Rn. 31, *Ulmer*, ZHR 166 (2002), 150, 165 f.

[2221] Gesetz vom 28. 10. 2004, BGBl. 2004 I, 2630 ff.

des Bieterverfahrens sicherlich eine Insiderinformation sein. Der Schutz der berechtigten Interessen der Gesellschaft erfordert es in der Regel, ein solches Bieterverfahren vertraulich zu behandeln. Wenn das Bieterverfahren zu einem späteren Zeitpunkt ergebnislos eingestellt wird, müsste im Prinzip eine Ad-hoc-Mitteilung nachgeholt werden muss. Andererseits kann man hier fragen, ob der Kapitalmarkt noch ein berechtigtes Interesse an Informationen hat, die durch Zeitablauf bereits überholt sind. In einem solchen Verfahren ist eine Ad-hoc-Publizitätspflicht nach Sinn und Zweck der Norm abzulehnen.[2222]

1564   Auch bei mehrstufigen Entscheidungsprozessen (Geschäftsführungsmaßnahmen, die einem Zustimmungsvorbehalt des Aufsichtsrats unterliegen) ist für die Praxis die Ad-hoc-Publizitätspflicht eine ständige Herausforderung. Muss bereits bei einer Entscheidung des Vorstands eine Ad-hoc-Mitteilung gemacht werden? Damit wird der Aufsichtsrat entweder vor vollendete Tatsachen gestellt – was sicherlich nicht im Interesse einer guten Corporate Governance liegt – oder der Aufsichtsrat muss dem Vorstand öffentlich widersprechen. Beide Alternativen sind unbefriedigend. Für diese bislang umstrittene Frage gibt die Gesetzesbegründung zu § 15 Abs. 3 WpHG neue Fassung eine sybillinische Antwort: Eine vom Vorstand des Emittenten getroffene Entscheidung, die zur Wirksamkeit noch der Zustimmung des Aufsichtsrats bedarf, ist grundsätzlich eine Insiderinformation, die der Ad-hoc-Publizitätspflicht unterliegt.[2223] Der Gesetzgeber ist sich jedoch der Gefahr bewusst, dass bei frühzeitiger Veröffentlichung von gestuften Entscheidungsprozessen der Kapitalmarkt in die Irre geführt werden kann. Daher kann der Emittent auch in diesen Fällen die Veröffentlichung der Information nach § 15 Abs. 3 WpHG zurückhalten.

b) Insiderverzeichnisse

1565   Jeder Emittent, der unter den Anwendungsbereich des WpHG fällt, ist verpflichtet, ein Insiderverzeichnis nach § 15 b WpHG zu führen. Diese Vorschrift setzt Art. 6 III und IV der Marktmissbrauchsrichtlinie[2224] sowie Art. 5 der Durchführungsrichtlinie 2004/72/EG der Kommission vom 29. 4. 2004 zur Marktmissbrauchsrichtlinie[2225] um. Ein Insiderverzeichnis ist dabei nicht nur durch den Emittenten, sondern auch durch Personen zu führen, die im Auftrag oder für Rechnung des Emittenten handeln und bestimmungsgemäß Zugang zu Insiderinformationen haben. Ausgenommen sind die Abschlussprüfer. In der praktischen Konsequenz bedeutet dies jedoch, dass Investmentbanken, Rechtsanwälte und sonstige Berater von börsennotierten Gesellschaften bei Transaktionen ein Insiderverzeichnis führen müssen. Dieses Verzeichnis muss regelmäßig aktualisiert werden und ist der BaFin auf Verlangen zu übermitteln (§ 15 b Abs. 1 Satz 2 WpHG).

1566   Die Regelungen des WpHG zur Insiderüberwachung, zur Ad-hoc-Publizitätspflicht und zur Führung von Insiderverzeichnissen sind nach § 1 Abs. 2 WpHG auch maßgeblich für ausländische Unternehmen, deren Finanzinstrumente an einer deutschen Börse zum Handel zugelassen, in den geregelten Markt oder in den Freiverkehr einbezogen sind. Dies gilt selbst dann, wenn die unter die Publizitätspflicht fallenden Handlungen und Unterlassungen im Ausland vorgenommen werden. Insoweit erhebt das WpHG Anspruch auf weltweite Geltung.

c) Directors' Dealings

1567   Nach § 15 a Abs. 1 WpHG müssen Personen, die bei einem Emittenten von Aktien Führungsaufgaben wahrnehmen, eigene Geschäfte mit Aktien des Emittenten oder sich

---

[2222] Vgl. *Diekmann/Sustmann,* NZG 2004, 929, 935.

[2223] Regierungsentwurf – Anlegerschutzverbesserungsgesetz BT-Drucksache 15/3174, S. 35.

[2224] Richtlinie 2003/6/EG des Europäischen Parlaments und des Rates vom 28. 1. 2003 über Insidergeschäfte und Marktmanipulation (Marktmissbrauch) (ABl. 2003 Nr. L 96/16).

[2225] Richtlinie 2004/72/EG der Kommission vom 29. 4. 2004 zur Durchführung der Richtlinie 2003/6/EG des Europäischen Parlaments und des Rates – Zulässige Marktpraktiken, Definition von Insider-Informationen in Bezug auf Warenderivate, Erstellung von Insiderverzeichnissen, Meldung von Eigengeschäften und Meldung verdächtiger Transaktionen (ABl. 2004 Nr. L 162/70).

darauf beziehenden Finanzinstrumenten dem Emittenten und der BaFin innerhalb von fünf Werktagen mitteilen. Diese Verpflichtung gilt auch für Personen, die mit der primär meldepflichtigen Führungsperson in einer engen Beziehung stehen. Das Anlegerschutzverbesserungsgesetz hat den Freibetrag für meldepflichtige Geschäfte auf EUR 5000 innerhalb eines Kalenderjahres gesenkt. Dabei werden die Rechtsgeschäfte des Primärmeldepflichtigen und der mit ihm in einer engen Beziehung stehenden Person zusammengerechnet. Dies führt auch zur Meldepflichtigkeit von Bagatellgeschäften. Ob damit die Informationsbedürfnisse des Kapitalmarkts sachgerecht erfüllt werden, ist zweifelhaft.

Zu den Personen mit Führungsaufgaben zählen persönlich haftende Gesellschafter oder **1568** Organmitglieder des Emittenten sowie sonstige Personen, die regelmäßig Zugang zu Insiderinformationen haben und zu wesentlichen unternehmerischen Entscheidungen ermächtigt sind. Hierzu dürften Prokuristen und Generalbevollmächtigte nicht zwingend gehören, da nur die Mitglieder der ersten Führungsebene direkt unterhalb der Organebene regelmäßig Zugang zu Insiderinformationen haben. Lediglich bei diesen Personen wird in der Regel die Verpflichtung bestehen, Aktiengeschäfte zu melden.[2226]

Bislang erfasste § 15a WpHG a.F. Geschäfte von Mitgliedern der Geschäftsführung **1569** oder Aufsichtsorgane eines Emittenten oder eines Mutterunternehmens des Emittenten. Die Mitteilungspflicht bei Directors' Dealings hatte eine konzernweite Dimension. Die Organe und persönlich haftenden Gesellschafter von Mutterunternehmen sind jetzt von der Mitteilungspflicht ausgenommen. Dies entspricht den Vorgaben der in Art. 6 IV der Marktmissbrauchsrichtlinie.

Nach § 15a Abs. 3 WpHG sind Personen, die mit dem primär Meldepflichtigen in einer engen Beziehung stehen, Ehepartner, eingetragene Lebenspartner, unterhaltsberechtigte Kinder und andere Verwandte, die mit dem primär Meldepflichtigen zum Zeitpunkt des Abschlusses des meldepflichtigen Geschäfts seit mindestens einem Jahr im selben Haushalt leben. Darunter fallen auch juristische Personen, Gesellschaften und Einrichtungen, die direkt oder indirekt von einem primär Meldepflichtigen kontrolliert werden, die zugunsten einer solchen Person gegründet wurden oder deren wirtschaftliche Interessen weitgehend denen des primär Meldepflichtigen entsprechen.

Der Emittent hat eine Meldung über Directors' Dealings unverzüglich zu veröffent- **1571** lichen. Nach § 15a Abs. 3 Satz 2 WpHG a.F. musste die Veröffentlichung auf der Website des Unternehmens geschehen. § 15a Abs. 4 WpHG schweigt über die Art der Veröffentlichung. Insoweit wird in § 15a Abs. 5 WpHG das Bundesfinanzministerium ermächtigt, durch Verordnung nähere Bestimmungen zu erlassen.

2. Haftung des Emittenten bei verspäteter oder fehlerhafter Information

a) Verspätete Veröffentlichung von Insiderinformationen

Nach § 37b Abs. 1 WpHG ist der Emittent bei verspäteter Veröffentlichung von In- **1572** siderinformationen einem Dritten zu Schadensersatz verpflichtet, wenn der Dritte – adäquat kausal – einen Schaden erleidet, weil er die Finanzinstrumente nach der Unterlassung erwirbt und er bei Bekanntwerden der Insiderinformation noch Inhaber der Finanzinstrumente ist, oder er die Finanzinstrumente vor dem Entstehen der Insiderinformation erwirbt und nach der Unterlassung veräußert. Eine Haftung scheidet aus, wenn der Emittent nachweisen kann, dass die verspätete Information nicht auf Vorsatz oder grober Fahrlässigkeit beruht. Eine Haftung besteht ebenfalls nicht, wenn der Dritte die Insiderinformation bereits zum maßgeblichen Zeitpunkt kannte.

b) Veröffentlichung unwahrer Insiderinformation

Nach § 37c Abs. 1 WpHG ist der Emittent zum Schadensersatz verpflichtet, wenn er in **1573** einer Ad-hoc-Mitteilung nach § 15 WpHG eine unwahre Insiderinformation, die ihn un-

---

[2226] *Diekmann/Sustmann*, NZG 2004, 929, 936.

mittelbar betrifft, veröffentlicht und ein Dritter auf die Richtigkeit der Insiderinformation vertraut, und dadurch – adäquat kausal – einen Schaden erleidet, dass er die Finanzinstrumente nach der Veröffentlichung erwirbt und bei dem Bekanntwerden der Unrichtigkeit der Insiderinformation noch Inhaber der Finanzinstrumente ist oder die Finanzinstrumente vor der Veröffentlichung erwirbt und vor dem Bekanntwerden der Unrichtigkeit der Insiderinformation veräußert. Eine Haftung scheidet aus, wenn dem Emittent der Nachweis gelingt, dass er die Unrichtigkeit der Insiderinformation nicht gekannt hat und die Unkenntnis nicht auf grober Fahrlässigkeit beruht.

1574   Für die Haftung eines Emittenten wegen verspäteter oder falscher Information gelten darüber hinaus die allgemeinen zivilrechtlichen Haftungsregeln.

c) Persönliche Haftung der Organmitglieder

1575   Soweit die Haftung des Emittenten nach § 37b WpHG oder § 37c WpHG durch pflichtwidriges Verhalten eines Organmitglieds ausgelöst wird, ist das Organmitglied nach den allgemeinen Regeln der §§ 93, 116 AktG im Innenverhältnis zum Schadensersatz verpflichtet. Nach §§ 37b Abs. 6, 37c Abs. 6 WpHG können diese Ansprüche des Emittenten gegen Vorstandsmitglieder nicht im Voraus ermäßigt oder erlassen werden.

1576   Für die persönliche Haftung der Organmitglieder gegenüber Kapitalanlegern kommt regelmäßig nur ein Anspruch aus § 826 BGB in Betracht. Nach den Grundsätzen der Infomatec-Entscheidung des BGH[2227] ist die Haftung bei direkt vorsätzlicher unlauterer Beeinflussung der Kapitalanleger durch grob unrichtige Ad-hoc-Mitteilungen zu bejahen. Allerdings muss der Anspruchsteller die Kausalität zwischen fehlerhafter bzw. verspäteter Ad-hoc-Mitteilung nachweisen. Für den Schadensersatzanspruch nach § 826 BGB kommt den Kapitalanlegern grundsätzlich kein Anscheinsbeweis aufgrund eines typischen Kausalzusammenhangs zugute. Für den Vorsatz hinsichtlich des Schadenseintritts im Rahmen des § 826 BGB reicht Eventualvorsatz aus.

1577   Darüber hinaus ist zu beachten, dass den Organmitgliedern in den seltenen Fällen, dass die Ad-hoc-Mitteilung fehlerhafte Darstellungen oder Übersichten über den Vermögensstand der AG enthält, eine Haftung aus § 400 Abs. 1 Nr. 1 AktG i.V.m. § 823 Abs. 2 BGB droht.

IV. Rechnungslegung als Bestandteil der Corporate Governance

1578   Die Rechungslegung eines Unternehmens ist für den Kapitalmarkt eine wichtige Informationsquelle. Insofern gehören eine schnelle, transparente und international vergleichbare Rechnungslegung einschließlich Zwischenberichten zu den wesentlichen Aufgaben einer guten Corporate Governance. Der DCGK enthält entsprechende Aussagen in Ziff. 7.1: Der Konzernabschluss und die Zwischenberichte sollen unter Beachtung international anerkannter Rechnungslegungsgrundsätze aufgestellt werden.

1579   Die anhaltende Diskussion um die Aussagekraft und Verlässlichkeit von Jahresabschlüssen sowie der Zwang zur internationalen Vereinheitlichung von Konzernabschlüssen haben das deutsche Bilanzrecht in wesentlichen Punkten verändert.

1. Internationale Rechnungslegung

1580   Die Grundsätze der deutschen Konzernrechnungslegung sind durch das Gesetz zur Einführung internationaler Rechnungslegungsstandards und zur Sicherung der Qualität der Abschlussprüfung (Bilanzrechtsreformgesetz)[2228] grundlegend modernisiert worden.

[2227] BGH NZG 2004, 811 und NZG 2004, 816.
[2228] Gesetz vom 4. 12. 2004, BGBl. 2004 I, 3166 ff.

Das Bilanzrechtsreformgesetz betrifft das Bilanzrecht des HGB und die Stellung des Abschlussprüfers. Im bilanzrechtlichen Teil geht es in erster Linie um die Anpassung des deutschen Bilanzrechts an Vorgaben der EU.[2229] Der Kern des Bilanzrechtsreformgesetzes besteht in der Anpassung des deutschen HGB an die IAS-Verordnung der EU. Unternehmen, die als Emittenten von Wertpapieren an einem organisierten Kapitalmarkt auftreten, sind nach der IAS-Verordnung verpflichtet, ab 2005 in ihren Konzernabschlüssen zwingend die International Accounting Standards (IAS) – künftig IFRS (International Financal Reporting Standards) – anzuwenden. Für Konzernabschlüsse der sonstigen Unternehmen und für die Einzelabschlüsse aller Kapitalgesellschaften sieht Art. 5 der IAS-Verordnung die Anwendung der IAS als Option vor. Die IAS sind stark geprägt von anglo-amerikanischen Bilanzierungsgrundsätzen, die sich von den Grundsätzen der deutschen Rechnungslegung erheblich unterscheiden. Dabei sind die IAS keine staatliche Rechtsetzung sondern Grundsätze, die vom International Accounting Standards Board erarbeitet und fortlaufend aktualisiert werden. Es handelt sich dabei um ein privates Gremium, das von der International Accounting Standards Committee Foundation getragen wird.

2. Kontrolle des Jahresabschlusses

Mit dem Gesetz zur Kontrolle von Unternehmensabschlüssen (Bilanzkontrollgesetz)[2230] **1581** ist ein weiterer Paradigmenwechsel vollzogen: Erstmals werden die Jahresabschlüsse und Lageberichte deutscher Unternehmen einer staatlichen Kontrolle unterzogen. Das Bilanzkontrollgesetz soll dadurch das Vertrauen der Anleger in den Kapitalmarkt und die Funktionsfähigkeit des Kapitalmarkts stärken.

a) Bilanzkontrolle durch zweistufiges Verfahren

Das Bilanzkontrollgesetz sieht für die Kontrolle der Jahresabschlüsse ein zweistufiges **1582** Enforcement-Verfahren vor. Zunächst prüft ein privatrechtliches Gremium im Sinne von § 342b HGB, die deutsche Prüfstelle für Rechnungslegung e.V. (DPR), ob der zuletzt festgestellte Jahres- bzw. Konzernabschluss und der dazugehörige Lagebericht den gesetzlichen Vorschriften, einschließlich der Grundsätze ordnungsgemäßer Buchführung, entspricht. Dies gilt erstmals für Abschlüsse zum 31. 12. 2004. Die DPR wird ihre Arbeit zum 1. 7. 2005 aufnehmen. Ihre Aufgabe besteht in erster Linie darin, bei konkretem Verdacht oder auf Verlangen der BaFin Jahresabschlüsse zu überprüfen. Die DPR ist aber nicht gehindert, stichprobenartige Prüfungen ohne besonderen Anlass vorzunehmen.

Eine Überprüfung des Jahresabschlusses findet nach § 342b Abs. 3 HGB nicht statt, so- **1583** lange eine Klage auf Nichtigkeit gemäß § 256 Abs. 7 AktG anhängig ist. Gleiches gilt, wenn ein Sonderprüfer bestellt ist. Die Überprüfung ist ausgeschlossen, soweit der Gegenstand der Sonderprüfung, der Prüfungsbericht oder eine gerichtliche Entscheidung über die abschließenden Feststellungen des Sonderprüfers reichen.

[2229] Verordnung (EG) Nr. 1606/2002 vom 19. 7. 2002 betreffend die Anwendung internationaler Rechnungslegungsstandards (sog. IAS-Verordnung) (ABl. 2002 Nr. L 243/1), Richtlinie 2003/38/EG vom 13. 5. 2003 zur Änderung der Richtlinie 78/660/EWG über den Jahresabschluss von Gesellschaften bestimmter Rechtsformen hinsichtlich der in Euro ausgedrückten Beträge (sogenannte Schwellenwertrichtlinie) (ABl. 2003 Nr. L 120/22), Richtlinie 2001/65/EG vom 27. 9. 2001 zur Änderung der Richtlinien 78/660/EWG, 83/349/EWG und 86/635/EWG des Rates im Hinblick auf die im Jahresabschluss bzw. im konsolidierten Abschluss von Gesellschaften bestimmter Rechtsformen und von Banken und anderen Finanzinstituten zulässigen Wertansätze (sog. Fair-Value-Richtlinie) (ABl. 2001 Nr. L 283/28), Richtlinie 2003/51/EG vom 18. 6. 2003 zur Änderung der Richtlinien 78/660/EWG, 83/349/EWG, 83/349/EWG, 86/635/EWG und 91/674/EWG über den Jahresabschluss und den konsolidierten Abschluss von Gesellschaften bestimmter Rechtsformen, von Banken und anderen Finanzinstituten sowie von Versicherungsunternehmen (sog. Modernisierungsrichtlinie) (ABl. 2003 Nr. L 178/16).

[2230] Gesetz vom 15. 12. 2004, BGBl. 2004 I, 3408 ff.

1584   Die Prüfstelle ist verpflichtet dem Unternehmen das Ergebnis der Prüfung mitzuteilen. Soweit ein Fehler festgestellt wird, erhält das Unternehmen Gelegenheit zur Stellungnahme, ob es mit den Feststellungen der Prüfstelle einverstanden ist.

1585   Falls eine Gesellschaft die Mitwirkung bei der Überprüfung verweigert, oder mit dem Ergebnis der Prüfung nicht einverstanden ist, kann die BaFin gemäß §§ 37 n–37 u WpHG mit hoheitlichen Mitteln eingreifen. Die BaFin selbst ist auch berechtigt, eine Prüfung des Jahresabschlusses oder Konzernabschlusses bzw. der Lageberichte anzuordnen, wenn konkrete Anhaltspunkte für einen Verstoß gegen Rechnungslegungsvorschriften vorliegen. Nach § 37 o Abs. 1 WpHG ist auch eine stichprobenartige Prüfung durch die BaFin ohne besonderen Anlass zulässig. Ordnet die BaFin eine Prüfung der Rechnungslegung an, nachdem sie von der Prüfstelle einen Bericht erhalten hat, so kann sie ihre Anordnung und den Grund dafür nach § 37 o Abs. 1 WpHG im elektronischen Bundesanzeiger bekannt machen.

1586   Sofern die Prüfung durch die BaFin ergibt, dass die Rechnungslegung fehlerhaft ist, so stellt die BaFin den Fehler fest (§ 37 q Abs. 1 WpHG). Der festgestellte Jahresabschluss des Unternehmens wird durch diese Feststellungen der Prüfstelle oder der BaFin nicht berührt. Es bleibt den zuständigen Organen der Gesellschaft überlassen, ob ggf. ein neuer, berichtigter Jahresabschluss aufgestellt wird.

1587   Von größerer Bedeutung dürfte sein, dass die Gesellschaft den von der BaFin oder den von der DPR im Einvernehmen mit der Gesellschaft festgestellten Fehler samt den wesentlichen Teilen der Begründung der Feststellung nach § 37 q Abs. 2 WpHG öffentlich bekannt zu machen hat. Die Bekanntmachung muss, soweit die BaFin nicht von einer Anordnung der Bekanntmachung absieht, unverzüglich im elektronischen Bundesanzeiger sowie entweder in einem überregionalen Börsenpflichtblatt oder in einem elektronisch betriebenen Informationssystem, das bei Kreditinstituten, Börsenhandelsunternehmen und Versicherungsunternehmen weit verbreitet ist, vorgenommen werden.

b) Rechtsschutzmöglichkeiten

1588   Ein Rechtsbehelf gegen die Feststellungen der Prüfstelle, die der BaFin übermittelt werden, ist nach § 342 b Abs. 6 Satz 2 HGB nicht statthaft. Die betroffenen Gesellschaften können sich im weiteren Gang des Enforcement-Verfahrens gegen Verfügungen der BaFin mit der Beschwerde gemäß § 37 u WpHG wehren. Die Beschwerde hat jedoch keine aufschiebende Wirkung (§ 37 u Abs. 1 Satz 2 WpHG). Eine gerichtliche Nachprüfung ist im Verfahren nach den §§ 43 ff. WpÜG möglich, auf die § 37 u Abs. 2 WpHG verweist. Auf Antrag kann dann das Beschwerdegericht die aufschiebende Wirkung der Beschwerde nach § 50 Abs. 3 WpÜG anordnen.

3. Unabhängigkeit des Abschlussprüfers

1589   Nicht nur in der deutschen Corporate-Governance-Diskussion nimmt die Rolle und Tätigkeit des Abschlussprüfers einen großen Raum ein. Die Abschlussprüfung leistet einen Beitrag zum institutionellen Schutz des Kapitalmarkts.[2231]

1590   Vor diesem Hintergrund ist die Unabhängigkeit des Abschlussprüfers ein notwendiges Element guter Corporate Governance. Die Beziehungen zwischen Abschlussprüfern und börsennotierten Unternehmen in Deutschland bestehen allerdings häufig seit Jahrzehnten. Die lässt immer wieder Fragen nach der Unabhängigkeit aufkommen. Der DCGK enthält aber keine Empfehlung und nicht einmal eine Anregung zum Wechsel der Prüfungsgesellschaft („externe Rotation") nach einem bestimmten Zeitraum.[2232] Bislang ist die Auf-

---

[2231] Zur Funktion des Abschlussprüfers als Element der Corporate Governance vgl. *Hommelhoff/Mattheus* in Hommelhoff/Hopt/von Werder, Handbuch Corporate Governance, S. 639 ff. mit umfangreichen Literaturnachweisen.

[2232] Ablehnend bereits Baums, Bericht der Regierungskommission Corporate Governance, Rn. 281.

fassung vorherrschend, dass die gesetzlich geregelten Ausschlussgründe zur Sicherung der Unabhängigkeit ausreichen.

Mit der Neufassung des § 319 HGB und dem neuen § 319a HGB, der Sonderregelun- **1591** gen für den Abschlussprüfer börsennotierter Unternehmen aufstellt, setzt das Bilanzrechtsreformgesetz einen weiteren Punkt aus dem Zehn-Punkte-Programm „Unternehmensintegrität und Anlegerschutz" der Bundesregierung vom 25. 2. 2003 um.

Die Neufassung von §§ 319, 319a HGB zur Sicherstellung der Unabhängigkeit des **1592** Abschlussprüfers geht über die in Ziff. 7.2 des DCGK aufgeführten Empfehlungen hinaus. Ziff. 7.2.1 des DCGK fordert eine Unabhängigkeitserklärung des Abschlussprüfers. Der Aufsichtsrat bzw. der Prüfungsausschuss soll vom Prüfer eine Erklärung über dessen berufliche, finanzielle oder sonstige Beziehungen zum Unternehmen und seinen Organmitgliedern einholen, die Zweifel an dessen Unabhängigkeit begründen könnten. Darüber hinaus soll in dieser Erklärung der Umfang der für das Unternehmen im zurückliegenden Geschäftsjahr erbrachten und für das folgende Jahr vertraglich vereinbarten Leistungen insbesondere auf dem Beratungssektor enthalten sein.

Nach § 319a gelten bei börsennotierten Unternehmen zusätzliche Ausschlussgründe für **1593** den Abschlussprüfer. So darf der Jahresabschluss nicht von einem Abschlussprüfer geprüft werden, der in den letzten fünf Jahren jeweils mehr als 15% der Gesamteinnahmen aus seiner beruflichen Tätigkeit von der zu prüfenden Gesellschaft oder von Unternehmen, an denen die zu prüfende Gesellschaft mehr als 20% der Anteile besitzt, bezogen hat und dies auch im laufenden Geschäftsjahr zu erwarten ist. Von größerer Bedeutung ist der Ausschlussgrund in § 319a Abs. 1 Nr. 2 HGB: Ein Abschlussprüfer ist auch ausgeschlossen, wenn er in dem zu prüfenden Geschäftsjahr über die Prüfungstätigkeit hinaus Rechts- oder Steuerberatungsleistungen erbracht hat, die über das Aufzeigen von Gestaltungsalternativen hinaus gehen und die sich auf die Darstellung der Vermögens-, Finanz- und Ertragslage in dem zu prüfenden Jahresabschluss unmittelbar und nicht nur unwesentlich auswirken. Damit macht auch der deutsche Gesetzgeber Ernst mit der Trennung zwischen Prüfungsleistungen und sonstigen Beratungsleistungen. Unter die inkompatiblen Beratungsleistungen fallen nach § 319a Abs. 1 Nr. 3 HGB auch Tätigkeiten der Entwicklung, Einrichtung und Einführung von Rechnungslegungsinformationssystemen.

Mit dem Bilanzrechtsreformgesetz sind auch die Regelungen zur Rotation von Ab- **1594** schlussprüfern verschärft worden. Gemäß § 319 Abs. 1 Nr. 4 HGB sind Abschlussprüfer bei börsennotierten Unternehmen der Prüfung des Jahresabschlusses oder des Konzernabschlusses persönlich ausgeschlossen, wenn sie einen Bestätigungsvermerk bereits in sieben oder mehr Fällen unterzeichnet haben. Dies gilt jedoch nicht, wenn seit der letzten Beteiligung eines Abschlussprüfers an der Prüfung des Jahres- oder Konzernabschlusses drei oder mehr Jahre vergangen sind. Diese Regelung gilt auch für Wirtschaftsprüfungsgesellschaften mit der Maßgabe, dass die Wirtschaftsprüfungsgesellschaft nicht Abschlussprüfer sein darf, wenn sie bei der Abschlussprüfung des Unternehmens einen Wirtschaftsprüfer beschäftigt, für den ein Ausschlussgrund nach § 319 Abs. 1 Satz 1 Nr. 4 verwirklicht ist.

§§ 319, 319a HGB in der Fassung des Bilanzrechtsreformgesetzes sorgen auch für eine **1595** stärkere interne Rotation des Abschlussprüfers. Demnach ist ein Ausschlussgrund nicht nur gegeben, wenn die unterzeichnenden Prüfer zu lange mit der Abschlussprüfung beauftragt sind, sondern auch wenn die fortdauernde Tätigkeit sonstige Mitarbeiter zu lange an der Prüfung des Abschlusses desselben Unternehmens mitwirken. Auf diese Weise soll der mit fortdauernder Prüfungstätigkeit zu befürchtenden „Betriebsblindheit" entgegengesteuert werden. Der Wechsel der mit der Abschlussprüfung betrauten Mitarbeiter vermeidet auch stets gleichbleibende Prüfungsabläufe, die einen negativen Einfluss auf die Qualität der Abschlussprüfung haben können.

V. Corporate Governance in mittelständischen Unternehmen

1596   Der DCGK richtet sich an börsennotierte Aktiengesellschaften. Für die kleine, nicht börsennotierte AG besteht keine Verpflichtung zur Abgabe einer Entsprechenserklärung nach § 161 AktG. Für andere Rechtsformen wie die GmbH oder die Personengesellschaften bestehen ebenfalls keine Verpflichtungen, zur Umsetzung des DCGK Stellung zu nehmen. Dennoch werden auch mittelständische Unternehmen bei der Kapitalbeschaffung in Zukunft ihr Augenmerk auf eine gute Corporate Governance richten müssen. Nach einer Umfrage unter 505 Führungskräften aus mittelständischen Unternehmen mit einem Jahresumsatz von mindestens EUR 250 Mio. halten 65% der Befragten die Regelungen des DCGK auf mittelständische Unternehmen für übertragbar. Allerdings hätten sich bislang nur 31% näher mit dem DCGK beschäftigt.[2233]

1597   Der DCGK kann für mittelständische Unternehmen Anhaltspunkte für die Organisation der Unternehmensverfassung liefern. Rechtliche Pflichten werden durch den DCGK ohnehin nicht begründet. Zumindest für die GmbH mit obligatorischem mitbestimmtem Aufsichtsrat erscheint es jedoch sinnvoll, die Empfehlungen des DCGK zu prüfen. Der DCGK kann gegebenenfalls auch zur Konkretisierung der wechselseitigen Organpflichten herangezogen werden.[2234]

VI. Europäische Corporate Governance

1. Überblick über nationale Regelungen

1598   Nach der Aufstellung des European Corporate Governance Institute gibt es derzeit weltweit in 47 Ländern Codices für Corporate Governance.[2235]

1599   Die Europäische Kommission hat Anfang 2002 eine rechtsvergleichende Studie aller in der EU existierenden Corporate Governance Codes vorgelegt.[2236] Der DCGK konnte dabei noch nicht berücksichtigt werden.

2. Stand der Diskussion auf europäischer Ebene

1600   Auf europäischer Ebene wurde der Aktionsplan der EU-Kommission zur Modernisierung des Europäischen Gesellschaftsrechts und Verbesserung der Corporate Governance in der EU vom 21. 5. 2003[2237] entwickelt. Einen Schwerpunkt des Aktionsplans bilden eine Reihe von Initiativen zur Corporate Governance, durch die das Vertrauen in die Kapitalmärkte wieder hergestellt bzw. gestärkt werden soll.

a) Regelungstechnik

1601   Ein Problem der Regelung auf Europäischer Ebene sind die verschiedenen gesellschaftsrechtlichen und Corporate Governance Traditionen in den Mitgliedstaaten. Die Äußerungen der Kommission können deshalb meist nur als Empfehlungen verstanden werden. Im

---

[2233] Umfrage des Instituts für Demoskopie in Allensbach, zitiert nach Finanzbetriebnews vom 30. 4. 2003.

[2234] Scholz/*Schneider*, GmbHG, § 52 Rn. 41 c.

[2235] www.ecgi.org, Stand 15. 10. 2004. Zusätzlich haben Institutionen wie die OECD oder der Commonwealth of Nations Verhaltensregeln veröffentlicht. Zu den OECD Principles on Corporate Governance vgl. *Seibert*, AG 1999, 337 ff. und *Hommelhoff*, ZGR 2001, 239 ff.

[2236] Untersuchung von Weil Gotshal & Manges in Zusammenarbeit mit EASD und European Corporate Governance Network; veröffentlicht unter www.europa.eu.int/comm/internal_market/en/company/company/news/index.htm.

[2237] KOM (2003) 284.

Jahre 2006 soll erneut überprüft werden, wie weit die Empfehlungen durch die Mitgliedstaaten umgesetzt wurden. Die Kommission hat sich weitere Maßnahmen auf europäischer Ebene ausdrücklich vorbehalten. Als denkbare Regelungsinstrumentarien der Umsetzung auf mitgliedstaatlicher Ebene werden entweder das bereits im deutschen Aktiengesetz in § 161 und im DCGK verankerte „comply-or-explain"-Prinzip oder aber gesetzgeberische Maßnahmen vorgeschlagen.

Die EU-Kommission hat am 6. 10. 2004 die „Empfehlung zur Einführung einer ange- **1602** messenen Regelung für die Vergütung von Mitgliedern der Unternehmensleitung börsennotierter Gesellschaften"[2238] sowie die „Empfehlungen zu den Aufgaben der nicht geschäftsführenden Direktoren/Aufsichtsratsmitglieder sowie zu den Ausschüssen des Verwaltungs-/Aufsichtsrats"[2239] veröffentlicht. Beide Empfehlungen, die sich auf börsennotierte Gesellschaften beschränken, richten sich nur an die Mitgliedstaaten und entfalten für Unternehmen keine unmittelbare Wirkung.

Der damit eingeschlagene Weg einzelner bereichsbezogener Empfehlungen verdeut- **1603** licht, dass die Verabschiedung eines umfassenden europäischen Corporate Governance Kodex nicht zu erwarten ist. Im Gegenteil betont die Kommission, den Mitgliedstaaten bei der Harmonisierung der nationalen Kodizes ein Höchstmaß an Flexibilität einräumen zu wollen.[2240] Zudem könnte angesichts der Divergenzen in den nationalen Gesellschaftsstrukturen ein europaweit einheitlicher Kodex entweder nur oberflächliche Regelungen treffen oder droht ein solcher Kodex aufgrund der zahlreichen zu berücksichtigenden Unterschiede unüberschaubar zu werden.[2241] Schließlich existiert ein globaler Kodex bereits in Form der OECD Principles of Corporate Governance.[2242] Für die Beibehaltung unterschiedlicher nationaler Kodizes spricht auch, dass diese als Faktor im Standortwettbewerb angesehen werden können.

Bereits die bislang verabschiedeten Empfehlungen der EU-Kommission werden im **1604** Falle ihrer Umsetzung nicht unerhebliche Auswirkungen auf die nationalen Kodizes bzw. Gesellschaftsrechtsordnungen entfalten. Die wesentlichen Vorgaben der Empfehlungen sowie Konsequenzen für die betroffenen deutschen Gesellschaften sollen daher im Folgenden vorgestellt werden.

b) Vergütung von Direktoren und Kontrolle durch die Aktionäre

Die Empfehlung der Kommission zur Regelung für die Vergütung von Mitgliedern der **1605** Unternehmensleitung börsennotierter Gesellschaften enthält Anregungen über die Offenlegung der Vergütungspolitik und der individuellen Bezüge von Vorstand und Aufsichtsrat sowie über Zustimmungskompetenzen der Hauptversammlung. Denkbare Interessenkonflikte bei der Festlegung der Vergütung sollen hierdurch aufgegriffen und eine den Interessen der Gesellschaft entsprechende Vergütungspolitik gewährleistet werden.[2243]

Ebenso wie der DCGK empfiehlt auch die Kommission eine Offenlegung der Vergü- **1606** tungspolitik der Gesellschaft, geht aber zum Teil noch über die Vorgaben des DCGK hinaus. Abweichungen finden sich etwa in Hinblick auf den erfassten Zeitraum: Die jährlich von der Gesellschaft zu veröffentlichende Erklärung über die Vergütungspolitik soll nicht nur über das Vergütungskonzept im anstehenden Jahr informieren, sondern auch

---

[2238] http://www.europa.eu.int/comm/internal_market/company/docs/directors-remun/2004-recommendation_de.pdf.

[2239] http://www.europa.eu.int/comm/internal_market/company/docs/independence/2004-recommendation_de.pdf.

[2240] Vgl. Pressemitteilung IP/04/1182 der Kommission vom 6. 10. 2004.

[2241] Aktionsplan der EU-Kommission zur Modernisierung des Europäischen Gesellschaftsrechts und Verbesserung der Corporate Governance in der EU vom 21. 5. 2003, KOM (2003) 284, S. 14.

[2242] Vgl. *Seibert*, AG 1999, 337 ff.

[2243] Vgl. Empfehlung EU-Kommission vom 6. 10. 2004 zur Regelung für die Vergütung von Mitgliedern der Unternehmensleitung börsennotierter Gesellschaften – Gründe (2), http://www.europa.eu.int/comm/internal_market/company/docs/directors-remun/2004-recommendation_de.pdf.

über nachfolgende Geschäftsjahre. Ebenso soll dargestellt werden, wie die Vergütungspolitik im vorangegangenen Geschäftsjahr umgesetzt wurde (Art. 3.2 der Empfehlung). Dies könnte etwa allgemeine Angaben zur Ausschöpfung erfolgs- oder leistungsbezogener Vergütungskomponenten im abgelaufenen Geschäftsjahr umfassen. Den Aktionären wäre damit ermöglicht, die tatsächlichen Auswirkungen des Vergütungskonzepts mit dem Erfolg der Gesellschaft zu vergleichen.[2244]

1607   Als Mindestangaben in der Vergütungserklärung werden Informationen über das Verhältnis von variablen und fixen Vergütungskomponenten, über Erfolgskriterien als Voraussetzung für den Bezug von Aktien, Aktienoptionen und variabler Vergütungskomponenten, über Parameter für jährliche Bonusregelungen und andere unbare Leistungen sowie die Merkmale der betrieblichen Altersversorgungs- und Vorruhestandsregelungen genannt (Art. 3.3). Darüber hinaus sollen auch Inhalte der Verträge mit dem Vorstand (u. a. Laufzeit, Kündigungsfristen und Abfindungszahlungen) offengelegt werden (Art. 3.4).

1608   Besondere Beachtung verdient die Empfehlung der Kommission, die Vergütungspolitik als eigenen Tagesordnungspunkt von der Hauptversammlung debattieren und – um die Verantwortlichkeit der Unternehmensleitung zu erhöhen – hierüber abstimmen zu lassen. Die Abstimmung kann dabei bindenden oder nur beratenden Charakter haben (Art. 4). Damit weicht die Empfehlung deutlich von der Konzeption des deutschen Aktiengesetzes und des DCGK ab: Hiernach ist für die Festlegung der Vergütung des Vorstandes der Aufsichtsrat zuständig und ist die Hauptversammlung lediglich über die Grundzüge des Vergütungssystems zu informieren (§ 87 Abs. 1 AktG; Ziff. 4.2.2 und 4.2.3 DCGK). Eine Bewilligungskompetenz der Hauptversammlung ist nur für die Vergütung der Aufsichtsratmitglieder vorgesehen, die auch durch eine von der Hauptversammlung zu beschließende satzungsmäßige Festsetzung erfolgen kann (§§ 113 Abs. 1, 119 Abs. 1 Nr. 5 AktG; Ziff. 5.4.5 DCGK). Die Übernahme dieser Empfehlung würde sich damit in Widerspruch zu der gesetzlich vorgesehenen Kompetenzverteilung setzen und gegebenenfalls eine Ergänzung des Zuständigkeitskatalogs der Hauptversammlung in § 119 Abs. 1 AktG erfordern.[2245] Die Empfehlung räumt den Mitgliedstaaten indes die Möglichkeit ein, das Abstimmungserfordernis vom Antrag einer Mindestanzahl von Aktionären (25% der Stimmrechte) abhängig zu machen (Art. 4.2).

1609   Wie auch der DCGK sieht die Empfehlung der Kommission schließlich eine Offenlegung der individuellen Bezüge von Vorstand und Aufsichtsrat vor. Dabei gehen die bekannt zu machenden Angaben im Einzelnen abermals über die Empfehlungen des DCGK hinaus: So sollen die Aktionäre über den Gesamtbetrag der Vergütung, über Vergütungen von Unternehmen, die zum gleichen Konzern gehören, Gewinnbeteiligungen, Prämien sowie über Abfindungszahlungen informiert werden. Auch erworbene Pensionsansprüche, Beitragszahlungen zu Altersversorgungssystemen sowie etwaige Kredite, Vorauszahlungen und Bürgschaften, die zugunsten der Organmitglieder geleistet wurden, sollen offenbart werden. Darüber hinaus sollen gewährte Aktien bzw. Aktienoptionen und ihre Konditionen, Einzelheiten bezüglich ausgeübter bzw. nicht ausgeübter Optionen sowie Konditionsänderungen *(„Repricing")* offengelegt werden.

1610   Angesichts der derzeit geringen Akzeptanz der entsprechenden Empfehlungen des DCGK[2246] und der Bestrebungen des deutschen Gesetzgebers, die individuelle Offen-

---

[2244] Vgl. Empfehlung EU-Kommission vom 6. 10. 2004 zur Regelung für die Vergütung von Mitgliedern der Unternehmensleitung börsennotierter Gesellschaften – Gründe (5), http://www.europa.eu.int/comm/internal_market/company/docs/directors-remun/2004-recommendation_de.pdf.

[2245] Ohne eine entsprechende Ergänzung des § 119 Abs. 1 AktG wäre eine satzungsmäßige Verlagerung der Zuständigkeit vom Aufsichtsrat auf die Hauptversammlung unzulässig; vgl. *Hüffer,* AktG, § 119, Rn. 10.

[2246] Vgl. *Cromme,* „Stand und Entwicklungen von Corporate Governance in Deutschland"; Vortrag anlässlich der 3. Konferenz Deutscher Corporate Governance Kodex am 24. 6. 2004 in Berlin, veröffentlicht unter www.corporate-governance-code.de.

legung der Vorstandsgehälter aus diesem Grunde gesetzlich zu erzwingen, kann eine effektive Umsetzung der Empfehlungen der Kommission nur im Rahmen einer Gesetzesänderung erwartet werden.[2247]

Im Rahmen der Vergütung empfiehlt die Kommission die Aufnahme weiterer Zustimmungserfordernisse der Hauptversammlung. Für Vergütungsregelungen in Form von Aktien, Aktienoptionen oder sonstigen Rechten auf den Bezug von Aktien ist eine vorherige Genehmigung durch die Hauptversammlung vorgesehen. Die Genehmigung soll sich nicht auf die individuelle Vergütung einzelner Mitglieder, sondern nur auf das Vergütungssystem als solches beziehen (Art. 6.1 der Empfehlung). Vergleichbare Regelungen zur Ausgabe von Aktienoptionen bestehen bereits im deutschen Aktienrecht in den §§ 192, 199 AktG. Darüber hinaus gehend empfiehlt die Kommission jedoch auch die Zustimmung der Hauptversammlung zur Zeichnung von Aktien zu einem Kurs unterhalb des bei Feststellung des Optionskurses geltenden Marktkurses sowie zu sonstigen langfristig angelegten Incentive-Leistungen.[2248] **1611**

c) Unabhängigkeit der Aufsichtsratsmitglieder

Mit ihrer Empfehlung zu den Aufgaben nicht geschäftsführender Direktoren/Aufsichtsratsmitglieder sowie zu den Ausschüssen des Verwaltungs-/Aufsichtsrats bezweckt die Kommission die Stärkung der Präsenz und Stellung unabhängiger nichtgeschäftsführender Direktoren. Durch eine unabhängige Überprüfung von Entscheidungen der Geschäftsleitung sollen Aktionäre, Beschäftigte und die Öffentlichkeit vor potentiellen Interessenkonflikten geschützt werden.[2249] **1612**

Die Führungsgremien der Gesellschaften sollen sich der Empfehlung zufolge gleichgewichtig aus geschäftsführenden und nicht geschäftsführenden Mitgliedern zusammensetzen, so dass die Entscheidungsfindung weder von einer einzelnen Person noch von wenigen Personen gemeinsam beherrscht werden könne; den Gremien soll zudem eine ausreichende Zahl unabhängiger Mitglieder angehören um sicherzustellen, dass ordnungsgemäß mit Interessenkonflikten verfahren wird (Art. 4 der Empfehlung). **1613**

Art. 11 der Empfehlung enthält sodann Vorgaben zur fachlichen Kompetenz der Aufsichtsratsmitglieder. Die Mitglieder sollen gemeinsam über die zur Ausübung ihrer Aufgaben erforderlichen Kenntnisse, Urteilsvermögen und Erfahrungen verfügen. Hierzu soll der Aufsichtsrat eine Idealbesetzung festlegen und diese regelmäßig überprüfen. Um eine Überprüfung durch die Märkte und die Öffentlichkeit zu gewährleisten, sollte der Aufsichtsrat jährlich ein Profil mit Angaben zu den Kompetenzen seiner Mitglieder offen legen. **1614**

Die in der Empfehlung geforderte Unabhängigkeit einzelner Aufsichtsratsmitglieder wird in Art. 13 definiert: Hiernach gilt ein Mitglied der Unternehmensleitung als unabhängig, wenn es in keiner geschäftlichen, familiären oder sonstigen Beziehung zu der Gesellschaft, ihrem Mehrheitsaktionär oder deren Geschäftsführung steht, die einen Interessenkonflikt und damit eine Beeinflussung seines Entscheidungsvermögens begründen könnte. Die Feststellung der Unabhängigkeit soll im Einzelfall dem Aufsichtsrat überlassen bleiben, wobei er sich jedoch an von den Mitgliedstaaten festzusetzenden Einzelkriterien orientieren soll. Soweit der Aufsichtsrat in seiner Entscheidung von diesen Kriterien abweicht, soll dies offengelegt und begründet werden. Die Festlegung einzelner Unabhängigkeitskriterien soll unter Berücksichtigung der im Anhang II zur Empfehlung genannten Kriterien erfolgen. **1615**

Nach diesen Kriterien gelten als nicht unabhängig unter anderem aktive Vorstände eines Konzernunternehmens oder Vorstände, die dieses Amt in den vorangegangenen fünf Jah- **1616**

[2247] Geplant war die Änderung der Offenlegungsvorschriften des HGB; vgl. zum Gesetzgebungsvorhaben auch *Menke/Porsch*, BB 2004, 2533 ff.

[2248] Vgl. *Maul/Lanfermann*, DB 2004, 2409.

[2249] Pressemitteilung der Kommission IP/04/1182 vom 6. 10. 2004.

ren ausgeübt haben. Konsequenz einer Übernahme der Empfehlung wäre, dass Vorstandsvorsitzende nach Beendigung ihrer Amtszeit nicht sogleich in den Aufsichtsrat wechseln können, wie es einer bisher verbreiteten Unternehmenspraxis entspricht.[2250] Hält die Gesellschaft gleichwohl an einem Wechsel eines Vorstandsmitglieds in den Aufsichtsrat fest, so sollen jedenfalls Schutzvorkehrungen zur Sicherstellung hinreichender Objektivität offengelegt werden (Art. 13.3 der Empfehlung).

1617   Die Empfehlung ist vor dem Hintergrund der Kompetenzverteilung im deutschen AktG zu bewerten: Gemäß §§ 101 Abs. 1, 119 Abs. 1 Nr. 1 AktG entscheidet die Hauptversammlung über die Besetzung des Aufsichtsrates. Bestehen Zweifel an der Unabhängigkeit einzelner Kandidaten, so kann sie deren Bestellung auch dann ablehnen, wenn der Aufsichtsrat die Unabhängigkeit des Kandidaten bereits festgestellt hat. Insoweit wird dem Informationsbedarf und dem Schutzbedürfnis der Aktionäre genügt, wenn zugleich mit dem Beschlussvorschlag auf mögliche Interessenkonflikte hingewiesen wird; darüber hinaus kann die Beschlusskompetenz der Hauptversammlung sogar mit der in der Empfehlung vorgesehenen Entscheidungskompetenz des Aufsichtsrates über die eigene Unabhängigkeit (Art. 13.2) kollidieren. Eine generelles Verbot der Bestellung von Personen, die im Sinne der Empfehlung als nicht unabhängig gelten, wäre nur dann erforderlich, wenn anzunehmen ist, dass die Bestellung nicht unabhängiger Aufsichtsratsmitglieder durch die Hauptversammlung Rechte schutzbedürftige Interessen von Minderheitsaktionären oder Dritter verletzen kann.[2251]

1618   Als nicht unabhängig gelten schließlich auch Arbeitnehmer der Gesellschaft (mit Ausnahme der gesetzlich bestellten Arbeitnehmervertreter), Anteilseigner mit einer Kontrollbeteiligung oder Personen, die zu der Gesellschaft oder einem verbundenen Unternehmen ein Geschäftsverhältnis in bedeutendem Umfang unterhalten oder unterhalten haben, außerdem Personen, die mehr als drei Amtszeiten als Aufsichtsratsmitglied tätig gewesen sind, schließlich Familienangehörige von Vorstandsmitgliedern oder anderen als nicht unabhängig geltenden Personen.

d) Einrichtung von Ausschüssen, insbesondere Prüfungsausschuss („*Audit Committee*")

1619   Weiteres wesentliches Element der „Empfehlung zu den Aufgaben nicht geschäftsführender Direktoren/Aufsichtsratsmitglieder sowie zu den Ausschüssen des Verwaltungs-/Aufsichtsrats" ist die Stärkung von Ausschüssen in Bereichen, die in besonderem Maße potentielle Interessenkonflikte bergen. Im Einzelnen ist vorgesehen, dass im Aufsichtsrat Nominierungs-, Vergütungs- und Prüfungsausschüsse eingerichtet werden (Art. 5, 6 der Empfehlung). Sämtliche Ausschüsse sollen aus mindestens drei sowie mehrheitlich aus unabhängigen Mitgliedern bestehen.

1620   Als Aufgaben des Prüfungsausschusses sind neben der regelmäßigen Überprüfung der gesellschaftsinternen Kontrollsysteme auch die Vorbereitung der Auswahl und Bestellung des externen Abschlussprüfers sowie des Prüfungsauftrags, weiterhin die Überprüfung der Unabhängigkeit und Objektivität der Prüfer, der Effizienz der externen Prüfung sowie des Prüfungshonorars vorgesehen (Art. 4.2 Anhang II). Die Empfehlung entspricht damit im Wesentlichen den Anregungen in Ziff. 5.3.2 des DCGK über die Einsetzung von „Audit Committees". Hingegen bleiben die zugedachten Kompetenzen hinter denen des „Audit Committee" nach US-amerikanischem Recht[2252] zurück. Insbesondere überlässt die Empfehlung die Entscheidung über die Bestellung des Abschlussprüfers dem nach nationalem Recht zuständigen Organ. Ein Konflikt mit der zwingend vorgeschriebenen Wahl der Abschlussprüfer durch die Hauptversammlung (§ 119 Abs. 1 Nr. 4 AktG) wird insoweit vermieden.

[2250] *Maul/Lanfermann*, DB 2004, 2407.

[2251] Vgl. hierzu Gründe (7) der Empfehlung.

[2252] Section 301 Sarbanes-Oxley Act.

Die Ausschüsse sollen überdies nur Empfehlungen abgeben und Beschlüsse des Auf-   **1621**
sichtsrats vorbereiten (Art. 6.1). Sie können aber auch mit Entscheidungsbefugnissen ausgestattet werden, soweit dies im Rahmen der mitgliedstaatlichen Rechtsordnungen vorgesehen ist (Art. 6.2). Im Grundsatz entspricht die Empfehlung damit der Ermächtigung
des § 107 Abs. 3 AktG, jedoch ist die Übertragung von Entscheidungsbefugnissen ausdrücklich zu erklären und offen zu legen. Für den Prüfungsausschuss ist die Grenze der
§§ 107 Abs. 3 Satz 2, 171 AktG zu beachten: Der Ausschuss kann hiernach die Prüfung
des Jahresabschlusses lediglich vorbereiten. Eine solche Beschlussfassung des Prüfungsausschusses über den Jahresabschluss ist indes auch in der Empfehlung der Kommission nicht
vorgesehen.

In Gesellschaften mit kleinem Aufsichtsrat können die Funktionen der Ausschüsse vom   **1622**
Aufsichtsrat selbst übernommen werden. Ansonsten soll eine unterbliebene Einrichtung
der Ausschüsse durch die Gesellschaft begründet werden (Art. 7 der Empfehlung).

VII. Sarbanes-Oxley Act – US-amerikanische Vorgaben und Umsetzungszwang für deutsche Gesellschaften

Der zum 30. 7. 2002 in Kraft getretene Sarbanes-Oxley Act ist die Reaktion des ameri-   **1623**
kanischen Gesetzgebers auf die Exzesse der späten neunziger Jahre, in denen Unternehmen wie Enron, WorldCom oder Tyco durch Bilanzfälschung, Täuschung der Kapitalanleger und durch die Selbstbedienungsmentalität des Topmanagements in die Schlagzeilen
gerieten.

Der Sarbanes-Oxley Act ergänzt die Vorschriften des Securities and Exchange Act von   **1624**
1934. Sein Ziel ist in erster Linie, mehr Transparenz, Kontrolle und Unabhängigkeit bei
der Unternehmensführung zu schaffen.[2253] Dabei verfolgt der Sarbanes-Oxley Act nicht
das Konzept der Selbstregulierung, sondern setzt zwingende Vorgaben. Bei Fehlverhalten
drohen erhebliche strafrechtliche Sanktionen. Der Sarbanes-Oxley Act enthält im Wesentlichen keine Detailregelungen. Die Ausfüllung und Ausgestaltung der einzelnen Normen
ist der Securities and Exchange Commission (SEC) überlassen, die auf gesetzlicher
Grundlage bindende Verordnungen (*„Rules"*) erlassen kann.[2254]

1. Anwendungsbereich

Der Sarbanes-Oxley Act betrifft alle Gesellschaften, deren Aktien (einschließlich Ameri-   **1625**
can Depositary Receipts) an der New York Stock Exchange (NYSE) oder der American
Stock Exchange oder der Nasdaq notiert sind, sowie alle Gesellschaften, die Wertpapiere
öffentlich in den USA angeboten haben, ohne diese Wertpapiere an einer US-Börse zu
notieren, und die deshalb den Berichtspflichten der Section 13(a) oder Section 15(d) des
Securities and Exchange Act unterliegen.[2255] Dabei ist es im Grundsatz unerheblich, ob es
sich um inländische oder ausländische Emittenten (sogenannte *„Foreign Private Issuers")*
handelt. Es steht im Ermessen der SEC, inwieweit für ausländische Unternehmen Ausnahmeregelungen erlassen werden.

Einzelne Regelungen des Sarbanes-Oxley Act können in Deutschland auch Auswir-   **1626**
kungen auf Tochtergesellschaften der dem Sarbanes-Oxley Act unmittelbar unterfallenden
in- und ausländischen Unternehmen haben. Dies ist z.B. denkbar im Hinblick auf Abschlussprüfer von wichtigen Tochtergesellschaften, soweit dessen Tätigkeit eine substantielle Bedeutung für die Erstellung des Prüfungsberichts für die Muttergesellschaft hat. Die
durch den Sarbanes-Oxley Act vorgegebenen Kontrollsysteme haben häufig eine starke

---

[2253] Ausführlich *Atkins*, Der Konzern 2003, 260 ff.
[2254] Die Regelungen der SEC sind abrufbar unter www.sec.gov.
[2255] Vgl. die Definition in Section 2(a)(7) Sarbanes-Oxley Act.

organisatorische Einbindung von Tochtergesellschaften zur Konsequenz.[2256] Betroffen vom Sarbanes-Oxley Act sind zudem internationale Wirtschaftsprüfungsgesellschaften und Rechtsanwälte.

1627   Hierzu ist verschiedentlich kritisiert worden, dass der amerikanische Gesetzgeber mit dem weltweiten Geltungsanspruch des Sarbanes-Oxley Act seine Kompetenzen überschritten und nicht zwischen US-amerikanischen und ausländischen Unternehmen unterschieden hat.[2257] Dem lässt sich entgegenhalten, dass die USA sehr wohl die Kompetenz haben müssen, die Zugangsberechtigungen zu den amerikanischen Kapitalmärkten für ausländische Unternehmen umfänglich zu regeln. Unternehmen, die Zugang zum amerikanischen Kapitalmarkt suchen, müssen sich eben an die zwingenden Vorgaben des amerikanischen Rechts halten, ebenso wie ein ausländischer Emittent an einer deutschen Börse die Vorschriften des BörsenG und der Börsenzulassungsverordnung einhalten muss.[2258] Wer dies nicht freiwillig anerkennen kann, muss auf die Notierung in den USA verzichten. Auf dieser Grundlage wäre es jedoch angemessen gewesen, wenn für ausländische Emittenten im Zusammenhang mit dem Sarbanes-Oxley Act eine einfache Möglichkeit für den Rückzug von der NYSE oder der Nasdaq bestanden hätte. Da ein vollständiger Rückzug (delisting and deregistration of securities) vom amerikanischen Kapitalmarkt nach US-Recht für die in den USA gelisteten deutschen Unternehmen faktisch unmöglich ist,[2259] kann insoweit von einer „freiwilligen" Anerkennung der geänderten Rahmenbedingungen keine Rede sein. Die meisten deutschen Emittenten an der NYSE haben sich mit dem Sarbanes-Oxley Act und den Ausnahmeregelungen arrangiert.[2260] Es bleibt abzuwarten, ob auf politischem Wege eine Lösung für rückzugswillige deutsche Emittenten gefunden werden kann.

1628   Auch die New York Stock Exchange hat im Jahr 2003 neue Corporate Governance Regeln erlassen, deren Einhaltung Voraussetzung für die Börsenzulassung ist. Ein ausländischer Emittent ist dadurch verpflichtet, wesentliche Unterschiede zwischen den angewandten Corporate Governance Regeln und dem NYSE Standard offen zu legen.[2261] Die vollständige Darstellung des Sarbanes-Oxley Act und der von der SEC bzw. der NYSE dazu erlassenen Regelungen würde den Rahmen dieser Untersuchung weit überschreiten. Im Folgenden werden die wesentlichen Prinzipien erläutert, die für eine deutsche Gesellschaft von besonderer Bedeutung sein können.[2262]

2. Überblick über wesentliche Einzelregelungen

a) Erklärungen zu Jahresabschlüssen/Quartalsberichten

1629   Die spektakulärste Neuerung des Sarbanes-Oxley Act ist zweifellos die Pflicht des Vorstandsvorsitzenden *(Chief Executive Officer)* und des Finanzvorstands *(Chief Financial Officer)*, gegenüber der SEC Erklärungen abzugeben, dass die von dem Unternehmen bei der SEC

[2256] Vgl. *Lanfermann/Maul,* DB 2002, 1725, 1729.

[2257] *Sünner,* Der Konzern 2003, 268, 271, vgl. auch die Nachweise bei *Lanfermann/Maul,* DB 2002, 1725, 1728, Fn. 17–20.

[2258] Vgl. *Henssler,* Der Konzern, 2003, 255, 259; *Gruson/Kubicek,* AG 2003, 339, 340.

[2259] Die Berichtspflichten gegenüber der SEC gelten auch im Fall eines regulären Delistings weiter, solange die Gesellschaft 300 oder mehr Aktionäre in den USA hat, vgl. Section 15(d) und Rule 12 g–4(a) (2) zum Securities Exchange Act. Die an der NYSE oder Nasdaq notierten deutschen Großunternehmen können diesen Schwellenwert faktisch nicht unterschreiten.

[2260] Vgl. den Praxisbericht von *Hütten/Stromann,* BB 2003, 2223 ff. (SAP AG), *Sünner,* Der Konzern 2003, 268, 269 „keine unüberwindliche Hürde"; kritisch jedoch *Kley,* Der Konzern, 2003, 264, 265 f. „enormer bürokratischer Aufwand".

[2261] Section 11 der Final NYSE Corporate Governance Rules vom 4. 11. 2003, veröffentlicht unter www.nyse.com/pdfs/finalcorpgovrules.pdf.

[2262] Eine detaillierte Darstellung in deutscher Sprache bieten *Gruson/Kubicek,* AG 2003, 337 ff. und 393 ff.

eingereichten Berichte keine unwahren Tatsachen beinhalten und die in den Berichten enthaltenen Jahresabschlüsse und andere Finanzinformationen eine in allen wesentlichen Belangen zutreffende Darstellung der Vermögens-, Finanz- und Ertragslage des Unternehmens darstellen.[2263] Von besonderer Bedeutung ist in diesem Zusammenhang die Section 906, die Verletzungen dieser Bestätigungspflicht als Straftat qualifiziert, die mit Bußgeldern bis zu USD 5 Mio. und/oder Freiheitsstrafe von bis zu 20 Jahren geahndet werden kann. Die Bestätigungspflicht nach Section 302 des Sarbanes-Oxley Act betrifft alle Unternehmen, die regelmäßig Bericht bei der SEC einreichen müssen.

b) Einrichtung von Kontroll- und Informationssystemen

Section 302 Sarbanes-Oxley Act verpflichtet die verantwortlichen Organmitglieder der **1630** betroffenen Unternehmen auch, ein internes Kontrollsystem *(disclosure controls und financial controls)* einzurichten, das sicherstellt, dass wesentliche Informationen über das Unternehmen und dessen konsolidierte Töchter zeitnah zur Verfügung stehen. Die Unternehmensleitung (Vorstand) ist für die Effizienz und die Funktionsfähigkeit dieses Kontrollsystems verantwortlich und hat dessen Unzulänglichkeiten sowie etwa festgestelltes betrügerisches Handeln dem Abschlussprüfer und dem *„Audit Committee"* gegenüber aufzudecken. Gegenüber der SEC müssen CEO und CFO bestätigen, dass die Kontrollsysteme eingerichtet sind, dass die Funktionsfähigkeit der Kontrollsysteme geprüft worden ist und das Ergebnis dieser Prüfungen in dem eingereichten Bericht dargestellt ist.

Die von der SEC zu Section 302 Sarbanes-Oxley Act erlassene Durchführungsverord- **1631** nung gibt den genauen Wortlaut vor. Demgemäß müssen der Vorstandsvorsitzende und der Finanzvorstand unter anderem bestätigen, dass ihrer Kenntnis nach der Bericht über den Berichtszeitraum keine unwahren Aussagen bezüglich wesentlicher Tatsachen enthält und keine wesentlichen Aussagen auslässt, die notwendig sind, um die im Bericht enthaltenen Aussagen nicht irreführend erscheinen zu lassen, und dass die Finanzmitteilungen und andere finanzielle Informationen im Bericht die Finanzlage, die betrieblichen Ergebnisse und den Kapitalfluss ordnungsgemäß darstellen. Weiter müssen die Organmitglieder die Existenz und ihre Verantwortlichkeit für *effiziente disclosure controls and procedures* bestätigen. Darüber hinaus ist zu erklären, dass etwaige Unzulänglichkeiten der internen Rechnungslegungskontrolle sowie ggf. festgestelltes betrügerisches Handeln von anderen gegenüber dem Audit Committee und dem Abschlussprüfer aufgedeckt worden ist.

Nach §§ 264 Abs. 1, 245 HGB ist der Vorstand einer deutschen AG als Kollegialorgan **1632** verpflichtet, einen die Vermögens-, Finanz- und Ertragslage zutreffend wiedergebenden Jahresabschluss aufzustellen und zu unterzeichnen. Die Anforderungen des Sarbanes-Oxley Act gehen damit deutlich über die Anforderungen des deutschen Bilanzrechts hinaus.

Bei Unrichtigkeit der nach Section 302 Sarbanes-Oxley Act abzugebenden Bestätigun- **1633** gen sind die Unterzeichner persönlichen Haftungsrisiken ausgesetzt. Anspruchsberechtigter ist jeder, der im Vertrauen auf eine wesentliche Angabe in einem fehlerhaften Bericht Aktien gekauft oder verkauft hat und dadurch einen Schaden erlitten hat.[2264]

Neben den persönlichen Schadensersatzpflichten bei fehlerhafter Berichterstattung und **1634** fehlerhaftem Jahresabschluss sieht Section 304 des Sarbanes-Oxley Act eine Gewinnabschöpfung vor. Wenn ein Jahresabschluss fehlerhaft ist, sind die Mitglieder der Unternehmensleitung verpflichtet, erhaltene Boni und Aktienoptionen zurückzuzahlen bzw. den bei Verkauf von Aktienoptionen erzielten Gewinn herauszugeben, soweit diese innerhalb der letzten zwölf Monate nach Veröffentlichung des fehlerhaften Jahresabschlusses realisiert worden sind. Section 404 des Sarbanes-Oxley Act verlangt von den Unternehmen zusätzlich einen aufwändigen Nachweis über die Effizienz ihres internen Finanzkontrollsystems.

[2263] Section 302 und Section 906 Sarbanes-Oxley Act.
[2264] Zu den Einzelheiten der Haftung nach Section 18(a) Exchange Act und Rule 10(b)-5 vgl. *Gruson/Kubicek*, AG 2003, 393, 404.

Foreign Private Issuers müssen diese Anforderungen allerdings erst in dem Geschäftsjahr erfüllen, das nach dem 15. 7. 2006 endet.

c) Off Balance Sheet Transactions

1635 Der Sarbanes-Oxley verpflichtet die Unternehmen auch, im Geschäftsbericht sämtliche nicht bilanzwirksamen Transaktionen *(off balance sheet transactions)* darzustellen, die zum Berichtszeitpunkt oder in Zukunft wesentliche Auswirkungen auf die finanziellen Verhältnisse wie Umsatz, Ausgaben, Geschäftsergebnisse, Liquidität, Investition und Ertrags- oder Aufwandskomponenten haben können.[2265] Die *off balance sheet transactions* sind in dem bei der SEC einzureichenden Formblatt 20-F darzustellen.

d) Audit Committee

1636 Alle Unternehmen, die bei der SEC registriert sind, müssen ein *Audit Committee* einrichten, das direkt für die Bestellung, Vergütung, Berichtsabnahme und Überwachung des Abschlussprüfers zuständig ist.[2266] Für ausländische Unternehmen gilt eine Frist bis spätestens 31. 7. 2005. Sofern kein *Audit Committee* eingerichtet wird, sind unter anderem die US-Börsen verpflichtet, die Börsenzulassung des Unternehmens zu widerrufen.

1637 Das *Audit Committee* ist verpflichtet, ein unternehmensinternes System einzurichten, in dem Mitarbeiter des Unternehmens anonyme Beschwerden im Hinblick auf Rechungslegung und Prüfung direkt an das *Audit Committee* richten können.

1638 Alle Mitglieder des *Audit Committee* müssen „*independent directors*" sein. Als unabhängig gilt nur, wer keine Beratungshonorare oder sonstige „*compensatory fees*" von der betreffenden Aktiengesellschaft erhält, wobei die Vergütung der Aufsichtsratsmitglieder ausgenommen ist.[2267] Außerdem dürfen die Mitglieder des *Audit Committee* keine dem Unternehmen nahestehende Person sein *(affiliated person)*.[2268]

1639 Für deutsche Aktiengesellschaften stellten sich damit die Fragen, wie sich diese Regelungen mit der zwingend vorgeschriebenen Wahl des Abschlussprüfers durch die Hauptversammlung (§ 119 Abs. 1 Nr. 4 AktG) vereinbaren lassen, und ob die aus den Reihen der Arbeitnehmer gewählten Aufsichtsratsmitglieder auch Mitglied im Bilanz- und Prüfungsausschuss sein dürfen. Die SEC hat hierzu Sonderregelungen erlassen: Die Zuständigkeit der Hauptversammlung für die Bestellung des Abschlussprüfers nach § 119 Abs. 1 Nr. 4 AktG bleibt unberührt. Der Aufsichtsrat oder ein Ausschuss (Bilanzausschuss) des Aufsichtsrats übernimmt die darüber hinausgehenden Funktion des *Audit Committee*. Dieser Ausschuss muss auch den Vorschlag des Aufsichtsrats für die Wahl des Abschlussprüfers (§ 124 Abs. 3 AktG) vorbereiten. Soweit Arbeitnehmer der AG Mitglied im Bilanzausschuss sind, werden dadurch die Regeln zur Unabhängigkeit der Mitglieder des *Audit Committee* nicht verletzt.[2269]

1640 Für leitende Angestellte gilt, dass auch ein Vertreter der leitenden Angestellten Mitglied des Aufsichtsrats sein darf, sofern er kein „*executive officer*" ist. Die Vertreter eines Mehrheitsaktionärs gelten als verbundene Personen und damit nicht als unabhängig. Für ausländische Unternehmen besteht auch insofern eine Ausnahme, als dass Personen Mitglied des *Audit Committee* werden können, sofern sie außer ihrer Aufsichtsratsvergütung keine sonstigen Zahlungen für Beratungsleistungen oder andere Kompensationszahlungen erhalten. Anderenfalls darf ihnen im *Audit Committee* lediglich eine beobachtende Stellung ohne Stimmrecht eingeräumt werden.

[2265] SEC Release No. 33–8182, Section 401(a) Sarbanes-Oxley Act.

[2266] Section 301 Sarbanes-Oxley Act.

[2267] Section 10 A(m) 3(B) (ii) des Exchange Act, eingefügt durch Section 301 Sarbanes-Oxley Act.

[2268] Unter *affiliated persons* sind Personen zu verstehen, die einen beherrschenden Einfluss auf das Unternehmen ausüben können oder auf die das Unternehmen einen beherrschenden Einfluss ausüben kann, wobei, anders als im deutschen Konzernrecht, der Einfluss nicht gesellschaftsrechtlich vermittelt sein muss.

[2269] SEC Final Rule, Release No. 33–8238 und 34–47968.

Ausländische Unternehmen, die eine oder mehrere Ausnahmen zum Erfordernis der **1641** Unabhängigkeit der Mitglieder des *Audit Committee* in Anspruch nehmen, müssen dies in den Berichten nach Formblatt 20-F offen legen.

Dem *Audit Committee* muss nach Section 407 des Sarbanes-Oxley Act mindestens ein **1642** *„financial expert"* angehören. Der Name des *„financial expert"*, der die Kriterien der SEC erfüllt, ist in dem Bericht nach Formblatt 20-F offen zu legen. *„Financial expert"* kann nur sein, wer Kenntnisse der US-GAAP oder derjenigen Rechnungslegungsgrundsätze besitzt, die dem Jahresabschluss zugrunde liegen, und wer über Erfahrungen mit internen Überwachungssystemen und mit der Erstellung bzw. Prüfung von vergleichbaren Unternehmen verfügt.[2270]

e) Code of ethics

Section 406 des Sarbanes-Oxley Act verlangt, dass die Unternehmen für die Führungs- **1643** positionen des Rechnungswesens *(„senior financial officers")* einen *„code of ethics"* errichten, der den Vorgaben der SEC entspricht. US-Gesellschaften müsse jede Änderung ihres *code of ethics* oder die Befreiung von *senior financial officers* von einzelnen und allen Regelungen des *code of ethics* unverzüglich offen legen. Bei ausländischen Unternehmen ist es ausreichend, wenn über solche Änderungen und Befreiungen in dem darauffolgenden Bericht nach Formblatt 20-F hierüber berichtet wird.

f) Prüferkontrolle durch das Public Company Accounting Oversight Board

Deutsche Wirtschaftsprüfungsgesellschaften, die an US-amerikanischen Börsen notierte **1644** oder bei der SEC registrierte Unternehmen prüfen oder beraten, unterfallen nicht nur den materiellen Regelungen des Sarbanes-Oxley Act, die teilweise mit dem deutschen Recht oder zumindest dem deutschen Standesrecht kollidieren, sie unterliegen nunmehr zudem einem (weiteren) privatrechtlich-organisierten Aufsichtsgremium, dem sogenannten *Public Company Accounting Oversight Board* (PCAOB), welches wiederum unmittelbar der Aufsicht der SEC untersteht. Die Wirtschaftsprüfungsgesellschaften müssen sich nach Section 101 und 102 Sarbanes-Oxley Act bei dem PCAOB registrieren und sich dessen Kontrolle unterwerfen.

g) Trennung von Abschlussprüfung und Beratung

Wirtschaftsprüfungsgesellschaften dürfen für ihre Prüfungsmandanten bestimmte Bera- **1645** tungsleistungen nicht mehr erbringen. Hierzu gehören beispielsweise Entwurf und Einrichtung von Finanzinformationssystemen, Buchführung, Personalberatung, rechtliche Beratung und Übernahme von Funktionen der internen Revision, soweit sie nicht im Zusammenhang mit Prüfungsaufgaben stehen.

Sonstige Beratungsleistungen des Abschlussprüfers wie Steuerberatung bedürfen der **1646** vorherigen Zustimmung des *Audit Committee*. Die Zustimmung muss dann auch veröffentlicht werden.[2271]

h) Berufsregeln für Rechtsanwälte

Section 407 des Sarbanes-Oxley Act verpflichtet die SEC, Mindeststandards für die **1647** Verhaltensregeln von Rechtsanwälten aufzustellen. Die nach kontroverser Diskussion veröffentlichten Regeln sehen bestimmte Meldepflichten von Rechtsanwälten gegenüber dem Vorstand bzw. dem *Audit Committee* des Unternehmens vor, wenn der Anwalt Kenntnis von wesentlichen Rechtsverletzungen erhält. Falls das Unternehmen keine Gegenmaßnahmen ergreift, kann der Anwalt verpflichtet sein, sein Mandat niederzulegen.

[2270] Näheres ergibt sich aus SEC Release No. 33–8220. Zu den Auswirkungen des Sarbanes-Oxley Act auf die interne und externe Unternehmensüberwachung vgl. auch *Arbeitskreis „Externe und Interne Überwachung der Unternehmung"* der *Schmalenbach Gesellschaft*, BB 2004, 2399 ff.

[2271] Section 202 Sarbanes-Oxley Act; SEC Final Rule, Release No. 33–8183 und No. 34–47 265. Ausführlich *Schmidt*, BB 2003, 779 ff.

Ein derartiges Verhalten wäre in Deutschland standesrechtlich problematisch. Für ausländische Rechtsanwälte sind jedoch von der SEC Ausnahmeregelungen vorgesehen, soweit es sich um *„non-appearing foreign attorneys"* handelt. Voraussetzung für die Einordnung als non-appearing foreign attorney ist, dass der Anwalt außerhalb der USA zugelassen ist, nicht im US-Kapitalmarktrecht berät, im amerikanischen Recht gelegentlich und nur im Zusammenhang mit der Beratung im nationalen Recht berät, und dass der Anwalt nur zusammen mit einem amerikanischen Anwalt mit der SEC in Verbindung tritt. Für die ganz große Zahl der deutschen Anwälte sind diese Kriterien unproblematisch erfüllt. Für international tätige deutsche Anwälte in amerikanischen Wirtschaftskanzleien besteht jedoch ein nicht auszuschließendes Restrisiko, dass sie nicht als *non-appearing foreign attorneys* angesehen werden.

H. Anhänge

Anhang I
Abkommen zwischen der Bundesrepublik Deutschland und dem Königreich Belgien über die Befreiung öffentlicher Urkunden von der Legalisation vom 13. 5. 1975 (Art. 1–10)*

Art. 1. Öffentliche Urkunden, die in einem der beiden Staaten errichtet und mit amtlichem Siegel oder Stempel versehen sind, bedürfen zum Gebrauch in dem anderen Staat keiner Legalisation, Apostille oder ähnlichen Förmlichkeit.

Art. 2. Als öffentliche Urkunden sind für die Anwendung dieses Abkommens anzusehen:

1. Urkunden eines Gerichts oder einer Staatsanwaltschaft bei einem Gericht sowie eines deutschen Vertreters des öffentlichen Interesses; Urkunden eines Urkundsbeamten der Geschäftsstelle sowie eines deutschen Rechtspflegers; Urkunden eines Gerichtsvollziehers;

2. Urkunden einer Verwaltungsbehörde;

3. Urkunden eines Notars;

4. Urkunden eines Diplomaten oder Konsularbeamten eines der beiden Staaten, ohne Rücksicht darauf, ob die diplomatische Mission oder die konsularische Vertretung ihren Sitz in dem anderen oder in einem dritten Staat hat;

5. Scheck- und Wechselproteste oder Proteste zu anderen handelsrechtlichen Wertpapieren, auch wenn sie von einem Postbediensteten aufgenommen sind.

Art. 3. (1) Als öffentliche Urkunden sind für die Anwendung dieses Abkommens auch Urkunden anzusehen, die selbst wenn sie nicht mit amtlichem Siegel oder Stempel versehen sind,

a) in einem der beiden Staaten eine Perons oder Stelle errichtet hat, die nach dem Recht dieses Staates zur Ausstellung öffentlicher Urkunden in Fällen der Art befugt ist, zu denen die vorgelegte Urkunde gehört, und

b) die zuständige Behörde dieses Staates beglaubigt hat.

(2) Durch die Beglaubigung nach Abs. 1 wird die Echtheit der Unterschrift, des Siegels oder Stempels, falls die Urkunde mit einem solchen versehen ist, sowie die Befugnis der die Urkunde ausstellenden Person oder Stelle zur Errichtung öffentlicher Urkunden in Fällen der Art bestätigt, zu denn die vorgelegte Urkunde gehört.

(3) Jeder Staat bestimmt die zuständige Behörde nach Abs. 1. Diese Bestimmung wird dem anderen Staat bei dem Austausch der Ratifikationsurkunden mitgeteilt. Jede Änderung, die nachträglich in der Zuständigkeit der Behörde eintritt, wird auf diplomatischem Weg mitgeteilt.

Art. 4. Amtliche Bescheinigungen, die auf Privaturkunden angebracht sind, wie zum Beispiel Vermerke über die Registrierung, Sichtvermerke zur Feststellung eines bestimmten Zeitpunkts, Beglaubigungen von Unterschriften sowie Beglaubigungen von Abschriften sind als öffentliche Urkunden im Sinne dieses Abkommens anzusehen, wenn sie von einer in Art. 2 angeführten Person oder Behörde erteilt sind.

---

* BGBl. 1980 II, 815; in Kraft seit 1. 5. 1981, BGBl. 1981 II, 142.

Art. 5. (1) Unter Legalisation im Sinne dieses Abkommens ist die Förmlichkeit zu verstehen, durch welche die Diplomaten oder Konsularbeamten des Staates, in dessen Hoheitsgebiet die Urkunde vorgelegt werden soll, die Echtheit der Unterschrift, die Eigenschaft, in welcher der Unterzeichner der Urkunde gehandelt hat, und gegebenenfalls die Echtheit des Siegels oder Stempels, mit dem die Urkunde versehen ist, bestätigen.

(2) Als Apostille wird die Förmlichkeit bezeichnet, die in den Art. 3, 4 und 5 des Haager Übereinkommens vom 5. 10. 1961 zur Befreiung ausländischer öffentlicher Urkunden von der Legalisation vorgesehen ist.

Art. 6. (1) Wird eine öffentliche Urkunde im Sinne der Art. 2, 3 und 4 in einem der beiden Staaten vorgelegt und ergeben sich ernsthafte Zweifel an der Echtheit der Unterschrift, an der Eigenschaft, in welcher der Unterzeichner der Urkunde gehandelt hat, und gegebenenfalls an der Echtheit des Siegels oder des Stempels, mit dem die Urkunde versehen ist, so kann ein Ersuchen um Nachprüfung unmittelbar gerichtet werden
in Belgien an das Ministerium für Auswärtige Angelegenheiten
in der BRD an das Bundesverwaltungsamt in Köln.

(2) Diese Behörden übermitteln die von der zuständigen Person, Stelle oder Behörde abgegebene Äußerung.

Art. 7. (1) Dem Ersuchen um Nachprüfung nach Art. 6 ist möglichst die Urkunde im Original oder in Ablichtung beizufügen.

(2) Die an die zuständige belgische Behörde gerichteten Ersuchen nebst Anlagen müssen in französischer oder niederländischer Sprache abgefasst oder von einer Übersetzung in einer dieser Sprachen begleitet sein. Die an die zuständige deutsche Behörde gerichteten Ersuchen nebst Anlagen müssen in deutscher Sprache abgefasst oder von einer Übersetzung in diese Sprache begleitet sein.

(3) Für die Erledigung der Ersuchen werden Gebühren oder Auslagen irgendwelcher Art nicht erhoben.

Art. 8. Übersetzungen von öffentlichen Urkunden im Sinne der Art. 2, 3 und 4, die von einer Verwaltungsbehörde, einem Notar oder einem vereidigten Übersetzer eines der beiden Staaten im Rahmen ihrer Befugnisse gefertigt und mit der Bescheinigung der Richtigkeit und Vollständigkeit versehen worden sind, können in dem anderen Staat verwendet werden, ohne dass eine Legalisation, Apostille oder Beglaubigung nach Art. 3 verlangt werden darf.

Art. 9. Jeder der beiden Staaten trifft die notwendigen Maßnahmen, um zu vermeiden, dass seine Behörden Urkunden mit der Legalisation, Apostille oder einer ähnlichen Förmlichkeit versehen, wenn die Urkunden hiervon auf grund dieses Abkommens befreit sind.

Art. 10. (1) Dieses Abkommen lässt andere mehr- oder zweiseitige Übereinkünfte unbeführt, welche die Staaten geschlossen haben oder schließen werden und die für besondere Sachgebiete die gleichen Gegenstände regeln.

(2) Zwischen den beiden Staaten besteht Einverständnis darüber, dass die Vorschriften des Haager Abkommens vom 5. 10. 1961 zur Befreiung ausländischer öffentlicher Urkunden von der Legalisation gemäß seinem Art. 3 in ihren Beziehungen nicht anzuwenden sind.

Anhang II
Deutsch-dänisches Beglaubigungsabkommen
vom 17. 6. 1936 (Art. 1–7)*

Art. 1. Urkunden, die von einer deutschen oder dänischen Gerichtsbehörde, von einer obersten oder höheren deutschen oder dänischen Verwaltungsbehörde oder von einem obersten deutschen Verwaltungsgericht aufgenommen, ausgestellt oder beglaubigt und mit dem Siegel oder Stempel der Behörde versehen sind, bedürfen zum Gebrauch im Gebiete des anderen Staates keiner weiteren Beglaubigung oder Legalisation. Soweit es sich um Urkunden kollegialer Gerichte handelt, genügt die Beglaubigung durch den Vorsitzenden.

Ferner bedürfen keiner weiteren Beglaubigung oder Legalisation Urkunden, die von einem deutschen oder dänischen Notar aufgenommen, ausgestellt oder beglaubigt und mit dem Amtssiegel oder Amtsstempel versehen sind.

Zu den in Abs. 1 aufgezählten Gerichts- und Verwaltungsbehörden gehören auch die beiderseitigen Staatsanwaltschaften.

Art. 2. Für deutsche Urkunden, die nicht zu den in Art. 1 bezeichneten gehören und von einem Gerichtsvollzieher, einem anderen gerichtlichen Hilfsbeamten, einem Grundbuchamt oder einer autorisierten Hinterlegungsstelle aufgenommen, ausgestellt oder beglaubigt sind, genügt zum Gebrauch in Dänemark die Beglaubigung durch den zuständigen Präsidenten des Amts- oder Landgerichts unter Beifügung des Amtssiegels oder Amtsstempels. Das Gleiche gilt für Urkunden, die von dem Urkundsbeamten der Geschäftsstelle eines deutschen Gerichts aufgenommen, ausgestellt oder beglaubigt sind; gehört die ausfertigende oder beglaubigende Stelle einem Gericht höherer Ordnung an, so ist die Beglaubigung durch den Präsidenten dieses Gerichts erforderlich.

Für den Gebrauch von Urkunden der in Abs. 1 bezeichneten Art im Deutschen Reich, die von dänischen Behörden ausgestellt sind, genügt die Beglaubigung durch den zuständigen Richter, bei Urkunden kollegialster Gerichte durch den Vorsitzenden, unter Beifügung von Dienstsiegel oder Dienststempel. Bei Urkunden autorisierter Hinterlegungsstellen ist die Beglaubigung durch das Justizministerium erforderlich.

Art. 3. Auszüge aus deutschen Personenstandsregistern werden in Dänemark ohne weitere Beglaubigung oder Legalisation anerkannt, wenn sie von dem Standesbeamten oder seinem Stellvertreter oder von dem Urkundsbeamten der Geschäftsstelle des Amtsgerichts, bei dem die Nebenregister verwahrt werden, beglaubigt und mit dem Siegel oder Stempel des Beamten oder des Amtsgerichts versehen sind. Auszüge aus Registern, die über Geburten, Heiraten oder Sterbefälle vor dem 1. 1. 1876 im Gebiet des Deutschen Reichs von einer anderen Stelle als einem Standesbeamten geführt worden sind, bedürfen keiner weiteren Beglaubigung oder Legalisation, wenn sie von dem zuständigen deutschen Landgerichtspräsidenten oder von einer deutschen höheren Verwaltungsbehörde beglaubigt und mit dem Siegel oder Stempel der Behörde versehen sind; dabei ist zu bescheinigen, dass der Aussteller zur Erteilung des Auszuges befugt ist.

Zum Gebrauch dänischer Urkunden ziviler Behörden über Standesfälle ist im Deutschen Reiche die Beglaubigung durch die zuständige dänische Ortsverwaltungsbehörde (in Kopenhagen die Polizeidirektion, außerhalb Kopenhagens der Polizeimeister) unter Beifügung ihres Dienstsiegels oder Dienststempels erforderlich; dabei ist zu bescheinigen, dass der Aussteller zur Ausfertigung der Urkunde befugt ist. Urkunden über den Inhalt von Kirchenbüchern werden durch das Kirchenministerium beglaubigt.

---

* RGBl. 1936 II, 213; wieder anwendbar mit Wirkung vom 1. 9. 1952 gem. Bek. vom 30. 6. 1953, BGBl. 1953 II, 186.

Ehefähigkeitszeugnisse, die von einem deutschen Standesbeamten oder dessen Stellvertreter oder vom Königlich Dänischen Justizministerium, dem Polizeidirektor in Kopenhagen oder dem örtlich zuständigen Polizeimeister ausgestellt und mit dem Siegel oder Stempel des Beamten oder der Behörde versehen sind, werden im Gebiet des anderen Staates ohne weitere Beglaubigung oder Legalisation anerkannt.

Art. 4. Wechsel- und Scheckproteste bedürfen zum Gebrauch im Gebiet des anderen Staates keiner Beglaubigung oder Legalisation, wenn sie in Deutschland von Notaren, Gerichtsbeamten, Postbeamten oder solchen Personen, denen von der Postverwaltung die Aufnahme von Protesten übertragen ist, in Dänemark von Notaren, Unternotaren oder solchen Personen, die von dem Präsidenten des zuständigen Gerichts zweiter Instanz (Landsret) zum Notariat ermächtigt sind, aufgenommen, unterschrieben und mit dem Amtssiegel oder Amtsstempel versehen sind.

Art. 5. Von dem Abkommen werden nicht berührt
1. die für Reisepässe und Reiselegitimationen geltenden Vorschriften,
2. die Erleichterungen, die auf Grund besonderer Vereinbarungen namentlich für den Handelsverkehr und für das Zollverfahren gewährt werden.

Art. 6. Die deutsche und dänische Regierung werden sich die unter Art. 1 und 3 fallenden Verwaltungsbehörden und Verwaltungsgerichte sowie deren Änderungen mitteilen.

Art. 7. Dieses Abkommen tritt am 1. 7. 1936 in Kraft und hat eine Geltungsdauer bis zu einem Jahr nach dem Inkrafttreten. Wird es nicht drei Monate vor Ablauf dieser Frist gekündigt, so gilt es als auf unbestimmte Zeit verlängert. Es kann dann jederzeit unter Einhaltung einer Frist von drei Monaten gekündigt werden.

Anhang III
Abkommen zwischen der Bundesrepublik Deutschland und der Französischen Republik über die Befreiung öffentlicher Urkunden von der Legalisation vom 13. 9. 1971 (Art. 1–13)[*]

Art. 1. Öffentliche Urkunden, die in einem der beiden Staaten errichtet und mit amtlichem Siegel oder Stempel versehen sind, bedürfen zum Gebrauch in dem anderen Staat keiner Legalisation, Apostille, Beglaubigung oder ähnlichen Förmlichkeit.

Art. 2. Als öffentliche Urkunden sind für die Anwendung dieses Abkommens anzusehen:

1. Urkunden eines Gerichts oder einer Staatsanwaltschaft bei einem Gericht sowie eines deutschen Vertreters des öffentlichen Interesses, Urkunden eines Urkundsbeamten der Geschäftsstelle sowie eines deutschen Rechtspflegers, Urkunden eines Gerichtsvollziehers;

2. Urkunden einer Verwaltungsbehörde;

3. Urkunden eines Notars;

4. Scheck- oder Wechselproteste, auch wenn sie in der Bundesrepublik Deutschland von einem Postbediensteten aufgenommen worden sind.

Art. 3. (1) Als öffentliche Urkunden sind für die Anwendung dieses Abkommens auch Urkunden anzusehen, die in einem der beiden Staaten eine Person, Stelle oder Behörde errichtet hat, die nach dem Recht dieses Staates zur Ausstellung öffentlicher Urkunden in Fällen der Art befugt ist, zu denen die vorgelegte Urkunde gehört.

(2) Diese Bestimmung ist auch dann anzuwenden, wenn derartige Urkunden nicht mit amtlichem Siegel oder Stempel versehen sind.

Art. 4. Amtliche Bescheinigungen, die auf Privaturkunden angebracht sind, wie zum Beispiel Vermerke über die Registrierung, Sichtvermerke zur Feststellung eines bestimmten Zeitpunktes, Beglaubigungen von Unterschriften sowie Beglaubigungen von Abschriften sind, je nach der Eigenschaft der Person, Stelle oder Behörde, welche die Bescheinigung oder Beglaubigung erteilt hat, entweder gemäß Art. 2 oder gemäß Art. 3 als öffentliche Urkunden anzusehen.

Art. 5. (1) Unter Legalisation im Sinne dieses Abkommens ist die Förmlichkeit zu verstehen, durch welche die diplomatischen oder konsularischen Vertreter des Staates, in dessen Hoheitsgebiet die Urkunde vorgelegt werden soll, die Echtheit der Unterschrift, die Eigenschaft, in welcher der Unterzeichner der Urkunde gehandelt hat, und gegebenenfalls die Echtheit des Siegels oder Stempels, mit dem die Urkunde versehen ist, bestätigen.

(2) Als Apostille wird die Förmlichkeit bezeichnet, die in den Art. 2, 4 und 5 des Haager Übereinkommens vom 5. 10. 1961 zur Befreiung ausländischer öffentlicher Urkunden von der Legalisation vorgesehen ist.

Art. 6. (1) Wird eine öffentliche Urkunde im Sinne des Art. 2, 3 oder 4 in einem der beiden Staaten vorgelegt und ergeben sich ernsthafte Zweifel an der Echtheit der Unterschrift, an der Eigenschaft, in welcher der Unterzeichner der Urkunde gehandelt hat, und gegebenenfalls an der Echtheit des Siegels oder des Stempels, mit dem die Urkunde versehen ist, so kann ein Ersuchen um Nachprüfung unmittelbar gerichtet werden
in der Bundesrepublik Deutschland an das Bundesverwaltungsamt in Köln
in der Französischen Republik an das Ministerium der Justiz.

---

[*] BGBl. 1974 II, 1075; in Kraft seit 1. 4. 1975, BGBl. 1975 II, 353.

(2) Diese Behörden übermitteln die von der zuständigen Person, Stelle oder Behörde abgegebene Äußerung.

Art. 7. (1) Wird eine Urkunde im Sinne des Art. 3 und gegebenenfalls im Sinne des Art. 4 in einem der beiden Staaten vorgelegt und ergeben sich ernsthafte Zweifel über ihre Eigenschaft als öffentliche Urkunde, so kann ein Ersuchen um Auskunft unmittelbar an die in Art. 6 angeführten Behörden gerichtet werden, um festzustellen, ob die Person, Stelle oder Behörde, welche die Urkunde errichtet hat, nach innerstaatlichem Recht zur Ausstellung öffentlicher Urkunden in Fällen der Art befugt ist, zu denen die vorgelegte Urkunde gehört.

(2) Das Bundesverwaltungsamt in der Bundesrepublik Deutschland und das Ministerium der Justiz in der Französischen Republik übermitteln die von der zuständigen Behörde abgegebene Äußerung.

Art. 8. (1) Dem Ersuchen um Nachprüfung nach Art. 6 und dem Ersuchen um Auskunft nach Art. 7 ist möglichst die Urkunde im Original oder in Ablichtung beizufügen.

(2) Das Ersuchen und seine Anlagen müssen in der Sprache des ersuchten Staates abgefasst oder von einer Übersetzung in diese Sprache begleitet sein.

(3) Für die Erledigung der Ersuchen werden Gebühren oder Auslagen nicht erhoben.

Art. 9. (1) Übersetzungen von öffentlichen oder privaten Urkunden oder von Schriftstücken aller Art, die in einem der beiden Staaten verwendet werden sollen, können in jedem der beiden Staaten von einem vereidigten Übersetzter beglaubigt werden.

(2) Derartige beglaubigte Übersetzungen, die mit dem Siegel oder Stempel des Übersetzers versehen sind, können verwendet werden, ohne dass eine Legalisation, Apostille, Beglaubigung oder ähnliche Förmlichkeit verlangt werden darf.

Art. 10. Jeder der beiden Staaten trifft die notwendigen Maßnahmen, um zu vermeiden, dass seine Behörden öffentliche Urkunden mit der Legalisation, Apostille, Beglaubigung Apostille, Beglaubigung oder ähnliche Förmlichkeit ver- Urkunden hiervon auf Grund dieses Abkommens befreit sind.

Art. 11. (1) Dieses Abkommen lässt andere mehr- oder zweiseitige Übereinkünfte unberührt, welche die Staaten geschlossen haben oder schließen werden und die für besondere Sachgebiete die gleichen Gegenstände regeln.

(2) Dieses Abkommen geht in den Beziehungen zwischen den beiden Staaten dem Haager Übereinkommen vom 5. 10. 1961 zur Befreiung ausländischer öffentlicher Urkunden von der Legalisation vor.

Art. 12. Dieses Abkommen gilt auch für das Land Berlin, sofern nicht die Regierung der Bundesrepublik Deutschland gegenüber der Regierung der Französischen Republik innerhalb von drei Monaten nach Inkrafttreten des Abkommens eine gegenteilige Erklärung abgibt.

Art. 13. (1) Dieses Abkommen bedarf der Ratifikation. Die Ratifikationsurkunden werden so bald wie möglich in Paris ausgetauscht.

(2) Dieses Abkommen tritt am ersten Tage des dritten Monats in Kraft, der auf dem Austausch der Ratifikationsurkunden folgt.

(3) Jede Vertragspartei kann dieses Abkommen jederzeit schriftlich kündigen. Die Kündigung wird sechs Monate nach Eingang der Notifikation bei der anderen Vertragspartei wirksam.

Anhang IV
Abkommen zwischen dem Deutschen Reich und dem Königreich Griechenland über die gegenseitige Rechtshilfe in Angelegenheiten des bürgerlichen und Handels-Rechts vom 11. 5. 1938 (Art. 24)*

Art. 24. (1) Urkunden, die von einem deutschen Landgericht oder einem griechischen Gerichtshof erster Instanz oder einem deutschen oder griechischen Gericht höherer Ordnung, von einer deutschen oder griechischen obersten Verwaltungsbehörde oder von einem deutschen oder griechischen obersten Verwaltungsgericht aufgenommen, ausgestellt oder beglaubigt und mit dem Siegel oder Stempel der Behörde versehen sind, bedürfen zum Gebrauch im Gebiete des anderen Staates keiner Beglaubigung oder Legalisation.

(2) Für Urkunden, die von einem der in Abs. 1 nicht erwähnten deutschen oder griechischen Gerichte, einem Gerichtsvollzieher oder einem Grundbuchamt oder einer Hinterlegungsstelle oder einem deutschen oder griechischen Notar aufgenommen, ausgestellt oder beglaubigt sind, genügt zum Gebrauch im Gebiet des anderen Staates die Beglaubigung (Legalisation) durch den zuständigen Landgerichtspräsidenten im Deutschen Reich oder durch den Präsidenten des Gerichtshofs erster Instanz in Griechenland unter Beifügung des Amtssiegels oder Amtsstempels. Das gleiche gilt für die von einem Urkundsbeamten der Geschäftsstelle (Gerichtsschreiber) eines deutschen oder griechischen Gerichts aufgenommenen, ausgestellten oder beglaubigten Urkunden. Gehört der Gerichtsschreiber einem Gericht höherer Ordnung an, so erfolgt die Beglaubigung durch den Präsidenten dieses Gerichts.

---

* RGBl. 1939 II, 848; wieder anwendbar mit Wirkung vom 1. 2. 1952 gem. Bek. vom 26. 6. 1952, BGBl. 1952 II, 634.

Anhang V
Vertrag zwischen der Bundesrepublik Deutschland und der Italienischen Republik über den Verzicht auf die Legalisation von Urkunden vom 7. 6. 1969 (Art. 1–8)*

Art. 1. (1) Öffentliche Urkunden, die in einem Vertragsstaat errichtet und mit amtlichen Siegel oder Stempel versehen sind, bedürfen zum Gebrauch in dem anderen Vertragsstaat keiner Legalisation, Beglaubigung oder anderen Förmlichkeit, die der Legalisation oder Beglaubigung entspricht.

(2) Als öffentliche Urkunden im Sinne des Abs. 1 sind nur anzusehen:

1. Urkunden eines Gerichtes einschließlich solcher Urkunden, die von einem Urkundsbeamten der Geschäftsstelle, die von einem Urkundsbeamten der Geschäftsstelle oder von einem Rechtspfleger errichtet worden sind;

2. Urkunden einer Verwaltungsbehörde;

3. Urkunden, die von einer nach innerstaatlichem Recht zur Errichtung öffentlicher Urkunden befugten juristischen Person des öffentlichen Rechts errichtet worden sind;

4. Urkunden eines Notars;

5. Urkunden eines Gerichtsvollziehers;

6. Scheck- oder Wechselproteste, auch wenn sie von einem deutschen Postbeamten oder von einem italienischen Gemeindebeamten oder von einer anderen Person, die nach innerstaatlichem Recht für die Aufnahme von Protesten zuständig ist, aufgenommen worden sind.

(3) Die Vorschriften des Abs. 1 gelten auch für Urkunden, die von einer diplomatischen oder konsularischen Vertretung eines Vertragsstaates errichtet worden sind, ohne Rücksicht darauf, ob die diplomatische oder konsularische Vertretung ihren Sitz in dem anderen Vertragsstaat oder in einem dritten Staat hat.

(4) Zu den in Abs. 2 aufgeführten Gerichten und Verwaltungsbehörden gehören auch die Staatsanwaltschaften der beiden Vertragsstaaten sowie die deutschen Vertreter des öffentlichen Interesses.

Art. 2. Andere als die in Art. 1 Abs. 2 genannten Urkunden, die nach dem Recht eines Vertragsstaates als öffentliche Urkunden anzusehen sind, bedürfen zum Gebrauch in dem anderen Vertragsstaat keiner Legalisation, wenn sie von der nach Art. 5 bestimmten zuständigen Behörde des Vertragsstaates, in dem die Urkunde errichtet worden ist, beglaubigt sind.

Art. 3. Der Beglaubigungsvermerk, der einer privaten Urkunde von einem Gericht, einem Notar oder einer Verwaltungsbehörde des einen Vertragsstaates beigefügt ist, bedarf, wenn von der Urkunde in dem anderen Vertragsstaat Gebrauch gemacht werden soll, keiner Legalisation, Beglaubigung oder anderen Förmlichkeit, die der Legalisation oder Beglaubigung entspricht.

Art. 4. (1) Wird von einer öffentlichen Urkunde, die in einem Vertragsstaat oder von einer diplomatischen oder konsularischen Vertretung eines Vertragsstaates errichtet worden ist und für welche die Erleichterungen der Art. 1 und 2 gelten, vor einem Gericht oder einer Verwaltungsbehörde des anderen Vertragsstaates Gebrauch gemacht, so kann das Gericht oder die Verwaltungsbehörde die nach Art. 5 bestimmte zuständige Behörde des Vertragsstaates, in dem die Urkunde errichtet worden ist, unmittelbar um eine Aus-

---

* BGBl. 1974 II, 1071; in Kraft seit 5. 5. 1975 gem. Bek. vom 22. 4. 1975, BGBl. 1975 II, 660.

kunft über die Echtheit der Urkunde ersuchen, wenn ernstliche, begründete Zweifel an der Echtheit dieser Urkunde bestehen; das gleiche gilt für den in Art. 3 erwähnten Beglaubigungsvermerk.

(2) Das Ersuchen um Auskunft und seine Anlagen müssen in der Sprache der ersuchten Behörde abgefasst oder von einer Übersetzung in die Sprache der ersuchten Behörde begleitet sein. Die ersuchte Behörde leitet die Auskunft dem ersuchenden Gericht oder der ersuchenden Verwaltungsbehörde unmittelbar zu. Für die Auskunft werden Gebühren oder Auslagen nicht erhoben.

Art. 5. (1) Jeder Vertragsstaat bestimmt:
1. die Behörden, die für die Beglaubigung nach Art. 2 zuständig sind;
2. die Behörden, die zuständig sind, die Auskunft nach Art. 4 Abs. 1 zu erteilen.

(2) Die Vertragsstaaten notifizieren sich einander diese Bestimmung bei dem Austausch der Ratifikationsurkunden und unterrichten sich gegebenenfalls über Änderungen, die in der Bestimmung eintreten.

Art. 6. (1) Dieser Vertrag berührt nicht die Vorschriften anderer zweiseitiger Übereinkünfte, die für besondere Sachgebiete die Legalisation oder die Beglaubigung von Urkunden regeln.

(2) Es bleiben ferner unberührt die Vorschriften mehrseitiger Übereinkommen, die über diesen Vertrag hinausgehende Erleichterungen bei der Legalisation oder Beglaubigung vorsehen. Im Übrigen gehen die Bestimmungen dieses Vertrages den Vorschriften mehrseitiger Übereinkommen vor, es sei denn, dass diese Übereinkommen abweichende Vereinbarungen nicht zulassen.

Art. 7. Dieser Vertrag gilt auch für das Land Berlin, sofern nicht die Regierung der Bundesrepublik Deutschland gegenüber der Regierung der Italienischen Republik innerhalb von drei Monaten nach dem Inkrafttreten des Vertrages eine gegenteilige Erklärung abgibt.

Art. 8. (1) Dieser Vertrag bedarf der Ratifikation. Die Ratifikationsurkunden sollen so bald wie möglich in Bonn ausgetauscht werden.

(2) Dieser Vertrag tritt drei Monate nach Austausch der Ratifikationsurkunden in Kraft.

(3) Jeder Vertragsstaat kann diesen Vertrag jederzeit schriftlich kündigen. Die Kündigung wird sechs Monate nach ihrer Notifizierung wirksam.

Anhang VI
Bilateraler Beglaubigungsvertrag zwischen dem Deutschen Reiche und der Republik Österreich vom 21. 6. 1923 (Art. 1–4)*

Art. 1. Urkunden, die von einer Gerichts- oder Verwaltungsbehörde des einen vertrag-schließenden Staates ausgestellt wurde, bedürfen zum Gebrauche im Gebiete des anderen Staates keiner weiteren Beglaubigung, wenn sie mit dem Siegel oder Stempel der Gerichts- oder Verwaltungsbehörde versehen sind.

Art. 2. Auszüge aus den Kirchenbüchern über Taufen, Trauungen oder Todesfälle, die im Deutschen Reich unter dem Kirchensiegel erteilt werden, sowie Auszüge aus den Geburts-, Trauungs- und Sterberegistern, die in Österreich geführt werden und mit dem Siegel oder Stempel des Matrikenführers versehen sind, bedürfen zum Gebrauch im Gebiet des anderen Staates keiner weiteren Beglaubigung.

Art. 3. Die von Notaren ausgefertigten und mit dem amtlichen Siegel des Notars versehenen Urkunden, die von Standesbeamten des Deutschen Reiches ausgefertigten und mit ihrem Siegel oder Stempel versehenen Urkunden, ferner die von den Gerichtskanzleien und gerichtlichen Hilfsbeamten ausgefertigten und mit dem Gerichtssiegel versehenen Urkunden bedürfen zum Gebrauche im Gebiete des anderen Staates keiner weiteren Beglaubigung.

Art. 4. Die einer Privaturkunde von einem Gerichts- oder Verwaltungsbehörde oder einem Notar beigefügte Beglaubigung bedarf keiner weiteren Beglaubigung.

---

* RGBl. 1924 II, 61; wieder anwendbar mit Wirkung vom 1. 1. 1952 gem. Bek. vom 13. 3. 1952, BGBl. 1952 II, 436.

Anhang VII
Vertrag zwischen dem Deutschen Reiche und der Schweiz über die Beglaubigung öffentlicher Urkunden vom 14. 2. 1907 (Art. 1–4)*

Art. 1. Die von Gerichten des einen Teiles, mit Einschluss der Konsulargerichte, aufgenommenen, ausgestellten oder beglaubigten Urkunden bedürfen, wenn sie mit dem Siegel oder Stempel des Gerichtes versehen sind, zum Gebrauch in dem Gebiete des anderen Teiles keiner Beglaubigung (Legalisation).

Zu den bezeichneten Urkunden gehören auch die von dem Gerichtsschreiber unterschriebenen Urkunden, sofern diese Unterschrift nach den Gesetzen des Teiles genügt, dem das Gericht angehört.

Art. 2. Urkunden, die von einer der in dem beigefügten Verzeichnis aufgeführten obersten und höheren Verwaltungsbehörden des einen der beiden Teile aufgenommen, ausgestellt oder beglaubigt und mit dem Siegel oder Stempel der Behörde versehen sind, bedürfen zum Gebrauche in dem Gebiete des andern Teiles keiner Beglaubigung (Legalisation).

Das Verzeichnis kann im beiderseitigen Einverständnisse jederzeit auf dem Verwaltungswege durch Bekanntmachung geändert oder ergänzt werden.

Art. 3. Die Bestimmungen der Art. 1 und 2 finden auch auf die deutschen Schutzgebiete Anwendung.

Sie finden entsprechende Anwendung, wenn Urkunden, die von Behörden des einen Teils aufgenommen, ausgestellt oder beglaubigt sind, vor Behörden des anderen Teiles, die ihren Sitz außerhalb des Gebietes dieses Teiles haben, gebraucht werden.

Art. 4. Dieser Vertrag soll ratifiziert werden, und die Ratifikationsurkunden sollen in Berlin ausgewechselt werden.

Der Vertrag tritt einen Monat nach Auswechslung der Ratifikationsurkunden in Kraft und soll nach Kündigung, die jederzeit zulässig ist, noch drei Monate in Kraft bleiben.

---

* RGBl. 1907, 411; in Kraft seit 16. 8. 1907 gem. Bek. vom 19. 7. 1907, RGBl. 1907, 415.

Stichwortverzeichnis

Abberufung, Mitglieder der Gesellschaftsorgane 297

Abfindung, Europäische Aktiengesellschaft (SE) – Gründung 940, 944 f., 951, 956

Abkommensberechtigung, OECD-Musterabkommen, Vermeidung von Doppelbesteuerung 1471

Abschlussprüfer, Ausschlussgründe 1593; Beratungsleistungen 1593, 1645; Prüferbefähigungsrichtlinie 826; Rotation 1590, 1594 f.; Unabhängigkeit 1589; Unabhängigkeitserklärung 1592

Abschlussprüfung, kollisionsrechtliche Anknüpfung 563

Abtretung, GmbH-Geschäftsanteile, Form 671 ff.

Abwicklung, der Gesellschaft 700 ff.

Acting in concert, Übernahmerichtlinie, Pflichtangebot 865

Action en comblement du passif, Haftung 350, 756

Ad-hoc-Mitteilungen, 1561 ff.; bei Änderung der Entsprechenserklärung 1544, 1556; Bieterverfahren 1563; Insiderinformationen 1562; zustimmungspflichtige Geschäftsführungsmaßnahmen 1564

Ägypten, Sitztheorie 1465

Aktiengesellschaft, Bezugsrecht der Aktionäre gemäß Kapitalrichtlinie 820; Fusion 827; *s. a. Konzern/Konzernrecht;* Spaltung 828; Zahl der Vorstandsmitglieder 820

Aktiengesellschaft (Österreich), Börsenzulassung 1201; Gesellschaftsstatut 1205; Gründung 1192 ff.; Mindestkapital 1196; Organe 1198; Steuern 1202 f.

Aktiengesellschaft (Schweiz), Börsenzulassung 1182; Ein-Personen-AG 1187; Gesellschaftsstatut 1190; Gründung 1177; Mindestkapital 1179; Organe 1181; Steuern 1184 f.; Stimmrecht 1187; Verwaltungsrat 1187

Albanien, Haager Übereinkommen 699; Sitztheorie 1465

Algerien, Sitztheorie 1465

Allgemeininteresse, *s. zwingende Gründe des Allgemeininteresses*

Analogieverbot, Anwendung nationaler Straf- und Ordnungsvorschriften bei ausländischen Gesellschaften 779

Andorra, Haager Übereinkommen 699

Anerkennung, ausländischer Insolvenzverfahren 731 ff., 769 ff.; bei Rückverweisung durch ausländischen Sitzstaat 50; Freundschafts-, Handels- und Schifffahrtvertrag zwischen der BRD und den USA vom 29. 10. 1954 232 ff.; Niederlassungsfreiheit 195, 216 f.; Sitztheorie 39; Sitztheorie als Nichtanerkennungstheorie" 42; Sitztheorie und Scheinauslandsgesellschaft 42

Anfechtung, Insolvenzanfechtung, Begründung der internationalen Zuständigkeit 728

Angemessenheitsdokumentation, Dokumentationspflicht im Konzern 418

Anknüpfung, Anknüpfungspunkte für Gesellschaftsstatut 31 ff.; Anknüpfungspunkte/Anknüpfungsmomente 12; einheitliche Anknüpfung 22; selbständige Anknüpfung 14; *s. a. Sonderanknüpfung*

Anlegerschutzverbesserungsgesetz, 1562, 1567; Insiderrecht 591

Anleihefähigkeit, Rechtsfähigkeit 285 f.

Anmeldepflicht der Hauptniederlassung, Inspire Art-Entscheidung 550

Anscheinsvollmacht, Vollmachtsstatut 290

Antigua und Barbuda, Gründungstheorie 1463; Haager Übereinkommen 699; Kapitalschutzabkommen und Anerkennung von Gesellschaften 260

Anwachsung, Vereinigung aller Gesellschaftsanteile an einer Personen- oder Personenhandelsgesellschaft in der Hand einer ausländischen Person 515

Apostille, Echtheit der Urkunde, Haager Übereinkommen 698; Vertretung der Gesellschaft 291

Arbeitnehmer, *s. Mitbestimmung*

Arbeitnehmervertreter, Unterrichtung und Anhörung, Übernahmerichtlinie 876

Argentinien, Gründungstheorie 1462; Haager Übereinkommen 699

Armenien, Haager Übereinkommen 699; Sitztheorie 1464

Aserbaidschan, Gründungstheorie 1462; Haager Übereinkommen 699

Audit Committee, Arbeitnehmer 1639; Aufgaben 1620; Empfehlung der Kommission 1619 ff.; Empfehlung des Deutschen Corporate Governance Kodex 1514 ff.; Entscheidungsbefugnis 1621; Financial Expert 1642; Independent Directors 1638; Kontrollsysteme 1630; leitender Angestellter 1640; Pflicht nach Sarbanes-Oxley Act 1636 ff.

Auflösung, der Gesellschaft 700 ff.

Aufsichtsorgan, Europäische Aktiengesellschaft (SE), dualistisches System 970; Europäische Genossenschaft (SCE) 1022

Stichwortverzeichnis

Aufsichtsrat, Fachausschüsse 1516; Prüfungsausschuss 1619

Aufsichtsratsmitglieder, Empfehlungen an – 1514; fachliche Kompetenz 1614; Interessenkonflikt 1518, 1613; Unabhängigkeit 1612 ff.; Vergütung 1520, 1547 f.; Vergütung und Kontrolle durch die Aktionäre 1605 ff.; Verschwiegenheitspflicht im Konzern 1530; Wechsel vom Vorstand in den Aufsichtsrat 1616

Ausgleichsansprüche, Vertragsstatut 318

Auskunftsrecht, Strukturrichtlinie 1339

Ausländische Gesellschaft, Erlöschen 701; Liquidation, Liquidator 701; Pflegerbestellung bei Auflösung 701

Ausländische GmbH, Form des Verfügungsgeschäfts 678 ff.; Form des Verpflichtungsgeschäfts 678 ff.

Ausländische Kapitalgesellschaft, Form des Existenznachweises 686 ff.; Form des Vertretungsnachweises 686 ff.

Ausländische Staatsbürger, als Organmitglieder 651 ff.

Ausländische Urkunden, Verwendung im Inland 695 ff.

Ausländischer Notar, Bestellung eines GmbH-Geschäftsführers 684; Bezugnahme auf Urkunde 694; Vergleichbarkeit mit deutschem Notar 667 ff.

Auslandsbeurkundung, Zulässigkeit 667 ff.

Auslandsgesellschaft, Eintragung im Handelsregister 553; Firma 560; Gründung mit anfänglichem tatsächlichen Verwaltungssitz im Inland 203 ff.; Handlungsvollmachten 571; Hauptniederlassung 550 ff.; Prokura 571; Rechnungslegung 566

Ausschließliche Gerichtszuständigkeit, internationale Gerichtszuständigkeit für gesellschaftsrechtliche Streitigkeiten 782 ff.

Ausstrahlungstheorie, Mitbestimmung 299

Australien, Haager Übereinkommen 699

Auswirkungsprinzip, Anknüpfung kapitalmarktrechtlicher Normen 583

Autonomes deutsches internationales Insolvenzrecht, 763 ff.

BaFin, Beschränkung der Befugnisse, Territorialitätsprinzip 595; Zuständigkeit 857

Bahamas, Haager Übereinkommen 699

Bangladesch, Sitztheorie 1465

Barbados, Haager Übereinkommen 699; Sitztheorie 1465

Beendigung, der Gesellschaft 700 ff.

Beglaubigungen, 658 ff.

Beherrschungsvertrag, s. Konzern/Konzernrecht; Vertragskonzern und Eingliederung, Konzernrechtsrichtlinie 1070

Behörde, Zuständigkeit für Beurkundung 665

Belarus, Haager Übereinkommen 699

Belegenheitsort, bei grenzüberschreitender Verschmelzung/Spaltung 519

Belgien, Haager Übereinkommen 699; Sitztheorie 1464

Belize, Haager Übereinkommen 699

Benin, Sitztheorie 1465

Beschränkung der Niederlassungsfreiheit, 196 ff.; Eintragung von inländischen Zweigniederlassungen 176; Grundbuchfähigkeit 175; Haftung der Geschäftsführer 164; Mindestkapital 164; Parteifähigkeit 159; Rechtsfähigkeit 159; s. a. Rechtfertigung; Sitztheorie 159

Besloten Vennootschap (Niederlande), Aufsichtsrat 1142; Börsenzulassung 1143; Gesellschaftsstatut 1154; Gründung 1138 ff.; Mindestkapital 1140; Organe 1142; Steuern 1145 ff.

Besondere Gerichtszuständigkeit, internationale Gerichtszuständigkeit für gesellschaftsrechtliche Streitigkeiten 785 ff.

Besondere Gerichtszuständigkeiten in der ZPO, internationale Gerichtszuständigkeit für gesellschaftsrechtliche Streitigkeiten 794 ff.

Besonderes Verhandlungsgremium, 976 ff.; Auffangregelung 985 ff.; Beschlussfassung 981 ff.; Vertreter 980; Zusammensetzung 977 ff.

Bestellung, Mitglieder der Gesellschaftsorgane 297

Bestellung GmbH-Geschäftsführer, der sich im Ausland befindet, Form der Bestellung, Anmeldung beim Handelsregister 684

Beteiligungen, Verbot von – 275

Beteiligungsfähigkeit, Beteiligung an Gesellschaft mit anderem Gesellschaftsstatut 274

Betriebliche Mitbestimmung, s. Mitbestimmung

Betrug, Grund für Errichtung einer Gesellschaft in anderem Mitgliedsstaat 194

Beurkundungen, 658 ff.

Beweis, der Echtheit der Urkunde, Legalisation 696

Beweis- bzw. Darlegungslast, bezüglich tatsächlichem Verwaltungssitz 99 ff., 107 f.

Beweiskraft, der Urkunde 695

Bezugnahme, auf ausländische Urkunde 694

Bezugsrecht, der Aktionäre, Bezugsrechtsausschluss und Minderheitenschutz gemäß Kapitalrichtlinie 820

Bieterverfahren, Ad-hoc-Mitteilungen 1563

Bilanz, Strukturrichtlinie 1062 ff.

Bilanz- und Prüfungsausschuss, Empfehlung des Deutschen Corporate Governance Kodex 1514; s.a. Audit Committee; Sarbanes-Oxley Act 1515

Bilanzkontrolle, Beschwerde 1588; Deutsche Prüfstelle für Rechnungslegung 1582; Enforcement-Verfahren 1582; Kontrolle des Jahresabschlusses im Rahmen der Corporate

Governance 1581 ff.; Rechtsschutz 1588; Sonderprüfung 1583; Stellungnahme 1584; Stichproben 1582, 1585

Bilanzrechtsreformgesetz, 1580

Bilanzrichtlinie, 821 ff.

Bosnien-Herzegowina, Haager Übereinkommen 699; Sitztheorie 1465

Botswana, Haager Übereinkommen 699; Sitztheorie 1465

Brasilien, Gründungstheorie 1462

BRD, Haager Übereinkommen 699

Briefkastengesellschaft, Haftung des Geschäftsführers einer englischen Private Limited Company mit tatsächlichem Verwaltungssitz im Inland 182; s. *Scheinauslandsgesellschaft*

Brunei Darussalam, Gründungstheorie 1463; Haager Übereinkommen 699; Kapitalschutzabkommen und Anerkennung von Gesellschaften 260

Bulgarien, Haager Übereinkommen 699; Sitztheorie 1464

Burkina Faso, Gründungstheorie 1463; Kapitalschutzabkommen und Anerkennung von Gesellschaften 260

Burundi, Sitztheorie 1465

Center of Main Interest, s. *Insolvenz/Insolvenzrecht*; s. *Konzern/Konzernrecht*

Centros-Entscheidung, Bezugnahme in der Überseering-Entscheidung des EuGH 155; Darstellung der Entscheidung 148 ff.; deutsche Rechtsprechung in der Zeit zwischen Centros und Überseering 166 ff.; deutsche Rechtsprechung seit Überseering 180; Einheitslehre 28; Eintragung von Zweigniederlassungen 168; Folgerungen der Literatur für die Vereinbarkeit der Sitztheorie mit der Niederlassungsfreiheit 151 f.; grenzüberschreitende identitätswahrende Sitzverlegung innerhalb der EU 488; Handeln durch eine ausländische Rechtsform im Inland 1491; österreichische Gerichte, Umsetzung der EuGH-Vorgaben 183 ff.; Rechtsformenwahl, steuerliche Überlegungen 1491; Rechtsprechung des EuGH zur Niederlassungsfreiheit 143; Regelanknüpfung 28; Verlegung des Satzungssitzes einer deutschen GmbH nach Italien bzw. Portugal 180; Wegzugsfälle und Niederlassungsfreiheit 468; Weitergeltung der Sitztheorie im Verhältnis zu Drittstaaten 73

Certificate of Good Standing, Existenz- und Vertretungsnachweis US-amerikanischer Gesellschaften 689; Vertretung der Gesellschaft 291

Certificate of Incorporation, Existenznachweis einer englischen Private Limited Company 687; Existenznachweis US-amerikanischer Gesellschaften 689

Certificate of Status, Existenz- und Vertretungsnachweis einer kalifornischen Gesellschaft 689

Change-of-Control, Offenlegung durch Zielgesellschaft 842; Übernahmerichtlinie 842, 869

Chile, Sitztheorie 1465

China, Haager Übereinkommen 699; Kapitalschutzabkommen und Anerkennung von Gesellschaften 260; Sitztheorie 1464

Code of Ethics, 1643

Commandiataire Vennootschap (Niederlande), 1150 ff.

Company Secretary, Form des Existenznachweises US-amerikanischer Gesellschaften 689; Nachweis der Vertretungsmacht einer englischen Gesellschaft 292

Comply or explain, Deutscher Corporate Governance Kodex 1508, 1533, 1601

Cook Islands, Haager Übereinkommen 699

Corporate Governance, 1495 ff.; Empfehlungen der Kommission 1602 ff.; Entwicklung in Deutschland 1503 ff.; Entwicklung in Europa 1598 ff.; Mittelständische Unternehmen 1596 ff.; NYSE Corporate Governance Rules 1628; Zielsetzung 1507

Corporation (Kanada), Ansässigkeit der Directors 1245; Gesellschaftsstatut 1248; Gründung 1236; Mindestkapital 1238; Organe 1239; Québec 1233; Steuern 1243

Corporation (USA), 1302 ff.; Börsenzulassung 1113; business judgement rule 1313; closely held corporation 1302 f., 1311; Delaware 1297, 1299; Directors 1309 ff.; Gesellschaftsstatut 1121, 1298; Gründung 1305 ff.; Hauptversammlung 1309; Mindestkapital 1110; Officers 1312; Organe 1111, 1308; Proxies 1310; Public Corporation 1302, 1311; Rechtspersönlichkeit 1304; Sorgfalts- und Treupflichten 1313 f.; Steuern 1116; Strukturmerkmale 1302; Übertragbarkeit der Geschäftsanteile 1303 f.; Wahl des Inkorporationsstaats 1299

Costa Rica, Gründungstheorie 1462

Dänemark, Gründungstheorie 1462; Nichtanwendbarkeit der EuInsVO 704

Daily Mail-Entscheidung, Beschränkungen der Niederlassungsfreiheit 196 ff.; Bezugnahme in Hughes de Lasteyrie du Saillant 476; Darstellung der Entscheidung 144 ff.; deutsche Rechtsprechung zwischen Centros und Überseering 167 ff.; Einheitstheorie 28; Folgerung der Literatur 146; Folgerungen aus der Überseering-Entscheidung 155; grenzüberschreitende identitätswahrende Sitzverlegung innerhalb der EU 468; grenzüberschreitende Verschmelzungen/Spaltungen nach deutschem Sachrecht 510; Gründung von Auslandsge-

sellschaften mit anfänglichem Inlandsitz 205;
Heraus-Umwandlung 510; Herein-Umwand-
lung 510; internationale Zuständigkeit zur
Eröffnung des Hauptinsolvenzverfahrens 748;
Niederlassungsfreiheit der Gesellschaften –
Anwendungsbereich und Folgerungen 191 ff.;
österreichische Gerichte, Umsetzung der
EuGH-Vorgaben 183 ff.; Rechtsprechung des
EuGH zur Niederlassungsfreiheit von Gesell-
schaften 143; Verlegung des Verwaltungssitzes
212, 214, 474, 476; Verschmelzung und
Spaltung 510; Wegzugsfälle und Niederlas-
sungsfreiheit 468 ff.

Datenaustausch, im Konzern 421

Delikstfähigkeit der Gesellschaft, Delikststatut 354

Delikstsstatut, Delikstsfähigkeit der Gesellschaft
354; Verletzung des Eigentumsvorbehalts 349

Deregulierung der GmbH, Entwurf eines
Gesetzes zur Neuregelung des Mindestkapitals
der GmbH 225

**Deutsche Prüfstelle für Rechnungslegung
e. V. (DPR),** Bilanzkontrolle 1582

**Deutscher Corporate Governance Kodex
(DCGK),** Akzeptanz 1546; Anfechtbarkeit
des Entlastungsbeschlusses 1559 ff.; Audit
Committee 1514 ff.; *s. a. Entsprechenserklärung;*
Gesetzesauslegung im – 1522; im Konzern
1526; rechtliche Einordnung 1508; Schwerpunkte des – 1510 ff.; Selbstregulierung 1508;
Soft Law 1508; Systematik 1509; Übernahmeangebot 1524; Veröffentlichung bei Überschreiten von Stimmrechtsschwellen 1523;
Zielsetzung 1507, 1516

Deutscher Notar, Form der Übertragung
ausländischer GmbH-Anteile 683

Dienstverträge der Geschäftsleiter, Vertragsstatut 297

Differenzierungstheorie, 24, 67 f.

Diplomatische Vertretung, Zuständigkeit für
Beurkundung im Ausland 665

Director's Dealings, 1567 ff.; enge Beziehung
zum primär Meldepflichtigen 1570; Freibetrag
1567; Führungsaufgaben 1568; Konzern 1569;
Veröffentlichung 1571

Dirigeants de droit et de fait, Haftung 350,
756

Diskriminierungsverbot, Niederlassungsfreiheit 140, 165

Distanzgeschäfte, Vertrauen auf Rechtsfähigkeit 271

Dominika, Haager Übereinkommen 699

Dominikanische Republik, Freundschafts-,
Handels- und Schifffahrtsvertrag zwischen der
BRD und der Dominikanischen Republik
vom 23. 12. 1957 253

Dominikanischer Bund, Gründungstheorie
1463; Kapitalschutzabkommen und Anerkennung von Gesellschaften 260

Doppelansässigkeit, steuerliche Folgen 493,
1493

Doppelqualifikation, Grundlagen/Grund-
begriffe des Kollisionsrechts 13

Drittgünstigkeitsprinzip, Haftung 324; Haftungsdurchgriff 328

Drittstaaten, Geltung der Einheitslehre 28;
Sitztheorie 44, 73 ff.

Dual Headed Structure, *s. Konzern/Konzern-
recht*

Dualistisches System, Konzernrecht 999;
Mitbestimmung 1047 ff.; Organstruktur der
Europäischen Aktiengesellschaft (SE) 966 ff.;
Organstruktur der Europäischen Genossen-
schaft (SCE) 1022; Strukturrichtlinie 1026 f.,
1031 ff.

Duldungsvollmacht, Vollmachtsstatut 290

Durchgriff, auf der Gesellschaftsvermögen
wegen Verbindlichkeiten der Gesellschafter
351 f.

Durchgriffshaftung, 327 ff.; Anknüpfung, lex
fori 329; doppelter Haftungsdurchgriff 335;
Drittgünstigkeitsprinzip 328; im Konzern 391;
Niederlassungsfreiheit 334; Rechtsumgehungstatbestände 334; Scheinauslandsgesellschaften 334

Durchsetzung von Gesellschafterrechten,
innere Verfassung der Gesellschaft 298

Ecuador, Haager Übereinkommen 699; Sitztheorie 1465

Eigene Aktien, Kapitalrichtlinie 819, 820

Eigenkapitalersatzregeln, 312 ff.; Anwendbarkeit bei ausländischen Gesellschaften 762;
internationale Gerichtszuständigkeit 788; *s. a.
Kapitalersatz;* Rechtfertigung von Sonderanknüpfungen oder Sondervorschriften 221

Eigentumsvorbehalt, Delikststatut bei Verletzung des – 349

Eigenverwaltung, im deutschen Sekundärinsolvenzverfahren 741

Eingeschränkte Gründungstheorie, 63

Eingliederungskonzern, *s. Konzern/Konzern-
recht* 358

Einheitslehre, 21 ff.; Drittstaaten 28; Geltung
für ausländische Gesellschaften mit tatsächlichem Verwaltungssitz in Deutschland 262;
Geltung Sonderanknüpfung 215 ff.; Gesellschaftsstatut 21 ff.; Überseering-Entscheidung
26, 28

Einheitstheorie, 28

Einpersonengesellschaft, Europäische Wirtschaftliche Interessenvereinigung (EWIV)
893; Konzernhaftung 832; persönliche Haftung des Gesellschafters 831

Einpersonengesellschaftsrichtlinie, 830 ff.

Eintragungsverfahren, Vertretung der Gesellschaft 291

Einzahlungsfristen, Kapitalrichtlinie 819

Einzelanknüpfung, bei grenzüberschreitender Verschmelzung/Spaltung 506

Einzelrechtsübertragung, im Ausland belegenes Vermögen bei grenzüberschreitender Verschmelzung/Spaltung 521

Einzeltheorien, bei grenzüberschreitender Verschmelzung/Spaltung 504

Einzelvollstreckung, bei Anwendbarkeit der EuInsVO 734

Einziehung von Aktien, Kapitalrichtlinie 819

Elfenbeinküste, Sitztheorie 1465

El Salvador, Haager Übereinkommen 699; Sitztheorie 1465

EMRK, kein Verstoß der Sitztheorie gegen – 109

Enforcement-Verfahren, Bilanzkontrolle 1582

England, Gründungstheorie 1462; Nachweis der Vertretungsmacht einer englischen Gesellschaft 292; *s. a. Private Limited Company (England); s. a. Public Limited Company (England); s. a. Vereinigtes Königreich*

Englischer Notar, Gleichwertigkeit deutscher und ausländischer Beurkundung 669

Entlastungsbeschluss, Anfechtbarkeit bei Nichtbeachtung der Empfehlungen des Deutschen Corporate Governance Kodex 1559 f.

Entsprechenserklärung zum Deutschen Corporate Governance Kodex, 1531 ff.; Ad-hoc-Meldung bei Änderung 1544, 1556; Aktualisierung 1544 f.; Außenhaftung 1533 ff.; Begründung 1533, 1539; Beschluss 1531; deliktische Haftung 1554 f.; Entlastungsbeschluss 1559 f.; Fragen in der Hauptversammlung 1543; Haftung 1549 ff.; Innenhaftung 1551 ff.; Mindestanforderungen 1535 ff.; Sorgfaltspflicht 1551; Strafrecht 1557 f.; Unterschrift 1541; Veröffentlichung 1542; Wesentlichkeit 1534, 1560

Erforderlichkeit, eines Eingriffs in die Niederlassungsfreiheit 165, 197

Erlöschen, der ausländischen Gesellschaft 701

Eröffnungsgründe, *s. Insolvenz/Insolvenzrecht*

Erwerb von Gesellschaftsanteilen, Rechtsfähigkeit der Gesellschaft 274

Estland, Gründungstheorie 1462; Haager Übereinkommen 699

EuGVÜ, internationale Gerichtszuständigkeit für gesellschaftsrechtliche Streitigkeiten 781 ff.

EuGVVO, internationale Gerichtszuständigkeit für gesellschaftsrechtliche Streitigkeiten 781 ff.

EuInsVO *s. a. Insolvenz/Insolvenzrecht;* persönlicher Anwendungsbereich 712; sachlicher Anwendungsbereich 711

Europäische Aktiengesellschaft (SE), 920 ff.; Abfindung 940, 944, 951, 956; als Konzerngesellschaft 442; Amtszeit der Organmitglieder 974; Anfechtungsklage gegen Zustimmungsbeschluss zur Eintragung 954; anwendbares Recht 925 ff.; Aufsichtsorgan 970; besonderes Verhandlungsgremium 976 ff.; dualistisches System 966, 968 ff.; europäische konzernrechtliche Regelungen 361; Geschichte 921 ff.; Gründung 936 ff.; Gründungsplan 951 ff.; Hauptversammlung 967; Holding-SE 949 ff.; Kapital 933; Kapitalaufbringung 933, 1008; Kapitalerhaltung 1000; Kontrollerwerb 993; Konzernrecht 994 ff.; Leitungsorgan – monistisches System 971 ff.; Leitungsorgane – dualistisches System 968 ff.; Mehrstaatlichkeitsprinzip 934, 957; Mitbestimmung 975 ff.; monistisches System 966, 971 ff., 1005 f.; Mutter-SE 935; Organe 966 ff.; Pflichtangebot 967; rechtlicher Rahmen 925 ff.; Rechtsfähigkeit 932; sekundäre Gründung 963; Sicherheitsleistung 946; Sitz 947, 964 f.; Sitzverlegung 964 f., 1004; Steuerrecht 1092; Struktur 932 ff.; Tochter-SE 957; Umtauschverhältnis 944 f.; Umwandlung 958 ff.; Verschmelzungsplan 940; Verschmelzungs-SE 936 ff.

Europäische Gegenseitigkeitsgesellschaft (ME), 1096 ff.

Europäische Genossenschaft (SCE), 1011 ff.; beschränkte Haftung 1016; dualistisches System 1022; Geschichte 1012 f.; Grundkapital 1015; Gründung 1018 ff.; Haftung der Mitglieder 1016; Kapitalaufbringung 1015; monistisches System 1022; Organe 1022 ff.; Rechtsfähigkeit 1015; Struktur 1011, 1014 ff.; Zweck 1017

Europäische Wirtschaftliche Interessenvereinigung (EWIV), 878 ff.; anwendbares Recht 881 ff.; Ausscheiden 912 ff.; Beitragspflicht 909; Beschlussfassung 910 ff.; Dauer der Vereinigung 899; Eintragung 902, 905; Geschäftsführung 917; Gesellschaft i. S. d. Kollisionsrechts 116; Gewinnerzielung 882; Gründung 894 ff.; Gründungsvertrag, Gestaltungsfreiheit 900; Gründungsvertrag, Inhalt 895 ff.; Haftung 918 f.; Kaufmannseigenschaft 582; Konzernrecht 884; Mitglieder 891 ff.; Mitgliederpflichten 908 ff.; Mitgliederrechte 903 ff.; Mitgliederversammlung 917; Mitgliederwechsel 911 ff.; Organe 916 ff.; rechtlicher Rahmen 880; Rechtsfähigkeit 918; Regelungszweck 878; Sitz, Sitzverlegung 896; Struktur 882 ff.; Tätigkeitsverbote 883 ff.; Unternehmensgegenstand 897; Vorvereinigung 901; Zweck der Vereinigung 882

Europäischer Verein (AE), 1089 ff.

Europäischer Wirtschaftsraum, Sonderregeln für Gesellschaften aus Mitgliedstaaten 227 ff.

Europäisches Konzernrecht, *s. Konzern/Konzernrecht*

Europäisches Unternehmensrecht, 779 ff.; Begriff 779; Ermächtigungsgrundlagen des EG-Vertrags 804 ff.; Gegenstand 779 ff.;

Stichwortverzeichnis

Rechtsangleichung 779; Rechtsquellen Primärrecht 801 f.; Rechtsquellen Sekundärrecht 803

Existenznachweis, englischer Private Limited Company 687; Form bei ausländischer Kapitalgesellschaft 686 ff.; Nachweis der Rechts- und Parteifähigkeit 287; US-amerikanischer Gesellschaften 689

Existenzvernichtender Eingriff, 339 ff.; Anwendbarkeit auf ausländische Gesellschaften 762; Bremer Vulkan 339; Einpersonengesellschaft 832; Haftung im Gleichordnungskonzern 407; im Konzern 391; Inspire Art-Entscheidung 344; internationale Gerichtszuständigkeit für gesellschaftsrechtliche Streitigkeiten 792; KBV 339; Niederlassungsfreiheit 344; Rechtfertigung von Sonderanknüpfungen oder Sondervorschriften 221; Scheinauslandsgesellschaften 342

Faktischer Konzern, Konzernrechtsrichtlinie 1072 ff.; s. a. Konzern / Konzernrecht
Fehlerhafte Gesellschaft, Gründung der Gesellschaft 266
Fidschi, Haager Übereinkommen 699
Finnland, Gründungstheorie 1462; Haager Übereinkommen 699
Firmenrecht, 554 ff.; Firma der Auslandsgesellschaft 560 f.; Firma der Hauptniederlassung 555; Firma der Zweigniederlassung 555 ff.; Firmenfortführung 562; Firmenidentität 556; kollisionsrechtliche Anknüpfung 554; Niederlassungsfreiheit 558; Ordre Public 559; Rechtsformzusätze 557; Zweigniederlassungsrichtlinie 558, 560 f.
Firmenstatut, Kollisionsnorm firmenrechtlicher Fragen 133
Flowback, grenzüberschreitender Gleichordnungskonzern 397
Form des Rechtsgeschäfts, Geschäftsrecht 660; Ortsrecht 660; Sonderanknüpfung, Teilfrage 574
Formenleere, Ortsrecht nach Art. 11 EGBGB 664
Formfragen, Abtretung GmbH-Geschäftsanteile 671 ff.; Apostille 689, 698; Auflösung der Gesellschaft 700 ff.; s. a. ausländischer Notar; Auslandsbeurkundung, Zulässigkeit 667 ff.; Bestellung des GmbH-Geschäftsführers, der sich im Ausland befindet 684; Beweis der Echtheit der Urkunde 696; Beweiskraft der Urkunde 695; diplomatische Vertretung, Zuständigkeit bei Beurkundung im Ausland 665; Existenznachweise bei ausländischen Gesellschaften 686 ff.; Existenznachweis der englischen Private Limited Company 687; Existenznachweis US-amerikanischer Gesellschaften 689; Formenleere 664; s. a. Geschäftsrecht; Gesellschafterversammlung im Ausland 685;

s. a. Gesellschaftsstatut; Gleichwertigkeit deutscher und ausländischer Beurkundung 667 ff.; GmbH-Geschäftsanteile, Verkauf 671 ff.; Haager Übereinkommen, Verzeichnis der Vertragsstaaten 698 f.; Heilung 675; Kapitalerhöhung 670; s. a. Legislation; s. a. Notar; Notary Public, Gleichwertigkeit deutscher und ausländischer Beurkundung 669; s. a. Ortsrecht; Satzungsänderung 663, 670; Spaltung 670; statusrelevante Geschäfte des Gesellschaftsrechts 670, 692; Substitution 667; Teilrechtswahlklausel 683; Umwandlung 663, 670; Unternehmensvertrag 663, 670; s. a. Urkunde; Vermutung der Echtheit der Urkunde 695; Verschmelzung 670; Vertretungsnachweis bei ausländischer Gesellschaft 689 f.; Vertretungsnachweis bei ausländischer Kapitalgesellschaft 689 f.; Verwendung ausländischer Urkunden 695 ff.; Zulässigkeit der Auslandsbeurkundung 667 ff.

Frankreich, Haager Übereinkommen 699; Niederlassungs- und Schifffahrtsvertrag zwischen der BRD und Frankreich vom 27. 10. 1956 253; s. a. Société à Responsabilité Limitée (Frankreich); s. a. Société Anonyme (Frankreich); s. a. Société par Actions Simplifiée (Frankreich); Sitztheorie 1464
Fremdenrecht, 547; 619 ff.; GG 622; Kontrolltheorie 621; KrWaffG 621; KWG 622; LuftVG 621; Registerrecht 627; VAG 622; VereinsG 621; ZPO 622; Zweigniederlassungen 623 ff.
Freundschafts-, Handels- und Schifffahrtsvertrag zwischen der BRD und den USA vom 29. 10. 1954, Anerkennung 232 f., 235 ff.; Genuine link 237 ff.; Gesellschaften 233; Gründungsrecht 78; Missbrauch 238; Ordre Public 244 ff.; Parteifähigkeit 247; Rechtsfähigkeit 247; Rechtsfolgen der Anerkennung 246 ff.; Steuerrecht 248; wirksame Gründung und Fortbestehen im Gründungsstaat 235 f.
Fusionsrichtlinie, 488, 530 f., 533 ff.; Anwendbarkeit bei grenzüberschreitender Verschmelzung / Spaltung 512

Gabun, Gründungstheorie 1463
GATS, kein Verstoß der Sitztheorie gegen – 110
Geeignetheit, eines Eingriffs in die Niederlassungsfreiheit 165, 197
Gemeinschaftsrecht, Vorrang gegenüber staatsvertraglichen Regelungen und Regelungen des autonomen deutschen Rechts 135
General Partnership (Kanada), Gründung 1234; Québec 1232; Steuern 1244
General Partnership (USA), Börsenzulassung 1114; Geschäftsführung 1320; Gesellschaftsstatut 1122; Gesellschaftsvertrag 1319;

Gewinnverteilung 1320; Gründung 1108; Haftung 1321; Mindestkapital 1110; Organe 1112; Steuern 1117; Treuepflichten 1320; Übertragung der Gesellschafterstellung 1322; Vertretung 1320

Genossenschaften, Beurkundung des Verschmelzungsvertrags durch einen österreichischen Notar 670

Genuine link, als Anerkennungsvoraussetzung in Deutschland einer wirksam in den USA gegründeten Gesellschaft 273 ff.; *s. a. Freundschafts-, Handels- und Schifffahrtsvertrag zwischen der BRD und den USA vom 29. 10. 1954*

Georgien, Sitztheorie 1464

Gerichtsstand, bei Gewinnabführungs- und Beherrschungsverträgen 375; internationaler bei Konzernhaftungsansprüchen 426 ff.

Gerichtszuständigkeit, internationale, für gesellschaftsrechtliche Streitigkeiten 781 ff.

Gesamtrechtsnachfolge, bei grenzüberschreitender Verschmelzung/Spaltung 518 ff.

Gesamtverweisung, Grundlagen/Grundbegriffe des Kollisionsrechts 18; Rückverweisung durch ausländisches Kollisionsrecht 50

Geschäftsfähigkeit, Sonderanknüpfung, Teilfrage 574

Geschäftsführer, Beschränkung der Haftung 164

Geschäftsrecht, Art. 11 EGBGB, Form des Rechtsgeschäfts 660 ff.; Form bei Verkauf/Abtretung von GmbH-Anteilen 673; Form bei Verkauf ausländischer GmbH-Anteile 680

Gesellschaft i. S. d. Kollisionsrechts, BGB-Gesellschaft und sonstige Personengesellschaften 115; Europäische Wirtschaftliche Interessenvereinigung (EWIV) 116; Grundsatz 111 ff.; Innengesellschaften 112; internationale Konsortien 118 ff.; Joint-Venture-Gesellschaften 117; Kreditkonsortien 120; lex fori-Qualifikation 114; nicht rechtsfähige Vereine 122; nicht rechtsfähige Vermögensmassen 111; Personenhandelsgesellschaften 123; Personenvereinigungen 111; Private Anstalten 124; Stiftungen 125; Stille Gesellschaft 126; Stimmrechtspools 127; Treuhandverhältnisse 128; Vereine 129; Vorgesellschaften 130

Gesellschaft mit beschränkter Haftung, Abschluss eines Gleichordnungsvertrags 405; beim grenzüberschreitenden Beherrschungs- und Gewinnabführungsvertrag 368, 371, 380; im faktischen Konzern 389 f.

Gesellschaft mit beschränkter Haftung (Österreich), Börsenzulassung 1200; Gesellschaftsstatut 1205; Gründung 1194; Mindestkapital 1196; Organe 1198; Steuern 1202 f.; Zulässigkeit der grenzüberschreitenden Umwandlung 188

Gesellschaft mit beschränkter Haftung (Schweiz), Börsenzulassung 1182; Ein-

Personen-GmbH 1186; Geschäftsführer 1186; Gesellschaftsstatut 1190; Gründung 1176; Mindestkapital 1178; Organe 1180; Steuern 1184 f.; Stimmrecht 1186

Gesellschafter, *s. a. ausländischer Gesellschafter;* Rechtsstellung untereinander 298

Gesellschafterdarlehen, kapitalersetzende, *s. Eigenkapitalersatzregeln*

Gesellschafterversammlung, im Ausland, Form 685; Teilnahmerecht 298

Gesellschaftsanteile, Erbfolge 320; Pfändung 323; Übertragung und Belastung 320 ff.

Gesellschaftskollisionsrecht, Spaltung, unterschiedliche kollisionsrechtliche Regeln für Gesellschaften aus Drittstaaten und Mitgliedsstaaten 79

Gesellschaftsorgane, Rechte und Pflichten 297; Rechtsverhältnisse untereinander 297

Gesellschaftsrechtliche Haftungstatbestände, 324

Gesellschaftsrechtliche Richtlinien, 815 ff.; *s. a. Richtlinien*

Gesellschaftsrechtliche Streitigkeiten, internationale Gerichtszuständigkeit 781 ff.

Gesellschaftsstatut, 21 ff.; Abgrenzung zum Vertragsstatut 112; Abgrenzung zu sonstigen wichtigen Kollisionsnormen 131 ff.; Anknüpfungspunkte 31 ff.; Anleihefähigkeit 285 f.; Anwendbarkeit nationaler Straf- und Ordnungsvorschriften bei ausländischen Gesellschaften 779; Auseinanderfallen von Gesellschafts- und Insolvenzstatut 748; Auflösung, Abwicklung, Beendigung der Gesellschaft 700; bei grenzüberschreitender Verschmelzung/Spaltung 504; Belastung von Gesellschaftsanteilen 320; Bestimmung 29 ff.; Beteiligungsfähigkeit, Beteiligung an Gesellschaft mit anderem Gesellschaftsstatut 274; Einheitslehre 21 ff., 261; Errichtungsphase 266; Form bei Übertragung von ausländischen GmbH-Anteile 679; Form bei Verkauf von GmbH-Anteilen 672, 674; Form des Existenznachweises ausländischer Kapitalgesellschaft 686; grenzüberschreitende Typenvermischung, grenzüberschreitende 276 ff.; innere Verfassung der Gesellschaft 297 f.; Kapitalausstattung/Kapitalersatz 312; *s. a. Konzern/Konzernrecht;* Organfähigkeit 282; organschaftliche Vertretung der Gesellschaft 288; Parteifähigkeit 294; Prozessfähigkeit 296; Rechtsfähigkeit der Gesellschaft 270; Scheckfähigkeit 283; schuldrechtliche Vereinbarungen 318; Sonderanknüpfung 263; statusrelevantes Rechtsgeschäft, Form 670; Statutenverdopplung 43; Übertragung von Gesellschaftsanteilen 320; unternehmerische Mitbestimmung 300; Verlustausgleichspflicht im Gleichordnungskonzern 407; Voraussetzungen der Entstehung einer Gesellschaft

267; Vorgründungsgesellschaft 265; Wechselfähigkeit 283

Gewinnabführungsvertrag, *s. Konzern/Konzernrecht*

Gewinnabschöpfung, Haftung bei fehlerhafter Berichterstattung und fehlerhaftem Jahresabschluss, Sarbanex-Oxley Act 1634

Gewinnausschüttung, verdeckte, 312

Gewinngemeinschaft, im grenzüberschreitenden Gleichordnungskonzern 400, 405

Ghana, Gründungstheorie 1463; Kapitalschutzabkommen und Anerkennung von Gesellschaften 260

Gläubigergleichbehandlung, Haftung 326

Gläubigerschutz, Liquidationsrichtlinie 1076 ff.; *s. a. zwingende Gründe des Allgemeininteresses*

Gleichbehandlungsgrundsatz, Kapitalrichtlinie 820; Strukturrichtlinie 1040; Übernahmerichtlinie 833

Gleichordnungskonzern, *s. Konzern/Konzernrecht*

Gleichwertigkeit, deutscher und ausländischer Beurkundung 667 ff.; deutscher und ausländischer Ortsform bei Übertragung ausländischer GmbH-Anteile 680

GmbH-Geschäftsanteile, Form bei Abtretung/Verfügungsgeschäft 671 ff.; Form bei Verkauf/Verpflichtungsgeschäft 671 ff.

GmbH & Co. KG, Anwendbarkeit der Bilanzrichtlinie 822

Golden Shares, Stimmrechtsbeschränkung bei Übernahme 849; Übernahmerichtlinie 871; Zulässigkeit 837

Gomei Kaisha (Japan), 1286

Goshi Kaisha (Japan), 1287

Grenada, Haager Übereinkommen 699

Grenzüberschreitende Sitzverlegung, Inspire Art-Entscheidung 444; Schlussbesteuerung 492 ff.; steuerliche Folgen 485 ff.

Grenzüberschreitende Verschmelzung/Spaltung, anwendbares deutsches Sachrecht 512; Beteiligung von Gesellschaften aus EG-Staaten 510 ff.; Einzelanknüpfung 506; Einzelrechtsübertragung bei im Ausland belegenem Vermögen 521; Einzeltheorien 504; Fusionsrichtlinie, Anwendbarkeit 512; Gesamtrechtsnachfolge, im Ausland belegenes Vermögen 518 ff.; Gesellschaftsstatut 504; Heraus-Umwandlung, Zulässigkeit 510 ff.; Herein-Umwandlung, Zulässigkeit 510 ff.; Kollisionsrecht 504 ff.; kumulative Anknüpfung bei Eintragung im Handelsregister der ausländischen Gesellschaft 506; Personalstatut 508; Sachstatut des Belegenheitsorts 519 ff.; steuerliche Folgen 529 ff.; Substitution 506; Umwandlung einer österreichischen Kapitalgesellschaft durch Übertragung ihres Unternehmens auf ihren deutschen Hauptgesell-

schafter 188, 513 ff.; Vereinigung aller Gesellschaftsanteile an einer ausländischen Gesellschaft in der Hand einer deutschen Person 516; Vereinigung aller Gesellschaftsanteile an einer Personen- oder Personenhandelsgesellschaft in der Hand einer ausländischen Person 515; Vereinigungstheorie 504; Vermögen, im Ausland belegenes 517 ff.; Verschmelzungsrichtlinie, Anwendbarkeit 512; Verschmelzungs-/Spaltungsvertrag bei im Ausland belegenem Vermögen 521; Werthaltigkeitsprüfung bei Kapitalerhöhung aufnehmender Gesellschaft bei im Ausland belegenem Vermögen 521; Wirkungen bezüglich Reichweite, Art und Weise der Rechtsnachfolge 507; Wirkungen der Verschmelzung/Spaltung 518 f.; Wirkungen nach dem Erlöschen der übertragenden Gesellschaft 507; Zulässigkeit nach deutschem Sachrecht 509 ff.

Grenzüberschreitender Gleichordnungskonzern, *s. Konzern/Konzernrecht*

Grenzüberschreitender Unterordnungskonzern, *s. Konzern/Konzernrecht*

Griechenland, Haager Übereinkommen 699; Niederlassungs- und Schifffahrtsvertrag zwischen der BRD und Griechenland vom 18. 3. 1960 253; Sitztheorie 1464

Großbritannien, Haager Übereinkommen 699

Gründung, Europäische Aktiengesellschaft (SE) 936 ff.; Europäische Genossenschaft (SCE) 1018 ff.; Europäische Wirtschaftliche Interessenvereinigung (EWIV) 894 ff.; Form des Rechtsgeschäfts 663, 670

Gründung der Gesellschaft, Maßgeblichkeit des Vertragsstatuts 132; Entstehung der Gesellschaft 267; Errichtungsphase 266 ff.; fehlerhafte Gesellschaft 266; Gründungsvorvertrag 264; Vorgründungsgesellschaft 265; Willensmängel 266

Gründung von Auslandsgesellschaften mit anfänglichem Inlandsitz, Centros-Entscheidung 205; Überseering-Entscheidung 203

Gründungsplan, Europäische Aktiengesellschaft (SE)-Holding 951 ff.

Gründungstheorie, 31, 59 ff.; Antigua und Barbuda 1463; Argentinien 1462; Aserbaidschan 1462; Brasilien 1462; Brunei Darussalam 1463; Burkina Faso 1463; Costa Rica 1462; Dänemark 1462; Dominikanischer Bund 1463; eingeschränkte Gründungstheorie 63; England 1462; Estland 1462; europarechtliche Prägung 179, 199; Freundschafts-, Handels- und Schifffahrtsvertrag zwischen der BRD und den USA vom 29. 10. 1954 78; Finnland 1462; Ghana 1463; Guyana 1463; Honduras 1463; Hongkong 1463; Indien 1463; Indonesien 1463; Irland 1462; Israel 1463; Italien 1462; Jamaika 1463; Japan 1462;

Jemen 1463; Jugoslawien und Nachfolgestaaten 1462; Kambodscha 1463; Kamerun 1463; Kasachstan 1462; Katar 1463; Kongo, Demokratische Republik 1463; Korea 1463; Korrektur der Schwächen 61 f.; Kuba 1463; Lesotho 1463; Liberia 1463; Liechtenstein 1462; Litauen 1462; Malaysia 1463; Mali 1463; Mauritius 1463; Nepal 1463; Niederlande 1462; Niederlassungsfreiheit 78; Norwegen 1462; Oman 1463; Pakistan 1463; Panama 1462; Papua-Neuguinea 1463; Russische Föderation 1462; Schweden 1462; Schweiz 1462; Senegal 1463; Singapur 1463; Slowenien 1462; Somalia 1463; Sri Lanka 1463; Sta. Lucia 1463; St. Vincent und die Grenadinen 1463; Sudan 1463; Swasiland 1463; Tansania 1463; Tschad 1463; Umgehung 60, 62; Uruguay 1462; USA 1462; Usbekistan 1462; Verhältnis zur Niederlassungsfreiheit 59, 199; Vor- und Nachteile 60; Weißrussland 1462; Wettbewerb der Gesellschaftsrechte 59; Zaïre 1463; Zentralafrikanische Republik 1463; Zuzugsfälle 207, 209

Gründungsurkunde, Form des Existenznachweises ausländischer Kapitalgesellschaft 687

Gründungsverträge, Rechtsquellen des Europäischen Unternehmensrechts 801 f.

Grundbuchfähigkeit, Beschränkung 175

Grundgesetz, Fremdenrecht 622

Grundkapital, Verlust der Hälfte: Anwendbarkeit nationaler Straf- und Ordnungsvorschriften bei ausländischen Gesellschaften 804

Günstigkeitsprinzip, Art. 11 EGBGB, bei Orts- und Geschäftsrecht 660

Guinea, Sitztheorie 1464

Guyana, Gründungstheorie 1463; Kapitalschutzabkommen und Anerkennung von Gesellschaften 260

Haager Übereinkommen, 698 f.; Verzeichnis der Vertragsstaaten 699

Haftung, 324 ff.; Action en comblement du passif 350, 756; des Geschäftsführers der Private Limited Company mit tatsächlichem Verwaltungssitz im Inland 178, 182; Gleichordnungskonzern 407; Dirigeants de droit et de fait 350, 756; Drittgünstigkeitsprinzip 324; Durchgriffshaftung der Gesellschafter 327 ff.; Eigenkapitalersatz, Anwendung auf ausländische Gesellschaften 762; Einbringung von Betrieben 269; existenzvernichtender Eingriff; rechtliche Qualifikation, Anwendbarkeit auf ausländische Gesellschaften 762; fehlerhafte Entsprechenserklärung 1549 ff.; gesellschaftsrechtliche Haftungstatbestände 324; Gewinnabschöpfung nach Sarbanes-Oxley Act bei fehlerhafter Berichterstattung/fehlerhaftem Jahresabschluss 1634; Gläubigergleichbehandlung 326; Innenverhältnis 297; Insolvenzver-

schleppungshaftung, rechtliche Qualifikation, Anwendbarkeit auf ausländische Gesellschaften 755 ff.; Konzernaußenhaftung 431 ff.; Konzernhaftungsansprüche 424 ff.; Konzerninnenhaftung 427 ff.; nicht gesellschaftsrechtliche Haftungstatbestände 325; Organmitglieder 1575 ff.; persönliche Haftung der Verwaltung der abhängigen Gesellschaft bei Befolgung nachteiliger Weisungen 376; Stellvertretereigenhaftung 348; unrichtige Bestätigung nach Section 302 Sarbanes-Oxley Act 1634; unwahre Insiderinformation 1573; Verbindlichkeiten der Gesellschaft 324; Verkehrsschutzgesichtspunkte 326; verspätete Veröffentlichung von Insiderinformation 1572

Haftung der Gesellschafter, Scheinauslandsgesellschaft 46

Haftungsdurchgriff, doppelter Haftungsdurchgriff 335; *s. a. Durchgriffshaftung*

Haftungsvereinbarung, zwischen Gesellschaftern, anwendbares Recht 319

Haiti, Sitztheorie 1465

Handelndenhaftung, des Geschäftsführers der Private Limited Company mit tatsächlichem Verwaltungssitz im Inland 182

Handelsregister, Anmeldung mit Urkunde in ausländischer Sprache 693; Bestellung GmbH-Geschäftsführer, der sich im Ausland befindet 684; Eintragung, Erlangung der Rechtsfähigkeit 41; Verletzung der Anmeldepflicht bei einer englischen Private Limited Company mit tatsächlichem Verwaltungssitz im Inland 182

Handelsregisteranmeldungen, Anmeldepflichten; kollisionsrechtliche Anknüpfung 546 ff.; Eintragung bei Beschluss über Sitzverlegung 456; Eintragung von Auslandsgesellschaften 553; Hauptniederlassung einer Auslandsgesellschaft 550 ff.; Zweigniederlassungen 547 ff.

Handelsregisterauszug, Vergleichbarkeit deutscher und ausländischer Handelsregisterauszüge 688

Handlungsvollmacht, Auslandsgesellschaften 571; kollisionsrechtliche Anknüpfung 568 ff.; Zweigniederlassung 570

Harmonisierung, des Gesellschaftsrechts 807 ff.

Hauptinsolvenzverfahren, Anerkennung eines Hauptinsolvenzverfahrens 731 ff.; Bekanntmachung der Eröffnung des Hauptinsolvenzverfahrens 747; Grundstruktur der EuInsVO 709 ff.; im autonomen deutschen internationalen Insolvenzrecht 763 f.; internationale Zuständigkeit zur Eröffnung 714 ff., 748; Konzerninsolvenz 438 ff., 707; Prioritätsgrundsatz bei mehreren Hauptinsolvenzverfahren 724, 747; Verhältnis zum Sekundärinsolvenzverfahren 740 ff.; Wirkung eines Hauptinsolvenzverfahrens 732 ff.; Zusammenarbeit Insolvenzverwalter Haupt- und Sekundärinsolvenzverfahren 773

Hauptniederlassung, Auslandsgesellschaft 550 ff.; Firma 555

Hauptversammlung, Abstimmung über Vergütung von Organmitgliedern 1608, 1611; Liquidationsrichtlinie 1080; Strukturrichtlinie 1043, 1053 ff.; Vergütung als Tagesordnungspunkt 1608

Heilung, des formunwirksamen Rechtsgeschäfts 675

Heraus-Umwandlung, Zulässigkeit bei grenzüberschreitender Verschmelzung/Spaltung 510 f.

Herein-Umwandlung, Zulässigkeit bei grenzüberschreitender Verschmelzung/Spaltung 510 f.

Hilfspersonen, kaufmännische, 573

Hinkendes Rechtsverhältnis, Gesamtrechtsnachfolge bei grenzüberschreitender Verschmelzung/Spaltung 520

Hinzurechnungsbesteuerung, 1478, 1486

Hoheitsgebiet, Zuständigkeit des deutschen Notars 665

Honduras, Gründungstheorie 1463; Haager Übereinkommen 699; Kapitalschutzabkommen und Anerkennung von Gesellschaften 260

Hongkong, Gründungstheorie 1463; Kapitalschutzabkommen und Anerkennung von Gesellschaften 260

Hughes de Lasteyrie du Saillant, steuerrechtliche Folgen der Sitzverlegung 487; Wegzug deutscher Gesellschaften 214; Wegzugsfälle 476

Hybride Gesellschaften, Qualifikation der Gesellschaft i. S. d. Steuerrechts 1489

Indien, Gründungstheorie 1463; Haager Übereinkommen 699; Kapitalschutzabkommen und Anerkennung von Gesellschaften 260

Indonesien, Gründungstheorie 1463; Kapitalschutzabkommen und Anerkennung von Gesellschaften 260

Informationsrechte, der Aktionäre, Empfehlungen des Deutschen Corporate Governance Kodex 1511; des herrschenden Unternehmens 1527 ff.; im faktischen Konzern 1529; Reichweite des Gesellschaftsstatuts 298

Inhaberschuldverschreibungen, Rechtsfähigkeit 285

Inländergleichbehandlungsgrundsatz, Niederlassungsfreiheit 140

Innere Verfassung der Gesellschaft, 297 f.; Abberufung 297; Aufbau der Gesellschaftsorgane 297; Bestellung 297; Dienstverträge der Geschäftsleiter 297; Errichtung 297; Gesellschafterversammlung 298; Haftung im

Innenverhältnis 297; Informationsrechte 298; Minderheitenschutz 298; Organfähigkeit 282; Rechte und Pflichten der Gesellschaftsorgane 297; Rechtsstellung der Gesellschafter innerhalb der Gesellschaft 298; Rechtsverhältnisse der Gesellschafter untereinander 298; Rechtsverhältnisse der Gesellschaftsorgane untereinander 297; Teilnahmerechte 298; Zusammensetzung 297

Insider, Haftung 1572 ff.; Insiderverzeichnis 1565 ff.

Insiderinformationen, Ad-hoc-Meldungen 1562

Insiderrecht, 589 ff.; Anlegerschutzverbesserungsgesetz 591 f.; internationaler Anwendungsbereich 589; kollisionsrechtliche Anknüpfung 590 f.; Ordnungswidrigkeitenrecht 598 f.; Strafrecht 598 f.; Verwaltungsrecht 595 ff.; Zivilrecht 593 f.

Insolvenz/Insolvenzrecht, Ablauf des Insolvenzverfahrens 761; Anerkennung ausländischer Insolvenzverfahren 731 ff., 769 ff., 775; Anmeldung der Forderungen 736, 744; Anrechnung parallel erzielter Erlöse 746; Antragsrecht des Gläubigers und Schuldners auf Verfahrenseröffnung 738; Anwendungsbereich der EuInsVO 711 ff.; Anwendungsbereich des autonomen deutschen internationalen Insolvenzrechts 764 f.; Auseinanderfallen von Gesellschafts- und Insolvenzstatut 748; ausländischer Gesellschaft mit (Zweig-)Niederlassung in Deutschland 774; autonomes deutsches internationales Insolvenzrecht 763 ff.; Beendigung des Insolvenzverfahrens 761; Befriedigung der Gläubiger 734; Center of Main Interest, *s. a. Mittelpunkt der hauptsächlichen Interessen des Schuldners* 713 ff.; Drittstaaten 705; Eigenkapitalersatzregeln, Anwendbarkeit bei ausländischen Gesellschaften 762; Eigenverwaltung im deutschen Sekundärinsolvenzverfahren 741; Einzelvollstreckung 734; Eröffnungsgründe 751 ff.; Eröffnungsvoraussetzung, Prüfung der Insolvenz 739; EuInsVO, *s. a. EuInsVO* 703 ff.; existenzvernichtender Eingriff, Anwendbarkeit bei ausländischen Gesellschaften 762; finanzielle Kontrolle der Schuldnerin durch die Muttergesellschaft 722; Gesamtverfahren 711; gesellschaftsrechtliche Verflechtung zwischen Muttergesellschaft und Schuldnerin 721; Gesellschaftsstatut 748; gewöhnlicher Aufenthalt des Gläubigers 710; Haftung der dirigeants de droit et de fait 756; *s. a. Hauptinsolvenzverfahren;* Insolvenzanfechtung, Begründung der internationalen Zuständigkeit 728; Insolvenzantragspflicht ausländischer Gesellschaften 753 ff.; Insolvenzbeschlag des Hauptinsolvenzverfahrens bei Eröffnung des Sekundärinsolvenzverfahrens 740; Insolvenzfähigkeit ausländischer Gesellschaften 749 ff.; Insolvenzstatut 748; Insolvenzstraftaten, Anwendbarkeit bei ausländischen Gesellschaften 760; Insolvenzverschleppungshaftung, Anwendbarkeit bei ausländischen Gesellschaften, *s. a. Insolvenzverschleppungshaftung* 755 ff., 760; *s. a. Insolvenzverwalter;* internationale Zuständigkeit des Eröffnungsgerichts 708, 726 f., 738, 748, 766; Kenntnis von der Leistung an den Schuldner vor/nach Bekanntgabe der Verfahrenseröffnung 733; konkursrechtliche Übereinkünfte 706; Konzerninsolvenz 438 ff., 707; lex fori concursus 708, 730, 733, 741, 743 f., 749, 767; Liquidation im Sekundärinsolvenzverfahren 742 f.; Mitgliedstaat 710, 713, 738, 747; Mittelpunkt der hauptsächlichen Interessen des Schuldners 704, 710, 713 ff., 729, 748, 750, 757, 774; Niederlassung 710, 737; öffentliche Bekanntmachung der Eröffnung des Insolvenzverfahrens 733; örtliche Zuständigkeit des Insolvenzgerichts 730; Ordre Public 727, 731, 737, 769; parallel erzielte Erlöse im Haupt- und Sekundärinsolvenzverfahren 735; *s. a. Partikularinsolvenzverfahren;* persönlicher Anwendungsbereich der EuInsVO 712; Prioritätsgrundsatz bei mehreren Hauptinsolvenzverfahren 724, 747; Provisional Liquidator 725; qualifizierter Auslandsbezug 713; rechtliches Gehör, Verstoß gegen Ordre Public 727; Rückwirkung des Antrags auf Eröffnung des Insolvenzverfahrens 724; sachlicher Anwendungsbereich der EuInsVO 711; Sanierung im Sekundärinsolvenzverfahren 743; satzungsmäßiger Sitz 715; Scheinauslandsgesellschaften, Insolvenzfähigkeit 750; *s. a. Sekundärinsolvenzverfahren;* Sitz des Gläubigers 710; strafrechtliche Verantwortlichkeit im Insolvenzfall 760; strategische Entscheidungen des Schuldners 718; universale Wirkung 709; Unterrichtung der Gläubiger über Verfahrenseröffnung 736; verbundene Unternehmen 707; Verfahrenseröffnung 761; Vergleich im Hauptinsolvenzverfahren 742; Verhältnis Hauptinsolvenzverfahren – Sekundärinsolvenzverfahren 740 ff.; Verhältnis Muttergesellschaft und Schuldnerin 717; Vermutungsregel bzgl. Mittelpunkts der hauptsächlichen Interessen 715; Veröffentlichung der Verfahrenseröffnung 747; Verteilung bei mehreren Verfahren 735; von Amts wegen Ermittlung des Mittelpunkts der hauptsächlichen Interessen des Schuldners 715; vorläufige Insolvenzverwaltung 725; Wirkung der Anerkennung des eröffneten Insolvenzverfahrens 732 ff., 740, 768; Wohnsitz des Gläubigers 710; Zulässigkeit des Sekundärinsolvenzverfahrens 737 ff.; Zustimmung des Verwalters des Hauptinsolvenzverfahrens zur Beendigung des Sekundärinsolvenzverfahrens 743

Insolvenzanfechtung, Begründung der internationalen Zuständigkeit 728
Insolvenzantragspflicht, Anwendbarkeit bei ausländischen Gesellschaften 753 ff.
Insolvenzantragsrecht, Anwendbarkeit bei ausländischen Gesellschaften 752
Insolvenzfähigkeit, ausländischer Gesellschaften 749 ff.
Insolvenzverschleppung(-shaftung), Anwendbarkeit bei ausländischen Gesellschaften 346; Anwendbarkeit nationaler Straf- und Ordnungsvorschriften bei ausländischen Gesellschaften 777; internationale Gerichtszuständigkeit für gesellschaftsrechtliche Streitigkeiten 792, 797
Insolvenzverwalter, Antragsberechtigung des Hauptinsolvenzverwalters bzgl. Sekundärinsolvenzverfahren 738; Befugnisse des Hauptinsolvenzverwalters 709, 733 f.; *s. a. Insolvenz / Insolvenzrecht;* Klage des Insolvenzverwalters, internationale Gerichtszuständigkeit 795; Veröffentlichung der Entscheidung über die Verfahrenseröffnung in anderen Mitgliedsstaaten auf Antrag des Hauptinsolvenzverwalters 747; Zusammenarbeit Haupt- und Sekundärinsolvenzverwalter 741; Zustimmung des Hauptinsolvenzverwalters zur Beendigung des Sekundärinsolvenzverfahrens ohne Liquidation 743
Inspire Art-Entscheidung, Anmeldepflicht der Hauptniederlassung 550; Beschränkungen der Niederlassungsfreiheit 196 ff.; Darstellung der Entscheidung 161 ff.; deutsche Rechtsprechung seit Überseering 180; Einheitstheorie 28; existenzvernichtender Eingriff 344; Firma der Auslandsgesellschaft 560 f.; Gründung von Auslandsgesellschaften mit anfänglichem Inlandsitz 205; Haftung des Geschäftsführers einer englischen Private Limited Company mit tatsächlichem Verwaltungssitz im Inland 182; identitätswahrende grenzüberschreitende Sitzverlegung 444; internationale Zuständigkeit zur Eröffnung des Hauptinsolvenzverfahrens 748; Kapitalersatz 316 f.; österreichische Gerichte, Umsetzung der EuGH-Vorgaben 183 ff.; Rechtfertigung von Sonderanknüpfungen und Sondervorschriften 218 f.; Rechtsprechung des EuGH zur Niederlassungsfreiheit von Gesellschaften 143; Regelanknüpfung 28; Sonderanknüpfung 301; unternehmerische Mitbestimmung, Umgehungsschutz 301; Verlegung des Verwaltungssitzes und Niederlassungsfreiheit 474, 476; Verlegung einer nach ausländischem Recht gegründeten Gesellschaft in die BRD 461; Vorentwurf eines Richtlinienvorschlags zur Verlegung des Gesellschaftssitzes innerhalb der EU 484; Wegzugsfälle und Niederlassungsfreiheit 468 ff.; Weitergeltung der Sitztheorie im

Stichwortverzeichnis

Verhältnis zu Drittstaaten 73; WpÜG, internationaler Anwendungsbereich 601; Zuzugsfälle nach der Inspire Art-Entscheidung 466 f.

Interessenkonflikt, Strukturrichtlinie 1033, 1038

International Accounting Standards (IAS), Internationale Rechnungslegung 1580

International Financial Reporting Standards (IFRS), Internationale Rechnungslegung 1580

Internationale Gerichtszuständigkeit, Durchgriffshaftung 791 f., 797; eigenkapitalersetzende Darlehen, Erstattungsansprüche gemäß §§ 30 ff. 788; existenzvernichtender Eingriff 792; Forderungen der Gesellschaft gegen ihre Gesellschafter 789; für gesellschaftsrechtliche Streitigkeiten 781 ff.; für gesellschaftsrechtliche Streitigkeiten, ausschließliche Zuständigkeit 782 ff.; für gesellschaftsrechtliche Streitigkeiten, besondere Zuständigkeit 785 ff.; für gesellschaftsrechtliche Streitigkeiten, besondere Zuständigkeiten in der ZPO 794 ff.; Gerichtsstand der Mitgliedschaft 795; Gerichtsstand der Niederlassung 785, 793, 798; Gerichtsstand der unerlaubten Handlung 785, 790 ff.; Gerichtsstand des Erfüllungsortes 796; Gerichtsstand des vertraglichen Erfüllungsortes 785, 788 f.; Gründerhaftung 788; Insolvenzverschleppungshaftung 792, 797; Klage auf Auflösung einer Gesellschaft/juristischen Person 782; Klage auf Erstattung von Leistungen 795; Klage auf Leistung der Einlageschuld 788; Klage auf Rückzahlung kapitalersetzender Darlehen 795; Klage auf Zahlung der Stammeinlage 784, 795; Klage bezüglich Gültigkeit/Nichtigkeit der Beschlüsse der Organe einer Gesellschaft/juristischen Person 782; Klage bezüglich Gültigkeit/Nichtigkeit einer Gesellschaft/juristischen Person 782; Klage der Gesellschafter auf Auszahlung eines Gewinnanteils 784; Klage des Insolvenzverwalters 795; materielle Unterkapitalisierung 791; organschaftliche Sonderbeziehungen 788; Organstellung, vertragsähnliche Sonderbeziehung, Gerichtsstand des Erfüllungsortes 796

Iran, Niederlassungsabkommen zwischen dem Deutschen Reich und Iran vom 17. 2. 1929 253; Sitztheorie 1465

Irland, Gründungstheorie 1462; Haager Übereinkommen 699; Handels- und Schifffahrtsvertrag zwischen dem Deutschen Reich und Irland vom 12. 5. 1930 251 f.

Island, Haager Übereinkommen 699

Isle of Man, Nachweis der Rechts- und Parteifähigkeit der Private Company Limited by Shares 690

Israel, Gründungstheorie 1463; Haager Übereinkommen 699; Kapitalschutzabkommen und Anerkennung von Gesellschaften 260

Italien, Freundschafts-, Handels- und Schifffahrtsvertrag zwischen der BRD und Italien vom 21. 11. 1957 253; Gründungstheorie 1462; Haager Übereinkommen 699; s. a. Società a responsabilità limitata (Italien); s. a. Società per azioni (Italien)

Jahresabschluss, Berichtigung 1586; Kontrolle 1581 ff.; Strukturrichtlinie 1062 ff.; Veröffentlichung von Fehlern 1587; s. a. Bilanz- und Prüfungsausschuss, Bilanzkontrolle

Jamaika, Gründungstheorie 1463; Kapitalschutzabkommen und Anerkennung von Gesellschaften 260

Japan, Gründungstheorie 1462; Haager Übereinkommen 699; Handels- und Schifffahrtsvertrag zwischen dem Deutschen Reich und Japan vom 20. 7. 1927 253; s. a. Gomei Kaisha (Japan); s. a. Goshi Kaisha (Japan); s. a. Kabushiki Kaisha (Japan); s. a. Yugen Kaisha (Japan)

Jemen, Gründungstheorie 1463; Kapitalschutzabkommen und Anerkennung von Gesellschaften 260

Joint-Venture-Gesellschaften, Gesellschaft i. S. d. Kollisionsrechts 117

Joint-Venture-Verträge, Maßgeblichkeit des Vertragsstatuts 132

Jordanien, Sitztheorie 1465

Jugoslawien und Nachfolgestaaten, Kapitalschutzabkommen und Anerkennung von Gesellschaften 260; Gründungstheorie 1462

Kabushiki Kaisha (Japan), Börsenzulassung 1280; Gesellschaftsstatut 1295; Gründung 1272; Mindestkapital 1274; Organe 1276 f.; Steuern 1282 ff.; Vertretungsberechtigung 1291 ff.

Kalifornien, Existenz- und Vertretungsnachweis einer kalifornischen Gesellschaft 689

Kambodscha, Gründungstheorie 1463; Kapitalschutzabkommen und Anerkennung von Gesellschaften 260

Kamerun, Gründungstheorie 1463; Kapitalschutzabkommen und Anerkennung von Gesellschaften 260

Kanada, s. a. Corporation (Kanada); s. a. General Partnership (Kanada); s. a. Limited Partnership (Kanada)

Kapitalaufbringung, Maßgeblichkeit des Gesellschaftsstatuts 312; Europäische Aktiengesellschaft (SE) 933, 968; Europäische Genossenschaft (SCE) 1015; Rechtfertigung von Sonderanknüpfungen oder Sondervorschriften 221

Kapitalausstattung, 312 ff.; Gesellschafterdarlehen, kapitalersetzende 312; Gesellschaftsstatut 312; Gewinnausschüttung (verdeckte) 312; Kapitalaufbringung 312; Kapitalerhaltung 312; Mindestkapital 312; Sacheinlagen 312

Kapitalerhaltung, 312 ff.; Europäische Aktiengesellschaft (SE) 1000; Rechtfertigung von Sonderanknüpfungen oder Sondervorschriften 221

Kapitalerhöhung, Form des Rechtsgeschäfts 670; Kapitalrichtlinie 819

Kapitalersatz, 312 ff.; *s. a. Eigenkapitalersatzregeln;* Inspire Art-Entscheidung 317; Qualifikation 313; Scheinauslandsgesellschaft 313; Sonderanknüpfung 316

Kapitalherabsetzung, Kapitalrichtlinie 819

Kapitalmarktrecht, 583 ff.; Auswirkungsprinzip 583; einheitliche Kollisionsnorm 583 f.; Insiderrecht 589 ff.; Kapitalmarktkollisionsrecht 134

Kapitalrichtlinie, 819 ff.

Kapitalverkehrsfreiheit, Golden Shares 837

Kap Verde, Sitztheorie 1465

Kasachstan, Gründungstheorie 1462; Haager Übereinkommen 699

Katar, Gründungstheorie 1463; Kapitalschutzabkommen und Anerkennung von Gesellschaften 260

Kaufmännische Hilfspersonen, 573

Kaufmannseigenschaft, 572 ff.

KBV, existenzvernichtender Eingriff 339

Kenia, Sitztheorie 1465

KGaA, beim grenzüberschreitenden Beherrschungs- und Gewinnabführungsvertrag 368, 371

Kolumbien, Haager Übereinkommen 699

Kombinationslehre, 25, 71

Kongo, Demokratische Republik, Gründungstheorie 1463; Kapitalschutzabkommen und Anerkennung von Gesellschaften 260

Kongo, Republik, Sitztheorie 1465

Konsortien, Gesellschaft i. S. d. Kollisionsrechts 118 ff.

Konsul, Konsularbeamter, Zuständigkeit für Beurkundung im Ausland 666; Zuständigkeit für Legalisation 696

Kontrollerwerb, Acting in concert 865; Europäische Aktiengesellschaft (SE) – Gründung und Pflichtangebot 993; Übernahmerichtlinie 833 ff., 864

Kontrolltheorie, 32, 615; Fremdenrecht 621

Kontroll- und Informationssysteme, Pflicht zur Einrichtung nach dem Sarbanes-Oxley Act 1630 ff.

Konzern/Konzernrecht, Abhängigkeitsverhältnis 388; Aktiengesellschaft 368, 371, 390, 405, 412 f.; aktienrechtliche Grenzen zulässiger Konzernverflechtung 409 ff.; angemessenes Schutzniveau bei grenzüberschreitender Datenübermittlung 421; Angemessenheitsdokumentation der Verrechnungspreise 418; Anwendung auf Europäische Aktiengesellschaft (SE) 994 ff.; Arbeitnehmerdaten 420 f.; Aufzeichnungsvorschriften bei international verbundenen Unternehmen 417 f.; Außengesellschaft 404; Barabfindung 378; BBbodSchG 423; Beherrschungsvertrag, (grenzüberschreitender) 358, 366, 368 f.; Besitzverbote 410 ff.; betriebliche Mitbestimmung 416; Betriebsvereinbarung über Datenaustausch 421; Center of Main Interest 441; Change-of-Control-Klausel 397; Corporate Governance Kodex 1526; Customer Relationship Management 422; Datenaustausch 419 ff.; Datenübermittlung, grenzüberschreitende 421; Director's Dealings 1569; Dokumentationspflicht bei international verbundenen Unternehmen 417 f.; Doppelspitze 397; Dual Headed Structure 396 ff.; dualistisches System 999; Durchgriffshaftung 391; Eigenverwaltung 439; Eingliederungskonzern 358; Eintragung in das Handelsregister 377; Einwilligung in Datenaustausch 421 f.; Entlastungsbeweis 424; Erwerbsverbote 410 ff.; EuInsVO 439; Europäische Aktiengesellschaft (SE) 361, 442; europäisches Konzernrecht 360 ff.; existenzvernichtender Eingriff 391; faktischer Konzern 358, 389 ff., 428, 438; Flowback 397; Fremdvergleich 418; Fusionskontrolle 408; Genussrechte 405; Gerichtsstand 375, 426 ff.; Gesellschaftsstatut 365 f., 372, 388, 390, 392 ff., 403, 411, 413, 428; Gewinnabführungsvertrag 368 ff.; Gewinnermittlung, Gewinnverteilung 398; Gewinngemeinschaft 400, 405; Gleichordnungskonzern (grenzüberschreitender) 358, 396 ff.; Gleichordnungskonzern: Haftung 407; Gleichordnungsvertrag 400; Gleichordnungsvertrag, Einordnung als Unternehmensvertrag 407; GmbH 368, 371, 380, 389 f., 405; grenzüberschreitende deutsche Regelungen 364; grenzüberschreitender Unterordnungskonzern 365 f.; Haftung im Gleichordnungskonzern 407; Hauptinsolvenzverfahren 439; Innengesellschaft 404; Insolvenzmasse 438; Insolvenzverfahren 439; Insolvenzverwalter 438 f.; internationale Gerichtszuständigkeit 426 ff., 441; Kartellverbot 408; KGaA 368, 371; Kollisionsrecht/kollisionsrechtliche Regeln 365 ff., 370 ff., 390 ff., 395, 411, 413; Konzernaußenhaftung 431 ff.; Konzernhaftungstatbestände 424 ff.; Konzerninnenhaftung 427 ff.; Konzerninsolvenz 438 ff., 703 ff.; Konzernprivileg 419; Konzernrechnung 360; konzernspezifische Organhaftung 437; Konzernstatut 366; Konzernvermutung 358; Konzernverrechnungspreise 417 f.; Kundendaten 422; lex fori, internationale Zuständigkeit bei Konzernhaftungsansprüchen 426; Loyalitätsklausel 374; Merger of Equals 397; Mitbestimmung 423; Mitteilungs- und Informationspflichten 415 ff.; nachteilige Weisungen 376; Niederlassungsfreiheit 392; notarielle Beurkundung

371; Organisationsvertrag 370; Personenhandelsgesellschaft 371; persönliche Haftung 376; Rechtswahl 370, 374; reflexartiger Schutz 411; relevanter Markt 424; Sachrecht 369, 371, 374; Sekundärinsolvenzverfahren 439; Sitzverlegung 392; Sonderanknüpfung 388, 393; Standardvertragsklausel für Datenaustausch von Kundendaten 422; Stimmbindungsverträge 413; Über-Kreuz-Verflechtung 401; Übernahmeverbote 410 ff.; Umsatz 424; Unterordnungskonzern 358, 365 ff., 399 ff.; variabler Ausgleich im Beherrschungsvertrag 378; Verlustausgleichspflicht 371 f., 376, 407; Verrechnungspreisrichtlinie 418; Verschwiegenheitspflicht der Aufsichtsratsmitglieder 1530; Vertragskonzern 358, 438; Vertragsstatut 388; Weisungsrecht 379, 389; Zentralgesellschaftsstruktur beim grenzüberschreitenden Gleichordnungskonzern 401; Zustimmungserfordernis beim grenzüberschreitenden Beherrschungs- und Gewinnabführungsvertrag 371 f., 381; Zustimmungserfordernis beim grenzüberschreitenden Gleichordnungskonzern 405; Zwangsvollstreckung 376

Konzernhaftung, *s. Konzern/Konzernrecht*

Konzerninsolvenz, *s. Konzern/Konzernrecht*

Konzernrechnungsrichtlinie, 824 f.

Konzernrechtsrichtlinie, 1067 ff.; Beherrschungsvertrag 1070; Eingliederung 1071; faktischer Konzern 1072 ff.; Geschichte 1068; Sonderbericht 1072; Vertragskonzern 1070

Korea, Gründungstheorie 1463; Kapitalschutzabkommen und Anerkennung von Gesellschaften 260

Kroatien, Haager Übereinkommen 699; Sitztheorie 1464

KrWaffG, Fremdenrecht 621

Kuba, Gründungstheorie 1463; Kapitalschutzabkommen und Anerkennung von Gesellschaften 260

Kumulative Anknüpfung, grenzüberschreitende Verschmelzung/Spaltung 506

Kundendaten, Transfer von Kundendaten im Konzern 422

Kuwait, Sitztheorie 1464

KWG, Fremdenrecht 622

Lagebericht, Kontrolle des Jahresabschlusses 1581 ff.; Offenlegung von Übernahmehindernissen 842

Laos, Sitztheorie 1465

Lateinischer Notar, Gleichwertigkeit deutscher und ausländischer Beurkundung 669

Legal forum shopping, 60

Legalisation, Beweis der Echtheit der Urkunde 696; Entbehrlichkeit aufgrund Staatsverträgen 697; Entbehrlichkeit der Legalisation aufgrund Haager Übereinkommen 699

Leitungsorgan, Europäische Aktiengesellschaft (SE) 969; Europäische Genossenschaft (SCE) 1022; Strukturrichtlinie 1031 f.

Lesotho, Gründungstheorie 1463; Haager Übereinkommen 699; Kapitalschutzabkommen und Anerkennung von Gesellschaften 260

Lettland, Haager Übereinkommen 699; Sitztheorie 1464

Lex fori, Grundlagen/Grundbegriffe des Kollisionsrechts 11; Durchgriffshaftung 329; internationale Gerichtszuständigkeit für gesellschaftsrechtliche Streitigkeiten 781; internationale Gerichtszuständigkeit für Konzernhaftungsansprüche 426

Lex fori concursus, *s. a. Insolvenz/Insolvenzrecht*

Lex rei sitae, Haftung bei der Einbringung von Betrieben 269

Lex societatis, *s. a. Gesellschaftsstatut*

Libanon, Sitztheorie 1465

Liberia, Gründungstheorie 1463; Haager Übereinkommen 699; Kapitalschutzabkommen und Anerkennung von Gesellschaften 260

Liechtenstein, Gründungstheorie 1462; Haager Übereinkommen 699

Limited Liability Company (USA), Geschäftsführung 1328; Gesellschafterwechsel 1328; Gründung 1327; Haftung 1326; Rechtspersönlichkeit 1119, 1300, 1326; Steuern 1327

Limited Liability Partnership (USA), Geschäftsführung 1325; Haftung 1118, 1325; Vertretung 1325

Limited Partnership (Kanada), Ansässigkeit der Directors 1245; Gesellschaftsstatut 1250; Gründung 1232, 1235, 1237; Mindestkapital 1238; Organe 1240; Québec 1245; Steuern 1244

Limited Partnership (USA), Börsenzulassung 1115; Geschäftsführung 1324; Gesellschafterwechsel 1324; Gesellschaftsstatut 1123; Gewinnverteilung 1324; Gründung 1109, 1332; Haftung 1324; Informations- und Inspektionsrechte 1324; Mindestkapital 1110; Organe 1112; Steuern 1117

Liquidation, *s. Liquidationsrichtlinie*

Liquidationsrichtlinie, 1076 ff.; Auflösungsgründe 1080 ff.; Geltungsbereich 1079 ff.; Hauptversammlung 1080; Liquidation 1082 ff.; Verfahren 1084 ff.

Liquidator, der ausländischen Gesellschaft 701

Litauen, Gründungstheorie 1462; Haager Übereinkommen 699

Loyalitätsklausel, beim Gewinnabführungs- und Beherrschungsvertrag 374

LuftVG, Fremdenrecht 621

LugÜ, internationale Gerichtszuständigkeit für gesellschaftsrechtliche Streitigkeiten 781 ff.

Luxemburg, Haager Übereinkommen 699; Sitztheorie 1464

Madagaskar, Sitztheorie 1465

Malawi, Haager Übereinkommen 699

Malaysia, Gründungstheorie 1463; Kapitalschutzabkommen und Anerkennung von Gesellschaften 260

Mali, Gründungstheorie 1463; Kapitalschutzabkommen und Anerkennung von Gesellschaften 260

Malta, Haager Übereinkommen 699; Sitztheorie 1465

Marktmissbrauchsrichtlinie, 1565, 1569

Marokko, Sitztheorie 1465

Marshall Islands, Haager Übereinkommen 699

Materielle Unterkapitalisierung, Anknüpfung 336 f.; Finanzausstattung 336

Mauretanien, Sitztheorie 1465

Mauritius, Gründungstheorie 1463; Haager Übereinkommen 699; Kapitalschutzabkommen und Anerkennung von Gesellschaften 260

Mazedonien, Haager Übereinkommen 699; Sitztheorie 1465

Mehrfachqualifikation, Grundlagen/Grundbegriffe des Kollisionsrechts 13

Mehrstaatlichkeitsprinzip, Europäische Aktiengesellschaft (SE) 934, 957; Europäische Gegenseitigkeitsgesellschaft (ME) 1100; Europäische Genossenschaft (SCE) 1018; Europäische Wirtschaftliche Interessenvereinigung (EWIV) 893; Europäischer Verein (AE) 1092

Merger of Equals, grenzüberschreitender Gleichordnungskonzern 397

Mexiko, Haager Übereinkommen 699; Sitztheorie 1465

Minderheitenschutz, Bezugsrechtsausschluss 820; innere Verfassung der Gesellschaft 298; Übernahme 833

Mindestkapital, Aktiengesellschaft 819; Festlegung in der Kapitalrichtlinie 819; Kapitalausstattung 312; Rechtfertigung von Sonderanknüpfungen und Sondervorschriften 221

Minute Book, Nachweis der Vertretungsmacht einer englischen Gesellschaft 292

Missbrauch der Niederlassungsfreiheit, Inspire Art-Entscheidung 163 f.; Freundschafts-, Handels- und Schifffahrtsvertrag zwischen der BRD und den USA vom 29. 10. 1954 238; Umgehung der Regelungen zur Erbringung des Mindestkapitals 150; Zweigniederlassungen 196

Mitbestimmung, Ausstrahlungstheorie 299; betriebliche 299; dualistisches System 1047 ff.; Europäische Aktiengesellschaft (SE) 303, 975 ff.; Europäische Gegenseitigkeitsgesellschaft (ME) 1101; Konzern 305, 423; Mitteilungs- und Informationspflichten im Konzern 416; Niederlassungsfreiheit 302; Ordre Public 302; Rechtfertigung von Sonderanknüpfungen oder Sondervorschriften 221;

Scheinauslandsgesellschaft 301, 304; Schwellenwertberechnung 305; Strukturrichtlinie 1027, 1029, 1033, 1047 ff.; *s. a. unternehmerische Mitbestimmung;* Wahl der Aufsichtsratsvertreter und Delegierten 305

Mittelpunkt der hauptsächlichen Interessen des Schuldners, *s. Insolvenz/Insolvenzrecht*

Mittelstandsrichtlinie, 821

Model of Certificate, Form der Apostille gemäß Haager Übereinkommen 698

Moldau, Republik, Sitztheorie 1465

Monaco, Haager Übereinkommen 699

Mongolei, Sitztheorie 1465

Monistisches System, Geschäftsführung 973; Konzernrecht 999; Mitbestimmung 1047 ff.; Organstruktur der Europäischen Aktiengesellschaft (SE) 966, 971 ff., 1005 f.; Organstruktur der Europäischen Genossenschaft (SCE) 1022; Strukturrichtlinie 1027, 1034

Mosambik, Sitztheorie 1465

Mutter-Tochter-Richtlinie, 1475, 1487

Naamloze Vennootschap (Niederlande), Aufsichtsrat 1442, 1396; Ausschüttungen 1389; Betriebsrat 1397 f.; Börsenzulassung 1143; Buy-out 1401; Eintragung 1384; Gesellschaftsstatut 1154; große Gesellschaft 1410 ff.; Gründung 1139, 1383 ff.; Gründungskosten 1385; Hauptversammlung 1395; Hinterlegungsscheine 1387; Jahresabschluss 1408 f.; Kapitalaufbringung 1391; Mindestkapital 1141, 1386; Organe 1142, 1392 ff.; Rückkauf 1390; Schiedsordnung 1399; Squeeze-out 1400; Steuern 1145 ff.; Übertragbarkeit 1388; Untersuchungsverfahren 1402 ff.; Vertretung 1392 ff.; Vorstand 1392 ff.

Namibia, Haager Übereinkommen 699; Sitztheorie 1465

Nepal, Gründungstheorie 1463; Kapitalschutzabkommen und Anerkennung von Gesellschaften 260

Neuseeland, Haager Übereinkommen 699

Nicaragua, Sitztheorie 1465

Nichtanerkennung, *s. Anerkennung*

Nicht rechtsfähige Vereine, Gesellschaft i. S. d. Kollisionsrechts 122

Nicht rechtsfähige Vermögensmassen, Gesellschaft i. S. d. Kollisionsrechts 111

Niederländischer Notar, Gleichwertigkeit deutscher und ausländischer Beurkundung 669

Niederlande, Gründungstheorie 1462; Haager Übereinkommen 699; *s. a. Besloten Vennootschap (Niederlande); s. a. Commandiataire Vennootschap (Niederlande); s. a. Naamloze Venootschap (Niederlande); s. a. Openbare Vennootschap (Niederlande); s. a. Stille Vennootschap (Niederlande); s. a. Vennootschap onder Firma (Niederlande);* Vertrag über die gegenseitige Anerkennung von Aktiengesellschaften zwischen dem Deutschen Reich und den Niederlanden vom 11. 2. 1907 253

Niederlassung, im Sinne der EuInsVO 737; im Sinne des autonomen deutschen internationalen Insolvenzrechts 772; Insolvenz einer ausländischen Gesellschaft mit Niederlassung in Deutschland 774; internationale Gerichtszuständigkeit für gesellschaftsrechtliche Streitigkeiten 785, 793, 798

Niederlassungsfreiheit, 139 ff., 804 f.; Anwendungsbereich und Folgerungen 139, 191 f., 194, 196 ff.; Anerkennung 215 f.; *s. a. Beschränkung der Niederlassungsfreiheit;* Centros-Entscheidung 150 f.; Daily Mail-Entscheidung 145 f., 510; derzeitige Anwendungsbereiche der Gründungs- und Sitztheorie 199 ff.; deutsche Rechtsprechung in der Zeit zwischen Centros und Überseering 167, 171; deutsche Rechtsprechung seit Überseering 176; Diskriminierung 804; Diskriminierungsverbot 140, 165; Drittwirkung 805; Durchgriffshaftung der Gesellschafter 334; Einheitslehre 215 ff.; europäisches Unternehmensrecht 804 ff.; existenzvernichtender Eingriff 344; Firma der Zweigniederlassung 528; Freundschafts-, Handels- und Schifffahrtsvertrag zwischen der BRD und den USA vom 29. 11. 1954 232, 247; Genuine link 243; Gesellschaften aus dem EWR 227 f.; Gesellschaften aus Drittstaaten 76 ff.; Gesellschaften, die unter die Niederlassungsfreiheit fallen 145, 192, 200 ff.; Gesellschaften ohne Erwerbszweck 200; Gründungstheorie 59; Haftung des Geschäftsführers der englischen Private Limited Company mit tatsächlichem Verwaltungssitz im Inland 182; Haftung wegen Masseschmälerung 759; Handels- und Schifffahrtsvertrag zwischen dem Deutschen Reich und Irland vom 12. 5. 1930 252; Heraus-Umwandlung 510; Herein-Umwandlung 510; identitätswahrende grenzüberschreitende Sitzverlegung 444; Inländergleichbehandlungsgrundsatz 140; Insolvenz 748; Insolvenzverschleppungshaftung 757 f.; Inspire Art-Entscheidung 163 ff.; Kapitalausstattung 316 f.; Kapitalersatz 316 f.; kollisionsrechtlicher Charakter 198; Konsequenzen für das autonome deutsche Kollisionsrecht 77, 190 ff., 198; Konzerngesellschaft 392; Mitbestimmung 302; Niederlassungsvertrag zwischen der BRD und Spanien vom 23. 4. 1970 250; österreichische Gerichte, Umsetzung der EuGH-Vorgaben 183, 187; Parteifähigkeit 159; Personenvereinigungen ohne eigene Rechtspersönlichkeit 201; praktische Folgen der Sitztheorie 44; Pseudo foreign corporations 74; Rechtsfähigkeit 159; Rechtsfolgen der Anerkennung 247; Rechtsprechung des EuGH 145 ff.; Recht-sprechung deutscher Gerichte 167; Rechtsumgehungstatbestände 334; Schutzbestimmungen 807, 809; sekundäre Niederlassungsfreiheit 187; Sitzanknüpfung 141 f.; Sonderanknüpfungen 215, 217 ff., 302, 304; Spaltung, grenzüberschreitende 510; Überseering-Entscheidung 155, 158 f.; Umwandlungsgesetz 512; unternehmerische Mitbestimmung 302; Verhältnis zur Gründungstheorie 59, 199; Verhältnis zur Sitztheorie 141 f., 151 f., 199; Verlegung des Satzungssitzes 478 f.; Verlegung des Verwaltungssitzes 212 ff., 464, 472; Verschmelzung, grenzüberschreitende 510; Wahlfreiheit 804; Wegzug 212 ff.; Weitergeltung der Sitztheorie im Verhältnis zu Drittstaaten 74, 76 ff.; Wettbewerb der Gesellschaftsrechte 222; Zulässigkeit grenzüberschreitender Typenvermischung 278; Zweigniederlassungen 149, 176, 194

Niger, Sitztheorie 1465

Niue, Haager Übereinkommen 699

Nordirland, Haager Übereinkommen 699

Normenmix, bei Überlagerungs- und Differenztheorie 68

Norwegen, Gründungstheorie 1462; Haager Übereinkommen 699

Notar, *s. a. ausländischer Notar; s. a. deutscher Notar; s. a. englischer Notar; s. a. lateinischer Notar; s. a. niederländischer Notar; s. a. österreichischer Notar; s a. Schweizer Notar; s. a. US-amerikanischer Notar;* Zuständigkeit für Beurkundung 665

Notargebühren, Zulässigkeit der Wahl eines bestimmten Ortes 660

Notarielle Beglaubigung, 658 ff.

Notarielle Beurkundung, Zustimmungsbeschluss bei der GmbH zum grenzüberschreitenden Beherrschungs- und Gewinnabführungsvertrag 371

Notary Public, Gleichwertigkeit deutscher und ausländischer Beurkundung 669

OECD Principles of Corporate Governance, 1603

Österreich, *s. a. Aktiengesellschaft (Österreich);* Eintragung einer Zweigniederlassung einer englischen Private Limited Company 186; Eintragung und Nachweis der Zweigniederlassung einer ausländischen Gesellschaft in Österreich 189; *s. a. Gesellschaft mit beschränkter Haftung (Österreich);* grenzüberschreitende Umwandlung einer österreichischen GmbH 188; Haager Übereinkommen 699; österreichische Gerichte, Umsetzung der EuGH-Vorgaben 183 ff.; Sitztheorie 1464; Umwandlung einer österreichischen Kapitalgesellschaft durch Übertragung ihres Unternehmens auf ihren deutschen Hauptgesellschafter 513 ff.

Stichwortverzeichnis

Österreichischer Notar, Gleichwertigkeit deutscher und ausländischer Beurkundung 669

Off Balance Sheet Transactions, Darstellungspflicht nach Sarbanes-Oxley Act 1635

Offenlegung, *s. Publizität*

Oman, Gründungstheorie 1463; Kapitalschutzabkommen und Anerkennung von Gesellschaften 260

Online-Hauptversammlung, gemäß Deutscher Corporate Governance Kodex 1512

Openbare Vennootschap (Niederlande), 1333

Opt-in, Übernahmerichtlinie 850, 870

Opt-out, Übernahmerichtlinie 850, 870

Ordre Public, bei aufgelöster ausländischer Gesellschaft mit Inlandsvermögen 702; Freundschafts-, Handels- und Schifffahrtsvertrag zwischen der BRD und den USA vom 29. 10. 1954 238, 244 ff.; Grenze bei Anwendung ausländischen Sachrechts 19; Korrektur der Gründungstheorie 62; Mitbestimmung 302; rechtliches Gehör 727; Unbeachtlichkeit eines zeitlich vorher eröffneten Insolvenzverfahrens 727, 731, 737, 769; Vereinbarkeit der Firma mit – 559

Organfähigkeit, Bestimmung 282

Organhaftung, konzernspezifische 437; Strukturrichtlinie 1042 ff.

Organmitglieder, ausländische Staatsbürger 651 ff.; Einreisemöglichkeit 655 ff.; Haftung 1575; Wohnsitz 654

Organschaft, 382 ff.; grenzüberschreitende Organschaft 383 f.; Verlustnutzung Organträger 386

Ortsform, Einhaltung durch Notary Public 669

Ortsrecht, Art. 11 EGBGB, Form des Rechtsgeschäfts 660 ff.; Form bei Abtretung von GmbH-Anteilen 673; Form bei Verkauf ausländischer GmbH-Anteile 680; Form bei Verkauf von GmbH-Anteilen 673; Form der Übertragung ausländischer GmbH-Anteile 679

Pakistan, Gründungstheorie 1463; Kapitalschutzabkommen und Anerkennung von Gesellschaften 260

Panama, Gründungstheorie 1462; Haager Übereinkommen 699

Papua-Neuguinea, Gründungstheorie 1463; Kapitalschutzabkommen und Anerkennung von Gesellschaften 260

Paraguay, Sitztheorie 1464

Parteifähigkeit, aktive 294; Anerkennung 195; der aufgelösten ausländischen Gesellschaft 702; Freundschafts-, Handels- und Schifffahrtsvertrag zwischen der BRD und den USA vom 29. 10. 1954 247; Gesellschaftsstatut 294;

Nachweis der Rechts- und Parteifähigkeit/ Existenznachweis 287; passive 295; Scheinauslandsgesellschaft und Sitztheorie 42 ff., 55 f., 171; Überseering-Entscheidung 153

Partikularinsolvenzverfahren, autonomes deutsches internationales Insolvenzrecht 772 f.; inländische (Zweig-)Niederlassung einer ausländischen Gesellschaft 774; Zulässigkeit in der EuInsVO 710

Persönliche Haftung, der Verwaltung der abhängigen Gesellschaft bei Befolgung nachteiliger Weisungen 376

Personalstatut, grenzüberschreitende Verschmelzung/Spaltung 508; *s. Gesellschaftsstatut*

Personenhandelsgesellschaften, Gesellschaft i. S. d. Kollisionsrechts 123

Personenvereinigungen, Gesellschaft i. S. d. Kollisionsrechts 111

Peru, Sitztheorie 1465

Pfändung, Gesellschaftsanteile 323

Pfleger, Bestellung für aufgelöste ausländische Gesellschaft 701

Pflichtangebot, Übernahmerichtlinie 843, 864 ff.; Acting in concert 865; Europäische Aktiengesellschaft (SE) – Gründung 993; Inhalt 867; Preis 868; Teilangebot 866

Philippinen, Sitztheorie 1465

Polen, Haager Übereinkommen 699; Sitztheorie 1464

Polnische GmbH, Form bei Verkauf der Geschäftsanteile 680 f.

Poolvertrag, Vertragsstatut 318

Portugal, Haager Übereinkommen 699; Sitztheorie 1464; Sitzverlegung 458

Primärrecht, Rechtsquellen, Europäisches Unternehmensrecht 801 f.

Prioritätsgrundsatz, bei mehreren Hauptinsolvenzverfahren 724, 747

Private Anstalten, Gesellschaft i. S. d. Kollisionsrechts 124

Private Company Limited by Shares (Isle of Man), Nachweis der Rechts- und Parteifähigkeit 690

Private Limited Company (England), Articles of Association 1343; Börsenzulassung 1132; Certificate of Incorporation 1354; Director 1356 ff.; Eintragung der Zweigniederlassung in Österreich 687; Existenznachweis 687; fraud 1370; Gesellschafterklage 1370 ff.; Gesellschaftsstatut 1136; Gründung 1125, 1127, 1333, 1351 f.; Haftung des Geschäftsführers der Gesellschaft mit Sitz im Inland 178, 180; Haftungsregelungen des englischen Rechts 1341 f.; Haupt- bzw. Gesellschafterversammlung 1360 ff.; Kapitalaufbringung 1378 ff.; Kapitalerhaltung 1378 ff.; Memorandum of Association 1344, 1371, 1375, 1378; Mindestkapital 1128; mit Sitz im Inland, Haftung des Geschäftsführers 182;

Organe 1130, 1356 ff.; Rechtspersönlichkeit 1338 ff.; Satzung 1343 ff.; Shelf company 1355; Sorgfaltspflichten 1363; Steuern 1134; Treuepflichten 1363 f.; Verhaltenspflicht 1366; Vertretung 1376 f.; Vertretungsmacht, Nachweis 292; Vor- und Nachteile 222 ff.

Prokura, Auslandsgesellschaften 571; kollisionsrechtliche Anknüpfung 568 ff.; Zweigniederlassung 570

Prozessfähigkeit, der aufgelösten ausländischen Gesellschaft 702; Gesellschaftsstatut 296

Prüferbefähigungsrichtlinie, 826 ff.

Pseudo foreign corporation, s. *Scheinauslandsgesellschaft*

Public Company Accounting Oversight Board, 1644

Public Limited Company (England), Börsenzulassung 1133; Gesellschaftsstatut 1136; Gründung 1126 f.; Mindestkapital 1129; Organe 1131; Steuern 1134

Publizität, Publizitätsrichtlinie 816 ff.; Übernahmehindernisse 842; Umsetzungsbedarf im WpÜG 869; Zweigniederlassung 829

Publizitätsrichtlinie, 816 ff.; Teilnahme am Rechtsverkehr in Deutschland 271; Vertretung der Gesellschaft 289

Qualifikation, Grundlagen/Grundbegriffe des Kollisionsrechts 13; Doppel- und Mehrfachqualifikation 13; lex fori-Qualifikation 13, 80, 114; Umfang des Gesellschaftsstatuts 29 ff.

Quellensteuer, 1475 f.

Race to the bottom, Wettbewerb der Gesellschaftsrechte 226

Rechnungslegung, kollisionsrechtliche Anknüpfung 563 f.; als Bestandteil der Corporate Governance 1578 ff.; Auslandsgesellschaften 566 f.; Zweigniederlassungen 565

Rechnungslegungspflichten, der Zweigniederlassung 648

Rechte und Pflichten, der Gesellschaftsorgane, innere Verfassung 297

Rechtfertigung von Sonderanknüpfungen/ Sondervorschriften, Haftung wegen Existenzvernichtung und unternehmerische Mitbestimmung 221; insolvenzrechtliche oder deliktische Normen 218; Inspire Art-Entscheidung 218 f.; Mindestkapital, Kapitalaufbringung, Kapitalerhaltung und eigenkapitalersetzende Darlehen 221

Rechtliches Gehör, Verletzung, Verstoß gegen Ordre Public 727

Rechtsangleichung, Harmonisierung des Gesellschaftsrechts 807 ff.; Kompetenz 810

Rechtsfähigkeit, Anerkennung 195; Anleihefähigkeit 285 f.; Beschränkung 270; besondere Rechtsfähigkeiten 273; Beteiligungsfähigkeit 274; Distanzgeschäfte 271; Eintragung in das deutsche Handelsregister 41; Erwerb von Gesellschaftsanteilen 274; Freundschafts-, Handels- und Schifffahrtsvertrag zwischen der BRD und den USA vom 29. 10. 1954 247; Gesellschaftsstatut 270; grenzüberschreitende Typenvermischung 276 ff.; Inhaberschuldverschreibungen 285; Nachforschungspflicht 272; Nachweis der Rechts- und Parteifähigkeit/ Existenznachweis 287; Organfähigkeit 282; Personalstatut 271; Publizitätsrichtlinie 271; Scheckfähigkeit 283 f.; Scheinauslandsgesellschaft und Sitztheorie 41 ff., 57, 171, 174, 178; Sonderanknüpfung 271; Überseering-Entscheidung 153; Ultra-Vires-Lehre 271; Umfang 270; Verbot von Beteiligungen 275; Wechselfähigkeit 283

Rechtsformwahl, steuerliche Überlegungen 1466 ff.

Rechtsformwechsel, transnationaler 457 ff.

Rechtsformzusatz, Firmenrecht 557

Rechtsnachfolge, Wirkungen der grenzüberschreitenden Verschmelzung/Spaltung 507

Rechtsquellen, des internationalen Insolvenzrechts 703 ff.

Rechtsscheinhaftung, 345

Rechtsumgehungstatbestände, Durchgriffshaftung der Gesellschafter 334

Rechtswahl, Form des Kaufvertrags bei Veräußerung von GmbH-Anteilen 672; grenzüberschreitenden Beherrschungs- und Gewinnabführungsvertrag 370, 374; s. a. *Wettbewerb der Gesellschaftsrechte* 222 f.

Registerpublizität, Vertretung der Gesellschaft 288

Registerrecht, inländische Zweigniederlassung ausländischer Unternehmen 627 ff.

Registrar of Companies, Nachweis der Vertretungsmacht einer englischen Gesellschaft 292

Renvoi, s. *Gesamtverweisung*

Richtlinien, gesellschaftsrechtliche Richtlinien 815 ff.; s. *Bilanzrichtlinie; s. Einpersonengesellschaftsrichtlinie; s. Fusionsrichtlinie; s. Kapitalrichtlinie; s. Konzernrechnungsrichtlinie; s. Konzernrechtsrichtlinie; s. Liquidationsrichtlinie; s. Marktmissbrauchsrichtlinie; s. Mittelstandsrichtlinie; s. Mutter-Tochter-Richtlinie; s. Prüferbefähigungsrichtlinie; s. Publizitätsrichtlinie; s. Sitzverlegungsrichtlinie; s. Spaltungsrichtlinie; s. Strukturrichtlinie; s. Transparenzrichtlinie; s. Übernahmerichtlinie; s. Verrechnungspreisrichtlinie; s. Verschmelzungsrichtlinie; s. Wertpapierdienstleistungsrichtlinie; s. Zweigniederlassungsrichtlinie*

Ruanda, Sitztheorie 1465

Rückverweisung, s. *Gesamtverweisung*

Rumänien, Haager Übereinkommen 699; Sitztheorie 1464

Russische Föderation, Gründungstheorie 1462; Haager Übereinkommen 699

Sacheinlage, Kapitalausstattung 312; Kapital-richtlinie 819, 820

Sachnorm, selbstbeschränkte, § 1 Abs. 1 UmwG 504

Sachrecht, grenzüberschreitender Beherr-schungs- und Gewinnabführungsvertrag 369, 371, 374

Sambia, Sitztheorie 1465

Samoa, Haager Übereinkommen 699

San Marino, Haager Übereinkommen 699

Sarbanes-Oxley Act, Anwendungsbereich 1625; Audit Committee 1636 ff.; Beratungs-leistungen 1645; Bestätigungspflicht gegen-über der SEC 1629; Code of Ethics 1643; Delisting 1627; Prüferkontrolle 1644; Rechts-anwälte 1647; Tochtergesellschaften in Deutschland 1626; Verbindlichkeit für aus-ländische Unternehmen 1625 ff.; Zielsetzung 1623 f.

Satzungsänderung, Form des Rechtsgeschäfts 663, 670

Saudi-Arabien, Sitztheorie 1465

Scheckfähigkeit, Rechtsfähigkeit 283

Scheinauslandsgesellschaft, 49 ff.; Anerken-nung als Personengesellschaft deutschen Rechts unter „milder" Sitztheorie 171; Dar-legungs- und Beweislast 101; Drittstaaten 57; Durchgriffshaftung 334; existenzvernichtender Eingriff 342; Freundschafts-, Handels- und Schifffahrtsvertrag zwischen der BRD und den USA vom 29. 10. 1954 237; Haftung der Gesellschafter 46, 57; Handelndenhaftung 47, 57; Insolvenzfähigkeit 750; Kapitalausstattung und Kapitalersatz 313; Niederlassungsfreiheit 196, 217; Pseudo EU corporations 74 ff., 202; Rechtsfähigkeit 41 ff., 57, 171, 174, 178; Sitztheorie 42; unternehmerische Mitbestim-mung 301, 304; Zweigniederlassungen 152, 163, 168, 176, 184 f.

Schiedsvertrag, Vertragsstatut 318

Schlussbesteuerung, grenzüberschreitende Sitzverlegung 492 ff.

Schriftformerfordernis, Vertretung der Gesell-schaft 288

Schuldrechtliche Nebenabreden, 318 ff.; Ausgleichsansprüche 318; Haftungsverein-barungen 319; Poolverträge 318; Schieds-verträge 318; Stimmbindungsverträge 319; Veräußerungsbeschränkungen 318; Vorkaufs-rechte 318; Wettbewerbsverbote 318

Schutz, Gläubiger, Minderheitsgesellschafter und andere Personen, die an der Gesellschaft ein mittelbares privatrechtliches Interesse haben 35, 36, 60; Schutzinteressen der Sitz-theorie 35 f.; Sonderanknüpfung 14

Schweden, Gründungstheorie 1462; Haager Übereinkommen 699

Schweiz, Gründungstheorie 1462; Haager Übereinkommen 699; s. a. *Aktiengesellschaft*

(Schweiz); s. a. Gesellschaft mit beschränkter Haftung (Schweiz)

Schweizer Notar, Basel 675; Bern 675; Gleichwertigkeit deutscher und ausländischer Beurkundung 669; Luzern 675; Zürich 670, 675; Zug (Kanton) 675

Schwerpunkttheorie, 70

SE, s. *Europäische Aktiengesellschaft*

Secretary of State, Existenz- und Vertretungs-nachweis einer US-amerikanischen Gesell-schaft 689

Secretary's Certificate, Vertretung der Gesell-schaft 291

Sekundärinsolvenzverfahren, autonomes deutsches internationales Insolvenzrecht 763, 772 f.; Berücksichtigung von Erlösen aus Haupt- und Sekundärinsolvenzverfahren 735; Grundstruktur der EuInsVO 710; inländische (Zweig-)Niederlassung einer ausländischen Gesellschaft 774; Wirkungen des Haupt-insolvenzverfahrens 732; Zulässigkeit nach der EuInsVO 737 ff.

Sekundärrecht, Rechtsquellen, Europäisches Unternehmensrecht 803

Selbstkontrahierungsverbot, Eintragung im Handelsregister der inländischen Zweig-niederlassung eines ausländischen Unter-nehmens 646

Senegal, Gründungstheorie 1463; Kapital-schutzabkommen und Anerkennung von Gesellschaften 260

Serbien und Montenegro, Haager Überein-kommen 699

Seychellen, Haager Übereinkommen 699

Shelf Company, Gründung einer englischen Registered Company 1355

Siège réel, s. *Verwaltungssitz*

Sierra Leone, Sitztheorie 1465

Simbabwe, Sitztheorie 1465

Singapur, Gründungstheorie 1463; Kapital-schutzabkommen und Anerkennung von Gesellschaften 260

Sitztheorie, 34 ff.; „milde" bzw. „neue" Sitztheorie 53; Ägypten 1465; Akzeptanz der Weiterverweisung 39; Albanien 1465; Alge-rien 1465; Allseitige Kollisionsregel 38; An-knüpfungspunkt und Ratio 34 ff.; Armenien 1464; Bangladesch 1465; Barbados 1465; Bel-gien 1464; Benin 1465; Bosnien und Herze-gowina 1465; Botswana 1465; Bulgarien 1464; Burundi 1465; Chile 1465; China 1464; Drittstaaten 44, 73 ff.; Ecuador 1465; El Salvador 1465; Elfenbeinküste 1465; EMRK 109; Freundschafts-, Handels- und Schiff-fahrtsvertrag zwischen der BRD und den USA vom 29. 10. 1954 78; Frankreich 1464; GATS 110; Georgien 1464; Griechenland 1464; Guinea 1464; Haiti 1465; Iran 1465; Jordanien 1465; Kap Verde 1465; Kenia 1465;

Stichwortverzeichnis

Kongo, Republik 1465; Kroatien 1464; Kuwait 1464; Laos 1465; Lettland 1464; Libanon 1465; Luxemburg 1464; Madagaskar 1465; Malta 1465; Marokko 1465; Mauretanien 1465; Mazedonien 1465; Mexiko 1465; Moldau, Republik 1465; Mongolei 1465; Mosambik 1465; Nachteile der – 58; Namibia 1465; Nicaragua 1465; Niederlassungsfreiheit 141, 151 f., 167 f., 198; Niger 1465; Österreich 183 ff., 1464; Paraguay 1464; Peru 1465; Philippinen 1465; Polen 1464; Portugal 1464; Rechtsfolgen 37 ff.; Ruanda 1465; Rumänien 1464; Sambia 1465; Saudi-Arabien 1465; Schutzinteressen 35 f.; Sierra Leone 1465; Simbabwe 1465; Spanien 1464; Südafrika 1465; Syrien 1465; Togo 1465; Tschechoslowakei, ehemalige 1465; Tunesien 1465; Türkei 1464; Turkmenistan 1465; Uganda 1465; Ukraine 1465; Ungarn 1465; Venezuela 1465; Vereinigte Emirate 1465; Vietnam 1465; Wegzugsfälle 51 ff.; Zuzugsfälle 54 ff., 208

Sitzverlegung, außereuropäische 445 ff.; Europäische Aktiengesellschaft (SE) 964 f., 1004; Europäische Wirtschaftliche Interessenvereinigung (EWIV) 896; Gesellschafterbeschluss über Sitzverlegung und Eintragung im Handelsregister 452, 456; grenzüberschreitende Umwandlung 458, 460; identitätswahrende –, Voraussetzungen 443 ff.; innerhalb der EU 466 ff.; Kollisionsrecht 447 f., 453, 458, 461 f.; Niederlassungsfreiheit 444, 468 ff.; portugiesisches Recht 458; Rechtfertigung eines deutschen Satzungssitzes 451, 470; Registeranmeldung 456; Rückverweisung 448; Sachrecht, deutsches 449 ff., 453, 455, 459, 462, 472; Satzungsregelung 449; transnationaler Rechtsformwechsel 457 ff.; Verlegung des Satzungssitzes 453; Verlegung des Satzungssitzes und des Verwaltungssitzes 457; Verlegung des Verwaltungssitzes von einem ausländischen Staat in einen anderen 464

Sitzverlegungsrichtlinie, 480 ff.; identitätswahrende Sitzverlegung 481; Vorentwurf 480 ff.

Slowakei, Haager Übereinkommen 699

Slowenien, Gründungstheorie 1462; Haager Übereinkommen 699

Sociedad anónima (Spanien), Beschlussfähigkeit 1225 f., 1229; Börsenzulassung 1213; Geschäftsführer 1227 f.; Gesellschafterversammlung 1223 f.; Gesellschaftsstatut 1231; Gründung 1207 f.; Gründungsurkunde 1208; Mindestkapital 1210; Organe 1211; Satzung 1222; Steuern 1214 ff.

Sociedad de responsabilidad limitada (Spanien), Beschlussfähigkeit 1226; Börsenzulassung 1212; Geschäftsführer 1227; Gesellschafterversammlung 1223 f.; Gesellschaftsstatut 1231; Gründung 1207 f.; Gründungs-

urkunde 1208; Mindestkapital 1209; Organe 1211; Satzung 1222; Steuern 1214 ff.; Übertragung der Geschäftsanteile 1221

Società a responsabilità limitata (Italien), Börsenzulassung 1260; Gesellschaftsstatut 1268; Gründung 1254; Mindestkapital 1256; Organe 1258; Steuern 1262 ff.

Società per azioni (Italien), Börsenzulassung 1261; Gesellschaftsstatut 1268; Gründung 1252 f., 1255; Mindestkapital 1257; Organe 1259; Steuern 1262 ff.

Societas Europaea, s. *Europäische Aktiengesellschaft (SE)*

Société Anonyme (Frankreich), Aufsichtsrat 1428 ff.; Börsennotierung 1443; Börsenzulassung 1167; Generaldirektor 1423 ff.; Geschäftsführung 1423 ff.; Gesellschaftsstatut 1173; Gründung 1156 ff., 1419 ff.; Haftung 1449 ff.; Haftungsbeschränkung 1454; Hauptversammlungen 1431; Konkurs 1457; Mindestkapital 1161, 1418; Organe 1429; Rechnungsprüfer 1433; Satzungsinhalt 1420 f.; Steuern 1169 ff., 1461; Übertragbarkeit von Aktien 1432; Umweltrecht 1460; Verwaltungsrat 1424 ff.; Vorstand 1428, 1430

Société à Responsabilité Limitée (Frankreich), Börsenzulassung 1166; Geschäftsführer 1449 f.; Geschäftsführung 1437, 1449; Gesellschaftsstatut 1173; Gründung 1157, 1435 f.; Mindestanforderungen, Reduzierung 226; Mindestkapital 1436; Organe 1437; Rechnungsprüfer 1440; Stammkapital 1436; Steuern 1461; Übertragbarkeit von Geschäftsanteilen 1439

Société par Actions Simplifiée (Frankreich), Börsenzulassung 1168; Gesellschaftsstatut 1173; Gründung 1159; Hauptversammlung 1446; Mindestkapital 1162; Organe 1165; Präsident 1444 f.; Steuern 1169 ff.; Übertragbarkeit von Aktien 1447

Somalia, Gründungstheorie 1463; Kapitalschutzabkommen und Anerkennung von Gesellschaften 260

Sonderanknüpfung, Grundlagen/Grundbegriffe des Kollisionsrechts 14; Haftung wegen Existenzvernichtung und unternehmerische Mitbestimmung 221; insolvenzrechtliche und deliktische Normen 218; Korrektur der Gründungstheorie 63; Mindestkapital, Kapitalaufbringung, Kapitalerhaltung und eigenkapitalersetzende Darlehen 221; Niederlassungsfreiheit 217 ff.; Rechtfertigung 218 ff.; Rechtsfähigkeit, analoge Anwendung von Art. 12 Satz 1 EGBGB 271; Regelanknüpfung für alle gesellschaftsrechtlichen Sachverhalte 27; Teilfrage 574

Sonderprüfung, Jahresabschluss 1583

Sondervorschriften, Rechtfertigung von – 218 ff.

Spaltung, Form des Rechtsgeschäfts 670; *s. a. grenzüberschreitende Verschmelzung / Spaltung*

Spaltungsrichtlinie, 828

Spanien, Haager Übereinkommen 699; Niederlassungsvertrag zwischen der BRD und Spanien vom 23. 4. 1970 249; Sitztheorie 1464; *s. a. Sociedad anónima (Spanien); s. a. Sociedad de responsabilidad limitada (Spanien)*

Squeeze-out, 851, 873

Sri Lanka, Gründungstheorie 1463; Kapitalschutzabkommen und Anerkennung von Gesellschaften 260

St. Kitts und Nevis, Haager Übereinkommen 699

Sta. Lucia, Haager Übereinkommen 699; Gründungstheorie 1463; Kapitalschutzabkommen und Anerkennung von Gesellschaften 260

St. Vincent und die Grenadinen, Gründungstheorie 1463; Haager Übereinkommen 699; Kapitalschutzabkommen und Anerkennung von Gesellschaften 260

Staatsverträge, Anerkennung von Gesellschaften aufgrund von bilateralen Kapitalanlage- und Kapitalschutzabkommen 257 ff.; Freundschafts-, Handels- und Schifffahrtsvertrag zwischen der BRD und der Dominikanischen Republik vom 23. 12. 1957 253; Freundschafts-, Handels- und Schifffahrtsvertrag zwischen der BRD und Italien vom 21. 11. 1957 253; Freundschafts-, Handels- und Schifffahrtsvertrag zwischen der BRD und den USA vom 29. 10. 1954, *s. a. dort* 78, 232 ff.; Haager Übereinkommen über die Anerkennung der Rechtspersönlichkeit von ausländischen Gesellschaften, anderen Personenverbindungen und Stiftungen vom 31. 10. 1951 231; Handels- und Schifffahrtsvertrag zwischen dem Deutschen Reich und Irland vom 12. 5. 1930 251 f.; Handels- und Schifffahrtsvertrag zwischen dem Deutschen Reich und Japan vom 20. 7. 1927 253; kollisionsrechtliche Regelungen 230 ff.; Niederlassungs- und Schifffahrtsvertrag zwischen der BRD und Frankreich vom 27. 10. 1956 253; Niederlassungs- und Schifffahrtsvertrag zwischen der BRD und Griechenland vom 18. 3. 1960 253; Niederlassungsabkommen zwischen dem Deutschen Reich und Iran vom 17. 2. 1929 253; Niederlassungsabkommen zwischen dem Deutschen Reich und der Türkei vom 12. 1. 1927 255 f.; Niederlassungsvertrag zwischen der BRD und Spanien vom 23. 4. 1970 249; Rang staatsvertraglicher Regelungen 230; Übereinkommen über die gegenseitige Anerkennung von Gesellschaften und juristischen Personen vom 29. 2. 1968 136 ff.; Vertrag über die gegenseitige Anerkennung von Aktiengesellschaften zwischen dem Deutschen Reich und den Niederlanden

vom 11. 2. 1907 253; zwischen Mitgliedsstaaten über die gegenseitige Anerkennung von Gesellschaften 812

Stammkapital, Verlust der Hälfte: Anwendbarkeit nationaler Straf- und Ordnungsvorschriften bei ausländischen Gesellschaften 777

Statusrelevante Geschäfte des Gesellschaftsrechts, Form des Rechtsgeschäfts 670; Urkunde in ausländischer Sprache 692 f.

Statutenverdoppelung, Gesellschaftsstatut 43

Stellvertretereigenhaftung, Anknüpfung an Vertragsstatut 348

Steuerrechtliche Folgen der Sitzverlegung, 485 ff.

Stiftungen, Gesellschaft i. S. d. Kollisionsrechts 125

Stille Gesellschaft, Gesellschaft i. S. d. Kollisionsrechts 126

Stille Vennootschap (Niederlande), 1333

Stimmbindung, Strukturrichtlinie 1067

Stimmbindungsvertrag, anwendbares Recht 319; Nichtigkeit; Grenzen der Konzernverflechtung 413

Stimmrechtsbeschränkung, Golden Shares 849

Stimmrechtspool, Gesellschaft i. S. d. Kollisionsrechts 127

Stimmrechtsschwellen, Veröffentlichungspflichten bei Überschreiten, Deutscher Corporate Governance Kodex 1523

Stimmrechtsvollmacht, Strukturrichtlinie 1059

Straf- und Ordnungsvorschriften, 777 ff.; Analogieverbot 777; Darstellungs-, Berichts-, Geheimhaltungspflichten 777; Gesellschaftsstatut, ausländisches 779; Grundkapital, Verlust der Hälfte 777; Insolvenzverschleppung 777; Ort der Handlung 778 f.; Schutz ausländischer Rechtsgüter 778; Staatsangehörigkeit der handelnden Person 778 f.; Stammkapital, Verlust der Hälfte 777; Substitution 779

Strafrecht/strafrechtliche Verantwortlichkeit, im Insolvenzfall 760

Streitigkeiten, gesellschaftsrechtliche, internationale Gerichtszuständigkeit 781 ff.

Strukturrichtlinie, 1025 ff.; Anwendungsbereich 1027; Arbeitnehmerbeteiligung 1047 ff.; Auskunftsrecht 1056; Bilanz 1062 ff.; Geschäftsführung 1031; Geschichte 1026; Hauptversammlung 1043, 1053 ff.; Interessenkonflikt 1033, 1038; Jahresabschluss 1062 ff.; Leitungsorgan – monistisches System 1025 ff.; Leitungsorgane – dualistisches System 1031 ff.; Mitbestimmung 1027, 1029, 1033, 1047 ff.; Organhaftung 1042 ff.; Organverfassung 1025, 1030 ff.; Stimmrecht 1057 ff.; Stimmrechtsvollmacht 1059; Vergütung von Organmitgliedern 1041; zustimmungsbedürftige Geschäfte 1036 ff.

Stichwortverzeichnis

(Zahlen = Randnummern)

Substitution, Anwendbarkeit nationaler Straf- und Ordnungsvorschriften bei ausländischen Gesellschaften 779; Beurkundung durch ausländischen Notar 667; grenzüberschreitende Verschmelzung/Spaltung 506; Grundlagen/Grundbegriffe des Kollisionsrechts 17; Kaufmannseigenschaft ausländischer Personen 578; Registerrecht für inländische Zweigniederlassungen ausländischer Unternehmen 630

Südafrika, Haager Übereinkommen 699; Sitztheorie 1465

Sudan, Gründungstheorie 1463; Kapitalschutzabkommen und Anerkennung von Gesellschaften 260

Surinam, Haager Übereinkommen 699

Swasiland, Gründungstheorie 1463; Haager Übereinkommen 699; Kapitalschutzabkommen und Anerkennung von Gesellschaften 260

Syrien, Sitztheorie 1465

Tätigkeitsverbote, Europäische Wirtschaftliche Interessenvereinigung (EWIV) 883 ff.

Tansania, Gründungstheorie 1463; Kapitalschutzabkommen und Anerkennung von Gesellschaften 260

Tatsächlicher Sitz, s. *Verwaltungssitz*

Teilfrage, Form des Rechtsgeschäfts 574; Geschäftsfähigkeit 574; Kaufmannseigenschaft 573

Teilnahmerechte, an Gesellschafterversammlung, innere Verfassung 298

Teilrechtswahlklausel, Form des Rechtsgeschäfts 683

Territorialitätsgrundsatz, Hoheitsbefugnisse des deutschen Notars 665

Territorialitätsprinzip, Beschränkung der Befugnisse der BaFin 595

Tochter – Europäische Aktiengesellschaft (SE), Europäische Aktiengesellschaft (SE) – Gründung 957

Togo, Sitztheorie 1465

Tonga, Haager Übereinkommen 699

Transparenzrichtlinie, 588

Treuhandverhältnisse, Gesellschaft i. S. d. Kollisionsrechts 128

Trinidad und Tobago, Haager Übereinkommen 699

Tschad, Gründungstheorie 1463; Kapitalschutzabkommen und Anerkennung von Gesellschaften 260

Tschechische Republik, Haager Übereinkommen 699

Tschechoslowakei, ehemalige, Sitztheorie 1465

Türkei, Haager Übereinkommen 699; Niederlassungsabkommen zwischen dem Deutschen Reich und der Türkei vom 12. 1. 1927 255 f.; Sitztheorie 1464

Tunesien, Sitztheorie 1465

Turkmenistan, Sitztheorie 1465

Typenvermischung, grenzüberschreitende, Zulässigkeit 276 ff.

Übereinkommen über die gegenseitige Anerkennung von Gesellschaften und juristischen Personen vom 29. 2. 1968, 136 ff.

Überlagerungstheorie, 25, 65 f.; Niederlassungsfreiheit 217 f.

Übernahme, Abwehrmaßnahmen 845 f.; Acting in concert 865; Arbeitnehmervertreter 876; Aufsicht 857; Entsendungsrechte 848; Golden Shares 849; Kontrollerwerb 833 ff., 864; Neutralitätsgebot 835 f., 870; Offenlegungspflicht der Zielgesellschaft 842; One share – one vote 836; Opt-in 850, 870; Opt-out 850, 870; Pflichtangebot 834, 843, 864 ff.; Sell-out 851, 874; Squeeze-out 851, 873; Stellungnahme zum Pflichtangebot 844, 875; Stimmrechtsbeschränkungen 847, 849; Teilangebote 866; Übertragbarkeit von Aktien 847; Vereitelungsverbot 835; Zuständigkeit 857

Übernahmeangebote, 600 ff.; Anwendungsbereich des WpÜG 600 ff.; Bieter 605; Deutscher Corporate Governance Kodex 1524; Kollisionsrecht 606 ff.; Übernahmerichtlinie 610 ff.; Übernahmevertragsstatut 607 ff.; Verkaufsprospektgesetz 604

Übernahmerichtlinie, kollisionsrechtliche Regelungen 610 ff., 833 ff.; Abwehrmaßnahmen 845 f.; Acting in Concert 865; Anpassungsbedarf beim WpÜG 618; Anwendbares Recht 613 ff.; Anwendungsbereich 840 ff., 854; Arbeitnehmervertreter 876; Auswirkungen auf das WpÜG 853 ff.; Change-of-Control 842, 869; Golden Shares 871; Historie 833 ff.; Inhalt 840 ff.; Kontrollerwerb 864; Neutralitätspflicht 845 ff., 870; Opt-in 870; Opt-out 870; Sell-out 874; Squeeze-out 851, 872, 873; Teilangebote 866; Transparenz 869; zuständige Aufsichtsbehörde 611 ff.; Zuständigkeit 857

Übernahmeverbote, Grenzen der Konzernverflechtung 410 ff.

Übernahmevertragsstatut, Übernahmeangebot 607 ff.

Überseering-Entscheidung, Beschränkungen der Niederlassungsfreiheit 196 ff.; BGH, Umsetzung der Überseering-Entscheidung 78, 174, 190, 203, 212; Darstellung der Entscheidung 153 ff.; deutsche Rechtsprechung in der Zeit seit Überseering 173 ff., 180 f.; deutsche Rechtsprechung in der Zeit zwischen Centros und Überseering 171 f.; Einheitstheorie 28, 262; Gründung von Auslandsgesellschaften mit anfänglichem Inlandsitz 203; Handeln durch eine ausländische Rechtsform im Inland

1491; internationale Zuständigkeit zur Eröffnung des Hauptinsolvenzverfahrens 748; Konsequenzen der Anerkennung im Steuerrecht 248; Möglichkeit zur Verlegung des Verwaltungssitzes unter Beibehaltung des deutschen Satzungssitzes 469; Niederlassungsfreiheit der Gesellschaften – Anwendungsbereich und Folgerungen 191 ff.; österreichische Gerichte, Umsetzung der EuGH-Vorgaben 183 ff.; Personenvereinigungen ohne eigene Rechtspersönlichkeit 201; praktische Rechtsfolgen der Sitztheorie 44; Rechtsprechung des EuGH zur Niederlassungsfreiheit der Gesellschaften 143; Regelanknüpfung 28; Regelung der Niederlassungsfreiheit für Gesellschaften im EG-Vertrag 141; Sitzanknüpfung, Vereinbarkeit mit Niederlassungsfreiheit 141; Sitztheorie, Weitergeltung im Verhältnis zu Drittstaaten 78; Sonderanknüpfung, Literaturansichten 301; Umgehungsschutz bei der Mitbestimmung 301; Verlegung des tatsächlichen Verwaltungssitzes ins Ausland 212, 214; Verlegung des Verwaltungssitzes und Niederlassungsfreiheit 474, 476; Verlegung einer nach ausländischem Recht gegründeten Gesellschaft in die BRD 461; Vorlagebeschluss des BGH 26; Wegzug deutscher Gesellschaften 212, 214; Wegzugsfälle und Niederlassungsfreiheit 468 ff.; Weitergeltung der Sitztheorie im Verhältnis zu Drittstaaten 73, 78; Zuzugsfälle nach Überseering 466

Übertragung, Gesellschaftsanteile 321

Uganda, Sitztheorie 1465

Ukraine, Haager Übereinkommen 699; Sitztheorie 1465

Ultra-Vires-Lehre, Rechtsfähigkeit der Gesellschaft 271

Umgehungsschutz, bei unternehmerischer Mitbestimmung 301

Umtauschverhältnis, Europäische Aktiengesellschaft (SE) – Gründung 944, 956

Umwandlung, Europäische Aktiengesellschaft (SE) 958 ff.; Europäische Genossenschaft (SCE) 1021; Form des Rechtsgeschäfts 663, 670; *s. a. grenzüberschreitende Verschmelzung/ Spaltung;* Heraus-Umwandlung 510; Herein-Umwandlung 510; Sachverständige 960; Umwandlungsplan 959

Ungarn, Haager Übereinkommen 699; Sitztheorie 1465

Universale Wirkung, des Hauptinsolvenzverfahrens 709

Unternehmensrecht, *s. europäisches Unternehmensrecht*

Unternehmensvertrag, Form des Rechtsgeschäfts 663, 670

Unternehmerische Mitbestimmung, 299 ff.; Abgrenzung zur betrieblichen Mitbestimmung

299; Anknüpfung an das Gesellschaftsstatut 300 ff.; Arbeitnehmer ausländischer Tochtergesellschaften und Zweigniederlassungen in deutschen Konzernen 305 f.; Arbeitnehmer deutscher Zweigniederlassungen ausländischer Gesellschaften 307 f.; grenzüberschreitende Konzerne 309 ff.; Umgehungsschutz 301; Verschmelzungsrichtlinie 528

Unterordnungskonzern, *s. Konzern/Konzernrecht*

Urkunde, Apostille 698; Beweiskraft 695; Haager Übereinkommen 698; in ausländischer Sprache 692 f.; Vermutung der Echtheit 695; Verwendung ausländischer Urkunden 695 ff.

Uruguay, Gründungstheorie 1462

USA, Existenz- und Vertretungsnachweis US-amerikanischer Gesellschaften 689; Gesetzgebungskompetenz 1441 f.; Gründungstheorie 1462; *s. a. Corporation (USA); s. a. Freundschafts-, Handels- und Schifffahrtsvertrag zwischen der BRD und den USA vom 29. 10. 1954; s. a. General Partnership (USA); s. a. Limited Liability Company (USA); s. a. Limited Liability Partnership (USA); s. a. Limited Partnership (USA);* Haager Übereinkommen 699

US-amerikanischer Notar, Gleichwertigkeit deutscher und ausländischer Beurkundung 669

Usbekistan, Gründungstheorie 1462

VAG, Fremdenrecht 622

Venezuela, Haager Übereinkommen 699; Sitztheorie 1465

Vennootschap onder Firma (Niederlande), 1333 ff.

Veräußerungsbeschränkung, Vertragsstatut 318

Verbindlichkeiten der Gesellschafter, Durchgriff auf das Gesellschaftsvermögen 351 f.

Verbundene Unternehmen, in der Insolvenz 707

Vereine, Gesellschaft i. S. d. Kollisionsrechts 129

Vereinigte Emirate, Sitztheorie 1465

Vereinigte Staaten von Amerika, *s. USA*

Vereinigtes Königreich, Großbritannien und Nordirland, Haager Übereinkommen 699

Vereinigungstheorie, bei grenzüberschreitender Verschmelzung/Spaltung 504; Umwandlung einer österreichischen Kapitalgesellschaft durch Übertragung ihres Unternehmens auf ihren deutschen Hauptgesellschafter 514

VereinsG, Fremdenrecht 621

Vereitelungsverbot, im WpÜG bei Übernahmeangeboten 835

Verfassung der Gesellschaft, Form des Rechtsgeschäfts 662, 670

Stichwortverzeichnis

Vergleichbarkeit, ausländische Gesellschaft mit deutscher Gesellschaft, Form des Rechtsgeschäfts 664; ausländischer und deutscher Handelsregisterauszug 688

Vergütung von Organmitgliedern, Strukturrichtlinie 1041

Verhältnismäßigkeit, eines Eingriffs in die Niederlassungsfreiheit 165

Verkaufsprospektgesetz, Übernahmeangebot 604

Verlustausgleichspflicht, grenzüberschreitenden Beherrschungs- und Gewinnabführungsvertrag 371 f., 376

Vermögen, im Ausland belegen, bei grenzüberschreitender Verschmelzung/Spaltung 517 ff.

Vermögensvermischung, Haftungstatbestände, gesellschaftsrechtliche Anknüpfung 338

Vermutung, der Echtheit der Urkunde 695

Veröffentlichung bei Überschreiten von Stimmrechtsschwellen, Deutscher Corporate Governance Kodex 1523

Verrechnungspreisrichtlinie, Dokumentationspflichten im Konzern 418

Verschmelzende Umwandlung, Umwandlung einer österreichischen Kapitalgesellschaft durch Übertragung ihres Unternehmens auf ihren deutschen Hauptgesellschafter 188, 513 ff.

Verschmelzung, Europäische Aktiengesellschaft (SE) – Gründung 936 ff., 1010; Europäische Genossenschaft (SCE) – Gründung 1018, 1020; Form des Rechtsgeschäfts 670; Heraus-Verschmelzung 511; Herein-Verschmelzung 511; Sachverständige 941; Verschmelzungsplan 940; Verschmelzungsrichtlinie 522 ff.; *s. a. grenzüberschreitende Verschmelzung/Spaltung*

Verschmelzungsrichtlinie, 522 ff.; Anwendbarkeit bei grenzüberschreitender Verschmelzung/Spaltung 512; Rechtssetzungsverfahren 522; unternehmerische Mitbestimmung 528; voraussichtlicher Inhalt 523 ff.; Ziele der Richtlinie 522

Vertragskonzern, Konzernrechtsrichtlinie 1070; *s. a. Konzern/Konzernrecht;* Schicksal des Unternehmensvertrags bei Eröffnung des Insolvenzverfahrens 438

Vertragsstatut, Ausgleichsansprüche 318; Dienstverträge der Geschäftsleiter 297; Gründungsvorvertrag 264; Poolverträge 318; Schiedsverträge 318; Veräußerungsbeschränkungen/Vorkaufsrechte 318; Wettbewerbsverbote 318; *s. a. Konzern/Konzernrecht*

Vertretung der Gesellschaft, Anscheinsvollmacht 290; Apostille 291; Beschränkungen der Vertretungsmacht 288; Certificate of Good Standing 291; Company Secretary 291; Duldungsvollmacht 290; Eintragungsverfahren 291; Nachweis organschaftlicher Vertretung 291; organschaftliche Vertretung 288; Publizitätsrichtlinie 289; Registerpublizität 288; Schriftformerfordernis 288; Secretary's Certificate 291; Vertretung ohne Vertretungsmacht 293; Vollmacht 290

Vertretungsmacht, Nachweis 291, 691

Vertretungsnachweis, Form bei ausländischer Kapitalgesellschaft 689 f.

Verwaltungsorgan, Europäische Genossenschaft (SCE) 1022; monistisches System 971 ff.

Verwaltungssitz, Anknüpfungsmerkmal der Sitztheorie 35; ausländischer Verwaltungssitz und Gründung nach ausländischem Recht 38 f.; ausländischer Verwaltungssitz und Gründung nach deutschem Recht 48 ff.; Begriff 80 ff.; Bestimmung 80 ff.; Beweis- und Darlegungslast 99 ff.; der Private Limited Company mit tatsächlichem Verwaltungssitz im Inland, Haftung des Geschäftsführers 182; Doppel- und Mehrfachsitz 103; fortlaufende Änderung 58; grundbuchrechtliches Eintragungsverfahren 102; Indizien 84 ff.; inländischer Verwaltungssitz und Gründung nach ausländischem Recht 40 f.; Konzerngesellschaften 104; Sitzverlegung 446 ff.; Subsidiäre Anwendung der Gründungstheorie 105 f., 169; Vermutung und Beweislastregeln 99 ff.; Wegzug unter Sitztheorie 51 ff.; Zuzug unter Sitztheorie 54, 171

Vietnam, Sitztheorie 1465

Vollmachtsstatut, Anscheinsvollmacht 290; Duldungsvollmacht 290

Vorfrage, Grundlagen/Grundbegriffe des Kollisionsrechts 15

Vorgesellschaften, Gesellschaft i. S. d. Kollisionsrechts 130

Vorgründungsgesellschaft, Vertragsstatut 132, 265

Vorkaufsrecht, Vertragsstatut 318

Vorstandsmitglieder, Empfehlungen des Deutschen Corporate Governance Kodex für – 1513; Haftung bei fehlerhafter Ad-hoc-Mitteilung 1575 ff.; Offenlegung der Vergütung 1513, 1547 f., 1605 ff.; Vergütung 1519; Verschwiegenheitspflicht im Konzern 1530; Wechsel vom Vorstand in den Aufsichtsrat 1616

Vorstandsvorsitzender, Bestätigungspflicht gegenüber der US Securities and Exchange Commission 1629; Haftung bei unrichtiger Bestätigung nach Section 302 Sarbanes-Oxley Act 1633

Wahlfreiheit, zwischen unternehmerischen Organisationsformen 804

Wechselfähigkeit, Rechtsfähigkeit 283

Wegzug, deutscher Gesellschaften 214; Gründungstheorie europarechtlicher Prägung

179 f.; Sitztheorie 51 ff.; Verlegung des Verwaltungssitzes und Niederlassungsfreiheit 472 ff.

Weißrussland, Gründungstheorie 1462

Weiterverweisung, Grundlagen/Grundbegriffe des Kollisionsrechts 18

Wertpapierdienstleistungsrichtlinie, 610

Wettbewerb der Gesellschaftsrechte, Einschränkung durch Sitztheorie 58; Gründungstheorie 59; legal forum shopping 60; Niederlassungsfreiheit 222 ff.; race to the bottom 35, 226; Vorlagebeschluss des BGH 35

Wettbewerbsverbote, Vertragsstatut 318

Willensmängel, Gründung der Gesellschaft 266

Wirtschaftsprüfer, Prüferbefähigung 826; Unabhängigkeit 826

WpÜG, Änderungsbedarf durch Übernahmerichtlinie 853 ff.; Anwendungsbereich 854 ff.; Aufsicht 857 ff.; internationaler Anwendungsbereich 600 ff.; Vereitelungsverbot bei Übernahmeangeboten 835

Yugen Kaisha (Japan), Börsenzulassung 1281; Geschäftsanteil 1290; Gesellschaftsstatut 1295; Gründung 1271, 1273; Kosten der Gründung 1289; Mindestkapital 1275; Organe 1278 f.; Steuern 1282 ff.

Zaïre, Gründungstheorie 1463; *s. a. Kongo, Demokratische Republik*

Zentralafrikanische Republik, Gründungstheorie 1463; Kapitalschutzabkommen und Anerkennung von Gesellschaften 260

Zentralgesellschaftsstruktur, *s. Konzern/ Konzernrecht* 401

ZPO, besondere Gerichtszuständigkeiten 794 ff.; Fremdenrecht 622

Zulässigkeit, Auslandsbeurkundung 667 ff.

Zuständigkeit, deutscher Notare und Behörden für Beurkundungen 665

Zustimmungsbedürftige Geschäfte, Strukturrichtlinie 1036 ff.

Zustimmungsbeschluss, Kollisionsrecht beim grenzüberschreitenden Beherrschungs- und Gewinnabführungsvertrag 371 f.

Zuzug, nach Überseering und Inspire Art 466 f.; unter Berücksichtigung der Niederlassungsfreiheit 206 f.; unter der Sitztheorie 54 ff.

Zwangsvollstreckung, Unterwerfung unter die Zwangsvollstreckung der abhängigen Gesellschaft als Voraussetzung der Befolgung der nachteiligen Weisung 376

Zweigniederlassung, Anmeldepflicht beim Handelsregister 547 ff.; anmeldeverpflichtete Personen 635 ff.; anwendbares Recht 633 ff.; Anzeige nach Gewerbeordnung 623; Auftreten im Geschäftsverkehr 647; Bankgeschäfte 625; Beschränkung der Eintragung 176; Checklisten zur Errichtung einer Zweigniederlassung in Deutschland 651 ff.; Eintragung und Nachweis einer inländischen Zweigniederlassung in Österreich 189; Eintragungserzwingung 644 f.; Eintragungspflicht der Auslandsgesellschaft 550 ff.; Errichtung 651 ff., 829; Firma 555 ff.; Fremdenrecht bei Zweigniederlassungen ausländischer Unternehmen 620, 622 ff.; Genehmigung 623; Haftung des Geschäftsführers einer englischen Private Limited Company mit tatsächlichem Verwaltungssitz im Inland und Verletzung der Anmeldepflicht beim Handelsregister 182; Handelsregisteranmeldung 547 ff.; Handlungsvollmacht 570; Inhalt der Anmeldung 635 ff., 649 ff.; Insolvenz einer ausländischen Gesellschaft mit Zweigniederlassung in Deutschland 774 ff.; internationale Zuständigkeit 633 ff.; Missbrauch 196; Offenlegung von Urkunden/ Angaben 829; Prokura 570; Prüfungsrecht des Registergerichts 639 ff.; Publizität 829; Rechnungslegung 565; Rechnungslegungspflichten 648; Registerrecht 627 ff.; Substitution 630; Versicherungsunternehmen 624; Vertrieb von Investmentanteilen 626; Wirkung der Eintragung 643; Zweigniederlassungsrichtlinie 627, 829

Zweigniederlassungsrichtlinie, Firmenrecht 558, 560 f., 829; Fremdenrecht 627, 630

Zwingende Gründe des Allgemeininteresses als Rechtfertigung der Einschränkung der Niederlassungsfreiheit, 140, 159, 165, 196 ff.

Zypern, Haager Übereinkommen 699